U0671383

中国交通运输
政策法规汇编

2014年版

丛书编辑部 编

经济管理出版社
ECONOMY & MANAGEMENT PUBLISHING HOUSE

图书在版编目（CIP）数据

中国交通运输政策法规汇编(2014年版)/丛书编辑部编 . —北京：经济管理出版社，2014.7
（最新经济管理政策法规汇编丛书）
ISBN 978 - 7 - 5096 - 3178 - 2

Ⅰ.①中…　Ⅱ.①丛…　Ⅲ.①交通运输管理—法规—基本知识—中国　Ⅳ.①D922.14

中国版本图书馆 CIP 数据核字（2014）第 126899 号

责任编辑：谭　伟　胡　茜
责任印制：黄章平
责任校对：张李陈

出版发行：经济管理出版社
　　　　　（北京市海淀区北蜂窝 8 号中雅大厦 A 座 11 层　100038）
网　　　址：www. E - mp. com. cn
电　　话：(010) 51915602
印　　刷：三河市海波印务有限公司
经　　销：新华书店
开　　本：880mm×1230mm/16
印　　张：42.5
字　　数：1199 千字
版　　次：2014 年 7 月第 1 版　2014 年 7 月第 1 次印刷
书　　号：ISBN 978 - 7 - 5096 - 3178 - 2
定　　价：298.00 元

最新经济管理政策法规汇编丛书（第一辑）

专家审读组

组　长：李文阁（全国人大常委会法工委行政法室处长）

成　员：李辉（全国人大常委会法工委行政法室主任科员）

　　　　张涛（全国人大常委会法工委行政法室主任科员）

　　　　田林（全国人大常委会法工委行政法室主任科员）

　　　　杨威（全国人大常委会法工委行政法室主任科员）

最新经济管理政策法规汇编丛书（第一辑）

丛书编辑部

主　任：谭　伟

成　员：姜　雨　王　菊　覃　毅　卢彬彬

　　　　沈鹏远　李　娇　黄　洁　孔静敏

　　　　彭亚男　张大伟　胡　月　范美琴

编辑说明

一、为了方便交通运输业投资者、行业研究者和管理者全面、系统地了解和掌握新交通运输业相关政策法规，指导产业投资以及政府对交通运输政策法规的完善与更新，我们特编印此书。

二、《中国交通运输政策法规汇编》由经济管理出版社统筹策划，中国社会科学院研究生院覃毅博士负责具体的编辑工作。

三、《中国交通运输政策法规汇编》按以下顺序编排：①综合类政策法规；②道路运输政策法规；③公路管理政策法规；④铁路政策法规；⑤水路运输政策法规；⑥航空政策法规；⑦邮政政策法规；⑧部分省（市、区）政策法规。

四、本汇编是我国交通运输领域的政策法规汇编，较为系统地梳理、收录了我国自2011年以来中央及地方出台的有关交通运输领域的政策及法规（包括修正的以及2011年1月1日起执行的政策法规），在编辑过程中我们对一些已经失去时效或相关部门明确表示作废、终止的政策法规进行了筛选和删除。

五、本书将根据国家交通运输领域政策法规的制定、出台及更新情况及时进行修订。

六、由于时间仓促，本书在编辑方面难免存在不足，敬请指正。

编　者

2013 年 12 月

目 录

第三编　公路管理政策法规

第四编　铁路政策法规

第五编　水路运输政策法规

第六编　航空政策法规

第七编　邮政政策法规

第八编　部分省（市、区）政策法规

第一编 综合类政策法规

交通运输"十二五"发展规划

（交通运输部　二〇一一年四月）

前　言

"十二五"时期，我国经济社会发展将进入一个新的历史阶段，交通运输也将进入新的发展时期，依据《中共中央关于制定国民经济和社会发展第十二个五年规划的建议》和《国民经济和社会发展第十二个五年规划纲要》，根据国务院批准交通运输部的职责和工作要求，我部组织编制了《交通运输"十二五"发展规划》（以下简称《规划》）。《规划》以科学发展为主题、以加快转变交通发展方式为主线、以交通运输结构调整为主攻方向、以科技进步和创新为重要支撑、以保障和改善民生为根本出发点和落脚点、以建设资源节约型和环境友好型交通运输行业为着力点、以改革开放为强大动力，积极推进现代交通运输业的发展。《规划》包含了综合运输、公路交通、水路交通、民用航空、邮政服务以及城市客运管理等方面，反映了加快交通基础设施网络建设，提高运输服务水平，加强养护管理，强化科技进步和信息化建设，构建绿色交通体系，提高安全与应急保障能力，推进行业精神文明建设，大力提高行业发展软实力等内容，体现了交通运输业发展的时代要求，描绘了交通运输未来发展的蓝图，提出了交通运输发展的行动纲领，对"十二五"时期交通运输发展具有重要的指导意义。

第一章　指导思想和发展目标

"十二五"时期是全面建设小康社会的关键时期，是深化改革开放、加快转变经济发展方式的攻坚时期。综观国际国内形势，世情国情发生深刻变化。世界多极化和经济全球化深入发展，国际金融危机影响深远，不稳定、不确定因素进一步增加，发展格局面临深度调整。我国经济社会发展呈现新的阶段性特征，工业化、信息化、城镇化、市场化、国际化深入发展，经济发展方式转变加快，经济社会发展长期向好的趋势没有改变，我国发展仍处于重要战略机遇期。同时，必须清醒地看到，我国发展中不平衡、不协调、不可持续问题依然突出，深层次矛盾日益凸显。面对新的发展形势，交通运输发展必须科学判断和准确把握趋势，紧紧抓住战略机遇，积极应对各种挑战，加快交通发展方式的转变，大力发展现代交通运输业。

第一节　发展需求

一、保持经济平稳较快发展，进一步增强交通运输保障能力

根据国民经济"十二五"发展预期，GDP 将年均增长 7%，城市化率将从 47.5% 提高到 51.5%，外贸进出口将保持 8% 左右的年均增长速度，交通客货运输需求将保持持续增长态势。预计到"十二五"末,公路客、货运量分别达到400亿人、300亿吨。沿海港口货物吞吐量达到78亿吨。内河货运量达到38.5亿吨。民航客、货运量分别达到4.5亿人、900万吨。邮政行业业务总量在2010年的基础上翻一番,达到2620亿元。此外,国土开发、民生改善、社会稳定、国家安全等方面,对交通运输保障提出了更高的要求。因此,要按照"适度超前"的原则,继续加强交通运输基础设施建设,保持适度规模,优化交通运输结构,推进综合运输体系建设,增强交通运输保障能力。

二、运输需求结构和消费结构升级,必须提升交通运输服务水平

我国加快转变发展方式必将加速产业结构、产品结构的优化升级,高附加值货物运量进一步增加,要求提供安全、快速和可靠的货运服务,构建低成本、高效率的现代物流体系,以满足对运输速度、质量、服务品质的新要求。随着人民群众生活水平的不断提高,小汽车进入寻常百姓家庭,机动化社会进程加快,公众出行需求旺盛。预计到"十二五"末,民用汽车保有量将达到1.5亿辆,人均乘用交通工具次数明显增加,对运输服务的安全性、舒适性、快捷性等都提出了更高要求。广大西部地区、农村地区、"老少边穷"地区群众出行需求将进一步增加,提高基本公共运输服务均等化水平将成为交通运输发展的重要任务。因此,必须完善服务设施,加强市场管理,优化运输组织,提高运输效率,拓展服务领域,全面提升交通运输服务水平。

三、充分发挥科技引领作用,不断提高交通运输科技含量和信息化水平

科技进步和信息化发展势头迅猛,科技创新孕育新突破,物联网、云计算等新一代信息技术的出现,将极大地促进人类社会的发展进步。科技进步和创新是加快转变经济发展方式的重要支撑,交通运输加快转变发展方式、发展现代交通运输业,要继续实施"科技强交"战略,加强技术创新,推进现代信息技术在交通运输领域的集成应用,充分发挥科技的引领作用,极大地提升交通基础设施、运输装备的现代化水平。因此,交通运输行业要着力加强科技创新体系建设,提高自主创新能力,大力推进信息化建设,努力提高交通运输科技含量和信息化水平。

四、落实建设"两型"社会发展战略,加快构建绿色交通运输体系

建设资源节约型、环境友好型社会是我国一项长期的战略任务,交通运输行业是能源资源消费和温室气体排放的重点领域之一,根据国家对节能减排的总要求,交通运输业节能减排的任务非常艰巨;交通运输发展面临的土地、岸线等资源紧缺的刚性约束将进一步强化,环境和生态保护任务更加繁重,推进资源节约和环境保护,促进经济发展模式向高能效、低能耗、低排放模式转型,对交通运输绿色发展提出了更加迫切的要求。因此,必须树立绿色、低碳发展理念,以节能减排为重点,加快形成资源节约、环境友好的交通发展方式和消费模式,构建绿色交通运输体系,实现交通运输发展与资源环境的和谐统一。

五、经济社会快速发展和人民生活水平提高,必须强化交通运输安全与应急保障能力建设

经济社会快速发展和人民生活水平提高,机动化水平迅速提升,交通流量进一步增大,营运车船及从业人员数量增长,对交通运输安全保障提出了更高的要求。全球气候变暖、极端恶劣天气不断增多,由此引发重特大自然灾害,势必对交通基础设施及运输安全构成严重威胁。社会结构深刻变动、利益格局深刻调整,社会矛盾和突发事件明显增多,公共安全和应急管理工作面临的形势更加严峻,对交通运输安全应急保障和反应能力提出了更高要求。因此,要坚持预防与应急并重、常态与非常态结合的原则,建立健全应急管理组织体系,完善应急预案,加强应急队伍建设,切实强化交通运输安全和应急保障能力建设。

在新的历史发展阶段,交通运输面临的任务一方面是要继续加强交通基础设施建设,另一方面要全面提升运输服务水平和效率,以满足经济社会发展的新要求和人民群众的新期待。"十二五"时期,交通运输行业必须把加快发展方式转变作为重要的战略举措,将交通运输结构调整作为主攻方向,以科技进步和创新为重要支撑,加快推进现代交通运输业发展。

第二节　指导思想和基本原则

一、指导思想

高举中国特色社会主义伟大旗帜，以邓小平理论和"三个代表"重要思想为指导，深入贯彻落实科学发展观，围绕全面建设小康社会宏伟目标，坚持以科学发展为主题，以转变发展方式、发展现代交通运输业为主线，着力调整交通结构、拓展服务功能、提高发展质量、提升服务水平，努力推进综合运输体系建设、促进现代物流发展、提升科技进步和信息化水平、建设资源节约型和环境友好型行业、提高安全监管和应急处置能力，按照"适度超前"的原则，构建便捷、安全、经济、高效的综合运输体系，为国民经济和社会发展提供强有力的支撑和保障。

二、基本原则

——把发展作为第一要务，保持持续发展。按照"适度超前"的原则，把握发展节奏，合理有序、平稳较快地推进交通基础设施建设，加速形成基础设施网络，加快提升运输保障能力，优化交通结构、提升质量效率，坚持速度、结构、质量、效益相统一，在发展中促转变，在转变中谋发展，实现交通运输又好又快发展。

——把统筹兼顾作为根本方法，推进协调发展。统筹各种运输方式协调发展，加快综合运输体系建设，坚持建、养、运、管并重，着力提升服务水平。统筹区域、城乡交通运输发展，进一步向西部地区、"老少边穷"地区倾斜，推进公共服务均等化，使人民群众共享交通改革发展的成果，实现交通运输协调发展。

——把深化改革作为强大动力，鼓励创新发展。坚持解放思想，抢抓战略机遇，深化交通运输领域的各项改革，坚持理念创新、科技创新、体制机制创新、政策创新，以世界眼光、战略思维谋划交通运输发展，以科技进步和信息化改造和提升交通运输业，建立和完善适应市场经济体制要求和符合交通运输发展规律的新体制、新机制，构建交通运输科学发展的政策环境，实现交通运输创新发展。

——把可持续发展作为基本要求，促进绿色发展。树立绿色、低碳的发展理念，继续推进资源节约型、环境友好型交通行业建设，加快建立以低碳为特征的交通运输体系，强化节能减排，集约、节约利用资源，促进资源循环利用，加强生态和环境保护，实现交通运输绿色发展。

——把保障安全作为重要前提，坚持安全发展。牢固树立"安全第一"的思想，努力提高安全保障能力，强化安全监督管理，切实加强预防预警和应急处置体系建设，为经济社会发展提供安全可靠的运输服务，实现交通运输安全发展。

第三节　发展目标

一、总体目标

到 2015 年，基础设施网络更趋完善，结构更加合理，交通运输供给能力明显增强，运输装备进一步改善，运输组织不断优化，运输效率和服务水平明显提升，创新能力不断增强，科技进步和信息化水平不断提高，行业监管能力明显加强，以低碳为特征的交通运输体系建设取得成效，资源节约型、环境友好型行业建设取得明显进展，交通安全监管体系逐步完善，应急反应能力进一步加强，安全保障能力明显提高。便捷、安全、经济、高效的综合运输体系初步形成，基本适应国民经济和社会发展的需要。

二、具体目标

（一）基础设施

——公路网规模进一步扩大，技术质量明显提升。公路总里程达到 450 万公里，国家高速公路网基本建成,高速公路总里程达到 10.8 万公里,覆盖 90%以上的 20 万以上城镇人口城市,二级及以上公路里程达到 65 万公里,国省道总体技术状况达到良等水平,农村公路总里程达到 390 万公里。

——沿海港口布局进一步完善,服务功能明显拓展。形成布局合理、保障有力、服务高效、安全环保、管理先进的现代化港口体系,港口码头结构进一步优化,深水泊位达到 2214 个,能力适应度(港口通过能力/实际完成吞吐量)达到 1.1。

——内河航道通航条件显著改善。"两横一纵两网十八线"1.9 万公里高等级航道 70%达到规划标准,高等级航道里程达到 1.3 万公里,内河水运得到较快发展,运输优势进一步发挥。

——民用航空保障能力整体提高。初步建成布局合理、功能完善、层次分明、安全高效的机场体系,运输机场数量达到 230 个以上,大型机场容量饱和问题得到缓解。

——邮政服务范围进一步扩大,能力进一步增强。基本建成覆盖城乡、惠及全民、水平适度、可持续发展的邮政普遍服务体系,邮政普遍服务局所总数达到 6.2 万个。

——运输枢纽建设取得明显进展。建成 100 个左右铁路、公路、城市交通有效衔接的综合客运枢纽,建设 200 个功能完善的综合性物流园区或公路货运枢纽。

(二)运输服务

——运输装备专业化、标准化水平显著提升。中高级营运客车比例达到 40%,重型车、专用车和厢式车占营运货车比例达到 25%、10%和 25%,内河货运船舶船型标准化率达到 50%。

——运输组织化程度明显提高,服务范围进一步延伸。集装箱、大宗货物水铁联运、江海联运较快发展。所有具备条件的乡镇和 92%的建制村通客车,有条件的地区实现城乡客运一体化。

——服务水平和运行效率显著提升。国道平均运行速度提高到 60 公里/小时,内河主要港口基本实现机械化、专业化,沿海主要港口平均每装卸千吨货在港停时下降 15%,民航航班正常率高于80%,邮件、快件全程时限达标率达到 85%。

——城市客运服务水平明显提升。300 万人口以上的城市、100 万~300 万人口的城市以及 100万人口以下的城市,万人公交车辆拥有量分别达到 15、12 和 10 标台以上。

(三)交通科技与信息化

——科技创新体系进一步完善,创新能力显著增强。重大关键技术研发取得突破性进展,科技成果推广应用水平进一步提高,科技进步贡献率达到 55%。

——信息化、智能化水平显著提升,在保障畅通运行、规范市场秩序、强化安全应急、服务决策支持方面取得明显成效,在推进综合运输体系建设、发展现代物流和实现低碳、绿色交通方面取得实质性突破。国省道重要路段和内河干线航道重要航段监测覆盖率达到 70%以上,重点营业性运输装备监测覆盖率达到 100%。

(四)绿色交通

——环境保护力度进一步加强,重大交通工程生态修复取得明显进展,主要污染物排放强度进一步降低,力争行业总悬浮颗粒物(TSP)和化学需氧量(COD)等主要污染物排放强度比"十一五"末降低 20%。

——节能减排取得明显成效。与 2005 年相比,营运车辆单位运输周转量的能耗和二氧化碳排放分别下降 10%和 11%,营运船舶单位运输周转量的能耗和二氧化碳排放分别下降 15%和 16%。与 2010 年相比,民航运输吨公里的能耗和二氧化碳排放均下降 3%以上。

——资源集约利用程度进一步提高。国省道单位行驶量用地面积下降 5%,沿海港口单位长度码头岸线通过能力提高 5%。

——港口、公路服务区等生产、生活污水的循环利用水平,路面废弃材料等资源的再生利用水平显著提高。

（五）安全应急

——公路交通安全应急水平明显提高。营运车辆万车公里事故数和死亡人数年均下降3%，城市客运百万车公里事故数和死亡人数年均下降1%。公路应急保障体系基本完善，应急指挥调度能力显著增强，一般灾害情况下公路抢通时间不超过24小时，公路应急救援到达时间不超过2小时。

——水上交通安全应急水平迈上新台阶。百万吨港口吞吐量事故数和死亡人数年均下降5%，特别重大事故实行零控制。水上安全监管和救助能力显著提升，监管救助站点布局进一步完善，沿海重点水域离岸100海里，飞机90分钟内可到达实施救助，长江干线以及珠江水系和黑龙江水系的重要航段船舶应急到达时间不超过45分钟。溢油应急和抢险打捞能力进一步增强。

——民航安全水平稳步提升。运输飞行百万小时重大事故率低于0.2。

三、主要指标

按照初步形成便捷、安全、经济、高效的综合运输体系的总体目标要求，以提高交通运输保障能力和服务水平为核心任务，围绕加快交通基础设施网络建设、提高运输服务水平、强化交通科技进步和信息化建设、构建绿色交通体系、提高安全与应急保障能力等主要方面，提出"十二五"时期交通运输发展主要指标如下：

"十二五"交通运输发展主要指标

	指　标	2010 年	2015 年
基础设施	公路网总里程（万公里）	398.4	450
	高速公路总里程（万公里）	7.4	10.8
	高速公路覆盖20万以上城镇人口城市比例（%）	80	≥90
	二级及以上公路总里程（万公里）	44.5	65
	国省道总体技术状况（MQI,%）	72	>80
	农村公路总里程（万公里）	345.5	390
	沿海港口通过能力适应度	0.98	1.1
	沿海港口深水泊位数（个）	1774	2214
	内河高等级航道里程（万公里）	1.02	1.3
	民用机场总数（个）	175	≥230
	邮政局所数量（万个）	4.8	6.2
运输服务	营运中高级客车比例（%）	28	40
	营运重型车、专用车、厢式车比例（%）	17.9、5.4、19.2	25、10、25
	内河货运船舶船型标准化率（%）	20	50
	乡镇、建制村通班车率（%）	98、88	100、92
	国道平均运行速度（公里/小时）	57.5	60
	沿海主要港口平均每装卸千吨货在港停时下降率（%，基年：2010）	15	
	民航航班正常率（%）	81.5	>80
	乡（镇）邮政局所、建制村村邮站和邮件转接点覆盖率（%）	75、51	>95、80
	300万人口以上、100万~300万人口以及100万人口以下的城市，公交车辆拥有率（标台/万人）		15、12、10

续表

	指　标	2010 年	2015 年
科技与信息化	科技进步贡献率（%）	50	55
	国省道重要路段和内河干线航道重要航段监测覆盖率（%）	30	≥70
	重点营业性运输装备监测覆盖率（%）	70	100
绿色交通	营运车辆单位运输周转量能耗和二氧化碳排放下降率（%，基年：2005）	10、11	
	营运船舶单位运输周转量能耗和二氧化碳排放下降率（%，基年：2005）	15、16	
	民航运输吨公里能耗和二氧化碳排放下降率（%，基年：2010）	>3	
	国省道单位行驶量用地面积下降率（%，基年：2010）	5	
	沿海港口单位长度码头岸线通过能力提高率（%，基年：2010）	5	
	总悬浮颗粒物（TSP）和化学需氧量（COD）等主要污染物排放强度（吨/亿吨公里）下降率（%，基年：2010）	20	
安全应急	营运车辆万车公里事故数和死亡人数下降率（年均%）	3	
	城市客运百万车公里事故数和死亡人数下降率（年均%）	1	
	百万吨港口吞吐量事故数和死亡人数下降率（年均%）	5	
	沿海重点水域监管救助飞机应急到达时间（分钟）	≤150	≤90
	民航运输飞行百万小时重大事故率（五年累计）	0.05	<0.2

第二章　综合运输

推进综合运输体系建设是发展现代交通运输业的重要任务，也是现代物流业发展的重要前提和保障。"十二五"时期，要统筹各种运输方式发展，加快综合运输体系建设，强化基础设施优化衔接、发挥综合运输的整体优势，促进现代物流发展、培育交通新兴战略产业，加强城市客运管理、支撑城镇化加快发展。提高综合运输服务水平、满足多样化运输需求是各种运输方式发展共同肩负的重要使命。

第一节　强化基础设施优化衔接

一、加强各运输方式的规划衔接

建立健全综合运输规划体系，统筹各种运输方式之间以及各种方式与城市交通之间规划的协调与衔接。加强高速公路与运输枢纽、运输枢纽之间通道的规划衔接。加强城际轨道与客运枢纽规划衔接，推进城际轨道交通与城市轨道、城市公共交通系统的衔接。加强铁路与港口的规划衔接，积极发展铁水联运。完善城市交通和城际交通与机场的规划衔接，提高换乘效率和机场辐射能力。

二、优化综合运输基础设施网络布局

增加综合运输基础设施总量。加快推进各种运输方式基础设施建设，进一步加强综合运输通道以及城市群、都市圈和城镇带城际交通通道建设，提高综合运输基础设施网络化水平和运输保障能力。

优化综合运输基础设施网络结构。调整完善综合运输网络布局，落实国家区域发展总体战略和主体功能区战略，根据各区域交通需求结构和交通资源供给条件，按照各种运输方式比较优势，加快形成布局合理、功能完善、有机衔接、安全环保的综合运输基础设施网络。强化综合运输体系薄

弱环节建设，全面加快内河水运发展，充分发挥内河水运优势和潜力，促进各种运输方式协调发展。

合理配置综合运输通道资源。注重综合运输大通道与经济发展主轴的有机衔接，体现对国家主体功能区规划的基础支撑作用。优化各种运输方式在运输通道内的资源配置，发挥各自比较优势。加强通道土地资源集约利用，推进公路与铁路或轨道交通共用跨江、跨海通道，以及城际轨道和干线公路合理共用通道资源。

三、加快综合运输枢纽建设

加快综合客运枢纽建设。加强对综合客运枢纽规划建设工作的指导，引导建立以地方政府为主导的综合客运枢纽规划建设部门协调机制，着力解决规划衔接、建设用地等问题。推动地方政府和枢纽所在城市开展综合客运枢纽布局规划编制工作。以高速铁路、轨道交通等建设为契机，重点建设一批集多种运输方式于一体的综合客运枢纽。

专栏1 "十二五"综合客运枢纽建设重点

建设与铁路衔接的综合客运枢纽约100个，其中，在36个中心城市重点打造约40个集公路、铁路、轨道交通、城市公交、出租车等多种方式于一体的现代化大型综合客运枢纽。

加快综合运输枢纽集疏运体系建设。加快推进综合客运枢纽集疏运体系建设，保障枢纽效能的发挥，缓解城市交通拥堵。加快推进主要港口、铁路和公路货运站场、物流园区等货运枢纽的集疏运网络建设。继续加快高速公路与主要集装箱港区的连接，推进铁路疏港支线及联络线建设，加强沿海港口与内河运输的衔接。加快推进吞吐量较大的枢纽机场轨道专用线以及省会和部分经济发达城市的机场快速通道建设。

第二节 促进现代物流发展

一、依托货运枢纽发展现代物流

拓展货运枢纽的现代物流功能。发挥沿海港口货运枢纽优势，建设港口物流园区，沿运输通道扩大辐射范围，带动内陆无水港发展，支持内河港口与保税园区、工业园区联动发展，大力拓展港口的现代物流功能。

推进公路货运枢纽向物流园区转型。推进国家公路运输枢纽货运站场建设，优化与主要港口、铁路站场之间的运输组织，注重与产业园区、商贸市场、国际口岸的有效对接，统筹公路枢纽、港口、机场、铁路站场及邮政、快递作业枢纽的规划建设。拓展公路货运枢纽功能，以促进现代物流发展为重点任务，促进其向物流园区转型。

专栏2 "十二五"公路货运枢纽向物流园区转型重点工程

在全国196个国家公路运输枢纽城市，共建设200个左右、具有综合物流服务功能的物流园区或公路货运枢纽，强化与铁路、水路等其他运输方式的衔接，与产业园区、商贸市场、国际口岸有效对接，全面提升物流服务水平。

二、支持运输企业向现代物流企业转型

拓展运输服务领域。引导和规范货运代理、无车承运人、邮政和快递企业、零担快运等运输组织主体的发展;鼓励货运枢纽经营企业拓展仓储、分拨配送、流通加工、保税等功能,促进货运枢纽站场加快向现代综合物流园区转型。加快上海国际航运中心建设,推进天津、大连国际航运中心建设,延长航运服务产业链,发展航运贸易、金融、保险、经纪、信息和海事仲裁等服务。

加快培育龙头企业。引导一批重点货运企业按照市场机制整合资源,扩大经营规模和服务范围,拓展经营网络,由运输承运人向综合物流服务商转型,积极发展第三方物流。支持港航企业延伸服务链,向全球或区域物流经营人转变,提高航运信息服务机构在信息发布、咨询等领域的国际影响力。促进航空货运企业向现代物流转型,支持国内航空运输企业拓展国际和国内航空快递业务。鼓励中邮集团等龙头企业深化改革,深度拓展物流业务,积极向现代物流业转型。

三、大力发展农村物流

推进农村物流设施和服务体系建设。逐步推进农村公路、运输枢纽节点与物流中心在规划建设层面的有机结合,继续加快农村公路和客运班车通达建设,适当拓展农村交通基础设施和物流设施建设。发挥邮政系统在农村地区的基础网络体系、认知度和市场占有率优势,支持邮政企业全面参与农村物流流通网络建设,积极发展农村物流的连锁配送业务。充分发挥客运班车村村通优势,推进公路客运班车代运小件邮件、快件试点,拓展快递物流服务范围。

第三节　加强城市客运管理

一、建立多层次的公共交通服务网络

实施公共交通优先发展战略,大力发展城市公共交通系统,建立健全多层次、差别化的公共交通服务网络,形成便捷、高效、智能、环保的城市公交体系。充分发挥轨道交通和快速公交(BRT)在城市交通系统中的骨干作用,300 万人口以上的城市加快建设以轨道交通和快速公交为骨干、以城市公共汽电车为主体的公共交通服务网络;100 万 ~ 300 万人口的城市加快建设以公共汽电车为主体、轨道交通和快速公交适度发展的公共交通服务网络;100 万人口以下的城市加快建设以公共汽电车为主体的公共交通服务网络。科学规划和调整公交线网,"十二五"末,300 万人口以上的城市、100 万 ~ 300 万人口的城市以及 100 万人口以下的城市,建成区公交站点 300 米覆盖率不低于 85%、75% 和 70%;全国公交专用道总里程达到 10000 公里。积极发展地面快速公交系统,提高线网密度和站点覆盖率。发展多种形式的公共交通特色服务,提高公共交通线网覆盖面和通达深度,适应上学、就医、旅游、购物、偏远地区居民以及行动不便人群等的出行需求。鼓励发展城市公共自行车服务系统。

二、提高城市客运信息化和智能化水平

发展面向不同层级政府部门的客运管理信息系统,建立面向公众的客运信息服务体系,初步实现向社会提供全方位、多方式、跨地区的一站式客运信息查询服务。建设以中心城市为节点的国家级城市公共交通运行状态数据中心。发展包括城市公共交通在内的公共客运综合信息平台,支撑对多种交通方式的信息查询、应急保障、综合调度及动态监控等功能。

三、规范城市公交运营管理

加快建立以《城市公共交通条例》为龙头,以配套规章为基础,以地方性法规、规章为补充的法规体系,将优先发展公共交通纳入规范化、法制化轨道。加快理顺城市公共交通管理体制,统筹城乡公共交通一体化发展。建立完善城市公共交通定价、调价机制。扶持公交企业发展,规范城市公交服务标准,建立政府购买公交公共服务制度。制定"公交都市"建设评价标准和办法,实施示范工程,提高城市公交出行分担率。

专栏 3 "十二五"国家"公交都市"建设示范工程

结合国家低碳城市建设需要，选择 30 个城市实施"公交都市"建设示范工程。研究制定"公交都市"建设目标和评价指标体系。支持综合客运枢纽、智能交通系统和公共服务信息系统建设，鼓励新能源公交车辆的更新使用和配套服务设施建设，提升公交运营效率和服务品质。通过 5 年的努力，在示范城市实现主城区 500 米上车，5 分钟换乘，公共电汽车运行速度明显提高，公交出行分担率达到 50% 以上。

四、加强出租汽车市场管理

规范发展城市出租车业，建立完善出租汽车政策法规体系。制定出租汽车服务质量信誉考核办法，建立出租汽车企业、驾驶员服务质量信誉考核体系，形成优胜劣汰的市场机制。制定出租汽车从业资格管理规定，建立出租汽车驾驶员准入与退出机制。推进城市出租汽车服务管理信息系统建设。

第四节 提高综合运输服务保障能力

一、优化运输组织

鼓励跨行业整合运输资源和拓展业务。加强协调，努力破除行业政策壁垒，修订和废止阻碍企业跨行业经营的政策制度，组织公路、铁路、水路、民航、海关、检验检疫等部门开展合作，构建规范的一体化运输市场，鼓励跨行业、跨区域的运输企业间开展多种形式的合作，实现规模化、集约化和网络化经营。

加强对多式联运市场的引导和规范。制定多式联运经营人资格认证标准、资质、经营内容和责任范围。加强对货代企业的监管，规范和整顿各类小型货代，引导、扶持大型货代企业的集约化、规模化发展。强化对公路、内河集装箱运输市场的管理，规范市场竞争秩序和运营行为。

重点推进集装箱多式联运、甩挂运输等先进运输组织方式。充分发挥长江三角洲、珠江三角洲等水网地区的内河航运优势，引导和支持大型航运、码头企业发展集装箱水水转运、驳船快速运输。扩大集装箱海铁联运试点范围，选择特定运输线路、航运公司和货代企业，扩大五定班列的规模和范围。组织开展甩挂运输试点工程，推进甩挂运输全面发展。

二、建设公共信息共享平台

加快建设综合运输管理和公共信息服务平台。继续推进交通运输各行业的信息化建设，建立综合运输信息采集和共享机制，切实加强信息资源的开发利用，促进各运输方式信息系统对接和资源共享，减少票证及单据的流通障碍，为公众出行和货物、邮件、快件运输提供全面覆盖、及时可靠、选择多样的信息，提高交通运输管理效能和服务水平。

三、制定与完善标准规范体系

制定与完善综合运输政策和标准规范，改造提升客货运输服务体系，促进运输方式之间运输组织与市场的衔接。从运输、包装、装卸、信息等各环节，逐步建立和完善多式联运的技术、服务、管理的标准规范。通过行业管理机构设定强制标准，引导企业使用，推进运输组织、运输行为衔接的标准化。

四、进一步完善协商协调机制

进一步加强部门间沟通协商，完善交通运输各部门部际协调机制。努力在综合运输体系规划及重大项目建设、综合客货运枢纽的规划建设与运营管理、区域交通与城乡客运一体化、多式联运标准和技术政策等方面的衔接、沟通与协调上取得突破。

加强与海关、国检、银行等部门的协商协调，增设内陆直通关口岸，在保证海关和国检部门对进出口货物实施有效监管的基础上，减少内陆、沿海口岸之间的转关，提高通关效率。

第三章　公路交通

公路交通要坚持建、养、运、管并重，完善国家公路网规划，基本建成国家高速公路网，加大国道改造力度，加强公路科学养护，优化营运车辆结构，创新运输组织模式，规范建设和运输市场管理，全面提升公路运输保障能力和服务水平。

第一节　完善公路交通网络

一、完善公路网规划

根据"统筹规划、条块结合、分级负责、联合建设"的公路建设原则，按照现行管理体制，并从事权管理的角度，全面完善公路网规划，推进国家公路网规划建设，形成层次清晰、功能完善、权责分明的干线公路网络系统，重点建设国家高速公路，实施国省道改造，继续推进农村公路建设，加快国家公路运输枢纽等专项建设。贯彻落实新一轮区域发展规划，重点扶持西部地区、"老少边穷"地区，特别是西藏、新疆等重点区域公路交通建设。到 2015 年，基本形成适应综合运输体系发展要求的公路交通网络，公路网结构明显趋于合理，区域公路发展差距明显缩小，城乡之间路网衔接更加顺畅。积极探索建立高速公路与普通公路统筹发展的新机制，逐步形成以高速公路为主体的收费体系和普通公路为主体的不收费体系。

二、加快形成高速公路网

推进国家高速公路建设，加快高速公路网剩余路段、"瓶颈"路段的建设，基本完成 2004 年国务院审议通过的国家高速公路网规划，建成比例超过 90%，通车里程达到 8.3 万公里。积极推进国家公路网规划中的国家高速公路新增路线建设；支持纳入国家区域发展规划、对加强省际和区域以及城际联系具有重要意义的高速公路建设，提高主要通道的通行能力；继续完善疏港高速公路和大中城市绕城高速公路等建设；全国高速公路的网络化程度和可靠性显著提高，有力促进综合运输体系的协调发展。

三、强化国省道改造

加大国省道改造力度，着力提升技术等级、服务能力和水平。重点提高国省道二级及以上公路比例，加快实施县通二级公路建设，国道二级及以上公路比例达到 70% 以上。按照国家公路网规划，重点推进国道网建设，增强国道对县级及以上行政节点的连接和覆盖。进一步加大危桥改造力度，按照技术规范要求严格实施安保工程。

专栏 4　"十二五"国道改造工程

　　每年对一批国道重点路线进行综合改造。东、中部地区重点改造交通拥挤的 G103、G104、G105、G107 四条射线和 G204、G205 两条纵线；西部地区重点加强 G108、G212、G213、G214、G219、G317、G322、G323、G326 九条建设相对滞后国道的升级改造；进一步加强制约国道网综合效益发挥的"瓶颈"路段建设，共约 75 段、2000 公里。

四、继续推进农村公路建设

农村公路建设坚持"扩大成果、完善设施、提升能力、统筹城乡"的总体思路，为广大农村地区提供更完善的公共服务。一是推进以西部建制村通沥青（水泥）路为重点的全国通达、通畅建设任务，满足农民群众的基本出行需求；二是完善农村公路基础设施，包括桥梁新改建工程、安保工程等，提高农村公路的抗灾能力和安全水平；三是改善农村公路网络状况，包括县乡道改造、连通工程等，提高农村公路的网络化水平和整体服务能力。到"十二五"末，农村公路总里程达到390万公里。

五、加快公路运输站场建设

加快推进国家公路运输枢纽站场建设，公路客、货运输站场建成率力争达到50%和40%。重点建设一批集铁路、公路、城市交通客运中转换乘功能于一体、实现"零距离换乘"的综合客运枢纽，大力推进一级公路客运站建设，地级市至少拥有1个一级客运站。继续推进农村客运站场建设。

六、加强口岸公路等专项建设

推动口岸公路建设，构建国际大通道，支持亚洲公路网、上海合作组织、东盟区域合作以及中俄地区合作规划等涉及的口岸公路建设。全面提高口岸公路技术等级和路面状况，通往国家重要陆路口岸的公路基本实现高等级化。

此外，继续支持红色旅游公路建设。同时结合国省道和农村公路建设，加强旅游公路建设。

第二节　加强公路养护管理

一、完善公路养护管理法规体系

创新公路养护管理的体制机制，建立和完善相关工作制度，研究制定《公路养护作业单位资质管理办法》、《公路养护市场管理办法》以及公路技术状况监督、养护工程交（竣）工等配套部门规章和技术标准，修订养护定额标准，完善养护决策工作流程。

二、推进公路科学养护

基本建立国省道养护管理科学决策体系，主要路况检测指标基本实现自动化，路况评价及养护决策实现信息化和制度化。

实施公路大、中修养护工程。确保全国每年对不少于17%的国省道实施大、中修工程。组织开展公路养护示范工程创建活动。

加快推行预防性养护。研究制定预防性养护指导政策、技术标准。加强预防性养护新设备、新材料、新技术和新工艺的研究，推行低碳、环保、节能养护，努力形成成套技术标准体系。

专栏5　"十二五"推广多功能路况快速检测系统

全面推广多功能路况快速检测系统，定期检测国省道路况。一是进一步完善路况检测指标，增加公路几何线形、地理位置、沿线设施等信息的数据采集功能，并应用到公路资产的科学化养护管理中。二是提高数据采集的频率和准确性，将路况快速检测系统的适用范围从路网级大规模宏观路况检测扩展到项目级的损坏数据精细检测。三是开发操作方便、成本低廉、功能实用的路况快速检测系统系列装备，为农村公路和低等级路网的科学化养护管理提供技术支撑。

三、全面加强农村公路养护

建立健全农村公路养护管理机制，深化农村公路管理养护体制改革。落实农村公路养护责任主体，进一步完善指标体系和考核体系。加大政府财政投入，建立长期稳定可靠的农村公路养护资金渠道和政策，力争实现农村公路"有路必养"。

四、规范路政管理，强化公路保护工作

加大路政执法和公路保护工作的力度，逐步实现路政管理覆盖所有公路，逐步提高路政管理设施与装备

水平,创新路政管理手段,推进路政管理信息化。力争"十二五"时期路政案件查处率达到90%以上。

提高路政管理规范执法和文明服务的能力。逐步推行网上办理行政许可、跨省大件运输联合审批、高速公路救援、公路养护作业现场秩序维持和疏导等便民服务措施。

全面推进经营性公路的路政管理工作由地方交通运输主管部门或公路管理机构实施派驻管理的模式,探索高速公路和公路超限检测站的路政工作由公路管理机构实施跨区统筹管理模式。

第三节 提升公路运输服务水平

一、引导发展现代化营运车辆

引导营运车辆向专业化、标准化、清洁化方向发展。鼓励发展大中型高档客车,大力发展适合农村客运的安全、实用、经济型乡村客车。鼓励发展集装箱、厢式、冷藏、散装、液罐、城市配送等专用运输车辆和标准车型。重点推进干线公路营运货车的轻质化、标准化。加快更新老旧车辆,促进高效、节能运输车辆的发展。建立健全推荐车型制度,促进车型标准化。

二、推进运输组织模式创新

鼓励企业间广泛开展协作与联营,引导运输市场向市场主体集约化和运输经营网络化方向发展。以国家公路运输枢纽为主要节点,完善站场组织功能,构建城际快速公路货运网络,发展零担快运等网络化运输形式。全面推进甩挂运输试点工程,探索甩挂运输运营组织模式,进一步完善促进甩挂运输全面发展的政策法规和标准规范体系。

专栏6 "十二五"甩挂运输试点工程

组织开展部、省两级甩挂运输试点工程。择优推荐具有较大资产规模、管理规范、社会信誉好、有稳定的甩挂运输业务需求,有一定的甩挂设施装备条件的企业作为试点对象,重点对试点企业(项目)的甩挂作业站场设施和信息管理系统改造、甩挂运输车辆购置更新给予资金补助和政策扶持,使试点企业"十二五"末牵引车与半挂车比例达到1:2以上。

三、促进区域及城乡客运发展

打破地域壁垒,统筹跨区域班线客运、旅游客运线路资源,鼓励有条件的地区开通公交化的城际客运班线,统一规划城际客运线网、专用候车亭和招呼站以及换乘枢纽,稳步推进城际间道路客运一体化发展。

统筹城乡客运资源配置,鼓励城市公交向城市周边延伸覆盖,支持有条件的地区进一步推进农村客运公交化改造。建立城乡客运一体化的协调共享机制,完善城乡客运一体化标准规范体系,实现城乡客运服务的有效衔接。

推行与其他客运方式差异化发展战略。优化城际客运班线线网布局。稳步拓展短途、多样化与个性化客运市场,优化中长途客运资源配置。大力发展包车客运、旅游客运、精品班线、机场快线、商务快客、短途驳载等运输效率高、通达度深的特色客运业务。

四、大力发展农村客运

加大对农村客运的支持力度,完善农村客运线网布局,稳步提高农村客运班车通达率,基本实现村村通,建制村班车通达率东部地区达到95%,中、西部地区达到90%以上。

提高农村客运组织化、规模化水平,稳步推广农村客运的片区经营模式,将企业经营范围由线路规定改为区域划定,实行公司化经营,探索开行隔日班、周班、节日班或赶集班等固定或者非固定的班次。

第四节　完善公路市场管理

一、完善运输市场管理

以安全、节能减排和服务质量为重点，完善道路运输市场准入和退出机制。加强行业诚信体系建设，完善对道路运输企业质量信誉考核和从业人员的诚信考核。建立驾驶员培训、机动车维修、汽车租赁业的服务质量监测和考核体系，逐步建立全国汽车维修质量检测及汽车配件质量保证和追溯体系。

大力发展汽车租赁业，推动建立全国性的汽车租赁业服务网络，完善汽车租赁业管理制度，规范经营行为。扶持推广"物联网"技术在汽车租赁业的应用，完善租赁车辆调度管理系统。建立顾客诚信管理档案，健全电子支付系统。引导汽车租赁企业以资产和品牌为纽带开展加盟连锁经营，鼓励企业异地设置网点以及与汽车生产企业、汽车维修企业实行联合经营，扩大服务覆盖范围。

二、加强建设市场监管

严格建设市场准入，在资质资格审查、市场资格限制、接受社会监督等方面进一步加强管理，规范工作程序，促进市场公平。加强公路工程招投标监管，严格实行招标文件编制和备案审查，规范评标、定标程序，研究建立信用评价辅助招标工作机制，加强招标工作考评和监督。加强监督检查，进一步规范建设市场秩序。

进一步加强公路工程基本建设程序监督和质量安全管理、招标投标、市场监管等方面的法规建设，不断完善公路建设法规体系。同时要加快涉及安全、环保、用地、节能方面标准规范的制定和修订进程，进一步完善公路工程标准规范体系。

三、完善信用体系建设

加强信用管理，规范信息采集、评价、发布、监督、应用等各环节工作要求，促进信用信息互联互通，形成全国共享的信息管理网络。逐步扩展评价主体，将信用评价范围扩大到项目法人、招标代理、勘察设计、工程咨询、设备材料供应等市场主体。

四、全面推行现代公路工程管理

全面推行现代工程管理，不断提高建设管理水平，推动公路建设发展理念人本化、项目管理专业化、工程施工标准化、管理手段信息化、日常管理精细化。加强对国家重点项目的指导和监督，规范民营和社会资本投资项目管理。严格执行公路工程强制性技术标准，确保工程质量和安全。

专栏7　"十二五"全面推行现代公路工程管理

加强项目法人监督。严格准入管理，完善管理制度，加强监督考核，充分发挥专业团队的优势，促进项目管理专业化。

推进工程施工标准化。开展为期3年的施工标准化活动，通过示范工程，在工序流程、材料加工、场地建设、规范管理等方面实现施工标准化管理。

实现项目管理信息化。加强建设项目信息资源的整合和利用，对质量安全、计划进度、合同管理、远程监控进行信息管理，实现办公自动化、管理智能化和控制实时化。

提高勘察设计质量。着重提高地质勘察工作质量，严格执行标准，实行公路桥梁隧道设计安全风险评估制度，加强设计审查，提高设计质量。

强化建设市场监管。严格市场准入，维护市场秩序。继续推进市场信用体系建设，加强信用管理，规范招投标管理。

引导规范工程分包行为。明确专业分包的合理范畴和准入标准，规范劳务合作，引导施工分包更好地向专业化方向发展，促进工程分包阳光化、科学化、规范化。

第四章　水路交通

继续有序推进沿海港口基础设施建设，优化沿海港口结构与布局，着力拓展港口功能，提升港口的保障能力和服务水平。充分发挥内河水运优势，发挥内河水运对沿江产业布局的引导作用，认真贯彻落实《国务院关于加快长江等内河水运发展的意见》，加快以高等级航道和主要港口为重点的内河水运基础设施建设，大力提高运输服务水平，建设现代化的内河水运体系。

第一节　有序推进沿海港口建设

一、优化港口布局

强化主要港口的核心地位。继续推进主要港口大型综合性港区建设，充分发挥主要港口在综合运输体系中的枢纽作用，提升对腹地经济社会发展的综合服务能力。

推进新港区开发。贯彻落实国家区域发展规划，结合产业布局，统筹规划、科学推进服务于区域经济发展的新港区开发。重点推进大连长兴岛、唐山曹妃甸、天津大港、连云港徐圩、海峡西岸港口、湛江东海岛、防城港企沙等港区建设。

完善煤炭、外贸进口原油、外贸进口铁矿石和集装箱等主要货类运输系统港口布局，提升沿海地区港口群现代化水平。

二、推进主要货类运输系统码头建设

"十二五"时期沿海港口规划新增深水泊位约 440 个，重点推进煤炭、原油、铁矿石和集装箱码头建设。

煤炭运输系统：结合国家煤炭铁路外运通道的扩能和新建，推进装船码头建设，提高保障能力；加快建设华东、华南地区煤炭公用接卸码头，结合国家煤炭中转储备基地布局、建设相应码头。规划新增北方煤炭装船港煤炭码头通过能力 3.1 亿吨。

外贸进口原油运输系统：根据炼厂扩能与布局，以及原油管道建设、战略储备和能源安全供应的需要，相应建设大型原油接卸码头。规划新增大型原油码头接卸能力 1.0 亿吨。

外贸进口铁矿石运输系统：加快建设环渤海地区、长江三角洲地区外贸铁矿石一程接卸码头。结合沿海大型钢铁基地布局，配套建设铁矿石码头。规划新增大型铁矿石码头接卸能力 3.9 亿吨。

集装箱运输系统：把握建设节奏，充分发挥既有设施能力，稳步推进干线港集装箱码头的建设，相应发展支线港、喂给港集装箱码头。加快形成内贸集装箱运输体系。规划通过新建和挖潜，新增集装箱码头通过能力 5800 万 TEU。

三、加强港口公共基础设施建设

航道、防波堤、公共锚地等公共基础设施：重点建设主要港口、地区性重要港口深水航道和防波堤，推进新港区航道、防波堤建设。

港口集疏运体系：加快主要集装箱港区疏港高速公路建设，推进大型综合性港区建立客货分离的集疏运公路体系，加强港口铁路集疏运通道及场站建设的协调，加快长江三角洲、珠江三角洲地区港口内河集疏运体系建设。

陆岛交通码头：进一步改善陆岛交通运输设施，提升滚装运输适应能力，提高陆岛码头服务水平。重点建设 1000 人以上岛屿客运、车渡（滚装）、货运码头，继续完善 1000 人以下岛屿陆岛交通码头。

四、促进港口结构调整

发展专业化、规模化港区。通过建设专业化码头和整合港区作业货类，提升港口专业化、规模化水平。

加强老港区改造，提高既有设施的技术水平和生产能力，合理调整港区功能，协调港城关系。鼓励发展公用码头，鼓励企业专用码头提供社会化服务，提升港口的公共服务水平。

专栏8　"十二五"沿海港口设施建设重点

"十二五"时期沿海港口规划新增深水泊位440个。

煤炭泊位：重点建设锦州港、唐山港（曹妃甸港区）、天津港、黄骅港、秦皇岛港煤炭装船码头，新增煤炭装船能力3.1亿吨。加强南方地区公用煤炭接卸码头建设，根据国家煤炭储备要求，相应建设有关码头设施。

原油泊位：根据炼厂扩能和布局以及原油管道建设，相应开展配套原油码头前期工作并适时建设。规划新增大型原油码头接卸能力1.0亿吨。

铁矿石泊位：结合新钢厂布局，配套建设矿石泊位。规划新增大型铁矿石码头接卸能力3.9亿吨。

集装箱泊位：在充分发挥既有设施能力基础上，根据集装箱运输市场情况，合理把握建设节奏，有序推进新码头建设。规划新增集装箱码头通过能力5800万TEU。

重点建设主要港口、地区性重要港口公用港区航道、防波堤工程，加强新港区航道、防波堤建设。重点建设1000人以上岛屿的车渡（滚装）、货运码头，继续完善1000人以下岛屿陆岛的交通码头。

第二节　加快发展内河水运

一、实施长江干线航道系统治理

按照"规划指导、项目牵引、加强管理、有序推进"的原则，加快长江干线上、中、下游航道系统治理，全面改善通航条件。实施"中游荆江河段航道治理工程"和"南京以下12.5米深水航道建设工程"两大重点工程，继续实施长江口河段航道治理工程，带动长江干线航道发展上一个新台阶，力争到2015年，基本实现《长江干线航道总体规划纲要》提出的规划目标。

专栏9　"十二五"长江干线航道建设重点

上游：实施水富至宜宾段三级航道建设工程，将三级航道延伸至云南水富；结合三峡后续规划，适时推进三峡水库库尾航道治理；实施三峡至葛洲坝两坝间乐天溪、莲沱等航道整治及配套设施建设工程，结合优化水库调度、加强管理等手段，改善两坝间通航条件。

中游：结合河势控制和防洪工程，重点实施荆江河段（宜昌至城陵矶段）航道治理工程，整治沙市、窑监、藕池口等主要碍航水道，荆江河段航道等级由二级标准提高到一级标准，航道水深由3.0米提高到3.5米；城陵矶至武汉河段重点实施界牌水道二期、赤壁至潘家湾等河段航道整治工程，提高通航标准，航道水深由3.2米提高到3.7米。

下游：重点实施南京以下12.5米深水航道建设工程，按照"整体考虑，自下而上，分段推进"的思路，先期对福姜沙、通州沙、白茆沙水道进行治理，南通以下航道水深达到12.5米；实施仪征、和畅洲、口岸直等水道航道治理工程和后续完善工程，加大维护力度，力争开通南京以下12.5米深水航道。实施武汉至南京河段主要碍航水道航道治理，武汉至安庆段航道水深由4.0米提高到4.5米，安庆至芜湖段水深由5.0米提高到6.0米，芜湖至南京段水深达到7.5米。

二、加快以高等级航道为重点的内河航道建设

实施西江航运干线扩能工程，提高主要航段通航标准，建设贵港、桂平二线和长洲三、四线船闸，扩大船闸通过能力，加快推进右江百色、红水河龙滩枢纽过船设施建设。实施京杭运河苏南段和浙江段三级航道建设工程，结合南水北调东线工程实施济宁至东平湖段三级航道建设工程，继续实施船闸扩能工程。全面加快苏申外港线、长湖申线、湖嘉申线、杭申线、杭平申线、芜申线、大芦线等长江三角洲高等级航道建设，建成并完善珠江三角洲高等级航道网。积极推进嘉陵江、乌江、汉江、湘江、赣江、合裕线、右江、沙颖河、松花江、闽江等高等级航道建设。"十二五"时期共改善三级及以上航道里程 3500 公里。到 2015 年末，长江干线以及西江航运干线、京杭运河和珠江三角洲高等级航道网全面或基本达到规划标准，长江三角洲高等级航道网 60% 达到规划标准。

实施涡河、沱浍河、三峡库区支流等区域主要航道建设工程，扶持中西部、少边穷地区水运基础设施建设。加强黑龙江、额尔古纳河、鸭绿江等界河航道建设，积极推进澜沧江—湄公河等水运通道建设，加快构建国际水运通道。

三、发展规模化港区

推进重庆长江上游航运中心和武汉长江中游航运中心建设，以主要港口为重点，加快内河港口规模化、专业化港区建设，建成一批集装箱、汽车滚装、大宗散货等专业化泊位。加强内河主要港口铁路、公路集疏运通道建设，发展港口物流，拓展港口功能，增强港口对临港工业和腹地经济发展的支撑带动作用。

四、推进内河船型标准化

继续推进长江干线和京杭运河船型标准化，全面展开西江航运干线和珠江三角洲高等级航道网船型标准化，启动其他高等级航道重点船型的标准化工作。通过资金引导和管理措施，推广标准化船型，鼓励现有老旧运输船舶提前退出航运市场，加快更新改造安全、环保设施达不到规范要求的船舶。到 2015 年末，长江干线、西江航运干线和京杭运河船型标准化率达到 70%。

五、加强航道养护管理

着力提高航道养护水平，保障内河水运畅通安全。坚持分类养护，以长江干线等高等级航道为重点，全面提高航道养护和应急保通能力，加强界河航道养护和管理。健全航道养护技术标准和规章制度，推动航道养护工作规范化和制度化。提升航道养护设施、设备能力建设，加快养护船舶更新改造。加大航道养护资金投入，建立稳定的资金渠道，保证日常维护资金需求。深化航道养护机制改革，发挥航道管理机构专业化管理与市场机制的双重作用，提高航道养护效率和水平。积极推进数字航道、航标遥测遥控等新技术应用，提升航道养护管理的现代化水平。加强航道养护技术研究，提高航道设施服务能力。

第三节　提升水运服务能力和水平

一、提升运输装备水平

调整运力结构，促进运输船舶向大型化、专业化方向发展，到"十二五"末，远洋、沿海、内河船舶平均吨位分别提升到 25000 吨、6500 吨和 800 吨。壮大海运国轮船队，提高进口能源、重要原材料运输保障能力。提升沿海船舶技术水平，鼓励发展液化气船、商品汽车滚装船等专业化船舶。加快推进内河船型标准化，大力发展江海直达船舶。严格实施和完善老旧船舶强制报废制度，加大船舶技术更新改造力度，改善安全性能，提高技术水平。

二、加快提升港口服务水平

积极发展港口现代物流功能。依托主要港口打造区域物流中心，构建以港口为重要节点的物流

服务网络，拓展仓储、货物贸易服务等功能。加强港口物流园区、货运场站及物流通道建设，推进港口物流公共信息平台和电子商务平台建设，推进内陆无水港发展。

发挥保税港区政策优势，积极发展国际中转，促进配送、出口加工等保税业务发展。

利用现代信息技术，提升港口服务效率和水平。重点推进港口集装箱多式联运信息服务系统示范工程，基于港航 EDI 中心，结合航运中心建设，依托沿海和长江沿线主要港口，建立多种运输方式一体化单证体系和信息服务体系，实现信息共享和通关一体化服务。

三、完善运输组织体系

继续完善远洋、沿海和内河运输体系。推进内河干支直达和江海直达运输发展，有条件的地区发展顶推船队运输，提高运输效率，降低运输成本。大力发展内河集装箱运输，完善集装箱、大宗物资、汽车滚装运输网络。

积极推进多式联运，重点推进集装箱、大宗物资水铁联运、江海联运。

四、大力发展现代航运服务业

在环渤海、长江三角洲、珠江三角洲、海峡西岸等区域大力发展航运金融、保险、海事仲裁、信息、航运交易等高端航运服务业，拓展航运服务产业链，建设航运交易信息平台，探索建立国际航运发展综合试验区。进一步提升船舶代理、无船承运、船舶管理等传统航运服务业水平。

进一步提升国际航运合作水平，积极参与重要海上运输通道的合作，完善国际海运航线网络，保障能源等战略物资运输安全。支持大型港口及航运企业实施国际化发展战略，增强能源、原材料运输保障能力。推进澜沧江—湄公河国际航运便利化，推进东北亚地区陆海联运发展。

五、提升水上客运服务品质

推动水上客运向高速化、舒适化方向发展。大力发展海峡、岛屿间高速客轮、客滚运输和水上旅游客运。推进大连、天津、青岛、厦门、深圳、北海等港口邮轮运输，重点建设三亚、上海等邮轮母港，逐步延伸产业链条和服务范围，提高邮轮运输发展水平。有序发展游艇码头，加强安全监管。

第四节　加强水运市场管理

一、完善运输市场管理

完善行业管理的经济和法律手段。制定相应政策法规，依法加强港口建设、投资、经营市场准入管理，严把水路运输市场准入、退出关，强化从业人员、企业、船舶的市场准入资格审核。

提高市场监管能力，建设统一、开放、竞争、有序的行业市场体系。依法加大水路运输、港口经营市场的监管力度，加强企业经营行为监督检查。实施经营资质年度审核，以客船、危险品船的管理为重点，建立经营资质预警和动态监管制度。加强台湾海峡两岸海运市场运力调控和经营秩序监管力度，规范两岸海运市场。

严格实施运价报备制度，调整完善港口收费体系和机制，防止不正当竞争。加强对企业兼并收购的行业监管。

二、加强水运建设市场管理

严格水运建设市场准入管理，加强建设工程咨询、评估、勘察、设计、施工、监理等从业单位和从业人员资质资格管理。推进水运建设市场信用管理体系建设，强化对建设项目投资人、从业单位和从业人员信用的动态管理。严格执行国家基本建设程序，落实项目法人制、招投标制、工程监理制和合同管理制。进一步完善水运建设质量和安全管理体系，严格执行有关法律、法规、规章和标准，明确责任，落实措施，确保工程质量和安全。

第五章　民用航空

以建设民航强国战略统领民航业发展，以确保持续安全为前提，加快基础设施建设，完善航空运输网络，全面提升运输质量，积极发展通用航空，显著提高民航综合保障能力和服务水平。

第一节　增强机场保障能力

一、优化机场布局

全面实施《全国民用机场布局规划》，并依据经济社会发展形势予以调整完善。完善以国际枢纽机场和干线机场为骨干、支线机场为补充的航空网络，加强珠江三角洲、长江三角洲、京津冀等区域机场功能互补，促进多机场体系的形成。力争到 2015 年，民用机场覆盖全国 81% 以上的县级城市单元、83% 以上的人口和 94% 以上的 GDP。

北方机场群：将北京首都机场建设成为具有较强竞争力的国际枢纽机场，新建北京新机场。加快发展区域枢纽机场，发挥哈尔滨、沈阳、大连、天津机场在东北振兴和天津滨海新区发展中的重要作用。培育哈尔滨机场的门户功能。发挥石家庄、太原、呼和浩特、长春等机场的骨干作用。发展漠河、大庆、二连浩特等支线机场，新增抚远等支线机场。

华东机场群：将上海浦东机场培育成为具有较强竞争力的国际枢纽机场。加快发展上海虹桥、厦门、杭州、南京、青岛等区域枢纽机场。培育青岛机场的门户功能。发挥济南、福州、南昌、合肥等机场的骨干作用。发展淮安等支线机场，新增九华山等支线机场。

中南机场群：将广州机场培育成为具有较强竞争力的国际枢纽机场。完善深圳、武汉、郑州、长沙、南宁、海口等机场区域枢纽功能。增强三亚、桂林等旅游机场功能。发展百色等支线机场，新增衡阳等支线机场。

西南机场群：强化昆明、成都、重庆机场的区域性枢纽功能。加快培育昆明机场的门户功能。提升拉萨、贵阳等机场骨干功能。发展腾冲等支线机场，新增武隆等支线机场。

西北机场群：强化西安、乌鲁木齐机场区域枢纽功能。培育乌鲁木齐机场的门户功能。提升兰州、银川、西宁等干线机场的骨干功能。加快发展库尔勒、喀什机场成为南疆主要机场，发展玉树等支线机场，新增石河子等支线机场。

二、加快机场建设

加快提升现有机场容量。积极推进机场改、扩建工程，提高机场保障能力。继续强化北京、上海浦东、广州三大枢纽机场的建设，完善国际枢纽功能。加强哈尔滨、沈阳、杭州、郑州、武汉、长沙、深圳、重庆、成都、昆明、西安等大型机场建设，满足区域枢纽发展需要。

大力推进容量受限机场建设。迁建秦皇岛、锦州、泸州、延安等机场，研究建设成都、青岛、厦门、大连新机场。

合理新建支线机场。积极推进非运输机场改建或迁建为运输机场，鼓励利用现有军用机场。加快建设通化、五台山、三明、黄平、夏河等支线机场。实施复航机场建设和通用机场升级工程，简化支线机场建设审批程序，在内蒙古、新疆等地区建设通勤机场。推进与基本航空服务有关的机场建设。

主动建设机场空管设施。加快推进中小机场空管设施设备更新改造，逐步实现标准化配置，全面改善和提升中小机场空管保障能力。

专栏10 "十二五"机场建设项目

性质	机场名称
改、扩建	哈尔滨、长春、延吉、沈阳、丹东、长海、大连、天津、石家庄、邯郸、唐山、大同、长治、运城、呼和浩特、海拉尔、乌兰浩特、通辽、赤峰、包头、鄂尔多斯、济南、威海、东营、上海浦东、上海虹桥、南京、徐州、常州、南通、淮安、盐城、无锡、阜阳、安庆、宁波、舟山、杭州、义乌、温州、黄山、福州、武夷山、厦门、泉州、连城、南昌、景德镇、赣州、井冈山、郑州、洛阳、南阳、武汉、襄樊、宜昌、恩施、长沙、常德、张家界、怀化、永州、广州、梅州、深圳、佛山、湛江、南宁、桂林、柳州、百色、海口、三亚、重庆、万州、成都、达州、南充、九寨、西昌、攀枝花、贵阳、铜仁、安顺、丽江、腾冲、西双版纳、拉萨、昌都、林芝、西安、榆林、银川、兰州、庆阳、敦煌、西宁、乌鲁木齐、哈密、库尔勒、和田等
迁建	秦皇岛、锦州、台州、梧州、泸州、宜宾、延安、安康、天水、且末等。研究建设大连、青岛、厦门、成都新机场
新建	加格达奇、抚远、五大连池、建三江、绥芬河、通化、白城、松原、营口、北京新、承德、张家口、邢台、吕梁、五台山、临汾、朔州、阿尔山、巴彦淖尔、霍林河、扎兰屯、乌兰察布、日照、苏中、丽水、嘉兴、三明、莆田、上饶、宜春、芜湖、九华山、商丘、信阳、豫东北、平顶山、神农架、十堰、衡阳、武冈、韶关、惠州、岳阳、河池、儋州、琼海、巫山、武隆、乐山、稻城、红原、遵义、黄平、毕节、六盘水、泸沽湖、红河、沧源、澜沧、那曲、府谷、陇南、金昌、张掖、夏河、德令哈、果洛、石河子、富蕴、莎车等
开展前期研究	饶河、宝清、吉林、鞍山、阜新、本溪、沧州、曹妃甸、承德围场、晋城、图木舒克、林西、聊城、滨州、亳州、漳州、抚州、荆门、娄底、郴州、贺州、德钦、定边、平凉、石嘴山、吴忠、楼兰、塔中等

注：所有项目以国家批复意见为准。

三、提高运营管理效率

深化机场管理改革，开发新的机场业务，推进业务经营模式转型，提高资源配置效率，打造公平、优质、高效的机场公共服务平台。优化机场服务流程，完善信息交换平台，完善服务设施和流程设计，降低行李分拣差错率，实现枢纽中转航班行李直挂。实施能够充分发挥机场基础设施能力的运行方案，提升多机场体系和多跑道机场运行效率。

四、保障航空油料供应

到2015年，保障航油供给约2850万吨。合理布局和建设长江三角洲、珠江三角洲、环渤海及西南地区的成品油储运配送基地，建设南疆航油战略储备库。提高航油获取能力，发展航油物流，稳定、拓展和优化航油供应渠道。根据重点机场迁建和改、扩建工程项目，加强广州、西安、杭州、厦门等机场航空油料的物流、存储、加注和长输管线等基础设施建设。探索和实施适合通用和支线机场的航空油料供应保障模式。加强航油安全管理。

第二节　建设现代空管服务系统

一、完善空中交通网络

规划调整航路网，形成枢纽航路网、区域干线航路网和区域支线航路网有机结合的航路网络构架。建设国内大能力空中通道，在北京至广州、北京至上海等繁忙地区，增加干线航路数量或划设平行航路，构建大能力枢纽航路和区域干线航路。扩大空中交通网覆盖范围。优化繁忙地区航路航线结构。

二、提高空管运行效率

深化区域管制区重组，调整为8个高空管制区和27个中低空管制区。加强管制中心建设，在高空管制区推行大区域管制运行。施行缩小飞机间隔的方案。建设空管运行管理系统。完善空管运行协调机制，不断推进空域管理和使用机制创新。加强气象和情报服务能力建设。

三、加强空管技术保障

提高空管自动化水平，以高空区域管制中心为核心，建立全国一体化空管自动化系统框架。提高空管通信、空中导航和监视能力。提高空管设备运行管理水平。推广应用空管新技术，加强技术服务平台建设。重点推广应用自动化系统融合处理、航空电信网/空管服务信息处理系统（ATN/AMHS）、地空数据链系统、地基增强系统（GBAS）、航路对流天气预报系统、高原机场气象预报系统等新技术。

第三节　提高民航服务能力

一、大力发展旅客运输

完善国内干线网络建设。发展快线化旅客运输，增加直达航线的航班密度，构建骨干航空运输通道，在旅客吞吐量超过1000万人次机场间的干线上全面开展航空快线运输服务。增加枢纽机场与省会城市、沿海开放城市和重点旅游城市的航班密度。引导航空公司提供多层次、差异化的航空服务。鼓励低成本航空公司逐步进入主要的干线运输市场。

促进支线航空发展。鼓励支线航班开展代码共享、联营联运等合作，提升支线航空的通达通畅能力。完善支线航线的准入制度。选择西北、西南等"老少边穷"和地面交通极为不便地区作为试点，实施基本航空服务计划。

大力发展以枢纽化运作为支撑的国际旅客运输。优化国际航线网络，增加欧美航线航班密度，着力开辟连接南美、非洲的国际航线，积极推进周边区域航空一体化进程。增加枢纽的网络辐射范围和广度，增强门户枢纽集散功能，提高国际中转旅客比重。

主动参与国际民航运输合作与竞争。在更大范围、更多领域、更高层次上参与国际民航技术经济领域的合作与竞争，以开放的姿态引进资金、技术和管理。着力培育具有国际竞争力的大型网络型航空公司，打造具有较强国际竞争力的航空货运承运人，提升航空运输业国际竞争力。

二、积极发展货邮运输

提高国际货运能力。鼓励货运公司间的并购、重组和业务合作，打造1家具有较强国际竞争力的全货运航空公司。积极稳妥、有序渐进地开放货运市场，引导我国航空货运企业开辟国际航线，加入国际航空货运联盟，扩展航空货运网络。

推动航空货运物流化。鼓励货运航空公司与铁路、公路、水路等运输企业以及邮政、快递等企业开展各种形式的合作，完善地面物流网络，开展多式联运。鼓励口岸机场建设航空保税物流园区。引导建立航空物流公共信息平台。

支持和鼓励航空货运企业建设航空货运枢纽、货运集散地和快件处理中心，在航线经营权、航班时刻等方面给予支持。在环渤海、长江三角洲和珠江三角洲地区，引导形成三个国际航空货运枢纽群。加强沈阳、厦门、郑州、武汉、成都、重庆、昆明、西安和乌鲁木齐等机场航空货运枢纽的建设。

三、努力提高航班正常率

采取措施切实提高航班正常率。完善我国航班正常率统计办法，细化落实行业运输服务最低标准承诺的措施，建立主要机场航班正常率、平均延误时间的公众信息通报机制。将航班正常率作为航空公司申请航线、航班的先决条件之一。对大型机场航班时刻"削峰平谷"，避免航班聚集拥堵。建立空管航班正常激励约束机制，提高管制水平，改进航班正常率。

建立大面积航班延误应急机制。大型机场、航空公司和空管等单位必须建立和完善大面积航班延误应急信息中心和指挥中心。制定航班延误后的应急工作程序。及时有效地向公众通报航班延误信息和对应方案。建立航班延误及应急处理后评估机制。

第四节　加快发展通用航空

一、推进基础设施建设

探索建立通用航空低空运行服务模式。布局建设通用航空机场、起降点，建立完善空管、维修、航油配送等保障能力，形成一批航空服务站，引入固定基地运营商（FBO）。支持在东部沿海、东北和西部地区构建农林防护、海洋维权、应急救援等公益性航空服务网络。加快特殊地区的通勤机场布局和建设。

二、改善企业运营环境

支持社会力量兴办通用航空企业、参与通用航空机场以及运行保障设施建设。建立长效补贴机制，支持和引导通用航空企业发展。巩固工业、农林业、飞行培训等通用航空传统服务，积极拓展通勤飞行、公务飞行、航空游览和私人飞行等新兴业务。增加通用航空企业数量，扩大经营规模，重点培育3~5家骨干通用航空企业。加快完成内蒙古阿拉善盟的通勤航空试点，在西部、东北等地区选择若干区域推广通勤航空建设。建立以市场为主导、有利于通用航空企业发展的收费管理模式。

三、完善规章标准体系

加快制定通用航空机场、起降点建设标准，规范建设程序。加快修订通用航空市场准入等规章，规范通用航空作业项目分类方式，进一步降低市场准入门槛。简化非经营性通用航空登记手续。健全通用航空行业统计指标体系，规划建设通用航空信息体系。

完善通用航空运行规范。加快建立通用航空安全监察体系，进一步加强和完善通用航空安全体系建设。构建和完善适合我国通用航空发展特点的空中交通管理运行机制和技术规范。

做好低空空域管理改革配套工作。修订《通用航空飞行管制条例》，构建低空空域法规标准体系，研究运行管理机制。2015年前，在北京、兰州、济南、南京、成都管制区推广改革试点，建设低空空域运行管理和服务保障体系。

第五节　确保航空持续安全

一、完善安全监督管理体系

建立健全覆盖全行业的安全监管体系，实现跨专业、跨地区紧密联合作业的网状监管运行模式。完善和创新监管方式和手段，打造闭环监管系统，建立并实施重点领域监管机制。加强事故调查能力建设。

完善航空安全规章标准体系及其修订机制。建立并持续改进安全管理体系。实施航空安全方案内部定期评审机制。推进安全信息分析中心建设。提高飞行校验能力。

二、加强安保系统建设

建设航空安保管理体系。建立与国际接轨的航空安保法规和标准体系，完善空防安全监管制度，逐步开展航空安保审计。指导机场和航空公司建立航空安保质量控制系统。

建立威胁评估与预判系统。建立并完善民航与其他情报信息部门交流的渠道和机制。依托公安专网建设连通全国民航公安机关的安全保卫信息系统。健全以情报信息为导向的安保工作机制。

提高设施设备保障能力。规范安保技术标准，引导民航安保技术和设施设备研发，推动安保核心技术的掌握，提高安保设备国产化率。加快建设民航安保实验室。

加强空中安保力量建设。适度扩大安全员队伍，提升机组和安全员处置反恐和突发事件的能力。建立空警执行急难险重任务的勤务运行机制。

三、强化应急处置能力

建立应急工作体系。完善民航应急工作的体制机制，健全法规和预案体系。充分利用现有资源，整合航空器搜寻援救协调、防劫机炸机和其他突发事件应急处置指挥等功能，建设民航局、地区管理局和省（区、市）监管局应急指挥平台，实现三级应急指挥平台与国务院及相关部门、地方政府、航空公司、机场、空管等运行管理部门的互联互通。

增强应急服务能力。依托现有货运和快递航空公司，建立具有高原应急救援能力的货运机队。重点支持大型通用航空企事业单位根据区域特点定期演练，提高特种航空服务能力。建立直升机救援基地。

提高危机应对能力。理顺机场应急救援的体制和机制。加强机场消防能力建设，完善机场应急救护队伍和专家库，建立健全机场应急医疗救护物资和设备储备系统。强化民航空管局和地区空管局两级航空器搜寻救援协调中心功能。

四、提升适航系统水平

加快适航审定能力建设。制定适航审定能力建设方案，优先考虑满足大型客机项目，形成与国际接轨的适航审定能力。进一步推进上海、沈阳适航审定中心和航油航化适航审定中心建设，建设适航审定技术与管理研究中心和发动机适航审定中心，新建适航验证技术研究中心。

加强维修能力布局和建设。增强维修核心技术能力和工程能力，提高行业维修质量。制定国产大型民机维修方案。系统规划行业布局，培育形成北京、上海、广州等3~4个规模较大的维修产业集群。引导实施联合重组，重点培育3~4家具有国际竞争力的飞机维修企业。加强维修企业与生产制造企业、科研院所的横向合作，开发维修项目和工装设备，提高国内部（附）件和发动机维修能力。进一步推进维修法规建设，完善工程技术审批体系。细化实施标准，增强工程技术审定和监管能力。

提高航材综合保障能力。加强航材供应监管，打造航材共享平台，优化航空器材的资源配置，增强航材的适航性和保障的可靠性。

第六章　邮政业

交通运输是发展现代邮政业的基础平台和重要依托。要充分依托综合运输体系，加强邮政和交通运输资源的合理配置，强化邮政基础网络，提高邮政服务能力和水平，促进快递大发展、上水平。

第一节　完善邮政普遍服务体系

一、加强普遍服务能力建设

编制邮政设施专项规划，明确建设重点，逐步建立邮政设施规划体系。协调有关部门继续对邮政普遍服务设施建设给予资金支持。按照统筹规划、条块结合、分层负责、联合建设的思路，积极探索中央和地方共投共建邮政设施的模式，发挥地方政府积极性，扩大投资规模，加快建设速度，完善服务网络。

加强邮政基础网络建设，完善保障机制，均衡资源配置，提升服务水平，推进邮政公共服务均等化。以提升普遍服务能力为目标，完善邮政基础设施建设。重点加强邮政普遍服务终端能力建设，推进空白乡镇邮政局所、建制村村邮站和城镇居民住宅楼信报箱建设和补建，实施农村邮政局所的标准化、电子化改造。积极改善邮政普遍服务营业、投递和内部处理设施、设备条件，优化城乡邮件投递点布局，增加服务终端设备，提高服务能力和效率。

专栏11　"十二五"邮政普遍服务基础设施建设

着力建设面向社会的邮政公共服务平台。基本完成 6000 个空白乡镇邮政局所补建，建设 20 万个建制村村邮站，完成 2 万个邮政局所的标准化、电子化改造。新建和改、扩建全国部分邮件处理中心，调整功能布局，更新邮件处理设备，加强运力资源投入，提升处理效率和邮运能力。构建邮政机要通信安全保密作业系统。新增省会机要网点 32 个，建设北京邮政机要通信枢纽局，购置机要通信专用汽车，改造和增加监控设备，建立全国机要通信运行管理信息系统。

二、大力提升普遍服务水平

限定邮政局所平均服务人口数量，保障邮件全程时限、投递频次和深度不低于《邮政普遍服务标准》的要求。

大力提高中、西部农村和边远地区邮政普遍服务水平，贯彻落实国家对西藏、新疆等地邮政普遍服务的政策措施，缩小城乡和区域间普遍服务水平差距。优化普遍服务资源配置，拓展服务领域，发展农村邮政物流，积极服务"三农"。推动发达地区普遍服务标准和水平进一步提高。

三、完善普遍服务保障机制

加快建立邮政普遍服务基金，制定基金征收、使用和监督管理的具体办法。完善中央和地方共投共建模式，健全邮政基础设施投资保障机制，推动落实各级政府对普遍服务的支持政策。对邮政普遍服务的质量和水平、财政补贴资金和建设基金的使用效果等进行综合考核评估。

健全邮政服务"三农"长效机制，支持邮政企业大力发展农村邮政物流，着力打造现代农村邮政物流综合服务平台。支持邮政企业发展农业生产资料、日用消费品、医药产品、中小学教材等连锁配送服务。

第二节　构建快递服务体系

一、提升快递服务能力和水平

鼓励和支持快递企业拓展服务领域，重点快递企业在直辖市和省会城市服务覆盖率达到 98%，省辖市服务覆盖率达 90% 以上。构建多品种、个性化服务的产品体系，提高当日递、次晨达等限时产品的比例。推动快递企业加强自动化、信息化、标准化建设，大幅提升揽收分拣运输投递等环节的信息化、机械化、标准化水平,重点快递企业普遍使用手持终端（PDA）设备。

重点快递企业快件跟踪查询和信息反馈的便利性、及时性和准确性大幅提升。重点快递企业达到《快递服务》标准,快件延误率、损毁率和丢失率明显下降,用户申诉受理率和处理满意率稳步提高。快递服务的社会用户满意度明显提升。

二、优化快递基础网络布局

按照国家《物流业调整与振兴规划》关于重点物流区域和全国性物流节点城市规划布局,引导和鼓励快递企业在全国物流节点城市,建设快件处理中心、航空及陆运集散中心,提升运营能力和效率。积极推进长江三角洲、珠江三角洲、京津冀和海峡西岸等区域与国家规划布局相衔接的重点快递物流园区建设。

在北京、上海、广州、深圳、杭州、南京等重点城市,建设航空快件绿色通道。加强南京中心、重点区域分拨中心和配送中心建设,构建邮政快递物流综合服务平台。鼓励有条件的快递企业形成自主航空运输能力。形成以重点快递服务区域为核心,以重要快递物流节点城市、航空进出境通道以及综合运输体系为支撑的全国快递物流网络布局。

三、推动快递企业做大做强

鼓励快递企业兼并重组,实现优势互补和强强联合。促进快递企业创新运行机制,推动骨干企业功能整合和服务延伸,加快向综合型快递物流企业转型。引导企业提升服务品质,打造服务品牌,促进快递竞争方式转变。支持骨干快递企业"走出去",鼓励快递企业通过自建合作并购等方式设立境外分支机构,延伸服务网络,实施国际化发展战略。

鼓励快递企业与电子商务、制造业企业联动发展,促进快递配送网络与电子商务网络和企业物流网络一体化协同发展,培育产业新的增长点。到 2015 年培育出 4～5 个具有较强国际竞争力的大型快递企业。

第三节　加强邮政行业管理

一、建立健全邮政行业监管体系

贯彻落实《邮政法》,加强普遍服务监督检查,研究建立服务水平监测和综合评价体系,开展普遍服务综合绩效考核,保障普遍服务有效实施。实施快递经营许可制度,规范市场主体行为,营造公平竞争的市场环境。强化执法监督和行业自律,规范市场行为,建立公平公正竞争有序的市场秩序。推进监管机构设置,完善邮政监管组织保障,健全政府监管、行（企）业自律、社会监督三位一体的邮政行业监管体系。

二、规范快递业务市场

规范市场准入,认真贯彻执行《快递业务经营许可管理办法》,严格规范快递业务员的资格认证工作。开放邮政管理部门和快递企业相关系统端口,方便企业申请快递业务经营许可证。制定快递代理资质管理制度,维护市场秩序。

规范企业经营行为,加快完善配套制度。加强市场监管和诚信体系建设,开展快递服务质量评价,构建分级分类的快递市场管理体系。推动快递企业设立专门的代收货款监控部门,规范快递代理。加大对快递企业经营的监督检查力度,制止各种违法违规经营行为,做到合法入市,守法经营,有序退出,维护国家利益和消费者合法权益。

第四节　促进交通邮政协同发展

一、统筹设施建设和政策协调

在公路、民航、铁路等客货运输枢纽的建设中,推动邮政和快递的服务网点、处理中心等设施的同步配套，促进综合交通运输设施的集约利用。完善邮政车辆通行的优惠政策，降低邮政普遍服务运营成本。统一制定快递车辆相关标准，协调运输政策，有效解决快递车辆城市通行问题。推进航空"快件绿色通道"建设。推进邮、快件运输标准的制定和标准化推广，推动信息互联互通和交通运输环节的无缝衔接。

二、推进业务合作和优势互补

鼓励邮政和快递企业与运输企业合作、联合、重组，实现资源与优势互补。依托邮政和快递网络，加大代理票务力度。鼓励和推进公路客运班线代运小件邮件、快件试点。研究推进在铁路客货运线路加载邮、快件车厢，开行邮、快件专列。研究提出利用高铁运送邮件和快件的办法，协调有关部门试点推广。进一步加强邮件和快件的航空运力供给。

第七章　交通科技与信息化

科技进步和创新是推动交通运输科学发展、转变发展方式的重要支撑。"十二五"时期，要以科技进步为引领，强化科技创新，加强科技成果推广和应用，推进交通信息化建设，大力发展智能交通，提升交通运输的现代化水平。

第一节　推进科技进步

一、推进科技创新能力建设

继续推进行业重点实验室建设。完善行业重点实验室布局，优化实验室研究方向，重点加强交通安全、节能环保、智能交通、决策支持等领域实验室建设，对符合国家重点实验室建设领域和方向、对交通运输行业发展有重大作用的行业重点实验室，继续加大支持力度，力争培育2～3个国家重点实验室。

稳步推进行业研发中心建设。在明确总体布局、建设模式、实施方式、管理机制和发展政策的基础上，稳步推进行业研发中心建设，力争在基础设施建设与养护、综合运输与现代物流、民航工程技术、交通运输安全与应急保障等领域建设15个左右行业研发中心，促进行业技术开发和成果工程化、产业化。

加快培育国家级科研基地建设。继续加大对直属交通运输科研机构基础条件投入，重点支持应用基础研究装备、重大关键仪器设备和大型综合试验场建设；继续支持工程建养、运输、信息、安全、节能、环保和决策支持等领域科研条件建设；注重发挥中央财政资金投入的引导性作用，鼓励企业以多种形式参与科研基础条件建设。

二、加强重大科技研发

支持重大交通科技专项。以重大关键技术开发与集成应用为主，依托重大工程建设，着力支持跨江海通道大型结构工程建设关键技术、内河航道通过能力提升关键技术、新一代智能交通技术开发与应用、新一代公路基础设施维护技术与装备开发、水上搜救打捞、航空安全等重大关键技术与装备开发等重大科技专项，力争形成一批拥有核心自主知识产权、技术水平国际领先、实用性强的重大科研项目研发成果。

突出交通科技研发重点。以实用性、前瞻性技术为主，紧密结合全国和区域交通运输发展需求，开展公路基础设施建设与养护、港口与航道建设与养护、内河通航枢纽、交通运输组织与管理、城市客运、交通安全与应急保障、交通资源节约与环境友好、交通运输信息化、交通运输科学决策支持等重点方向研发，显著提升交通运输发展的科技含量和技术水平。

专栏 12 　"十二五"重大科技研发专项

重点开展以下五个方面的专项研发：

（1）大型跨海通道工程建设关键技术。重点攻克超长跨越桥梁、海底超长隧道、大型海上人工岛等建设的核心技术，提升跨海大型结构工程建设质量和耐久性。

（2）长江航道通过能力提升关键技术。重点突破通航设施建设、安全保障和航运信息服务等关键技术，支持干线航道通过能力的显著提升。

（3）城市智能交通关键技术。重点研发智能车载终端设备、公共交通信息采集监测与服务、运营监管和应急保障等关键技术，显著提高城市交通运营管理与服务水平。

（4）新一代公路基础设施维护技术与装备。重点突破公路、桥梁和隧道结构状况无损检测、全寿命养护与管理、结构物安全预警与保障、材料循环利用和快速维修等方面的核心技术，构建我国新一代公路维护技术体系。

（5）水上溢油事故应急反应与污染控制技术。重点突破水上溢油立体监测与追踪、反应辅助决策、回收与处置等技术及装备，有效提升我国水上溢油应急反应处置能力。

三、促进科技成果推广应用

推进科技成果转化。紧密结合行业实际需求，通过开展示范工程及专项行动计划等各种方式，加强基础设施建设、运输组织优化、智能交通、资源节约、环境保护、安全保障、邮政专用技术装备等重点领域的成果推广应用。

建立科技成果推广规章制度。重点在资金投入、人才保障、激励措施、信息共享、知识产权保护等方面完善促进科技成果推广的制度保障与动力机制，探索建立专业化科技成果推广机构，促进成果推广应用。

建设交通科技信息资源共享平台。整合科技信息资源，推进交通运输科技数据中心建设，建立覆盖全国的交通运输科技信息资源共享体系，强化科技信息资源服务能力，提升科技成果推广信息服务水平。

专栏 13 　"十二五"科技成果推广应用重点领域

重点推广应用以下六个领域先进适用技术：

（1）基础设施建设技术。重载交通长寿命半刚性基层沥青路面设计与施工技术、大跨径桥梁建设技术、长大隧道建设技术、深水筑港技术、内河航道整治技术等。

（2）运输组织优化技术。甩挂运输技术、物流公共信息服务平台技术、船货动态集成一体化监控技术、多式联运组织优化技术等。

（3）智能交通技术。联网不停车收费技术、电子证件技术、船舶交通监管技术、集装箱信息化管控一体化、集装箱码头集卡全场智能调度系统技术等。

（4）安全保障技术。交通安全设施设计技术、山区公路运输安全保障技术与产品、水上危险品运输安全保障技术等。

（5）资源节约技术。沥青与水泥混凝土路面材料再生利用技术、废旧轮胎橡胶粉筑路应用技术、隧道照明与通风节能技术、港口装卸机械"油改电"技术、港口船舶岸电利用技术、太阳能一体化航标灯等。

（6）环境保护技术。路域生态工程技术、路域生态环境监测技术、航道整治工程生态环境保护技术、疏浚土利用技术、散货码头防风除尘体系等。

四、强化科技标准化建设

推进技术标准制定修订和宣贯实施。促进标准化建设的协同管理，加强现代物流、道路运输、建设养护、内河船舶、城市客运、智能交通、交通信息化、安全保障、节能环保、邮政服务等技术标准的制定修订，积极推进交通运输国际标准化工作，促进交通运输标准化建设质量与应用水平的有效提升。

加强计量检测技术体系建设与产品质量监督。针对交通产品质量和基础设施建养质量，加强计量检测机构与基础条件建设，开展计量技术规范及校准技术研究和规程制定修订工作；完善交通运输产品质量抽查、质量认证工作，提高交通产品质量监督水平。

第二节　加强信息化建设

一、加强行业管理服务应用系统建设

深化各业务领域管理服务应用系统建设，完善公路养护管理、收费管理、路政管理、交通情况调查等系统，并加强联网管理和集成应用。深化部省道路运输信息系统联网工作，推进部省水路运输信息系统、港口管理信息系统联网工作。积极开展港航公共基础设施运行和维护管理系统建设。开展内河水网重点区域数字航道建设，深化水上重点物资跟踪管理系统。完善海事管理信息系统，积极推进地方海事信息系统建设，加快救助打捞管理信息系统、交通公安综合业务应用系统、交通运输行政执法综合管理信息系统建设。加快建设民航电子政务技术平台、民航综合信息平台以及民航网络与信息安全保障系统。建立邮政行业服务水平监测和综合评价系统，健全邮政行业监管体系。完善行政许可在线办理平台，推动各级交通政务网站开展路政管理、运政管理、海事管理、港政管理等交通行政许可的"一站式"服务。推进交通电子口岸建设，并与国家电子口岸对接，促进外贸和物流便利化。推进民航简化商务信息系统工程、新一代全球分销系统工程、航空物流信息平台建设。继续推进国家交通运输物流公共信息共享平台建设，建设以行业监测分析、政务公开、行政执法和社会应急等为重点的邮政行业公共信息服务平台。到"十二五"末，力争部省两级电子政务核心业务信息化覆盖率达到85%以上。

二、加强公众出行信息服务系统建设

深化完善省域公路交通出行信息服务系统，强化路况、养护施工、交通管制、气象等实时信息的服务，实施省域、跨省域客运售票联网和电子客票系统建设，力争实现以全国统一特服号、统一交通广播频率为特征，提供有机衔接的多种服务手段，并覆盖高速公路、国省干线及广大城乡地区的交通出行信息服务体系。

加快建设内河航运综合信息服务系统，强化航道状况、水位水深、水上水下施工、交通管制、水文气象等信息的服务，在重点水域实施水路客运售票联网和电子客票系统建设，进一步完善水路客运出行信息服务系统建设。

在地市级以上城市加快建设覆盖城乡的公共交通信息服务系统。鼓励和引导社会力量广泛参与，培育交通出行信息服务产业的健康发展。

三、加强行业市场信用信息服务平台建设

建设完善公路水路交通建设市场信用信息服务平台，推广普及公路水运建设工程项目管理、工程标准规范管理系统，建设公路水运工程招投标管理等系统。

建设完善公路水路运输市场信用信息服务平台，深化完善公路水路运输管理信息系统，推广普及IC卡道路运输电子证件、船舶船员"一卡通"、船舶电子签证等系统，实现公路水路运输行政执法信息、信用信息跨区域、跨部门的交换和共享，形成政府监管、企业自律、社会监督的信用管理和服务体系。

四、加强安全畅通与应急处置系统建设

积极引导建设、推广跨省市高速公路联网收费系统和区域联网不停车收费系统（ETC），到"十二五"末，实现全国高速公路 ETC 平均覆盖率 60%，ETC 车道数 6000 条，ETC 用户量 500 万个。

建设信息互通、协同高效的部省两级路网管理平台，完善对国省道重要路段、特大型桥梁、长大隧道等重点监控目标运行状态、气象条件等的监测、监控和预警。

完善海事与航道管理、港口安全管理信息系统，健全沿海港口重点水域及内河高等级航道的船舶交通、通航环境、港航设施、水文气象等状态的实时监测和安全预警体系。

建立健全重点营运车辆和船舶的监测监控系统，重点跟踪"两客一危"车辆（长途客车、客运包车和危险货物运输车）和重点营运货车、"四客一危"船舶（客渡船、旅游客船、高速客船、滚装客船和危险品运输船）的安全技术状态和运行状况。

建设多网联动的交通运输安全监管与应急处置平台，满足"监管到位、协调联动、上下贯通、左右衔接、响应迅速、处置有效"的要求。

五、加强交通运输经济运行监测预警与决策分析系统建设

建设与业务系统相融合的交通统计信息系统，依托业务管理与服务系统，完善交通统计信息指标体系，实现统计数据从交通运输业务系统的有效获取。

在行业统计、各主要业务系统基础上，建设部省两级行业经济运行监测预警和决策分析系统，开展重点物资运输、基础设施运行、固定资产投资、生产安全、运输市场、行业能耗等交通运输经济运行状态的监测、预警和综合分析，研判经济社会发展趋势对交通运输行业的影响，适时调整行业发展政策，面向社会及时发布相关信息，发挥导向性作用。

六、加强信息化基础工作和保障能力建设

专栏14　"十二五"信息化示范试点工程

在 4 个左右特大型或大型城市试点开展综合客运枢纽协同管理与信息服务系统建设，实现枢纽内不同运输方式的协同运转、安全监测及紧急事件联动处置，提供枢纽内外旅客出行、换乘及交通诱导信息服务。

示范开展港口集装箱多式联运信息服务系统建设，实现港口集装箱水水、公水、水铁等联运信息服务，实现多种运输方式单证信息共享和通关一体化服务。

推进国家及区域物流公共信息服务平台建设，促进东北亚物流信息服务网络建设，整合物流服务供需双方信息资源，提供政府公共信息、物流交易信息和增值信息服务。试点开展道路货物甩挂运输信息平台建设，实现甩挂运输智能运营调度管理、运行监测与综合分析。

推广城市公共交通智能系统建设，开展城市公交与轨道交通智能调度与管理、动态停车诱导等智能化系统的推广应用。在 10 个左右的城市试点开展出租汽车服务管理信息系统建设。

完善行业信息基础设施，提升通信信息网络支撑能力。利用全国高速公路光纤、管道资源，适时组建连接部省的交通运输行业专网，有条件的省份可根据本地区发展的实际需要，充分利用高速公路通信网络资源开展行业专网建设。完善应急指挥通信系统，建立应急联合通信保障机制。

完善部省两级数据中心体系，提升行业数据服务能力。完善交通行业信息资源目录体系建设，结合重大工程和核心业务系统建设，健全和完善行业基础信息资源数据库；完善部省两级数据交换

平台，满足行业数据交换和共享要求；建设运行维护综合管理平台，实现数据和设施设备的维护管理。

完善行业信息标准框架体系，提升信息共享协同能力。加快制定交通信息化基础性关键标准，按照行业标准体系框架，结合重大工程和示范、试点工程的建设，及时提炼和完善相关信息标准规范；加快制定基础性关键标准，建设标准一致性和符合性检测平台。

构筑行业信息安全体系，提升信息安全防范能力。建设交通运输行业统一的信息安全认证体系；完善交通运输行业信息系统分级保护和等级保护系统；加快建立部级数据容灾备份中心。

第八章　绿色交通

交通运输行业要以节能减排为重点，建立以低碳为特征的交通发展模式，提高资源利用效率，加强生态保护和污染治理，构建绿色交通运输体系，走资源节约、环境友好的发展道路。

第一节　强化节能减排

一、结构性节能减排

充分发挥各种运输方式的比较优势，优化交通运输资源配置，发挥综合运输的整体优势和组合效率，降低能源消耗强度；加快发展城市公共交通、水运等低能耗运输方式，倡导低碳型交通消费模式和出行方式。

大力优化公路网结构，提高路网通行能力和效率，提升公路技术等级和路面等级，调整公路运输运力结构；推进港口结构调整，发展大型化、专业化港口；提升航道技术等级，加快形成以高等级航道为主体的内河航道网。推进交通能源消费结构优化，鼓励替代能源在营运车船中的应用。

二、技术性节能减排

积极采用混合动力汽车、替代燃料车等节能环保型营运车辆以及双尾船、新能源动力船等节能环保型营运船舶，推广应用自重轻、载重量大的运输装备。对营运车船设置能耗和排放限制标准，提高准入门槛，淘汰低标准及老旧车船。鼓励使用天然气动力和电动车等节能环保型城市公交车，开展混合动力、电能出租汽车试点工作。与2005年相比，力争"十二五"末营运客车、货车单位运输周转量能耗分别下降6%和12%，海洋和内河营运船舶单位运输周转量能耗分别下降16%和14%。

大力研发推广隧道智能通风照明控制技术，推行隧道"绿色照明工程"。加快发展高能效电力驱动港口装卸设备，研发推广电能回馈、储能回用等新工艺新技术，基本完成轮胎式集装箱门式起重机"油改电"技术改造，推进船舶靠泊使用岸电技术改造。逐步推广港口太阳能、地源及海水源能、潮汐能、风能等新能源利用技术。与2005年相比，力争"十二五"末港口生产单位吞吐量综合能耗下降8%。

推广高速公路不停车收费（ETC）系统，推广内河船舶免停靠报港信息服务系统，完善公众出行信息服务系统，促进客货运输市场的电子化、网络化，实现信息共享，提高运输效率，降低能源消耗，实现节能减排。

三、管理性节能减排

发展先进公路运输组织方式，加强货运组织和运力调配，利用回程运力，降低车辆空驶率。鼓励厢式运输、集装箱运输等专业化运输方式，发挥甩挂运输效率高和减排效果好的优势。合理安排客运线路，完善道路客运信息监测、分析和发布制度，提高客车实载率。推动建立绿色汽车维修体制机制，建立较完善的驾培行业节能减排体系。加强水路运输组织管理，鼓励航运企业联合经营，发挥规模优势，提高运输组织化程度。发展大宗散货专业化运输、多式联运等现代运输组织方式，全面提升船舶营运组织效率和节能减排水平。优化港口机械作业和港内运输组织管理。鼓励道路运输企业及港口企业完善能源管理体系，推广能源合同管理。

发挥港口、公路枢纽站场在物流发展中的节点作用，引导运输企业向依托港口、公路货运枢纽的物流园区集聚，提高不同运输方式间货物换装效率，促进节能减排。

加强民航业节能减排，以航空公司、机场、空管为主体，政府主导与市场调节相结合，加强监督检查和综合协调，控制航空排放。

专栏15　"十二五"交通运输节能减排示范推广工程

营运车船燃料消耗量准入与退出工程：实施营运车辆燃料消耗量限值标准，加快淘汰高能耗、高污染的运输车辆和船舶。

节能与新能源车辆示范推广工程：促进混合动力、纯电动、天然气等新能源和清洁燃料车辆在公共汽车和出租车领域的示范推广应用，在城际客货运输和城市物流配送车辆中试点推广新能源和天然气车辆。

绿色驾驶与维修工程：大力推广绿色节能驾驶技术，组织实施绿色维修工程。

智能交通节能减排工程：推广电子不停车收费技术、内河船舶免停靠报港信息服务系统，建设物流公共信息平台、公众出行信息服务系统。

公路建设和运营节能减排技术推广工程：推广应用温拌沥青铺路技术、交通建设材料循环利用技术，实施公路隧道通风照明智能控制、高速公路服务区、收费站等节能减排技术改造，大力推进太阳能、风能等可再生能源利用，建设低碳服务区等一批试点工程。

绿色港航建设工程：加快港口集装箱码头轮胎式集装箱起重机"油改电"和船舶靠港使用岸电技术改造，积极推广太阳能、地热能等再生能源利用。

合同能源管理推广工程：逐步使合同能源管理成为交通运输行业节能技术服务市场的重要机制。

船舶能效管理体系与数据库建设工程：参照国际上在船舶能效改进方面的先进做法和经验，积极推动航运企业将船舶能效纳入体系管理。

第二节　节约集约利用资源

一、节约土地和岸线资源

统筹利用综合运输通道线位资源和运输枢纽资源，协调通道内各种运输方式的线位走向和技术标准，促进各种运输方式在枢纽节点的有效整合，提高枢纽建设对土地资源的利用率。

大力推广节地技术，优化公路工程建设方案，高效利用线位资源，合理确定建设规模和技术标准。鼓励利用旧路改、扩建，因地制宜地控制公路建设永久用地和临时用地，提高土地资源综合利用效率。加强对施工临时用地的恢复管理，严格执行工程建设中采取改地、造地、复垦等措施要求，集约、节约利用土地资源。

完善港口岸线使用管理，坚持统筹规划、深水深用、合理开发，保障港口岸线资源合理、有序开发利用。鼓励通过提高等级、改进工艺、更新设备、扩大陆域、完善配套等方式，加强老港区技术改造工作，提高老港区生产能力和技术水平，发展集约化、专业化、现代化港区，提高港区岸线资源利用效率。

二、循环利用资源

积极探索交通运输资源循环利用的发展模式，完善相关标准规范和评价指标体系。推广使用交通废弃物（废水）循环利用的新材料、新工艺、新设备，倡导标准化设计及工厂化预制，提高资源再利用水平。

加强港口、公路等的生产、生活污水循环利用，大力开展路面材料、施工废料、弃渣、港口疏浚土等资源的再生和综合利用，建设资源循环利用试点工程。以工程应用急需的高性能材料、工艺和装备为重点，积极推广废旧路面材料冷再生、热再生等循环利用技术和施工工艺。推广航空水资源综合再生利用技术，促进航空垃圾资源化利用。

第三节　加强生态保护和污染治理

一、加强工程建设生态保护力度

研究制定生态型公路、港口、航道等工程的技术指南，逐步建立交通基础设施建设的生态保护激励机制。

继续加强公路生态保护。优化公路建设路线，合理避绕生态敏感区。公路建设尽量拟合原地形，减少高填深挖，采取水土保持、动物通道设置、植物和湿地保护等有效措施，减少公路建设对生态环境的影响，对生态敏感区域路段，注重生态修复建设，有效改善公路路域生态环境功能。

强化港口航道工程的生态保护。港口和航道建设过程中尽量避免或减少对水生动植物生存环境的改变、湿地破坏、海岸非正常侵蚀等生态问题，注重湿地保护、生态护岸、生态缓冲带建设以及重大港口工程的生态修复等工作。

二、加强污染治理

加强公路、港口、机场等施工和运营过程中的污染治理，确保污染物达标排放。

控制并逐步减少公路施工期污染。提升高速公路服务区污水处理效果，因地制宜地推广生态型污水处理技术。对营运期超标的高速公路路段，实施声屏障、隔声窗等噪声治理工程。推广应用公路营运期固体废弃物分类收集、处理等环保技术。

推进港口污水回用系统建设，在部分客运量较大的港口、内河水上服务区及京杭运河全线，建设船舶生活污水接收处理设施。加强煤炭、矿石码头的粉尘防治。加强对运量较大、周边居民密集的集装箱作业区的噪声治理。加强远离市区的分散小型港点的垃圾处理。

强化对营运车船定期监督、检查和维修，严格控制和减少营运车船的污染排放。全面实施船舶污染治理，对营运船舶强制要求安装污水处理（或储纳）设施和垃圾回收设施。

第四节　加强节能环保监管

一、强化工程全过程节能环保监管

强化对交通运输工程规划、建设和运营的全过程节能环保监管。制定监督与责任追究制度。严格执行交通建设项目节能评估、交通规划和建设项目环境影响评价、竣工环保验收等监管制度。全面开展工程节能环保设计，对已运营的工程逐步实施节能环保后评估。

二、建立交通节能环保统计及考核机制

建设部省两级交通运输节能环保统计机制和平台，建立标准统一的行业节能环保统计数据库和网络传输系统，开发统计数据分析系统。建立完善的交通运输节能环保统计数据核查制度和节能环保公报制度。

建立统一、科学的交通运输行业和重点交通能耗企业的单位能耗核算制度，加紧研究交通运输

行业节能环保评价和考核体系，定期开展行业能源消耗、污染排放和生态保护等评估工作。建立节能环保的目标责任制，研究制定交通运输行业污染损害赔偿制度。

三、建设交通运输节能环保监测网络

依托现有的信息网络基础，建设交通运输部节能环保数据中心和省级交通运输节能环保监测中心站；选择生态环境敏感或具备一定工作基础的区域重点开始建设公路和港口的监测站点，结合部分社会监测力量和资源，初步形成布局科学、层次合理的行业节能环保监测网络，全面开展交通运输节能和环保监测工作。

重点建设国家高速公路网沿线公路交通环境监测网络，三峡库区、环渤海、长江口、珠江口等敏感水域的水运交通环境监测网络。大力加强机场噪声监测能力，试点推广船舶污染物在线监测系统。针对行业能耗较大的重点运输企业开展节能监测。

第九章　安全与应急保障

安全是交通运输发展的永恒主题，是交通运输可持续发展的基本保障。要加强安全生产管理，加强交通安全监管和应急体系建设，更好地保障经济社会持续健康发展和人民群众安全便捷出行。

第一节　加强安全生产管理

一、强化交通运输企业安全管理

完善交通运输安全生产和应急管理的法规、标准和体制、机制建设，加强安全监管和应急管理工作。强化运输企业源头准入管理，建立健全市场退出机制。继续开展车辆超载、超限治理工作，进一步健全长效机制，遏制违法超载、超限反弹。加快推进交通运输企业安全管理体系建设，开展企业安全生产评估和绩效考核。

二、强化交通运输从业人员安全管理

严把交通运输行业从业人员资质准入关，加强安全生产职业资格制度建设。加强交通运输安全生产和应急专、兼职队伍建设，重点加大企业安全生产负责人、安全应急专职管理人员的培训教育，重点实施营运车辆驾驶员、运输船舶船员、危险品码头现场作业人员安全教育工程，加大安全生产和应急关键岗位的安全知识和技能培训力度，严格培训与考试。对从业人员定期进行考核评估，并将评估情况作为退出市场和业绩考核的重要依据。加强交通运输建设安全管理人员和安全监理工程师等关键岗位的培训考核。

三、加强交通运输工具安全管理

交通运输企业要建立车辆、船舶保养维护制度，交通建设施工企业要制定和完善工程施工安全防护规程，交通运输主管部门要进一步完善营运车辆和运输船舶安全技术标准规范。健全营运车辆、运输船舶和城市公交工具维护检查（验）制度，加强维护、检测（验）和等级评定监督。加快制定与完善公路、桥梁、港口、航道、通航枢纽等交通基础设施维护和安全检测的技术规程。严格安全维护检测机构的资格管理，实行许可证制度。

第二节　加强交通安全监管体系建设

一、加强水上安全监管能力建设

加快实施国务院批准的《国家水上交通安全监管和救助系统布局规划》，以沿海和长江干线水域为重点，基本建立全方位覆盖、全天候运行、具备快速反应能力的现代化水上交通安全监管系统。

全面建成覆盖我国沿海近岸水域和长江干线的甚高频（VHF）安全通信系统，优化调整现有中高频海岸电台布局。加强主要港口及地区性重要港口、内河主要干线航道、重要航运枢纽、跨江跨海大桥通航水域监测系统建设，完善并有效整合沿海和长江干线重点水域船舶交通管理系统（VTS）、船舶自动识别系统（AIS）和船舶远程跟踪与识别系统（LRIT），对重点关联水域VTS系统进行区域联网。强化重点物资、危险品装卸作业以及客运、客滚运输的监视监测。加强沿海和长江干线重点水域海事监管设施和海事船艇建设，支持推进其他内河干线和重要支流航道、界河航道海事巡航救助一体化船艇和有关设施建设，进一步提高我国管辖水域水上交通安全监管的能力。

二、加强航海保障能力建设

调整完善沿海航标配布，实现重要水域助航服务系统多重和立体覆盖；整合现有航标测绘系统资源，构建统一的航标测绘业务管理平台和信息服务平台。

加快航标船、测量船开发和更新建设，满足航标维护、深海航道测量、气象观测、扫海等航海保障任务。

建造具备破冰功能的大型航标船和大型救助船，保证北方海区冰期各港口正常运营和船舶航行安全。加快内河航道维护船舶更新升级，开发适用于日常航道维护、应急打捞、水下清障等需要的新型船舶，提升长江干线和界河航道维护能力。

三、提升交通治安保障水平

根据国际安全公约和国家安全规定，在国际航行船舶及跨境营运车辆上配备保安设施，加强大型公路客运枢纽、重要的水路客运及滚装码头、城市综合交通枢纽的安全检测，完善反恐怖防范等级标准，推进港口保安体系建设，加快沿海港口和长江等内河水上治安防控体系建设，增强治安管理、反恐怖防范和突发事件的处置能力，加快监管系统区域联网，实现监管信息互联互通，满足多区域协同监管需求。

第三节　加强交通运输应急体系建设

一、完善交通安全应急预案体系

按照国家确定的应急体系，制定交通运输行业应急预案体系框架，完善各个领域不同层次的应急预案。修订《国家处置城市地铁事故灾难应急预案》等国家专项应急预案、部门预案及分项预案，制定《交通运输突发事件总预案》等国家专项应急预案、部门预案及分项预案。

二、加快交通安全应急指挥体系建设

建设国家级安全监管和应急指挥系统，推进省级（含部属一级单位）交通安全应急指挥系统建设，整合交通安全与应急信息，实现信息统一报送和统计，确保与政府、行业、部门内部信息平台互联互通和共享。

完善公路、水路、城市客运及交通工程建设等方面的安全应急专项指挥系统建设。加快建设路网运行管理、交通运输应急指挥调度、交通运输建设施工安全生产管理、港口安全和保安管理等专项安全应急平台。

支持各省（自治区、直辖市）配置移动应急指挥通信装备，充分利用国际海事卫星等多种通信手段，形成快速、灵活、畅通的应急通信指挥系统。

三、加强应急监测系统建设

加强国家高速公路、重要国省道路段、重点客货运输站场、通航枢纽、大型桥梁、长大隧道、大型互通式立交桥的监控设施建设；加快治超检测站联网，完善治超监控网络。

建设营运车辆联网联控系统，实现对危险品运输车辆、三类以上班线和旅游客运车辆行车路线、连续驾驶时间等的运行监控；推进建设二级及以上汽车客运站重点区域的视频监管系统。

加强紧急状态下的水路重点物资运输监控，强化港口作业现场管理，加强客滚码头安检设施建设，重点加强危险品码头和客运码头的动态监管，逐步实现视频监控。

依托气象监测网络，逐步形成覆盖全国重要干线公路和沿海港口的气象预警系统，实现恶劣气候6小时内预警。

积极推进城市客运（换乘）枢纽、公共汽车、轨道交通日常运行状态和突发事件监测监控系统建设。

四、加强交通运输应急能力建设

加强水上交通事故应急能力建设。在沿海重点水域加快监管救助机场和飞机起降点建设，加大监管救助直升机配置，启动固定翼飞机建设，有效扩大监管救助飞机覆盖范围。继续推进救助船舶、救助基地和救助站点建设，完善沿海、长江干线和其他内河水域救助力量布局，提升恶劣海况下人命救助能力。充分利用卫星和航空遥感资源信息，提升海区船舶溢油监视监测能力，加强国家船舶溢油应急设备库和溢油应急船舶建设，同时通过政策扶持，逐步建立起广泛的社会清污力量。

加强交通抢险保通能力建设。统一协调中央与地方、交通运输部门与其他部门、专业力量与社会力量的交通应急保障物资，充分发挥全社会资源优势。结合武警交通部队兵力部署和公路养护队伍现状，构建平时服务、急时应急的交通应急物资保障体系。在全国部署10个左右区域性国家公路应急保障中心，提高国家处置重特大公路交通突发事件的能力。组建以地方公路养护部门、路政管理部门及日常养护机构为主体的省级公路应急养护中心。加快推进大型起重船、大型半潜式打捞驳船等水上抢险打捞装备的建造，提升沉船整体打捞能力和水下救援打捞深度。加快建设水路抢通应急设施和物资储备库，保障沿海重要通道和长江干线、珠江、黑龙江、京杭运河航道畅通。

加强紧急运力储备，建立紧急运力动员调用机制。按照"平急结合"原则构建应急保障运力，以省为基本单元，构建满足抢险救灾人员、物资和战略物资运输需要的国家应急运输保障车队。以地（市、州、盟）为基本单元，组建省级道路客、货应急运输保障队伍。完善港航企业联动机制，依托大中型港航企业提供运能保障，建立部级、省级水路紧急运力储备。

提高城市轨道交通应急处置能力。开展城市轨道交通运营安保工程，改造运营控制中心，增配安检设备。组织开展城市轨道交通应急演练，提高城市轨道交通的安全防范水平和应急保障能力。

第十章　保障措施

为保证交通运输发展目标的实现，必须加强组织领导和规划指导，完善投融资政策，深化体制机制改革，加强法规体系建设，强化人才队伍、精神文明和廉政建设，为规划实施提供有力的支撑和保障。

第一节　加强组织领导，强化规划的指导性

各级交通运输部门要统一思想、高度重视、周密部署、精心组织，切实编制好本地区、本部门的专项规划，并注重与行业发展规划的衔接。规划实施过程中，要加强领导，明确权责，统筹做好重大建设项目的前期工作和进度安排，确保"十二五"规划各项目标和任务的顺利完成，要加强与水利水电、国土、环保等部门的协调，保障规划的有效实施。

为强化规划的指导性和针对性，要探索建立分类指导的实施机制。处理好政府与市场的关系，在公益性基础设施建设养护、安全监管和应急体系等领域，切实履行政府职责，合理配置公共资源；在科技和信息化、节能环保等领域，通过体制机制创新，完善引导政策，激发市场主体的积极性、创造性，为企业规模化、集约化和高效发展营造良好的制度和政策环境；在运输服务等领域，主要依靠市场主体的自主行为，各级交通主管部门要规范市场行为，加强市场监管，维护市场公平竞争。

切实加强规划实施的跟踪和中期绩效评估，及时把握交通运输发展中出现的新情况、新问题，

适时调整规划和相关政策，进一步增强规划的指导性。要积极开展交通运输专项规划的研究，制定国家公路网布局规划，推动各地开展本省（区、市）公路网系统规划工作，开展《全国沿海港口布局规划》等规划的评估工作，适时开展《国家水上交通安全监管和救助系统布局规划》等规划的调整工作，调整完善《全国民用机场布局规划》。

第二节 加强资金保障，完善投融资政策

继续坚持"国家投资、地方筹资、社会融资、利用外资"的良好机制。积极争取更多的中央和地方财政性资金投入交通运输公益性事业，加强和规范现有交通建设专项资金和财政性资金的管理和使用，充分发挥国家投资的效率和效益；积极拓展融资渠道，利用好金融市场，继续发挥银行贷款等间接融资渠道的功能；鼓励民营和社会资本进入交通基础设施建设领域，加强和规范民营和社会资本投资项目管理；继续利用外商直接投资和国际金融组织贷款，促进交通基础设施建设。

强化对交通发展重点领域的支持。按照"分类指导"的原则，继续实施区域差异化投资政策，加大对西部地区、"老少边穷"地区以及西藏、新疆等重点区域交通建设的投资倾斜力度。加大对国省道改造、内河水运、安全监管和应急体系能力建设的投资支持力度。加大民航安全监管能力建设的投入，增加对通用航空、国际航空等民航重点领域的资金扶持。研究制定综合运输、现代物流、城市公交、绿色交通等相关领域的投资政策。

第三节 加强法规体系建设，深化体制机制改革

开展综合运输法规体系研究制定，统筹考虑公路、水路、民航、邮政等方面的法律、行政法规项目，提出综合运输法规体系框架，推动立法工作开展，研究、制定、出台一批交通运输法律法规。

专栏 16 推进立法进程，加强法制保障

努力促进《城市公共交通条例》、《收费公路管理条例（修订）》、《水路运输管理条例（修订）》、《航道法》出台。

推进《海商法（修订）》、《航运法》、《道路运输条例（修订）》、《海上交通安全法（修订）》的立法进程。

制定完善《公路安全保护条例》、《城市公共交通条例》、《水路运输管理条例》等法规的配套规章。推进《港口岸线使用管理规定》等行业管理规章的出台。

推进《民用航空法》的修改和完善。研究制定《邮政企业专营业务范围的规定》。

按照大部门制改革要求，深化综合运输管理体制机制改革，落实各级交通运输管理部门职责，进一步建立和完善促进综合运输发展的协调机制，继续探索和完善职能有机统一的交通运输大部门体制。加强交通运输发展相关政策研究。加快推进公路管理体制改革，进一步理顺公路管理体制，深化高速公路管理和农村公路养护管理体制改革。深化港航管理体制改革，加强港口岸线、港界范围内土地资源的管理和保护，逐步完善航道、锚地等公用基础设施的建设、维护、管理的体制机制，理顺通航枢纽等节点管理体制和运行机制。深化民航管理体制改革，建立航空公司、机场、空管协调发展的机制，推进空域管理体制和机场管理体制改革。深化邮政体制改革，推动完善省级以下邮政监管体制，推进普遍服务与竞争性业务分业经营、分账核算，建立合理透明的邮政普遍服务成本核算与补贴制度，完善邮政普遍服务运营保障，推动邮政企业体制机制创新和邮政快递物流重

组上市,充分发挥国有邮政企业的骨干作用。

全面推行依法行政,推进执法模式变革,做到决策权、执行权、监督权相对分离、相互制约。建立健全《交通行政执法规范》。完善行政许可网上办理系统,加快交通运输执法信息平台建设。完善行政执法机关的内部监督制约机制。规范执法程序、执法文书自由裁量权。整合执法资源,实现跨地区联合执法。力争"十二五"末行政复议被变更或撤销比例降低至0.5%,行政执法群众评议满意度达到95%以上。加强基层执法单位标准化建设,统一执法标识,提升交通运输执法形象。

第四节　加强人才队伍建设,提供人才保障和智力支持

深入实施"人才强交"战略,以高层次人才、高技能实用人才、高素质管理人才及有关重点领域急需紧缺人才为重点,加强优秀拔尖人才和急需紧缺人才培养,优化人才结构,提升人才素质,强化人才使用与激励机制建设,为发展现代交通运输业提供人才保障和智力支持。

加强交通运输行业教育培训的基础条件和软硬件环境建设,加快交通远程继续教育服务网络建设,积极推动交通远程大学的建立。组织开展以地市级、县级交通运输主管部门领导为主的领导干部培训,继续实施支持西部地区交通干部培训计划。支持部属院校和共建院校开展交通基础科学和应用科学研究,培养交通发展急需的高层次创新型人才。依托交通运输重点学科专业、重大建设工程、重点科研项目和重点科研基地,加强重点领域科技领军人才和优秀青年人才培养,重点建设一批创新人才培养基地,打造一批高水平创新团队。支持全社会航海教育发展,引导航海职业教育发展,采取多方式改善航海院校海上教学实习实训条件。支持交通运输建设、运营管理和运输服务领域的技能型实用人才培养实训基地和职业教育示范院校建设。建立机制、创造条件、加快培养,储备和造就一支政治思想素质过硬、责任心强、熟悉交通业务和国际事务运行规则的专业人才队伍。提高飞行、机务、空管、机场等专业培养能力,实施人才培育模式创新工程、实践实训基地建设工程等,加快培养一批具备民航专业背景、熟悉国际民航规章标准、能够参与国际交流合作的人才。建立邮政行业专业化技能型人才培养基地,构建企业经营管理人才评价机制,加快快递服务专业人才培养。以增加人才总量、改善人才结构、提升人才素质为核心,继续支持中、西部地区人才队伍建设。加强执法队伍正规化、专业化、规范化、标准化建设。制定《交通运输行政执法证件管理规定》,进一步严格执法人员资格条件和奖惩标准。推广执法人员和执法证件管理系统,对执法人员实行动态监管和自动考评。加强执法业务骨干队伍与执法管理队伍建设。

专栏17　加强交通运输行业人才队伍建设

干部队伍培训:推动交通运输行业管理干部队伍培训平台(1+32)建设,加大培训资源开发,进一步改善部党校和管理干部学院基础教学条件建设。

重点学科及创新人才培养:支持航海技术、轮机工程、公路桥梁、港口航道、物流管理等30个交通重点学科点,形成10个交通创新人才培养基地,全行业培育20~30个高水平创新团队。

技能型人才培养:支持公路建养、运输管理、航道建养、船闸运行、城市轨道交通运营、现代物流、汽车维修、港口航运、交通安全、救助打捞与应急管理等技能型实用人才培养实训基地建设。"十二五"时期,为交通运输行业输送60万高素质技能型人才。

重点领域急需紧缺人才培养:加强综合运输、现代物流、道路运输、城市客运、城市轨道交通、公路桥梁养护、港口航运、应急救援等重点领域急需紧缺人才的培养。

第五节　加强精神文明建设，提升行业发展软实力

按照社会主义核心价值体系的要求，结合交通运输实际和特点，践行行业核心价值体系，全面提升行业文明程度和职工文明素质。加强政治理论学习、政策法规学习和业务学习，建立各类学习型组织，拓展学习型组织主题实践活动，提高服务交通运输科学发展的能力和水平。深入开展"学先进、树新风、建体系、创一流"活动，认真组织实施文化建设"十百千"工程，提高行业文化感染力。加快文化研究成果转化应用，着力创新文化管理实践活动，改善文化阵地环境条件，开展丰富多彩的群众性文化活动。建设诚信交通，大力推进服务型政府部门的诚信建设和职业道德建设，加强职工队伍的社会公德、职业道德、家庭美德建设。建设阳光交通，完善信息公开机制，全面推行政务公开，扩大公众、社会和新闻舆论的知情权、监督权。加强政工队伍建设。

切实加强反腐倡廉工作，进一步完善惩防体系建设，加强对行业不正之风的监督治理，加大违纪违法案件查处力度。深入开展工程建设领域突出问题专项治理工作，开展优质廉政工程的创建活动。

加强新闻宣传，提高社会沟通能力和水平。整合全行业新闻宣传资源，创新宣传模式，抓好交通运输重大题材的策划宣传，加强与社会媒体的联系沟通，为交通运输发展营造良好的舆论环境。妥善应对突发新闻事件，加快形成交通运输应急宣传的体制机制，推进突发事件应急宣传网络向最基层覆盖。建立健全新闻宣传机构，规范新闻发布工作机制，建设及时畅通的新闻宣传信息网络，加强新闻宣传体系建设。注重发挥网络媒体宣传渠道作用，进一步加大网络媒体舆情跟踪分析，探索建立交通运输网络评论员队伍。

专栏18　加强交通运输行业精神文明建设

"十百千"工程：打造10大交通运输文化品牌，创建100家文化建设示范单位，培养宣传1000名先进典型。

"学先进、树新风、建体系、创一流"活动：以交通运输管理部门、交通行政执法部门和交通运输窗口单位为重点，争取创建150个全国文明单位、80个省部级文明行业、400个省部级文明单位和500个省部级文明示范窗口。

此外，"十二五"时期，要按照国家互利共赢开放战略的要求，坚持"引进来"和"走出去"相结合，进一步深化我国交通运输领域的双边和多边合作，加大国际组织事务和应对气候变化等重要国际谈判参与力度，继续加强区域合作，拓展合作领域，加强国际条约履约，推进国际运输便利化，加强海盗防范国际合作，提升我国交通运输行业的国际地位和竞争力，保障国家交通运输安全，维护国家利益。

交通运输行业要积极开拓创新、锐意进取、扎实工作，在推进综合运输体系建设、促进现代物流发展、提升科技进步和信息化水平、建设资源节约型环境友好型交通行业、完善安全监管和提高应急处置能力等方面取得显著成效，全面完成"十二五"规划目标和各项任务，开创现代交通运输业发展的新局面，为实现国民经济和社会发展第十二个五年规划和全面建设小康社会宏伟目标而努力奋斗！

附表　交通运输"十二五"发展指标汇总

	指　标	2010 年	2015 年
基础设施	公路网总里程（万公里）	398.4	450
	高速公路总里程（万公里）	7.4	10.8
	国家高速公路通车里程＊（万公里）	5.8	8.3
	高速公路覆盖 20 万以上城镇人口城市比例（%）	80	≥90
	二级及以上公路总里程（万公里）	44.5	65
	国道二级及以上公路比例＊＊（%）	60	≥70
	每年实施国省道大中修工程比例（%）	13	≥17
	国省道总体技术状况（MQI,%）	72	>80
	农村公路总里程（万公里）	345.5	390
	国家公路运输枢纽客货运输站场建成率（%）	21、13	50、40
	沿海港口通过能力适应度	0.98	1.1
	沿海港口深水泊位数（个）	1774	2214
	内河高等级航道里程（万公里）	1.02	1.3
	内河高等级航道达标率（%）	54	70
	五年累计改善三级及以上航道里程（公里）	2700	3500
	民航机场总数（个）	175	≥230
	邮政局所数量（万个）	4.8	6.2
运输服务	营运中高级客车比例（%）	28	40
	营运重型车、专用车、厢式车比例（%）	17.9、5.4、19.2	25、10、25
	远洋、沿海、内河船舶平均吨位（吨）	23000、4800、480	25000、6500、800
	内河货运船舶船型标准化率（%）	20	50
	长江干线、西江航运干线和京杭运河船型标准化率（%）	<40	70
	公路甩挂运输拖挂比	1：1.2	1：2
	乡镇、建制村通班车率（%）	98、88	100、92
	国道平均运行速度（公里/小时）	57.5	60
	沿海主要港口平均每装卸千吨货在港停时下降率（%，基年：2010）	15	
	民航航班正常率（%）	81.5	>80
	乡（镇）邮政局所、建制村村邮站和邮件转接点覆盖率（%）	75、51	>95、80
	重点快递企业网点在直辖市和省会城市、省辖市的覆盖率（%）	95、88.9	98、>90
	300 万人口以上、100 万～300 万人口以及 100 万人口以下的城市，公交车辆拥有率（标台/万人）		15、12、10
	300 万人口以上、100 万～300 万人口以及 100 万人口以下的城市，建成区公交站点 300 米覆盖率（%）		≥85、≥75、≥70
	全国公交专用道总里程（公里）		10000
科技与信息化	科技进步贡献率（%）	50	55
	国省道重要路段和内河干线航道重要航段监测覆盖率（%）	30	≥70
	重点营业性运输装备监测覆盖率（%）	70	100
	高速公路电子不停车收费平均覆盖率（%）	20	60

续表

指　标	2010 年	2015 年
绿色交通	营运车辆单位运输周转量能耗和二氧化碳排放下降率（%，基年：2005）	10、11	
	营运船舶单位运输周转量能耗和二氧化碳排放下降率（%，基年：2005）	15、16	
	营运客、货车单位运输周转量能耗下降率（%，基年：2005）	6、12	
	海洋和内河货运船舶单位运输周转量能耗下降率（%，基年：2005）	16、14	
	港口生产单位吞吐量综合能耗下降率（%，基年：2005）	8	
	民航运输吨公里能耗和二氧化碳排放下降率（%，基年：2010）	>3	
	国省道单位行驶量用地面积下降率（%，基年：2010）	5	
	沿海港口单位长度码头岸线通过能力提高率（%，基年：2010）	5	
	总悬浮颗粒物（TSP）和化学需氧量（COD）等主要污染物排放强度（吨/亿吨公里）下降率（%，基年：2010）	20	
安全应急	营运车辆万车公里事故数和死亡人数下降率（年均%）	3	
	城市客运百万车公里事故数和死亡人数下降率（年均%）	1	
	百万吨港口吞吐量事故数和死亡人数下降率（年均%）	5	
	水上人命救助有效率（%）	>93	>93
	一般灾害情况下公路应急救援到达时间（小时）	≤8	≤2
	沿海重点水域监管救助飞机应急到达时间（分钟）	≤150	≤90
	长江干线以及珠江水系、黑龙江水系的重要航段，监管救助船舶应急到达时间（分钟）	≤45	≤45（局部≤30）
	民航运输飞行百万小时重大事故率（五年累计）	0.05	<0.2

注：＊指 2004 年国务院批准的国家高速公路，＊＊指国家公路网规划调整后的普通国道。

交通运输节能减排专项资金管理暂行办法

（2011 年 6 月 20 日财政部　交通运输部　财建〔2011〕374 号）

第一章　总　则

第一条　为加强交通运输节能减排专项资金管理，提高资金使用效益，促进交通运输节能减排工作的顺利开展，根据《中华人民共和国节约能源法》和国家现行财政财务法规制度，结合交通运输节能减排工作实际，制定本办法。

第二条　本办法所称交通运输节能减排专项资金（以下简称专项资金），是指中央财政从一般预算资金（含车辆购置税交通专项资金）中安排用于支持公路水路交通运输节能减排项目实施的资金。

第三条　专项资金的使用和管理应坚持以下原则：

（一）科学定位。发挥市场对资源配置的基础性作用，专项资金主要用于初期投资效益不明显，但社会效益明显、公益性较强或国家发展战略重点支持的节能减排项目。

（二）统筹安排。按照国务院统一部署和公路水路交通运输节能减排专项规划的总体要求，循序渐进，突出重点，确保实效，逐步有序推进项目的实施。

（三）合理使用。符合公开、公平、公正的办事程序，保证专款专用，资金使用情况和效果以适当形式予以公开，接受国家有关部门和社会监督。

第四条　专项资金纳入财政预算管理。

第二章　专项资金支持范围和方式

第五条　专项资金支持的对象是开展公路水路交通运输节能减排工作的企事业单位，重点是国务院文件和公路水路交通运输节能减排专项规划确定的重点项目实施单位和参加"车、船、路、港"千家企业低碳交通运输专项行动的企事业单位。

第六条　专项资金重点用于支持公路水路交通运输行业推广应用节能减排新机制、新技术、新工艺、新产品的开发和应用，确保完成国家公路水路交通运输节能减排规划安排的重点任务和重点工程。

第七条　专项资金的使用原则上采取以奖代补方式，由财政部、交通运输部根据项目性质、投资总额、实际节能减排量以及产生的社会效益等综合测算确定补助额度。

（一）对节能减排量可以量化的项目，奖励资金原则上与节能减排量挂钩，对完成节能减排量目标的项目承担单位给予一次性奖励。根据年节能量按每吨标准煤不超过 600 元或采用替代燃料的按被替代燃料每吨标准油不超过 2000 元给予奖励，对单个项目的补助原则上不超过 1000 万元。

节能减排量的核定采取单位报告，经第三方机构审核，交通运输部、财政部核定的方式。

（二）对于节能减排量难以量化的项目，可按投资额的一定比例核定补助额度，补助比例原则上不超过设备购置费或项目建筑安装费的 20%；对单个项目的补助额度原则上不超过 1000 万元。

第八条 对已享受中央财政其他节能减排资金支持的项目，专项资金原则上不再安排补助。

第九条 交通运输部所需的工作经费从专项资金中安排，用于有关的项目评审、审核备案、监督检查等工作，工作经费不超过当年专项资金总额的 1%，列入交通运输部部门预算。

第三章 专项资金的申请、审核与拨付

第十条 交通运输部、财政部根据国务院统一部署和公路水路交通运输节能减排专项规划确定的重点任务、重点工程以及交通运输部年度节能减排重点工作，发布年度节能减排重点支持项目申请指南。

第十一条 专项资金的申请条件：

（一）申请单位应具有独立法人资格；

（二）申请单位管理规范，具有健全的财务管理制度；

（三）申请单位能源管理机构健全，具有完善的能源计量、统计和管理体系；

（四）申请项目符合年度节能减排重点支持项目申请指南明确的支持范围；

（五）项目实施完成后，具有明显的节能减排效果或对交通运输节能减排有明显的促进作用；

（六）申请项目符合国家有关规定。

第十二条 节能减排量作为专项资金安排的重要依据，须经第三方机构进行节能减排量审核。由交通运输部根据国家有关要求制定第三方机构认定办法并依据办法规定公布机构名单，项目承担单位在公布的第三方机构名单中选择审核机构。

第十三条 符合申请条件的项目，项目承担单位按照项目指南的有关要求填报材料，连同第三方机构出具的项目节能减排量审核意见，报所在省（自治区、直辖市、计划单列市）[以下简称省（区、市）]交通运输主管部门进行初审。各省（区、市）交通运输部门审核汇总后，会同同级财政主管部门报交通运输部、财政部。

第十四条 交通运输部对申请材料进行审核，提出专项资金支持项目建议，报财政部审核。

第十五条 财政部对专项资金项目进行审核后，将专项资金下达有关省（区、市）财政主管部门，同时抄送交通运输部。各省（区、市）财政主管部门应及时将专项资金拨付到项目承担单位，具体资金支付按照财政国库管理制度有关规定执行。

第四章 专项资金的监督管理

第十六条 各级财政、交通运输部门要切实加强对专项资金使用的监督管理，建立健全专项资金绩效评价制度，并将绩效评价结果作为专项资金安排的重要依据。

第十七条 第三方机构对出具的节能减排量审核报告负责，对出具虚假节能减排量审核报告的第三方机构，将取消其审核资格，情节严重的将依法追究法律责任。

第十八条 对专项资金的使用情况，由财政部、交通运输部组织重点抽查，对违反规定截留、挪用、骗取资金的，将严格按照《中华人民共和国预算法》和《财政违法行为处罚处分条例》（国务院令第 427 号）及相关法规予以处理。

第五章 附 则

第十九条 中央直属企业单位资金申请程序参照本办法执行；交通运输部直属事业单位资金申请程序按照部门预算管理规定执行。

第二十条 本办法自发布之日起执行。

第二十一条 本办法由财政部会同交通运输部负责解释。

交通运输突发事件应急管理规定

(2011 年 9 月 22 日经交通运输部第 10 次部务会议通过
交通运输部令 2011 年第 9 号　自 2012 年 1 月 1 日起施行)

第一章　总　则

第一条　为规范交通运输突发事件应对活动，控制、减轻和消除突发事件引起的危害，根据《中华人民共和国突发事件应对法》和有关法律、行政法规，制定本规定。

第二条　交通运输突发事件的应急准备、监测与预警、应急处置、终止与善后等活动，适用本规定。

本规定所称交通运输突发事件，是指突然发生，造成或者可能造成交通运输设施毁损，交通运输中断、阻塞，重大船舶污染及海上溢油应急处置等，需要采取应急处置措施，疏散或者救援人员，提供应急运输保障的自然灾害、事故灾难、公共卫生事件和社会安全事件。

第三条　国务院交通运输主管部门主管全国交通运输突发事件应急管理工作。

县级以上各级交通运输主管部门按照职责分工负责本辖区内交通运输突发事件应急管理工作。

第四条　交通运输突发事件应对活动应当遵循属地管理原则，在各级地方人民政府的统一领导下，建立分级负责、分类管理、协调联动的交通运输应急管理体制。

第五条　县级以上各级交通运输主管部门应当会同有关部门建立应急联动协作机制，共同加强交通运输突发事件应急管理工作。

第二章　应急准备

第六条　国务院交通运输主管部门负责编制并发布国家交通运输应急保障体系建设规划，统筹规划、建设国家级交通运输突发事件应急队伍、应急装备和应急物资保障基地，储备应急运力，相关内容纳入国家应急保障体系规划。

各省、自治区、直辖市交通运输主管部门负责编制并发布地方交通运输应急保障体系建设规划，统筹规划、建设本辖区应急队伍、应急装备和应急物资保障基地，储备应急运力，相关内容纳入地方应急保障体系规划。

第七条　国务院交通运输主管部门应当根据国家突发事件总体应急预案和相关专项应急预案，制定交通运输突发事件部门应急预案。

县级以上各级交通运输主管部门应当根据本级地方人民政府和上级交通运输主管部门制定的相关突发事件应急预案，制定本部门交通运输突发事件应急预案。

交通运输企业应当按照所在地交通运输主管部门制定的交通运输突发事件应急预案，制定本单位交通运输突发事件应急预案。

第八条　应急预案应当根据有关法律、法规的规定，针对交通运输突发事件的性质、特点、社会危害程度以及可能需要提供的交通运输应急保障措施，明确应急管理的组织指挥体系与职责、监测与预警、处置程序、应急保障措施、恢复与重建、培训与演练等具体内容。

第九条　应急预案的制定、修订程序应当符合国家相关规定。应急预案涉及其他相关部门职能的，在制定过程中应当征求各相关部门的意见。

第十条　交通运输主管部门制定的应急预案应当与本级人民政府及上级交通运输主管部门制定的相关应急预案衔接一致。

第十一条　交通运输主管部门制定的应急预案应当报上级交通运输主管部门和本级人民政府备案。

公共交通工具、重点港口和场站的经营单位以及储运易燃易爆物品、危险化学品、放射性物品等危险物品的交通运输企业所制定的应急预案，应当向所属地交通运输主管部门备案。

第十二条　应急预案应当根据实际需要、情势变化和演练验证，适时修订。

第十三条　交通运输主管部门、交通运输企业应当按照有关规划和应急预案的要求，根据应急工作的实际需要，建立健全应急装备和应急物资储备、维护、管理和调拨制度，储备必需的应急物资和运力，配备必要的专用应急指挥交通工具和应急通信装备，并确保应急物资装备处于正常使用状态。

第十四条　交通运输主管部门可以根据交通运输突发事件应急处置的实际需要，统筹规划、建设交通运输专业应急队伍。

交通运输企业应当根据实际需要，建立由本单位职工组成的专职或者兼职应急队伍。

第十五条　交通运输主管部门应当加强应急队伍应急能力和人员素质建设，加强专业应急队伍与非专业应急队伍的合作、联合培训及演练，提高协同应急能力。

交通运输主管部门可以根据应急处置的需要，与其他应急力量提供单位建立必要的应急合作关系。

第十六条　交通运输主管部门应当将本辖区内应急装备、应急物资、运力储备和应急队伍的实时情况及时报上级交通运输主管部门和本级人民政府备案。

交通运输企业应当将本单位应急装备、应急物资、运力储备和应急队伍的实时情况及时报所在地交通运输主管部门备案。

第十七条　所有列入应急队伍的交通运输应急人员，其所属单位应当为其购买人身意外伤害保险，配备必要的防护装备和器材，减少应急人员的人身风险。

第十八条　交通运输主管部门可以根据应急处置实际需要鼓励志愿者参与交通运输突发事件应对活动。

第十九条　交通运输主管部门可以建立专家咨询制度，聘请专家或者专业机构，为交通运输突发事件应对活动提供相关意见和支持。

第二十条　交通运输主管部门应当建立健全交通运输突发事件应急培训制度，并结合交通运输的实际情况和需要，组织开展交通运输应急知识的宣传普及活动。

交通运输企业应当按照交通运输主管部门制定的应急预案的有关要求，制定年度应急培训计划，组织开展应急培训工作。

第二十一条　交通运输主管部门、交通运输企业应当根据本地区、本单位交通运输突发事件的类型和特点，制定应急演练计划，定期组织开展交通运输突发事件应急演练。

第二十二条　交通运输主管部门应当鼓励、扶持研究开发用于交通运输突发事件预防、监测、预警、应急处置和救援的新技术、新设备和新工具。

第二十三条　交通运输主管部门应当根据本级人民政府财政预算情况，编列应急资金年度预算，设立突发事件应急工作专项奖金。

交通运输企业应当安排应急专项经费，保障交通运输突发事件应急工作的需要。

应急专项资金和经费主要用于应急预案编制及修订、应急培训演练、应急装备和队伍建设、日常应急管理、应急宣传以及应急处置措施等。

第三章　监测与预警

第二十四条　交通运输主管部门应当建立并完善交通运输突发事件信息管理制度，及时收集、统计、分析、报告交通运输突发事件信息。

交通运输主管部门应当与各有关部门建立信息共享机制，及时获取与交通运输有关的突发事件信息。

第二十五条　交通运输主管部门应当建立交通运输突发事件风险评估机制，对影响或者可能影响交通运输的相关信息及时进行汇总分析，必要时同相关部门进行会商，评估突发事件发生的可能性及可能造成的损害，研究确定应对措施，制定应对方案。对可能发生重大或者特别重大突发事件的，应当立即向本级人民政府及上一级交通运输主管部门报告相关信息。

第二十六条　交通运输主管部门负责本辖区内交通运输突发事件危险源管理工作。对危险源、危险区域进行调查、登记、风险评估，组织检查、监控，并责令有关单位采取安全防范措施。

交通运输企业应当组织开展企业内交通运输突发事件危险源辨识、评估工作，采取相应安全防范措施，加强危险源监控与管理，并按规定及时向交通运输主管部门报告。

第二十七条　交通运输主管部门应当根据自然灾害、事故灾难、公共卫生事件和社会安全事件的种类和特点，建立健全交通运输突发事件基础信息数据库，配备必要的检测设备、设施和人员，对突发事件易发区域加强监测。

第二十八条　交通运输主管部门应当建立交通运输突发事件应急指挥通信系统。

第二十九条　交通运输主管部门、交通运输企业应当建立应急值班制度，根据交通运输突发事件的种类、特点和实际需要，配备必要值班设施和人员。

第三十条　县级以上地方人民政府宣布进入预警期后，交通运输主管部门应当根据预警级别和可能发生的交通运输突发事件的特点，采取下列措施：

（一）启动相应的交通运输突发事件应急预案；

（二）根据需要启动应急协作机制，加强与相关部门的协调沟通；

（三）按照所属地方人民政府和上级交通运输主管部门的要求，指导交通运输企业采取相关预防措施；

（四）加强对突发事件发生、发展情况的跟踪监测，加强值班和信息报告；

（五）按照地方人民政府的授权，发布相关信息，宣传避免、减轻危害的常识，提出采取特定措施避免或者减轻危害的建议、劝告；

（六）组织应急救援队伍和相关人员进入待命状态，调集应急处置所需的运力和装备，检测用于疏远、转移的交通运输工具和应急通信设备，确保其处于良好状态；

（七）加强对交通运输枢纽、重点通航建筑物、重点场站、重点港口、码头、重点运输线路及航道的巡查维护；

（八）法律、法规或者所属地方人民政府提出的其他应急措施。

第三十一条　交通运输主管部门应当根据事态发展以及所属地方人民政府的决定，相应调整或者停止所采取的措施。

第四章　应急处置

第三十二条　交通运输突发事件的应急处置应当在各级人民政府的统一领导下进行。

第三十三条　交通运输突发事件发生后，发生地交通运输主管部门应当立即启动相应的应急预案，在本级人民政府的领导下，组织、部署交通运输突发事件的应急处置工作。

第三十四条　交通运输突发事件发生后，负责或者参与应急处置的交通运输主管部门应当根据有关规定和实际需要，采取以下措施：

（一）组织运力疏散、撤离受困人员，组织搜救突发事件中的遇险人员，组织应急物资运输；

（二）调集人员、物资、设备、工具，对受损的交通基础设施进行抢修、抢通或搭建临时性设施；

（三）对危险源和危险区域进行控制，设立警示标志；

（四）采取必要措施，防止次生、衍生灾害发生；

（五）必要时请求本级人民政府和上级交通运输主管部门协调有关部门，启动联合机制，开展联合应急行动；

（六）按照应急预案规定的程序报告突发事件信息以及应急处置的进展情况；

（七）建立新闻发言人制度，按照本级人民政府的委托或者授权及相关规定，统一、及时、准确地向社会和媒体发布应急处置信息；

（八）其他有利于控制、减轻和消除危害的必要措施。

第三十五条　交通运输突发事件超出本级交通运输主管部门处置能力或管辖范围的，交通运输主管部门可以采取以下措施：

（一）根据应急处置需要请求上级交通运输主管部门在资金、物资、设备设施、应急队伍等方面给予支持；

（二）请求上级交通运输主管部门协调突发事件发生地周边交通运输主管部门给予支持；

（三）请求上级交通运输主管部门派出现场工作组及有关专业技术人员给予指导；

（四）按照建立的应急协作机制，协调有关部门参与应急处置。

第三十六条　在需要组织开展大规模人员疏散、物资疏运的情况下，交通运输主管部门应当根据本级人民政府或者上级交通运输主管部门的指令，及时组织运力参与应急运输。

第三十七条　交通运输企业应当加强对本单位应急设备、设施、队伍的日常管理，保证应急处置工作及时、有效开展。

交通运输突发事件应急处置过程中，交通运输企业应当接受交通运输主管部门的组织、调度和指挥。

第三十八条　交通运输主管部门根据应急处置工作的需要，可以征用有关单位和个人的交通运输工具、相关设备和其他物资。有关单位和个人应当予以配合。

第五章　终止与善后

第三十九条　交通运输突发事件的威胁和危害得到控制或者消除后，负责应急处置的交通运输主管部门应当按照相关人民政府的决定停止执行应急处置措施，并按照有关要求采取必要措施，防止发生次生、衍生事件。

第四十条　交通运输突发事件应急处置结束后，负责应急处置工作的交通运输主管部门应当对应急处置工作进行评估，并向上级交通运输主管部门和本级人民政府报告。

第四十一条　交通运输突发事件应急处置结束后，交通运输主管部门应当根据国家有关扶持遭受突发事件影响行业和地区发展的政策规定以及本级人民政府的恢复重建规划，制定相应的交通运输恢复重建计划并组织实施，重建受损的交通基础设施，消除突发事件造成的破坏及影响。

第四十二条　因应急处置工作需要被征用的交通运输工具、装备和物资在使用完毕应当及时返还。交通运输工具、装备、物资被征用或者征用后毁损、灭失的，应当按照相关法律、法规予以补偿。

第六章　监督检查

第四十三条　交通运输主管部门应当建立健全交通运输突发事件应急管理监督检查和考核机制。

监督检查应当包含以下内容：

（一）应急组织机构建立情况；

（二）应急预案制定及实施情况；

（三）应急物资储备情况；

（四）应急队伍建设情况；

（五）危险源监测情况；

（六）信息管理、报送、发布及宣传情况；

（七）应急培训及演练情况；

（八）应急专项资金和经费落实情况；

（九）突发事件应急处置评估情况。

第四十四条　交通运输主管部门应当加强对辖区内交通运输企业等单位应急工作的指导和监督。

第四十五条　违反本规定影响交通运输突发事件应对活动有效进行的，由其上级交通运输主管部门责令改正、通报批评；情节严重的，对直接负责的主管人员和其他直接责任人员按照有关规定给予相应处分；造成严重后果的，由有关部门依法给予处罚或追究相应责任。

第七章　附　则

第四十六条　海事管理机构及各级地方人民政府交通运输主管部门对水上交通安全和防止船舶污染等突发事件的应对活动，依照有关法律、法规执行。

一般生产安全事故的应急处置，依照国家有关法律、法规执行。

第四十七条　本规定自 2012 年 1 月 1 日起实施。

交通运输企业安全生产标准化建设实施方案

(2011 年 6 月 29 日交通运输部　交安监发〔2011〕322 号)

一、指导思想和工作目标

(一) 指导思想。

以科学发展观为统领,坚持"安全第一、预防为主、综合治理"的方针,牢固树立以人为本、安全发展的理念,全面贯彻国发〔2010〕23 号和安委〔2011〕4 号文件精神,以落实企业安全生产主体责任为主线,以强化安全生产"双基"(基层、基础)为重点,通过开展企业安全生产标准化建设,全面提升交通运输企业安全生产水平,为构建便捷、安全、经济、高效的综合运输体系、发展现代交通运输业提供可靠的安全保障。

(二) 工作目标。

1. 企业安全生产水平明显提升。通过开展交通运输企业安全生产标准化建设,体制机制不断完善,主体责任进一步落实,员工素质稳步提高,科技装备水平和管理能力明显提升,突出问题有效解决,企业安全生产形势持续稳定好转。

2. 各类事故明显下降。重大以上事故明显下降,到 2015 年,营运车辆万车死亡事故件数和死亡人数平均每年下降 3%;运输船舶百万吨港口吞吐量水上交通事故件数和死亡人数平均每年下降 5%;城市客运百万车公里死亡事故件数和死亡人数平均每年下降 1%;公路水运工程建设百亿元投资死亡事故件数和死亡人数平均每年下降 1%。

3. 推进企业全面达标。交通运输企业全面开展安全生产标准化建设工作,实现企业安全管理标准化、作业现场标准化和操作过程标准化。力争从事客运、危险化学品和烟花爆竹等重点运输企业在 2013 年底前达标,其他交通运输企业在 2015 年前达标。

二、实施范围

具有独立法人资格,具体从事公路水路运输、城市客运和公路水运工程施工等生产经营建设活动的交通运输企业。

三、管理分工

企业安全生产标准化达标分一级、二级、三级,其中一级最高,三级最低。交通运输部负责一级企业的达标评审管理,省级交通运输主管部门和长江航务管理局负责二级、三级企业的达标评审管理。

四、主要内容

（一）制定工作方案。

各部门、各单位要根据本方案的内容和要求，结合本地区、本单位实际情况，制定实施方案，明确目标、任务、责任，确定标准化示范企业名单，确保标准化建设有计划、有步骤地顺利开展。

（二）建立相关制度和标准。

根据国家和交通运输安全生产相关法律、法规、标准和规范，制定交通运输企业安全生产标准化达标管理办法、评级程序和达标标准，明确工作流程，细化安全生产达标标准。

（三）确定评审单位和评审人员。

一级安全生产标准化企业的评审单位由交通运输部确定；二级、三级安全生产标准化企业的评审单位由省级交通运输主管部门、长江航务管理局确定，并报交通运输部备案，确定的评审单位应向社会公布。评审一级企业的评审人员资质由交通运输部认可，评审二级、三级企业的评审人员资质由省级交通运输主管部门、长江航务管理局认可，并报交通运输部备案。

（四）示范推广。

部确定在港口、航运、道路运输、城市客运、公路水运工程建设企业各选择 1～2 家作为示范，以总结经验、深入推广。省级交通运输管理部门和长江航务管理局也应结合实际，做好示范推广工作。

五、工作要求

（一）加强组织领导。

部安全委员会负责全国交通运输企业安全生产标准化建设工作的组织领导，部安全委员会办公室具体负责日常工作。各部门、各单位要结合实际，明确相应的组织领导机构，认真制定工作方案，合理确定阶段目标，分阶段、分步骤实施。2011 年重点抓好政策法规、评级程序和评级标准的制定及宣传推广等工作；2012 年开始全面开展安全生产标准化建设工作，成熟一批、评审一批、公告一批，确保 2015 年底以前实现既定目标。

（二）加强工作指导。

各部门、各单位要按照方案要求，指导和督促企业、评审单位积极开展安全生产标准化建设和评审工作，按期完成工作任务，确保工作质量。要实行分类指导，加强对评审单位和评审人员的专题培训，研究解决安全生产标准化建设工作中的新问题；要开展示范推广，发挥榜样作用，创新体制机制，加强经验交流，以点带面，推动企业全面达标，为企业安全生产标准化建设提供有效的指导服务。

（三）加强跟踪管理。

各部门、各单位要加强跟踪和监督检查，不断巩固建设成果，坚持与时俱进、突出建设重点、解决突出问题，做到持续改进和升级，切实提高企业安全生产标准化建设水平。要将安全达标与行政许可、日常安全监管工作有机结合起来，凡不符合安全生产条件的，一律不得批准从事交通运输生产经营建设活动；凡在规定的时间内仍不能达标的企业，一律依法停业整顿直至吊扣或注销经营许可证，并在媒体公开曝光。要加强相关立法工作，以法律手段督促达标；完善考核制度，落实工作责任，以行政手段推进达标；建立有效激励机制，激发企业自觉性，以经济手段引导达标。要建立安全生产标准化建设工作信息化管理平台，加强对工作进展的实时管理，及时掌握动态信息，提高工作效率和服务水平。

（四）加大宣传力度。

各部门、各单位要采取多种形式大力开展安全生产标准化建设宣传教育活动，充分利用各种媒介，及时、广泛宣传工作进展和好的经验做法，为企业安全生产标准化建设工作营造良好的氛围。凡经考评达标的企业，要向社会公告，通过加大正面宣传力度，带动其他企业做好安全生产达标工作。

请各省级交通运输主管部门、长江航务管理局于 2011 年 7 月 15 日前将实施方案报部安全委员会办公室。

交通运输部安全生产约谈办法（试行）

（2011 年 12 月 22 日交通运输部　交安监发〔2011〕777 号）

第一条　为进一步加强交通运输行业安全生产监督管理，促进政府安全监管和企业安全生产主体责任的落实，依据国务院有关要求，结合交通运输的实际，制定本办法。

第二条　本办法适用于交通运输部组织的安全生产约谈工作。

第三条　本办法所称安全生产约谈，是指交通运输部与被约谈单位进行的安全生产诫勉谈话。

第四条　交通运输部安委会办公室负责约谈的具体组织工作，部内相关司局、部海事局、救捞局按职责分工参与约谈工作。

第五条　交通运输行业公路、水路生产运输或建设施工，出现下列情况之一时，部应约请相关单位进行安全生产诫勉谈话：

（一）未落实国家或部有关安全生产工作部署；

（二）挂牌督办的安全隐患未在规定期限内完成整改或采取相应措施的；

（三）发生重大及以上安全生产事故，存在漏报、谎报或瞒报的；

（四）6 个月内发生 2 次及以上重大安全生产事故或连续发生多起较大安全生产事故并造成较大损失或影响的；

（五）发生特别重大安全生产事故；

（六）有必要进行约谈的其他情况。

第六条　约谈形式分为集体约谈和个别约谈。

在相近时间内 2 个以上地区或单位发生第五条所列情况的，由部领导或部安全总监主持集体约谈；个别地区或单位发生第五条所列情况的，由部领导、安全总监或安委办领导主持个别约谈。

第七条　被约谈单位是指存在第五条所列情况之一的省级交通运输主管部门、部直属单位、中央管理的交通运输企业。

第八条　被约谈单位主要负责人或分管安全工作的负责人应按要求参加约谈。

第九条　约谈以谈话形式进行。约谈时，约谈人听取被约谈单位对有关情况的陈述，并针对被约谈单位存在的问题进行质询，提出具体整改要求。

第十条　约谈时，被约谈单位应陈述下列情况：

（一）未落实国家或部有关安全生产部署的，应陈述未开展相关工作的原因、下一步整改计划和措施；

（二）挂牌督办仍存在隐患的，应陈述未进行隐患整改或逾期未完成整改的原因、下一步整改计划和实施方案；

（三）发生安全生产事故的，应陈述事故发生的原因、相关处理情况、吸取的教训、已采取或将采取的措施；

（四）漏报、谎报或瞒报安全生产事故的，应陈述事件的处理情况、对违规行为的认识和相关整改措施。

第十一条 约谈由部领导、部安委办或部内相关司局、部海事局、救捞局提出，由部安委办提前 10 天书面通知被约谈单位，告知约谈事项、约谈时间、约谈地点。

需部领导或安全总监主持的约谈，应报部领导或安全总监批准后下发约谈通知书。

第十二条 被约谈单位收到约谈通知书后，应在收到约谈通知 2 个工作日内以书面或电话形式确认通知事项。

第十三条 部安委办承担约谈记录工作，负责起草约谈纪要。约谈纪要印发至被约谈单位和参加约谈的所有单位。

第十四条 被约谈单位应在约谈结束后 10 个工作日内将整改方案以书面形式报部，并应及时报告整改方案执行情况。

第十五条 部安委办应组织部内相关司局、部海事局、救捞局跟踪、督办整改方案执行情况，必要时进行现场检查。

第十六条 部安委办应将约谈记录和被约谈单位上报的材料等资料立卷存档。

第十七条 被约谈单位无故不参加约谈或未认真落实约谈要求的，约谈单位应给予通报批评。因约谈事项未落实或落实不到位而引发安全生产事故的，按有关法律、法规的规定由相关部门追究被约谈单位及相关人员责任。

第十八条 各省级交通运输主管部门、部直属单位可参照本办法的有关规定，制定本地区、本系统的安全生产约谈机制。

第十九条 本办法自颁布之日起试行。

附件：1. 交通运输部安全生产约谈通知书（略，详情请登录交通运输部网站）
　　　2. 交通运输部安全生产约谈记录（略，详情请登录交通运输部网站）

交通运输行业干部教育培训工作管理办法（试行）

（2012 年 1 月 3 日交通运输部　交科技发〔2012〕14 号）

第一章　总　则

第一条　为贯彻中央《干部教育培训工作条例（试行）》和《2010～2020 年干部教育培训改革纲要》的要求，保障交通运输行业干部参加教育培训的权利，履行接受教育培训的义务，加强教育培训工作的管理，促进科学化、规范化、制度化建设，结合交通运输行业干部教育培训工作实际，特制定本办法。

第二条　积极有效地组织开展干部教育培训活动，是各级交通运输主管部门的重要职责。各级交通运输主管部门要认真履行职责，加强对教育培训工作的管理，切实提高干部的政治素质、科学文化素质和业务素质。

第三条　本办法适用于各级交通运输主管部门面向所属单位和行业组织的干部教育培训活动。

第二章　基本要求

第四条　交通运输行业干部教育培训工作的指导思想是以提高行业干部队伍素质为核心，服务交通运输事业科学发展，服务干部健康成长。

第五条　交通运输行业干部教育培训工作的基本原则是坚持以人为本，联系实际，按需施教，学用结合，强化干部教育培训的针对性和实效性。

第六条　交通运输行业应按照中央要求积极开展行业干部履行岗位职责所需的专业培训。县处级以上领导干部每 5 年参加脱产教育培训的时间累计不少于 3 个月，其他干部每年参加脱产教育培训的时间累计不少于 12 天，专业技术人员每年参加脱产学习时间累计不少于 12 天或 72 学时。

第三章　职责分工

第七条　交通运输行业干部教育培训工作实行统一规划，分类指导，分级负责，分层实施，协作配合。

第八条　部科技司负责指导行业干部教育培训工作，负责组织制定干部教育培训政策，组织编制行业干部教育培训规划和部年度干部培训计划，并对实施情况进行督促检查。

第九条　部内各司局根据职责分工，负责提出相关业务领域的干部教育培训项目，列入部年度干部培训计划后，具体组织实施。

第十条 各级交通运输主管部门应明确干部教育培训归口管理部门，组织制定本地区、本单位的干部教育培训规定；负责上级干部教育培训规划、计划的落实；制定年度干部培训计划并组织实施；做好行业干部教育培训统计工作。

第四章 培训机构

第十一条 加强交通运输行业干部教育培训机构建设，充分发挥各级交通运输干部学校和培训机构在行业干部教育培训中的主渠道、主基地作用，构建分工明确、优势互补、团结协作的交通运输行业干部教育培训体系。

第十二条 承担交通运输行业干部教育培训任务的培训机构须具备与承担教育培训工作相适应的教学场所和设施；拥有与承担教育培训工作相适应的管理人员和专兼职师资队伍；能够完成所承担的教育培训任务。

第十三条 交通运输行业干部教育培训机构应根据培训需求，研发培训项目，更新培训内容，深化教学改革，改进培训方式，科学设置培训班次和学制，提高教学水平。坚持开放办学，加强与国内外交流与合作，充分利用高等院校、科研院所优质资源，提升交通运输行业干部教育培训质量。

第五章 培训实施

第十四条 建立组织调训为主、自主选学为辅的行业干部参训机制。各级交通运输主管部门应认真做好干部教育培训计划的组织落实。安排干部参加学习，要避免多头调训、重复调训和多年不训。干部在教育培训期间，应享受在岗同等待遇。

第十五条 培训项目的主办单位和承办机构应加强调研，充分沟通，根据培训需求，共同制定切实可行的教学计划和实施方案。

第十六条 培训机构要加强培训过程管理，做好教学组织、学员管理和服务等工作，并及时将学员学习情况向学员派出单位进行通报。

第十七条 培训机构应加强培训质量管理，组织学员对培训项目、培训课程设置、培训方式、师资水平、教学管理等进行评价，根据评价情况不断改进培训工作。

第六章 学员管理

第十八条 干部参加教育培训必须严格遵守学习纪律和生活纪律，积极主动参与各项学习活动，认真完成规定的教育培训任务。

第十九条 干部教育培训实行登记管理。各级交通运输主管部门和干部所在单位应当按照干部管理权限，建立和完善干部教育培训档案，如实记载干部参加教育培训情况和考核结果。干部参加教育培训记录应作为干部考核以及上岗任用、职务晋升、专业技术职务评聘的重要参考。

第七章 培训监督

第二十条 各级交通运输主管部门应严格按计划组织培训，加强培训经费的使用管理，原则上不得组织计划外培训。特殊工作需要，举办前应报归口管理部门同意。归口管理部门应会同人事组织部门和纪检监察部门监督干部教育培训计划的执行，严格执行国家有关干部教育培训工作的规定。

第二十一条 交通运输行业干部教育培训机构受主管部门委托按计划组织的培训，严禁以营利为目的，不得借培训之名组织与培训内容无关的游览和娱乐活动。对违反规定假借政府名义乱办班、乱收费、乱发证的，一经发现，要严肃查处。

第八章 附 则

第二十二条 本办法由交通运输部科技司负责解释。

第二十三条 本办法自发布之日起施行。

节能减排"十二五"规划（节选）

（2012 年 8 月 6 日国务院　国发〔2012〕40 号）

为确保实现"十二五"节能减排约束性目标，缓解资源环境约束，应对全球气候变化，促进经济发展方式转变，建设资源节约型、环境友好型社会，增强可持续发展能力，根据《中华人民共和国国民经济和社会发展第十二个五年规划纲要》，制定本规划。

一、现状与形势（略）

二、指导思想、基本原则和主要目标

（一）指导思想。

以邓小平理论和"三个代表"重要思想为指导，深入贯彻落实科学发展观，坚持大幅降低能源消耗强度、显著减少主要污染物排放总量、合理控制能源消费总量相结合，形成加快转变经济发展方式的倒逼机制；坚持强化责任、健全法制、完善政策、加强监管相结合，建立健全有效的激励和约束机制；坚持优化产业结构、推动技术进步、强化工程措施、加强管理引导相结合，大幅度提高能源利用效率，显著减少污染物排放；加快构建政府为主导、企业为主体、市场有效驱动、全社会共同参与的推进节能减排工作格局，确保实现"十二五"节能减排约束性目标，加快建设资源节约型、环境友好型社会。

（二）基本原则。

强化约束，推动转型。通过逐级分解目标任务，加强评价考核，强化节能减排目标的约束性作用，加快转变经济发展方式，调整优化产业结构，增强可持续发展能力。

控制增量，优化存量。进一步完善和落实相关产业政策，提高产业准入门槛，严格能评、环评审查，抑制高耗能、高排放行业过快增长，合理控制能源消费总量和污染物排放增量。加快淘汰落后产能，实施节能减排重点工程，改造提升传统产业。

完善机制，创新驱动。健全节能环保法律、法规和标准，完善有利于节能减排的价格、财税、金融等经济政策，充分发挥市场配置资源的基础性作用，形成有效的激励和约束机制，增强用能、排污单位和公民自觉节能减排的内生动力。加快节能减排技术创新、管理创新和制度创新，建立长效机制，实现节能减排效益最大化。

分类指导，突出重点。根据各地区、各有关行业特点，实施有针对性的政策措施。突出抓好工业、建筑、交通、公共机构等重点领域和重点用能单位节能，大幅提高能源利用效率。加强环境基础设施建设，推动重点行业、重点流域、农业源和机动车污染防治，有效减少主要污染物排放总量。

（三）总体目标。

到 2015 年，全国万元国内生产总值能耗下降到 0.869 吨标准煤（按 2005 年价格计算），比 2010 年的 1.034 吨标准煤下降 16%（比 2005 年的 1.276 吨标准煤下降 32%）。"十二五"期间，实现节约能源 6.7 亿吨标准煤。

2015 年，全国化学需氧量和二氧化硫排放总量分别控制在 2347.6 万吨、2086.4 万吨，比 2010 年的 2551.7 万吨、2267.8 万吨各减少 8%，分别新增削减能力 601 万吨、654 万吨；全国氨氮和氮氧化物排放总量分别控制在 238 万吨、2046.2 万吨，比 2010 年的 264.4 万吨、2273.6 万吨各减少 10%，分别新增削减能力 69 万吨、794 万吨。

（四）具体目标。

到 2015 年，单位工业增加值（规模以上）能耗比 2010 年下降 21% 左右，建筑、交通运输、公共机构等重点领域能耗增幅得到有效控制，主要产品（工作量）单位能耗指标达到先进节能标准的比例大幅提高，部分行业和大中型企业节能指标达到世界先进水平（见表 1）。风机、水泵、空压机、变压器等新增主要耗能设备能效指标达到国内或国际先进水平，空调、电冰箱、洗衣机等国产家用电器和一些类型的电动机能效指标达到国际领先水平。工业重点行业、农业主要污染物排放总量大幅降低（见表 2）。

表 1　"十二五"时期主要节能指标

指　标	单　位	2010 年	2015 年	变化幅度/变化率
工业				
单位工业增加值（规模以上）能耗	%			［-21% 左右］
火电供电煤耗	克标准煤/千瓦时	333	325	-8
火电厂厂用电率	%	6.33	6.2	-0.13
电网综合线损率	%	6.53	6.3	-0.23
吨钢综合能耗	千克标准煤	605	580	-25
铝锭综合交流电耗	千瓦时/吨	14013	13300	-713
铜冶炼综合能耗	千克标准煤/吨	350	300	-50
原油加工综合能耗	千克标准煤/吨	99	86	-13
乙烯综合能耗	千克标准煤/吨	886	857	-29
合成氨综合能耗	千克标准煤/吨	1402	1350	-52
烧碱（离子膜）综合能耗	千克标准煤/吨	351	330	-21
水泥熟料综合能耗	千克标准煤/吨	115	112	-3
平板玻璃综合能耗	千克标准煤/重量箱	17	15	-2
纸及纸板综合能耗	千克标准煤/吨	680	530	-150
纸浆综合能耗	千克标准煤/吨	450	370	-80
日用陶瓷综合能耗	千克标准煤/吨	1190	1110	-80
建筑				
北方采暖地区既有居住建筑改造面积	亿平方米	1.8	5.8	4
城镇新建绿色建筑标准执行率	%	1	15	14
交通运输				

续表

指 标	单 位	2010 年	2015 年	变化幅度/变化率
铁路单位运输工作量综合能耗	吨标准煤/百万换算吨公里	5.01	4.76	[−5%]
营运车辆单位运输周转量能耗	千克标准煤/百吨公里	7.9	7.5	[−5%]
营运船舶单位运输周转量能耗	千克标准煤/千吨公里	6.99	6.29	[−10%]
民航业单位运输周转量能耗	千克标准煤/吨公里	0.450	0.428	[−5%]
公共机构				
公共机构单位建筑面积能耗	千克标准煤/平方米	23.9	21	[−12%]
公共机构人均能耗	千克标准煤/人	447.4	380	[15%]
终端用能设备能效				
燃煤工业锅炉（运行）	%	65	70~75	5~10
三相异步电动机（设计）	%	90	92~94	2~4
容积式空气压缩机输入比功率	千瓦/（立方米·分$^{-1}$）	10.7	8.5~9.3	−1.4~−2.2
电力变压器损耗	千瓦	空载：43 负载：170	空载：30~33 负载：151~153	−10~−13 −17~−19
汽车（乘用车）平均油耗	升/百公里	8	6.9	−1.1
房间空调器（能效比）	—	3.3	3.5~4.5	0.2~1.2
电冰箱（能效指数）	%	49	40~46	−3~−9
家用燃气热水器（热效率）	%	87~90	93~97	3~10

注：［ ］内为变化率。

表2 "十二五"时期主要减排指标

指 标	单 位	2010 年	2015 年	变化幅度/变化率
工业				
工业化学需氧量排放量	万吨	355	319	[−10%]
工业二氧化硫排放量	万吨	2073	1866	[−10%]
工业氨氮排放量	万吨	28.5	24.2	[−15%]
工业氮氧化物排放量	万吨	1637	1391	[−15%]
火电行业二氧化硫排放量	万吨	956	800	[−16%]
火电行业氮氧化物排放量	万吨	1055	750	[−29%]
钢铁行业二氧化硫排放量	万吨	248	180	[−27%]
水泥行业氮氧化物排放量	万吨	170	150	[−12%]
造纸行业化学需氧量排放量	万吨	72	64.8	[−10%]
造纸行业氨氮排放量	万吨	2.14	1.93	[−10%]
纺织印染行业化学需氧量排放量	万吨	29.9	26.9	[−10%]
纺织印染行业氨氮排放量	万吨	1.99	1.75	[−12%]
农业				
农业化学需氧量排放量	万吨	1204	1108	[−8%]
农业氨氮排放量	万吨	82.9	74.6	[−10%]
城市				
城市污水处理率	%	77	85	8

注：［ ］内为变化率。

三、主要任务

（一）略。

（二）**推动能效水平提高。**

——推进交通运输节能。加快构建便捷、安全、高效的综合交通运输体系，不断优化运输结构，推进科技和管理创新，进一步提升运输工具能源效率。

铁路运输。大力发展电气化铁路，进一步提高铁路运输能力。加强运输组织管理。加快淘汰老旧机车机型，推广铁路机车节油、节电技术，对铁路运输设备实施节能改造。积极推进货运重载化。推进客运站节能优化设计，加强大型客运站能耗综合管理。

公路运输。全面实施营运车辆燃料消耗量限值标准。建立物流公共信息平台，优化货运组织。推行高速公路不停车收费，继续开展公路甩挂运输试点。实施城乡道路客运一体化试点。推广节能驾驶和绿色维修。

水路运输。建设以国家高等级航道网为主体的内河航道网，推进航电枢纽建设，优化港口布局。推进船舶大型化、专业化，淘汰老旧船舶，加快实施内河船型标准化。发展大宗散货专业化运输和多式联运等现代运输组织方式。推进港口码头节能设计和改造。加快港口物流信息平台建设。

航空运输。优化航线网络和运力配备，改善机队结构，加强联盟合作，提高运输效率。优化空域结构，提高空域资源配置使用效率。开发应用航空器飞行及地面运行节油相关实用技术，推进航空生物燃油研发与应用。加强机场建设和运营中的节能管理，推进高耗能设施、设备的节油节电改造。

城市交通。合理规划城市布局，优化配置交通资源，建立以公共交通为重点的城市交通发展模式。优先发展公共交通，有序推进轨道交通建设，加快发展快速公交。探索城市调控机动车保有总量。开展低碳交通运输体系建设城市试点。推行节能驾驶，倡导绿色出行。积极推广节能与新能源汽车，加快加气站、充电站等配套设施规划和建设。抓好城市步行、自行车交通系统建设。发展智能交通，建立公众出行信息服务系统，加大交通疏堵力度。

（三）**强化主要污染物减排。**

——控制机动车污染物排放。提高机动车污染物排放准入门槛。加强机动车排放对环境影响的评估审查。加快淘汰老旧车辆，基本淘汰2005年以前注册的用于运营的"黄标车"。推进报废农用车换购载货汽车工作。全面推行机动车环保标志管理，严格实施机动车一致性检查制度，不符合国家机动车排放标准的车辆禁止生产、销售和注册登记。实施第四阶段机动车排放标准，在有条件的重点城市和地区逐步推动实施第五阶段排放标准。"十二五"末实现低速车与载货汽车实施同一排放标准。全面提升车用燃油品质。研究制定国家第四、第五阶段车用燃油标准，推动落实标准实施条件，强化车用燃油监管。全面供应符合国家第四阶段标准的车用燃油，部分重点城市供应国家第五阶段标准车用燃油。大型炼化项目应以国家第五阶段车用燃油标准作为设计目标，加快成品油生产技术改造。

四、节能减排重点工程

（一）**节能改造工程。**

——交通运输节能。铁路运输实施内燃机车、电力机车和空调发电车节油节电、动态无功补偿以及谐波负序治理等技术改造；公路运输实施电子不停车收费技术改造；水运推广港口轮胎式集装箱门式起重机油改电、靠港船舶使用岸电、港区运输车辆和装卸机械节能改造、油码头油气回收等；民航实施机场和地面服务设备节能改造，推广地面电源系统代替辅助动力装置等措施；加快信息技术在城市交通中的应用。深入开展"车船路港"千家企业低碳交通运输专项行动。"十二五"时期形成 100 万吨标准煤的节能能力。

（二）节能产品惠民工程。

加大高效节能产品推广力度。民用领域重点推广高效照明产品、节能家用电器、节能与新能源汽车等，商用领域重点推广单元式空调器等，工业领域重点推广高效电动机等，产品能效水平提高 10% 以上，市场占有率提高到 50% 以上。完善节能产品惠民工程实施机制，扩大实施范围，健全组织管理体系，强化监督检查。"十二五"时期形成 1000 亿千瓦时的节电能力。

（三）略。

（四）节能技术产业化示范工程。

示范推广低品位余能利用、高效环保煤粉工业锅炉、稀土永磁电机、新能源汽车、半导体照明、太阳能光伏发电、零排放和产业链接等一批重大、关键节能技术。建立节能技术评价认定体系，形成节能技术分类遴选、示范和推广的动态管理机制。对节能效果好、应用前景广阔的关键产品或核心部件组织规模化生产，提高研发、制造、系统集成和产业化能力。"十二五"时期产业化推广 30 项以上重大节能技术，培育一批拥有自主知识产权和自主品牌、具有核心竞争力、世界领先的节能产品制造企业，形成 1500 万吨标准煤的节能能力。

（五）～（九）略。

（十）节能减排能力建设工程。

推进节能监测平台建设，建立能源消耗数据库和数据交换系统，强化数据收集、数据分类汇总、预测预警和信息交流能力。开展重点用能单位能源消耗在线监测体系建设试点和城市能源计量示范建设。建设县级污染源监控中心，加强污染源监督性监测，完善区域污染源在线监控网络，建立减排监测数据库并实现数据共享。加强氨氮、氮氧化物统计监测，提高农业源污染监测和机动车污染监控能力。推进节能减排监管机构标准化和执法能力建设，加强省、市、县节能减排监测取证设备、能耗和污染物排放测试分析仪器配备。

初步测算，"十二五"时期实施节能减排重点工程需投资约 23660 亿元，可形成节能能力 3 亿吨标准煤，新增化学需氧量、二氧化硫、氨氮、氮氧化物削减能力分别为 420 万吨、277 万吨、40 万吨、358 万吨（见表 4）。

表 4　"十二五"节能减排规划投资需求

工程名称	投资需求（亿元）	节能减排能力（万吨）
节能重点工程	9820	30000（标准煤）
减排重点工程	8160	420（化学需氧量）、277（二氧化硫）、40（氨氮）、358（氮氧化物）
循环经济重点工程	5680	支撑实现上述节能减排能力
总计	23660	

五、保障措施

（一）坚持绿色低碳发展。

深入贯彻节约资源和保护环境基本国策，坚持绿色发展和低碳发展。坚持把节能减排作为落实科学发展观、加快转变经济发展方式的重要着力点，加快构建资源节约、环境友好的生产方式和消费模式，增强可持续发展能力。在制定实施国家有关发展战略、专项规划、产业政策以及财政、税收、金融、价格和土地等政策过程中，要体现节能减排要求，发展目标要与节能减排约束性指标衔接，政策措施要有利于推进节能减排。

（二）强化目标责任评价考核。

综合考虑经济发展水平、产业结构、节能潜力、环境容量及国家产业布局等因素，合理确定各地区、各行业节能减排目标。进一步完善节能减排统计、监测、考核体系，健全节能减排预警机制，建立健全行业节能减排工作评价制度。各地区要将国家下达的节能减排目标分解落实到下一级政府、有关部门和重点单位。国务院每年组织开展省级人民政府节能减排目标责任评价考核，考核结果作为领导班子和领导干部综合考核评价的重要内容，纳入政府绩效管理，实行问责制，并按照有关规定对作出突出成绩的地区、单位和个人给予表彰奖励。地方各级人民政府要切实抓好本地区节能减排目标责任评价考核。

（三）加强用能节能管理。

明确总量控制目标和分解落实机制，实行目标责任管理。建立能源消费总量预测预警机制，对能源消费总量增长过快的地区及时预警调控。在工业、建筑、交通运输、公共机构以及城乡建设和消费领域全面加强用能管理，切实改变敞开供应能源、无约束使用能源的现象。依法加强年耗能万吨标准煤以上用能单位节能管理，开展万家企业节能低碳行动，落实目标责任，实行能源审计，开展能效水平对标活动，建立能源管理师制度，提高企业能源管理水平。在大气联防联控重点区域开展煤炭消费总量控制试点，从严控制京津唐、长三角、珠三角地区新建燃煤火电机组。

（四）健全节能环保法律、法规和标准。

完善节能环保法律、法规和标准体系。推动加快制定和修订大气污染防治法、排污许可证管理条例、畜禽养殖污染防治条例、重点用能单位节能管理办法、节能产品认证管理办法等。加快节能环保标准体系建设，扩大标准覆盖面，提高准入门槛。组织制定和修订粗钢、铁合金、焦炭、多晶硅、纯碱等50余项高耗能产品强制性能耗限额标准，高压三相异步电动机、平板电视机等40余项终端用能产品强制性能效标准，制定钢铁、水泥等行业能源管理体系标准等。健全节能和环保产品及装备标准。完善环境质量标准。加快重点行业污染物排放标准的制定和修订工作，根据氨氮、氮氧化物控制目标要求制定实施排放标准，加强标准实施的后评估工作。

（五）完善节能减排投入机制。

加大中央预算内投资和中央节能减排专项资金对节能减排重点工程和能力建设的支持力度，继续安排国有资本经营预算支出支持企业实施节能减排项目。完善"以奖代补"、"以奖促治"以及采用财政补贴方式推广高效节能产品和合同能源管理等支持机制，强化财政资金的引导作用。支持军队重点用能设施设备节能改造。地方各级人民政府要进一步加大对节能减排的投入，创新投入机制，发挥多层次资本市场融资功能，多渠道引导企业、社会资金积极投入节能减排。完善财政补贴方式和资金管理办法，强化财政资金的安全性和有效性，提高财政资金使用效率。

（六）完善促进节能减排的经济政策。

深化资源性产品价格改革，理顺煤、电、油、气、水、矿产等资源类产品价格关系，建立充分反映市场供求、资源稀缺程度以及环境损害成本的价格形成机制。完善差别电价、峰谷电价、惩罚性电价，尽快出台鼓励余热余压发电和煤层气发电的上网政策，全面推行居民用电阶梯价格。严格落实脱硫电价，研究完善燃煤电厂烟气脱硝电价政策。完善矿业权有偿取得制度。加快供热体制改革，全面实施热计量收费制度。完善污水处理费政策。改革垃圾处理收费方式，提高收缴率，降低征收成本。完善节能产品政府采购制度。扩大环境标志产品政府采购范围，完善促进节能环保服务的政府采购政策。落实国家支持节能减排的税收优惠政策，改革资源税，加快推进环境保护税立法工作，调整进出口税收政策，合理调整消费税范围和税率结构。推进金融产品和服务方式创新，积极改进和完善节能环保领域的金融服务，建立企业节能环保水平与企业信用等级评定、贷款联动机制，探索建立绿色银行评级制度。推行重点区域涉重金属企业环境污染责任保险。

（七）推广节能减排市场化机制。

加大能效标识和节能环保产品认证实施力度，扩大能效标识和节能产品认证实施范围。建立高耗能产品（工序）和主要终端用能产品能效"领跑者"制度，明确实施时限。推进节能发电调度。强化电力需求侧管理，开展城市综合试点。加快建立电能管理服务平台，充分运用电力负荷管理系统，完善鼓励电网企业积极参与电力需求侧管理的考核与奖惩机制。加强政策落实和引导，鼓励采用合同能源管理实施节能改造，推动城镇污水、垃圾处理以及企业污染治理等环保设施社会化、专业化运营。深化排污权有偿使用和交易制度改革，建立完善排污权有偿使用和交易政策体系，研究制定排污权交易初始价格和交易价格政策。开展碳排放交易试点。推进资源型经济转型改革试验。健全污染者付费制度，完善矿产资源补偿制度，加快建立生态补偿机制。

（八）推动节能减排技术创新和推广应用。

深入实施节能减排科技专项行动，通过国家科技重大专项和国家科技计划（专项）等对节能减排相关科研工作给予支持。完善节能环保技术创新体系，加强基础性、前沿性和共性技术研发，在节能环保关键技术领域取得突破。加强政府指导，推动建立以企业为主体、市场为导向、多种形式的产学研战略联盟，鼓励企业加大研发投入。重点支持成熟的节能减排关键、共性技术与装备产业化示范和应用，加快产业化基地建设。发布节能环保技术推广目录，加快推广先进、成熟的新技术、新工艺、新设备和新材料。加强节能环保领域国际交流合作，加快国外先进适用节能减排技术的引进吸收和推广应用。

（九）强化节能减排监督检查和能力建设。

加强节能减排执法监督，依法从严惩处各类违反节能减排法律、法规的行为，实行执法责任制。强化重点用能单位、重点污染源和治理设施运行监管，推动污染源自动监控数据联网共享。完善工业能源消费统计，建立建筑、交通运输、公共机构能源消费统计制度、地区单位生产总值能耗指标季度统计制度，强化统计核算与监测。健全节能管理、监察、服务"三位一体"节能管理体系，形成覆盖全国的省、市、县三级节能监察体系。突出抓好重点用能单位能源利用状况报告、能源计量管理、能耗限额标准执行情况等监督检查。

（十）开展节能减排全民行动。

深入开展节能减排全民行动，抓好家庭社区、青少年、企业、学校、军营、农村、政府机构、科技、科普和媒体十个专项行动。把节能减排纳入社会主义核心价值观宣传教育以及基础教育、文化教育、职业教育体系，增强危机意识。充分发挥广播影视、文化教育等部门以及新闻媒体和相关社会团体的作用，组织好节能宣传周、世界环境日等主题宣传活动。加强日常宣传和舆论监督，宣传先进、曝光落后、普及知识，崇尚勤俭节约、反对奢侈浪费，推动节能、节水、节地、节材、节粮，倡导与我国国情相适应的文明、节约、绿色、低碳生产方式和消费模式，积极营造良好的节能减排社会氛围。

六、规划实施

节约资源和保护环境是我国的基本国策，推进节能减排工作，加快建设资源节约型、环境友好型社会是我国经济社会发展的重大战略任务。各级人民政府和有关部门要切实履行职责，扎实工作，进一步强化目标责任评价考核，加强监督检查，保障规划目标和任务的完成。地方各级人民政府要对本地区节能减排工作负总责，切实加强组织领导和统筹协调，做好本地区节能减排规划与本规划主要目标、重点任务的协调，特别要加强约束性指标的衔接，抓好各项目标任务的分解落实，强化政策统筹协调，做好相关规划实施的跟踪分析。发展改革委、环境保护部要会同有关部门加强对本规划执行的支持和指导，认真做好规划实施的监督评估，重视研究新情况，解决新问题，总结新经验，重大问题及时向国务院报告。

促进综合交通枢纽发展的指导意见

（2013 年 3 月 7 日国家发展改革委　发改基础〔2013〕475 号）

综合交通枢纽是综合交通运输体系的重要组成部分，是衔接多种运输方式、辐射一定区域的客、货转运中心。为统筹协调各种运输方式，推进我国综合交通枢纽的一体化发展，提高交通运输的服务水平和整体效率，现提出如下意见：

一、重要意义

促进综合交通枢纽发展，是提高交通运输整体效率和服务水平、降低物流成本的有效途径，是优化运输结构、实现交通运输战略转型的迫切需要，是集约利用资源、节能环保的客观要求，对解决现阶段我国综合交通枢纽规划设计不统一、建设时序不同步、运营管理不协调、方式衔接不顺畅等问题，构建便捷、安全、高效的综合交通运输体系，支撑国民经济和社会发展，方便广大人民群众出行，提升国家竞争力具有战略意义。

二、总体要求

以邓小平理论、"三个代表"重要思想和科学发展观为指导，加快转变交通运输发展方式，以一体化为主线，创新体制、机制，统一规划、同步建设、协调管理，促进各种运输方式在区域间、城市间、城乡间、城市内的有效衔接，以提高枢纽运营效率、实现各种运输方式在综合交通枢纽上的便捷换乘、高效换装，为构建综合交通运输体系奠定坚实基础。

三、基本原则

（一）布局合理。
根据城市空间、人口分布、产业布局，以运输需求为导向，新建与改造相结合，分散与集中相统筹，实现枢纽优化布局。
（二）衔接顺畅。
按照综合运输理念和各种运输方式的技术经济特征，强化有机衔接，突出对外交通与城市公共交通之间的优先换乘，提升枢纽的一体化水平与运行效率。
（三）服务便捷。
体现人性化服务和安全保障的要求，优化运营组织，完善信息服务，加强旅客与车辆引导，实现旅客便捷换乘和货物高效换装。

（四）集约环保。

科学确定规模，合理设置功能，集约利用空间资源，大力推广应用节能环保的新技术、新材料、新设备，实现绿色发展。

四、发展任务

（一）加强以客运为主的枢纽一体化衔接。

根据城市空间形态、旅客出行等特征，合理布局不同层次、不同功能的客运枢纽。按照"零距离换乘"的要求，将城市轨道交通、地面公共交通、市郊铁路、私人交通等设施与干线铁路、城际铁路、干线公路、机场等紧密衔接，建立主要单体枢纽之间的快速直接连接，使各种运输方式有机衔接。鼓励采取开放式、立体化方式建设枢纽，尽可能实现同站换乘，优化换乘流程，缩短换乘距离。

高速铁路、城际铁路和市郊铁路应尽可能在城市中心城区设站，并同站建设城市轨道交通、有轨电车、公共汽（电）车等城市公共交通设施。视需要同站建设长途汽车站、城市航站楼等设施。特大城市的主要铁路客运站，应充分考虑中长途旅客中转换乘功能。

民用运输机场应尽可能连接城际铁路或市郊铁路、高速铁路，并同站建设城市公共交通设施。具备条件的城市，应同站连接城市轨道交通或做好预留。视需要同站建设长途汽车站等换乘设施。有条件的鼓励建设城市航站楼。

公路客运站应同站建设城市公共交通设施，视需要和可能同站建设城市轨道交通。

港口客运、邮轮码头应同站建设连接城市中心城区的公共交通设施。

（二）完善以货运为主的枢纽集疏运功能。

统筹货运枢纽与产业园区、物流园区等的空间布局。按照货运"无缝化衔接"的要求，强化货运枢纽的集疏运功能，提高货物换装的便捷性、兼容性和安全性，降低物流成本。

铁路货运站应建设布局合理、能力匹配、衔接顺畅的公路集疏运网络，并同站建设铁路与公路的换装设施。

港口应重点加强铁路集疏运设施建设，大幅提高铁路集疏运比重；积极发展内河集疏运设施。集装箱干线港应配套建设疏港铁路和高速公路，滚装码头应建设与之相连的高等级公路。

民用运输机场应同步建设高等级公路及货运设施。强化大型机场内部客货分设的货运通道建设。

公路货运站应配套建设能力匹配的集疏运公路系统，切实发挥公路货运站功能。

（三）提升客货运输服务质量。

整合信息平台。综合交通枢纽建设和运营过程中应有效推进科技创新，集成、整合现有信息资源（系统），推进公共信息平台建设，建立不同运输方式的信息采集、交换和共享机制，实现信息的互联互通、及时发布、实时更新、便捷查询，提高综合交通枢纽的信息化、智能化水平。

发展联程联运。积极推进铁路、公路、水运、民航等多种运输方式的客运联程系统建设，普及电子客票、联网售票，推进多种运输方式之间的往返、联程、异地等各类客票业务，逐步实现旅客运输"一个时刻表、一次付票款、一张旅行票"。推进大宗散货水铁联运、集装箱多式联运，实现货物运输"一票到底"。

（四）统筹枢纽建设经营。

鼓励组建公司实体作为业主，根据综合交通枢纽规划，负责单体枢纽的设计、建设与运营管理。

统一设计。依法确定一家具有资质的设计研究机构，由其牵头组织协调交通各个专业，实行总体设计、分项负责。设计中应集约布局各类场站设施，突出一体化衔接，有效承载多种服务功能，实现枢纽的便捷换乘、经济适用、规模适当，切忌贪大求洋、追求奢华。

同步建设。强调集中指挥、同步建设，统筹综合交通枢纽各种运输方式建设项目的开工时序、建设进度和交付时间，使各类设施同步运行，各类功能同步实现。不能同步实施的应进行工程预留。

协调管理。创新管理模式，完善协调机制，培育专业化枢纽运营管理企业，保障综合交通枢纽整体协调运营，提升运行效率、服务能力和经营效益。

五、保障措施

（一）制定枢纽规划。

对于综合交通运输体系中的节点城市，其综合交通枢纽规划由所在城市人民政府组织编制，纳入城市总体规划进行审批（或修改城市总体规划时进行审批），用于指导城市交通枢纽设施的空间布局和建设。在规划工作中，应统筹各种运输方式之间、城市交通与对外交通之间、客运与货运之间以及既有设施与新建枢纽之间的关系，衔接相关规划，注重规划的全局性、前瞻性和可操作性。

（二）创新管理机制。

要切实打破行业分割、突破地区分割，创新体制机制，破解综合交通枢纽发展中的难题。城市人民政府统筹协调枢纽的规划、设计、建设等事宜，国家相关部门应予以积极支持。逐步建立和完善规划评估、调整机制。

（三）拓宽融资渠道。

要充分发挥政府投资的引导作用，加大资金支持力度。同时，要创新盈利模式，探索以企业为主体、资本为纽带的投融资方式，鼓励社会资本进入综合交通枢纽的建设和运营，形成多元化的投融资格局，建立稳定的综合交通枢纽投融资渠道。

（四）鼓励综合开发。

要在保障枢纽设施用地的同时，集约、节约用地，合理确定综合交通枢纽的规模。对枢纽用地的地上、地下空间及周边区域，在切实保证交通功能的前提下，做好交通影响分析，鼓励土地综合开发，收益应用于补贴枢纽设施建设和运营。

（五）完善技术标准。

按照构建综合交通运输体系的要求，在总结国内外实践经验的基础上，协调各行业的设计标准和规范，逐步研究制定符合国情、经济适用的综合交通枢纽设计、建设、运营服务等标准和规范。

附：

42 个全国性综合交通枢纽（城市）
北京、天津、哈尔滨、长春、沈阳、大连、石家庄、秦皇岛、唐山、青岛、济南、上海、南京、连云港、徐州、合肥、杭州、宁波、福州、厦门、广州、深圳、湛江、海口、太原、大同、郑州、武汉、长沙、南昌、重庆、成都、昆明、贵阳、南宁、西安、兰州、乌鲁木齐、呼和浩特、银川、西宁、拉萨

公路水路交通运输信息化"十二五"发展规划

（2011 年 4 月 27 日交通运输部　交规划发〔2011〕192 号）

前　言

　　"十二五"时期是我国经济结构战略性调整和转变经济发展方式的重要时期，是推动信息化、工业化深度融合和加快经济社会各领域信息化进程的重要阶段。交通运输业坚持以科学发展为主题，以转变发展方式、发展现代交通运输业为主线，着力调整交通结构、拓展服务功能、提高发展质量、提升服务水平，构建便捷、安全、经济、高效的综合运输体系。必须充分发挥信息化对改造传统产业、发展现代交通运输业的支撑和保障作用，着力在信息化环境下强化各种运输方式高效衔接，提高公众信息服务水平，规范市场运行秩序，增强安全监管和应急处置能力，提升政府决策管理效能，促进行业可持续发展。

　　交通运输部党组高度重视信息化工作，提出"必须把推进交通运输信息化建设摆在'十二五'规划中的突出位置，通过一批带动性强的行业重大信息化项目的实施，全面提高交通运输智能化、现代化水平"。根据《交通运输"十二五"发展规划》，编制了《公路水路交通运输信息化"十二五"发展规划》，提出了公路水路交通安全应急、出行服务、市场监管、决策支持等方面的信息化建设任务和重点，充分体现了发展现代交通运输业的要求，描绘了交通运输信息化发展的蓝图，提出了信息化建设的行动纲领，对"十二五"时期公路水路信息化发展具有重要的指导意义。

一、"十一五"公路水路交通信息化发展回顾

　　"十一五"时期，交通运输行业全面推进信息化建设，切实加强部省联动、共建共享，以示范、试点工程建设为依托，不断提高信息资源开发利用水平，在交通运输动态信息采集与监控、交通信息资源整合开发与利用、交通运行综合分析辅助决策和交通信息服务四个方面取得了较好的成效，公路水路交通信息化发展开始进入协同应用和综合服务的新阶段。

　　（一）加强公路水路交通基础设施运行管理系统建设，通行效率明显提高。

　　重点加强了高速公路、普通国省干线公路重要路段、大型桥梁、长大隧道、高风险水域、重要航段和公路客货运输枢纽、港口等基础设施运行监测与监控系统的建设，深化了路网、航道运行和养护管理的信息化应用，有效保障了交通基础设施的通行能力，提高了服务水平。

　　——20 个省（区、市）实现了高速公路联网监控，路网监控与信息采集设备布设逐步加密，部分高速公路重要路段实现了全程监控。

　　——28 个省（区、市）实现了高速公路联网收费，已开通电子不停车收费系统（ETC）的车

道数约为 1300 个，平均覆盖率（设置 ETC 车道收费站数量占高速公路收费站点总数量的比例）约为 15%，全国 ETC 用户数量突破 50 万，提高了车辆在收费站的通过效率，降低了油耗，有效缓解了收费口交通拥堵。

——开发了 1:25 万全要素全国公路电子地图、1:5 万全国农村公路电子地图、257 幅电子海图和 2068 幅港口电子平面图，有效支撑了公路水路交通运输规划、建设、运行管理和服务。

——国省干线交通量调查系统建设进一步加快，已建成连续式交通量观测站 1428 个，间歇式交通量观测站 22778 个，数据采集自动化程度逐年提高。

——各地建设了超限运输车辆监控、治超检测站远程监控等系统，部分省市实现了省内检测站点治超管理信息联网，车辆超载超限率控制在 5% 以内，在治超工作中发挥了重要作用。

——全国初步建设了 52 个重点水域船舶交通管理系统，实现了所辖水域内船舶的跟踪监控；结合卫星定位系统开发的船闸过坝管理系统，实现了船舶合理编队，提高了船闸通过能力。

——"数字航道"示范工程在长江三角洲、珠江三角洲、长江干线和京杭大运河逐步开展，航道管理模式从现场管理向远程管理转变，提高了航道通行能力和利用效率。

（二）加强行业公共信息服务平台建设，信息服务水平明显提升。

公路水路交通公共信息服务水平稳步提高，内容逐步丰富，手段更加多样，服务覆盖范围愈加广泛。

——各级交通运输主管部门的交通政务门户网站建设全面推进，逐步扩大了行政许可网上受理和政策法规等政务信息服务，逐步深化和丰富了出行信息服务，得到用户的好评，部网站在政府政务网站评比中名列前茅。

——交通出行信息服务系统建设全面启动。交通运输部网站提供了全国路况快讯、公路气象预报、航道通告、海事气象等信息服务。在全国 23 个省（区、市）组织实施了交通信息化示范工程和推广工程，推动了各省级交通出行信息服务系统的建设。

——公路同城、异地客运联网售票系统和港口客运联网售票系统在部分城市得到应用，方便了公众购票。

——部分地区建设了公共物流信息平台，在提高物流效率、降低运输成本、提升服务质量方面进行了有益探索。

——依托交通科技信息资源共享平台试点工程建设，重点整合和共享了交通运输行业公益性、基础性、增值性科技信息资源，并面向社会和行业提供了交通科技信息服务。

——依托交通统计信息系统工程建成了交通统计数据电子图书馆和统计信息数据库，提高了交通统计工作的服务水平。

（三）加强公路水路交通运输管理服务系统建设，市场监管能力明显增强。

加强了公路水路运输经营业户、从业人员、营运车辆、船舶等重要基础数据库的建设，并在公路水路建设和运输市场监管信息化应用方面取得了重要进展，市场秩序得到进一步规范。

——通过部省道路运输信息系统联网试点工作，已有 28 个省（区、市）实现了部省联网，初步建立了全国道路运输经营业户、从业人员和营运车辆基础数据库，为实现全国范围道路运输信息共享和业务协同奠定了基础。

——全国 27 个省（区、市）开发应用了省级统一的道路运政管理系统，并由原有单一许可办证功能向运政协同管理延伸；全国 IC 卡道路运输电子证件的应用试点工作逐步开展；道路运输移动稽查系统在部分地区得到应用，有效提高了执法效率。

——组织开展了水路运政管理系统的升级改造工作，并在各省（区、市）逐步推广应用，初步实现了对水路运输企业、船舶、航线的信息化管理；通过海事信息一、二期工程和船舶、船员"一卡通"工程建设，规范了全国船舶管理和船员管理业务。

——组织开发了部级公路水路建设市场诚信及工程质量信息服务系统和公路及水运工程评标专家管理系统，部分省市开展了公路水路建设市场、运输市场信用信息系统建设，对加强工程管理，维护市场秩序，规范市场经营行为发挥了重要作用。

（四）加强交通安全监管和应急系统建设，保障能力明显提高。

运用船舶自动识别、船舶交通管理、全球卫星定位、低极轨道搜救卫星、高频、甚高频、卫星通信、视频监控等多种技术，加强了对公路水路基础设施和运输装备的监测监控，交通运输安全监管与应急反应能力显著增强。

——以国家公路网管理与应急处置中心建设为依托，初步实现了对全国部分重点公路路段的视频图像、交通流数据的接入，路况阻断信息的汇总分析和气象对区域路网的影响分析，为跨省市公路交通突发事件的协调处置奠定基础。

——依托上海世博会入沪营运车辆联网联控专项工程，重点营运车辆动态监管的试点地区已经扩大到30个省（区、市），车辆范围由长途客运、危险品运输车辆逐步向旅游包车、重型载货汽车、半挂牵引车等重点营运车辆延伸，初步建立了全国重点营运车辆动态信息交换平台。

——覆盖全国沿海和重要内河水域的船舶自动识别岸基网络系统基本建成，包括132座基站和22个中心，实现了300总吨以上船舶的有效监控；基本实现全国沿海和长江干线多种安全和遇险通信方式的连续覆盖；建成了52个船舶交通管理中心、202个雷达站；沿海重要港口进港航道、重点码头和内河重点航段的视频监控系统基本建立；整合了雷达、船舶自动识别、卫星定位、视频监控、海岸电台和卫星通信等监控和通信手段，提高了船舶日常监管和应急处置能力。

——完成了海事应急辅助指挥系统试点工程、中国船舶远程识别与跟踪工程建设，提高了水上安全监督管理水平和应急反应能力。

——海事卫星通信建设成效显著，在海上遇险救助、处置重大突发事件、应对重大自然灾害的应急通信保障中发挥了关键作用。

（五）加强信息化发展条件建设，发展环境明显改善。

交通运输信息化发展理念显著提升，组织机构逐步健全，标准规范相继出台，运行机制在探索中取得积极进展，公路水路交通运输信息化发展环境得到明显改善。

——交通政务内网、政务外网、行业专网的架构基本形成，行业专网联通了部与41个省厅级单位、90多个大中型港口以及190多个政务信息报送单位。

——信息化规划与制度建设不断推进。19个省（区、市）制定并实施了地方交通信息化"十一五"规划，各级交通运输主管部门陆续制定了交通信息化建设、管理等方面的制度和规范。

——交通数据中心建设初见成效。初步构建了部省两级交通数据中心框架，形成了一批行业基础数据库，数据服务能力得到有效提升。

——交通信息化建设与管理的组织机构初步建立，90%的省级交通运输主管部门设立了信息化组织管理机构，队伍规模不断壮大，人员结构合理性有所改善，专业化水平逐步提升。

——信息化标准体系不断完善，制定了交通信息化标准建设方案，颁布了交通基础数据元集、信息资源目录体系总体框架等一系列标准规范和指南。

"十一五"公路水路交通运输信息化建设取得了明显成效，为"十二五"交通运输跨区域、跨部门信息化综合应用发展奠定了基础，但信息化整体水平还不能适应现代交通运输业发展的需要。一是信息化发展尚未覆盖交通运输现代化建设全局，信息化与业务管理和服务的融合不足，信息资源开发利用程度不高，信息资源共享水平较低，动态信息采集能力相对薄弱，尚未在规范业务、流程再造等方面实现深化应用，对行业发展的贡献程度有待提升。二是信息化整体效益和规模效益尚未得到充分发挥，部省、地区、部门间信息化发展水平不平衡，缺乏行业综合性、区域性带动项目，发展合力有待加强。三是信息化发展环境建设相对滞后，法规、机制、资金、人才等制约信息化发展的"瓶颈"仍未得到有效缓解。四是信息化发展中政府引导与市场驱动结合不足，电子商务与物流信息化集成发展程度不高，行业资源和社会公共资源的整合兼容不足，信息服务领域产业化发展仍然任重道远。

二、"十二五"交通运输信息化发展需求

当今世界，信息技术发展突飞猛进，引发社会生产方式的深刻变革。党中央、国务院高度重视信息化工作，做出了以信息化带动工业化、以工业化促进信息化、走新型工业化道路的战略部署。交通运输信息化是国家信息化建设的重要组成部分，是破解交通运输业发展难题、促进交通运输行业发展方式转变、全面提升交通运输管理能力和服务水平的重要抓手。信息化不仅将覆盖交通运输现代化建设全局，同时也将成为交通运输运行管理和社会公共服务的关键载体。

（一）保障交通运输系统的畅通、高效，要求加强对交通基础设施和运输装备的运行监测，提高其运营管理水平和运行效率。

提供畅通高效的运输通道是交通运输行业的重要任务，也是全社会对交通运输的基本要求。"十二五"时期，我国交通基础设施和运输装备仍将保持较快的发展速度，预计公路总里程将达到450 万公里，高速公路里程将接近 11 万公里，沿海深水泊位达到 2214 个，内河高等级航道里程超过 1.3 万公里，民用车辆和营运船舶总数将位居世界前列。交通基础设施和运输装备规模总量不断扩大，使我国交通运输管理能力面临巨大挑战，利用信息化手段对已形成的资产进行充分利用和潜力挖掘，提高交通基础设施和运输装备运行效率，保障路网水网畅通，已经成为迫在眉睫的重要任务。

（二）满足人民群众安全便捷出行，要求为公众提供优质的出行信息服务。

为全社会提供及时、准确的出行信息服务是交通运输行业提供高品质、多样化、多层次的交通运输服务，保障和改善民生的重要举措。"十二五"时期是我国经济社会重要变革期，产业结构、收入分配结构和消费结构面临重大调整，居民收入和消费水平逐步提高，我国将全面进入机动化社会，预计民用车辆保有量将超过 1.5 亿辆。交通出行规模快速扩张，人民群众安全、便捷出行的需求日益增长，城际交通运输系统和城市公共客运将面临前所未有的巨大出行压力。交通运输服务水平必须与人民群众日益提高的生活品质相适应，利用信息化手段，逐步提高交通智能化水平，改善出行信息服务质量，提高公共信息服务能力。

（三）保障交通运输安全发展，要求提升交通运输安全监管和应急处置的监测预警、通信保障和决策支持水平。

保障交通运输安全平稳运行是交通运输发展的永恒主题，提高安全监管和应急处置能力是政府的重要职责。"十二五"时期，交通运输行业面临的安全形势依然严峻，应对各种突发事件的任务更加繁重，必须充分掌握交通运输风险源，利用信息技术加强监测预警，提升安全生产保障能力，有效协调专业和社会力量，提高应对突发事件的快速反应能力，提供安全的出行环境；必须加强应急通信保障能力建设和应急决策分析，优化配置应急保障资源，提高应急指挥能力；必须面向社会及时发布信息，维护社会稳定，提高应急信息服务能力。

（四）推进综合运输体系建设和发展现代物流，要求促进多种运输方式的信息共享和业务协同。

发展综合运输体系是新时期交通运输部门的重要任务，交通运输是现代物流供应链中最重要的组成部分，促进现代物流业发展是转变发展方式、加快发展现代交通运输业的重要途径和切入点。

"十二五"时期，推进综合运输体系建设和现代物流业发展，必须以信息化为抓手，加强各种运输方式相关信息资源的交换和共享，促进各种运输方式的有效衔接；促进物流信息资源交换与共享，提升物流公共信息服务能力，实现供应链上下游供需双方业务协同，降低物流成本，提高物流运作效率。

（五）提高决策的前瞻性和科学性，要求准确把握交通运输经济运行状况，深化行业综合运行分析。

提高决策的前瞻性和科学性是交通运输主管部门对国家和人民高度负责的重要体现。"十二五"期，交通运输业面临的形势更加复杂，各种新问题、新矛盾不断涌现，对经济运行分析工作的广度、深度和时效性提出了更高的要求，决策部门必须借助信息监测、采集、统计、预测预警、挖掘分析等信息化手段，及时获取全面、准确的信息，做出快速判断和科学决策，改变以往决策中以定性和经验分析为主的情况，使决策更加具有前瞻性和科学性，增强指导性，避免决策失误带来的风险和损失。

（六）构建绿色交通，要求利用信息技术优化运行组织模式和流程，节约能源，减少排放。

交通运输是节能降耗的重要领域，降低行业能源消耗水平、减少排放是实现国家"两型社会"重大战略目标和履行国家承诺的客观要求。"十二五"时期，交通运输行业发展面临的节能减排任务更加艰巨，资源环境对交通运输的刚性约束日益凸显。必须充分利用信息技术改造传统产业，优化运输组织模式和流程，实现运输生产的精细化管理，提高运输装备的利用效率，降低空驶，减少资源消耗、空间占用和污染排放；大力发展智能交通系统，保障交通运输系统畅通高效运行，减少因交通拥堵造成的能耗和污染；加强对交通运输行业能源消耗和排放的监测监控，加快高能耗、高排放、高污染运输装备淘汰更新。

三、指导思想、基本原则和发展目标

（一）指导思想。

高举中国特色社会主义伟大旗帜，以邓小平理论和"三个代表"重要思想为指导，深入贯彻落实科学发展观，按照转变发展方式、加快发展现代交通运输业的总体要求，大力推进交通运输各领域信息化建设，推动信息技术与交通运输管理和服务全面融合。以全行业综合性和区域性重大信息化工程为带动，积极推动互联互通、信息共享和业务协同，深化交通运输电子政务和电子商务应用，切实提升信息化的发展质量和综合效益，促进现代交通运输业发展。

（二）基本原则。

●覆盖全局，深化应用

以信息化覆盖交通运输现代化建设的全局，实现信息技术在交通运输系统运行监测、管理与服务领域的深度渗透与融合，加速推进深化应用，促使交通运输信息化在加快转变发展方式中发挥更重要的牵引和支撑作用，有效提高交通运输的发展质量和效益。

●共享资源，业务协同

基于信息化环境优化业务流程，利用信息技术促进业务流程再造，支撑业务发展，提高行业信息资源共享、业务协同能力和服务水平，充分发挥信息化建设的综合效益。以构建和完善交通信息资源体系为核心，着力加强全行业信息化发展的统筹协调力度，下大力气扭转原有信息化建设条块分割、各自为战的局面，形成行业发展合力，实现建设整体效果。

●注重实效，提升服务

坚持以人为本，以具有鲜明时代特征和行业特点的交通信息服务为重点，以重大信息化工程为推手，以支撑解决行业发展中的重大经济社会问题为宗旨，以需求、效果并重为导向，加快推进交通信息服务产业化发展，推动建立丰富实用、经济便捷的综合交通运输信息服务体系，使交通信息服务惠及全民。

●示范引领，分类指导

继续以"行业联动、共建共享"的有效推动模式，围绕发展重点，集中优势资源，深入实践和深度应用物联网等先进技术，建设一批带动性强的重大工程及示范、试点项目。分别按照"政府主导"、"政府引导"、"政府倡导"的推进方式，加强对不同领域、不同区域信息化建设的分类指导，采用差别化投资政策，促进行业信息化协调发展。

（三）发展目标。

"十二五"公路水路交通运输信息化发展总体目标：建立更加全面、高效的交通运输运行监测网络，进一步提升交通运输信息资源的深度开发与综合利用水平，交通运输系统全网联动、协同应用程度进一步提高，在保障畅通运行方面取得显著实效，在提升运行效率、服务公众出行方面取得明显突破，在规范市场秩序、强化安全应急、服务决策支持方面全面提升，在推进综合运输体系建设、发展现代物流、实现低碳绿色交通方面取得重大进展，为现代交通运输业发展提供坚强支撑与保障。

具体目标：

1. 推进交通基础设施的数字化和智能化，交通基础设施和运输装备运行监测网络基本建成，干线公路网重要路段和内河干线航道重要航段监测覆盖率达到 70% 以上，重点营业性运输装备监测覆盖率达到 100%。

——依托交通运输运行监测系统建设，在全国所有省（区、市）实现高速公路联网监控，对高速公路和国省干线重要路段、特大桥梁、长大隧道、大型客货运输枢纽、重点水域、航道、港口和通航枢纽的运行状态、环境、气象与灾害实现动态监测。

——完成 80% 以上国家高速公路网交通情况调查站点建设；完成全国所有 I、II 类治超检测站和省级管理中心建设，实现部、省、站三级超限信息系统全国联网。

——实现对"两客一危"车辆（长途客车、客运包车和危险货物运输车）和重点营运货车、"四客一危"船舶（客渡船、旅游客船、高速客船、滚装客船和危险品运输船）的动态定位跟踪监测。

——初步建立公路水路客货运输市场动态运行信息监测体系。

2. 提高信息资源开发利用水平，部省两级公路、航道、港口、营运车辆、船舶、经营业户、从业人员等行业核心的基础性、战略性数据库 100% 建成。

——加快行业基础信息资源建设，形成部、省、市三级交通数据中心体系，在有条件的地市，重点建设城市公交、出租、轨道交通、运输枢纽、农村客运、农村公路等基础数据库。

——完善信息资源共享与更新机制，实现跨区域、跨行业的信息交换与共享，全面改善数据质量，数据更新及时率满足应用需求。

——鼓励交通运输信息资源公益性开发利用，探索建立公益性信息资源开发与服务的长效机制，引导公益性信息服务机构的发展。

3. 推进行业重大应用工程建设，全面提升行业业务协同、科学决策和信息服务能力，对促进服务型政府建设的作用更加显著。

面向公众服务：

——交通运输电子政务服务质量大幅提高，80% 以上的行政许可项目和公共服务事项实现在线办理。

——全国高速公路 ETC 平均覆盖率达到 60%，ETC 车道数达到 6000 条以上，ETC 用户量超过 500 万个。

——形成以全国统一特服号、统一交通广播频率为特征，覆盖国家高速公路、重要普通国省干线及广大城乡地区的交通出行信息服务体系，信息服务满意度达到 70% 以上。

——依托全国特大城市综合客运枢纽建设，建成若干个城市综合客运枢纽协同管理与信息服务系统。

——建成若干有较好应用实效，具备可持续发展前景的区域物流公共信息服务平台，并形成统一的标准规范体系，实现平台间的互联互通和信息共享，适时开展全国性物流公共信息交换系统建设。

面向行业管理：

——交通运输核心业务信息化应用的广度和深度达到较高水平，核心业务信息化覆盖率达到 85% 以上，并在交通运输行政执法、市场诚信体系建设、安全监管与应急处置等领域实现跨区域、跨行业的综合性应用。

——初步建成覆盖全国的部省两级公路水路安全监管与应急处置平台，全面掌握交通运输风险源，并实现对 II 级以上突发事件的及时接报和处置信息的分发处理。

——基本建成部省两级公路水路建设和运输市场信用信息服务系统，形成政府监管、企业自律、社会监督的信用管理和服务体系。

——建设部省两级交通运输经济运行监测预警与决策分析系统，实现对交通基础设施和运输市场的运行状态、发展态势等的综合分析，基本形成以数据挖掘分析为重要支撑的交通运输决策支持体系。

4. 创新信息化管理机制，交通运输信息化发展保障环境基本适应信息化发展的要求。

——基本建立与行业发展相适应的交通运输信息化标准体系，完成标准框架体系中基础性、通用性标准和专用标准的制定修订工作。

——按照国家有关要求，实现交通运输行业信息系统的分级保护和等级保护，形成较完善的信息安全保障体系。

——进一步完善交通信息化建设与运营保障体系，在信息化运行管理机制方面务求取得新的突破，增强交通运输信息化可持续发展能力。

四、建设重点

（一）实施交通运输行业信息化重大工程。

由交通运输部统一组织开展公路水路安全畅通与应急处置系统、公路水路交通出行信息服务系统、公路水路建设与运输市场信用信息服务系统、交通运输经济运行监测预警与决策分析系统四项重大工程建设，促进跨地区、跨部门间的信息资源共享和业务协同，形成发展合力。

1. 公路水路安全畅通与应急处置系统建设工程。

——积极引导建设、推广跨省市高速公路联网收费系统和区域联网不停车收费系统，有效缓解收费站拥堵、提高通行效率，促进节能减排、节约用地。

——建设互联互通、协同高效的部省两级路网管理平台，完善对国省干线公路重要路段、特大桥梁、长大隧道等重点监控目标运行状态、气象条件等的监测、监控，强化预测预警及评估，加强路面、桥梁管理系统的普及应用，实现养护、收费、路政、治超、交通情况调查等管理系统的联网应用，统筹安排养护计划，及时发布路况、气象、交通管制和疏导分流信息，为路网区域协调管理、保通抢通和出行服务提供支撑。

——完善船舶交通管理、航道管理、港口安全管理信息系统，健全沿海港口重点水域及内河高等级航道的船舶交通、通航环境、航道变迁、港航设施、水域污染、水文气象等状态的实时监测和安全预警体系，整合现有各种交通动态监控资源，合理调度船舶安全通过风险水域，防止航道阻塞，及时发布航行通（警）告、航道通告（通电）等信息，避免船舶交通事故发生，并为水上人命救助、通航水域清障、船舶污染防治、船舶消防等应急抢险提供信息支撑。

——建立健全重点营运车辆和船舶的监测监控系统，重点跟踪监测"两客一危"车辆、重点营运货车和"四客一危"船舶的安全技术状态和运行状况；建立公路水路危险品运输全程联网监管系统，加强源头管理，强化过程控制，打击非法营运，实现跨区域、跨部门信息共享和联防联控。

——建设多网联动的部省两级公路水路安全监管与应急处置平台，实现信息接报、监测预警、风险评估、辅助决策、信息发布、资源管理、异地会商、统计分析等功能，满足"监管到位、协调联动、上下贯通、左右衔接、响应迅速、处置有效"的要求，加强行业内外安全监管与应急处置信息的交换共享，实现应急资源动态管理和科学调度，确保重点物资和抢险物资紧急运输，保障人民生命财产安全。

2. 公路水路交通出行信息服务系统建设工程。

——深化完善省域公路交通出行信息服务系统，积极推动跨区域交通出行信息的交换共享。依托路网监测监控系统的完善，强化路况、养护施工、交通管制、气象等实时信息服务，并在完善网站、服务热线、交通广播、短信平台等服务方式的基础上，充分利用路上固定和移动式可变情报板、服务区显示终端、车载终端等服务手段，为公路出行者提供覆盖高速公路和国省干线普通公路的出行信息服务。引导开展省域、跨省域客运售票联网和电子客票系统建设，以网上购票和电话购票等多种形式，方便出行者购票，并为长途客运乘客提供相关信息服务。引导建设机动车维修救援信息服务网络，为驾车出行者提供救援信息服务。

——建设内河航运综合信息服务系统，依托海事、航道和运政管理信息系统建设和完善，强化航道状况、水位水深、水上水下施工、交通管制、水文气象等信息服务，并利用网站、呼叫中心、航行广播、短信平台等多种服务方式在内河干线和重要水网地区为通航船舶提供航行信息服务。进一步完善水路客运出行信息服务系统建设，在重点水域引导开展客运售票联网和电子客票系统建设。

——在地市级以上城市加快建设覆盖城乡的公共交通信息服务系统。积极推进开展动态车载导航系统的研发与产业化应用试点。鼓励开展汽车租赁网络化信息服务系统建设。

——建设以全国统一特服号、统一交通广播频率为特征，提供有机衔接的多种服务手段，并覆盖国家高速公路、重要普通国省干线及广大城乡地区的交通出行信息服务体系。鼓励和引导社会力量广泛参与，培育交通出行信息服务产业的健康发展，方便百姓安全便捷出行。

3. 公路水路建设与运输市场信用信息服务系统建设工程。

——深化完善部省两级公路水路交通建设市场信用信息管理系统。推广普及公路水运建设工程项目管理、工程标准规范管理系统，建设公路水运工程招投标管理等系统，构建涵盖勘察设计、施工、监理、试验检测等从业单位和人员的信用监管、征集、发布和奖罚机制，实现公路水路建设市场责任主体基本信息、信用信息、工程建设项目信息的公开、共享，规范公路水路建设市场秩序，提高工程质量。

——建设完善部省两级公路水路运输市场信用信息服务系统。深化完善公路水路运输管理信息系统、职业资格管理信息系统，深化部省道路运输信息系统联网工作，推进部省水路运输信息系统联网工作；推广普及 IC 卡道路运输电子证件、船舶船员"一卡通"、船舶电子签证等系统；引导汽车、船舶维修及配件质量追溯信息服务系统建设；建设省级统一、覆盖市县的运输企业和从业人员信用管理系统，实现对各类信用信息的分级分类管理和动态更新。依托部级系统建设，实现公路水路运输行政执法信息、信用信息跨区域、跨部门的交换和共享。及时发布交通运输行业经营主体信用信息，为社会提供从业企业、人员的资质和资格认证及信用信息查询服务，形成政府监管、企业自律、社会监督的信用管理和服务体系。

4. 交通运输经济运行监测预警与决策分析系统建设工程。

——建设与业务系统相融合的交通统计信息系统，完善交通统计信息指标体系，依托业务管理与服务系统，逐步实现统计数据从交通运输业务系统的有效获取，提高统计数据的真实性、及时性、准确性。

——建设部省两级行业经济运行监测预警和决策分析系统，构建动态运行监测信息指标体系及信息采集机制，实现重点物资运输、基础设施运行、固定资产投资、生产安全、运输市场、行业能耗等交通运输经济运行状态的监测和预警。结合国际和国内、国家和区域经济运行动态，面向行业管理部门开展行业发展态势的综合分析，研判经济社会发展趋势对交通运输行业的影响，适时调整行业发展政策。按国务院有关部门要求，及时上报相关信息，反映国民经济运行和国际贸易情况。面向社会及时发布相关信息，发挥导向性作用，引导行业投资者、运营者进行合理决策。

（二）开展重点领域示范试点工程建设。

为适应现代交通运输业发展的形势要求，围绕行业管理新职能，在综合运输、现代物流和城市客运三个领域开展示范试点工程建设，积极探索新领域信息化发展路径，带动信息化全面发展。

1. 综合运输协同服务示范工程。

——试点开展特大城市综合客运枢纽协同管理与信息服务系统的建设。建立多种运输方式管理和运营信息的交换和共享平台，实现枢纽内轨道、公交、长途客运等不同交通方式的协同运转，实现枢纽内的安全监测及紧急事件下联动处置，提供枢纽内外旅客出行、换乘及交通诱导信息服务，促进多种运输方式的高效衔接，提高旅客换乘效率，缓解城市交通压力，增强枢纽内的安全监测及紧急事件下联动响应能力建设，提高客流快速组织和应急疏散效率。

——示范开展港口集装箱多式联运信息服务系统建设。基于港航电子数据交换（EDI），依托沿海和长江沿线重要港口，实现港口集装箱水水、公水、水铁等联运信息服务，实现多种运输方式单证信息共享和通关一体化服务，提高集装箱整体周转效率，降低物流成本，促进港口集装箱多式联运事业的发展，提升港口竞争力。

2. 区域物流公共信息服务示范工程。

——政企联合试点推进区域物流公共信息服务平台建设，以物流信息服务需求为导向，以标准规范建设为基础，整合物流领域政企相关信息资源，提供货运物流企业和从业人员资质和资格认证、信用等政府公共信息，物流采购招投标、物流设施设备供求、车货交易、船舶交易、船员劳务服务、订舱等物流交易信息，卫星定位与货物追踪、车船维修救援等物流保障信息，金融、保险等增值信息，以及物流应用软件系统托管等服务。积极探索不同地区、不同特点的平台运作模式，加强跨区域物流信息的交换与共享，优化资源配置，显著改善物流系统的运作效率，降低物流成本。

——试点开展道路货物甩挂运输信息平台建设，推进甩挂运输车辆智能车载终端的研发和应用，实现甩挂运输智能运营调度管理、运行监测与综合分析等功能，提高运输效率，降低能源消耗。

3. 城市客运智能化应用示范工程。

——试点开展城市出租汽车服务管理信息系统建设，更新改造出租汽车智能车载终端设备，整合建设出租汽车电召服务和监控指挥中心，实现电召服务、监控调度、市场监管、运行分析等功能，提升出租汽车行业管理水平和服务水平，缓解道路拥堵，降低能源消耗，减少尾气排放，并适时在地市级以上城市逐步推广应用。

——推广城市公共交通智能系统建设，开展城市公交与轨道交通智能调度与管理、动态停车诱导等智能化系统的示范建设与推广应用；大力推广普及城市公交"一卡通"，在有条件的区域，积极推进跨市域公交"一卡通"的互联互通，提升城市公共交通的协同运行效率和服务能力，提高公交出行分担率，缓解城市交通拥堵。

(三) 继续深化信息化业务系统应用。

1. 深化各业务领域的管理应用，完善发展基础。

——加大路面、桥梁预防性养护以及状况评价的信息化应用，深化完善公路收费管理、路政管理、治超管理、交通情况调查等系统，并加强联网管理。

——推进国际道路运输管理与服务信息系统的建设完善与推广应用。

——重点开展长江干线、西江干线、京杭大运河、长三角、珠三角等内河水网地区数字航道建设，发布和应用内河电子航道图；加强航标遥测遥控、船闸联合调度等系统建设；积极推进港航公共基础设施运行和维护管理系统建设；深化港口设施安全和保安系统建设。

——深化水上重点物资跟踪管理系统；积极推进船舶不停靠报港系统；引导建设完善全国港口信息服务网络，统一发布港口有关公共基础设施运行和生产动态信息。

——完善并建设海事综合业务协同管理信息系统，推进省市运政、港政、航政、海事一体化管理信息系统建设。加快救助打捞管理信息系统、交通公安综合业务应用系统和重点水域、沿海港口治安防控信息系统建设。

——推广建设交通运输行政执法综合管理信息系统。

——加快推进交通科技信息资源共享平台各子平台建设，形成较为完善的部、省两级科技信息共享平台体系，实现跨行业的科技信息资源共享；完善各级交通远程教育与培训信息系统。

——积极推进我国第二代卫星导航系统在交通安全、船舶航行、交通基础设施监测监控、公路运输和公众出行等领域的民用化应用建设。

2. 深化各业务领域的服务应用，增强公共信息服务能力。

——深化行政许可在线办理平台建设，简化和理顺行政许可事项办理流程。开通省级交通政务服务热线，完善各级交通政务网站建设，重点解决社会上针对交通行业投诉和建议的接收和处理，提高交通政务公共信息服务能力。

——引导交通电子口岸建设，开展港口船舶电子结关、查验、危险品申报、港政管理、运政管理等交通行政许可的"一站式"服务，并实现与国家电子口岸对接，为港口生产部门、船舶、船东、货主等提供信息服务。

——引导建设航运交易信息服务平台，整合港口、企业、海事等部门数据资源，实现货物交易、船舶交易、船员劳务服务交易信息服务。

(四) 进一步完善信息化发展条件。

1. 完善行业信息基础设施，提升通信信息网络支撑能力。

——完善交通行业信息专网建设，统筹考虑行业通信信息网络建设需求，充分利用全国高速公路光纤、管道资源，组建连接部省的交通运输行业专网，全面提升通信信息网络的支撑能力；鼓励各省充分利用高速公路通信网络资源开展行业专网建设。

——完善应急指挥通信系统，充分利用并整合海事卫星、甚小孔径卫星地球站（VSAT）、我国第二代卫星导航、海岸电台、公共通信等手段，建立应急联合通信保障机制，提升交通应急指挥通信保障能力。

2. 完善部省两级数据中心体系，提升行业数据服务能力。

加快交通行业信息资源目录体系建设，完善信息共享规则、标准和机制，提高数据资源共享水平，有效避免数据重复和无效采集。完善行业基础数据库建设，结合重大工程和核心业务系统建设，健全和完善公路、港口、航道、车辆、船舶、从业人员、经营业户、建设项目等行业基础信息资源数据库，积极推进1:50000交通地理空间基础信息库建设，全面提升行业基础信息共享和服务能力。完善部省两级数据交换平台，满足行业数据交换和共享要求。建设运行维护综合管理平台，实现数据和设施设备的维护管理。

3. 构筑行业信息安全保障体系，提升信息安全防范能力。

建设交通运输行业统一的信息安全认证体系，为行业提供统一安全认证服务。根据国家有关规定和技术标准规范，开展交通运输行业信息系统分级保护和等级保护体系建设，完善信息安全防控技术措施和手段，建立健全信息安全制度。建立部级数据容灾备份中心，提高重要信息系统的可靠性和安全应急能力。

4. 完善行业信息标准框架体系，提升信息共享协同能力。

加快制定交通信息化基础性关键标准，按照行业标准体系框架，结合重大工程和示范、试点工程的建设，及时提炼和完善相关信息标准规范，组织建设标准一致性和符合性检测平台，并采取有效措施，保障信息标准的贯彻执行。

（五）实施效果。

通过实施上述建设重点，将进一步凝聚交通运输信息化发展合力，显著提高信息资源的开发利用水平，全面加强信息化对发展现代交通运输业的支撑和保障作用：

——重大交通危险源的智能监控能力明显增强，交通运输公共突发事件的信息报送、发布和快速响应水平明显提升，缓解交通拥堵，确保路网、水网运行畅通，预防交通运输事故发生，有效应对公共突发事件，有力支撑交通运输安全畅通发展。

——交通运输信息服务质量进一步提高，以服务承诺为导向，为社会提供优质的交通出行信息服务，全面改善出行质量，提升出行安全、便捷与可靠程度，有力支撑交通运输人文和谐发展。

——交通运输行业信用信息管理水平显著提高，市场协同监管进一步加强，切实提高交通建设市场工程质量和运输市场服务质量，规范市场秩序，有力支撑交通运输健康有序发展。

——交通运输行业信息共享全面加强，进一步促进多种运输方式协同服务，推进综合运输体系构建，发展现代物流，有力支撑交通运输统筹协调发展。

——交通运输行业管理和服务领域信息化应用继续深化，全面加强业务协同能力建设，进一步优化业务流程，创新管理机制，有力支撑交通运输创新高效发展。

——交通运输信息采集和分析进一步强化，全面加强行业经济运行监测预警，改变政府决策缺乏有效数据支持的状况，保障决策具有前瞻性和合理性，有力支撑交通运输科学发展。

五、保障措施

为保障规划目标的实现和各项任务的落实，需要采取有效的保障措施，扎实推进信息化发展。

（一）加强规划统筹和执行力度。

各级交通运输主管部门应依据本规划，组织编制本地区、本部门交通运输信息化发展规划。在组织推进信息化建设工作中，要按照规划确定的发展思路和重点建设内容，制定周密的实施方案，扎实推进规划落实工作。应依据《国家电子政务工程建设项目管理暂行办法》，开展信息化项目建设管理工作。加强对本地区、本部门规划实施的动态评估、滚动调整和监督检查工作，探索建立交通信息化发展水平统计监测制度和绩效评估机制，将信息化绩效考核纳入部门年度工作考核体系。

（二）有序组织推进行业信息化重大工程。

由交通运输部统一组织开展行业重大信息化工程顶层设计，按照"统一规划、统一标准、统筹协调、分级建设、分步实施、分类指导、加强管理"的原则建设实施。明确部和地方在推进行业重大工程的事权关系，形成分工合理、权责明确的协调推进机制。

强化项目管理，制定重大工程建设与运行管理的相关办法，注重对重大工程技术规范和要求的总结，提炼形成行业有关标准规范，定期组织各种形式的交流培训活动，开展阶段性考核评比工作。

（三）多渠道加大信息化资金投入。

信息化建设和运行维护已成为各级交通运输管理部门的常态化工作任务，应从燃油税返还中设立专项资金，并积极争取各级政府财政性资金、科技专项资金等用于支持交通运输信息化建设，并向财政部门申请日常运行维护资金。交通运输部将对信息化重大工程、示范试点及推广工程给予资金补助，对西部地区给予倾斜，各地应保障配套资金的落实。各级交通运输管理部门应正确处理政府推动与市场配置资源两者之间的关系，合理制定差异化的资金政策，积极引入市场机制，吸纳社会力量参与交通运输信息化发展，推进信息服务领域产业化进程。

（四）注重新技术在行业应用的研究。

应紧密跟踪现代新兴信息技术发展趋势，围绕感知识别、网络传输、智能处理和数据挖掘等关键环节，开展在交通运输领域的应用攻关。在信息化重大工程和示范试点工程实施中，加强对物联网、云计算、海量存储、高速传输、我国第二代卫星导航、遥感遥测等新技术的一体化应用研究，力争在拓展应用领域、创新应用模式、提升应用水平等方面取得重要突破，并加快成果转化和推广，提升行业信息化技术水平。

（五）改善行业信息化政策法规环境。

各级交通运输主管部门要结合实际，抓紧制定交通信息化建设管理办法、信息化技术管理办法，完善技术管控体系建设。建立交通信息资源采集、更新、共享制度，明确数据来源、质量标准以及信息交换的责任和义务。探索建立公益性信息资源开发与服务的长效机制。研究制定交通运输信息服务产业化发展政策，推动形成市场导向、规模经营、专业分工、效益显著的产业发展格局，增强交通运输信息化的可持续发展能力。

（六）积极组织开展项目后评价工作。

组织制定《交通运输信息化建设项目后评价管理办法》和《交通运输信息化建设项目后评价报告编制办法》，强化项目建设全过程管理，为规划的实施、修订和完善提供基础。各级交通运输主管部门要加快研究设立信息化后评价专项资金，完善相关管理机制，确保信息化建设项目后评价工作公正、客观、有效地开展。

（七）加大信息化人才交流培训力度。

及时总结和大力推广信息化工程建设的先进经验，积极组织各种形式的培训交流活动。各地区要加强对行业管理人员和基层业务人员的信息化知识、应用技能的宣传和培训，提高其应用能力。要以培训和引进相结合，提高信息化管理与技术人员队伍素质，为信息化可持续发展奠定基础，并加强信息化人才跨地区、跨部门交流力度，通过多岗位锻炼，丰富阅历、提高能力。

公路水路交通运输节能减排"十二五"规划

（2011 年 6 月 27 日交通运输部　交政法发〔2011〕315 号）

前　言

为深入贯彻落实科学发展观，全面贯彻落实资源节约和环境保护基本国策，深化资源节约型、环境友好型交通运输行业建设，提高能源利用效率，优化能源消费结构，降低二氧化碳排放强度，根据《交通运输"十二五"发展规划》、《公路水路交通节能中长期规划纲要》等，编制本规划。

本规划阐明了"十二五"时期交通运输行业节能减排工作的指导思想和基本原则，明确了总体目标和主要指标，提出了重点任务和保障措施，是交通运输"十二五"规划体系的重要组成部分，是"十二五"时期交通运输行业节能减排工作的纲领性文件。本规划的制定与实施，将为进一步深化交通运输行业节能减排工作，积极发展低碳交通运输体系，加快转变交通运输发展方式发挥重要的基础性指导作用。

一、现状与评价

（一）主要工作成绩

"十一五"期间，交通运输行业坚持以科学发展观为统领，以加快转变发展方式为主线，紧紧围绕提高能源利用效率，不断提升发展理念，加快推进结构调整，大力推动技术进步，加强节能减排监管，扎实推进节能减排工作，取得了积极进展，为推进交通运输行业又好又快可持续发展、实现国家"十一五"节能减排目标作出了积极贡献。

1. 优化交通运输结构，节能减排的集约效应日益显现

一是大力推进综合运输体系建设，运输结构进一步优化，特别是内河航运、城市公共交通等节能环保的比较优势日益显现；二是着力优化交通基础设施网络布局、改善技术状况，2010 年底全国二级及二级以上公路、有铺装路面和简易铺装路面公路、万吨级以上泊位和五级以上内河航道所占比重分别比"十五"末提高了 1.3、20.2、2.3 和 1.1 个百分点，为交通运输节能减排提供了良好的物质基础；三是努力改善车船运力和工程机械装备结构，交通运输装备的大型化、专业化和标准化趋势明显，2010 年底营运货车平均吨位、营运船舶平均净载重量分别比"十五"末提高了 36.1%、105.9%，整体能效水平显著提高；四是加快调整交通运输企业组织结构，企业的集约化程度和用能管理水平有效提升。交通运输结构的不断优化，使节能减排的网络效应、规模效应和集约效应得到充分发挥，大大提升了交通运输系统节能减排的整体水平。

2. 加强科技创新与成果推广，节能减排技术基础明显增强

一是组织开展了资源节约型环境友好型交通发展模式、低碳交通运输体系建设等一批重大战略

规划与政策研究，为行业科学决策提供了有力支撑；二是扎实推进信息化建设，大力推广应用不停车收费（ETC）、智能交通系统（ITS）、物流公共信息平台、公众出行信息服务系统、无线射频识别技术（RFID）、全球导航卫星系统（GNSS）等现代信息技术，交通运输生产效率和服务水平有效提升；三是大力推进采用先进运输装备技术，开展了货运汽车及汽车列车推荐车型、客运车辆等级评定和内河船型标准化工作，配合开展了"十城千辆"节能与新能源汽车示范推广，积极开展港口轮胎式集装箱门式起重机（RTG）"油改电"，探索应用靠港船舶使用岸电技术等；四是发布了两批共 40 项重点推广在用车船节能产品（技术）目录，大力推广应用燃油添加剂、节油器等先进适用技术与产品；五是在交通基础设施建设养护中积极采用新结构、新工艺和新材料，推广应用隧道节能照明、路面材料再生、温拌沥青等新技术，探索应用太阳能、风能等可再生能源。通过这些科技创新与推广应用，交通运输节能减排的技术基础和保障能力不断增强。

3. 注重提升节能减排监管能力，节能减排管理水平明显提高

一是建立健全节能减排管理机构。交通运输部成立了新的节能减排工作领导小组，并下设节能减排与应对气候变化工作办公室，各地交通运输主管部门、大型交通运输企业也普遍设立了相应的节能减排工作管理机构或岗位，为做好节能减排工作提供了有力的组织保障。二是组织开展了交通运输行业能源统计体系研究，公路运输、水路运输和港口生产能源统计指标初步纳入国家统计；着手研究构建行业节能减排监测考核体系，并在山东等地开展监测考核试点。三是积极推动实施了燃油消费税改革，实施了营运车辆燃料消耗量准入、实载率低于 70% 的客运线路不得新增运力等政策，强化交通运输市场监管，改进行业能源利用水平。四是积极引导企业规模化、集约化发展，组织开展甩挂运输、江海直达、多式联运等试点工作，不断提升交通运输系统运行效率。五是在交通建设领域，注重合理规划、创新设计、精心施工、严格监管，认真执行节能评估与审查、规划与建设项目环境影响评价等制度，使节能减排方针在交通建设工程实践中得到有效落实。这些工作的开展有效促进了行业节能减排管理体系的完善和监管能力的提升。

4. 健全法规标准和规划体系，节能减排制度环境持续改善

相继出台了《公路、水路交通实施〈中华人民共和国节约能源法〉办法》、《道路运输车辆燃料消耗量检测和监督管理办法》等部门规章；制定了《营运客车燃料消耗量限值及测量方法》、《营运货车燃料消耗量限值及测量方法》、《水运工程节能设计规范》等标准规范；发布了《公路水路交通节能中长期规划纲要》以及各年度节能减排工作要点；印发了《交通行业全面贯彻落实〈国务院关于加强节能工作的决定〉的指导意见》、《资源节约型环境友好型公路水路交通发展政策》等指导性文件。与此同时，各地交通运输主管部门也根据自身实际制定了相应的规章制度、地方性标准、中长期规划和具体实施意见。法规标准与规划体系初步建立并不断完善，为交通运输节能减排工作逐步走上科学化、法制化、规范化提供了有力的制度保障。

5. 积极开展宣传培训与示范工程，节能减排理念不断提升

组织召开了全国交通运输行业节能减排工作视频会议，以及资源节约型和环境友好型港口建设、港航共建绿色水运等专题工作会议，开展了"车、船、路、港"千家企业低碳交通运输、资源节约型环境友好型交通等专项行动，统筹部署全行业共同行动；组织开展了"宇通杯"机动车驾驶员节能、机动车检测维修、港口机械等职业技能竞赛，充分调动全行业共同参与的积极性；先后推出了三批共 60 个部级节能减排示范项目，总结提炼经验并予以大力宣传推广，发挥了良好的示范带动作用；认真组织"节能宣传周"等活动，广泛深入开展宣传教育与交流培训；开通了"交通节能网"，及时发布国内外动态信息，推广先进技术与经验。各地交通运输管理部门和企业也相应开展了形式多样的节能减排宣传培训、示范试点与实践活动。全行业节能减排意识明显增强，资源节约、环境友好、绿色低碳的理念不断提升。

（二）存在的主要问题

尽管"十一五"期间交通运输行业节能减排工作取得了一定成绩，但与国外先进水平相比，与全面落实科学发展观、发展绿色低碳经济的更高要求相比，还存在一定的差距与不足，主要体现在：

一是交通运输结构性矛盾尚未根本解决。内河航运比较优势尚未充分发挥，综合交通枢纽建设滞后，综合运输组合效率尚未充分显现；城市公共交通服务能力和质量不高，吸引力不强；断头路、局部"瓶颈"等已成为影响基础设施网络效应的重要制约因素，部分沿海港口进出港航道能力不足；运输装备结构不尽合理，大型化、专业化车船比重不高，老旧车船比重偏高；道路运输规模化、集约化程度还比较低；替代能源、可再生能源比重亟待提高。

二是交通运输节能减排技术创新与服务体系仍需健全。节能减排科技研发投入不足，节能减排技术、产品推广应用进展较为缓慢；现代信息技术应用推广还比较滞后；交通运输节能减排技术服务体系尚未建立，节能减排技术产品和服务市场还有待进一步规范。

三是交通运输节能减排监管能力还有待提升。节能减排意识有待进一步增强，专职管理机构和人员缺乏，体制机制性障碍尚未根本消除；引导性资金投入明显不足，节能减排长效机制尚未形成；政策法规和标准规范体系还不完善；节能减排统计计量、检测监测与考核评价等基础性工作薄弱。

二、形势与要求

"十二五"时期是加快转变交通运输发展方式、发展现代交通运输业的关键时期，交通运输节能减排工作进入新阶段，面临新形势、新要求。

（一）应对全球气候变化迫切要求交通运输实施绿色、低碳发展战略

气候变化问题已成为影响人类社会发展和全球政治经济格局的重大战略课题。我国作为温室气体排放的主要大国，已成为全球关注的对象，面临巨大的国际压力。为此，党中央、国务院明确提出要大力发展绿色经济，积极发展低碳经济和循环经济，将应对气候变化纳入经济社会发展规划，并向世界郑重承诺，到 2020 年单位国内生产总值二氧化碳排放比 2005 年下降 40% ~45% 的减排目标。从全球范围来看，交通运输业在世界能源消费和温室气体排放中所占比重均超过 20%，且仍呈较快上升态势，节能减排责任重大，世界各国纷纷将发展绿色、低碳交通作为战略重点，我国交通运输行业作为能源资源消费和温室气体排放的重点领域之一，受到国际影响不断加大，特别是在国际航运领域可能将率先面临直接的减排压力。因此，交通运输行业必须按照发展绿色经济、低碳经济的要求，加快实施绿色、低碳发展战略。

（二）建设资源节约型、环境友好型社会，迫切要求交通运输加快转变发展方式、强化节能减排

节约资源、保护环境是我国的基本国策。当前我国经济发展与资源环境的矛盾突出，石油资源尤为紧缺，目前我国石油对外依存度已突破 50% 的警戒线。交通运输业是全社会石油消费的主要行业，也是建设资源节约型、环境友好型社会的重要领域。2008 年交通运输业石油消费量约占全国石油终端消费总量的 36%，其中公路运输、水路运输、城市客运在交通运输业中的比例分别约为44%、20% 和 15%。国家"十二五"规划纲要提出，到 2015 年，非化石能源占一次能源消费比重达到 11.4%。单位国内生产总值能源消耗降低 16%，单位国内生产总值二氧化碳排放降低 17%。因此，"十二五"时期，交通运输发展仍将处于重要战略机遇期。面对能源资源短缺、生态环境恶化所带来的严峻挑战，交通运输发展不可能通过单纯依靠扩充能力的粗放式发展方式，而必须通过整合资源、强化管理、科技创新、深入挖潜的内涵式发展方式来解决。这就迫切要求加快转变交通运输发展方式，把节能减排摆到更加突出的位置，实现能源资源利用效率的显著提升和生态环境的持续改善。

(三) 加快发展现代交通运输业、建设低碳交通运输体系，迫切要求全面推进交通运输节能减排

交通运输作为国家能源消费和温室气体排放的重点行业之一，是国家推进节能减排工作的重要领域。近年来，党中央、国务院多次强调要以工业、建筑、交通为重点，打好节能减排攻坚战和持久战，加快建立以低碳排放为特征的工业、建筑、交通体系。为此，交通运输部明确要求全行业必须以加快转变发展方式、发展现代交通运输业为主线，将努力建设资源节约型环境友好型行业作为重要着力点，加快建立以低碳为特征的交通运输体系。加快转变发展方式、大力发展现代交通运输业，是当前和今后一个时期交通运输发展的重大战略任务。全面深入推进交通运输节能减排，是发展现代交通运输业的本质要求，是建设资源节约型、环境友好型交通运输行业的迫切需要，也是建设低碳交通运输体系的必然选择。

(四) 提高交通运输企业核心竞争力和可持续发展能力迫切要求提升交通运输节能减排水平

绿色经济、低碳经济已成为引领世界经济复苏与应对环境问题的新引擎，节能减排已成为新时期交通运输企业提升核心竞争力的必然要求。随着经济全球化和我国经济的快速发展，交通运输企业竞争日趋激烈，但归根结底是企业经营成本、管理服务水平、可持续发展能力等核心实力的综合竞争。当前，能源成本约占交通运输企业生产总成本的 30% ~ 40% 左右。特别是在当前应对全球金融危机、能源紧缺和油价上涨等大背景下，能源成本已成为企业经营成本和核心竞争力的重要影响因素。因此，切实强化交通运输节能减排，一方面可有效降低经营成本，提高企业核心竞争力；另一方面也有助于营造和谐、高效、绿色、低碳的交通运输环境，提升交通运输现代化水平，拓展交通运输可持续发展空间，履行社会责任和义务。

三、思路与目标

(一) 指导思想

深入贯彻科学发展观，全面落实节约资源和保护环境基本国策，以提高能源利用效率、降低二氧化碳排放强度为核心，提升节能减排理念，调整优化交通运输结构，强化科技进步，完善法规标准，创新体制机制，加强监督管理，加快构建资源节约型、环境友好型的交通运输生产方式和消费模式，打造绿色、低碳交通运输体系，加快发展现代交通运输业。

(二) 基本原则

坚持统筹节能减排与交通运输发展相协调，将节能减排作为加快交通运输发展方式转变的主要途径和重要抓手；坚持政府主导、市场调节、企业主体与公众参与相结合，建立交通运输节能减排长效机制；坚持科技创新与制度创新相结合，通过全面推进行业创新为交通运输节能减排提供根本动力；坚持突出重点与全面推进相结合，有力有序推动交通运输行业节能减排工作向纵深发展。

(三) 总体目标

到 2015 年，交通运输行业能源利用效率明显提高，CO_2 排放强度明显降低，绿色、低碳交通运输体系建设取得明显进展。

——结构性节能减排取得明显进展。基础设施网络体系更加完善，内河航运承运比重以及城市公共交通出行分担率明显提高，节能型综合交通运输体系初步形成；运输车辆、船舶、港口机械与施工设备的大型化、专业化和现代化水平明显提高，交通运输装备结构更加优化；替代能源和可再生能源比重有所提高，交通运输能源消费结构明显改善。

——节能减排科技创新与服务体系基本健全。节能减排科技创新体系进一步健全，成果转化与产品推广水平明显提高；节能减排技术服务体系进一步完善，培育壮大一批专业化的技术服务主体，节能减排服务产业化水平明显提高。

——节能减排监管能力显著提升。运输组织化程度和生产效率进一步提高，全行业节能减排理念与素质明显提升，基本形成与社会主义市场经济体制相适应的比较完善的交通运输节能减排战略规划体系、法规标准体系、政策支持体系、监管组织体系和统计监测考核体系。

（四）主要指标

——能源强度指标：与 2005 年相比，营运车辆单位运输周转量能耗下降 10%，其中营运客车、营运货车分别下降 6% 和 12%；营运船舶单位运输周转量能耗下降 15%，其中海洋和内河船舶分别下降 16% 和 14%；港口生产单位吞吐量综合能耗下降 8%。

——CO_2 排放强度指标：与 2005 年相比，营运车辆单位运输周转量 CO_2 排放下降 11%，其中营运客车、营运货车分别下降 7% 和 13%；营运船舶单位运输周转量 CO_2 排放下降 16%，其中海洋和内河船舶分别下降 17% 和 15%；港口生产单位吞吐量 CO_2 排放下降 10%。

四、主要任务与重点工作

"十二五"时期交通运输行业节能减排工作的主要任务是：立足于交通基础设施、交通运输装备和运输组织方式体系建设，进一步发挥综合性节能减排效益；完善节能减排法规标准规划体系，健全节能减排统计监测考核体系，进一步提高行业节能减排管理效能；强化节能减排科技研发能力，培养节能减排科研工作人员，促进节能减排科技成果转化，进一步增强科技创新对节能减排的支撑作用；不断深化"车、船、路、港"千家企业低碳交通运输专项行动，深入推进低碳交通运输体系建设研究工作，组织做好低碳交通运输体系建设城市试点，继续开展节能减排示范工程和节能产品（技术）评选推广活动，进一步促进企业在节能减排工作中发挥主体作用；提升交通运输领域合同能源管理服务水平，推广绿色驾驶技术和车船驾驶培训模拟教学，积极宣传节能减排成效，进一步提高节能减排工作的社会参与水平。

为保障节能减排目标的顺利实现，"十二五"时期交通运输行业应重点加快构建"三大体系"，组织开展"两项专项行动"，着力推进"十大重点工程"。

（一）三大体系建设

1. 节能型交通基础设施网络体系建设

积极促进现代综合交通运输体系建设，优化交通布局，加强运输大通道和综合交通枢纽建设，实现客运的"零换乘"和货运的"无缝衔接"。进一步完善公路网络结构，着力提升国省干线公路技术等级，提高路面铺装率，强化连接线、断头路、拥挤路段等薄弱环节，加强养护管理，使路网更畅通更高效。加快形成以高等级航道网为主体的干支直达、通江达海、结构合理的内河航道网，加强航道养护管理，开展碍航闸坝、桥梁专项整治工作，充分发挥内河航运的比较优势。建设布局合理、功能完善、专业化和高效率的港口体系，加大老码头更新改造力度，提高港口码头专业化、现代化水平。实施城市交通疏堵技术改造工程，开展公交示范城市建设，加快建设轨道交通和快速公交系统（BRT），加快公共交通场站和换乘枢纽建设，促进公交优先战略的全面落实。大力加强加气、充电等配套设施的规划与建设，为节能和新能源汽车推广应用提供有力支撑。在交通基础设施建设养护过程中，大力推进节能评估与审查，强化节能设计与绿色施工管理，努力降低能源消耗和排放水平，加强生态防护、植被恢复与绿化建设，增加碳汇能力。加大公路隧道、服务区、收费站、港口、航标等交通基础设施的节能技术改造力度，强化运营管理，提升运营效率和服务水平。通过不断提升交通基础设施的专业化、网络化水平和高效服务能力，加快形成节能型交通基础设施网络体系，为交通运输工具的安全、畅通、高效的营运创造良好的交通条件，促进交通运输系统能耗与排放水平的降低。

2. 节能环保型交通运输装备体系建设

运输车辆、船舶、港口机械、交通工程机械等交通运输装备是交通运输行业的用能主体。要大力调整优化车船运力结构，大力推广应用节能环保型运输车船，积极发展汽车列车、新型顶推船队，加快淘汰高能耗、低效率的老旧车船，引导营运车船向大型化、专业化、标准化、低碳化方向发展。大力推进港口 RTG "油改电"工作，加快淘汰高耗能、低效率的老旧设备，引导轻型、高效、电能驱动和变频控制的港口装卸设备发展。加快淘汰高能耗、高排放、老旧工程机械、工程船舶等。大力加强各类交通运输装备的检测和维修保养，保持良好技术状况。加快形成高能效、低碳化、环保型的交通运输装备体系，为交通运输行业节能减排奠定坚实的技术基础，最大限度地降低能耗和排放水平。

3. 节能高效运输组织体系建设

优化货运组织管理，引导货运企业规模化发展，加快发展第三方物流，培育一流的全球物流经营人。有效整合社会零散运力，实现货运的网络化、集约化、有序化和高效化，提高货运实载率。发展甩挂运输、多式联运等现代运输组织方式，推进江海直达运输。优化航运组织管理，提高船舶载重量利用率。强化港口生产运营管理，提高货物集疏运效率、装卸设备利用率和港口生产作业效率。

加强公路客运运力调控，严格执行实载率低于 70% 的客运线路不得新增运力的政策。大力推行公交优先战略，建立以公共交通为骨干的绿色出行系统，降低出租汽车空驶率。研究实施交通拥堵收费政策和技术，提升城市交通运行效率。加强交通流管理，提高道路通行效率。通过加快构建节能高效运输组织体系，全面提升交通运输系统运行效率和能源利用效率。

(二) 两项专项行动

1. 节能减排科技专项行动

全面落实国家《应对气候变化科技专项行动》、《节能减排科技全民行动》，组织开展交通运输节能减排科技专项行动。加强交通运输节能减排与低碳交通实验室、技术研发中心、技术服务中心等技术创新和服务体系建设，强化节能减排专业人才队伍建设。组织实施一批重点科研项目，积极开展节能减排与应对气候变化重大战略与政策研究；加强基于物联网的智能交通技术研究与应用；大力推进交通运输节能减排重大关键技术、先进适用技术与产品的研发与推广，积极采用新技术、新材料、新装备、新工艺。制定并公布交通运输节能减排技术、产品的推广目录，建立交通运输行业能效与低碳标识、节能低碳产品认证制度。大力推进节能减排标准化与计量检测体系建设。组织实施节能减排科技示范项目和重点工程，推广一批潜力大、应用面广的节能减排技术和产品，促进成果市场化、产业化。密切配合国家节能产品惠民工程的实施，重点开展节能与新能源汽车、半导体照明产品、节能环保船型等示范推广。大力推进替代能源和可再生能源在交通基础设施建设与运营、运输生产等领域中的应用。积极开展节能减排与低碳科普行动，实施节能减排专项教育培训、国际科技合作计划。通过节能减排科技专项行动的实施，全面提升行业节能减排科技发展水平和保障能力。

2. 重点企业节能减排专项行动

在"车、船、路、港"千家企业低碳交通运输专项行动的基础上继续扩大范围，按照能耗量确定重点企业名单，深入开展交通运输行业重点企业节能减排示范活动，充分调动道路客货运输、水路客货运输、物流、港口、城市公交、出租客运、地铁、交通建设等各类交通运输企业的积极性。积极引导重点交通运输用能企业制定并实施节能减排规划和计划，建立严格的节能减排管理制度和有效的激励机制，完善节能减排管理组织体系，改进用能管理，开展节能减排技术创新与应用。各级交通运输主管部门要依法加强加大对所辖的重点用能企业的指导、监督和考核力度。通过强化对重点用能企业的节能减排监管，充分发挥重点用能企业节能减排的示范效应，促进交通运输企业节能减排管理的规范化、常态化，推动交通运输行业节能减排向纵深发展。

（三）十大重点工程

1. **营运车船燃料消耗量准入与退出工程**

营运车船燃料消耗量准入与退出。全面实施营运车辆燃料消耗量限值标准，在相关财税政策的支持配合下，试点开展老旧车辆提前退出运输市场。建立健全营运车船燃料消耗检测体系，加强检测监督管理，促进汽车生产企业和修、造船厂切实强化节能减排技术进步与创新，加强对高能耗运输车船进入市场运营的源头控制。探索建立市场退出机制和配套经济补偿机制，积极争取加大国家汽车“以旧换新”补贴政策对大吨位载货汽车、公交车和农村客车的补贴力度，加快淘汰高能耗、高污染的运输车辆。

内河船型标准化。加紧完善并实施内河船型标准化的经济激励政策和相关法律、行政配套措施。加大资金投入，继续加强标准船型研发、现有船型比选以及落后船型淘汰等工作，加快推进长江、西江等船型标准化工作。进一步争取国家发展改革委、财政部等相关部委的支持，在《长江干线船型标准化补贴资金管理办法》的基础上，进一步扩大财政补贴的适用范围，由长江干线拓展到长江、西江等主要通航流域，加大补贴力度，引导内河船舶运力结构优化，提升内河航运竞争力，充分发挥内河航运节能环保的比较优势。

2. **节能与新能源车辆示范推广工程**

推广使用节能与新能源车辆。进一步促进混合动力、纯电动等节能与新能源车辆的推广应用，重点针对新能源车辆在城市公共汽车和出租车示范推广过程中的安全、便捷使用和维修问题，加强相关设施建设和人员培训，减少车辆运行中安全、故障等问题，降低车辆运行费用。

推广使用天然气车辆。逐步提高城市公交、出租汽车中天然气车辆的比重，在城市物流配送、城际客货运输车辆中积极开展试点推广工作，以新购置天然气车辆代替淘汰的老旧车辆。

3. **甩挂运输节能减排推广工程**

将加快发展甩挂运输作为转变道路运输发展方式、调整公路运力结构、提高货运实载率的突破口。认真落实《关于促进甩挂运输发展的通知》、《甩挂运输试点工作实施方案》精神，在全国范围内筛选典型区域和典型公路运输企业在适当地区和线路上组织开展甩挂运输节能减排试点工作。在试点的基础上，进一步完善促进甩挂运输发展的相关政策、法规和标准，带动和推进甩挂运输在全国范围内的快速发展，构建甩挂运输发展长效机制，提高公路货运业运输生产效率和能源利用效率，降低能耗和排放水平。

4. **绿色驾驶与维修工程**

大力推广绿色驾驶。总结和推广汽车和船舶绿色驾驶操作与管理经验、技术，组织编写汽车驾驶员和船员绿色驾驶操作手册和培训教材，将节能减排意识和技能作为机动车驾驶培训教练员、汽车驾驶员、船员从业资格资质考核认定的重要内容和依据。开展汽车驾驶员绿色驾驶技能培训与竞赛，加强船员航行操作与管理节能减排培训，逐步建立一支节能减排意识强、驾驶技能好、业务素质高的汽车驾驶员和船员队伍。

大力推广车船驾驶培训模拟装置。出台机动车和船舶驾驶模拟器资金补助管理办法，加快建设全国驾培管理平台，实现驾培模拟器教学与 IC 卡计时联网。力争到“十二五”末，基本建成较完善的驾培行业节能减排体系，使全国使用模拟器教学的驾培机构覆盖面达到 75% 以上。

组织实施绿色维修工程。针对目前我国机动车维修业的环保状况，从机动车维修业的废物分类、管理要求、维修作业和废弃物处理等方面加强机动车维修的节能减排，重点加强对废水、废气、废机油、废旧蓄电池、废旧轮胎等废弃物的处置和污染治理。

5. 智能交通节能减排工程

以高速公路不停车收费、物流公共信息平台、公众出行信息服务系统为重点，大力推进智能交通技术、现代物流技术、现代信息技术等的开发和应用，改造和提升传统交通运输产业，提高运输组织效率，降低能耗和排放水平。

电子不停车收费技术推广。大力推进高速公路不停车收费，提高行车效率。有条件的区域，积极推进相邻省区市甚至更大范围的高速公路联网不停车收费，减少收费过程中由于车辆低速、怠速行驶造成的能源浪费和排放。

物流公共信息平台建设。重点加大对全国内河与长江干线综合物流信息平台、全国或长三角等重点区域物流公共信息平台的研发与推广，整合物流市场供需、货源、运力等信息并向社会提供，引导传统货运产业向现代物流转型，促进货运实载率和节能减排水平的提高。

内河船舶免停靠报港信息服务系统推广。进一步扩展系统功能，实现船舶在起运港和目的港的免停靠报港。加紧制定相关行业标准和管理规定，大力促进该系统的推广应用，提高管理效能。

公众出行信息服务系统建设。整合交通出行信息资源，建立统一的公众出行信息服务平台，采用多种信息发布方式向公众提供各种交通信息，从而提升行业服务水平、提高交通运营管理的效率，引导公众高效、便捷、舒适地出行，优化出行路线，引导交通参与者转变出行方式和消费观念，缩短出行人员在途距离和时间，最大限度降低能耗和排放水平。

6. 公路建设和运营节能减排技术推广工程

在公路基础设施建设和运营领域，积极组织开展先进适用节能减排技术的推广应用工作，降低能耗与排放水平。

温拌沥青铺路技术应用。选择部分省市开展温拌沥青技术的试点推广应用，研究解决关键技术难题，建立温拌沥青技术规范体系。

交通建设材料循环利用技术应用。开展交通运输循环经济示范活动，大力推进沥青和水泥混凝土路面材料再生利用；废旧轮胎胶粉改性沥青筑路应用；粉煤灰、矿渣、煤矸石等工业废料在交通建设工程中的应用。

公路隧道节能减排技术改造与应用。积极开展隧道节能照明试点工作，系统总结试点工程实施经验，编制《公路隧道通风照明设计细则》，修改完善公路隧道照明相关技术规范，鼓励在新建隧道中采用技术成熟、功能可靠的公路隧道照明相关技术规范和产品。对在用隧道，根据现照明灯具的使用寿命，制定分期分批更换节能灯具方案，推行隧道绿色照明工程，推广应用寿命长、功能可靠的发光二极管（LED）等节能灯具。组织开展隧道通风照明控制技术、隧道群和毗邻隧道的智能联动控制技术和联网控制系统等的示范和推广。大力推进太阳能、风能等可再生能源应用。

高速公路服务区和公路收费站节能减排技术改造。对全国 100 个高速公路服务区、1600 个收费站实施节能照明改造，并试点开展太阳能风光互补方式供电改造，建设低碳服务区。

7. 绿色港航建设工程

开展绿色港口创建活动。大力推进港口码头节能设计，优化装卸工艺、设备选型、配套工程等的设计，推广港口机械和车辆调度运营系统，将港口打造成为交通运输行业绿色低碳发展的窗口。

水铁联运节能减排示范。在主要港口深入开展水铁联运示范工程，从法规、政策、标准、单证和运营制度、信息化等方面入手，优化水铁联运发展环境，促进综合运输体系建设和现代物流发展。

港口装卸机械"油改电"。推广集装箱码头 RTG "油改电"，对具有改造价值的 1600 台 RTG 实施"油改电"技术改造。积极推进件杂货码头轮胎吊和汽车吊"油改电"技术改造。

推广靠港船舶使用岸电。鼓励新建码头和船舶配套建设靠港船舶使用岸电的设备设施，鼓励既有码头开展靠港船舶使用岸电技术改造，以及船舶使用岸电的技术改造。在国际邮轮码头、主要客运码头以及有条件的大型集装箱和散货码头实现靠港船舶使用岸电。

推广应用可再生能源。充分利用港口地区风能、太阳能、水能、地热能、海洋能等可再生能源丰富的优势，提高港口可再生能源使用比例。探索风能、太阳能、核能等在运输船舶中的应用。

8. 合同能源管理推广工程

加快培育专业节能服务公司，积极引导大型交通运输企业、科研咨询机构、行业协会等组建专业节能减排服务公司，为企业实施节能减排改造提供诊断、设计、融资、改造、运行、管理等一条龙服务。认定一批省级、国家级节能服务公司。研究出台交通运输领域推广合同能源管理、促进节能减排服务产业化发展的指导意见，培育节能减排技术服务市场。重点在公路隧道节能改造、城市轨道交通节能改造、港口照明与 RTG "油改电"、营运车船先进成熟节能产品（技术）应用、靠港船舶使用岸电、公共机构大型建筑等领域组织启动一批合同能源管理的示范项目，带动全行业发展，使合同能源管理成为交通运输行业节能技术服务市场的重要机制。

9. 船舶能效管理体系与数据库建设工程

船舶能效管理体系建设。参照国际上在船舶能效改进方面的先进做法和经验，研究制定具有行业特点、满足国际国内相关要求的船舶能效管理体系标准和认证规范，积极推动航运企业将船舶能效纳入体系管理，建立统一、可测量、可监控、可验证的船舶能效指标。开展重点航运企业的能效管理认证试点，为全面推广实施船舶能效管理体系做好准备工作。

船舶能效数据库建设。研究制定船舶能效数据的报告、核查制度，建立覆盖全面、数据统一、分类科学的船舶能效设计指数和营运指数数据库，为水运节能减排相关政策法规、市场机制、奖惩机制、财税优惠政策的制定与实施提供全面、可靠的基础数据支持。

10. 节能减排监管能力建设工程

制定并实施行业节能减排监管能力建设规划，围绕节能减排战略规划体系、法规标准体系、统计监测考核体系、监管组织体系四大体系建设，着力提升行业节能减排监管能力。

完善节能减排战略规划体系。研究制定交通运输领域应对气候变化、低碳交通运输发展等重大战略。研究制定行业和企业节能减排规划编制指南，强化各类节能减排规划编制，建立分层级、分类别、分方式的规划体系。建立规划审批与报备制度，建立健全规划定期评估考核、通报和及时制定修订机制。

完善节能减排法规标准体系。积极研究制定《交通运输节约能源条例》等法规，建立健全相关配套规章、标准和制度体系。重点加紧完善营运车船燃料消耗和碳排放的市场准入和退出、重点企业节能减排监管、交通固定资产投资节能评估和审查等制度；研究出台建设低碳交通运输体系的相关指导意见和具体实施方案；研究制定节能减排标准体系建设专项行动计划，抓紧制定营运船舶、港口装卸机械、交通施工机械等燃料消耗和碳排放限值标准，完善公路桥梁工程节能设计、绿色施工等技术规范，提高交通运输节能减排管理的法制化、规范化和标准化水平。

完善节能减排统计监测考核体系。加快完善并组织实施交通运输行业能源与碳排放统计分析制度，完善公路运输、水路运输、港口生产、城市客运等节能减排统计指标体系、方法体系和采集体系，纳入国家统计制度，强化各项指标的统计调查、分析、预测和发布工作，按照布局科学、数据准确、传输及时的要求，建立与交通运输行业节能减排统计分析、评价考核相适应并且覆盖全行业的监测网络。加紧研究建立交通运输行业节能减排评价和考核体系，定期开展评估工作。提高统计监测考核的自动化和信息化水平。

完善节能减排监管组织体系。建立健全交通运输行业节能减排监督管理体制，明确专职管理机构与岗位，加强节能减排管理队伍建设，形成权责明确、协调顺畅、运行高效、保障有力的交通运输节能减排监管网络。

五、保障措施

（一）强化组织领导

加强组织领导与综合协调。各级交通运输主管部门要强化对交通运输节能减排工作的组织领导和宏观指导，建立健全节能减排管理体制，完善多部门协同推进机制，强化综合协调，加强与发展改革、财政、税收、统计、科技、环保等相关部门之间的信息共享与协同合作。

建立健全节能减排目标责任制和问责制。研究制定本规划的实施方案，将本规划的各项指标和重点任务逐级分解落实到年度计划，明确各有关部门的责任，由各级交通运输部门主要领导负总责，实行严格的问责制。加强对规划年度执行情况的督促和检查，并分别于 2013 年、2015 年开展中期、终期考核评价，确保规划实施。

（二）完善激励政策

制定和实施促进节能减排的交通运输产业政策。完善交通运输产业政策，积极调整交通运输投资结构，加大对城市公共交通和内河航运的投资倾斜，探索在中央和地方财政设立城市公共交通发展专项资金，拓宽内河航运建设资金渠道。研究制定交通运输节能减排技术政策，加大对节能环保型企业和技术的支持力度，限制高能耗、高污染交通运输企业和技术发展。安排政府性引导和补偿资金，鼓励并积极引导运输从业者和消费者购买和使用节能环保型车船、装卸和施工装备等，加快淘汰高能耗车船及其他落后装备设施。

建立健全节能减排激励政策。积极争取中央和地方财政的资金支持，将节能减排资金纳入预算管理，设立不同层次的交通运输节能减排专项资金，逐步形成以国家和地方政府资金为引导、企业资金为主体的交通运输节能减排投入机制。研究探索节能减排投资担保机制。拓宽交通运输节能减排融资渠道，充分利用金融机构信贷资金以及社会资金，扩大利用外资渠道，积极争取国外无偿援助和优惠贷款，探索碳排放交易、清洁发展机制（CDM）等在交通运输领域的应用。各级交通运输主管部门要加强与各级人民政府节能减排主管部门、财税部门等的沟通与协调，争取加大财政支持力度并给予相关税收优惠政策。积极推动碳税、燃油消费税等绿色财税制度改革，实施差异化的车船使用税、通行费等政策，探索拥挤收费等经济政策。

（三）深化交流合作

加强国际国内技术交流与合作。搭建交通运输节能减排信息交流平台，完善节能减排信息政府网站，扩大信息共享，加强经验交流，引导行业选择使用优秀节能减排装备及技术、产品。通过合作研究开发、培训、考察、研讨会等多种方式，进一步加强与国际组织、金融机构，以及国外政府机构、交通运输企业、研究咨询机构等的联系，开展多层次、多领域、多形式的交流与合作，广泛利用国际资源，积极吸收借鉴国际先进经验。密切跟踪研究国际交通运输业应对气候变化与低碳发展动态，加大基础研究力度，积极参与国际航运温室气体减排谈判，反映我诉求，为我国交通运输行业发展与参与国际竞争创造良好的外部条件。结合国际气候变化谈判特别是国际航运谈判的进展，提高我国技术研发能力和组织管理水平，做好我国交通运输业的应对工作。

（四）加强宣传引导

强化节能减排宣传培训。各级交通运输主管部门、企事业单位、协会学会等要将节能减排宣传纳入重大主题宣传活动，利用行业报刊、网站等媒体，广泛、深入、持久地开展形式多样的节能减排宣传，增强全行业员工特别是各级领导干部的节能减排意识。充分发挥舆论引导和监督作用，完善公众参与机制。组织开展"节能宣传周"、"低碳出行周（月）"、"公交日"等全民活动，倡导资源节约、环境友好、绿色低碳的交通运输消费方式。组织开展经常性的节能减排培训教育、技术和经验交流工作，将交通运输节能减排知识纳入职业教育和培训体系，抓好节能减排基础教育、专业教育、社会教育和岗位培训，普及交通运输节能减排科学知识，全面提升全行业人员素质。

发挥公共机构节能减排的示范带动作用。各级交通运输主管部门率先垂范，积极开展节约型机关建设，倡导崇尚节约、合理消费的机关文化，实施政府机构能耗定额和支出标准，强化能源消费和污染物排放的计量与监测管理，完善节能减排规章制度。加大节能与低碳政府采购的实施力度，带头使用节能低碳产品。交通运输系统新增公务车要带头采购和使用节能与新能源汽车，在全国率先打造绿色公务车队；在各类交通公共建筑项目中率先推行合同能源管理等新机制，发挥政府部门节能减排的表率作用。

公路水路交通运输环境保护"十二五"发展规划

(2012 年 1 月 13 日交通运输部　交规划发〔2012〕18 号)

前　言

节约资源和保护环境是我国的基本国策。党的十七大明确要求，"必须把建设资源节约型、环境友好型社会放在工业化、现代化发展战略的突出位置"。因此，坚持资源节约、环境友好是现代交通运输业发展的基本要求，在转变交通运输发展方式和促进产业升级的过程中，交通运输环境保护工作的意义更加重大。

2009 年，中国政府已向全世界庄严承诺，到 2020 年单位国内生产总值二氧化碳排放比 2005 年下降 40% ~45%；我国《国民经济和社会发展第十二个五年规划纲要》提出实现资源节约环境保护成效显著、主要污染物排放总量显著减少、耕地保有量保持在 18.18 亿亩及森林覆盖率提高到 21.66% 等目标。"十二五"时期交通运输环境保护工作任务更加艰巨，对交通运输环境保护也提出了全面的更高的要求，我国交通运输业的发展面临着巨大的挑战。

为满足国家可持续发展战略要求，坚持在发展中保护、在保护中发展，促进"资源节约型、环境友好型"交通运输行业建设，特编制《公路水路交通运输环境保护"十二五"发展规划》，以指导"十二五"时期交通运输行业环境保护工作。

本规划提出了"十二五"时期公路水路交通运输环境保护工作的指导思想和基本原则，明确了"十二五"时期公路水路交通运输环境保护工作的发展目标和主要任务，对交通运输污染防治、生态保护、资源节约、环保管理和科研等领域进行了统筹规划，并提出了保障规划实施的政策措施，是"十二五"时期公路水路交通运输环境保护工作的纲领性文件。规划的制定和实施将为构建绿色交通运输体系，加快转变交通运输发展方式发挥重要的基础性指导作用。

一、形势与要求

公路水路交通运输环境保护工作历经多年的发展，在行业污染控制、生态保护与建设、污染事故应急处置及环保监管能力建设等方面都取得了长足进步，初步适应了国家环境保护政策的要求，有力支持了交通运输行业的快速、可持续发展。尤其在建设项目环境保护管理、公路工程景观绿化、船舶油污水防治、水上溢油应急能力建设等方面成效显著，形成了交通运输行业环境保护的特色领域。但随着日益提高的国家环境保护的要求和快速扩展的行业规模的挑战，对公路水路交通运输环境保护工作也提出了全面的更高的要求。

（一）公路水路交通环保的主要成绩

1. 交通运输规划领域

环保理念在规划阶段得到体现。20世纪80年代末，我部率先在港口规划管理工作中明确要求开展环境保护论证工作，开启了规划阶段注重环境保护的新思路，从源头上减少了对生态环境的影响。随着国家对环境保护管理工作提出了更高的要求，在公路、港口和航道等交通运输规划中都设置了专门的环保篇章，对规划实施的环境影响和应对措施进行了分析和论证；在公路、港口及航道规划方案的确定过程中，尽量避让了自然保护区、水源保护区和珍稀动植物保护区等环境敏感目标，尽可能节约了土地和岸线等资源。

规划环评和环保专项规划逐步开展。交通运输行业全面贯彻《环境影响评价法》，目前已完成了数十个沿海及内河主要港口、航道、公路网和公路运输枢纽的规划环评工作，从环境保护角度对规划方案提出了优化建议和措施，在规划层面上避免了产生重大的环境污染和生态破坏。部分省份组织开展了公路水路交通环保专项规划编制，指导本地区交通环保工作的开展。

2. 基础设施建设领域

环保"三同时"制度得到全面贯彻。交通基础设施建设过程中同步设计和建设了相应的环保设施，行业污染治理能力得到明显提升。截至2008年底，全国交通建设累计投资约400多亿用于环保"三同时"建设。公路交通方面，全国高速公路污水处理设施数量达到2819套，噪声治理设施主要有声屏障40多万延米、隔声窗23万平方米以及防噪声林带5000万平方米；水路交通方面，沿海规模以上港口拥有污水治理设施429套，中央直属海事机构管辖水域内从事到港船舶污染物接收的船舶达544艘，沿海大部分港口都具备了较强的船舶油污水、船舶垃圾接收能力。

生态保护力度日益加强。交通基础设施建设过程中积极采取生态保护和修复措施。公路交通方面，相继建成了川九路、神宜路、渝湛高速、思小高速等环保、景观方面的示范工程，体现了公路设计和建设的新理念，并实施了水土保持、湿地恢复、动物通道等生态保护工程。水路交通方面，采取了增殖放流、人工鱼礁、生物多样性修复等生态保护措施；营口、上海、宁波、太仓等港口也着手开展生态型港区的建设。

自然资源利用集约化趋势明显。随着公路网建设等级结构不断优化，港口建设向规模化、集约化和专业化发展，交通运输行业对土地、岸线等资源的利用效率明显提升。2010年公路单位货运周转量的占地面积、沿海港口单位货物吞吐量占用的码头泊位长度比2005年均有明显下降。在交通基础设施建设过程中，还积极推广表层土、疏浚土、废旧沥青、弃渣等资源的再利用。

全面落实国家建设项目环境管理要求。交通运输行业在工程项目实施之前全部依法开展了建设项目环境影响评价报告的编制工作，在项目实施过程中开展了工程环境监理工作，工程交工验收后开展了环境保护专项验收调查工作，并形成竣工环保验收调查报告。近年来，行业建设项目环评执行率，环评和竣工环保验收通过率都达到100%，有效保障了交通运输建设任务的顺利完成。

3. 客货运输领域

污染治理成效初显。"十一五"期间，尽管交通运输行业的基础设施营运规模和运输周转量有了较大增长，但污染物排放总量仍得到了有效控制。2008年，行业主要沿海港口各类污水处理率达90%，高速公路服务区污水处理率达88%，噪声敏感点达标率高于90%。2008年交通运输行业污水处理率比"十五"末增长了10%，公路污水回用率达26%，港口污水回用率达12%。行业污染贡献率不足1%，维持在较低水平。船舶污染防治一直是交通运输行业污染治理最为重视的领域之一。船舶油污水排放得到了全面有效的监管和控制，各港口船舶废弃物接收处理能力不断增强，沿海大型港口基本能够实现对船舶污染物的完全接收，渤海、长江口等特殊水域实现了油污水零排放。

污染应急防范能力明显增强。在应急机制和预案体系方面，交通运输行业建立了相对健全的管理及法律、法规体系，基本形成了层次清晰、运行顺畅的污染事故应急预案体系；在应急监测及预警方面，推广使用了海上溢油的决策支持、卫星遥感和航空遥感等现代化技术手段，增强了船舶污染事故监视能力，有效缩短了应急响应时间；在应急处置能力建设方面，经过"十一五"时期溢油应急设备库和专业应急处置船舶的集中建设，全国水上溢油应急处置能力有大幅度提升，在环渤海、长江口、珠江口、三峡库区等高风险水域初步具备了应对较大规模溢油事故的应急能力。

4. 行业环境保护管理能力

全面加强行业环境保护管理工作。各级交通运输主管部门逐步建立了行业环境保护管理机构，初步明确了环境保护的管理职责。按照国家有关法律和规定，对交通运输规划环评、项目环评、环保验收等各方面都开展了行业管理工作，确保国家环保法规和要求落到实处。

行业环境保护法规体系初步建立。交通运输行业在建设项目环境保护管理、环境监测和统计、船舶防污染等方面颁布了一系列规章制度，推行了交通建设项目环评和环保设计的技术规范。各类法规和规范保障了行业环境保护工作健康有序的开展。

行业环境监测工作逐步开展。部分省份相继建立了交通环境监测中心站，部分大中型沿海港口也设立了环境监测站点。截至2009年，全国共建成18个行业环境监测站。目前环境监测工作较好地满足了建设项目环境影响评价和竣工环保验收的需要。

行业环保统计全面启动。交通运输部从2006年开始开展全国公路水路交通环境保护调查和统计工作，基本掌握了行业环保总体情况。部省两级环保统计体系初步建立。

5. 行业环保科技支撑

行业环保科研条件得到一定改善。交通运输部相继投资建设了公路、水路交通环境保护技术实验室等一批行业环保实验室，购置了交通环保实验仪器和设备，环保科研的硬件条件得到了进一步改善。

行业环保科研初见成效。"十一五"期间，交通运输部组织开展了一批公路水路交通环保领域的重大科研课题，各省也相继开展了环保课题研究，在公路生态环境保护、资源集约利用、节能减排、船舶污染防治及溢油应急处置等领域取得了一些科研成果，在实际应用中取得了较好的效果。

(二) 当前存在的问题

在取得成绩的同时，也要看到我国公路水路交通环保发展还面临着一些突出的困难和问题。主要体现在以下几个方面：一是行业环境保护管理体系尚不健全，部分行业环境保护法规和技术规范不能适应新形势下环保发展需求，行业环保监督和执行力度不强；二是行业环保监管手段缺乏，环境监测、环保统计、环境监理等方面都较为薄弱，环保监管的资金渠道仍未有效落实；三是行业环保科研的基础性研究不足，资源循环利用、应对气候变化、生态修复等新兴领域研究尚未系统开展，科技支撑力度有待提高，科技成果转化推广机制尚不健全；四是早期建设的部分工程缺乏环保设施，部分基础设施运营管理部门没有污染物回收处理能力，行业总体污染治理能力不足，污染治理设施运行机制有待落实，监管工作有待加强；五是早期建设的部分工程缺少生态保护措施，对生态环境造成一定影响且至今仍未恢复，新建工程生态保护水平依然较低，生态保护和修复技术的针对性和有效性尚且不足；六是废弃物再利用程度总体较低，行业推进循环经济发展的模式有待进一步探索。

(三) "十二五" 新形势和新要求

"十二五"时期，我国经济仍将保持高速发展，工业化、城镇化、信息化、现代化的步伐将进一步加快。这一时期也是我国经济社会发展和交通运输业转变发展方式的关键时期，发展建设所面临的生态环境承载压力、资源需求压力、全球气候变化影响等矛盾将进一步凸显。

1. 国家环保要求不断提高，要求进一步控制污染排放

目前我国环境质量呈现"局部有所改善，总体尚未遏制，形势依然严峻，压力继续加大"的特点。"十二五"时期，国家环境污染治理将从当前的污染物总量控制转向总量控制与环境质量改善并重，对污染排放的控制将更为严格。交通运输行业的污染治理面临着国家的更高要求。

"十二五"时期，我国交通基础设施和运输装备的存量和增量都将维持在较大规模，污染物产生总量势必大幅增加，必须不断加强行业污染治理设施的建设力度，确保行业的污染排放和环境影响控制在较低水平。另外，基础设施运营和客货运输规模的扩大还将导致运营期污染问题逐渐凸显，需要在继续做好建设期生态环境保护工作的同时，更加重视基础设施养护运营期的污染治理，逐步增强对运输装备的环保管理和污染控制。我国沿海和内河的众多老港区都紧邻城市生活区或旅游区，港口运营产生的散货粉尘、船舶污水、装卸噪声、集疏运车辆噪声等都对城市环境质量造成了一定的影响，迫切需要加大污染防治力度，维系和谐港城关系。

2. 基础设施建设任务依然繁重，要求加大生态保护力度

随着我国生态环境状况日益严峻，交通运输行业发展面临的生态保护压力不断增大。

"十二五"期间，我国公路基础设施建设仍保持一定规模，预计"十二五"末公路总里程将达到450万公里。随着公路建设规模不断扩大，东部地区面临着土地资源的严重制约，中、西部地区面临着生态脆弱区和国家生态屏障区生态环境保护的压力。

"十二五"期间，我国将加快内河高等级航道建设，预计"十二五"末全国内河高等级航道将达到1.33万公里。天然河流的大规模航道建设和梯级开发，有可能对河流湖泊生态系统带来不良影响。

"十二五"期间，我国沿海港口将重点开发建设一批新港区，预计新增深水泊位440个。这些港区大多是在原有自然岸线基础上开发建设的，对于沿海湿地，水生物种的保护都会产生一定影响。

上述新形势和新要求需要我们在基础设施建设领域加大生态保护和生态修复的力度，重点开发研究相关保护技术，采取有效措施，避免引发重大生态问题。

3. 节能减排压力日益增加，要求加快低碳交通体系建设

作为"三大碳源"之一，交通运输业碳排放占据比例较大且增长较快，是我国节能减排的重点领域。因此，迫切需要推进低碳交通技术、政策的研究和推广实施，开展利用清洁、可再生能源和节约能源的工艺改造，鼓励发展清洁运输装备，加快淘汰更新高能耗的运输和装卸装备。切实把低碳发展的理念落实到交通建设和运输的各个环节中，促进行业主动适应国家低碳经济发展战略，尽快建成以低碳排放为特征的交通体系。

4. 基础设施建设和养护规模迅速扩大，要求进一步节约集约利用资源

发展循环经济是我国推动经济增长方式转变，建设资源节约和环境友好型社会的重要战略措施，也是转变交通发展模式的重要途径。"十二五"期间，交通基础设施总量仍将快速增长，部分地区还将开始出现较大规模的国省道改造和基础设施大修养护。预计到2015年，全国公路网对占用的土地资源较目前将再增长15%左右；沿海港口深水泊位占用的岸线资源也将增长约20%。在基础设施建设和养护过程中的大量土石方使用和废旧建材堆弃也可能引发一系列生态环境问题。这些都需要不断提高土地、岸线等自然资源的利用效率，大力加强疏浚土、废旧沥青等废弃物的循环利用，在行业资源节约、循环利用等领域增加支持力度和科技投入，研究制定相应的技术标准和推广政策。

5. 行业发展实现绿色转型，要求完善行业环境保护管理体系

《交通运输"十二五"发展规划》提出"交通运输行业要以节能减排为重点，建立以低碳为特征的交通发展模式，提高资源利用效率，加强生态保护和污染治理，构建绿色交通运输体系，走资源节约、环境友好的发展道路"。为保障绿色交通运输发展目标的实现，"十二五"期间，应加强环境保护政策法规、监测、统计等方面的建设，增强行业环境保护管理决策的系统性、科学性和针对性；进一步理顺各级交通环境保护管理机构的设置和职责，增强环境保护管理的执行能力。在建设工程的生态环保技术示范与推广方面，需要建立相应的机制和技术规范，提升示范和推广的成效。

二、指导思想和原则

（一）指导思想

高举中国特色社会主义伟大旗帜，深入贯彻落实科学发展观，坚持节约资源和保护环境基本国策，坚持在发展中保护，在保护中发展，以建设绿色交通运输体系目标为引领，以可持续发展理念为先导，以交通运输行业加快调整结构、转变发展方式为契机，以体制机制和科技创新为支撑，着力加强行业环境污染防治，积极推进生态环境保护，提升行业环境保护监管水平，不断完善行业环境保护法规和标准，努力构建资源节约型、环境友好型的现代交通运输业。

（二）基本原则

立足行业，适应发展。交通环境保护应立足于我国交通运输业发展的特有阶段，适应新时期国内外形势对行业发展的要求，在满足国家环境保护政策法规的前提下，将环境保护作为推动行业发展方式转变，建设现代交通运输业和"资源节约型、环境友好型"行业的重要切入点和推动力。

统筹规划，分类指导。系统全面地考虑规划、建设、运输等环节和污染防治、生态保护、污染事故应急等领域的环境问题，明确各级政府、基础设施建设单位、运输企业和交通运输消费者等不同责任主体的环境保护职责和义务，实施分类指导，分级实施。在政府职责范围内，需要主动作为，加强监管，发挥主导作用；对于企业和消费者的责任，则需实施积极的引导政策和措施，促进不同领域、不同环节交通运输环保工作的全面均衡发展。

重点突破，有序推进。交通运输行业生态环境保护在一定程度上存在着历史问题尚未解决、新问题不断涌现的局面。"十二五"时期，应紧密结合行业发展、政府职能和公众需求，在污染防治、生态保护、应急能力建设、行业环保监管等方面选择问题突出、需求迫切、条件成熟、效益显著的领域优先重点建设，并通过试点、示范，以点带面，逐步、有序推进。

科技先导，政策支持。应进一步加大行业环保的科技投入，全面引进国内外环境保护的先进理念和技术手段，组织实施行业环保的基础理论和共性关键技术研究，逐步提高行业环境保护技术水平；还应协调应用法律、经济、财政、行政管理等多种政策手段，确保规划目标和方案得到有效实施，有效促进交通运输行业绿色发展。

三、发展目标和重点

（一）发展目标

"十二五"时期，交通运输行业将全面体现"绿色发展"理念，进一步加大行业环境保护监管力度、建设力度和科研力度，构建绿色交通运输体系。到 2015 年，实现公路水路交通环境污染得到有效控制，资源集约利用与生态保护取得实质性突破，污染事故应急处置能力进一步提升，行业环境保护管理体系基本健全，行业环保科技支撑能力显著增强。

——交通环境污染得到有效控制，主要污染物排放强度显著下降。高等级公路和沿海、内河主要港口的污水、废气等污染物基本实现达标排放，噪声污染得到有效控制；营运车辆单位运输周转量的碳排放量比 2005 年降低 11%，营运船舶单位运输周转量的碳排放量比 2005 年降低 16%；化学需氧量（COD）、总悬浮颗粒物（TSP）等主要污染物排放强度比"十一五"末降低 20%；交通基础设施施工污水、内河港口生产污水、散货码头粉尘等行业环保的薄弱环节得到有效改善，港区和路域环境质量明显好转。

——交通资源集约利用和生态保护取得实质性突破，行业自然资源利用效率明显提升。相比"十一五"末，交通基础设施建设、养护及运营过程中产生的污水、废旧沥青、疏浚土等的回收利用率显著提高；形成生态型公路和港口工程规范，并逐步得到推广；初步形成统筹协调、科学安排的区域性重大基础设施生态修复计划并开始推进实施。

——交通污染事故应急处置能力进一步提升，建成覆盖全国沿海和主要内河水域的船舶溢油及危险化学品事故应急设备物资储备体系。沿海重点水域形成应对 1000 吨以上水上溢油事故的应急能力，一般港口水域形成 200 吨到 500 吨水上溢油事故的应急处置能力。

——交通行业环境保护管理体系基本健全。政策法规体系进一步完善，行业环保监管涵盖交通规划、基础设施建设与养护管理、客货运输等所有环节；全国沿海和内河主要港口、国家高速公路重点路段的环境状况得到有效监控；初步形成科学规范的全国交通运输环保统计和公报制度。

——交通环保科技支撑能力显著增强。在生态保护理论和技术、碳减排理论和技术、废弃物循环利用技术等领域取得突破，科研成果推广力度进一步提高，初步建成适应行业需求、创新能力强的交通环保科研体系。

（二）发展重点

1. 进一步控制污染

采用源头控制和末端治理并重的手段，进一步控制交通运输污染。

——根据技术发展水平和我国实际情况，对从事客货运输的营运性运输装备，设置能耗和排放限制标准，促进节能环保型车船发展。

——进一步开展交通基础设施建设期污水、噪声和固体废弃物等污染物的治理，实现污染达标排放。

——继续加大营运公路、港口、船舶、客货运站场的污染治理设施建设力度，并加强监督管理，确保污染处理设施的有效运转。

——加快港口装卸机械技术升级改造，淘汰低效率、高污染的老旧设备。

——加强公路养护中的污染防治，冬季养护鼓励采用机械除雪，推广使用环保型融雪剂，减轻融雪剂对路域生态环境的影响。

2. 强化生态保护与建设

坚持"生态保护与修复并重"理念，加强工程建设中的生态保护，实施重大工程生态修复措施。

——研究制定生态型公路、港口、航道工程的技术指南，逐步建立生态型交通基础设施建设的激励机制。

——加强工程建设方案的生态保护优化，实施动物通道、湿地连通、人工鱼礁等生态保护工程，降低工程建设对生态系统的扰动。

——继续加强工程建设临时用地的生态恢复工作，有效防治水土流失。

——在沿海围填海规模和内河航道建设等水运工程较为集中的区域范围内开展生态修复工作，统筹考虑区域生态环境变化，积极调动水生生态系统的自我组织和修复能力，促进生态平衡。

——结合道路养护和国道改造工程，针对穿越或靠近生态敏感区的路段开展生态修复工作。

——根据国际海事组织公约要求，在我国远洋船舶和沿海沿江外贸港口中配置船舶压载水沉积物灭活设备设施，防止外来生物入侵。

3. 注重资源节约和集约利用

根据循环经济"减量化，再利用，再循环"的原则，提高基础设施建设的资源利用效率，积极推进资源循环利用。

——公路建设过程中大力推广节地技术，因地制宜地控制工程用地，提高土地资源综合利用效率。

——港口建设过程中坚持统筹规划、深水深用、合理开发，保障港口岸线资源合理、有序利用。

——重视对施工临时用地的恢复，鼓励工程建设中采取改地、造地等措施，节约利用土地资源。

——大力开展废旧建材、疏浚土、弃渣、污水等的再生循环利用。

4. 加强污染事故应急能力建设

重点针对公路水路交通运输危险化学品泄漏、水上溢油等污染事故，加强预警监控、应急组织指挥、应急处置等方面的能力建设①。

5. 完善行业环境保护管理体系

——根据国家环保政策和交通运输行业发展的阶段性特征，制定和完善交通环保相关政策、法规和标准。

——进一步理顺各级交通运输主管部门的环境保护管理机构设置，明确职责范围与监管模式，逐步优化行业环境保护管理机制和体制。

——在规划、建设、养护和运营的全过程中严格执行国家环保"三同时"制度，强化环保监管，研究制定有效的监督考核与责任追究制度。

——继续开展交通运输规划和建设项目环境影响评价工作，逐步试点开展重大战略环境影响评价和项目环保后评估。

——进一步完善建设工程环境监理制度，提高行业环境监理水平。

——重点建设部省两级行业环境监测网络，建成一批技术能力较强的行业环境监测站点。

——进一步加强行业环保统计能力建设，建成部省两级环保统计机制和平台，建立交通运输环境保护公报制度。

6. 提升行业环保科技支撑能力

——组织交通运输环保基础前沿性课题研究以及重大关键技术的开发和示范。

——结合交通运输环保重点工程和示范工程，加大环保科研成果的推广力度，规范和引导企业的科技推广投入。

——进一步改善行业环保科研的条件，继续支持行业环保实验室建设。

——支持交通运输行业相关院校的环境保护学科建设，提高行业环保从业人员专业素质，培养专业人才队伍。

——推进交通运输行业减少温室气体排放的国际合作和技术转让，开展构建低碳交通运输体系的国际合作研究。

四、主要任务

为实现"十二五"公路水路交通运输环境保护发展目标，重点推进交通运输环境保护工作，提出以下主要任务。

（一）行业环保法规和标准体系建设

完善的环境保护管理法规和技术标准体系是开展行业环保工作的重要依据，更是加强行业环境保护管理的基础手段。公路水路交通环保法规和标准体系主要涉及综合管理、规划、建设与养护，客货运输等领域，包括行业环境保护管理体系、环保投资政策、环保科研、环境监测和环保统计、规划环境影响评价、环保规划、建设项目环境影响评价、环保工程设计、工程污染治理与生态建设、施工期环境监理、竣工环保验收、运输装备污染防治、服务设施环保管理、运输污染事故应急处置等方面。

"十二五"时期，将集中对现有的行业环保法规和标准规范进行系统梳理，重点对不适应新形势环保要求的法规进行修订和完善，并研究制定一批当前公路水路交通环保发展迫切需要的法规、政策、标准和规范，初步建立起较为完善的交通环保法规和标准体系。具体内容包括：

行业环保法规修订完善：研究修订《交通运输行业环境保护管理规定》，进一步明确交通运输环境保护管理机构的职责和主要任务；修订《公路水路交通建设项目环境保护管理办法》，进一步完善交通运输行业建设项目环境保护管理；完善《交通运输行业环境监测管理办法》和《交通运输行业环境统计管理规则》，强化行业环境监测和统计工作的管理。

行业环保标准与规范制定：研究制定交通运输环境监测和统计系列技术标准，促进行业环境监测和统计的标准化和规范化；制定发布交通运输规划环境影响评价规范，进一步提高行业规划环评的技术水平；研究制定交通建设工程生态保护的技术指南，推动生态型工程建设；制定工程环境监理技术规范，全面推广行业环境监理工作。

（二）行业环保监管体系建设

行业环保监管的主要手段包括环境监测、环保统计、规划和建设项目环评监管、环境监理、环保验收等方面。其中，环境监测和环保统计是最为基础的监管手段之一，也是实现科学决策的重要依据。目前，交通运输行业环境监测和统计体系尚不健全，一方面不能全面掌握行业环保工作的发展水平，影响了管理政策和措施的科学决策；另一方面无法对行业环保形成有效监管。因此，"十二五"时期，公路水路交通环保监管体系建设将重点集中在行业环境监测网络和统计平台建设两个方面。

行业环境监测网络建设：研究提出交通环境监测网络的总体布局；依托现有的信息网络基础，建设交通运输部环境数据中心和省级交通运输环境监测中心站；选择生态环境敏感或具备一定工作基础的区域重点开始建设公路和港口的监测站点，初步形成布局科学、层次合理的交通运输环境监测网络，基本掌握全国沿海、内河主要港口及国家高速公路重点路段的环保情况。试点推广船舶污染物在线监测系统。

行业环保统计平台建设：建设部省两级交通运输环保统计信息平台，建立标准统一的行业环保统计数据库和网络传输系统，开发统计数据分析系统。

（三）行业环保科研体系建设

行业环保科研主要分为环保基础理论、政策法规、标准规范、应用技术等方面的研究，分别涉及污染治理、生态保护和建设、资源循环利用、应对气候变化、节能减排、污染应急处置等领域。"十二五"时期，将系统研究分析行业环保科研需求，并针对公路水路交通环保科研存在的主要问题，开展交通运输行业环保科研体系建设，主要包括：

行业环保基础理论与关键技术研究：启动应对气候变化和低碳交通体系的理论方法和政策法规研究，重点开展资源循环利用、节能减排、生态保护、新能源利用等领域的应用基础研究和关键技术研究。

行业环保科研条件建设：进一步支持相关科研院所提升交通运输环保科研的硬件条件，重点资助环境政策和管理、环境空间信息、低碳交通、资源循环利用、生态基础研究等领域的实验室建设。

行业环保科研人才培养：以环保科研课题为依托，以环保实验室为基地，推进科研人才培养，在资源循环利用、节能减排、生态建设和修复、新能源利用等领域造就一批专业水平高、创新能力强的人才队伍。

（四）行业低碳技术应用和推广

建设以低碳排放为特征的交通运输体系将成为"十二五"时期行业发展的主要方向之一。交通运输行业既要通过节约能源、利用清洁能源等手段实现直接减排，又要进一步优化运输组织、建设智能交通、发展现代物流，提高运输效率，间接降低能源消耗，减少碳排放。

"十二五"期间，通过政策引导与资金补贴，积极推广低碳理念与技术，重点在公交车和内河营运船舶新能源改造、公路服务设施升级改造、港口和内河营运船舶节能改造、航道养护设备技术创新、公路隧道清洁能源利用、公路温拌沥青技术等方面开展试点和推广[②]。

（五）公路生态保护和污染治理

公路建设和运营期产生的生态环境问题受到广泛关注，减缓公路建设生态影响的主要手段包括湿地保护和连通、生境恢复、景观绿化、水土流失防治、动物通道设置等，而减少污染排放则主要包括对建设和运营过程中产生的污水、噪声、粉尘、固体废弃物等污染物进行处理。

"十二五"期间重点建设内容包括：

生态型公路工程推广：选择中、西部地区典型路段，结合西部开发的省际通道项目，开展生态型公路建设推广工程。建设内容主要包括公路水土流失防治、临时用地生态恢复、动物通道设置、湿地保护和连通、生态排水沟等内容。

公路生态修复试点：结合国道改造工程，针对不同区域的已建公路开展生态修复试点工程。选择穿越或靠近自然保护区公路开展公路两侧生境连通性改造试点工程；在西南和中部山区选择公路实施景观升级改造和水土流失治理试点工程；在"三江源"区域、长江中下游区域和东北区域，选择穿越或靠近湿地的公路实施湿地水系连通及生态恢复试点工程。

施工期公路污染治理：重点选择国道改造的施工路段，针对路基、桥涵、隧道、路面等施工过程产生的污水、噪声、粉尘和固体废弃物进一步开展治理。

公路服务区污染治理：进一步开展高速公路服务区污水及垃圾治理；重点推广生态型污水处理技术，选择中、西部省（市）的高速公路服务区建设污水生态处理示范工程。

营运期公路噪声治理：对营运期跟踪监测超标的高速公路路段，采取声屏障、隔声窗等措施，逐步开展噪声治理；重点推广公路生态型声屏障技术，选择穿越噪声敏感区域的在建公路实施生态型声屏障建设试点工程。

（六）水路生态保护和污染治理

水路交通的环境问题主要包括建设和运营期产生的生态影响和环境污染。建设过程中主要采取生态护岸、生态移植、植被恢复、增殖放流、人工鱼礁等手段来减缓生态影响，同时应逐步重视施工期污染治理；运营过程中重点开展港区污水、噪声、散货粉尘、船舶油污水、船舶生活污水和垃圾等方面的治理，减少污染排放。

"十二五"期间重点建设内容包括：

生态型港口工程示范：结合各港口自身条件和建设基础，选择不同区域、不同流域的沿海及内河主要港口开展生态型港口工程的示范建设，主要包括湿地保护和连通、生态护岸、生态缓冲带、资源循环利用、污染控制等内容。

港口生态修复试点：针对重大围填海港口工程较为集中的渤海湾、江苏沿海、珠江三角洲、北部湾等区域，统筹规划，科学安排港口工程生态修复，开展港区生态修复试点工程，主要包括生态移植、植被恢复、增殖放流、人工鱼礁等内容。

内河航道生态修复试点：在内河航道建设较为密集的长江干线、西江干线等流域选择合适水域建设航道工程生态修复试点工程，主要包括鱼道建设、增殖放流、生态护岸等内容。

施工期港口和航道污染治理：针对港口码头建设和航道疏浚施工过程产生的污水、噪声、粉尘和固体废弃物进一步开展治理。

营运期港口污水处理与回用设施建设：在各沿海主要港口和地区性重要港口、内河主要港口及京杭运河沿线港口扩建和改造污水接收和处理设施，推进污水回用系统建设；补充和完善大连、青岛、宁波—舟山、泉州、惠州、湛江、钦州、洋浦等油品运输大港的油污水接收和集中处理设施。

内河船舶废弃物收集处理设施建设：在长江干线、西江干线、京杭运河、黑龙江、松花江、澜沧江和赣江等重要航道沿线，建设船舶油污水和垃圾集中收集站点，配备油污水和垃圾接收船舶。

船舶生活污水接收处理设施建设：在三峡库区、清江、乌江、松花江等旅游客运区，京杭运河和大连、烟台、威海、海口、深圳、珠海等客运量较大的港口，建设船舶生活污水接收处理设施，并逐步推行客船生活污水收集存储设施。

港口散货粉尘治理：在秦皇岛、唐山、天津、黄骅、日照、连云港等北方煤炭下水港，在宁波—舟山、温州、福州等主要煤炭输入港，在营口、天津、青岛、日照、连云港、宁波—舟山、防城港等重点矿石运输港口，在济宁、徐州、芜湖、马鞍山、宜昌等内河散货运输港口，开展重点港口粉尘污染治理工程，进一步推广防风网、抑尘剂、喷淋除尘、密闭运输等技术。

（七）废弃物循环利用

为进一步提升行业的资源循环利用率，开展交通废弃物循环利用工程，主要包括交通基础设施建设期的弃渣、疏浚土、建筑垃圾、废旧沥青和废水的循环利用以及营运期养护材料、服务区污水和垃圾等的循环利用。

"十二五"期间重点建设内容包括：

建筑垃圾循环利用示范：选择总长度不低于1000公里的改扩建高速公路和国道主干线项目，集中推广废旧钢材、混凝土等再生利用技术，开展施工建筑垃圾循环利用。

废旧沥青再生利用示范：选择总长度不低于1000公里的新建或改扩建高速公路，开展废旧沥青再生利用示范。

污水循环利用推广：在全国沿海、内河主要港口以及高速公路服务区，高等级航道水上服务区开展污水循环利用推广工程。

五、政策措施

（一）牢固树立环境保护理念

开展交通环保工作是建设"资源节约型、环境友好型"交通运输行业的必然要求。各级交通运输主管部门和相关企事业单位应牢固树立先进的环保理念，自觉按照国家环境保护要求在交通运输规划、建设和运营等各个环节主动做好相关工作。各级交通运输从业人员应不断深入学习国家环境保护有关政策和知识，定期开展行业环境保护工作交流，积极在行业内外开展环保宣传教育。

（二）强化行业环境保护监管工作

各级交通运输主管部门应严格执行环境影响评价法、环保"三同时"制度、环境监测管理条例等国家环境保护有关法律、法规；完善各级交通运输环境保护管理制度和领导干部责任制度，不断加强交通运输规划、建设、运营等各阶段的环境保护监督管理。

（三）建立健全管理体制和机制

深入探索并不断完善交通运输行业环境保护管理体制，明确各级交通运输环境保护机构设置和工作职责，建立健全管理工作机制，完善管理手段，创新管理方法，满足交通运输行业环境保护管理工作的要求。

（四）加强政策支持与引导

各级交通运输主管部门和企事业单位应根据国家有关环境保护规定，研究和制定有关政策，支持和鼓励交通运输环境保护工作，并积极筹集和落实交通运输环境保护建设资金，加大交通运输环境保护科研资金投入，加强科技支撑，确保交通运输环境保护设施运行维护资金和环境保护管理工作经费。

①具体内容详见《交通运输安全生产和应急体系"十二五"发展规划》。

②具体内容详见《公路水路交通运输节能减排"十二五"规划》。

公路水路交通运输"十二五"教育与培训发展规划

(2011 年 4 月 18 日交通运输部 交科技发〔2011〕175 号)

前 言

"十二五"时期是我国全面建设小康社会的关键时期，是深化改革开放、加快转变经济发展方式的攻坚时期，也是交通运输转变发展方式、大力发展现代交通运输业的重要战略机遇期。促进交通运输业快速发展、高效发展、安全发展、绿色发展，必须依靠科技进步和全面提高交通运输行业劳动者的素质。

教育培训工作是行业发展的基础性、战略性工程，是提高从业人员队伍素质的重要途径，是促进现代交通运输业发展的重要保证。根据《国家中长期教育改革和发展规划纲要（2010～2020年)》、《国家中长期人才发展规划纲要（2010～2020 年)》、《2010～2020 年干部教育培训改革纲要》和《国务院关于加强职业培训促进就业的指导意见》的有关精神，交通运输部组织编制了《公路水路交通运输"十二五"教育与培训发展规划》。本规划是《交通运输"十二五"发展规划》的组成部分，旨在明确未来五年交通运输行业教育培训工作的指导思想、基本原则、发展目标和主要任务，用以指导行业教育培训工作，使交通教育培训工作更好地为建设高素质的行业从业人员队伍服务，为发展现代交通运输业提供有力支撑。

一、发展回顾

"十一五"时期，交通教育培训工作努力服务于交通运输发展全局，为促进行业从业人员队伍素质提高，为交通运输事业又好又快发展作出了突出贡献。

（一）行业干部教育培训工作取得显著成绩

这些年来，交通干部教育培训工作坚持以能力建设为核心，主动适应交通运输发展新形势、新任务的要求，努力满足交通干部职工接受各类教育培训的需要，取得了明显成效。在各地交通运输主管部门和各干部教育培训机构的共同努力下，初步建立了以交通运输部管理干部学院和各省级交通干部教育培训机构为主基地的行业干部教育培训平台，进一步整合了干部教育培训资源，改善了干部教育培训环境，促进了干部教育培训工作的深入开展。"十一五"时期，行业干部教育培训规模达到 200 万人次，其中，各地交通运输主管部门以及海事、救捞系统，紧密结合业务需求，积极开展工程建设、运输管理、行政执法、安全应急管理、海事管理等各类专业培训，培训干部 180 多万人次；由交通运输部组织开展的西部地区干部培训以及各类专项培训，培训行业基层干部 15 万多人次；依托远程教育网络，大力开展对交通干部职工的专业继续教育，3 万多人接受了远程学历教育。大规模干部教育培训活动的开展有效提升了交通干部队伍的整体素质，促进了交通干部教育培训工作水平的提高。

（二）部属和共建高校专门人才培养能力不断增强

为进一步加快交通专门人才的培养，交通运输行业不断加大支持和指导力度，促进部属和共建高校的建设与发展，交通专门人才培养规模和质量得到新的提高，服务行业发展的能力进一步增强。面向交通运输发展需要，部属和共建高校发挥自身优势，拓展办学途径，新增一批交通特色学科专业，为交通创新人才培养和行业科技进步打下了坚实基础。到"十一五"末期，交通共建高校已建成交通类国家重点学科点 10 个、博士学位授权点 35 个、硕士学位授权点 46 个、本科交通主干专业点 100 多个。近五年来共培养本科以上交通专门人才 10 万多人，比"十五"增加了近一倍。各院校还承担了大量国家、省部级科研项目和科技咨询工作，取得了一批科研成果。部属和共建高校培养人才、集聚人才以及促进交通运输领域知识创新和科技进步的作用更加突出，已成为交通高层次专门人才培养和交通科技创新体系建设不可或缺的力量。

（三）交通职业教育整体水平明显提升

深入贯彻《国务院关于大力发展职业教育的决定》，落实交通部、教育部《关于推进交通职业教育改革与发展的若干意见》，充分发挥行业部门和交通职业教育教学指导委员会对交通职业教育工作的支持和指导作用，进一步促进了交通职业教育的改革和发展。各地交通运输主管部门切实履行职业院校举办者的责任，不断加大投入，努力改善学校办学条件，交通职业院校的综合实力和办学效益得到大幅提升，15 所交通高职院校进入国家示范及骨干院校建设行列，3 所交通中职院校成为国家高技能人才培养示范基地。

交通职业院校不断深化教育教学改革，紧密结合行业发展需要，调整专业结构、优化课程设置，加强校企合作、推进工学结合，强化技能培养、增强实践能力，为行业培养了大批"下得去，留得住，用得上"的实用人才，相当数量的毕业生成为交通运输生产、建设、管理和服务一线的骨干力量。"十一五"时期，交通职业院校共培养技能型人才 50 多万人，比"十五"增加了 40%，毕业生年平均就业率保持在 90% 以上。交通职业院校在开展行业岗位技能培训和推动行业职业资格体系建设方面也发挥了重要作用，成为交通技能型人才资源开发和行业从业人员队伍素质提高的重要保障力量。

在看到成绩的同时，还必须充分地认识到：当前，交通教育培训工作仍不适应行业发展需要，行业从业人员接受教育培训的程度与队伍建设整体素质的要求还有较大差距，一是开展行业大规模干部教育培训的能力还不够强，重点还不够突出；二是对行业专业技术人员和技能劳动者教育培训的力度和针对性还不强，面向基层一线、立足工作实际、适应岗位需求的教育培训还不够多；三是行业干部教育培训平台建设还不够完善，教育培训机构的基础能力还不够强，经费投入也相对不足等。这些问题既涉及思想观念，也涉及教育培训的组织管理和体制机制等，需要各级交通运输管理部门、企事业单位和教育培训机构进一步解放思想，转变观念，加大改革创新力度，着力破除各种障碍，共同努力，加快提升行业教育培训能力和水平，保障交通教育培训事业的健康发展。

二、发展需求

"十二五"时期，我国将以科学发展为主题，以加快转变经济发展方式为主线，加快改革开放和现代化建设，全面建设小康社会，这对交通运输科学发展提出了新的更高要求。未来五年，交通运输发展仍处于重要战略机遇期，也是加快调整结构、转变发展方式、大力发展现代交通运输业的关键阶段。加快转变发展方式，推进交通运输科学发展，必须着力提升交通运输供给能力、运输服务保障能力、科技创新能力、"两型"行业建设能力、安全应急救助能力以及公共服务能力；必须要有一支高素质、创新型的交通从业人员队伍作支撑，关键是要有一大批掌握现代管理知识、法律知识，熟悉市场规则、依法行政的管理干部，掌握现代科技知识与技能、具有创新能力的专业技术人员，掌握实用技术、动手能力强、爱岗敬业的技能劳动者作保障，这是实现交通运输由传统产业向现代产业转型、加快发展现代交通运输业的必然要求。因此，必须进一步加强交通教育培训工作，加快提高行业干部的依法行政和公共服务能力、专业技术人员的创新能力、技能劳动者的岗位适应能力，促进行业管理水平和创新能力不断提升，为交通运输科学发展提供重要保障。

三、指导思想和基本原则

（一）指导思想

深入贯彻落实科学发展观，坚持以人为本和人才资源是第一资源的理念，以服务交通运输科学发展为宗旨，以能力建设为核心，深入实施人才强交战略，加快交通人力资源开发，积极推动交通教育培训工作协调发展，支持部属和共建高校特色发展，促进交通职业教育快速发展，使交通教育培训工作更好地为提高交通从业人员队伍整体素质服务，更好地适应现代交通运输业发展和人才队伍建设的需要。

（二）基本原则

1. 围绕中心，服务行业

紧密围绕交通运输发展中心任务，面向行业、突出重点，强化特色、改革创新，大力开发交通人力资源，加快提升行业从业人员的整体素质，服务交通运输科学发展。

2. 整合资源，协调发展

充分发挥行业干部教育培训平台的主渠道作用，积极整合、利用行业内外优质教育培训资源为行业服务。遵循教育培训规律，推进不同类型、不同层次和不同地区交通教育培训工作协调发展，更好地满足行业发展需求。

3. 与时俱进，改革创新

以观念创新为先导，以深化改革为动力，充分借鉴国内外、行业内外教育培训的先进做法，积极推进交通教育培训工作的制度创新和管理创新，不断提高交通教育培训工作的质量和水平，为建设和完善交通教育培训体系打下坚实基础。

四、发展目标和主要任务

（一）发展目标

围绕加快转变发展方式，促进现代交通运输业发展的战略部署，以建设高素质的交通从业人员队伍为目标，积极适应交通运输科学发展的新要求、创新发展的新挑战，加快推进行业教育培训工作，努力提升行业干部的依法行政和公共服务能力、专业技术人员的创新能力、技能劳动者的岗位适应能力；加快建设和完善交通教育培训体系，努力提升交通教育培训机构的服务能力和管理水平，为交通运输又好又快发展提供坚实的智力支持和人才保障。

具体目标：

——行业干部的教育培训规模进一步增加,针对性和实效性不断增强,干部依法行政和公共服务能力有新的提高。

——行业专业技术人员接受继续教育和培训的程度进一步提高,与科技创新、专业发展相适应的培养和训练得到加强,实践能力和创新能力明显增强。

——技能劳动者接受职业培训的覆盖面进一步扩大,与技术进步、岗位要求相适应的职业技能训练得到强化,职业素养和岗位适应能力快速提升。

——部属和共建高校、交通职业院校特色学科专业建设水平进一步提升,培养交通运输高层次人才和技能型人才的能力持续增强,急需紧缺人才的培养数量大幅度提高。

——行业干部教育培训平台建设进一步加快,交通教育培训机构的服务能力显著提高,系统完善、机制灵活、渠道互通、形式多样的行业干部教育培训体系逐步形成。

(二) 主要任务

1. 大规模开展行业干部教育培训

按照"统一规划,分工负责,分层实施,分级培训"的原则,全面推进行业干部教育培训工作,使行业干部队伍整体素质基本适应交通运输科学发展的新要求。"十二五"期间,全行业干部教育培训规模达到220万人次。

——围绕着提高社会管理、公共服务、应对突发事件以及推动科学发展、促进社会和谐等能力,从把握大局、科学决策、战略思维、开拓创新、组织协调、依法办事等方面,加强对交通领导干部的培训和继续教育,主要任务有:由交通运输部组织完成对市(地)分管交通运输的领导干部、地方交通运输主管部门处以上领导干部和市(地)、县交通局长5000人次的培训任务,重点是对市(地)、县交通局长的培训;充分发挥交通运输行业干部教育培训平台的作用,有效利用行业内外优质教育培训资源,由地方交通运输主管部门组织完成对县级交通运输管理部门领导干部1万人次的培训任务。

——围绕着转变观念、更新知识、提高专业水平和综合管理能力,继续实施交通运输部支持西部地区干部培训专项计划,通过举办专题培训班、开展远程培训、组织讲师团"送教上门"等方式,加大对西部地区交通干部的培训,完成13.5万人次的培训任务;继续支持西部地区高层次人才培养工作,依托行业高校为西部地区培养1000名硕士以上高层次管理人员。

——围绕着提高科学管理、依法行政和专业化行政能力,加强对基础设施建设与运营、道路运输、航运航道以及海事救捞、行政执法等专业管理部门干部的教育培训。由交通运输部组织完成5万人次的干部培训任务,各地交通运输主管部门以及海事、救捞系统组织完成200万人次的干部培训任务。

2. 抓好行业专业技术人员的继续教育

适应发展现代交通运输业的要求,以提高专业技术人员队伍的整体素质和创新能力为目标,以中高级专业技术人员、中青年业务技术骨干为重点,有计划、有步骤地对交通专业技术人员实施继续教育。根据现代交通运输业发展的需要,密切跟踪国内外交通运输领域科技发展的新趋势,多形式、多渠道地开展新理论、新知识、新技术、新方法的专项培训,使交通专业技术人员及时更新专业知识,开阔视野,激发创新思维,提高实践能力和专业技术水平;以提高专业技术人员创新能力、科研成果转化能力为重点,结合重大工程、重点科技攻关以及国际学术交流与合作,由交通运输部、地方交通运输主管部门、企业和科研单位分别组织举办多种形式的高新技术研修班,加快交通高层次专业技术人才和科技领军人才的培养。"十二五"期间,要努力使行业中高级专业技术人员、中青年业务技术骨干每人每年接受不少于12天或72学时的继续教育。

3. 积极开展对行业技能劳动者的职业培训

适应建设高素质的交通从业人员队伍的要求，充分发挥政府交通运输部门的引导作用，以企业为主体，以需求为导向，以改善知识结构、加快提升岗位技能为目的，按照职业技能规范要求，大力开展对交通运输领域技能劳动者的职业培训。通过岗前培训、在岗培训、脱产培训、业务研修、技能竞赛等多种有效形式，加快提高一线劳动者的技能水平和综合职业素养。充分发挥交通运输职业资格制度建设对行业技能劳动者素质提升的促进作用，以国家颁布的交通运输行业特有工种职业标准为指南，重点抓好技术骨干的职业技能培训。充分发挥各类交通职业院校和培训机构的作用，鼓励其积极承担交通从业人员的职业培训任务。"十二五"期间，要积极扩大行业技能劳动者的培训规模，努力使有业务需求的技能劳动者得到一次以上的岗位技能提升培训。

4. 支持部属和共建高校特色发展

积极引导部属和共建高校深化教育教学改革，继续保持行业特色，充分发挥学科专业、人才资源和教学科研的综合优势，加快为交通运输行业培养创新能力强、具有国际竞争能力的专门人才。根据行业急需紧缺人才需求，支持部属和共建高校加快综合运输、现代物流、道路运输、轨道交通、港口航道、水路运输、救助打捞、行政执法、信息化等相关领域的专业建设，促进行业急需紧缺人才培养。支持部属和共建高校围绕交通运输科技发展战略目标和工作重点，强化学科梯队建设，参与行业科技创新体系建设，开展交通领域基础性、前瞻性和自由探索性的科研活动，培养大学生的科研和创新能力；支持部属和共建高校与科研单位、行业企业加强联合，充分发挥产学研结合的优势，建设创新人才培养基地。"十二五"期间，与教育部联合组织实施交通运输急需专业"卓越工程师教育培养计划"，支持部属和共建高校建设30个左右交通重点学科点，建设10个交通创新人才培养基地。

继续支持航海教育发展。加快建设航海主干学科专业，稳步拓展相关支撑学科专业。进一步优化航海专门人才培养结构，不断提高培养质量，引导我国航海教育主体向满足国际公约要求的职业教育方向发展；根据航运业发展需要，指导调控航海专门人才培养结构和规模；适应国际航运中心建设需要，支持航海院校加快培养航运与金融、保险、贸易、法律、经济等专业领域相结合的复合型人才。采取多种方式改善航海院校海上教学实习实训条件，探索包括建立国家实习船队以及与企业合作的多种航海类专业学生实习手段，努力提高航海专门人才的实践能力。

5. 推动交通职业教育快速发展

充分发挥行业对交通职业教育的指导和推动作用，鼓励交通职业院校继续坚持以服务为宗旨，以就业为导向，稳步扩大培养规模，不断提高教育质量，更好地满足岗位技能所需要的培养目标，尽快改善行业技能型人才短缺的状况。加快培养航海轮机、工程建设、航道管理、现代物流、城市轨道交通、危险货物运输管理、安全与应急管理、桥梁养护、机动车维修、汽车驾驶教练等现代交通运输业发展急需的技能型人才。支持交通职业院校改善办学条件，提升综合实力，形成稳定的行业技能型人才培养基地。"十二五"期间，在完成国家示范性和骨干高职院校建设任务的基础上，支持20所交通职业院校技能型人才紧缺专业建设。

加强对交通职业教育教学改革工作的指导，引导交通职业院校根据行业发展需要，优化专业设置，改进教学内容和方法，加快教材更新，打造一批精品课程，促进教学质量不断提高。进一步推动工学结合，校企合作，逐步形成政府主导、校企联合、资源共享、共同发展的交通职业教育办学新机制。充分发挥交通职业院校在行业职业资格体系建设中的优势，为提高从业人员队伍素质提供支持保障。加强交通职业教育"双师型"师资队伍建设，鼓励教师参与生产实践活动，不断更新知识，努力建设一支高水平的职业教育师资队伍。"十二五"期间，建设50门交通职业教育主干专业精品课程，培养100名全国交通职业院校专业带头人。

6.加强行业干部教育培训平台建设

围绕着建设学习型交通运输行业，充分整合行业干部教育培训资源，提高交通干部教育培训工作的水平。进一步加强交通运输行业"1+32"干部教育培训平台建设，改善各教育培训基地条件，提升教学设施装备现代化水平；促进"1+32"干部教育培训平台各教育培训机构之间的相互协作，共同建设、开发和分享行业教育培训资源，组织开发40门交通干部培训课程及相关培训教材，建成教育培训师资库和课程库。进一步加强交通运输部党校和管理干部学院基础条件建设，提升行业远程教育网络服务水平；积极推动交通远程大学的建设工作，为行业终身教育体系的建立提供更强有力的支持保障。

五、保障措施

（一）加强组织领导，健全工作机制

交通运输行业各级领导要牢固树立人才资源是第一资源的战略思想，充分认识交通教育培训工作在转变发展方式、加快发展现代交通运输业中的重要基础性作用，增强紧迫感、责任感和使命感，以更大的决心、更多的精力、更实的措施支持和促进交通教育培训事业发展。各级交通运输部门、企事业单位要把交通教育培训工作纳入本系统、本单位事业发展规划，并根据不同时期的工作任务，及时提出加强教育培训工作的指导性意见；要统筹安排、整体部署，明确责任、分类指导，强化管理、抓好落实；要加强对交通教育培训工作的监督检查，建立和完善工作机制，及时解决交通教育培训工作中遇到的重大问题，确保国家教育培训的方针政策贯彻到位，确保交通教育培训的规划有效实施，确保交通教育培训的重点任务按时完成。

（二）稳定投资渠道，拓展资金来源

各级交通运输部门应坚决贯彻党和国家关于教育培训的方针政策，认真落实相关规定，切实履行教育培训机构举办者的责任，优先将教育培训经费列入财政预算，建立稳定的经费投入渠道。根据交通教育培训工作的实际需要，不断增加经费投入。加强与当地财政部门的沟通协调，按照燃油税费改革"四个不变"的原则，积极争取延用按不低于原交通规费1%的标准提取专项资金用于交通教育培训。

交通企事业单位应按照《国务院关于大力发展职业教育的决定》，提取职工工资总额的1.5%～2.5%，作为本单位职工教育经费。交通基础设施建设、企业技术改造和引进项目等均应按规定提取教育培训经费，用于开展教育培训工作。

积极拓宽资金投入渠道，进一步完善以财政投入为主体、社会投入和个人出资相结合的教育培训经费投入机制。规范教育培训经费的使用和管理，努力提高资金使用效益。

（三）加强队伍建设，提高实施能力

各级交通运输部门、企事业单位和教育培训机构，应按照规模适当、结构合理、素质优良、专兼结合、动态管理的原则，加强交通教育培训管理队伍和师资队伍建设，不断增强服务意识和业务能力，更好地适应交通教育培训工作的需要；鼓励和引导交通教育培训工作者主动投入交通运输发展实践，熟悉和掌握交通运输发展的新形势、新情况，丰富专业知识，积累实践经验；充分利用行业和社会优质教育培训资源，加强对交通教育培训工作者的继续教育和专业培训，不断提高其思想政治素质、业务素质和教学水平，努力造就一支师德高尚、业务精湛、充满活力的高素质专业化的交通教育培训管理队伍和师资队伍。

（四）加强改革创新，营造良好环境

坚持科学发展理念，进一步加强政策和体制机制创新，积极推动交通教育培训事业的改革和发展。坚持以人为本，遵循教育培训规律，更新教育培训理念，强化学以致用，努力探索交通教育培训工作适应行业人才培养的新方法、新模式。

鼓励开展国际交流与合作，学习借鉴国际先进教育培训理念和经验；建立和完善行业教育培训需求信息服务体系，整合信息资源，实现信息资源共享。加强对交通教育培训工作的宣传，扩大其在行业和社会的影响，使更多的力量能进一步关心、支持交通教育培训事业的发展，为交通教育培训工作创造更加良好的发展环境。

公路水运工程监理信用评价办法

(2012 年 12 月 25 日交通运输部　交质监发〔2012〕774 号)

第一章　总　则

第一条　为加强公路水运工程监理市场管理，维护公平有序竞争的市场秩序，增强监理企业和监理工程师诚信意识，推动诚信体系的建设，根据《中华人民共和国招标投标法》、《中华人民共和国安全生产法》、《建设工程质量管理条例》、《建设工程安全生产管理条例》等法律、法规，制定本办法。

第二条　本办法所称信用评价是指交通运输主管部门依据有关法律、法规和合同文件等，对监理企业和监理工程师从业承诺履行状况的评定。

监理企业和监理工程师在工程项目监理过程中的行为，监理企业在资质许可、定期检验、资质复查、资质变更、投标活动以及履行监理合同等过程中的行为，监理工程师在岗位登记、业绩填报、履行合同等过程中的行为，属于从业承诺履行行为。

第三条　本办法所称监理企业是指依法取得交通运输部颁发的甲、乙级及专项监理资质证书的企业。

本办法所称监理工程师是指具有交通运输部核准的监理工程师或专业监理工程师资格的人员。

第四条　本办法第二条第二款中的工程项目，是指列入交通运输质量监督机构监督范围、监理合同额 50 万元（含）以上的公路水运工程项目。其中，公路工程项目还应满足以下条件：合同工期大于等于 3 个月的二级（含）以上项目。

第五条　不属于第四条规定的工程项目范围，但属于下列情形之一的，纳入信用评价范围：

（一）在交通运输主管部门或其质量监督机构受理的举报事件中、查实存在违法、违规问题的监理企业和监理工程师；

（二）在重大质量事故中涉及的监理企业和监理工程师；

（三）在较大及以上等级安全生产责任事故中涉及的监理企业和监理工程师；

（四）从业过程中有本办法附件 1 中"直接定为 D 级"行为的监理企业。

第六条　信用评价应遵循公开、公平、公正的原则。

第七条　信用评价工作实行评价人签认负责制度和评价结果公示、公告制度。

第八条　信用评价工作实行统一管理、分级负责。

交通运输部负责全国范围内从业的监理企业和监理工程师的信用评价管理工作，交通运输部质量监督机构负责对具体信用评价工作进行指导并负责综合信用评价。

省级交通运输主管部门负责在本地区从业的监理企业和监理工程师的信用评价管理工作，省级交通运输质量监督机构负责本地区信用评价的具体工作。

项目业主负责本项目监理企业和监理工程师的信用评价初评工作。

监理企业负责本企业信用评价申报以及相关基本信息录入工作。

第九条　下列资料可以作为信用评价采信的基础资料：

（一）交通运输主管部门及其质量监督机构文件（含督查、检查、通报文件）和执法文书；

（二）质量监督机构发出的监督意见通知书、停工通知书、质量安全问题整改通知单；

（三）工程其他监管部门稽查、督查（察）、检查等活动中形成的检查文件；

（四）举报投诉调查处理的相关文件和专家鉴定意见；

（五）质量、安全事故调查处理及责任认定相关文件；

（六）项目业主有关现场监理机构和监理人员履约、质量和安全问题的处理意见；

（七）总监办、项目监理部、驻地办有关质量安全问题的处理意见；

（八）项目业主向质量监督机构提供的项目监理人员履约情况（包括合同规定监理人员、实际到位人员及人员变更情况等内容）。

第十条　项目业主、项目交通运输质量监督机构、省级交通运输质量监督机构及省级交通运输主管部门应对收集的基础资料进行分析、确认，对有疑问或证据不充足的资料应查证后作为评价依据。

项目交通运输质量监督机构应对纳入信用评价范围的工程项目每年不少于 1 次进行现场检查评价。

第十一条　监理企业信用评价周期为 1 年，从每年 1 月 1 日起，至当年 12 月 31 日止。

监理工程师信用评价周期为 3 年，从第 1 年 1 月 1 日起，至第 3 年 12 月 31 日止。

第十二条　监理企业负责组织项目监理机构于每年 1 月 10 日前将上一年度项目监理情况向项目业主提出信用评价申报，并将项目监理机构和扣分监理工程师的相关信用自评信息录入部信用信息数据库。项目业主应于每年 1 月底前将上一年度对监理企业和监理工程师的初评结果、扣分依据等相关资料报项目交通运输质量监督机构，同时将初评结果抄送相关监理企业。监理企业如有异议可于收到初评结果后 5 个工作日内向项目交通运输质量监督机构申诉。项目交通运输质量监督机构根据现场检查评价情况、申诉调查结论等对项目业主的初评结果进行核实，将核实后的初评结果报省级交通运输质量监督机构。

省级交通运输质量监督机构根据项目交通运输质量监督机构核实后的初评结果，并结合收集的其他资料进行审核和综合评分后，将评价结论报省级交通运输主管部门审定。

第十三条　省级交通运输主管部门应于每年 3 月底前将审定后的评价结果委托省级交通运输质量监督机构录入部信用信息数据库，并同时将书面文件报部。

交通运输部质量监督机构在汇总各省评分的基础上，结合掌握的相关企业和个人的信用情况，对监理企业和监理工程师进行综合评价。

第二章　监理企业信用评价

第十四条　监理企业信用评价实行信用综合评分制。监理企业信用评分的基准分为 100 分，以每个单独签订合同的公路水运工程监理合同段为一评价单元进行扣分，具体扣分标准按照附件 1 执行。对有多个监理合同段的企业，按照监理合同额进行加权，计算其综合评分。

联合体在工程监理过程中的失信行为，对联合体各方均按照扣分标准进行扣分或确定信用等级。合同额不进行拆分。

第十五条　项目业主对监理企业的初评评分按附件3中的公式（四）计算。

监理企业在从业省份及全国范围内的信用综合评分按附件3中的公式（一）、（二）分别计算。

第十六条　对于评价当年交工验收的工程项目，除按照本办法规定对监理企业当年的从业承诺履行状况进行评价外，还应对监理企业在该工程项目建设期间的从业承诺履行状况进行总体评价。

监理企业在工程项目建设期间的信用总体评价的评分按附件3中的公式（三）计算。

第十七条　监理企业信用评价分为AA、A、B、C、D五个等级。评分对应的信用等级分别为：

AA级：95分＜评分≤100分，信用好；

A级：85分＜评分≤95分，信用较好；

B级：70分＜评分≤85分，信用一般；

C级：60分≤评分≤70分，信用较差；

D级：评分＜60分，信用很差。

第十八条　监理企业首次参与监理信用评价的，当年全国信用评价等级最高为A级。

任1年内，水运工程监理企业仅在1个省从业的，当年全国信用评价等级最高为A级。

第十九条　对信用行为"直接定为D级"的监理企业实行动态评价，自省级交通运输主管部门认定之日起，企业在该省和全国范围内当年的信用等级定为D级，且定为D级的时间为1年。

第二十条　监理企业在工程项目建设期间，任1年在该工程项目上发生"直接定为D级"行为之一的，其在该项目上的总体信用评价等级最高为B级。

第二十一条　监理企业有本办法附件1中第35项行为的，在任1年内每发生一次，其在全国当年的信用等级降低一级，直至降到D级。

第三章　监理工程师信用评价

第二十二条　监理工程师信用评价实行累计扣分制，具体扣分标准按照附件2执行。

第二十三条　评价周期内，对监理工程师失信行为扣分进行累加。

第二十四条　对评价周期内累计扣分分值大于等于12分但小于24分的监理工程师，在其数据库资料中标注"评价周期内从业承诺履行状况较差"。

对评价周期内累计扣分分值大于等于24分的监理工程师，在其数据库资料中标注"评价周期内从业承诺履行状况很差"。

第四章　信用评价管理

第二十五条　交通运输主管部门应将评价结果公示，公示时间不应少于10个工作日。交通运输主管部门应将最终确定的评价结果向社会公告。

第二十六条　监理企业的信用评价结果自正式公告之日起4年内，向社会提供公开查询。

"评价周期内从业承诺履行状况较差"和"评价周期内从业承诺履行状况很差"监理工程师的扣分情况，向社会提供公开查询。

第二十七条　交通运输主管部门应将信用评价等级为D级的企业、累计扣分大于等于24分的监理工程师列入"信用不良的重点监管对象"加强管理。

第二十八条　省级交通运输质量监督机构应指定专人负责信用评价资料的整理和归档等工作。录入交通运输部数据库的信用数据资料应经省级交通运输质量监督机构负责人签认。

第二十九条　交通运输部质量监督机构负责信用评价数据库的管理和维护。省级交通运输质量监督机构负责本地区监理企业和监理工程师信用评价资料的管理。

监理企业信用评价纸质资料及信用评（扣）分、信用等级等的电子数据资料保存期限应不少于5年。监理工程师的信用评价资料应不少于6年。

第三十条 监理企业或监理工程师对省级交通运输主管部门的信用评价公示结果有异议的，应按时向省级交通运输主管部门申诉；如对省级交通运输主管部门申诉处理结果有异议的，可向上一级交通运输主管部门再次申诉。

第三十一条 交通运输部不定期组织对全国信用评价情况进行监督检查。

第五章 附 则

第三十二条 在本办法第四条规定范围以外的其他项目上从业的甲、乙级及专项监理资质企业和监理工程师的信用评价工作，由省级交通运输主管部门参照本办法制定评价办法。

第三十三条 本办法自印发之日起施行。

第三十四条 本办法由交通运输部负责解释。

附件：1. 公路水运工程监理企业信用评价标准

2. 公路水运工程监理工程师信用评价标准

3. 公路水运工程监理信用评价相关计算公式

（以上附件略，详情请登录交通运输部网站）

道路运输业"十二五"发展规划纲要

（2011 年 10 月 20 日交通运输部　交运发〔2011〕590 号）

前　言

"十二五"时期是我国全面建设小康社会的关键时期，是深化改革开放、加快转变经济发展方式的攻坚时期，也是加快推进现代交通运输业发展的重大战略机遇期。

道路运输是综合运输体系的基础，在现代交通运输业发展中具有举足轻重的作用。改革开放以来，道路运输生产力持续快速增长，但发展形态粗放的问题没有根本解决。面向未来，必须加快转变发展方式，迈向发展现代道路运输业的新阶段。

发展现代道路运输业，即通过理念、政策、体制机制和技术的全面创新，一方面着力改造传统产业形态，不断提高运输站场、车辆装备的技术水平和从业队伍的素质，增强运输组织能力，加快结构调整，促进产业升级；另一方面充分发挥自身比较优势，强化与其他运输方式的有效衔接和良性互动，促进综合运输体系建设和现代物流发展。

为积极推进现代道路运输业发展，根据《交通运输"十二五"发展规划》，编制了本规划纲要。

一、"十一五"道路运输业发展回顾

（一）取得的成绩。

"十一五"以来，道路运输工作以科学发展观为指导，大力推进发展方式转变，积极探索又好又快发展的新路径，为保增长、保民生、保稳定作出了重大贡献。

运输生产能力快速增长，公共服务功能不断加强。2010 年与 2005 年相比，公路营运客货车辆数增长 71.7%。2010 年，全社会完成客、货运量 305.3 亿人次和 244.8 亿吨，分别比 2005 年增长了 79.9% 和 82.4%，完成客、货周转量 15020.8 亿人公里和 43389.7 亿吨公里，分别比 2005 年增长了 61.7% 和 3.99 倍（见专栏 1 备注①）。道路运输完成的客货运量、周转量及在综合运输体系中的比重持续增加。道路运输不仅成为综合运输体系中最能体现普遍服务、最具基础保障功能的运输方式，而且在春运、"黄金周"、煤电油运等关键时期和奥运会、世博会等重大活动中，在抗震救灾、抗击冰冻雨雪灾害中，发挥了重要的基础性作用。国际道路运输合作不断拓展，客货运站场、机动车维修、机动车驾驶员培训、汽车租赁等运输辅助服务业全面发展，道路运输业综合服务能力显著增强。

结构调整初显成效，运输组织方式不断创新。客运企业进一步向大型化、规模化方向发展，2010 年与 2005 年相比，班车客运经营业户数下降 38%，户均车辆数增长 77%；货运企业专业化程度有所提高，普通货物运输业户的比例不断下降。营运车辆逐步向大型化、专业化和高级化方向发展，客车平均座位、货车平均吨位、中高级客车及专用货车比例稳步增加。客运班线公交化、旅游包车、网络化运输、小件快运、城市物流配送等运输组织方式快速发展，货运企业向现代物流企业转型步伐不断加快。

农村运输条件大幅改善，服务"三农"能力显著增强。农村客运网络化建设稳步推进，"十一五"期间，共投资121.4亿元，新建农村客运站近8万个，发放农村客运燃油补贴209.2亿元，开通农村客运班线8.8万条，乡镇、建制村通班车率进一步提高，农村客运公交化和城乡客运一体化进程明显加快。2010年，农村客运车辆达35.7万辆，全年完成农村客运量79.5亿人，占道路运输完成客运量的26%。道路运输已成为支撑城乡经济社会一体化发展的重要纽带，农村地区"出行难"、"运货难"问题有了根本缓解。

安全管理工作不断强化，安全生产形势稳中趋好。各级交通运输部门始终把安全生产管理摆在道路运输工作的突出位置，全面加强"三关一监督"的监管职责，安全管理制度不断完善，安全专项整治取得新的成效。安全管理科技水平不断提升，车载卫星定位系统安装率稳步提高，全国重点营运车辆联网联控系统建设初见成效。安全源头管理进一步强化，客运站安全管理体系不断完善，货运源头治超取得新进展，对营运驾驶员的安全监管全面加强。道路运输重特大事故稳步下降，道路运输安全生产形势总体上稳定好转。

科技及信息化水平不断提升，有效支撑行业的内涵式发展。"十一五"期间，道路运输信息化建设成效显著，开展了3批部省道路运输信息系统联网工作，运政管理信息系统、营运车辆联网联控系统建设全面推进。区域性公众出行信息平台、物流公共信息平台、区域性客运售票联网系统建设以及IC卡道路运输电子证件的应用试点稳步推进，道路运输信息化标准规范体系不断完善。道路运输信息化建设在提升运输效率和服务品质、保障道路运输安全、提升政府公共服务能力等方面发挥着越来越重要的作用。

基础管理工作不断夯实，行业管理与服务水平不断提高。法规建设取得重大进展，以《道路运输条例》为龙头、部颁规章为基础、地方性法规和规章为补充的法制体系基本形成。行业体制改革不断深化，涵盖城市公共客运、出租汽车、汽车租赁、物流市场管理等新增职能的城乡一体的道路运输管理体制初步形成，运政管理队伍参照公务员管理等重大改革正稳步推进。节能减排工作有了新突破，初步建立起运营车辆燃油消耗量检测和监督管理制度，广泛开展了节能推优示范和驾驶员节能操作竞赛等活动。积极组织开展形式多样的服务竞赛和文明创建活动，行业精神文明建设不断取得新进展。组织开展了新时期道路运输业发展大调研活动，进一步凝聚发展共识。

专栏1　2010年与"十五"末道路运输发展情况对比

分类	具体指标	2005年	2010年	增长幅度
运营客货车辆	营运客车数量（万辆）	72.8	83.1	14.2%
	营运货车数量（万辆）	587.2	1050.2	78.9%
客货运输	客运量（亿人次）	169.7	305.3	79.9%
	客运量在综合运输体系中占比（%）	91.9	93.4	1.5个百分点
	旅客周转量（亿人公里）	9292.1	15020.8	61.7%

续表

分类	具体指标	2005 年	2010 年	增长幅度
客货运输	旅客周转量在综合运输体系中占比（%）	53.2	53.8	0.6 个百分点
	货运量（亿吨）	134.2	244.8	82.4%
	货运量在综合运输体系中占比（%）	72.1	75.5	3.4 个百分点
	货物周转量（亿吨公里）	8693.2	43389.7	3.99 倍[①]
	货物周转量在综合运输体系中占比（%）	10.8	30.6	19.8 个百分点
	客运线路条数（条）	162330	168247	3.6%
	客运线路平均日发班次（班次/日）	1410590	1835650	30.1%
	国际道路运输完成客运量（万人）	795.72	780.14	-2.0%
	国际道路运输完成货运量（万吨）	973.0	2963.09	304.5%
运输结构	普通货运业户占比（%）	85.4[②]	85.3	-0.1 个百分点
	集装箱运输业户占比（%）	0.07	0.14	0.07 个百分点
	载客汽车平均座位（位/辆）	21.8	24.3	11.5%
	载货汽车平均吨位（吨/辆）	4.0	5.7	42.1%
	客运班车中中高级客车占比（%）	39.5	53.5	14 个百分点
	专用载货汽车占比（%）	4.1	5.1	1 个百分点
农村客运	乡镇通班车率（%）	97.8	98.1	0.3 个百分点
	建制村通班车率（%）	84.7	90.1	5.4 个百分点
客货运输站场	道路客运站（个）	14895	240152	16 倍
	二级以上客运站数量	2570	2776	8.0%
	客运站平均日旅客发送量（万人次/日）	1808	2259	25%
	道路货运站（个）	1840	3317	80.3%
	货运站年平均日换算货物吞吐量（万吨/日）	513	742.5	44.7%
运输辅助业	机动车维修业户（万户）	34.6	40.5	17.1%
	机动车驾驶员培训经营业户（户）	5939	9492	59.8%
	汽车租赁经营业户（户）	2126	2937	38.1%
	物流服务经营业户（户）	4203	16536	2.93 倍
	信息配载经营业户（户）	16526	22006	33.2%
	站场经营业户（户）	20817[③]	29136	40%

　　备注：①按照 2008 年交通运输部新的统计范围和口径，统计数据有较大变化；②为 2006 年数据；③为 2006 年数据。

（二）存在的主要问题。

尽管成绩显著，但道路运输业快速健康发展仍面临许多问题，突出表现为"七个不足"：一是行业结构性矛盾仍较突出，满足多样化、高品质运输需求的能力不足。二是行业发展方式较为粗放，依靠技术进步和科学管理的集约化发展动力不足。三是运输市场秩序有待进一步完善，市场运营诚信与规范性不足。四是与支撑现代物流发展和满足公众便捷出行的需求相比，道路运输站场的设施条件和服务能力不足。五是行业节能减排形势严峻，可持续发展的后劲不足。六是道路运输自身比较优势尚未充分发挥，与其他运输方式间的有效衔接和良性互动不足。七是行业管理基础建设仍较薄弱，法规标准、政策手段、队伍素质与规范化管理仍显不足。总体来看，道路运输业的整体发展水平不高，已成为综合运输体系中的薄弱环节。继往开来，道路运输业正站在一个必须着力推进产业升级的转折点上。

二、"十二五"面临的形势和要求

"十二五"时期是我国全面建设小康社会的关键时期，是深化改革开放、加快转变经济发展方式的攻坚时期，这一时期的阶段特征主要体现在：保增长、保稳定仍然是基础，转方式、调结构将成为主线，扩内需、惠民生成为新的发展主题。道路运输业必须抓住这一重要战略机遇期，加快发展方式转变，全面推进现代道路运输业发展。

（一）保持经济社会平稳较快发展，要求进一步提高道路运输服务保障能力和水平。

"十二五"时期，我国国民经济仍将保持平稳较快增长，工业化、信息化、城镇化、市场化、国际化进程进一步加速，重化工业特征依然突出，内需拉动作用显著增强，对道路运输的需求将保持旺盛的态势。同时，"汽车社会"和"机动化"特征更加凸显，汽车后服务产业发展需求更加迫切。此外，我国应对各种自然灾害、事故灾难、公共卫生事件、社会安全事件的形势仍较严峻，道路运输业应急保障与维护公共安全的责任更加突出。

道路运输业应按照"适度超前"的原则，不断提高服务保障能力。要在"保增长、保民生、保稳定"中继续发挥基础支撑作用，确保运输生产力持续平稳较快发展；要切实加快提升机动车维修、驾驶员培训、汽车租赁等相关辅助业的服务能力和水平，满足人民群众日益增长的需要；要积极应对各类自然灾害和突发公共事件，确保重点物资、抢险救灾物资运输和重点时段客货运输的安全、平稳、顺畅。

（二）着力转变经济发展方式，要求加快道路运输结构调整和产业升级步伐。

"十二五"期间，国家将以经济结构战略性调整为主攻方向，以科技进步和创新为重要支撑，以保障和改善民生为根本出发点和落脚点，确保转变经济发展方式取得实质性进展。一方面，经济结构调整将从产业结构调整转向需求结构、供给结构和要素投入结构的全方位调整，加速产业轻型化、产品轻质化的趋势。另一方面，社会结构调整力度不断增大，民生优先、民富为本将成为新的战略着力点，城乡居民的整体收入水平和消费能力将快速增长，出行需求将由大众化向个性化、高端化转变。

道路运输业必须着力于推进转型与升级。切实加大行业结构调整力度，不断提高道路运输的灵活性、机动性和多样性，满足个性化、多样化特别是高品质运输服务需求，切实增强运输服务保障的稳定性和可靠性；加快转变发展方式，努力提高集约化发展水平，大力发展运输效率高、通达度深的客货运输组织方式，推进传统产业形态的改造。

（三）进一步强化统筹区域及城乡协调发展力度，要求加快推进城乡道路运输一体化进程。

"十二五"时期将是我国强化以工促农、以城带乡，着力破除城乡二元结构，加快形成城乡经济社会一体化发展新格局的关键时期。道路运输是联系城乡的重要纽带，是城乡经济社会一体化发展的基础，在密切城乡沟通、促进产业协同、改善出行条件、提高农民生活水平方面将发挥越来越重要的作用。"十二五"时期也是国家推进区域一体化战略的重要时期，更加突出强调利用区域发展的空间约束，实现区域的科学发展、可持续发展，而区域道路运输一体化将成为促进区域资源优化和统筹布局的重要方面。

道路运输行业必须抓住城乡一体化管理体制改变的重大机遇，着力解决统筹城乡客运协调发展中存在的突出问题，加快完善资源共享、相互衔接、布局合理、方便快捷的城乡道路运输网络，推进城乡客运一体化进程，促进基本公共客运服务均等化。加快完善农村物流体系，努力实现农用物资、农副产品的便利高效运输，以道路运输发展支撑现代农业建设。同时，需要进一步打破地方行政壁垒，实现道路运输资源在区域内的优化配置，构建区域一体化、服务现代化的区域道路运输服务网络。

（四）综合运输和现代物流加快发展，要求进一步发挥道路运输业的比较优势。

推进综合运输体系建设、促进现代物流业发展，将成为"十二五"时期现代交通运输业必须取得重大突破的关键任务。综合运输和现代物流业的发展，将为道路运输业延伸覆盖面、拓展新领域、加快结构调整、发挥比较优势提供新的外部条件和发展动力。同时，各种运输方式竞相加快发展，一定程度使竞争更为激烈，尤其是铁路快速客运系统的高速发展，已经并将继续对公路干线客运产生巨大影响，道路客运业实施战略调整、优化资源配置迫在眉睫。

道路运输业必须抓住机遇，直面挑战，优化运网布局和结构，加强站场设施建设，发展先进的运输车辆及装备，提升组织化程度和集约化水平，构建对接现代物流的政策标准体系，培养高素质的从业队伍。实施与铁路快客系统差异化发展战略，不断拓展突出自身比较优势的客运服务，并强化与其他方式的衔接。强化行业信息化建设，积极延伸服务领域，加快向现代物流业转型。

（五）深化体制机制改革，要求切实增强道路运输行业管理的能力和水平。

"十二五"时期是我国行政管理体制改革向纵深推进的重要时期。目前，全国城乡道路运输一体化管理的体制格局正在逐步形成，道路运输管理工作的职责范围、行业管理的内涵和外延都发生了较大变化，统筹城乡客运发展、承担物流市场有关管理、强化源头治超、做好经济运行分析等新增职能有待在积极探索中全面正确地履行。迫切需要进一步理顺管理体制和运行机制，加强市场监管，更加注重公共服务，进一步规范机构设置，构建统一、精简、高效的行业管理组织体系。

道路运输行业还要积极应对成品油价格和税费改革的影响，进一步转变行业管理的工作重心和职能手段，切实改进管理方法，从重许可向许可准入与动态管控并举转移，从重处罚向处罚教育与政策引导并举转移，从重监管向市场监管与服务公众并举转移；积极推动道路运输管理机构向行政机构转化，适应公共财政及公务员管理的新形势，不断创新机构、人员、财政等管理制度。

（六）应对气候变化、深化节能减排，要求大力推进以低碳为特征的道路运输业发展。

我国已确立了控制温室气体排放行动目标（即 2020 年单位 GDP 二氧化碳排放比 2005 年下降40% ～45%），作为约束性指标纳入国民经济和社会发展中长期规划。国务院明确提出要加快建设以低碳排放为特征的工业、建筑、交通体系，强化应对气候变化综合能力建设。《国民经济和社会发展第十二个五年规划纲要》中明确要求，"大力发展节能环保的运输工具和运输方式，积极发展公路甩挂运输"。

道路运输业所消耗的成品油占全国成品油消耗总量的30%左右，在低碳交通运输体系建设中肩负着重要的使命。建设低碳道路运输体系，不仅要继续在全行业深入开展节能降耗活动，深度挖掘节能减排的潜力，还应结合控制二氧化碳排放的新要求，鼓励节能和新能源汽车的运用，倡导理性的运输消费。要把低碳发展作为道路运输行业节能减排的新起点、两型行业建设的新抓手、转型升级的新动力。

三、"十二五"发展的思路和目标

(一)指导思想。

深入贯彻落实科学发展观,以加快转变发展方式、发展现代道路运输业为主线,立足理念、政策、体制机制和技术的全面创新,促进结构调整和产业升级,努力构建高效便捷、安全可靠、绿色环保、规范诚信的道路运输服务体系,更好地保障经济社会发展,满足人民群众的需求。

专栏 2　发展现代道路运输业的重点

现代道路运输业是指在经济社会对道路运输需求全面提升的背景下,以理念、政策、体制机制和技术的全面创新为手段,通过对传统道路运输业的改造升级而形成的新型运输服务体系。"十二五"期间,全行业将重点以"五化"建设为切入点,全面推进现代道路运输业的发展:

——城乡客运一体化:以推进基本出行服务均等化为重点,加快形成相互衔接、布局合理、通畅有序、经济可靠的城乡客运发展格局,促进道路客运资源在区域、城乡间以及综合运输体系内的统筹合理配置;

——货运组织集约化:以推进道路货运业与物流业的融合为重点,加快形成组织方式先进、服务功能拓展、产业链条延伸、集约程度和产品附加值高的道路货运发展模式;

——管理服务精细化:按照个性化、高端化、优质化的要求,全面提升道路运输服务的质量;推动安全管理精细化,促进行业管理和公共服务人性化;

——依托载体信息化:通过在全行业各个领域广泛运用现代信息技术,全面提升行业管理、运输企业、公众服务的信息化水平;

——发展方式低碳化:深化行业节能减排,降低行业发展对化石能源的过度依赖及对环境的负面影响,促进绿色发展。

(二)基本原则。

坚持数量增长和质量提升并举。既要保持道路运输生产能力的持续较快增长,满足"量"的基本需求,又要突出质量和安全,着力优化结构,不断提升服务品质。

坚持市场机制与政府引导并举。既要充分发挥市场机制的作用,又要根据当前道路运输市场体系不尽完善的突出矛盾,注重政府在政策引导、市场监管、公共服务中的重要作用。

坚持生产发展与节能减排并举。在稳步扩大运能规模的同时,切实按照资源节约、环境友好的要求,更加突出节能减排,增进行业可持续发展能力。

坚持自我发展与协同发展并举。既要不断促进道路运输业自身加快发展,又要注重与其他运输方式的相互衔接与良性互动,找准道路运输在综合运输体系和现代物流发展中的着力点。

坚持全面创新与重点突破并举。既要立足全面创新,促进行业转型升级,更要突出重点,有针对性组织一系列试点和示范,开展重大科技攻关,确保取得一批突破性成果。

(三)发展目标。

到 2015 年,现代道路运输服务体系建设取得突破性进展,道路运输服务的效率和质量显著提升,运输安全监管和应急保障能力显著增强,资源节约、环境友好型行业建设取得重大突破,法规政策、体制机制进一步完善,市场监管和公共服务能力有新的提高,为经济社会发展提供更安全、更高效、更便捷、更可靠、更绿色的道路运输服务。

——更安全

全国基本建成营运车辆联网联控系统，危险品运输车辆、国际道路运输车辆、三类以上的班线和旅游客运车辆、应急保障车队车辆的卫星定位系统安装率达到 100%，重型载货车辆卫星定位系统安装率稳步提升。重点领域和关键环节的安全监管进一步强化。源头安全管理体系进一步完善，二级及以上公路客运站危险品安全检测仪配置率达到 100%，货运源头治超体系基本建立。企业安全生产评估与考核体系全面建立。道路运输营运车辆万车公里事故件数和死亡人数年均下降 3%，群死群伤、重特大恶性事故得到遏制。覆盖全国的道路应急运输保障体系基本建立，基本建成功能完备、信息互通的应急指挥平台和专兼结合、保障有力的应急运输保障队伍。

——更高效

道路运输客运量、旅客周转量、货运量、货物周转量分别达到 375 亿人次、20800 亿人公里、300 亿吨、58400 亿吨公里。国家公路运输枢纽客、货运站场建成率分别达到 50%、40%。中高级客车所占比重以及重型、专用、厢式货车所占比重分别达到 40%、25%、10% 和 25%。客运班车、营运货车实载率达到 60%。牵引车与挂车比例达到 1:2，甩挂运输完成的周转量在道路货运中的比重达到 12% 以上。

——更便捷

乡镇通班车率达到 100%，建制村通班车率达到 92%，城市郊区客运班线公交化改造率达到 50% 以上，50 公里以内的城际客运公交化改造率达到 30%，与其他运输方式主动对接的道路客运网络全面形成，涵盖售票联网、联程售票等在内的出行信息服务进一步完善，二级及以上客运站售票联网覆盖面达到 100%。满足居民个性化出行需求的服务能力显著增强。基本形成覆盖面广、反应及时的维修救援网络以及区域性汽车租赁网络。

——更可靠

旅客班线运输发车正点率达到 95%。满足现代物流需求的公路快速货运限时到达更有保障，平均货损货差率下降至 5‰ 以下。构建完善的机动车维修质量监控和营运车辆技术管理体系，车辆维修返修率下降至 3% 以下。数据齐备、信息共享、标准规范的全国道路运输市场诚信体系基本建成，行业诚信经营理念全面增强，客货运输、出租汽车、机动车维修、驾驶员培训、汽车租赁服务的满意率达到 90% 以上。

——更绿色

道路运输发展对资源、环境的负面影响进一步降低，逐步提高道路运输业能源利用效率和环境友好水平。与 2005 年相比，营运客车、货车单位运输周转量能耗分别下降 6% 和 12%，营运车辆单位运输周转量二氧化碳排放下降 11%。新能源车型、节能环保车型得到进一步推广，营运客货车辆燃料消耗量限值标准达标率 100%。各项节能新技术、新设备、新产品、新工艺得到更大范围的推广，节能驾驶培训全面普及。

专栏3 "十二五"时期道路运输业发展主要指标

类别	指　标	2010 年	2015 年	属　性
更安全	营运车辆万车公里事故件数和死亡人数年均下降	3%		约束性指标
	二级及以上公路客运站危险品安全检测仪配置率	79.6%	100%	约束性指标
更高效	客运量（亿人次）	305.3	375	预期性指标
	旅客周转量（亿人公里）	15020.8	20800	预期性指标

续表

类别	指　　标	2010 年	2015 年	属　性
更高效	货运量（亿吨）	244.8	300	预期性指标
	货物周转量（亿吨公里）	43389.7	58400	预期性指标
	国家公路运输枢纽客运站场建成率	—	50%	预期性指标
	国家公路运输枢纽货运站场建成率	—	40%	预期性指标
	客运班车实载率	47.5%[①]	60%	预期性指标
	营运货车实载率	50%[①]	60%	预期性指标
	甩挂运输拖挂比	1:1.2	1:2	预期性指标
	营运客车中、高级客车所占比重	27.7%[②]	40%	预期性指标
	重型货车所占比重	21.56%	25%	预期性指标
	专用货车所占比重	5.12%	10%	预期性指标
	厢式货车所占比重	19.09%	25%	预期性指标
更便捷	乡镇通班车率	98.06%	100%	约束性指标
	建制村通班车率	90.11%	92%	约束性指标
	二级及以上客运站售票联网开通率	—	100%	预期性指标
	维修救援平均到达时间（50 公里以内）	—	1 小时	预期性指标
更可靠	质量信誉考核 AA 及以上企业所占比重	—	90%	预期性指标
	运输服务满意率	—	90%	预期性指标
	旅客班线运输发车正点率	—	95%	预期性指标
	货损货差率	—	5‰	预期性指标
	车辆维修返修率	—	3%	预期性指标
更绿色	营运客货车辆燃料消耗限值达标率	—	100%	约束性指标
	营运客车单位运输周转量能耗降低（与 2005 年相比）	—	6%	约束性指标
	营运货车单位运输周转量能耗降低（与 2005 年相比）	—	12%	约束性指标
	营运车辆单位运输周转量二氧化碳排放降低（与 2005 年相比）	—	11%	约束性指标

①为 2008 年数据；②为 2009 年数据。

说明：依据规划实施的主体不同，指标划分为预期性指标和约束性指标两类：

（1）预期性指标。道路运输管理部门利用政策引导，期望市场所能实现的目标。主要依靠市场主体的自主行为实现，道路运输管理部门通过创造良好的制度环境和市场环境，并适时调整宏观调控方向和力度，综合运用各种政策引导社会资源配置，努力争取实现。

（2）约束性指标。在预期性基础上进一步明确并强化了道路运输管理部门责任的指标。涉及公共服务和公众利益领域，如安全、环保、诚信服务等，道路运输管理部门要通过合理配置公共资源和有效运用行政手段，确保实现。

四、重点任务

（一）构建便捷的客运服务网络，推进城乡客运一体化。

1. 构建完善的道路客运服务网络，提升整体服务水平。

构建班线客运快捷服务网络。加快班线客运结构调整和资源优化整合，完善客运线路招投标管理制度，推进道路运输许可审批的规范化，促进运营管理公司化、客运车辆舒适化、服务标准规范化、运输组织科学化。探索形成新型的客运组织模式和客运站点体系，大力优化长途客运资源配置，拓展中短途客运市场，发展机场班车网络等特色客运服务，促进与其他客运方式合理分工、优势互补和协同发展，充分发挥班线客运的规模效益、网络效益和机动化优势，全面提升道路客运的服务品质和整体竞争能力。

完善农村客运普遍服务网络。建立与农村公路等级、通行车型、载客限载、运行限速、通行时间等指标协同的农村客运线路审批制度，不断完善农村客运线网布局。建立以城带乡、干支互补、以热补冷的资源配置机制，对于偏僻地区的农村班线，可采取与地域特点、经济发展水平相适应的灵活的运输组织方式，探索开行隔日班、周班、节日班或赶集班等固定或者非固定的班次。稳步推广农村客运的片区经营模式，将企业经营范围由线路划定改为区域划定，鼓励实行公司化经营。建立农村客运财政奖励制度，加大政府对农村客运的投入和补贴力度，对客流不稳定、实载率低的线路进行扶持，经济发达地区要依照公共服务均等化的要求，按照城市公交的政策、标准推进农村客运发展。

建立旅游客运精品服务网络。整合旅游客运资源，实现旅游客运与旅游市场有效对接和良性互动。加强旅游客运市场监管，转变旅游客运运行机制，优化整体发展环境。鼓励旅游客运公司化管理、集约化经营，不断完善旅游包车经营网点，打造旅游客运精品服务网络，满足游客高品质、个性化的运输需求。

2. 统筹区域与城乡客运资源配置，促进协调发展。

加快推进城乡道路客运一体化发展。合理界定城市公交与农村客运的服务功能，加强乡公共客运的服务衔接。鼓励城市公交向城市周边延伸覆盖，支持有条件的地区进一步推进农村客运公交化改造，鼓励发展镇村公交，推广标准化、规范化服务。城乡结合部要加强城乡客运资源的统筹配置，鼓励多种模式统一线路经营主体。组织开展城乡道路客运一体化示范工程，统筹协调城乡公交客运在票价、税费、补贴、通行等方面的政策。加快发展适合城乡客运一体化的安全、实用、经济型客车。

稳步推进区域间道路客运统筹协调发展。支持条件适宜的地区打破区域行政分割，鼓励开通区域公交化班线，有效覆盖沿途乡镇，逐步实现客运线网的区域融合。建立和完善跨区域的城际公交协调机制，统筹建设城际、区间专用候车亭和招呼站，探索建立统一的市场准入与退出机制、统一的客服标准和运行监管机制。支持并规范引导城乡客运经营者在节假日、春运等高峰时段跨市、跨区域的互助合作或运力调剂。

3. 加强与其他运输方式协同互动，实现优势互补。

推行与其他客运方式的差异化发展战略。积极应对综合运输体系中其他客运方式加快发展的挑战，不断优化线网布局，合理控制新增一类客运班线。对年平均实载率低于70%的县际以上客运班线不得新增运力。引导道路客运企业创新经营理念和服务方式，稳步拓展短途、多样化与个性化客运市场，优化中长途客运资源配置。大力发展包车客运、旅游客运、精品班线、机场快线、商务快客、短途驳载等特色客运业务，进一步丰富道路客运服务品种，形成与其他运输方式合理分工、优势互补、协同发展的良性格局。

加强与其他运输方式的服务衔接。强化道路客运衔接铁路、机场等枢纽、港站的集疏运功能，加快完善道路旅客集疏运服务网络,科学安排班次密度。促进道路班线客运与铁路、民航、城市公共交通等客运方式的有效对接,积极发展旅客联程运输,充分利用道路班线客运资源,运输邮政包裹快件,加强与邮政网络的协调与融合。

(二) 提升货运组织化水平,服务现代物流发展。

1. 创新道路货运发展模式,提高集约化和标准化水平。

大力发展新型货运组织方式。大力发展各种专用运输、鲜活农产品及高附加值货物直达运输,加快发展甩挂运输、多式联运、定班定线的货物运输、汽车列车运输、冷链运输。支持零担、快运、货运代理、城市配送以及利用班线客运为依托的小件快运等经营业务的网络延展。鼓励有条件的道路运输企业向物流企业转型,建立全程、无缝、连续性运输经营组织和管理体系。全面推进甩挂运输试点工程,培育一批具有示范效应的甩挂运输企业,探索甩挂运输运营组织模式,进一步完善促进甩挂运输全面发展的政策法规和标准规范体系。

加快优化货运车型结构。推进车型标准化改造,完善营运车辆技术标准和综合性能检测标准,加快发展标准化程度高、自重轻、承载量大、安全性能好和能耗低的货运车辆,推进货运车辆大型化、厢式化和专业化,鼓励发展集装箱、厢式、冷藏、散装、液罐、城市配送等专用运输车辆和多轴重载大型车辆。

2. 着力培育重点货运物流企业,全面提升物流服务水平。

大力培育龙头和骨干货运企业。从市场进入、车辆更新、技术改造、信息化建设等方面加大政策扶持力度,加快培育一批规模化、网络化、品牌化运作的现代道路货运企业,成为引领行业发展的龙头和骨干。"十二五"末,全国道路货物运输业户中,道路货运一级企业达到50家,加快引导龙头和骨干企业充分发挥资金、技术、人才、管理、网络、品牌、货源组织等各方面的优势,通过收购兼并、资产重组、加盟连锁等方式拓展经营规模和网络,对中小货运物流企业和个体运输户起到引导、示范、整合、规范和服务的作用。对分散的道路货运资源实行整合。

促进重点道路货运企业向物流服务商转型。在全国开展重点道路货运企业物流转型培育工程,引导道路货运企业转变经营理念,积极拓展服务领域,利用信息技术和现代组织管理手段,为用户提供集运输、仓储、包装、加工、配送等为一体的综合物流服务。促进货运企业加强与生产、商贸企业的合作与联盟,拓展一体化物流和供应链集成等高附加值的物流服务。引导和规范货运代理、无车承运人等运输组织的发展,鼓励拓展现代物流服务。加快推进城市配送和农村物流服务发展。

专栏4　促进货运与物流发展重点专项

培育现代物流企业:各省(市、区)交通运输部门要选择一批具备良好条件的道路货运企业,通过对其物流信息化建设、物流设施装备更新的引导和扶持,鼓励其延伸物流服务,加快向现代物流企业转型。

甩挂运输试点工程:在全国组织开展部、省两级甩挂运输试点工程。择优推荐具有较大资产规模、管理规范、社会信誉好、有稳定的甩挂运输业务需求,且有一定的甩挂设施装备条件的企业作为试点对象,重点对试点企业(项目)的甩挂作业站场设施和信息管理系统改造、甩挂运输车辆购置更新给予资金补助和政策扶持,通过试点推动、示范引领,大力促进甩挂运输发展。

推进货运车型标准化:加强政策引导,积极争取各方面资金支持,引导干线公路营运货车向重型化、轻质化、标准化方向发展。

(三) 强化出租汽车市场管理，促进行业稳定健康发展。

1. 引导出租汽车科学发展，完善运营管理机制。

引导出租汽车科学发展。根据城市规模、经济发展水平等实际情况，科学制定出租汽车发展规划，合理确定出租汽车在城市客运体系中的分担比例和运力规模，积极探索发展模式和管理方式，优化城市客运结构。

完善出租汽车运营管理机制。引导出租汽车经营者按照现代企业制度组建公司，按照"产权明晰、权责对等、收费合理、风险共担"的要求，完善出租汽车经营管理机制。完善运价与油（气）价联动机制，保持出租汽车与城市公共交通的合理比价关系，引导社会公众优先选择公共交通方式出行。

2. 健全法规制度体系，规范市场经营秩序。

健全法规制度体系。加快研究制定出租汽车行业法规制度。建立出租汽车行业服务质量信誉考核制度，促进出租汽车企业诚信经营，逐步形成优胜劣汰的市场机制，引导出租汽车驾驶员优质服务，提升出租汽车服务水平。建立出租汽车驾驶员从业资格管理制度，明确出租汽车驾驶员准入条件、动态管理及退出机制，提高出租汽车驾驶员整体素质。

规范出租汽车市场经营秩序。采取信息化手段，及时掌握出租汽车市场动态，细化管理内容，提高资源合理配置与决策分析能力，加强出租汽车市场监管。探索建立打击非法营运长效机制，切实保护消费者、出租汽车经营者和出租汽车驾驶员的合法权益。

3. 建立健全法规标准，促进汽车租赁健康发展。

建立健全汽车租赁法规标准。加快研究制定汽车租赁法规、规章，并纳入道路运输法规体系，建立完善市场准入、退出制度。加快制定汽车租赁服务质量标准，开展服务质量考核评比，促进汽车租赁企业诚信规范经营。

完善汽车租赁服务网络。引导汽车租赁企业规模化、网络化、品牌化发展，逐步形成龙头企业引领、经营主体多元、网络覆盖全国的汽车租赁服务体系。鼓励规模大、管理好、信誉高的汽车租赁企业设立分支机构，建立全国或区域性的汽车租赁网络。鼓励汽车租赁企业与汽车生产企业、汽车维修企业实行合作经营，增强服务能力，拓展服务范围。

创新汽车租赁服务模式。鼓励汽车租赁企业发展多种服务模式，开展异地还车、电话预约、电子商务、企业相互间代办业务、电子货币结算等业务，鼓励与交通运输企业、宾馆、旅行社、商务门户网站等开展合作，满足人民群众个性化出行需求。

培育汽车租赁发展环境。支持汽车租赁企业与银行、保险等金融服务行业及汽车产业链各环节的紧密合作，完善消费者诚信体系，增强企业发展能力，降低企业经营风险。加强与公安等部门密切配合，严厉打击诈骗租赁汽车等犯罪行为。

(四) 提升运输辅助业服务水平，强化规范诚信经营。

1. 推进维修连锁经营，强化维修质量管理。

鼓励机动车维修连锁经营。大力倡导机动车维修企业的加盟连锁经营，树立维修品牌，统一服务质量标准，开展服务质量达标活动，提高服务水平。鼓励企业依托品牌优势积极拓展电话咨询、维修、检测、救援等全方位服务。"十二五"末，在全国培育形成 5～10 个全国性的机动车维修品牌企业和若干个区域性机动车维修品牌企业。

强化机动车维修质量管理。建立机动车维修配件质量保证和追溯体系，对配件经销企业经销配件、维修企业使用配件进行全程跟踪管理，建立机动车维修质量动态监管体系，确保机动车维修质量。

推进机动车维修救援网络建设。规划建设全国机动车维修救援网络，完善区域性救援服务网络，加快建设机动车维修救援信息服务系统，提高救援响应速度，50 公里以内 1 小时内实现救援。

2. 开展素质教育工程，提升驾驶员培训质量。

大力推进驾驶员素质教育工程。严格执行《机动车驾驶员培训教学大纲》，继续推进驾驶员计时制培训，强化安全行车、文明行车和绿色驾驶技能培训，全方位提高学员的驾驶技能和驾驶道德操守。加强营运驾驶员的培训与考核工作，全面推行营运驾驶员继续教育制度，大力推进营运驾驶员诚信考核工作，对营运驾驶员的安全生产、遵守法规和服务质量进行综合评定。

着力强化驾驶员培训机构的管理。建立驾驶员培训教学质量监督体系。推进驾驶员培训机构和教练员质量信誉考核制度以及教练员职业资格管理制度建设，教练员持证上岗比例达到 100%，建立机动车驾驶培训机构资质管理制度。鼓励培训机构利用信息化手段，开展网络培训和远程教学，丰富培训方式，提升服务质量。

（五）加快国际道路运输发展，提高运输服务能力。

1. 强化对外沟通协调，营造良好的外部发展环境。

进一步完善和修订国际道路运输协定及相关协议。根据我国与周边国家外交、经贸合作的总体战略，充分利用双边和多边运输合作机制，加强与周边国家的交流与合作，推进汽车运输协定的签订、修订工作，积极推动加入有关国际道路运输便利公约。

逐步消除国际道路运输发展的非物理性障碍。开展双边或多边国际道路运输事务级会谈，积极协调各国与国际道路运输有关的法律、法规和技术标准，消除各种非物理性障碍，延伸和拓展运输线路，大力推进便利化运输，促进公平竞争。

2. 加强基础建设，提高国际道路运输服务能力。

理顺国际道路运输口岸管理体制。加强与海关、边检及检验检疫等部门的沟通协调，进一步明确口岸国际道路运输管理机构的查验和监管职责，确保口岸国际道路运输管理机构依法履行职责。

加强国际道路运输服务能力建设。强化国家道路运输企业准入管理，提高从业人员素质，提升运输车辆装备水平，不断提升国际竞争力。完善相关标准规范，加强制度建设，提高管理与服务的规范化水平。

（六）加快枢纽站场建设，提升集约化组织与服务能力。

1. 加快城乡公路客运站场建设，提高便捷化服务水平。

加快公路客运枢纽站场建设。加快国家公路运输枢纽客运站场建设，推动区域性公路运输枢纽布局规划和建设，初步形成与城镇布局相协调、方便百姓安全便捷出行的公路客运枢纽站场系统。重点建设集铁路、公路、城市公共交通中转换乘功能于一体，具有示范效果的综合客运枢纽。加快城市出租汽车停靠站和服务区建设。改革和完善公路货运枢纽站场的投融资方式。

加快推进农村客运站场建设。加大农村客运站场投资建设力度，积极推进重点镇等级客运站建设，切实加快行政村招呼站、候车亭建设步伐。坚持"路、站、运"一体化发展，强化农村客运站点与农村公路同步规划、同步设计、同步建设、同步使用。探索建立农村客运站管养的长效机制，着力解决农村客运站特别是简易站和港湾式停靠站建成后的日常养护管理问题。促进农村客运与其他客运系统在站点功能和布局上的衔接。

2. 健全公路货运枢纽节点体系，提升物流组织能力。

优化公路货运枢纽站场布局。推动公路货运枢纽站场与港口物流园区、空港物流园区、铁路集装箱站场统一规划建设，促进其与政府规划的产业园区、商贸市场、国际口岸的有效对接。"十二五"期间，在全国所有百亿元专业市场，国家、省级工业园区或产业基地，国家一类口岸，规划建设 1～2 个与之相配套的公路货运站场。积极推进农村地区货运站场建设，完善县（市）、乡（镇）、村三级物流节点网络。

完善公路货运枢纽站场服务功能。加大对甩挂运输等专业化作业场站的投资补助力度，鼓励公路货运站场经营主体积极拓展仓储、分拨配送、流通加工、保税等服务，大力推广应用现代信息技术、运输组织及仓储管理技术，加快向现代综合物流园区转型。加快推进全国二级及以上公路货运站场的升级改造。

专栏5　道路运输基础设施建设重点项目

公路客运站场和综合客运枢纽：地级市至少拥有 1 个一级客运站，县及县级市基本拥有 1 个二级客运站。建设与铁路衔接的综合客运枢纽约 100 个，其中，在 36 个中心城市重点打造约 40 个集公路、铁路、轨道交通、城市公交、出租车等多种方式于一体的现代化大型综合客运枢纽。

物流园区和公路货运枢纽：在全国 196 个国家公路运输枢纽城市，共建设 200 个左右的具有综合物流服务功能的物流园区或公路货运枢纽。

（七）健全安全监管和应急保障体系，提升整体保障能力。

1. 加强安全源头治理，严格各种防范措施。

加强汽车客运站源头管理。进一步推进汽车客运站安全生产规范的贯彻落实，规范危险品查堵、车辆安全例检、出站检查的工作程序和具体措施。加大安全生产经费投入，推进汽车客运站安装监控设备、电子显示设备和危险品检测仪。加强与公安、安监等部门的密切配合，深化专项整治，着力解决客运超载、疲劳驾驶、非法营运等顽疾。

强化道路货运源头治超。认真贯彻落实《公路安全保护条例》有关规定，建立健全超限运输源头治理的管控体系，全面实施货物装载源头运政派驻和巡查制度，将基层运管力量向货物集散地和运输源头延伸。严格落实黑名单制度，将货运车辆违法超限运输纳入诚信考核体系。切实把好车辆准入关，加大对营运车辆非法改装行为的打击力度。引导和支持公路货运站场推行货运车辆入站诚信验证制度。

加强营运车辆安全技术管理。强化部门联动，对营运车辆生产、改装、运行等进行多层面、多角度的综合管理。不断完善营运车辆安全技术标准和安全装备技术要求。加强维护检测和等级评定的监督管理，逐步建立综合性能检测许可证制度，加强资格管理。构建全国道路运输车辆管理和综合性能检测信息平台，实现全国范围的车辆技术管理信息共享。

2. 加强重点领域监管，落实企业主体责任。

加强重点领域和关键环节的安全监管。切实加强春运及"黄金周"等重点时段、重点营运车辆、重点区域和环节的安全管理。进一步完善农村客运安全监管体系，加强农村客运站源头管理和违法经营打击力度。进一步加强危险货物运输安全管理，完善跨部门、跨区域的应急联动机制。全面推进车辆运行的全程动态安全监管，旅游包车和三类以上的班线客车必须依法安装、使用符合国家标准的具有行驶记录功能的卫星定位装置，加快建立营运车辆动态信息公共服务平台。

加强营运驾驶员安全管理。严格营运驾驶员的培训与考试，严把营运驾驶员准入关，对不符合相应资格的驾驶员，一律不得进入道路运输市场。配合安监、公安部门，对发生重特大道路运输事故驾驶员的培训、考试、发证进行责任倒查。切实加强对违章违法驾驶员的管理。

全面推行运输安全生产企业主体责任制。实施企业安全生产管理规范和安全生产评估管理办法，督促企业建立健全安全生产管理体系，构建安全生产内控机制，落实全员安全生产责任。建立道路运输经理人和安全管理员资格制度，推动安全管理制度化。鼓励和支持企业加大安全设施和技术装备投入，积极推广应用安全生产和管理技术。督促运输企业安装并使用卫星定位装置，加强对所属车辆和驾驶员的安全监督。全面建立企业安全生产评估体系，严格企业安全生产绩效考核，并将评估考核结果与客运线路招投标、企业质量信誉档案、资质等级评定等相结合。

3. 建立应急保障体系，提高应急保障能力。

建设道路应急运输指挥调度中心。根据公路水路安全监管与应急处置平台建设要求，依托重点营运车辆卫星定位联网联控系统，建设国家、省、市三级道路应急运输指挥中心，并与国家、省路网管理与应急处置中心相互对接，实现各级指挥调度中心信息的互通和共享，提高应急响应速度和指挥调度能力。健全各层级道路运输应急保障预案及运输企业应急预案，建立"组织健全、权责明确、协调有力"的道路运输应急组织体系和"分级响应、反应迅速、运行高效"的应急运行机制。

建立道路运输应急保障车队。按照"平战结合、分级储备、统一指挥"的原则，依托大型道路运输企业，建立国家、省、市三级道路运输应急保障车队。以省为基本单元，与交通战备运输保障相结合，构建国家应急运输保障车队，应急运输车队数量各省（区、市）不少于300辆。以地市为基本单元，分别组建地方道路客、货应急运输保障队伍，地方应急运输车队数量客车不少于50辆、货车不少于100辆。强化应急运输队伍、应急运输装备的建设和管理，加强应急演练，应急运输车辆卫星定位监控设备安装率达到100%。

建立应急运输征用补偿机制。按照"谁征用，谁补偿"的原则，建立以政府公共财政资金为保障的运力征用补偿赔偿机制，切实保护被征用车辆的合法权益和参与应急保障的积极性，形成道路运输应急保障的长效机制。建立应急运输车辆和应急装备购置、组织应急运输培训演练、客货运输站场等基础设施应急功能建设补助制度。

（八）加快推进信息化建设，提升道路运输发展质量。

1. 加强行业管理信息系统建设，完善基础信息平台。

加快道路运输信息系统联网工作。深化部省道路运输信息系统联网工作，建立长效的数据交换与共享制度。探索建立部省两级道路运输数据中心的建设、运营及维护模式，完善数据的采集、更新机制。在统一组织建设的行业通信网络总体框架下，在全国范围内建设覆盖部、省、市、县四级运政管理机构的广域通信信息网络。积极推广应用IC卡道路运输电子证件，实现全国道路运输信息系统与治超信息系统联网与信息共享，加强对超限货运车辆的联防联治。

加快基础应用信息系统开发建设。建设和完善面向社会公众的道路运输服务网站和服务热线，及时发布各类服务信息，实现道路运输业务网上办理，并提供咨询、投诉、预约等服务。建设部省两级道路运输行业综合运行分析系统，为经济运行分析和宏观调控提供决策支持。依托道路运输信息系统联网和IC卡道路运输电子证件应用，推进道路运输跨区域执法信息共享。根据《公路水路交通运输信息化"十二五"发展规划》，开展道路运输市场信用信息服务系统重大工程和区域物流公共信息服务平台、城市出租汽车服务管理信息系统、道路货物甩挂运输信息平台示范工程建设。

2. 推动企业广泛运用信息技术，提高经营管理水平。

推动运输企业经营管理信息化建设。引导货运企业建立车辆指挥调度、货物跟踪查询、订单处理及甩挂作业信息管理系统，推广无线射频识别（RFID）、智能标签、智能化分拣、条形码技术等，提高运输生产的智能化程度。积极推动信息技术广泛应用到维修、租赁等汽车后市场服务体系。

规范引导企业接入道路运输信息系统。充分利用交通通信专网和社会公网资源，稳步推进道路运输管理信息系统向综合客运枢纽、物流园区、运输企业、汽车检测站、驾驶员培训机构、汽车维修企业等的延伸。

3. 加快政府公共服务的信息化建设，提升综合服务能力。

加快重点营运车辆联网联控系统建设。建成全国重点营运车辆联网联控系统，危险品运输车辆、班线客运和旅游包车的入网率达到100%，构建联网联控系统运营的长效机制，提高数据质量和车辆上线率，确保系统稳定可靠、有效运行。制定卫星定位监控平台、终端产品及数据交换的技术标准，降低系统运行、维护成本。建立维持系统平稳有序运行的机构及资金保障制度。逐步开发涵盖应急运输指挥调度、安全动态监管、运输经济运行分析在内的卫星定位联网联控信息服务系统。

加快全国道路客运售票联网系统建设。构建以道路客运站场信息平台为基础的道路客运售票联网系统，推进跨区域的客运售票联网系统和电子客票系统建设，为旅客提供网上售票、电话订票、邮政网点售票、信息咨询等便利的售票服务。

加快国际道路运输管理与服务信息系统建设。按照统一组织、统一标准、分别建设和分步实施的原则，加快建立国际道路运输管理与服务信息系统，实现部、省、口岸三级国际道路运输管理机构以及国际道路运输企业的数据交换、信息共享。推进与海关、边检、检验检疫等部门信息交换与共享，促进国际道路运输车辆的安全监控和快速通关。

（九）大力发展绿色道路运输，突出行业节能减排。

1. 强化节能减排制度建设，加大行业监管力度。

加强车辆燃料消耗和排放的技术管理。严格执行《道路运输车辆燃料消耗量检测和监督管理办法》，建立健全燃料消耗量检测、车型动态管理、车辆配置及相关参数核查等配套监管制度，完善准入和退出机制，建立《道路运输证》配发与车辆燃油消耗量监测紧密结合的工作机制。

建立健全节能减排监测考核体系。加快建立道路运输行业能源消耗和排放统计及分析制度，将节能减排统计指标纳入交通运输部门统计体系。研究建立道路运输行业节能减排评价体系，制定监督考核和奖励办法。建立重点耗能单位联系点制度，加大能源消耗监控力度。研究建立针对运输企业的节能降耗考核制度，并将其纳入企业年度质量信誉考核。

2. 加强节能减排政策引导，加快应对气候变化能力建设。

加大节能减排政策引导力度。开展形式多样的节能降耗宣传活动，增强节能减排意识。鼓励运输企业加快淘汰老旧、高耗能、高排放车辆，推广应用先进成熟的节油型车辆。鼓励道路旅客运输使用新能源环保型车辆，加快推广使用新能源和混合动力出租汽车。鼓励有利于节能减排的新设备、新技术的开发应用。

加强道路运输行业应对气候变化综合能力建设。贯彻落实国家有关"全面加强应对气候变化能力建设"的要求，在强化节能减排基础上，积极探索道路运输行业从能源结构、发展模式上走清洁化、绿色化的道路，系统提升交通运输行业应对气候变化的综合能力。整合节能减排的各项技术、政策、制度，加快开展道路运输行业温室气体排放研究，积极参与国家应对气候变化的各项工作。

3. 优化运输生产组织管理，推广节能管理经验。

优化运输组织方式，提高运输效率。全面推动甩挂运输、网络化运输等高效运输组织模式的发展，提高运输组织化程度。组织开展甩挂运输试点工程，以点带面，重点突破。

推广绿色驾驶和绿色维修经验。在驾驶员培训中增加节能操作技术内容，在从业人员资格考试中加强节能相关知识的考核。广泛组织运营车辆节能操作竞赛，推广节能减排经验。鼓励企业加强节能驾驶和节能操作管理。推广应用驾驶员培训模拟器和多媒体教学，有效降低驾培能耗。加强机动车维修企业废气、废水、废油的循环利用。

五、保障措施

（一）加强制度建设，夯实行业法制基础。

健全道路运输法律、法规体系。进一步完善道路运输法规和规章，结合综合运输、现代物流、城乡和区域运输一体化、节能减排、从业人员队伍建设及职业资格等新要求，调整和修改相关规定和内容。研究提出道路运输行业立法计划，抓紧修改《道路运输条例》并完善相关管理规章，推动出租汽车、汽车租赁、物流市场管理等领域的法制建设，加快出台《城市公共交通条例》、《机动车维修管理条例》，以及《道路货物运输与物流市场管理规定》和《汽车租赁管理规定》，组织研究《道路运输法》立法的必要性。加强地方性道路运输法制建设。协调政府相关部门，系统解决阻碍甩挂运输、网络化运输、无车承运等先进运输组织模式发展的法制障碍。坚持依法行政，依法严厉打击各种违法、违规行为。建立健全运政执法监督机制，严格规范执法，切实保护经营者权益。

完善道路运输标准规范体系。研究提出道路运输行业标准规范体系建设计划，重点加强城乡道路客运一体化标准规范，适应现代物流、多式联运、甩挂运输发展的车辆、装备、服务等标准规范，道路运输信息系统、电子数据交换与共享、物流信息平台建设等标准规范的制定与修订工作。进一步建立健全道路运输各门类、各子行业的服务行为规范，完善质量等级评定的相关技术标准。

加强道路运输行业基础制度体系建设。加快健全道路运输行业涵盖各个门类、各从业主体的市场诚信制度体系，逐步建立内外结合的诚信考核联动机制。健全和完善推荐车型制度、车辆分类和分级管理制度。积极建立道路运输业节能减排统计监测和考核体系。建立健全道路运输行业经济运行分析、预测预报预警和动态信息发布制度。建立道路运输管理机构与路政管理机构对违法超限运输车辆的联动处理和执法信息共享制度。

（二）创新政策手段，强化政策支持力度。

创新资金保障政策。积极探索扩大各种投融资渠道，切实加大对道路运输业的资金投入。在充分发挥市场机制的同时，积极争取各级财政资金对道路运输站场设施建设、道路运输节能减排、道路运输信息化建设的投资补助；确保成品油消费税替代原客货运附加费部分70%以上用于道路运输发展，提高成品油消费税返还交通的增量部分对道路运输的投入比例；积极探索老旧营运车辆的技改补助政策；加快落实中央"三农"政策要求，将农村客运补贴补助统一纳入各级政府公共财政。积极开辟多元融资渠道，规范引导民间资本投资道路运输业。

完善运输结构调整政策。研究探索支持道路营运车辆结构优化的经济政策。研究引导企业使用清洁能源车辆的相关扶持政策。进一步落实对多轴重载货运车辆通行费减免政策。研究制定推荐标准车型应用、扶持龙头和骨干运输企业发展的相关政策和措施。

（三）理顺体制机制，提高行业管理效能。

完善道路运输管理体制。加快完善城乡一体的道路运输大部门管理体制。整合运输管理资源，明确管理层级和职责，确保运管机构履行职能的统一、高效。建立健全道路运输行业管理部门与其他相关政府部门的沟通协调和协作联动机制，推进跨区域的道路运输协调发展。引导道路运输行业协会规范发展，充分发挥行业协会的自律管理功能及行业主管部门与企业间的桥梁纽带作用，切实维护好市场主体的正当权益。

转变道路运输管理职能。积极推进政、事、企分开，政府与市场中介组织分开，着力转变道路运输管理的重心和手段，强化市场监管、公共服务、安全和应急管理职能。切实履行好出租汽车客运、城市公交、汽车租赁和地铁与轨道交通运营及物流市场管理的职责。

（四）强化队伍建设，提升队伍整体素质。

加强道路运输管理队伍建设。按照国家的统一部署和要求，推进道路运输管理机构改革，将运政管理人员纳入公务员管理或参照公务员管理。结合机构改革和职能变化，加强运管人员编制标准管理。制定和完善道路运输管理人员准入条件与标准，建立健全人员考试录用、考核奖惩机制，不断优化队伍结构。完善运管人员经常性教育培训机制，逐步建立运管人员培训登记制度。加强队伍规范化建设，提高执法装备水平，提升队伍形象。强化道路运输行业精神文明建设，加大行业文明创建力度，加强行业文化建设，切实把服务、安全、节能减排等核心价值理念融入职工教育和行业文明创建全过程。

强化道路运输从业人员职业资格管理。建立健全道路运输从业人员考试、注册管理、继续教育制度，完善从业人员职业资格管理体系，强化从业人员职业素质建设，建立和完善道路危险货物运输从业人员、长途客运驾驶员和出租汽车驾驶员从业资格制度，统筹规划机动车检测维修专业技术人员职业水平评价制度和机动车维修技术人员从业资格制度，建立道路运输经理人从业资格制度，研究建立物流从业人员职业能力评价制度。组织推广使用道路运输从业人员从业资格电子证件。

关于加快铁水联运发展的指导意见

(2011 年 9 月 29 日交通运输部　铁道部　交水发〔2011〕544 号)

各省、自治区、直辖市交通运输厅（委），天津市、上海市交通运输和港口管理局，各铁路局，长江、珠江航务管理局，上海组合港办公室，各直属海事局，各有关港航企业，中铁集装箱公司：

为贯彻落实中华人民共和国国民经济和社会发展第十二个五年规划纲要、交通运输发展规划、铁路发展规划和《交通运输部铁道部关于共同推进铁水联运发展合作协议》，进一步发挥铁水联运的优势和潜力，促进综合运输体系建设和现代物流发展，现就加快铁水联运发展提出以下意见：

一、充分认识加快铁水联运发展的重要意义

（一）加快铁水联运发展有利于促进综合运输体系建设。铁路运输和水路运输是综合运输体系的重要组成部分。加快发展铁水联运，有利于转变交通运输发展方式，优化运输通道布局和运输结构，完善综合运输体系，加强水陆口岸功能衔接、实现货物运输无缝衔接，更好地发挥铁路、水路运输对国民经济和对外贸易的支撑保障作用。

（二）加快铁水联运发展有利于促进现代物流发展。铁路运输和水路运输是现代物流的主要载体。加快发展铁水联运，有利于充分发挥铁路和水路运输的比较优势和组合效应，提高能源、原材料等大宗货物和集装箱运输效率，降低物流成本，更好地满足经济发展对提升现代物流水平的要求。

（三）加快铁水联运发展有利于促进区域经济协调发展。深入实施东部率先、中部崛起、西部大开发和东北振兴战略，促进资源开发和产业梯度转移，对密切内陆与沿海、沿江地区的交通联系提出了更高要求。加快发展铁水联运，有利于增强运输保障能力，扩大区域经济交流合作，更好地服务内陆地区外向型经济发展。

（四）加快铁水联运发展有利于促进节能减排。加快发展铁水联运，有利于降低能源、资源消耗，减少污染物排放，符合建设资源节约型、环境友好型社会的总体要求，对于加快转变运输发展方式具有重要意义。

二、指导思想、主要原则和发展目标

（五）指导思想。深入贯彻落实科学发展观，转变交通运输发展方式，把发展铁水联运作为综合运输体系建设的重点任务，坚持深化改革、开拓创新、统筹规划、科学管理，加大投入和建设力度，强化组织协调，推进运输结构调整，切实提升铁水联运服务能力和水平，促进区域经济协调发展，保障国民经济平稳运行。

（六）主要原则。坚持统筹发展，以市场为导向，突出重点，有序推进，充分发挥铁水联运组合效应；坚持同步发展，在着力加强铁水联运硬件设施建设的同时，不断增强铁水联运软件能力和服务水平；坚持创新发展，加大铁水联运关键技术研发和推广力度；坚持合力发展，建立和完善部门合作机制，充分调动各有关单位发展铁水联运的积极性，加强沟通协调，形成齐抓共管、协调发展的良好发展氛围，加快建设覆盖主要联运通道的铁水联运体系。

（七）发展目标。统一的铁水联运标准化体系基本形成，铁水联运信息化建设取得突破性进展，科技创新能力进一步提升；主要联运通道铁水联运运行机制基本建立，铁水联运枢纽港站换装能力明显增强；培育一批能够提供综合性一体化服务、具有较强竞争力的铁水联运企业，铁水联运服务能力和水平显著提高。到 2015 年，集装箱铁水联运量年均增长 20% 以上，港口煤炭、矿石、粮食、化肥等大宗散货铁路集疏运比重比 2010 年提高 10 个百分点。

三、主要工作和任务

（八）合理布局联运通道和网络。贯彻落实交通运输"十二五"发展规划和铁路"十二五"发展规划，做好铁路与港口的规划衔接，以沿海和沿江主要港口为铁水联运枢纽、经济腹地铁路干线为骨架、沿线主要货运站场为节点，科学布局铁水联运通道，完善区域性铁水联运网络。

（九）加强铁水联运基础设施和运输装备建设。加快推进主要港口、铁路和货运站场及运输装备等联运设施设备建设，大力推进铁路装卸线向港口码头延伸，推进"港站一体化"，实现铁路货运站场与港区无缝衔接。

（十）完善铁水联运相关标准、制度。加快铁水联运标准化建设，统一铁水联运集装箱规格、货种限制（含危险货物）、装载技术等相关标准和要求，制定铁水联运数据信息传输、交换的相关标准。建立健全铁水联运统计和考核制度，完善统计调查方法和指标体系。推进铁水联运统一单证、优化流程、责任交接和全程联保制度的建设。

（十一）加强先进技术的研发和推广。鼓励企业在铁水联运运输、装卸、配送等环节采用先进技术和标准化专用装备。通过研究开发和示范应用，促进电子数据交换（EDI）、无线射频识别（RFID）、供应链管理（SCM）等先进技术在铁水联运领域的推广应用，全面提升铁水联运技术水平。

（十二）推进铁水联运信息化建设。加快铁水联运信息化建设步伐，在信息开放、数据交换等方面取得重大突破，充分利用港航、铁路、口岸管理等部门的信息资源，支持各铁水联运通道建立公共信息共享平台，逐步提供班轮/班列运行时刻、运价、联运货物动态、订舱/请车、港口/车站业务、口岸监管等数据查询、业务办理等信息服务。

（十三）积极引导铁水联运市场发展。充分发挥市场配置资源的作用，推动铁水联运多元化、市场化。在大力发展中长途铁水联运的同时，完善价格机制和政策，加快拓展短途铁水联运市场。充分发挥铁路集装箱场站和内陆无水港的作用，进一步加快集装箱铁水联运市场发展。优化铁水联运运输组织，合理设计运输方案，提高往返重载运输比重，减少车船排空，提高运输效率。鼓励货运枢纽拓展仓储、分拨配送、流通加工、保税等功能，促进货运枢纽站场加快发展现代综合物流。

（十四）大力培育铁水联运市场主体。引导和规范铁水联运代理等中介服务机构的发展，鼓励大型航运、港口、铁路运输企业积极发展铁水联运业务，完善铁水联运功能，拓展经营网络，延伸服务范围，扩大铁水联运规模。支持企业按照市场机制整合资源，构建面向国际、国内贸易的铁水联运服务网络。

（十五）实施铁水联运示范工程。积极开展铁水联运示范工程建设，根据铁水联运市场需求和有关联运通道的软硬件条件，选择一批铁水联运示范项目，加快组织实施。在总结示范经验的基础上，逐步推广示范成果，带动我国铁水联运整体水平的提升。

四、保障措施

（十六）加强和完善铁水联运发展规划。把加快铁水联运发展作为贯彻落实交通运输、铁路"十二五"发展规划，推进综合运输体系建设的一项重要任务，做好铁水联运规划编制工作，加强统筹协调，完善铁水联运通道和网络。

（十七）加大铁水联运资金投入。对纳入铁水联运示范项目的重点铁水联运信息平台建设予以适当资金支持。积极引导社会资本投入铁水联运基础设施建设领域。积极争取地方政府对铁水联运基础设施建设资金、土地及税收等方面的支持。

（十八）健全铁水联运政策法规。抓紧制定铁水联运相关规章，加强铁水联运标准、规范建设，统一和规范铁水联运市场。进一步完善有利于铁水联运发展的价格体系和扶持政策。

（十九）完善铁水联运协调机制。交通运输部、铁道部联合成立推进铁水联运发展领导机构和工作机构，各有关部门和单位根据各自职能分工，加强协调配合，切实做好规划编制、项目审批、资金支持、体制创新、配套政策制定等各项工作。各地交通运输（港口）管理部门、铁路部门要会同有关企业建立相应的合作机制，做好铁水联运工作的落实，同时加强指导监督，加大宣传力度，及时研究新情况，协调解决相关问题，并强化与海关、检验检疫等口岸部门的沟通、协调，形成快速、优质的口岸环境，共同推进铁水联运又好又快发展。

交通运输部（章） 铁道部（章）

二○一一年九月二十九日

中国民用航空发展第十二个五年规划（2011～2015年）

（中国民航局　二〇一一年五月九日）

中国民用航空发展第十二个五年规划，依据国家发展"十二五"规划纲要和"十二五"综合交通运输体系发展规划编制。本规划围绕建设民航强国战略，阐明发展思路，明确主要目标，确定重点任务，引导市场主体，指导政府行为，是行业发展的纲领性文件。编制和实施本规划，对于促进民航长期平稳较快发展，更好地适应综合交通运输发展需要，服务小康社会建设，意义重大。

第一章　"十一五"发展回顾

"十一五"时期，在党中央、国务院的正确领导下，全行业认真贯彻落实科学发展观，胜利完成了"十一五"规划确定的主要目标和任务。经过五年努力奋斗，我国民航服务能力快速提高，具备了先进的安全理念和水平、较为雄厚的物质技术基础和基本完善的管理体制机制，行业发展站在了新的起点，并为长远可持续发展奠定了重要基础。

——航空业务规模快速增长。2010年，完成运输总周转量538亿吨公里、旅客运输量2.68亿人、货邮运输量563万吨，五年年均分别增长15.6%、14.1%和12.9%。航空运输旅客周转量在综合交通运输体系中的比重提升2.7个百分点。运输机队总量达到1597架，是2005年的1.85倍。通用航空作业飞行14万小时，教学飞行21.4万小时，年均分别增长10.5%和15%。通用航空机队规模翻番，达到1010架，新兴业务领域不断拓展。全行业完成北京奥运会、上海世博会、广州亚运会等重大航空运输保障任务，在汶川、玉树地震救援和拉萨"3·14"、新疆"7·5"等突发事件紧急运输中发挥了重要作用。

——整体发展质量稳步提升。全行业实现了连续安全运行69个月、2150万飞行小时，创造了我国民航历史上新的安全纪录。运输飞行百万小时重大事故率为0.05，比"十五"期间降低0.14。2010年，航班客座率、载运率分别达到80.2%和71.6%，五年提高8.7个和6.6个百分点，航班正常率81.5%，飞机日利用率9.4小时。全行业五年累计利税超千亿元，是"十五"期间的5倍。

——基础设施能力大幅提高。基础设施建设五年共投资2500亿元，约为前25年民航建设资金之和。2010年运输机场达到175个，五年新增33个，覆盖全国91%的经济总量、76%的人口和70%的县级行政单元。旅客吞吐量超过1000万人次的机场数量翻番，达到16个，首都机场客运和浦东机场货运位列世界第二和第三名。空管设施建设加快，飞行高度层垂直间隔缩小，管制能力提高，2010年保障起降605万架次，五年年均增长15.2%。航油储备能力218万立方米，年供油1600万吨。

——科教兴业战略持续推进。科技投入加大，科研条件改善，创新能力不断增强。新一代国家空中交通管理系统等重大科技成果得到应用。电子客票全面普及，简化商务不断扩展，电子政务系统基本建成。设立了上海、沈阳航空器适航审定中心和成都航油航化适航审定中心。直属院校建设取得较大进展，在校生规模达到 5 万人，有力支持了行业快速发展。

——行业管理能力逐渐增强。先后提出"和谐民航建设"、"持续安全理念"和"民航强国战略"，顶层设计和战略引领作用明显。修订《中华人民共和国飞行基本规则》，出台《民用机场管理条例》，法规建设取得新进展。有效应对国际金融危机巨大冲击，稳妥推进民航价格改革，行业财经政策为航空安全、支线航空和通用航空等提供了重要资金保障，宏观调控能力增强。空管系统实施政事分开。两岸实现全面直航。国际交流与合作日益增多，与我国签署航空运输协定的国家达到 112 个，五年增加 13 个。高票连任国际民航组织一类理事国，国际影响力逐步增强。

"十一五"时期，我国民航服务能力仍显不足，发展中不平衡、不协调、不持续的问题依然突出。一是航班正常率下降，航班平均延误时间增加。二是安全运行压力增大，政府监管能力薄弱，飞行、机务、空管等方面超负荷运转。三是国际竞争力不强，我国航空公司国际航空运输市场份额偏低，三大机场的国际枢纽地位尚未形成。四是通用航空发展滞后，通用机场数量较少，设施条件简陋，企业经营困难。

专栏 1 "十一五"规划主要指标实现情况

类别	指　　标	2005 年	规划目标	2010 年	年均增长
业务规模	航空运输总周转量（亿吨公里）	261	500	538	15.6%
	旅客运输量（亿人）	1.38	2.7	2.68	14.1%
	货邮运输量（万吨）	307	570	563	12.9%
	通用航空生产作业（万小时）	8.5	14	14	10.5%
	客运周转量在综合交通中的比重（%）	11.8	17.8	14.5	—
	运输机队规模（架）	863	1550	1597	13.1%
发展质量	运输飞行每百万小时重大事故率	[0.19]	< [0.29]	[0.05]	—
	空管原因飞行事故征候万架次率	< [0.15]	< [0.1]	[0.003]	—
	航班正常率（%）	82.1	85	81.5	—
	航班平均延误时间（分钟）	58	<43	60	—
	载运率（%）	65	>70	71.6	—
	运输飞机日利用率（小时/天）	9.4	≥9.5	9.4	—
	吨公里燃油消耗（公斤）	0.336	0.302	0.298	—
保障能力	全国民用运输机场（个）	142	190	175	—
	飞行保障架次（万）	298	>460	605	15.2%
	航油供应（万吨）	921	1750	1600	11.7%
	飞行员增加（人）	—	[9100]	[13381]	—
	民航院校在校生（万人）	2.7	4.9	5.0	13.1%

注：带 [ ] 的数据为 5 年累计数。

第二章   "十二五"面临形势

"十二五"时期是我国全面建设小康社会的关键时期，是深化改革开放、加快转变经济发展方式的攻坚时期，国内外形势呈现新变化、新特点。我国民航大众化、多样化趋势明显，快速增长仍是阶段性基本特征，民航发展迎来新的历史机遇期。

和平、发展、合作仍是时代潮流。世界多极化、经济全球化深入发展，世界经济政治格局出现新变化。欧美经济逐步恢复，新兴经济体保持较好的起飞发展态势，东盟等地区经济一体化步伐加快。伴随着经济全球化进一步加深，"天空开放"进程将深入推进，航空自由化进入新的发展阶段。我国国际地位不断提升，国际航空运输市场发展空间广阔。

全面建设小康社会进入重要时期。我国经济总体上将保持平稳较快发展，人均GDP实现从4000美元向6000美元的飞跃，居民收入稳步增加。经济发展方式加快转变，经济结构进行战略性调整，城乡居民消费潜力进一步释放，形成消费、投资、出口协调拉动经济增长的新局面。工业化、信息化、城镇化、市场化、国际化深入发展。民航市场需求更加旺盛。区域发展总体战略深入实施。

国家把深入实施西部大开发战略放在优先位置，发挥资源优势，加强基础设施建设和生态环境保护。全面振兴东北地区等老工业基地，发挥产业和科技基础较强优势，促进资源枯竭地区转型发展。大力促进中部地区崛起，发挥承东启西区位优势。积极支持东部地区率先发展，发挥对全国经济发展的重要引领和支撑作用。加大对革命老区、民族地区、边疆地区和贫困地区的扶持力度，推动西藏、新疆等地区的跨越式发展。充分发挥不同地区比较优势，促进生产要素合理流动，深化区域合作，逐步实现不同区域基本公共服务均等化，缩小区域发展差距。推进实施主体功能区战略，形成可持续国土空间开发格局。区域协调发展将进一步促进民航资源配置优化。

城市化布局和形态更趋完善。"十二五"末我国城镇化率过半，初步形成以大城市为依托、以中小城市为重点的城市群，大中小城市和小城镇协调发展，促进经济增长和市场空间由东向西、由南向北拓展。人口分布由分散到集中，将促使经济社会结构和生产生活方式发生深刻转变，城乡社会结构呈现新格局。机场辐射人口增加，潜在市场扩大，有利于航空运输大通道的形成。

民航关联产业继续保持快速增长。旅游市场规模进一步扩大，国内旅游年均增长10%，出入境旅游年均分别增长9%和8%，2015年城乡居民人均出游将超过2次。对外贸易由出口为主转向进出口并重，进出口总额快速增长。我国产业自主创新能力提高，"中国制造"的高技术、高附加值产品增加，出口结构转型升级。快递业务年均增幅达20%以上。民航与旅游、贸易、物流相互促进，航空运输潜力巨大。

综合交通运输体系建设进入关键期。国家将按照适度超前原则，统筹各种运输方式发展，逐步实现由各种运输方式独立发展向综合协调发展转变，由交通建设为主向交通建设与运输服务并重转变，由通道建设为主向通道与枢纽建设并举转变，初步形成网络设施配套衔接、技术装备先进适用、运输服务安全高效的综合交通运输体系。民航在国际、长距离和地面交通不便地区以及应急救援运输中优势明显，机场综合枢纽的地位和作用凸显。

同时，我国民航发展也面临严峻挑战。国际政治环境复杂多变，恐怖主义威胁依然存在。国际金融危机影响深远，世界经济增长速度减缓。全球需求结构出现明显变化，市场、资源、人才、技术、标准等方面的竞争更加激烈。国际碳排放限制、石油价格波动等全球性问题更加突出，国际航空运输市场竞争日益激烈，我国民航全球化战略的实施存在较大压力。国内经济增长的资源环境约束强化，自然灾害、公共安全事件等影响民航持续稳定增长的不确定因素增加。高铁的快速发展将对运输市场结构产生重大影响。

长期以来，民航发展的基本矛盾是供给能力难以满足快速增长的市场需求。在"十二五"新的形势下，供给能力不足的深层次原因有：一是可用空域资源不足，主要航路和大型机场尤为严重；二是基础设施保障能力不强，特别是大型机场容量亟待扩充，空管设施设备规模和水平需要提升；三是管理水平不高，行业管理体制机制、企业经营管理等需要完善和加强；四是人力资源短缺，飞行、空管和机务等专业技术人员结构不合理，缺乏高级技术、管理和安全监管人才。解决上述问题是制定民航发展"十二五"规划的根本出发点。

第三章 指导原则和发展目标

综合判断国际国内形势，民航发展既面临难得的历史机遇，也面对前所未有的困难和挑战。全行业必须服从服务于国家发展大局，实施持续安全、大众化和全球化战略，增强机遇意识和忧患意识，科学把握发展规律，主动适应环境变化，有效化解各种矛盾，更加奋发有为地将我国民航事业继续推向前进。

第一节 指导思想

"十二五"期间，民航发展的指导思想是：高举中国特色社会主义伟大旗帜，以邓小平理论和"三个代表"重要思想为指导，深入贯彻落实科学发展观。以科学发展为主题，以加快转变发展方式为主线，以保障持续安全为前提，以增强基础保障能力为着力点，以提升发展质量为主攻方向，促进民航长期平稳较快发展，为全面建设民航强国打下坚实基础，基本适应全面建设小康社会的需要。

第二节 基本原则

"十二五"期间，民航发展要遵循以下基本原则：

坚持安全第一。正确处理安全与发展的关系，贯彻落实持续安全理念，适度增大安全裕度，在保证航空、空防和地面安全的前提下，推进民航发展。

坚持积极主动。坚持发展是硬道理的本质要求，科学规划，适度超前，加快基础设施建设。积极扩大业务规模，主动满足快速增长的航空需求。

坚持统筹协调。更加注重统筹兼顾，整体推进与重点突破并举，速度与质量并重。统筹行业协调发展，优化航空业务结构。积极营造有利于民航发展的环境。

坚持创新驱动。全面提升民航创新能力，将技术、管理等方面的创新转化为民航发展的强大动力，努力加快民航现代化进程。

坚持节能环保。贯彻落实国家可持续发展战略，节约集约利用土地等资源，提高资源和能源利用效率，建设资源节约型和环境友好型民航。

第三节 主要目标

到 2015 年，航空运输持续安全，基础保障能力全面增强，服务能力基本满足需求，转变发展方式取得成效，竞争能力和国际影响力显著提高，在国家综合交通运输体系中的作用更加突出，对国家经济社会的贡献明显增大。

——安全水平稳步提升。初步建成具有中国特色的行业安全管理体系和运行机制，运输航空每百万小时重大事故率低于 0.20。

——保障能力整体提高。运输机场数量达到 230 个以上，初步建成布局合理、功能完善、层次分明、安全高效的机场体系。空域不足的"瓶颈"有所缓解，空管保障能力稳步提高，保障起降架次达到 1040 万架次。

——运输能力显著增强。运输总周转量达到 990 亿吨公里，旅客运输量 4.5 亿人，货邮运输量 900 万吨，年均分别增长 13%、11% 和 10%。航班正常率高于 80%，公众对民航服务基本满意。

——通用航空规模快速扩大。基础设施大幅增加，作业领域不断扩展，运营环境持续改善，标准体系初步建立，作业量和飞机数量翻番。

——节能减排全面推进。能源节约和污染排放控制取得明显成效，吨公里能耗和二氧化碳排放量五年平均比"十一五"下降 3% 以上，新建机场垃圾无害化及污水处理率均达到 85%。

专栏 2　"十二五"时期民航发展主要指标

类别	指　标	2010 年	2015 年	年均增长
业务规模	航空运输总周转量（亿吨公里）	538	990	13%
	旅客运输量（亿人）	2.68	4.5	11%
	货邮运输量（万吨）	563	900	10%
	通用航空生产作业（万小时）	14	30	16%
	客运周转量在综合交通中的比重（%）	14.5	16	—
发展质量	运输飞行百万小时重大事故率	［0.05］	<［0.20］	—
	航班正常率（%）	81.5	>80	—
	载运率（%）	71.6	>70	—
	运输飞机日利用率（小时/天）	9.4	≥9.6	—
	吨公里燃油消耗（公斤）	［0.306］	<［0.294］	—
保障能力	保障起降架次（万）	605	1040	11%
	全国民用运输机场（个）	175	≥230	—
	运输机队规模（架）	1597	2750	11%
	通用机队规模（架）	1010	>2000	—
	航油供应（万吨）	1600	2850	12%
	飞行员数量（万人）	2.4	4	11%
	民航院校在校生（万人）	5.0	6.3	5%

注：带 ［ ］ 的数据为 5 年累计数。

第四章　提高航空持续安全水平

安全是民航永恒的主题和发展的前提，要努力提高行业安全监督管理、安全保卫、应急救援和适航维修能力，确保民航持续安全。

第一节　完善安全监管体系

创新安全监管手段。建立健全覆盖全行业、跨专业跨地区的网状监管运行模式。加强重点领域监管，持续改进监管方式和手段，实现闭环监管。促进事故调查体制机制转变，提高调查能力。

夯实安全监管基础。加强监管局（办）基础设施建设，完善配套设施。合理配备监察员数量，发挥事业单位和社会中介机构的作用，协助增强监管能力。加大监察员培训力度，提高监察执法能力。建设安全监管信息系统，推进安全信息分析中心建设。完善航空安全规章标准。

实施航空安全绩效管理和航空安全方案。加强对各单位安全管理体系的监督审核，推动各单位主动和严格落实安全管理责任。细化、规范安全绩效考核标准，建立并落实安全绩效管理体系。引导鼓励民航企业加大安全投入。建立相对独立的评审机构，制定评审标准，搭建评审系统平台，形成科学合理的评审方法和程序，逐步完善航空安全方案。

推进安全信息分析中心建设。以民航各部门、单位有关安全系统和国际航空安全信息交换共享系统为基础，建立民航安全信息综合分析系统。

提高飞行校验能力。积极开展飞行校验前沿科技研发和创新，通过合作方式研发具有自主知识产权的国产飞行校验技术和设备。拓展国际飞行校验市场，建设京外分基地，打造一支具有国际先进水平的飞行校验力量。校验飞机达到18架。

第二节　加强安保系统建设

强化航空安保管理。建立与国际接轨的航空安保法规和标准体系，完善空防安全监管制度，逐步开展航空安保审计。指导机场和航空公司建立航空安保质量控制系统。优化安全保卫流程，推行一站式安保。研究实施航空货运管制代理人制度。

建设威胁评估和预判系统。建立并完善民航与其他情报信息部门交流的渠道和机制。依托公安专网建设联通全国民航公安机关的安全保卫信息系统。健全以情报信息为导向的安保工作机制。

提高设施设备保障能力。规范安保技术标准，引导民航安保技术和设施设备研发，努力掌握安保核心技术，提高安保设备国产化率。加快民航安保实验室建设。

加强空中安保力量建设。适度扩大安全员队伍，提升机组和安全员处置反恐和突发事件的能力。建立空警执行"急难险重"任务的勤务运行机制，实现空警队伍勤务派遣机动化，管理教育正规化，后勤保障规范化。

第三节　强化应急处置能力

建立民航应急工作体系。进一步完善民航应急工作的体制机制，健全法规和预案体系。充分利用民航现有资源，整合航空器搜寻援救协调、防劫机炸机和其他突发事件应急处置指挥等功能，建设民航局、地区管理局和省（区、市）监管局应急指挥平台，实现三级应急指挥平台与国务院及相关部门、地方政府、航空公司、机场、空管等运行管理部门的互联互通。进一步完善军地应急协调机制。提高空管、航信等重要服务保障设施防范、抵御突发事件和快速恢复的能力。

增强民航应急服务能力。依托现有货运和快递航空公司，建立具有高高原应急救援能力的货运机队。充分发挥通用航空在突发事件中灵活机动的优势，重点支持大型通用航空企事业单位，根据区域特点定期演练，提高特种航空服务能力。依托飞龙通用航空公司、民航飞行学院等单位，在东北和西部地区建立直升机救援基地。民航飞行校验中心选择合适机型，配备机载医疗救护与搜寻定位设备。建设航油机动供应、低空飞行指挥和通信导航等应急保障设施。

提高民用航空活动危机应对能力。深入贯彻《突发事件应对法》和《民用机场管理条例》,理顺机场应急救援的体制机制。加强机场消防能力建设,完善机场应急救护队伍和专家库,建立健全机场应急医疗救护物资和设备储备系统。强化民航空管局和地区空管局两级航空器搜寻救援协调中心功能。加强与现有搜寻救援机构的配合,扩大国际搜寻救援协作。

第四节 提高适航系统水平

加快适航审定能力建设。制定适航审定能力建设方案,优先考虑满足国产大型客机项目,形成与国际接轨的适航审定能力和证后监管能力。进一步推进上海、沈阳适航审定中心和航油航化适航审定中心建设,新建适航审定技术与管理研究中心、发动机适航审定中心和适航验证技术研究中心。

加强维修能力布局和建设。增强维修核心技术能力和工程能力,提高行业维修质量。制定国产大型客机维修方案。系统规划行业布局,培育形成北京、上海、广州等3~4个规模较大的维修产业集群。引导实施联合重组,重点培育3~4家具有国际竞争力的飞机维修企业。加强维修企业与生产制造企业、科研院所的横向合作,开发维修项目和工装设备,提高发动机和部(附)件维修能力。进一步推进维修法规建设,完善工程技术审批体系。细化实施标准,增强工程技术审定和监管能力。

提高航材综合保障能力。加强航材供应监管,打造航材共享平台,优化航空器材的资源配置,增强航材保障的可靠性。

专栏3 "十二五"时期民航安全重点工程

工程名称	主要内容
航空安全工程	实施中国民航安全项目(SPC),建设安全管理系统(SMS)、航空运行监察系统、安全信息分析中心、事故调查分析能力,完善监察员培训体系
航空安保工程	建设空防安全动态监管系统、情报信息预警平台、音视频指挥和综合业务管理系统
应急救援工程	建设东北和西南直升机救援基地,组建高高原货运机队
适航审定工程	新建适航验证技术研究中心、发动机适航审定中心,加快适航审定技术研究和验证技术研究

第五章 增强运输机场保障能力

运输机场是国家综合交通基础设施的重要组成部分,是民航最重要的基础设施。要以需求为导向,优化机场布局,加快机场建设,完善和提高机场保障能力。重点是缓解大型机场容量饱和问题和积极发展支线机场。

第一节 优化运输机场布局

全面落实《全国民用机场布局规划》。实施枢纽战略,满足综合交通一体化需求。加强珠三角、长三角、京津冀等区域机场的功能互补，促进多机场体系的形成。到 2015 年，全国运输机场总数达到 230 个以上，覆盖全国 94% 的经济总量、83% 的人口和 81% 的县级行政单元。

北方机场群：将北京首都机场建设成为具有较强竞争力的国际枢纽机场，新建北京新机场。加快发展区域枢纽机场，发挥哈尔滨、沈阳、大连、天津机场分别在东北振兴和天津滨海新区发展中的重要作用。培育哈尔滨机场面向远东地区、东北亚地区的门户功能。发挥石家庄、太原、呼和浩特、长春等机场的骨干作用。发展漠河、大庆、二连浩特等支线机场，新增抚远等支线机场。

华东机场群：培育上海浦东机场成为具有较强竞争力的国际枢纽机场。加快发展上海虹桥、杭州、南京、厦门、青岛等区域枢纽机场，满足长三角、上海浦东新区、海西和山东半岛蓝色经济区等国家区域发展战略需要。培育青岛机场面向日韩地区的门户功能。发挥济南、福州、南昌、合肥等机场的骨干作用。发展淮安等支线机场，新增九华山等支线机场。

中南机场群：培育广州机场成为具有较强竞争力的国际枢纽机场。完善深圳、武汉、郑州、长沙、南宁、海口等机场区域枢纽功能，满足珠三角地区、中部崛起、北部湾地区、海南国际旅游岛等国家发展战略和国际区域合作战略需要。增强三亚、桂林等旅游机场功能。发展百色等支线机场，新增衡阳等支线机场。

西南机场群：强化成都、重庆、昆明机场的区域枢纽功能，加快培育昆明机场面向东南亚、南亚地区的门户功能，服务于云南桥头堡发展需要。提升拉萨、贵阳等机场的骨干功能，满足国家加快发展藏区和偏远地区发展需要。发展腾冲等支线机场，新增稻城等支线机场。

西北机场群：强化西安、乌鲁木齐机场区域枢纽功能，满足关中—天水经济区和新疆地区快速发展需要。培育乌鲁木齐机场面向西亚、中亚地区的门户功能。提升兰州、银川、西宁等机场的骨干功能。加快将库尔勒、喀什机场发展成为南疆主要机场，发展玉树等支线机场，新增石河子等支线机场。

第二节　加快运输机场建设

加快提升既有机场容量。积极推进机场改扩建工程，提高机场保障能力。继续强化北京、上海、广州枢纽机场的建设，完善国际枢纽功能。加强哈尔滨、沈阳、杭州、郑州、武汉、长沙、深圳、重庆、成都、昆明、西安等大型机场建设，满足区域枢纽发展需要。

大力推进容量受限机场建设。迁建秦皇岛、锦州、泸州、延安等机场，研究建设成都、青岛、厦门、大连新机场。

合理新建支线机场。积极推进非运输机场改建或迁建为运输机场，鼓励利用现有军用机场。实施复航机场建设和通用机场升级工程。加快建设通化、五台山、三明、黄平、夏河等支线机场，扩大民航服务覆盖面。

加强中小机场空管设施建设。加快推进中小机场空管设施设备更新改造，逐步实现标准化配置，全面改善和提升机场空管保障能力。

规划实施集疏运体系建设。建设以枢纽机场为核心，多种交通方式汇集的"零换乘"、"一体化"的综合交通枢纽。吞吐量较大的枢纽机场建设机场轨道交通，省会及部分经济发达城市的机场建设机场快速通道。

第三节　提高运营管理效率

深化机场管理改革。研究制定实施细则，贯彻落实《民用机场管理条例》，打造公平、优质、高效的机场公共服务平台。推动和督促机场管理机构履行规划与建设职能，提高机场安全保障水平，承担安全运营与社会责任，规范机场利益相关者的关系，不断开发新的机场业务，推进业务经营模式转型,提高资源配置效率。

优化机场服务流程。整合机场信息资源,健全信息交换服务平台。完善服务设施和流程设计,不断缩短旅客进出港等待时间,提高机场货物处理效率。努力实现旅客无缝中转和中转航班行李直挂,降低行李分拣差错率。

整合机场容量资源。实施能够充分发挥机场基础设施能力的运行方案,提升多机场体系和多跑道机场运行效率。

第四节　保障航空油料供应

合理布局和建设长三角、珠三角、环渤海及西南地区的成品油储运配送基地,建设南疆航油战略储备库。提高航油获取能力,发展航油物流,稳定、拓展和优化航油供应渠道。结合机场重点建设项目,加强广州、厦门、杭州、西安等机场航空油料的存储、加注和长输管线等专用基础设施建设。探索实施适合通用和支线机场的航空油料供应保障模式。加强航油安全管理。

专栏4　"十二五"时期运输机场建设项目

性质	机场名称
改扩建	哈尔滨、长春、延吉、沈阳、丹东、长海、大连、天津、石家庄、邯郸、唐山、大同、长治、运城、呼和浩特、海拉尔、乌兰浩特、通辽、赤峰、包头、鄂尔多斯、济南、威海、东营、上海浦东、上海虹桥、南京、徐州、常州、南通、淮安、盐城、无锡、阜阳、安庆、宁波、舟山、杭州、义乌、温州、黄山、福州、武夷山、厦门、泉州、连城、南昌、景德镇、赣州、井冈山、郑州、洛阳、南阳、武汉、襄樊、宜昌、恩施、长沙、常德、张家界、怀化、永州、广州、梅州、深圳、佛山、湛江、南宁、桂林、柳州、百色、海口、三亚、重庆、万州、成都、达州、南充、九寨、西昌、攀枝花、贵阳、铜仁、安顺、丽江、腾冲、西双版纳、拉萨、昌都、林芝、西安、榆林、银川、兰州、庆阳、敦煌、西宁、乌鲁木齐、哈密、库尔勒、和田等
迁建	秦皇岛、锦州、台州、梧州、泸州、宜宾、延安、安康、天水、且末等;研究建设大连、青岛、厦门、成都新机场
新建	加格达奇、抚远、五大连池、建三江、绥芬河、通化、白城、松原、营口、北京新、承德、张家口、邢台、吕梁、五台山、临汾、朔州、阿尔山、巴彦淖尔、霍林河、扎兰屯、乌兰察布、日照、苏中、丽水、嘉兴、三明、莆田、上饶、宜春、芜湖、九华山、商丘、信阳、豫东北、平顶山、神农架、十堰、衡阳、武冈、韶关、惠州、岳阳、河池、儋州、琼海、巫山、武隆、乐山、稻城、红原、遵义、黄平、毕节、六盘水、泸沽湖、红河、沧源、澜沧、那曲、府谷、陇南、金昌、张掖、夏河、德令哈、果洛、石河子、富蕴、莎车等
开展前期研究	饶河、宝清、吉林、鞍山、阜新、本溪、沧州、曹妃甸、承德围场、晋城、图木舒克、林西、聊城、滨州、亳州、漳州、抚州、荆门、娄底、郴州、贺州、德钦、定边、平凉、石嘴山、吴忠、楼兰、塔中等

注:所有项目以国家批复意见为准。

第六章 建设现代空管服务系统

空中交通管理系统是民航安全飞行的核心保障。要努力推进民航空中交通网络建设，增加空域容量，提升运行效率和服务能力。重点是提高空域资源使用效率和加大新技术应用力度。

第一节 完善空中交通网络

规划调整航路网。研究规划航路航线网络布局，形成国家枢纽航路网、区域航路航线网和支线航线网有机结合的航路航线网络构架。

建设国内大能力空中通道。在北京至广州、北京至上海、北京至大连、北京至昆明、上海至大连、上海至成都、上海至西安、上海至广州、广州至成都等繁忙地区，增加干线航路数量或划设平行航路，构建大能力国家骨干航路和区域航路航线。

扩大空中交通网覆盖范围。完成新建机场进离场航线的开辟和加入航路航线网运行工作。在西部非雷达管制区，新辟区域导航航路。在海洋地区增设航路数量，增辟飞越国际航路。增加区域支线航路和航线数量。

优化繁忙地区航路航线结构。调整北京、上海、广州地区航路航线，优化沈阳、成都、西安、乌鲁木齐、青岛等地区航路航线结构。增加繁忙机场进离场航线，日流量超过200架次的机场实施进离场航线分流。完善繁忙国际航路结构，增设极地航路进出境点，增强国际航班飞行中选择航路航线和飞行高度层的灵活性。

第二节 提高空管运行效率

优化整合空域管理区划。深化区域管制区重组，将现有区域管制区调整为北京、上海、广州、西安、成都、沈阳、乌鲁木齐、三亚8个高空管制区和27个中低空管制区，实现空域相对集中管理。调整飞行情报区划，实现与高空管制区相一致。日飞行量达到100架次的机场，划设进近管制区。研究划设终端管制区，适时增设管制扇区。

加强管制中心建设。建设高空管制中心，在8个高空管制区推行大区域管制运行。全面评估高空管制区过渡后的管制能力，升级中低空管制中心，建设终端管制中心。根据机场流量增长需求，加强进近管制中心建设。

施行缩小飞行间隔。东部地区全部施行雷达管制最小飞行间隔，区域管制区最小飞行间隔10公里，终端（进近）管制区最小飞行间隔6公里。中部地区施行缩小的飞行间隔，区域管制区最小飞行间隔20公里，终端（进近）管制区最小飞行间隔10公里，经过批准的特殊地区可以施行雷达管制最小飞行间隔。西部主要航路和进近管制区施行缩小的飞行间隔。

建设空管运行管理系统。构建全国集中处理预先飞行计划系统平台，实现领航计划分散受理和集中处理。建立民航局空管局、地区空管局和空管分局（主要机场塔台）三级流量管理运行系统。实施民航运行管理中心一期工程，启动二期项目。建设地区运行管理中心，加强空中繁忙地区空域评估，实现空域流量、容量情况的监控和有效管理。

完善空管运行协调机制。创新空域管理和使用机制，加强军民航空管协调配合，完善互派联络员制度，推进军民航空管联合运行和终端管制区内统一管制。建立完善空域灵活使用机制。加强空管系统与航空公司、机场之间的运行决策协调和信息共享。完善空管系统内部运行信息通报和协同决策机制。做好空域管理体制改革的配套工作。

加强气象和情报服务能力建设。完善机场气象探测设施，增强气象信息分析处理能力，提高天气预报的准确性和及时性。完善气象运行服务体系，开发制作多样化服务产品，开展专业化和个性化气象服务。建立航空情报运行三级管理体制，加强航空数据信息管理，建设航空情报数据库，开发数字化航行通告系统，推进目视航图制作工程，加强通用航空情报服务。

第三节　加强空管技术保障

提高空管自动化水平。更新老旧空管自动化系统，升级和扩容空管自动化系统。推进高空管制中心之间，及其与中低空管制中心、终端（进近）管制中心之间的系统互联，提高自动化系统的容灾能力。以高空管制中心为核心，建立全国一体化空管自动化系统构架。

提高空管通信能力。扩大地空甚高频和高频通信的覆盖，增强航空公司航务管理通信能力，加大高原地区卫星通信建设力度。推进空管核心业务通信网络和地区空管数据通讯网建设，提高通信传输能力。增强自动转报网络功能，促进自动转报网向航空电信网（ATN）过渡。发展地空数据通信。建设集群通信系统和管制中心内话系统。

提高空中导航能力。优化导航台站的网络布局，建设全国范围测距仪（DME）网络，支持基于性能导航（PBN）运行方式。建设终端区导航设施，支持所需导航性能和区域导航（RNP/RNAV）运行。建设具备多种进近能力和多样进近方式的导航设施。研究提高特殊机场和高高原机场的导航能力。加快地基区域完好性监视系统（GRIMS）设施建设，完成接收机自主完好性监测系统（RAIM）的升级改造和评估。

提高空管监视能力。在西部地区，加快主要航路及进近管制区雷达布设，推进广播式自动相关监视系统（ADS－B）建设。在东部地区，航路航线实现无雷达覆盖盲区，繁忙干线航路以及枢纽机场终端区实现雷达三重覆盖。在飞行流量前20位的机场建设场面监视雷达，在双跑道和多跑道运行的机场建设场面监视雷达和多点定位系统（MLAT），在特殊区域配置移动二次雷达。

提高空管设备运行管理水平。加快值班和运行管理系统建设，完善空管设备运行监控系统，健全空管设备维护维修体系。

推广应用空管新技术。完善空管新技术的推广应用机制，加强技术服务平台建设。重点推广应用自动化系统融合处理、航空电信网/空管服务信息处理系统（ATN/AMHS）、地空数据链系统、地基增强系统（GBAS）、航路对流天气预报系统、高原机场气象预报系统等新技术。开展L5频段、伽利略（Galileo）、北斗系统完好性服务研究。

专栏5　"十二五"时期空管系统重点工程

工程名称	主要内容
运行管理中心工程	建设运行管理中心一期工程、飞行流量信息集成系统、空管设备运行监控系统和运行管理席位
管制中心工程	新建沈阳、武汉等10个区域（终端）管制中心，扩容改造北京、上海、广州等10个管制单位的自动化系统，建设北京、上海、广州、成都、西安、沈阳6套进离场排序系统
通信系统工程	新建、扩建以及更新地空通信系统，建设完善民航宽带数据通信网、空管核心业务网、区域传输网络等平面通信系统，建设大中型机场终端通信系统

续表

工程名称	主要内容
导航网络工程	更新老化设施，完善陆基导航网络布局，建设 DME 网
监视系统工程	实现主要航路航线雷达连续覆盖和繁忙机场的多重覆盖，建设繁忙机场 MLAT 系统和适应高原航路监视的 ADS－B 地面站
航空情报服务能力建设工程	建设航空情报数据库，开发全国通用航空目视航图和数字化航行通告系统，研发机载导航数据源数据系统
气象系统工程	完善气象中心、气象信息平台、气象预报系统、机场探测设施等

第七章　提升航空运输服务能力

提高运输服务能力是民航发展的核心任务，是建设民航强国的根本要求。要建立通达、通畅的国内、国际航线网络，扩大航空规模，提高服务质量。重点是提高航班正常率和国际竞争力。

第一节　大力发展旅客运输

完善国内干线网络。发展快线化旅客运输，构建骨干航空运输通道，在旅客吞吐量超过 1000 万人次机场间的干线上，全面开展航空快线运输服务。提高枢纽机场与省会城市、沿海开放城市、重点旅游城市的航班密度。引导航空公司提供多层次、差异化的航空服务。通过航线航班时刻等资源的支持，鼓励低成本航空公司逐步进入主要的干线运输市场。充分发挥航空运输的比较优势，积极推进空铁联运，发展多式联运。不断扩大两岸通航规模，加强内地与港澳地区的航空运输合作。

促进支线航空发展。鼓励支线航班开展代码共享、联营联运等合作，构建"干支衔接、协调发展"的航线网络结构，提升支线航空的通达、通畅能力。重点支持西藏、新疆等区域支线发展。完善支线航线的准入制度。选择西北、西南等"老少边穷"和地面交通极为不便地区作为试点，实施基本航空服务计划。

扩大国际航空运输。大力发展以枢纽化运作为支撑的国际旅客运输。健全公开、公正、公平的国际航权管理机制，优化国家航权资源的配置和利用。优化国际航线网络，增加欧美航线航班密度，开辟连接南美、非洲的国际航线，积极推进周边区域航空一体化进程。培育中国国际航空公司等成为具有国际竞争力的大型网络型航空公司。加强国际航空通道建设，增加枢纽的网络辐射范围和强度。增强门户枢纽集散功能，提高国际中转旅客比重。

第二节　积极发展货邮运输

提高国际货运能力。鼓励货运公司间的并购、重组和业务合作，打造具有较强国际竞争力的全货运航空公司。积极稳妥、有序渐进地开放货运市场，引导我国航空货运企业开辟国际航线，加入国际航空货运联盟，扩展国际货运网络。加强与海关等联检部门的协作，实行便利通关、异地清关，提高货物通关效率。

推动航空货运物流化。鼓励货运航空公司与铁路、公路、水运和物流企业开展各种形式的合作，完善地面物流网络，开展多式联运，促进航空货运企业由单一货运向现代物流转型。鼓励口岸机场建设航空保税物流园区。引导建立航空物流公共信息平台，支持航空公司建立货运信息系统和电子商务平台，促进航空企业与其他物流企业实现信息对接。支持邮政航空、顺丰航空等企业拓展航空快递业务，推进重点城市航空快件绿色通道建设。

加强货运枢纽建设。支持和鼓励航空货运企业建设航空货运枢纽、货运集散地和快件处理中心，在航线经营权、航班时刻等方面给予支持。引导形成 3 个国际航空货运枢纽群：环渤海地区以北京、天津为主，以大连、青岛、济南、石家庄为辅；长三角地区以上海为主，以杭州、南京为辅；珠三角地区以广州为主，以深圳为辅。加强沈阳、厦门、郑州、武汉、成都、重庆、昆明、西安和乌鲁木齐等机场航空货运枢纽的建设。

第三节　合理配置运输装备

以航空运输需求为基础，优化机队结构。支持增加宽体机、支线机和货机，鼓励使用国产飞机。引导退出老旧飞机。发挥规模采购优势，降低行业机队采购成本。到 2015 年，机队规模达到约 2750 架，运力年均增长 11%。

第四节　全面保障航班正常

努力提高航班正常率。完善航班正常率统计办法，细化落实行业运输服务最低标准承诺的措施，建立主要机场航班正常率、平均延误时间的公众信息通报机制。明确航空公司、机场、空管等单位保障航班正常的责任，建立和完善奖惩机制。将航班正常率作为航空公司申请航线、航班的先决条件之一，最大限度降低公司原因造成的航班延误。优化大型机场航班时刻安排，避免航班聚集拥堵。建立空管系统航班正常的激励和约束机制，提高管制水平。

建立大面积航班延误预警和应急机制。大型机场、航空公司和空管等单位必须建立和完善大面积航班延误应急信息中心和指挥中心。制定航班延误后的应急工作程序，加强各相关部门的协调与沟通。拓展信息渠道，及时有效地将航班延误信息和应对方案向公众通报。建立航班延误及应急处理后评估机制。

第八章　加快通用航空事业发展

通用航空是民航事业的两翼之一，在国家经济社会建设中具有不可替代的作用。要加快基础设施建设，扩大服务领域和规模，促进通用航空快速发展。重点是改善通用航空发展环境。

第一节　推进基础设施建设

加快基础设施和机队建设。全面布局和建设通用航空机场、起降点，运输机场建设规划要兼顾通用航空服务需要。鼓励通用航空企业和社会力量参与通用航空机场以及运行保障设施建设。建设和完善空管、维修、航油配送等保障设施，形成一批航空服务站，引入固定基地运营商，新建哈尔滨、呼和浩特、乌鲁木齐、珠海等航空汽油配送中心。支持在东部沿海、东北和西部地区构建农林防护、海洋维权、应急救援等公益性航空服务网络。加快通勤机场布局和建设。扩大通用航空机队规模，规划新增通用航空飞机 1000 架以上。

第二节　扩大通用航空规模

巩固工业、农林业、飞行培训等通用航空传统服务领域，拓展通勤飞行、公务飞行、航空游览和私人飞行等新兴业务范围，满足市场多样化需求。改善市场运营环境，支持和引导通用航空企业发展。形成以市场为主导、有利于通用航空企业发展的收费管理模式。进一步降低通用航空市场准入门槛，支持社会力量兴办通用航空企业，增加通用航空企业数量，扩大经营规模，重点培育 3～5 家骨干通用航空企业。加快完成内蒙古阿拉善盟通勤航空试点工作，选择条件适宜的地区扩大试点。

第三节　完善规章标准体系

健全通用航空规范标准。加快制定通勤及其他通用机场的建设标准，规范建设程序。构建完善适合我国通用航空发展特点的空中交通管理运行机制和技术规范。修订通用航空市场准入等规章，规范通用航空作业项目分类方式。简化非经营性通用航空登记手续，支持单位或个人以自用、私用或专业飞机租赁等形式开展非经营性通用航空活动。推动改进通用航空运行审批程序。建立通用航空安全监察体系，加强通用航空安全体系建设。健全通用航空行业统计指标体系，规划建设通用航空信息体系。

做好低空空域管理改革配套工作。在沈阳、广州飞行管制区进行深化试点，修订《通用航空飞行管制条例》，构建低空空域法规标准体系，研究运行管理机制。2015 年前，在北京、兰州、济南、南京、成都飞行管制区推广改革试点，优化管理模式，合理布局和建设服务保障网点，建设低空空域运行管理和服务保障体系。在中南、东北地区进行通用航空综合改革试点工作。

第九章　促进民航发展方式转变

加快转变经济发展方式是国家的重大战略部署。要把改革开放作为转变方式的强大动力，把科技进步和创新作为转变方式的重要支撑，把人才战略作为转变方式的保障，把节能减排作为转变方式的切入点，坚持在发展中促转变、在转变中谋发展。重点是提高政府决策管理水平和优化人才资源结构。

第一节　继续深化改革开放

深化行业管理体制改革。确立航空公司的核心地位，建立航空公司、机场、空管协调发展的机制。深入推进机场管理体制改革，强化机场公益性质，发挥机场在地方经济社会发展中的作用，引导地方政府建设和运营机场的积极性。深化空管系统体制改革，加快中小机场空管体制改革步伐，创新空管运行管理机制。坚持市场化改革方向，增强民航服务保障企业的发展活力。完善市场准入和退出机制，鼓励和引导民间资本进入。深化民航价格改革，完善民航价格政策。完成公安体制改革，明确空警的职责定位，解决当前管理模式中存在的矛盾。深化事业单位体制机制改革，通过聘用制和岗位制改革激发事业单位的活力。

提高政府决策管理能力。继续推进政企分开、政事分开和政资分开，深化行政审批制度改革，减少政府对微观经济活动的干预，加快建设服务型政府。健全科学决策、民主决策、依法决策机制，推进政务公开。推行和加强行政问责制，完善政府绩效评估制度，提高政府公信力。继续完善惩治和预防腐败体制机制，建立民航行政电子监察系统。加强决策支持力量建设，提高行业发展战略、规划和政策的研究水平，增强行业经济运行监测、预警和调控能力。对航权、航班时刻实行简政放权、公开透明、分级管理。加强对繁忙机场航班时刻的调控。

进一步扩大对外开放。坚持"引进来"和"走出去"相结合，提高安全有效利用两个市场、两种资源的能力。以开放的姿态引进人才、资金、技术和管理。鼓励民航企业拓展国际市场，创建国际化营销网络和品牌。积极参与国际民航事务，参加国际规则和标准的修订制定，将我国民航自主创立的先进理念和标准推向国际，持续提升中国民航的国际地位和影响力。

第二节 优先推动科技进步

完善科技创新体制机制。坚持科技创新、重点突破、保障安全、支撑发展的方针，增强科技创新能力，鼓励和支持科技成果向现实生产力转化，提高民航设施设备和技术的国产化率。加快建立以企业为主体、市场为导向、产学研相结合的技术创新体系。加大政府投入力度，建设开放型科技创新平台，重点引导和支持创新要素向企业集聚，力争科技投入增加一倍。

健全民航科技计划体系。加强重点领域、核心关键技术、前瞻性战略技术、基础技术和薄弱环节的研究，力争将民航科技创新内容纳入国家科技计划体系。重点推进 10 个有关新一代航空运输系统的重大科技项目研究。继续加强科研基地建设，优化民航行业重点实验室总体布局，建设 5 个民航行业重点实验室（工程技术中心），其中 1~2 个力争成为国家重点实验室。鼓励企业建立科研基地，支持行业内外科技力量参与行业科技项目。培养一支创新能力强、优势互补、梯队合理的民航科技团队。

科学定位民航科研机构。民航科学技术研究院要以"科学研究创新基地、实验验证权威机构和一流的发展智库"为发展目标，完善民航安全和管理决策研究体系。完成航空安全实验基地一期工程，启动二期工程，提升民航安全实验验证能力。加大民航发展战略和规划基础性研究力度，加强民航统计分析，提高政府经济管理决策支持能力。民航二所要以"民航领先的工程技术研究院和高新技术企业集团"为发展目标，积极开展航空安全、节能减排、空管、信息、测试等技术和航空物流、航空化学、通用航空等领域的研发，加快科技成果产业化进程。民航各院校要发挥自身学科优势，积极争取国家科技计划项目，开展民航基础和应用研究，着力构建支撑民航强国的高水平学科群。民航医学中心要以"建成具有国际水平的航空医学研究机构"为发展目标，建立健全航空医学研究体系。

全面提升民航信息化水平。积极发展电子商务，全面推进航空运输企业信息化，优先提升企业信息支持系统。建设以旅客为中心的开放式运输信息系统，加快核心信息平台的换代升级。应用物联网技术。继续完善电子政务建设，提升政府公共服务和管理能力。强化基础信息网络和重要信息系统安全。加强企业信息资源的整合与共享，健全信息化标准和规范。建立民航信息产品的准入和监控机制。

第三节 深入实施人才战略

统筹推进人才队伍建设。组织实施《民航业人才队伍建设中长期规划（2010~2020 年）》。培养造就规模适度、结构优化、布局合理、素质优良的民航业人才队伍。加大人力资源开发力度，不断深化人事制度改革，创新人才工作体制机制，营造公开平等、竞争择优的制度环境，促进优秀人才脱颖而出，增强人才队伍生机和活力。

推动实施重大人才工程。加强公务员队伍能力建设，全面提升公务员队伍的专业知识水平、执法能力和综合素养。实施"重点专业人才培养计划"，加强飞行、机务、空管、机场等急需紧缺专门人才培养。推动机场管理、安全保卫等职业资格准入制度建设。实施"重点区域人才支持计划"，支持西部中小机场，特别是新疆、西藏地区民航人才队伍建设。实施"高层次专家队伍建设计划"，培养造就一批优秀年轻人才、中青年专家和行业拔尖人才。实施"国际化人才培养计划"，培养一批熟悉国际民航规则、能够参与国际竞争的复合型人才。依托重大项目促进产学研一体化平台建设，依托民航企业推进实习实训基地建设，依托信息化技术启动民航远程教育平台建设。

推进民航院校教育改革和发展。全面贯彻落实《国家中长期教育改革和发展规划纲要（2010~

2020 年)》，按照高等教育、职业教育和继续教育的不同要求，民航院校要合理确定发展定位，集中力量办好民航特色专业，培养符合行业标准的不同层次的高素质人才。积极推动教育教学改革，创新人才培养模式，加强飞行、机务、空管、签派、机场管理等专业学生实践能力培养。组织实施"蓝天学子培养计划"、"卓越工程师教育培养计划"等。选派民航教师出国进修、到民航企业实践锻炼，培养一批高素质教师队伍。

突出各民航院校办学特色。民航大学要积极培养民航中高层、创新型的工程技术和管理人才，努力推进博士点建设，全面提升民航特色人才培养水平。飞行学院要坚持"以飞为主，协调发展"的方针，形成年培训飞行员 1600 人的能力。管理干部学院要积极发挥"民航中高级管理人才培养基地、民航改革与发展的思想库"的作用。广州民航职业技术学院和民航上海中等专业学校要大力提高职业技能教学水平，加快新校区建设。

第四节 积极建设绿色民航

加强环保和节能减排工作体系建设。提高全行业对环保、节能减排和应对气候变化工作的认识和参与的积极性，完善行业节能减排组织架构和法规标准，推进节能减排管理环境、制度环境和人文环境建设。建设政府引导协调、企业发挥主体作用、科研院所提供技术支撑的"政、产、学、研、用"相结合的工作体系。建立民航节能减排推进中心。

全面推进节能减排工作。逐步建立节能减排目标责任考核体系，实施重点节能减排工程，积极推动节能减排关键技术等基础研究和应用，提高国产化水平。航空公司要利用先进节油技术，优化管理模式，降低各环节能源消耗。机场和空管要切实提高运行管理效率，减少地面和空中燃油消耗和污染物排放。机场建设和运营要积极采用新材料、新能源和节能新技术，减少能源消耗和噪音等环境污染。配合推进生物航油研究和应用。

积极应对气候变化。积极参与"国际航空与气候变化"谈判和磋商，加强航空碳排放交易机制等问题的研究，争取发展空间。加强与国内相关部门的协调，务实开展国际交流合作，努力争取资金、技术等国际援助，不断提高我国民航应对全球气候变化的能力。

专栏6 "十二五"时期科教和节能减排重点工程	
工程名称	主要内容
科技创新工程	建设 5 个重点实验室、10 个重大科技专项，建设科技平台、科技园区
信息化工程	建设和完善新一代全球分销系统、商务便捷系统、物流信息平台、综合信息平台、航权航班时刻管理系统、电子政务系统、电子监察系统、信息安全系统、档案信息系统
重大人才培养工程	实施重点专业人才培养计划、重点区域人才支持计划、高层次专家队伍建设计划、国际化人才培养计划、蓝天学子培养计划、卓越工程师教育培养计划
教育培训工程	加强产学研一体化平台、实习实践基地、远程教育平台建设
节能减排工程	优化地面运行，研发与推广航空替代燃料，加装飞机翼尖小翼，深化 APU 替代项目，改造和更新机场设施设备，实施噪音监测和机场污水垃圾处理

第十章　保障措施

一、国家战略保障

积极推进将民航业发展纳入国家战略。研究调整《全国民用机场布局规划》。促进国家空域管理法规的制定和实施,加快推动现行空域管理和使用方式的转变。加强军民航协调机制建设,提高空域资源的利用效率。增进与有关部门的沟通联系,建立与航空工业、旅游、贸易、邮政及联检单位等关联产业和部门的合作机制。努力争取国家相关部门的优惠政策,创造支持民航发展的良好氛围。

二、法律规章保障

修改和完善《民用航空法》,加强空中交通管理、适航审定、运输市场管理、通用航空管理等方面的立法工作,及时修订制定民航法规,建立比较完备的民航法规体系。建立健全权责明确、行为规范、工作有力、监督有效的行政许可、行政检查和行政处罚体系。健全并落实执法责任制、执法过错追究制等监督制度,完善并实施社会公众参与民航立法的制度。全面加强执法队伍建设,完善执法评价标准体系,强化执法监督。加强民航法规宣传。

三、政策资金保障

建立民航政府性基金征收管理的长效机制,积极争取中央和地方政府的资金支持。探索运用股权投资基金等方式,支持民航事业发展。通过吸收社会资本、拓宽市场渠道和主动寻求银行信贷支持等多种方式,完善行业融资体制。协调国家有关部门,积极争取更加优惠的税收政策。扩大民航政府性基金使用范围,加大安全监管能力建设的投入,增加对通用航空、国际航空、科技教育等重点领域的政策支持和资金扶持。协调、完善应急救援运输企业补偿办法。综合运用好补贴、贴息、投资、融资等各项财经政策手段,加强投资成本和效益综合评估,充分发挥政府资金的使用效率和引导作用。

四、行业文化保障

建立健全行业文化推进机制,紧紧围绕实施建设民航强国战略,研究民航行业文化建设规律,提炼民航精神和核心价值观,逐步形成行业文化体系。进一步强化持续安全理念,开展安全文化建设。继续加强反腐倡廉建设,树立良好正派的行业风尚。广泛开展群众性精神文明创建活动,构建和谐的劳动关系,营造文明健康、积极向上的工作和生活方式,提高员工思想文化素质和职业道德修养。加强行业文化的传播,凝聚各方面新闻宣传力量,提高民航新闻发布水平和危机应对能力。扶持和引导行业文化载体健康发展,加强民航专业知识的宣传普及,使社会公众更多地理解和支持民航强国建设,树立中国民航的良好社会形象。

五、组织实施保障

本规划所提出的航空运输和通用航空发展目标和任务,主要依靠市场主体实施,政府将着力维护市场公平竞争,营造良好的发展环境。机场和空管系统属公共服务类基础设施,由政府推动发展。促进发展方式转变的任务是政府的主要职责,要加强对行业发展的总体指导和统筹协调,促进行业集约发展。本规划确定的任务要分解落实到有关部门和单位,要定期跟踪重点任务和重大项目的落实情况。做好各专项规划与本规划的衔接,专项规划要细化落实本规划提出的重要任务。年度计划要与本规划相衔接,充分体现本规划提出的发展目标和重点任务。加强对外部环境和行业发展的监测和统计分析工作。对规划实施定期评估,必要时按法定程序调整。

民航发展"十二五"规划是实施民航强国战略的第一个五年规划,全行业要在党中央、国务院的正确领导下,全面贯彻落实科学发展观,齐心协力,扎实工作,励精图治,开拓创新,为实现"十二五"规划和民航强国建设的宏伟目标而努力奋斗!

中华人民共和国车船税法

第一条 在中华人民共和国境内属于本法所附《车船税税目税额表》规定的车辆、船舶（以下简称车船）的所有人或者管理人，为车船税的纳税人，应当依照本法缴纳车船税。

第二条 车船的适用税额依照本法所附《车船税税目税额表》执行。

车辆的具体适用税额由省、自治区、直辖市人民政府依照本法所附《车船税税目税额表》规定的税额幅度和国务院的规定确定。

船舶的具体适用税额由国务院在本法所附《车船税税目税额表》规定的税额幅度内确定。

第三条 下列车船免征车船税：

（一）捕捞、养殖渔船；

（二）军队、武装警察部队专用的车船；

（三）警用车船；

（四）依照法律规定应当予以免税的外国驻华使领馆、国际组织驻华代表机构及其有关人员的车船。

第四条 对节约能源、使用新能源的车船可以减征或者免征车船税；对受严重自然灾害影响纳税困难以及有其他特殊原因确需减税、免税的，可以减征或者免征车船税。具体办法由国务院规定，并报全国人民代表大会常务委员会备案。

第五条 省、自治区、直辖市人民政府根据当地实际情况，可以对公共交通车船，农村居民拥有并主要在农村地区使用的摩托车、三轮汽车和低速载货汽车定期减征或者免征车船税。

第六条 从事机动车第三者责任强制保险业务的保险机构为机动车车船税的扣缴义务人，应当在收取保险费时依法代收车船税，并出具代收税款凭证。

第七条 车船税的纳税地点为车船的登记地或者车船税扣缴义务人所在地。依法不需要办理登记的车船，车船税的纳税地点为车船的所有人或者管理人所在地。

第八条 车船税纳税义务发生时间为取得车船所有权或者管理权的当月。

第九条 车船税按年申报缴纳。具体申报纳税期限由省、自治区、直辖市人民政府规定。

第十条 公安、交通运输、农业、渔业等车船登记管理部门、船舶检验机构和车船税扣缴义务人的行业主管部门应当在提供车船有关信息等方面，协助税务机关加强车船税的征收管理。

车辆所有人或者管理人在申请办理车辆相关登记、定期检验手续时，应当向公安机关交通管理部门提交依法纳税或者免税证明。公安机关交通管理部门核查后办理相关手续。

第十一条 车船税的征收管理，依照本法和《中华人民共和国税收征收管理法》的规定执行。

第十二条 国务院根据本法制定实施条例。

第十三条 本法自 2012 年 1 月 1 日起施行。2006 年 12 月 29 日国务院公布的《中华人民共和国车船税暂行条例》同时废止。

附:

车船税税目税额表

税　目		计税单位	年基准税额	备　注
乘用车〔按发动机汽缸容量（排气量）分档〕	1.0 升（含）以下的	每辆	60 元至 360 元	核定载客人数 9 人（含）以下
	1.0 升以上至 1.6 升（含）的		300 元至 540 元	
	1.6 升以上至 2.0 升（含）的		360 元至 660 元	
	2.0 升以上至 2.5 升（含）的		660 元至 1200 元	
	2.5 升以上至 3.0 升（含）的		1200 元至 2400 元	
	3.0 升以上至 4.0 升（含）的		2400 元至 3600 元	
	4.0 升以上的		3600 元至 5400 元	
商用车	客车	每辆	480 元至 1440 元	核定载客人数 9 人以上，包括电车
	货车	整备质量每吨	16 元至 120 元	包括半挂牵引车、三轮汽车和低速载货汽车等
挂车		整备质量每吨	按照货车税额的 50% 计算	
其他车辆	专用作业车	整备质量每吨	16 元至 120 元	不包括拖拉机
	轮式专用机械车		16 元至 120 元	
摩托车		每辆	36 元至 180 元	
船舶	机动船舶	净吨位每吨	3 元至 6 元	拖船、非机动驳船分别按照机动船舶税额的 50% 计算
	游艇	艇身长度每米	600 元至 2000 元	

中华人民共和国车船税法实施条例

（2011 年 11 月 23 日国务院第 182 次常务会议通过
2011 年 12 月 5 日国务院令第 611 号　自 2012 年 1 月 1 日起施行）

第一条　根据《中华人民共和国车船税法》（以下简称车船税法）的规定，制定本条例。

第二条　车船税法第一条所称车辆、船舶，是指：

（一）依法应当在车船登记管理部门登记的机动车辆和船舶；

（二）依法不需要在车船登记管理部门登记的在单位内部场所行驶或者作业的机动车辆和船舶。

第三条　省、自治区、直辖市人民政府根据车船税法所附《车船税税目税额表》确定车辆具体适用税额，应当遵循以下原则：

（一）乘用车依排气量从小到大递增税额；

（二）客车按照核定载客人数 20 人以下和 20 人（含）以上两档划分，递增税额。

省、自治区、直辖市人民政府确定的车辆具体适用税额，应当报国务院备案。

第四条　机动船舶具体适用税额为：

（一）净吨位不超过 200 吨的，每吨 3 元；

（二）净吨位超过 200 吨但不超过 2000 吨的，每吨 4 元；

（三）净吨位超过 2000 吨但不超过 10000 吨的，每吨 5 元；

（四）净吨位超过 10000 吨的，每吨 6 元。

拖船按照发动机功率每 1 千瓦折合净吨位 0.67 吨计算征收车船税。

第五条　游艇具体适用税额为：

（一）艇身长度不超过 10 米的，每米 600 元；

（二）艇身长度超过 10 米但不超过 18 米的，每米 900 元；

（三）艇身长度超过 18 米但不超过 30 米的，每米 1300 元；

（四）艇身长度超过 30 米的，每米 2000 元；

（五）辅助动力帆艇，每米 600 元。

第六条　车船税法和本条例所涉及的排气量、整备质量、核定载客人数、净吨位、千瓦、艇身长度，以车船登记管理部门核发的车船登记证书或者行驶证所载数据为准。

依法不需要办理登记的车船和依法应当登记而未办理登记或者不能提供车船登记证书、行驶证的车船，以车船出厂合格证明或者进口凭证标注的技术参数、数据为准；不能提供车船出厂合格证明或者进口凭证的，由主管税务机关参照国家相关标准核定，没有国家相关标准的参照同类车船核定。

第七条　车船税法第三条第一项所称的捕捞、养殖渔船，是指在渔业船舶登记管理部门登记为捕捞船或者养殖船的船舶。

第八条　车船税法第三条第二项所称的军队、武装警察部队专用的车船,是指按照规定在军队、武装警察部队车船登记管理部门登记,并领取军队、武警牌照的车船。

第九条　车船税法第三条第三项所称的警用车船,是指公安机关、国家安全机关、监狱、劳动教养管理机关和人民法院、人民检察院领取警用牌照的车辆和执行警务的专用船舶。

第十条　节约能源、使用新能源的车船可以免征或者减半征收车船税。免征或者减半征收车船税的车船的范围,由国务院财政、税务主管部门商国务院有关部门制定,报国务院批准。

对受地震、洪涝等严重自然灾害影响纳税困难以及其他特殊原因确需减免税的车船,可以在一定期限内减征或者免征车船税。具体减免期限和数额由省、自治区、直辖市人民政府确定,报国务院备案。

第十一条　车船税由地方税务机关负责征收。

第十二条　机动车车船税扣缴义务人在代收车船税时,应当在机动车交通事故责任强制保险的保险单以及保费发票上注明已收税款的信息,作为代收税款凭证。

第十三条　已完税或者依法减免税的车辆,纳税人应当向扣缴义务人提供登记地的主管税务机关出具的完税凭证或者减免税证明。

第十四条　纳税人没有按照规定期限缴纳车船税的,扣缴义务人在代收代缴税款时,可以一并代收代缴欠缴税款的滞纳金。

第十五条　扣缴义务人已代收代缴车船税的,纳税人不再向车辆登记地的主管税务机关申报缴纳车船税。

没有扣缴义务人的,纳税人应当向主管税务机关自行申报缴纳车船税。

第十六条　纳税人缴纳车船税时,应当提供反映排气量、整备质量、核定载客人数、净吨位、千瓦、艇身长度等与纳税相关信息的相应凭证以及税务机关根据实际需要要求提供的其他资料。

纳税人以前年度已经提供前款所列资料信息的,可以不再提供。

第十七条　车辆车船税的纳税人按照纳税地点所在的省、自治区、直辖市人民政府确定的具体适用税额缴纳车船税。

第十八条　扣缴义务人应当及时解缴代收代缴的税款和滞纳金,并向主管税务机关申报。扣缴义务人向税务机关解缴税款和滞纳金时,应当同时报送明细的税款和滞纳金扣缴报告。扣缴义务人解缴税款和滞纳金的具体期限,由省、自治区、直辖市地方税务机关依照法律、行政法规的规定确定。

第十九条　购置的新车船,购置当年的应纳税额自纳税义务发生的当月起按月计算。应纳税额为年应纳税额除以 12 再乘以应纳税月份数。

在一个纳税年度内,已完税的车船被盗抢、报废、灭失的,纳税人可以凭有关管理机关出具的证明和完税凭证,向纳税所在地的主管税务机关申请退还自被盗抢、报废、灭失月份起至该纳税年度终了期间的税款。

已办理退税的被盗抢车船失而复得的,纳税人应当从公安机关出具相关证明的当月起计算缴纳车船税。

第二十条　已缴纳车船税的车船在同一纳税年度内办理转让过户的,不另纳税,也不退税。

第二十一条　车船税法第八条所称取得车船所有权或者管理权的当月,应当以购买车船的发票或者其他证明文件所载日期的当月为准。

第二十二条　税务机关可以在车船登记管理部门、车船检验机构的办公场所集中办理车船税征收事宜。

公安机关交通管理部门在办理车辆相关登记和定期检验手续时,经核查,对没有提供依法纳税或者免税证明的，不予办理相关手续。

第二十三条 车船税按年申报，分月计算，一次性缴纳。纳税年度为公历 1 月 1 日至 12 月 31 日。

第二十四条 临时入境的外国车船和香港特别行政区、澳门特别行政区、台湾地区的车船，不征收车船税。

第二十五条 按照规定缴纳船舶吨税的机动船舶，自车船税法实施之日起 5 年内免征车船税。

依法不需要在车船登记管理部门登记的机场、港口、铁路站场内部行驶或者作业的车船，自车船税法实施之日起 5 年内免征车船税。

第二十六条 车船税法所附《车船税税目税额表》中车辆、船舶的含义如下：

乘用车是指在设计和技术特性上主要用于载运乘客及随身行李，核定载客人数包括驾驶员在内不超过 9 人的汽车。

商用车是指除乘用车外，在设计和技术特性上用于载运乘客、货物的汽车，划分为客车和货车。

半挂牵引车是指装备有特殊装置用于牵引半挂车的商用车。

三轮汽车是指最高设计车速不超过每小时 50 公里，具有三个车轮的货车。

低速载货汽车是指以柴油机为动力，最高设计车速不超过每小时 70 公里，具有四个车轮的货车。

挂车是指就其设计和技术特性需由汽车或者拖拉机牵引，才能正常使用的一种无动力的道路车辆。

专用作业车是指在其设计和技术特性上用于特殊工作的车辆。

轮式专用机械车是指有特殊结构和专门功能，装有橡胶车轮可以自行行驶，最高设计车速大于每小时 20 公里的轮式工程机械车。

摩托车是指无论采用何种驱动方式，最高设计车速大于每小时 50 公里，或者使用内燃机，其排量大于 50 毫升的两轮或者三轮车辆。

船舶是指各类机动、非机动船舶以及其他水上移动装置，但是船舶上装备的救生艇筏和长度小于 5 米的艇筏除外。其中，机动船舶是指用机器推进的船舶；拖船是指专门用于拖（推）动运输船舶的专业作业船舶；非机动驳船是指在船舶登记管理部门登记为驳船的非机动船舶；游艇是指具备内置机械推进动力装置，长度在 90 米以下，主要用于游览观光、休闲娱乐、水上体育运动等活动，并应当具有船舶检验证书和适航证书的船舶。

第二十七条 本条例自 2012 年 1 月 1 日起施行。

第二编　道路运输政策法规

中华人民共和国道路交通安全法

（2003 年 10 月 28 日第十届全国人民代表大会常务委员会第五次会议通过
根据 2007 年 12 月 29 日第十届全国人民代表大会常务委员会第三十一次会议
《关于修改〈中华人民共和国道路交通安全法〉的决定》第一次修正　根据
2011 年 4 月 22 日第十一届全国人民代表大会常务委员会第二十次会议《关于
修改〈中华人民共和国道路交通安全法〉的决定》第二次修正）

第一章　总　则

第一条　为了维护道路交通秩序，预防和减少交通事故，保护人身安全，保护公民、法人和其他组织的财产安全及其他合法权益，提高通行效率，制定本法。

第二条　中华人民共和国境内的车辆驾驶人、行人、乘车人以及与道路交通活动有关的单位和个人，都应当遵守本法。

第三条　道路交通安全工作，应当遵循依法管理、方便群众的原则，保障道路交通有序、安全、畅通。

第四条　各级人民政府应当保障道路交通安全管理工作与经济建设和社会发展相适应。

县级以上地方各级人民政府应当适应道路交通发展的需要，依据道路交通安全法律、法规和国家有关政策，制定道路交通安全管理规划，并组织实施。

第五条　国务院公安部门负责全国道路交通安全管理工作。县级以上地方各级人民政府公安机关交通管理部门负责本行政区域内的道路交通安全管理工作。

县级以上各级人民政府交通、建设管理部门依据各自职责，负责有关的道路交通工作。

第六条　各级人民政府应当经常进行道路交通安全教育，提高公民的道路交通安全意识。

公安机关交通管理部门及其交通警察执行职务时，应当加强道路交通安全法律、法规的宣传，并模范遵守道路交通安全法律、法规。

机关、部队、企业事业单位、社会团体以及其他组织，应当对本单位的人员进行道路交通安全教育。

教育行政部门、学校应当将道路交通安全教育纳入法制教育的内容。

新闻、出版、广播、电视等有关单位，有进行道路交通安全教育的义务。

第七条　对道路交通安全管理工作，应当加强科学研究，推广、使用先进的管理方法、技术、设备。

第二章   车辆和驾驶人

第一节   机动车、非机动车

第八条   国家对机动车实行登记制度。机动车经公安机关交通管理部门登记后,方可上道路行驶。尚未登记的机动车,需要临时上道路行驶的,应当取得临时通行牌证。

第九条   申请机动车登记,应当提交以下证明、凭证:

(一)机动车所有人的身份证明;

(二)机动车来历证明;

(三)机动车整车出厂合格证明或者进口机动车进口凭证;

(四)车辆购置税的完税证明或者免税凭证;

(五)法律、行政法规规定应当在机动车登记时提交的其他证明、凭证。

公安机关交通管理部门应当自受理申请之日起五个工作日内完成机动车登记审查工作,对符合前款规定条件的,应当发放机动车登记证书、号牌和行驶证;对不符合前款规定条件的,应当向申请人说明不予登记的理由。

公安机关交通管理部门以外的任何单位或者个人不得发放机动车号牌或者要求机动车悬挂其他号牌,本法另有规定的除外。

机动车登记证书、号牌、行驶证的式样由国务院公安部门规定并监制。

第十条   准予登记的机动车应当符合机动车国家安全技术标准。申请机动车登记时,应当接受对该机动车的安全技术检验。但是,经国家机动车产品主管部门依据机动车国家安全技术标准认定的企业生产的机动车型,该车型的新车在出厂时经检验符合机动车国家安全技术标准,获得检验合格证的,免予安全技术检验。

第十一条   驾驶机动车上道路行驶,应当悬挂机动车号牌,放置检验合格标志、保险标志,并随车携带机动车行驶证。

机动车号牌应当按照规定悬挂并保持清晰、完整,不得故意遮挡、污损。

任何单位和个人不得收缴、扣留机动车号牌。

第十二条   有下列情形之一的,应当办理相应的登记:

(一)机动车所有权发生转移的;

(二)机动车登记内容变更的;

(三)机动车用作抵押的;

(四)机动车报废的。

第十三条   对登记后上道路行驶的机动车,应当依照法律、行政法规的规定,根据车辆用途、载客载货数量、使用年限等不同情况,定期进行安全技术检验。对提供机动车行驶证和机动车第三者责任强制保险单的,机动车安全技术检验机构应当予以检验,任何单位不得附加其他条件。对符合机动车国家安全技术标准的,公安机关交通管理部门应当发给检验合格标志。

对机动车的安全技术检验实行社会化。具体办法由国务院规定。

机动车安全技术检验实行社会化的地方,任何单位不得要求机动车到指定的场所进行检验。

公安机关交通管理部门、机动车安全技术检验机构不得要求机动车到指定的场所进行维修、保养。

机动车安全技术检验机构对机动车检验收取费用,应当严格执行国务院价格主管部门核定的收费标准。

第十四条　国家实行机动车强制报废制度，根据机动车的安全技术状况和不同用途，规定不同的报废标准。

应当报废的机动车必须及时办理注销登记。

达到报废标准的机动车不得上道路行驶。报废的大型客、货车及其他营运车辆应当在公安机关交通管理部门的监督下解体。

第十五条　警车、消防车、救护车、工程救险车应当按照规定喷涂标志图案，安装警报器、标志灯具。其他机动车不得喷涂、安装、使用上述车辆专用的或者与其相类似的标志图案、警报器或者标志灯具。

警车、消防车、救护车、工程救险车应当严格按照规定的用途和条件使用。

公路监督检查的专用车辆，应当依照公路法的规定，设置统一的标志和示警灯。

第十六条　任何单位或者个人不得有下列行为：

（一）拼装机动车或者擅自改变机动车已登记的结构、构造或者特征；

（二）改变机动车型号、发动机号、车架号或者车辆识别代号；

（三）伪造、变造或者使用伪造、变造的机动车登记证书、号牌、行驶证、检验合格标志、保险标志；

（四）使用其他机动车的登记证书、号牌、行驶证、检验合格标志、保险标志。

第十七条　国家实行机动车第三者责任强制保险制度，设立道路交通事故社会救助基金。具体办法由国务院规定。

第十八条　依法应当登记的非机动车，经公安机关交通管理部门登记后，方可上道路行驶。

依法应当登记的非机动车的种类，由省、自治区、直辖市人民政府根据当地实际情况规定。

非机动车的外形尺寸、质量、制动器、车铃和夜间反光装置，应当符合非机动车安全技术标准。

第二节　机动车驾驶人

第十九条　驾驶机动车，应当依法取得机动车驾驶证。

申请机动车驾驶证，应当符合国务院公安部门规定的驾驶许可条件；经考试合格后，由公安机关交通管理部门发给相应类别的机动车驾驶证。

持有境外机动车驾驶证的人，符合国务院公安部门规定的驾驶许可条件，经公安机关交通管理部门考核合格的，可以发给中国的机动车驾驶证。

驾驶人应当按照驾驶证载明的准驾车型驾驶机动车；驾驶机动车时，应当随身携带机动车驾驶证。

公安机关交通管理部门以外的任何单位或者个人，不得收缴、扣留机动车驾驶证。

第二十条　机动车的驾驶培训实行社会化，由交通主管部门对驾驶培训学校、驾驶培训班实行资格管理，其中专门的拖拉机驾驶培训学校、驾驶培训班由农业（农业机械）主管部门实行资格管理。

驾驶培训学校、驾驶培训班应当严格按照国家有关规定，对学员进行道路交通安全法律、法规、驾驶技能的培训，确保培训质量。

任何国家机关以及驾驶培训和考试主管部门不得举办或者参与举办驾驶培训学校、驾驶培训班。

第二十一条　驾驶人驾驶机动车上道路行驶前，应当对机动车的安全技术性能进行认真检查；

不得驾驶安全设施不全或者机件不符合技术标准等具有安全隐患的机动车。

第二十二条 机动车驾驶人应当遵守道路交通安全法律、法规的规定,按照操作规范安全驾驶、文明驾驶。

饮酒、服用国家管制的精神药品或者麻醉药品,或者患有妨碍安全驾驶机动车的疾病,或者过度疲劳影响安全驾驶的,不得驾驶机动车。

任何人不得强迫、指使、纵容驾驶人违反道路交通安全法律、法规和机动车安全驾驶要求驾驶机动车。

第二十三条 公安机关交通管理部门依照法律、行政法规的规定,定期对机动车驾驶证实施审验。

第二十四条 公安机关交通管理部门对机动车驾驶人违反道路交通安全法律、法规的行为,除依法给予行政处罚外,实行累积记分制度。公安机关交通管理部门对累积记分达到规定分值的机动车驾驶人,扣留机动车驾驶证,对其进行道路交通安全法律、法规教育,重新考试;考试合格的,发还其机动车驾驶证。

对遵守道路交通安全法律、法规,在一年内无累积记分的机动车驾驶人,可以延长机动车驾驶证的审验期。具体办法由国务院公安部门规定。

第三章　道路通行条件

第二十五条 全国实行统一的道路交通信号。

交通信号包括交通信号灯、交通标志、交通标线和交通警察的指挥。

交通信号灯、交通标志、交通标线的设置应当符合道路交通安全、畅通的要求和国家标准,并保持清晰、醒目、准确、完好。

根据通行需要,应当及时增设、调换、更新道路交通信号。增设、调换、更新限制性的道路交通信号,应当提前向社会公告,广泛进行宣传。

第二十六条 交通信号灯由红灯、绿灯、黄灯组成。红灯表示禁止通行,绿灯表示准许通行,黄灯表示警示。

第二十七条 铁路与道路平面交叉的道口,应当设置警示灯、警示标志或者安全防护设施。无人看守的铁路道口,应当在距道口一定距离处设置警示标志。

第二十八条 任何单位和个人不得擅自设置、移动、占用、损毁交通信号灯、交通标志、交通标线。

道路两侧及隔离带上种植的树木或者其他植物,设置的广告牌、管线等,应当与交通设施保持必要的距离,不得遮挡路灯、交通信号灯、交通标志,不得妨碍安全视距,不得影响通行。

第二十九条 道路、停车场和道路配套设施的规划、设计、建设,应当符合道路交通安全、畅通的要求,并根据交通需求及时调整。

公安机关交通管理部门发现已经投入使用的道路存在交通事故频发路段,或者停车场、道路配套设施存在交通安全严重隐患的,应当及时向当地人民政府报告,并提出防范交通事故、消除隐患的建议,当地人民政府应当及时做出处理决定。

第三十条 道路出现坍塌、坑漕、水毁、隆起等损毁或者交通信号灯、交通标志、交通标线等交通设施损毁、灭失的,道路、交通设施的养护部门或者管理部门应当设置警示标志并及时修复。

公安机关交通管理部门发现前款情形,危及交通安全,尚未设置警示标志的,应当及时采取安全措施,疏导交通,并通知道路、交通设施的养护部门或者管理部门。

第三十一条　未经许可，任何单位和个人不得占用道路从事非交通活动。

第三十二条　因工程建设需要占用、挖掘道路，或者跨越、穿越道路架设、增设管线设施，应当事先征得道路主管部门的同意；影响交通安全的，还应当征得公安机关交通管理部门的同意。

施工作业单位应当在经批准的路段和时间内施工作业，并在距离施工作业地点来车方向安全距离处设置明显的安全警示标志，采取防护措施；施工作业完毕，应当迅速清除道路上的障碍物，消除安全隐患，经道路主管部门和公安机关交通管理部门验收合格，符合通行要求后，方可恢复通行。

对未中断交通的施工作业道路，公安机关交通管理部门应当加强交通安全监督检查，维护道路交通秩序。

第三十三条　新建、改建、扩建的公共建筑、商业街区、居住区、大（中）型建筑等，应当配建、增建停车场；停车泊位不足的，应当及时改建或者扩建；投入使用的停车场不得擅自停止使用或者改作他用。

在城市道路范围内，在不影响行人、车辆通行的情况下，政府有关部门可以施划停车泊位。

第三十四条　学校、幼儿园、医院、养老院门前的道路没有行人过街设施的，应当施划人行横道线，设置提示标志。

城市主要道路的人行道，应当按照规划设置盲道。盲道的设置应当符合国家标准。

第四章　道路通行规定

第一节　一般规定

第三十五条　机动车、非机动车实行右侧通行。

第三十六条　根据道路条件和通行需要，道路划分为机动车道、非机动车道和人行道的，机动车、非机动车、行人实行分道通行。没有划分机动车道、非机动车道和人行道的，机动车在道路中间通行，非机动车和行人在道路两侧通行。

第三十七条　道路划设专用车道的，在专用车道内，只准许规定的车辆通行，其他车辆不得进入专用车道内行驶。

第三十八条　车辆、行人应当按照交通信号通行；遇有交通警察现场指挥时，应当按照交通警察的指挥通行；在没有交通信号的道路上，应当在确保安全、畅通的原则下通行。

第三十九条　公安机关交通管理部门根据道路和交通流量的具体情况，可以对机动车、非机动车、行人采取疏导、限制通行、禁止通行等措施。遇有大型群众性活动、大范围施工等情况，需要采取限制交通的措施，或者做出与公众的道路交通活动直接有关的决定，应当提前向社会公告。

第四十条　遇有自然灾害、恶劣气象条件或者重大交通事故等严重影响交通安全的情形，采取其他措施难以保证交通安全时，公安机关交通管理部门可以实行交通管制。

第四十一条　有关道路通行的其他具体规定，由国务院规定。

第二节　机动车通行规定

第四十二条　机动车上道路行驶，不得超过限速标志标明的最高时速。在没有限速标志的路段，应当保持安全车速。

夜间行驶或者在容易发生危险的路段行驶，以及遇有沙尘、冰雹、雨、雪、雾、结冰等气象条件时，应当降低行驶速度。

第四十三条   同车道行驶的机动车，后车应当与前车保持足以采取紧急制动措施的安全距离。有下列情形之一的，不得超车：

（一）前车正在左转弯、掉头、超车的；

（二）与对面来车有会车可能的；

（三）前车为执行紧急任务的警车、消防车、救护车、工程救险车的；

（四）行经铁路道口、交叉路口、窄桥、弯道、陡坡、隧道、人行横道、市区交通流量大的路段等没有超车条件的。

第四十四条   机动车通过交叉路口，应当按照交通信号灯、交通标志、交通标线或者交通警察的指挥通过；通过没有交通信号灯、交通标志、交通标线或者交通警察指挥的交叉路口时，应当减速慢行，并让行人和优先通行的车辆先行。

第四十五条   机动车遇有前方车辆停车排队等候或者缓慢行驶时，不得借道超车或者占用对面车道，不得穿插等候的车辆。

在车道减少的路段、路口，或者在没有交通信号灯、交通标志、交通标线或者交通警察指挥的交叉路口遇到停车排队等候或者缓慢行驶时，机动车应当依次交替通行。

第四十六条   机动车通过铁路道口时，应当按照交通信号或者管理人员的指挥通行；没有交通信号或者管理人员的，应当减速或者停车，在确认安全后通过。

第四十七条   机动车行经人行横道时，应当减速行驶；遇行人正在通过人行横道，应当停车让行。

机动车行经没有交通信号的道路时，遇行人横过道路，应当避让。

第四十八条   机动车载物应当符合核定的载质量，严禁超载；载物的长、宽、高不得违反装载要求，不得遗洒、飘散载运物。

机动车运载超限的不可解体的物品，影响交通安全的，应当按照公安机关交通管理部门指定的时间、路线、速度行驶，悬挂明显标志。在公路上运载超限的不可解体的物品，并应当依照公路法的规定执行。

机动车载运爆炸物品、易燃易爆化学物品以及剧毒、放射性等危险物品，应当经公安机关批准后，按指定的时间、路线、速度行驶，悬挂警示标志并采取必要的安全措施。

第四十九条   机动车载人不得超过核定的人数，客运机动车不得违反规定载货。

第五十条   禁止货运机动车载客。

货运机动车需要附载作业人员的，应当设置保护作业人员的安全措施。

第五十一条   机动车行驶时，驾驶人、乘坐人员应当按规定使用安全带，摩托车驾驶人及乘坐人员应当按规定戴安全头盔。

第五十二条   机动车在道路上发生故障，需要停车排除故障时，驾驶人应当立即开启危险报警闪光灯，将机动车移至不妨碍交通的地方停放；难以移动的，应当持续开启危险报警闪光灯，并在来车方向设置警告标志等措施扩大示警距离，必要时迅速报警。

第五十三条   警车、消防车、救护车、工程救险车执行紧急任务时，可以使用警报器、标志灯具；在确保安全的前提下，不受行驶路线、行驶方向、行驶速度和信号灯的限制，其他车辆和行人应当让行。

警车、消防车、救护车、工程救险车非执行紧急任务时，不得使用警报器、标志灯具，不享有前款规定的道路优先通行权。

第五十四条   道路养护车辆、工程作业车进行作业时，在不影响过往车辆通行的前提下，其行驶路线和方向不受交通标志、标线限制，过往车辆和人员应当注意避让。

洒水车、清扫车等机动车应当按照安全作业标准作业；在不影响其他车辆通行的情况下，可以不受车辆分道行驶的限制，但是不得逆向行驶。

第五十五条 高速公路、大中城市中心城区内的道路，禁止拖拉机通行。其他禁止拖拉机通行的道路，由省、自治区、直辖市人民政府根据当地实际情况规定。

在允许拖拉机通行的道路上，拖拉机可以从事货运，但是不得用于载人。

第五十六条 机动车应当在规定地点停放。禁止在人行道上停放机动车；但是，依照本法第三十三条规定施划的停车泊位除外。

在道路上临时停车的，不得妨碍其他车辆和行人通行。

第三节 非机动车通行规定

第五十七条 驾驶非机动车在道路上行驶应当遵守有关交通安全的规定。非机动车应当在非机动车道内行驶；在没有非机动车道的道路上，应当靠车行道的右侧行驶。

第五十八条 残疾人机动轮椅车、电动自行车在非机动车道内行驶时，最高时速不得超过十五公里。

第五十九条 非机动车应当在规定地点停放。未设停放地点的，非机动车停放不得妨碍其他车辆和行人通行。

第六十条 驾驭畜力车，应当使用驯服的牲畜；驾驭畜力车横过道路时，驾驭人应当下车牵引牲畜；驾驭人离开车辆时，应当拴系牲畜。

第四节 行人和乘车人通行规定

第六十一条 行人应当在人行道内行走，没有人行道的靠路边行走。

第六十二条 行人通过路口或者横过道路，应当走人行横道或者过街设施；通过有交通信号灯的人行横道，应当按照交通信号灯指示通行；通过没有交通信号灯、人行横道的路口，或者在没有过街设施的路段横过道路，应当在确认安全后通过。

第六十三条 行人不得跨越、倚坐道路隔离设施，不得扒车、强行拦车或者实施妨碍道路交通安全的其他行为。

第六十四条 学龄前儿童以及不能辨认或者不能控制自己行为的精神疾病患者、智力障碍者在道路上通行，应当由其监护人、监护人委托的人或者对其负有管理、保护职责的人带领。

盲人在道路上通行，应当使用盲杖或者采取其他导盲手段，车辆应当避让盲人。

第六十五条 行人通过铁路道口时，应当按照交通信号或者管理人员的指挥通行；没有交通信号和管理人员的，应当在确认无火车驶临后，迅速通过。

第六十六条 乘车人不得携带易燃易爆等危险物品，不得向车外抛洒物品，不得有影响驾驶人安全驾驶的行为。

第五节 高速公路的特别规定

第六十七条 行人、非机动车、拖拉机、轮式专用机械车、铰接式客车、全挂拖斗车以及其他设计最高时速低于七十公里的机动车，不得进入高速公路。高速公路限速标志标明的最高时速不得超过一百二十公里。

第六十八条 机动车在高速公路上发生故障时，应当依照本法第五十二条的有关规定办理；但是，警告标志应当设置在故障车来车方向一百五十米以外，车上人员应当迅速转移到右侧路肩上或者应急车道内，并且迅速报警。

机动车在高速公路上发生故障或者交通事故，无法正常行驶的，应当由救援车、清障车拖曳、牵引。

第六十九条   任何单位、个人不得在高速公路上拦截检查行驶的车辆，公安机关的人民警察依法执行紧急公务除外。

第五章   交通事故处理

第七十条   在道路上发生交通事故，车辆驾驶人应当立即停车，保护现场；造成人身伤亡的，车辆驾驶人应当立即抢救受伤人员，并迅速报告执勤的交通警察或者公安机关交通管理部门。因抢救受伤人员变动现场的，应当标明位置。乘车人、过往车辆驾驶人、过往行人应当予以协助。

在道路上发生交通事故，未造成人身伤亡，当事人对事实及成因无争议的，可以即行撤离现场，恢复交通，自行协商处理损害赔偿事宜；不即行撤离现场的，应当迅速报告执勤的交通警察或者公安机关交通管理部门。

在道路上发生交通事故，仅造成轻微财产损失，并且基本事实清楚的，当事人应当先撤离现场再进行协商处理。

第七十一条   车辆发生交通事故后逃逸的，事故现场目击人员和其他知情人员应当向公安机关交通管理部门或者交通警察举报。举报属实的，公安机关交通管理部门应当给予奖励。

第七十二条   公安机关交通管理部门接到交通事故报警后，应当立即派交通警察赶赴现场，先组织抢救受伤人员，并采取措施，尽快恢复交通。

交通警察应当对交通事故现场进行勘验、检查，收集证据；因收集证据的需要，可以扣留事故车辆，但是应当妥善保管，以备核查。

对当事人的生理、精神状况等专业性较强的检验，公安机关交通管理部门应当委托专门机构进行鉴定。鉴定结论应当由鉴定人签名。

第七十三条   公安机关交通管理部门应当根据交通事故现场勘验、检查、调查情况和有关的检验、鉴定结论，及时制作交通事故认定书，作为处理交通事故的证据。交通事故认定书应当载明交通事故的基本事实、成因和当事人的责任，并送达当事人。

第七十四条   对交通事故损害赔偿的争议，当事人可以请求公安机关交通管理部门调解，也可以直接向人民法院提起民事诉讼。

经公安机关交通管理部门调解，当事人未达成协议或者调解书生效后不履行的，当事人可以向人民法院提起民事诉讼。

第七十五条   医疗机构对交通事故中的受伤人员应当及时抢救，不得因抢救费用未及时支付而拖延救治。肇事车辆参加机动车第三者责任强制保险的，由保险公司在责任限额范围内支付抢救费用；抢救费用超过责任限额的，未参加机动车第三者责任强制保险或者肇事后逃逸的，由道路交通事故社会救助基金先行垫付部分或者全部抢救费用，道路交通事故社会救助基金管理机构有权向交通事故责任人追偿。

第七十六条   机动车发生交通事故造成人身伤亡、财产损失的，由保险公司在机动车第三者责任强制保险责任限额范围内予以赔偿；不足的部分，按照下列规定承担赔偿责任：

(一)机动车之间发生交通事故的，由有过错的一方承担赔偿责任；双方都有过错的，按照各自过错的比例分担责任。

(二)机动车与非机动车驾驶人、行人之间发生交通事故，非机动车驾驶人、行人没有过错的，由机动车一方承担赔偿责任；有证据证明非机动车驾驶人、行人有过错的，根据过错程度适当减轻机动车一方的赔偿责任；机动车一方没有过错的，承担不超过百分之十的赔偿责任。

交通事故的损失是由非机动车驾驶人、行人故意碰撞机动车造成的，机动车一方不承担赔偿责任。

第七十七条　车辆在道路以外通行时发生的事故，公安机关交通管理部门接到报案的，参照本法有关规定办理。

第六章　执法监督

第七十八条　公安机关交通管理部门应当加强对交通警察的管理，提高交通警察的素质和管理道路交通的水平。

公安机关交通管理部门应当对交通警察进行法制和交通安全管理业务培训、考核。交通警察经考核不合格的，不得上岗执行职务。

第七十九条　公安机关交通管理部门及其交通警察实施道路交通安全管理，应当依据法定的职权和程序，简化办事手续，做到公正、严格、文明、高效。

第八十条　交通警察执行职务时，应当按照规定着装，佩戴人民警察标志，持有人民警察证件，保持警容严整，举止端庄，指挥规范。

第八十一条　依照本法发放牌证等收取工本费，应当严格执行国务院价格主管部门核定的收费标准，并全部上缴国库。

第八十二条　公安机关交通管理部门依法实施罚款的行政处罚，应当依照有关法律、行政法规的规定，实施罚款决定与罚款收缴分离；收缴的罚款以及依法没收的违法所得，应当全部上缴国库。

第八十三条　交通警察调查处理道路交通安全违法行为和交通事故，有下列情形之一的，应当回避：

（一）是本案的当事人或者当事人的近亲属；

（二）本人或者其近亲属与本案有利害关系；

（三）与本案当事人有其他关系，可能影响案件的公正处理。

第八十四条　公安机关交通管理部门及其交通警察的行政执法活动，应当接受行政监察机关依法实施的监督。

公安机关督察部门应当对公安机关交通管理部门及其交通警察执行法律、法规和遵守纪律的情况依法进行监督。

上级公安机关交通管理部门应当对下级公安机关交通管理部门的执法活动进行监督。

第八十五条　公安机关交通管理部门及其交通警察执行职务，应当自觉接受社会和公民的监督。

任何单位和个人都有权对公安机关交通管理部门及其交通警察不严格执法以及违法、违纪行为进行检举、控告。收到检举、控告的机关，应当依据职责及时查处。

第八十六条　任何单位不得给公安机关交通管理部门下达或者变相下达罚款指标；公安机关交通管理部门不得以罚款数额作为考核交通警察的标准。

公安机关交通管理部门及其交通警察对超越法律、法规规定的指令，有权拒绝执行，并同时向上级机关报告。

第七章　法律责任

第八十七条　公安机关交通管理部门及其交通警察对道路交通安全违法行为，应当及时纠正。

　　公安机关交通管理部门及其交通警察应当依据事实和本法的有关规定对道路交通安全违法行为予以处罚。对于情节轻微，未影响道路通行的，指出违法行为，给予口头警告后放行。

　　第八十八条　对道路交通安全违法行为的处罚种类包括：警告、罚款、暂扣或者吊销机动车驾驶证、拘留。

　　第八十九条　行人、乘车人、非机动车驾驶人违反道路交通安全法律、法规关于道路通行规定的，处警告或者五元以上五十元以下罚款；非机动车驾驶人拒绝接受罚款处罚的，可以扣留其非机动车。

　　第九十条　机动车驾驶人违反道路交通安全法律、法规关于道路通行规定的，处警告或者二十元以上二百元以下罚款。本法另有规定的，依照规定处罚。

　　第九十一条　饮酒后驾驶机动车的，处暂扣六个月机动车驾驶证，并处一千元以上二千元以下罚款。因饮酒后驾驶机动车被处罚，再次饮酒后驾驶机动车的，处十日以下拘留，并处一千元以上二千元以下罚款，吊销机动车驾驶证。

　　醉酒驾驶机动车的，由公安机关交通管理部门约束至酒醒，吊销机动车驾驶证，依法追究刑事责任；五年内不得重新取得机动车驾驶证。

　　饮酒后驾驶营运机动车的，处十五日拘留，并处五千元罚款，吊销机动车驾驶证，五年内不得重新取得机动车驾驶证。

　　醉酒驾驶营运机动车的，由公安机关交通管理部门约束至酒醒，吊销机动车驾驶证，依法追究刑事责任；十年内不得重新取得机动车驾驶证，重新取得机动车驾驶证后，不得驾驶营运机动车。

　　饮酒后或者醉酒驾驶机动车发生重大交通事故，构成犯罪的，依法追究刑事责任，并由公安机关交通管理部门吊销机动车驾驶证，终生不得重新取得机动车驾驶证。

　　第九十二条　公路客运车辆载客超过额定乘员的，处二百元以上五百元以下罚款；超过额定乘员百分之二十或者违反规定载货的，处五百元以上二千元以下罚款。

　　货运机动车超过核定载质量的，处二百元以上五百元以下罚款；超过核定载质量百分之三十或者违反规定载客的，处五百元以上二千元以下罚款。

　　有前两款行为的，由公安机关交通管理部门扣留机动车至违法状态消除。

　　运输单位的车辆有本条第一款、第二款规定的情形，经处罚不改的，对直接负责的主管人员处二千元以上五千元以下罚款。

　　第九十三条　对违反道路交通安全法律、法规关于机动车停放、临时停车规定的，可以指出违法行为，并予以口头警告，令其立即驶离。

　　机动车驾驶人不在现场或者虽在现场但拒绝立即驶离，妨碍其他车辆、行人通行的，处二十元以上二百元以下罚款，并可以将该机动车拖移至不妨碍交通的地点或者公安机关交通管理部门指定的地点停放。公安机关交通管理部门拖车不得向当事人收取费用，并应当及时告知当事人停放地点。

　　因采取不正确的方法拖车造成机动车损坏的，应当依法承担补偿责任。

　　第九十四条　机动车安全技术检验机构实施机动车安全技术检验超过国务院价格主管部门核定的收费标准收取费用的，退还多收取的费用，并由价格主管部门依照《中华人民共和国价格法》的有关规定给予处罚。

　　机动车安全技术检验机构不按照机动车国家安全技术标准进行检验，出具虚假检验结果的，由公安机关交通管理部门处所收检验费用五倍以上十倍以下罚款，并依法撤销其检验资格；构成犯罪的，依法追究刑事责任。

　　第九十五条　上道路行驶的机动车未悬挂机动车号牌，未放置检验合格标志、保险标志，或者未随车携带行驶证、驾驶证的，公安机关交通管理部门应当扣留机动车，通知当事人提供相应的牌证、标志或者补办相应手续，并可以依照本法第九十条的规定予以处罚。当事人提供相应的牌证、标志或者补办相应手续的，应当及时退还机动车。

故意遮挡、污损或者不按规定安装机动车号牌的，依照本法第九十条的规定予以处罚。

第九十六条　伪造、变造或者使用伪造、变造的机动车登记证书、号牌、行驶证、驾驶证的，由公安机关交通管理部门予以收缴，扣留该机动车，处十五日以下拘留，并处二千元以上五千元以下罚款；构成犯罪的，依法追究刑事责任。

伪造、变造或者使用伪造、变造的检验合格标志、保险标志的，由公安机关交通管理部门予以收缴，扣留该机动车，处十日以下拘留，并处一千元以上三千元以下罚款；构成犯罪的，依法追究刑事责任。

使用其他车辆的机动车登记证书、号牌、行驶证、检验合格标志、保险标志的，由公安机关交通管理部门予以收缴，扣留该机动车，处二千元以上五千元以下罚款。

当事人提供相应的合法证明或者补办相应手续的，应当及时退还机动车。

第九十七条　非法安装警报器、标志灯具的，由公安机关交通管理部门强制拆除，予以收缴，并处二百元以上二千元以下罚款。

第九十八条　机动车所有人、管理人未按照国家规定投保机动车第三者责任强制保险的，由公安机关交通管理部门扣留车辆至依照规定投保后，并处依照规定投保最低责任限额应缴纳的保险费的二倍罚款。

依照前款缴纳的罚款全部纳入道路交通事故社会救助基金。具体办法由国务院规定。

第九十九条　有下列行为之一的，由公安机关交通管理部门处二百元以上二千元以下罚款：

（一）未取得机动车驾驶证、机动车驾驶证被吊销或者机动车驾驶证被暂扣期间驾驶机动车的；

（二）将机动车交由未取得机动车驾驶证或者机动车驾驶证被吊销、暂扣的人驾驶的；

（三）造成交通事故后逃逸，尚不构成犯罪的；

（四）机动车行驶超过规定时速百分之五十的；

（五）强迫机动车驾驶人违反道路交通安全法律、法规和机动车安全驾驶要求驾驶机动车，造成交通事故，尚不构成犯罪的；

（六）违反交通管制的规定强行通行，不听劝阻的；

（七）故意损毁、移动、涂改交通设施，造成危害后果，尚不构成犯罪的；

（八）非法拦截、扣留机动车辆，不听劝阻，造成交通严重阻塞或者较大财产损失的。

行为人有前款第二项、第四项情形之一的，可以并处吊销机动车驾驶证；有第一项、第三项、第五项至第八项情形之一的，可以并处十五日以下拘留。

第一百条　驾驶拼装的机动车或者已达到报废标准的机动车上道路行驶的，公安机关交通管理部门应当予以收缴，强制报废。

对驾驶前款所列机动车上道路行驶的驾驶人，处二百元以上二千元以下罚款，并吊销机动车驾驶证。

出售已达到报废标准的机动车的，没收违法所得，处销售金额等额的罚款，对该机动车依照本条第一款的规定处理。

第一百零一条　违反道路交通安全法律、法规的规定，发生重大交通事故，构成犯罪的，依法追究刑事责任，并由公安机关交通管理部门吊销机动车驾驶证。

造成交通事故后逃逸的，由公安机关交通管理部门吊销机动车驾驶证，且终生不得重新取得机动车驾驶证。

第一百零二条 对六个月内发生二次以上特大交通事故负有主要责任或者全部责任的专业运输单位，由公安机关交通管理部门责令消除安全隐患，未消除安全隐患的机动车，禁止上道路行驶。

第一百零三条 国家机动车产品主管部门未按照机动车国家安全技术标准严格审查，许可不合格机动车型投入生产的，对负有责任的主管人员和其他直接责任人员给予降级或者撤职的行政处分。

机动车生产企业经国家机动车产品主管部门许可生产的机动车型，不执行机动车国家安全技术标准或者不严格进行机动车成品质量检验，致使质量不合格的机动车出厂销售的，由质量技术监督部门依照《中华人民共和国产品质量法》的有关规定给予处罚。

擅自生产、销售未经国家机动车产品主管部门许可生产的机动车型的，没收非法生产、销售的机动车成品及配件，可以并处非法产品价值三倍以上五倍以下罚款；有营业执照的，由工商行政管理部门吊销营业执照，没有营业执照的，予以查封。

生产、销售拼装的机动车或者生产、销售擅自改装的机动车的，依照本条第三款的规定处罚。

有本条第二款、第三款、第四款所列违法行为，生产或者销售不符合机动车国家安全技术标准的机动车，构成犯罪的，依法追究刑事责任。

第一百零四条 未经批准，擅自挖掘道路、占用道路施工或者从事其他影响道路交通安全活动的，由道路主管部门责令停止违法行为，并恢复原状，可以依法给予罚款；致使通行的人员、车辆及其他财产遭受损失的，依法承担赔偿责任。

有前款行为，影响道路交通安全活动的，公安机关交通管理部门可以责令停止违法行为，迅速恢复交通。

第一百零五条 道路施工作业或者道路出现损毁，未及时设置警示标志、未采取防护措施，或者应当设置交通信号灯、交通标志、交通标线而没有设置或者应当及时变更交通信号灯、交通标志、交通标线而没有及时变更，致使通行的人员、车辆及其他财产遭受损失的，负有相关职责的单位应当依法承担赔偿责任。

第一百零六条 在道路两侧及隔离带上种植树木、其他植物或者设置广告牌、管线等，遮挡路灯、交通信号灯、交通标志，妨碍安全视距的，由公安机关交通管理部门责令行为人排除妨碍；拒不执行的，处二百元以上二千元以下罚款，并强制排除妨碍，所需费用由行为人负担。

第一百零七条 对道路交通违法行为人予以警告、二百元以下罚款，交通警察可以当场做出行政处罚决定，并出具行政处罚决定书。

行政处罚决定书应当载明当事人的违法事实、行政处罚的依据、处罚内容、时间、地点以及处罚机关名称，并由执法人员签名或者盖章。

第一百零八条 当事人应当自收到罚款的行政处罚决定书之日起十五日内，到指定的银行缴纳罚款。

对行人、乘车人和非机动车驾驶人的罚款，当事人无异议的，可以当场予以收缴罚款。

罚款应当开具省、自治区、直辖市财政部门统一制发的罚款收据；不出具财政部门统一制发的罚款收据的，当事人有权拒绝缴纳罚款。

第一百零九条 当事人逾期不履行行政处罚决定的，做出行政处罚决定的行政机关可以采取下列措施：

（一）到期不缴纳罚款的，每日按罚款数额的百分之三加处罚款；

（二）申请人民法院强制执行。

第一百一十条 执行职务的交通警察认为应当对道路交通违法行为人给予暂扣或者吊销机动车驾驶证处罚的，可以先予扣留机动车驾驶证，并在二十四小时内将案件移交公安机关交通管理部门处理。

道路交通违法行为人应当在十五日内到公安机关交通管理部门接受处理。无正当理由逾期未接受处理的，吊销机动车驾驶证。

公安机关交通管理部门暂扣或者吊销机动车驾驶证的，应当出具行政处罚决定书。

第一百一十一条　对违反本法规定予以拘留的行政处罚，由县、市公安局、公安分局或者相当于县一级的公安机关裁决。

第一百一十二条　公安机关交通管理部门扣留机动车、非机动车，应当当场出具凭证，并告知当事人在规定期限内到公安机关交通管理部门接受处理。

公安机关交通管理部门对被扣留的车辆应当妥善保管，不得使用。

逾期不来接受处理，并且经公告三个月仍不来接受处理的，对扣留的车辆依法处理。

第一百一十三条　暂扣机动车驾驶证的期限从处罚决定生效之日起计算；处罚决定生效前先予扣留机动车驾驶证的，扣留一日折抵暂扣期限一日。

吊销机动车驾驶证后重新申请领取机动车驾驶证的期限，按照机动车驾驶证管理规定办理。

第一百一十四条　公安机关交通管理部门根据交通技术监控记录资料，可以对违法的机动车所有人或者管理人依法予以处罚。对能够确定驾驶人的，可以依照本法的规定依法予以处罚。

第一百一十五条　交通警察有下列行为之一的，依法给予行政处分：

（一）为不符合法定条件的机动车发放机动车登记证书、号牌、行驶证、检验合格标志的；

（二）批准不符合法定条件的机动车安装、使用警车、消防车、救护车、工程救险车的警报器、标志灯具，喷涂标志图案的；

（三）为不符合驾驶许可条件、未经考试或者考试不合格人员发放机动车驾驶证的；

（四）不执行罚款决定与罚款收缴分离制度或者不按规定将依法收取的费用、收缴的罚款及没收的违法所得全部上缴国库的；

（五）举办或者参与举办驾驶学校或者驾驶培训班、机动车修理厂或者收费停车场等经营活动的；

（六）利用职务上的便利收受他人财物或者谋取其他利益的；

（七）违法扣留车辆、机动车行驶证、驾驶证、车辆号牌的；

（八）使用依法扣留的车辆的；

（九）当场收取罚款不开具罚款收据或者不如实填写罚款额的；

（十）徇私舞弊，不公正处理交通事故的；

（十一）故意刁难，拖延办理机动车牌证的；

（十二）非执行紧急任务时使用警报器、标志灯具的；

（十三）违反规定拦截、检查正常行驶的车辆的；

（十四）非执行紧急公务时拦截搭乘机动车的；

（十五）不履行法定职责的。

公安机关交通管理部门有前款所列行为之一的，对直接负责的主管人员和其他直接责任人员给予相应的行政处分。

第一百一十六条　依照本法第一百一十五条的规定，给予交通警察行政处分的，在做出行政处分决定前，可以停止其执行职务；必要时，可以予以禁闭。

依照本法第一百一十五条的规定，交通警察受到降级或者撤职行政处分的，可以予以辞退。

交通警察受到开除处分或者被辞退的，应当取消警衔；受到撤职以下行政处分的交通警察，应当降低警衔。

第一百一十七条　交通警察利用职权非法占有公共财物，索取、收受贿赂，或者滥用职权、玩忽职守，构成犯罪的，依法追究刑事责任。

第一百一十八条　公安机关交通管理部门及其交通警察有本法第一百一十五条所列行为之一，给当事人造成损失的，应当依法承担赔偿责任。

第八章　附　则

第一百一十九条　本法中下列用语的含义：

（一）"道路"是指公路、城市道路和虽在单位管辖范围但允许社会机动车通行的地方，包括广场、公共停车场等用于公众通行的场所。

（二）"车辆"是指机动车和非机动车。

（三）"机动车"是指以动力装置驱动或者牵引，上道路行驶的供人员乘用或者用于运送物品以及进行工程专项作业的轮式车辆。

（四）"非机动车"是指以人力或者畜力驱动，上道路行驶的交通工具，以及虽有动力装置驱动但设计最高时速、空车质量、外形尺寸符合有关国家标准的残疾人机动轮椅车、电动自行车等交通工具。

（五）"交通事故"是指车辆在道路上因过错或者意外造成的人身伤亡或者财产损失的事件。

第一百二十条　中国人民解放军和中国人民武装警察部队在编机动车牌证、在编机动车检验以及机动车驾驶人考核工作，由中国人民解放军、中国人民武装警察部队有关部门负责。

第一百二十一条　对上道路行驶的拖拉机，由农业（农业机械）主管部门行使本法第八条、第九条、第十三条、第十九条、第二十三条规定的公安机关交通管理部门的管理职权。

农业（农业机械）主管部门依照前款规定行使职权，应当遵守本法有关规定，并接受公安机关交通管理部门的监督；对违反规定的，依照本法有关规定追究法律责任。

本法施行前由农业（农业机械）主管部门发放的机动车牌证，在本法施行后继续有效。

第一百二十二条　国家对入境的境外机动车的道路交通安全实施统一管理。

第一百二十三条　省、自治区、直辖市人民代表大会常务委员会可以根据本地区的实际情况，在本法规定的罚款幅度内，规定具体的执行标准。

第一百二十四条　本法自 2004 年 5 月 1 日起施行。

道路运输条例

（2004 年 4 月 14 日国务院第 48 次常务会议通过 2004 年 4 月 30 日国务院令第 406 号公布 根据 2012 年 11 月 9 日国务院令第 628 号公布 自 2013 年 1 月 1 日起施行的《国务院关于修改和废止部分行政法规的决定》修正）

第一章 总 则

第一条 为了维护道路运输市场秩序，保障道路运输安全，保护道路运输有关各方当事人的合法权益，促进道路运输业的健康发展，制定本条例。

第二条 从事道路运输经营以及道路运输相关业务的，应当遵守本条例。

前款所称道路运输经营包括道路旅客运输经营（以下简称客运经营）和道路货物运输经营（以下简称货运经营）；道路运输相关业务包括站（场）经营、机动车维修经营、机动车驾驶员培训。

第三条 从事道路运输经营以及道路运输相关业务，应当依法经营，诚实信用，公平竞争。

第四条 道路运输管理，应当公平、公正、公开和便民。

第五条 国家鼓励发展乡村道路运输，并采取必要的措施提高乡镇和行政村的通班车率，满足广大农民的生活和生产需要。

第六条 国家鼓励道路运输企业实行规模化、集约化经营。任何单位和个人不得封锁或者垄断道路运输市场。

第七条 国务院交通主管部门主管全国道路运输管理工作。

县级以上地方人民政府交通主管部门负责组织领导本行政区域的道路运输管理工作。

县级以上道路运输管理机构负责具体实施道路运输管理工作。

第二章 道路运输经营

第一节 客运

第八条 申请从事客运经营的，应当具备下列条件：

（一）有与其经营业务相适应并经检测合格的车辆；

（二）有符合本条例第九条规定条件的驾驶人员；

（三）有健全的安全生产管理制度。

申请从事班线客运经营的，还应当有明确的线路和站点方案。

第九条 从事客运经营的驾驶人员，应当符合下列条件：

（一）取得相应的机动车驾驶证；

（二）年龄不超过 60 周岁；

（三）3 年内无重大以上交通责任事故记录；

（四）经设区的市级道路运输管理机构对有关客运法律和法规、机动车维修和旅客急救基本知识考试合格。

第十条　申请从事客运经营的，应当按照下列规定提出申请并提交符合本条例第八条规定条件的相关材料：

（一）从事县级行政区域内客运经营的，向县级道路运输管理机构提出申请；

（二）从事省、自治区、直辖市行政区域内跨 2 个县级以上行政区域客运经营的，向其共同的上一级道路运输管理机构提出申请；

（三）从事跨省、自治区、直辖市行政区域客运经营的，向所在地的省、自治区、直辖市道路运输管理机构提出申请。

依照前款规定收到申请的道路运输管理机构，应当自受理申请之日起 20 日内审查完毕，做出许可或者不予许可的决定。予以许可的，向申请人颁发道路运输经营许可证，并向申请人投入运输的车辆配发车辆营运证；不予许可的，应当书面通知申请人并说明理由。

对从事跨省、自治区、直辖市行政区域客运经营的申请，有关省、自治区、直辖市道路运输管理机构依照本条第二款规定颁发道路运输经营许可证前，应当与运输线路目的地的省、自治区、直辖市道路运输管理机构协商；协商不成的，应当报国务院交通主管部门决定。

客运经营者应当持道路运输经营许可证依法向工商行政管理机关办理有关登记手续。

第十一条　取得道路运输经营许可证的客运经营者，需要增加客运班线的，应当依照本条例第十条的规定办理有关手续。

第十二条　县级以上道路运输管理机构在审查客运申请时，应当考虑客运市场的供求状况、普遍服务和方便群众等因素。

同一线路有 3 个以上申请人时，可以通过招标的形式做出许可决定。

第十三条　县级以上道路运输管理机构应当定期公布客运市场供求状况。

第十四条　客运班线的经营期限为 4～8 年。经营期限届满需要延续客运班线经营许可的，应当重新提出申请。

第十五条　客运经营者需要终止客运经营的，应当在终止前 30 日内告知原许可机关。

第十六条　客运经营者应当为旅客提供良好的乘车环境，保持车辆清洁、卫生，并采取必要的措施防止在运输过程中发生侵害旅客人身、财产安全的违法行为。

第十七条　旅客应当持有效客票乘车，遵守乘车秩序，讲究文明卫生，不得携带国家规定的危险物品及其他禁止携带的物品乘车。

第十八条　班线客运经营者取得道路运输经营许可证后，应当向公众连续提供运输服务，不得擅自暂停、终止或者转让班线运输。

第十九条　从事包车客运的，应当按照约定的起始地、目的地和线路运输。

从事旅游客运的，应当在旅游区域按照旅游线路运输。

第二十条　客运经营者不得强迫旅客乘车，不得甩客、敲诈旅客；不得擅自更换运输车辆。

第二节　货运

第二十一条　申请从事货运经营的，应当具备下列条件：

（一）有与其经营业务相适应并经检测合格的车辆；

（二）有符合本条例第二十二条规定条件的驾驶人员；

（三）有健全的安全生产管理制度。

第二十二条　从事货运经营的驾驶人员，应当符合下列条件：

（一）取得相应的机动车驾驶证；

（二）年龄不超过 60 周岁；

（三）经设区的市级道路运输管理机构对有关货运法律和法规、机动车维修和货物装载保管基本知识考试合格。

第二十三条　申请从事危险货物运输经营的，还应当具备下列条件：

（一）有 5 辆以上经检测合格的危险货物运输专用车辆、设备；

（二）有经所在地设区的市级人民政府交通主管部门考试合格，取得上岗资格证的驾驶人员、装卸管理人员、押运人员；

（三）危险货物运输专用车辆配有必要的通讯工具；

（四）有健全的安全生产管理制度。

第二十四条　申请从事货运经营的，应当按照下列规定提出申请并分别提交符合本条例第二十一条、第二十三条规定条件的相关材料：

（一）从事危险货物运输经营以外的货运经营的，向县级道路运输管理机构提出申请；

（二）从事危险货物运输经营的，向设区的市级道路运输管理机构提出申请。

依照前款规定收到申请的道路运输管理机构，应当自受理申请之日起 20 日内审查完毕，做出许可或者不予许可的决定。予以许可的，向申请人颁发道路运输经营许可证，并向申请人投入运输的车辆配发车辆营运证；不予许可的，应当书面通知申请人并说明理由。

货运经营者应当持道路运输经营许可证依法向工商行政管理机关办理有关登记手续。

第二十五条　货运经营者不得运输法律、行政法规禁止运输的货物。

法律、行政法规规定必须办理有关手续后方可运输的货物，货运经营者应当查验有关手续。

第二十六条　国家鼓励货运经营者实行封闭式运输，保证环境卫生和货物运输安全。

货运经营者应当采取必要措施，防止货物脱落、扬撒等。

运输危险货物应当采取必要措施，防止危险货物燃烧、爆炸、辐射、泄漏等。

第二十七条　运输危险货物应当配备必要的押运人员，保证危险货物处于押运人员的监管之下，并悬挂明显的危险货物运输标志。

托运危险货物的，应当向货运经营者说明危险货物的品名、性质、应急处置方法等情况，并严格按照国家有关规定包装，设置明显标志。

第三节　客运和货运的共同规定

第二十八条　客运经营者、货运经营者应当加强对从业人员的安全教育、职业道德教育，确保道路运输安全。

道路运输从业人员应当遵守道路运输操作规程，不得违章作业。驾驶人员连续驾驶时间不得超过 4 个小时。

第二十九条　生产（改装）客运车辆、货运车辆的企业应当按照国家规定标定车辆的核定人数或者载重量，严禁多标或者少标车辆的核定人数或者载重量。

客运经营者、货运经营者应当使用符合国家规定标准的车辆从事道路运输经营。

第三十条　客运经营者、货运经营者应当加强对车辆的维护和检测，确保车辆符合国家规定的技术标准；不得使用报废的、擅自改装的和其他不符合国家规定的车辆从事道路运输经营。

第三十一条　客运经营者、货运经营者应当制定有关交通事故、自然灾害以及其他突发事件的道路运输应急预案。应急预案应当包括报告程序、应急指挥、应急车辆和设备的储备以及处置措施等内容。

第三十二条　发生交通事故、自然灾害以及其他突发事件，客运经营者和货运经营者应当服从县级以上人民政府或者有关部门的统一调度、指挥。

第三十三条　道路运输车辆应当随车携带车辆营运证，不得转让、出租。

第三十四条　道路运输车辆运输旅客的，不得超过核定的人数，不得违反规定载货；运输货物的，不得运输旅客，运输的货物应当符合核定的载重量，严禁超载；载物的长、宽、高不得违反装载要求。

违反前款规定的，由公安机关交通管理部门依照《中华人民共和国道路交通安全法》的有关规定进行处罚。

第三十五条　客运经营者、危险货物运输经营者应当分别为旅客或者危险货物投保承运人责任险。

第三章　道路运输相关业务

第三十六条　申请从事道路运输站（场）经营的，应当具备下列条件：

（一）有经验收合格的运输站（场）；

（二）有相应的专业人员和管理人员；

（三）有相应的设备、设施；

（四）有健全的业务操作规程和安全管理制度。

第三十七条　申请从事机动车维修经营的，应当具备下列条件：

（一）有相应的机动车维修场地；

（二）有必要的设备、设施和技术人员；

（三）有健全的机动车维修管理制度；

（四）有必要的环境保护措施。

第三十八条　申请从事机动车驾驶员培训的，应当具备下列条件：

（一）有健全的培训机构和管理制度；

（二）有与培训业务相适应的教学人员、管理人员；

（三）有必要的教学车辆和其他教学设施、设备、场地。

第三十九条　申请从事道路运输站（场）经营、机动车维修经营和机动车驾驶员培训业务的，应当向所在地县级道路运输管理机构提出申请，并分别附送本条例第三十六条、第三十七条、第三十八条规定条件的相关材料。县级道路运输管理机构应当自受理申请之日起 15 日内审查完毕，做出许可或者不予许可的决定，并书面通知申请人。

道路运输站（场）经营者、机动车维修经营者和机动车驾驶员培训机构，应当持许可证明依法向工商行政管理机关办理有关登记手续。

第四十条　道路运输站（场）经营者应当对出站的车辆进行安全检查，禁止无证经营的车辆进站从事经营活动，防止超载车辆或者未经安全检查的车辆出站。

道路运输站（场）经营者应当公平对待使用站（场）的客运经营者和货运经营者，无正当理由不得拒绝道路运输车辆进站从事经营活动。

道路运输站（场）经营者应当向旅客和货主提供安全、便捷、优质的服务；保持站（场）卫生、清洁；不得随意改变站（场）用途和服务功能。

第四十一条　道路旅客运输站（场）经营者应当为客运经营者合理安排班次，公布其运输线路、起止经停站点、运输班次、始发时间、票价，调度车辆进站、发车，疏导旅客，维持上下车秩序。

道路旅客运输站（场）经营者应当设置旅客购票、候车、行李寄存和托运等服务设施，按照车辆核定载客限额售票，并采取措施防止携带危险品的人员进站乘车。

第四十二条　道路货物运输站（场）经营者应当按照国务院交通主管部门规定的业务操作规程装卸、储存、保管货物。

第四十三条　机动车维修经营者应当按照国家有关技术规范对机动车进行维修，保证维修质量，不得使用假冒伪劣配件维修机动车。

机动车维修经营者应当公布机动车维修工时定额和收费标准，合理收取费用。

第四十四条　机动车维修经营者对机动车进行二级维护、总成修理或者整车修理的，应当进行维修质量检验。检验合格的，维修质量检验人员应当签发机动车维修合格证。

机动车维修实行质量保证期制度。质量保证期内因维修质量原因造成机动车无法正常使用的，机动车维修经营者应当无偿返修。

机动车维修质量保证期制度的具体办法，由国务院交通主管部门制定。

第四十五条　机动车维修经营者不得承修已报废的机动车，不得擅自改装机动车。

第四十六条　机动车驾驶员培训机构应当按照国务院交通主管部门规定的教学大纲进行培训，确保培训质量。培训结业的，应当向参加培训的人员颁发培训结业证书。

第四章　国际道路运输

第四十七条　国务院交通主管部门应当及时向社会公布中国政府与有关国家政府签署的双边或者多边道路运输协定确定的国际道路运输线路。

第四十八条　申请从事国际道路运输经营的，应当具备下列条件：

（一）依照本条例第十条、第二十四条规定取得道路运输经营许可证的企业法人；

（二）在国内从事道路运输经营满3年，且未发生重大以上道路交通责任事故。

第四十九条　申请从事国际道路运输的，应当向省、自治区、直辖市道路运输管理机构提出申请并提交符合本条例第四十八条规定条件的相关材料。省、自治区、直辖市道路运输管理机构应当自受理申请之日起20日内审查完毕，做出批准或者不予批准的决定。予以批准的，应当向国务院交通主管部门备案；不予批准的，应当向当事人说明理由。国际道路运输经营者应当持批准文件依法向有关部门办理相关手续。

第五十条　中国国际道路运输经营者应当在其投入运输车辆的显著位置，标明中国国籍识别标志。

外国国际道路运输经营者的车辆在中国境内运输，应当标明本国国籍识别标志，并按照规定的运输线路行驶；不得擅自改变运输线路，不得从事起止地都在中国境内的道路运输经营。

第五十一条　在口岸设立的国际道路运输管理机构应当加强对出入口岸的国际道路运输的监督管理。

第五十二条　外国国际道路运输经营者经国务院交通主管部门批准，可以依法在中国境内设立常驻代表机构。常驻代表机构不得从事经营活动。

第五章　执法监督

第五十三条　县级以上人民政府交通主管部门应当加强对道路运输管理机构实施道路运输管理工作的指导监督。

第五十四条　道路运输管理机构应当加强执法队伍建设，提高其工作人员的法制、业务素质。

道路运输管理机构的工作人员应当接受法制和道路运输管理业务培训、考核，考核不合格的，不得上岗执行职务。

第五十五条　上级道路运输管理机构应当对下级道路运输管理机构的执法活动进行监督。

道路运输管理机构应当建立健全内部监督制度，对其工作人员执法情况进行监督检查。

第五十六条　道路运输管理机构及其工作人员执行职务时，应当自觉接受社会和公民的监督。

第五十七条　道路运输管理机构应当建立道路运输举报制度，公开举报电话号码、通信地址或者电子邮件信箱。

任何单位和个人都有权对道路运输管理机构的工作人员滥用职权、徇私舞弊的行为进行举报。交通主管部门、道路运输管理机构及其他有关部门收到举报后，应当依法及时查处。

第五十八条　道路运输管理机构的工作人员应当严格按照职责权限和程序进行监督检查，不得乱设卡、乱收费、乱罚款。

道路运输管理机构的工作人员应当重点在道路运输及相关业务经营场所、客货集散地进行监督检查。

道路运输管理机构的工作人员在公路路口进行监督检查时，不得随意拦截正常行驶的道路运输车辆。

第五十九条　道路运输管理机构的工作人员实施监督检查时，应当有2名以上人员参加，并向当事人出示执法证件。

第六十条　道路运输管理机构的工作人员实施监督检查时，可以向有关单位和个人了解情况，查阅、复制有关资料。但是，应当保守被调查单位和个人的商业秘密。

被监督检查的单位和个人应当接受依法实施的监督检查，如实提供有关资料或者情况。

第六十一条　道路运输管理机构的工作人员在实施道路运输监督检查过程中，发现车辆有超载行为的，应当立即予以制止，并采取相应措施安排旅客改乘或者强制卸货。

第六十二条　道路运输管理机构的工作人员在实施道路运输监督检查过程中，对没有车辆营运证又无法当场提供其他有效证明的车辆予以暂扣的，应当妥善保管，不得使用，不得收取或者变相收取保管费用。

第六章　法律责任

第六十三条　违反本条例的规定，未取得道路运输经营许可，擅自从事道路运输经营的，由县级以上道路运输管理机构责令停止经营；有违法所得的，没收违法所得，处违法所得2倍以上10倍以下的罚款；没有违法所得或者违法所得不足2万元的，处3万元以上10万元以下的罚款；构成犯罪的，依法追究刑事责任。

第六十四条　不符合本条例第九条、第二十二条规定条件的人员驾驶道路运输经营车辆的，由县级以上道路运输管理机构责令改正，处200元以上2000元以下的罚款；构成犯罪的，依法追究刑事责任。

第六十五条　违反本条例的规定，未经许可擅自从事道路运输站（场）经营、机动车维修经营、机动车驾驶员培训的，由县级以上道路运输管理机构责令停止经营；有违法所得的，没收违法所得，处违法所得2倍以上10倍以下的罚款；没有违法所得或者违法所得不足1万元的，处2万元以上5万元以下的罚款；构成犯罪的，依法追究刑事责任。

第六十六条　违反本条例的规定，客运经营者、货运经营者、道路运输相关业务经营者非法转让、出租道路运输许可证件的，由县级以上道路运输管理机构责令停止违法行为，收缴有关证件，处2000元以上1万元以下的罚款；有违法所得的，没收违法所得。

第六十七条　违反本条例的规定，客运经营者、危险货物运输经营者未按规定投保承运人责任险的，由县级以上道路运输管理机构责令限期投保；拒不投保的，由原许可机关吊销道路运输经营许可证。

第六十八条　违反本条例的规定，客运经营者、货运经营者不按照规定携带车辆营运证的，由县级以上道路运输管理机构责令改正，处警告或者20元以上200元以下的罚款。

第六十九条　违反本条例的规定，客运经营者、货运经营者有下列情形之一的，由县级以上道路运输管理机构责令改正，处1000元以上3000元以下的罚款；情节严重的，由原许可机关吊销道路运输经营许可证：

（一）不按批准的客运站点停靠或者不按规定的线路、公布的班次行驶的；

（二）强行招揽旅客、货物的；

（三）在旅客运输途中擅自变更运输车辆或者将旅客移交他人运输的；

（四）未报告原许可机关，擅自终止客运经营的；

（五）没有采取必要措施防止货物脱落、扬撒等的。

第七十条　违反本条例的规定，客运经营者、货运经营者不按规定维护和检测运输车辆的，由县级以上道路运输管理机构责令改正，处1000元以上5000元以下的罚款。

违反本条例的规定，客运经营者、货运经营者擅自改装已取得车辆营运证的车辆的，由县级以上道路运输管理机构责令改正，处5000元以上2万元以下的罚款。

第七十一条　违反本条例的规定，道路运输站（场）经营者允许无证经营的车辆进站从事经营活动以及超载车辆、未经安全检查的车辆出站或者无正当理由拒绝道路运输车辆进站从事经营活动的，由县级以上道路运输管理机构责令改正，处1万元以上3万元以下的罚款。

违反本条例的规定，道路运输站（场）经营者擅自改变道路运输站（场）的用途和服务功能，或者不公布运输线路、起止经停站点、运输班次、始发时间、票价的，由县级以上道路运输管理机构责令改正；拒不改正的，处3000元的罚款；有违法所得的，没收违法所得。

第七十二条　违反本条例的规定，机动车维修经营者使用假冒伪劣配件维修机动车，承修已报废的机动车或者擅自改装机动车的，由县级以上道路运输管理机构责令改正；有违法所得的，没收违法所得，处违法所得2倍以上10倍以下的罚款；没有违法所得或者违法所得不足1万元的，处2万元以上5万元以下的罚款，没收假冒伪劣配件及报废车辆；情节严重的，由原许可机关吊销其经营许可；构成犯罪的，依法追究刑事责任。

第七十三条　违反本条例的规定，机动车维修经营者签发虚假的机动车维修合格证，由县级以上道路运输管理机构责令改正；有违法所得的，没收违法所得，处违法所得2倍以上10倍以下的罚款；没有违法所得或者违法所得不足3000元的，处5000元以上2万元以下的罚款；情节严重的，由原许可机关吊销其经营许可；构成犯罪的，依法追究刑事责任。

第七十四条　违反本条例的规定，机动车驾驶员培训机构不严格按照规定进行培训或者在培训结业证书发放时弄虚作假的，由县级以上道路运输管理机构责令改正；拒不改正的，由原许可机关吊销其经营许可。

　　第七十五条　违反本条例的规定，外国国际道路运输经营者未按照规定的线路运输，擅自从事中国境内道路运输或者未标明国籍识别标志的，由省、自治区、直辖市道路运输管理机构责令停止运输；有违法所得的，没收违法所得，处违法所得 2 倍以上 10 倍以下的罚款；没有违法所得或者违法所得不足 1 万元的，处 3 万元以上 6 万元以下的罚款。

　　第七十六条　违反本条例的规定，道路运输管理机构的工作人员有下列情形之一的，依法给予行政处分；构成犯罪的，依法追究刑事责任：

　　（一）不依照本条例规定的条件、程序和期限实施行政许可的；

　　（二）参与或者变相参与道路运输经营以及道路运输相关业务的；

　　（三）发现违法行为不及时查处的；

　　（四）违反规定拦截、检查正常行驶的道路运输车辆的；

　　（五）违法扣留运输车辆、车辆营运证的；

　　（六）索取、收受他人财物，或者谋取其他利益的；

　　（七）其他违法行为。

第七章　附　则

　　第七十七条　内地与香港特别行政区、澳门特别行政区之间的道路运输，参照本条例的有关规定执行。

　　第七十八条　外商可以依照有关法律、行政法规和国家有关规定，在中华人民共和国境内采用中外合资、中外合作、独资形式投资有关的道路运输经营以及道路运输相关业务。

　　第七十九条　从事非经营性危险货物运输的，应当遵守本条例有关规定。

　　第八十条　道路运输管理机构依照本条例发放经营许可证件和车辆营运证，可以收取工本费。工本费的具体收费标准由省、自治区、直辖市人民政府财政部门、价格主管部门会同同级交通主管部门核定。

　　第八十一条　出租车客运和城市公共汽车客运的管理办法由国务院另行规定。

　　第八十二条　本条例自 2004 年 7 月 1 日起施行。

校车安全管理条例

(2012 年 3 月 28 日国务院第 197 次常务会议通过　2012 年 4 月 5 日国务院令
第 617 号　自公布之日起施行)

第一章　总　则

第一条　为了加强校车安全管理，保障乘坐校车学生的人身安全，制定本条例。

第二条　本条例所称校车，是指依照本条例取得使用许可，用于接送接受义务教育的学生上下学的 7 座以上的载客汽车。

接送小学生的校车应当是按照专用校车国家标准设计和制造的小学生专用校车。

第三条　县级以上地方人民政府应当根据本行政区域的学生数量和分布状况等因素，依法制定、调整学校设置规划，保障学生就近入学或者在寄宿制学校入学，减少学生上下学的交通风险。实施义务教育的学校及其教学点的设置、调整，应当充分听取学生家长等有关方面的意见。

县级以上地方人民政府应当采取措施，发展城市和农村的公共交通，合理规划、设置公共交通线路和站点，为需要乘车上下学的学生提供方便。

对确实难以保障就近入学，并且公共交通不能满足学生上下学需要的农村地区，县级以上地方人民政府应当采取措施，保障接受义务教育的学生获得校车服务。

国家建立多渠道筹措校车经费的机制，并通过财政资助、税收优惠、鼓励社会捐赠等多种方式，按照规定支持使用校车接送学生的服务。支持校车服务所需的财政资金由中央财政和地方财政分担，具体办法由国务院财政部门制定。支持校车服务的税收优惠办法，依照法律、行政法规规定的税收管理权限制定。

第四条　国务院教育、公安、交通运输以及工业和信息化、质量监督检验检疫、安全生产监督管理等部门依照法律、行政法规和国务院的规定，负责校车安全管理的有关工作。国务院教育、公安部门会同国务院有关部门建立校车安全管理工作协调机制，统筹协调校车安全管理工作中的重大事项，共同做好校车安全管理工作。

第五条　县级以上地方人民政府对本行政区域的校车安全管理工作负总责，组织有关部门制定并实施与当地经济发展水平和校车服务需求相适应的校车服务方案，统一领导、组织、协调有关部门履行校车安全管理职责。

县级以上地方人民政府教育、公安、交通运输、安全生产监督管理等有关部门依照本条例以及本级人民政府的规定，履行校车安全管理的相关职责。有关部门应当建立健全校车安全管理信息共享机制。

第六条　国务院标准化主管部门会同国务院工业和信息化、公安、交通运输等部门，按照保障安全、经济适用的要求，制定并及时修订校车安全国家标准。

生产校车的企业应当建立健全产品质量保证体系，保证所生产（包括改装，下同）的校车符合校车安全国家标准；不符合标准的，不得出厂、销售。

第七条 保障学生上下学交通安全是政府、学校、社会和家庭的共同责任。社会各方面应当为校车通行提供便利，协助保障校车通行安全。

第八条 县级和设区的市级人民政府教育、公安、交通运输、安全生产监督管理部门应当设立并公布举报电话、举报网络平台，方便群众举报违反校车安全管理规定的行为。

接到举报的部门应当及时依法处理；对不属于本部门管理职责的举报，应当及时移送有关部门处理。

第二章　学校和校车服务提供者

第九条 学校可以配备校车。依法设立的道路旅客运输经营企业、城市公共交通企业，以及根据县级以上地方人民政府规定设立的校车运营单位，可以提供校车服务。

县级以上地方人民政府根据本地区实际情况，可以制定管理办法，组织依法取得道路旅客运输经营许可的个体经营者提供校车服务。

第十条 配备校车的学校和校车服务提供者应当建立健全校车安全管理制度，配备安全管理人员，加强校车的安全维护，定期对校车驾驶人进行安全教育，组织校车驾驶人学习道路交通安全法律、法规以及安全防范、应急处置和应急救援知识，保障学生乘坐校车安全。

第十一条 由校车服务提供者提供校车服务的，学校应当与校车服务提供者签订校车安全管理责任书，明确各自的安全管理责任，落实校车运行安全管理措施。

学校应当将校车安全管理责任书报县级或者设区的市级人民政府教育行政部门备案。

第十二条 学校应当对教师、学生及其监护人进行交通安全教育，向学生讲解校车安全乘坐知识和校车安全事故应急处理技能，并定期组织校车安全事故应急处理演练。

学生的监护人应当履行监护义务，配合学校或者校车服务提供者的校车安全管理工作。学生的监护人应当拒绝使用不符合安全要求的车辆接送学生上下学。

第十三条 县级以上地方人民政府教育行政部门应当指导、监督学校建立健全校车安全管理制度，落实校车安全管理责任，组织学校开展交通安全教育。公安机关交通管理部门应当配合教育行政部门组织学校开展交通安全教育。

第三章　校车使用许可

第十四条 使用校车应当依照本条例的规定取得许可。

取得校车使用许可应当符合下列条件：

（一）车辆符合校车安全国家标准，取得机动车检验合格证明，并已经在公安机关交通管理部门办理注册登记；

（二）有取得校车驾驶资格的驾驶人；

（三）有包括行驶线路、开行时间和停靠站点的合理可行的校车运行方案；

（四）有健全的安全管理制度；

（五）已经投保机动车承运人责任保险。

第十五条 学校或者校车服务提供者申请取得校车使用许可，应当向县级或者设区的市级人民政府教育行政部门提交书面申请和证明其符合本条例第十四条规定条件的材料。教育行政部门应当自收到申请材料之日起 3 个工作日内，分别送同级公安机关交通管理部门、交通运输部门征求意见，公安机关交通管理部门和交通运输部门应当在 3 个工作日内回复意见。教育行政部门应当自收到回复意见之日起 5 个工作日内提出审查意见，报本级人民政府。本级人民政府决定批准的，由公安机关交通管理部门发给校车标牌，并在机动车行驶证上签注校车类型和核载人数；不予批准的，书面说明理由。

第十六条 校车标牌应当载明本车的号牌号码、车辆的所有人、驾驶人、行驶线路、开行时间、停靠站点以及校车标牌发牌单位、有效期等事项。

第十七条 取得校车标牌的车辆应当配备统一的校车标志灯和停车指示标志。

校车未运载学生上道路行驶的，不得使用校车标牌、校车标志灯和停车指示标志。

第十八条 禁止使用未取得校车标牌的车辆提供校车服务。

第十九条 取得校车标牌的车辆达到报废标准或者不再作为校车使用的，学校或者校车服务提供者应当将校车标牌交回公安机关交通管理部门。

第二十条 校车应当每半年进行一次机动车安全技术检验。

第二十一条 校车应当配备逃生锤、干粉灭火器、急救箱等安全设备。安全设备应当放置在便于取用的位置，并确保性能良好、有效适用。

校车应当按照规定配备具有行驶记录功能的卫星定位装置。

第二十二条 配备校车的学校和校车服务提供者应当按照国家规定做好校车的安全维护，建立安全维护档案，保证校车处于良好技术状态。不符合安全技术条件的校车，应当停运维修，消除安全隐患。

校车应当由依法取得相应资质的维修企业维修。承接校车维修业务的企业应当按照规定的维修技术规范维修校车，并按照国务院交通运输主管部门的规定对所维修的校车实行质量保证期制度，在质量保证期内对校车的维修质量负责。

第四章　校车驾驶人

第二十三条 校车驾驶人应当依照本条例的规定取得校车驾驶资格。

取得校车驾驶资格应当符合下列条件：

（一）取得相应准驾车型驾驶证并具有 3 年以上驾驶经历，年龄在 25 周岁以上、不超过 60 周岁；

（二）最近连续 3 个记分周期内没有被记满分记录；

（三）无致人死亡或者重伤的交通事故责任记录；

（四）无饮酒后驾驶或者醉酒驾驶机动车记录，最近 1 年内无驾驶客运车辆超员、超速等严重交通违法行为记录；

（五）无犯罪记录；

（六）身心健康，无传染性疾病，无癫痫、精神病等可能危及行车安全的疾病病史，无酗酒、吸毒行为记录。

第二十四条 机动车驾驶人申请取得校车驾驶资格，应当向县级或者设区的市级人民政府公安机关交通管理部门提交书面申请和证明其符合本条例第二十三条规定条件的材料。公安机关交通管理部门应当自收到申请材料之日起 5 个工作日内审查完毕，对符合条件的，在机动车驾驶证上签注准许驾驶校车；不符合条件的，书面说明理由。

第二十五条 机动车驾驶人未取得校车驾驶资格，不得驾驶校车。禁止聘用未取得校车驾驶资格的机动车驾驶人驾驶校车。

第二十六条 校车驾驶人应当每年接受公安机关交通管理部门的审验。

第二十七条 校车驾驶人应当遵守道路交通安全法律、法规，严格按照机动车道路通行规则和驾驶操作规范安全驾驶、文明驾驶。

第五章 校车通行安全

第二十八条 校车行驶线路应当尽量避开急弯、陡坡、临崖、临水的危险路段；确实无法避开的，道路或者交通设施的管理、养护单位应当按照标准对上述危险路段设置安全防护设施、限速标志、警告标牌。

第二十九条 校车经过的道路出现不符合安全通行条件的状况或者存在交通安全隐患的，当地人民政府应当组织有关部门及时改善道路安全通行条件、消除安全隐患。

第三十条 校车运载学生，应当按照国务院公安部门规定的位置放置校车标牌，开启校车标志灯。

校车运载学生，应当按照经审核确定的线路行驶，遇有交通管制、道路施工以及自然灾害、恶劣气象条件或者重大交通事故等影响道路通行情形的除外。

第三十一条 公安机关交通管理部门应当加强对校车行驶线路的道路交通秩序管理。遇交通拥堵的，交通警察应当指挥疏导运载学生的校车优先通行。

校车运载学生，可以在公共交通专用车道以及其他禁止社会车辆通行但允许公共交通车辆通行的路段行驶。

第三十二条 校车上下学生，应当在校车停靠站点停靠；未设校车停靠站点的路段可以在公共交通站台停靠。

道路或者交通设施的管理、养护单位应当按照标准设置校车停靠站点预告标识和校车停靠站点标牌，施划校车停靠站点标线。

第三十三条 校车在道路上停车上下学生，应当靠道路右侧停靠，开启危险报警闪光灯，打开停车指示标志。校车在同方向只有一条机动车道的道路上停靠时，后方车辆应当停车等待，不得超越。校车在同方向有两条以上机动车道的道路上停靠时，校车停靠车道后方和相邻机动车道上的机动车应当停车等待，其他机动车道上的机动车应当减速通过。校车后方停车等待的机动车不得鸣喇叭或者使用灯光催促校车。

第三十四条 校车载人不得超过核定的人数，不得以任何理由超员。

学校和校车服务提供者不得要求校车驾驶人超员、超速驾驶校车。

第三十五条 载有学生的校车在高速公路上行驶的最高时速不得超过 80 公里，在其他道路上行驶的最高时速不得超过 60 公里。

道路交通安全法律、法规规定或者道路上限速标志、标线标明的最高时速低于前款规定的，从其规定。

载有学生的校车在急弯、陡坡、窄路、窄桥以及冰雪、泥泞的道路上行驶，或者遇有雾、雨、雪、沙尘、冰雹等低能见度气象条件时，最高时速不得超过 20 公里。

第三十六条 交通警察对违反道路交通安全法律、法规的校车，可以在消除违法行为的前提下先予放行，待校车完成接送学生任务后再对校车驾驶人进行处罚。

第三十七条 公安机关交通管理部门应当加强对校车运行情况的监督检查，依法查处校车道路交通安全违法行为，定期将校车驾驶人的道路交通安全违法行为和交通事故信息抄送其所属单位和教育行政部门。

第六章 校车乘车安全

第三十八条 配备校车的学校、校车服务提供者应当指派照管人员随校车全程照管乘车学生。校车服务提供者为学校提供校车服务的，双方可以约定由学校指派随车照管人员。

学校和校车服务提供者应当定期对随车照管人员进行安全教育，组织随车照管人员学习道路交通安全法律和法规、应急处置和应急救援知识。

第三十九条 随车照管人员应当履行下列职责：

（一）学生上下车时，在车下引导、指挥，维护上下车秩序；

（二）发现驾驶人无校车驾驶资格，饮酒、醉酒后驾驶，或者身体严重不适以及校车超员等明显妨碍行车安全情形的，制止校车开行；

（三）清点乘车学生人数，帮助、指导学生安全落座、系好安全带，确认车门关闭后示意驾驶人启动校车；

（四）制止学生在校车行驶过程中离开座位等危险行为；

（五）核实学生下车人数，确认乘车学生已经全部离车后本人方可离车。

第四十条 校车的副驾驶座位不得安排学生乘坐。

校车运载学生过程中，禁止除驾驶人、随车照管人员以外的人员乘坐。

第四十一条 校车驾驶人驾驶校车上道路行驶前，应当对校车的制动、转向、外部照明、轮胎、安全门、座椅、安全带等车况是否符合安全技术要求进行检查，不得驾驶存在安全隐患的校车上道路行驶。

校车驾驶人不得在校车载有学生时给车辆加油，不得在校车发动机引擎熄灭前离开驾驶座位。

第四十二条 校车发生交通事故，驾驶人、随车照管人员应当立即报警，设置警示标志。乘车学生继续留在校车内有危险的，随车照管人员应当将学生撤离到安全区域，并及时与学校、校车服务提供者、学生的监护人联系处理后续事宜。

第七章 法律责任

第四十三条 生产、销售不符合校车安全国家标准的校车的，依照道路交通安全、产品质量管理的法律、行政法规的规定处罚。

第四十四条 使用拼装或者达到报废标准的机动车接送学生的，由公安机关交通管理部门收缴并强制报废机动车；对驾驶人处 2000 元以上 5000 元以下的罚款，吊销其机动车驾驶证；对车辆所有人处 8 万元以上 10 万元以下的罚款，有违法所得的予以没收。

第四十五条 使用未取得校车标牌的车辆提供校车服务，或者使用未取得校车驾驶资格的人员驾驶校车的，由公安机关交通管理部门扣留该机动车，处 1 万元以上 2 万元以下的罚款，有违法所得的予以没收。

取得道路运输经营许可的企业或者个体经营者有前款规定的违法行为，除依照前款规定处罚外，情节严重的，由交通运输主管部门吊销其经营许可证件。

伪造、变造或者使用伪造、变造的校车标牌的，由公安机关交通管理部门收缴伪造、变造的校车标牌，扣留该机动车，处 2000 元以上 5000 元以下的罚款。

第四十六条 不按照规定为校车配备安全设备，或者不按照规定对校车进行安全维护的，由公安机关交通管理部门责令改正，处 1000 元以上 3000 元以下的罚款。

第四十七条 机动车驾驶人未取得校车驾驶资格驾驶校车的，由公安机关交通管理部门处 1000 元以上 3000 元以下的罚款，情节严重的，可以并处吊销机动车驾驶证。

第四十八条 校车驾驶人有下列情形之一的，由公安机关交通管理部门责令改正，可以处 200 元罚款：

（一）驾驶校车运载学生，不按照规定放置校车标牌、开启校车标志灯，或者不按照经审核确定的线路行驶；

（二）校车上下学生，不按照规定在校车停靠站点停靠；

（三）校车未运载学生上道路行驶，使用校车标牌、校车标志灯和停车指示标志；

（四）驾驶校车上道路行驶前，未对校车车况是否符合安全技术要求进行检查，或者驾驶存在安全隐患的校车上道路行驶；

（五）在校车载有学生时给车辆加油，或者在校车发动机引擎熄灭前离开驾驶座位。

校车驾驶人违反道路交通安全法律、法规关于道路通行规定的，由公安机关交通管理部门依法从重处罚。

第四十九条 校车驾驶人违反道路交通安全法律、法规被依法处罚或者发生道路交通事故，不再符合本条例规定的校车驾驶人条件的，由公安机关交通管理部门取消校车驾驶资格，并在机动车驾驶证上签注。

第五十条 校车载人超过核定人数的，由公安机关交通管理部门扣留车辆至违法状态消除，并依照道路交通安全法律、法规的规定从重处罚。

第五十一条 公安机关交通管理部门查处校车道路交通安全违法行为，依法扣留车辆的，应当通知相关学校或者校车服务提供者转运学生，并在违法状态消除后立即发还被扣留车辆。

第五十二条 机动车驾驶人违反本条例规定，不避让校车的，由公安机关交通管理部门处 200 元罚款。

第五十三条 未依照本条例规定指派照管人员随校车全程照管乘车学生的，由公安机关责令改正，可以处 500 元罚款。

随车照管人员未履行本条例规定的职责的，由学校或者校车服务提供者责令改正；拒不改正的，给予处分或者予以解聘。

第五十四条 取得校车使用许可的学校、校车服务提供者违反本条例规定，情节严重的，原做出许可决定的地方人民政府可以吊销其校车使用许可，由公安机关交通管理部门收回校车标牌。

第五十五条 学校违反本条例规定的，除依照本条例有关规定予以处罚外，由教育行政部门给予通报批评；导致发生学生伤亡事故的，对政府举办的学校的负有责任的领导人员和直接责任人员依法给予处分；对民办学校由审批机关责令暂停招生，情节严重的，吊销其办学许可证，并由教育行政部门责令负有责任的领导人员和直接责任人员 5 年内不得从事学校管理事务。

第五十六条 县级以上地方人民政府不依法履行校车安全管理职责，致使本行政区域发生校车安全重大事故的，对负有责任的领导人员和直接责任人员依法给予处分。

第五十七条 教育、公安、交通运输、工业和信息化、质量监督检验检疫、安全生产监督管理等有关部门及其工作人员不依法履行校车安全管理职责的，对负有责任的领导人员和直接责任人员依法给予处分。

第五十八条 违反本条例的规定，构成违反治安管理行为的，由公安机关依法给予治安管理处罚；构成犯罪的，依法追究刑事责任。

第五十九条 发生校车安全事故，造成人身伤亡或者财产损失的，依法承担赔偿责任。

第八章 附　则

第六十条 县级以上地方人民政府应当合理规划幼儿园布局，方便幼儿就近入园。

入园幼儿应当由监护人或者其委托的成年人接送。对确因特殊情况不能由监护人或者其委托的成年人接送，需要使用车辆集中接送的，应当使用按照专用校车国家标准设计和制造的幼儿专用校车，遵守本条例校车安全管理的规定。

第六十一条 省、自治区、直辖市人民政府应当结合本地区实际情况，制定本条例的实施办法。

第六十二条 本条例自公布之日起施行。

本条例施行前已经配备校车的学校和校车服务提供者及其聘用的校车驾驶人应当自本条例施行之日起90日内，依照本条例的规定申请取得校车使用许可、校车驾驶资格。

本条例施行后，用于接送小学生、幼儿的专用校车不能满足需求的，在省、自治区、直辖市人民政府规定的过渡期限内可以使用取得校车标牌的其他载客汽车。

交通运输行政执法证件管理规定

（2010 年 12 月 23 日经交通运输部第 11 次部务会议通过　交通运输部令 2011 年第 1 号　自 2011 年 3 月 1 日起施行）

第一章　总　则

第一条　为加强交通运输行政执法证件管理，规范交通运输行政执法人员的执法资格，提高交通运输行政执法人员的整体素质和执法水平，根据《中华人民共和国行政处罚法》等法律、行政法规，制定本规定。

第二条　交通运输行政执法证件是取得交通运输行政执法资格的合法凭证，是依法从事公路路政、道路运政、水路运政、航道行政、港口行政、交通建设工程质量安全监督、海事行政、交通综合行政执法等交通运输行政执法工作的身份证明。

交通运输行政执法证件包括《交通运输行政执法证》和《海事行政执法证》。从事海事执法工作的人员应当持有《海事行政执法证》，从事其他交通运输执法工作的人员应当持有《交通运输行政执法证》。

第三条　交通运输部负责全国交通运输行政执法证件管理工作。

县级以上地方交通运输主管部门负责本地区交通运输行政执法证件管理工作。

交通运输部海事局负责《海事行政执法证》管理工作。长江航务管理局、长江口航道管理局在职责范围内负责《交通运输行政执法证》管理工作。

县级以上交通运输主管部门、交通运输部海事局、长江航务管理局、长江口航道管理局的法制机构负责实施交通运输行政执法证件管理工作。

第四条　交通运输行政执法证件的格式、内容、编号和制作要求由交通运输部规定。

第五条　交通运输行政执法人员在执行公务时，应当出示交通运输行政执法证件。

未取得交通运输行政执法证件的，一律不得从事交通运输行政执法工作。

第二章　证件申领

第六条　申领交通运输行政执法证件应当参加交通运输行政执法人员资格培训，经交通运输行政执法人员资格考试合格。

第七条　参加交通运输行政执法人员资格培训与考试，应当具备以下条件：

（一）十八周岁以上，身体健康；

（二）具有国民教育序列大专以上学历；

（三）具有交通运输行政执法机构正式编制并拟从事交通运输行政执法工作；

（四）品行良好，遵纪守法；

（五）法律、行政法规和规章规定的其他条件。

已经持有《交通行政执法证》但不符合前款规定的第（二）项、第（三）项条件的人员，可以通过申请参加交通运输行政执法人员资格培训和考试，取得《交通运输行政执法证》。

第八条 下列人员不得申请参加交通运输行政执法人员资格培训和考试：

（一）曾因犯罪受过刑事处罚的；

（二）曾被开除公职的。

第九条 符合下列条件之一的人员申请交通运输行政执法资格，经省级交通运输行政执法主管部门、交通运输部海事局、长江航务管理局、长江口航道管理局审核合格，可免予参加交通运输行政执法人员资格培训和考试：

（一）在法制管理或交通运输行政执法岗位工作 15 年以上，且具有大学本科以上学历；

（二）在法制管理或基层执法岗位工作 10 年以上，且具有法学专业本科以上学历。

第十条 申请参加交通运输行政执法人员资格培训和考试的，应当向其所属主管部门提交下列申请材料：

（一）交通运输行政执法人员资格培训和考试申请表，注明申请人基本情况及拟申请参加资格培训和考试的相应执法门类等主要内容；

（二）居民身份证原件及复印件；

（三）学历证书原件及复印件；

（四）人员编制证明材料；

（五）所在单位的推荐函。

第十一条 主管部门收到申请材料后，应当按照本规定第七条、第八条规定的条件进行审查。

县级以上交通运输主管部门设立业务管理机构的，由业务管理机构对所提交的相应执法门类的申请材料提出初步审查意见。

主管部门审查合格的，由其主要负责人签署审查意见并加盖本机关公章后，通过执法人员与执法证件管理系统逐级报送至省级交通运输主管部门或者交通运输部海事局、长江航务管理局、长江口航道管理局。

第十二条 交通运输部负责组织编制全国交通运输行政执法人员培训规划、各执法门类的培训大纲和教材。

第十三条 交通运输部和省级交通运输主管部门、交通运输部海事局、长江航务管理局、长江口航道管理局根据教学设备设施、教学人员力量等情况组织选择交通运输行政执法人员资格培训机构。

第十四条 交通运输行政执法人员资格培训教学人员应当是参加交通运输部组织的培训并经考试合格的人员，或者经省级以上交通运输主管部门、交通运输部海事局、长江航务管理局、长江口航道管理局认可的法学专家、具有丰富执法经验和较高法制理论水平的专业人员。

第十五条 交通运输行政执法人员培训由交通运输部和省级交通运输主管部门、交通运输部海事局、长江航务管理局、长江口航道管理局在各自的职责范围内负责实施。

第十六条 交通运输行政执法人员资格培训的内容，应当包括基本法律知识、相关交通运输法规、职业道德规范、现场执法实务和军训，其中面授课时数不少于 60 个学时。

第十七条 交通运输部负责组织制定交通运输行政执法人员资格考试各门类的大纲和考试题库，并逐步推行全国交通运输行政执法人员资格计算机联网考试。

第十八条　省级交通运输主管部门、交通运输部海事局、长江航务管理局、长江口航道管理局负责组织本地区、本系统交通运输行政执法人员资格考试，按照执法门类分别实行统一命题、统一制卷、统一阅卷。

培训和考试应当按照申领执法证件的门类分科目进行。

第十九条　交通运输行政执法人员资格考试包括以下内容：

（一）法律基础知识，包括宪法、立法法、行政许可法、行政处罚法、行政复议法、行政诉讼法、国家赔偿法等；

（二）专业法律知识，包括有关交通运输的法律、行政法规和交通运输部规章，以及与交通运输密切相关的法律、行政法规；

（三）行政执法基础理论和专业知识，包括交通运输行政执法人员道德规范、执法程序规范、执法风纪、执法禁令、执法忌语、执法文书等；

（四）交通运输部规定的其他相关知识。

第二十条　省级交通运输主管部门、交通运输部海事局、长江航务管理局、长江口航道管理局应当将资格培训和考试的相关信息及时录入执法人员与执法证件管理系统，并在本地区、本系统范围内进行公示，公示时间为一周。公示期间无异议的，报交通运输部备案审查。

第三章　证件发放与管理

第二十一条　省级交通运输主管部门是本地区交通运输行政执法证件的发证机关。交通运输部海事局、长江航务管理局、长江口航道管理局是本系统交通运输行政执法证件的发证机关。

发证机关通过执法人员与执法证件管理系统制作并发放交通运输行政执法证件。

第二十二条　持证人应当按照其所持交通运输行政执法证件中注明的执法门类在法定职责和辖区范围内从事交通运输行政执法工作。

第二十三条　持证人应当妥善保管交通运输行政执法证件，不得损毁、涂改或者转借他人。

第二十四条　持证人遗失交通运输行政执法证件的，应当立即向其所属主管部门报告，由其所属主管部门逐级报告至发证机关。发证机关审核属实的，于 3 日内通过媒体发表遗失声明。声明后通过执法人员与执法证件管理系统补发新证。

第二十五条　交通运输行政执法人员有下列情形之一的，所在单位逐级上报至发证机关，由发证机关注销其交通运输行政执法资格及交通运输行政执法证件：

（一）持证人调离执法单位或者岗位的；

（二）持证人退休的；

（三）其他应当注销交通运输行政执法证件的情况。

第四章　监督检查与责任追究

第二十六条　各级交通运输主管部门及交通运输部海事局、长江航务管理局、长江口航道管理局应当加强交通运输行政执法人员的监督管理，并结合新出台的法律、法规及时组织在岗培训，提高交通运输行政执法人员的法律意识、业务素质和执法水平。

第二十七条　发证机关应当结合实际每年组织对本地区、本系统交通运输行政执法人员进行执法工作考核。

第二十八条　交通运输行政执法人员执法工作考核分为以下四个等次：

（一）优秀：工作实绩突出，精通法律与业务，执法行为文明规范，职业道德良好，风纪严明，执法无差错；

（二）合格：能够完成工作任务，熟悉或者比较熟悉法律、业务知识，执法行为规范，职业道德良好，遵章守纪，无故意或者过失引起的执法错案；

（三）基本合格：基本能够完成工作任务，了解一般法律、业务知识，执法行为基本规范，具有一定职业操守，无故意或者重大过失引起的执法错案；

（四）不合格：法律、业务素质差，难以胜任执法工作，因故意或者重大过失引起执法错案。

第二十九条 发证机关应当将交通运输行政执法人员的在岗培训情况、年度考核结果及时输入执法人员与执法证件管理系统，并在本地区、本系统范围内进行通报。

第三十条 发证机关每年应当根据年度考核结果对交通运输行政执法证件进行年审。交通运输行政执法人员考核等次为优秀、合格、基本合格的，保留其交通运输行政执法人员资格，由省级交通运输主管部门、交通运输部海事局、长江航务管理局、长江口航道管理局对其交通运输行政执法证件予以年度审验通过。

未经发证机关年度审验的交通运输行政执法证件自行失效。

第三十一条 交通运输行政执法人员有下列情形之一的，由发证机关做出暂扣其交通运输行政执法证件的决定，并由其所在单位收缴其证件：

（一）年度考核等次为不合格的；

（二）无故不参加岗位培训或考核的；

（三）涂改交通运输行政执法证件或者将交通运输行政执法证件转借他人的；

（四）其他应当暂扣交通运输行政执法证件的情形。

因前款被暂扣交通运输行政执法证件的，在暂扣期间不得从事交通运输行政执法活动。

第三十二条 对暂扣交通运输行政执法证件的人员，发证机关应当对其进行离岗培训。经培训考试合格的，返还其交通运输行政执法证件。

第三十三条 交通运输行政执法人员有下列情形之一的，由发证机关做出吊销其交通运输行政执法证件的决定，并由其所在县级以上交通运输主管部门或者海事管理机构收缴其证件：

（一）受到刑事处罚、劳动教养、行政拘留或者开除处分的；

（二）利用交通运输行政执法权牟取私利、从事违法活动的；

（三）利用职务收受贿赂、以权谋私等行为受到行政记大过以上处分的；

（四）以欺诈、贿赂等不正当手段取得交通运输行政执法证件的；

（五）因违法执法导致行政执法行为经行政诉讼败诉、行政复议被撤销、变更，并引起国家赔偿，造成严重后果的；

（六）违反执法人员工作纪律，造成严重不良社会影响的；

（七）连续两年考核等次为不合格的；

（八）违反交通运输行政执法禁令，情节严重的；

（九）其他应当吊销交通运输行政执法证件的情形。

第三十四条 被吊销交通运输行政执法证件的，不得重新申领交通运输行政执法证件。

第三十五条 交通运输行政执法人员对吊销交通运输行政执法证件不服的，可以在接到吊销通知之日起三十日内向做出该决定的机关申请复核。收到复核申请的机关应当组成调查组自收到复核申请之日起三十日内做出复核决定并书面通知申请人。

第三十六条 暂扣、吊销交通运输行政执法证件的，省级交通运输主管部门、交通运输部海事局、长江航务管理局、长江口航道管理局应当登记，并将有关信息及时通过执法人员与执法证件管理系统报交通运输部备案。

第五章　附　则

第三十七条　本规定自 2011 年 3 月 1 日起实施。《交通行政执法证件管理规定》(交通部 1997 年第 16 号令)同时废止。

关于加强道路交通安全工作的意见

（2012 年 7 月 22 日国务院　国发〔2012〕30 号）

各省、自治区、直辖市人民政府，国务院各部委、各直属机构：

为适应我国道路通车里程、机动车和驾驶人数量、道路交通运量持续大幅度增长的形势，进一步加强道路交通安全工作，保障人民群众生命财产安全，提出以下意见：

一、总体要求

（一）指导思想。以邓小平理论和"三个代表"重要思想为指导，深入贯彻落实科学发展观，牢固树立以人为本、安全发展的理念，始终把维护人民群众生命财产安全放在首位，以防事故、保安全、保畅通为核心，以落实企业主体责任为重点，全面加强人、车、路、环境的安全管理和监督执法，推进交通安全社会管理创新，形成政府统一领导、各部门协调联动、全社会共同参与的交通安全管理工作格局，有效防范和坚决遏制重特大道路交通事故，促进全国安全生产形势持续稳定好转，为经济社会发展、人民平安出行创造良好环境。

（二）基本原则。

——安全第一，协调发展。正确处理安全与速度、质量、效益的关系，坚持把安全放在首位，加强统筹规划，使道路交通安全融入国民经济社会发展大局，与经济社会同步协调发展。

——预防为主，综合治理。严格驾驶人、车辆、运输企业准入和安全管理，加强道路交通安全设施建设，深化隐患排查治理，着力解决制约和影响道路交通安全的源头性、根本性问题，夯实道路交通安全基础。

——落实责任，强化考核。全面落实企业主体责任、政府及部门监管责任和属地管理责任，健全目标考核和责任追究制度，加强督导检查和责任倒查，依法严格追究事故责任。

——科技支撑，法治保障。强化科技装备和信息化技术应用，建立健全法律、法规和标准、规范，加强执法队伍建设，依法严厉打击各类交通违法、违规行为，不断提高道路交通科学管理与执法服务水平。

二、强化道路运输企业安全管理

（三）规范道路运输企业生产经营行为。严格道路运输市场准入管理，对新设立运输企业，要严把安全管理制度和安全生产条件审核关。强化道路运输企业安全主体责任，鼓励客运企业实行规模化、公司化经营，积极培育集约化、网络化经营的货运龙头企业。严禁客运车辆、危险品运输车辆挂靠经营。推进道路运输企业诚信体系建设，将诚信考核结果与客运线路招投标、运力投放以及保险费率、银行信贷等挂钩，不断完善企业安全管理的激励约束机制。鼓励运输企业采用交通安全统筹等形式，加强行业互助，提高企业抗风险能力。

（四）加强企业安全生产标准化建设。道路运输企业要建立健全安全生产管理机构，加强安全班组建设，严格执行安全生产制度、规范和技术标准，强化对车辆和驾驶人的安全管理，持续加大道路交通安全投入，提足、用好安全生产费用。建立专业运输企业交通安全质量管理体系，健全客运、危险品运输企业安全评估制度，对安全管理混乱、存在重大安全隐患的企业，依法责令停业整顿，对整改不达标的按规定取消其相应资质。

（五）严格长途客运和旅游客运安全管理。严格客运班线审批和监管，加强班线途经道路的安全适应性评估，合理确定营运线路、车型和时段，严格控制 1000 公里以上的跨省长途客运班线和夜间运行时间，对现有的长途客运班线进行清理整顿，整改不合格的坚决停止运营。创造条件积极推行长途客运车辆凌晨 2~5 时停止运行或实行接驳运输。客运车辆夜间行驶速度不得超过日间限速的 80%，并严禁夜间通行达不到安全通行条件的三级以下山区公路。夜间遇暴雨、浓雾等影响安全视距的恶劣天气时，可以采取临时管理措施，暂停客运车辆运行。加强旅游包车安全管理，根据运行里程严格按规定配备包车驾驶人，逐步推行包车业务网上申请和办理制度，严禁发放空白旅游包车牌证。运输企业要积极创造条件，严格落实长途客运驾驶人停车换人、落地休息制度，确保客运驾驶人 24 小时累计驾驶时间原则上不超过 8 小时，日间连续驾驶不超过 4 小时，夜间连续驾驶不超过 2 小时，每次停车休息时间不少于 20 分钟。有关部门要加强监督检查，对违反规定超时、超速驾驶的驾驶人及相关企业依法严格处罚。

（六）加强运输车辆动态监管。抓紧制定道路运输车辆动态监督管理办法，规范卫星定位装置安装、使用行为。旅游包车、三类以上班线客车、危险品运输车和校车应严格按规定安装使用具有行驶记录功能的卫星定位装置，卧铺客车应同时安装车载视频装置，鼓励农村客运车辆安装使用卫星定位装置。重型载货汽车和半挂牵引车应在出厂前安装卫星定位装置，并接入道路货运车辆公共监管与服务平台。运输企业要落实安全监控主体责任，切实加强对所属车辆和驾驶人的动态监管，确保车载卫星定位装置工作正常、监控有效。对不按规定使用或故意损坏卫星定位装置的，要追究相关责任人和企业负责人的责任。

三、严格驾驶人培训考试和管理

（七）加强和改进驾驶人培训考试工作。进一步完善机动车驾驶人培训大纲和考试标准，严格考试程序，推广应用科技评判和监控手段，强化驾驶人安全、法制、文明意识和实际道路驾驶技能考试。客、货车辆驾驶人培训考试要增加复杂路况、恶劣天气、突发情况应对处置技能的内容，大中型客、货车辆驾驶人增加夜间驾驶考试。将大客车驾驶人培养纳入国家职业教育体系，努力解决高素质客运驾驶人短缺问题。实行交通事故驾驶人培训质量、考试发证责任倒查制度。

（八）严格驾驶人培训机构监管。加强驾驶人培训市场调控，提高驾驶人培训机构准入门槛，按照培训能力核定其招生数量，严格教练员资格管理。加强驾驶人培训质量监督，全面推广应用计算机计时培训管理系统，督促落实培训教学大纲和学时。定期向社会公开驾驶人培训机构的培训质量、考试合格率以及毕业学员的交通违法率和肇事率等，并作为其资质审核的重要参考。

（九）加强客货运驾驶人安全管理。严把客货运驾驶人从业资格准入关，加强从业条件审核与培训考试。建立客货运驾驶人从业信息、交通违法信息、交通事故信息的共享机制，加快推进信息查询平台建设，设立驾驶人"黑名单"信息库。加强对长期在本地经营的异地客货运车辆和驾驶人安全管理。督促运输企业加强驾驶人聘用管理，对发生道路交通事故致人死亡且负同等以上责任的，交通违法记满 12 分的，以及有酒后驾驶、超员 20% 以上、超速 50%（高速公路超速 20%）以上，或者 12 个月内有 3 次以上超速违法记录的客运驾驶人，要严格依法处罚并通报企业解除聘用。

四、加强车辆安全监管

（十）提高机动车安全性能。制定完善相关政策，推动机动车生产企业兼并重组，调整产品结构，鼓励发展安全、节能、环保的汽车产品，积极推进机动车标准化、轻量化，加快传统汽车升级换代。大力推广厢式货车取代栏板式货车，尽快淘汰高安全风险车型。抓紧清理、修订并逐步提高机动车安全技术标准，督促生产企业改进车辆安全技术，增设客运车辆限速和货运车辆限载等安全装置。进一步提高大中型客车和公共汽车的车身结构强度、座椅安装强度、内部装饰材料阻燃性能等，增强车辆行驶稳定性和抗侧倾能力。客运车辆座椅要尽快全部配置安全带。

（十一）加强机动车安全管理。落实和完善机动车生产企业及产品公告管理、强制性产品认证、注册登记、使用维修和报废等管理制度。积极推动机动车生产企业诚信体系建设，加强机动车产品准入、生产一致性监管，对不符合机动车国家安全技术标准或者与公告产品不一致的车辆，不予办理注册登记，生产企业要依法依规履行更换、退货义务。严禁无资质企业生产、销售电动汽车。落实和健全缺陷汽车产品召回制度，加大对大中型客、货汽车缺陷产品召回力度。严格报废汽车回收企业资格认定和监督管理，依法严厉打击制造和销售拼装车行为，严禁拼装车和报废汽车上路行驶。加强机动车安全技术检验和营运车辆综合性能检测，严格检验检测机构的资格管理和计量认证管理。对道路交通事故中涉及车辆非法生产、改装、拼装以及机动车产品严重质量安全问题的，要严查责任，依法从重处理。

（十二）强化电动自行车安全监管。修订完善电动自行车生产国家强制标准，着力加强对电动自行车生产、销售和使用的监督管理，严禁生产、销售不符合国家强制标准的电动自行车。省级人民政府要制定电动自行车登记管理办法，质监部门要做好电动自行车生产许可证管理和国家强制性标准修订工作，工业和信息化部门要严格电动自行车生产的行业管理，工商部门要依法加强电动自行车销售企业的日常监管。对违规生产、销售不合格产品的企业，要依法责令整改并严格处罚、公开曝光。公安机关要加强电动自行车通行秩序管理，严格查处电动自行车交通违法行为。地方各级人民政府要通过加强政策引导，逐步解决在用的超出国家标准的电动自行车问题。

五、提高道路安全保障水平

（十三）完善道路交通安全设施标准和制度。加快修订完善公路安全设施设计、施工、安全性评价等技术规范和行业标准，科学设置安全防护设施。鼓励地方在国家和行业标准的基础上，进一步提高本地区公路安全设施建设标准。严格落实交通安全设施与道路建设主体工程同时设计、同时施工、同时投入使用的"三同时"制度，新建、改建、扩建道路工程在竣（交）工验收时要吸收公安、安全监管等部门人员参加，严格安全评价，交通安全设施验收不合格的不得通车运行。对因交通安全设施缺失导致重大事故的，要限期进行整改，整改到位前暂停该区域新建道路项目的审批。

（十四）加强道路交通安全设施建设。地方各级人民政府要结合实际科学规划，有计划、分步骤地逐年增加和改善道路交通安全设施。在保证国省干线公路网等项目建设资金的基础上，加大车辆购置税等资金对公路安保工程的投入力度，进一步加强国省干线公路安全防护设施建设，特别是临水临崖、连续下坡、急弯陡坡等事故易发路段要严格按标准安装隔离栅、防护栏、防撞墙等安全设施，设置标志标线。加强公路与铁路、河道、码头联接交叉路段特别是公铁立交、跨航道桥梁的安全保护。收费公路经营企业要加强公路养护管理，对安全设施缺失、损毁的，要及时予以完善和修复，确保公路及其附属设施始终处于良好的技术状况。要积极推进公路灾害性天气预报和预警系统建设，提高对暴雨、浓雾、团雾、冰雪等恶劣天气的防范应对能力。

（十五）深入开展隐患排查治理。地方各级人民政府要建立完善道路交通安全隐患排查治理制度，落实治理措施和治理资金，根据隐患严重程度，实施省、市、县三级人民政府挂牌督办整改，对隐患整改不落实的，要追究有关负责人的责任。有关部门要强化交通事故统计分析，排查确定事故多发点段和存在安全隐患路段，全面梳理桥涵隧道、客货运场站等风险点，设立管理台账，明确治理责任单位和时限，强化对整治情况的全过程监督。切实加强公路两侧农作物秸秆禁烧监管，严防焚烧烟雾影响交通安全。

六、加大农村道路交通安全管理力度

（十六）强化农村道路交通安全基础。深入开展"平安畅通县市"和"平安农机"创建活动，改善农村道路交通安全环境。严格落实县级人民政府农村公路建设养护管理主体责任，制定改善农村道路交通安全状况的计划，落实资金，加大建设和养护力度。新建、改建农村公路要根据需要同步建设安全设施，已建成的农村公路要按照"安全、有效、经济、实用"的原则，逐步完善安全设施。地方各级人民政府要统筹城乡公共交通发展，以城市公交同等优惠条件扶持发展农村公共交通，拓展延伸农村地区客运的覆盖范围，着力解决农村群众安全出行问题。

（十七）加强农村道路交通安全监管。地方各级人民政府要加强农村道路交通安全组织体系建设，落实乡镇政府安全监督管理责任，调整优化交警警力布局，加强乡镇道路交通安全管控。发挥农村派出所、农机监理站以及驾驶人协会、村委会的作用，建立专兼职道路交通安全管理队伍，扩大农村道路交通管理覆盖面。完善农业机械安全监督管理体系，加强对农机安全监理机构的支持保障，积极推广应用农机安全技术，加强对拖拉机、联合收割机等农业机械的安全管理。

七、强化道路交通安全执法

（十八）严厉整治道路交通违法行为。加强公路巡逻管控，加大客运、旅游包车、危险品运输车等重点车辆检查力度，严厉打击和整治超速超员超载、疲劳驾驶、酒后驾驶、吸毒后驾驶、货车违法占道行驶、不按规定使用安全带等各类交通违法行为，严禁三轮汽车、低速货车和拖拉机违法载人。依法加强校车安全管理，保障乘坐校车学生安全。健全和完善治理车辆超限超载工作长效机制。研究推动将客、货运车辆严重超速、超员、超限、超载等行为列入以危险方法危害公共安全行为，追究驾驶人刑事责任。制定客货运车辆和驾驶人严重交通违法行为有奖举报办法，并将车辆动态监控系统记录的交通违法信息作为执法依据，定期进行检查，依法严格处罚。大力推进文明交通示范公路创建活动，加强城市道路通行秩序整治，规范机动车通行和停放，严格非机动车、行人交通管理。

（十九）切实提升道路交通安全执法效能。推进高速公路全程监控等智能交通管理系统建设，强化科技装备和信息化技术在道路交通执法中的应用，提高道路交通安全管控能力。整合道路交通管理力量和资源，建立部门、区域联勤联动机制，实现监控信息等资源共享。严格落实客货运车辆及驾驶人交通事故、交通违法行为通报制度，全面推进交通违法记录省际转递工作。研究推动将公民交通安全违法记录与个人信用、保险、职业准入等挂钩。

（二十）完善道路交通事故应急救援机制。地方各级人民政府要进一步加强道路交通事故应急救援体系建设，完善应急救援预案，定期组织演练。健全公安消防、卫生等部门联动的省、市、县三级交通事故紧急救援机制，完善交通事故急救通信系统，加强交通事故紧急救援队伍建设，配足救援设备，提高施救水平。地方各级人民政府要依法加快道路交通事故社会救助基金制度建设，制定并完善实施细则，确保事故受伤人员的医疗救治。

八、深入开展道路交通安全宣传教育

（二十一）建立交通安全宣传教育长效机制。地方各级人民政府每年要制定并组织实施道路交通安全宣传教育计划，加大宣传投入，督促各部门和单位积极履行宣传责任和义务，实现交通安全宣传教育社会化、制度化。加大公益宣传力度，报刊、广播、电视、网络等新闻媒体要在重要版面、时段通过新闻报道、专题节目、公益广告等方式开展交通安全公益宣传。设立"全国交通安全日"，充分发挥主管部门、汽车企业、行业协会、社区、学校和单位的宣传作用，广泛开展道路交通安全宣传活动，不断提高全民的交通守法意识、安全意识和公德意识。

（二十二）全面实施文明交通素质教育工程。深入推进"文明交通行动计划"，广泛开展交通安全宣传进农村、进社区、进企业、进学校、进家庭活动，推行实时、动态的交通安全教育和在线服务。建立交通安全警示提示信息发布平台，加强事故典型案例警示教育，开展交通安全文明驾驶人评选活动，充分利用各种手段促进驾驶人依法驾车、安全驾车、文明驾车。坚持交通安全教育从儿童抓起，督促指导中小学结合有关课程加强交通安全教育，鼓励学校结合实际开发有关交通安全教育的校本课程，夯实国民交通安全素质基础。

（二十三）加强道路交通安全文化建设。积极拓展交通安全宣传渠道，建立交通安全宣传教育基地，创新宣传教育方法，以学校、驾驶人培训机构、运输企业为重点，广泛宣传道路交通安全法律、法规和安全知识。推动开设交通安全宣传教育网站、电视频道，加强交通安全文学、文艺、影视等作品创作、征集和传播活动，积极营造全社会关注交通安全、全民参与文明交通的良好文化氛围。

九、严格道路交通事故责任追究

（二十四）加强重大道路交通事故联合督办。严格执行重大事故挂牌督办制度，健全完善重大道路交通事故"现场联合督导、统筹协调调查、挂牌通报警示、重点约谈检查、跟踪整改落实"的联合督办工作机制，形成各有关部门齐抓共管的监管合力。研究制定道路交通安全奖惩制度，对于成效显著的地方、部门和单位予以表扬和奖励；对发生特别重大道路交通事故的，或者一年内发生3起及以上重大道路交通事故的，省级人民政府要向国务院作出书面检查；对一年内发生两起重大道路交通事故或发生性质严重、造成较大社会影响的重大道路交通事故的，国务院安全生产委员会办公室要会同有关部门及时约谈相关地方政府和部门负责同志。

（二十五）加大事故责任追究力度。研究制定重特大道路交通事故处置规范，完善跨区域责任追究机制，建立健全重大道路交通事故信息公开制度。对发生重大及以上或者6个月内发生两起较大及以上责任事故的道路运输企业，依法责令停业整顿；停业整顿后符合安全生产条件的，准予恢复运营，但客运企业3年内不得新增客运班线，旅游企业3年内不得新增旅游车辆；停业整顿仍不具备安全生产条件的，取消相应许可或吊销其道路运输经营许可证，并责令其办理变更、注销登记直至依法吊销营业执照。对道路交通事故发生负有责任的单位及其负责人，依法、依规予以处罚，构成犯罪的,依法追究刑事责任。发生重特大道路交通事故的,要依法、依纪追究地方政府及相关部门的责任。

十、强化道路交通安全组织保障

(二十六)加强道路交通安全组织领导。地方各级人民政府要高度重视道路交通安全工作,将其纳入经济和社会发展规划,与经济建设和社会发展同部署、同落实、同考核,并加强对道路交通安全工作的统筹协调和监督指导。实行道路交通安全地方行政首长负责制,将道路交通安全工作纳入政府工作重要议事日程,定期分析研判安全形势,研究部署重点工作。严格道路交通事故总结报告制度,省级人民政府每年 1 月 15 日前要将本地区道路交通安全工作情况向国务院作出专题报告。

(二十七)落实部门管理和监督职责。各有关部门要按照"谁主管、谁负责,谁审批、谁负责"的原则,依法履行职责,落实监管责任,切实构建"权责一致、分工负责、齐抓共管、综合治理"的协调联动机制。要严格责任考核,将道路交通安全工作作为有关领导干部实绩考评的重要内容,并将考评结果作为综合考核评价的重要依据。

(二十八)完善道路交通安全保障机制。研究建立中央、地方、企业和社会共同承担的道路交通安全长效投入机制,不断拓展道路交通安全资金保障来源,推动完善相关财政、税收、信贷支持政策,强化政府投资对道路交通安全投入的引导和带动作用,将交警、运政、路政、农机监理各项经费按规定纳入政府预算。要根据道路里程、机动车增长等情况,相应加强道路交通安全管理力量建设,完善道路交通警务保障机制。地方各级人民政府要研究出台高速公路交通安全发展的相关保障政策,将高速公路交通安全执勤执法营房等配套设施与高速公路建设同步规划设计、同步投入使用并给予资金保障,高速公路建设管理单位要积极创造条件予以配合支持。

国务院

2012 年 7 月 22 日

道路旅客运输及客运站管理规定

（2005 年 7 月 12 日交通部发布　根据 2008 年 7 月 23 日交通运输部《关于修改〈道路旅客运输及客运站管理规定〉的决定》第一次修正　根据 2009 年 4 月 20 日交通运输部《关于修改〈道路旅客运输及客运站管理规定〉的决定》第二次修正　根据 2012 年 3 月 14 日交通运输部《关于修改〈道路旅客运输及客运站管理规定〉的决定》第三次修正　根据 2012 年 12 月 11 日交通运输部《关于修改〈道路旅客运输及客运站管理规定〉的决定》第四次修正）

第一章　总　则

第一条　为规范道路旅客运输及道路旅客运输站经营活动，维护道路旅客运输市场秩序，保障道路旅客运输安全，保护旅客和经营者的合法权益，依据《中华人民共和国道路运输条例》及有关法律、行政法规的规定，制定本规定。

第二条　从事道路旅客运输（以下简称道路客运）经营以及道路旅客运输站（以下简称客运站）经营的，应当遵守本规定。

第三条　本规定所称道路客运经营，是指用客车运送旅客、为社会公众提供服务、具有商业性质的道路客运活动，包括班车（加班车）客运、包车客运、旅游客运。

（一）班车客运是指营运客车在城乡道路上按照固定的线路、时间、站点、班次运行的一种客运方式，包括直达班车客运和普通班车客运。加班车客运是班车客运的一种补充形式，是在客运班车不能满足需要或者无法正常运营时，临时增加或者调配客车按客运班车的线路、站点运行的方式。

（二）包车客运是指以运送团体旅客为目的，将客车包租给用户安排使用，提供驾驶劳务，按照约定的起始地、目的地和路线行驶，按行驶里程或者包用时间计费并统一支付费用的一种客运方式。

（三）旅游客运是指以运送旅游观光的旅客为目的，在旅游景区内运营或者其线路至少有一端在旅游景区（点）的一种客运方式。

本规定所称客运站经营，是指以站场设施为依托，为道路客运经营者和旅客提供有关运输服务的经营活动。

第四条　道路客运和客运站管理应当坚持以人为本、安全第一的宗旨，遵循公平、公正、公开、便民的原则，打破地区封锁和垄断，促进道路运输市场的统一、开放、竞争、有序，满足广大人民群众的出行需求。

道路客运及客运站经营者应当依法经营，诚实信用，公平竞争，优质服务。

第五条　国家实行道路客运企业等级评定制度和质量信誉考核制度，鼓励道路客运经营者实行规模化、集约化、公司化经营，禁止挂靠经营。

第六条　交通运输部主管全国道路客运及客运站管理工作。

县级以上地方人民政府交通运输主管部门负责组织领导本行政区域的道路客运及客运站管理工作。

县级以上道路运输管理机构负责具体实施道路客运及客运站管理工作。

第二章　经营许可

第七条　班车客运的线路根据经营区域和营运线路长度分为以下四种类型：

一类客运班线：地区所在地与地区所在地之间的客运班线或者营运线路长度在 800 公里以上的客运班线。

二类客运班线：地区所在地与县之间的客运班线。

三类客运班线：非毗邻县之间的客运班线。

四类客运班线：毗邻县之间的客运班线或者县境内的客运班线。

本规定所称地区所在地，是指设区的市、州、盟人民政府所在城市市区；本规定所称县，包括县、旗、县级市和设区的市、州、盟下辖乡镇的区。

县城城区与地区所在地城市市区相连或者重叠的，按起讫客运站所在地确定班线起讫点所属的行政区域。

第八条　包车客运按照其经营区域分为省际包车客运和省内包车客运，省内包车客运分为市际包车客运、县际包车客运和县内包车客运。

第九条　旅游客运按照营运方式分为定线旅游客运和非定线旅游客运。

定线旅游客运按照班车客运管理，非定线旅游客运按照包车客运管理。

第十条　申请从事道路客运经营的，应当具备下列条件：

（一）有与其经营业务相适应并经检测合格的客车：

1. 客车技术要求：

（1）技术性能符合国家标准《营运车辆综合性能要求和检验方法》（GB18565）的要求。

（2）外廓尺寸、轴荷及质量符合国家标准《道路车辆外廓尺寸、轴荷及质量限值》（GB1589）的要求。

（3）从事高速公路客运或者营运线路长度在 800 公里以上的客运车辆，其技术等级应当达到行业标准《营运车辆技术等级划分和评定要求》（JT/T198）规定的一级技术等级；营运线路长度在 400 公里以上的客运车辆，其技术等级应当达到二级以上；其他客运车辆的技术等级应当达到三级以上。

本规定所称高速公路客运，是指营运线路中高速公路里程在 200 公里以上或者高速公路里程占总里程 70% 以上的道路客运。

2. 客车类型等级要求：

从事高速公路客运、旅游客运和营运线路长度在 800 公里以上的客运车辆，其车辆类型等级应当达到行业标准《营运客车类型划分及等级评定》（JT/T325）规定的中级以上。

3. 客车数量要求：

（1）经营一类客运班线的班车客运经营者应当自有营运客车 100 辆以上、客位 3000 个以上，其中高级客车在 30 辆以上、客位 900 个以上；或者自有高级营运客车 40 辆以上、客位 1200 个以上。

（2）经营二类客运班线的班车客运经营者应当自有营运客车 50 辆以上、客位 1500 个以上，其中中高级客车在 15 辆以上、客位 450 个以上；或者自有高级营运客车 20 辆以上、客位 600 个以上。

（3）经营三类客运班线的班车客运经营者应当自有营运客车 10 辆以上、客位 200 个以上。

（4）经营四类客运班线的班车客运经营者应当自有营运客车 1 辆以上。

（5）经营省际包车客运的经营者，应当自有中高级营运客车 20 辆以上、客位 600 个以上。

（6）经营省内包车客运的经营者，应当自有营运客车 5 辆以上、客位 100 个以上。

（二）从事客运经营的驾驶人员，应当符合下列条件：

1. 取得相应的机动车驾驶证；

2. 年龄不超过 60 周岁；

3. 3 年内无重大以上交通责任事故记录；

4. 经设区的市级道路运输管理机构对有关客运法规、机动车维修和旅客急救基本知识考试合格而取得相应从业资格证。

本规定所称交通责任事故，是指驾驶人员负同等或者以上责任的交通事故。

（三）有健全的安全生产管理制度，包括安全生产操作规程、安全生产责任制、安全生产监督检查、驾驶人员和车辆安全生产管理的制度。

（四）申请从事道路客运班线经营，还应当有明确的线路和站点方案。

第十一条 申请从事客运站经营的，应当具备下列条件：

（一）客运站经有关部门组织的工程竣工验收合格，并且经道路运输管理机构组织的站级验收合格；

（二）有与业务量相适应的专业人员和管理人员；

（三）有相应的设备、设施，具体要求按照行业标准《汽车客运站级别划分及建设要求》（JT/T200）的规定执行；

（四）有健全的业务操作规程和安全管理制度，包括服务规范、安全生产操作规程、车辆发车前例检、安全生产责任制、危险品查堵、安全生产监督检查的制度。

第十二条 申请从事道路客运经营的，应当按照下列规定提出申请：

（一）从事县级行政区域内客运经营的，向县级道路运输管理机构提出申请；

（二）从事省、自治区、直辖市行政区域内跨 2 个县级以上行政区域客运经营的，向其共同的上一级道路运输管理机构提出申请；

（三）从事跨省、自治区、直辖市行政区域客运经营的，向所在地的省、自治区、直辖市道路运输管理机构提出申请。

第十三条 申请从事客运站经营的，应当向所在地县级道路运输管理机构提出申请。

第十四条 申请从事道路客运经营的，应当提供下列材料：

（一）申请开业的相关材料：

1.《道路旅客运输经营申请表》（见附件 1）；

2. 企业章程文本；

3. 投资人、负责人身份证明及其复印件，经办人的身份证明及其复印件和委托书；

4. 安全生产管理制度文本；

5. 拟投入车辆承诺书，包括客车数量、类型及等级、技术等级、座位数，以及客车外廓长、宽、高等，如果拟投入客车属于已购置或者现有的，应当提供行驶证、车辆技术等级证书（车辆技术检测合格证）、客车等级评定证明及其复印件；

6. 已聘用或者拟聘用驾驶人员的驾驶证和从业资格证及其复印件，公安部门出具的 3 年内无重大以上交通责任事故的证明。

（二）同时申请道路客运班线经营的，还应当提供下列材料：

1. 《道路旅客运输班线经营申请表》（见附件 2）；

2. 可行性报告，包括申请客运班线客流状况调查、运营方案、效益分析以及可能对其他相关经营者产生的影响等；

3. 进站方案，已与起讫点客运站和停靠站签订进站意向书的，应当提供进站意向书；

4. 运输服务质量承诺书。

第十五条 已获得相应道路班车客运经营许可的经营者，申请新增客运班线时，除提供第十四条第（二）项规定的材料外，还应当提供下列材料：

（一）《道路运输经营许可证》复印件；

（二）与所申请客运班线类型相适应的企业自有营运客车的行驶证、《道路运输证》复印件；

（三）拟投入车辆承诺书，包括客车数量、类型及等级、技术等级、座位数，以及客车外廓长、宽、高等，如果拟投入客车属于已购置或者现有的，应当提供行驶证、车辆技术等级证书（车辆技术检测合格证）、客车等级评定证明及其复印件；

（四）拟聘用驾驶人员的驾驶证和从业资格证及其复印件，公安部门出具的 3 年内无重大以上交通责任事故的证明；

（五）经办人的身份证明及其复印件，所在单位的工作证明或者委托书。

第十六条 申请从事客运站经营的，应当提供下列材料：

（一）《道路旅客运输站经营申请表》（见附件 3）；

（二）客运站竣工验收证明和站级验收证明；

（三）拟招聘的专业人员、管理人员的身份证明和专业证书及其复印件；

（四）负责人身份证明及其复印件，经办人的身份证明及其复印件和委托书；

（五）业务操作规程和安全管理制度文本。

第十七条 县级以上道路运输管理机构应当定期向社会公布本行政区域内的客运运力投放、客运线路布局、主要客流流向和流量等情况。

道路运输管理机构在审查客运申请时，应当考虑客运市场的供求状况、普遍服务和方便群众等因素。

第十八条 道路运输管理机构应当按照《中华人民共和国道路运输条例》和《交通行政许可实施程序规定》，以及本规定规范的程序实施道路客运经营、道路客运班线经营和客运站经营的行政许可。

第十九条 道路运输管理机构对道路客运经营申请、道路客运班线经营申请予以受理的，应当自受理之日起 20 日内做出许可或者不予许可的决定；道路运输管理机构对客运站经营申请予以受理的，应当自受理之日起 15 日内做出许可或者不予许可的决定。

道路运输管理机构对符合法定条件的道路客运经营申请做出准予行政许可决定的，应当出具《道路客运经营行政许可决定书》（见附件 4），明确许可事项，许可事项为经营范围、车辆数量及要求、客运班线类型；并在 10 日内向被许可人发放《道路运输经营许可证》，并告知被许可人所在地道路运输管理机构。

道路运输管理机构对符合法定条件的道路客运班线经营申请做出准予行政许可决定的，应当出具《道路客运班线经营行政许可决定书》（见附件 5），明确许可事项，许可事项为经营主体、班车类别、起讫地及起讫站点、途经路线及停靠站点、日发班次、车辆数量及要求、经营期限；并在 10 日内向被许可人发放《道路客运班线经营许可证明》（见附件 8），告知班线起讫地道路运输管理机构；属于跨省客运班线的，应当将《道路客运班线经营行政许可决定书》抄告途经上下旅客的和终到的省级道路运输管理机构。

道路运输管理机构对符合法定条件的客运站经营申请做出准予行政许可决定的，应当出具《道路旅客运输站经营行政许可决定书》（见附件 6），并明确许可事项，许可事项为经营者名称、站场地址、站场级别和经营范围；并在 10 日内向被许可人发放《道路运输经营许可证》。

道路运输管理机构对不符合法定条件的申请做出不予行政许可决定的，应当向申请人出具《不予交通行政许可决定书》。

第二十条　受理跨省客运班线经营申请的省级道路运输管理机构，应当在受理申请后 7 日内发征求意见函并附《道路旅客运输班线经营申请表》传真给途经上下旅客的和目的地省级道路运输管理机构征求意见；相关省级道路运输管理机构应当在 10 日内将意见传真给受理申请的省级道路运输管理机构，不予同意的，应当依法注明理由，逾期不予答复的，视为同意。

相关省级道路运输管理机构对跨省客运班线经营申请持不同意见且协商不成的，由受理申请的省级道路运输管理机构通过其隶属的省级交通运输主管部门将各方书面意见和相关材料报交通运输部决定，并书面通知申请人。交通运输部应当自受理之日起 20 日内做出决定，并书面通知相关省级交通运输主管部门，由受理申请的省级道路运输管理机构按本规定第十九条、第二十二条的规定为申请人办理有关手续。

第二十一条　被许可人应当持《道路运输经营许可证》依法向工商行政管理机关办理登记手续。

第二十二条　被许可人应当按确定的时间落实拟投入车辆承诺书。道路运输管理机构已核实被许可人落实了拟投入车辆承诺书且车辆符合许可要求后，应当为投入运输的客车配发《道路运输证》；属于客运班车的，应当同时配发班车客运标志牌（见附件 7）。正式班车客运标志牌尚未制作完毕的，应当先配发临时客运标志牌。

第二十三条　已取得相应道路班车客运经营许可的经营者需要增加客运班线的，应当按本规定第十二条的规定进行申请。

第二十四条　向不同级别的道路运输管理机构申请道路运输经营的，应当由最高一级道路运输管理机构核发《道路运输经营许可证》，并注明各级道路运输管理机构许可的经营范围，下级道路运输管理机构不再核发《道路运输经营许可证》。下级道路运输管理机构已向被许可人发放《道路运输经营许可证》的，上级道路运输管理机构应当按上述要求予以换发。

第二十五条　中外合资、中外合作、外商独资形式投资道路客运和客运站经营的，应当同时遵守《外商投资道路运输业管理规定》。

第二十六条　道路客运经营者设立子公司的，应当按规定向设立地道路运输管理机构申请经营许可；设立分公司的，应当向设立地道路运输管理机构报备。

第二十七条　对同一客运班线有 3 个以上申请人的，或者根据实际情况需要，道路运输管理机构可采取服务质量招投标的方式实施道路客运班线经营许可。

相关省级道路运输管理机构协商确定通过服务质量招投标方式，实施跨省客运班线经营许可的，可采取联合招标、各自分别招标等方式进行。一省不实行招投标的，不影响另外一省进行招投标。

道路旅客运输班线经营权服务质量招投标管理办法另行制定。

第二十八条　在道路客运班线经营许可过程中，任何单位和个人不得以对等投放运力等不正当理由拒绝、阻挠实施客运班线经营许可。

第二十九条　客运经营者、客运站经营者需要变更许可事项或者终止经营的，应当向原许可机关提出申请，按本章有关规定办理。

客运班线的经营主体、起讫地和日发班次变更以及客运站经营主体、站址变更按照重新许可办理。

客运经营者和客运站经营者在取得全部经营许可证件后无正当理由超过180天不投入运营或者运营后连续180天以上停运的，视为自动终止经营。

第三十条　客运班线的经营期限由省级道路运输管理机构按《中华人民共和国道路运输条例》的有关规定确定。

第三十一条　客运班线经营者在经营期限内暂停、终止班线经营，应当提前30日向原许可机关申请。经营期限届满，需要延续客运班线经营的，应当在届满前60日提出申请。原许可机关应当依据本章有关规定做出许可或者不予许可的决定。予以许可的，重新办理有关手续。

客运经营者终止经营，应当在终止经营后10日内，将相关的《道路运输经营许可证》和《道路运输证》、客运标志牌交回原发放机关。

第三十二条　客运站经营者终止经营的，应当提前30日告知原许可机关和进站经营者。原许可机关发现关闭客运站可能对社会公众利益造成重大影响的，应当采取措施对进站车辆进行分流，并向社会公告。客运站经营者应当在终止经营后10日内将《道路运输经营许可证》交回原发放机关。

第三十三条　客运经营者在客运班线经营期限届满后申请延续经营，符合下列条件的，应当予以优先许可：

（一）经营者符合本规定第十条规定；

（二）经营者在经营该客运班线过程中，无特大运输安全责任事故；

（三）经营者在经营该客运班线过程中，无情节恶劣的服务质量事件；

（四）经营者在经营该客运班线过程中，无严重违法经营行为；

（五）按规定履行了普遍服务的义务。

第三章　客运车辆管理

第三十四条　客运经营者应当依据国家有关技术规范对客运车辆进行定期维护，确保客运车辆技术状况良好。

客运车辆的维护作业项目和程序应当按照国家标准《汽车维护、检测、诊断技术规范》（GB18344）等有关技术标准的规定执行。

严禁任何单位和个人为客运经营者指定车辆维护企业；车辆二级维护执行情况不得作为道路运输管理机构的路检路查项目。

第三十五条　客运经营者应当定期进行客运车辆检测，车辆检测结合车辆定期审验的频率一并进行。

客运经营者在规定时间内，到符合国家相关标准的机动车综合性能检测机构进行检测。机动车综合性能检测机构按照国家标准《营运车辆综合性能要求和检验方法》（GB18565）和《道路车辆外廓尺寸、轴荷及质量限值》（GB1589）的规定进行检测，出具全国统一式样的检测报告，并依据检测结果，对照行业标准《营运车辆技术等级划分和评定要求》（JT/T198）进行车辆技术等级评定。客运车辆技术等级分为一级、二级和三级。

车籍所在地县级以上道路运输管理机构应当将车辆技术等级在《道路运输证》上标明。

第三十六条 机动车综合性能检测机构应当使用符合国家和行业标准的设施、设备，严格按照国家和行业有关营运车辆技术检测标准对客运车辆进行检测，如实出具车辆检测报告，并建立车辆检测档案。

第三十七条 县级以上道路运输管理机构应当定期对客运车辆进行审验，每年审验一次。审验内容包括：

（一）车辆违章记录；

（二）车辆技术档案；

（三）车辆结构、尺寸变动情况；

（四）按规定安装、使用符合国家标准的行车记录仪情况；

（五）客运经营者为客运车辆投保承运人责任险情况。

审验符合要求的，道路运输管理机构在《道路运输证》审验记录栏中注明；不符合要求的，应当责令限期改正或者办理变更手续。

第三十八条 鼓励使用配置下置行李舱的客车从事道路客运。没有下置行李舱或者行李舱容积不能满足需求的客运车辆，可在客车车厢内设立专门的行李堆放区，但行李堆放区和乘客区必须隔离，并采取相应的安全措施。严禁行李堆放区内载客。

第三十九条 营运客车类型等级评定由县级以上道路运输管理机构依据行业标准《营运客车类型划分及等级评定》（JT/T325）和交通部颁布的《营运客车类型划分及等级评定规则》的要求实施。

第四十条 禁止使用报废的、擅自改装的、拼装的、检测不合格的客车以及其他不符合国家规定的车辆从事道路客运经营。

第四十一条 客运经营者和县级以上道路运输管理机构应当分别建立客运车辆技术档案和管理档案，并妥善保管。对相关内容的记载应当及时、完整和准确，不得随意更改。

客运经营者车辆技术档案主要内容应当包括：车辆基本情况、主要部件更换情况、修理和二级维护记录（含出厂合格证）、技术等级评定记录、类型及等级评定记录、车辆变更记录、行驶里程记录、交通事故记录等。

道路运输管理机构车辆管理档案主要内容应当包括：车辆基本情况、二级维护和检测记录、技术等级评定记录、类型及等级评定记录、车辆变更记录、交通事故记录等。

第四十二条 客运车辆办理过户变更手续时，客运经营者应当将车辆技术档案完整移交。县级以上道路运输管理机构应当对经营者车辆技术档案的建立情况实施监督管理。

第四十三条 客运经营者对达到国家规定的报废标准或者经检测不符合国家强制性标准要求的客运车辆，应当及时交回《道路运输证》，不得继续从事客运经营。

第四章 客运经营管理

第四十四条 客运经营者应当按照道路运输管理机构决定的许可事项从事客运经营活动，不得转让、出租道路运输经营许可证件。

第四十五条 道路客运企业的全资或者绝对控股的经营道路客运的子公司，其自有营运客车在10辆以上或者自有中高级营运客车5辆以上时，可按照其母公司取得的经营许可从事客运经营活动。

本条所称绝对控股是指母公司控制子公司实际资产51%以上。

第四十六条　道路客运班线属于国家所有的公共资源。班线客运经营者取得经营许可后,应当向公众提供连续运输服务,不得擅自暂停、终止或者转让班线运输。

第四十七条　客运班车应当按照许可的线路、班次、站点运行,在规定的途经站点进站上下旅客,无正当理由不得改变行驶线路,不得站外上客或者沿途揽客。

经许可机关同意,在农村客运班线上运营的班车可采取区域经营、循环运行、设置临时发车点等灵活的方式运营。

本规定所称农村客运班线,是指县内或者毗邻县间至少有一端在乡村的客运班线。

第四十八条　客运经营者不得强迫旅客乘车,不得中途将旅客交给他人运输或者甩客,不得敲诈旅客,不得擅自更换客运车辆,不得阻碍其他经营者的正常经营活动。

第四十九条　严禁客运车辆超载运行,在载客人数已满的情况下,允许再搭乘不超过核定载客人数 10% 的免票儿童。

客运车辆不得违反规定载货。

第五十条　客运经营者应当遵守有关运价规定,使用规定的票证,不得乱涨价、恶意压价、乱收费。

第五十一条　客运经营者应当在客运车辆外部的适当位置喷印企业名称或者标识,在车厢内显著位置公示道路运输管理机构监督电话、票价和里程表。

第五十二条　客运经营者应当为旅客提供良好的乘车环境,确保车辆设备、设施齐全有效,保持车辆清洁、卫生,并采取必要的措施防止在运输过程中发生侵害旅客人身、财产安全的违法行为。

当运输过程中发生侵害旅客人身、财产安全的治安违法行为时,客运经营者在自身能力许可的情况下,应当及时向公安机关报告并配合公安机关及时终止治安违法行为。

客运经营者不得在客运车辆上从事播放淫秽录像等不健康的活动。

第五十三条　客运经营者应当为旅客投保承运人责任险。

第五十四条　客运经营者在运输过程中造成旅客人身伤亡,行李毁损、灭失,当事人对赔偿数额有约定的,依照其约定;没有约定的,参照国家有关港口间海上旅客运输和铁路旅客运输赔偿责任限额的规定办理。

第五十五条　客运经营者应当加强对从业人员的安全、职业道德教育和业务知识、操作规程培训。并采取有效措施,防止驾驶人员连续驾驶时间超过 4 个小时。

客运车辆驾驶人员应当遵守道路运输法规和道路运输驾驶员操作规程,安全驾驶,文明服务。

第五十六条　客运经营者应当制定突发公共事件的道路运输应急预案。应急预案应当包括报告程序、应急指挥、应急车辆和设备的储备以及处置措施等内容。

发生突发公共事件时,客运经营者应当服从县级及以上人民政府或者有关部门的统一调度、指挥。

第五十七条　客运经营者应当建立和完善各类台账和档案,并按要求及时报送有关资料和信息。

第五十八条　旅客应当持有效客票乘车,遵守乘车秩序,文明礼貌,携带免票儿童的乘客应当在购票时声明。不得携带国家规定的危险物品及其他禁止携带的物品乘车。

第五十九条　客运车辆驾驶人员应当随车携带道路运输证、从业资格证等有关证件,在规定位置放置客运标志牌。客运班车驾驶人员还应当随车携带《道路客运班线经营许可证明》(见附件 8)。

第六十条　遇有下列情况之一,客运车辆可凭临时客运标志牌运行:

(一)原有正班车已经满载,需要开行加班车的;

（二）因车辆抛锚、维护等原因，需要接驳或者顶班的；

（三）正式班车客运标志牌正在制作或者不慎灭失，等待领取的。

第六十一条　凭临时客运标志牌运营的客车应当按正班车的线路和站点运行。属于加班或者顶班的，还应当持有始发站签章并注明事由的当班行车路单；班车客运标志牌正在制作或者灭失的，还应当持有该条班线的《道路客运班线经营许可证明》或者《道路客运班线经营行政许可决定书》的复印件。

第六十二条　客运包车应当凭车籍所在地道路运输管理机构核发的包车客运标志牌，按照约定的时间、起始地、目的地和线路运行，并持有包车票或者包车合同，不得按班车模式定点、定线运营，不得招揽包车合同外的旅客乘车。

客运包车除执行道路运输管理机构下达的紧急包车任务外，其线路一端应当在车籍所在地。省际、市际客运包车的车籍所在地为车籍所在的地区，县际客运包车的车籍所在地为车籍所在的县。

非定线旅游客车可持注明客运事项的旅游客票或者旅游合同取代包车票或者包车合同。

第六十三条　省际临时客运标志牌（见附件9）、省际包车客运标志牌（见附件10）由省级道路运输管理机构按照交通运输部的统一式样印制（见附件11），交由当地县以上道路运输管理机构向客运经营者核发。省际包车客运标志牌和加班车、顶班车、接驳车使用的省际临时客运标志牌在一个运次所需的时间内有效，因班车客运标志牌正在制作或者灭失而使用的省际临时客运标志牌有效期不得超过30天。

从事省际包车客运的企业应按照交通运输部的统一要求，通过运政管理信息系统向车籍地道路运输管理机构备案后方可使用包车标志牌。

省内临时客运标志牌、省内包车客运标志牌样式及管理要求由各省级交通运输主管部门自行规定。

第六十四条　在春运、旅游"黄金周"或者发生突发事件等客流高峰期运力不足时，道路运输管理机构可临时调用车辆技术等级不低于三级的营运客车和社会非营运客车开行包车或者加班车。非营运客车凭县级以上道路运输管理机构开具的证明运行。

第五章　客运站经营

第六十五条　客运站经营者应当按照道路运输管理机构决定的许可事项从事客运站经营活动，不得转让、出租客运站经营许可证件，不得改变客运站用途和服务功能。

客运站经营者应当维护好各种设施、设备，保持其正常使用。

第六十六条　客运站经营者和进站发车的客运经营者应当依法自愿签订服务合同，双方按合同的规定履行各自的权利和义务。

客运站经营者应当按月和客运经营者结算运费。

第六十七条　客运站经营者应当依法加强安全管理，完善安全生产条件，健全和落实安全生产责任制。

客运站经营者应当对出站客车进行安全检查，采取措施防止危险品进站上车，按照车辆核定载客限额售票，严禁超载车辆或者未经安全检查的车辆出站，保证安全生产。

第六十八条　客运站经营者应当禁止无证经营的车辆进站从事经营活动，无正当理由不得拒绝合法客运车辆进站经营。

客运站经营者应当坚持公平、公正原则，合理安排发车时间，公平售票。

客运经营者在发车时间安排上发生纠纷，客运站经营者协调无效时，由当地县级以上道路运输管理机构裁定。

第六十九条　客运站经营者应当公布进站客车的班车类别、客车类型等级、运输线路、起讫停靠站点、班次、发车时间、票价等信息，调度车辆进站发车，疏导旅客，维持秩序。

第七十条　进站客运经营者应当在发车 30 分钟前备齐相关证件进站等待发车，不得误班、脱班、停班。进站客运经营者不按时派车辆应班，1 小时以内视为误班，1 小时以上视为脱班。但因车辆维修、肇事、丢失或者交通堵塞等特殊原因不能按时应班，并且已提前告知客运站经营者的除外。

进站客运经营者因故不能发班的，应当提前 1 日告知客运站经营者，双方要协商调度车辆顶班。

对无故停班达 3 日以上的进站班车，客运站经营者应当报告当地道路运输管理机构。

第七十一条　客运站经营者应当设置旅客购票、候车、乘车指示、行李寄存和托运、公共卫生等服务设施，向旅客提供安全、便捷、优质的服务，加强宣传，保持站场卫生、清洁。

在客运站从事客运站经营以外的其他经营活动时，应当遵守相应的法律、行政法规的规定。

第七十二条　客运站经营者应当严格执行价格管理规定，在经营场所公示收费项目和标准，严禁乱收费。

第七十三条　客运站经营者应当按规定的业务操作规程装卸、储存、保管行包。

第七十四条　客运站经营者应当制定公共突发事件应急预案。应急预案应当包括报告程序、应急指挥、应急设备的储备以及处置措施等内容。

第七十五条　客运站经营者应当建立和完善各类台账和档案，并按要求报送有关信息。

第六章　监督检查

第七十六条　道路运输管理机构应当加强对道路客运和客运站经营活动的监督检查。

道路运输管理机构工作人员应当严格按照法定职责权限和程序进行监督检查。

第七十七条　道路运输管理机构及其工作人员应当重点在客运站、旅客集散地对道路客运、客运站经营活动实施监督检查。此外，根据管理需要，可以在公路路口实施监督检查，但不得随意拦截正常行驶的道路运输车辆，不得双向拦截车辆进行检查。

第七十八条　道路运输管理机构的工作人员实施监督检查时，应当有 2 名以上人员参加，并向当事人出示交通运输部统一制式的交通行政执法证件。

第七十九条　道路运输管理机构的工作人员可以向被检查单位和个人了解情况，查阅和复制有关材料。但应当保守被调查单位和个人的商业秘密。

被监督检查的单位和个人应当接受道路运输管理机构及其工作人员依法实施的监督检查，如实提供有关资料或者说明情况。

第八十条　道路运输管理机构的工作人员在实施道路运输监督检查过程中，发现客运车辆有超载行为的，应当立即予以制止，并采取相应措施安排旅客改乘。

第八十一条　客运经营者在许可的道路运输管理机构管辖区域外违法从事经营活动的，违法行为发生地的道路运输管理机构应当依法将当事人的违法事实、处罚结果记录到《道路运输证》上，并抄告作出道路客运经营许可的道路运输管理机构。

第八十二条　客运经营者违反本规定的，县级以上道路运输管理机构在做出行政处罚决定的过程中，可以按照行政处罚法的规定将其违法证据先行登记保存。做出行政处罚决定后，客运经营者拒不履行的，做出行政处罚决定的道路运输管理机构可以将其拒不履行行政处罚决定的事实通知违法车辆车籍所在地道路运输管理机构，作为能否通过车辆年度审验和决定质量信誉考核结果的重要依据。

第八十三条　道路运输管理机构的工作人员在实施道路运输监督检查过程中，对没有《道路运输证》又无法当场提供其他有效证明的客运车辆可以予以暂扣，并出具《道路运输车辆暂扣凭证》（见附件 12）。对暂扣车辆应当妥善保管，不得使用，不得收取或者变相收取保管费用。

违法当事人应当在暂扣凭证规定的时间内到指定地点接受处理。逾期不接受处理的，道路运输管理机构可依法做出处罚决定，并将处罚决定书送达当事人。当事人无正当理由逾期不履行处罚决定的，道路运输管理机构可申请人民法院强制执行。

第七章　法律责任

第八十四条　违反本规定，有下列行为之一的，由县级以上道路运输管理机构责令停止经营；有违法所得的，没收违法所得，处违法所得 2 倍以上 10 倍以下的罚款；没有违法所得或者违法所得不足 2 万元的，处 3 万元以上 10 万元以下的罚款；构成犯罪的，依法追究刑事责任：

（一）未取得道路客运经营许可，擅自从事道路客运经营的；

（二）未取得道路客运班线经营许可，擅自从事班车客运经营的；

（三）使用失效、伪造、变造、被注销等无效的道路客运许可证件从事道路客运经营的；

（四）超越许可事项，从事道路客运经营的。

第八十五条　违反本规定，有下列行为之一的，由县级以上道路运输管理机构责令停止经营；有违法所得的，没收违法所得，处违法所得 2 倍以上 10 倍以下的罚款；没有违法所得或者违法所得不足 1 万元的，处 2 万元以上 5 万元以下的罚款；构成犯罪的，依法追究刑事责任：

（一）未取得客运站经营许可，擅自从事客运站经营的；

（二）使用失效、伪造、变造、被注销等无效的客运站许可证件从事客运站经营的；

（三）超越许可事项，从事客运站经营的。

第八十六条　违反本规定，客运经营者、客运站经营者非法转让、出租道路运输经营许可证件的，由县级以上道路运输管理机构责令停止违法行为，收缴有关证件，处 2000 元以上 1 万元以下的罚款；有违法所得的，没收违法所得。

第八十七条　违反本规定，客运经营者有下列行为之一，由县级以上道路运输管理机构责令限期投保；拒不投保的，由原许可机关吊销《道路运输经营许可证》或者吊销相应的经营范围：

（一）未为旅客投保承运人责任险的；

（二）未按最低投保限额投保的；

（三）投保的承运人责任险已过期，未继续投保的。

第八十八条　违反本规定，取得客运经营许可的客运经营者使用无《道路运输证》的车辆参加客运经营的，由县级以上道路运输管理机构责令改正，处 3000 元以上 1 万元以下的罚款。

违反本规定，客运经营者不按照规定携带《道路运输证》的，由县级以上道路运输管理机构责令改正，处警告或者 20 元以上 200 元以下的罚款。

第八十九条　违反本规定，客运经营者（含国际道路客运经营者）、客运站经营者及客运相关服务经营者不按规定使用道路运输业专用票证或者转让、倒卖、伪造道路运输业专用票证的，由县级以上道路运输管理机构责令改正，处 1000 元以上 3000 元以下的罚款。

第九十条　违反本规定，客运经营者有下列情形之一的，由县级以上道路运输管理机构责令改正，处 1000 元以上 3000 元以下的罚款；情节严重的，由原许可机关吊销《道路运输经营许可证》

或者吊销相应的经营范围：

（一）客运班车不按批准的客运站点停靠或者不按规定的线路、班次行驶的；

（二）加班车、顶班车、接驳车无正当理由不按原正班车的线路、站点、班次行驶的；

（三）客运包车未持有效的包车客运标志牌进行经营的，不按照包车客运标志牌载明的事项运行的，线路两端均不在车籍所在地的，按班车模式定点定线运营的，招揽包车合同以外的旅客乘车的；

（四）以欺骗、暴力等手段招揽旅客的；

（五）在旅客运输途中擅自变更运输车辆或者将旅客移交他人运输的；

（六）未报告原许可机关，擅自终止道路客运经营的。

第九十一条   违反本规定，客运经营者、客运站经营者已不具备开业要求的有关安全条件、存在重大运输安全隐患的，由县级以上道路运输管理机构责令限期改正；在规定时间内不能按要求改正且情节严重的，由原许可机关吊销《道路运输经营许可证》或者吊销相应的经营范围。

第九十二条   违反本规定，客运经营者不按规定维护和检测客运车辆的，由县级以上道路运输管理机构责令改正，处 1000 元以上 5000 元以下的罚款。

第九十三条   违反本规定，客运经营者使用擅自改装或者擅自改装已取得《道路运输证》的客运车辆的，由县级以上道路运输管理机构责令改正，处 5000 元以上 2 万元以下的罚款。

第九十四条   违反本规定，机动车综合性能检测机构不按照国家有关技术规范进行检测、未经检测出具检测结果或者不如实出具检测结果的，由县级以上道路运输管理机构责令改正，没收违法所得，违法所得在 5000 元以上的，并处违法所得 2 倍以上 5 倍以下的罚款；没有违法所得或者违法所得不足 5000 元的，处 5000 元以上 2 万元以下的罚款；构成犯罪的，依法追究刑事责任。

第九十五条   违反本规定，客运站经营者有下列情形之一的，由县级以上道路运输管理机构责令改正，处 1 万元以上 3 万元以下的罚款：

（一）允许无经营许可证件的车辆进站从事经营活动的；

（二）允许超载车辆出站的；

（三）允许未经安全检查或者安全检查不合格的车辆发车的；

（四）无正当理由拒绝客运车辆进站从事经营活动的。

第九十六条   违反本规定，客运站经营者有下列情形之一的，由县级以上道路运输管理机构责令改正；拒不改正的，处 3000 元的罚款；有违法所得的，没收违法所得：

（一）擅自改变客运站的用途和服务功能的；

（二）不公布运输线路、起讫停靠站点、班次、发车时间、票价的。

第九十七条   道路运输管理机构工作人员违反本规定，有下列情形之一的，依法给予行政处分；构成犯罪的，依法追究刑事责任：

（一）不依照规定的条件、程序和期限实施行政许可的；

（二）参与或者变相参与道路客运经营以及客运站经营的；

（三）发现违法行为不及时查处的；

（四）违反规定拦截、检查正常行驶的运输车辆的；

（五）违法扣留运输车辆、《道路运输证》的；

（六）索取、收受他人财物，或者谋取其他利益的；

（七）其他违法行为。

第八章　附　则

第九十八条· 出租汽车客运、城市公共汽车客运管理根据国务院的有关规定执行。

第九十九条　客运经营者从事国际道路旅客运输经营活动，除一般行为规范适用本规定外，有关从业条件等特殊要求应当适用交通运输部制定的国际道路运输管理规定。

第一百条　道路运输管理机构依照本规定发放的道路运输经营许可证件和《道路运输证》，可以收取工本费。工本费的具体收费标准由省、自治区、直辖市人民政府财政、价格主管部门会同同级交通运输主管部门核定。

第一百零一条　本规定自 2005 年 8 月 1 日起施行。交通部 1995 年 9 月 6 日发布的《省际道路旅客运输管理办法》（交公路发［1995］828 号）、1998 年 11 月 26 日发布的《高速公路旅客运输管理规定》（交通部令 1998 年第 8 号）、1995 年 5 月 9 日发布的《汽车客运站管理规定》（交通部令 1995 年第 2 号）、2000 年 4 月 27 日发布的《道路旅客运输企业经营资质管理规定（试行）》（交公路发［2000］225 号）、1993 年 5 月 19 日发布的《道路旅客运输业户开业技术经济条件（试行）》（交运发［1993］531 号）同时废止。

附件：1.《道路旅客运输经营申请表》

2.《道路旅客运输班线经营申请表》

3.《道路旅客运输站经营申请表》

4.《道路客运经营行政许可决定书》

5.《道路客运班线经营行政许可决定书》

6.《道路旅客运输站经营行政许可决定书》

7. 班车客运标志牌

8.《道路客运班线经营许可证明》

9. 省际临时客运标志牌

10. 省阳包车客运标志牌

11. 道路客运标志牌制式规范

12.《道路运输车辆暂扣凭证》

（以上附件略。）

汽车客运站营运客车出站检查工作规范

（2012 年 12 月 24 日交通运输部　交运发〔2012〕762 号）

第一条　为进一步加强汽车客运站（以下简称客运站）客车出站检查工作，根据《中华人民共和国道路运输条例》（中华人民共和国国务院令第 406 号）、《道路旅客运输及客运站管理规定》（交通运输部令 2012 年第 2 号）等相关法律、法规规定，制定本规范。

第二条　等级客运站出站检查工作，应当遵守本规范。

第三条　本规范所称出站检查是指客运站经营者在客车出站前，对当班驾驶员资格、客车运营证件、客车安全例行检查情况、客车实际载客人数、车上人员安全带系扣情况、出站登记手续等是否符合规定所进行的核查活动。

第四条　客运站经营者应当贯彻执行国家有关安全生产法律、行政法规和政策，按照本规范，制定出站检查管理制度、工作规程和管理规则，并组织实施。

第五条　出站检查工作人员配备应当与客运站业务规模相适应，原则上日发 50 个班次以下的客运站配置 1 名出站检查人员；50 个班次以上的，每增加 150 个班次，增加 1 名出站检查人员。

第六条　客运站经营者应当加强出站检查工作人员培训，制定培训计划，明确培训内容、培训时间和考核要求，确保出站检查工作人员熟练掌握出站检查工作规范、具备必要的证照真伪辨别知识和应急处置能力。

第七条　客运站经营者应当将出站检查工作情况列入安全生产工作会议和安全例会议程。

第八条　客运站经营者应当保障出站检查工作经费投入。出站检查工作经费主要包括：出站检查设备设施的购置和维护、出站检查工作人员的教育培训等经费。

第九条　客运站经营者应当制定有关节假日、重大活动及其他客流高峰期间的应急措施，保障出站检查工作严格执行和出站客车顺畅有序。

第十条　出站检查工作人员应当对每一辆出站客车进行检查，检查合格并经出站检查人员与受检驾驶员签字确认后才准予出站。

第十一条　出站检查主要包括以下主要内容：

1. 检查出站客车报班手续是否完备，确保客车出站前《安全例检合格通知单》、行驶证、道路运输证、客运标志牌等单证经过车站查验且合格。

2. 核验每一名当班驾驶员持有的从业资格证、机动车驾驶证，确保受检驾驶员与报班的驾驶员一致。

3. 清点客车载客人数，确保客车不超载出站。如发现客车有超载行为，应当立即制止，并采取相应措施安排旅客改乘。

4. 检查装有安全带的客车乘客安全带系扣情况，确保客车出站时所有乘客系好安全带。

对出站检查后的所有客车，客运站出站检查人员均需填写出站登记表，并由出站检查人员和当班驾驶员签字确认。出站登记表保存期不少于 3 个月，式样见附件。

第十二条　出站检查工作人员应遵守行为规范，佩戴标识，用语文明，认真作业。

第十三条　客车不配合出站检查时，出站检查工作人员应当做好解释和说服工作，经劝告仍不接受出站检查的，客运站有权拒绝客车出站。经劝阻无效，仍滞留现场扰乱秩序的，客运站应当立即采取相应措施安排客车上的旅客改乘并报当地道路运输管理机构；对强行出站的，客运站应当立即报告当地道路运输管理机构处理。对相应客车，客运站可在一定期限内禁止其进站发班。

第十四条　县级以上道路运输管理机构负责本辖区客运站客车出站检查情况的监督检查。重大节假日、重大活动及其他客流高峰期间或根据工作需要，应派专人进驻客运站对客车出站检查情况进行现场督查、抽查，确保客运站严格落实出站检查制度。

附件：出站登记表（略，详情请登录交通运输部网站）

汽车客运站营运客车安全例行检查工作规范

(2012 年 12 月 24 日交通运输部　交运发〔2012〕762 号)

第一条　为进一步加强汽车客运站(以下简称客运站)营运客车安全例行检查(以下简称安全例检)工作,规范客运站安全例检行为,依据《中华人民共和国道路运输条例》(中华人民共和国国务院令第 406 号)、《道路旅客运输及客运站管理规定》(交通运输部令 2012 年第 2 号)、《汽车客运站级别划分和建设要求》(交通行业标准 JT/T200 - 2004)等规定,制定本规范。

第二条　本规范适用于三级及以上客运站。其他客运站可参照执行。

第三条　营运客车实行安全例行检查制度。本规范所称安全例行检查是指在受检车辆进行了正常维护并检验合格的前提下,由客运站车辆安全例检人员(以下简称例检人员)在不拆卸零部件的条件下,借助简单的工具量具,采用人工检视的方法,对影响营运客车行车安全的可视部件技术状况所实施的例行检查。

第四条　客运经营者和营运客车驾驶人(以下简称驾驶人)应严格执行有关法规、规章和标准,定期对车辆进行安全技术检验、综合性能检测与维护,保持车辆技术状况完好。

第五条　客运站应高度重视安全例检工作。客运站应与进入该站的营运客车所属客运经营者签订营运客车进站协议,明确双方关于安全例检的责任和权利,并严格履行协议。

第六条　客运班线单程营运里程小于 800 公里的客运班车和往返营运时间不超过 24 小时的营运班车,实行每日检查一次;客运班线单程营运里程在 800 公里(含)以上的客运班车和往返营运时间在 24 小时(含)以上的营运班车,实行每个单程检查一次。未经安全例检或安全例检不合格的营运客车,客运站不得排班发车,驾驶人不得用其运送旅客。

第七条　客运站应设立安全例检机构,负责安全例检的组织实施。例检机构应建立健全岗位职责、工作程序和监督机制等,保障安全例检工作正常有效运行。

第八条　客运站应按日检车辆数配备例检人员。客运站例检人员配置可以参照附件 1 执行。

第九条　客运站应当制定安全例检工作人员培训计划,明确培训内容、培训时间和考核目标,做好培训记录与总结。

第十条　例检人员应具备必要的汽车专业知识和实际工作能力,掌握客车构造和常用检验方法,熟悉客运管理相关政策法规和技术规范,参加客车安全例行检查岗前专项培训并经考核合格,持有机动车维修质量检验员(安全例检)从业资格证。

例检人员工作中,应遵守行为规范,佩戴标识,用语文明,认真作业,秉公办事,不徇私情。

第十一条　客运站应及时向客运经营者通报安全例检信息。

第十二条　客运站应当制定包含安全例检内容的应急预案。

第十三条　客运站应当建立安全例检抱怨处理制度,接受驾驶人和社会的监督。

客运站对接到的举报和投诉应当及时予以调查和处理。

第十四条　客运站应设置例检场所，其中应包括辅助用房。同时应设置明显的车辆通行指示标志，正确引导营运客车顺畅进入车辆安全例检场所（以下简称例检场所）。应在例检场所醒目位置公布安全例检流程图示，安全例检项目、检查方法、技术要求及其他注意事项。

第十五条　例检场所面积应满足车辆安全例检的作业要求，例检场所地面应坚实、平整，并具备防风、防淋、防晒及良好的采光、照明和通风等条件。例检场所应配置对讲设备。例检场所应设有供检查客车使用的地沟或举升装置。

新建或改建的客车检查地沟或举升装置配置数量可以参照附件1执行。地沟的长度应当不小于承检车辆最大长度的1.1倍，宽度不小于0.65m，深度不小于1.3m，并配备安全电压的照明设施。

第十六条　例检场所应配备保证安全例检工作安全的停车楔及安全例检工作所需的检验工具和量具。

检验工具和量具主要有：检验锤、便携式照明器具、轮胎气压表、轮胎花纹深度尺，以及套筒扳手、扭力扳手、钢卷尺、钢板尺等。

第十七条　检验量具须经法定或授权的计量检定机构检定，并取得计量检定合格证，且在有效期内使用。

第十八条　安全例检机构应对设施设备加强管理，保持设施设备技术状况良好。

第十九条　客运站营运客车安全例行检查工作流程可以参照附件2执行。

例检人员应按照《营运客车安全例行检查技术规范（试行）》（附件3）的要求进行检查，并填写检查记录或录入安全例检信息管理系统。

第二十条　例检人员对经检验合格的车辆签发安全例检合格通知单，作为营运客车报班发车的依据。

安全例检合格通知单自签发时起，24小时内报班有效。安全例检合格通知单超过时限的营运客车，须重新进行安全例检，合格后，方可报班。

《营运客车安全例检合格通知单》式样见附件4。实行安全例检信息化管理的，可另行规定。

第二十一条　安全例检不合格的营运客车，需要修理的，由例检人员开具安全例检不合格项目告知单，交当班驾驶人将车辆送到具有相应资质的维修企业进行维修。维修合格后，维修企业检验员开具维修合格凭证，加盖维修企业印章。当班驾驶人凭维修企业出具的合格凭证到安全例检机构办理复检。

第二十二条　安全例检机构应建立健全安全例检台账并妥善保存，保存期不少于6个月。

第二十三条　客运站应逐步建立安全例检信息化管理系统，提高安全例检效率和质量。安全例检信息化管理系统应能够实现营运客车经车辆身份识别进入例检场所完成安全例检的功能。

第二十四条　客运站所在地县级以上道路运输管理机构负责客运站监督检查。

附件：1. 客运站车辆安全例检人员、设施配置推荐表

　　　2. 客运站车辆安全例检工作流程图

　　　3. 营运客车安全例行检查技术规范（试行）

　　　4. 营运客车安全例检合格通知单（式样）

（以上附件略，详情请登录交通运输部网站）

关于积极推进城乡道路客运一体化发展的意见

(2011 年 9 月 13 日交通运输部　交运发〔2011〕490 号)

各省、自治区、直辖市、新疆生产建设兵团交通运输厅（局、委），天津市、上海市交通运输和港口管理局：

为深入贯彻落实党中央、国务院关于统筹城乡协调发展、加快社会主义新农村建设和推进城乡基本公共服务均等化的有关精神和战略部署，积极推进城乡道路客运一体化发展，现提出如下意见：

一、推进城乡道路客运一体化发展的重要性和紧迫性

城乡道路客运是联系城乡、服务居民出行的重要纽带，是城乡经济社会一体化发展的重要基础，与人民群众生产、生活息息相关。推进城乡道路客运一体化发展，实现城乡道路客运资源共享、政策协调、衔接顺畅、布局合理、结构优化、服务优质，是实践科学发展观、贯彻中央统筹城乡协调发展战略、落实中央"三农"政策的重要举措，是加快转变城乡道路客运发展方式、提升行业可持续发展能力、发挥行业比较优势的迫切需要，对推进城乡道路客运基本公共服务均等化具有重要意义。

近年来，在各级政府的大力支持下，各地交通运输主管部门和道路运输管理机构创新推动，广大运输企业和从业人员积极奉献，我国城乡道路客运一体化发展步伐加快，成效初现。但城市公共交通、城际客运、农村客运发展不平衡，网络不协调，衔接不顺畅，政策不配套等问题仍很突出，制约了城乡道路客运公共服务能力和保障水平，影响了城乡道路客运的竞争力和可持续发展能力。各级交通运输主管部门和道路运输管理机构要在当地政府的统一领导下，进一步统一思想、明确任务、完善体制、健全制度、落实责任、增加投入、加强引导，积极推进城乡道路客运一体化发展，逐步实现城乡道路客运基本公共服务均等化。

二、指导思想、主要目标和基本原则

（一）指导思想。

深入贯彻落实科学发展观，以推进城乡道路客运基本公共服务均等化和保障城乡居民"行有所乘"基本需求为目标，以转变城乡道路客运发展方式为主线，坚持"公交优先、城乡一体"的发展理念，将统筹城乡道路客运协调发展作为为民办实事的重大工程，充分发挥政府主导和部门联动、政策引导和市场互动的组合作用，努力为城乡居民提供安全、便捷、经济、高效的出行服务。

（二）主要目标。

力争用 5 年左右时间，全国城乡道路客运一体化发展取得重要突破，城乡道路客运发展更加协

调、网络衔接更加顺畅、政策保障更加到位，服务广度和深度逐步提升，服务质量显著改善，可持续发展能力明显增强。具体目标包括：一是基本建成分工明确、衔接顺畅、保障有力、安全高效的城际、城市、城乡、镇村四级客运网络。二是建设一个管理规范、服务优质、衔接顺畅、方便灵活的城际客运系统，有效衔接城市公共交通、农村客运及其他客运方式，不断巩固道路客运的保障能力、竞争优势及其在综合运输体系中的主体地位。三是基本建成能力充分、方便快捷、安全舒适、节能环保的城市公共交通系统，实现地市级以上城市公共交通网络覆盖郊区主要乡镇。四是加快构建覆盖全面、运行稳定、安全规范、经济便捷的农村客运系统，实现全国乡镇通班车率达到100%，建制村通班车率达到92%，100%的中心镇建成客运站、候车亭或招呼站；积极推进农村客运线路公交化改造，力争实现县域内20公里范围内的农村客运线路公交化运行率达到30%以上。

（三）基本原则。

——坚持以人为本，城乡协调。以满足城乡居民出行需求为根本出发点，逐步消除城乡二元结构，加强城乡联动，有序衔接，促进城乡道路客运基本公共服务均等化。

——坚持政府主导，政策引导。确立城市公共交通和农村客运的公益属性，争取各级政府和相关部门的支持，将城市公共交通和农村客运服务纳入政府公共服务范围，加大公共财政、土地等公共资源保障力度，不断满足城乡居民"行有所乘"的基本公共服务需求。

——坚持因地制宜，分步推进。从实际出发，根据不同的发展条件和需求特征，探索城乡道路客运一体化发展模式和推进路径，不搞"齐步走"和"一刀切"。选择有一定工作基础的地区分批开展推进城乡道路客运一体化发展试点工作。在试点基础上总结经验，进一步完善配套规章制度和标准规范，在全行业推广应用，逐步建立城乡道路客运一体化发展长效推进机制。

——坚持统筹协调，资源整合。统筹协调城市公共交通、城际客运和农村客运发展。在普通公路上，人员往来比较频繁的毗邻城市之间以班线客运公交化改造为主，地市级以上城市周边地区以城市公共交通线路延伸为主，县域内特别是乡镇以下地区以农村客运线网优化为主，并积极推进公交化改造；在高速公路上，以发展班线客运直达运输为主。注重整合城乡道路客运企业、线路、场站等资源，提高集约化、组织化水平，强化市场监管，规范经营行为，维护经营者和乘客的合法权益。

三、主要任务

（一）加快完善城乡道路客运一体化法规和标准规范体系。

加快建立以《道路运输条例》、《城市公共交通条例》为龙头，以部颁规章为基础，以地方性法规为补充的城乡道路客运法规体系，为城乡道路客运科学发展提供法规保障。省级交通运输主管部门要加快完善城乡道路客运法规体系，特别是加快制定或完善城市公共交通的地方性法规，解决城市公共交通管理无法可依的问题，并完善城乡道路客运一体化标准规范体系，实现城乡道路客运服务的有效衔接。

城市公共交通线路延伸的管理按照城市公共交通管理的相关法律、法规和标准、规范实施；公交化运行的城际客运和农村客运管理按照道路客运相关的法律、法规和标准、规范实施；对政府支持力度较大、推行"镇村公交"的线路管理，可参照城市公共交通管理的相关法律、法规和标准、规范实施。

（二）加快建设城乡道路客运服务保障网络。

1. 加强规划统筹，优化资源配置。科学制定城乡道路客运一体化发展规划，打破部门、区域和行业分割，统筹规划城乡道路客运服务设施和运营线路，合理调控城乡道路客运资源。坚持"无缝衔接、方便换乘"的原则，充分利用城市公共交通、城际客运和农村客运的各种站点设施，统一规划功能层次合理的换乘枢纽和城际、城市、城乡、镇村四级客运网络，优化城乡道路客运网络衔接。交通运输部门要主动协调政府有关部门，将城乡道路客运站场建设纳入本级城镇体系或城乡总体规划，并同步编制、修编和实施。

2. 加强城乡道路客运枢纽场站建设。争取当地政府和有关部门支持，将城乡道路客运枢纽场站作为重要基础设施，推动国家、区域性、集散性公路运输枢纽场站建设，完善建设标准，增强资金和土地保障，引导形成与城镇布局相协调、方便群众安全便捷出行的城乡道路客运枢纽场站网络。

3. 推进城市公共交通和城市周边短途班线客运的融合。根据城乡毗邻地区居民出行需求特点，充分考虑城市公共交通与城市周边短途客运班线的服务差异，明晰各自功能和服务范围，完善体制机制，逐步消除同一条线路城市公共交通和短途班线客运并存和不平等竞争的现象。争取政府和有关部门支持，逐步统一公交化运行的农村客运与城市公共交通在税费、补贴等方面的政策，实现服务标准和政策保障的有效衔接。

（三）加快落实城市公共交通优先发展战略。

1. 确立城市公共交通的公益性定位。贯彻落实国家优先发展城市公共交通战略和有关政策措施，争取城市人民政府和有关部门支持，实行政府主导，从资金投入、路权保障、用地安排、设施建设等方面给予城市公共交通优先保障。

2. 扩大城市公共交通网络覆盖面。稳步拓展城市公共交通服务网络，鼓励经济发展水平和城镇化程度较高的城市，公共交通线网向城市周边的县城、重点乡镇以及主要人流集散点延伸，逐步实现城市公共交通在城市城区和郊区范围内的全覆盖，为城乡居民提供均等化的公共交通服务。

3. 提升城市公共交通服务质量。制定城市公共交通安全运营和服务质量评价标准，加强公众出行信息服务和运营监管，加快提升城市公共交通服务水平。开展城市公共交通智能调度与管理、动态停车诱导等智能化系统的示范建设与推广应用，大力推广普及城市公共交通"一卡通"。

4. 加强行业中介组织建设。加快完善城市公共交通行业中介组织，理顺中介组织管理体制，充分发挥中介组织的桥梁纽带作用。

（四）加快提升农村客运普遍服务能力。

1. 完善农村客运基础设施。稳步推进农村公路建设，提高农村公路建设标准，加快已建成农村公路通行条件改造，完善农村公路安保设施。加快完善农村客运站场布局，根据各地农村地区生产、生活、生态的客观条件和需求特点规划建设标准适宜的乡镇客运站（候车亭、招呼站）。在城乡公路干道沿线规划建设港湾式停靠站、沿途招呼站，并配套完善候车亭、站牌等设施。坚持路、站（亭）、运一体化发展，在新建、改扩建农村公路项目时，将农村客运站（亭）纳入计划并与农村公路同步设计、同步建设、同步交付使用。参照农村公路管养模式，研究建立农村客运站（亭）管养的长效机制，落实各方责任，解决农村客运站特别是简易站和港湾式停靠站建成后的日常养护管理问题。

2. 完善农村客运服务网络。争取政府和有关部门支持，采取综合措施提高乡镇和建制村班车通达率，提供农村客运普遍服务，解决农村地区居民的基本出行问题。通过新辟、改线、延伸现有农村客运班线，扩大农村客运的覆盖和服务范围，提高建制村通班车率。改革农村客运线路管理方式，依据经济发展水平和客流情况，稳步推广农村客运片区经营模式，探索开行隔日班、周班、节日班或赶集班等固定或者非固定的班次。大力支持城镇化水平和居民出行密度较高的地区持续推进农村客运线路公交化运行，推广规范化、标准化的服务。对实行公交化运行的农村客运线路，在保证基本服务质量的前提下，运输企业可以根据客流情况调整班次和运力。支持"镇到村"农村客运网络发展，鼓励有条件的地区结合本地实际，有重点、分阶段在镇域内发展"镇村公交"。

3. 完善农村客运扶持政策。贯彻落实《中共中央国务院关于 2009 年促进农业稳定发展农民持续增收的若干意见》（中发〔2009〕1 号）和《中共中央国务院关于加大统筹城乡发展力度进一步夯实农业农村发展基础的若干意见》（中发〔2010〕1号），研究制定农村客运公共财政保障制度。积极争取公共财政支持，通过以奖代补的方式，鼓励提高农村客运通达深度、广度和服务水平，引导农村客运公司化、集约化、规范化经营，增强农村客运可持续发展能力。

（五）加快推进道路客运经营结构调整。

1. 加强道路客运线路结构调整。科学制定道路旅客运输线网发展规划，合理规划和调整客运线网布局、运力规模及结构等，增强线路和运力发展的科学性。推进与其他运输方式差异化发展战略，优化城际客运班线线网布局，稳步拓展短途、多样化与个性化客运市场，严格控制地市级以上城市间新增直达客运线路，优先安排至民航、铁路枢纽场站的集疏运线路，大力发展精品班线、机场快线、商务快客、短途驳载等特色客运业务，形成与其他运输方式合理分工、优势互补、协同发展的良性格局。

2. 引导毗邻地区客运班线公交化改造。建立和完善跨区域的城际客运协调机制和联合审批机制，探索并完善城际客运公交化运行的管理机制和运营模式。在客运量大、距离较近的毗邻城市间可以借鉴城市公交的运营服务方式，对客运班线运营实行公交化改造，方便群众出行，有效覆盖沿途乡镇，逐步实现客运线网的跨市、跨区融合。通过实行股份制、企业收购等手段整合经营主体，并保护好既有经营者的合法权益。对群众出行需求大的毗邻县间跨省线路进行公交化改造，原则上实行"一线一审"，为运力投入和运营调度提供方便。具体审批办法由相关省份交通运输主管部门协商确定。

3. 提升道路客运信息服务水平。选择部分省份开展省域或跨省域客运联网售票和电子客票系统试点工程，按照统一建设标准，规范数据代码和交换标准的要求，加快建设省域、跨省域道路客运联网售票系统，方便群众出行选择，并实现道路客运信息共享和运行动态的及时监控；完善百城百站客运信息报送制度，加强数据统计分析，提升道路客运运力投放的科学性和信息发布的时效性。

4. 统筹城乡道路客运经营结构调整。鼓励和引导城乡道路客运经营主体以资产为纽带实施公司化改造，建立健全现代企业制度，加强规范化、规模化运营，提高发展质量。整合城际客运经营主体，引导成立城际客运线路公司。打破地域壁垒，积极引入规模、资金、管理、服务有优势的企业投资经营城乡道路客运，有条件的地区可积极推进城市公共交通、短途班线客运经营主体的统一，优化资源配置，培育骨干运输企业和城乡道路客运一体化服务品牌，形成区域内业务整合、服务统一、组织集约、竞争有序的格局。完善城乡道路客运的质量信誉考核体系，引导企业提升服务质量、承担社会责任。

（六）加强城乡道路客运安全管理。

1. 进一步提升农村客运安全保障能力。认真贯彻落实交通运输部、公安部、安监总局《关于进一步加强和改进道路客运安全工作的通知》（交运发〔2010〕210号）的要求，通过各级道路交通安全工作联席会议提请地方政府明确由乡（镇）政府实施农村客运安全监管，实行"县管、乡包、村落实"的政策。坚持安全第一、预防为主，完善车型标准、通行条件、安全监管等方面的制度，加强农村客运车辆、站场、企业资格、线路审批等源头管理。对于县域内等外公路需开通客运班车的，由县级道路运输管理机构会同当地公安交管和安全监督部门对客运线路进行实地调查，联合提出通车车型、载客限载、运行限速、通行时间等安全控制指标后，方可审批。

2. 完善城际客运公交化运行安全管理措施。联合有关部门，加快完善城际客运班线公交化运行的线路长度、车辆标准、安全监管、站点设置、服务质量考评、运营市场管理等方面的制度、标准和规范，为客运班线公交化运行提供基础支撑。严格车辆技术标准审查，运营车辆应安装符合标准的卫星定位车载终端和视频监控设备，并缴纳法定保险；对线路走向不途经高速公路，且运营线路长度较短的车辆，可以商请有关部门试行双开门车型；对途经高速公路的城乡道路客运车辆，不得批准设立站席；进一步明确安全监管责任，落实属地道路运输管理机构安全源头监管职责，落实企业安全生产主体责任，督促相关经营者切实加强对所属车辆、驾驶员和乘务员的管理。

（七）建立科学合理的城乡道路客运票制票价体系。

城市公共交通实行成本定价，各级交通运输部门要积极会同价格部门，综合考虑社会承受能力、企业运营成本和交通供求状况，完善价格形成机制，并根据服务质量、运输距离以及公共交通方式间的换乘等因素，建立多层次、差别化的价格体系；结合公共财政补贴补偿情况，研究建立城市公共交通低票价政策，增强公共交通吸引力。城际客运和农村客运票制、票价按照《道路运输价格管理规定》和《汽车运价规则》的规定执行，对公交化运行的城际客运和农村客运，可结合地方公共财政补贴情况，实施特定的票价优惠政策，但不宜实行过低票价。

四、保障措施

（一）加强组织领导。

推进城乡道路客运一体化发展既是一项当前亟待加强的重要工作，又是一项长期而复杂的系统工程。各级交通运输主管部门要高度重视，积极争取当地政府和有关部门支持，探索建立在地方政府领导下由交通运输部门牵头、相关部门参加的城乡道路客运发展联席会议制度，切实加强组织领导，加强对城乡道路客运一体化的统筹指导，研究制定城乡道路客运发展规划，加快完善城乡道路客运地方性法规和扶持政策，为城乡道路客运统筹协调发展提供政策法规和组织保障。

（二）完善体制机制。

各级交通运输主管部门要争取当地政府和有关部门的支持，进一步推进地方交通运输行政管理体制改革，破除二元管理体制，推行城乡道路客运一体化管理。要认真贯彻落实《关于加强道路运输管理队伍建设的指导意见》（交运发〔2011〕468 号），加强道路运政队伍建设，提高统筹管理和指导城乡道路客运发展的能力，不断提升城乡道路客运公共交通服务效能和质量。

（三）增加资金投入。

各级交通运输主管部门要积极协助有关部门，研究制定城市公共交通投资政策，加快完善城市公共交通和农村客运的公共财政保障制度，拓宽资金来源渠道，构建多级公共财政保障体系，并探索因地制宜的税费、用地等优惠政策。贯彻落实《城乡道路客运成品油价格补助专项资金管理暂行办法》（财建〔2009〕1008 号），准确全面统计城乡道路客运成品油消耗数据，按时足额发放成品油价格补助资金。对纳入部推进城乡道路客运一体化发展试点的地方和经营者，在部支持项目和政策中给予优先安排，并纳入交通运输节能减排示范工程，在交通运输节能减排专项资金补贴上给予倾斜；落实成品油价格改革方案，继续实施原客货运附加费中央财政转移支付基数不低于 70% 用于道路运输枢纽场站建设的政策，并保持城乡道路客运枢纽场站建设资金的稳步增长。

（四）实施考核评价。

各级交通运输主管部门要加快建立城乡道路客运一体化发展水平评价制度，研究制定城乡道路客运一体化评价标准和评价办法，定期对辖区内城乡道路客运一体化发展情况实施考核评价，并向社会公布。总结不同地域、不同类型的城乡道路客运一体化发展模式和发展经验，并积极推广。

各级交通运输主管部门要根据本意见精神，制定具体实施方案，确保城乡道路客运一体化发展的各项任务和政策措施落到实处。各地具体实施方案和推进城乡道路客运一体化发展中的具体问题请及时报部。

二○一一年九月十三日

关于城市优先发展公共交通的指导意见

(2012 年 12 月 29 日国务院　国发〔2012〕64 号)

各省、自治区、直辖市人民政府，国务院各部委、各直属机构：

近年来，我国城市公共交通得到快速发展，技术装备水平不断提高，基础设施建设运营成绩显著，人民群众出行更加方便，但随着我国城镇化加速发展，城市交通发展面临新的挑战。城市公共交通具有集约高效、节能环保等优点，优先发展公共交通是缓解交通拥堵、转变城市交通发展方式、提升人民群众生活品质、提高政府基本公共服务水平的必然要求，是构建资源节约型、环境友好型社会的战略选择。为实施城市公共交通优先发展战略，现提出以下指导意见：

一、树立优先发展理念

深入贯彻落实科学发展观，加快转变城市交通发展方式，突出城市公共交通的公益属性，将公共交通发展放在城市交通发展的首要位置，着力提升城市公共交通保障水平。在规划布局、设施建设、技术装备、运营服务等方面，明确公共交通发展目标，落实保障措施，创新体制机制，形成城市公共交通优先发展的新格局。

二、把握科学发展原则

一是方便群众。把改善城市公共交通条件、方便群众日常出行作为首要原则，推动网络化建设，增强供给能力，优化换乘条件，提高服务品质，确保群众出行安全可靠、经济适用、便捷高效。

二是综合衔接。突出公共交通在城市总体规划中的地位和作用，按照科学合理、适度超前的原则编制城市公共交通规划，加强与其他交通方式的衔接，提高一体化水平，统筹基础设施建设与运营组织管理，引导城市空间布局的优化调整。

三是绿色发展。按照资源节约和环境保护的要求，以节能减排为重点，大力发展低碳、高效、大容量的城市公共交通系统，加快新技术、新能源、新装备的推广应用，倡导绿色出行。

四是因地制宜。根据城市功能定位、发展条件和交通需求等特点，科学确定公共交通发展目标和发展模式。明确城市公共交通的主导方式，选择合理的建设实施方案，建立适宜的运行管理机制，配套相应的政策保障措施。

三、明确总体发展目标

通过提高运输能力、提升服务水平、增强公共交通竞争力和吸引力，构建以公共交通为主的城市机动化出行系统，同时改善步行、自行车出行条件。要发展多种形式的大容量公共交通工具，建设综合交通枢纽，优化换乘中心功能和布局，提高站点覆盖率，提升公共交通出行分担比例，确立公共交通在城市交通中的主体地位。

科学研究确定城市公共交通模式，根据城市实际发展需要合理规划建设以公共汽（电）车为主体的地面公共交通系统，包括快速公共汽车、现代有轨电车等大容量地面公共交通系统，有条件的特大城市、大城市有序推进轨道交通系统建设。提高城市公共交通车辆的保有水平和公共汽（电）车平均运营时速，大城市要基本实现中心城区公共交通站点 500 米全覆盖，公共交通占机动化出行比例达到 60% 左右。

四、实施加快发展政策

（一）强化规划调控。

要强化城市总体规划对城市发展建设的综合调控，统筹城市发展布局、功能分区、用地配置和交通发展，倡导公共交通支撑和引导城市发展的规划模式，科学制定城市综合交通规划和公共交通规划。城市综合交通规划应明确公共交通优先发展原则，统筹重大交通基础设施建设，合理配置和利用各种交通资源。城市公共交通规划要科学规划线网布局，优化重要交通节点设置和方便衔接换乘，落实各种公共交通方式的功能分工，加强与个体机动化交通以及步行、自行车出行的协调，促进城市内外交通便利衔接和城乡公共交通一体化发展。

（二）加快基础设施建设。

提升公共交通设施和装备水平，提高公共交通的便利性和舒适性。科学有序发展城市轨道交通，积极发展大容量地面公共交通，加快调度中心、停车场、保养场、首末站以及停靠站的建设，提高公共汽（电）车的进场率；推进换乘枢纽及步行道、自行车道、公共停车场等配套服务设施建设，将其纳入城市旧城改造，与新城建设规划同步实施。鼓励新能源公共交通车辆应用，加快老旧车辆更新淘汰，保障公共交通运营设备的更新和维护，提高整体运输能力。

（三）加强公共交通用地综合开发。

城市控制性详细规划要与城市综合交通规划和公共交通规划相互衔接，优先保障公共交通设施用地。加强公共交通用地监管，改变土地用途的由政府收回后重新供应用于公共交通基础设施建设。对新建公共交通设施用地的地上、地下空间，按照市场化原则实施土地综合开发。对现有公共交通设施用地，支持原土地使用者在符合规划且不改变用途的前提下进行立体开发。公共交通用地综合开发的收益用于公共交通基础设施建设和弥补运营亏损。

（四）加大政府投入。

城市人民政府要将公共交通发展资金纳入公共财政体系，重点增加大容量公共交通、综合交通枢纽、场站建设以及车辆设备购置和更新的投入。"十二五"期间，免征城市公共交通企业新购置的公共汽（电）车的车辆购置税；依法减征或者免征公共交通车船的车船税；落实对城市公共交通行业的成品油价格补贴政策，确保补贴及时、足额到位。对城市轨道交通运营企业实施电价优惠。

（五）拓宽投资渠道。

推进公共交通投融资体制改革，进一步发挥市场机制的作用。支持公共交通企业利用优质存量资产，通过特许经营、战略投资、信托投资、股权融资等多种形式，吸引和鼓励社会资金参与公共交通基础设施建设和运营，在市场准入标准和优惠扶持政策方面，对各类投资主体同等对待。公共交通企业可以开展与运输服务主业相关的其他经营业务，改善企业财务状况，增强市场融资能力。要加强银企合作，创新金融服务，为城市公共交通发展提供优质、低成本的融资服务。

（六）保障公共交通路权优先。

优化公共交通线路和站点设置，逐步提高覆盖率、准点率和运行速度，改善公共交通通达性和便捷性。增加公共交通优先车道，扩大信号优先范围，逐步形成公共交通优先通行网络。集约利用城市道路资源，允许机场巴士、校车、班车使用公共交通优先车道。增加公共交通优先通行管理设施投入，加强公共交通优先车道的监控和管理，在拥堵区域和路段取消占道停车，充分利用科技手段，加大对交通违法行为的执法力度。

（七）鼓励智能交通发展。

按照智能化、综合化、人性化的要求，推进信息技术在城市公共交通运营管理、服务监管和行业管理等方面的应用，重点建设公众出行信息服务系统、车辆运营调度管理系统、安全监控系统和应急处置系统。加强城市公共交通与其他交通方式、城市道路交通管理系统的信息共享和资源整合，提高服务效率。"十二五"期间，进一步完善城市公共交通移动支付体系建设，全面推广普及城市公共交通"一卡通"，加快其在城市不同交通方式中的应用。加快完善标准体系，逐步实现跨市域公共交通"一卡通"的互联互通。

五、建立持续发展机制

（一）完善价格补贴机制。

综合考虑社会承受能力、企业运营成本和交通供求状况，完善价格形成机制，根据服务质量、运输距离以及各种公共交通换乘方式等因素，建立多层次、差别化的价格体系，增强公共交通吸引力。合理界定补贴、补偿范围，对实行低票价、减免票，和承担政府指令性任务等形成的政策性亏损，对企业在技术改造、节能减排、经营冷僻线路等方面的投入，地方财政给予适当补贴、补偿。建立公共交通企业职工工资收入正常增长机制。

（二）健全技术标准体系。

修订和完善公共交通基础设施的建设标准；规范轨道交通、公共汽（电）车等装备的产品标准；建立新能源车辆性能检验等技术标准；制定公共交通运营的服务标准，构建服务质量评价指标体系。研究公共交通技术政策，明确技术发展方向。

（三）推行交通综合管理。

综合运用法律、经济、行政等手段，有效调控、合理引导个体机动化交通需求。在特大城市尝试实施不同区域、不同类型停车场差异化收费和建设驻车换乘系统等需求管理措施，加强停车设施规划建设及管理。发展中小学校车服务系统，加强资质管理，制定安全和服务标准。"十二五"期间，初步建立出租汽车服务管理信息系统，大力推广出租汽车电话约车服务，方便群众乘车，减少空驶。大力发展汽车租赁、包车客运等交通服务方式，通过社会化、市场化手段，满足企事业单位和个人商务、旅游等多样化的出行需求，提高车辆的利用效率。落实城市建设项目交通影响评价制度，并作为项目实施的前置性条件，严格落实公共交通配建标准，实现同步设计、同步建设、同步验收。大力加强公共交通和绿色出行的宣传和引导。

（四）健全安全管理制度。

强化安全第一、质量为本的理念。城市人民政府要切实加强公共交通的安全监管，完善安全标准体系，健全安全管理制度，落实监管责任，加大安全投入，制定应急预案。重大公共交通项目建设要严格执行法定程序和工程标准，保证合理工期，加强验收管理。城市公共交通企业作为安全责任主体，要完善各项规章制度和岗位规范，健全安全管理机构，配备专职管理人员，落实安全管理责任，加大经费投入，定期开展安全检查和隐患排查，严格实施车辆维修和报废制度，增强突发事件防范和应急能力。规范技术和产品标准，构建服务质量评价指标体系。要高度重视轨道交通的建设、运营安全，强化风险评估与防控，完善轨道交通工程验收和试运营审核及第三方安全评估制度。

（五）规范重大决策程序。

推进城市公共交通重大决策法制化、民主化、公开化。研究出台公共交通优先发展的法规规章，地方人民政府推动配套制定和完善地方性法规，为城市公共交通的资金投入、土地开发、路权优先等扶持政策提供法律保障。规范城市人民政府公共交通重大决策程序，实行线网规划编制公示制度和运营价格听证制度。建立城市公共交通运营成本和服务质量信息公开制度，加强社会监督。

（六）建立绩效评价制度。

加快建立健全城市公共交通发展绩效评价制度，国务院有关部门研究制定评价办法，定期对全国重点城市公共交通发展水平进行绩效评价。各城市要通过公众参与、专家咨询等多种方式，对公共交通企业服务质量和运营安全进行定期评价，结果作为衡量公交企业运营绩效、发放政府补贴的重要依据。

发展城市公共交通，城市人民政府是责任主体，省级人民政府负责监督、指导，国务院有关部门要做好制定宏观发展政策和完善相关法规规章等工作。各级人民政府、各有关部门要按照职责分工，主动协调、密切配合，推动城市公共交通实现又好又快发展。

国务院

2012 年 12 月 29 日

关于规范发展出租汽车电召服务的通知

(2013 年 2 月 21 日交通运输部　交运发〔2013〕144 号)

各省、自治区、直辖市、新疆生产建设兵团交通运输厅（局、委），天津、上海交通运输和港口管理局：

2012 年 12 月，国务院印发了《国务院关于城市优先发展公共交通的指导意见》（国发〔2012〕64 号），要求在"十二五"期间，初步建成出租汽车服务管理信息系统，大力推广出租汽车电话约车服务，方便群众乘车，减少空驶。为深入贯彻落实国务院文件精神，提升出租汽车行业服务能力和服务质量，规范出租汽车电召服务发展，现就有关事项通知如下：

一、充分认识发展出租汽车电召服务的重要性

电召服务是国外发达国家出租汽车行业普遍采用的服务方式。发展出租汽车电召服务，对转变出租汽车运营模式、方便乘客打车、提升服务质量、缓解交通拥堵、促进节能减排具有重要意义。

一是转变出租汽车运营模式的重要途径。目前，我国城市出租汽车运营模式主要以巡游为主，运营服务随机性、盲目性较强，增加了燃料消耗和污染物排放，增大了运营成本，占用了道路资源。通过发展出租汽车电召服务，引导出租汽车逐步转变以巡游为主的运营模式，能够减少车辆空驶和道路占用，缓解城市交通拥堵，促进行业节能减排，产生良好的经济效益和社会效益。

二是提升出租汽车服务水平的重要举措。通过发展出租汽车电召服务，可以进一步完善出租汽车运营服务方式，方便乘客乘坐出租汽车，缩短乘客户外候车时间，提供真正的"门到门"运输服务。特别是，可以为出行有特殊困难的老、弱、病、残、孕乘客，以及在特殊时段、偏僻地区、恶劣天气出行的乘客提供及时、方便的出租汽车服务，使乘客出行更加方便，出行时间更有保障。

三是保障出租汽车驾驶员权益的重要手段。通过出租汽车电召服务系统，出租汽车驾驶员可以就近为乘客提供服务，减少盲目巡游空驶和燃料消耗，提高收入水平，降低劳动强度。电召服务中心能够准确记录乘客位置、目的地、联系方式等信息，有利于保障驾驶员人身安全。

二、出台规范电召服务发展的政策措施

出租汽车电召服务在我国刚刚起步，服务方式需要普及，服务流程需要优化，服务水平需要提高。各地交通运输主管部门要在深入调研的基础上，出台政策措施，鼓励发展出租汽车电召服务，

规范服务行为，提高服务水平，方便乘客打车。

一是充分调动驾驶员积极性。电召服务收入分配应重点向驾驶员倾斜，增加驾驶员收入，调动驾驶员积极性，让驾驶员愿意主动提供电召服务。要通过电召服务，让乘客得到便利，愿意选择使用电召服务。要加大对出租汽车电召服务系统的建设投入，并积极通过市场化手段引导社会投资，建立长效、健康发展机制，使电召服务中心能够生存和发展。

二是合理确定收费标准。各地交通运输主管部门要加强与价格主管部门的沟通协调，根据本地实际情况和消费水平，科学合理确定出租汽车电召服务收费标准，积极争取将电召服务费列入出租汽车发票费目，探索根据交通高低峰实行分时段差别化价格，引导社会公众合理选择出行方式。

三是加强诚信体系建设。要加快出租汽车驾驶员和乘客电召服务诚信体系建设，建立诚信档案和奖惩机制。通过采用会员制等形式，培养优质客户群，对电召服务使用次数多、信誉好的乘客实行价格优惠，优先安排车辆，加强服务保障。对多次失约乘客，记入电召服务不良诚信记录名单。对于乘客失约造成的驾驶员损失，可探索建立补贴、补偿机制，对驾驶员进行适当补助。

四是加强电召服务监管。各地交通运输主管部门应根据本地区实际情况制定出租汽车电召服务管理办法，规范出租汽车企业、驾驶员、电召服务中心，以及第三方电召服务平台的经营行为，提升服务质量，特别要加强对第三方电召服务平台的监管和规范，防止侵害驾驶员和乘客的合法权益。

五是建立考核奖励机制。各地要将出租汽车企业电召服务中心建设运营情况、驾驶员电召服务开展情况，纳入出租汽车服务质量信誉考核，对电召服务开展较好的企业和驾驶员予以相应加分奖励。指导企业建立电召服务考核机制，引导驾驶员主动开展电召服务。通过组织开展电召服务技能竞赛、评比活动，对电召服务业务多、质量好的驾驶员予以表彰。

三、创造出租汽车电召服务发展条件

各地要按照《国务院关于城市优先发展公共交通的指导意见》、《交通运输"十二五"发展规划》、《公路水路交通运输信息化"十二五"发展规划》等文件要求，进一步明确电召服务发展思路，加强行业管理指导，加大技术支持力度，为电召服务创造良好发展条件。

一是创新电召服务模式。各地应根据本地实际情况，积极推广电话、网络、服务站点、手机终端等多种出租汽车电召服务模式。优化电话约车服务流程，推广自助式电话约车服务，提高电召服务中心处理能力，依托电召服务中心，建设研发出租汽车电召服务网站和手机电召服务终端，开展出租汽车网络、手机电召等新型服务，实现对电召服务的记录和跟踪，切实保障乘客的合法权益；在宾馆饭店、旅游景点等乘客密集区域，专门设置电召服务终端，推动电召服务向智能化、自动化、精确化方向发展。

二是建设电召服务系统。各地要按照部颁《城市出租汽车服务管理信息系统试点工程总体业务功能要求》和《城市出租汽车服务管理信息系统试点工程总体技术要求》的有关要求，统一标准规范，推广出租汽车服务管理信息系统，加快推进电召服务中心建设，普及安装智能服务终端设备，使用统一电召服务电话号码，便于乘客记忆使用。实现电召调度、语音通话、失物查找、路线查询、外语翻译等功能，不断改进完善系统功能，使电召服务更便捷、更可靠。

三是完善电召服务配套设施。各城市交通运输主管部门要在当地政府的领导下，积极争取规划、公安、建设等部门的支持，在交通枢纽、旅游景点、宾馆饭店、医院学校、商业区等区域设置数量合理的出租汽车停靠泊位。要加快建设出租汽车服务中心，为驾驶员提供停车、就餐、休息等服务，并作为电召出租汽车停靠候客站点，为开展电召服务创造良好环境。

四是加强宣传引导。出租汽车电召服务目前正处于起步发展的关键阶段，实行电召服务的地区要通过电视、广播、报纸、网络等新闻媒体加大宣传力度，广泛宣传电召服务的特点和优势，让乘客熟悉掌握电召服务的使用方法，改变乘客出行习惯，推动出租汽车电召服务健康发展。

交通运输部

2013 年 2 月 21 日

关于加强道路货运车辆超限超载源头
治理工作的通知

(2011 年 7 月 21 日交通运输部　交运发〔2011〕355 号)

各省、自治区、直辖市、新疆生产建设兵团交通运输厅(局、委):

为进一步加强道路货运车辆超限超载运输源头治理工作,根据《中华人民共和国公路安全保护条例》和《中华人民共和国道路运输条例》的有关规定,现就有关事项通知如下:

一、充分认识道路货运车辆超限超载源头治理工作的重要意义

近年来,各地交通运输部门按照国务院和部的统一部署,坚持路面执法与源头监管并重的治超方针,在严格路面执法的同时,强化货运源头监管,积极探索建立治超长效机制,取得了明显成效,对保障道路畅通、提高监管效能、节约治理成本产生了积极作用。

2011 年 7 月 1 日起施行的《公路安全保护条例》,为全面开展道路货运车辆超限超载运输源头治理工作提供了明确的法律依据,从法规层面赋予了道路运输管理机构在更大范围和更深层次全面参与道路货运车辆超限超载运输源头治理的重要职责,对加强公路保护、保障公路完好安全畅通具有重要意义。各地交通运输主管部门和道路运输管理机构要在当地政府的领导下,将贯彻落实《公路安全保护条例》、加强货运源头监管作为一项紧迫而重要任务,进一步提高思想认识,切实落实责任和管理措施,争取通过 2~3 年的努力,对全国范围内的重点货物集散地、货运站场普遍建立起运政执法人员监管制度,努力开创治超工作新局面。

二、明确道路货运车辆源头治超的基本原则

各地交通运输主管部门及道路运输管理机构在货运源头治理工作中,应把握以下原则:

一是坚持依法治理。认真执行《公路安全保护条例》、《道路运输条例》及相关法律、法规,把货物集散地和货运站场作为超限超载运输源头治理的重点。通过加强地方立法,完善相关法规体系,赋予运管机构必要的执法手段,为货运源头治理工作提供有力保障。

二是坚持政府主导。在地方党委和政府的统一领导下,建立完善"全国统一领导、地方政府负责、部门指导协调、各方联合行动"的工作机制,为加强货运源头监管提供有效的体制机制保障。

三是坚持路面执法与源头监管并重。创新思路、加大力度,建立路面执法与源头监管互联互动、相互补充的工作机制,形成全方位、无盲区的治超监控网络体系,最大限度地把超限超载车辆堵在运输源头。

四是坚持监管与服务相结合。在加大监管力度，坚决查处违法、违规现象的同时，积极增强服务意识，千方百计为车主、货主排忧解难，切实保障和维护各方的合法利益，保证运输源头治理工作的顺利推进。

五是坚持货运源头治理与道路货运市场管理相结合。要把运输源头治理作为道路货运市场监管的有效载体，积极创新管理方式，强化管理手段，取缔非法运输，建立货运市场诚信考核体系，维护公平竞争、规范有序的市场秩序。

三、扎实推进货运车辆超限超载源头治理工作

各地交通运输部门和道路运输管理机构要严格按照《公路安全保护条例》、《国务院办公厅关于加强车辆超限超载治理工作的通知》（国办发〔2005〕30 号）和九部委《关于印发全国车辆超限超载长效治理实施意见的通知》（交公路发〔2007〕596 号）明确的工作措施及要求，将重点货物集散地、货运车辆、运输企业及相关从业人员作为监管重点，切实推动货运源头治理工作。

（一）明确并公开重点货运源头单位。

各地要根据当地经济发展、货源分布和地理条件等实际情况，将货运量较大、容易发生超限超载的矿山、水泥厂、煤场、沙石料场、港口、火车站、汽车货运站（含物流园区、物流中心）、蔬菜集散站（场）等货物集散地、装卸现场作为重点货运源头单位，加强监管。地方交通运输部门会同相关部门核查和确定货运源头单位，上报当地政府批准并向社会公布。

各地道路运输管理机构对经政府批准公布的重点货运源头单位，应采取驻点、巡查等方式实施监督管理。

（二）落实货运源头单位主体责任。

货运源头单位是车辆合法装载的责任主体。要在货物装运场地安装合格的称重和计量设备，严格按照国家标准对车辆进行装载，确保违法超限超载车辆不出厂、不出站；要建立工作制度，加强人员培训，明确工作人员职责；对车辆驾驶员从业资格证、车辆营运证和车辆装载情况等进行登记，建立健全统计制度和档案，按规定向道路运输管理机构报送相关信息；自觉接受执法人员依法实施的监督检查，并按要求提供有关情况和资料。

（三）加强运管机构源头监管。

道路运输管理机构及运管执法人员对货运源头单位监管工作应履行以下职责：

1. 宣传有关法律、法规和规章制度，提高货运源头单位和运输经营者的守法经营意识。

2. 通过驻点、巡查等有效方式，对政府公布的重点货运源头单位实施监管，制止非法超限超载车辆出场、出站。对重点货运源头单位建立治超有关制度、履行职责的情况进行监督检查，发现违法行为责令纠正，依法予以处罚。

3. 加强对违规装载行为的查处，对违法超限运输的道路运输企业、货运车辆、驾驶人员以及指使、强令车辆驾驶员超限运输货物的单位和人员，依法予以处罚。

4. 监督运输服务质量和市场竞争秩序，将车辆超限超载运输违法行为纳入道路运输企业质量信誉考核和驾驶员诚信考核，建立和完善超限超载运输"黑名单"制度，协助货运源头单位维护好市场运营秩序。

5. 对不属于本机构职责范围的违法行为及时抄告相关主管部门查处，同时向本级人民政府和上级有关部门报告。

（四）建立路面执法与源头治超联动机制。

各地交通运输部门要建立路面执法与源头监管的联动机制。公路管理机构在路面执法工作中，对查处的非法超限超载车辆有关信息要及时抄告给同级运管机构。抄告内容应包括违章车辆牌号和道路运输证号、违规驾驶员姓名和从业资格证号、违规车辆所属企业名称、违法违规行为简要描述及处罚决定等事项。运管机构要严格按照《公路安全保护条例》等有关规定，切实加大非法超限运输车辆、驾驶人和企业跟踪处罚力度，并将相关处理（处罚）信息及时反馈公路管理部门和治超工作机构。

（五）实行货运源头监管信息报送制度。

各地道路运输管理机构要进一步完善货运源头监管信息报送制度，建立科学、准确、完整的信息报送体系，对查处的违法装载运输的单位和个人有关信息按月报送上级道路运输管理机构。省级道路运输管理机构汇总后，对外省（区、市）籍车辆至少每半年向相关省通报一次，相关省（区、市）道路运输管理机构要及时记入质量信誉考核档案，对违法行为依法进行处理。

四、切实落实各项政策措施

（一）切实加强组织领导。各地交通运输部门及道路运输管理机构要把货运源头治理作为保障人民生命财产安全、促进经济社会健康发展的一项重要任务，在当地政府的统一领导下，建立完善组织领导机构，健全源头治理工作机制，加大力度，周密安排，加强指导协调和监督检查，形成工作合力。要积极争取当地政府和有关部门的支持，制定出台货运源头治理的相关政策措施，为源头治理工作顺利开展提供有力保障。

（二）切实加大宣传力度。一是通过宣传贯彻《公路安全保护条例》，进一步统一思想，明确职责，落实责任。二是通过召开座谈会、印发宣传材料等多种形式，使货运源头单位、运输企业、车辆驾驶员明确其责任义务，提高合法经营的自觉性。三是充分利用广播、电视、报纸、网络等宣传工具和制作标语等多种形式，使社会各个层面深入了解货运源头治理的重要意义。加大对正面典型的宣传力度，对严重违法、违规行为公开曝光，为源头治理工作的深入开展营造良好的舆论环境。

（三）切实落实经费保障。车辆超限超载运输治理是一项长期而艰巨的重要工作，源头治理所需经费应依法纳入地方财政预算。各地交通运输部门应从成品油消费税等转移支付资金中安排专项资金，用于对道路运输管理机构货运源头治理工作的执法装备、信息化建设和经费补助，确保治理工作有序推进。

（四）切实加大科技投入。充分发挥现代科技手段在源头治理中的重要作用，积极引导重点货运源头单位安装使用货物装载视频系统。同时，要加大源头治理信息管理平台、道路运输 IC 卡系统建设力度，加快治超信息系统和货运车辆管理系统部省站联网管理工作步伐，尽快实现治超信息系统与货运管理系统之间的链接，实现路面执法信息、营运车辆管理信息和货运源头监管信息交换和共享，为强化货运源头治理和非法超限超载运输联防联治提供科技保障。

（五）切实落实治理责任。各地交通运输部门及道路运输管理机构应当结合实际，制定源头治理目标任务，层层签订责任书，落实责任单位和人员，纳入年度目标考核，实行责任追究，确保各项工作落到实处。

（六）切实加强队伍建设。各地交通运输主管部门要充实加强道路运输管理机构源头治理执法队伍建设，落实人员编制和工作职责。源头治超执法人员要参加执法培训考试，取得执法资格，实行持证上岗，实施源头治超执法时按规定着装和佩戴标识。要组织开展培训，重点学习《公路安全保护条例》等法律、法规和相关政策，提高依法行政、依法管理的能力和水平。要加强对货运源头治理执法人员的法制教育、廉政教育和职业道德教育，做到文明执法，规范执法，自觉接受社会监督，坚决杜绝源头治理工作中"三乱"现象的发生。

二○一一年七月二十一日

道路危险货物运输管理规定

(2012 年 12 月 31 日经交通运输部第 10 次部务会议通过　交通运输部令
2013 年第 2 号　自 2013 年 7 月 1 日起施行)

第一章　总　则

第一条　为规范道路危险货物运输市场秩序,保障人民生命财产安全,保护环境,维护道路危险货物运输各方当事人的合法权益,根据《中华人民共和国道路运输条例》和《危险化学品安全管理条例》等有关法律、行政法规,制定本规定。

第二条　从事道路危险货物运输活动,应当遵守本规定。军事危险货物运输除外。

法律、行政法规对民用爆炸物品、烟花爆竹、放射性物品等特定种类危险货物的道路运输另有规定的,从其规定。

第三条　本规定所称危险货物,是指具有爆炸、易燃、毒害、感染、腐蚀等危险特性,在生产、经营、运输、储存、使用和处置中,容易造成人身伤亡、财产损毁或者环境污染而需要特别防护的物质和物品。危险货物以列入国家标准《危险货物品名表》(GB12268)的为准,未列入《危险货物品名表》的,以有关法律、行政法规的规定或者国务院有关部门公布的结果为准。

本规定所称道路危险货物运输,是指使用载货汽车通过道路运输危险货物的作业全过程。

本规定所称道路危险货物运输车辆,是指满足特定技术条件和要求,从事道路危险货物运输的载货汽车(以下简称专用车辆)。

第四条　危险货物的分类、分项、品名和品名编号应当按照国家标准《危险货物分类和品名编号》(GB6944)、《危险货物品名表》(GB12268)执行。危险货物的危险程度依据国家标准《危险货物运输包装通用技术条件》(GB12463),分为Ⅰ、Ⅱ、Ⅲ等级。

第五条　从事道路危险货物运输应当保障安全,依法运输,诚实信用。

第六条　国家鼓励技术力量雄厚、设备和运输条件好的大型专业危险化学品生产企业从事道路危险货物运输,鼓励道路危险货物运输企业实行集约化、专业化经营,鼓励使用厢式、罐式和集装箱等专用车辆运输危险货物。

第七条　交通运输部主管全国道路危险货物运输管理工作。

县级以上地方人民政府交通运输主管部门负责组织领导本行政区域的道路危险货物运输管理工作。

县级以上道路运输管理机构负责具体实施道路危险货物运输管理工作。

第二章　道路危险货物运输许可

第八条　申请从事道路危险货物运输经营,应当具备下列条件:

（一）有符合下列要求的专用车辆及设备：

1. 自有专用车辆（挂车除外）5 辆以上；运输剧毒化学品、爆炸品的，自有专用车辆（挂车除外）10 辆以上。

2. 专用车辆技术性能符合国家标准《营运车辆综合性能要求和检验方法》（GB18565）的要求；技术等级达到行业标准《营运车辆技术等级划分和评定要求》（JT/T198）规定的一级技术等级。

3. 专用车辆外廓尺寸、轴荷和质量符合国家标准《道路车辆外廓尺寸、轴荷和质量限值》（GB1589）的要求。

4. 专用车辆燃料消耗量符合行业标准《营运货车燃料消耗量限值及测量方法》（JT719）的要求。

5. 配备有效的通讯工具。

6. 专用车辆应当安装具有行驶记录功能的卫星定位装置。

7. 运输剧毒化学品、爆炸品、易制爆危险化学品的，应当配备罐式、厢式专用车辆或者压力容器等专用容器。

8. 罐式专用车辆的罐体应当经质量检验部门检验合格，且罐体载货后总质量与专用车辆核定载质量相匹配。运输爆炸品、强腐蚀性危险货物的罐式专用车辆的罐体容积不得超过 20 立方米，运输剧毒化学品的罐式专用车辆的罐体容积不得超过 10 立方米，但符合国家有关标准的罐式集装箱除外。

9. 运输剧毒化学品、爆炸品、强腐蚀性危险货物的非罐式专用车辆，核定载质量不得超过 10 吨，但符合国家有关标准的集装箱运输专用车辆除外。

10. 配备与运输的危险货物性质相适应的安全防护、环境保护和消防设施设备。

（二）有符合下列要求的停车场地：

1. 自有或者租借期限为 3 年以上，且与经营范围、规模相适应的停车场地，停车场地应当位于企业注册地市级行政区域内。

2. 运输剧毒化学品、爆炸品专用车辆以及罐式专用车辆，数量为 20 辆（含）以下的，停车场地面积不低于车辆正投影面积的 1.5 倍；数量为 20 辆以上的，超过部分，每辆车的停车场地面积不低于车辆正投影面积。运输其他危险货物的，专用车辆数量为 10 辆（含）以下的，停车场地面积不低于车辆正投影面积的 1.5 倍；数量为 10 辆以上的，超过部分，每辆车的停车场地面积不低于车辆正投影面积。

3. 停车场地应当封闭并设立明显标志，不得妨碍居民生活和威胁公共安全。

（三）有符合下列要求的从业人员和安全管理人员：

1. 专用车辆的驾驶人员取得相应机动车驾驶证，年龄不超过 60 周岁。

2. 从事道路危险货物运输的驾驶人员、装卸管理人员、押运人员应当经所在地设区的市级人民政府交通运输主管部门考试合格，并取得相应的从业资格证；从事剧毒化学品、爆炸品道路运输的驾驶人员、装卸管理人员、押运人员，应当经考试合格，取得注明为"剧毒化学品运输"或者"爆炸品运输"类别的从业资格证。

3. 企业应当配备专职安全管理人员。

（四）有健全的安全生产管理制度：

1. 企业主要负责人、安全管理部门负责人、专职安全管理人员安全生产责任制度。

2. 从业人员安全生产责任制度。

3. 安全生产监督检查制度。

4. 安全生产教育培训制度。

5. 从业人员、专用车辆、设备及停车场地安全管理制度。

6. 应急救援预案制度。

7. 安全生产作业规程。

8. 安全生产考核与奖惩制度。

9. 安全事故报告、统计与处理制度。

第九条 符合下列条件的企事业单位，可以使用自备专用车辆从事为本单位服务的非经营性道路危险货物运输：

（一）属于下列企、事业单位之一：

1. 省级以上安全生产监督管理部门批准设立的生产、使用、储存危险化学品的企业。

2. 有特殊需求的科研、军工等企、事业单位。

（二）具备第八条规定的条件，但自有专用车辆（挂车除外）的数量可以少于 5 辆。

第十条 申请从事道路危险货物运输经营的企业，应当向所在地设区的市级道路运输管理机构提出申请，并提交以下材料：

（一）《道路危险货物运输经营申请表》，包括申请人基本信息、申请运输的危险货物范围（类别、项别或品名，如果为剧毒化学品应当标注"剧毒"）等内容。

（二）拟担任企业法定代表人的投资人或者负责人的身份证明及其复印件，经办人身份证明及其复印件和书面委托书。

（三）企业章程文本。

（四）证明专用车辆、设备情况的材料，包括：

1. 未购置专用车辆、设备的，应当提交拟投入专用车辆、设备承诺书。承诺书内容应当包括车辆数量、类型、技术等级、总质量、核定载质量、车轴数以及车辆外廓尺寸；通讯工具和卫星定位装置配备情况；罐式专用车辆的罐体容积；罐式专用车辆罐体载货后的总质量与车辆核定载质量相匹配情况；运输剧毒化学品、爆炸品、易制爆危险化学品的专用车辆核定载质量等有关情况。承诺期限不得超过 1 年。

2. 已购置专用车辆、设备的，应当提供车辆行驶证、车辆技术等级证明或者车辆综合性能检测技术合格证明；通讯工具和卫星定位装置配备；罐式专用车辆的罐体检测合格证或者检测报告及复印件等有关材料。

（五）拟聘用专职安全管理人员、驾驶人员、装卸管理人员、押运人员的，应当提交拟聘用承诺书，承诺期限不得超过 1 年；已聘用的应当提交从业资格证及其复印件以及驾驶证及其复印件。

（六）停车场地的土地使用证、租借合同、场地平面图等材料。

（七）相关安全防护、环境保护、消防设施设备的配备情况清单。

（八）有关安全生产管理制度文本。

第十一条 申请从事非经营性道路危险货物运输的单位，向所在地设区的市级道路运输管理机构提出申请时，除提交第十条第（四）项至第（八）项规定的材料外，还应当提交以下材料：

（一）《道路危险货物运输申请表》，包括申请人基本信息、申请运输的物品范围（类别、项别或品名，如果为剧毒化学品应当标注"剧毒"）等内容。

（二）下列形式之一的单位基本情况证明：

1. 省级以上安全生产监督管理部门颁发的危险化学品生产、使用等证明。

2. 能证明科研、军工等企、事业单位性质或者业务范围的有关材料。

（三）特殊运输需求的说明材料。

（四）经办人的身份证明及其复印件以及书面委托书。

第十二条　设区的市级道路运输管理机构应当按照《中华人民共和国道路运输条例》和《交通行政许可实施程序规定》，以及本规定所明确的程序和时限实施道路危险货物运输行政许可，并进行实地核查。

决定准予许可的，应当向被许可人出具《道路危险货物运输行政许可决定书》，注明许可事项，具体内容应当包括运输危险货物的范围（类别、项别或品名，如果为剧毒化学品应当标注"剧毒"），专用车辆数量、要求以及运输性质，并在 10 日内向道路危险货物运输经营申请人发放《道路运输经营许可证》，向非经营性道路危险货物运输申请人发放《道路危险货物运输许可证》。

市级道路运输管理机构应当将准予许可的企业或单位的许可事项等及时以书面形式告知县级道路运输管理机构。

决定不予许可的，应当向申请人出具《不予交通行政许可决定书》。

第十三条　被许可人已获得其他道路运输经营许可的，设区的市级道路运输管理机构应当为其换发《道路运输经营许可证》，并在经营范围中加注新许可的事项。如果原《道路运输经营许可证》是由省级道路运输管理机构发放的，由原许可机关按照上述要求予以换发。

第十四条　被许可人应当按照承诺期限落实拟投入的专用车辆、设备。

原许可机关应当对被许可人落实的专用车辆、设备予以核实，对符合许可条件的专用车辆配发《道路运输证》，并在《道路运输证》经营范围栏内注明允许运输的危险货物类别、项别或者品名，如果为剧毒化学品应标注"剧毒"；对从事非经营性道路危险货物运输的车辆，还应当加盖"非经营性危险货物运输专用章"。

被许可人未在承诺期限内落实专用车辆、设备的，原许可机关应当撤销许可决定，并收回已核发的许可证明文件。

第十五条　被许可人应当按照承诺期限落实拟聘用的专职安全管理人员、驾驶人员、装卸管理人员和押运人员。

被许可人未在承诺期限内按照承诺聘用专职安全管理人员、驾驶人员、装卸管理人员和押运人员的，原许可机关应当撤销许可决定，并收回已核发的许可证明文件。

第十六条　道路运输管理机构不得许可一次性、临时性的道路危险货物运输。

第十七条　被许可人应当持《道路运输经营许可证》或者《道路危险货物运输许可证》依法向工商行政管理机关办理登记手续。

第十八条　中外合资、中外合作、外商独资形式投资道路危险货物运输的，应当同时遵守《外商投资道路运输业管理规定》。

第十九条　道路危险货物运输企业设立子公司从事道路危险货物运输的，应当向子公司注册地设区的市级道路运输管理机构申请运输许可。设立分公司的，应当向分公司注册地设区的市级道路运输管理机构备案。

第二十条　道路危险货物运输企业或者单位需要变更许可事项的，应当向原许可机关提出申请，按照本章有关许可的规定办理。

道路危险货物运输企业或者单位变更法定代表人、名称、地址等工商登记事项的，应当在 30 日内向原许可机关备案。

第二十一条　道路危险货物运输企业或者单位终止危险货物运输业务的，应当在终止之日的 30 日前告知原许可机关，并在停业后 10 日内将《道路运输经营许可证》或者《道路危险货物运输许可证》以及《道路运输证》交回原许可机关。

第三章　专用车辆、设备管理

第二十二条　道路危险货物运输企业或者单位应当按照《道路货物运输及站场管理规定》中有关车辆管理的规定，维护、检测、使用和管理专用车辆，确保专用车辆技术状况良好。

第二十三条　设区的市级道路运输管理机构应当定期对专用车辆进行审验，每年审验一次。审验按照《道路货物运输及站场管理规定》进行，并增加以下审验项目：

（一）专用车辆投保危险货物承运人责任险情况；

（二）必需的应急处理器材、安全防护设施设备和专用车辆标志的配备情况；

（三）具有行驶记录功能的卫星定位装置的配备情况。

第二十四条　禁止使用报废的、擅自改装的、检测不合格的、车辆技术等级达不到一级的和其他不符合国家规定的车辆从事道路危险货物运输。

除铰接列车、具有特殊装置的大型物件运输专用车辆外，严禁使用货车列车从事危险货物运输；倾卸式车辆只能运输散装硫磺、萘饼、粗蒽、煤焦沥青等危险货物。

禁止使用移动罐体（罐式集装箱除外）从事危险货物运输。

第二十五条　运输剧毒化学品、爆炸品专用车辆及罐式专用车辆（含罐式挂车）应当到具备道路危险货物运输车辆维修资质的企业进行维修。

牵引车以及其他专用车辆由企业自行消除危险货物的危害后，可到具备一般车辆维修资质的企业进行维修。

第二十六条　用于装卸危险货物的机械及工具的技术状况应当符合行业标准《汽车运输危险货物规则》（JT617）规定的技术要求。

第二十七条　罐式专用车辆的常压罐体应当符合国家标准《道路运输液体危险货物罐式车辆第1 部分：金属常压罐体技术要求》（GB18564.1）、《道路运输液体危险货物罐式车辆第2 部分：非金属常压罐体技术要求》（GB18564.2）等有关技术要求。

使用压力容器运输危险货物的，应当符合国家特种设备安全监督管理部门制定并公布的《移动式压力容器安全技术监察规程》（TSGR0005）等有关技术要求。

压力容器和罐式专用车辆应当在质量检验部门出具的压力容器或者罐体检验合格的有效期内承运危险货物。

第二十八条　道路危险货物运输企业或者单位对重复使用的危险货物包装物、容器，在重复使用前应当进行检查；发现存在安全隐患的，应当维修或者更换。

道路危险货物运输企业或者单位应当对检查情况作出记录，记录的保存期限不得少于2 年。

第二十九条　道路危险货物运输企业或者单位应当到具有污染物处理能力的机构对常压罐体进行清洗（置换）作业，将废气、污水等污染物集中收集，消除污染，不得随意排放，污染环境。

第四章　道路危险货物运输

第三十条　道路危险货物运输企业或者单位应当严格按照道路运输管理机构决定的许可事项从事道路危险货物运输活动，不得转让、出租道路危险货物运输许可证件。

严禁非经营性道路危险货物运输单位从事道路危险货物运输经营活动。

第三十一条　危险货物托运人应当委托具有道路危险货物运输资质的企业承运。

危险货物托运人应当对托运的危险货物种类、数量和承运人等相关信息予以记录，记录的保存期限不得少于1年。

第三十二条　危险货物托运人应当严格按照国家有关规定妥善包装并在外包装设置标志，并向承运人说明危险货物的品名、数量、危害、应急措施等情况。需要添加抑制剂或者稳定剂的，托运人应当按照规定添加，并告知承运人相关注意事项。

危险货物托运人托运危险化学品的，还应当提交与托运的危险化学品完全一致的安全技术说明书和安全标签。

第三十三条　不得使用罐式专用车辆或者运输有毒、感染性、腐蚀性危险货物的专用车辆运输普通货物。

其他专用车辆可以从事食品、生活用品、药品、医疗器具以外的普通货物运输，但应当由运输企业对专用车辆进行消除危害处理，确保不对普通货物造成污染、损害。

不得将危险货物与普通货物混装运输。

第三十四条　专用车辆应当按照国家标准《道路运输危险货物车辆标志》（GB13392）的要求悬挂标志。

第三十五条　运输剧毒化学品、爆炸品的企业或者单位，应当配备专用停车区域，并设立明显的警示标牌。

第三十六条　专用车辆应当配备符合有关国家标准以及与所载运的危险货物相适应的应急处理器材和安全防护设备。

第三十七条　道路危险货物运输企业或者单位不得运输法律、行政法规禁止运输的货物。

对于法律、行政法规规定的限运、凭证运输货物，道路危险货物运输企业或者单位应当按照有关规定办理相关运输手续。

法律、行政法规规定托运人必须办理有关手续后方可运输的危险货物，道路危险货物运输企业应当在查验有关手续齐全有效后方可承运。

第三十八条　道路危险货物运输企业或者单位应当采取必要措施，防止危险货物脱落、扬散、丢失以及燃烧、爆炸、泄漏等。

第三十九条　驾驶人员应当随车携带《道路运输证》。驾驶人员或者押运人员应当按照《汽车运输危险货物规则》（JT617）的要求，随车携带《道路运输危险货物安全卡》。

第四十条　在道路危险货物运输过程中，除驾驶人员外，还应当在专用车辆上配备押运人员，确保危险货物处于押运人员监管之下。

第四十一条　道路危险货物运输途中，驾驶人员不得随意停车。

因住宿或者发生影响正常运输的情况需要较长时间停车的，驾驶人员、押运人员应当设置警戒带，并采取相应的安全防范措施。

运输剧毒化学品或者易制爆危险化学品需要较长时间停车的，驾驶人员或者押运人员应当向当地公安机关报告。

第四十二条　危险货物的装卸作业应当遵守安全作业标准、规程和制度，并在装卸管理人员的现场指挥或者监控下进行。

危险货物运输托运人和承运人应当按照合同约定指派装卸管理人员；若合同未予约定，则由负责装卸作业的一方指派装卸管理人员。

第四十三条　驾驶人员、装卸管理人员和押运人员上岗时应当随身携带从业资格证。

第四十四条　严禁专用车辆违反国家有关规定超载、超限运输。

道路危险货物运输企业或者单位使用罐式专用车辆运输货物时，罐体载货后的总质量应当和专用车辆核定载质量相匹配；使用牵引车运输货物时，挂车载货后的总质量应当与牵引车的准牵引总质量相匹配。

第四十五条　道路危险货物运输企业或者单位应当要求驾驶人员和押运人员在运输危险货物时，严格遵守有关部门关于危险货物运输线路、时间、速度方面的有关规定，并遵守有关部门关于剧毒、爆炸危险品道路运输车辆在重大节假日通行高速公路的相关规定。

第四十六条　道路危险货物运输企业或者单位应当通过卫星定位监控平台或者监控终端及时纠正和处理超速行驶、疲劳驾驶、不按规定线路行驶等违法、违规驾驶行为。

监控数据应当至少保存3个月，违法驾驶信息及处理情况应当至少保存3年。

第四十七条　道路危险货物运输从业人员必须熟悉有关安全生产的法规、技术标准和安全生产规章制度、安全操作规程，了解所装运危险货物的性质、危害特性、包装物或者容器的使用要求和发生意外事故时的处置措施，并严格执行《汽车运输危险货物规则》（JT617）、《汽车运输、装卸危险货物作业规程》（JT618）等标准，不得违章作业。

第四十八条　道路危险货物运输企业或者单位应当通过岗前培训、例会、定期学习等方式，对从业人员进行经常性安全生产、职业道德、业务知识和操作规程的教育培训。

第四十九条　道路危险货物运输企业或者单位应当加强安全生产管理，制定突发事件应急预案，配备应急救援人员和必要的应急救援器材、设备，并定期组织应急救援演练，严格落实各项安全制度。

第五十条　道路危险货物运输企业或者单位应当委托具备资质条件的机构，对本企业或单位的安全管理情况每3年至少进行一次安全评估，出具安全评估报告。

第五十一条　在危险货物运输过程中发生燃烧、爆炸、污染、中毒或者被盗、丢失、流散、泄漏等事故，驾驶人员、押运人员应当立即根据应急预案和《道路运输危险货物安全卡》的要求采取应急处置措施，并向事故发生地公安部门、交通运输主管部门和本运输企业或者单位报告。运输企业或者单位接到事故报告后，应当按照本单位危险货物应急预案组织救援，并向事故发生地安全生产监督管理部门和环境保护、卫生主管部门报告。

道路危险货物运输管理机构应当公布事故报告电话。

第五十二条　在危险货物装卸过程中，应当根据危险货物的性质，轻装轻卸，堆码整齐，防止混杂、撒漏、破损，不得与普通货物混合堆放。

第五十三条　道路危险货物运输企业或者单位应当为其承运的危险货物投保承运人责任险。

第五十四条　道路危险货物运输企业异地经营（运输线路起讫点均不在企业注册地市域内）累计3个月以上的，应当向经营地设区的市级道路运输管理机构备案并接受其监管。

第五章　监督检查

第五十五条　道路危险货物运输监督检查按照《道路货物运输及站场管理规定》执行。

道路运输管理机构工作人员应当定期或者不定期对道路危险货物运输企业或者单位进行现场检查。

第五十六条　道路运输管理机构工作人员对在异地取得从业资格的人员监督检查时，可以向原发证机关申请提供相应的从业资格档案资料，原发证机关应当予以配合。

第五十七条　道路运输管理机构在实施监督检查过程中，经本部门主要负责人批准，可以对没有随车携带《道路运输证》又无法当场提供其他有效证明文件的危险货物运输专用车辆予以扣押。

第五十八条　任何单位和个人对违反本规定的行为，有权向道路危险货物运输管理机构举报。

道路危险货物运输管理机构应当公布举报电话，并在接到举报后及时依法处理；对不属于本部门职责的，应当及时移送有关部门处理。

第六章　法律责任

第五十九条　违反本规定，有下列情形之一的，由县级以上道路运输管理机构责令停止运输经营，有违法所得的，没收违法所得，处违法所得 2 倍以上 10 倍以下的罚款；没有违法所得或者违法所得不足 2 万元的，处 3 万元以上 10 万元以下的罚款；构成犯罪的，依法追究刑事责任：

（一）未取得道路危险货物运输许可，擅自从事道路危险货物运输的；

（二）使用失效、伪造、变造、被注销等无效道路危险货物运输许可证件从事道路危险货物运输的；

（三）超越许可事项，从事道路危险货物运输的；

（四）非经营性道路危险货物运输单位从事道路危险货物运输经营的。

第六十条　违反本规定，道路危险货物运输企业或者单位非法转让、出租道路危险货物运输许可证件的，由县级以上道路运输管理机构责令停止违法行为，收缴有关证件，处 2000 元以上 1 万元以下的罚款；有违法所得的，没收违法所得。

第六十一条　违反本规定，道路危险货物运输企业或者单位有下列行为之一，由县级以上道路运输管理机构责令限期投保；拒不投保的，由原许可机关吊销《道路运输经营许可证》或者《道路危险货物运输许可证》，或者吊销相应的经营范围：

（一）未投保危险货物承运人责任险的；

（二）投保的危险货物承运人责任险已过期，未继续投保的。

第六十二条　违反本规定，道路危险货物运输企业或者单位未按规定维护或者检测专用车辆的，由县级以上道路运输管理机构责令改正，并处 1000 元以上 5000 元以下的罚款。

第六十三条　违反本规定，道路危险货物运输企业或者单位不按照规定随车携带《道路运输证》的，由县级以上道路运输管理机构责令改正，处警告或者 20 元以上 200 元以下的罚款。

第六十四条　违反本规定，道路危险货物运输企业或者单位以及托运人有下列情形之一的，由县级以上道路运输管理机构责令改正，并处 5 万元以上 10 万元以下的罚款，拒不改正的，责令停产停业整顿；构成犯罪的，依法追究刑事责任：

（一）驾驶人员、装卸管理人员、押运人员未取得从业资格上岗作业的；

（二）托运人不向承运人说明所托运的危险化学品的种类、数量、危险特性以及发生危险情况的应急处置措施，或者未按照国家有关规定对所托运的危险化学品妥善包装并在外包装上设置相应标志的；

（三）未根据危险化学品的危险特性采取相应的安全防护措施，或者未配备必要的防护用品和应急救援器材的；

（四）运输危险化学品需要添加抑制剂或者稳定剂，托运人未添加或者未将有关情况告知承运人的。

第六十五条　违反本规定，道路危险货物运输企业或者单位未配备专职安全管理人员的，由县级以上道路运输管理机构责令改正，可以处 1 万元以下的罚款；拒不改正的，对危险化学品运输企业或单位处 1 万元以上 5 万元以下的罚款，对运输危险化学品以外其他危险货物的企业或单位处 1 万元以上 2 万元以下的罚款。

第六十六条　违反本规定，道路危险化学品运输托运人有下列行为之一的，由县级以上道路运输管理机构责令改正，处 10 万元以上 20 万元以下的罚款，有违法所得的，没收违法所得；拒不改正的，责令停产停业整顿；构成犯罪的，依法追究刑事责任：

（一）委托未依法取得危险货物道路运输许可的企业承运危险化学品的；

（二）在托运的普通货物中夹带危险化学品，或者将危险化学品谎报或者匿报为普通货物托运的。

第六十七条 违反本规定，道路危险货物运输企业擅自改装已取得《道路运输证》的专用车辆及罐式专用车辆罐体的，由县级以上道路运输管理机构责令改正，并处 5000 元以上 2 万元以下的罚款。

第七章　附　则

第六十八条 本规定对道路危险货物运输经营未作规定的，按照《道路货物运输及站场管理规定》执行；对非经营性道路危险货物运输未作规定的，参照《道路货物运输及站场管理规定》执行。

第六十九条 道路危险货物运输许可证件和《道路运输证》工本费的具体收费标准由省、自治区、直辖市人民政府财政、价格主管部门会同同级交通运输主管部门核定。

第七十条 交通运输部可以根据相关行业协会的申请，经组织专家论证后，统一公布可以按照普通货物实施道路运输管理的危险货物。

第七十一条 本规定自 2013 年 7 月 1 日起施行。原交通部 2005 年发布的《道路危险货物运输管理规定》（交通部令 2005 年第 9 号）及交通运输部 2010 年发布的《关于修改〈道路危险货物运输管理规定〉的决定》（交通运输部令 2010 年第 5 号）同时废止。

机动车登记规定

（2008 年 5 月 27 日中华人民共和国公安部令第 102 号发布　根据 2012 年
9 月 12 日《公安部关于修改〈机动车登记规定〉的决定》修正）

第一章　总　则

第一条　根据《中华人民共和国道路交通安全法》及其实施条例的规定，制定本规定。

第二条　本规定由公安机关交通管理部门负责实施。

省级公安机关交通管理部门负责本省（自治区、直辖市）机动车登记工作的指导、检查和监督。直辖市公安机关交通管理部门车辆管理所、设区的市或者相当于同级的公安机关交通管理部门车辆管理所负责办理本行政辖区内机动车登记业务。

县级公安机关交通管理部门车辆管理所可以办理本行政辖区内摩托车、三轮汽车、低速载货汽车登记业务。条件具备的，可以办理除进口机动车、危险化学品运输车、校车、中型以上载客汽车以外的其他机动车登记业务。具体业务范围和办理条件由省级公安机关交通管理部门确定。

警用车辆登记业务按照有关规定办理。

第三条　车辆管理所办理机动车登记，应当遵循公开、公正、便民的原则。

车辆管理所在受理机动车登记申请时，对申请材料齐全并符合法律、行政法规和本规定的，应当在规定的时限内办结。对申请材料不齐全或者其他不符合法定形式的，应当一次告知申请人需要补正的全部内容。对不符合规定的，应当书面告知不予受理、登记的理由。

车辆管理所应当将法律、行政法规和本规定的有关机动车登记的事项、条件、依据、程序、期限以及收费标准、需要提交的全部材料的目录和申请表示范文本等在办理登记的场所公示。

省级、设区的市或者相当于同级的公安机关交通管理部门应当在互联网上建立主页，发布信息，便于群众查阅机动车登记的有关规定，下载、使用有关表格。

第四条　车辆管理所应当使用计算机登记系统办理机动车登记，并建立数据库。不使用计算机登记系统登记的，登记无效。

计算机登记系统的数据库标准和登记软件全国统一。数据库能够完整、准确记录登记内容，记录办理过程和经办人员信息，并能够实时将有关登记内容传送到全国公安交通管理信息系统。计算机登记系统应当与交通违法信息系统和交通事故信息系统实行联网。

第二章　登　记

第一节　注册登记

第五条　初次申领机动车号牌、行驶证的，机动车所有人应当向住所地的车辆管理所申请注册登记。

第六条　机动车所有人应当到机动车安全技术检验机构对机动车进行安全技术检验，取得机动车安全技术检验合格证明后申请注册登记。但经海关进口的机动车和国务院机动车产品主管部门认定免予安全技术检验的机动车除外。

免予安全技术检验的机动车有下列情形之一的，应当进行安全技术检验：

（一）国产机动车出厂后两年内未申请注册登记的；

（二）经海关进口的机动车进口后两年内未申请注册登记的；

（三）申请注册登记前发生交通事故的。

专用校车办理注册登记前，应当按照专用校车国家安全技术标准进行安全技术检验。

第七条　申请注册登记的，机动车所有人应当填写申请表，交验机动车，并提交以下证明、凭证：

（一）机动车所有人的身份证明；

（二）购车发票等机动车来历证明；

（三）机动车整车出厂合格证明或者进口机动车进口凭证；

（四）车辆购置税完税证明或者免税凭证；

（五）机动车交通事故责任强制保险凭证；

（六）车船税纳税或者免税证明；

（七）法律、行政法规规定应当在机动车注册登记时提交的其他证明、凭证。

不属于经海关进口的机动车和国务院机动车产品主管部门规定免予安全技术检验的机动车，还应当提交机动车安全技术检验合格证明。

车辆管理所应当自受理申请之日起二日内，确认机动车，核对车辆识别代号拓印膜，审查提交的证明、凭证，核发机动车登记证书、号牌、行驶证和检验合格标志。

第八条　车辆管理所办理消防车、救护车、工程救险车注册登记时，应当对车辆的使用性质、标志图案、标志灯具和警报器进行审查。

车辆管理所办理全挂汽车列车和半挂汽车列车注册登记时，应当对牵引车和挂车分别核发机动车登记证书、号牌和行驶证。

第九条　有下列情形之一的，不予办理注册登记：

（一）机动车所有人提交的证明、凭证无效的；

（二）机动车来历证明被涂改或者机动车来历证明记载的机动车所有人与身份证明不符的；

（三）机动车所有人提交的证明、凭证与机动车不符的；

（四）机动车未经国务院机动车产品主管部门许可生产或者未经国家进口机动车主管部门许可进口的；

（五）机动车的有关技术数据与国务院机动车产品主管部门公告的数据不符的；

（六）机动车的型号、发动机号码、车辆识别代号或者有关技术数据不符合国家安全技术标准的；

（七）机动车达到国家规定的强制报废标准的；

（八）机动车被人民法院、人民检察院、行政执法部门依法查封、扣押的；

（九）机动车属于被盗抢的；

（十）其他不符合法律、行政法规规定的情形。

第二节　变更登记

第十条　已注册登记的机动车有下列情形之一的，机动车所有人应当向登记地车辆管理所申请变更登记：

（一）改变车身颜色的；

（二）更换发动机的；

（三）更换车身或者车架的；

（四）因质量问题更换整车的；

（五）营运机动车改为非营运机动车或者非营运机动车改为营运机动车等使用性质改变的；

（六）机动车所有人的住所迁出或者迁入车辆管理所管辖区域的。

机动车所有人为两人以上，需要将登记的所有人姓名变更为其他所有人姓名的，可以向登记地车辆管理所申请变更登记。

属于本条第一款第（一）项、第（二）项和第（三）项规定的变更事项的，机动车所有人应当在变更后十日内向车辆管理所申请变更登记；属于本条第一款第（六）项规定的变更事项的，机动车所有人申请转出前，应当将涉及该车的道路交通安全违法行为和交通事故处理完毕。

第十一条　申请变更登记的，机动车所有人应当填写申请表，交验机动车，并提交以下证明、凭证：

（一）机动车所有人的身份证明；

（二）机动车登记证书；

（三）机动车行驶证；

（四）属于更换发动机、车身或者车架的，还应当提交机动车安全技术检验合格证明；

（五）属于因质量问题更换整车的，还应当提交机动车安全技术检验合格证明，但经海关进口的机动车和国务院机动车产品主管部门认定免予安全技术检验的机动车除外。

车辆管理所应当自受理之日起一日内，确认机动车，审查提交的证明、凭证，在机动车登记证书上签注变更事项，收回行驶证，重新核发行驶证。

车辆管理所办理本规定第十条第一款第（三）项、第（四）项和第（六）项规定的变更登记事项的，应当核对车辆识别代号拓印膜。

第十二条　车辆管理所办理机动车变更登记时，需要改变机动车号牌号码的，收回号牌、行驶证，确定新的机动车号牌号码，重新核发号牌、行驶证和检验合格标志。

第十三条　机动车所有人的住所迁出车辆管理所管辖区域的，车辆管理所应当自受理之日起三日内，在机动车登记证书上签注变更事项，收回号牌、行驶证，核发有效期为三十日的临时行驶车号牌，将机动车档案交机动车所有人。机动车所有人应当在临时行驶车号牌的有效期限内到住所地车辆管理所申请机动车转入。

申请机动车转入的，机动车所有人应当填写申请表，提交身份证明、机动车登记证书、机动车档案，并交验机动车。机动车在转入时已超过检验有效期的，应当在转入地进行安全技术检验并提交机动车安全技术检验合格证明和交通事故责任强制保险凭证。车辆管理所应当自受理之日起三日内，确认机动车，核对车辆识别代号拓印膜，审查相关证明、凭证和机动车档案，在机动车登记证书上签注转入信息，核发号牌、行驶证和检验合格标志。

第十四条　机动车所有人为两人以上，需要将登记的所有人姓名变更为其他所有人姓名的，应当提交机动车登记证书、行驶证、变更前和变更后机动车所有人的身份证明和共同所有的公证证明，但属于夫妻双方共同所有的，可以提供《结婚证》或者证明夫妻关系的《居民户口簿》。

变更后机动车所有人的住所在车辆管理所管辖区域内的，车辆管理所按照本规定第十一条第二款的规定办理变更登记。变更后机动车所有人的住所不在车辆管理所管辖区域内的，迁出地和迁入地车辆管理所按照本规定第十三条的规定办理变更登记。

第十五条　有下列情形之一的，不予办理变更登记：

（一）改变机动车的品牌、型号和发动机型号的，但经国务院机动车产品主管部门许可选装的发动机除外；

（二）改变已登记的机动车外形和有关技术数据的，但法律、法规和国家强制性标准另有规定的除外；

（三）有本规定第九条第（一）项、第（七）项、第（八）项、第（九）项规定情形的。

第十六条　有下列情形之一，在不影响安全和识别号牌的情况下，机动车所有人不需要办理变更登记：

（一）小型、微型载客汽车加装前后防撞装置；

（二）货运机动车加装防风罩、水箱、工具箱、备胎架等；

（三）增加机动车车内装饰。

第十七条　已注册登记的机动车，机动车所有人住所在车辆管理所管辖区域内迁移或者机动车所有人姓名（单位名称）、联系方式变更的，应当向登记地车辆管理所备案。

（一）机动车所有人住所在车辆管理所管辖区域内迁移、机动车所有人姓名（单位名称）变更的，机动车所有人应当提交身份证明、机动车登记证书、行驶证和相关变更证明。车辆管理所应当自受理之日起一日内，在机动车登记证书上签注备案事项，重新核发行驶证。

（二）机动车所有人联系方式变更的，机动车所有人应当提交身份证明和行驶证。车辆管理所应当自受理之日起一日内办理备案。

机动车所有人的身份证明名称或者号码变更的，可以向登记地车辆管理所申请备案。机动车所有人应当提交身份证明、机动车登记证书。车辆管理所应当自受理之日起一日内，在机动车登记证书上签注备案事项。

发动机号码、车辆识别代号因磨损、锈蚀、事故等原因辨认不清或者损坏的，可以向登记地车辆管理所申请备案。机动车所有人应当提交身份证明、机动车登记证书、行驶证。车辆管理所应当自受理之日起一日内，在发动机、车身或者车架上打刻原发动机号码或者原车辆识别代号，在机动车登记证书上签注备案事项。

第三节　转移登记

第十八条　已注册登记的机动车所有权发生转移的，现机动车所有人应当自机动车交付之日起三十日内向登记地车辆管理所申请转移登记。

机动车所有人申请转移登记前，应当将涉及该车的道路交通安全违法行为和交通事故处理完毕。

第十九条　申请转移登记的，现机动车所有人应当填写申请表，交验机动车，并提交以下证明、凭证：

（一）现机动车所有人的身份证明；

（二）机动车所有权转移的证明、凭证；

（三）机动车登记证书；

（四）机动车行驶证；

（五）属于海关监管的机动车，还应当提交《中华人民共和国海关监管车辆解除监管证明书》或者海关批准的转让证明；

（六）属于超过检验有效期的机动车，还应当提交机动车安全技术检验合格证明和交通事故责任强制保险凭证。

现机动车所有人住所在车辆管理所管辖区域内的，车辆管理所应当自受理申请之日起一日内，确认机动车，核对车辆识别代号拓印膜，审查提交的证明、凭证，收回号牌、行驶证，确定新的机动车号牌号码，在机动车登记证书上签注转移事项，重新核发号牌、行驶证和检验合格标志。

现机动车所有人住所不在车辆管理所管辖区域内的，车辆管理所应当按照本规定第十三条的规定办理。

第二十条 有下列情形之一的，不予办理转移登记：

（一）机动车与该车档案记载内容不一致的；

（二）属于海关监管的机动车，海关未解除监管或者批准转让的；

（三）机动车在抵押登记、质押备案期间的；

（四）有本规定第九条第（一）项、第（二）项、第（七）项、第（八）项、第（九）项规定情形的。

第二十一条 被人民法院、人民检察院和行政执法部门依法没收并拍卖，或者被仲裁机构依法仲裁裁决，或者被人民法院调解、裁定、判决机动车所有权转移时，原机动车所有人未向现机动车所有人提供机动车登记证书、号牌或者行驶证的，现机动车所有人在办理转移登记时，应当提交人民法院出具的未得到机动车登记证书、号牌或者行驶证的《协助执行通知书》，或者人民检察院、行政执法部门出具的未得到机动车登记证书、号牌或者行驶证的证明。车辆管理所应当公告原机动车登记证书、号牌或者行驶证作废，并在办理转移登记的同时，补发机动车登记证书。

第四节 抵押登记

第二十二条 机动车所有人将机动车作为抵押物抵押的，应当向登记地车辆管理所申请抵押登记；抵押权消灭的，应当向登记地车辆管理所申请解除抵押登记。

第二十三条 申请抵押登记的，机动车所有人应当填写申请表，由机动车所有人和抵押权人共同申请，并提交下列证明、凭证：

（一）机动车所有人和抵押权人的身份证明；

（二）机动车登记证书；

（三）机动车所有人和抵押权人依法订立的主合同和抵押合同。

车辆管理所应当自受理之日起一日内，审查提交的证明、凭证，在机动车登记证书上签注抵押登记的内容和日期。

第二十四条 申请解除抵押登记的，机动车所有人应当填写申请表，由机动车所有人和抵押权人共同申请，并提交下列证明、凭证：

（一）机动车所有人和抵押权人的身份证明；

（二）机动车登记证书。

人民法院调解、裁定、判决解除抵押的，机动车所有人或者抵押权人应当填写申请表，提交机动车登记证书、人民法院出具的已经生效的《调解书》、《裁定书》或者《判决书》，以及相应的

《协助执行通知书》。

车辆管理所应当自受理之日起一日内，审查提交的证明、凭证，在机动车登记证书上签注解除抵押登记的内容和日期。

第二十五条　机动车抵押登记日期、解除抵押登记日期可以供公众查询。

第二十六条　有本规定第九条第（一）项、第（七）项、第（八）项、第（九）项或者第二十条第（二）项规定情形之一的，不予办理抵押登记。对机动车所有人提交的证明、凭证无效，或者机动车被人民法院、人民检察院、行政执法部门依法查封、扣押的，不予办理解除抵押登记。

第五节　注销登记

第二十七条　已达到国家强制报废标准的机动车，机动车所有人向机动车回收企业交售机动车时，应当填写申请表，提交机动车登记证书、号牌和行驶证。机动车回收企业应当确认机动车并解体，向机动车所有人出具《报废机动车回收证明》。报废的校车、大型客、货车及其他营运车辆应当在车辆管理所的监督下解体。

机动车回收企业应当在机动车解体后七日内将申请表、机动车登记证书、号牌、行驶证和《报废机动车回收证明》副本提交车辆管理所，申请注销登记。

车辆管理所应当自受理之日起一日内，审查提交的证明、凭证，收回机动车登记证书、号牌、行驶证，出具注销证明。

第二十八条　除本规定第二十七条规定的情形外，机动车有下列情形之一的，机动车所有人应当向登记地车辆管理所申请注销登记：

（一）机动车灭失的；

（二）机动车因故不在我国境内使用的；

（三）因质量问题退车的。

已注册登记的机动车有下列情形之一的，登记地车辆管理所应当办理注销登记：

（一）机动车登记被依法撤销的；

（二）达到国家强制报废标准的机动车被依法收缴并强制报废的。

属于本条第一款第（二）项和第（三）项规定情形之一的，机动车所有人申请注销登记前，应当将涉及该车的道路交通安全违法行为和交通事故处理完毕。

第二十九条　属于本规定第二十八条第一款规定的情形，机动车所有人申请注销登记的，应当填写申请表，并提交以下证明、凭证：

（一）机动车登记证书；

（二）机动车行驶证；

（三）属于机动车灭失的，还应当提交机动车所有人的身份证明和机动车灭失证明；

（四）属于机动车因故不在我国境内使用的，还应当提交机动车所有人的身份证明和出境证明，其中属于海关监管的机动车，还应当提交海关出具的《中华人民共和国海关监管车辆进（出）境领（销）牌照通知书》；

（五）属于因质量问题退车的，还应当提交机动车所有人的身份证明和机动车制造厂或者经销商出具的退车证明。

车辆管理所应当自受理之日起一日内，审查提交的证明、凭证，收回机动车登记证书、号牌、行驶证，出具注销证明。

第三十条　因车辆损坏无法驶回登记地的，机动车所有人可以向车辆所在地机动车回收企业交售报废机动车。交售机动车时应当填写申请表，提交机动车登记证书、号牌和行驶证。机动车回收企业应当确认机动车并解体，向机动车所有人出具《报废机动车回收证明》。报废的校车、大型客、货车及其他营运车辆应当在报废地车辆管理所的监督下解体。

机动车回收企业应当在机动车解体后七日内将申请表、机动车登记证书、号牌、行驶证和《报废机动车回收证明》副本提交报废地车辆管理所，申请注销登记。

报废地车辆管理所应当自受理之日起一日内，审查提交的证明、凭证，收回机动车登记证书、号牌、行驶证，并通过计算机登记系统将机动车报废信息传递给登记地车辆管理所。

登记地车辆管理所应当自接到机动车报废信息之日起一日内办理注销登记，并出具注销证明。

第三十一条　已注册登记的机动车有下列情形之一的，车辆管理所应当公告机动车登记证书、号牌、行驶证作废：

（一）达到国家强制报废标准，机动车所有人逾期不办理注销登记的；

（二）机动车登记被依法撤销后，未收缴机动车登记证书、号牌、行驶证的；

（三）达到国家强制报废标准的机动车被依法收缴并强制报废的；

（四）机动车所有人办理注销登记时未交回机动车登记证书、号牌、行驶证的。

第三十二条　有本规定第九条第（一）项、第（八）项、第（九）项或者第二十条第（一）项、第（三）项规定情形之一的，不予办理注销登记。

第六节　校车标牌核发

第三十三条　学校或者校车服务提供者申请校车使用许可，应当按照《校车安全管理条例》向县级或者设区的市级人民政府教育行政部门提出申请。公安机关交通管理部门收到教育行政部门送来的征求意见材料后，应当在一日内通知申请人交验机动车。

第三十四条　县级或者设区的市级公安机关交通管理部门应当自申请人交验机动车之日起二日内确认机动车，查验校车标志灯、停车指示标志、卫星定位装置以及逃生锤、干粉灭火器、急救箱等安全设备，审核行驶线路、开行时间和停靠站点。属于专用校车的，还应当查验校车外观标识。审查以下证明、凭证：

（一）机动车所有人的身份证明；

（二）机动车行驶证；

（三）校车安全技术检验合格证明；

（四）包括行驶线路、开行时间和停靠站点的校车运行方案；

（五）校车驾驶人的机动车驾驶证。

公安机关交通管理部门应当自收到教育行政部门征求意见材料之日起三日内向教育行政部门回复意见，但申请人未按规定交验机动车的除外。

第三十五条　学校或者校车服务提供者按照《校车安全管理条例》取得校车使用许可后，应当向县级或者设区的市级公安机关交通管理部门领取校车标牌。领取时应当填写表格，并提交以下证明、凭证：

（一）机动车所有人的身份证明；

（二）校车驾驶人的机动车驾驶证；

（三）机动车行驶证；

（四）县级或者设区的市级人民政府批准的校车使用许可；

（五）县级或者设区的市级人民政府批准的包括行驶线路、开行时间和停靠站点的校车运行方案。

公安机关交通管理部门应当在收到领取表之日起三日内核发校车标牌。对属于专用校车的，应当核对行驶证上记载的校车类型和核载人数；对不属于专用校车的，应当在行驶证副页上签注校车类型和核载人数。

第三十六条　校车标牌应当记载本车的号牌号码、机动车所有人、驾驶人、行驶线路、开行时间、停靠站点、发牌单位、有效期限等信息。校车标牌分前后两块，分别放置于前风窗玻璃右下角和后风窗玻璃适当位置。

校车标牌有效期的截止日期与校车安全技术检验有效期的截止日期一致，但不得超过校车使用许可有效期。

第三十七条　专用校车应当自注册登记之日起每半年进行一次安全技术检验，非专用校车应当自取得校车标牌后每半年进行一次安全技术检验。

学校或者校车服务提供者应当在校车检验有效期满前一个月内向公安机关交通管理部门申请检验合格标志。

公安机关交通管理部门应当自受理之日起一日内，确认机动车，审查提交的证明、凭证，核发检验合格标志，换发校车标牌。

第三十八条　已取得校车标牌的机动车达到报废标准或者不再作为校车使用的，学校或者校车服务提供者应当拆除校车标志灯、停车指示标志，消除校车外观标识，并将校车标牌交回核发的公安机关交通管理部门。

专用校车不得改变使用性质。

校车使用许可被吊销、注销或者撤销的，学校或者校车服务提供者应当拆除校车标志灯、停车指示标志，消除校车外观标识，并将校车标牌交回核发的公安机关交通管理部门。

第三十九条　校车行驶线路、开行时间、停靠站点或者车辆、所有人、驾驶人发生变化的，经县级或者设区的市级人民政府批准后，应当按照本规定重新领取校车标牌。

第四十条　公安机关交通管理部门应当每月将校车标牌的发放、变更、收回等信息报本级人民政府备案，并通报教育行政部门。

学校或者校车服务提供者应当自取得校车标牌之日起，每月查询校车道路交通安全违法行为记录，及时到公安机关交通管理部门接受处理。核发校车标牌的公安机关交通管理部门应当每月汇总辖区内校车道路交通安全违法和交通事故等情况，通知学校或者校车服务提供者，并通报教育行政部门。

第四十一条　校车标牌灭失、丢失或者损毁的，学校或者校车服务提供者应当向核发标牌的公安机关交通管理部门申请补领或者换领。申请时，应当提交机动车所有人的身份证明及机动车行驶证。公安机关交通管理部门应当自受理之日起三日内审核，补发或者换发校车标牌。

第三章　其他规定

第四十二条　申请办理机动车质押备案或者解除质押备案的，由机动车所有人和典当行共同申请，机动车所有人应当填写申请表，并提交以下证明、凭证：

（一）机动车所有人和典当行的身份证明；

（二）机动车登记证书。

车辆管理所应当自受理之日起一日内，审查提交的证明、凭证，在机动车登记证书上签注质押备案或者解除质押备案的内容和日期。

有本规定第九条第（一）项、第（七）项、第（八）项、第（九）项规定情形之一的，不予办理质押备案。对机动车所有人提交的证明、凭证无效，或者机动车被人民法院、人民检察院、行政执法部门依法查封、扣押的，不予办理解除质押备案。

第四十三条 机动车登记证书灭失、丢失或者损毁的，机动车所有人应当向登记地车辆管理所申请补领、换领。申请时，机动车所有人应当填写申请表并提交身份证明，属于补领机动车登记证书的，还应当交验机动车。车辆管理所应当自受理之日起一日内，确认机动车，审查提交的证明、凭证，补发、换发机动车登记证书。

启用机动车登记证书前已注册登记的机动车未申领机动车登记证书的，机动车所有人可以向登记地车辆管理所申领机动车登记证书。但属于机动车所有人申请变更、转移或者抵押登记的，应当在申请前向车辆管理所申领机动车登记证书。申请时，机动车所有人应当填写申请表，交验机动车并提交身份证明。车辆管理所应当自受理之日起五日内，确认机动车，核对车辆识别代号拓印膜，审查提交的证明、凭证，核发机动车登记证书。

第四十四条 机动车号牌、行驶证灭失、丢失或者损毁的，机动车所有人应当向登记地车辆管理所申请补领、换领。申请时，机动车所有人应当填写申请表并提交身份证明。

车辆管理所应当审查提交的证明、凭证，收回未灭失、丢失或者损毁的号牌、行驶证，自受理之日起一日内补发、换发行驶证，自受理之日起十五日内补发、换发号牌，原机动车号牌号码不变。

补发、换发号牌期间应当核发有效期不超过十五日的临时行驶车号牌。

第四十五条 机动车具有下列情形之一，需要临时上道路行驶的，机动车所有人应当向车辆管理所申领临时行驶车号牌：

（一）未销售的；

（二）通过购买、调拨、赠予等方式获得机动车后尚未注册登记的；

（三）进行科研、定型试验的；

（四）因轴荷、总质量、外廓尺寸超出国家标准不予办理注册登记的特型机动车。

第四十六条 机动车所有人申领临时行驶车号牌应当提交以下证明、凭证：

（一）机动车所有人的身份证明；

（二）机动车交通事故责任强制保险凭证；

（三）属于本规定第四十五条第（一）项、第（四）项规定情形的，还应当提交机动车整车出厂合格证明或者进口机动车进口凭证；

（四）属于本规定第四十五条第（二）项规定情形的，还应当提交机动车来历证明，以及机动车整车出厂合格证明或者进口机动车进口凭证；

（五）属于本规定第四十五条第（三）项规定情形的，还应当提交书面申请和机动车安全技术检验合格证明。

车辆管理所应当自受理之日起一日内，审查提交的证明、凭证，属于本规定第四十五条第（一）项、第（二）项规定情形，需要在本行政辖区内临时行驶的，核发有效期不超过十五日的临时行驶车号牌；需要跨行政辖区临时行驶的，核发有效期不超过三十日的临时行驶车号牌。属于本规定第四十五条第（三）项、第（四）项规定情形的，核发有效期不超过九十日的临时行驶车号牌。

因号牌制作的原因，无法在规定时限内核发号牌的，车辆管理所应当核发有效期不超过十五日的临时行驶车号牌。

对具有本规定第四十五条第（一）项、第（二）项规定情形之一，机动车所有人需要多次申领临时行驶车号牌的，车辆管理所核发临时行驶车号牌不得超过三次。

第四十七条 机动车所有人发现登记内容有错误的，应当及时要求车辆管理所更正。车辆管理所应当自受理之日起五日内予以确认。确属登记错误的,在机动车登记证书上更正相关内容,换发行驶证。需要改变机动车号牌号码的,应当收回号牌、行驶证,确定新的机动车号牌号码,重新核发号牌、行驶证和检验合格标志。

第四十八条　已注册登记的机动车被盗抢的,车辆管理所应当根据刑侦部门提供的情况,在计算机登记系统内记录,停止办理该车的各项登记和业务。被盗抢机动车发还后,车辆管理所应当恢复办理该车的各项登记和业务。

机动车在被盗抢期间,发动机号码、车辆识别代号或者车身颜色被改变的,车辆管理所应当凭有关技术鉴定证明办理变更备案。

第四十九条　机动车所有人可以在机动车检验有效期满前三个月内向登记地车辆管理所申请检验合格标志。

申请前,机动车所有人应当将涉及该车的道路交通安全违法行为和交通事故处理完毕。申请时,机动车所有人应当填写申请表并提交行驶证、机动车交通事故责任强制保险凭证、车船税纳税或者免税证明、机动车安全技术检验合格证明。

车辆管理所应当自受理之日起一日内,确认机动车,审查提交的证明、凭证,核发检验合格标志。

第五十条　除大型载客汽车、校车以外的机动车因故不能在登记地检验的,机动车所有人可以向登记地车辆管理所申请委托核发检验合格标志。申请前,机动车所有人应当将涉及机动车的道路交通安全违法行为和交通事故处理完毕。申请时,应当提交机动车登记证书或者行驶证。

车辆管理所应当自受理之日起一日内,出具核发检验合格标志的委托书。

机动车在检验地检验合格后,机动车所有人应当按照本规定第四十九条第二款的规定向被委托地车辆管理所申请检验合格标志,并提交核发检验合格标志的委托书。被委托地车辆管理所应当自受理之日起一日内,按照本规定第四十九条第三款的规定核发检验合格标志。

营运货车长期在登记以外的地区从事道路运输的,机动车所有人向营运地车辆管理所备案登记一年后,可以在营运地直接进行安全技术检验,并向营运地车辆管理所申请检验合格标志。

第五十一条　机动车检验合格标志灭失、丢失或者损毁的,机动车所有人应当持行驶证向机动车登记地或者检验合格标志核发地车辆管理所申请补领或者换领。车辆管理所应当自受理之日起一日内补发或者换发。

第五十二条　办理机动车转移登记或者注销登记后,原机动车所有人申请办理新购机动车注册登记时,可以向车辆管理所申请使用原机动车号牌号码。

申请使用原机动车号牌号码应当符合下列条件:

(一)在办理转移登记或者注销登记后六个月内提出申请;

(二)机动车所有人拥有原机动车三年以上;

(三)涉及原机动车的道路交通安全违法行为和交通事故处理完毕。

第五十三条　确定机动车号牌号码采用计算机自动选取和由机动车所有人按照机动车号牌标准规定自行编排的方式。

第五十四条　机动车所有人可以委托代理人代理申请各项机动车登记和业务,但申请补领机动车登记证书的除外。对机动车所有人因死亡、出境、重病、伤残或者不可抗力等原因不能到场申请补领机动车登记证书的,可以凭相关证明委托代理人代理申领。

代理人申请机动车登记和业务时,应当提交代理人的身份证明和机动车所有人的书面委托。

第五十五条　机动车所有人或者代理人申请机动车登记和业务,应当如实向车辆管理所提交规定的材料和反映真实情况,并对其申请材料实质内容的真实性负责。

第四章　法律责任

第五十六条　有下列情形之一的，由公安机关交通管理部门处警告或者二百元以下罚款：

（一）重型、中型载货汽车及其挂车的车身或者车厢后部未按照规定喷涂放大的牌号或者放大的牌号不清晰的；

（二）机动车喷涂、粘贴标识或者车身广告，影响安全驾驶的；

（三）载货汽车、挂车未按照规定安装侧面及后下部防护装置、粘贴车身反光标识的；

（四）机动车未按照规定期限进行安全技术检验的；

（五）改变车身颜色、更换发动机、车身或者车架，未按照本规定第十条规定的时限办理变更登记的；

（六）机动车所有权转移后，现机动车所有人未按照本规定第十八条规定的时限办理转移登记的；

（七）机动车所有人办理变更登记、转移登记，机动车档案转出登记地车辆管理所后，未按照本规定第十三条规定的时限到住所地车辆管理所申请机动车转入的。

第五十七条　除本规定第十条和第十六条规定的情形外，擅自改变机动车外形和已登记的有关技术数据的，由公安机关交通管理部门责令恢复原状，并处警告或者五百元以下罚款。

第五十八条　以欺骗、贿赂等不正当手段取得机动车登记的，由公安机关交通管理部门收缴机动车登记证书、号牌、行驶证，撤销机动车登记；申请人在三年内不得申请机动车登记。对涉嫌走私、盗抢的机动车，移交有关部门处理。

以欺骗、贿赂等不正当手段办理补、换领机动车登记证书、号牌、行驶证和检验合格标志等业务的，由公安机关交通管理部门处警告或者二百元以下罚款。

第五十九条　省、自治区、直辖市公安厅、局可以根据本地区的实际情况，在本规定的处罚幅度范围内，制定具体的执行标准。

对本规定的道路交通安全违法行为的处理程序按照《道路交通安全违法行为处理程序规定》执行。

第六十条　交通警察违反规定为被盗抢、走私、非法拼（组）装、达到国家强制报废标准的机动车办理登记的，按照国家有关规定给予处分，经教育不改又不宜给予开除处分的，按照《公安机关组织管理条例》规定予以辞退；对聘用人员予以解聘。构成犯罪的，依法追究刑事责任。

第六十一条　交通警察有下列情形之一的，按照国家有关规定给予处分；对聘用人员予以解聘。构成犯罪的，依法追究刑事责任：

（一）不按照规定确认机动车和审查证明、凭证的；

（二）故意刁难，拖延或者拒绝办理机动车登记的；

（三）违反本规定增加机动车登记条件或者提交的证明、凭证的；

（四）违反本规定第五十三条的规定，采用其他方式确定机动车号牌号码的；

（五）违反规定跨行政辖区办理机动车登记和业务的；

（六）超越职权进入计算机登记系统办理机动车登记和业务，或者不按规定使用机动车登记系统办理登记和业务的；

（七）向他人泄露、传播计算机登记系统密码，造成系统数据被篡改、丢失或者破坏的；

（八）利用职务上的便利索取、收受他人财物或者谋取其他利益的；

（九）强令车辆管理所违反本规定办理机动车登记的。

第六十二条　公安机关交通管理部门有本规定第六十条、第六十一条所列行为之一的，按照国家有关规定对直接负责的主管人员和其他直接责任人员给予相应的处分。

公安机关交通管理部门及其工作人员有本规定第六十条、第六十一条所列行为之一，给当事人造成损失的，应当依法承担赔偿责任。

第五章　附　则

第六十三条　机动车登记证书、号牌、行驶证、检验合格标志的种类、式样，以及各类登记表格式样等由公安部制定。机动车登记证书由公安部统一印制。

机动车登记证书、号牌、行驶证、检验合格标志的制作应当符合有关标准。

第六十四条　本规定下列用语的含义：

（一）进口机动车是指：

1. 经国家限定口岸海关进口的汽车；

2. 经各口岸海关进口的其他机动车；

3. 海关监管的机动车；

4. 国家授权的执法部门没收的走私、无合法进口证明和利用进口关键件非法拼（组）装的机动车。

（二）进口机动车的进口凭证是指：

1. 进口汽车的进口凭证是国家限定口岸海关签发的《货物进口证明书》；

2. 其他进口机动车的进口凭证是各口岸海关签发的《货物进口证明书》；

3. 海关监管的机动车的进口凭证是监管地海关出具的《中华人民共和国海关监管车辆进（出）境领（销）牌照通知书》；

4. 国家授权的执法部门没收的走私、无进口证明和利用进口关键件非法拼（组）装的机动车的进口凭证是该部门签发的《没收走私汽车、摩托车证明书》。

（三）机动车所有人是指拥有机动车的个人或者单位。

1. 个人是指我国内地的居民和军人（含武警）以及中国香港、中国澳门特别行政区、中国台湾地区居民、华侨和外国人；

2. 单位是指机关、企业、事业单位和社会团体以及外国驻华使馆、领馆和外国驻华办事机构、国际组织驻华代表机构。

（四）身份证明是指：

1. 机关、企业、事业单位、社会团体的身份证明是该单位的《组织机构代码证书》、加盖单位公章的委托书和被委托人的身份证明。机动车所有人为单位的内设机构，本身不具备领取《组织机构代码证书》条件的，可以使用上级单位的《组织机构代码证书》作为机动车所有人的身份证明。上述单位已注销、撤销或者破产，其机动车需要办理变更登记、转移登记、解除抵押登记、注销登记、解除质押备案、申领机动车登记证书和补、换领机动车登记证书、号牌、行驶证的，已注销的企业的身份证明是工商行政管理部门出具的注销证明。已撤销的机关、事业单位、社会团体的身份证明是其上级主管机关出具的有关证明。已破产的企业的身份证明是依法成立的财产清算机构出具的有关证明。

2. 外国驻华使馆、领馆和外国驻华办事机构、国际组织驻华代表机构的身份证明是该使馆、领馆或者该办事机构、代表机构出具的证明。

3. 居民的身份证明是《居民身份证》或者《临时居民身份证》。在暂住地居住的内地居民，其身份证明是《居民身份证》或者《临时居民身份证》，以及公安机关核发的居住、暂住证明。

4. 军人（含武警）的身份证明是《居民身份证》或者《临时居民身份证》。在未办理《居民身份证》前，是指军队有关部门核发的《军官证》、《文职干部证》、《士兵证》、《离休证》、《退休证》等有效军人身份证件，以及其所在的团级以上单位出具的本人住所证明。

5. 中国香港、中国澳门特别行政区居民的身份证明是其入境时所持有的《港澳居民来往内地通行证》或者《港澳同胞回乡证》、中国香港、中国澳门特别行政区《居民身份证》和公安机关核发的居住、暂住证明。

6. 中国台湾地区居民的身份证明是其所持有的有效期六个月以上的公安机关核发的《台湾居民来往大陆通行证》或者外交部核发的《中华人民共和国旅行证》和公安机关核发的居住、暂住证明。

7. 华侨的身份证明是《中华人民共和国护照》和公安机关核发的居住、暂住证明。

8. 外国人的身份证明是其入境时所持有的护照或者其他旅行证件、居（停）留期为六个月以上的有效签证或者居留许可，以及公安机关出具的住宿登记证明。

9. 外国驻华使馆、领馆人员、国际组织驻华代表机构人员的身份证明是外交部核发的有效身份证件。

（五）住所是指：

1. 单位的住所为其主要办事机构所在地的地址；

2. 个人的住所为其身份证明记载的地址。在暂住地居住的内地居民的住所是公安机关核发的居住、暂住证明记载的地址。

（六）机动车来历证明是指：

1. 在国内购买的机动车，其来历证明是全国统一的机动车销售发票或者二手车交易发票。在国外购买的机动车，其来历证明是该车销售单位开具的销售发票及其翻译文本，但海关监管的机动车不需提供来历证明。

2. 人民法院调解、裁定或者判决转移的机动车，其来历证明是人民法院出具的已经生效的《调解书》、《裁定书》或者《判决书》，以及相应的《协助执行通知书》。

3. 仲裁机构仲裁裁决转移的机动车，其来历证明是《仲裁裁决书》和人民法院出具的《协助执行通知书》。

4. 继承、赠予、中奖、协议离婚和协议抵偿债务的机动车，其来历证明是继承、赠予、中奖、协议离婚、协议抵偿债务的相关文书和公证机关出具的《公证书》。

5. 资产重组或者资产整体买卖中包含的机动车，其来历证明是资产主管部门的批准文件。

6. 机关、企业、事业单位和社会团体统一采购并调拨到下属单位未注册登记的机动车，其来历证明是全国统一的机动车销售发票和该部门出具的调拨证明。

7. 机关、企业、事业单位和社会团体已注册登记并调拨到下属单位的机动车，其来历证明是该单位出具的调拨证明。被上级单位调回或者调拨到其他下属单位的机动车，其来历证明是上级单位出具的调拨证明。

8. 经公安机关破案发还的被盗抢且已向原机动车所有人理赔完毕的机动车，其来历证明是《权益转让证明书》。

（七）机动车整车出厂合格证明是指：

1. 机动车整车厂生产的汽车、摩托车、挂车，其出厂合格证明是该厂出具的《机动车整车出厂合格证》；

2. 使用国产或者进口底盘改装的机动车，其出厂合格证明是机动车底盘生产厂出具的《机动

车底盘出厂合格证》或者进口机动车底盘的进口凭证和机动车改装厂出具的《机动车整车出厂合格证》;

3. 使用国产或者进口整车改装的机动车,其出厂合格证明是机动车生产厂出具的《机动车整车出厂合格证》或者进口机动车的进口凭证和机动车改装厂出具的《机动车整车出厂合格证》;

4. 人民法院、人民检察院或者行政执法机关依法扣留、没收并拍卖的未注册登记的国产机动车,未能提供出厂合格证明的,可以凭人民法院、人民检察院或者行政执法机关出具的证明替代。

(八)机动车灭失证明是指:

1. 因自然灾害造成机动车灭失的证明是自然灾害发生地的街道、乡、镇以上政府部门出具的机动车因自然灾害造成灭失的证明;

2. 因失火造成机动车灭失的证明是火灾发生地的县级以上公安机关消防部门出具的机动车因失火造成灭失的证明;

3. 因交通事故造成机动车灭失的证明是交通事故发生地的县级以上公安机关交通管理部门出具的机动车因交通事故造成灭失的证明。

(九)本规定所称"一日"、"二日"、"三日"、"五日"、"七日"、"十日"、"十五日"是指工作日,不包括节假日。

临时行驶车号牌的最长有效期"十五日"、"三十日"、"九十日",包括工作日和节假日。

本规定所称以下、以上、以内,包括本数。

第六十五条 本规定自 2008 年 10 月 1 日起施行。2004 年 4 月 30 日公安部发布的《机动车登记规定》(公安部令第 72 号)同时废止。本规定实施前公安部发布的其他规定与本规定不一致的,以本规定为准。

机动车强制报废标准规定

（2012 年 8 月 24 日商务部第 68 次部务会议审议通过　并经国家发展改革委公安部　环境保护部同意　自 2013 年 5 月 1 日起施行）

第一条　为保障道路交通安全、鼓励技术进步、加快建设资源节约型、环境友好型社会，根据《中华人民共和国道路交通安全法》及其实施条例、《中华人民共和国大气污染防治法》、《中华人民共和国噪声污染防治法》，制定本规定。

第二条　根据机动车使用和安全技术、排放检验状况，国家对达到报废标准的机动车实施强制报废。

第三条　商务、公安、环境保护、发展改革等部门依据各自职责，负责报废机动车回收拆解监督管理、机动车强制报废标准执行有关工作。

第四条　已注册机动车有下列情形之一的应当强制报废，其所有人应当将机动车交售给报废机动车回收拆解企业，由报废机动车回收拆解企业按规定进行登记、拆解、销毁等处理，并将报废机动车登记证书、号牌、行驶证交公安机关交通管理部门注销：

（一）达到本规定第五条规定使用年限的；

（二）经修理和调整仍不符合机动车安全技术国家标准对在用车有关要求的；

（三）经修理和调整或者采用控制技术后，向大气排放污染物或者噪声仍不符合国家标准对在用车有关要求的；

（四）在检验有效期届满后连续 3 个机动车检验周期内未取得机动车检验合格标志的。

第五条　各类机动车使用年限分别如下：

（一）小、微型出租客运汽车使用 8 年，中型出租客运汽车使用 10 年，大型出租客运汽车使用 12 年；

（二）租赁载客汽车使用 15 年；

（三）小型教练载客汽车使用 10 年，中型教练载客汽车使用 12 年，大型教练载客汽车使用 15 年；

（四）公交客运汽车使用 13 年；

（五）其他小、微型营运载客汽车使用 10 年，大、中型营运载客汽车使用 15 年；

（六）专用校车使用 15 年；

（七）大、中型非营运载客汽车（大型轿车除外）使用 20 年；

（八）三轮汽车、装用单缸发动机的低速货车使用 9 年，装用多缸发动机的低速货车以及微型载货汽车使用 12 年，危险品运输载货汽车使用 10 年，其他载货汽车（包括半挂牵引车和全挂牵引车）使用 15 年；

（九）有载货功能的专项作业车使用 15 年，无载货功能的专项作业车使用 30 年；

（十）全挂车、危险品运输半挂车使用 10 年，集装箱半挂车使用 20 年，其他半挂车使用 15 年；

（十一）正三轮摩托车使用 12 年，其他摩托车使用 13 年。

对小、微型出租客运汽车（纯电动汽车除外）和摩托车，省、自治区、直辖市人民政府有关部门可结合本地实际情况，制定严于上述使用年限的规定，但小、微型出租客运汽车不得低于 6 年，正三轮摩托车不得低于 10 年，其他摩托车不得低于 11 年。

小、微型非营运载客汽车、大型非营运轿车、轮式专用机械车无使用年限限制。

机动车使用年限起始日期按照注册登记日期计算，但自出厂之日起超过 2 年未办理注册登记手续的，按照出厂日期计算。

第六条 变更使用性质或者转移登记的机动车应当按照下列有关要求确定使用年限和报废：

（一）营运载客汽车与非营运载客汽车相互转换的，按照营运载客汽车的规定报废，但小、微型非营运载客汽车和大型非营运轿车转为营运载客汽车的，应按照本规定附件 1 所列公式核算累计使用年限，且不得超过 15 年；

（二）不同类型的营运载客汽车相互转换，按照使用年限较严的规定报废；

（三）小、微型出租客运汽车和摩托车需要转出登记所属地省、自治区、直辖市范围的，按照使用年限较严的规定报废；

（四）危险品运输载货汽车、半挂车与其他载货汽车、半挂车相互转换的，按照危险品运输载货车、半挂车的规定报废。

距本规定要求使用年限 1 年以内（含 1 年）的机动车，不得变更使用性质、转移所有权或者转出登记地所属地市级行政区域。

第七条 国家对达到一定行驶里程的机动车引导报废。

达到下列行驶里程的机动车，其所有人可以将机动车交售给报废机动车回收拆解企业，由报废机动车回收拆解企业按规定进行登记、拆解、销毁等处理，并将报废的机动车登记证书、号牌、行驶证交公安机关交通管理部门注销：

（一）小、微型出租客运汽车行驶 60 万千米，中型出租客运汽车行驶 50 万千米，大型出租客运汽车行驶 60 万千米；

（二）租赁载客汽车行驶 60 万千米；

（三）小型和中型教练载客汽车行驶 50 万千米，大型教练载客汽车行驶 60 万千米；

（四）公交客运汽车行驶 40 万千米；

（五）其他小、微型营运载客汽车行驶 60 万千米，中型营运载客汽车行驶 50 万千米，大型营运载客汽车行驶 80 万千米；

（六）专用校车行驶 40 万千米；

（七）小、微型非营运载客汽车和大型非营运轿车行驶 60 万千米，中型非营运载客汽车行驶 50 万千米，大型非营运载客汽车行驶 60 万千米；

（八）微型载货汽车行驶 50 万千米，中、轻型载货汽车行驶 60 万千米，重型载货汽车（包括半挂牵引车和全挂牵引车）行驶 70 万千米，危险品运输载货汽车行驶 40 万千米，装用多缸发动机的低速货车行驶 30 万千米；

（九）专项作业车、轮式专用机械车行驶 50 万千米；

（十）正三轮摩托车行驶 10 万千米，其他摩托车行驶 12 万千米。

第八条 本规定所称机动车是指上道路行驶的汽车、挂车、摩托车和轮式专用机械车；非营运载客汽车是指个人或者单位不以获取利润为目的的自用载客汽车；危险品运输载货汽车是指专门用于运输剧毒化学品、爆炸品、放射性物品、腐蚀性物品等危险品的车辆；变更使用性质是指使用性质由营运转为非营运或者由非营运转为营运，小、微型出租、租赁、教练等不同类型的营运载客汽车之间的相互转换，以及危险品运输载货汽车转为其他载货汽车。本规定所称检验周期是指《中华人民共和国道路交通安全法实施条例》规定的机动车安全技术检验周期。

第九条　省、自治区、直辖市人民政府有关部门依据本规定第五条制定的小、微型出租客运汽车或者摩托车使用年限标准，应当及时向社会公布，并报国务院商务、公安、环境保护等部门备案。

第十条　上道路行驶拖拉机的报废标准规定另行制定。

第十一条　本规定自 2013 年 5 月 1 日起施行。2013 年 5 月 1 日前已达到本规定所列报废标准的，应当在 2014 年 4 月 30 日前予以报废。《关于发布〈汽车报废标准〉的通知》（国经贸经〔1997〕456 号）、《关于调整轻型载货汽车报废标准的通知》（国经贸经〔1998〕407 号）、《关于调整汽车报废标准若干规定的通知》（国经贸资源〔2000〕1202 号）、《关于印发〈农用运输车报废标准〉的通知》（国经贸资源〔2001〕234 号）、《摩托车报废标准暂行规定》（国家经贸委、发展计划委、公安部、环保总局令〔2002〕第 33 号）同时废止。

附件：1. 非营运小微型载客汽车和大型轿车变更使用性质后累计使用年限计算公式（略）

　　　2. 机动车使用年限及行驶里程参考值汇总表（略）

机动车驾驶证申领和使用规定

(2012 年 8 月 21 日公安部部长办公会议通过　2012 年 9 月 12 日公安部令第 123 号　自 2013 年 1 月 1 日起施行　第五章第四节自发布之日起施行)

第一章　总　则

第一条　根据《中华人民共和国道路交通安全法》及其实施条例、《中华人民共和国行政许可法》,制定本规定。

第二条　本规定由公安机关交通管理部门负责实施。

省级公安机关交通管理部门负责本省(自治区、直辖市)机动车驾驶证业务工作的指导、检查和监督。直辖市公安机关交通管理部门车辆管理所、设区的市或者相当于同级的公安机关交通管理部门车辆管理所负责办理本行政辖区内机动车驾驶证业务。

县级公安机关交通管理部门车辆管理所可以办理本行政辖区内低速载货汽车、三轮汽车、摩托车驾驶证业务,以及其他机动车驾驶证换发、补发、审验、提交身体条件证明等业务。条件具备的,可以办理小型汽车、小型自动挡汽车、残疾人专用小型自动挡载客汽车驾驶证业务,以及其他机动车驾驶证的道路交通安全法律、法规和相关知识考试业务。具体业务范围和办理条件由省级公安机关交通管理部门确定。

第三条　车辆管理所办理机动车驾驶证业务,应当遵循严格、公开、公正、便民的原则。

车辆管理所办理机动车驾驶证业务,应当依法受理申请人的申请,审核申请人提交的材料。对符合条件的,按照规定的标准、程序和期限办理机动车驾驶证。对申请材料不齐全或者不符合法定形式的,应当一次书面告知申请人需要补正的全部内容。对不符合条件的,应当书面告知理由。

车辆管理所应当将法律、行政法规和本规定的有关办理机动车驾驶证的事项、条件、依据、程序、期限以及收费标准、需要提交的全部材料的目录和申请表示范文本等在办公场所公示。

省级、设区的市或者相当于同级的公安机关交通管理部门应当在互联网上建立主页,发布信息,便于群众查阅办理机动车驾驶证的有关规定,查询驾驶证使用状态、交通违法及记分等情况,下载、使用有关表格。

第四条　申请办理机动车驾驶证业务的人,应当如实向车辆管理所提交规定的材料,如实申告规定的事项,并对其申请材料实质内容的真实性负责。

第五条　公安机关交通管理部门应当建立对车辆管理所办理机动车驾驶证业务的监督制度,加强对驾驶人考试、驾驶证核发和使用的监督管理。

第六条　车辆管理所应当使用机动车驾驶证计算机管理系统核发、打印机动车驾驶证,不使用计算机管理系统核发、打印的机动车驾驶证无效。

机动车驾驶证计算机管理系统的数据库标准和软件全国统一，能够完整、准确地记录和存储申请受理、科目考试、机动车驾驶证核发等全过程和经办人员信息，并能够实时将有关信息传送到全国公安交通管理信息系统。

第二章　机动车驾驶证申请

第一节　机动车驾驶证

第七条　驾驶机动车，应当依法取得机动车驾驶证。

第八条　机动车驾驶人准予驾驶的车型顺序依次分为：大型客车、牵引车、城市公交车、中型客车、大型货车、小型汽车、小型自动挡汽车、低速载货汽车、三轮汽车、残疾人专用小型自动挡载客汽车、普通三轮摩托车、普通二轮摩托车、轻便摩托车、轮式自行机械车、无轨电车和有轨电车（附件1）。

第九条　机动车驾驶证记载和签注以下内容：

（一）机动车驾驶人信息：姓名、性别、出生日期、国籍、住址、身份证号码（机动车驾驶证号码）、照片；

（二）车辆管理所签注内容：初次领证日期、准驾车型代号、有效期限、核发机关印章、档案编号。

第十条　机动车驾驶证有效期分为六年、十年和长期。

第二节　申　请

第十一条　申请机动车驾驶证的人，应当符合下列规定：

（一）年龄条件：

1. 申请小型汽车、小型自动挡汽车、残疾人专用小型自动挡载客汽车、轻便摩托车准驾车型的，在18周岁以上，70周岁以下；

2. 申请低速载货汽车、三轮汽车、普通三轮摩托车、普通二轮摩托车或者轮式自行机械车准驾车型的，在18周岁以上，60周岁以下；

3. 申请城市公交车、大型货车、无轨电车或者有轨电车准驾车型的，在20周岁以上，50周岁以下；

4. 申请中型客车准驾车型的，在21周岁以上，50周岁以下；

5. 申请牵引车准驾车型的，在24周岁以上，50周岁以下；

6. 申请大型客车准驾车型的，在26周岁以上，50周岁以下。

（二）身体条件：

1. 身高：申请大型客车、牵引车、城市公交车、大型货车、无轨电车准驾车型的，身高为155厘米以上。申请中型客车准驾车型的，身高为150厘米以上。

2. 视力：申请大型客车、牵引车、城市公交车、中型客车、大型货车、无轨电车或者有轨电车准驾车型的，两眼裸视力或者矫正视力达到对数视力表5.0以上。申请其他准驾车型的，两眼裸视力或者矫正视力达到对数视力表4.9以上。

3. 辨色力：无红绿色盲。

4. 听力：两耳分别距音叉50厘米能辨别声源方向。有听力障碍但佩戴助听设备能够达到以上条件的，可以申请小型汽车、小型自动挡汽车准驾车型的机动车驾驶证。

5. 上肢：双手拇指健全，每只手其他手指必须有三指健全，肢体和手指运动功能正常。但手指末节残缺或者右手拇指缺失的，可以申请小型汽车、小型自动挡汽车、低速载货汽车、三轮汽车准驾车型的机动车驾驶证。

6. 下肢：双下肢健全且运动功能正常，不等长度不得大于 5 厘米。但左下肢缺失或者丧失运动功能的，可以申请小型自动挡汽车准驾车型的机动车驾驶证。右下肢、双下肢缺失或者丧失运动功能但能够自主坐立的，可以申请残疾人专用小型自动挡载客汽车准驾车型的机动车驾驶证。

7. 躯干、颈部：无运动功能障碍。

第十二条　有下列情形之一的，不得申请机动车驾驶证：

（一）有器质性心脏病、癫痫病、美尼尔氏症、眩晕症、癔病、震颤麻痹、精神病、痴呆以及影响肢体活动的神经系统疾病等妨碍安全驾驶疾病的；

（二）三年内有吸食、注射毒品行为或者解除强制隔离戒毒措施未满三年，或者长期服用依赖性精神药品成瘾尚未戒除的；

（三）造成交通事故后逃逸构成犯罪的；

（四）饮酒后或者醉酒驾驶机动车发生重大交通事故构成犯罪的；

（五）醉酒驾驶机动车或者饮酒后驾驶营运机动车依法被吊销机动车驾驶证未满五年的；

（六）醉酒驾驶营运机动车依法被吊销机动车驾驶证未满十年的；

（七）因其他情形依法被吊销机动车驾驶证未满二年的；

（八）驾驶许可依法被撤销未满三年的；

（九）法律、行政法规规定的其他情形。

未取得机动车驾驶证驾驶机动车，有第一款第五项至第七项行为之一的，在规定期限内不得申请机动车驾驶证。

第十三条　初次申领机动车驾驶证的，可以申请准驾车型为城市公交车、大型货车、小型汽车、小型自动挡汽车、低速载货汽车、三轮汽车、残疾人专用小型自动挡载客汽车、普通三轮摩托车、普通二轮摩托车、轻便摩托车、轮式自行机械车、无轨电车、有轨电车的机动车驾驶证。

在暂住地初次申领机动车驾驶证的，可以申请准驾车型为小型汽车、小型自动挡汽车、低速载货汽车、三轮汽车、残疾人专用小型自动挡载客汽车、普通三轮摩托车、普通二轮摩托车、轻便摩托车的机动车驾驶证。

第十四条　已持有机动车驾驶证，申请增加准驾车型的，应当在本记分周期和申请前最近一个记分周期内没有记满 12 分记录。申请增加中型客车、牵引车、大型客车准驾车型的，还应当符合下列规定：

（一）申请增加中型客车准驾车型的，已取得驾驶城市公交车、大型货车、小型汽车、小型自动挡汽车、低速载货汽车或者三轮汽车准驾车型资格三年以上，并在申请前最近连续三个记分周期内没有记满 12 分记录；

（二）申请增加牵引车准驾车型的，已取得驾驶中型客车或者大型货车准驾车型资格三年以上，或者取得驾驶大型客车准驾车型资格一年以上，并在申请前最近连续三个记分周期内没有记满 12 分记录；

（三）申请增加大型客车准驾车型的，已取得驾驶中型客车或者大型货车准驾车型资格五年以上，或者取得驾驶牵引车准驾车型资格二年以上，并在申请前最近连续五个记分周期内没有记满 12 分记录。

在暂住地可以申请增加的准驾车型为小型汽车、小型自动挡汽车、低速载货汽车、三轮汽车、普通三轮摩托车、普通二轮摩托车、轻便摩托车。

第十五条　有下列情形之一的，不得申请大型客车、牵引车、中型客车、大型货车准驾车型：

（一）发生交通事故造成人员死亡，承担同等以上责任的；

（二）醉酒后驾驶机动车的；

（三）被吊销或者撤销机动车驾驶证未满十年的。

第十六条　持有军队、武装警察部队机动车驾驶证，或者持有境外机动车驾驶证，符合本规定的申请条件，可以申请相应准驾车型的机动车驾驶证。

第十七条　申领机动车驾驶证的人，按照下列规定向车辆管理所提出申请：

（一）在户籍所在地居住的，应当在户籍所在地提出申请；

（二）在暂住地居住的，可以在暂住地提出申请；

（三）现役军人（含武警），应当在居住地提出申请；

（四）境外人员，应当在居留地或者居住地提出申请；

（五）申请增加准驾车型的，应当在所持机动车驾驶证核发地提出申请。

第十八条　初次申请机动车驾驶证，应当填写申请表，并提交以下证明：

（一）申请人的身份证明；

（二）县级或者部队团级以上医疗机构出具的有关身体条件的证明。属于申请残疾人专用小型自动挡载客汽车的，应当提交经省级卫生主管部门指定的专门医疗机构出具的有关身体条件的证明。

第十九条　申请增加准驾车型的，除填写申请表，提交第十八条规定的证明外，还应当提交所持机动车驾驶证。

第二十条　持军队、武装警察部队机动车驾驶证的人申请机动车驾驶证，应当填写申请表，并提交以下证明、凭证：

（一）申请人的身份证明。属于复员、转业、退伍的人员，还应当提交军队、武装警察部队核发的复员、转业、退伍证明。

（二）县级或者部队团级以上医疗机构出具的有关身体条件的证明。

（三）军队、武装警察部队机动车驾驶证。

第二十一条　持境外机动车驾驶证的人申请机动车驾驶证，应当填写申请表，并提交以下证明、凭证：

（一）申请人的身份证明。

（二）县级以上医疗机构出具的有关身体条件的证明。属于外国驻华使馆、领馆人员及国际组织驻华代表机构人员申请的，按照外交对等原则执行。

（三）所持机动车驾驶证。属于非中文表述的，还应当出具中文翻译文本。

第三章　机动车驾驶人考试

第一节　考试内容和合格标准

第二十二条　机动车驾驶人考试内容分为道路交通安全法律、法规和相关知识考试科目（以下简称"科目一"）、场地驾驶技能考试科目（以下简称"科目二"）、道路驾驶技能和安全文明驾驶常识考试科目（以下简称"科目三"）。

第二十三条　考试内容和合格标准全国统一，根据不同准驾车型规定相应的考试项目。

第二十四条　科目一考试内容包括：道路通行、交通信号、交通安全违法行为和交通事故处理、机动车驾驶证申领和使用、机动车登记等规定以及其他道路交通安全法律、法规和规章。

第二十五条　科目二考试内容包括:

(一)大型客车、牵引车、城市公交车、中型客车、大型货车考试桩考、坡道定点停车和起步、侧方停车、通过单边桥、曲线行驶、直角转弯、通过限宽门、通过连续障碍、起伏路行驶、窄路掉头,以及模拟高速公路、连续急弯山区路、隧道、雨(雾)天、湿滑路、紧急情况处置;

(二)小型汽车、小型自动挡汽车、残疾人专用小型自动挡载客汽车和低速载货汽车考试倒车入库、坡道定点停车和起步、侧方停车、曲线行驶、直角转弯;

(三)三轮汽车、普通三轮摩托车、普通二轮摩托车和轻便摩托车考试桩考、坡道定点停车和起步、通过单边桥;

(四)轮式自行机械车、无轨电车、有轨电车的考试内容由省级公安机关交通管理部门确定。

对第一款第一项、第二项规定的准驾车型,省级公安机关交通管理部门可以根据实际增加考试内容。

第二十六条　科目三道路驾驶技能考试内容包括:大型客车、牵引车、城市公交车、中型客车、大型货车、小型汽车、小型自动挡汽车、低速载货汽车和残疾人专用小型自动挡载客汽车考试上车准备、起步、直线行驶、加减挡位操作、变更车道、靠边停车、直行通过路口、路口左转弯、路口右转弯、通过人行横道线、通过学校区域、通过公共汽车站、会车、超车、掉头、夜间行驶;其他准驾车型的考试内容,由省级公安机关交通管理部门确定。

大型客车、中型客车考试里程不少于20公里,其中白天考试里程不少于10公里,夜间考试里程不少于5公里。牵引车、城市公交车、大型货车考试里程不少于10公里,其中白天考试里程不少于5公里,夜间考试里程不少于3公里。小型汽车、小型自动挡汽车、低速载货汽车、残疾人专用小型自动挡载客汽车考试里程不少于3公里,并抽取不少于20%进行夜间考试;不进行夜间考试的,应当进行模拟夜间灯光使用考试。

对大型客车、牵引车、城市公交车、中型客车、大型货车,省级公安机关交通管理部门应当根据实际增加山区、隧道、陡坡等复杂道路驾驶考试内容。对其他汽车准驾车型,省级公安机关交通管理部门可以根据实际增加考试内容。

第二十七条　科目三安全文明驾驶常识考试内容包括:安全文明驾驶操作要求、恶劣气象和复杂道路条件下的安全驾驶知识、爆胎等紧急情况下的临危处置方法以及发生交通事故后的处置知识等。

第二十八条　持军队、武装警察部队机动车驾驶证的人申请大型客车、牵引车、中型客车、大型货车准驾车型机动车驾驶证的,应当考试科目一和科目三;申请其他准驾车型机动车驾驶证的,免予考试核发机动车驾驶证。

第二十九条　持境外机动车驾驶证申请机动车驾驶证的,应当考试科目一。申请准驾车型为大型客车、牵引车、中型客车、大型货车机动车驾驶证的,还应当考试科目三。属于外国驻华使馆、领馆人员及国际组织驻华代表机构人员申请的,应当按照外交对等原则执行。

第三十条　各科目考试的合格标准为:

(一)科目一考试满分为100分,成绩达到90分的为合格;

(二)科目二考试满分为100分,考试大型客车、牵引车、城市公交车、中型客车、大型货车准驾车型的,成绩达到90分的为合格,其他准驾车型的成绩达到80分的为合格;

(三)科目三道路驾驶技能和安全文明驾驶常识考试满分分别为100分,成绩分别达到90分的为合格。

第二节　考试要求

第三十一条　车辆管理所对符合机动车驾驶证申请条件的，应当受理，并按照预约日期安排考试。考试顺序按照科目一、科目二、科目三依次进行，前一科目考试合格后，方准参加后一科目的考试。科目三道路驾驶技能考试合格后，方准参加安全文明驾驶常识考试。

车辆管理所应当提供互联网、电话等方式由申请人自助预约考试，并在车辆管理所和互联网公开考试预约计划、预约人数和考试人数等情况。

第三十二条　初次申请机动车驾驶证或者申请增加准驾车型的，科目一考试合格后，车辆管理所应当在一日内核发驾驶技能准考证明。

驾驶技能准考证明的有效期为三年，申请人应当在有效期内完成科目二和科目三考试。未在有效期内完成考试的，已考试合格的科目成绩作废。

第三十三条　初次申请机动车驾驶证或者申请增加准驾车型的，申请人预约考试科目二，应当符合下列规定：

（一）报考小型汽车、小型自动挡汽车、低速载货汽车、三轮汽车、残疾人专用小型自动挡载客汽车、轮式自行机械车、无轨电车、有轨电车准驾车型的，在取得驾驶技能准考证明满十日后预约考试；

（二）报考大型客车、牵引车、城市公交车、中型客车、大型货车准驾车型的，在取得驾驶技能准考证明满二十日后预约考试。

第三十四条　初次申请机动车驾驶证或者申请增加准驾车型的，申请人预约考试科目三，应当符合下列规定：

（一）报考低速载货汽车、三轮汽车、轮式自行机械车、无轨电车、有轨电车准驾车型的，在取得驾驶技能准考证明满二十日后预约考试；

（二）报考小型汽车、小型自动挡汽车、残疾人专用小型自动挡载客汽车准驾车型的，在取得驾驶技能准考证明满三十日后预约考试；

（三）报考大型客车、牵引车、城市公交车、中型客车、大型货车准驾车型的，在取得驾驶技能准考证明满四十日后预约考试。

第三十五条　持军队、武装警察部队或者境外机动车驾驶证申请机动车驾驶证的，应当自车辆管理所受理之日起三年内完成科目考试。

第三十六条　申请人因故不能按照预约时间参加考试的，应当提前一日申请取消预约。对申请人未按照预约考试时间参加考试的，判定该次考试不合格。

第三十七条　每个科目考试一次，考试不合格的，可以补考一次。不参加补考或者补考仍不合格的，本次考试终止，申请人应当重新预约考试，但科目二、科目三考试应当在十日后预约。科目三安全文明驾驶常识考试不合格的，已通过的道路驾驶技能考试成绩有效。

在驾驶技能准考证明有效期内，科目二和科目三道路驾驶技能考试预约考试的次数不得超过五次。第五次预约考试仍不合格的，已考试合格的其他科目成绩作废。

第三十八条　从事考试工作的人员，应当持有省级公安机关交通管理部门颁发的考试员证书。

考试员应当认真履行考试职责，严格按照规定考试，接受社会监督。在考试前应当自我介绍，讲解考试要求，核实申请人身份；考试中应当严格执行考试程序，按照考试项目和考试标准评定考试成绩；考试后应当当场公布考试成绩，讲评考试不合格原因。

每个科目的考试成绩单应当有申请人和考试员的签名。未签名的不得核发机动车驾驶证。

第三十九条　考试员应当严格遵守考试工作纪律，不得为不符合机动车驾驶许可条件、未经考试、考试不合格人员签注合格考试成绩，不得减少考试项目、降低评判标准或者参与、协助、纵容考试作弊，不得参与或者变相参与驾驶培训机构经营活动，不得收取驾驶培训机构、教练员、申请人的财物。

第四十条　考试场地建设、路段设置、车辆配备、设施配置以及考试项目、评判要求应当符合相关标准。

第三节　考试监督管理

第四十一条　车辆管理所应当对考试过程进行全程录音、录像。严肃考试纪律，规范考场秩序，对考场秩序混乱的，应当中止考试。

车辆管理所应当根据考试场地、考试设备、考试车辆、考试员数量等实际情况，核定每个考试场、每个考试员每日最大考试量。

第四十二条　车辆管理所应当每周通过计算机系统对机动车驾驶人考试和机动车驾驶证业务办理情况进行监控、分析。省级公安机关交通管理部门应当建立全省（自治区、直辖市）机动车驾驶人考试监管系统，每月对机动车驾驶人考试、机动车驾驶证业务办理情况进行监控、分析，及时查处、通报发现的问题。

车辆管理所存在为未经考试或者考试不合格人员核发机动车驾驶证等严重违规办理机动车驾驶证业务情形的，上级公安机关交通管理部门可以暂停该车辆管理所办理相关业务或者指派其他车辆管理所人员接管业务。

第四十三条　车辆管理所应当对驾驶培训机构教练员、教练车、训练场地等情况进行备案，并确定受理考试人数，向社会公布。

第四十四条　直辖市、设区的市或者相当于同级的公安机关交通管理部门应当每月向社会公布车辆管理所考试员考试质量情况、三年内驾龄驾驶人交通违法率和交通肇事率等信息。

直辖市、设区的市或者相当于同级的公安机关交通管理部门应当每月向社会公布辖区内驾驶培训机构的考试合格率、三年内驾龄驾驶人交通违法率和交通肇事率等信息，按照考试合格率对驾驶培训机构培训质量公开排名，并通报培训主管部门。

第四十五条　对三年内驾龄驾驶人发生一次死亡 3 人以上交通事故且负主要以上责任的，省级公安机关交通管理部门应当倒查车辆管理所考试、发证情况，向社会公布倒查结果。对三年内驾龄驾驶人发生一次死亡 1～2 人的交通事故且负主要以上责任的，直辖市、设区的市或者相当于同级的公安机关交通管理部门应当组织责任倒查。

直辖市、设区的市或者相当于同级的公安机关交通管理部门发现驾驶培训机构及其教练员存在缩短培训学时、减少培训项目以及贿赂考试员、以承诺考试合格等名义向学员索取财物、参与违规办理驾驶证或者考试舞弊行为的，应当通报培训主管部门，并向社会公布。

第四章　发证、换证、补证

第四十六条　申请人考试合格后，应当接受不少于半小时的交通安全文明驾驶常识和交通事故案例警示教育，并参加领证宣誓仪式。

车辆管理所应当在申请人参加领证宣誓仪式的当日核发机动车驾驶证。属于申请增加准驾车型的，应当收回原机动车驾驶证。属于复员、转业、退伍的，应当收回军队、武装警察部队机动车驾驶证。

第四十七条　机动车驾驶人在机动车驾驶证的六年有效期内，每个记分周期均未记满 12 分的，换发十年有效期的机动车驾驶证；在机动车驾驶证的十年有效期内，每个记分周期均未记满 12 分的，换发长期有效的机动车驾驶证。

第四十八条 机动车驾驶人应当于机动车驾驶证有效期满前九十日内，向机动车驾驶证核发地车辆管理所申请换证。申请时应当填写申请表，并提交以下证明、凭证：

（一）机动车驾驶人的身份证明；

（二）机动车驾驶证；

（三）县级或者部队团级以上医疗机构出具的有关身体条件的证明。属于申请残疾人专用小型自动挡载客汽车的，应当提交经省级卫生主管部门指定的专门医疗机构出具的有关身体条件的证明。

第四十九条 机动车驾驶人户籍迁出原车辆管理所管辖区的，应当向迁入地车辆管理所申请换证。机动车驾驶人在核发地车辆管理所管辖区以外居住的，可以向居住地车辆管理所申请换证。申请时应当填写申请表，并提交第四十八条规定的证明、凭证。

第五十条 年龄在 60 周岁以上的，不得驾驶大型客车、牵引车、城市公交车、中型客车、大型货车、无轨电车和有轨电车；持有大型客车、牵引车、城市公交车、中型客车、大型货车驾驶证的，应当到机动车驾驶证核发地车辆管理所换领准驾车型为小型汽车或者小型自动挡汽车的机动车驾驶证。

年龄在 70 周岁以上的，不得驾驶低速载货汽车、三轮汽车、普通三轮摩托车、普通二轮摩托车和轮式自行机械车；持有普通三轮摩托车、普通二轮摩托车驾驶证的，应当到机动车驾驶证核发地车辆管理所换领准驾车型为轻便摩托车的机动车驾驶证。

申请时应当填写申请表，并提交第四十八条规定的证明、凭证。

机动车驾驶人自愿降低准驾车型的，应当填写申请表，并提交机动车驾驶人的身份证明和机动车驾驶证。

第五十一条 具有下列情形之一的，机动车驾驶人应当在三十日内到机动车驾驶证核发地车辆管理所申请换证：

（一）在车辆管理所管辖区域内，机动车驾驶证记载的机动车驾驶人信息发生变化的；

（二）机动车驾驶证损毁无法辨认的。

申请时应当填写申请表，并提交机动车驾驶人的身份证明和机动车驾驶证。

第五十二条 机动车驾驶人身体条件发生变化，不符合所持机动车驾驶证准驾车型的条件，但符合准予驾驶的其他准驾车型条件的，应当在三十日内到机动车驾驶证核发地车辆管理所申请降低准驾车型。申请时应当填写申请表，并提交机动车驾驶人的身份证明、机动车驾驶证、县级或者部队团级以上医疗机构出具的有关身体条件的证明。

机动车驾驶人身体条件发生变化，不符合第十一条第二项规定或者具有第十二条规定情形之一，不适合驾驶机动车的，应当在三十日内到机动车驾驶证核发地车辆管理所申请注销。申请时应当填写申请表，并提交机动车驾驶人的身份证明和机动车驾驶证。

机动车驾驶人身体条件不适合驾驶机动车的，不得驾驶机动车。

第五十三条 车辆管理所对符合第四十八条至第五十一条、第五十二条第一款规定的，应当在一日内换发机动车驾驶证。对符合第五十二条第二款规定的，应当在一日内注销机动车驾驶证。其中，对符合第四十九条至第五十二条规定的，还应当收回原机动车驾驶证。

第五十四条 机动车驾驶证遗失的，机动车驾驶人应当向机动车驾驶证核发地车辆管理所申请补发。申请时应当填写申请表，并提交以下证明、凭证：

（一）机动车驾驶人的身份证明；

（二）机动车驾驶证遗失的书面声明。

符合规定的，车辆管理所应当在一日内补发机动车驾驶证。

机动车驾驶人补领机动车驾驶证后，原机动车驾驶证作废，不得继续使用。

机动车驾驶证被依法扣押、扣留或者暂扣期间，机动车驾驶人不得申请补发。

第五章　机动车驾驶人管理

第一节　记　分

第五十五条　道路交通安全违法行为累积记分周期（即记分周期）为 12 个月，满分为 12 分，从机动车驾驶证初次领取之日起计算。

依据道路交通安全违法行为的严重程度，一次记分的分值为：12 分、6 分、3 分、2 分、1 分五种（附件 2）。

第五十六条　对机动车驾驶人的道路交通安全违法行为，处罚与记分同时执行。

机动车驾驶人一次有两个以上违法行为记分的，应当分别计算，累加分值。

第五十七条　机动车驾驶人对道路交通安全违法行为处罚不服，申请行政复议或者提起行政诉讼后，经依法裁决变更或者撤销原处罚决定的，相应记分分值予以变更或者撤销。

第五十八条　机动车驾驶人在一个记分周期内累积记分达到 12 分的，公安机关交通管理部门应当扣留其机动车驾驶证。

机动车驾驶人应当在十五日内到机动车驾驶证核发地或者违法行为地公安机关交通管理部门参加为期七日的道路交通安全法律、法规和相关知识学习。机动车驾驶人参加学习后，车辆管理所应当在二十日内对其进行道路交通安全法律、法规和相关知识考试。考试合格的，记分予以清除，发还机动车驾驶证；考试不合格的，继续参加学习和考试。拒不参加学习，也不接受考试的，由公安机关交通管理部门公告其机动车驾驶证停止使用。

机动车驾驶人在一个记分周期内有两次以上达到 12 分或者累积记分达到 24 分以上的，车辆管理所还应当在道路交通安全法律、法规和相关知识考试合格后十日内对其进行道路驾驶技能考试。接受道路驾驶技能考试的，按照本人机动车驾驶证载明的最高准驾车型考试。

第五十九条　机动车驾驶人在一个记分周期内记分未达到 12 分，所处罚款已经缴纳的，记分予以清除；记分虽未达到 12 分，但尚有罚款未缴纳的，记分转入下一记分周期。

第二节　审　验

第六十条　机动车驾驶人应当按照法律、行政法规的规定，定期到公安机关交通管理部门接受审验。

机动车驾驶人按照本规定第四十八条、第四十九条换领机动车驾驶证时，应当接受公安机关交通管理部门的审验。

持有大型客车、牵引车、城市公交车、中型客车、大型货车驾驶证的驾驶人，应当在每个记分周期结束后三十日内到公安机关交通管理部门接受审验。但在一个记分周期内没有记分记录的，免予本记分周期审验。

持有本条第三款规定以外准驾车型驾驶证的驾驶人，发生交通事故造成人员死亡承担同等以上责任未被吊销机动车驾驶证的，应当在本记分周期结束后三十日内到公安机关交通管理部门接受审验。

在异地从事营运的机动车驾驶人，向营运地车辆管理所备案登记一年后，可以直接在营运地参加审验。

第六十一条　机动车驾驶证审验内容包括：

（一）道路交通安全违法行为、交通事故处理情况；

（二）身体条件情况；

（三）道路交通安全违法行为记分及记满12分后参加学习和考试情况。

持有大型客车、牵引车、城市公交车、中型客车、大型货车驾驶证一个记分周期内有记分的，以及持有其他准驾车型驾驶证发生交通事故造成人员死亡承担同等以上责任未被吊销机动车驾驶证的驾驶人，审验时应当参加不少于三小时的道路交通安全法律和法规、交通安全文明驾驶、应急处置等知识学习，并接受交通事故案例警示教育。

对交通违法行为或者交通事故未处理完毕的、身体条件不符合驾驶许可条件的、未按照规定参加学习、教育和考试的，不予通过审验。

第六十二条　年龄在60周岁以上的机动车驾驶人，应当每年进行一次身体检查，在记分周期结束后三十日内，提交县级或者部队团级以上医疗机构出具的有关身体条件的证明。

持有残疾人专用小型自动挡载客汽车驾驶证的机动车驾驶人，应当每三年进行一次身体检查，在记分周期结束后三十日内，提交经省级卫生主管部门指定的专门医疗机构出具的有关身体条件的证明。

机动车驾驶人按照本规定第六十条第三款、第四款规定参加审验时，应当申报身体条件情况。

第六十三条　机动车驾驶人因服兵役、出国（境）等原因，无法在规定时间内办理驾驶证期满换证、审验、提交身体条件证明的，可以向机动车驾驶证核发地车辆管理所申请延期办理。申请时应当填写申请表，并提交机动车驾驶人的身份证明、机动车驾驶证和延期事由证明。

延期期限最长不超过三年。延期期间机动车驾驶人不得驾驶机动车。

第三节　监督管理

第六十四条　机动车驾驶人初次申请机动车驾驶证和增加准驾车型后的12个月为实习期。

新取得大型客车、牵引车、城市公交车、中型客车、大型货车驾驶证的，实习期结束后三十日内应当参加道路交通安全法律和法规、交通安全文明驾驶、应急处置等知识考试，并接受不少于半小时的交通事故案例警示教育。

在实习期内驾驶机动车的，应当在车身后部粘贴或者悬挂统一式样的实习标志（附件3）。

第六十五条　机动车驾驶人在实习期内不得驾驶公共汽车、营运客车或者执行任务的警车、消防车、救护车、工程救险车以及载有爆炸物品、易燃易爆化学物品、剧毒或者放射性等危险物品的机动车；驾驶的机动车不得牵引挂车。

驾驶人在实习期内驾驶机动车上高速公路行驶，应当由持相应或者更高准驾车型驾驶证三年以上的驾驶人陪同。其中，驾驶残疾人专用小型自动挡载客汽车的，可以由持有小型自动挡载客汽车以上准驾车型驾驶证的驾驶人陪同。

在增加准驾车型后的实习期内，驾驶原准驾车型的机动车时不受上述限制。

第六十六条　持有准驾车型为残疾人专用小型自动挡载客汽车的机动车驾驶人驾驶机动车时，应当按规定在车身设置残疾人机动车专用标志（附件4）。

有听力障碍的机动车驾驶人驾驶机动车时，应当佩戴助听设备。

第六十七条　机动车驾驶人具有下列情形之一的，车辆管理所应当注销其机动车驾驶证：

（一）死亡的；

（二）提出注销申请的；

（三）丧失民事行为能力，监护人提出注销申请的；

（四）身体条件不适合驾驶机动车的；

（五）有器质性心脏病、癫痫病、美尼尔氏症、眩晕症、癔病、震颤麻痹、精神病、痴呆以及影响肢体活动的神经系统疾病等妨碍安全驾驶疾病的；

（六）被查获有吸食、注射毒品后驾驶机动车行为，正在执行社区戒毒、强制隔离戒毒、社区康复措施，或者长期服用依赖性精神药品成瘾尚未戒除的；

（七）超过机动车驾驶证有效期一年以上未换证的；

（八）年龄在 60 周岁以上，在一个记分周期结束后一年内未提交身体条件证明的；或者持有残疾人专用小型自动挡载客汽车准驾车型，在三个记分周期结束后一年内未提交身体条件证明的；

（九）年龄在 60 周岁以上，所持机动车驾驶证只具有无轨电车或者有轨电车准驾车型，或者年龄在 70 周岁以上，所持机动车驾驶证只具有低速载货汽车、三轮汽车、轮式自行机械车准驾车型的；

（十）机动车驾驶证依法被吊销或者驾驶许可依法被撤销的。

有第一款第四项至第十项情形之一，未收回机动车驾驶证的，应当公告机动车驾驶证作废。

有第一款第七项、第八项情形之一被注销机动车驾驶证未超过二年的，机动车驾驶人参加道路交通安全法律、法规和相关知识考试合格后，可以恢复驾驶资格。

第六十八条　持有大型客车、牵引车、城市公交车、中型客车、大型货车驾驶证的驾驶人有下列情形之一的，车辆管理所应当注销其最高准驾车型驾驶资格，并通知机动车驾驶人在三十日内办理降级换证业务：

（一）发生交通事故造成人员死亡，承担同等以上责任，未构成犯罪的；

（二）在一个记分周期内有记满 12 分记录的；

（三）连续三个记分周期不参加审验的。

机动车驾驶人在规定时间内未办理降级换证业务的，车辆管理所应当公告注销的准驾车型驾驶资格作废。

第六十九条　机动车驾驶人在实习期内有记满 12 分记录的，注销其实习的准驾车型驾驶资格。被注销的驾驶资格不属于最高准驾车型的，还应当按照第六十八条第一款规定，注销其最高准驾车型驾驶资格。

持有大型客车、牵引车、城市公交车、中型客车、大型货车驾驶证的驾驶人在一年实习期内记 6 分以上但未达到 12 分的，实习期限延长一年。在延长的实习期内再次记 6 分以上但未达到 12 分的，注销其实习的准驾车型驾驶资格。

第七十条　机动车驾驶人联系电话、联系地址等信息发生变化，以及持有大型客车、牵引车、城市公交车、中型客车、大型货车驾驶证的驾驶人从业单位等信息发生变化的，应当在信息变更后三十日内，向驾驶证核发地车辆管理所备案。

第七十一条　道路运输企业应当定期将聘用的机动车驾驶人向所在地公安机关交通管理部门备案，督促及时处理道路交通安全违法行为、交通事故和参加机动车驾驶证审验。

公安机关交通管理部门应当每月向辖区内交通运输主管部门、运输企业通报机动车驾驶人的道路交通违法行为、记分和交通事故等情况。

第四节　校车驾驶人管理

第七十二条　校车驾驶人应当依法取得校车驾驶资格。

取得校车驾驶资格应当符合下列条件：

（一）取得相应准驾车型驾驶证并具有三年以上驾驶经历，年龄在 25 周岁以上、不超过 60 周岁；

（二）最近连续三个记分周期内没有被记满 12 分记录；

（三）无致人死亡或者重伤的交通事故责任记录；

（四）无酒后驾驶或者醉酒驾驶机动车记录，最近一年内无驾驶客运车辆超员、超速等严重交通违法行为记录；

（五）无犯罪记录；

（六）身心健康，无传染性疾病，无癫痫病、精神病等可能危及行车安全的疾病病史，无酗酒、吸毒行为记录。

第七十三条　机动车驾驶人申请取得校车驾驶资格，应当向县级或者设区的市级公安机关交通管理部门提出申请，填写申请表，并提交以下证明、凭证：

（一）申请人的身份证明；

（二）机动车驾驶证；

（三）户籍所在地县级公安机关出具的无犯罪、吸毒行为记录证明；

（四）县级或者部队团级以上医疗机构出具的有关身体条件的证明。

第七十四条　公安机关交通管理部门应当自收到申请材料之日起五日内审查完毕。对符合条件的，在机动车驾驶证上签注准许驾驶校车及相应车型，并通报教育行政部门；不符合条件的，应当书面说明理由。

第七十五条　校车驾驶人应当在每个记分周期结束后三十日内到公安机关交通管理部门接受审验。审验时，应当提交县级或者部队团级以上医疗机构出具的有关身体条件的证明，参加不少于三小时的道路交通安全法律和法规、交通安全文明驾驶、应急处置等知识学习，并接受交通事故案例警示教育。

第七十六条　公安机关交通管理部门应当与教育行政部门和学校建立校车驾驶人的信息交换机制，每月通报校车驾驶人的交通违法、交通事故和审验等情况。

第七十七条　校车驾驶人具有下列情形之一的，公安机关交通管理部门应当注销其校车驾驶资格，通知机动车驾驶人换领机动车驾驶证，并通报教育行政部门和学校：

（一）提出注销申请的；

（二）年龄超过 60 周岁的；

（三）在致人死亡或者重伤的交通事故负有责任的；

（四）有酒后驾驶或者醉酒驾驶机动车，以及驾驶客运车辆超员、超速等严重交通违法行为的；

（五）有记满 12 分或者犯罪记录的；

（六）有传染性疾病，或癫痫病、精神病等可能危及行车安全的疾病，有酗酒、吸毒行为记录的。

未收回签注校车驾驶许可的机动车驾驶证的，应当公告其校车驾驶资格作废。

第六章　法律责任

第七十八条　隐瞒有关情况或者提供虚假材料申领机动车驾驶证的，申请人在一年内不得再次申领机动车驾驶证。

申请人在考试过程中有贿赂、舞弊行为的，取消考试资格，已经通过考试的其他科目成绩无效；申请人在一年内不得再次申领机动车驾驶证。

申请人以欺骗、贿赂等不正当手段取得机动车驾驶证的，公安机关交通管理部门收缴机动车驾驶证，撤销机动车驾驶许可；申请人在三年内不得再次申领机动车驾驶证。

第七十九条　机动车驾驶人有下列行为之一的，由公安机关交通管理部门处二十元以上二百元以下罚款：

（一）机动车驾驶人补领机动车驾驶证后，继续使用原机动车驾驶证的；

（二）在实习期内驾驶机动车不符合第六十五条规定的；

（三）驾驶机动车未按规定粘贴、悬挂实习标志或者残疾人机动车专用标志的；

（四）持有大型客车、牵引车、城市公交车、中型客车、大型货车驾驶证的驾驶人，未按照第七十条规定申报变更信息的；

有第一款第一项规定情形的，由公安机关交通管理部门收回原机动车驾驶证。

第八十条　机动车驾驶人有下列行为之一的，由公安机关交通管理部门处二百元以上五百元以下罚款：

（一）机动车驾驶证被依法扣押、扣留或者暂扣期间，采用隐瞒、欺骗手段补领机动车驾驶证的；

（二）机动车驾驶人身体条件发生变化不适合驾驶机动车，仍驾驶机动车的；

（三）逾期不参加审验仍驾驶机动车的。

有第一款第一项、第二项规定情形之一的，由公安机关交通管理部门收回机动车驾驶证。

第八十一条　伪造、变造或者使用伪造、变造的机动车驾驶证的，由公安机关交通管理部门予以收缴，依法拘留，并处二千元以上五千元以下罚款；构成犯罪的，依法追究刑事责任。

第八十二条　交通警察有下列情形之一的，按照有关规定给予记过、记大过、降级、撤职或者开除处分；对聘用人员予以解聘。构成犯罪的，依法追究刑事责任：

（一）为不符合机动车驾驶许可条件、未经考试、考试不合格人员签注合格考试成绩或者核发机动车驾驶证的；

（二）减少考试项目、降低评判标准或者参与、协助、纵容考试作弊的；

（三）与非法中介串通谋取经济利益的；

（四）违反规定侵入机动车驾驶证管理系统，泄露、篡改、买卖系统数据，或者泄露系统密码的；

（五）参与或者变相参与驾驶培训机构经营活动的；

（六）收取驾驶培训机构、教练员、申请人财物的。

公安机关交通管理部门有前款所列行为之一的，按照国家有关规定对直接负责的主管人员和其他直接责任人员给予相应的处分。

第七章　附　则

第八十三条　国家之间对机动车驾驶证有互相认可协议的，按照协议办理。

国家之间签订有关协定涉及机动车驾驶证的，按照协定执行。

第八十四条　机动车驾驶人可以委托代理人代理换证、补证、提交身体条件证明、延期办理和注销业务。代理人申请机动车驾驶证业务时，应当提交代理人的身份证明和机动车驾驶人与代理人共同签字的申请表或者身体条件证明。

第八十五条　机动车驾驶证的式样、规格按照中华人民共和国公共安全行业标准《中华人民共和国机动车驾驶证件》执行。驾驶技能准考证明的式样由公安部规定。

第八十六条　拖拉机驾驶证的申领和使用另行规定。拖拉机驾驶证式样、规格应当符合中华人民共和国公共安全行业标准《中华人民共和国机动车驾驶证件》的规定。

第八十七条　本规定下列用语的含义：

（一）身份证明是指：

1. 居民的身份证明是《居民身份证》或者《临时居民身份证》。在暂住地居住的内地居民的身份证明是《居民身份证》或者《临时居民身份证》，以及公安机关核发的居住、暂住证明。

2. 现役军人（含武警）的身份证明是《居民身份证》或者《临时居民身份证》。在未办理《居民身份证》前，是军队有关部门核发的《军官证》、《文职干部证》、《士兵证》、《离休证》、《退休证》等有效军人身份证件，以及其所在的团级以上单位出具的本人住所证明。

3. 中国香港、中国澳门特别行政区居民的身份证明是其入境时所持有的《港澳居民来往内地通行证》或者《港澳同胞回乡证》，中国香港、中国澳门特别行政区《居民身份证》和公安机关核发的居住、暂住证明。

4. 中国台湾地区居民的身份证明是其所持有的有效期三个月以上的公安机关核发的《台湾居民来往大陆通行证》或者外交部核发的《中华人民共和国旅行证》和公安机关核发的居住、暂住证明。

5. 华侨的身份证明是《中华人民共和国护照》和公安机关核发的居住、暂住证明。

6. 外国人的身份证明是其入境时所持有的护照或者其他旅行证件、居（停）留期为三个月以上的有效签证或者居留许可，以及公安机关出具的住宿登记证明。

7. 外国驻华使馆、领馆人员、国际组织驻华代表机构人员的身份证明是外交部核发的有效身份证件。

（二）住址是指：

1. 居民的住址是《居民身份证》或者《临时居民身份证》记载的住址。

2. 现役军人（含武警）的住址是《居民身份证》或者《临时居民身份证》记载的住址。在未办理《居民身份证》前，是其所在的团级以上单位出具的本人住所证明记载的住址。

3. 境外人员的住址是公安机关核发的居住、暂住或者住宿登记证明记载的地址。

4. 外国驻华使馆、领馆人员及国际组织驻华代表机构人员的住址是外交部核发的有效身份证件记载的地址。

（三）境外机动车驾驶证是指外国、中国香港、中国澳门特别行政区、中国台湾地区核发的具有单独驾驶资格且非临时性的机动车驾驶证。

第八十八条　本规定所称"以上"、"以下"均包含本数在内。

本规定所称"一日"、"五日"、"七日"、"十日"、"十五日"，是指工作日，不包括节假日。

第八十九条　本规定自 2013 年 1 月 1 日起施行，第五章第四节自发布之日起施行。2006 年 12 月 20 日发布的《机动车驾驶证申领和使用规定》（公安部令第 91 号）和 2009 年 12 月 7 日发布的《公安部关于修改〈机动车驾驶证申领和使用规定〉的决定》（公安部令第 111 号）同时废止。本规定生效后，公安部以前制定的规定与本规定不一致的，以本规定为准。

附件：1. 准驾车型及代号（略）

　　　2. 道路交通安全违法行为记分分值（略）

　　　3. 实习标志式样（略）

　　　4. 残疾人机动车专用标志（略）

机动车交通事故责任强制保险条例

（2006 年 3 月 21 日国务院令第 462 号公布　根据 2012 年 3 月 30 日《国务院关于修改〈机动车交通事故责任强制保险条例〉的决定》第一次修订　根据 2012 年 12 月 17 日《国务院关于修改〈机动车交通事故责任强制保险条例〉的决定》第二次修订）

第一章　总　则

第一条　为了保障机动车道路交通事故受害人依法得到赔偿，促进道路交通安全，根据《中华人民共和国道路交通安全法》、《中华人民共和国保险法》，制定本条例。

第二条　在中华人民共和国境内道路上行驶的机动车的所有人或者管理人，应当依照《中华人民共和国道路交通安全法》的规定投保机动车交通事故责任强制保险。

机动车交通事故责任强制保险的投保、赔偿和监督管理，适用本条例。

第三条　本条例所称机动车交通事故责任强制保险，是指由保险公司对被保险机动车发生道路交通事故造成本车人员、被保险人以外的受害人的人身伤亡、财产损失，在责任限额内予以赔偿的强制性责任保险。

第四条　国务院保险监督管理机构（以下称保监会）依法对保险公司的机动车交通事故责任强制保险业务实施监督管理。

公安机关交通管理部门、农业（农业机械）主管部门（以下统称机动车管理部门）应当依法对机动车参加机动车交通事故责任强制保险的情况实施监督检查。对未参加机动车交通事故责任强制保险的机动车，机动车管理部门不得予以登记，机动车安全技术检验机构不得予以检验。

公安机关交通管理部门及其交通警察在调查处理道路交通安全违法行为和道路交通事故时，应当依法检查机动车交通事故责任强制保险的保险标志。

第二章　投　保

第五条　保险公司经保监会批准，可以从事机动车交通事故责任强制保险业务。

为了保证机动车交通事故责任强制保险制度的实行，保监会有权要求保险公司从事机动车交通事故责任强制保险业务。

未经保监会批准，任何单位或者个人不得从事机动车交通事故责任强制保险业务。

第六条　机动车交通事故责任强制保险实行统一的保险条款和基础保险费率。保监会按照机动车交通事故责任强制保险业务总体上不盈利、不亏损的原则审批保险费率。

保监会在审批保险费率时，可以聘请有关专业机构进行评估，可以举行听证会听取公众意见。

第七条　保险公司的机动车交通事故责任强制保险业务，应当与其他保险业务分开管理，单独核算。

保监会应当每年对保险公司的机动车交通事故责任强制保险业务情况进行核查，并向社会公布；根据保险公司机动车交通事故责任强制保险业务的总体盈利或者亏损情况，可以要求或者允许保险公司相应调整保险费率。

调整保险费率的幅度较大的，保监会应当进行听证。

第八条　被保险机动车没有发生道路交通安全违法行为和道路交通事故的，保险公司应当在下一年度降低其保险费率。在此后的年度内，被保险机动车仍然没有发生道路交通安全违法行为和道路交通事故的，保险公司应当继续降低其保险费率，直至最低标准。被保险机动车发生道路交通安全违法行为或者道路交通事故的，保险公司应当在下一年度提高其保险费率。多次发生道路交通安全违法行为、道路交通事故，或者发生重大道路交通事故的，保险公司应当加大提高其保险费率的幅度。在道路交通事故中被保险人没有过错的，不提高其保险费率。降低或者提高保险费率的标准，由保监会会同国务院公安部门制定。

第九条　保监会、国务院公安部门、国务院农业主管部门以及其他有关部门应当逐步建立有关机动车交通事故责任强制保险、道路交通安全违法行为和道路交通事故的信息共享机制。

第十条　投保人在投保时应当选择具备从事机动车交通事故责任强制保险业务资格的保险公司，被选择的保险公司不得拒绝或者拖延承保。

保监会应当将具备从事机动车交通事故责任强制保险业务资格的保险公司向社会公示。

第十一条　投保人投保时，应当向保险公司如实告知重要事项。

重要事项包括机动车的种类、厂牌型号、识别代码、牌照号码、使用性质和机动车所有人或者管理人的姓名（名称）、性别、年龄、住所、身份证或者驾驶证号码（组织机构代码）、续保前该机动车发生事故的情况以及保监会规定的其他事项。

第十二条　签订机动车交通事故责任强制保险合同时，投保人应当一次支付全部保险费；保险公司应当向投保人签发保险单、保险标志。保险单、保险标志应当注明保险单号码、车牌号码、保险期限、保险公司的名称、地址和理赔电话号码。

被保险人应当在被保险机动车上放置保险标志。

保险标志式样全国统一。保险单、保险标志由保监会监制。任何单位或者个人不得伪造、变造或者使用伪造、变造的保险单、保险标志。

第十三条　签订机动车交通事故责任强制保险合同时，投保人不得在保险条款和保险费率之外，向保险公司提出附加其他条件的要求。

签订机动车交通事故责任强制保险合同时，保险公司不得强制投保人订立商业保险合同以及提出附加其他条件的要求。

第十四条　保险公司不得解除机动车交通事故责任强制保险合同；但是，投保人对重要事项未履行如实告知义务的除外。

投保人对重要事项未履行如实告知义务，保险公司解除合同前，应当书面通知投保人，投保人应当自收到通知之日起5日内履行如实告知义务；投保人在上述期限内履行如实告知义务的，保险公司不得解除合同。

第十五条　保险公司解除机动车交通事故责任强制保险合同的，应当收回保险单和保险标志，并书面通知机动车管理部门。

第十六条　投保人不得解除机动车交通事故责任强制保险合同，但有下列情形之一的除外：

（一）被保险机动车被依法注销登记的；

（二）被保险机动车办理停驶的；

（三）被保险机动车经公安机关证实丢失的。

第十七条 机动车交通事故责任强制保险合同解除前，保险公司应当按照合同承担保险责任。

合同解除时，保险公司可以收取自保险责任开始之日起至合同解除之日止的保险费，剩余部分的保险费退还投保人。

第十八条 被保险机动车所有权转移的，应当办理机动车交通事故责任强制保险合同变更手续。

第十九条 机动车交通事故责任强制保险合同期满，投保人应当及时续保，并提供上一年度的保险单。

第二十条 机动车交通事故责任强制保险的保险期为 1 年，但有下列情形之一的，投保人可以投保短期机动车交通事故责任强制保险：

（一）境外机动车临时入境的；

（二）机动车临时上道路行驶的；

（三）机动车距规定的报废期限不足 1 年的；

（四）保监会规定的其他情形。

第三章 赔 偿

第二十一条 被保险机动车发生道路交通事故造成本车人员、被保险人以外的受害人人身伤亡、财产损失的，由保险公司依法在机动车交通事故责任强制保险责任限额范围内予以赔偿。

道路交通事故的损失是由受害人故意造成的，保险公司不予赔偿。

第二十二条 有下列情形之一的，保险公司在机动车交通事故责任强制保险责任限额范围内垫付抢救费用，并有权向致害人追偿：

（一）驾驶人未取得驾驶资格或者醉酒的；

（二）被保险机动车被盗抢期间肇事的；

（三）被保险人故意制造道路交通事故的。

有前款所列情形之一，发生道路交通事故的，造成受害人的财产损失，保险公司不承担赔偿责任。

第二十三条 机动车交通事故责任强制保险在全国范围内实行统一的责任限额。责任限额分为死亡伤残赔偿限额、医疗费用赔偿限额、财产损失赔偿限额以及被保险人在道路交通事故中无责任的赔偿限额。

机动车交通事故责任强制保险责任限额由保监会会同国务院公安部门、国务院卫生主管部门、国务院农业主管部门规定。

第二十四条 国家设立道路交通事故社会救助基金（以下简称救助基金）。有下列情形之一时，道路交通事故中受害人人身伤亡的丧葬费用、部分或者全部抢救费用，由救助基金先行垫付，救助基金管理机构有权向道路交通事故责任人追偿：

（一）抢救费用超过机动车交通事故责任强制保险责任限额的；

（二）肇事机动车未参加机动车交通事故责任强制保险的；

（三）机动车肇事后逃逸的。

第二十五条 救助基金的来源包括：

（一）按照机动车交通事故责任强制保险的保险费的一定比例提取的资金；

（二）对未按照规定投保机动车交通事故责任强制保险的机动车的所有人、管理人的罚款；

（三）救助基金管理机构依法向道路交通事故责任人追偿的资金；

（四）救助基金孳息；

（五）其他资金。

第二十六条　救助基金的具体管理办法由国务院财政部门会同保监会、国务院公安部门、国务院卫生主管部门、国务院农业主管部门制定试行。

第二十七条　被保险机动车发生道路交通事故，被保险人或者受害人通知保险公司的，保险公司应当立即给予答复，告知被保险人或者受害人具体的赔偿程序等有关事项。

第二十八条　被保险机动车发生道路交通事故的，由被保险人向保险公司申请赔偿保险金。保险公司应当自收到赔偿申请之日起 1 日内，书面告知被保险人需要向保险公司提供的与赔偿有关的证明和资料。

第二十九条　保险公司应当自收到被保险人提供的证明和资料之日起 5 日内，对是否属于保险责任作出核定，并将结果通知被保险人；对不属于保险责任的，应当书面说明理由；对属于保险责任的，在与被保险人达成赔偿保险金的协议后 10 日内，赔偿保险金。

第三十条　被保险人与保险公司对赔偿有争议的，可以依法申请仲裁或者向人民法院提起诉讼。

第三十一条　保险公司可以向被保险人赔偿保险金，也可以直接向受害人赔偿保险金。但是，因抢救受伤人员需要保险公司支付或者垫付抢救费用的，保险公司在接到公安机关交通管理部门通知后，经核对应当及时向医疗机构支付或者垫付抢救费用。

因抢救受伤人员需要救助基金管理机构垫付抢救费用的，救助基金管理机构在接到公安机关交通管理部门通知后，经核对应当及时向医疗机构垫付抢救费用。

第三十二条　医疗机构应当参照国务院卫生主管部门组织制定的有关临床诊疗指南，抢救、治疗道路交通事故中的受伤人员。

第三十三条　保险公司赔偿保险金或者垫付抢救费用，救助基金管理机构垫付抢救费用，需要向有关部门、医疗机构核实有关情况的，有关部门、医疗机构应当予以配合。

第三十四条　保险公司、救助基金管理机构的工作人员对当事人的个人隐私应当保密。

第三十五条　道路交通事故损害赔偿项目和标准依照有关法律的规定执行。

第四章　罚　则

第三十六条　未经保监会批准，非法从事机动车交通事故责任强制保险业务的，由保监会予以取缔；构成犯罪的，依法追究刑事责任；尚不构成犯罪的，由保监会没收违法所得，违法所得 20 万元以上的，并处违法所得 1 倍以上 5 倍以下罚款；没有违法所得或者违法所得不足 20 万元的，处 20 万元以上 100 万元以下罚款。

第三十七条　保险公司未经保监会批准从事机动车交通事故责任强制保险业务的，由保监会责令改正，责令退还收取的保险费，没收违法所得，违法所得 10 万元以上的，并处违法所得 1 倍以上 5 倍以下罚款；没有违法所得或者违法所得不足 10 万元的，处 10 万元以上 50 万元以下罚款；逾期不改正或者造成严重后果的，责令停业整顿或者吊销经营保险业务许可证。

第三十八条　保险公司违反本条例规定，有下列行为之一的，由保监会责令改正，处 5 万元以上 30 万元以下罚款；情节严重的，可以限制业务范围、责令停止接受新业务或者吊销经营保险业务许可证：

　　（一）拒绝或者拖延承保机动车交通事故责任强制保险的；

　　（二）未按照统一的保险条款和基础保险费率从事机动车交通事故责任强制保险业务的；

　　（三）未将机动车交通事故责任强制保险业务和其他保险业务分开管理，单独核算的；

　　（四）强制投保人订立商业保险合同的；

　　（五）违反规定解除机动车交通事故责任强制保险合同的；

　　（六）拒不履行约定的赔偿保险金义务的；

　　（七）未按照规定及时支付或者垫付抢救费用的。

　　第三十九条　机动车所有人、管理人未按照规定投保机动车交通事故责任强制保险的，由公安机关交通管理部门扣留机动车，通知机动车所有人、管理人依照规定投保，处依照规定投保最低责任限额应缴纳的保险费的 2 倍罚款。

　　机动车所有人、管理人依照规定补办机动车交通事故责任强制保险的，应当及时退还机动车。

　　第四十条　上道路行驶的机动车未放置保险标志的，公安机关交通管理部门应当扣留机动车，通知当事人提供保险标志或者补办相应手续，可以处警告或者 20 元以上 200 元以下罚款。

　　当事人提供保险标志或者补办相应手续的，应当及时退还机动车。

　　第四十一条　伪造、变造或者使用伪造、变造的保险标志，或者使用其他机动车的保险标志，由公安机关交通管理部门予以收缴，扣留该机动车，处 200 元以上 2000 元以下罚款；构成犯罪的，依法追究刑事责任。

　　当事人提供相应的合法证明或者补办相应手续的，应当及时退还机动车。

第五章　附　则

　　第四十二条　本条例下列用语的含义：

　　（一）投保人是指与保险公司订立机动车交通事故责任强制保险合同，并按照合同负有支付保险费义务的机动车的所有人、管理人。

　　（二）被保险人是指投保人及其允许的合法驾驶人。

　　（三）抢救费用是指机动车发生道路交通事故导致人员受伤时，医疗机构参照国务院卫生主管部门组织制定的有关临床诊疗指南，对生命体征不平稳和虽然生命体征平稳但如果不采取处理措施会产生生命危险，或者导致残疾、器官功能障碍，或者导致病程明显延长的受伤人员，采取必要的处理措施所发生的医疗费用。

　　第四十三条　挂车不投保机动车交通事故责任强制保险。发生道路交通事故造成人身伤亡、财产损失的，由牵引车投保的保险公司在机动车交通事故责任强制保险责任限额范围内予以赔偿；不足的部分，由牵引车方和挂车方依照法律规定承担赔偿责任。

　　第四十四条　机动车在道路以外的地方通行时发生事故，造成人身伤亡、财产损失的赔偿，比照适用本条例。

　　第四十五条　中国人民解放军和中国人民武装警察部队在编机动车参加机动车交通事故责任强制保险的办法，由中国人民解放军和中国人民武装警察部队另行规定。

　　第四十六条　机动车所有人、管理人自本条例施行之日起 3 个月内投保机动车交通事故责任强制保险；本条例施行前已经投保商业性机动车第三者责任保险的，保险期满，应当投保机动车交通事故责任强制保险。

　　第四十七条　本条例自 2006 年 7 月 1 日起施行。

中华人民共和国车辆购置税暂行条例

第一条 在中华人民共和国境内购置本条例规定的车辆（以下简称应税车辆）的单位和个人，为车辆购置税的纳税人，应当依照本条例缴纳车辆购置税。

第二条 本条例第一条所称购置，包括购买、进口、自产、受赠、获奖或者以其他方式取得并自用应税车辆的行为。

本条例第一条所称单位，包括国有企业、集体企业、私营企业、股份制企业、外商投资企业、外国企业以及其他企业和事业单位、社会团体、国家机关、部队以及其他单位；所称个人，包括个体工商户以及其他个人。

第三条 车辆购置税的征收范围包括汽车、摩托车、电车、挂车、农用运输车。具体征收范围依照本条例所附《车辆购置税征收范围表》执行。

车辆购置税征收范围的调整，由国务院决定并公布。

第四条 车辆购置税实行从价定率的办法计算应纳税额。应纳税额的计算公式为：

应纳税额 = 计税价格 × 税率

第五条 车辆购置税的税率为10%。

车辆购置税税率的调整，由国务院决定并公布。

第六条 车辆购置税的计税价格根据不同情况，按照下列规定确定：

（一）纳税人购买自用的应税车辆的计税价格，为纳税人购买应税车辆而支付给销售者的全部价款和价外费用，不包括增值税税款。

（二）纳税人进口自用的应税车辆的计税价格的计算公式为：

计税价格 = 关税完税价格 + 关税 + 消费税

（三）纳税人自产、受赠、获奖或者以其他方式取得并自用的应税车辆的计税价格，由主管税务机关参照本条例第七条规定的最低计税价格核定。

第七条 国家税务总局参照应税车辆市场平均交易价格，规定不同类型应税车辆的最低计税价格。

纳税人购买自用或者进口自用应税车辆，申报的计税价格低于同类型应税车辆的最低计税价格，又无正当理由的，按照最低计税价格征收车辆购置税。

第八条 车辆购置税实行一次征收制度。购置已征车辆购置税的车辆，不再征收车辆购置税。

第九条 车辆购置税的免税、减税，按照下列规定执行：

（一）外国驻华使馆、领事馆和国际组织驻华机构及其外交人员自用的车辆，免税；

（二）中国人民解放军和中国人民武装警察部队列入军队武器装备订货计划的车辆，免税；

（三）设有固定装置的非运输车辆，免税；

（四）有国务院规定予以免税或者减税的其他情形的，按照规定免税或者减税。

第十条 纳税人以外汇结算应税车辆价款的，按照申报纳税之日中国人民银行公布的人民币基准汇价，折合成人民币计算应纳税额。

第十一条 车辆购置税由国家税务局征收。

第十二条 纳税人购置应税车辆,应当向车辆登记注册地的主管税务机关申报纳税;购置不需要办理车辆登记注册手续的应税车辆,应当向纳税人所在地的主管税务机关申报纳税。

第十三条 纳税人购买自用应税车辆的,应当自购买之日起 60 日内申报纳税;进口自用应税车辆的,应当自进口之日起 60 日内申报纳税;自产、受赠、获奖或者以其他方式取得并自用应税车辆的,应当自取得之日起 60 日内申报纳税。

车辆购置税税款应当一次缴清。

第十四条 纳税人应当在向公安机关车辆管理机构办理车辆登记注册前,缴纳车辆购置税。

纳税人应当持主管税务机关出具的完税证明或者免税证明,向公安机关车辆管理机构办理车辆登记注册手续;没有完税证明或者免税证明的,公安机关车辆管理机构不得办理车辆登记注册手续。

税务机关应当及时向公安机关车辆管理机构通报纳税人缴纳车辆购置税的情况。公安机关车辆管理机构应当定期向税务机关通报车辆登记注册的情况。

税务机关发现纳税人未按照规定缴纳车辆购置税的,有权责令其补缴;纳税人拒绝缴纳的,税务机关可以通知公安机关车辆管理机构暂扣纳税人的车辆牌照。

第十五条 免税、减税车辆因转让、改变用途等原因不再属于免税、减税范围的,应当在办理车辆过户手续前或者办理变更车辆登记注册手续前缴纳车辆购置税。

第十六条 车辆购置税的征收管理依照《中华人民共和国税收征收管理法》及本条例的有关规定执行。

第十七条 本条例自 2001 年 1 月 1 日起施行。

附:

车辆购置税征收范围表

应税车辆	具体范围	注释
汽车	各类汽车	
摩托车	轻便摩托车	最高设计时速不大于 50km/h,发动机汽缸总排量不大于 50 立方厘米的两个或者三个车轮的机动车
	二轮摩托车	最高设计车速大于 50km/h,或者发动机汽缸总排量大于 50 立方厘米的两个车轮的机动车
	三轮摩托车	最高设计车速大于 50km/h,或者发动机汽缸总排量大于 50 立方厘米,空车重量不大于 400kg 的三个车轮的机动车
电车	无轨电车	以电能为动力,由专用输电电缆线供电的轮式公共车辆
	有轨电车	以电能为动力,在轨道上行驶的公共车辆
挂车	全挂车	无动力设备,独立承载,由牵引车辆牵引行驶的车辆
	半挂车	无动力设备,与牵引车辆共同承载,由牵引车辆牵引行驶的车辆
农用运输车	三轮农用运输车	柴油发动机,功率不大于运输 7.4kW,载重量不大于 500kg,最高车速不大于 40km/h 的三个车轮的机动车
	四轮农用运输车	柴油发动机,功率不大于运输 28kW,载重量不大于 1500kg,最高车速不大于 50km/h 的四个车轮的机动车

车辆购置税征收管理办法

（2005 年 11 月 15 日国家税务总局令第 15 号发布　根据 2011 年 12 月 19 日
《国家税务总局关于修改〈车辆购置税征收管理办法〉的决定》修订）

第一条　根据《中华人民共和国税收征收管理法》（以下简称征管法）、《中华人民共和国税收征收管理法实施细则》（以下简称征管法实施细则）和《中华人民共和国车辆购置税暂行条例》（以下简称车购税条例）制定本办法。

第二条　根据征管法实施细则第三十条、车购税条例第十二条的规定，纳税人应到下列地点办理车购税纳税申报：

（一）需要办理车辆登记注册手续的纳税人，向车辆登记注册地的主管税务机关办理纳税申报。

（二）不需要办理车辆登记注册手续的纳税人，向所在地征收车购税的主管税务机关办理纳税申报。

车购税实行一车一申报制度。

第三条　纳税人办理纳税申报时应如实填写《车辆购置税纳税申报表》（见附件1，以下简称纳税申报表），同时提供以下资料的原件和复印件。复印件和《机动车销售统一发票》（以下简称统一发票）报税联由主管税务机关留存，其他原件经主管税务机关审核后退还纳税人。

（一）车主身份证明

1. 内地居民，提供内地《居民身份证》（含居住、暂住证明）或《居民户口簿》或军人（含武警）身份证明；

2. 中国香港特别行政区、中国澳门特别行政区、中国台湾地区居民，提供入境的身份证明和居留证明；

3. 外国人，提供入境的身份证明和居留证明；

4. 组织机构，提供《组织机构代码证书》。

（二）车辆价格证明

1. 境内购置车辆，提供统一发票（发票联和报税联）或有效凭证；

2. 进口自用车辆，提供《海关关税专用缴款书》、《海关代征消费税专用缴款书》或海关《征免税证明》。

（三）车辆合格证明

1. 国产车辆，提供整车出厂合格证明（以下简称合格证）；

2. 进口车辆，提供《中华人民共和国海关货物进口证明书》或《中华人民共和国海关监管车辆进（出）境领（销）牌照通知书》或《没收走私汽车、摩托车证明书》。

（四）税务机关要求提供的其他资料

第四条　符合车购税条例第九条免税、减税规定的车辆，纳税人在办理纳税申报时，除按本办法第三条规定提供资料外，还应根据不同情况，分别提供下列资料的原件、复印件及彩色照片。原件经主管税务机关审核后退还纳税人，复印件及彩色照片由主管税务机关留存：

（一）外国驻华使馆、领事馆和国际组织驻华机构的车辆，提供机构证明；

（二）外交人员自用车辆，提供外交部门出具的身份证明；

（三）中国人民解放军和中国人民武装警察部队列入军队武器装备订货计划的车辆，提供订货计划的证明；

（四）设有固定装置的非运输车辆，提供车辆内、外观彩色 5 寸照片；

（五）其他车辆，提供国务院或国务院税务主管部门的批准文件。

第五条 已经办理纳税申报的车辆发生下列情形之一的，纳税人应按本办法规定重新办理纳税申报：

（一）底盘发生更换的；

（二）免税条件消失的。

第六条 购买二手车时，购买者应当向原车主索要《车辆购置税完税证明》（以下简称完税证明）。

购买已经办理车辆购置税免税手续的二手车，购买者应当到税务机关重新办理申报缴税或免税手续。未按规定办理的，按征管法的规定处理。

第七条 底盘发生更换的车辆，计税依据为最新核发的同类型车辆最低计税价格的 70%。同类型车辆是指同国别、同排量、同车长、同吨位、配置近似等（下同）。

第八条 最低计税价格是指国家税务总局依据车辆生产企业提供的车辆价格信息，参照市场平均交易价格核定的车辆购置税计税价格。

第九条 免税条件消失的车辆，自初次办理纳税申报之日起，使用年限未满 10 年的，计税依据为最新核发的同类型车辆最低计税价格按每满 1 年扣减 10%，未满 1 年的计税依据为最新核发的同类型车辆最低计税价格；使用年限 10 年（含）以上的，计税依据为 0。

第十条 对国家税务总局未核定最低计税价格的车辆，纳税人申报的计税价格低于同类型应税车辆最低计税价格，又无正当理由的，主管税务机关可比照已核定的同类型车辆最低计税价格征税。同类型车辆由主管税务机关确定，并报上级税务机关备案。各省、自治区、直辖市和计划单列市国家税务局应制定具体办法及时将备案的价格在本地区统一。

第十一条 车购税条例第六条"价外费用"是指销售方价外向购买方收取的基金、集资费、返还利润、补贴、违约金（延期付款利息）和手续费、包装费、储存费、优质费、运输装卸费、保管费、代收款项、代垫款项以及其他各种性质的价外收费。

第十二条 车购税条例第七条规定的"申报的计税价格低于同类型应税车辆的最低计税价格，又无正当理由的"，是指纳税人申报的计税依据低于出厂价格或进口自用车辆的计税价格。

第十三条 进口旧车、因不可抗力因素导致受损的车辆、库存超过 3 年的车辆、行驶 8 万公里以上的试验车辆、国家税务总局规定的其他车辆，凡纳税人能出具有效证明的，计税依据为其提供的统一发票或有效凭证注明的价格。

第十四条 主管税务机关在为纳税人办理纳税申报手续时，对设有固定装置的非运输车辆应当实地验车。

第十五条 主管税务机关应对纳税申报资料进行审核，确定计税依据，征收税款，核发完税证明。征税车辆在完税证明征税栏加盖车购税征税专用章，免税车辆在完税证明免税栏加盖车购税征税专用章。

第十六条 主管税务机关对设有固定装置的非运输车辆，在未接到国家税务总局批准的免税文件前，应先征税。

第十七条 主管税务机关开具的车购税缴税凭证上的应纳税额保留到元，元以下金额舍去。

第十八条 主管税务机关发现纳税人申报的计税价格低于最低计税价格，除按照规定征收车购税外，还应采集并传递统一发票价格异常信息。

第十九条 完税证明分正本和副本，按车核发、每车一证。正本由纳税人保管以备查验，副本用于办理车辆登记注册。

完税证明不得转借、涂改、买卖或者伪造。

第二十条 完税证明发生损毁、丢失的，车主在申请补办完税证明前应在《中国税务报》或由省、自治区、直辖市国家税务局指定的公开发行的报刊上刊登遗失声明，填写《换（补）车辆购置税完税证明申请表》（见附件3，以下简称补证申请表）。

第二十一条 纳税人在办理车辆登记注册前完税证明发生损毁、丢失的，主管税务机关应依据纳税人提供的车购税缴税凭证或主管税务机关车购税缴税凭证留存联、车辆合格证明、遗失声明予以补办。

第二十二条 车主在办理车辆登记注册后完税证明发生损毁、丢失的，车主向原发证税务机关申请换、补，主管税务机关应依据车主提供的《机动车行驶证》、遗失声明核发完税证明正本（副本留存）。

第二十三条 已缴车购税的车辆，发生下列情形之一的，准予纳税人申请退税：

（一）因质量原因，车辆被退回生产企业或者经销商的；

（二）应当办理车辆登记注册的车辆，公安机关车辆管理机构不予办理车辆登记注册的。

第二十四条 纳税人申请退税时，应如实填写《车辆购置税退税申请表》（见附件4，以下简称退税申请表），根据不同情况，分别提供下列资料：

（一）未办理车辆登记注册的，提供生产企业或经销商开具的退车证明和退车发票、完税证明正本和副本；

（二）已办理车辆登记注册的，提供生产企业或经销商开具的退车证明和退车发票、完税证明正本、公安机关车辆管理机构出具的注销车辆号牌证明。

第二十五条 因质量原因，车辆被退回生产企业或者经销商的，纳税人申请退税时，主管税务机关依据自纳税人办理纳税申报之日起，按已缴税款每满1年扣减10%计算退税额；未满1年的，按已缴税款全额退税。

第二十六条 公安机关车辆管理机构不予办理车辆登记注册的车辆，纳税人申请退税时，主管税务机关应退还全部已缴税款。

第二十七条 符合免税条件但已征税的设有固定装置的非运输车辆，主管税务机关依据国家税务总局批准的《设有固定装置免税车辆图册》（以下简称免税图册）或免税文件，办理退税。

第二十八条 车购税条例第九条"设有固定装置的非运输车辆"是指：

1. 列入国家税务总局印发的免税图册的车辆；

2. 未列入免税图册但经国家税务总局批准免税的车辆。

第二十九条 主管税务机关依据免税图册或国家税务总局批准的免税文件为设有固定装置的非运输车辆办理免税。

第三十条 需列入免税图册的车辆，由车辆生产企业或纳税人向主管税务机关提出申请，填写《车辆购置税免（减）税申请表》（见附件2，以下简称免税申请表），提供下列资料：

（一）本办法第三条第（三）款规定的车辆合格证明原件、复印件；

（二）车辆内、外观彩色五寸照片1套；

（三）车辆内、外观彩色照片电子文档（文件大小不超过50KB，像素不低于300万，并标明车辆生产企业名称及车辆型号，仅限车辆生产企业提供）。

第三十一条 主管税务机关将审核后的免税申请表及附列的车辆合格证明复印件（原件退回申请人）、照片及电子文档一并逐级上报。其中：

（一）省、自治区、直辖市和计划单列市国家税务局分别于每年的 3 月、6 月、9 月、12 月将免税申请表及附列资料报送至国家税务总局。

（二）国家税务总局分别于申请当期的 4 月、7 月、10 月及次年 1 月将符合免税条件的车辆列入免税图册。

第三十二条 纳税人购置的尚未列入免税图册的设有固定装置的非运输车辆，在规定的申报期限内，应先办理纳税申报，缴纳税款。

第三十三条 在外留学人员（含中国香港、中国澳门地区）回国服务的（以下简称留学人员），购买 1 辆国产小汽车免税。

第三十四条 长期来华定居专家（以下简称来华专家）进口自用的 1 辆小汽车免税。

第三十五条 留学人员购置的、来华专家进口自用的符合免税条件的车辆，主管税务机关可直接办理免税事宜。

第三十六条 留学人员、来华专家在办理免税申报时，应根据不同情况，分别提供下列资料：

（一）留学人员提供中华人民共和国驻留学生学习所在国的大使馆或领事馆（中央人民政府驻香港联络办公室教育科技部、中央人民政府驻澳门联络办公室宣传文化部）出具的留学证明；公安部门出具的境内居住证明、个人护照；海关核发的《回国人员购买国产小汽车准购单》。

（二）来华专家提供国家外国专家局或其授权单位核发的专家证；公安部门出具的境内居住证明。

第三十七条 防汛和森林消防部门购置的由指定厂家生产的指定型号的用于指挥、检查、调度、防汛（警）、联络的专用车辆（以下简称防汛专用车和森林消防专用车）免税。

第三十八条 防汛专用车和森林消防专用车，主管税务机关依据国务院税务主管部门批准文件审核办理免税。具体程序如下：

（一）主管部门每年向国务院税务主管部门提出免税申请；

（二）国务院税务主管部门将审核后的车辆型号、数量、流向、照片及有关证单式样通知纳税人所在地主管税务机关；

（三）主管税务机关依据国务院税务主管部门批准文件审核办理免税。

第三十九条 纳税人购置的农用三轮车免税。主管税务机关可直接办理免税事宜。

第四十条 主管税务机关应当对已经办理纳税申报的车辆建立车辆购置税征收管理档案。

第四十一条 主管税务机关应依据车购税条例第十四条规定与公安机关车辆管理机构定期交换信息。

第四十二条 完税证明的样式、规格、编号由国家税务总局统一规定并印制。

第四十三条 纳税申报表、免税申请表、补证申请表、退税申请表的样式、规格由国家税务总局统一规定，各省、自治区、直辖市和计划单列市国家税务局自行印制使用。

第四十四条 本办法由国家税务总局负责解释。各省、自治区、直辖市和计划单列市国家税务局依照本办法制定具体实施办法。

第四十五条 本办法自 2006 年 1 月 1 日起实施。以前规定与本办法有抵触的，依本办法执行。

附件：1. 车辆购置税纳税申报表（略，详情请登录税务总局网站）

2. 车辆购置税免（减）税申请表（略，详情请登录税务总局网站）

3. 换（补）车辆购置税完税证明申请表（略，详情请登录税务总局网站）

4. 车辆购置税退税申请表（略，详情请登录税务总局网站）

车辆购置税用于交通运输重点项目
专项资金管理暂行办法

（2011 年 3 月 28 日财政部 交通运输部 财建〔2011〕93 号）

第一章 总 则

第一条 为了加强车辆购置税（以下简称：车购税）用于交通运输重点项目专项资金的使用管理，进一步促进交通运输事业顺利发展，根据《中华人民共和国预算法》、《交通和车辆税费改革实施方案》（国发〔2000〕34 号）等有关规定，制定本办法。

第二条 车购税用于交通运输重点项目专项资金（以下简称：专项资金）是指中央财政从车购税收入中安排的，用于地方交通运输重点项目支出的专项资金。

第二章 使用范围和预算管理方式

第三条 专项资金的使用范围包括：纳入交通运输行业规划范围的公路（含桥梁、隧道）建设、公路客货运枢纽（含物流园区）建设、内河水运建设以及国务院和财政部批准的其他支出。

第四条 专项资金按项目管理，实行财政专项转移支付，不得用于平衡一般财政预算。

第五条 专项资金的项目管理以交通运输主管部门为主，资金管理以财政主管部门为主。

第三章 项目库管理

第六条 交通运输部会同财政部，按照交通运输建设规划及交通运输事业发展的需求，定期联合向各省、自治区、直辖市、计划单列市［以下简称：各省（市）］交通运输、财政主管部门布置项目申报工作，明确项目申报有关要求。

第七条 各省（市）交通运输主管部门按照项目申报的有关要求组织项目申报工作，在与省级财政主管部门协商后，将符合条件并履行完毕基本建设审批程序的项目上报交通运输部。

第八条 交通运输部建立项目库并与财政部共享。交通运输部对地方上报的项目进行审核，将符合条件的项目纳入项目库，并会同财政部通知有关省（市）交通运输、财政主管部门，项目库实行滚动管理。对"十一五"期间已安排过资金的续建项目，可由交通运输部商财政部直接导入项目库。

各省（市）交通运输主管部门要结合实际情况逐步建立专项资金的省级支出项目库，并实现支出项目的滚动管理，项目库与同级财政主管部门共享。

第九条　专项资金的补助标准原则上五年确定一次。由交通运输部会同财政部确定补助标准的基本原则，具体各类型项目的补助标准由交通运输部制定，报财政部核备。因特殊情况确需调整补助标准的项目，由交通运输部商财政部结合实际情况另行确定。

第四章　资金下达

第十条　交通运输部根据财政部下达的车购税收支规模，提出年度各类型项目资金规模建议，报财政部审定。

第十一条　交通运输部按照确定的各类型专项资金支出规模，结合交通运输基础设施建设任务及项目前期工作准备情况，从项目库中遴选项目，提出年度支出预算安排建议，报财政部审核。

第十二条　财政部对年度支出预算审核后，根据车购税入库和支出情况，结合各地施工的季节性要求，将专项资金分批下达有关省（市）财政主管部门，同时抄送交通运输部。

第十三条　项目预算一经批准，各有关单位要严格按照下达的项目名称和预算金额执行。在预算执行中，如因项目停（缓）建等情况需要对项目预算进行调整，应由省级交通运输主管部门联合财政主管部门向交通运输部、财政部提出申请，由交通运输部汇总审核后，报财政部审批。

第十四条　各省（市）财政、交通运输主管部门要切实采取有效措施，保证专项资金得到科学、合理、安全、有效使用。具体资金支付按照财政国库管理制度有关规定执行。

第五章　决算管理

第十五条　专项资金的使用部门应当按照预算安排级次和决算管理的相关规定编制专项资金年度决算，纳入部门决算报同级财政主管部门审批。

各省（市）交通运输主管部门应当按照交通运输部的要求定期向交通运输部报送专项资金预算执行情况，并按要求编报资金使用情况统计表。

第十六条　专项资金项目支出预算如当年未执行完毕，可结转下年度继续使用。专项资金结余的具体使用办法，由各省（市）财政主管部门商交通运输主管部门制定。

第十七条　专项资金用于基本建设项目的竣工决算报批程序，由各省（市）财政主管部门确定。

第六章　监督检查

第十八条　各级财政、交通运输主管部门，财政部驻各省（市）财政监察专员办事处要加强对专项资金管理和财务监督，确保专项资金专款专用。

第十九条　对部门、单位和个人违反国家方针政策、法律、行政法规和有关规定，截留、挪用等行为，财政、交通运输等主管部门应及时制止和纠正，并严格按照《中华人民共和国预算法》、《财政违法行为处罚处分条例》（国务院令第 427 号）及其他有关法规予以处理。

第七章　附　则

第二十条　本办法由财政部商交通运输部负责解释。

第二十一条　本办法自发布之日起执行。此前有关规定与本办法不一致的，以此办法为准。

关于城市公交企业购置公共汽电车辆免征车辆购置税有关问题的通知

(2012 年 6 月 26 日国家税务总局 交通运输部 国税发〔2012〕61 号)

各省、自治区、直辖市和计划单列市国家税务局、交通运输厅（局、委），新疆生产建设兵团交通局，天津、上海市交通运输和港口管理局：

根据财政部、国家税务总局《关于城市公交企业购置公共汽电车辆免征车辆购置税的通知》（财税〔2012〕51 号）规定，对城市公交企业自 2012 年 1 月 1 日起至 2015 年 12 月 31 日止购置的公共汽电车辆免征车辆购置税。现就有关问题通知如下：

一、各省、自治区、直辖市和计划单列市（以下简称各省、区、市）国家税务局与交通运输主管部门应互相配合，共同做好此项工作。各省、区、市交通运输厅（局、委）负责编制本地区《城市公共交通管理部门（包括县及县级以上公交行政管理部门、交通运输管理部门等）与城市公交企业名录》，于 2012 年 7 月 20 日前交各省、区、市国家税务局备案。

二、各省、区、市国家税务局应于 2012 年 8 月 1 日前将本省、区、市《城市公共交通管理部门与城市公交企业名录》下发至各地（市）级国家税务局。

三、县级以上（含县级）交通运输主管部门应向所在地地（市）级国家税务局报送本地区城市公交企业公共汽电车辆购置计划、采购合同或税务机关要求提供的其他资料。报送资料中应包括城市公交企业名称、新购置公共汽电车辆型号、数量、购置价格与用途等内容。车辆购置税征收管理机关依据地（市）级国家税务局审核意见，为城市公交企业办理车辆购置税免税手续。对于因特殊情况确需调整车辆购置计划的，县级以上（含县级）交通运输主管部门应说明理由，并重新向所在地地（市）级国家税务局报送公共汽电车辆购置计划、采购合同或税务机关要求提供的其他资料。

四、城市公交企业到车辆购置税征收管理机关申请办理车辆购置税免税手续，除应按照《车辆购置税征收管理办法》规定提供相关资料外，还应提供所在地县级以上（含县级）交通运输主管部门出具的城市公交企业和公共汽电车辆认定证明、公共汽电车辆购置计划、采购合同或税务机关要求提供的其他证明材料的原件与复印件，原件经税务机关核对后退还申请人，复印件由税务机关留存。

五、城市公交企业为新购置的公共汽电车辆办理免税手续后，因车辆转让、改变用途等原因导致免税条件消失的，应当到税务机关重新办理申报缴税手续。未按规定办理的，依据征管法的规定处理。

六、城市公交企业购置公共汽电车辆日期以《机动车销售统一发票》开具日期为准。

国家税务总局 交通运输部

二〇一二年六月二十六日

第三编　公路管理政策法规

"十二五"公路养护管理发展纲要

（2011 年 9 月 14 日交通运输部　公路局　交公路发〔2011〕505 号）

"十二五"时期（2011～2015 年）是深入落实科学发展观、促进经济社会全面、协调、可持续发展的关键时期，是全面建设小康社会、积极构建社会主义和谐社会的重要时期，也是公路交通行业转变发展方式，推进"两型"和"低碳"交通发展，促进现代交通运输业发展的战略机遇期。为适应新的形势要求，促进全国公路养护管理事业又好又快发展，更好地服务于国民经济发展，服务于新农村建设，服务于群众安全便捷出行，特制定本纲要。

一、突显服务理念，"十一五"公路养护管理工作得到全面发展

1. 公路养护管理事业取得显著成绩。过去五年来，各级交通运输主管部门和公路管理机构深入贯彻科学发展观，牢固树立服务理念，以"更好地为公众服务"为价值观，在加快公路建设的同时，全面加强公路养护管理工作。

——公路网总体水平明显提高。以高速公路为骨架的干线公路网络基本形成，国省干线公路等级逐步提升，农村公路行车条件不断改善。截至 2010 年底，全国公路总里程突破 400 万公里，其中高速公路 7.4 万公里，二级及以上公路 44.7 万公里，国省干线公路中二级及以上公路比例达到 72%，国省干线公路水泥、沥青路面铺装率达到 94.9%，乡镇公路通达率达到 99.9%，通畅率达到 96.6%，建制村通达率达到 99.2%，通畅率达到 81.7%。"十一五"期间，全国公路优良路率平均每年增长 1%。截至 2010 年底，全国高速公路优良路率达到 99.2%，国道优良路率达到 79%，省道优良路率达到 75%。

——干线公路养护管理更趋规范。"十一五"期间，各地进一步完善养护技术体系，修订了《公路养护技术规范》等规范，颁布实施了《公路桥梁养护管理工作制度》，同时加大养护资金投入，积极实施公路养护工程和路网结构改造工程，实施了桥梁安全隐患排查和治理专项行动。"十一五"期间，全国累计用于公路养护工程的资金约 8011 亿元，完成路网改建工程 55 万公里、公路大修工程 16.7 万公里、公路中修工程 36.4 万公里。同时还完成危桥改造 11296 座/87 万延米，完成了国省干线公路安保工程实施工作并累计整治安全隐患路段 36 万处/12 万公里，处治公路灾害路段 10283 公里。全国国省干线公路的技术状况和安全水平稳步提升。

——农村公路养护管理取得历史性突破。2005 年底，国务院办公厅印发了《农村公路管理养护体制改革方案》，各省市相继出台了具体实施意见，明确了农村公路养护主体与责任，建立健全了政府投入为主的农村公路养护资金渠道和以县为主的农村公路养护管理体制，农村公路养护管理工作得到逐步加强。截至 2010 年底，全国农村公路列养里程已经占农村公路总里程的 94.3%，其中 18 个省市实现"有路必养"的目标。

　　——公路网公共服务水平稳步提升。"十一五"期间,建立了覆盖全国40万公里公路的路况信息报送系统并有效运行;公路与气象部门全面开展合作,共同加强公路气象预测预报和恶劣气象预警等工作;部分省市交通运输主管部门建立了公路公众出行信息服务系统,并通过多种方式向社会发布公路路况以及公路交通气象信息;建立了我国自有产权的电子不停车收费相关标准、规范和技术,进一步推广实施高速公路联网电子不停车收费系统。全国共27个省(区、市)实施了高速公路联网收费,组织开展了京津冀和长三角等区域 ETC 系统的应用示范工程。截至"十一五"末,全国开通了2000多条 ETC 车道,ETC 用户达到150万,高速公路通行效率明显提高。此外,修订了《道路交通标志和标线》和《公路交通标志和标线设置规范》等技术规范,组织完成了国家高速公路网命名编号与标志标牌更换工作。

　　——路网管理与应急保障能力进一步加强。"十一五"期间,有效应对、处置南方低温雨雪冰冻灾害、汶川和玉树地震、舟曲泥石流灾害、北京奥运会和上海世博会交通保障,以及汛期防洪与冬季强降雪等一系列重大突发事件。进一步修订完善了《公路交通突发事件应急预案》,初步建立了部省应急会商机制,完善了应急信息报送等制度,探索建立高速公路跨区联动协调等应急运行机制。经国务院、中央军委同意,武警水电、交通部队纳入国家应急救援力量体系,初步建立了专兼结合的公路应急抢险保通队伍,定期组织开展警地联合公路应急演练。此外,部印发《全国公路网管理与应急处置平台体系建设指导意见》,各地启动了部省两级公路网管理与应急处置中心平台建设,现已实现部与17个省区市的公路视频数据接入共享。

　　——公路法制和路政管理工作得到加强。"十一五"期间,先后出台了《公路保护条例》、《收费公路权益转让办法》、《公路桥梁养护管理工作制度》等法规规章以及地方性的公路管理方面的法规和技术规范,公路法律、法规和技术规范体系进一步完善。根据国务院的统一部署,会同公安等部门持续开展集中治超工作,严重违法超载超限运输现象得到有效遏制,建成一批设置规范、标识统一的治超检测站点,逐步推进治超信息系统联网。加强路政管理,完善并执行公路执法评议考核制度、执法责任制度和执法公示监督制度,实现全国所有公路基本无"三乱"目标。

　　——燃油税费改革平稳实施。2009年初,国务院正式实施成品油价格与税费改革,提高成品油消费税税率,取消了公路养路费等六项交通规费,基本完成了44万多名改革涉及人员的安置工作。同时,逐步有序取消政府还贷二级公路收费,"十一五"期间,全国18个省、区、市取消了政府还贷二级公路收费,撤销收费站1892个。

　　总体上,《"十一五"公路养护管理事业发展纲要》确定的主要任务基本完成,目标基本实现,全国公路养护管理事业健康发展,养护管理的基础性地位得到增强,公路服务水平得到改善,公路交通防灾抗灾和应急处置能力得到提高,公路行业的可持续发展能力得到提升,充分发挥了公路基础设施在国民经济中的基础性、服务性、先导性作用,为我国经济社会发展和人民安全便捷出行做出了重要贡献。

　　2. 公路养护管理存在的主要问题。与快速发展的公路建设和日益高涨的公众出行需求相比,我国公路养护管理工作仍然存在一些急需解决的问题,主要体现在以下五个方面。

　　——公路养护资金缺口进一步扩大。随着我国公路里程的不断增长、交通流量的快速增加以及公众需求的日益提高,公路养护管理任务越来越艰巨、资金需求越来越大。但是一些地方对公路养护的重要性认识依然不足,重建轻养、以建代养问题依然存在,导致公路养护投入不足。燃油税费改革后,普通公路建设、养护面临巨大的资金压力,农村公路养护资金严重短缺。

　　——路网结构有待完善。高速公路网络尚未形成,断头路依然存在;一些主要高速公路的通行能力不足且可替代路线少,部分重要省际通道相邻省、区、市的公路技术等级不匹配的问题突出,路网整体服务能力和通行保障水平不高,部分公路交通拥堵较为严重;少数普通国道干线公路技术等级低、通行能力不足、服务水平低。

——公路服务水平亟待提高。公路网尤其是普通公路的监控设施不够完善，公路数据库的动态更新机制和应用支撑体系尚未建立，路况信息采集和发布机制还需进一步完善，公路服务信息量少且更新不及时，特别是普通公路信息服务体系尚未建立，公路交通出行信息服务难以满足公众出行服务多样化和个性化的需求。高速公路服务区、收费站的服务功能与水平还有待提高。

——公路安全形势依然严峻。普通公路特别是农村公路的安全防护设施不够完善，部分公路安全设施标准偏低；重载货车和船舶压垮、撞毁桥梁的安全事件时有发生，桥梁安全形势依然十分严峻。公路基础设施的耐久性和抗灾能力还有待进一步提高。公路应急物资储备和保障能力依然不足，有效的公路跨区联动协调机制尚未建立，公路网管理与应急处置平台体系尚未形成。

——公路养护管理的基础支撑仍然薄弱。地方公路管理体制不适应公路网络化运行管理与应急处置需要的矛盾日益突出，公路养护管理标准规范体系有待完善，公路养护技术力量薄弱，特别是高速公路养护施工技术和工艺难以满足快速、安全、环保的要求。预防性养护技术体系和科学决策体系尚待完善。公路网运行监测与应急处置缺乏有效的技术手段，部分公路安全技术难题尚未得到彻底解决。

二、坚持科学发展，准确把握"十二五"公路养护管理发展方向

3. 公路养护管理面临新的形势与挑战。从养护任务角度看，"十二五"期间将迎来周期性的公路养护高峰期，加之公路交通流量特别是重载交通量的持续快速增长，公路将面临集中大修和改造的压力，养护任务极为艰巨；从资金保障角度看，"十二五"期间，公路养护资金不足的矛盾更为突出，特别是政府还贷二级公路取消收费后，随着普通公路融资难度加大，公路养护资金缺口进一步加大，而燃油税费改革后，公路养护资金的拨付程序与管理方式发生了变化，这将对公路养护资金的使用规模和养护管理模式产生一定影响。从服务需求和安全保障角度看，随着汽车保有量的快速增长和机动化社会的快速到来，公众对公路交通出行服务的期望和要求不断高涨，交通拥堵和安全问题日益被高度关注并逐步成为社会问题。加之，随着全球气候变暖，极端恶劣天气不断增多，由此引发的重特大自然灾害及突发性事件日益增加，交通运输安全风险持续加大，这对公路交通安全应急保障能力和服务水平提出了更大的挑战。此外，我国已进入资源环境矛盾的凸显期，公路养护管理是建设资源节约、环境友好社会的重要领域。发展绿色养护，促进资源循环利用，有效保护和改善生态环境，日益成为一项紧迫、艰巨而又长期的任务。因此，"十二五"期间，公路养护管理工作，必须立足于"十二五"经济社会发展特别是中央转变经济发展方式的要求，适应新变化，满足新需求，不断提高路网的服务能力和水平，更好地管理和维护好公路基础设施网络，更好地为公众服务。

4. 公路养护管理急需转变发展方式，促进科学发展。牢固树立并继续贯彻"更好地为公众服务"的价值观念和"公路建设是发展，养护管理也是发展，而且是可持续发展"的发展理念，努力转变公路养护管理发展方式，坚持"提升管理水平、推进科学养护、强化应急保障、确保优质服务"的方针，进一步夯实公路养护管理基础，全面加强公路养护管理，切实提高公路基础设施网络使用效率和服务水平，促进公路交通网络"更安全、更畅通、更便捷、更高效、更经济、更和谐"。

5. 公路养护管理事业发展的基本原则。"十二五"公路养护与管理工作应遵循以下基本原则：

——以人为本。以公众出行需求为导向，强化公路综合服务体系和服务能力建设，始终把"更好地为公众服务"作为养护管理工作的出发点和落脚点，拓展服务内涵、丰富服务形式、提升服务品质。

——安全第一。把保障公众生命财产安全作为首要任务。健全标准体系，强化安全监管，消除安全隐患。完善应急管理体系，强化运行机制，加快队伍建设，提高公路安全和应急保障能力。

——养护优先。强化公路养护管理的基础性地位，建立稳定的养护资金渠道，加大养护投入，加强公路养护和保护，充分发挥现有公路基础设施的使用效率。

——依法治路。健全法律、法规体系，明确公路养护管理的法律地位，提高执法人员素质，推进依法履职、依法行政，加大公路保护力度。创新管理手段，提高管理效能，降低管理成本，增强管理透明度。

——科技支撑。加大自主创新力度，完善技术体系，实现科学决策，推进公路养护管理的技术进步。强化环保意识，推行绿色养护，发展预防性养护、再生利用、安全监测等技术，提高养护管理的信息化、智能化水平，促进人、车、路、自然和谐发展。

——体制创新。本着"层级清晰、事权明确、权责一致、运转高效"的原则，深化公路管理体制改革，理顺事权关系，建立适应燃油税费改革需要和公路网管理特性的公路管理体制。

6. 公路养护管理事业发展目标。力争到 2015 年，全国公路的技术状况和网络结构明显改善，路网的整体服务水平和安全保障水平明显提高，路网的协调管理能力、通行保障能力、应急处置能力明显增强，公路养护和管理的标准规范体系初步形成，依法治路和管理水平明显提高，公路管理体制改革稳步推进，初步形成高质量工程、高品质服务、高效率监管、高科技支撑、高素质队伍的公路养护管理格局，逐步实现管理决策科学化、养护作业规范化、路网调度智能化、运营服务精细化、应急救援高效化、路政管理法治化的目标，确保公路养护管理工作总体适应经济社会发展和公众安全、便捷出行服务的需要。主要发展指标如下：

——国道中二级及以上公路比重达到 70% 以上，消除国省干线公路中的断头路、等外路，同一省际通道相邻省、区、市公路技术等级基本匹配。

——国省干线公路水泥、沥青路面铺装率达到 95% 以上，总体技术状况 MQI 达到 80 以上；高速公路平均路面使用性能指数 PQI 大于 90，国省干线公路（高速公路除外）平均 PQI 大于 80，且 PQI 值小于 70 的比重下降至 12% 以内。

——国道平均运行速度达到 60 公里/小时。

——国省干线公路现有危桥改造率 100%，当年新发现危桥处治率 100%。基本完成县乡公路中桥及以上现有危桥改造任务。农村公路危桥数量呈逐年下降趋势。

——每年国省干线公路实施大、中修工程（含预防性养护）的里程比重不少于 17%。

——全国公路养护废旧沥青路面材料循环利用率达到 40%，国省干线公路废旧沥青路面材料循环利用率达到 70%，高速公路废旧沥青路面材料循环利用率达到 90%。

——基本建立覆盖国家高速公路和主要国省干线公路的路网管理与应急处置中心平台体系，各省级路网管理与应急处置中心平台基本建成并与部级平台联网互通。高速公路重点路段运行实时监测覆盖率达 100%，东、中部地区普通国省干线公路重要节点实时运行监测覆盖率达 60%。

——全国范围内高速公路联网电子不停车收费（ETC）的平均覆盖率达到 60%，建成 ETC 车道 6000 条以上，ETC 用户超过 500 万个。

——现实一般灾害情况下公路应急救援 2 小时内到达、公路应急抢通 24 小时内完成。

——建成具备 24 小时内预报、6 小时内预警的国省干线公路气象监测网络和预报预警服务体系。

三、以加强国省干线公路改造为重点，进一步提高路网通行能力

7. 进一步完善路网结构。推进国家高速公路建设，提高主要通道的通行能力和全国高速公路的

网络化程度。全面实施国、省干线公路改造，提升干线公路技术等级、服务能力和水平。继续推进农村公路建设，完善农村公路基础设施，提高农村公路抗灾能力和安全水平，满足农民群众的基本出行需求。到 2015 年，基本形成路网结构趋于合理、区域差距明显缩小、城乡衔接更加顺畅的公路交通网络。

8. 重点实施国省干线公路改造工程。"十二五"期间，每年安排一批国省干线公路重点路段进行综合改造，重点提高国省干线公路中的二级及以上公路的比重，加快拥堵和交通瓶颈路段的升级改造，完善公路指路标志以及交通标志标线，增设必要的爬坡道、休息区、便民服务点、应急救援点、出行信息采集与发布设施以及标准化、规范化的治超检测站点，加强路域环境综合治理、绿化美化和公路文化等建设，着力提升国省干线公路的技术等级、路况水平和服务能力。

9. 继续实施路网结构改造工程。以国省干线公路、重要县道、通客运班线、学生班车和旅游公路为重点，继续实施危桥改造工程和公路安保工程。加大国省干线公路灾害防治工程实施力度，基本完成国道、省道公路中抗灾能力明显不足路段的改造任务，力争同一路段灾害损毁重复发生率控制在 5% 以内。在自然灾害频发地区按每个县拥有两条抗灾能力较高公路的标准推广和实施"生命线"工程，提高公路网的抗灾能力。

四、以完善养护管理制度和规范体系为基础，进一步加大养护管理力度

10. 加快完善公路养护管理制度和规范体系。研究制定公路养护作业单位市场准入、招投标、公路技术状况监督、长大桥梁安全运营管理和监测等方面的管理制度，制定和修订公路养护工程管理办法、养护定额和标准规范，规范路况检测、养护施工作业流程，形成一套公路养护科学决策机制、规范化管理标准及技术指南。

11. 加大公路养护工程实施力度。结合国省干线公路改造、文明样板路创建和标准化美化工程（GBM）的实施，在全国组织开展以"畅、安、舒、美"为主题的公路养护示范工程创建活动。加大预防性养护力度，树立全寿命周期养护成本理念，制定适合我国国情的预防性养护指导政策、技术标准，探索形成一系列预防性养护技术，列出一定比例的专项资金，全面实施预防性养护。在保证公路日常养护的基础上，进一步加大公路养护工程资金投入，及时组织实施公路大、中修工程，保持公路设施良好的技术状况，确保路网的通行能力和服务水平。

12. 重点加强桥隧养护管理工作。严格执行《公路桥梁养护管理工作制度》，全面落实桥隧养护的技术政策和管理制度；加强长大桥隧安全运营管理，强化健康监测和实时监控系统建设，逐步建立部、省两级桥梁安全监管机制，部将对部分跨越大江大河及跨海通道等特大型桥梁、隧道进行重点监控，对结构状况和养护运营进行抽检。要以特大和大型桥梁、特殊结构桥梁、双曲拱桥、系杆拱桥以及有一定使用年限的老旧桥梁为重点，加强养护、巡查、检测和隐患排查等工作，并及时采取现场监管和交通管制等措施，确保桥梁安全。加大桥梁养护从业人员的培训力度，研究建立桥梁养护从业人员资格制度。

13. 全面加强农村公路养护。完善农村公路养护管理工作机制，继续推进农村公路养护管理体制改革，分清事权，分级管理。进一步完善指标体系和考核体系，落实农村公路养护责任主体。加大政府财政投入，建立长期稳定可靠的农村公路养护资金渠道，着力解决农村公路缺桥少涵、安全防护设施不足、危病桥数量多、抗灾能力弱等突出问题，实现农村公路"有路必养"目标。

14. 加强公路养护装备与能力建设。推进公路养护大道班建设，逐步为公路养护施工及作业人员配备必要的专业养护机械装备，以及专用的通勤车辆和安全防护设施等，不断改善基层养护单位

和人员的生产、生活条件，保障养护施工作业人员的人身安全，同时提升基层养护单位和道班的专业化、机械化养护水平以及应急保障能力和公共服务能力。

15. 提高养护施工安全保障水平。严格执行《公路养护安全作业规程》，加强对公路特别是高速公路养护施工作业的现场监管，督促养护施工企业按规定设置明显的施工及安全警示标志，切实做好养护施工路段交通组织管理工作，保障施工作业现场安全和车辆有序通行。相关行业主管部门、公路管理机构及运营单位要加大监督检查和省际沟通协调工作力度，统筹安排省际间相邻路段以及同一通道不同公路的养护施工计划，避免集中进行养护作业施工而造成交通堵塞。

五、以构建养护科学决策体系为依托，进一步提高养护科技水平

16. 推进公路养护科学决策。大力推进公路养护信息化建设，完善部省两级公路数据库，建立数据动态更新机制。全面推广路况快速检测、分析、决策支持成套技术，促进路面、桥梁、隧道等养护管理系统的普及与集成应用。完善公路养护科学决策制度，研究建立以路况水平、服务水平和资金需求、投资效益评估结果等因素为依据的公路养护决策机制，初步实现在最佳时间对最需要实施养护的路段，采取最恰当的养护措施，提高公路养护决策的科学化水平和养护资金使用效率。

17. 积极推进绿色养护。研究推广符合资源节约、节能减排的绿色养护技术。重点推广沥青路面再生和温拌、水泥路面就地利用、废旧轮胎橡胶利用等废旧路面材料的循环利用技术和施工工艺，着力解决路面耐久性不足导致的早期损坏、车辙、反射裂缝等常见病害，在养护施工作业中降低排放，减少对环境的影响。

18. 加强养护新技术的研发应用。大力开展养护新设备、新技术、新材料和新工艺的研究和应用，重点研发推广公路养护科学决策成套技术、公路和桥梁隐蔽工程检测技术、全寿命周期养护设计、高速公路快速养护施工技术、应急处置技术等，高度重视灌缝、挖补、水泥路面日常养护等技术和材料、设备的研发应用，着力提高全国公路养护整体技术水平。

六、以完善路网运行监测体系为抓手，进一步提高路网服务水平

19. 加快公路网监测与应急处置平台体系建设。基本建成部公路网监测与应急处置中心，全面推进省级公路网监测与应急处置中心示范工程建设和部省平台联网建设，形成信息互通、协同高效的公路网监测与应急处置平台体系，为路网运行监测、协调会商与指挥调度、公众出行服务和应急处置提供支撑。

20. 加强公路网运行监测体系建设。编印公路网运行监测和服务相关技术要求，结合公路建设与改造工程，重点加强高速公路和重要干线公路运行监控设施建设，合理设置公路运行监控与信息发布设施，形成完善的公路网运行信息监测网络，基本实现部对国家高速公路、国省干线公路重要路段、长大桥隧、大型互通式立交桥以及区域交通状态等的实时监控和信息发布。力争到"十二五"末初步实现国家高速公路和国省干线公路网络的可视、可测、可控。

21. 建立完善路网跨区联动协调机制。结合全国路网平台体系建设，通过推进路警联合办公、跨区定期会商等机制，实现高速公路和重要干线公路跨区域、跨部门的联动协调管理。选择条件成熟的路网区域，研究跨区域路网仿真决策和协调调度辅助支持系统。配合公安交通管理部门，加强对重要易堵路段进行现场监管和交通疏导，并采取措施实行综合治理，避免出现大范围严重堵车现象。

22. 全力做好公路出行服务工作。制定并实施公路服务标准规范和等级评定等制度，完善公路

休息区、便民服务点等设施，进一步强化和规范高速公路及其收费站和服务区的经营管理行为，力争在"十二五"期间实现高速公路收费站和服务区 24 小时不间断服务。建立基本覆盖重要国省干线公路的交通广播网络及行业统一的出行信息服务平台，提供多渠道、全方位、立体化的综合出行信息服务，满足人民群众多样化、个性化的出行服务要求。

23. 全面开展公路气象预报服务工作。深入推进各地交通与气象部门的合作与会商，完善合作工作机制，促进两个部门的工作信息平台的联网共享，共同做好公路交通气象预测与预警工作。推进公路交通气象观测站建设，实现交通、气象观测站点和公路交通气象信息的集成共享。

七、以强化安全应急能力建设为基础，进一步提高应急处置水平

24. 进一步完善公路交通预案体系。按照部修订后的《公路交通突发事件应急预案》的要求，完善地方公路交通应急预案，重点是结合本地实际，制定针对自然灾害、事故灾难、公共卫生事件、社会安全事件的专项处置预案和针对重大桥梁、隧道等现场预案，着力提高预案的针对性和可操作性。力争到 2015 年，初步形成部、省、市、县四级公路交通应急预案体系。

25. 强化应急运行机制建设。进一步建立健全预测预警、应急处置和信息发布等应急运行机制。加强高速公路应急管理的多部门、跨区域协作，推动跨部门、跨区域的沟通与交流，建立预警信息快速通报与联动响应机制。定期组织开展公路交通应急演练，建立公路应急管理培训制度，进一步提高公路应急处置与保障能力。

26. 建立公路应急抢险保通队伍。在积极培育公路养护市场的同时，加快组建以地方公路管理机构现有力量为主体的不以营利为目的的公路应急养护中心以及专业化的公路应急抢险保通队伍。充分发挥武警交通部队作为国家级公路应急抢险保通专业力量的优势，按照有关规定承担部分具有重要意义的国（边）防公路的养护保通以及重大突发事件的应急救援与处置工作。逐步落实重要的公路桥梁和隧道由武警部队守护。长大桥隧还应根据需要组建必要的专业化养护队伍，提高其应急处置与养护保障能力。

27. 推进公路交通应急物资储备体系建设。根据国省干线公路分布情况，按照"均衡分布、分片负责、有效衔接"的原则，重点建设国家区域性公路交通应急物资储备中心，配备必要的公路抢通物资和大型交通专用抢险装备、车辆及机械。充分利用公路养护施工企业的装备设施资源，统筹规划建设省级公路应急保障基地，基本建成包括地方公路交通部门和武警交通部队的公路交通应急物资储备体系。

28. 构建高速公路应急救助网络。以高速公路服务区为依托，以统一规范高速公路清障救援服务为重点，加快高速公路应急救援装备、队伍建设，会同公安、卫生、消防等相关部门，建立高速公路应急救援联动机制，逐步构建集运力集结、资源补给、医疗救助、车辆维修等功能于一体的高速公路应急救援体系。督促高速公路经营管理单位强化车辆救援服务工作，并根据需要在高速公路沿线统一布点和配置专业清障车辆和设备，依托路网管理与应急平台，建立健全高速公路车辆救援服务调度和指挥系统。

八、以完善收费公路政策为契机，进一步强化收费公路监管

29. 完善收费公路发展政策。按照国务院的统一部署，继续逐步取消政府还贷二级公路收费，进一步控制收费公路总规模和收费站点数量。结合收费公路专项清理，全面取消超期及不合理收费等现象，促进现有收费公路全面规范并符合《收费公路管理条例》的规定。同时修订《收费公路管

理条例》，进一步完善收费公路发展政策，建立严格的收费公路监管机制，细化并完善收费公路"统贷统还"制度，积极探索高速公路与普通公路统筹发展的新机制，逐步形成以高速公路为主体的收费公路体系和以普通公路为主体的非收费公路体系，建立更加合理的收费年限和通行费标准调整机制，推动收费公路政策的可持续发展。

30. 强化并规范高速公路运营管理。研究制定高速公路服务规范，重点强化行业主管部门对经营性高速公路的政府监管，督促其认真履行公路养护、提供良好服务和相关信息报送等义务。建立实施高速公路服务区服务质量评定制度，确保服务质量与水平。研究实施提升高速公路通行效率、减少交通拥堵的工作机制，进一步强化高速公路综合服务水平和网络化监管与服务能力。

31. 推进高速公路联网电子不停车收费（ETC）。按照国家节能减排等有关要求，通过政府引导、政策优惠、经济补助等方式，在全国范围内推广 ETC 系统，逐步扩大 ETC 车道的覆盖率，培育并扩大 ETC 用户规模，扩大客服网点覆盖面，形成全国统一的 ETC 服务网点体系和分级管理的收费结算体系。力争到 2015 年，全国基本实现省内高速公路联网收费，收费公路非现金支付使用率达到 40%。

32. 继续落实鲜活农产品运输"绿色通道"政策。确保鲜活农产品运输"绿色通道"网络畅通，落实所有收费公路对整车合法装载鲜活农产品运输车辆免收车辆通行费等优惠政策。依法加大检查工作力度，充分利用高科技手段和设备，提高检测效率和鲜活农产品运输车辆的通行效率，严厉打击假冒行为。同时研究并积极争取相关补偿政策，确保鲜活农产品运输"绿色通道"政策长期有序贯彻落实。

九、以贯彻落实公路保护条例为重点，进一步提高路政管理水平

33. 进一步完善公路法规体系。全面贯彻落实《公路安全保护条例》，尽快出台《超限运输车辆行驶公路管理规定》、《公路超限检测站管理办法》等配套规章。推进《收费公路管理条例》修订工作。研究启动《高速公路条例》立法工作。同时加大地方性公路法规的立法工作力度。到"十二五"末，基本形成由国家和行业法律、法规和地方性法规、规章共同构成的相对完善的公路法规体系。

34. 建立和完善治超长效机制。继续坚持部门联动和区域联动，实行路面执法与源头监管并重，继续开展违法超限超载治理工作。深化落实治超工作责任追究制度，强化源头治理力度，综合利用行政、经济、技术等手段，进一步建立健全治超工作长效机制，巩固治超成果，防止反弹。基本完成治超监控网络建设，逐步推广治超信息管理系统和高速公路不停车检测系统，确保治超检测站标识统一、设备完备、管理规范、信息共享。

35. 加强公路路政管理工作。以贯彻《公路安全保护条例》为契机，有针对性地开展路政管理文明创建活动，强化路域环境治理，促进公路与周边环境的和谐与适应。加大公路保护与宣传力度，增强社会公众的爱路护路意识。逐步推行网上办理行政许可、跨省大件运输联合审批、首问负责制、高速公路救援、公路养护作业现场秩序维持和交通疏导等服务措施。逐步提高路政管理设施与装备水平，创新路政管理手段，加快路政管理信息化进程，切实提高路政管理决策科学化水平。同时，推进路政管理与公路养护的有机衔接与工作融合，探索高速公路路政管理和公路超限检测站管理工作由公路管理机构统筹管理的模式。

36. 加强公路路政队伍规范化建设。依法实施行政许可、行政处罚、行政强制等行政执法行为，加强对执法行为的监督检查，建立公路执法考核监督机制。利用科技手段推行非现场执法，并实现罚缴分离。推进文明执法、规范执法，力争在"十二五"期间路政案件查处率达到 90% 以上，杜

绝公路"三乱"现象。统一规范执法人员外观形象和基层站所标志标识，优化服务环境。到2015年，基本建立一支素质高、业务强、纪律严、作风硬、反应快的路政执法队伍。

十、积极争取政策支持，为实现"十二五"规划目标提供有力保障

37. 体制保障方面。结合国家事业单位改革以及成品油价格与税费改革，加快推进地方公路管理体制改革，研究建立"层级清晰、集中统一、事权明确、权责一致、运转高效"的地方公路管理体制，强化部对国道的监管和投资力度，推进国道、省道由省级交通运输主管部门和公路管理机构统筹管理的格局；本着"多元化投资、一元化管理"的原则和方向，理顺高速公路管理体制，实现各省级辖区内高速公路的网络化运营、收费和管理模式，依法强化省级交通运输主管部门对本辖区高速公路的监管职责。坚持农村公路由县、乡人民政府为主的管理体制，进一步深化落实农村公路管理养护体制改革，全面推进农村公路管理养护责任主体、资金、机构"三落实"。

38. 资金保障方面。建立稳定的公路养护资金来源渠道。继续贯彻落实成品油价格与税费改革，出台符合行业发展特点的规范化的地方公路养护经费使用与管理办法，全力保障公路日常养护和大、中修工程的资金需求，继续安排专项资金支持危桥改造、安保工程、灾害防治工程等路网改造工程。落实《国务院办公厅转发发展改革委财政部交通运输部关于进一步完善投融资政策促进普通公路持续健康发展若干意见的通知》(国办发〔2011〕22号)中"成品油消费税替代原公路养路费的专项资金原则上全额用于普通公路的养护管理，不得用于收费公路建设；中央取消政府还贷二级收费路专项补助资金在债务偿还完毕后，全额用于普通公路养护管理和建设"的有关政策。同时，加强资金监管，规范资金使用。

39. 科技保障方面。进一步加大公路养护新技术的研发应用力度。根据我国实际，推动科技创新，通过开发、引进和消化吸收先进成熟的新技术、新工艺、新材料、新设备、新方法，逐步提高科技进步对公路养护发展的推动作用。充分应用信息技术，结合现有的路面、桥梁管理评价信息平台，科学分析公路及桥梁技术状况，科学制定预防性养护计划，为实现公路养护科学决策提供有力的技术支撑。同时，进一步加强路网管理、收费公路管理、路政管理、治超等业务系统的推广和应用。研究部省路网管理与应急处置的关键技术和跨区域路网仿真决策支持系统，推广路政巡查监控等现代信息技术，进一步提升公路养护、管理与服务的技术水平。

40. 人才保障方面。完善教育培训机制，推进公路养护管理、路网运营管理人才培养实训基地建设，通过多种方式引进专业人才。严格职业资格认证，全面实施桥梁养护工程师制度，依托大专院校和科研院所以及重大科研项目与开展国际合作等方式，全面加强公路职工的教育与培训，重点加快公路养护、运营管理、收费服务、监控、路况信息采集与报送等紧缺的技能型人才的培养，造就一支素质高、业务精、风气正的路政执法队伍和养护施工队伍。全面开展公路行业文化建设工作，继续塑造并展现服务人民、奉献社会的行业风貌，形成普遍认同的公路行业核心价值观和行业文明，增强公路职工的行业使命感、责任感和自豪感，展现新的时代精神与行业风采。

公路安全保护条例

（2011 年 2 月 16 日国务院第 144 次常务会议通过　2011 年 3 月 7 日国务院令第 593 号　自 2011 年 7 月 1 日起施行）

第一章　总　则

第一条　为了加强公路保护，保障公路完好、安全和畅通，根据《中华人民共和国公路法》，制定本条例。

第二条　各级人民政府应当加强对公路保护工作的领导，依法履行公路保护职责。

第三条　国务院交通运输主管部门主管全国公路保护工作。

县级以上地方人民政府交通运输主管部门主管本行政区域的公路保护工作；但是，县级以上地方人民政府交通运输主管部门对国道、省道的保护职责，由省、自治区、直辖市人民政府确定。

公路管理机构依照本条例的规定具体负责公路保护的监督管理工作。

第四条　县级以上各级人民政府发展改革、工业和信息化、公安、工商、质检等部门按照职责分工，依法开展公路保护的相关工作。

第五条　县级以上各级人民政府应当将政府及其有关部门从事公路管理、养护所需经费以及公路管理机构行使公路行政管理职能所需经费纳入本级人民政府财政预算。但是，专用公路的公路保护经费除外。

第六条　县级以上各级人民政府交通运输主管部门应当综合考虑国家有关车辆技术标准、公路使用状况等因素，逐步提高公路建设、管理和养护水平，努力满足国民经济和社会发展以及人民群众生产、生活需要。

第七条　县级以上各级人民政府交通运输主管部门应当依照《中华人民共和国突发事件应对法》的规定，制定地震、泥石流、雨雪冰冻灾害等损毁公路的突发事件（以下简称公路突发事件）应急预案，报本级人民政府批准后实施。

公路管理机构、公路经营企业应当根据交通运输主管部门制定的公路突发事件应急预案，组建应急队伍，并定期组织应急演练。

第八条　国家建立健全公路突发事件应急物资储备保障制度，完善应急物资储备、调配体系，确保发生公路突发事件时能够满足应急处置工作的需要。

第九条　任何单位和个人不得破坏、损坏、非法占用或者非法利用公路、公路用地和公路附属设施。

第二章　公路线路

第十条　公路管理机构应当建立健全公路管理档案，对公路、公路用地和公路附属设施调查核实、登记造册。

第十一条 县级以上地方人民政府应当根据保障公路运行安全和节约用地的原则以及公路发展的需要，组织交通运输、国土资源等部门划定公路建筑控制区的范围。

公路建筑控制区的范围，从公路用地外缘起向外的距离标准为：

（一）国道不少于 20 米；

（二）省道不少于 15 米；

（三）县道不少于 10 米；

（四）乡道不少于 5 米。

属于高速公路的，公路建筑控制区的范围从公路用地外缘起向外的距离标准不少于 30 米。

公路弯道内侧、互通立交以及平面交叉道口的建筑控制区范围根据安全视距等要求确定。

第十二条 新建、改建公路的建筑控制区的范围，应当自公路初步设计批准之日起 30 日内，由公路沿线县级以上地方人民政府依照本条例划定并公告。

公路建筑控制区与铁路线路安全保护区、航道保护范围、河道管理范围或者水工程管理和保护范围重叠的，经公路管理机构和铁路管理机构、航道管理机构、水行政主管部门或者流域管理机构协商后划定。

第十三条 在公路建筑控制区内，除公路保护需要外，禁止修建建筑物和地面构筑物；公路建筑控制区划定前已经合法修建的不得扩建，因公路建设或者保障公路运行安全等原因需要拆除的应当依法给予补偿。

在公路建筑控制区外修建的建筑物、地面构筑物以及其他设施不得遮挡公路标志，不得妨碍安全视距。

第十四条 新建村镇、开发区、学校和货物集散地、大型商业网点、农贸市场等公共场所，与公路建筑控制区边界外缘的距离应当符合下列标准，并尽可能在公路一侧建设：

（一）国道、省道不少于 50 米；

（二）县道、乡道不少于 20 米。

第十五条 新建、改建公路与既有城市道路、铁路、通信等线路交叉或者新建、改建城市道路、铁路、通信等线路与既有公路交叉的，建设费用由新建、改建单位承担；城市道路、铁路、通信等线路的管理部门、单位或者公路管理机构要求提高既有建设标准而增加的费用，由提出要求的部门或者单位承担。

需要改变既有公路与城市道路、铁路、通信等线路交叉方式的，按照公平合理的原则分担建设费用。

第十六条 禁止将公路作为检验车辆制动性能的试车场地。

禁止在公路、公路用地范围内摆摊设点、堆放物品、倾倒垃圾、设置障碍、挖沟引水、打场晒粮、种植作物、放养牲畜、采石、取土、采空作业、焚烧物品、利用公路边沟排放污物或者进行其他损坏、污染公路和影响公路畅通的行为。

第十七条 禁止在下列范围内从事采矿、采石、取土、爆破作业等危及公路、公路桥梁、公路隧道、公路渡口安全的活动：

（一）国道、省道、县道的公路用地外缘起向外 100 米，乡道的公路用地外缘起向外 50 米；

（二）公路渡口和中型以上公路桥梁周围 200 米；

（三）公路隧道上方和洞口外 100 米。

在前款规定的范围内，因抢险、防汛需要修筑堤坝、压缩或者拓宽河床的，应当经省、自治区、直辖市人民政府交通运输主管部门会同水行政主管部门或者流域管理机构批准，并采取安全防护措施方可进行。

第十八条　除按照国家有关规定设立的为车辆补充燃料的场所、设施外，禁止在下列范围内设立生产、储存、销售易燃、易爆、剧毒、放射性等危险物品的场所、设施：

（一）公路用地外缘起向外 100 米；

（二）公路渡口和中型以上公路桥梁周围 200 米；

（三）公路隧道上方和洞口外 100 米。

第十九条　禁止擅自在中型以上公路桥梁跨越的河道上下游各 1000 米范围内抽取地下水、架设浮桥以及修建其他危及公路桥梁安全的设施。

在前款规定的范围内，确需进行抽取地下水、架设浮桥等活动的，应当经水行政主管部门、流域管理机构等有关单位会同公路管理机构批准，并采取安全防护措施方可进行。

第二十条　禁止在公路桥梁跨越的河道上下游的下列范围内采砂：

（一）特大型公路桥梁跨越的河道上游 500 米，下游 3000 米；

（二）大型公路桥梁跨越的河道上游 500 米，下游 2000 米；

（三）中小型公路桥梁跨越的河道上游 500 米，下游 1000 米。

第二十一条　在公路桥梁跨越的河道上下游各 500 米范围内依法进行疏浚作业的，应当符合公路桥梁安全要求，经公路管理机构确认安全方可作业。

第二十二条　禁止利用公路桥梁进行牵拉、吊装等危及公路桥梁安全的施工作业。

禁止利用公路桥梁（含桥下空间）、公路隧道、涵洞堆放物品，搭建设施以及铺设高压电线和输送易燃、易爆或者其他有毒有害气体、液体的管道。

第二十三条　公路桥梁跨越航道的，建设单位应当按照国家有关规定设置桥梁航标、桥柱标、桥梁水尺标，并按照国家标准、行业标准设置桥区水上航标和桥墩防撞装置。桥区水上航标由航标管理机构负责维护。

通过公路桥梁的船舶应当符合公路桥梁通航净空要求，严格遵守航行规则，不得在公路桥梁下停泊或者系缆。

第二十四条　重要的公路桥梁和公路隧道按照《中华人民共和国人民武装警察法》和国务院、中央军委的有关规定由中国人民武装警察部队守护。

第二十五条　禁止损坏、擅自移动、涂改、遮挡公路附属设施或者利用公路附属设施架设管道、悬挂物品。

第二十六条　禁止破坏公路、公路用地范围内的绿化物。需要更新采伐护路林的，应当向公路管理机构提出申请，经批准方可更新采伐，并及时补种；不能及时补种的，应当交纳补种所需费用，由公路管理机构代为补种。

第二十七条　进行下列涉路施工活动，建设单位应当向公路管理机构提出申请：

（一）因修建铁路、机场、供电、水利、通信等建设工程需要占用、挖掘公路、公路用地或者使公路改线；

（二）跨越、穿越公路修建桥梁、渡槽或者架设、埋设管道、电缆等设施；

（三）在公路用地范围内架设、埋设管道、电缆等设施；

（四）利用公路桥梁、公路隧道、涵洞铺设电缆等设施；

（五）利用跨越公路的设施悬挂非公路标志；

（六）在公路上增设或者改造平面交叉道口；

（七）在公路建筑控制区内埋设管道、电缆等设施。

第二十八条　申请进行涉路施工活动的建设单位应当向公路管理机构提交下列材料：

（一）符合有关技术标准、规范要求的设计和施工方案；

（二）保障公路、公路附属设施质量和安全的技术评价报告；

（三）处置施工险情和意外事故的应急方案。

公路管理机构应当自受理申请之日起 20 日内做出许可或者不予许可的决定；影响交通安全的，应当征得公安机关交通管理部门的同意；涉及经营性公路的，应当征求公路经营企业的意见；不予许可的，公路管理机构应当书面通知申请人并说明理由。

第二十九条　建设单位应当按照许可的设计和施工方案进行施工作业，并落实保障公路、公路附属设施质量和安全的防护措施。

涉路施工完毕，公路管理机构应当对公路、公路附属设施是否达到规定的技术标准以及施工是否符合保障公路、公路附属设施质量和安全的要求进行验收；影响交通安全的，还应当经公安机关交通管理部门验收。

涉路工程设施的所有人、管理人应当加强维护和管理，确保工程设施不影响公路的完好、安全和畅通。

第三章　公路通行

第三十条　车辆的外廓尺寸、轴荷和总质量应当符合国家有关车辆外廓尺寸、轴荷、质量限值等机动车安全技术标准，不符合标准的不得生产、销售。

第三十一条　公安机关交通管理部门办理车辆登记，应当当场查验，对不符合机动车国家安全技术标准的车辆不予登记。

第三十二条　运输不可解体物品需要改装车辆的，应当由具有相应资质的车辆生产企业按照规定的车型和技术参数进行改装。

第三十三条　超过公路、公路桥梁、公路隧道限载、限高、限宽、限长标准的车辆，不得在公路、公路桥梁或者公路隧道行驶；超过汽车渡船限载、限高、限宽、限长标准的车辆，不得使用汽车渡船。

公路、公路桥梁、公路隧道限载、限高、限宽、限长标准调整的，公路管理机构、公路经营企业应当及时变更限载、限高、限宽、限长标志；需要绕行的，还应当标明绕行路线。

第三十四条　县级人民政府交通运输主管部门或者乡级人民政府可以根据保护乡道、村道的需要，在乡道、村道的出入口设置必要的限高、限宽设施，但是不得影响消防和卫生急救等应急通行需要，不得向通行车辆收费。

第三十五条　车辆载运不可解体物品，车货总体的外廓尺寸或者总质量超过公路、公路桥梁、公路隧道的限载、限高、限宽、限长标准，确需在公路、公路桥梁、公路隧道行驶的，从事运输的单位和个人应当向公路管理机构申请公路超限运输许可。

第三十六条　申请公路超限运输许可按照下列规定办理：

（一）跨省、自治区、直辖市进行超限运输的，向公路沿线各省、自治区、直辖市公路管理机构提出申请，由起运地省、自治区、直辖市公路管理机构统一受理，并协调公路沿线各省、自治区、直辖市公路管理机构对超限运输申请进行审批，必要时可以由国务院交通运输主管部门统一协调处理；

（二）在省、自治区范围内跨设区的市进行超限运输，或者在直辖市范围内跨区、县进行超限运输的，向省、自治区、直辖市公路管理机构提出申请，由省、自治区、直辖市公路管理机构受理并审批；

（三）在设区的市范围内跨区、县进行超限运输的，向设区的市公路管理机构提出申请，由设区的市公路管理机构受理并审批；

（四）在区、县范围内进行超限运输的，向区、县公路管理机构提出申请，由区、县公路管理机构受理并审批。

公路超限运输影响交通安全的，公路管理机构在审批超限运输申请时，应当征求公安机关交通管理部门的意见。

第三十七条 公路管理机构审批超限运输申请，应当根据实际情况勘测通行路线，需要采取加固、改造措施的，可以与申请人签订有关协议，制定相应的加固、改造方案。

公路管理机构应当根据其制定的加固、改造方案，对通行的公路桥梁、涵洞等设施进行加固、改造；必要时应当对超限运输车辆进行监管。

第三十八条 公路管理机构批准超限运输申请的，应当为超限运输车辆配发国务院交通运输主管部门规定式样的超限运输车辆通行证。

经批准进行超限运输的车辆，应当随车携带超限运输车辆通行证，按照指定的时间、路线和速度行驶，并悬挂明显标志。

禁止租借、转让超限运输车辆通行证。禁止使用伪造、变造的超限运输车辆通行证。

第三十九条 经省、自治区、直辖市人民政府批准，有关交通运输主管部门可以设立固定超限检测站点，配备必要的设备和人员。

固定超限检测站点应当规范执法，并公布监督电话。公路管理机构应当加强对固定超限检测站点的管理。

第四十条 公路管理机构在监督检查中发现车辆超过公路、公路桥梁、公路隧道或者汽车渡船的限载、限高、限宽、限长标准的，应当就近引导至固定超限检测站点进行处理。

车辆应当按照超限检测指示标志或者公路管理机构监督检查人员的指挥接受超限检测，不得故意堵塞固定超限检测站点通行车道、强行通过固定超限检测站点或者以其他方式扰乱超限检测秩序，不得采取短途驳载等方式逃避超限检测。

禁止通过引路绕行等方式为不符合国家有关载运标准的车辆逃避超限检测提供便利。

第四十一条 煤炭、水泥等货物集散地以及货运站等场所的经营人、管理人应当采取有效措施，防止不符合国家有关载运标准的车辆出场（站）。

道路运输管理机构应当加强对煤炭、水泥等货物集散地以及货运站等场所的监督检查，制止不符合国家有关载运标准的车辆出场（站）。

任何单位和个人不得指使、强令车辆驾驶人超限运输货物，不得阻碍道路运输管理机构依法进行监督检查。

第四十二条 载运易燃、易爆、剧毒、放射性等危险物品的车辆，应当符合国家有关安全管理规定，并避免通过特大型公路桥梁或者特长公路隧道；确需通过特大型公路桥梁或者特长公路隧道的，负责审批易燃、易爆、剧毒、放射性等危险物品运输许可的机关应当提前将行驶时间、路线通知特大型公路桥梁或者特长公路隧道的管理单位，并对在特大型公路桥梁或者特长公路隧道行驶的车辆进行现场监管。

第四十三条 车辆应当规范装载，装载物不得触地拖行。车辆装载物易掉落、遗洒或者飘散的，应当采取厢式密闭等有效防护措施方可在公路上行驶。

公路上行驶车辆的装载物掉落、遗洒或者飘散的，车辆驾驶人、押运人员应当及时采取措施处理；无法处理的，应当在掉落、遗洒或者飘散物来车方向适当距离外设置警示标志，并迅速报告公路管理机构或者公安机关交通管理部门。其他人员发现公路上有影响交通安全的障碍物的，也应当及时报告公路管理机构或者公安机关交通管理部门。公安机关交通管理部门应当责令改正车辆装载物掉落、遗洒、飘散等违法行为；公路管理机构、公路经营企业应当及时清除掉落、遗洒、飘散在公路上的障碍物。

车辆装载物掉落、遗洒、飘散后，车辆驾驶人、押运人员未及时采取措施处理，造成他人人身、财产损害的，道路运输企业、车辆驾驶人应当依法承担赔偿责任。

第四章　公路养护

第四十四条　公路管理机构、公路经营企业应当加强公路养护，保证公路经常处于良好技术状态。

前款所称良好技术状态，是指公路自身的物理状态符合有关技术标准的要求，包括路面平整，路肩、边坡平顺，有关设施完好。

第四十五条　公路养护应当按照国务院交通运输主管部门规定的技术规范和操作规程实施作业。

第四十六条　从事公路养护作业的单位应当具备下列资质条件：

（一）有一定数量的符合要求的技术人员；

（二）有与公路养护作业相适应的技术设备；

（三）有与公路养护作业相适应的作业经历；

（四）国务院交通运输主管部门规定的其他条件。

公路养护作业单位资质管理办法由国务院交通运输主管部门另行制定。

第四十七条　公路管理机构、公路经营企业应当按照国务院交通运输主管部门的规定对公路进行巡查，并制作巡查记录；发现公路坍塌、坑槽、隆起等损毁的，应当及时设置警示标志，并采取措施修复。

公安机关交通管理部门发现公路坍塌、坑槽、隆起等损毁，危及交通安全的，应当及时采取措施，疏导交通，并通知公路管理机构或者公路经营企业。

其他人员发现公路坍塌、坑槽、隆起等损毁的，应当及时向公路管理机构、公安机关交通管理部门报告。

第四十八条　公路管理机构、公路经营企业应当定期对公路、公路桥梁、公路隧道进行检测和评定，保证其技术状态符合有关技术标准；对经检测发现不符合车辆通行安全要求的，应当进行维修，及时向社会公告，并通知公安机关交通管理部门。

第四十九条　公路管理机构、公路经营企业应当定期检查公路隧道的排水、通风、照明、监控、报警、消防、救助等设施，保持设施处于完好状态。

第五十条　公路管理机构应当统筹安排公路养护作业计划，避免集中进行公路养护作业造成交通堵塞。

在省、自治区、直辖市交界区域进行公路养护作业，可能造成交通堵塞的，有关公路管理机构、公安机关交通管理部门应当事先书面通报相邻的省、自治区、直辖市公路管理机构、公安机关交通管理部门，共同制定疏导预案，确定分流路线。

第五十一条　公路养护作业需要封闭公路的，或者占用半幅公路进行作业，作业路段长度在2公里以上，并且作业期限超过30日的，除紧急情况外，公路养护作业单位应当在作业开始之日前5日向社会公告，明确绕行路线，并在绕行处设置标志；不能绕行的，应当修建临时道路。

第五十二条　公路养护作业人员作业时，应当穿着统一的安全标志服。公路养护车辆、机械设备作业时，应当设置明显的作业标志，开启危险报警闪光灯。

第五十三条　发生公路突发事件影响通行的，公路管理机构、公路经营企业应当及时修复公路、恢复通行。设区的市级以上人民政府交通运输主管部门应当根据修复公路、恢复通行的需要，及时调集抢修力量，统筹安排有关作业计划，下达路网调度指令，配合有关部门组织绕行、分流。

设区的市级以上公路管理机构应当按照国务院交通运输主管部门的规定收集、汇总公路损毁、公路交通流量等信息，开展公路突发事件的监测、预报和预警工作，并利用多种方式及时向社会发布有关公路运行信息。

第五十四条　中国人民武装警察交通部队按照国家有关规定承担公路、公路桥梁、公路隧道等设施的抢修任务。

第五十五条　公路永久性停止使用的，应当按照国务院交通运输主管部门规定的程序核准后作报废处理，并向社会公告。

公路报废后的土地使用管理依照有关土地管理的法律、行政法规执行。

第五章　法律责任

第五十六条　违反本条例的规定，有下列情形之一的，由公路管理机构责令限期拆除，可以处 5 万元以下的罚款。逾期不拆除的，由公路管理机构拆除，有关费用由违法行为人承担：

（一）在公路建筑控制区内修建、扩建建筑物、地面构筑物或者未经许可埋设管道、电缆等设施的；

（二）在公路建筑控制区外修建的建筑物、地面构筑物以及其他设施遮挡公路标志或者妨碍安全视距的。

第五十七条　违反本条例第十八条、第十九条、第二十三条规定的，由安全生产监督管理部门、水行政主管部门、流域管理机构、海事管理机构等有关单位依法处理。

第五十八条　违反本条例第二十条规定的，由水行政主管部门或者流域管理机构责令改正，可以处 3 万元以下的罚款。

第五十九条　违反本条例第二十二条规定的，由公路管理机构责令改正，处 2 万元以上 10 万元以下的罚款。

第六十条　违反本条例的规定，有下列行为之一的，由公路管理机构责令改正，可以处 3 万元以下的罚款：

（一）损坏、擅自移动、涂改、遮挡公路附属设施或者利用公路附属设施架设管道、悬挂物品，可能危及公路安全的；

（二）涉路工程设施影响公路完好、安全和畅通的。

第六十一条　违反本条例的规定，未经批准更新采伐护路林的，由公路管理机构责令补种，没收违法所得，并处采伐林木价值 3 倍以上 5 倍以下的罚款。

第六十二条　违反本条例的规定，未经许可进行本条例第二十七条第一项至第五项规定的涉路施工活动的，由公路管理机构责令改正，可以处 3 万元以下的罚款；未经许可进行本条例第二十七条第六项规定的涉路施工活动的，由公路管理机构责令改正，处 5 万元以下的罚款。

第六十三条　违反本条例的规定，非法生产、销售外廓尺寸、轴荷、总质量不符合国家有关车辆外廓尺寸、轴荷、质量限值等机动车安全技术标准的车辆的，依照《中华人民共和国道路交通安全法》的有关规定处罚。

具有国家规定资质的车辆生产企业未按照规定车型和技术参数改装车辆的，由原发证机关责令改正，处4万元以上20万元以下的罚款；拒不改正的，吊销其资质证书。

第六十四条　违反本条例的规定，在公路上行驶的车辆，车货总体的外廓尺寸、轴荷或者总质量超过公路、公路桥梁、公路隧道、汽车渡船限定标准的，由公路管理机构责令改正，可以处3万元以下的罚款。

第六十五条　违反本条例的规定，经批准进行超限运输的车辆，未按照指定时间、路线和速度行驶的，由公路管理机构或者公安机关交通管理部门责令改正；拒不改正的，公路管理机构或者公安机关交通管理部门可以扣留车辆。

未随车携带超限运输车辆通行证的，由公路管理机构扣留车辆，责令车辆驾驶人提供超限运输车辆通行证或者相应的证明。

租借、转让超限运输车辆通行证的，由公路管理机构没收超限运输车辆通行证，处1000元以上5000元以下的罚款。使用伪造、变造的超限运输车辆通行证的，由公路管理机构没收伪造、变造的超限运输车辆通行证，处3万元以下的罚款。

第六十六条　对1年内违法超限运输超过3次的货运车辆，由道路运输管理机构吊销其车辆营运证；对1年内违法超限运输超过3次的货运车辆驾驶人，由道路运输管理机构责令其停止从事营业性运输；道路运输企业1年内违法超限运输的货运车辆超过本单位货运车辆总数10%的，由道路运输管理机构责令道路运输企业停业整顿；情节严重的，吊销其道路运输经营许可证，并向社会公告。

第六十七条　违反本条例的规定，有下列行为之一的，由公路管理机构强制拖离或者扣留车辆，处3万元以下的罚款：

（一）采取故意堵塞固定超限检测站点通行车道、强行通过固定超限检测站点等方式扰乱超限检测秩序的；

（二）采取短途驳载等方式逃避超限检测的。

第六十八条　违反本条例的规定，指使、强令车辆驾驶人超限运输货物的，由道路运输管理机构责令改正，处3万元以下的罚款。

第六十九条　车辆装载物触地拖行、掉落、遗洒或者飘散，造成公路路面损坏、污染的，由公路管理机构责令改正，处5000元以下的罚款。

第七十条　违反本条例的规定，公路养护作业单位未按照国务院交通运输主管部门规定的技术规范和操作规程进行公路养护作业的，由公路管理机构责令改正，处1万元以上5万元以下的罚款；拒不改正的，吊销其资质证书。

第七十一条　造成公路、公路附属设施损坏的单位和个人应当立即报告公路管理机构，接受公路管理机构的现场调查处理；危及交通安全的，还应当设置警示标志或者采取其他安全防护措施，并迅速报告公安机关交通管理部门。

发生交通事故造成公路、公路附属设施损坏的，公安机关交通管理部门在处理交通事故时应当及时通知有关公路管理机构到场调查处理。

第七十二条　造成公路、公路附属设施损坏，拒不接受公路管理机构现场调查处理的，公路管理机构可以扣留车辆、工具。

公路管理机构扣留车辆、工具的，应当当场出具凭证，并告知当事人在规定期限内到公路管理机构接受处理。逾期不接受处理，并且经公告3个月仍不来接受处理的，对扣留的车辆、工具，由公路管理机构依法处理。

公路管理机构对被扣留的车辆、工具应当妥善保管，不得使用。

第七十三条　违反本条例的规定，公路管理机构工作人员有下列行为之一的，依法给予处分：

（一）违法实施行政许可的；

（二）违反规定拦截、检查正常行驶的车辆的；

（三）未及时采取措施处理公路坍塌、坑槽、隆起等损毁的；

（四）违法扣留车辆、工具或者使用依法扣留的车辆、工具的；

（五）有其他玩忽职守、徇私舞弊、滥用职权行为的。

公路管理机构有前款所列行为之一的，对负有直接责任的主管人员和其他直接责任人员依法给予处分。

第七十四条　违反本条例的规定，构成违反治安管理行为的，由公安机关依法给予治安管理处罚；构成犯罪的，依法追究刑事责任。

第六章　附　则

第七十五条　村道的管理和养护工作，由乡级人民政府参照本条例的规定执行。

专用公路的保护不适用本条例。

第七十六条　军事运输使用公路按照国务院、中央军事委员会的有关规定执行。

第七十七条　本条例自 2011 年 7 月 1 日起施行。1987 年 10 月 13 日国务院发布的《中华人民共和国公路管理条例》同时废止。

中华人民共和国路政管理规定

第一章 总 则

第一条 为加强公路管理，提高路政管理水平，保障公路的完好、安全和畅通，根据《中华人民共和国公路法》（以下简称《公路法》）及其他有关法律、行政法规，制定本规定。

第二条 本规定适用于中华人民共和国境内的国道、省道、县道、乡道的路政管理。

本规定所称路政管理，是指县级以上人民政府交通主管部门或者其设置的公路管理机构，为维护公路管理者、经营者、使用者的合法权益，根据《公路法》及其他有关法律、法规和规章的规定，实施保护公路、公路用地及公路附属设施（以下统称"路产"）的行政管理。

第三条 路政管理工作应当遵循"统一管理、分级负责、依法行政"的原则。

第四条 交通部根据《公路法》及其他有关法律、行政法规的规定主管全国路政管理工作。

县级以上地方人民政府交通主管部门根据《公路法》及其他有关法律、法规、规章的规定主管本行政区域内路政管理工作。

县级以上地方人民政府交通主管部门设置的公路管理机构根据《公路法》的规定或者根据县级以上地方人民政府交通主管部门的委托负责路政管理的具体工作。

第五条 县级以上地方人民政府交通主管部门或者其设置的公路管理机构的路政管理职责如下：

（一）宣传、贯彻执行公路管理的法律、法规和规章；

（二）保护路产；

（三）实施路政巡查；

（四）管理公路两侧建筑控制区；

（五）维持公路养护作业现场秩序；

（六）参与公路工程交工、竣工验收；

（七）依法查处各种违反路政管理法律、法规、规章的案件；

（八）法律、法规规定的其他职责。

第六条 依照《公路法》的有关规定，受让公路收费权或者由国内外经济组织投资建成的收费公路的路政管理工作，由县级以上地方人民政府交通主管部门或者其设置的公路管理机构的派出机构、人员负责。

第七条 任何单位和个人不得破坏、损坏或者非法占用路产。

任何单位和个人都有爱护路产的义务，有检举破坏、损坏路产和影响公路安全行为的权利。

第二章 路政管理许可

第八条 除公路防护、养护外，占用、利用或者挖掘公路、公路用地、公路两侧建筑控制区，以及更新、砍伐公路用地上的树木，应当根据《公路法》和本规定，事先报经交通主管部门或者其设置的公路管理机构批准、同意。

第九条 因修建铁路、机场、电站、通信设施、水利工程和进行其他建设工程需要占用、挖掘公路或者使公路改线的，建设单位应当按照《公路法》第四十四条第二款的规定，事先向交通主管部门或者其设置的公路管理机构提交申请书和设计图。

本条前款规定的申请书包括以下主要内容：

（一）主要理由；

（二）地点（公路名称、桩号及与公路边坡外缘或者公路界桩的距离）；

（三）安全保障措施；

（四）施工期限；

（五）修复、改建公路的措施或者补偿数额。

第十条 跨越、穿越公路，修建桥梁、渡槽或者架设、埋设管线等设施，以及在公路用地范围内架设、埋设管（杆）线、电缆等设施，应当按照《公路法》第四十五条的规定，事先向交通主管部门或者其设置的公路管理机构提交申请书和设计图。

本条前款规定的申请书包括以下主要内容：

（一）主要理由；

（二）地点（公路名称、桩号及与公路边坡外缘或者公路界桩的距离）；

（三）安全保障措施；

（四）施工期限；

（五）修复、改建公路的措施或者补偿数额。

第十一条 因抢险、防汛需要在大中型公路桥梁和渡口周围二百米范围内修筑堤坝、压缩或者拓宽河床，应当按照《公路法》第四十七条第二款的规定，事先向交通主管部门提交申请书和设计图。

本条前款规定的申请书包括以下主要内容：

（一）主要理由；

（二）地点（公路名称、桩号及与公路边坡外缘或者公路界桩的距离）；

（三）安全保障措施；

（四）施工期限。

第十二条 铁轮车、履带车和其他可能损害公路路面的机具需要在公路上行驶的，应当按照《公路法》第四十八条的规定，事先向交通主管部门或者其设置的公路管理机构提交申请书和车辆或者机具的行驶证件。

本条前款规定的申请书包括以下主要内容：

（一）主要理由；

（二）行驶路线及时间；

（三）行驶采取的防护措施；

（四）补偿数额。

第十三条 超过公路、公路桥梁、公路隧道或者汽车渡船的限载、限高、限宽、限长标准的车辆，确需在公路上行驶的，按照《公路法》第五十条和交通部制定的《超限运输车辆行驶公路管理规定》的规定办理。

第十四条 在公路用地范围内设置公路标志以外的其他标志，应当按照《公路法》第五十四条的规定，事先向交通主管部门或者其设置的公路管理机构提交申请书和设计图。

本条前款规定的申请书包括以下主要内容：

（一）主要理由；

（二）标志的内容；

（三）标志的颜色、外廓尺寸及结构；

（四）标志设置地点（公路名称、桩号）；

（五）标志设置时间及保持期限。

第十五条　在公路上增设平面交叉道口，应当按照《公路法》第五十五条的规定，事先向交通主管部门或者其设置的公路管理机构提交申请书和设计图或者平面布置图。

本条前款规定的申请书包括以下主要内容：

（一）主要理由；

（二）地点（公路名称、桩号）；

（三）施工期限；

（四）安全保障措施。

第十六条　在公路两侧的建筑控制区内埋设管（杆）线、电缆等设施，应当按照《公路法》第五十六条第一款的规定，事先向交通主管部门或者其设置的公路管理机构提交申请书和设计图。

本条前款规定的申请书包括以下主要内容：

（一）主要理由；

（二）地点（公路名称、桩号及与公路边坡外缘或公路界桩的距离）；

（三）安全保障措施；

（四）施工期限。

第十七条　更新砍伐公路用地上的树木，应当依照《公路法》第四十二条第二款的规定，事先向交通主管部门或者其设置的公路管理机构提交申请书。

本条前款规定的申请书包括以下主要内容：

（一）主要理由；

（二）地点（公路名称、桩号）；

（三）树木的种类和数量；

（四）安全保障措施；

（五）时间；

（六）补种措施。

第十八条　除省级人民政府根据《公路法》第八条第二款就国道、省道管理、监督职责做出决定外，路政管理许可的权限如下：

（一）属于国道、省道的，由省级人民政府交通主管部门或者其设置的公路管理机构办理；

（二）属于县道的，由市（设区的市）级人民政府交通主管部门或者其设置的公路管理机构办理；

（三）属于乡道的，由县级人民政府交通主管部门或者其设置的公路管理机构办理。

路政管理许可事项涉及有关部门职责的，应当经交通主管部门或者其设置的公路管理机构批准或者同意后，依照有关法律、法规的规定，办理相关手续。其中，本规定第十一条规定的事项，由省级人民政府交通主管部门会同省级水行政主管部门办理。

第十九条　交通主管部门或者其设置的公路管理机构自接到申请书之日起15日内应当做出决定。做出批准或者同意的决定的，应当签发相应的许可证；做出不批准或者不同意的决定的，应当书面告知，并说明理由。

第三章　路政案件管辖

第二十条　路政案件由案件发生地的县级人民政府交通主管部门或者其设置的公路管理机构管辖。

第二十一条　对管辖发生争议的，报请共同的上一级人民政府交通主管部门或者其设置的公路管理机构指定管辖。

下级人民政府交通主管部门或者其设置的公路管理机构对属于其管辖的案件，认为需要由上级人民政府交通主管部门或者其设置的公路管理机构处理的，可以报请上一级人民政府交通主管部门或者其设置的公路管理机构决定。

上一级人民政府交通主管部门或者其设置的公路管理机构认为必要的，可以直接处理属于下级人民政府交通主管部门或者其设置的公路管理机构管辖的案件。

第二十二条　报请上级人民政府交通主管部门或者其设置的公路管理机构处理的案件以及上级人民政府交通主管部门或者其设置的公路管理机构决定直接处理的案件，案件发生地的县级人民政府交通主管部门或者其设置的公路管理机构应当首先制止违法行为，并做好保护现场等工作，上级人民政府交通主管部门或者其设置的公路管理机构应当及时确定管辖权。

第四章　行政处罚

第二十三条　有下列违法行为之一的，依照《公路法》第七十六条的规定，责令停止违法行为，可处三万元以下的罚款：

（一）违反《公路法》第四十四条第一款规定，擅自占用、挖掘公路的；

（二）违反《公路法》第四十五条规定，未经同意或者未按照公路工程技术标准的要求修建跨越、穿越公路的桥梁、渡槽或者架设、埋设管线、电缆等设施的；

（三）违反《公路法》第四十七条规定，未经批准从事危及公路安全作业的；

（四）违反《公路法》第四十八条规定，铁轮车、履带车和其他可能损害路面的机具擅自在公路上超限行驶的；

（五）违反《公路法》第五十条规定，车辆超限使用汽车渡船或者在公路上擅自超限行驶的；

（六）违反《公路法》第五十二条、第五十六条规定，损坏、移动、涂改公路附属设施或者损坏、挪动建筑控制区的标桩、界桩，可能危及公路安全的。

第二十四条　有下列违法行为之一的，依照《公路法》第七十七条的规定，责令停止违法行为，可处五千元以下罚款：

（一）违反《公路法》第四十六条规定，造成公路路面损坏、污染或者影响公路畅通的；

（二）违反《公路法》第五十一条规定，将公路作为检验机动车辆制动性能的试车场地的。

第二十五条　违反《公路法》第五十三条规定，造成公路损坏未报告的，依照《公路法》第七十八条的规定，处以一千元以下罚款。

第二十六条　违反《公路法》第五十四条规定，在公路用地范围内设置公路标志以外的其他标志的，依照《公路法》第七十九条的规定，责令限期拆除，可处两万元以下罚款。

第二十七条　违反《公路法》第五十五条规定，未经批准在公路上设置平面交叉道口的，依照《公路法》第八十条的规定，责令恢复原状，处五万元以下罚款。

第二十八条　违反《公路法》第五十六条规定，在公路建筑控制区内修建建筑物、地面构筑物或者擅自埋设管线、电缆等设施的，依照《公路法》第八十一条的规定，责令限期拆除，并可处五万元以下罚款。

第二十九条　《公路法》第八章及本规定所规定的行政处罚，由县级以上地方人民政府交通主管部门或者其设置的公路管理机构依照《公路法》有关规定实施。

第三十条　实施路政处罚的程序按照《交通行政处罚程序规定》办理。

第五章　公路赔偿和补偿

第三十一条　公民、法人或者其他组织造成路产损坏的，应向公路管理机构缴纳路产损坏赔（补）偿费。

第三十二条　根据《公路法》第四十四条第二款，经批准占用、利用、挖掘公路或者使公路改线的，建设单位应当按照不低于该段公路原有技术标准予以修复、改建或者给予相应的补偿。

第三十三条　路产损坏事实清楚，证据确凿充分，赔偿数额较小，且当事人无争议的，可以当场处理。

当场处理公路赔（补）偿案件，应当制作、送达《公路赔（补）偿通知书》以收取公路赔（补）偿费，出具收费凭证。

第三十四条　除本规定第三十三条规定可以当场处理的公路赔（补）偿案件外，处理公路赔（补）偿案件应当按照下列程序进行：

（一）立案；

（二）调查取证；

（三）听取当事人陈述和申辩或听证；

（四）制作并送达《公路赔（补）偿通知书》；

（五）收取公路赔（补）偿费；

（六）出具收费凭证；

（七）结案。

调查取证应当询问当事人及证人，制作调查笔录；需要进行现场勘验或者鉴定的，还应当制作现场勘验报告或者鉴定报告。

第三十五条　本规定对公路赔（补）偿案件处理程序的具体事项未做规定的，参照《交通行政处罚程序规定》办理。办理公路赔（补）偿案件涉及路政处罚的，可以一并进行调查取证，分别进行处理。

第三十六条　当事人对《公路赔（补）偿通知书》认定的事实和赔（补）偿费数额有疑义的，可以向公路管理机构申请复核。

公路管理机构应当自收到公路赔（补）偿复核申请之日起 15 日内完成复核，并将复核结果书面通知当事人。

本条规定不影响当事人依法向人民法院提起民事诉讼的法定权利。

第三十七条　公路赔（补）偿费应当用于受损公路的修复，不得挪作他用。

第六章　行政强制措施

第三十八条　对公路造成较大损害、当场不能处理完毕的车辆，公路管理机构应当依据《公路法》第八十五条第二款的规定，签发《责令车辆停驶通知书》，责令该车辆停驶并停放于指定场所。调查、处理完毕后，应当立即放行车辆，有关费用由车辆所有人或者使用人承担。

第三十九条　违反《公路法》第五十四条规定，在公路用地范围内设置公路标志以外的其他标志，依法责令限期拆除，而设置者逾期不拆除的，依照《公路法》第七十九条的规定强行拆除。

第四十条 违反《公路法》第五十六条规定，在公路建筑控制区内修建建筑物、地面构筑物或者擅自埋设管（杆）线、电缆等设施，依法责令限期拆除，而建筑者、构筑者逾期不拆除的，依照《公路法》第八十一条的规定强行拆除。

第四十一条 依法实施强行拆除所发生的有关费用，由设置者、建筑者、构筑者负担。

第四十二条 依法实施路政强行措施，应当遵守下列程序：

（一）制作并送达路政强制措施告诫书，告知当事人做出拆除非法标志或者设施决定的事实、理由及依据，拆除非法标志或者设施的期限，不拆除非法标志或者设施的法律后果，并告知当事人依法享有的权利；

（二）听取当事人陈述和申辩；

（三）复核当事人提出的事实、理由和依据；

（四）经督促告诫，当事人逾期不拆除非法标志或者设施的，制作并送达路政强制措施决定书；

（五）实施路政强制措施；

（六）制作路政强制措施笔录。

实施强行拆除涉及路政处罚的，可以一并进行调查取证，分别进行处理。

第四十三条 有下列情形之一的，可依法申请人民法院强制执行：

（一）当事人拒不履行公路行政处罚决定；

（二）依法强行拆除受到阻挠。

第四十四条 《公路法》第八章及本规定所规定的行政强制措施，由县级以上地方人民政府交通主管部门或者其设置的公路管理机构依照《公路法》有关规定实施。

第七章 监督检查

第四十五条 交通主管部门、公路管理机构应当依法对有关公路管理的法律、法规、规章执行情况进行监督检查。

第四十六条 交通主管部门、公路管理机构应当加强路政巡查，认真查处各种侵占、损坏路产及其他违反公路管理法律、法规和本规定的行为。

第四十七条 路政管理人员依法在公路、建筑控制区、车辆停放场所、车辆所属单位等进行监督检查时，任何单位和个人不得阻挠。

第四十八条 公路养护人员发现破坏、损坏或者非法占用路产和影响公路安全的行为应当予以制止，并及时向公路管理机构报告，协助路政管理人员实施日常路政管理。

第四十九条 公路经营者、使用者和其他有关单位、个人，应当接受路政管理人员依法实施的监督检查，并为其提供方便。

第五十条 对公路造成较大损害的车辆，必须立即停车，保护现场，并向公路管理机构报告。

第五十一条 交通主管部门、公路管理机构应当对路政管理人员的执法行为加强监督检查，对其违法行为应当及时纠正，依法处理。

第八章 人员与装备

第五十二条 公路管理机构应当配备相应的专职路政管理人员，具体负责路政管理工作。

第五十三条 路政管理人员的配备标准由省级人民政府交通主管部门会同有关部门按照"精干

高效"的原则，根据本辖区公路的行政等级、技术等级和当地经济发展水平等实际情况综合确定。

第五十四条　路政管理人员录用应具备以下条件：

（一）年龄在 20 周岁以上，但一线路政执法人员的年龄不得超过 45 岁；

（二）身体健康；

（三）大专毕业以上文化程度；

（四）持有符合交通部规定的岗位培训考试合格证书。

第五十五条　路政管理人员实行公开录用、竞争上岗，由市（设区的市）级公路管理机构组织实施，省级公路管理机构批准。

第五十六条　路政管理人员执行公务时，必须按规定统一着装，佩戴标志，持证上岗。

第五十七条　路政管理人员必须爱岗敬业，恪尽职守，熟悉业务，清正廉洁，文明服务，秉公执法。

第五十八条　交通主管部门、公路管理机构应当加强路政管理队伍建设，提高路政管理执法水平。

第五十九条　路政管理人员玩忽职守、徇私舞弊、滥用职权，依法给予行政处分；构成犯罪的，依法追究刑事责任。

第六十条　公路管理机构应当配备专门用于路政管理的交通、通信及其他必要的装备。

用于路政管理的交通、通讯及其他装备不得用于非路政管理活动。

第六十一条　用于路政管理的专用车辆，应当按照《公路法》第七十三条和交通部制定的《公路监督检查专用车辆管理办法》的规定，设置统一的标志和示警灯。

第九章　内务管理

第六十二条　公路管理机构应当建立健全路政内务管理制度，加强各项内务管理工作。

第六十三条　路政内务管理制度如下：

（一）路政管理人员岗位职责；

（二）路政管理人员行为规范；

（三）路政管理人员执法考核、评议制度；

（四）路政执法与办案程序；

（五）路政巡查制度；

（六）路政管理统计制度；

（七）路政档案管理制度；

（八）其他路政内务管理制度。

第六十四条　公路管理机构应当公开办事制度，自觉接受社会监督。

第十章　附　则

第六十五条　公路赔（补）偿费标准由省、自治区、直辖市人民政府交通主管部门会同同级财政、价格主管部门制定。

第六十六条　路政管理文书的格式由交通部统一制定。

第六十七条　本规定由交通部负责解释。

第六十八条　本规定自 2003 年 4 月 1 日起施行。1990 年 9 月 24 日交通部发布的《公路路政管理规定（试行）》同时废止。

路政文明执法管理工作规范

(2012 年 4 月 20 日交通运输部 交公路发〔2012〕171 号)

第一章 总 则

第一条 为规范路政执法管理行为，提高文明执法管理水平，更好地为社会公众服务，根据《中华人民共和国公路法》、《公路安全保护条例》、《路政管理规定》、《交通运输行政执法评议考核规定》、《交通运输行政执法证件管理规定》等法律、法规、规章以及《交通行政执法风纪》、《交通行政执法禁令》等交通运输行政执法行为规范，制定本规范。

第二条 公路管理机构及其路政执法人员从事行政许可、行政检查、行政强制、行政处罚等执法活动，适用本规范。

法律、法规和规章对路政执法另有规定的，从其规定。

第三条 路政执法管理工作应当符合合法行政、合理行政、程序正当、高效便民、诚实守信、权责统一的基本要求，遵循公开、公平、公正的社会主义法治原则。

第四条 公路管理机构及其路政执法人员应当牢固树立以人为本、依法行政、执法为民的思想，不断提高规范执法和文明服务的能力与水平，坚决杜绝粗暴执法和随意执法行为。

公路管理机构应当加强路政执法队伍建设，定期举办业务培训和军事化训练，积极开展文明执法创建活动。路政执法人员从事执法活动，应当遵纪守法，遵守《交通行政执法职业道德基本规范》，增进服务意识，塑造文明形象。

第五条 路政执法人员须具备行政执法资格，持有交通运输部统一制式的交通运输行政执法证。严禁不具备行政执法资格的人员从事路政执法。

公路管理机构应当严格执行交通运输行政执法人员资格制度，加强对路政执法人员的资格、证件和执法风纪管理。

第六条 经营性收费公路的路政管理职责由公路管理机构的派出机构、人员行使。

第七条 公路管理机构应当加强路政管理信息化建设，推行网上办事和网上监督，推进政务信息公开、信息资源共享和公共信息服务，构建路政执法电子政务平台。

第二章 基本要求

第八条 路政执法人员应当着装整齐，保持风纪严整，并遵守下列要求：

（一）执法时佩戴统一规定的标志、胸卡、腰带、手套，上路必须加穿反光背心；

（二）不得在执法服装上挂胸花、胸针等装饰品，不得在外露的腰带上系挂钥匙等与执法无关的物件；

（三）不同季节的执法服装不得混穿；

（四）严禁歪戴帽、卷袖口、敞衣扣、披衣、穿拖鞋、打赤脚、卷裤腿等有损风纪的行为；

（五）非因公务需要严禁着执法服装出入酒店、娱乐场所。

第九条 路政执法人员应当保持仪表整洁，仪容端庄，并遵守下列要求：

（一）男性执法人员不得留长头发、长胡须、长鬓角，不得露光头；

（二）女性执法人员执法时不得头发披肩，不得染指甲、化浓妆、佩戴首饰。

第十条 路政执法人员应当做到举止文明，保持良好形象，并遵守下列要求：

（一）现场执法要保持端正、庄重，指挥车辆手势要明确、利索、规范，手势标准参照公安交通警察现行规定执行；

（二）2 名以上路政执法人员着执法服装徒步巡查或者外出时，应当行列整齐、有序；

（三）外出时遵守社会公德、公共秩序和交通规则，维护路政执法人员的良好形象；

（四）遇有当事人情绪激动或者有过激言行的，要冷静处理，以理服人，不得针锋相对，激化矛盾；

（五）遇有暴力抗法的，要沉着应对，及时报警，注意自身安全，防止事态失控。

第十一条 路政执法人员应当做到言语热情诚恳，表述通俗易懂，并遵守下列要求：

（一）使用规范的文明执法用语；

（二）提倡使用普通话；

（三）严格执行《交通行政执法忌语》规定，禁止使用讥讽性、歧视性、羞辱性、训斥性、威胁性语言和讲粗话、讲脏话。

第十二条 路政执法人员应当保持较高的政治、道德、知识、能力和身体素质，并做到：

（一）熟悉有关法律和基本业务知识，注重学习和实践，定期参加业务培训和军事化训练，努力提高文明执法技能；

（二）准确理解和执行法律、法规、规章以及公路管理机构做出的决定、命令，维护法令、政令的畅通和路政执法的公信力；

（三）忠于法律，忠于职守，有强烈的工作责任心，实事求是，公正执法，严格执法，依法保守国家秘密、商业秘密和个人隐私；

（四）不徇私情，勇于坚持原则，敢于抵制当事人利用各种社会关系进行说情；遇到与路政执法事项有利害关系的，应当主动回避。

第十三条 路政执法人员应当尊重当事人权利和人格，维护其合法权益，并遵守下列要求：

（一）查纠公路违法行为时应当先敬礼；

（二）受理行政许可申请、接待群众来访以及与当事人谈话时，应当礼貌待人、语言文明、态度和蔼，及时妥善处理受理事项，不得推诿或者拖延；

（三）严禁使用冷、硬、横、蛮及其他怠慢、蔑视性态度对待当事人。

第十四条 路政执法人员在执法活动中，严禁下列行为：

（一）未按照规定佩戴标志或者未持证上岗；

（二）辱骂、殴打当事人；

（三）酒后上岗执法；

（四）对同一违法行为重复罚款；

（五）当场收缴罚款不开具罚款收据或者不如实填写罚款数额；

（六）违法扣留车辆、物品或者擅自使用扣留车辆、私分扣留物品；

（七）从事与职权相关的经营活动；

（八）包庇、袒护和纵容违法行为；

（九）无法定依据执法或者滥用职权、超越职权执法；

（十）利用职务便利索取、收受他人财物或者谋取其他利益。

第十五条　公路管理机构应当建立健全路政执法信息公示制度，通过政府网站或者在办公场所设置公示栏、电子显示屏、公众查阅室等方式公示下列执法信息：

（一）执法主体，包括机构名称、执法类别、授权依据、执法人员信息（姓名、执法证件号码、照片等）；

（二）执法依据，包括公路管理法律、法规和规章的全文，相关法律、法规和规章的主要条款摘要；

（三）执法程序，包括行政许可的项目、依据、实施程序，行政处罚的简易程序、一般程序、听证程序；

（四）执法监督，包括本级交通运输主管部门或者上级公路管理机构的名称、监督部门、监督电话，聘请社会监督员的姓名、工作单位、联系方式，执法监督的措施与适用范围；

（五）执法结果，包括行政许可、行政检查、行政强制、行政处罚的实施结果与查询办法；

（六）当事人权利，包括当事人享有的陈述权、申辩权和听证权，不服行政许可和处罚决定时享有的提起行政复议和行政诉讼的权利，其合法权益受到损害时取得国家赔偿的权利。

前款规定"六公示"的具体内容和形式，由省、自治区、直辖市公路管理机构确定。

第十六条　路政执法装备由公路管理机构按照下列种类予以配备，省、自治区、直辖市公路管理机构可以根据实际需要增加，但应当在全省（区、市）范围内做到统一规范：

（一）路政执法人员在公路上执法应当配备多功能反光腰带、反光背心、文书包、对讲机或者移动通信器材，可以选配录音、录像执法装备等；

（二）公路监督检查专用车辆应当配备发光指挥棒、反光锥筒、警示灯、停车示意牌、灭火器、防毒面罩、急救箱、牵引绳、卷尺、照相机或者摄像机等；

（三）公路超限检测站应当按照《公路超限检测站管理办法》的规定配备有关执法装备以及便民服务的必要设施和设备。

第三章　行政许可

第十七条　公路管理机构及其路政执法人员实施行政许可，应当依照法定的权限、范围、条件和程序，遵循平等对待、便民高效、信赖保护的原则，做到不偏私、不歧视，为申请人提供优质服务。

第十八条　行政许可的项目和法律依据，应当按照规范的内容格式予以公示并实施。

第十九条　公路管理机构应当按照下列权限实施行政许可：

（一）超限运输车辆行驶公路的许可权限按照《公路安全保护条例》、《超限运输车辆行驶公路管理规定》等有关规定执行；

（二）其他许可权限按照《公路安全保护条例》、《路政管理规定》等有关规定执行。

第二十条　实施行政许可的程序、文书和期限按照《中华人民共和国行政许可法》、《中华人民共和国公路法》、《公路安全保护条例》、《交通行政许可实施程序规定》、《路政管理规定》等有关规定执行。

第二十一条　公路管理机构应当在法定期限内办结行政许可手续，但依照法律、法规和规章的规定需要听证、检验、检测、鉴定和安全技术评价的，所需时间不计算在法定期限内，并将所需时间书面告知申请人。

公路管理机构应当通过优化工作流程，提高办事效率，使实际办结期限尽可能少于法定期限。

第二十二条　公路管理机构应当建立和推行行政许可首问负责制。对申请人提出的行政许可申请，应当根据下列情况分别作出处理：

（一）申请事项属于首问人职责范围的，应当按照规定及时办理；申请材料可以当场补全或者更正错误的，应当允许申请人当场补全或者更正错误；申请材料不齐全或者不符合法定形式且申请人当场不能补全或者更正的，应当当场或者在 5 日内一次告知申请人需要补正的全部内容。

（二）申请事项不属于首问人职责范围但属于本单位职责范围的，应当做好接待记录，向申请人说明情况，并及时移送有关责任部门和人员办理。

（三）申请事项属于上级单位职责范围的，可以代为转交，但应当向申请人说明代转时间不计算在法定期限内。

（四）申请事项不属于本单位职责范围的，应当即时做出不予受理的决定，并告知申请人向有关行政机关申请。

（五）申请事项依法不需要取得行政许可的，应当即时告知申请人不受理。

前款所称首问人，是指接待申请人咨询和办理许可手续的首位工作人员。

第二十三条　公路管理机构实施行政许可，应当提供以下便利或者服务：

（一）接受申请人通过书面、信函、电报、传真和电子邮件等方式提出的申请；

（二）免费提供许可申请书格式文本；

（三）在办公场所设立监督意见箱、办事指南卡，有条件的可以设置电子触摸屏、显示屏等设施提供服务指南，公布办理时间和咨询、监督电话；

（四）根据需要和条件，配备供申请人使用的桌椅、笔纸、饮水设施及其他相应的服务设施；

（五）申请人以书面方式提出申请确有困难的，可以口头方式提出申请，但应当记录申请事项，并经申请人确认无误后签字或者盖章；

（六）认真受理咨询，及时解答，为群众排忧解难。

第四章　行政检查

第一节　一般规定

第二十四条　路政执法人员依法在公路、建筑控制区、安全保护区、服务区、超限检测站点、收费站、车辆停放场所、车辆所属单位等进行检查时，应当做到：

（一）执法人员不得少于 2 人；

（二）出示执法证件，表明身份，说明来意和执法依据，要求当事人予以配合；

（三）检查物品、场所时应当尊重当事人物权，轻拿轻放物品，不得乱翻乱扔，不得损坏当事人财物；

（四）询问当事人时应当严肃认真，不得询问与检查无关的内容，不得采取诱导、压制、强迫的方式进行；

（五）询问或者检查应当制作笔录，笔录应当书写工整，表述准确，不得篡改；

（六）公正、平等对待所有被检查的当事人，不得有歧视和差别待遇；

（七）坚持整改、指导和服务相结合的原则，注意宣传教育，不得激化矛盾；

（八）检查完毕，应当感谢当事人给予配合，及时反馈检查结果。

第二节　许可检查

第二十五条　公路管理机构应当建立健全监督制度，依法履行对被许可人从事许可事项活动的监督检查职责。

第二十六条　路政执法人员应当对被许可人从事下列许可事项活动进行检查：

（一）由公路管理机构依法实施的行政许可；

（二）由省、自治区、直辖市人民政府交通运输主管部门会同水行政主管部门或者流域管理机构依法实施的在公路桥梁、公路隧道、公路渡口以及公路两侧规定范围内因抢险、防汛需要修筑堤坝、压缩或者拓宽河道的行政许可。

第二十七条　许可检查可以通过下列方式进行：

（一）核查反映被许可人从事许可事项活动的有关材料；

（二）对被许可人从事许可事项活动进行查验、检验、检测，对相关场所进行实地检查；

（三）法律、法规和规章规定的其他方式。

第二十八条　许可检查包括以下主要内容：

（一）行政许可证是否真实有效；

（二）被许可人从事许可事项活动是否符合准予许可时所确定的条件、标准和范围；

（三）被许可人从事许可事项活动是否落实保障公路、公路附属设施安全的防护措施以及应急处置措施；

（四）被许可人是否建立和执行对涉路工程设施的自检制度；

（五）经许可修建的涉路工程设施是否侵入公路建筑限界或者危及交通安全；

（六）法律、法规和规章规定的对被许可人检查的其他事项。

第二十九条　路政执法人员实施许可检查时，应当遵守下列要求：

（一）检查频率要适度合理；

（二）能够书面检查的，要优先通过书面检查的方式进行；

（三）通过书面检查难以达到监督效果，需依法进行查验、检验、检测与实地检查的，应当仅就被许可事项及与之相关的活动场所进行检查；

（四）不得超越检查范围和权限，妨碍被许可人正常的生产经营活动；

（五）不得索取或者收受被许可人的财物、谋取其他不当利益、刁难被许可人；

（六）检查时应当有当事人或者见证人在场；

（七）如实记录检查情况和处理结果，并允许公众查阅。

第三十条　路政执法人员实施许可检查时，应当根据下列情况分别作出处理：

（一）发现未按照许可条件、标准和范围从事许可事项活动的，责令改正；

（二）发现涉路工程设施影响公路完好、安全和畅通的，责令停止修建、使用，并责令有关责任单位立即改正；

（三）发现构成公路违法行为的，依法予以处理；

（四）发现许可事项存在法定撤销情形的，依法撤销相关行政许可；

（五）发现许可事项存在法定注销情形的，依法注销相关行政许可。

第三节　超限检查

第三十一条　路政执法人员实施超限检查时，应当按照规定对车辆进行超限检测，不得以目测情况作为判定依据。

公路管理机构应当建立健全固定检测和巡查检测相关的执法管理制度，建立和完善车辆超限管理信息系统。

第三十二条　对车辆进行超限检测，应当遵守下列程序：

（一）提示或者引导车辆进入检测站点，注意维护好进出站口的交通秩序，尽量减少对交通的影响；

（二）对车辆进行检测，向驾驶员出具检测单；

（三）经检测发现车辆存在违法超限运输情形的，责令当事人采取卸载、分装等改正措施，消除违法状态，依法予以处罚；

（四）对车辆进行复检，合格后放行；

（五）将超限运输违法信息录入车辆超限管理信息系统。

第三十三条　路政执法人员实施超限检查时，应当根据下列情况分别作出处理：

（一）对符合规定未超限，或者运载不可解体大件物品且已办理超限运输许可手续的车辆，应当立即放行。

（二）对超限且构成公路违法行为的，依法予以处理；其中，对擅自运载不可解体大件物品的车辆在处理完毕后需要继续行驶公路的，应当告知当事人到有关部门申请办理超限运输许可手续。

第四节　监督巡查

第三十四条　公路管理机构应当按照有关规定对公路进行监督巡查。省、自治区、直辖市公路管理机构可以根据本地区交通特点、公路等级等因素，确定巡查频率。

公路管理机构可以采取举报奖励、目标责任考核等方式，充分调动和发挥公路沿线乡镇人民政府、村委会和群众的积极性，以弥补巡查力量的不足，共同做好公路保护工作。

第三十五条　公路监督检查专用车辆的使用和管理应当严格按照《公路监督检查专用车辆管理办法》执行，并遵守下列要求：

（一）保持车容整洁，车况良好，装备齐全；

（二）遵守交通法规，安全驾驶，文明行车；

（三）保持联络畅通，服从统一指挥和调度；

（四）严禁将车辆借给其他单位、个人使用以及公车私用；

（五）严禁恶意遮挡或者未悬挂车牌行车；

（六）非因公务需要严禁将车辆停放在酒店、娱乐场所。

第三十六条　车辆警示装置的使用应当以保障工作需要为准，尽量不扰民，并遵守下列要求：

（一）非紧急任务不得使用警示灯、警报器；

（二）确需使用警示装置时，能使用警示灯即可完成任务的，不使用警报器；

（三）确需使用警报器时，应当以断续使用警报器为主；

（四）车队行驶时，前车已使用警报器的，后车无特殊情况不得使用警报器。

第三十七条　路政执法人员实施公路监督巡查时，应当根据下列情况分别作出处理：

（一）发现公路出现坍塌、坑槽、水毁等损毁，尚未设置警示标志的，设置临时警示标志，做好现场保护，同时报告公路管理机构或者通知公路经营企业及时补设警示标志并采取措施修复。

（二）发现公路上有遗洒物并能够自行处理的，在不影响交通情况下，可先自行处理；不能自行处理的，及时通知有关责任单位处理；遗洒物为遗失物的，按照《中华人民共和国物权法》的规定执行。

（三）发现公路进行养护作业的，指导和督促公路养护作业单位按照有关要求在作业现场设置警示标志，并根据需要维持养护作业现场秩序；公路养护作业造成交通堵塞时，及时启动疏导预案，会同公安交通警察依照各自职责，做好分流和疏导工作。

（四）发现群众遇到困难，需要紧急求助公安、消防、医疗等部门的，及时提供有关信息和帮助。

（五）发现属于紧急情况的，按照应急预案及相关处置制度执行。

（六）发现构成公路违法行为的，依法予以处理。

第三十八条　公路监督巡查完毕，路政执法人员应当按照规定制作巡查记录，并做好交接班。巡查记录应当记载巡查时段、巡查路段、巡查人员、巡查车牌号、巡查情况及处理时间和结果等信息。

巡查记录应当每周定期进行总结讲评。巡查记录保存期限不得少于2年。

第三十九条　公路管理机构应当建立路政与养护联合巡查机制，降低巡查成本，提高管理效能。

第五节　拦车规定

第四十条　路政执法人员在执法活动中确需拦车的，应当以确保安全为原则，并遵守下列程序：

（一）上路拦车前应当明确执法的任务、方法、要求和安全防护规定，检查安全防护装备；

（二）根据公路条件和交通状况，选择安全和不妨碍通行的地点进行拦车，避免引发交通堵塞；

（三）在距检查地点至少200米处开始摆放发光或者反光的警示标志，间隔设置减速提示标牌、反光锥筒等安全防护设备；

（四）拦车时使用停车示意牌和规范的指挥手势，严格执行安全防护规定，注意自身安全；

（五）指挥车辆停放在安全地点，再进行检查，并认真做好有关记录。

第四十一条　拦车安全防护规定包括以下主要内容：

（一）不得在同一地点双向同时拦截车辆；

（二）不得在行车道上拦截、检查车辆或者处罚当事人；

（三）遇有拒绝停车接受处理的，不得站在车辆前面强行拦截，或者采取脚踏车辆踏板、强行攀扒车辆等方式强行责令驾驶人停车；

（四）遇有驾车逃跑的，除可能对公路设施安全有严重威胁以外，不得驾驶机动车追缉，可以采取通知前方收费站、超限检测站点或者执法人员进行截查，或者记下车牌号以便事后追究法律责任等方式予以处理。

第四十二条　公路管理机构应当定期对拦车情况进行总结讲评，及时发现和纠正存在的不足，明确改进措施。

第五章　行政强制

第四十三条　公路管理机构及其路政执法人员实施行政强制，应当依照法定的权限、范围、条件和程序，遵循比例原则，选择适当、必要的方式、强度，避免造成不必要的损失。

公路管理机构及其路政执法人员采用非强制手段可以达到行政管理目的的，不得实施有关行政强制。

第四十四条　实施行政强制的程序、文书和期限按照《中华人民共和国行政强制法》、《中华人民共和国公路法》、《公路安全保护条例》、《路政管理规定》等有关规定执行。

第四十五条　路政执法人员对侵占、损坏公路、公路用地、公路附属设施等违法行为，应当予以检查和制止。检查和制止时，不得损害当事人的合法权益。

第四十六条　有下列情形之一的，路政执法人员可以依法采取下列行政强制措施：

（一）造成公路、公路附属设施损坏，拒不接受现场调查处理的，扣留车辆或者进行违法活动的工具；

（二）经批准进行超限运输的车辆，未按照指定时间、路线和速度行驶且拒不改正，或者未随车携带超限运输车辆通行证的，扣留车辆；

（三）采取故意堵塞超限检测站点通行车道、强行通过超限检测站点等方式扰乱超限检测秩序，或者采取短途驳载等方式逃避超限检测的，强制拖离或者扣留车辆；

（四）法律、法规规定的其他情形。

第四十七条　路政执法人员扣留车辆、工具时，应当遵守下列要求：

（一）当场登记扣留车辆、工具的数量和品质；

（二）依法扣留车辆时，不得扣留车辆所载货物，并提醒当事人妥善处理车辆所载货物；

（三）妥善保管扣留车辆、工具，不得使用或者损毁，未经法定程序不得处置。

因扣留车辆、工具发生的保管费用由有关公路管理机构承担。

第四十八条　有下列情形之一的，路政执法人员可以依法责令限期拆除；逾期不拆除的，强制拆除：

（一）擅自在公路用地范围内设置非公路标志的；

（二）在公路建筑控制区内修建建筑物或者地面构筑物的；

（三）擅自在公路建筑控制区内埋设管道、电缆等设施的；

（四）法律规定的其他情形。

第四十九条　对违法的建筑物、地面构筑物、设施等需要强制拆除的，应当由有关公路管理机构予以公告，限期当事人自行拆除。当事人在法定期限内不申请行政复议或者提起行政诉讼，又不拆除的，有关公路管理机构可以依法强制拆除。

公路管理机构及其路政执法人员不得在夜间或者法定节假日实施强制拆除。但是，情况紧急的除外。

第五十条　公路管理机构向人民法院申请强制执行的，应当按照《中华人民共和国行政强制法》的规定提供相关材料，并注意以下事项：

（一）在法定期限内提出申请；

（二）向有管辖权的人民法院提出申请；

（三）在制作法律文书、立案、调查取证、告知当事人权利、内部审批、送达执行等环节要从严、从细、从实，避免因个别环节上的失误而导致申请中的被动。

第六章　行政处罚

第五十一条　路政执法人员实施行政处罚时，应当做到：

（一）符合法定的职责权限，事实清楚，证据确凿，适用法律准确。

（二）严格履行程序规定，不得违反法定程序。

（三）做出行政处罚决定前，应当告知当事人有关事实、理由、依据和依法享有的权利。

（四）认真、耐心听取当事人的陈述、申辩，吸收采纳合理意见；不予采纳的，应当说明理由；

涉及多个当事人的，应当给予当事人各方平等陈述、申辩的机会；不得因当事人申辩而加重处罚。

（五）依法维护当事人享有的合法权利，不得拒绝当事人行使合法权利的请求。

（六）收取费用应当严格按照法定收费项目和标准执行，开具省、自治区、直辖市财政部门统一制发的罚款收据。

第五十二条　公路管理机构及其路政执法人员实施行政处罚时，应当注意预防和化解行政执法争议，并遵守下列要求：

（一）坚持教育与处罚相结合，先教育后处罚的原则；

（二）注重执法效果，既要依法予以处罚，也要纠正违法行为，不得以罚代管、以罚代纠；

（三）违法行为轻微，并能及时纠正，没有造成危害后果的，要以批评教育为主；

（四）案情复杂或者有重大违法行为需要给予较重行政处罚的，应当由公路管理机构负责人集体讨论决定。

第五十三条　实施行政处罚的程序、文书和期限按照《中华人民共和国行政处罚法》、《中华人民共和国公路法》、《公路安全保护条例》、《交通行政处罚程序规定》等有关规定执行。

第五十四条　路政执法人员实施行政处罚，应当按照规范的案由格式认定公路违法行为并制作法律文书。

第五十五条　对于性质相同、情节相近、危害后果相当的公路违法行为，路政执法人员实施行政处罚时，处罚幅度应当基本相近。

省、自治区、直辖市公路管理机构可以结合本地情况，在法律、法规、规章规定的处罚幅度范围内，制定行政处罚自由裁量权基准制度，确保公平、公正、合理。

第五十六条　任何单位和个人不得给路政执法人员下达或者变相下达罚款指标，公路管理机构不得以罚款数额作为考核路政执法人员的标准。

第五十七条　对损坏公路、公路附属设施同时构成民事违法行为的，公路管理机构实施行政处罚时，应当配合民事责任的追究，不得以行政处罚代替对民事责任的追究。

第五十八条　公路管理机构在依法查处违法行为过程中，发现违法事实的情节、违法事实造成的后果等，根据《中华人民共和国刑法》以及相关司法解释的规定，涉嫌构成犯罪，依法需要追究刑事责任的，应当按照《行政执法机关移送涉嫌犯罪案件的规定》及时移送司法机关处理，不得以行政处罚代替刑事处罚。

第七章　奖　惩

第五十九条　交通运输主管部门、公路管理机构应当建立健全行政执法责任、执法过错责任追究、执法行为评议考核等制度，制定和完善执法程序，加强对各项执法行为的监督制约。

行政执法监督工作应当以事实为根据，以法律为准绳，遵循有功必奖、有错必纠、监督与指导相结合、教育与惩处相结合的原则。

第六十条　对模范遵守本规范，为路政文明执法做出突出贡献的公路管理机构及其路政执法人员，由交通运输主管部门予以表彰和奖励。

执行本规范，应当纳入交通运输文明执法创建考核范围。

第六十一条　交通运输主管部门、公路管理机构应当加强对路政执法人员的管理和教育。

对违反本规范有关执法纪律规定的，根据情节轻重给予批评教育、离岗培训、调离执法岗位、取消执法资格等处理；情节严重，造成严重后果的，依法给予行政处分；构成犯罪的，依法追究刑事责任。

第六十二条　交通运输主管部门、公路管理机构应当接受新闻舆论和群众的监督,公布举报电话,认真受理举报,及时查处路政执法人员违法违纪行为。

第八章　附　则

第六十三条　本规范自 2012 年 7 月 1 日起施行。

公路建设市场管理办法

(2004 年 12 月 21 日交通部发布　根据 2011 年 11 月 30 日交通运输部
《关于修改〈公路建设市场管理办法〉的决定》修正)

第一章　总　则

第一条　为加强公路建设市场管理，规范公路建设市场秩序，保证公路工程质量，促进公路建设市场健康发展，根据《中华人民共和国公路法》、《中华人民共和国招标投标法》、《建设工程质量管理条例》，制定本办法。

第二条　本办法适用于各级交通运输主管部门对公路建设市场的监督管理活动。

第三条　公路建设市场遵循公平、公正、公开、诚信的原则。

第四条　国家建立和完善统一、开放、竞争、有序的公路建设市场，禁止任何形式的地区封锁。

第五条　本办法中下列用语的含义是指：

公路建设市场主体是指公路建设的从业单位和从业人员。

从业单位是指从事公路建设的项目法人，项目建设管理单位，咨询、勘察、设计、施工、监理、试验检测单位，提供相关服务的社会中介机构以及设备和材料的供应单位。

从业人员是指从事公路建设活动的人员。

第二章　管理职责

第六条　公路建设市场管理实行统一管理、分级负责。

第七条　国务院交通运输主管部门负责全国公路建设市场的监督管理工作，主要职责是：

（一）贯彻执行国家有关法律、法规，制定全国公路建设市场管理的规章制度；

（二）组织制定和监督执行公路建设的技术标准、规范和规程；

（三）依法实施公路建设市场准入管理、市场动态管理，并依法对全国公路建设市场进行监督检查；

（四）建立公路建设行业评标专家库，加强评标专家管理；

（五）发布全国公路建设市场信息；

（六）指导和监督省级地方人民政府交通运输主管部门的公路建设市场管理工作；

（七）依法受理举报和投诉，依法查处公路建设市场违法行为；

（八）法律、行政法规规定的其他职责。

第八条　省级人民政府交通运输主管部门负责本行政区域内公路建设市场的监督管理工作，主要职责是：

（一）贯彻执行国家有关法律、法规、规章和公路建设技术标准、规范和规程，结合本行政区域内的实际情况，制定具体的管理制度；

（二）依法实施公路建设市场准入管理，对本行政区域内公路建设市场实施动态管理和监督检查；

（三）建立本地区公路建设招标评标专家库，加强评标专家管理；

（四）发布本行政区域公路建设市场信息，并按规定向国务院交通运输主管部门报送本行政区域公路建设市场的信息；

（五）指导和监督下级交通运输主管部门的公路建设市场管理工作；

（六）依法受理举报和投诉，依法查处本行政区域内公路建设市场违法行为；

（七）法律、法规、规章规定的其他职责。

第九条　省级以下地方人民政府交通运输主管部门负责本行政区域内公路建设市场的监督管理工作，主要职责是：

（一）贯彻执行国家有关法律、法规、规章和公路建设技术标准、规范和规程；

（二）配合省级地方人民政府交通运输主管部门进行公路建设市场准入管理和动态管理；

（三）对本行政区域内公路建设市场进行监督检查；

（四）依法受理举报和投诉，依法查处本行政区域内公路建设市场违法行为；

（五）法律、法规、规章规定的其他职责。

第三章　市场准入管理

第十条　凡符合法律、法规规定的市场准入条件的从业单位和从业人员均可进入公路建设市场，任何单位和个人不得对公路建设市场实行地方保护，不得对符合市场准入条件的从业单位和从业人员实行歧视待遇。

第十一条　公路建设项目依法实行项目法人负责制。项目法人可自行管理公路建设项目，也可委托具备法人资格的项目建设管理单位进行项目管理。

项目法人或者其委托的项目建设管理单位的组织机构、主要负责人的技术和管理能力应当满足拟建项目的管理需要，符合国务院交通运输主管部门有关规定的要求。

第十二条　收费公路建设项目法人和项目建设管理单位进入公路建设市场实行备案制度。

收费公路建设项目可行性研究报告批准或依法核准后，项目投资主体应当成立或者明确项目法人。项目法人应当按照项目管理的隶属关系将其或者其委托的项目建设管理单位的有关情况报交通运输主管部门备案。

对不符合规定要求的项目法人或者项目建设管理单位，交通运输主管部门应当提出整改要求。

第十三条　公路工程勘察、设计、施工、监理、试验检测等从业单位应当按照法律、法规的规定，取得有关管理部门颁发的相应资质后，方可进入公路建设市场。

第十四条　法律、法规对公路建设从业人员的执业资格作出规定的，从业人员应当依法取得相应的执业资格后，方可进入公路建设市场。

第四章   市场主体行为管理

第十五条   公路建设从业单位和从业人员在公路建设市场中必须严格遵守国家有关法律、法规和规章,严格执行公路建设行业的强制性标准、各类技术规范及规程的要求。

第十六条   公路建设项目法人必须严格执行国家规定的基本建设程序,不得违反或者擅自简化基本建设程序。

第十七条   公路建设项目法人负责组织有关专家或者委托有相应工程咨询或者设计资质的单位,对施工图设计文件进行审查。施工图设计文件审查的主要内容包括:

(一)是否采纳工程可行性研究报告、初步设计批复意见;

(二)是否符合公路工程强制性标准、有关技术规范和规程要求;

(三)施工图设计文件是否齐全,是否达到规定的技术深度要求;

(四)工程结构设计是否符合安全和稳定性要求。

第十八条   公路建设项目法人应当按照项目管理隶属关系将施工图设计文件报交通运输主管部门审批。施工图设计文件未经审批的,不得使用。

第十九条   申请施工图设计文件审批应当向相关的交通运输主管部门提交以下材料:

(一)施工图设计的全套文件;

(二)专家或者委托的审查单位对施工图设计文件的审查意见;

(三)项目法人认为需要提交的其他说明材料。

第二十条   交通运输主管部门应当自收到完整齐备的申请材料之日起 20 日内审查完毕。经审查合格的,批准使用,并将许可决定及时通知申请人。审查不合格的,不予批准使用,应当书面通知申请人并说明理由。

第二十一条   公路建设项目法人应当按照公开、公平、公正的原则,依法组织公路建设项目的招标、投标工作。不得规避招标,不得对潜在投标人和投标人实行歧视政策,不得实行地方保护和暗箱操作。

第二十二条   公路工程的勘察、设计、施工、监理单位和设备、材料供应单位应当依法投标,不得弄虚作假,不得串通投标,不得以行贿等不合法手段谋取中标。

第二十三条   公路建设项目法人与中标人应当根据招标文件和投标文件签订合同,不得附加不合理、不公正条款,不得签订虚假合同。

国家投资的公路建设项目,项目法人与施工、监理单位应当按照国务院交通运输主管部门的规定,签订廉政合同。

第二十四条   公路建设项目依法实行施工许可制度。国家和国务院交通运输主管部门确定的重点公路建设项目的施工许可由国务院交通运输主管部门实施,其他公路建设项目的施工许可按照项目管理权限由县级以上地方人民政府交通运输主管部门实施。

第二十五条   项目施工应当具备以下条件:

(一)项目已列入公路建设年度计划;

(二)施工图设计文件已经完成并经审批同意;

(三)建设资金已经落实,并经交通运输主管部门审计;

(四)征地手续已办理,拆迁基本完成;

(五)施工、监理单位已依法确定;

(六)已办理质量监督手续,已落实保证质量和安全的措施。

第二十六条　项目法人在申请施工许可时应当向相关的交通运输主管部门提交以下材料：

（一）施工图设计文件批复；

（二）交通运输主管部门对建设资金落实情况的审计意见；

（三）国土资源部门关于征地的批复或者控制性用地的批复；

（四）建设项目各合同段的施工单位和监理单位名单、合同价情况；

（五）应当报备的资格预审报告、招标文件和评标报告；

（六）已办理的质量监督手续材料；

（七）保证工程质量和安全措施的材料。

第二十七条　交通运输主管部门应当自收到完整齐备的申请材料之日起 20 日内做出行政许可决定。予以许可的，应当将许可决定及时通知申请人；不予许可的，应当书面通知申请人并说明理由。

第二十八条　公路建设从业单位应当按照合同约定全面履行义务：

（一）项目法人应当按照合同约定履行相应的职责，为项目实施创造良好的条件。

（二）勘察、设计单位应当按照合同约定，按期提供勘察设计资料和设计文件。工程实施过程中，应当按照合同约定派驻设计代表，提供设计后续服务。

（三）施工单位应当按照合同约定组织施工，管理和技术人员及施工设备应当及时到位，以满足工程需要。要均衡组织生产，加强现场管理，确保工程质量和进度，做到文明施工和安全生产。

（四）监理单位应当按照合同约定配备人员和设备，建立相应的现场监理机构，健全监理管理制度，保持监理人员稳定，确保对工程的有效监理。

（五）设备和材料供应单位应当按照合同约定，确保供货质量和时间，做好售后服务工作。

（六）试验检测单位应当按照试验规程和合同约定进行取样、试验和检测，提供真实、完整的试验检测资料。

第二十九条　公路工程实行政府监督、法人管理、社会监理、企业自检的质量保证体系。交通运输主管部门及其所属的质量监督机构对工程质量负监督责任，项目法人对工程质量负管理责任，勘察设计单位对勘察设计质量负责，施工单位对施工质量负责，监理单位对工程质量负现场管理责任，试验检测单位对试验检测结果负责，其他从业单位和从业人员按照有关规定对其产品或者服务质量负相应责任。

第三十条　各级交通运输主管部门及其所属的质量监督机构对工程建设项目进行监督检查时，公路建设从业单位和从业人员应当积极配合，不得拒绝和阻挠。

第三十一条　公路建设从业单位和从业人员应当严格执行国家有关安全生产的法律、法规、国家标准及行业标准，建立健全安全生产的各项规章制度，明确安全责任，落实安全措施，履行安全管理的职责。

第三十二条　发生工程质量、安全事故后，从业单位应当按照有关规定及时报有关主管部门，不得拖延和隐瞒。

第三十三条　公路建设项目法人应当合理确定建设工期，严格按照合同工期组织项目建设。项目法人不得随意要求更改合同工期。如遇特殊情况，确需缩短合同工期的，经合同双方协商一致，可以缩短合同工期，但应当采取措施，确保工程质量，并按照合同规定给予经济补偿。

第三十四条　公路建设项目法人应当按照国家有关规定管理和使用公路建设资金，做到专款专用，专户储存；按照工程进度，及时支付工程款；按照规定的期限及时退还保证金、办理工程结算。不得拖欠工程款和征地拆迁款，不得挤占挪用建设资金。

施工单位应当加强工程款管理，做到专款专用，不得拖欠分包人的工程款和农民工工资；项目法人对工程款使用情况进行监督检查时，施工单位应当积极配合，不得阻挠和拒绝。

第三十五条　公路建设从业单位和从业人员应当严格执行国家和地方有关环境保护和土地管理的规定，采取有效措施保护环境和节约用地。

第三十六条　公路建设项目法人、监理单位和施工单位对勘察设计中存在的问题应当及时提出设计变更的意见，并依法履行审批手续。设计变更应当符合国家制定的技术标准和设计规范要求。

任何单位和个人不得借设计变更虚报工程量或者提高单价。

重大工程变更设计应当按有关规定报原初步设计审批部门批准。

第三十七条　勘察、设计单位经项目法人批准，可以将工程设计中跨专业或者有特殊要求的勘察、设计工作委托给有相应资质条件的单位，但不得转包或者二次分包。

监理工作不得分包或者转包。

第三十八条　施工单位可以将非关键性工程或者适合专业化队伍施工的工程分包给具有相应资格条件的单位，并对分包工程负连带责任。允许分包的工程范围应当在招标文件中规定。分包工程不得再次分包，严禁转包。

任何单位和个人不得违反规定指定分包、指定采购或者分割工程。

项目法人应当加强对施工单位工程分包的管理，所有分包合同须经监理审查，并报项目法人备案。

第三十九条　施工单位可以直接招用农民工或者将劳务作业发包给具有劳务分包资质的劳务分包人。施工单位招用农民工的，应当依法签订劳动合同，并将劳动合同报项目监理工程师和项目法人备案。

施工单位和劳务分包人应当按照合同按时支付劳务工资，落实各项劳动保护措施，确保农民工安全。

劳务分包人应当接受施工单位的管理，按照技术规范要求进行劳务作业。劳务分包人不得将其分包的劳务作业再次分包。

第四十条　项目法人和监理单位应当加强对施工单位使用农民工的管理，对不签订劳动合同、非法使用农民工的，或者拖延和克扣农民工工资的，要予以纠正。拒不纠正的，项目法人要及时将有关情况报交通运输主管部门调查处理。

第四十一条　项目法人应当按照交通部《公路工程竣（交）工验收办法》的规定及时组织项目的交工验收，并报请交通运输主管部门进行竣工验收。

第五章　动态管理

第四十二条　各级交通运输主管部门应当加强对公路建设从业单位和从业人员的市场行为的动态管理。应当建立举报投诉制度，查处违法行为，对有关责任单位和责任人依法进行处理。

第四十三条　国务院交通运输主管部门和省级地方人民政府交通运输主管部门应当建立公路建设市场的信用管理体系，对进入公路建设市场的从业单位和主要从业人员在招投标活动、签订合同和履行合同中的信用情况进行记录并向社会公布。

第四十四条　公路工程勘察、设计、施工、监理等从业单位应当按照项目管理的隶属关系，向交通运输主管部门提供本单位的基本情况、承接任务情况和其他动态信息，并对所提供信息的真实性、准确性和完整性负责。项目法人应当将其他从业单位在建设项目中的履约情况，按照项目管理的隶属关系报交通运输主管部门，由交通运输主管部门核实后记入从业单位信用记录中。

第四十五条　从业单位和主要从业人员的信用记录应当作为公路建设项目招标资格审查和评标

工作的重要依据。

第六章 法律责任

第四十六条 对公路建设从业单位和从业人员违反本办法规定进行的处罚，国家有关法律、法规和交通运输部规章已有规定的，适用其规定；没有规定的，由交通运输主管部门根据各自的职责按照本办法规定进行处罚。

第四十七条 项目法人违反本办法规定，实行地方保护的或者对公路建设从业单位和从业人员实行歧视待遇的，由交通运输主管部门责令改正。

第四十八条 从业单位违反本办法规定，在申请公路建设从业许可时，隐瞒有关情况或者提供虚假材料的，行政机关不予受理或者不予行政许可，并给予警告；行政许可申请人在 1 年内不得再次申请该行政许可。

被许可人以欺骗、贿赂等不正当手段取得从业许可的，行政机关应当依照法律、法规给予行政处罚；申请人在 3 年内不得再次申请该行政许可；构成犯罪的，依法追究刑事责任。

第四十九条 投标人相互串通投标或者与招标人串通投标的，投标人以向招标人或者评标委员会成员行贿的手段谋取中标的，中标无效，处中标项目金额 5‰以上 10‰以下的罚款，对单位直接负责的主管人员和其他直接责任人员处单位罚款数额 5% 以上 10% 以下的罚款；有违法所得的，并处没收违法所得；情节严重的，取消其 1~2 年内参加依法必须进行招标的项目的投标资格并予以公告；构成犯罪的，依法追究刑事责任。给他人造成损失的，依法承担赔偿责任。

第五十条 投标人以他人名义投标或者以其他方式弄虚作假，骗取中标的，中标无效，给招标人造成损失的，依法承担赔偿责任；构成犯罪的，依法追究刑事责任。

依法必须进行招标的项目的投标人有前款所列行为尚未构成犯罪的，处中标项目金额 5‰以上 10‰以下的罚款，对单位直接负责的主管人员和其他直接责任人员处单位罚款数额 5% 以上 10% 以下的罚款；有违法所得的，并处没收违法所得；情节严重的，取消其 1~3 年内参加依法必须进行招标的项目的投标资格并予以公告。

第五十一条 项目法人违反本办法规定，拖欠工程款和征地拆迁款的，由交通运输主管部门责令改正，并由有关部门依法对有关责任人员给予行政处分。

第五十二条 除因不可抗力不能履行合同的，中标人不按照与招标人订立的合同履行施工质量、施工工期等义务，造成重大或者特大质量和安全事故，或者造成工期延误的，取消其 2~5 年内参加依法必须进行招标的项目的投标资格并予以公告。

第五十三条 施工单位有以下违法、违规行为的，由交通运输主管部门责令改正，并由有关部门依法对有关责任人员给予行政处分：

（一）违反本办法规定，拖欠分包人工程款和农民工工资的；

（二）违反本办法规定，造成生态环境破坏和乱占土地的；

（三）违反本办法规定，在变更设计中弄虚作假的；

（四）违反本办法规定，不按规定签订劳动合同的。

第五十四条 违反本办法规定，承包单位将承包的工程转包或者违法分包的，责令改正，没收违法所得，对勘察、设计单位处合同约定的勘察费、设计费 25% 以上 50% 以下的罚款；对施工单位处工程合同价款 5‰以上 10‰以下的罚款；可以责令停业整顿，降低资质等级；情节严重的，吊销资质证书。

工程监理单位转让工程监理业务的，责令改正，没收违法所得，处合同约定的监理酬金 25% 以上50%以下的罚款；可以责令停业整顿，降低资质等级；情节严重的，吊销资质证书。

第五十五条　公路建设从业单位违反本办法规定，在向交通运输主管部门填报有关市场信息时弄虚作假的，由交通运输主管部门责令改正。

第五十六条　各级交通运输主管部门和其所属的质量监督机构的工作人员违反本办法规定，在建设市场管理中徇私舞弊、滥用职权或者玩忽职守的，按照国家有关规定处理。构成犯罪的，由司法部门依法追究刑事责任。

第七章　附　则

第五十七条　本办法由交通运输部负责解释。

第五十八条　本办法自2005年3月1日起施行。交通部1996年7月11日公布的《公路建设市场管理办法》同时废止。

关于进一步完善投融资政策促进普通公路持续健康发展的若干意见

（2011 年 4 月 24 日国务院办公厅　国办发〔2011〕22 号
国家发展改革委　财政部　交通运输部）

改革开放以来，我国普通公路建设取得了巨大成就，通车里程规模迅速扩大、服务能力显著增强，对经济社会发展发挥了重要支撑作用。但也存在着债务偿还困难、养护相对不足等问题，特别是成品油价格和税费改革以及逐步有序取消政府还贷二级公路收费以后，普通公路的建设、养护、管理面临新的发展环境。为进一步完善普通公路投融资体制机制，促进普通公路持续健康发展，现提出以下意见：

一、充分认识普通公路发展的重要性

（一）普通公路是指除高速公路以外的、为公众出行提供基础性普遍服务的非收费公路，由普通国省干线公路和农村公路组成，构成了我国公路网的主体，是我国覆盖范围最广、服务人口最多、提供服务最普遍、公益性最强的交通基础设施，是保障经济社会发展和人民生产生活的重要基础条件。不断完善普通公路网络，充分发挥普通公路的基础性服务作用，对于便利群众出行，推动社会主义新农村建设，促进城镇化和工业化发展，构建社会主义和谐社会，具有十分重要的意义。建设和维护好普通公路，是各级人民政府履行公共服务职能的重要内容。各地区、各有关部门要高度重视普通公路建设、养护和管理，统筹交通资源，积极筹措资金，保障普通公路持续健康发展。

二、总体要求和基本原则

（二）总体要求。以科学发展观为指导，按照加强政府公共服务职能的要求，根据经济社会发展需要与财力可能，建立以公共财政为基础、各级政府责任清晰、财力和事权相匹配的投融资长效机制，实现普通公路的持续健康发展。

（三）基本原则。坚持政府主导，提高公共财政保障能力，以财政性资金为主解决普通公路投入问题，规范融资渠道，加强资金使用监管。坚持需求和财力相统筹，综合考虑发展需要和财力状况，实事求是，量力而行，有序推进普通公路发展。坚持财力和事权相匹配，明确各级政府对普通公路的建设、养护及管理的责任，根据各级政府事权合理配置财力。坚持科学规划，根据经济社会发展需求和路网功能定位，合理规划、适时调整普通公路的总体布局、路网规模和标准。坚持存量优先，合理安排新建、改扩建及养护资金，做到建养并重、养护优先。

三、切实保障普通公路养护和建设资金

（四）规范成品油价格和税费改革转移支付资金使用。成品油价格和税费改革后，新增成品油消费税收入基数返还中替代公路养路费支出部分和增量资金中相当于养路费占原基数比例的部分，原则上全额用于普通公路的养护管理，不得用于收费公路建设。新增成品油消费税收入中每年安排各地用于政府还贷二级收费公路撤站债务偿还的专项资金，在债务偿还完毕后，全额用于普通公路养护、管理和建设。加大成品油价格和税费改革新增税收收入增量资金对普通公路养护、管理和建设的转移支付力度。

（五）加大对普通公路发展的支持力度。继续安排中央预算内投资用于普通公路的建设。调整车购税支出结构，提高用于普通干线公路的支出比重。在规范政府性债务管理和风险可控的条件下，在现行中央代理发行地方政府债券制度框架内，考虑普通公路建设发展需求因素，适当扩大发行债券规模，由地方政府安排用于普通公路发展。除中央预算内资金、专项资金和政府债券外，地方各级人民政府应加大力度安排其他财政性资金用于普通公路发展。完善中央资金分配调节机制，加大向西部地区倾斜力度，实现区域间的合理分配，促进区域交通协调发展。

（六）多渠道增加普通公路投入。中央预算内投资和车购税资金在公路交通领域投资形成的收益，应主要用于普通公路建设。各地转让政府还贷公路经营权益所得，应安排一定比例资金用于普通公路建设。逐步建立高速公路与普通公路统筹发展机制，新建、改扩建高速公路应将与之密切关联、提供集散服务的普通公路纳入项目范围，统一规划、统一建设。积极探索符合普通公路公益性质的市场融资方式，鼓励社会各界支持普通公路发展。

四、抓紧完善相关配套措施

（七）加强资金使用的监督管理。尽快制定成品油价格和税费改革转移支付资金使用管理办法，规范专项资金的分配使用和监督管理。各级财政用于普通公路发展的资金应纳入预算管理，各级财政和交通运输主管部门要严格执行国库管理制度有关规定，确保及时足额拨付资金。成品油价格和税费改革形成的交通资金实行专款专用，不得挤占、挪用。要健全资金使用的绩效考核管理，加强对公路基础设施领域社会资金的引导和监管，依法加强对各类资金使用情况的审计监督，切实提高资金使用效益。

（八）规范政府性交通融资平台。地方各级人民政府要认真落实《国务院关于加强地方政府融资平台公司管理有关问题的通知》（国发〔2010〕19 号）有关规定，加强对各类交通融资平台公司的监管，严禁违规提供担保或进行变相担保。

（九）妥善处理债务问题。地方各级人民政府要全面清理普通公路建设形成的债务余额，合理分担政府性债务还本付息责任，统筹安排财力，严格按规定和协议偿还普通公路发展形成的历史债务。金融监管机构要采取措施加强金融风险的防控。财政部、交通运输部、发展改革委等部门要密切关注普通公路发展的债务问题，适时研究提出防范信贷风险的政策措施。

（十）理顺公路管理体制机制。抓紧研究制定公路管养体制改革方案，进一步明确公路事权归属，分清各级政府责任，逐步理顺公路管理体制机制。要根据明晰事权、理顺管理体制的要求，认真总结实践经验，适时修订完善相关法律、法规。

五、工作要求

（十一）切实抓好组织实施。各地区、各有关部门要根据本意见的要求，结合本地区、本部门实际制定具体实施意见，统筹安排落实工作任务。要正确处理改革、发展与稳定的关系，稳妥推进各项工作。

（十二）进一步加强协调指导。发展改革委、财政部、交通运输部等部门要根据各自职责，密切协同配合，加强对普通公路发展投融资工作的宏观指导和监督检查，及时解决工作中出现的重大问题。

重大节假日免收小型客车通行费实施方案

（2012 年 7 月 24 日国务院　国发〔2012〕37 号批转　交通运输部
国家发展改革委　财政部　监察部　国务院纠风办）

为进一步提升收费公路通行效率和服务水平，方便群众快捷出行，现就重大节假日期间免收 7 座及以下小型客车通行费有关问题制定如下实施方案：

一、实施范围

（一）免费通行的时间范围为春节、清明节、劳动节、国庆节四个国家法定节假日，以及当年国务院办公厅文件确定的上述法定节假日连休日。免费时段从节假日第一天 00：00 开始，节假日最后一天 24：00 结束（普通公路以车辆通过收费站收费车道的时间为准，高速公路以车辆驶离出口收费车道的时间为准）。

（二）免费通行的车辆范围为行驶收费公路的 7 座以下（含 7 座）载客车辆，包括允许在普通收费公路行驶的摩托车。

（三）免费通行的收费公路范围为符合《中华人民共和国公路法》和《收费公路管理条例》规定，经依法批准设置的收费公路（含收费桥梁和隧道）。各地机场高速公路是否实行免费通行，由各省（区、市）人民政府决定。

二、工作要求

（一）加强收费站免费通行管理。

为确保免费政策实施后车辆有序通行，各地区要对公路收费站现有车道进行全面调查，结合重大节假日期间 7 座及以下小型客车免费通行的要求，合理规划和利用现有收费车道和免费专用通道，确保过往车辆分类、分车道有序通行。

（二）完善收费站应急处置预案。

地方各级交通运输主管部门和收费公路经营管理单位要全面分析本辖区公路收费站的运营管理状况，特别是交通拥堵等有关情况，督促收费站制定并完善重大节假日期间应对突发事件的应急预案。一旦出现突发事件，要迅速启动应急响应，及时采取有针对性的应对措施，确保收费站正常运行和车辆有序通行。

三、保障措施

在重大节假日期间免收 7 座及以下小型客车通行费是调整和完善收费公路政策的重要举措，对于提高重大节假日公路通行能力和服务水平，降低公众假日出行成本具有重要意义，各省（区、市）人民政府和国务院有关部门要高度重视，切实抓好贯彻落实。

（一）加强领导，明确责任。

重大节假日免收 7 座及以下小型客车通行费的具体工作，由各省（区、市）人民政府负责统一组织实施。各省级交通运输、发展改革（价格）、财政、监察、纠风等部门要在省级人民政府统一领导下，制定方案，落实责任，明确分工，密切配合，共同做好实施工作。交通运输部、发展改革委、财政部、监察部、国务院纠风办要成立联合工作小组，加强对各地区的指导、协调和督查，及时帮助解决出现的问题。

（二）深化研究，完善政策。

各省（区、市）人民政府及国务院各有关部门要深入研究分析、科学评估该政策实施效果及影响，不断完善相关措施，妥善解决实施过程中出现的问题；要切实做好与收费公路经营者的沟通，争取其理解和支持，确保各项工作顺利开展。同时，要加快研究完善收费公路管理、提高公路服务水平、促进收费公路健康发展的长效机制和政策措施，更好地服务经济社会发展。

（三）注重宣传，正面引导。

各地区要通过政府及部门网站、新闻媒体等多种渠道，加强舆论引导和政策宣传，及时发布相关信息，使社会公众及时、全面了解本方案的重大意义及具体内容，为公路交通健康持续发展创造良好的舆论氛围。

关于切实做好重大节假日免收小型客车通行费有关工作的通知

(2012 年 8 月 7 日交通运输部　交公路发〔2012〕376 号)

各省、自治区、直辖市、新疆生产建设兵团交通运输厅(局、委),天津市市政公路管理局:

为贯彻落实《国务院关于批转交通运输部等部门重大节假日免收小型客车通行费实施方案的通知》(国发〔2012〕37 号)(以下简称《通知》)要求,切实做好重大节假日免收小型客车通行费的实施工作,进一步提升重大节假日收费公路通行效率和服务水平,现就有关事项通知如下:

一、充分认识做好重大节假日免收小型客车通行费工作的重要意义

收费公路政策的实施,拓宽了公路建设投融资渠道,对加快我国公路交通基础设施建设,促进国土资源开发,优化产业布局,保障人民群众安全便捷出行,推动经济社会健康持续发展发挥了重要作用。但在实施过程中也出现了一些问题。特别是近年来随着我国汽车保有量的快速增长,公路交通拥堵现象逐步加剧。重大节假日期间,部分公路收费站因车流量大、排队缴费而导致拥堵的现象时有发生,直接影响人民群众假日出行、度假旅游的通行效率,已成为社会关注的焦点。落实国务院《通知》要求,在重大节假日期间免收 7 座及以下小型客车通行费,是调整和完善收费公路政策的重要举措,也是收费公路专项清理工作的重要成果,对于适应人民群众出行的新要求,发挥公路交通的比较优势,提高重大节假日收费公路通行能力和服务水平,降低公众节假日出行成本,进一步加快发展城镇郊区游、农家乐等旅游业,刺激消费,拉动内需,促进社会和谐进步等都具有十分重要的意义。各省(区、市)交通运输主管部门和收费公路经营管理单位要统一思想,树立全局观念,站在事关更好地服务民生、更好地推动公路交通科学发展、更好地健全和完善收费公路政策的高度,认真办好这件顺民心、促发展的好事,严格按照省(区、市)人民政府的统一部署,切实抓好贯彻落实工作。

二、全面做好重大节假日免收小型客车通行费的实施工作

根据《通知》规定,今后每年国务院办公厅文件确定的春节、清明节、劳动节、国庆节及其连休日期间,在收费公路上行驶的 7 座及以下小型客车将免费通行。部决定,从今年国庆节假日起开始实施《通知》要求。作为第一个实施小型客车免费通行的国庆节假日,各地交通运输主管部门和收费公路经营管理单位要认真做好准备工作,严格按照国务院批准的实施方案,在省级人民政府的统一领导和组织下,会同发展改革、财政、监察、纠风等部门制定具体工作方案,落实责任,密切配合,精心组织,统筹安排,加强路网运行监测,确保假日期间公路交通安全畅通。

（一）切实加强收费站管理。

各地交通运输主管部门和收费公路经营管理单位要对公路收费站现有收费车道进行一次全面排查。在重大节假日期间，要按照7座及以下小型客车免费通行的要求，在适当地点提前设立明确清晰的引导标识，合理布置、统筹安排和利用现有收费车道和免费专用通道。特别是交通流量较大的收费站，要设置专门的重大节假日小型客车免费通道，避免收费车辆与免费车辆混合通行。实施联网电子不停车收费的省（区、市），要抓紧调整完善ETC收费系统，确保7座及以下小型客车免费快速通行。出现交通拥堵和通行高峰时段时，收费公路管理机构要有专人负责，靠前指挥；各收费站要增派人员，采取有效措施，加强现场管理和交通疏导，及时处置拥堵问题。对收费道口严重不足的收费站，要抓紧调查论证，研究制定扩宽改造方案，增加收费道口，满足车辆通行需求，确保车辆分类、分车道有序通行，切实提高收费站通行能力和效率。

（二）切实加强收费公路出行信息服务。

各地交通运输主管部门和收费公路经营管理单位要进一步加强公共服务能力建设。重大节假日期间要通过高速公路信息情报板、交通广播、电视、网站、手机短信等多种媒体，及时发布重大节假日期间公路交通出行信息，提前告知并引导公众合理选择出行时间和路线，避免车辆过度集中，导致收费公路拥堵或行驶缓慢。

（三）切实加强收费公路服务设施运行管理。

各地交通运输主管部门和收费公路经营管理单位要认真贯彻落实部《关于加强高速公路服务设施建设管理工作的指导意见》（交公路发〔2009〕31号）的相关要求，认真开展行业文明示范窗口创建活动。要把加强重大节假日期间高速公路服务区以及其他服务设施的运行管理作为提升行业服务能力、体现精细化管理水平、展示交通发展成就的重要载体，进一步弘扬爱岗敬业、奉献社会的良好行业道德风尚。要坚持以人为本，规范工作程序，切实保障公路服务区及其设施干净卫生、安全有序，服务温馨、方便实用。要加强重点区域和部位如餐饮食品、卫生场所、加油站点等的监管力度，确保设施功能完好、油料供应充足、车辆维修便捷、应急措施有力、环境整洁有序，让人民群众高兴而来，满意而去。

（四）切实加强宣传引导工作。

重大节假日免收小型客车通行费是国家规范收费公路管理、促进公路交通科学发展的重要政策措施，充分体现了以人为本、执政为民的理念，体现了服务为本、畅通主导的要求，但也会对现有收费公路经营管理单位的正常收益产生一定的影响。因此，各地交通运输主管部门要通过深入走访、座谈交流等方式解疑释惑。要通过政府网站、新闻媒体等多种渠道，加强政策宣传和舆论引导，强化收费公路经营管理者的社会责任意识，使社会各界能够及时、全面了解重大节假日免收小型客车通行费政策的重要意义和实施内容，全力支持和保障实施工作的平稳顺利推进。要通过该项政策的实施与宣传，使广大人民群众充分认识到现阶段我国坚持收费公路政策的必要性，为公路交通科学发展、安全发展创造更好的环境与条件。

各地在实施过程中出现的问题，请各省级交通运输主管部门及时与部公路局沟通。部将会同有关部门加强对各地实施工作的指导、协调和督查，确保实施工作顺利推进。

交通运输部（章）

2012年8月7日

第四编　铁路政策法规

关于进一步加强铁路建设管理的若干意见

（2011 年 6 月 9 日铁道部　铁办〔2011〕68 号）

部属各单位，各铁路公司（筹备组）：

　　为推进铁路建设科学发展、协调发展、和谐发展、可持续发展，使铁路建设更好地为经济社会发展服务，为广大人民群众服务，铁道部党组研究决定，以贯彻落实科学发展观为主题，以转变铁路发展方式为主线，进一步发挥铁道部铁路建设管理的主体责任，优化铁路局建设管理责任，落实铁路建设项目法人责任，依法科学有序推进铁路建设，确保实现"十二五"铁路建设目标，对进一步加强铁路建设管理提出如下意见。

一、理顺关系，落实责任

　　按照部党组关于铁道部主要行使政府监管、国有资产出资人代表和行业管理三项职能的要求，进一步明确铁道部建设管理主体责任，科学界定铁道部与建设单位的权责，落实建设单位的管理职权，有利于落实铁路局经营主体责任，形成行为规范、运转协调、廉洁高效的建设管理机制。

　　1. 进一步落实铁路建设管理主体责任。铁道部相关部门和单位要按照铁道部的总体要求和部署，转变理念，切实履行政府监督、行业管理和国有资产出资人代表职能，做好铁路建设规划、政策、行业法律、法规拟订，建设标准和规章制定，合理确定建设项目组织实施方式，加强建设市场管理、建设项目资金管理，建设过程协调、服务，建设项目组织管理等工作；建立完善监管体系及相关规章，完善项目决策报批审批、初步设计审批、项目变更审批制度，建立项目管理考核机制，完善责任追究制度和处罚办法，开展建设项目审计，加强建设项目安全质量监督检查、建设项目执法监察等；做好建设项目安全、稳定、投资风险评估，合理安排建设项目投资，确定出资人代表及股权结构，行使出资人权力，组建合资公司筹备组，审定资金预算，管理施工图审核，安排年度投资计划，推荐合资公司高层管理人选等；加强快速铁路网项目、跨局路网主骨架长大干线项目以及难度大项目的管理。

　　2. 科学界定铁道部与建设单位的权责。铁道部依法确定建设项目的建设标准、建设规模、建设总工期和工程总投资，提出环境保护要求，对实施过程中发生的重大变化，依法按程序进行调整，并对上述事项负责。建设单位按照铁道部确定的建设目标负责具体项目的组织实施，对具体项目的实施结果负责；在建设项目条件发生变化，对上述目标实施有重大影响时，建设单位应按职权和程序，及时提出修改建议，或进行变更设计；铁道部对建设单位的实施过程进行监督、考核。

　　3. 落实建设单位的建设管理责任。建设单位是铁路建设项目管理的实施主体，铁道部按照责权对等原则赋予建设单位相应的权利和责任。建设单位应加强建设项目管理，按照规定处理相关事宜并承担责任，定期向铁道部报告工作，就建设项目的工程质量、安全、工期、投资等对铁道部和各投资方负责。

铁路局受铁道部委托管理组织实施铁路局管内既有线、枢纽、中小项目，接受其他建设单位委托代建涉及既有线安全部分的工程，同时负责协调管内铁路建设与地方的关系，为铁道部管理的建设项目提供工程建设保障。铁路局作为建设单位的建设项目，要认真履行建设单位职责，切实做好项目建设管理工作；中小合资项目，可由合资公司委托铁路局建设或自行组织建设。

合资公司要认真履行管理职责，按照国家和铁道部审定的规模标准投资组织建设或委托建设；批准事项下一般事项由公司依据程序办理；对重大变更设计、重大工期调整、超批准概算调整，以及其他超出批准的事项，依据公司章程履行公司决策程序后，按照国家和铁道部确定的报批程序进行报批，对建设全过程负责。

4. 切实履行出资人代表职责。铁路建设项目出资人代表要牢固树立依法管理和产权管理理念，按照法律、法规和铁道部相关规定，通过法定程序行使股东权利，履行股东义务，切实维护出资人的合法权利，通过合法渠道将出资人的合理主张贯彻到公司工作中，帮助公司协调建设中存在的问题，对建设工作进行监督检查。

二、坚持程序，依法建设

解决铁路建设工作中存在的不科学、不和谐和不可持续的问题，必须实行依法建设，严格执行建设程序，提高决策水平，严格执行标准，依法组织建设。

1. 严格执行程序。铁路建设必须坚持先勘察、后设计、再施工的基本程序，按照立项、勘察设计、工程实施和工程验收的基本建设程序组织建设，各阶段工作必须达到规定要求和深度，不得将本阶段工作转入下阶段。批准的项目建议书、可行性研究报告和初步设计文件是开展下一阶段工作的依据，可研报告未经审查不得开放定测、初步设计；初步设计及总概算未经审查不能开放补充定测、施工图设计；初步设计及总概算未批复，征地拆迁、三电迁改（含征地拆迁协助工作）不能招标；施工图（含施工图预算）审核未完成，不得开展施工招标；施工招标未完成，不得组织施工单位进场；没有批准开工报告的，不能开工建设；极高风险及高风险工点专项施工方案未批准、稳定风险未评估，不得开工；质量检验不合格的工程，不得计价拨款；变更设计未经批准，对应工程不得施工。

2. 提高决策水平。铁路建设项目决策水平直接影响建设项目实施，要按照路网规划科学合理确定项目功能定位、建设标准、规模、方案、工期、投资，确保勘察设计深度和质量，合理确定施组方案、建设工期和工程数量，充分做好经济调查工作，严格按照造价标准编制项目投资预估算、估算、设计概（预）算，全面提高铁路建设项目决策水平，尽可能减少建设项目标准、规模、方案、投资、工期等重大调整，为项目顺利实施创造有利条件。

3. 严格执行标准。要严格执行可研批复的铁路项目建设范围、功能定位、主要技术标准、重大建设方案、投资估算及资金筹措、建设工期，以及初步设计批复的各项工程设计原则和施组方案、总概算等。下阶段应严格执行上阶段审批确定的标准、规模、工期、投资等，确有重大原因需要调整时，必须严格依据有关规定和程序履行相应审批手续。

4. 依法合规组织建设。铁路建设实现科学、和谐、可持续发展，必须严格执行法律、法规和相关规定。建设单位和参建单位，尤其是各级领导和管理、技术人员，必须认真学习、掌握铁路建设必须遵守的法律、法规、规定，正确认识依法建设与加快建设的内在关系，在勘察设计、建设实施工作中严格执行法律、法规和铁道部规章制度，依法有序开展工作，不得损害人民群众的利益。

三、合理工期，有序推进

工期是保证工程质量和施工安全的重要因素，必须以工程质量和施工安全为核心，尊重工程建设客观规律，科学合理地确定工期，保证建设项目有序推进。

1. 合理确定勘察设计周期。铁路勘察设计是保证铁路建设符合经济社会发展和广大人民需求、符合铁路自身发展规律的基础，关系着工程质量和施工安全，必须为勘察设计工作安排充分的时间。定测、初步设计周期由原 3～8 个月调整为 4～12 个月，特殊项目还应进一步放宽时限，应完成 70%～75% 以上勘探工作；完成建材、土源、弃渣场调查以及相关意向协议等工作；站前、站后工程初步设计同精度完成。施工图设计、施工图预算及施工图审核周期由原 2～6 个月调整为 3～8 个月。建设单位应提前介入，在勘察设计单位协助下，按要求完成相关协议签订工作。

2. 合理确定施工工期。勘察设计单位在进行施工组织设计时，应根据工程内容、施工方法等内容，按照保证工程安全和质量的要求，科学合理提出施工工期建议；相关部门审查时，应结合建设外部环境对勘察设计单位提出的建议进行评估和论证，合理确定工期，施工总工期为铁道部批准工期。对于运输生产急需的一些铁路项目，在确保安全质量的前提下，采取有效措施，科学组织，加快推进。

3. 规范施工工期调整。建设单位应将合理的工期安排作为招标文件实质性要求和条件，严格按合同组织实施。要严格工期调整管理，任何单位和个人不得随意压缩工期。确需调整工期的，必须经过充分论证，并采取相应措施，通过优化施工组织等，确保工程质量安全，确保有序推进。

四、强化质量，确保安全

铁路建设工程质量是铁路建设的核心，铁路建设应始终坚持把安全质量放在最关键、最核心、最重要的位置。

1. 落实质量安全责任。建设单位要健全内部质量安全保证体系，督促参建单位建立安全质量管理体系，落实质量安全管理责任，落实管理人员和作业人员的质量安全责任。要明确质量安全管理重点，全面实施安全风险分级分类管理，以原材料控制、施工工艺等为重点，加强质量安全管理。

2. 实行"红线"管理。要将结构物沉降评估达标、桥梁收缩徐变达标、锁定轨温达标、联调联试达标、工序达标（上一道工序未验收签认不得进入下一道工序）等作为质量"红线"，将高风险工点安全专项方案未经批准不得开工、既有线施工方案未经批准各种程序未履行不得开工、隧道安全步距超标和擅自改变开挖方法的必须停工作为安全"红线"，对纳入"红线"的工作要从严进行管理，突破"红线"的要坚决停工，严肃处理，并赔偿经济损失。

3. 严肃处理违规行为。对铁路建设中的违法、违规行为，要严格按国家和铁道部规定进行处理；对参建单位要采用行政和市场手段进行处罚，对工程质量安全、转包及违法分包、弄虚作假、偷工减料、转移挪用建设资金等问题严肃处理，对违规企业及人员要坚决清出铁路建设市场，依法追究责任。

五、管理先进，推进有效

又好又快推进铁路建设，必须以铁路建设项目标准化管理为抓手，全面提高工程质量、施工安全和建设管理总体水平。当前，要重点抓好以下几项工作。

1. 要加强政策引导和统筹规划。铁道部有关部门单位协会要按照职责及分工，进一步清理完善技术标准、管理标准和作业标准；要统筹规划，按照铁道部确定的工作思路，切实加强政策引导和组织指导工作；要以机械化、工厂化、专业化、信息化为主要支撑，组织制定建设单位现场检查标准，补充完善单位工程（单体工程）开工条件，形成全路统一的参建单位考核标准；组织制定首件工程认可制度，提高施工作业指导书编制水平；对标准化管理工作进行指导、检查、考核。

2. 深入推进建设单位标准化管理。推进建设项目标准化管理，建设单位处于核心位置，必须按照"事事有流程、事事有标准、事事有责任人"细化完善管理制度，实现闭环管理；要选择配备热心铁路建设，有经验、会管理、有事业心的管理技术人员，按岗位配置人员；要完善现场管理，严格执行单位工程开工审查制度，规范现场检查，以过程管理标准化保证质量、安全、工期、投资、环保，确保建设队伍稳定和廉洁，全面实现建设目标。

3. 全面推进建设项目标准化管理。要在建设单位标准化管理的基础上，推进勘察设计、施工、监理工作标准化管理，全面推进标准化项目部、标准化监理部、标准化配合组建设；要将施工作业指导书作为现场作业的依据，将标准化管理落实在现场，落实到作业层，落实到作业面，落实到作业人员，全面实施标准化作业，建设标准化工地；要推行标准化设计，实现现场配合标准化；要提高监理工作质量，实现监理工作标准化，实现项目标准化管理目标。

4. 加快推行架子队管理。架子队是标准化管理的重要内容，是保证工程质量、保证施工安全、维护稳定、提高施工企业素质的重要措施，建设单位必须提高对实施架子队管理的认识，要在施工组织设计文件中明确必须使用架子队的范围，并纳入招标文件；要在审查单位工程（单体工程）开工条件时审查架子队的组建情况，需要架子队施工而没有组建架子队的，不得批准开工；要对架子队作业情况进行检查，指导施工单位完善架子队管理，将架子队使用情况纳入施工单位考核，通过推行架子队劳动组织模式，切实提高现场作业控制水平。

六、维护稳定，保证廉洁

实现铁路建设稳定、廉洁是铁路建设顺利实施的基础，建设单位及参建单位要将稳定、廉洁作为建设综合控制目标的重要内容，切实加强管理，做好预防和防范工作。

1. 认真做好维稳工作。各单位要认真贯彻落实铁道部关于做好维护稳定工作的文件要求，切实落实维稳工作责任。关心职工生产生活和职工利益，妥善处理单位内部问题；依法合规做好征地拆迁工作以及其他涉及人民群众利益的事宜，维护承建单位和农民工的合法权益。做好不稳定因素排查工作，妥善处置和化解各种矛盾，从源头上预防和减少矛盾纠纷，防止群体性、突发性事件发生，形成良好的环境。

2. 切实搞好廉政建设。各单位要认真贯彻部党组的工作部署，切实抓好反腐倡廉建设和领导干部廉洁从政各项规定的落实，深入开展工程建设重点领域专项治理工作，做好招投标监管工作，从源头上防治腐败问题发生。要认真做好重点环节廉政风险防范工作，建立以"岗位为点、程序为线、制度为面"的廉政风险防控机制，完善廉政制度，细化防控措施，明确岗位职责，加强廉政教育。要加大案件以及违规违纪、失信行为查处惩罚力度，实施对监督者的再监督。

中华人民共和国铁道部
二○一一年六月九日

关于鼓励和引导民间资本投资铁路的实施意见

(2012 年 5 月 16 日铁道部　铁政法〔2012〕97 号)

部属各单位、各铁路公司（筹备组），各合资铁路公司，各地方铁路：

　　铁路作为国民经济大动脉、国家重要基础设施和大众化交通工具，在我国经济社会发展中具有至关重要的地位和作用。鼓励和引导民间资本投资铁路，是实现铁路投资主体多元化，深化铁路体制改革，加快转变铁路发展方式，促进铁路科学发展，更好地服务于国民经济和社会发展的需要。为此，就贯彻落实《国务院关于鼓励和引导民间投资健康发展的若干意见》（国发〔2010〕13 号），结合铁路行业特点，提出如下实施意见：

　　一、鼓励和引导民间资本依法合规进入铁路领域。规范设置投资准入门槛，创造公平竞争、平等准入的市场环境。市场准入标准和优惠扶持政策要公开透明，对各类投资主体同等对待，对民间资本不单独设置附加条件。

　　二、深入推进铁路投融资体制改革，探索建立铁路产业投资基金，积极支持铁路企业股改上市，创新铁路债券发行方式，鼓励保险基金扩大投资铁路的范围和力度，探索利用项目融资、融资租赁、信托计划等多种融资工具，为民间资本投资铁路提供投融资平台，拓宽民间资本投资参与铁路建设的渠道和途径。

　　三、鼓励民间资本投资参与建设铁路干线、客运专线、城际铁路、煤运通道和地方铁路、铁路支线、专用铁路、企业专用线、铁路轮渡及其场站设施等项目。

　　四、鼓励民间资本进入铁路工程建设领域，凡符合国家规定资质条件的民营企业，允许参与铁路工程勘察设计、施工、监理、咨询以及建设物资设备采购投标。对民营企业和其他各类所有制企业采用统一的招标条件，确保公平竞争。

　　五、鼓励民间资本投资参与铁路客货运输服务业务。鼓励民营企业和国铁企业开展多种方式的物流合作，提高铁路物流运输服务水平。

　　六、鼓励民间资本参与铁路技术创新，投资铁路新型运输设备、轨道桥梁设备、电气化铁路设备器材、节能环保设备器材、安全检验检测设备及其他铁路专用设备的研发、设计、制造和维修，平等参与设备采购投标。

　　七、鼓励民间资本通过参股、控股、资产收购等多种形式，参与铁路非运输企业改制重组，推动企业转换经营机制，提高市场竞争能力。

　　八、鼓励民间资本投资参与铁路"走出去"项目。支持民营企业与国铁企业组成联合体，发挥各自优势，开展多种形式的境外投资和经济合作，开拓国际市场。

　　九、鼓励民间资本投资参与铁路产品认证、质量检验检测、安全评估、专业培训、合同能源管理及其他相关技术服务活动。

　　十、完善相关政策措施，按照平等准入、公平待遇原则，在铁路市场准入条件、财务清算办法、运输管理、项目审批、接轨许可及公益性运输负担等方面，建立健全相应的规章制度，保护各类投资者的合法权益。

十一、加强铁路行业管理和政府监管，统一铁路网建设规划，完善铁路技术标准体系和规章制度，推进铁路法制建设，严格依法履行铁路安全监管和市场监管职责，为民间资本投资铁路提供良好环境。

十二、进一步减少和规范铁路行政审批事项，凡市场机制能够有效调节的，公民、法人及其他组织能够自主决定的，可采用事后监管和间接管理方式的，一律不再实行行政审批。完善行政许可"一个窗口对外"工作机制，提高行政服务效率，推动许可管理内容、标准、程序的公开化、规范化，做到依法行政。

十三、加强政务公开与政府信息公开工作，及时向社会提供发布有关铁路政策法规、规划、标准、市场准入、建设、运输、投资等方面的信息和规定，积极向民营企业提供铁路技术、管理和人才支持，引导民间投资主体强化铁路安全质量意识、诚信自律意识和社会责任意识，做到依法合规经营。

十四、切实转变铁道部职能。按照政企分开、政资分开的要求，加大铁路经营管理体制机制改革创新力度，确立铁路运输企业市场主体地位，创造良好市场环境，促进民营企业及各类所有制企业公平竞争、共同发展。

中华人民共和国铁道部
二〇一二年五月十六日

铁路交通事故应急救援和调查处理条例

（2007 年 6 月 27 日国务院第 182 次常务会议通过　2007 年 7 月 11 日国务院令第 501 号公布　根据 2012 年 11 月 9 日中华人民共和国国务院令第 628 号公布　自 2013 年 1 月 1 日起施行的《国务院关于修改和废止部分行政法规的决定》修正）

第一章　总　则

第一条　为了加强铁路交通事故的应急救援工作，规范铁路交通事故调查处理，减少人员伤亡和财产损失，保障铁路运输安全和畅通，根据《中华人民共和国铁路法》和其他有关法律的规定，制定本条例。

第二条　铁路机车车辆在运行过程中与行人、机动车、非机动车、牲畜及其他障碍物相撞，或者铁路机车车辆发生冲突、脱轨、火灾、爆炸等影响铁路正常行车的铁路交通事故（以下简称事故）的应急救援和调查处理，适用本条例。

第三条　国务院铁路主管部门应当加强铁路运输安全监督管理，建立健全事故应急救援和调查处理的各项制度，按照国家规定的权限和程序，负责组织、指挥、协调事故的应急救援和调查处理工作。

第四条　铁路管理机构应当加强日常的铁路运输安全监督检查，指导、督促铁路运输企业落实事故应急救援的各项规定，按照规定的权限和程序，组织、参与、协调本辖区内事故的应急救援和调查处理工作。

第五条　国务院其他有关部门和有关地方人民政府应当按照各自的职责和分工，组织、参与事故的应急救援和调查处理工作。

第六条　铁路运输企业和其他有关单位、个人应当遵守铁路运输安全管理的各项规定，防止和避免事故的发生。

事故发生后，铁路运输企业和其他有关单位应当及时、准确地报告事故情况，积极开展应急救援工作，减少人员伤亡和财产损失，尽快恢复铁路正常行车。

第七条　任何单位和个人不得干扰、阻碍事故应急救援、铁路线路开通、列车运行和事故调查处理。

第二章　事故等级

第八条　根据事故造成的人员伤亡、直接经济损失、列车脱轨辆数、中断铁路行车时间等情形，事故等级分为特别重大事故、重大事故、较大事故和一般事故。

第九条　有下列情形之一的,为特别重大事故:

(一)造成 30 人以上死亡,或者 100 人以上重伤(包括急性工业中毒,下同),或者 1 亿元以上直接经济损失的;

(二)繁忙干线客运列车脱轨 18 辆以上并中断铁路行车 48 小时以上的;

(三)繁忙干线货运列车脱轨 60 辆以上并中断铁路行车 48 小时以上的。

第十条　有下列情形之一的,为重大事故:

(一)造成 10 人以上 30 人以下死亡,或者 50 人以上 100 人以下重伤,或者 5000 万元以上 1 亿元以下直接经济损失的;

(二)客运列车脱轨 18 辆以上的;

(三)货运列车脱轨 60 辆以上的;

(四)客运列车脱轨 2 辆以上 18 辆以下,并中断繁忙干线铁路行车 24 小时以上或者中断其他线路铁路行车 48 小时以上的;

(五)货运列车脱轨 6 辆以上 60 辆以下,并中断繁忙干线铁路行车 24 小时以上或者中断其他线路铁路行车 48 小时以上的。

第十一条　有下列情形之一的,为较大事故:

(一)造成 3 人以上 10 人以下死亡,或者 10 人以上 50 人以下重伤,或者 1000 万元以上 5000 万元以下直接经济损失的;

(二)客运列车脱轨 2 辆以上 18 辆以下的;

(三)货运列车脱轨 6 辆以上 60 辆以下的;

(四)中断繁忙干线铁路行车 6 小时以上的;

(五)中断其他线路铁路行车 10 小时以上的。

第十二条　造成 3 人以下死亡,或者 10 人以下重伤,或者 1000 万元以下直接经济损失的,为一般事故。

除前款规定外,国务院铁路主管部门可以对一般事故的其他情形作出补充规定。

第十三条　本章所称的"以上"包括本数,所称的"以下"不包括本数。

第三章　事故报告

第十四条　事故发生后,事故现场的铁路运输企业工作人员或者其他人员应当立即报告邻近铁路车站、列车调度员或者公安机关。有关单位和人员接到报告后,应当立即将事故情况报告事故发生地铁路管理机构。

第十五条　铁路管理机构接到事故报告,应当尽快核实有关情况,并立即报告国务院铁路主管部门;对特别重大事故、重大事故,国务院铁路主管部门应当立即报告国务院并通报国家安全生产监督管理等有关部门。

发生特别重大事故、重大事故、较大事故或者有人员伤亡的一般事故,铁路管理机构还应当通报事故发生地县级以上地方人民政府及其安全生产监督管理部门。

第十六条　事故报告应当包括下列内容:

(一)事故发生的时间、地点、区间(线名、公里、米)、事故相关单位和人员;

(二)发生事故的列车种类、车次、部位、计长、机车型号、牵引辆数、吨数;

(三)承运旅客人数或者货物品名、装载情况;

(四)人员伤亡情况,机车车辆、线路设施、道路车辆的损坏情况,对铁路行车的影响情况;

（五）事故原因的初步判断；

（六）事故发生后采取的措施及事故控制情况；

（七）具体救援请求。

事故报告后出现新情况的，应当及时补报。

第十七条　国务院铁路主管部门、铁路管理机构和铁路运输企业应当向社会公布事故报告值班电话，受理事故报告和举报。

第四章　事故应急救援

第十八条　事故发生后，列车司机或者运转车长应当立即停车，采取紧急处置措施；对无法处置的，应当立即报告邻近铁路车站、列车调度员进行处置。

为保障铁路旅客安全或者因特殊运输需要不宜停车的，可以不停车；但是，列车司机或者运转车长应当立即将事故情况报告邻近铁路车站、列车调度员，接到报告的邻近铁路车站、列车调度员应当立即进行处置。

第十九条　事故造成中断铁路行车的，铁路运输企业应当立即组织抢修，尽快恢复铁路正常行车；必要时，铁路运输调度指挥部门应当调整运输径路，减少事故影响。

第二十条　事故发生后，国务院铁路主管部门、铁路管理机构、事故发生地县级以上地方人民政府或者铁路运输企业应当根据事故等级启动相应的应急预案；必要时，成立现场应急救援机构。

第二十一条　现场应急救援机构根据事故应急救援工作的实际需要，可以借用有关单位和个人的设施、设备和其他物资。借用单位使用完毕应当及时归还，并支付适当费用；造成损失的，应当赔偿。

有关单位和个人应当积极支持、配合救援工作。

第二十二条　事故造成重大人员伤亡或者需要紧急转移、安置铁路旅客和沿线居民的，事故发生地县级以上地方人民政府应当及时组织开展救治和转移、安置工作。

第二十三条　国务院铁路主管部门、铁路管理机构或者事故发生地县级以上地方人民政府根据事故救援的实际需要，可以请求当地驻军、武装警察部队参与事故救援。

第二十四条　有关单位和个人应当妥善保护事故现场以及相关证据，并在事故调查组成立后将相关证据移交事故调查组。因事故救援、尽快恢复铁路正常行车需要改变事故现场的，应当做出标记、绘制现场示意图、制作现场视听资料，并做出书面记录。

任何单位和个人不得破坏事故现场，不得伪造、隐匿或者毁灭相关证据。

第二十五条　事故中死亡人员的尸体经法定机构鉴定后，应当及时通知死者家属认领；无法查找死者家属的，按照国家有关规定处理。

第五章　事故调查处理

第二十六条　特别重大事故由国务院或者国务院授权的部门组织事故调查组进行调查。

重大事故由国务院铁路主管部门组织事故调查组进行调查。

较大事故和一般事故由事故发生地铁路管理机构组织事故调查组进行调查；国务院铁路主管部门认为必要时，可以组织事故调查组对较大事故和一般事故进行调查。

根据事故的具体情况，事故调查组由有关人民政府、公安机关、安全生产监督管理部门、监察机关等单位派人组成，并应当邀请人民检察院派人参加。事故调查组认为必要时，可以聘请有关专家参与事故调查。

第二十七条　事故调查组应当按照国家有关规定开展事故调查，并在下列调查期限内向组织事故调查组的机关或者铁路管理机构提交事故调查报告：

（一）特别重大事故的调查期限为 60 日；

（二）重大事故的调查期限为 30 日；

（三）较大事故的调查期限为 20 日；

（四）一般事故的调查期限为 10 日。

事故调查期限自事故发生之日起计算。

第二十八条　事故调查处理，需要委托有关机构进行技术鉴定或者对铁路设备、设施及其他财产损失状况以及中断铁路行车造成的直接经济损失进行评估的，事故调查组应当委托具有国家规定资质的机构进行技术鉴定或者评估。技术鉴定或者评估所需时间不计入事故调查期限。

第二十九条　事故调查报告形成后，报经组织事故调查组的机关或者铁路管理机构同意，事故调查组工作即告结束。组织事故调查组的机关或者铁路管理机构应当自事故调查组工作结束之日起 15 日内，根据事故调查报告，制作事故认定书。

事故认定书是事故赔偿、事故处理以及事故责任追究的依据。

第三十条　事故责任单位和有关人员应当认真吸取事故教训，落实防范和整改措施，防止事故再次发生。

国务院铁路主管部门、铁路管理机构以及其他有关行政机关应当对事故责任单位和有关人员落实防范和整改措施的情况进行监督检查。

第三十一条　事故的处理情况，除依法应当保密的外，应当由组织事故调查组的机关或者铁路管理机构向社会公布。

第六章　事故赔偿

第三十二条　事故造成人身伤亡的，铁路运输企业应当承担赔偿责任；但是人身伤亡是不可抗力或者受害人自身原因造成的，铁路运输企业不承担赔偿责任。

违章通过平交道口或者人行过道，或者在铁路线路上行走、坐卧造成的人身伤亡，属于受害人自身的原因造成的人身伤亡。

第三十三条　事故造成铁路运输企业承运的货物、包裹、行李损失的，铁路运输企业应当依照《中华人民共和国铁路法》的规定承担赔偿责任。

第三十四条　除第三十二条、第三十三条的规定外，事故造成其他人身伤亡或者财产损失的，依照国家有关法律、行政法规的规定赔偿。

第三十五条　事故当事人对事故损害赔偿有争议的，可以通过协商解决，或者请求组织事故调查组的机关或者铁路管理机构组织调解，也可以直接向人民法院提起民事诉讼。

第七章　法律责任

第三十六条　铁路运输企业及其职工违反法律、行政法规的规定，造成事故的，由国务院铁路主管部门或者铁路管理机构依法追究行政责任。

第三十七条　违反本条例的规定，铁路运输企业及其职工不立即组织救援，或者迟报、漏报、瞒报、谎报事故的，对单位，由国务院铁路主管部门或者铁路管理机构处 10 万元以上 50 万元以下的罚款；对个人，由国务院铁路主管部门或者铁路管理机构处 4000 元以上 2 万元以下的罚款；属于国家工作人员的，依法给予处分；构成犯罪的，依法追究刑事责任。

第三十八条 违反本条例的规定，国务院铁路主管部门、铁路管理机构以及其他行政机关未立即启动应急预案，或者迟报、漏报、瞒报、谎报事故的，对直接负责的主管人员和其他直接责任人员依法给予处分；构成犯罪的，依法追究刑事责任。

第三十九条 违反本条例的规定，干扰、阻碍事故救援、铁路线路开通、列车运行和事故调查处理的，对单位，由国务院铁路主管部门或者铁路管理机构处 4 万元以上 20 万元以下的罚款；对个人，由国务院铁路主管部门或者铁路管理机构处 2000 元以上 1 万元以下的罚款。情节严重的，对单位，由国务院铁路主管部门或者铁路管理机构处 20 万元以上 100 万元以下的罚款；对个人，由国务院铁路主管部门或者铁路管理机构处 1 万元以上 5 万元以下的罚款。属于国家工作人员的，依法给予处分；构成违反治安管理行为的，由公安机关依法给予治安管理处罚；构成犯罪的，依法追究刑事责任。

第八章 附 则

第四十条 本条例于 2007 年 9 月 1 日起施行。1979 年 7 月 16 日国务院批准发布的《火车与其他车辆碰撞和铁路路外人员伤亡事故处理暂行规定》和 1994 年 8 月 13 日国务院批准发布的《铁路旅客运输损害赔偿规定》同时废止。

铁路主要技术政策

（2012 年 10 月 22 日铁道部部长办公会议通过　2013 年 1 月 9 日铁道部令第 34 号
自 2013 年 2 月 1 日起施行　2004 年 7 月 23 日铁道部发布的《铁路主要技术政策》
（铁科技〔2004〕78 号）同时废止）

第一章　总　则

第一条　铁路作为国民经济大动脉、国家重要基础设施和大众化交通工具，是综合交通运输体系的骨干，具有节能、环保、安全、大运力等特点，在我国经济社会发展中的地位至关重要。必须坚持科学发展观，全面提升现代化水平，提高运输能力和品质，更好地为国民经济与社会发展、为广大人民群众服务。

第二条　铁路技术发展的总原则是：以安全为前提、市场为导向、效益为中心，系统提升运输安全、工程建设、经营管理等领域技术与装备水平，增强铁路科技持续创新能力，为我国铁路科学发展提供技术支撑和保障。

第三条　铁路技术发展的总目标是：依靠科技进步与创新，构建、完善客运高速、便捷，货运重载、快捷，速度、密度、重量合理匹配，高新技术与适用技术并举，不同等级技术装备协调发展，具有中国铁路特点的技术体系，建设安全、高效、节能、环保、高度信息化的现代化铁路。

第四条　本技术政策是铁路技术发展的纲要文件，指导铁路有关规划、规章、规程、规范、标准等的编制和修订。

第二章　列车速度、密度、重量

第五条　高速铁路为新建设计开行 250 千米/小时（含预留）及以上动车组列车，初期运营速度不小于 200 千米/小时的客运专线铁路。高速铁路列车追踪间隔时间最小按 3 分钟设计，轴重不大于 17 吨，编组不大于 16 辆。

第六条　重载铁路为满足列车牵引重量 8000 吨及以上、轴重为 27 吨及以上、在至少 150 千米线路区段上年运量大于 4000 万吨三项条件中两项的铁路。新建重载铁路设计速度不大于 100 千米/小时，轴重不小于 30 吨，列车牵引重量万吨级及以上。

第七条　客货共线铁路为旅客列车与货物列车共线运营、设计速度 200 千米/小时及以下的铁路。新建客货共线铁路旅客列车最高运行速度 200 千米/小时，快运货物列车最高运行速度 160 千米/小时，普通货物列车最高运行速度 120 千米/小时。

双线铁路旅客列车追踪间隔时间最小按 5 分钟设计。旅客列车编组不大于 20 辆。

160 千米/小时客车轴重不大于 16.5 吨，120 千米/小时客车轴重不大于 18 吨。

普通客运机车轴重不大于 23 吨，货运机车轴重推广 25 吨。货车轴重研究推广 25 吨，研究发展 27 吨。

第三章 铁路建设

第八条 加快形成以"四纵四横"为骨架的快速客运网，建设区际大能力干线。

城市密集区优先建设不同速度等级的客运专线；其他地区优先发展 200 千米/小时及以下客货共线铁路；新建煤运通道宜发展重载铁路。平行线路上新建铁路应充分利用既有客货运设施，优先发展 200 千米/小时等级铁路，努力实现客货分线运输。

强化点线能力协调配套，实现主要干线间、干线与支线间牵引定数匹配。建设换乘便捷、功能齐备、经济适用的客运站。优化编组站功能与布局，完善集疏运系统，提高枢纽通畅能力。构建与其他交通运输方式紧密衔接的综合交通枢纽及现代物流中心。

第九条 提高既有铁路电气化率。快速客运网和大能力干线、煤运通道建设电气化铁路。根据运输和线路情况以及应急、防灾、国防交通需要，在全国各主要区域保留一定比例的内燃牵引。

第十条 铁路建设应合理安排建设规模，科学确定建设标准和建设工期，强化质量、安全、工期、投资效益、环境保护的措施，深入推进标准化管理，以机械化、工厂化、专业化、信息化为重要支撑手段，建立健全并落实技术、管理、作业三大标准，建设优质工程。

第十一条 加强铁路建设项目环境影响评价和节能评估。强化对自然保护区、风景名胜区、文物古迹等特殊环境及生态环境的保护。采取综合措施节约用地、集约用地。研究采用噪声、振动、废水、固体废物、电磁等污染源控制技术。

第四章 铁路运输

第十二条 铁路运输组织坚持集中统一指挥原则，优化资源配置，分阶段推行客货分线运输，提高客货运输质量、效率和效益。

第十三条 大力发展客货运输核心业务，延伸铁路服务链，推进多元化经营。

加强客户服务中心建设。发展互联网、电话等多种售票方式及延伸服务。大力发展货运电子商务，实施货运需求网上受理、全程综合物流业务网上一站办理。

第十四条 动态优化客运产品结构，开行不同等级、不同速度旅客列车。线路允许速度 300～350 千米/小时的高速铁路，兼顾 250 千米/小时动车组列车运行。新建高速铁路一般不开行货物列车和机车牵引的旅客列车。特殊地区的铁路可根据季节实行不同的运行图。

第十五条 发展货运系列产品。优先发展集装箱运输，大力提升集装箱运输比重。发展适应高附加值货物运输的不同速度等级的快捷货运产品。发展适应大宗货物运输的重载、直达货运产品。发展特种货物运输。

第十六条 大力发展现代物流业。统筹优化铁路货运设施分工和布局，形成覆盖全面、层次清晰、功能完善的铁路物流中心网络，拓展"门到门"服务，提升货运物流化管理及服务水平。

第十七条 推广运用节油、节电、节水、节煤、余热余能综合利用等新技术，积极采用清洁能源、光伏电源、地源热泵等新产品。推广应用散堆装货物运输抑尘技术。

第五章　行车安全

第十八条　坚持"安全第一、预防为主、综合治理"的方针，全面推进安全风险管理，强化安全风险管理基础，加强安全风险过程控制，做好安全风险应急处置，构建安全风险防控体系，全面提升铁路安全保障能力。

第十九条　强化运输装备与设施质量源头控制。健全运输装备与设施的技术标准和规范。坚持故障导向安全原则。推进第三方评价与检测。

铁路建设项目的铁路线路安全保护区和基本安全设施，必须与工程同时设计、同时施工、同时使用。

第二十条　大力推进铁路安全监测、监控系统建设，不断提升检测、监测、监控技术水平，扩大系统应用范围。

发展高速综合检测、巡检技术和机车车载安全防护技术，发展移动装备的在线检测监控技术，完善基础设施服役状态实时监测、监控技术，开展安全数据综合分析评估，提升安全风险诊治能力。

第二十一条　研究应用风、雨、冰、雪、雷、火等重大灾害和各类地质灾害的防治、监测及应急处置技术，完善高速铁路自然灾害及异物侵限监测系统，完善艰险山区复杂地质铁路监测系统，研究开发应用铁路地震预警及减灾处置系统。

第二十二条　强化对铁路要害、重点目标、治安复杂区段的安全防护。加强铁路沿线防护设施的建设。加强高速铁路沿线周边安全环境监测。

完善道口防护技术，逐步推进既有线道口"平改立"。新建、改建设计开行120千米/小时及以上列车的铁路或者设计运量达到规定运量标准的铁路，需要与道路交叉的，应当设置立体交叉。设计开行120千米/小时及以上列车的铁路应当实行全封闭管理。

第二十三条　探索设备设施运用状态变化规律，完善检修体制，制定科学的检修标准，强化检修质量控制。关键零部件实行寿命期管理。

第二十四条　完善铁路应急预案，健全铁路应急救援网络，完善非正常行车情况下的安全保障措施，建立突发事件的预警、预防、控制和应急处理体系。

提高客运、重载、高原铁路应急救援能力，研究应用复杂地形、特殊环境下的救援技术、装备及设施。

第二十五条　大力加强铁路公共卫生体系建设，提高站车卫生质量和突发公共卫生事件的应急处理能力。积极采用职业安全防控技术，改善作业环境和劳动条件，保障铁路从业人员的职业安全健康。

第六章　铁路信息化

第二十六条　坚持统一规划、统一标准、互联互通、资源共享的原则，全面推进铁路信息化建设，大力发展数字化、智能化铁路。

第二十七条　推进运输调度指挥、运输生产组织、客货营销服务、运力资源配置、经营资源管理、行车安全监控、铁路建设和政务管理等信息化，强化系统整合，促进业务流程再造和资源优化配置，深入开发和综合利用信息资源，充分发挥信息化整体效益。

积极发展应用物联网、云计算、地理信息、卫星导航、下一代互联网等现代信息技术。

第二十八条　加强铁路信息基础设施建设，推进公用基础编码平台、信息共享平台、铁路地理信息平台、铁路门户和数据中心的建设与运用，建设覆盖全路的宽带信息网络。

第二十九条　坚持积极防御、综合防范的原则，运用多样化的安全策略，实行信息安全等级保护制度，落实灾难备份措施，加强信息系统运行监测，建立健全信息安全保障体系和信息系统运行维护体系，提高铁路网络与信息安全突发事件应对能力。

第七章　机车车辆与供电

第三十条　机车车辆装备制式相对统一，动力配置适当冗余。推进机车车辆及重要部件的标准化、系列化、模块化、简统化。

第三十一条　发展适合不同地域和气候条件安全舒适、经济适用、维修方便、节能环保、标准统一的 160 千米/小时、200 千米/小时、250 千米/小时、350 千米/小时及以上动车组系列产品。

第三十二条　发展交流传动机车技术，完善优化机车型谱，发展适应重载运输、快捷货运和旅客运输需求，不同轴式、不同功率和速度等级的交流传动内燃、电力机车系列产品。

第三十三条　发展自重轻、性能好的客车系列产品。

发展旅客列车监控和服务网络。推广机车向客车供电技术。新造客车应采用集便装置。

第三十四条　发展自重轻、载重大、强度高、耐腐蚀的新型通用货车、重载货车及集装箱车、煤运车、汽车运输车等专用货车和快运货车。

第三十五条　电气化铁路供电能力必须与线路运输能力相适应，供电设施应预留发展条件。采用高强度、耐腐蚀、少维修的接触网零部件，提高电气化铁路的运行可靠性和抗灾能力。优化高速铁路接触网线材性能和系统匹配，改善弓网关系。推广供电综合监控及数据采集技术。推广弓网实时监测技术，发展在线监测装置与技术。

电力配电系统必须安全可靠、具备冗余能力，完善铁路独立的输配电网络。

第八章　工程与工务

第三十六条　铁路勘测设计应强化地质勘察和评估，发展综合勘察技术和三维动态设计技术，实现勘测设计一体化、数字化，不断提高勘察设计水平和质量。加强铁路工程结构抗震设计。200 千米/小时及以上铁路应建立勘察设计、工程施工和运营维护三网合一的精密测量控制网。

开展基于可靠度理论的极限状态设计标准体系研究。统一制定不同运输条件下的设计活载标准。

第三十七条　路基设计采用土工结构物设计理念，强化路基、基床及过渡段设计和区域性沉降控制技术，加强路基防、排水工程措施，发展路基工后沉降控制技术和防护加固新技术，提高路基工程质量和防灾能力。完善路基状态的监测、维护与灾害整治技术。

第三十八条　发展高强和新型结构桥梁，加强桥梁动力性能和桥面脱轨防护设计，完善桥梁耐久性设计和施工技术。开展大跨度桥梁研究和深水基础研究。加强铁路桥梁减隔震技术研究。开展新建重载铁路常用跨度桥梁和既有桥涵重载强化的技术研究。

第三十九条　加强隧道工程地质选线及评估。强化隧道防、排水和洞口防护措施，提高隧道结构的可靠性、耐久性、可维护性。研究软弱围岩条件下全断面施工技术，积极采用全断面掘进机施工。发展隧道超前地质预报、监控量测和灾害诊治技术。

第四十条　完善不同运输条件下的轨道结构类型。新建 300 千米/小时及以上铁路、长大隧道及隧道群内可采用无砟轨道。提高无砟轨道可靠性、耐久性。完善有砟轨道结构。

新建重载和 120 千米/小时及以上线路应一次铺设跨区间无缝线路,积极采用 100m(60kg/m)、75m(75kg/m)长定尺钢轨。

积极发展重载铁路耐久道岔、钢轨技术,以及既有线改造重载铁路线桥隧强化技术。

第四十一条　积极发展综合、高效、节能、环保的大型养路机械、工务专用设备。高速、重载、高原和干线铁路应采用大型养路机械施工和养护维修。深化研究高原冻土区路桥整治技术。

第九章　通信与信号

第四十二条　高速铁路全面采用调度集中系统,其他线路积极采用调度集中系统,建成行车调度指挥系统。

第四十三条　完善中国列车运行控制系统(C 吨 CS),优化技术方案、技术标准。发展基于应答器提供基础数据的列车运行监控装置(LKJ)技术。

列车运行控制系统装备等级根据线路允许速度选用。160 千米/小时客货共线铁路采用 C 吨 CS0 级或 C 吨 CS1 级列控系统,200 千米/小时客货共线铁路采用 C 吨 CS2 级列控系统,250 千米/小时高速铁路优先采用 C 吨 CS3 级列控系统,300 千米/小时及以上高速铁路采用 C 吨 CS3 级列控系统。

第四十四条　统一自动闭塞制式,完善车站电码化。双线区段应采用自动闭塞,单线区段采用自动站间闭塞或半自动闭塞。

第四十五条　采用计算机联锁系统,发展安全计算机平台技术,积极采用三相交流转辙机。研究发展联锁、闭塞、列车运行控制一体化技术。干线逐步推广采用分动外锁闭道岔转换设备。

推进编组站控制系统的升级换代,积极发展编组站综合自动化系统。

第四十六条　推进传输网、数据通信网的宽带化、智能化,形成全路统一、稳定可靠、承载多种业务信息的通信网络平台。

第四十七条　发展 GSM - R,全面实现高速铁路 GSM - R 网络覆盖,逐步建立覆盖全路的数字移动通信系统。建设和完善综合视频监控、应急通信、调度通信等系统。推进列车安全防护、安全预警等装备建设。

开展下一代铁路移动通信技术的研究。

第四十八条　积极发展铁路通信信号动静态检测、监测和智能分析技术,完善远程诊断、预警预报和综合网管等系统及装备。

第十章　质量、标准与计量

第四十九条　加强行业管理,完善以行政许可、产品认证为主要形式的铁路产品准入制度,提高产品质量、工程质量。

第五十条　完善铁路技术标准体系与标准化工作管理体系。积极参与国际标准化工作。强化技术标准的贯彻、实施与监督。

第五十一条　完善铁路专用计量管理体系,实行计量器具新产品技术认证制度,强化铁路运输安全监测、监控设备量值溯源管理。

国务院关于组建中国铁路总公司有关问题的批复

(2013 年 3 月 14 日国务院　国函〔2013〕47 号)

交通运输部、财政部、国家铁路局：

原铁道部关于报请审批中国铁路总公司组建方案和公司章程的请示收悉。现就组建中国铁路总公司有关问题批复如下：

一、原则同意《中国铁路总公司组建方案》和《中国铁路总公司章程》。

二、中国铁路总公司是经国务院批准，依据《中华人民共和国全民所有制工业企业法》设立，由中央管理的国有独资企业，由财政部代表国务院履行出资人职责，交通运输部、国家铁路局依法对公司进行行业监管。

三、中国铁路总公司以铁路客货运输服务为主业，实行多元化经营。负责铁路运输统一调度指挥，负责国家铁路客货运输经营管理，承担国家规定的公益性运输，保证关系国计民生的重点运输和特运、专运、抢险救灾运输等任务。负责拟订铁路投资建设计划，提出国家铁路网建设和筹资方案建议。负责建设项目前期工作，管理建设项目。负责国家铁路运输安全，承担铁路安全生产主体责任。

四、中国铁路总公司注册资金为 10360 亿元人民币，不进行资产评估和审计验资；实有国有资本数额以财政部核定的国有资产产权登记数额为准。

五、中国铁路总公司的领导班子由中央管理；公司实行总经理负责制，总经理为公司法定代表人。

六、中国铁路总公司为国家授权投资机构和国家控股公司，财务关系在财政部单列，并依照国家有关法律和行政法规，开展各类投资经营业务，承担国有资产保值增值责任，建立健全公司的财务会计制度。

七、同意将原铁道部相关资产、负债和人员划入中国铁路总公司，将原铁道部对所属 18 个铁路局（含广州铁路集团公司、青藏铁路公司）、3 个专业运输公司及其他企业的权益作为中国铁路总公司的国有资本。中国铁路总公司的国有资产收益，应按照国家有关法律、法规和有关规定执行，历史债务问题没有解决前，国家对公司暂不征收国有资产收益。在保证有关企业合法权益和自身发展需要的前提下，公司可集中部分国有资产收益，由公司用于再投入和结构调整。

八、建立铁路公益性运输补贴机制。对于铁路承担的学生、伤残军人、涉农物资等公益性运输任务，以及青藏线、南疆线等有关公益性铁路的经营亏损，研究建立铁路公益性运输补贴机制，研究采取财政补贴等方式，对铁路公益性运输亏损给予适当补偿。

九、中国铁路总公司组建后，继续享有国家对原铁道部的税收优惠政策，国务院及有关部门、地方政府对铁路实行的原有优惠政策继续执行，继续明确铁路建设债券为政府支持债券。对企业设立和重组改制过程中涉及的各项税费政策，按国家规定执行，不增加铁路改革成本。

十、中国铁路总公司承继原以铁道部名义签订的债权债务等经济合同、民事合同、协议等权利和义务；承继原铁道部及国家铁路系统拥有的无形资产、知识产权、品牌、商标等权益，统一管理使用。妥善解决原铁道部及下属企业负债，国家原有的相关支持政策不变，在中央政府统筹协调下，综合采取各项措施加以妥善处理，由财政部会同国家有关部门研究提出具体处理方式。

十一、中国铁路总公司组建后，要加强铁路运输调度集中统一指挥，维护良好运输秩序，保证重点运输、公益性运输，确保铁路运输安全和职工队伍稳定。要有序推进铁路建设，按期完成"十二五"规划建设任务。要根据国家产业政策，完善路网结构，优化运输组织，强化安全管理，提升服务质量，提高运输效率和效益，不断增强市场竞争力。要继续深化铁路企业改革，按照建立现代企业制度的要求，推进体制机制创新，逐步建立完善的公司法人治理结构，不断提高管理水平和市场竞争力。《中国铁路总公司组建方案》和《中国铁路总公司章程》由财政部根据本批复精神完善后印发。

组建中国铁路总公司是深化铁路管理体制改革、实现政企分开、推动铁路建设和运营健康可持续发展的重要举措，各地区、各有关部门要积极支持，做好组建中国铁路总公司的各项工作，确保铁路体制改革顺利、平稳实施。

国务院

2013 年 3 月 14 日

第五编　水路运输政策法规

国内水路运输管理条例

(2012 年 9 月 26 日国务院第 218 次常务会议通过　2012 年 10 月 13 日
国务院令第 625 号　自 2013 年 1 月 1 日起施行)

第一章　总　则

第一条　为了规范国内水路运输经营行为，维护国内水路运输市场秩序，保障国内水路运输安全，促进国内水路运输业健康发展，制定本条例。

第二条　经营国内水路运输以及水路运输辅助业务，应当遵守本条例。

本条例所称国内水路运输（以下简称水路运输），是指始发港、挂靠港和目的港均在中华人民共和国管辖的通航水域内的经营性旅客运输和货物运输。

本条例所称水路运输辅助业务，是指直接为水路运输提供服务的船舶管理、船舶代理、水路旅客运输代理和水路货物运输代理等经营活动。

第三条　国家鼓励和保护水路运输市场的公平竞争，禁止垄断和不正当竞争行为。

国家运用经济、技术政策等措施，支持和鼓励水路运输经营者实行规模化、集约化经营，促进水路运输行业结构调整；支持和鼓励水路运输经营者采用先进适用的水路运输设备和技术，保障运输安全，促进节约能源，减少污染物排放。

国家保护水路运输经营者、旅客和货主的合法权益。

第四条　国务院交通运输主管部门主管全国水路运输管理工作。

县级以上地方人民政府交通运输主管部门主管本行政区域的水路运输管理工作。县级以上地方人民政府负责水路运输管理的部门或者机构（以下统称负责水路运输管理的部门）承担本条例规定的水路运输管理工作。

第五条　经营水路运输及其辅助业务，应当遵守法律、法规，诚实守信。

国务院交通运输主管部门和负责水路运输管理的部门应当依法对水路运输市场实施监督管理，对水路运输及其辅助业务的违法经营活动实施处罚，并建立经营者诚信管理制度，及时向社会公告监督检查情况。

第二章　水路运输经营者

第六条　申请经营水路运输业务，本条例第七条规定的情形外，申请人应当符合下列条件：

（一）具备企业法人条件；

（二）有符合本条例第十三条规定的船舶，并且自有船舶运力符合国务院交通运输主管部门的规定；

（三）有明确的经营范围，其中申请经营水路旅客班轮运输业务的，还应当有可行的航线营运计划；

（四）有与其申请的经营范围和船舶运力相适应的海务、机务管理人员；

（五）与其直接订立劳动合同的高级船员占全部船员的比例符合国务院交通运输主管部门的规定；

（六）有健全的安全管理制度；

（七）法律、行政法规规定的其他条件。

第七条　个人可以申请经营内河普通货物运输业务。

申请经营内河普通货物运输业务的个人，应当有符合本条例第十三条规定且船舶吨位不超过国务院交通运输主管部门规定的自有船舶，并应当符合本条例第六条第六项、第七项规定的条件。

第八条　经营水路运输业务，应当按照国务院交通运输主管部门的规定，经国务院交通运输主管部门或者设区的市级以上地方人民政府负责水路运输管理的部门批准。

申请经营水路运输业务，应当向前款规定的负责审批的部门提交申请书和证明申请人符合本条例第六条或者第七条规定条件的相关材料。

负责审批的部门应当自受理申请之日起30个工作日内审查完毕，做出准予许可或者不予许可的决定。予以许可的，发给水路运输业务经营许可证件，并为申请人投入运营的船舶配发船舶营运证件；不予许可的，应当书面通知申请人并说明理由。

取得水路运输业务经营许可的，持水路运输业务经营许可证件依法向工商行政管理机关办理登记后，方可从事水路运输经营活动。

第九条　各级交通运输主管部门应当做好水路运输市场统计和调查分析工作，定期向社会公布水路运输市场运力供需状况。

第十条　为保障水路运输安全，维护水路运输市场的公平竞争秩序，国务院交通运输主管部门可以根据水路运输市场监测情况，决定在特定的旅客班轮运输和散装液体危险货物运输航线、水域暂停新增运力许可。

采取前款规定的运力调控措施，应当符合公开、公平、公正的原则，在开始实施的60日前向社会公告，说明采取措施的理由以及采取措施的范围、期限等事项。

第十一条　外国的企业、其他经济组织和个人不得经营水路运输业务，也不得以租用中国籍船舶或者舱位等方式变相经营水路运输业务。

中国香港特别行政区、中国澳门特别行政区和中国台湾地区的企业、其他经济组织以及个人参照适用前款规定，国务院另有规定的除外。

第十二条　依照本条例取得许可的水路运输经营者终止经营的，应当自终止经营之日起15个工作日内向原许可机关办理注销许可手续，交回水路运输业务经营许可证件。

第十三条　水路运输经营者投入运营的船舶应当符合下列条件：

（一）与经营者的经营范围相适应；

（二）取得有效的船舶登记证书和检验证书；

（三）符合国务院交通运输主管部门关于船型技术标准和船龄的要求；

（四）法律、行政法规规定的其他条件。

第十四条　水路运输经营者新增船舶投入运营的，应当凭水路运输业务经营许可证件、船舶登记证书和检验证书向国务院交通运输主管部门或者设区的市级以上地方人民政府负责水路运输管理的部门领取船舶营运证件。

从事水路运输经营的船舶应当随船携带船舶营运证件。

海事管理机构办理船舶进出港签证，应当检查船舶的营运证件。对不能提供有效的船舶营运证件的，不得为其办理签证，并应当同时通知港口所在地人民政府负责水路运输管理的部门。港口所在地人民政府负责水路运输管理的部门收到上述通知后，应当在 24 小时内作出处理并将处理情况书面通知有关海事管理机构。

第十五条 国家根据保障运输安全、保护水环境、节约能源、提高航道和通航设施利用效率的需求，制定并实施新的船型技术标准时，对正在使用的不符合新标准但符合原有标准且未达到规定报废船龄的船舶，可以采取资金补贴等措施，引导、鼓励水路运输经营者进行更新、改造；需要强制提前报废的，应当对船舶所有人给予补偿。具体办法由国务院交通运输主管部门会同国务院财政部门制定。

第十六条 水路运输经营者不得使用外国籍船舶经营水路运输业务。但是，在国内没有能够满足所申请运输要求的中国籍船舶，并且船舶停靠的港口或者水域为对外开放的港口或者水域的情况下，经国务院交通运输主管部门许可，水路运输经营者可以在国务院交通运输主管部门规定的期限或者航次内，临时使用外国籍船舶运输。

在中国香港特别行政区、中国澳门特别行政区、中国台湾地区进行船籍登记的船舶，参照适用本条例关于外国籍船舶的规定，国务院另有规定的除外。

第三章 水路运输经营活动

第十七条 水路运输经营者应当在依法取得许可的经营范围内从事水路运输经营。

第十八条 水路运输经营者应当使用符合本条例规定条件、配备合格船员的船舶，并保证船舶处于适航状态。

水路运输经营者应当按照船舶核定载客定额或者载重量载运旅客、货物，不得超载或者使用货船载运旅客。

第十九条 水路运输经营者应当依照法律、行政法规和国务院交通运输主管部门关于水路旅客、货物运输的规定、质量标准以及合同的约定，为旅客、货主提供安全、便捷、优质的服务，保证旅客、货物运输安全。

水路旅客运输业务经营者应当为其客运船舶投保承运人责任保险或者取得相应的财务担保。

第二十条 水路运输经营者运输危险货物，应当遵守法律、行政法规以及国务院交通运输主管部门关于危险货物运输的规定，使用依法取得危险货物适装证书的船舶，按照规定的安全技术规范进行配载和运输，保证运输安全。

第二十一条 旅客班轮运输业务经营者应当自取得班轮航线经营许可之日起 60 日内开航，并在开航 15 日前公布所使用的船舶、班期、班次、运价等信息。

旅客班轮运输应当按照公布的班期、班次运行；变更班期、班次、运价的，应当在 15 日前向社会公布；停止经营部分或者全部班轮航线的，应当在 30 日前向社会公布并报原许可机关备案。

第二十二条 货物班轮运输业务经营者应当在班轮航线开航的 7 日前，公布所使用的船舶以及班期、班次和运价。

货物班轮运输应当按照公布的班期、班次运行；变更班期、班次、运价或者停止经营部分或者全部班轮航线的，应当在 7 日前向社会公布。

第二十三条 水路运输经营者应当依照法律、行政法规和国家有关规定，优先运送处置突发事件所需的物资、设备、工具、应急救援人员和受到突发事件危害的人员，重点保障紧急、重要的军事运输。

出现关系国计民生的紧急运输需求时，国务院交通运输主管部门按照国务院的部署，可以要求水路运输经营者优先运输需要紧急运输的物资。水路运输经营者应当按照要求及时运输。

第二十四条 水路运输经营者应当按照统计法律、行政法规的规定报送统计信息。

第四章 水路运输辅助业务

第二十五条 运输船舶的所有人、经营人可以委托船舶管理业务经营者为其提供船舶海务、机务管理等服务。

第二十六条 申请经营船舶管理业务，申请人应当符合下列条件：

（一）具备企业法人条件；

（二）有健全的安全管理制度；

（三）有与其申请管理的船舶运力相适应的海务、机务管理人员；

（四）法律、行政法规规定的其他条件。

第二十七条 经营船舶管理业务，应当经设区的市级以上地方人民政府负责水路运输管理的部门批准。

申请经营船舶管理业务，应当向前款规定的部门提交申请书和证明申请人符合本条例第二十六条规定条件的相关材料。

受理申请的部门应当自受理申请之日起 30 个工作日内审查完毕，做出准予许可或者不予许可的决定。予以许可的，发给船舶管理业务经营许可证件，并向国务院交通运输主管部门备案；不予许可的，应当书面通知申请人并说明理由。

取得船舶管理业务经营许可的，持船舶管理业务经营许可证件依法向工商行政管理机关办理登记后，方可经营船舶管理业务。

第二十八条 船舶管理业务经营者接受委托提供船舶管理服务，应当与委托人订立书面合同，并将合同报所在地海事管理机构备案。

船舶管理业务经营者应当按照国家有关规定和合同约定履行有关船舶安全和防止污染的管理义务。

第二十九条 水路运输经营者可以委托船舶代理、水路旅客运输代理、水路货物运输代理业务的经营者，代办船舶进出港手续等港口业务，代为签订运输合同，代办旅客、货物承揽业务以及其他水路运输代理业务。

第三十条 船舶代理、水路旅客运输代理业务的经营者应当自企业设立登记之日起 15 个工作日内，向所在地设区的市级人民政府负责水路运输管理的部门备案。

第三十一条 船舶代理、水路旅客运输代理、水路货物运输代理业务的经营者接受委托提供代理服务，应当与委托人订立书面合同，按照国家有关规定和合同约定办理代理业务，不得强行代理，不得为未依法取得水路运输业务经营许可或者超越许可范围的经营者办理代理业务。

第三十二条 本条例第十二条、第十七条的规定适用于船舶管理业务经营者。本条例第十一条、第二十四条的规定适用于船舶管理、船舶代理、水路旅客运输代理和水路货物运输代理业务经营活动。

国务院交通运输主管部门应当依照本条例的规定制定水路运输辅助业务的具体管理办法。

第五章 法律责任

第三十三条 未经许可擅自经营或者超越许可范围经营水路运输业务或者国内船舶管理业务的，由负责水路运输管理的部门责令停止经营，没收违法所得，并处违法所得 1 倍以上 5 倍以下的罚款；没有违法所得或者违法所得不足 3 万元的，处 3 万元以上 15 万元以下的罚款。

第三十四条 水路运输经营者使用未取得船舶营运证件的船舶从事水路运输的，由负责水路运输管理的部门责令该船停止经营，没收违法所得，并处违法所得 1 倍以上 5 倍以下的罚款；没有违法所得或者违法所得不足 2 万元的，处 2 万元以上 10 万元以下的罚款。

从事水路运输经营的船舶未随船携带船舶营运证件的，责令改正，可以处 1000 元以下的罚款。

第三十五条 水路运输经营者未经国务院交通运输主管部门许可或者超越许可范围使用外国籍船舶经营水路运输业务，或者外国的企业、其他经济组织和个人经营或者以租用中国籍船舶或者舱位等方式变相经营水路运输业务的，由负责水路运输管理的部门责令停止经营，没收违法所得，并处违法所得 1 倍以上 5 倍以下的罚款；没有违法所得或者违法所得不足 20 万元的，处 20 万元以上 100 万元以下的罚款。

第三十六条 以欺骗或者贿赂等不正当手段取得本条例规定的行政许可的，由原许可机关撤销许可，处 2 万元以上 20 万元以下的罚款；有违法所得的，没收违法所得；国务院交通运输主管部门或者负责水路运输管理的部门自撤销许可之日起 3 年内不受理其对该项许可的申请。

第三十七条 出租、出借、倒卖本条例规定的行政许可证件或者以其他方式非法转让本条例规定的行政许可的，由负责水路运输管理的部门责令改正，没收违法所得，并处违法所得 1 倍以上 5 倍以下的罚款；没有违法所得或者违法所得不足 3 万元的，处 3 万元以上 15 万元以下的罚款；情节严重的，由原许可机关吊销相应的许可证件。

伪造、变造、涂改本条例规定的行政许可证件的，由负责水路运输管理的部门没收伪造、变造、涂改的许可证件，处 3 万元以上 15 万元以下的罚款；有违法所得的，没收违法所得。

第三十八条 水路运输经营者有下列情形之一的，由海事管理机构依法予以处罚：

（一）未按照规定配备船员或者未使船舶处于适航状态；

（二）超越船舶核定载客定额或者核定载重量载运旅客或者货物；

（三）使用货船载运旅客；

（四）使用未取得危险货物适装证书的船舶运输危险货物。

第三十九条 水路旅客运输业务经营者未为其经营的客运船舶投保承运人责任保险或者取得相应的财务担保的，由负责水路运输管理的部门责令限期改正，处 2 万元以上 10 万元以下的罚款；逾期不改正的，由原许可机关吊销该客运船舶的船舶营运许可证件。

第四十条 班轮运输业务经营者未提前向社会公布所使用的船舶、班期、班次和运价或者其变更信息的，由负责水路运输管理的部门责令改正，处 2000 元以上 2 万元以下的罚款。

第四十一条 旅客班轮运输业务经营者自取得班轮航线经营许可之日起 60 日内未开航的，由负责水路运输管理的部门责令改正；拒不改正的，由原许可机关撤销该项经营许可。

第四十二条 水路运输、船舶管理业务经营者取得许可后，不再具备本条例规定的许可条件的，由负责水路运输管理的部门责令限期整改；在规定期限内整改仍不合格的，由原许可机关撤销其经营许可。

第四十三条 负责水路运输管理的国家工作人员在水路运输管理活动中滥用职权、玩忽职守、徇私舞弊，不依法履行职责的，依法给予处分。

第四十四条 违反本条例规定，构成违反治安管理行为的，依法给予治安管理处罚；构成犯罪的，依法追究刑事责任。

第六章 附 则

第四十五条 载客 12 人以下的客运船舶以及乡、镇客运渡船运输的管理办法，由省、自治区、直辖市人民政府另行制定。

第四十六条 本条例自 2013 年 1 月 1 日起施行。1987 年 5 月 12 日国务院发布的《中华人民共和国水路运输管理条例》同时废止。

关于加快"十二五"时期水运结构调整的指导意见

(2012 年 9 月 10 日交通运输部 交水发〔2012〕424 号)

各省、自治区、直辖市交通运输厅（委），天津市、上海市交通运输和港口管理局，部规划院、交科院、水运院，中国交通通信信息中心，中国船级社，长江、珠江航务管理局，长江口航道管理局，长江南京以下深水航道建设工程指挥部，各有关港航企业：

水运是国民经济的基础，是先导性、服务性产业，为深入贯彻落实国家战略部署，以科学发展为主题，以加快转变发展方式为主线，以结构调整为主攻方向，推进"十二五"时期水路交通运输科学发展、安全发展和可持续发展，不断提升服务经济社会发展的能力和水平，现提出如下意见：

一、"十二五"时期水运结构调整的重要性和紧迫性

"十二五"时期，水运发展面临着新形势、新要求，自身也存在一些结构性矛盾和问题，机遇和挑战并存。

（一）从宏观经济环境看，加快水运结构调整势在必行。

当前国际、国内宏观经济环境的变化使我国水运发展形势不容乐观，特别是航运供需失衡，燃油、人工等成本大幅上涨，企业经营面临巨大压力。需要准确判断、正确把握今后一个时期的水运发展态势，加快转变发展方式，不断优化运力、运输和组织结构，走质量效益型的内涵式发展之路，增强应对复杂形势和化解危机的能力。

（二）从经济社会发展规划要求看，加快水运结构调整势在必行。

我国经济社会"十二五"发展规划明确提出要统筹各种运输方式发展，构建便捷、安全、高效的综合交通运输体系，这也是新时期交通运输发展的战略要求和方向。内河水运符合国家资源节约型、环境友好型社会建设的要求，在承担能源、原材料等大宗物资和集装箱、重大装备等货物运输方面有着明显优势，但仍是综合运输体系建设的短板。国务院出台加快内河水运发展的意见，将内河水运发展上升为国家发展战略，为今后一个时期交通运输结构调整指明了方向，内河水运发展成为水运结构调整的重要方面。加大水运结构调整力度，促进现代交通运输业发展，这也是"十二五"时期经济社会发展对交通运输的基本要求。

（三）从行业自身发展情况看，加快水运结构调整势在必行。

我国水运发展取得了明显成绩，但也存在一些结构性矛盾和问题。港口集疏运体系还不完善，港口岸线等资源的利用效率有待进一步提高，需要预防过度超前和低水平重复建设，海运业在世界海运界的地位和话语权不高、综合竞争能力不强，海运服务贸易长期处于逆差，安全管理和节能减排任务仍然非常繁重，信息化水平还有待进一步提高等，我们要充分认识到水运发展中存在的问题，立足当前，着眼长远，以世界眼光和战略思维研究解决问题的方式方法，积极推进结构调整工

作，实现水运发展速度、质量、结构、效益相统一，增强水运全面、协调、可持续发展的能力。

二、"十二五"时期水运结构调整的总体思路

按照"兴内河、优港口、强海运"的总体思路，加快水运基础设施、运输装备结构优化升级，促进现代物流发展和综合运输体系建设，不断提升水运发展的质量、效益、竞争能力和服务水平，促进水运科学发展、安全发展。

兴内河：以加快发展为主题，充分发挥内河水运运量大、能耗小、污染轻、占地少、成本低、投资省的比较优势，把加快内河水运发展作为完善综合运输体系的重要内容，提高水资源综合利用效率，加大资金投入，加快航道建设和专业化、规模化内河港区建设，积极推进内河船型标准化工作，全面提升内河水运发展水平。

优港口：以优化发展为主题，进一步完善港口布局，有序推进基础设施建设，提高港口资源利用效率，拓展服务功能，增强港口在现代物流中的枢纽作用，加快推进"两型"港口建设，形成布局合理、服务高效、保障有力、安全环保、管理先进的现代化港口体系。

强海运：以做强、做大为主题，加快建设大型化、专业化、现代化的海运船队，增强国轮船队对我国进口能源、原材料等重要战略物资的运输保障能力，大力发展现代航运服务业，不断提升我国海运的国际竞争力和服务水平，增强在世界海运界的地位和话语权。

三、"十二五"时期水运结构调整的主要任务

面对水运发展的重要战略机遇期，为加快推进水运结构调整，要重点抓好以下六项主要工作。

（一）加快构建畅通高效的现代化内河水运体系。

按照内河航道布局规划要求，加快构建以高等级航道为主体的内河航道体系，促进流域经济协调发展。加快长江干线、西江航运干线、京杭运河和长三角、珠三角高等级航道建设，全面改善航道通航条件。大力推进干支联网工程，逐步构建干支衔接、通江达海的航道网络。推动界河、国际河流和非水网地区航道建设，延伸航道通达和覆盖范围。加强航道养护管理，完善养护机制，提高航道养护管理质量和服务水平。加快内河主要港口建设，加快主要港口和部分地区重要港口专业化、规模化、现代化港区建设，建成一批集装箱、汽车滚装、大宗散货等专业化泊位，增强对临港工业和腹地经济发展的支撑带动作用。制定实施《全国内河船型标准化实施方案》，加快推进长江干线、京杭运河船型标准化，全面开展西江航运干线和珠江三角洲高等级航道网船型标准化工作，启动其他高等级航道重点船型的标准化工作，推进乡镇渡船的标准化改造，加快现有非标准船型和安全、环保设施不达标的老旧运输船舶的更新改造。

（二）大力提升港口的发展质量和效益。

优化港口布局，推动港口功能拓展和结构调整，充分发挥主要港口在综合运输体系中的枢纽作用，提升对腹地经济社会发展的综合服务能力。进一步完善沿海港口布局，推动区域港口群协调发展；统筹规划、科学推进新港区开发，强化主要港口的辐射功能；加快港口码头结构加固改造，完善煤、矿、油、箱等主要货类运输系统，提升港口现代化水平。加强港口集疏运体系建设，强化各种运输方式间的衔接，加大铁水联运推进力度，提升港口辐射范围和有效带动空间。提高港口资源利用效率，加强岸线管理，积极发展公共码头；实行合理分工和差异化发展、错位发展；鼓励以市场为导向、以港口企业为主体的港口资源整合；推进长江下游深水航道沿线港口的江海一体化运行管理新模式。

（三）提高航运综合竞争能力。

优化海运船队结构，促进船舶向大型化、专业化方向发展，扩大国轮船队规模，提高船队现代化水平。推动水上客运向旅游化、高速化、舒适化方向发展，大力发展海峡、岛屿间高速客轮、客滚运输，积极推进邮轮、游艇和水上旅游客运发展。积极支持港航企业实施"走出去"发展战略，完善海运服务网络；规范货主投资航运业，发挥骨干航运企业优势，鼓励航运企业与大型货主优势互补、互利合作，提升保障经济安全运行的能力和水平。积极推动实施启运港退税试点方案，推进船舶特案免税登记政策的常态化，研究推进与国际接轨的海运税费政策，积极参与国际海运合作和重要海上运输通道合作。

（四）加快发展现代航运服务业。

进一步提升船舶管理、船舶交易、无船承运、船舶代理、客货运代理等传统服务业发展水平。提高市场准入门槛，完善船舶委托管理制度，加强对船舶管理公司的监管；完善船舶交易服务场所布局，加强交易行为监管；完善引航、理货等港口服务行业发展政策，加强引航机构建设和理货市场监管；研究制定船舶港口供应服务标准和资质条件，规范经营服务秩序，提升服务质量。大力发展高端航运服务业，建立并完善与之相适应的市场机制。依托国际航运中心建设发展航运咨询、信用评级、运价指数衍生品交易等高端航运服务业务，推进航运信息交换和增值服务系统建设。

（五）促进现代物流体系建设。

引导港航企业延伸服务产业链，拓展经营网络，加快由运输承运人向综合物流服务商和全球物流经营人的转变。加快推进港口与物流园区、保税区、"无水港"的对接和联动发展，依托港口建设综合运输枢纽、大宗商品交易市场、区域性或国际性物流中心，积极拓展采购、中转、加工、配送等功能，提升港口在物流链中的集聚效应。积极推进铁水、公水联运发展，统一联运标准和要求，制定联运数据信息传输、交换标准，建立健全联运统计，推进联运统一单证、优化流程、责任交接和全程联保制度建设，提高物流管理水平和服务效率。

（六）推动安全绿色水路运输发展。

正确处理安全与发展、效益的关系，健全规章制度，规范作业流程，强化从业人员培训，认真落实安全生产责任制，提升安全发展的能力和水平。加大安全隐患排查治理力度，重点加强"四客一危"和滚装运输船舶、砂石运输船舶及危险品码头、客运码头的安全监管，加强安全监管和应急救助设施、设备建设，提高应急处置能力。积极构建低碳水路交通运输体系，建立健全水运节能减排和环境保护监测、考核制度，强化水运工程生态保护和修复，积极推广太阳能、地热能等再生能源利用，加快淘汰能耗高、污染重的老旧船舶，大力提升港口装卸工艺和装备的节能水平，完善港口接收、处理污染物的设施，推动大型港口设备"油改电"和船舶靠港使用岸电技术改造。

四、水运结构调整的保障措施

为加快推进水运结构调整，要加强组织领导，营造良好环境，强化保障措施，确保结构调整工作取得明显效果。

（一）着力健全发展规划体系。

统筹规划是引领结构调整、确保结构调整正确方向的基础和前提。要从战略和全局的高度，组织实施好《国务院关于加快长江等内河水运发展的意见》（国发〔2011〕2号），积极争取将海运发展上升为国家战略，按照"兴内河、优港口、强海运"的思路加快推进水运结构调整工作。完善中长期水运发展规划体系，实施好《交通运输"十二五"发展规划》（交规划发〔2011〕191号）。统筹协调上下游航道规划标准、建设序列，保证航道通航的贯通性和等级的连续性。加强水运规划与相关规划的衔接。加强深水岸线资源和跨拦临河建筑物使用通航资源的严格管理，为水运发展留足空间。

（二）着力健全政策法规体系。

政策法规是推进结构调整的坚实保障。积极构建有利于水运发展的财税政策，推进建立与国际接轨的国际海运税费制度；健全市场准入、退出等管理制度和动态监控机制，构建水运市场信用管理体系，加大市场秩序监管和违规处罚力度；加强"四客一危"船舶运力的宏观调控，引导干散货船、集装箱船运力有序投放；推动大型货主与骨干航运企业签订长期运输协议，引导货主充分利用公共运力资源，有效发挥行业协会自律和沟通作用，促进运力供需总体平衡。加强经济运行监测分析，及时发布信息，规范和提高港航指数发布质量，引导行业健康发展。着力推进水运立法进程，制定修订出台《航道法》、《海上交通安全法》、《国内水路运输条例》等法律、法规，加强地方性法规和政府规章的配套建设，逐步将促进结构调整的政策和制度上升到法律层面。

（三）着力健全资金保障体系。

资金是推进结构调整的重要保障。加大公共基础设施和科研资金投入，逐步建立以中央和地方财政资金为主的来源渠道；制定保障资金安全的具体办法，加强建设资金管理。认真做好港口建设费地方分成资金的使用管理。在中央加大资金投入的同时，各地要积极争取出台政策建立稳定的财政资金来源，扩大资金规模，统筹使用燃油税费改革转移支付资金，尽快落实船型标准化和老旧船舶提前淘汰配套资金。同时，依托航电枢纽等资产，搭建融资平台。企业要加大结构调整、安全设施设备、节能减排和技术研发等方面的资金投入，促进基础设施、运输装备优化升级。

（四）着力健全改革创新体系。

改革创新是推进结构调整的强大动力。深化管理职能改革和机构改革，进一步优化水路行政管理职能配置，推进建立精简统一、职责明确、运转高效、行为规范的港航管理机构。探索主要内河干线航道、国境国际河流航道管理新模式，逐步理顺重要通航枢纽管理体制，适应流域水运一体化管理的要求。加强与有关部门的沟通协调与合作，完善水运发展部、省、市协调机制，凝聚发展合力。紧紧依靠科技进步，实现水路交通运输的创新发展。组织开展长江黄金水道通过能力提升、港口物流枢纽运营等重大专项技术攻关，在基础设施建设、运输装备、装卸工艺、节能减排、港口安全等方面开展联合技术攻关，加强新技术、新工艺、新标准的开发和推广应用。

（五）着力健全信息支撑体系。

信息化是转变发展方式、改造和提升交通运输业的重要支撑。要认真落实《公路水路交通运输信息化"十二五"发展规划》（交规划发〔2011〕192 号），以数字化、智能化航道和内河水运综合信息服务系统建设为重点；更加注重提升科学决策水平和公共服务能力及政务效能；建设多式联运信息服务系统，实现多种运输方式无缝衔接；以交通电子口岸建设为重点，推动口岸信息化数据共享，提高口岸便利化水平；以部省联网构建全国港口、运政管理、市场信用信息系统为重点，积极推进建设省级港口、航道、运输、海事综合信息平台，加强业务协同，实现资源共享。建成水运经营人、港口、航道等基础数据库，主要港口建立港航 EDI 中心和区域物流公共信息平台，基本建成全国交通电子口岸物流信息平台和港航数据中心。

（六）着力健全人才队伍体系。

高素质的水运人才队伍是推进结构调整的根本保证。要深入实施"人才强交"战略，认真落实《公路水路交通运输中长期人才发展规划纲要（2011～2020 年）》（交人劳发〔2011〕337 号），大力推进水运人才队伍建设，加强航运经纪、现代物流、应急救援等重点领域急需紧缺人才及水运复合型人才培养、培训力度。建立和完善港航管理、工程管理、应急管理、危险品管理等水运职业资格管理制度，不断提升管理人员和技术人员的专业化水平。引导航海职业教育发展，建立和完善船员培养、聘用、流动和管理制度，加快建设结构合理、素质优良、爱岗敬业的船员队伍，不断壮大国际海员队伍。加强部门间人才流动以及东、中、西部地区人才的交流和对口支援，不断推进港航执法队伍正规化、专业化、标准化建设。

各级交通运输主管部门（港航管理机构）应按照本指导意见要求，加强领导，结合本地实际情况，因地制宜，认真组织实施，做好水运结构调整工作，推进我国水运业又好又快发展。

交通运输部

2012 年 9 月 10 日

水运工程标准管理办法

（2012 年 11 月 27 日交通运输部　交水发〔2012〕665 号）

第一章　总　则

第一条　为进一步推进水运工程标准化工作，规范水运工程标准管理，进一步提高标准编写质量，根据《中华人民共和国标准化法》、《中华人民共和国标准化法实施条例》和有关法律、法规，制定本办法。

第二条　水运工程标准是水运工程通则、标准、规范、规程、规定和指南等的统称。水运工程标准分为国家标准、行业标准、地方标准和企业标准。

第三条　本办法适用于水运工程行业标准和地方标准的管理、使用和监督，不适用于水运工程国家标准、企业标准的管理、使用和监督。

水运工程行业标准是指由交通运输部统一编号并批准发布，对港口、航道、航运枢纽、通航建筑物（船闸、升船机）和修造船水工建筑物的规划、建设、维护管理全过程所规定的技术、管理、服务、安全、环保和造价等方面统一的技术要求。

水运工程地方标准是指由各省（自治区、直辖市）交通运输主管部门组织立项、制定修订和发布，对各省（自治区、直辖市）行政区域内的水运工程的规划、建设、维护管理全过程所规定的技术、管理、服务、安全、环保和造价等方面统一的技术要求。

第四条　水运工程标准的管理工作包括贯彻国家和行业有关政策、制订有关的规章制度和标准体系，组织标准制定修订、监督检查标准的实施。

第五条　经实践验证安全、可靠、先进、成熟和经济适用并有利于促进行业技术进步的下列技术要求可制定水运工程行业标准：

（一）水运工程规划、勘察、测量、设计、施工、试验、检测、检验、验收、监理、监测、监控、评估、维护、信息和管理等；

（二）水运工程通用的安全卫生、劳动保护、节能减排和环境保护等；

（三）水运工程通用的术语、符号和制图方法等；

（四）水运工程中其他需要统一规定的技术要求等。

第六条　水运工程中采用的且在行业标准或地方标准中未包括的专用技术要求，可制定专项标准；对暂时不具备条件形成行业标准的新技术、新工艺、新材料和新方法，可制定技术指南。

第七条　水运工程标准分为强制性标准和推荐性标准。各有关单位在水运工程建设、维护和管理中应严格执行水运工程强制性标准，并积极采用水运工程推荐性标准。下列水运工程标准属于强制性标准：

（一）水运工程通用的综合性标准和重要的质量标准；

（二）水运工程通用的有关安全、健康和环境保护的标准；

（三）水运工程通用的质量检验和评定标准；

（四）水运工程需要强制执行的其他标准。

第八条　水运工程标准强制性条文是直接涉及人民生命财产安全、人身健康、节约资源、环境保护和其他公众利益，以及考虑了提高社会效益和可持续发展等政策要求，必须严格执行的强制性规定。

第二章　管理职责与权限

第九条　水运工程标准的管理工作应以政府为主导，实行统一领导，分级管理。

第十条　交通运输部负责全国水运工程行业标准的管理工作，并拥有所发布标准的管理权、解释权、著作权。未经许可，任何部门、单位、社团和个人不得擅自出版和发行。

交通运输部水运工程行业标准主管部门是水运工程行业标准管理工作的职能部门，负责具体管理工作。

中国工程建设标准化协会水运专业委员会（以下简称为标委会）协助交通运输部水运工程行业标准主管部门做好水运工程标准的咨询研究和宣贯培训工作，并受委托承办标准项目立项预审、标准复审、标准翻译和其他工作。

第十一条　各省（自治区、直辖市）交通运输主管部门负责本行政区域内水运工程地方标准的管理工作，并拥有所发布标准的管理权、解释权和著作权。

各省（自治区、直辖市）交通运输主管部门应明确水运工程标准管理的工作机构和人员。

第十二条　各省（自治区、直辖市）交通运输主管部门应设立水运工程标准管理工作专项经费，并纳入部门年度预算。

第十三条　各省（自治区、直辖市）交通运输主管部门应将水运工程地方标准制定修订项目作为交通运输科技项目的重要组成部分，纳入交通运输科技发展年度计划，统一予以资金支持。

第十四条　各省（自治区、直辖市）交通运输主管部门要加强对本地区水运工程标准管理工作的领导，规范相关工作程序和要求，鼓励科研、院校、建设、维护等单位共同参与水运工程地方标准化工作。

第十五条　交通运输部鼓励各省（自治区、直辖市）交通运输主管部门成立相关水运工程标准化协会组织，承办本行政区域内水运工程行业标准和地方标准的管理和其他相关工作。

第十六条　交通运输部鼓励地方制定地方标准。地方标准发布后1个月内须向交通运输部水运工程行业标准主管部门备案，未经备案的不得在水运工程中使用。

水运工程地方标准作为水运工程行业标准的补充，应根据各省（自治区、直辖市）行政区域的自然条件、经济发展水平、技术水平以及水运建设项目需要等进行编制，其技术要求应符合或高于国家强制性标准和行业强制性标准。

第十七条　水运工程建设中采用的国际标准、国外标准或其中部分条文，其相关技术要求应符合或高于水运工程强制性标准，且建设单位应将采用的国际标准、国外标准具体内容向交通运输部水运工程行业标准主管部门备案。

第三章　标准体系

第十八条　水运工程标准体系是水运工程标准的结构和组成，包括《水运工程标准体系表》及《水运工程标准项目库》。

第十九条　《水运工程标准体系表》是水运工程标准的中长期发展规划，应根据水运工程发展和标准化工作的需要编制和修订。

第二十条　《水运工程标准项目库》是水运工程标准立项和编制标准年度计划的主要依据，主要包括现行标准、在编标准和拟编标准。

第二十一条　交通运输部水运工程行业标准主管部门根据《水运工程标准体系表》和行业发展需要，针对水运工程标准中的缺项，适时组织修订《水运工程标准项目库》。

第二十二条　《水运工程标准体系表》及《水运工程标准项目库》由交通运输部发布。《水运工程标准体系表》应保持相对稳定，《水运工程标准项目库》应实行动态管理。

第四章　标准项目立项

第二十三条　水运工程标准项目的立项工作一般包括立项申请、立项预审、立项评审和编制标准年度计划等阶段。通过立项评审的项目方可列入年度计划。

第二十四条　申请立项的水运工程标准项目原则上从标准项目库中选取，对未纳入标准项目库但当前工作急需的标准项目，可由交通运输部水运工程行业标准主管部门提出建议，或由有关单位提出立项申请。

第二十五条　水运工程标准项目的立项申请报告应于每年 4 月底前向交通运输部水运工程行业标准主管部门提出，立项申请报告一式 4 份（格式及内容见附件 1）。项目立项后，立项申请报告将作为编写工作大纲的依据。

第二十六条　标准项目的立项申报单位和拟参加标准编写的单位应具备下列条件：

（一）具有法人资格；

（二）具有相应的专业人员和必要的技术手段及良好的资信；

（三）承担过与该标准项目相应的工程建设规划、勘察、测量、设计、施工、维护、科研等技术工作；

（四）具有工程建设标准制定、修订和管理经验。

主编单位除具备上述条件外，尚应具有水运工程设计、咨询或监理甲级及其以上资质，施工一级及其以上资质，或与上述资质相当的资质，具有较高的组织管理水平、能组织解决标准编制中的重大技术问题，并设有专门职能部门负责标准编制的日常管理。主编单位和参加单位也可以是具备相关能力和条件的管理单位或协会组织。

第二十七条　标准项目的主要编写人员应为长期从事相关专业工作，具有丰富专业理论知识和工程建设、维护管理实践经验，并具有高级技术职称的工程技术人员。编写组正、副组长应具有正高级或取得高级技术职称 5 年以上，长期从事与规范内容相关专业，有过标准编制经历，熟悉标准编写规定，了解国际标准动态，责任心强，并具有较强的组织能力和良好的文字表达能力。

第二十八条　标准项目中需要开展的专题研究、配套软件开发和测试验证项目，在标准立项时应同时列出。项目的承担单位、项目负责人和研究人员的条件，按第二十六条和第二十七条中主编单位、编写组组长及标准编写人员的要求执行。

第二十九条　标准立项预审应在每年 6 月底前完成。预审的重点为标准的可行性、主要技术内容与基本框架、主要参加单位及人员资格等，并提出预审意见。

第三十条　标准的立项评审由交通运输部水运工程标准主管部门在立项预审的基础上进行。参加立项评审会议的专家原则上从"水运工程技术与标准专家库"中选取。专家人选依据年度立项申请项目的数量、专业类别、项目重要性和复杂性确定。

第三十一条　参加预审和立项评审的专家应对标准立项的必要性、可行性、主要内容、专题研究、项目经费和主编单位等进行审查，提出评审意见，并经专家签名后存档。

第三十二条　交通运输部水运工程标准主管部门根据立项评审意见和当年预算情况提出水运工程行业标准立项项目建议并报财政部。交通运输部水运工程行业标准主管部门根据财政部对前期费项目预算的批复，与项目主编单位签订"水运工程标准项目合同"（格式及内容见附件 2）。

第三十三条　水运工程行业标准年度计划由交通运输部水运工程行业标准主管部门根据财政部对前期费项目预算的批复和"水运工程标准项目合同"进行编制。

第五章　标准编制

第三十四条　标准编制包括标准的制定、修订和局部修订。标准的编制应符合下列要求：

（一）贯彻执行国家有关法律、法规和技术政策，适应水运工程和技术发展的要求，体现安全可靠、耐久适用、技术先进、节能、环保和经济合理的原则。

（二）积极采用新技术、新工艺、新设备和新材料等科技创新成果。

（三）及时了解和掌握国际标准的发展动态，积极采用经验证符合我国国情的国际先进标准。

（四）与国家现行有关标准相协调，避免矛盾或重复。

（五）充分发扬民主，对有争论的技术问题，应当在调查研究、试验验证或专题研究的基础上，经充分论证，得出结论。

（六）标准中涉及的关键技术或拟纳入标准的新技术成果，应进行专题研究和测试验证；采用新的设计理论和方法时，应组织试设计；专题研究、软件开发和测试验证的成果应经专家审定后方可纳入标准。

（七）修订的标准应保持标准的延续性，标准的章节结构和名称原则上不做变动；对于主要技术规定的修改，应当有充分的依据或论证，在标准实施阶段未进行过局部修订的标准原则上不进行全面修订。

（八）标准的条文应严谨明确、文字简练，标准编写的格式和用语应符合现行《水运工程建设标准编写规定》的要求。

第三十五条　标准制定修订按工作大纲、征求意见稿、送审稿、总校稿和报批稿五个阶段（各阶段成果资料的格式和要求见附件 3）开展工作。

第三十六条　工作大纲阶段的工作按下列要求进行：

（一）标准主编单位根据标准年度计划和标准项目合同的要求，落实参编单位和编写组成员。标准项目的主编单位一般由标准立项的申请单位承担；标准项目编写人员的专业构成应满足标准编写要求，并均应是标准条文的执笔人；标准的修订，原则上由原主编单位或参编单位承担主编工作。

（二）标准主编单位根据标准合同要求，在前期调研和收集相关资料的基础上拟定工作大纲送审稿（格式及内容见附件 4），并在标准年度计划下达后 3 个月内报交通运输部水运工程行业标准主管部门一式 4 份。

（三）交通运输部水运工程行业标准主管部门组织有关专家对工作大纲送审稿进行审查并形成会议纪要，其内容包括对大纲的综合评价意见、审定后标准的章节安排、修改意见和下一步工作安排等。各章节主要编写人员应参加审查会议。

（四）标准主编单位根据工作大纲审查会会议纪要，对工作大纲送审稿进行修改，形成工作大纲报批稿，并在工作大纲审查会后15天内报送交通运输部水运工程行业标准主管部门。报送文件应包括报送公文和工作大纲报批稿各4份，工作大纲报批稿电子版1份（光盘）。

（五）工作大纲的内容包括标准制定或修订的目的和意义，编写原则，章节安排及主要制定或修订的内容，专题研究或测试验证内容，调研的内容、方式和范围，工作进度计划，编写组组成及分工，提交的成果，经费使用计划以及编写组成员的资历情况等。

（六）标准工作大纲经交通运输部水运工程行业标准主管部门批准后方可开展标准的编制工作。批准的标准大纲是水运工程标准编写工作的依据和项目合同的组成部分。在标准编制过程中，工作大纲内容有较大的变动或编写组成员发生变化时，主编单位应提出书面申请，报交通运输部水运工程行业标准主管部门批准。

（七）批准的标准工作大纲中要求进行国外调研的，应由主编单位向交通运输部水运工程行业标准主管部门提出国外调研申请报告，申请报告应说明调研目的、调研内容、调研日程安排、人员组成、经费使用等基本情况。交通运输部水运工程行业标准主管部门将根据标准编制工作的安排以及申请报告的内容进行研究，提出有关意见并告知标准主编单位。国外调研完成后应在一个月内形成调研报告并及时报送交通运输部水运工程行业标准主管部门。

第三十七条　征求意见稿阶段的工作按下列要求进行：

（一）标准大纲批复后，标准主编单位应及时召开第一次编写工作会议，组织编写组成员学习标准管理办法和标准编写规定，按照工作大纲的要求，明确进度、落实分工。对修订的标准，应使编写人员了解原标准的编写思路和修订的要点。

（二）编写组按照工作大纲安排，开展必要的调查研究。调查的对象应当具有代表性和典型性，调研工作结束后提出调研报告，并将原始调查记录和有关资料纳入背景材料中。

（三）编写组对标准中存在分歧的主要技术问题，应当根据需要邀请有关专家，召开专题研讨会，研讨会应形成结论性意见并写入会议纪要。会议情况报交通运输部水运工程行业标准主管部门，必要时，交通运输部水运工程行业标准主管部门派员到会。

（四）编写组在完成上述各项工作的基础上，编写标准征求意见稿。标准征求意见稿应包括条文和条文说明，经编写组全体成员讨论、定稿后，由主编单位报交通运输部水运工程行业标准主管部门一式4份。

（五）标准的征求意见由交通运输部水运工程行业标准主管部门发文至有关单位和专家。征求意见的单位数量原则上不少于30个，征求意见的时间一般不超过2个月。有关单位和专家应在规定期限内回复意见。

（六）编写组对反馈意见进行归纳整理、分析研究、提出处理意见，形成反馈意见处理一览表。对反馈意见中有争议的主要技术问题，可视情况进行补充调研或测试验证，必要时应召开专门征求意见会，并形成会议纪要。

第三十八条　标准的专题研究、软件开发和测试验证工作分为工作大纲和成果审定两个阶段。

（一）工作大纲阶段的工作按标准编写工作大纲阶段的工作要求执行。专题研究、软件开发和测试验证工作大纲的内容应包括：背景和必要性、主要调研内容、实施方案或技术路线、预期的研究成果、进度计划、承担单位及项目负责人概况、经费使用计划和参加人员资历等。其中预期的研究成果应提出对标准相关条文的补充或修改意见，拟定的标准条文和条文说明等。

（二）成果审定阶段的工作按下列要求进行：

1. 主编单位在专题研究、软件开发或测试验证完成后应组织召开专家咨询会并形成咨询意见，咨询意见应纳入送审报告。

2. 主编单位向交通运输部水运工程行业标准主管部门提出审定申请，送审报告及专题研究、软件开发或测试验证成果送审稿各一式 4 份。

3. 交通运输部水运工程行业标准主管部门负责组织有关专家对专题研究、软件开发或测试验证成果送审稿进行审查并形成审查意见，审查意见明确专题研究、软件开发或测试验证结论能否纳入标准或是否适用。

4. 主编单位根据审查意见对成果进行修改完善并形成专题研究、软件开发或测试验证成果报告，在标准送审时一并报送交通运输部水运工程行业标准主管部门。

第三十九条　送审稿阶段的工作应按下列要求进行：

（一）编写组应根据反馈意见及相应的处理意见对征求意见稿进行修改完善，形成送审稿。条文中拟列为强制性条文的应用黑体字加以区别。

（二）送审稿送审前，主编单位应召开送审稿预审查会议并形成预审查意见。参加预审查的专家应为从事相关专业、具有丰富工程建设经验和较高专业技术水平的技术人员，其中主编单位以外的人员不少于 5 人。

（三）送审稿阶段提交的成果一般包括送审报告、标准送审稿、专题研究报告、测试验证报告、征求意见处理一览表、试设计报告、调研报告、背景资料、成果效益分析报告（格式及内容见附件 5）等。

（四）送审报告的内容应包括任务来源、完成的主要工作、重点内容确定的依据及成熟程度、与国外相关标准的水平对比、对标准的简要评价、存在的主要问题、今后需要进行的主要工作以及对送审稿的预审查意见等。

（五）标准的送审文件由主编单位以公文形式报送，报送时应同时提交各类成果的纸质文件 4 份，电子文件 1 份（光盘）。

（六）交通运输部水运工程行业标准主管部门及时组织有关专家对送审稿进行审查。审查专家一般不少于 11 人。主编单位应在审查会议召开 7 天前将有关送审文件送达参加会议的专家。

（七）送审稿审查会议应对送审稿的正文、附录和条文说明进行全面审查。审查的内容主要包括标准的适用范围与技术内容是否一致，标准内容是否符合国家有关技术政策，是否准确反映水运工程的实践经验，标准的技术数据和参数有无可靠依据，是否与相关标准协调一致，以及是否符合标准编写规定等。审查会应形成会议纪要，包括对标准送审稿的总体评价、对主要技术内容的审查意见、主要修改意见和下一步工作安排等。

第四十条　总校稿阶段的工作应按下列要求进行：

（一）主编单位根据标准送审稿审查会会议纪要的要求，对送审稿进行全面修改完善，形成总校稿。

（二）标准的总校应根据送审稿审查会会议纪要和标准编写规定对总校稿进行全面校正。交通运输部水运工程行业标准主管部门组织主编单位和主要编写人员进行。

（三）除送审稿审查会议纪要有明确规定外，总校工作一般在送审稿审查会后 3 个月内完成。

第四十一条　报批稿阶段的工作按下列要求进行：

（一）标准报批稿应在总校工作后 1 个月内完成，并由主编单位以公文的形式报送交通运输部水运工程行业标准主管部门一式 4 份，电子版 1 份。

（二）报批稿中定为强制性条文的内容应以黑体字加以区别，并应在制定或修订说明中明确其条文编号。

（三）标准附加说明的内容、格式和顺序应符合标准编写规定的要求。

（四）对于总校中做出的超出审查会会议纪要要求的修改内容，应在报批公文中予以说明。

第六章 标准的发布

第四十二条 水运工程标准由交通运输部水运工程行业标准主管部门审批、编号和发布。

第四十三条 制定修订的标准以正式出版物形式出版。

第四十四条 标准的出版由交通运输部水运工程行业标准主管部门负责组织。标准的出版印刷应符合工程建设标准出版印刷的有关规定。

第七章 标准的复审

第四十五条 水运工程标准发布实施后，应根据科学技术的发展和工程建设的实际需要适时进行复审，以确认其继续有效、修订、局部修订或废止。

第四十六条 标准的复审周期一般为 5 年。属于下列情况之一的标准，应及时进行复审：

（一）不适应法律、法规或科学技术发展需要；

（二）所引用标准或相关标准进行了重大修改并批准发布；

（三）实施过程中有重要反馈意见需要进行复审等。

第四十七条 标准的复审应按下列要求进行：

（一）标委会根据现行标准的实施时间和实施情况，编制年度标准复审计划，经交通运输部水运工程行业标准主管部门同意后，发送有关标准主编单位开展标准复审工作。

（二）标准项目的复审工作一般由标准的主编单位承担，重要标准项目的复审，由标委会协助组织。

（三）标准项目的复审可采用函审或会议审查的方式进行，参加审查的单位和专家数量应有一定的覆盖面。

（四）在征求有关单位和专家意见的基础上，标准主编单位及管理组应组织标准主要编写人员、熟悉标准的专家和提出重要意见单位的代表对征询的意见进行分析、整理并提出处理意见。

（五）标准项目复审后，主编单位应按复审要求填写《水运工程标准项目复审意见表》（格式与内容见附件6），并提出"继续有效"、"全面修订"、"局部修订"或"废止"的复审建议。

（六）年度标准复审工作完成后，标委会向交通运输部水运工程行业标准主管部门提交年度标准复审工作报告，内容包括标准复审主要工作、复审标准存在的主要问题、标准项目复审意见和下一步工作建议等。

第四十八条 标准的复审结论应由交通运输部水运工程行业标准主管部门确认，对确认为继续有效的标准和废止的标准，由交通运输部发文公告。

第四十九条 对复审确认为需做修订、局部修订的标准，应及时在项目库中反映。

第八章 标准局部修订

第五十条 凡属于下列情况之一的现行行业标准，应当及时进行局部修订：

（一）标准复审结论为需做局部修订或补充规定的；

（二）标准中需要补充新技术成果或需要淘汰落后技术的；

（三）标准中少量条文经修订后可取得明显的社会或环境效益的；

（四）标准中少量条文有明显缺陷、错误，或与国家现行相关标准相抵触的。

第五十一条　标准复审确认为需做局部修订的标准可不再通过立项评审，直接列入下一年度或今后的标准年度计划。其他需做局部修订的标准，可由标准的原主编单位或相关单位根据实际情况不定期向交通运输部水运工程行业标准主管部门提出，其立项申请报告的内容可适当简化。

第五十二条　标准局部修订的编制程序可简化为送审稿、报批稿两个阶段。当局部修订内容较多、涉及面较广时，可增加征求意见稿阶段。

第五十三条　标准局部修订的送审稿阶段提交的成果可简化为送审报告、标准局部修订送审稿和必要的背景资料等。

第五十四条　标准局部修订的标准条文及条文说明将以文件的形式发布，并在相关媒体上公布，必要时也可发行单行本。

第九章　标准翻译出版

第五十五条　水运工程标准的翻译出版，应按照国际技术交流和开拓境外业务实际需要，由标委会按计划分期、分批组织实施。

第五十六条　标准翻译项目的立项申请、预审和专家评审均应按照本办法第三章的有关要求进行。其中标准翻译立项预审和专家评审的重点应为立项的必要性、翻译单位及主要人员的能力条件、翻译审核单位或人员的资格和能力条件。通过立项评审的项目方可列入标准年度计划。

第五十七条　标准翻译和审核的人员应具备下列条件：

（一）有被认可的外语水平；

（二）有独立的笔译能力及相关专业工作经验；

（三）由专业译著或国外工作经验；

（四）熟悉工程建设标准的有关规定等。

其中，担任翻译和审核组长的人员应具有相关专业的高级技术职称或高级翻译技术职称，并具有较强的组织能力和良好的中外文字表达能力。

第五十八条　标准翻译应当按翻译工作大纲、标准翻译、翻译稿审核、翻译文本审定和报批四个阶段进行。

第五十九条　标准翻译工作大纲（或任务书）的内容应包括项目名称、必要性和可行性、主要工作内容、翻译和审核组组成及分工、进度计划、提交的成果、质量要求、经费使用计划、主要翻译和审核人员的资历情况等。翻译工作大纲（或任务书）经交通运输部水运工程行业标准主管部门组织专家审查并批复后，方可开展翻译工作。

第六十条　标准翻译应按批复的工作大纲要求完成标准的翻译和校对工作。标准的翻译文本应符合下列要求：

（一）标准译文应完整。标准的前引部分、正文部分、补充部分均应全文翻译，不得误译、缺译、漏译、跳译。

（二）标准译文应忠实原文，力求准确，术语和符号应当统一，确保外文译本内容与中文版本一致。

（三）强制性条文译文必须采用黑体字。

（四）对我国特有、直译较难的词、句的翻译，可加译注。

（五）符合国家工程建设标准翻译的有关要求。

第六十一条　翻译稿审核实行主审负责制，当安排多人审核时，应明确一名主审。翻译稿审核工作宜采用函审与召开小型审核会议相结合的方式，审核时应对照标准原文对翻译稿的译文完整性，内容的准确性，语法修辞的正确性，用语的恰当性，术语和符号的统一性，数值、公式、图表、计量单位的正确性，译注的贴切性以及译文格式和标点符号是否符合惯例等进行全面审核。对于需做修改的内容及审核修改意见应标志明显，以示区别。

第六十二条　翻译文本审定和报批应按下列要求进行：

（一）翻译组根据审核组的审核意见，对翻译稿修改完善后，形成翻译文本。

（二）标准翻译文本经翻译小组组长签字后，连同其他报批文件报送交通运输部水运工程行业标准主管部门。

（三）标准翻译文本的报批文件应包括翻译文本、翻译工作报告、翻译稿审核意见各一式 2 份，以及电子文本 1 份。

（四）翻译文本的审定工作由标委会组织有关专家进行。审定后，应当提出审定报告。

（五）翻译文本审定后，由翻译单位以公文的形式向交通运输部水运工程行业标准主管部门报送翻译文本报批文件。报批文件应包括报送公文、翻译工作报告、翻译文本、审核和审定意见等一式 2 份，以及电子文件 1 份（光盘）。

第六十三条　水运工程行业标准翻译文本由交通运输部审批和发布。在发布公告中应明确以中文版为准。

第六十四条　国外标准的翻译工作按下列要求进行：

（一）外译中标准指南的选项，应当遵循最新、最权威、最适用的标准优先立项的原则。

（二）外译中的立项、翻译、校对、审核和审定可参照第五十六条至第六十二条的规定执行。

（三）翻译较难的关键词句的译文，可以附注原文。

第十章　标准经费

第六十五条　根据财政部《交通建设发展前期工作经费管理办法》的管理规定，水运工程行业标准的经费主要用于标准立项审查、标准制定或修订、培训教材编写、标准复审、标准翻译等，由交通运输部水运工程行业标准主管部门根据标准管理工作计划、标准制定或修订项目计划和实际需要编制，经批准后使用。

第六十六条　标准制定或修订项目的编制经费，采用财政补助和编写单位自筹相结合的方式。财政补助经费的数额，由交通运输部水运工程行业标准主管部门根据标准编制定额和有关规定，结合标准项目的类别、适用范围、技术复杂程度和编制工作量等情况进行核定，并在标准项目合同中明确。

第六十七条　标准制定或修订项目的编制补助经费，采用一次核定、按合同进度拨付的办法，分合同签订生效、工作大纲批复和标准报批三个阶段，按年度拨付给标准项目的主编单位。

第六十八条　标准编制经费的使用必须符合合同规定和批复的工作大纲要求，专款专用，并严格遵守财政部《交通建设发展前期工作经费管理办法》和财务管理制度。

第六十九条　标准的主编单位应根据合同规定，于每年 1 月 15 日前向交通运输部水运工程行业标准主管部门报送上一年度标准项目经费使用情况和本年度标准经费申请计划及说明。

第十一章　标准项目合同管理

第七十条　标准项目主编单位必须按合同和批准的工作大纲要求组织标准的编制工作。如出现特殊情况需对合同内容进行调整时，主编单位应向交通运输部水运工程行业标准主管部门提出变更申请，经批准同意并重新签订合同或签订补充合同后，方可实施。

第七十一条　交通运输部水运工程行业标准主管部门负责对标准项目合同及标准编制情况进行监督和检查，并协调解决标准编制过程中的重大问题。

第七十二条　标准的主编单位应根据合同规定，按时向交通运输主管部门报送年度工作执行情况报告（见附件7）。

第七十三条　项目实施过程中，有下列情况之一时，可暂停执行合同：

（一）项目组织和执行不力；

（二）人员配备不符合批准的工作大纲规定或主要技术骨干发生重大变化的；

（三）拖延项目编制进度达6个月以上；

（四）不可抗拒因素。

第七十四条　在项目实施过程中，不能按时报送"年度工作执行情况报告"、遇重大问题没有报告导致合同不能按时履行的主编单位，交通运输部水运工程行业标准主管部门将对其通报批评并责令整改，整改不合格的，可暂停执行合同。

第七十五条　因非不可抗拒因素暂停执行合同后，主编单位仍未能及时采取有效措施而导致项目不能完成的，除终止执行合同外交通运输部水运工程行业标准主管部门还将追缴部分或全部已支付经费，并视情节暂停其承担水运工程标准项目的资格或根据相关法律按合同规定追究其民事责任。

第七十六条　标准项目编制工作各阶段形成的文件、成果和资料应按下列要求进行传递、整理和保存：

（一）编写组各次工作会议的通知和会议纪要，应及时抄送交通运输部水运工程行业标准主管部门。

（二）标准编制的大纲审查会、专题研究成果审查会、征求意见会、送审稿审查会、总校会和相关的技术交流会等重要活动，除按规定形成会议纪要外，尚应以简报形式报送交通运输部水运工程行业标准主管部门。

（三）标准编制所取得的阶段成果和最终成果，应由主编单位进行收集和整理，除应以标准编制成果资料的要求向交通运输部水运工程行业标准主管部门报送外，还应按档案管理的要求在本单位建立一套完整档案。

（四）标准专题研究项目的试验报告、数据手稿、图纸、声像及其他形式的科学数据，应由主编单位按有关科技项目管理规定的要求进行收集、整理和归档。

（五）标准及其专题研究成果涉及国家秘密的，有关单位和人员应遵照《中华人民共和国保守国家秘密法》、《科学技术保密规定》及相关规定，切实做好保密工作。

（六）标准专题研究成果及其形成的知识产权，除以保证重大国家利益、国家安全和社会公众利益为目的或合同事先明确约定归交通运输部所有外，授予项目主编单位所有或按合同约定划分权属，并根据《交通行业知识产权管理办法（试行）》进行管理。在特定条件下，交通运输部根据需要保留无偿使用、开发、使之有效利用和获取收益的权利。

第十二章 标准日常管理

第七十七条 水运工程标准的日常管理由交通运输部水运工程行业标准主管部门负责。标准的日常管理包括标准宣贯、标准解释、标准执行情况检查、国外相关标准跟踪、标准技术交流和标准工作座谈会等。其中,标准工作座谈会一般5年召开一次。

第七十八条 水运工程标准发布实施前均应成立标准管理组,标准管理组由3~5名专业技术人员组成,其中标准编写组成员3~4名,主编单位标准工作归口职能管理部门应有成员1名。标准管理组的人员应符合下列要求:

(一)原则上为不超过55岁的具有高级职称的专业技术人员;

(二)熟悉并掌握标准的技术内容;

(三)熟悉水运工程标准编写和管理的有关规定;

(四)具有较高的专业技术水平和丰富的工程经验。

第七十九条 水运工程标准发布实施后,交通运输部水运工程行业标准主管部门将根据标准的具体情况,组织有关单位进行标准的宣贯培训工作(培训教材由主编单位进行编写,并经交通运输部水运工程行业标准主管部门组织专家进行审查)。宣贯培训工作不得以营利为目的,宣贯培训工作结束后培训单位应向交通运输部水运工程行业标准主管部门报送培训工作总结报告。

第八十条 标准管理组应协助交通运输部水运工程行业标准主管部门做好以下标准的日常管理工作:

(一)协助进行标准的解释工作。

(二)参加标准的宣贯培训工作。

(三)调查了解标准的实施情况,收集和研究国内外相关标准、技术信息资料和实践经验;协助建立完善的标准使用意见反馈机制。

(四)对标准执行过程中出现的问题,及时进行必要的调查研究。

(五)参与标准的复审和再修订的立项工作。

(六)参加有关标准的技术和学术交流活动。

(七)每两年向交通运输主管部门提交有关标准实施情况的报告。报告内容包括实施情况综述、反馈意见及处理情况、标准培训和宣贯情况、国内外相关技术和标准的发展情况、其他与标准有关的情况等。

第八十一条 有关行政主管部门在处理水运重大工程事故时,如涉及水运工程标准,应有相关标准主要起草人员参加;工程事故报告应包括水运工程强制性标准的执行情况。

第八十二条 任何单位和个人对水运工程建设中违反水运工程行业强制性标准的行为有权向水运工程建设主管部门、标准化主管部门或有关部门检举、投诉。

第八十三条 水运工程行业标准的使用单位和个人有义务将标准使用过程中发现的问题和意见反馈至标准管理部门,以形成标准制定和修订、实施、监督、更新的科学运行机制。

第八十四条 各省(自治区、直辖市)交通运输主管部门应加强对水运工程建设过程中执行水运工程标准的检查监督力度,对违反水运工程标准规定的单位和个人应依照有关规定进行资信、资格等相应处罚,处罚结果应纳入信用评价考核体系。

第十三章　考核与鼓励措施

第八十五条　各省（自治区、直辖市）交通运输主管部门定期对本行政区域内水运工程标准执行情况进行检查，并将检查结果报交通运输部。

第八十六条　水运工程标准制定修订成果应作为科技人才评选的重要依据，其工作业绩应记入技术人员个人档案，相关成果作为评定职称、技术考核的重要依据。

第八十七条　水运工程标准制定修订工作是对参与单位无形资产的贡献。各单位应参照生产一线骨干的收入标准，对从事标准化工作人员给予激励和保障。

第八十八条　水运工程技术人员应参加有关水运工程行业标准的培训，培训课时可以计入继续教育学时。

第八十九条　对于涉及水运工程标准的科研项目，应将其科研成果是否达到标准制定修订的要求作为鉴定验收的重要考评指标。

第九十条　交通运输行业科技奖励评选时，水运工程行业标准对科研成果的采标率应作为重要的评选指标。

第九十一条　交通运输部设立水运工程行业标准工作"突出贡献奖"，该奖项每两年评选一次，不分等级，每次授予单位不超出 3 个，个人不超出 5 名，在没有合适单位和人员的情况下可以空缺。

第九十二条　交通运输部对获奖单位和个人颁发证书，获奖者所在单位可以根据国家有关规定对获奖人员给予奖励。

第九十三条　申报水运工程行业标准工作"突出贡献奖"的单位应为在水运工程标准编制和有关研究方面做出突出贡献，并在培养标准工作后备人才方面发挥重要作用，有良好的履约能力和遵守国家法律、法规的单位。

第九十四条　申报水运工程行业标准工作"突出贡献奖"的个人应为在水运工程标准工作中长期发挥重要作用，注重跟踪世界先进技术和积极推进技术进步的工程技术人员。

第九十五条　水运工程行业标准工作"突出贡献奖"申报工作截止时间为评选活动年的 8 月14 日，个人申报材料应有单位的推荐意见（申报表见附件8）。交通运输部水运工程行业标准主管部门将组织有关专家对申报材料进行评审，并发文公布评审结果。

第九十六条　水运工程标准、标准专题研究和软件开发成果作为科技成果可以由标准主编单位向有关部门申报奖励，并应将获奖情况及时报送交通运输部水运工程行业标准主管部门。

第十四章　附　　则

第九十七条　省级交通运输主管部门可根据本地区的实际情况对本办法第二十三条至第九十六条的内容制定相应的实施细则，并报交通运输部水运工程行业标准主管部门备案。

第九十八条　本办法由交通运输部水运工程行业标准主管部门负责解释。

第九十九条　本办法自发布之日起施行。原交通部《水运工程建设标准管理办法》（交水发〔2007〕51 号）同时废止。

附件：1.《水运工程标准立项申请报告》格式及内容

　　　2.《水运工程标准项目合同》格式及内容

　　　3.《水运工程标准成果资料》格式

4. 《水运工程标准项目工作大纲》格式及内容

5. 《水运工程标准项目成果效益分析报告》格式及内容

6. 《水运工程标准项目复审意见表》格式及内容

7. 《水运工程标准年度工作执行情况报告》格式及内容

8. 水运工程标准工作突出贡献奖单位和个人申报表

（以上附件略，详情请登录交通运输部网站）

全国航道管理与养护发展纲要（2011～2015年）

（2011 年 12 月 22 日交通运输部　交水发〔2011〕778 号印发）

航道是国家重要的公益性交通基础设施，加强航道管理与养护是实现水路运输畅通、高效、平安、绿色的重要保证。为贯彻落实《国务院关于加快长江等内河水运发展的意见》，明确今后 5 年航道管理与养护工作的指导思想、工作原则、发展目标、主要任务和保障措施，提高航道管理与养护能力和公共服务水平，适应水运和经济社会发展的新要求，制定本纲要。

一、发展现状

《内河航道养护与管理发展纲要（2001～2010 年）》贯彻实施以来，全国航道事业取得了长足发展，航道管理与养护成效显著，管理能力明显提升，航道条件明显改善，养护水平明显提高，公共服务能力明显增强，有力促进了水运和经济社会发展。2010 年，全国内河航道通航里程 12.42 万公里，养护里程 10.22 万公里，沿海航道养护里程 1 万多公里，设标 8000 多座，基本形成了以长江干线、西江航运干线、京杭运河、长江三角洲和珠江三角洲航道网为骨干的干支直达、江海连通的航道网，辽宁、天津、河北、山东、江苏、浙江、广东、广西等省（区、市）15 万～30 万吨沿海深水航道相继建成。水路货运量达到 37.89 亿吨（其中，内河 18.86 亿吨），货物周转量 68427.53 亿吨公里，分别比 2000 年增长 210%、188%，占全社会货运量、货物周转量的 11.7% 和 48.2%。

10 年来，航道立法进程加快，一批部颁规章、地方性航道法规相继发布实施。对《内河通航标准》等技术标准进行了修订，航道法规、标准体系不断完善；航道养护专用航标测量船、大型疏浚船舶等装备和多波束测量系统陆续投入使用，航道养护能力大幅提升；电子航道图、航标遥测遥控系统、太阳能一体化航标灯、同步闪技术、差分 GPS、AIS 等新技术、新材料、新设备在航道养护中推广应用，部分重点航道养护实现了信息化、数字化，航道养护科技含量不断提高；创建国家级文明样板航道 1700 多公里，省级文明样板航道 3000 多公里，航道文明建设取得了新成果。

按照建设现代化水运体系的要求，航道管理与养护仍然存在体制机制不适应、法律和法规不健全、养护资金少以及应急抢通能力不足等问题，需要在今后的工作中认真解决，以进一步提升航道管理养护能力与水平，不断适应水运现代化发展的新要求。

二、发展环境

今后 5 年，是我国全面建设小康社会的关键时期，是深化改革、加快转变经济发展方式的攻坚时期，也是推进"两型"社会建设，转变交通运输发展方式，大力发展水运的重要战略机遇期。随着工业化、城镇化建设的深入推进，资源、能源和环境的约束日益加剧，经济社会发展与节约资源、保护环境的矛盾日趋突出，区域经济发展和产业布局调整迫切需要充分发挥水运的比较优势，水运在经济社会发展中的地位更加突出。

《国务院关于加快长江等内河水运发展的意见》是国家从加快转变经济发展方式、建设资源节约型和环境友好型社会的高度做出的战略决策，标志着加快内河水运发展上升为国家战略，成为建设综合运输体系的战略重点。该意见提出，到 2020 年，国家"两横一纵两网十八线"1.9 万公里内河高等级航道建成，全国内河水运货运量达到 30 亿吨以上。《交通运输"十二五"发展规划》明确提出，到 2015 年，内河高等级航道里程达到 1.3 万公里，沿海港口深水泊位达到 2214 个。水运发展速度将明显加快，在综合运输体系中的比较优势将进一步发挥。随着航道等级逐步提高，通航需求不断扩大，与通航有关的设施建设逐渐增多，航道管理与养护的任务将更加艰巨。

航道管理与养护工作要适应航道建设与发展以及水运现代化的需要，必须加快转变发展方式，提升航道畅通保障、公共服务、科技创新能力，着力加强航道管理，不断提升养护水平，大力推进航道信息化、数字化、智能化建设，为实现航道现代化打下坚实的基础。

三、指导思想和工作原则

（一）指导思想。

全面贯彻落实科学发展观，坚持改革创新，转变发展方式，坚持水资源综合利用，树立"建设是发展、管理养护是可持续发展、建管养并重是科学发展"的新理念。强化规范管理，推进科学养护，提高保障能力，不断提高航道管理与养护水平，提供优质公共服务，为建设畅通、高效、平安、绿色的现代化水运体系提供有力保障。

（二）工作原则。

1. 深化改革，管养转型。逐步建立健全与航道事业发展相适应的航道管理体制和养护机制，推动航道服务由被动型向主动型转变，管理手段由传统型向智能型转变，养护方式由粗放式向精细化转变。

2. 依法行政，强化管理。加快法律、法规和技术标准体系建设，促进航道管理与养护法制化、标准化、规范化。强化行政管理，规范行政行为，有效保护航道资源。

3. 科学统筹，协调发展。统筹建设、管理与养护的协调发展，统筹地区间、流域间的航道管理与养护工作，充分发挥高等级航道的骨干作用。

4. 需求引导，服务至上。以服务经济社会发展为根本，以水运需求为导向，拓展服务内涵，丰富服务形式，提升服务品质。

5. 科技引领，人才强航。加强航道管理与养护的科学理论研究和新技术推广应用。不断完善航道管理养护人才培养、使用机制，推进适应航道事业发展要求的人才队伍建设。

四、发展目标和主要任务

（一）发展目标。

以构建现代化水运体系为中心，以加快转变发展方式为主线，以提高公共服务能力为宗旨，逐步建立统一、高效、协调的航道管理体制和养护机制，建成比较完善的航道法律、法规和技术标准体系，基本建成管理规范、养护科学、信息畅通、保障有力的航道公共服务体系，初步形成以资金、科技、人才为核心的航道可持续发展保障体系，建设具有时代气息和行业特色的文化体系。到2015 年，实现航道更畅通、更安全、更绿色、更文明、更和谐，总体适应经济社会发展需要。

（二）主要任务。

1. 深化体制机制改革，释放航道活力。

——按照国家关于事业单位分类改革实施指导意见的要求，积极推进航道事业单位分类改革。

——逐步建立以中央和省两级为主、相对集中管理的模式，建立适应航道管理与养护发展的省级航道管理机构。加强航道管理体制和运行机制改革研究，探索内河、沿海主要干线航道管理新模式。

——根据航道的公益性本质特性，以社会效益最大化为目标，强化航道管理机构的专业化养护。同时，发挥市场机制作用，明确市场准入条件。

——研究解决制约枢纽通航的重大问题，逐步建立通航建筑物运行考评体系和责任追究制度，明确相关单位的责任和义务；研究推进干线通航建筑物管理体制改革。

2. 加快法制建设，保障持续发展。

——以《航道法》为重点，着力推进航道法律、法规的立法进程，力争出台《航道法》，并做好配套法规的研究和制定工作。充分利用地方立法资源，加快制定地方性航道法规和政府规章，形成比较完善的航道管理与养护法律、法规体系。加强航道管理与养护发展的政策研究，积极争取政策支持，促进航道管理与养护科学发展。

——制定长江干线、西江航运干线、运河通航标准，修订《内河通航标准》、《内河航道维护技术规范》等技术标准；制定内河航标、电子航道图、沿海航道养护等技术规范；制定航道养护分类定额，不断完善航道技术标准和养护定额体系。

——加强航道管理与养护制度建设，制定修订航道管理与养护工作制度，完善通航建筑物及航电枢纽管理制度，推动航道管理与养护工作制度化、规范化。

3. 强化行政管理，保护航道资源。

——加强对跨、临、拦河（海）等与通航有关设施建设的通航安全影响论证审批工作，加强采砂、勘探等作业对航道影响的审查。

——强化对拦河建筑物的通航标准审批、施工监督、运营监管，实现通航建筑物与枢纽其他设施同步规划、同步建设、同步投入使用，避免出现新的碍航闸坝。推动有复航价值的枢纽、航道逐步进行复航建设和改造。

——做好专设航标行政许可工作，切实加强专设航标日常养护的指导和监督管理。

——加强与通航有关设施的施工、作业对航道影响的现场监管，做好航道专项查验工作。加强对航道及航道设施的巡查与保护，对各种侵占、破坏航道及航道设施的行为依法进行处理、处罚，并责令赔偿、修复。

——完善内河航道技术等级评定工作。

——加强航道行政管理和行政执法监督，进一步完善行政管理和行政执法的责任制度。严格按照交通运输执法检查行为、用语、禁令、风纪以及文书制作等规范要求，规范行为，文明执法。按照交通运输行政执法形象建设的统一部署，统一执法标志、统一执法证件、统一执法工作服装、统一基层执法场所外观，树立良好执法形象。

4. 突出养护重点，提升公共服务能力。

——坚持分类养护，突出重点，兼顾一般。以长江干线、西江航运干线、京杭运河等内河高等级航道、沿海航道和国境国际河流航道为重点，干支联动，推进全国航道养护工作协调发展。

——强化Ⅳ级以上高等级航道的养护，充分发挥高等级航道在水路运输网络中的骨干作用；重点加强运量较大的航道、跨省航道的养护与管理；重视Ⅴ级航道和中、西部地区重要航道的养护；注重库区、湖区、山区、沿海陆岛和岛际运输等航道的养护，服务群众便捷出行。

——加强沿海航道管理与养护工作，延伸沿海航道管理养护范围。开展沿海航道普查、测绘等工作，完善基础资料，制定沿海航道通航标准。

——加强国境国际河流航道管理与养护，维护国家航行权益，加强装备配置，完善船舶卧泊基地、越冬锚地等基础设施，初步形成覆盖国境国际河流区域的测绘保障系统，注重国境国际河流航道应急抢通能力建设。

——建立健全统一指挥、反应快速、协调有序、运转高效的航道应急抢通机制，建立完善特殊时段及突发事件的工作预案，规范信息报送和应急处置程序，加强应急抢通队伍建设，配备必要的应急抢通装备，提高航道应急处置能力，确保有效应对航道突发事件。

——完善航道信息发布机制，建立运转高效的信息发布平台，增强信息发布的及时性和准确性，满足经济社会发展对航道信息的需求。

——加强数字航道建设，实现沿海航道电子海图全覆盖，实现长江等主要内河干线航道电子航道图覆盖。

5. 提高工作质量，增强养护能力。

——加强内部管理，认真执行《航道养护管理规定》、《内河航道维护技术规范》等规定、规范，建立航道养护质量管理体系。科学制定并严格落实养护计划，规范养护行为，重视航道及航道设施的日常养护、安全生产、基础资料收集和统计等工作，定期开展航道养护管理检查、考核。

——内河高等级航道和沿海航道维护水深年保证率达到95%以上，其他区域重要航道维护水深年保证率达到90%。航道设标里程达到 5 万公里，实现长江干线、西江航运干线和沿海航道航标遥测遥控全覆盖，其他重要航道积极采用航标遥测遥控技术。

——加强航标养护管理，坚持航标巡查与日常保养，确保标位准确、结构完整、灯光明亮、颜色鲜明，提高航标维护正常率。切实加强重点标位、重要河段航标的养护管理工作，在高等级航道和通航海轮航道上，设置大型浮标和塔型岸标；重要海轮航道重点标位配置雷达应答器，提高助航的可靠性。

——加强航道整治建筑物观测，定期开展技术状况评价，树立预防性养护理念，提高整治建筑物的养护质量，保障整治建筑物功能的有效发挥。充分利用自然水深，主动作为，最大限度地提高航道通过能力。

——加强通航建筑物管理与养护，做到科学管理、合理调度、定期保养、计划维修，确保正常高效运行，为船舶提供安全、及时、方便的服务。

——配备先进测绘装备，运用现代测绘技术，逐步形成快速、准确、高效的测绘能力，加强浅滩、桥区、河口、库尾等重点航段观测，为航道管理养护、应急抢通和数字航道建设提供测绘保障。

——优化资源配置，完善养护船艇、工作船码头、养护站场等设备设施，逐步建成布局合理、功能齐全、技术先进、运行安全、适应水运现代化要求的航道养护装备和设施。

6. 坚持科技创新，推进航道现代化。

——建设长江干线、西江航运干线、京杭运河等数字航道，加快内河电子航道图推广应用。加快航道管理与养护信息化建设，建设航道综合信息服务系统、船闸联合调度系统，逐步实现航道实时动态监测、联网便捷服务。积极开展智能航道研究和建设试点工作。

——开展环保、节能航道养护设备研制，加强通航建筑物管理与养护技术创新，加大航标新材料、新能源、新光源的研究和推广应用力度，推广应用太阳能一体化航标灯，积极推动绿色航道发展。

——加强航道整治建筑物维修、航道减淤、生态航道、船闸运行维护等技术研究和示范应用，形成一批技术新成果。积极推进航道科研基地建设，提升科技创新能力。加强航道管理与养护技术国际交流与合作。

7. 健全协调机制，合力开发水运资源。

——加强与国土、环保、水利、电力、渔业等行业部门的沟通与联系，积极参与涉及航道权益的水利、水电及其他行业的规划、建设过程，倡导联合治水，提高水资源综合利用效能，结合江河治理改善航道通航条件。

——加强部与省、省与省以及行业内部的沟通协调，形成合力。加强对跨省重要航道管理与养护的协调，促进航道资源利用、养护标准和信息服务的有效衔接。

——发挥行业协会等社会中介组织在航道法律、法规制定与宣贯培训、政策研究、沟通协调、行业自律以及信息收集与传递等方面的作用。

8. 加强队伍建设，提供人才保障。

——树立和落实以人为本、全面协调可持续的科学发展观，把促进航道事业发展作为人才队伍建设的根本出发点。制定省级航道管理机构的人才规划，加强队伍建设，加大培训教育力度，提高人员综合素质和能力。

——以能力建设为核心，以重点航道管理养护、重大建设工程、重点科研项目和重点科研基地为依托，重点加强高层次科技人才、高技能实用人才、高素质管理人才的培养，造就一批在航道管理与养护重点专业领域中有影响的专业带头人和在交通运输系统有较高知名度的专家；采取培训、轮岗、挂职锻炼等措施，培养一批能满足航道管理与养护综合工作需要的骨干队伍。到 2015 年末，全国航道管理、养护专业技术人员占职工总数的 40% 以上；专业技术人员中，具有中级及以上专业技术任职资格的技术人才不低于 40%；养护作业人员中，具有中级工及以上技术资格的技能人才达到 50% 以上；航道行政管理人员整体文化水平达到大专以上。

——健全从业人员岗位职责、能力水平、绩效考评、考核标准等制度体系。建立职工培训机制，利用现有培训资源，建立航道管理与养护培训基地，加强航道养护专业人员的培训。实行职业技能认定和关键岗位从业资格制度。

9. 加强航道文化建设，凝聚行业力量。

——加强职工社会主义核心价值观、职业道德、航道文化教育，不断提升职工的思想素质和职业认同感，增强职工创造力，激发工作热情，强化责任意识。

——加强航道文化建设。以交通运输行业核心价值体系为指导，明确航道管理与养护的使命追求、共同愿景、行业精神和道德规范。构建与文化传统相承接、与时代发展相适应、与航道特色相吻合的航道文化体系，增强行业凝聚力。确定全国统一的徽标，强化品牌效应，增强社会知名度和认同感。

——加强行业先进典型、劳动模范的选树和培养工作，全国航道系统力争培养、选树 5 名以上全国劳动模范。大力弘扬劳模精神，充分发挥先进典型的示范引领作用。

——进一步推进文明样板航道创建，把提高服务能力和水平作为创建活动的出发点和归宿，创新创建方式，丰富创建内涵，提高创建成效。文明样板航道达到 6500 公里，其中国家级文明样板航道 2000 公里，省级文明样板航道 4500 公里。

——开展航道养护示范工程、通航设施管理示范工程建设，精心打造一批内涵丰富、特点突出、体系完备、质量过硬、辐射带动力强的航道品牌。

五、保障措施

（一）提高思想认识，树立科学发展的新理念。

　　加强航道管理与养护，促进水运科学发展，对于构建安全、畅通、便捷、绿色的交通运输体系，调整优化地区产业布局，促进区域经济协调发展和节能减排具有重要的现实意义。正确把握好建、管、养三者的关系，树立"建设是发展、管理养护是可持续发展、建管养并重是科学发展"的新理念，以管理为根本，以建设为手段，以养护为保障，切实把航道管理与养护工作提高到更加重要的位置，实现航道更长远、更持久的发展。

　　（二）加强组织领导，建立监督检查激励机制。

　　各级交通运输主管部门和航道、海事管理机构要根据各自职责，进一步增强责任感、紧迫感和使命感，把加快航道发展摆在更加突出的位置，以更大的决心、更多的精力、更实的措施支持和促进航道事业发展。要加强领导、统筹安排、整体部署、明确责任、细化管理，及时解决工作中遇到的重大问题。要建立和完善监督、检查、激励机制，根据实际情况，采取自查、抽查、互查、巡查等方式对本纲要的执行情况进行监督检查。

　　（三）加大资金投入，建立航道管理养护资金保障体系。

　　各级政府和交通运输主管部门要加大对航道管理与养护的资金投入，加强航道养护设施、设备建设和更新，确保日常养护资金需求。建立航道管理养护以中央和地方政府财政投入为主的资金保障体系，将航道管理与养护资金纳入政府财政预算，统筹使用成品油价格和税费改革转移支付资金和规费收入，增加专项养护资金，航电枢纽部分收益用于航道养护，设立地方应急抢通专项资金等，拓宽筹资渠道，积极鼓励和引导社会资本对航道管理养护的投入。同时，要强化对航道管理养护资金的科学管理与使用。

　　（四）加强舆论引导，营造良好氛围。

　　充分利用各类新闻媒体和各种宣传形式，制定宣传方案，加强舆论引导，多角度深入开展航道的地位作用、发展形势、政策法规、经验成就、行业先进人物、典型事迹的宣传，增强航道发展的凝聚力、向心力，营造良好的舆论氛围和社会环境。

　　站在新起点，迎接新挑战，抢抓新机遇，谱写新篇章。各级交通运输主管部门和航道、海事管理机构要按照发展现代交通运输业的总体要求，转变观念，开拓创新，积极研究新情况、解决新问题、实现新突破，认真贯彻落实本纲要提出的各项任务，为实现水运现代化而努力奋斗。

中华人民共和国水上水下活动通航安全管理规定

(2010 年 12 月 30 日经交通运输部第 12 次部务会议通过 2011 年 1 月 27 日交通运输部令 2011 年第 5 号 自 2011 年 3 月 1 日起施行)

第一条 为了维护水上交通秩序，保障船舶航行、停泊和作业安全，保护水域环境，依据《中华人民共和国海上交通安全法》、《中华人民共和国内河交通安全管理条例》等法律、法规，制定本规定。

第二条 公民、法人或者其他组织在中华人民共和国内河通航水域或者岸线上和国家管辖海域从事下列可能影响通航安全的水上水下活动，适用本规定：

（一）勘探、采掘、爆破；

（二）构筑、设置、维修、拆除水上水下构筑物或者设施；

（三）架设桥梁、索道；

（四）铺设、检修、拆除水上水下电缆或者管道；

（五）设置系船浮筒、浮趸、缆桩等设施；

（六）航道建设，航道、码头前沿水域疏浚；

（七）举行大型群众性活动、体育比赛；

（八）打捞沉船、沉物；

（九）在国家管辖海域内进行调查、测量、过驳、大型设施和移动式平台拖带、捕捞、养殖、科学试验等水上水下施工活动以及在港区、锚地、航道、通航密集区进行的其他有碍航行安全的活动；

（十）在内河通航水域进行的气象观测、测量、地质调查，航道日常养护、大面积清除水面垃圾和可能影响内河通航水域交通安全的其他行为。

第三条 水上水下活动通航安全管理应当遵循安全第一、预防为主、方便群众、依法管理的原则。

第四条 国务院交通运输主管部门主管全国水上水下活动通航安全管理工作。

国家海事管理机构在国务院交通运输主管部门的领导下，负责全国水上水下活动通航安全监督管理工作。

各级海事管理机构依照各自的职责权限，负责本辖区水上水下活动通航安全监督管理工作。

第五条 从本规定第二条第（一）项至第（九）项的水上水下活动的建设单位、主办单位或者对工程总负责的施工作业者，应当按照《中华人民共和国海事行政许可条件规定》明确的相应条件向活动地的海事管理机构提出申请并报送相应的材料。在取得海事管理机构颁发的《中华人民共和国水上水下活动许可证》（以下简称许可证）后，方可进行相应的水上水下活动。

第六条 水上水下活动水域涉及两个以上海事管理机构的，许可证的申请应当向其共同的上一级海事管理机构或者共同的上一级海事管理机构指定的海事管理机构提出。

第七条 从事水上水下活动需要设置安全作业区的，应当经海事管理机构核准公告。

建设单位或者主办单位申请设置安全作业区，可以在向海事管理机构申请许可证时一并提出。

第八条 遇有紧急情况，需要对航道进行修复或者对航道、码头前沿水域进行疏浚的，作业单位可以边申请边施工。

第九条 许可证应当注明允许从事水上水下活动的单位名称、船名、时间、水域、活动内容、有效期等事项。

第十条 许可证的有效期由海事管理机构根据活动的期限及水域环境的特点确定，最长不得超过三年。许可证有效期届满不能结束施工作业的，申请人应当于许可证有效期届满 20 日前到海事管理机构办理延期手续，由海事管理机构在原证上签注延期期限后方能继续从事相应活动。

第十一条 许可证上注明的船舶在水上水下活动期间发生变更的，建设单位或者主办单位应当及时到做出许可决定的海事管理机构办理变更手续。在变更手续未办妥前，变更的船舶不得从事相应的水上水下活动。

许可证上注明的实施施工作业的单位、活动内容、水域发生变更的，建设单位或者主办单位应当重新申请许可证。

第十二条 有下列情形之一的，许可证的申请者应当及时向原发证的海事管理机构报告，并办理许可证注销手续：

（一）涉水工程及其设施中止的；

（二）三个月以上不开工的；

（三）提前完工的；

（四）因许可事项变更而重新办理了新的许可证的；

（五）因不可抗力导致批准的水上水下活动无法实施的；

（六）法律、行政法规规定的应当注销行政许可的其他情形。

第十三条 从事本规定第二条第（十）项列明的活动的，应当在活动前将作业或者活动方案报海事管理机构备案。

第十四条 从事按规定需要发布航行警告、航行通告的水上水下活动，应当在活动开始前办妥相关手续。

第十五条 按照国家规定需要立项的对通航安全可能产生影响的涉水工程，在工程立项前交通运输主管部门应当按照职责组织通航安全影响论证审查，论证审查意见作为工程立项审批的条件。

水上水下活动在建设期间或者活动期间对通航安全、防治船舶污染可能构成重大影响的，建设单位或者主办单位应当在申请海事管理机构水上水下活动许可之前进行通航安全评估。

第十六条 涉水工程建设单位、施工单位、业主单位和经营管理单位应当按照《中华人民共和国安全生产法》的要求，建立健全涉水工程水上交通安全制度和管理体系，严格履行涉水工程建设期和使用期水上交通安全有关职责。

第十七条 涉水工程建设单位应当在工程招、投标前对参与施工作业的船舶、浮动设施明确应具备的安全标准和条件，在工程招、投标后督促施工单位落实施工过程中各项安全保障措施，将施工作业船舶、浮动设施及人员和为施工作业或者活动服务的所有船舶纳入水上交通安全管理体系，并与其签订安全协议。

第十八条 涉水工程建设单位、业主单位应当加强安全生产管理，落实安全生产主体责任。根据国家有关法律、法规及规章要求，明确本单位和施工单位、经营管理单位安全责任人。督促施工单位落实水上交通安全和防治船舶污染的各项要求，并落实通航安全评估以及活动方案中提出的各项安全和防污染的措施。

第十九条　涉水工程建设单位、业主单位应当确保水上交通安全设施与主体工程同时设计、同时施工、同时投入生产和使用。

第二十条　涉水工程勘察设计单位、施工单位应当具备法律、法规规定的资质。

第二十一条　涉水工程施工单位应当落实国家安全作业和防火、防爆、防污染等有关法律、法规，制定施工安全保障方案，完善安全生产条件，采取有效安全防范措施，制定水上应急预案，保障涉水工程的水域通航安全。

第二十二条　涉水工程业主单位、经营管理单位，应当采取有效安全措施，保证涉水工程试运行期、竣工后的水上交通安全。

第二十三条　在水上水下活动进行过程中，施工单位和作业人员应当遵守以下规定：

（一）按照海事管理机构批准的作业内容、核定的水域范围和使用核准的船舶进行作业，不得妨碍其他船舶的正常航行；

（二）及时向海事管理机构通报施工进度及计划，并保持工程水域良好的通航环境；

（三）使船舶、浮动设施保持在适于安全航行、停泊或者从事有关活动的状态；

（四）实施施工作业或者活动的船舶、设施应当按照有关规定在明显处昼夜显示规定的号灯号型。在现场作业船舶或者警戒船上配备有效的通信设备，施工作业或者活动期间指派专人警戒，并在指定的频道上守听；

（五）制定、落实有效的防范措施，禁止随意倾倒废弃物，禁止违章向水体投弃施工建筑垃圾、船舶垃圾、排放船舶污染物、生活污水和其他有害物质；

（六）遵守有关水上交通安全和防治污染的相关规定，不得有超载等违法行为。

第二十四条　水上水下活动经海事管理机构核准公告设置安全作业区的，建设单位或者主办单位应当设置相关的安全警示标志和配备必要的安全设施或者警戒船，切实落实通航安全评估中提出的各项安全防范措施和对策，并做好施工与通航及其他有关水上交通安全的协调工作。

第二十五条　与批准的水上水下活动无关的船舶、设施不得进入安全作业区。

建设单位、主办单位或者施工单位不得擅自改变施工作业安全作业区的范围。需要改变的，应当报经海事管理机构重新核准公告。

第二十六条　对水上水下活动产生的可能影响航行安全的障碍物，建设单位或者主办单位应当将形状、尺寸、位置和深度准确地报告海事管理机构，按照海事管理机构的要求设置标志，并按照通航要求及有关规定的要求及时清除遗留物。

第二十七条　水上水下活动完成后，建设单位或者主办单位不得遗留任何妨碍航行的物体，并应当向海事管理机构提交通航安全报告。

海事管理机构收到通航安全报告后，应当及时予以核查。核查中发现存在有碍航行和作业的安全隐患的，海事管理机构有权暂停或者限制涉水工程投入使用。

第二十八条　海事管理机构应当建立涉水工程施工作业或活动现场监督检查制度，依法检查有关建设单位和施工作业单位所属船舶、设施、人员水上通航安全作业条件和采取的通航保障措施落实情况。有关单位和人员应当予以配合。

第二十九条　有下列情形之一的，海事管理机构应当责令建设单位、施工单位立即停止施工作业，并采取安全防范措施。

（一）因恶劣自然条件严重影响安全的；

（二）施工作业水域内发生水上交通事故，危及周围人生命、财产安全的；

（三）其他严重影响施工作业安全或通航安全的情形。

第三十条 有下列情形之一的，海事管理机构应当责令改正，拒不改正的，海事管理机构应当责令其停止作业：

（一）建设单位或者业主单位未履行安全管理主体责任的；

（二）未落实通航安全评估提出的安全防范措施的；

（三）未经批准擅自更换或者增加施工作业船舶的；

（四）未按规定采取安全和防污染措施进行水上水下活动的；

（五）雇用不符合安全标准的船舶和设施进行水上水下活动的；

（六）其他不满足安全生产的情形。

第三十一条 海事管理机构应当建立涉水工程施工单位水上交通安全诚信制度和奖惩机制。在监督检查过程中对发生的下列情形予以通告：

（一）施工过程中发生水上交通事故和船舶污染事故，造成人员伤亡和重大水域污染的；

（二）以不正当手段取得许可证并违法施工的；

（三）不服从管理、未按规定落实水上交通安全保障措施或者存在重大通航安全隐患，拒不改正而强行施工的。

第三十二条 违反本规定，隐瞒有关情况或者提供虚假材料，以欺骗或其他不正当手段取得许可证的，由海事管理机构撤销其水上水下施工作业许可，注销其许可证，并处 5000 元以上 3 万元以下的罚款。

第三十三条 有下列行为或者情形之一的，海事管理机构应当责令施工作业单位、施工作业的船舶和设施立即停止施工作业，责令限期改正，并处 5000 元以上 3 万元以下的罚款。属于内河通航水域水上水下活动的，处 5000 元以上 5 万元以下的罚款：

（一）应申请许可证而未取得，擅自进行水上水下活动的；

（二）许可证失效后仍进行水上水下活动的；

（三）使用涂改或者非法受让的许可证进行水上水下活动的；

（四）未按本规定报备水上水下活动的。

第三十四条 有下列行为或者情形之一的，海事管理机构应当责令改正，并可以处以 2000 元以下的罚款；拒不改正的，海事管理机构应当责令施工作业单位、施工作业的船舶和设施停止作业。

（一）未按有关规定申请发布航行警告、航行通告即行实施水上水下活动的；

（二）水上水下活动与航行警告、航行通告中公告的内容不符的。

第三十五条 未按本规定取得许可证，擅自构筑、设置水上水下建筑物或设施的，禁止任何船舶进行靠泊作业。影响通航环境的，应当责令构筑、设置者限期搬迁或拆除，搬迁或拆除的有关费用由构筑、设置者自行承担。

第三十六条 违反本规定，未妥善处理有碍航行和作业安全隐患并按照海事管理机构的要求采取清除、设置标志、显示信号等措施的，由海事管理机构责令改正，并处 5000 元以上 3 万元以下的罚款。

第三十七条 海事管理机构工作人员不按法定的条件进行海事行政许可或者不依法履行职责进行监督检查，有滥用职权、徇私舞弊、玩忽职守等行为的，由其所在机构或上级机构依法给予行政处分；构成犯罪的，由司法机关依法追究刑事责任。

第三十八条 在军港、渔港内从事相关水上水下活动，按照国家有关规定执行。

第三十九条 本规定自 2011 年 3 月 1 日起施行。1999 年 10 月 8 日原交通部发布的《中华人民共和国水上水下施工作业通航安全管理规定》部令（1999 年第 4 号）同时废止。

中华人民共和国内河交通安全管理条例

(2002 年 6 月 28 日中华人民共和国国务院令第 355 号公布 根据 2011 年 1 月 8 日
《国务院关于废止和修改部分行政法规的决定》修订)

第一章 总 则

第一条 为了加强内河交通安全管理，维护内河交通秩序，保障人民群众生命、财产安全，制定本条例。

第二条 在中华人民共和国内河通航水域从事航行、停泊和作业以及与内河交通安全有关的活动，必须遵守本条例。

第三条 内河交通安全管理遵循安全第一、预防为主、方便群众、依法管理的原则，保障内河交通安全、有序、畅通。

第四条 国务院交通主管部门主管全国内河交通安全管理工作。国家海事管理机构在国务院交通主管部门的领导下，负责全国内河交通安全监督管理工作。

国务院交通主管部门在中央管理水域设立的海事管理机构和省、自治区、直辖市人民政府在中央管理水域以外的其他水域设立的海事管理机构（以下统称海事管理机构）依据各自的职责权限，对所辖内河通航水域实施水上交通安全监督管理。

第五条 县级以上地方各级人民政府应当加强本行政区域内的内河交通安全管理工作，建立健全内河交通安全管理责任制。

乡（镇）人民政府对本行政区域内的内河交通安全管理履行下列职责：

（一）建立健全行政村和船主的船舶安全责任制；

（二）落实渡口船舶、船员、旅客定额的安全管理责任制；

（三）落实船舶水上交通安全管理的专门人员；

（四）督促船舶所有人、经营人和船员遵守有关内河交通安全的法律、法规和规章。

第二章 船舶、浮动设施和船员

第六条 船舶具备下列条件，方可航行：

（一）经海事管理机构认可的船舶检验机构依法检验并持有合格的船舶检验证书；

（二）经海事管理机构依法登记并持有船舶登记证书；

（三）配备符合国务院交通主管部门规定的船员；

（四）配备必要的航行资料。

第七条　浮动设施具备下列条件，方可从事有关活动：

（一）经海事管理机构认可的船舶检验机构依法检验并持有合格的检验证书；

（二）经海事管理机构依法登记并持有登记证书；

（三）配备符合国务院交通主管部门规定的掌握水上交通安全技能的船员。

第八条　船舶、浮动设施应当保持适于安全航行、停泊或者从事有关活动的状态。

船舶、浮动设施的配载和系固应当符合国家安全技术规范。

第九条　船员经水上交通安全专业培训，其中客船和载运危险货物船舶的船员还应当经相应的特殊培训，并经海事管理机构考试合格，取得相应的适任证书或者其他适任证件，方可担任船员职务。严禁未取得适任证书或者其他适任证件的船员上岗。

船员应当遵守职业道德，提高业务素质，严格依法履行职责。

第十条　船舶、浮动设施的所有人或者经营人，应当加强对船舶、浮动设施的安全管理，建立健全相应的交通安全管理制度，并对船舶、浮动设施的交通安全负责；不得聘用无适任证书或者其他适任证件的人员担任船员；不得指使、强令船员违章操作。

第十一条　船舶、浮动设施的所有人或者经营人，应当根据船舶、浮动设施的技术性能、船员状况、水域和水文气象条件，合理调度船舶或者使用浮动设施。

第十二条　按照国家规定必须取得船舶污染损害责任、沉船打捞责任的保险文书或者财务保证书的船舶，其所有人或者经营人必须取得相应的保险文书或者财务担保证明，并随船携带其副本。

第十三条　禁止伪造、变造、买卖、租借、冒用船舶检验证书、船舶登记证书、船员适任证书或者其他适任证件。

第三章　航行、停泊和作业

第十四条　船舶在内河航行，应当悬挂国旗，标明船名、船籍港、载重线。

按照国家规定应当报废的船舶、浮动设施，不得航行或者作业。

第十五条　船舶在内河航行，应当保持瞭望，注意观察，并采用安全航速航行。船舶安全航速应当根据能见度、通航密度、船舶操纵性能和风、浪、水流、航路状况以及周围环境等主要因素决定。使用雷达的船舶，还应当考虑雷达设备的特性、效率和局限性。

船舶在限制航速的区域和汛期高水位期间，应当按照海事管理机构规定的航速航行。

第十六条　船舶在内河航行时，上行船舶应当沿缓流或者航路一侧航行，下行船舶应当沿主流或者航路中间航行；在潮流河段、湖泊、水库、平流区域，应当尽可能沿本船右舷一侧航路航行。

第十七条　船舶在内河航行时，应当谨慎驾驶，保障安全；对来船动态不明、声号不统一或者遇有紧迫情况时，应当减速、停车或者倒车，防止碰撞。

船舶相遇，各方应当注意避让。按照船舶航行规则应当让路的船舶，必须主动避让被让路船舶；被让路船舶应当注意让路船舶的行动，并适时采取措施，协助避让。

船舶避让时，各方避让意图经统一后，任何一方不得擅自改变避让行动。

船舶航行、避让和信号显示的具体规则，由国务院交通主管部门制定。

第十八条　船舶进出内河港口，应当向海事管理机构办理船舶进出港签证手续。

第十九条　下列船舶在内河航行，应当向引航机构申请引航：

（一）外国籍船舶；

（二）1000 总吨以上的海上机动船舶，但船长驾驶同一类型的海上机动船舶在同一内河通航水域航行与上一航次间隔 2 个月以内的除外；

（三）通航条件受限制的船舶；

（四）国务院交通主管部门规定应当申请引航的客船、载运危险货物的船舶。

第二十条　船舶进出港口和通过交通管制区、通航密集区或者航行条件受限制的区域，应当遵守海事管理机构发布的有关通航规定。

任何船舶不得擅自进入或者穿越海事管理机构公布的禁航区。

第二十一条　从事货物或者旅客运输的船舶，必须符合船舶强度、稳性、吃水、消防和救生等安全技术要求和国务院交通主管部门规定的载货或者载客条件。

任何船舶不得超载运输货物或者旅客。

第二十二条　船舶在内河通航水域载运或者拖带超重、超长、超高、超宽、半潜的物体，必须在装船或者拖带前24小时报海事管理机构核定拟航行的航路、时间，并采取必要的安全措施，保障船舶载运或者拖带安全。船舶需要护航的，应当向海事管理机构申请护航。

第二十三条　遇有下列情形之一时，海事管理机构可以根据情况采取限时航行、单航、封航等临时性限制、疏导交通的措施，并予公告：

（一）恶劣天气；

（二）大范围水上施工作业；

（三）影响航行的水上交通事故；

（四）水上大型群众性活动或者体育比赛；

（五）对航行安全影响较大的其他情形。

第二十四条　船舶应当在码头、泊位或者依法公布的锚地、停泊区、作业区停泊；遇有紧急情况，需要在其他水域停泊的，应当向海事管理机构报告。

船舶停泊，应当按照规定显示信号，不得妨碍或者危及其他船舶航行、停泊或者作业的安全。

船舶停泊，应当留有足以保证船舶安全的船员值班。

第二十五条　在内河通航水域或者岸线上进行下列可能影响通航安全的作业或者活动的，应当在进行作业或者活动前报海事管理机构批准：

（一）勘探、采掘、爆破；

（二）构筑、设置、维修、拆除水上水下构筑物或者设施；

（三）架设桥梁、索道；

（四）铺设、检修、拆除水上水下电缆或者管道；

（五）设置系船浮筒、浮趸、缆桩等设施；

（六）航道建设，航道、码头前沿水域疏浚；

（七）举行大型群众性活动、体育比赛。

进行前款所列作业或者活动，需要进行可行性研究的，在进行可行性研究时应当征求海事管理机构的意见；依照法律、行政法规的规定，需经其他有关部门审批的，还应当依法办理有关审批手续。

第二十六条　海事管理机构审批本条例第二十五条规定的作业或者活动，应当自收到申请之日起30日内做出批准或者不批准的决定，并书面通知申请人。

遇有紧急情况，需要对航道进行修复或者对航道、码头前沿水域进行疏浚的，作业人可以边申请边施工。

第二十七条　航道内不得养殖、种植植物、水生物和设置永久性固定设施。

划定航道，涉及水产养殖区的，航道主管部门应当征求渔业行政主管部门的意见；设置水产养殖区，涉及航道的，渔业行政主管部门应当征求航道主管部门和海事管理机构的意见。

第二十八条　在内河通航水域进行下列可能影响通航安全的作业，应当在进行作业前向海事管理机构备案：

（一）气象观测、测量、地质调查；

（二）航道日常养护；

（三）大面积清除水面垃圾；

（四）可能影响内河通航水域交通安全的其他行为。

第二十九条　进行本条例第二十五条、第二十八条规定的作业或者活动时，应当在作业或者活动区域设置标志和显示信号，并按照海事管理机构的规定，采取相应的安全措施，保障通航安全。

前款作业或者活动完成后，不得遗留任何妨碍航行的物体。

第四章　危险货物监管

第三十条　从事危险货物装卸的码头、泊位，必须符合国家有关安全规范要求，并征求海事管理机构的意见，经验收合格后，方可投入使用。

禁止在内河运输法律、行政法规以及国务院交通主管部门规定禁止运输的危险货物。

第三十一条　载运危险货物的船舶，必须持有经海事管理机构认可的船舶检验机构依法检验并颁发的危险货物适装证书，并按照国家有关危险货物运输的规定和安全技术规范进行配载和运输。

第三十二条　船舶装卸、过驳危险货物或者载运危险货物进出港口，应当将危险货物的名称、特性、包装、装卸或者过驳的时间、地点以及进出港时间等事项，事先报告海事管理机构和港口管理机构，经其同意后，方可进行装卸、过驳作业或者进出港口；但是，定船、定线、定货的船舶可以定期报告。

第三十三条　载运危险货物的船舶，在航行、装卸或者停泊时，应当按照规定显示信号；其他船舶应当避让。

第三十四条　从事危险货物装卸的码头、泊位和载运危险货物的船舶，必须编制危险货物事故应急预案，并配备相应的应急救援设备和器材。

第五章　渡口管理

第三十五条　设置或者撤销渡口，应当经渡口所在地的县级人民政府审批；县级人民政府审批前，应当征求当地海事管理机构的意见。

第三十六条　渡口的设置应当具备下列条件：

（一）选址应当在水流平缓、水深足够、坡岸稳定、视野开阔、适宜船舶停靠的地点，并远离危险物品生产、堆放场所；

（二）具备货物装卸、旅客上下的安全设施；

（三）配备必要的救生设备和专门管理人员。

第三十七条　渡口经营者应当在渡口设置明显的标志，维护渡运秩序，保障渡运安全。

渡口所在地县级人民政府应当建立健全渡口安全管理责任制，指定有关部门负责对渡口和渡运安全实施监督检查。

第三十八条　渡口工作人员应当经培训、考试合格，并取得渡口所在地县级人民政府指定的部门颁发的合格证书。

渡口船舶应当持有合格的船舶检验证书和船舶登记证书。

第三十九条　渡口载客船舶应当有符合国家规定的识别标志，并在明显位置标明载客定额、安全注意事项。

渡口船舶应当按照渡口所在地的县级人民政府核定的路线渡运，并不得超载；渡运时，应当注意避让过往船舶，不得抢航或者强行横越。

遇有洪水或者大风、大雾、大雪等恶劣天气，渡口应当停止渡运。

第六章　通航保障

第四十条　内河通航水域的航道、航标和其他标志的规划、建设、设置、维护，应当符合国家规定的通航安全要求。

第四十一条　内河航道发生变迁，水深、宽度发生变化，或者航标发生位移、损坏、灭失，影响通航安全的，航道、航标主管部门必须及时采取措施，使航道、航标保持正常状态。

第四十二条　内河通航水域内可能影响航行安全的沉没物、漂流物、搁浅物，其所有人和经营人，必须按照国家有关规定设置标志，向海事管理机构报告，并在海事管理机构限定的时间内打捞清除；没有所有人或者经营人的，由海事管理机构打捞清除或者采取其他相应措施，保障通航安全。

第四十三条　在内河通航水域中拖放竹、木等物体，应当在拖放前24小时报经海事管理机构同意，按照核定的时间、路线拖放，并采取必要的安全措施，保障拖放安全。

第四十四条　任何单位和个人发现下列情况，应当迅速向海事管理机构报告：

（一）航道变迁，航道水深、宽度发生变化；

（二）妨碍通航安全的物体；

（三）航标发生位移、损坏、灭失；

（四）妨碍通航安全的其他情况。

海事管理机构接到报告后，应当根据情况发布航行通告或者航行警告，并通知航道、航标主管部门。

第四十五条　海事管理机构划定或者调整禁航区、交通管制区、港区外锚地、停泊区和安全作业区，以及对进行本条例第二十五条、第二十八条规定的作业或者活动，需要发布航行通告、航行警告的，应当及时发布。

第七章　救　助

第四十六条　船舶、浮动设施遇险，应当采取一切有效措施进行自救。

船舶、浮动设施发生碰撞等事故，任何一方应当在不危及自身安全的情况下，积极救助遇险的他方，不得逃逸。

船舶、浮动设施遇险，必须迅速将遇险的时间、地点、遇险状况、遇险原因、救助要求，向遇险地海事管理机构以及船舶、浮动设施所有人、经营人报告。

第四十七条　船员、浮动设施上的工作人员或者其他人员发现其他船舶、浮动设施遇险，或者收到求救信号后，必须尽力救助遇险人员，并将有关情况及时向遇险地海事管理机构报告。

第四十八条　海事管理机构收到船舶、浮动设施遇险求救信号或者报告后，必须立即组织力量救助遇险人员，同时向遇险地县级以上地方人民政府和上级海事管理机构报告。

遇险地县级以上地方人民政府收到海事管理机构的报告后，应当对救助工作进行领导和协调，动员各方力量积极参与救助。

第四十九条 船舶、浮动设施遇险时，有关部门和人员必须积极协助海事管理机构做好救助工作。

遇险现场和附近的船舶、人员，必须服从海事管理机构的统一调度和指挥。

第八章 事故调查处理

第五十条 船舶、浮动设施发生交通事故，其所有人或者经营人必须立即向交通事故发生地海事管理机构报告，并做好现场保护工作。

第五十一条 海事管理机构接到内河交通事故报告后，必须立即派员前往现场，进行调查和取证。

海事管理机构进行内河交通事故调查和取证，应当全面、客观、公正。

第五十二条 接受海事管理机构调查、取证的有关人员，应当如实提供有关情况和证据，不得谎报或者隐匿、毁灭证据。

第五十三条 海事管理机构应当在内河交通事故调查、取证结束后30日内，依据调查事实和证据得出调查结论，并书面告知内河交通事故当事人。

第五十四条 海事管理机构在调查处理内河交通事故过程中，应当采取有效措施，保证航路畅通，防止发生其他事故。

第五十五条 地方人民政府应当依照国家有关规定积极做好内河交通事故的善后工作。

第五十六条 特大内河交通事故的报告、调查和处理，按照国务院有关规定执行。

第九章 监督检查

第五十七条 在旅游、交通运输繁忙的湖泊、水库，在气候恶劣的季节，在法定或者传统节日、重大集会、集市、农忙、学生放学和放假等交通高峰期间，县级以上地方各级人民政府应当加强对维护内河交通安全的组织、协调工作。

第五十八条 海事管理机构必须建立健全内河交通安全监督检查制度，并组织落实。

第五十九条 海事管理机构必须依法履行职责，加强对船舶、浮动设施、船员和通航安全环境的监督检查。发现内河交通安全隐患时，应当责令有关单位和个人立即消除或者限期消除；有关单位和个人不立即消除或者逾期不消除的，海事管理机构必须采取责令其临时停航、停止作业，禁止进港、离港等强制性措施。

第六十条 对内河交通密集区域、多发事故水域以及货物装卸、乘客上下比较集中的港口，对客渡船、滚装客船、高速客轮、旅游船和载运危险货物的船舶，海事管理机构必须加强安全巡查。

第六十一条 海事管理机构依照本条例实施监督检查时，可以根据情况对违反本条例有关规定的船舶，采取责令临时停航、驶向指定地点，禁止进港、离港，强制卸载、拆除动力装置、暂扣船舶等保障通航安全的措施。

第六十二条 海事管理机构的工作人员依法在内河通航水域对船舶、浮动设施进行内河交通安全监督检查，任何单位和个人不得拒绝或者阻挠。

有关单位或者个人应当接受海事管理机构依法实施的安全监督检查，并为其提供方便。

海事管理机构的工作人员依照本条例实施监督检查时，应当出示执法证件，表明身份。

第十章　法律责任

第六十三条　违反本条例的规定，应当报废的船舶、浮动设施在内河航行或者作业的，由海事管理机构责令停航或者停止作业，并对船舶、浮动设施予以没收。

第六十四条　违反本条例的规定，船舶、浮动设施未持有合格的检验证书、登记证书或者船舶未持有必要的航行资料，擅自航行或者作业的，由海事管理机构责令停止航行或者作业；拒不停止的，暂扣船舶、浮动设施；情节严重的，予以没收。

第六十五条　违反本条例的规定，船舶未按照国务院交通主管部门的规定配备船员擅自航行，或者浮动设施未按照国务院交通主管部门的规定配备掌握水上交通安全技能的船员擅自作业的，由海事管理机构责令限期改正，对船舶、浮动设施所有人或者经营人处 1 万元以上 10 万元以下的罚款；逾期不改正的，责令停航或者停止作业。

第六十六条　违反本条例的规定，未经考试合格并取得适任证书或者其他适任证件的人员擅自从事船舶航行的，由海事管理机构责令其立即离岗，对直接责任人员处 2000 元以上 2 万元以下的罚款，并对聘用单位处 1 万元以上 10 万元以下的罚款。

第六十七条　违反本条例的规定，按照国家规定必须取得船舶污染损害责任、沉船打捞责任的保险文书或者财务保证书的船舶的所有人或者经营人，未取得船舶污染损害责任、沉船打捞责任保险文书或者财务担保证明的，由海事管理机构责令限期改正；逾期不改正的，责令停航，并处 1 万元以上 10 万元以下的罚款。

第六十八条　违反本条例的规定，船舶在内河航行时，有下列情形之一的，由海事管理机构责令改正，处 5000 元以上 5 万元以下的罚款；情节严重的，禁止船舶进出港口或者责令停航，并可以对责任船员给予暂扣适任证书或者其他适任证件 3~6 个月的处罚：

（一）未按照规定悬挂国旗，标明船名、船籍港、载重线的；

（二）未向海事管理机构办理船舶进出港签证手续的；

（三）未按照规定申请引航的；

（四）擅自进出内河港口，强行通过交通管制区、通航密集区、航行条件受限制区域或者禁航区的；

（五）载运或者拖带超重、超长、超高、超宽、半潜的物体，未申请或者未按照核定的航路、时间航行的。

第六十九条　违反本条例的规定，船舶未在码头、泊位或者依法公布的锚地、停泊区、作业区停泊的，由海事管理机构责令改正；拒不改正的，予以强行拖离，因拖离发生的费用由船舶所有人或者经营人承担。

第七十条　违反本条例的规定，在内河通航水域或者岸线上进行有关作业或者活动未经批准或者备案，或者未设置标志、显示信号的，由海事管理机构责令改正，处 5000 元以上 5 万元以下的罚款。

第七十一条　违反本条例的规定，从事危险货物作业，有下列情形之一的，由海事管理机构责令停止作业或者航行，对负有责任的主管人员或者其他直接责任人员处 2 万元以上 10 万元以下的罚款；属于船员的，并给予暂扣适任证书或者其他适任证件 6 个月以上直至吊销适任证书或者其他适任证件的处罚：

（一）从事危险货物运输的船舶，未编制危险货物事故应急预案或者未配备相应的应急救援设备和器材的；

(二)船舶装卸、过驳危险货物或者载运危险货物进出港口未经海事管理机构、港口管理机构同意的。

未持有危险货物适装证书擅自载运危险货物或者未按照安全技术规范进行配载和运输的,依照《危险化学品安全管理条例》的规定处罚。

第七十二条　违反本条例的规定,未经批准擅自设置或者撤销渡口的,由渡口所在地县级人民政府指定的部门责令限期改正;逾期不改正的,予以强制拆除或者恢复,因强制拆除或者恢复发生的费用分别由设置人、撤销人承担。

第七十三条　违反本条例的规定,渡口船舶未标明识别标志、载客定额、安全注意事项的,由渡口所在地县级人民政府指定的部门责令改正,处2000元以上1万元以下的罚款;逾期不改正的,责令停航。

第七十四条　违反本条例的规定,在内河通航水域的航道内养殖、种植植物、水生物或者设置永久性固定设施的,由海事管理机构责令限期改正;逾期不改正的,予以强制清除,因清除发生的费用由其所有人或者经营人承担。

第七十五条　违反本条例的规定,内河通航水域中的沉没物、漂流物、搁浅物的所有人或者经营人,未按照国家有关规定设置标志或者未在规定的时间内打捞清除的,由海事管理机构责令限期改正;逾期不改正的,海事管理机构强制设置标志或者组织打捞清除;需要立即组织打捞清除的,海事管理机构应当及时组织打捞清除。海事管理机构因设置标志或者打捞清除发生的费用,由沉没物、漂流物、搁浅物的所有人或者经营人承担。

第七十六条　违反本条例的规定,船舶、浮动设施遇险后未履行报告义务或者不积极施救的,由海事管理机构给予警告,并可以对责任船员给予暂扣适任证书或者其他适任证件3~6个月直至吊销适任证书或者其他适任证件的处罚。

第七十七条　违反本条例的规定,船舶、浮动设施发生内河交通事故的,除依法承担相应的法律责任外,由海事管理机构根据调查结论,对责任船员给予暂扣适任证书或者其他适任证件6个月以上直至吊销适任证书或者其他适任证件的处罚。

第七十八条　违反本条例的规定,遇险现场和附近的船舶、船员不服从海事管理机构的统一调度和指挥的,由海事管理机构给予警告,并可以对责任船员给予暂扣适任证书或者其他适任证件3~6个月直至吊销适任证书或者其他适任证件的处罚。

第七十九条　违反本条例的规定,伪造、变造、买卖、转借、冒用船舶检验证书、船舶登记证书、船员适任证书或者其他适任证件的,由海事管理机构没收有关的证书或者证件;有违法所得的,没收违法所得,并处违法所得2倍以上5倍以下的罚款;没有违法所得或者违法所得不足2万元的,处1万元以上5万元以下的罚款;触犯刑律的,依照刑法关于伪造、变造、买卖国家机关公文、证件罪或者其他罪的规定,依法追究刑事责任。

第八十条　违反本条例的规定,船舶、浮动设施的所有人或者经营人指使、强令船员违章操作的,由海事管理机构给予警告,处1万元以上5万元以下的罚款,并可以责令停航或者停止作业;造成重大伤亡事故或者严重后果的,依照刑法关于重大责任事故罪或者其他罪的规定,依法追究刑事责任。

第八十一条　违反本条例的规定,船舶在内河航行、停泊或者作业,不遵守航行、避让和信号显示规则的,由海事管理机构责令改正,处1000元以上1万元以下的罚款;情节严重的,对责任船员给予暂扣适任证书或者其他适任证件3~6个月直至吊销适任证书或者其他适任证件的处罚;造成重大内河交通事故的,依照刑法关于交通肇事罪或者其他罪的规定,依法追究刑事责任。

第八十二条　违反本条例的规定,船舶不具备安全技术条件从事货物、旅客运输,或者超载运输货物、旅客的，由海事管理机构责令改正，处 2 万元以上 10 万元以下的罚款，可以对责任船员给予暂扣适任证书或者其他适任证件 6 个月以上直至吊销适任证书或者其他适任证件的处罚，并对超载运输的船舶强制卸载，因卸载而发生的卸货费、存货费、旅客安置费和船舶监管费由船舶所有人或者经营人承担；发生重大伤亡事故或者造成其他严重后果的，依照刑法关于重大劳动安全事故罪或者其他罪的规定，依法追究刑事责任。

第八十三条　违反本条例的规定，船舶、浮动设施发生内河交通事故后逃逸的，由海事管理机构对责任船员给予吊销适任证书或者其他适任证件的处罚；证书或者证件吊销后，5 年内不得重新从业；触犯刑律的，依照刑法关于交通肇事罪或者其他罪的规定，依法追究刑事责任。

第八十四条　违反本条例的规定，阻碍、妨碍内河交通事故调查取证，或者谎报、隐匿、毁灭证据的，由海事管理机构给予警告，并对直接责任人员处 1000 元以上 1 万元以下的罚款；属于船员的，并给予暂扣适任证书或者其他适任证件 12 个月以上直至吊销适任证书或者其他适任证件的处罚；以暴力、威胁方法阻碍内河交通事故调查取证的，依照刑法关于妨害公务罪的规定，依法追究刑事责任。

第八十五条　违反本条例的规定，海事管理机构不依据法定的安全条件进行审批、许可的，对负有责任的主管人员和其他直接责任人员根据不同情节，给予降级或者撤职的行政处分；造成重大内河交通事故或者致使公共财产、国家和人民利益遭受重大损失的，依照刑法关于滥用职权罪、玩忽职守罪或者其他罪的规定，依法追究刑事责任。

第八十六条　违反本条例的规定，海事管理机构对审批、许可的安全事项不实施监督检查的，对负有责任的主管人员和其他直接责任人员根据不同情节，给予记大过、降级或者撤职的行政处分；造成重大内河交通事故或者致使公共财产、国家和人民利益遭受重大损失的，依照刑法关于滥用职权罪、玩忽职守罪或者其他罪的规定，依法追究刑事责任。

第八十七条　违反本条例的规定，海事管理机构发现船舶、浮动设施不再具备安全航行、停泊、作业条件而不及时撤销批准或者许可并予以处理的，对负有责任的主管人员和其他直接责任人员根据不同情节，给予记大过、降级或者撤职的行政处分；造成重大内河交通事故或者致使公共财产、国家和人民利益遭受重大损失的，依照刑法关于滥用职权罪、玩忽职守罪或者其他罪的规定，依法追究刑事责任。

第八十八条　违反本条例的规定，海事管理机构对未经审批、许可擅自从事旅客、危险货物运输的船舶不实施监督检查，或者发现内河交通安全隐患不及时依法处理，或者对违法行为不依法予以处罚的，对负有责任的主管人员和其他直接责任人员根据不同情节，给予降级或者撤职的行政处分；造成重大内河交通事故或者致使公共财产、国家和人民利益遭受重大损失的，依照刑法关于滥用职权罪、玩忽职守罪或者其他罪的规定，依法追究刑事责任。

第八十九条　违反本条例的规定，渡口所在地县级人民政府指定的部门，有下列情形之一的，根据不同情节，对负有责任的主管人员和其他直接责任人员，给予降级或者撤职的行政处分；造成重大内河交通事故或者致使公共财产、国家和人民利益遭受重大损失的，依照刑法关于滥用职权罪、玩忽职守罪或者其他罪的规定，依法追究刑事责任：

（一）对县级人民政府批准的渡口不依法实施监督检查的；

（二）对未经县级人民政府批准擅自设立的渡口不予以查处的；

（三）对渡船超载，人与大牲畜混载，人与爆炸品、压缩气体和液化气体、易燃液体、易燃固体、自燃物品和遇湿易燃物品、氧化剂和有机过氧化物、有毒品和腐蚀品等危险品混载以及其他危及安全的行为不及时纠正并依法处理的。

第九十条　违反本条例的规定，触犯《中华人民共和国治安管理处罚法》，构成违反治安管理行为的，由公安机关给予治安管理处罚。

第十一章 附 则

第九十一条 本条例下列用语的含义：

（一）内河通航水域是指由海事管理机构认定的可供船舶航行的江、河、湖泊、水库、运河等水域。

（二）船舶是指各类排水或者非排水的船、艇、筏、水上飞行器、潜水器、移动式平台以及其他水上移动装置。

（三）浮动设施是指采用缆绳或者锚链等非刚性固定方式系固并漂浮或者潜于水中的建筑、装置。

（四）交通事故是指船舶、浮动设施在内河通航水域发生的碰撞、触碰、触礁、浪损、搁浅、火灾、爆炸、沉没等引起人身伤亡和财产损失的事件。

第九十二条 军事船舶在内河通航水域航行，应当遵守内河航行、避让和信号显示规则。军事船舶的检验、登记和船员的考试、发证等管理办法，按照国家有关规定执行。

第九十三条 渔船的检验、登记以及进出渔港签证，渔船船员的考试、发证，渔船之间交通事故的调查处理，以及渔港水域内渔船的交通安全管理办法，由国务院渔业行政主管部门依据本条例另行规定。

第九十四条 城市园林水域水上交通安全管理的具体办法，由省、自治区、直辖市人民政府制定；但是，有关船舶检验、登记和船员管理，依照国家有关规定执行。

第九十五条 本条例自 2002 年 8 月 1 日起施行。1986 年 12 月 16 日国务院发布的《中华人民共和国内河交通安全管理条例》同时废止。

中华人民共和国船舶吨税暂行条例

(2011 年 11 月 23 日国务院第 182 次常务会议通过　2011 年 12 月 5 日国务院令第 610 号　自 2012 年 1 月 1 日起施行)

第一条　自中华人民共和国境外港口进入境内港口的船舶(以下称应税船舶),应当依照本条例缴纳船舶吨税(以下简称吨税)。

第二条　吨税的税目、税率依照本条例所附的《吨税税目税率表》执行。

《吨税税目税率表》的调整,由国务院决定。

第三条　吨税设置优惠税率和普通税率。

中华人民共和国籍的应税船舶,船籍国(地区)与中华人民共和国签订含有相互给予船舶税费最惠国待遇条款的条约或者协定的应税船舶,适用优惠税率。

其他应税船舶,适用普通税率。

第四条　吨税按照船舶净吨位和吨税执照期限征收。

应税船舶负责人在每次申报纳税时,可以按照《吨税税目税率表》选择申领一种期限的吨税执照。

第五条　吨税的应纳税额按照船舶净吨位乘以适用税率计算。

第六条　吨税由海关负责征收。海关征收吨税应当制发缴款凭证。

应税船舶负责人缴纳吨税或者提供担保后,海关按照其申领的执照期限填发吨税执照。

第七条　应税船舶在进入港口办理入境手续时,应当向海关申报纳税领取吨税执照,或者交验吨税执照。应税船舶在离开港口办理出境手续时,应当交验吨税执照。

应税船舶负责人申领吨税执照时,应当向海关提供下列文件:

(一) 船舶国籍证书或者海事部门签发的船舶国籍证书收存证明;

(二) 船舶吨位证明。

第八条　吨税纳税义务发生时间为应税船舶进入港口的当日。

应税船舶在吨税执照期满后尚未离开港口的,应当申领新的吨税执照,自上一次执照期满的次日起续缴吨税。

第九条　下列船舶免征吨税:

(一) 应纳税额在人民币 50 元以下的船舶;

(二) 自境外以购买、受赠、继承等方式取得船舶所有权的初次进口到港的空载船舶;

(三) 吨税执照期满后 24 小时内不上下客货的船舶;

(四) 非机动船舶(不包括非机动驳船);

(五) 捕捞、养殖渔船;

(六) 避难、防疫隔离、修理、终止运营或者拆解,并不上下客货的船舶;

（七）军队、武装警察部队专用或者征用的船舶；

（八）依照法律规定应当予以免税的外国驻华使领馆、国际组织驻华代表机构及其有关人员的船舶；

（九）国务院规定的其他船舶。

第十条　在吨税执照期限内，应税船舶发生下列情形之一的，海关按照实际发生的天数批注延长吨税执照期限：

（一）避难、防疫隔离、修理，并不上下客货；

（二）军队、武装警察部队征用。

应税船舶因不可抗力在未设立海关地点停泊的，船舶负责人应当立即向附近海关报告，并在不可抗力原因消除后，依照本条例规定向海关申报纳税。

第十一条　符合本条例第九条第五项至第八项、第十条规定的船舶，应当提供海事部门、渔业船舶管理部门或者卫生检疫部门等部门、机构出具的具有法律效力的证明文件或者使用关系证明文件，申明免税或者延长吨税执照期限的依据和理由。

第十二条　应税船舶负责人应当自海关填发吨税缴款凭证之日起 15 日内向指定银行缴清税款。未按期缴清税款的，自滞纳税款之日起，按日加收滞纳税款 0.5‰的滞纳金。

第十三条　应税船舶到达港口前，经海关核准先行申报并办结出入境手续的，应税船舶负责人应当向海关提供与其依法履行吨税缴纳义务相适应的担保；应税船舶到达港口后，依照本条例规定向海关申报纳税。

下列财产、权利可以用于担保：

（一）人民币、可自由兑换货币；

（二）汇票、本票、支票、债券、存单；

（三）银行、非银行金融机构的保函；

（四）海关依法认可的其他财产、权利。

第十四条　应税船舶在吨税执照期限内，因修理导致净吨位变化的，吨税执照继续有效。应税船舶办理出入境手续时，应当提供船舶经过修理的证明文件。

第十五条　应税船舶在吨税执照期限内，因税目税率调整或者船籍改变而导致适用税率变化的，吨税执照继续有效。

因船籍改变而导致适用税率变化的，应税船舶在办理出入境手续时，应当提供船籍改变的证明文件。

第十六条　吨税执照在期满前毁损或者遗失的，应当向原发照海关书面申请核发吨税执照副本，不再补税。

第十七条　海关发现少征或者漏征税款的，应当自应税船舶应当缴纳税款之日起 1 年内，补征税款。但因应税船舶违反规定造成少征或者漏征税款的，海关可以自应当缴纳税款之日起 3 年内追征税款，并自应当缴纳税款之日起按日加征少征或者漏征税款 0.5‰的滞纳金。

海关发现多征税款的，应当立即通知应税船舶办理退还手续，并加算银行同期活期存款利息。

应税船舶发现多缴税款的，可以自缴纳税款之日起 1 年内以书面形式要求海关退还多缴的税款并加算银行同期活期存款利息；海关应当自受理退税申请之日起 30 日内查实并通知应税船舶办理退还手续。

应税船舶应当自收到本条第二款、第三款规定的通知之日起 3 个月内办理有关退还手续。

第十八条　应税船舶有下列行为之一的，由海关责令限期改正，处 2000 元以上 3 万元以下罚款；不缴或者少缴应纳税款的，处不缴或者少缴税款 50% 以上 5 倍以下的罚款，但罚款不得低于

2000 元：

（一）未按照规定申报纳税、领取吨税执照的；

（二）未按照规定交验吨税执照及其他证明文件的。

第十九条 吨税税款、滞纳金、罚款以人民币计算。

第二十条 本条例下列用语的含义：

净吨位是指由船籍国（地区）政府授权签发的船舶吨位证明书上标明的净吨位。

非机动船舶是指自身没有动力装置，依靠外力驱动的船舶。

非机动驳船是指在船舶管理部门登记为驳船的非机动船舶。

捕捞、养殖渔船是指在中华人民共和国渔业船舶管理部门登记为捕捞船或者养殖船的船舶。

拖船是指专门用于拖（推）动运输船舶的专业作业船舶。拖船按照发动机功率每 1 千瓦折合净吨位 0.67 吨。

吨税执照期限是指按照公历年、日计算的期间。

第二十一条 本条例自 2012 年 1 月 1 日起施行。1952 年 9 月 16 日政务院财政经济委员会批准、1952 年 9 月 29 日海关总署发布的《中华人民共和国海关船舶吨税暂行办法》同时废止。

附：

吨税税目税率表

税 目（按船舶净吨位划分）	税 率（元/净吨）						备 注
	普通税率（按执照期限划分）			优惠税率（按执照期限划分）			
	1 年	90 日	30 日	1 年	90 日	30 日	
不超过 2000 净吨	12.6	4.2	2.1	9.0	3.0	1.5	拖船和非机动驳船分别按相同净吨位船舶税率的 50% 计征税款
超过 2000 净吨，但不超过 10000 净吨	24.0	8.0	4.0	17.4	5.8	2.9	
超过 10000 净吨，但不超过 50000 净吨	27.6	9.2	4.6	19.8	6.6	3.3	
超过 50000 净吨	31.8	10.6	5.3	22.8	7.6	3.8	

关于加快长江等内河水运发展的意见

(2011 年 1 月 21 日国务院　国发〔2011〕2 号)

各省、自治区、直辖市人民政府，国务院各部委、各直属机构：

我国内河水运资源丰富，改革开放以来特别是近 10 年来，我国内河水运建设与发展取得了显著成绩，形成了以长江、珠江、京杭运河、淮河、黑龙江和松辽水系为主体的内河水运格局，长江干线已成为世界上运量最大、运输最繁忙的通航河流，对促进流域经济协调发展发挥了重要作用。但是，我国内河水运发展水平与国民经济和综合运输体系发展的要求仍然存在较大差距，为进一步发挥水运优势和潜力，现就加快长江等内河水运发展提出以下意见。

一、充分认识加快长江等内河水运发展的重要意义

（一）加快长江等内河水运发展有利于构建现代综合运输体系。内河水运具有运能大、占地少、能耗低等优势，加快发展内河水运，实现水运与公路、铁路、航空、管道等运输方式的有机衔接，发展多式联运，发挥各种运输方式的比较优势和组合效益，有利于优化交通运输结构，降低社会综合物流成本，转变交通运输发展方式，增强国防交通功能，构建现代综合运输体系。

（二）加快长江等内河水运发展有利于调整优化沿江、沿河地区产业布局。内河水运在能源、原材料等大宗物资和集装箱、重大装备运输中具有独特优势，加快发展内河水运有利于推动电力、钢铁、汽车等沿江、沿河产业带的发展，推动东部地区产业升级和中、西部地区承接产业转移，优化流域经济布局和产业结构。

（三）加快长江等内河水运发展有利于促进区域经济协调发展。加快内河水运发展，发挥长江横贯东中西部地区、西江航运干线联接西南与粤港澳地区、京杭运河沟通南北地区水运大通道的重要作用，有利于实现地区间资源、技术、资金等要素的有效利用和优势互补，符合实施西部大开发、中部崛起和东部率先发展等重大战略要求，对于区域经济协调发展具有重要促进作用。

（四）加快长江等内河水运发展有利于促进节能减排。随着我国经济社会快速发展，资源、环境约束日益加剧，发展交通运输与减少能耗、减少环境污染的矛盾日趋尖锐。大力发展内河水运，有利于加快降低能源、资源消耗，发展低碳经济，减少污染物排放，符合建设资源节约型、环境友好型社会的总体要求，对于加快转变经济发展方式具有重要现实意义。

二、指导思想、主要原则和发展目标

（五）指导思想。深入贯彻落实科学发展观，进一步解放思想，把发展内河水运作为建设综合运输体系的重点任务，坚持深化改革，加强统筹规划，强化科学管理，加大投入和建设力度，推进

节能减排和技术进步，切实提升内河水运的质量效益和现代化水平，促进产业结构调整和区域经济协调发展。

（六）主要原则。坚持科学发展，合理利用和有效保护水运资源，以市场为导向，突出重点，有序推进，充分发挥水资源综合效益。坚持科学统筹，统筹协调水运、水利、水电发展，统筹协调水运、公路、铁路发展，统筹协调水运资源开发与水生生物资源养护、水生态环境保护。坚持深化改革，创新体制机制，加强各有关部门的协调，充分发挥地方各级人民政府和社会各方面发展内河水运的积极性。坚持科技创新，加强先进适用技术和装备的研发和应用，推进内河水运产业升级和可持续发展。

（七）发展目标。利用 10 年左右的时间，建成畅通、高效、平安、绿色的现代化内河水运体系，建成比较完备的现代化内河水运安全监管和救助体系，运输效率和节能减排能力显著提高，水运优势与潜力得到充分发挥，对经济发展的带动和促进作用显著增强。2020 年，全国内河水运货运量达到 30 亿吨以上，建成 1.9 万公里国家高等级航道，长江干线航道得到系统治理，成为综合运输体系的骨干、对外开放的通道和优势产业集聚的依托。长江等内河主要港口和部分地区重要港口建成规模化、专业化、现代化港区。运输船舶实现标准化、大型化，长江干线运输船舶平均吨位超过 2000 吨。

三、主要任务

（八）建设畅通的高等级航道。按照内河水运"十二五"规划、《全国内河航道与港口布局规划》以及《长江干线航道总体规划纲要》的要求，加快长江干线航道系统治理，上游 1000 吨级航道延伸至水富，适时实施三峡水库库尾航道整治；中游实施荆江河段河势控制和航道治理工程，全面改善通航条件；下游加快实现航道规划标准，巩固长江口 12.5 米深水航道建设成果，稳步推进长江口 12.5 米深水航道向上延伸工程。实施西江航运干线扩能工程，加快红水河龙滩、右江百色等枢纽通航设施建设与改造，打通西南地区连接珠江三角洲的水运通道，进一步完善珠江三角洲高等级航道网。大力推进京杭运河和长江三角洲高等级航道网建设。加快实施岷江、嘉陵江、乌江、汉江、江汉运河、湘江、沅水、赣江、信江、合裕线、柳江—黔江、淮河、松花江、闽江等航道建设工程。相应建设其他航道及界河航道，进一步延伸航道通达和覆盖范围。对新建水利水电枢纽和桥梁等基础设施，要充分考虑内河水运发展要求。对已存在碍航、断航问题的内河航道，要在充分论证通航价值和可行性的基础上逐步建设通航设施。

（九）构建高效的内河水运体系。全力推进内河水运发展方式转变，提高内河水运发展质量和效益，形成航道、港口、船舶和支持保障系统协调发展、功能完善、技术先进、运转高效的内河水运体系。发挥港口枢纽作用，加快上海国际航运中心建设，推进武汉长江中游航运中心和重庆长江上游航运中心建设，加快内河主要港口和部分地区重要港口专业化、规模化、现代化港区建设。实施船型标准化，严格船舶更新报废制度，以长江干线、西江航运干线、京杭运河为重点，加快船舶运力结构调整。优化船舶运输组织，促进干支直达和江海直达运输，发展专业化运输，引导水运企业走规模化发展道路，建立健全现代企业制度。加强水运行业人才培养，不断提高从业人员素质，提升水运科技与管理水平，开展航道整治、船型标准化、节能减排等关键技术攻关，推进水运信息化，建设水运公共信息服务系统。加快"电子口岸"建设，推进航运要素集聚和大通关信息资源整合，提高口岸综合服务效率。

（十）保障内河水运平安运行。加快建设长江干线全方位覆盖、全天候运行、具备快速反应能力的现代化水上安全监管和应急救助体系，加强三峡坝区等综合基地建设，完善长江干线基地、站点布局和功能。落实企业的安全生产主体责任和政府的安全监管责任。强化重点水域安全监管，服从防洪调度，积极应对地质灾害和极端气候，建立重大隐患排查、重大危险源监控制度和预警、预报、预防制度，提高航道应急抢通能力，有效降低重大突发事件造成的损失。提高船舶安全性能，加强船舶管理和动态监控，强化内河危险品运输、滚装运输、水上客运和渡运的安全监管、应急处置和治安防控能力建设。

（十一）实现内河水运绿色发展。在航道、港口工程建设和运行中，按照生态功能区划和水功能区划要求，更加注重保护水生态环境，依法保护饮用水水源地和水生生物保护区、关键栖息地，严格进行环境影响评价，落实环境保护和生态补偿措施。推广先进适用的港口装卸工艺和装备，有效降低港口生产环节的能源消耗和污染排放。加强船舶流动源污染控制，推动船舶防污设备配置，对新建内河运输船舶安装油污水处理（或储纳）和生活污水、垃圾收集设施，建设船舶污染监视、监测系统，防止发生重大污染事故。建立内河水运污染事故应急响应机制，配备污染应急处理设备，提高快速反应和处置能力。建设船舶生活垃圾和油污水的岸上接收处理设施。严格执行和逐步提高船舶排放标准，2013 年 1 月 1 日起，禁止生活污水排放达不到规范要求的客船（含载货汽车滚装船）以及单壳油船、单壳化学品船进入三峡库区。加快淘汰能耗高、污染重、技术落后的老旧船舶。

（十二）完善现代综合运输体系。按照现代综合运输体系和现代服务业的发展要求，发挥内河水运的比较优势，与其他运输方式形成优势互补的一体化运输体系。建设以长江干线为主，铁路、公路、航空、管道共同组成的沿江运输大通道。促进高等级公路、铁路与内河港口的无缝衔接，完善港口集疏运体系，发展多式联运，延伸港口服务腹地范围。依托内河主要港口，科学规划建设物流园区和海关特殊监管区域，拓展港口配送、加工、商贸、金融、保险、船舶贸易、航运交易等现代综合服务功能，发展现代物流。

（十三）带动流域经济社会发展。注重发挥长江、西江、京杭运河等内河航运干线跨区域、通江达海、物流成本低的优势，积极发展有特色的临港产业开发园区，促进优势产业向园区集聚，带动内河水运需求的稳步增长。以畅通的航道为基础，高效的服务为支撑，平安、绿色的水运体系为保障，推动沿江、沿河新型工业化布局和产业结构调整优化，服务中、西部地区承接产业转移，促进区域经济社会协调发展。

四、保障措施

（十四）加强规划指导。把加快长江等内河水运发展作为一项重点任务，列入各级国民经济和社会发展五年规划，切实加强统筹协调，积极有序推进。全面落实《全国内河航道与港口布局规划》和《长江干线航道总体规划纲要》，做好内河水运"十二五"规划编制工作，明确发展重点，建立项目储备，抓紧组织实施，同时做好与水利、土地利用等规划的衔接和协调。在编制区域发展规划和修订流域综合规划过程中，要统筹水资源综合利用，充分考虑内河水运发展要求。

（十五）加大资金投入。各级人民政府要进一步加大对内河水运建设和维护的投入，国家将继续增加投资，加强航道、支持保障系统和中、西部地区内河港口等基础设施建设，并安排一定资金，引导船型标准化和提前淘汰老旧运输船舶。地方各级人民政府要积极安排财政性资金用于内河水运建设，并根据建设需要逐步扩大资金规模。鼓励和支持港航企业发行股票和企业债券，建设港口码头及物流园区。深化支持内河水运发展的金融政策研究，积极引导外资和民间资本投资内河水运基础设施建设和养护维护。

（十六）完善法律、法规。建立和完善内河水运发展有关法律、法规体系，加快出台航道法，完善水运管理相关法规，加快制定促进水运发展的地方性法规和政府规章，依法保护内河水运资源，维护内河水运合法权益，规范部门、地方和企业的行为。

（十七）保护岸线资源。加强内河港口布局规划、总体规划编制工作，科学制定港口岸线利用规划方案，保障内河港口可持续发展。强化规划实施监管，严格港口岸线使用审批，鼓励发展专业化、规模化公用港区，保障港口岸线资源有序开发和合理利用。切实保护港口岸线资源，未依法取得岸线使用许可的，不得开工建设码头设施。

国务院有关部门要根据各自职能分工，加强协调配合，认真贯彻落实本意见提出的各项任务，切实做好规划编制、资金支持、项目审批、体制创新、人才培养、制定配套政策措施等各项工作。同时要加强指导监督，及时研究新情况，协调解决相关问题。沿江、沿河省（区、市）人民政府，要加强领导，因地制宜，制定具体落实方案，抓好组织实施，共同推进内河水运又好又快发展。

国务院

二〇一一年一月二十一日

关于贯彻《国务院关于加快长江等内河水运发展的意见》的实施意见

（2011 年 3 月 1 日交通运输部　交水发〔2011〕76 号）

为贯彻落实《国务院关于加快长江等内河水运发展的意见》（以下简称《意见》），加快建设畅通、高效、平安、绿色的现代化内河水运体系，促进区域经济协调发展和节能减排，特提出如下实施意见：

一、高度重视，把思想统一到国家战略部署上来

加快长江等内河水运发展，是党中央、国务院从加快转变经济发展方式、建设资源节约型和环境友好型社会的高度做出的重大战略决策。《意见》的出台，标志着加快内河水运发展上升为国家战略，成为综合运输体系建设的战略重点，对于进一步发挥内河水运比较优势、构建现代综合运输体系、促进流域经济社会发展具有十分重要的意义。各级交通运输主管部门、港航管理部门和海事管理机构要认真学习、深刻领会，准确把握《意见》的丰富内涵和精神实质，充分认识加快内河水运发展的重要战略意义，进一步增强责任感、紧迫感和使命感，抓住内河水运新一轮重大发展机遇，把加快内河水运发展摆在更加突出的位置，按照国务院确定的指导思想、主要原则、发展目标和主要任务，加大投入，强化管理，凝聚合力，乘势而上，共同促进内河水运又好又快发展。

在贯彻落实《意见》过程中，要充分体现加快转变发展方式要求，正确处理好内河水运发展与综合运输体系建设的关系，加强内河水运发展规划与相关规划之间的衔接，加强综合枢纽各种运输方式间的衔接，加强水陆联运、江海联运之间的衔接，加强与现代物流重要节点的衔接，加强与安全监管和应急保障体系的衔接；处理好重点推进与全面推进的关系，通过长江水运加快发展，带动"两横一纵两网十八线"的发展，通过"两横一纵两网十八线"加快发展，带动全国内河水运发展；处理好项目建设进度与项目质量、安全和环境保护的关系，加强工程建设和运行管理，提升工程质量和效益，注重环境和水生态保护，严格项目招、投标管理，建设廉政工程、阳光工程，工程建设中力争不发生重特大安全生产事故；处理好内河水运与防洪、发电等的关系，加强与有关部门的沟通协调，提高水资源的综合利用效率，促进内河水运快速发展、协调发展、安全发展、绿色发展。

二、突出重点，加快推进现代化内河水运体系建设

（一）加快长江干线航道系统治理。

按照"规划指导、项目牵引、加强管理、有序推进"的原则，加快长江干线航道系统治理，全

面改善通航条件。以中游荆江河段（宜昌至城陵矶段）航道治理、下游12.5米深水航道上延至南京工程为重点，全面带动长江干线航道发展迈上新台阶，力争"十二五"末基本实现《长江干线航道总体规划纲要》的发展目标。

长江上游：实施水富至宜宾段三级航道建设工程，将三级航道延伸至云南水富。结合三峡后续规划，适时推进三峡水库库尾航道整治。实施三峡至葛洲坝两坝间乐天溪、莲沱等航道治理及配套设施建设工程，结合优化水库调度、加强管理等手段，改善两坝间通航条件。

长江中游：结合河势控制和防洪工程，开展沙市、窑监、藕池口等主要碍航水道的整治工程，将荆江河段的航道等级提高到一级，水深由3米提高到3.5米。实施界牌水道二期等航道整治工程，提高城陵矶至武汉河段的通航标准，将航道水深由3.2米提高到3.7米。实施武汉以下河段主要碍航水道的航道治理，将武汉至安庆段航道水深提高到4.5米，安庆至芜湖段水深提高到6米。

长江下游：重点实施南京以下12.5米深水航道建设工程，按照"整体规划、分期实施、自下而上、先通后畅"的思路，先期对通州沙、白茆沙水道进行治理，使南通以下航道水深达到12.5米。实施福姜沙、仪征、和畅洲、口岸直等水道关键控制工程或航道治理工程和后续完善工程，加大维护力度，力争开通南京以下12.5米深水航道。

（二）加快其他高等级航道建设。

实施西江航运干线扩能工程，提高主要航段通航标准，建设贵港、桂平二线和长洲三线、四线船闸，扩大船闸通过能力。实施京杭运河苏南段和浙江段三级航道建设工程，结合南水北调东线工程实施济宁至东平湖段三级航道建设工程，继续实施船闸扩能工程。全面加快苏申外港线、长湖申线、湖嘉申线、杭申线、杭平申线、芜申线、大芦线等长江三角洲高等级航道网建设。建成并继续完善珠江三角洲高等级航道网。积极推进岷江、嘉陵江、乌江、汉江、江汉运河、湘江、沅水、赣江、信江、合裕线、柳江—黔江、淮河、松花江、闽江等高等级航道建设。充分考虑内河水运发展的要求，对有复航价值的枢纽、航道，逐步进行复航建设或改造，同时要防止出现新的碍航、断航情况。加强黑龙江、鸭绿江、澜沧江等国境国际河流的航道建设。力争"十二五"末，西江航运干线、京杭运河和珠江三角洲高等级航道网全面或基本达到规划标准，长江三角洲高等级航道网60%达到规划标准。

（三）加快内河主要港口和部分重要港区建设。

以内河主要港口为重点，加快规模化、专业化港区建设，建成一批集装箱、汽车滚装、大宗散货等专业化泊位；坚持新建、改造并举，加快老旧码头的加固改造和港区功能调整，统筹老港区改造和新港区建设。推进港口资源整合，促进港口群的统筹协调发展，形成层次分明、功能互补、竞争有序的港口发展格局。发挥港口枢纽作用，加快上海国际航运中心建设，推进重庆长江上游、武汉长江中游航运中心建设。加强主要港口的铁路、公路集疏运通道建设，实现高等级公路或高速公路与内河主要集装箱港区的联接。推进主要港口向货物中转基地、大宗货物交易中心发展，逐步建成综合货运枢纽。加强规划实施监督，严格岸线使用审批，鼓励公共码头发展，提高岸线、土地等资源的利用效率。

（四）加快推进内河运输船舶船型标准化。

以"两横一纵两网"为重点，推进内河船型标准化工作。加快推进长江干线、京杭运河船型标准化，积极推进西江航运干线、珠江三角洲高等级航道网的船型标准化，启动其他高等级航道重点船型的标准化。采取政府引导、企业为主的方式，按照"开前门、关后门、调存量"的工作思路，以经济鼓励政策和提高船舶技术标准为手段，加快现有非标准船型和安全、环保设施达不到规范要求的老旧运输船舶的更新改造，严格实施船舶更新报废制度，积极开发和推广使用标准船型，优化船舶运力结构，发展江海直达、干支直达船型，促进内河船舶的大型化、标准化。出台全国内河船型标准化实施方案，建立健全船型标准化工作协调机制，积极落实船型标准化地方配套资金和标准船型研发推广经费，形成运政、海事、船检等部门齐抓共管、各负其责的工作格局，确保船型标准化工作扎实、有效推进。加快推进乡镇渡船标准化改造。力争"十二五"末基本实现内河客船、危险品船等重点船型的标准化、系列化，其他船舶的船型标准化率达到 50% 以上，其中，长江干线、西江航运干线和京杭运河船型标准化率达到 70%；内河船舶平均吨位达到 800 载重吨，其中，长江干线达到 1600 载重吨。2020 年实现内河船型标准化、系列化，淘汰所有非标准船舶；内河船舶平均吨位达到 1200 载重吨，其中，长江干线超过 2000 载重吨。

（五）着力提升航道及设施的养护与管理水平。

认真落实《航道养护管理规定》，制定实施《全国航道管理与养护发展纲要（2011～2020年)》，坚持航道分类养护，以长江干线、西江航运干线、京杭运河等高等级航道和界河航道为重点，全面提升航道养护水平和应急抢通能力。开展内河航道定级或重新评定工作，提高航道资源利用水平。加大航道养护资金投入，加强航道养护设施、设备建设和更新改造，确保日常维护资金需求。健全航道养护技术标准和规章制度，推动航道养护工作制度化、规范化。深化航道养护管理体制改革，强化内河航道行政执法，切实保护内河水运资源。

（六）着力优化内河水运结构。

大力发展航运交易、咨询、信息服务、金融、保险等现代航运服务业。继续推进内河航运的公司化经营，引导中小航运企业规模化、集约化发展，积极推进危险品运输的规模化、集约化经营。推动水上客运向旅游化、舒适化、客滚化方向发展，提升客运服务品质。完善江海直达、干支直达、江海转运的运输服务网络，形成直达和中转互补协调发展的格局。加强与其他运输方式的有效衔接，促进综合运输体系建设；大力发展多式联运，积极推进集装箱、大宗货物的水铁联运。鼓励港航企业延伸产业链，拓展仓储、配送、物流等服务功能，向物流经营人转变。推进港口与保税港区、保税区、物流园区和临港工业园区的有效对接和联动发展，有效降低物流成本。

（七）着力提高内河水运安全保障和应急处置能力。

加强内河水运安全监管、应急处置及治安防控能力建设，建成长江干线全方位覆盖、全天候监控、具有快速反应能力的水上安全监管和应急搜救体系。加大对内河危险品运输、滚装运输、客运和渡运的监管力度，完善危险品安全检测手段，重点客滚码头安装使用大型车辆安全检测系统。加快长江干线、西江航运干线等重要内河水域的船岸通信、监控系统建设。加强内河船舶自动识别系统（AIS）基站建设，对长江干线、西江航运干线的运输及工程船舶安装 AIS；完善长江、西江等干线甚高频（VHF）通信系统布局，推进主要支流通信系统建设；在重要通航枢纽、港区和桥区等重点水域建设船舶交通管理系统（VTS）和中央监控系统（CCTV），并逐步实现区域联网，对"四客一危"等重点船舶和重点水域、重点航段实施有效监控。加强乡镇渡船渡口的安全监管，落实地方乡镇政府安全管理责任。加强区域合作和联合执法，坚决打击河道非法采砂和船舶超载，建立长效管理机制。切实加强建设跨、拦、临河建筑物的通航论证工作。积极推进航路改革，在重要航段实施分道通航和船舶报告制。合理规划锚地或停泊点，保障船舶停泊需要和通航安全。加快三峡船闸安全运行监控、过闸船舶安全检查等设施、设备建设。加强长江航运治安防控能力建设，推进治安防控预警和信息平台建设，完善水上 110 指挥调度系统和金盾工程建设。

制定内河防污染、水上搜救和航道保畅应急预案，不断完善应急预案体系。推进长江干线等重点水域应急处置体制和机制建设。加强港口、航道及通航枢纽的风险源评估和危险源监控与预警预报，强化灾害性天气下水上事故险情的预防预控，基本建成覆盖重点内河水域的监测预警系统，及时发布灾害预警信息。完善应急力量布局，加强应急处置能力建设，整合海事、港航、公安等内河水上资源，推进巡航、监管、搜救一体化建设，加强综合监管搜救基地、站点和船艇建设，在库区山体滑坡多发水域及重点水域配置应急救助船，建设三峡库区应急救援冲滩点；建立水上应急指挥平台，推进海事、港口、搜救应急辅助决策系统建设；加强水上搜救、航道抢通、消防和防污染等应急装备和物资储备库建设。"十二五"末，在长江、珠江和黑龙江水系以及京杭运河的重要航段，监管搜救力量应急反应能力明显提升。

（八）着力构建绿色内河水运体系。

将节约资源和保护环境的理念贯穿于内河水运的规划、设计、施工、养护和运营全过程。优化水运建设工程设计，改善工艺设备，降低施工、生产环节能源消耗和污染排放；严格执行建设项目环境影响评价，同步建设环保设施，依法保护饮用水水源地、水生生物自然保护区和关键栖息地；推进集装箱码头轮胎式龙门起重机"油改电"技术改造，推广使用高能效港口装卸和传送设备，开展到港船舶接用岸电专项行动。

加强控制船舶流动源污染，对内河新建运输船舶安装油污水处理（或储纳）和生活污水、垃圾收集设施，对重点水域的现有客船（含载货汽车滚装船）进行改造配备相关设施，建设船舶污染监视、监测系统。建立内河水运污染事故应急响应机制，配备污染处理设备。建设内河水上服务区，在服务区和港口配备船舶生活垃圾、油污水的岸上接收处理设施。鼓励老旧运输船舶和单壳油轮提前报废更新，加速淘汰高耗能、高污染、低性能船舶。在长江干线、西江航运干线等重点地区建设船舶溢油和危险品应急基地，强化应急设施建设，力争长江干线、西江航运干线达到一般水域100吨、重点水域200吨的清污能力。严格执行和逐步提高船舶排放标准，2013年1月1日起，禁止生活污水排放达不到规范要求的客船、载货汽车滚装船和单壳油船、单壳化学品船进入三峡库区。

三、强化管理，完善内河水运发展的保障体系

（一）科学编制发展规划。

配合有关部门做好经济社会发展规划、流域综合规划、城市规划等规划编制工作，充分体现内河水运发展要求。修订完善港口、航道、水运科技和信息化等规划，加强规划的衔接和协调。加快推进水系内河水运发展规划编制工作，编制好内河水运"十二五"规划，合理确定发展目标和重点。在规划编制过程中，加强与《全国内河航道与港口布局规划》、《长江干线航道总体规划纲要》的衔接，加强中长期规划与年度计划的有机衔接。实施国家三峡后续工作规划，积极争取将三峡库区主要水运建设项目纳入三峡工程后续规划。

（二）加强项目前期工作。

根据规划，明确轻重缓急，细化水运建设项目前期工作实施方案。加大前期工作经费投入，加快开展重点航道、港口和支持保障系统等建设项目前期工作，特别是要重视基础性研究工作，成立长江干线等前期工作专家顾问组，抓紧开展长河段治理、重点碍航河段的研究分析和前期工作，加大项目储备，合理确定建设项目与建设规模，储备和建设一批较大规模、有影响力和带动力的重点水运工程。创新前期工作机制，简化程序，进一步开放勘察、试验、研究、设计市场，提高前期工作效率。

（三）加大发展资金投入。

积极争取相关部委支持，加大并落实对内河水运发展的中央资金投入，主要用于航道、支持保障系统、中西部地区港口等基础设施建设，并引导运力结构调整。地方要出台政策建立稳定的资金来源，积极争取增加财政性资金，统筹使用燃油税费改革转移支付资金，尽快落实船型标准化配套资金。建立市场化、多元化的内河水运投融资机制，研究制定多渠道筹集资金的扶持政策措施，引导民间资本和外资投入内河水运建设、养护等领域。制定保障资金安全的具体办法，加强建设资金

管理。

（四）健全政策法规体系。

抓紧制定行业亟须的法律、法规，以《航道法》、《国内水路运输条例》为重点，着力推进水运法律、法规的立法进程，出台港口岸线管理、港航安全、航运管理、航道养护、工程建设、水上交通安全和防污染等方面的配套规章，为解决行业发展中的突出问题和难题提供法律支撑。各地要结合实际，争取当地政府、人大的支持，出台港口管理、航道管理、水路运输管理等地方性法规和政府规章。规范执法行为，积极推进依法行政。综合运用法律、经济、技术、行政等手段，健全内河水运发展的宏观调控体系。进一步完善港口价格体系，研究并实施扶持内河水运发展的价格政策；加大对界河水运发展的政策扶持力度；完善航电枢纽开发与管理的政策措施，探索内河港口岸线资源有偿使用、收费航道的政策措施。

（五）强化水运市场监管。

加强内河水运建设和运输市场监管，建立统一开放、竞争有序的市场体系。强化企业、从业人员的资格审核，健全水运市场准入和退出机制。研究提高内河水路运输市场准入标准，重点提高客运、液货危险品运输经营主体的市场准入条件。建立并完善动态监控机制，加强企业经营行为监督检查，避免出现恶性竞争和垄断经营行为。加快市场诚信体系建设，依法加强市场监管，规范经营主体和从业人员行为，营造"规范有序、诚实守信"的市场经营环境。

（六）提升科技和信息化水平。

加强内河水运建设科技创新，重点加强内河航道治理及减淤、生态航道建设与维护、河流渠化、港口建设和改造、施工工艺与装备、港口物流、危险品运输安全、节能减排和生态环保等技术研发，组织开展长江黄金水道通过能力提升、内河航道系统整治技术、船型标准化、三峡通航枢纽建设与运营等重大专项技术攻关。完善水运工程建设技术标准体系。研究修订内河通航标准和港口码头、船舶技术标准规范。

落实加快交通电子口岸建设的指导意见，推进地方港航 EDI 中心和交通电子口岸建设，主要内河港口逐步建成港口物流公共信息平台。制定实施长江等内河航运综合信息服务管理办法，加快建设长江、珠江和京杭运河综合信息服务系统，推进数字航道和长江、珠江航运公共物流信息平台建设。完善长江干线安全通信专网建设。加强基于 AIS、物联网等技术的船岸信息交换、集装箱和危险货物运输监控的技术研究和示范应用，逐步实现全程监控。推进港口、航道、运政、海事等部门间信息和通讯设施的共享共用，实现部省间信息系统的联网，逐步建成全国内河港口、航道、船舶和水运经营者数据库。

（七）加强人才队伍建设。

结合本地实际和机构改革，制定内河水运人才发展规划，完善人事管理制度，加强领导班子和专业人才队伍建设，建设一支数量匹配、结构合理、业务精专、素质优良的人才队伍。逐步提高管理人员、专业技术人员、从业人员的准入门槛。加强业务培训，推进行政执法、安全与应急、内河船员、危险品运输从业人员等专业人才队伍建设，不断提升队伍的服务意识、业务知识和管理能力。加强中央与地方、地区之间的挂职交流和轮岗，推进东部与中、西部地区间的人才对口联系和交流，加大港航与海事、救助等部门间的人员交流力度。

四、加强领导，将各项工作落实到位

（一）加强组织领导。

各级交通运输主管部门要研究制定落实实施方案，细化任务措施，责任落实到部门和人员。加强督促检查，把贯彻落实的情况列入单位领导班子、领导干部考核评价的指标范围，作为工作实绩评定和干部奖惩的重要内容。

（二）完善工作机制。

加强与发展改革、国土、环保、城建、水利等部门的沟通协调，完善工作机制，积极争取当地政府和有关部门出台扶持内河水运发展的政策措施和资金支持。加强与铁路部门的协作，促进水铁联运发展。完善长江水运发展的部、省、市协调机制，加强珠江、京杭运河水运发展的部、省、区协调工作，统筹协调上下游航道规划标准、建设序列，保证航道通航的贯通性和等级的连续性。探索主要内河干线航道管理新模式，逐步理顺主要通航枢纽管理体制。

（三）营造良好氛围。

充分利用中央、行业、地方媒体，多层次、全方位、多角度深入开展内河水运发展宣传，积极营造良好的社会舆论环境，增强加快内河水运发展的凝聚力、向心力。各级交通运输主管部门要制定内河水运宣传方案，突出重点，宣传报道发展内河水运的政策、经验和做法，特别是重点宣传报道先进人物、典型事迹，培育和树立典型，发挥先进模范的带头作用。

交通运输部（章）

二〇一一年三月一日

中华人民共和国港口法

第一章 总 则

第一条 为了加强港口管理,维护港口的安全与经营秩序,保护当事人的合法权益,促进港口的建设与发展,制定本法。

第二条 从事港口规划、建设、维护、经营、管理及其相关活动,适用本法。

第三条 本法所称港口,是指具有船舶进出、停泊、靠泊,旅客上下,货物装卸、驳运、储存等功能,具有相应的码头设施,由一定范围的水域和陆域组成的区域。

港口可以由一个或者多个港区组成。

第四条 国务院和有关县级以上地方人民政府应当在国民经济和社会发展计划中体现港口的发展和规划要求,并依法保护和合理利用港口资源。

第五条 国家鼓励国内外经济组织和个人依法投资建设、经营港口,保护投资者的合法权益。

第六条 国务院交通主管部门主管全国的港口工作。

地方人民政府对本行政区域内港口的管理,按照国务院关于港口管理体制的规定确定。

依照前款确定的港口管理体制,由港口所在地的市、县人民政府管理的港口,由市、县人民政府确定一个部门具体实施对港口的行政管理;由省、自治区、直辖市人民政府管理的港口,由省、自治区、直辖市人民政府确定一个部门具体实施对港口的行政管理。

依照前款确定的对港口具体实施行政管理的部门,以下统称港口行政管理部门。

第二章 港口规划与建设

第七条 港口规划应当根据国民经济和社会发展的要求以及国防建设的需要编制,体现合理利用岸线资源的原则,符合城镇体系规划,并与土地利用总体规划、城市总体规划、江河流域规划、防洪规划、海洋功能区划、水路运输发展规划和其他运输方式发展规划以及法律、行政法规规定的其他有关规划相衔接、协调。

编制港口规划应当组织专家论证,并依法进行环境影响评价。

第八条 港口规划包括港口布局规划和港口总体规划。

港口布局规划是指港口的分布规划,包括全国港口布局规划和省、自治区、直辖市港口布局规划。

港口总体规划是指一个港口在一定时期的具体规划,包括港口的水域和陆域范围、港区划分、吞吐量和到港船型、港口的性质和功能、水域和陆域使用、港口设施建设岸线使用、建设用地配置以及分期建设序列等内容。

港口总体规划应当符合港口布局规划。

第九条　全国港口布局规划由国务院交通主管部门征求国务院有关部门和有关军事机关的意见编制，报国务院批准后公布实施。

省、自治区、直辖市港口布局规划，由省、自治区、直辖市人民政府根据全国港口布局规划组织编制，并送国务院交通主管部门征求意见。国务院交通主管部门自收到征求意见的材料之日起满三十日未提出修改意见的，该港口布局规划由有关省、自治区、直辖市人民政府公布实施；国务院交通主管部门认为不符合全国港口布局规划的，应当自收到征求意见的材料之日起三十日内提出修改意见；有关省、自治区、直辖市人民政府对修改意见有异议的，报国务院决定。

第十条　港口总体规划由港口行政管理部门征求有关部门和有关军事机关的意见编制。

第十一条　地理位置重要、吞吐量较大、对经济发展影响较广的主要港口的总体规划，由国务院交通主管部门征求国务院有关部门和有关军事机关的意见后，会同有关省、自治区、直辖市人民政府批准，并公布实施。主要港口名录由国务院交通主管部门征求国务院有关部门意见后确定并公布。

省、自治区、直辖市人民政府征求国务院交通主管部门的意见后确定本地区的重要港口。重要港口的总体规划由省、自治区、直辖市人民政府征求国务院交通主管部门意见后批准，公布实施。

前两款规定以外的港口的总体规划由港口所在地的市、县人民政府批准后公布实施，并报省、自治区、直辖市人民政府备案。

市、县人民政府港口行政管理部门编制的属于本条第一款、第二款规定范围的港口的总体规划，在报送审批前应当经本级人民政府审核同意。

第十二条　港口规划的修改按照港口规划制定程序办理。

第十三条　在港口总体规划区内建设港口设施，使用港口深水岸线的，由国务院交通主管部门会同国务院经济综合宏观调控部门批准；建设港口设施，使用非深水岸线的，由港口行政管理部门批准。但是，由国务院或者国务院经济综合宏观调控部门批准建设的项目使用港口岸线，不再另行办理使用港口岸线的审批手续。

港口深水岸线的标准由国务院交通主管部门制定。

第十四条　港口建设应当符合港口规划。不得违反港口规划建设任何港口设施。

第十五条　按照国家规定须经有关机关批准的港口建设项目，应当按照国家有关规定办理审批手续，并符合国家有关标准和技术规范。

建设港口工程项目，应当依法进行环境影响评价。

港口建设项目的安全设施和环境保护设施，必须与主体工程同时设计、同时施工、同时投入使用。

第十六条　港口建设使用土地和水域，应当依照有关土地管理、海域使用管理、河道管理、航道管理、军事设施保护管理的法律、行政法规以及其他有关法律、行政法规的规定办理。

第十七条　港口的危险货物作业场所、实施卫生除害处理的专用场所，应当符合港口总体规划和国家有关安全生产、消防、检验检疫和环境保护的要求，其与人口密集区和港口客运设施的距离应当符合国务院有关部门的规定；经依法办理有关手续，并经港口行政管理部门批准后，方可建设。

第十八条　航标设施以及其他辅助性设施，应当与港口同步建设，并保证按期投入使用。

港口内有关行政管理机构办公设施的建设应当符合港口总体规划，建设费用不得向港口经营人摊派。

第十九条　港口设施建设项目竣工后，应当按照国家有关规定经验收合格，方可投入使用。

港口设施的所有权依照有关法律规定确定。

第二十条 县级以上有关人民政府应当保证必要的资金投入,用于港口公用的航道、防波堤、锚地等基础设施的建设和维护。具体办法由国务院规定。

第二十一条 县级以上有关人民政府应当采取措施,组织建设与港口相配套的航道、铁路、公路、给排水、供电、通信等设施。

第三章 港口经营

第二十二条 从事港口经营,应当向港口行政管理部门书面申请取得港口经营许可,并依法办理工商登记。

港口行政管理部门实施港口经营许可,应当遵循公开、公正、公平的原则。

港口经营包括码头和其他港口设施的经营,港口旅客运输服务经营,在港区内从事货物的装卸、驳运、仓储的经营和港口拖轮经营等。

第二十三条 取得港口经营许可,应当有固定的经营场所,有与经营业务相适应的设施、设备、专业技术人员和管理人员,并应当具备法律、法规规定的其他条件。

第二十四条 港口行政管理部门应当自收到本法第二十二条第一款规定的书面申请之日起三十日内依法做出许可或者不予许可的决定。予以许可的,颁发港口经营许可证;不予许可的,应当书面通知申请人并告知理由。

第二十五条 经营港口理货业务,应当按照规定取得许可。实施港口理货业务经营许可,应当遵循公开、公正、公平的原则。具体办法由国务院交通主管部门规定。

港口理货业务经营人应当公正、准确地办理理货业务;不得兼营本法第二十二条第三款规定的货物装卸经营业务和仓储经营业务。

第二十六条 港口经营人从事经营活动,必须遵守有关法律、法规,遵守国务院交通主管部门有关港口作业规则的规定,依法履行合同约定的义务,为客户提供公平、良好的服务。

从事港口旅客运输服务的经营人,应当采取保证旅客安全的有效措施,向旅客提供快捷、便利的服务,保持良好的候船环境。

港口经营人应当依照有关环境保护的法律、法规的规定,采取有效措施,防治对环境的污染和危害。

第二十七条 港口经营人应当优先安排抢险物资、救灾物资和国防建设急需物资的作业。

第二十八条 港口经营人应当在其经营场所公布经营服务的收费项目和收费标准;未公布的,不得实施。

港口经营性收费依法实行政府指导价或者政府定价的,港口经营人应当按照规定执行。

第二十九条 国家鼓励和保护港口经营活动的公平竞争。

港口经营人不得实施垄断行为和不正当竞争行为,不得以任何手段强迫他人接受其提供的港口服务。

第三十条 港口行政管理部门依照《中华人民共和国统计法》和有关行政法规的规定要求港口经营人提供的统计资料,港口经营人应当如实提供。

港口行政管理部门应当按照国家有关规定将港口经营人报送的统计资料及时上报,并为港口经营人保守商业秘密。

第三十一条 港口经营人的合法权益受法律保护。任何单位和个人不得向港口经营人摊派或者违法收取费用,不得违法干预港口经营人的经营自主权。

第四章　港口安全与监督管理

第三十二条　港口经营人必须依照《中华人民共和国安全生产法》等有关法律、法规和国务院交通主管部门有关港口安全作业规则的规定，加强安全生产管理，建立健全安全生产责任制等规章制度，完善安全生产条件，采取保障安全生产的有效措施，确保安全生产。

港口经营人应当依法制定本单位的危险货物事故应急预案、重大生产安全事故的旅客紧急疏散和救援预案以及预防自然灾害预案，保障组织实施。

第三十三条　港口行政管理部门应当依法制定可能危及社会公共利益的港口危险货物事故应急预案、重大生产安全事故的旅客紧急疏散和救援预案以及预防自然灾害预案，建立健全港口重大生产安全事故的应急救援体系。

第三十四条　船舶进出港口，应当依照有关水上交通安全的法律、行政法规的规定向海事管理机构报告。海事管理机构接到报告后，应当及时通报港口行政管理部门。

船舶载运危险货物进出港口，应当按照国务院交通主管部门的规定将危险货物的名称、特性、包装和进出港口的时间报告海事管理机构。海事管理机构接到报告后，应当在国务院交通主管部门规定的时间内做出是否同意的决定，通知报告人，并通报港口行政管理部门。但是，定船舶、定航线、定货种的船舶可以定期报告。

第三十五条　在港口内进行危险货物的装卸、过驳作业，应当按照国务院交通主管部门的规定将危险货物的名称、特性、包装和作业的时间、地点报告港口行政管理部门。港口行政管理部门接到报告后，应当在国务院交通主管部门规定的时间内做出是否同意的决定，通知报告人，并通报海事管理机构。

第三十六条　港口行政管理部门应当依法对港口安全生产情况实施监督检查，对旅客上下集中、货物装卸量较大或者有特殊用途的码头进行重点巡查；检查中发现安全隐患的，应当责令被检查人立即排除或者限期排除。

负责安全生产监督管理的部门和其他有关部门依照法律、法规的规定，在各自职责范围内对港口安全生产实施监督检查。

第三十七条　禁止在港口水域内从事养殖、种植活动。

不得在港口进行可能危及港口安全的采掘、爆破等活动；因工程建设等确需进行的，必须采取相应的安全保护措施，并报经港口行政管理部门批准；依照有关水上交通安全的法律、行政法规的规定须经海事管理机构批准的，还应当报经海事管理机构批准。

禁止向港口水域倾倒泥土、砂石以及违反有关环境保护的法律、法规的规定排放超过规定标准的有毒、有害物质。

第三十八条　建设桥梁、水底隧道、水电站等可能影响港口水文条件变化的工程项目，负责审批该项目的部门在审批前应当征求港口行政管理部门的意见。

第三十九条　依照有关水上交通安全的法律、行政法规的规定，进出港口须经引航的船舶，应当向引航机构申请引航。引航的具体办法由国务院交通主管部门规定。

第四十条　遇有旅客滞留、货物积压阻塞港口的情况，港口行政管理部门应当及时采取有效措施，进行疏港；港口所在地的市、县人民政府认为必要时，可以直接采取措施，进行疏港。

第四十一条　港口行政管理部门应当组织制定所管理的港口的章程，并向社会公布。

港口章程的内容应当包括对港口的地理位置、航道条件、港池水深、机械设施和装卸能力等情况的说明，以及本港口贯彻执行有关港口管理的法律、法规和国务院交通主管部门有关规定的具体措施。

第四十二条 港口行政管理部门依据职责对本法执行情况实施监督检查。

港口行政管理部门的监督检查人员依法实施监督检查时，有权向被检查单位和有关人员了解有关情况，并可查阅、复制有关资料。

监督检查人员对检查中知悉的商业秘密应当保密。

监督检查人员实施监督检查时，应当出示执法证件。

第四十三条 监督检查人员应当将监督检查的时间、地点、内容、发现的问题及处理情况做出书面记录，并由监督检查人员和被检查单位的负责人签字；被检查单位的负责人拒绝签字的，监督检查人员应当将情况记录在案，并向港口行政管理部门报告。

第四十四条 被检查单位和有关人员应当接受港口行政管理部门依法实施的监督检查，如实提供有关情况和资料，不得拒绝检查或者隐匿、谎报有关情况和资料。

第五章 法律责任

第四十五条 有下列行为之一的，由县级以上地方人民政府或者港口行政管理部门责令限期改正；逾期不改正的，由做出限期改正决定的机关申请人民法院强制拆除违法建设的设施；可以处五万元以下罚款：

（一）违反港口规划建设港口、码头或者其他港口设施的；

（二）未经依法批准，建设港口设施，使用港口岸线的。

建设项目的审批部门对违反港口规划的建设项目予以批准的，对其直接负责的主管人员和其他直接责任人员，依法给予行政处分。

第四十六条 未经依法批准，在港口建设危险货物作业场所、实施卫生除害处理的专用场所的，或者建设的危险货物作业场所、实施卫生除害处理的专用场所与人口密集区或者港口客运设施的距离不符合国务院有关部门的规定的，由港口行政管理部门责令停止建设或者使用，限期改正，可以处五万元以下罚款。

第四十七条 码头或者港口装卸设施、客运设施未经验收合格，擅自投入使用的，由港口行政管理部门责令停止使用，限期改正，可以处五万元以下罚款。

第四十八条 有下列行为之一的，由港口行政管理部门责令停止违法经营，没收违法所得；违法所得十万元以上的，并处违法所得两倍以上五倍以下罚款；违法所得不足十万元的，处五万元以上二十万元以下罚款：

（一）未依法取得港口经营许可证，从事港口经营的；

（二）未经依法许可，经营港口理货业务的；

（三）港口理货业务经营人兼营货物装卸经营业务、仓储经营业务的。

有前款第（三）项行为，情节严重的，由有关主管部门吊销港口理货业务经营许可证。

第四十九条 港口经营人不优先安排抢险物资、救灾物资、国防建设急需物资的作业的，由港口行政管理部门责令改正；造成严重后果的，吊销港口经营许可证。

第五十条 港口经营人违反有关法律、行政法规的规定，在经营活动中实施垄断行为或者不正当竞争行为的，依照有关法律、行政法规的规定承担法律责任。

第五十一条 港口经营人违反本法第三十二条关于安全生产的规定的，由港口行政管理部门或者其他依法负有安全生产监督管理职责的部门依法给予处罚；情节严重的，由港口行政管理部门吊销港口经营许可证，并对其主要负责人依法给予处分；构成犯罪的，依法追究刑事责任。

第五十二条　船舶进出港口，未依照本法第三十四条的规定向海事管理机构报告的，由海事管理机构依照有关水上交通安全的法律、行政法规的规定处罚。

第五十三条　未依法向港口行政管理部门报告并经其同意，在港口内进行危险货物的装卸、过驳作业的，由港口行政管理部门责令停止作业，处五千元以上五万元以下罚款。

第五十四条　在港口水域内从事养殖、种植活动的，由海事管理机构责令限期改正；逾期不改正的，强制拆除养殖、种植设施，拆除费用由违法行为人承担；可以处一万元以下罚款。

第五十五条　未经依法批准在港口进行可能危及港口安全的采掘、爆破等活动的，向港口水域倾倒泥土、砂石的，由港口行政管理部门责令停止违法行为，限期消除因此造成的安全隐患；逾期不消除的，强制消除，因此发生的费用由违法行为人承担；处五千元以上五万元以下罚款；依照有关水上交通安全的法律、行政法规的规定由海事管理机构处罚的，依照其规定；构成犯罪的，依法追究刑事责任。

第五十六条　交通主管部门、港口行政管理部门、海事管理机构等不依法履行职责，有下列行为之一的，对直接负责的主管人员和其他直接责任人员依法给予行政处分；构成犯罪的，依法追究刑事责任：

（一）违法批准建设港口设施使用港口岸线、违法批准建设港口危险货物作业场所或者实施卫生除害处理的专用场所，或者违法批准船舶载运危险货物进出港口、违法批准在港口内进行危险货物的装卸、过驳作业的；

（二）对不符合法定条件的申请人给予港口经营许可或者港口理货业务经营许可的；

（三）发现取得经营许可的港口经营人、港口理货业务经营人不再具备法定许可条件而不及时吊销许可证的；

（四）不依法履行监督检查职责，对违反港口规划建设港口、码头或者其他港口设施的行为，未经依法许可从事港口经营、港口理货业务的行为，不遵守安全生产管理规定的行为，危及港口作业安全的行为，以及其他违反本法规定的行为，不依法予以查处的。

第五十七条　行政机关违法干预港口经营人的经营自主权的，由其上级行政机关或者监察机关责令改正；向港口经营人摊派财物或者违法收取费用的，责令退回；情节严重的，对直接负责的主管人员和其他直接责任人员依法给予行政处分。

第六章　附　则

第五十八条　对航行国际航线的船舶开放的港口，由有关省、自治区、直辖市人民政府按照国家有关规定，商国务院有关部门和有关军事机关同意后，报国务院批准。

第五十九条　渔业港口的管理工作由县级以上人民政府渔业行政主管部门负责。具体管理办法由国务院规定。

前款所称渔业港口，是指专门为渔业生产服务，供渔业船舶停泊、避风、装卸渔获物、补充渔需物资的人工港口或者自然港湾，包括综合性港口中渔业专用的码头、渔业专用的水域和渔船专用的锚地。

第六十条　军事港口的建设和管理办法由国务院、中央军事委员会规定。

第六十一条　本法自 2004 年 1 月 1 日起施行。

港口设施维护管理规定（试行）

（2012 年 12 月 14 日交通运输部　交水发〔2012〕728 号）

第一章　总　则

第一条　为规范港口设施维护管理，切实保障港口设施安全运行，充分发挥港口设施功能，有效使用岸线资源，依据《中华人民共和国港口法》等相关法律、法规，制定本规定。

第二条　本规定适用于中华人民共和国境内经竣工验收合格后交付使用的港口设施维护管理工作。

港口设施主要包括：码头、防波堤、引堤和护岸、港池、进出港航道、锚地、港区道路与堆场、仓库、港区铁路与装卸机械轨道、防护设施等及其他生产与生产辅助设施。

第三条　港口设施维护是指为使港口设施满足安全性、适用性和耐久性要求而在使用期间采取的措施。

第四条　港口设施维护应贯彻预防为主的方针，按照"科学管理、合理使用、定期检测、适时维修"的原则，加强对港口设施的检查、检测、评估和维修，保持港口设施处于良好技术状态，努力提高港口设施的安全性、适用性和耐久性。

第五条　根据"事权一致、责任清晰"的原则，确定各级交通运输（港口）行政管理部门的维护管理职责。交通运输部负责指导全国港口设施维护管理工作，县级及以上各级人民政府交通运输（港口）行政管理部门负责辖区内的港口设施维护管理工作。

第六条　港口设施维护主体是港口经营人或所有人。

第七条　港口设施维护工作应提倡科技进步、节能减排，鼓励新技术、新材料、新方法的开发与应用。

第八条　港口经营人或所有人可从港口装卸费中列支港口设施维护经费，用于本单位的港口设施维护。

县级以上有关人民政府应当保证必要的资金投入，用于港口公用的航道、防波堤、锚地等基础设施的维护。

第二章　管理职责

第九条　交通运输部负责指导全国港口设施维护管理，并主要负责以下工作：

（一）制定港口设施维护的政策和技术标准，并监督实施；

（二）掌握港口设施的基本信息，指导维护管理工作；

（三）检测评估单位能力和信用的管理；

（四）主要设施的大修和报废备案管理工作。

第十条　省、自治区、直辖市人民政府交通运输（港口）行政管理部门负责辖区内港口设施的维护管理，并主要负责以下工作：

（一）贯彻执行国家、交通运输部有关港口设施维护的方针、政策、法律、法规和有关技术标准；

（二）制定港口设施维护的政策和技术标准，并监督指导实施；

（三）港口设施维护信息汇总、分析和报送，指导港口设施维护管理工作；

（四）检测评估单位执业情况的监督管理；

（五）公用港口设施维护计划编制与资金筹措；

（六）主要设施的大修和报废报备管理工作。

第十一条　市、县级人民政府交通运输（港口）行政管理部门负责辖区内港口设施维护管理，并主要负责以下工作：

（一）贯彻执行国家、交通运输部及省、自治区、直辖市有关港口设施维护的方针、政策、法规和技术标准；

（二）港口设施维护规章制度的制定，并监督实施；

（三）港口经营人或所有人年度设施维护计划备案；

（四）主要设施大修和报废管理工作；

（五）检测评估单位执业情况监督管理；

（六）公用港口设施维护计划编制与资金筹措；

（七）重大维护工程实施过程的监督；

（八）港口设施维护信息汇总、分析和报送。

第十二条　港口经营人或所有人负责本单位的港口设施维护管理，并负责以下工作：

（一）贯彻执行国家、交通运输部及省、自治区、直辖市、市、县有关港口设施维护的方针、政策、法律、法规和技术标准；

（二）港口设施维护管理规章制度的制定；

（三）设立港口设施维护管理机构，并配备相应的专职人员；

（四）按照有关技术规范、标准的规定，对本单位的港口设施实施定期检查、定期测量观测、定期检测和特殊检测；

（五）组织对港口设施的技术状态进行评估；

（六）制定港口设施维护计划，并向上级主管部门报备，落实维护资金；

（七）组织编制港口设施维护技术方案；

（八）组织实施港口设施维护工程；

（九）建立港口设施维护技术档案；

（十）向上级主管部门报送港口设施维护管理相关信息；

（十一）向上级主管部门报送港口设施事故报告；

（十二）对港口主要设施的大修和报废工作实施上报。

第三章　检测与评定

第十三条　港口设施结构技术状态分为五个类别，一类为技术状态好，二类为技术状态较好，三类为技术状态较差，四类为技术状态差，五类为技术状态危险。港口附属设施技术状态分为较好和差两个类别。

第十四条　港口设施技术状态类别应通过检测、评定确定。

第十五条　港口经营人或所有人应按照国家现行港口设施维护的相关技术标准，对港口设施开展定期检查、定期测量观测、定期检测和特殊检测等工作，并对技术状态进行分类评定。其中，涉及结构安全和耐久性的检测应委托具有相应资格能力的专业单位承担。

第十六条　检测单位应根据检测结果提出针对性的维护意见和措施建议。

第四章　设施安全与维护

第十七条　港口经营人或所有人应制定和落实港口设施安全使用制度，确保港口设施安全。

第十八条　在设计使用年限内的设施，应按其技术状态合理使用。对于达到设计使用年限的设施，必须对其结构安全性能进行检测，根据检测和评估结果进行处置后方可使用。

第十九条　严禁擅自在港口设施附近水域进行采砂、挖泥、爆破等影响港口设施安全使用的作业。

第二十条　油与液体化工品储罐应按有关规定和标准使用。

第二十一条　港口设施维护分为保养、小修、中修和大修。

对技术状态为一类和二类的港口设施应根据情况进行保养和小修，保持设施原有的技术状态。

对技术状态为三类的港口设施应根据情况进行中修，对技术状态为四类的港口设施应根据情况立即进行中修或大修。

对技术状态为五类的港口设施应停止使用，并立即进行大修；对于无修复价值的港口设施应报废。

第二十二条　港口设施大修或涉及结构安全的维修工程应由具有相应资质的单位进行设计和施工。

第五章　应急管理

第二十三条　各级交通运输（港口）行政管理部门应根据有关规定和本地区情况，制定港口设施突发事件的应急预案。

第二十四条　港口设施突发事件处置工作应在各级政府的统一领导下，由各级交通运输（港口）行政管理部门具体负责，港口经营人或所有人具体实施。

第二十五条　港口经营人或所有人应根据有关规定和本单位的具体情况对可能造成港口设施损坏的突发事件的危险源进行分析，制定港口设施突发事件应急预案，并报港口行政管理部门备案。

第二十六条　各级交通运输（港口）行政管理部门与港口经营人或所有人制定的港口设施突发事件应急预案应衔接。

第二十七条　发生以下突发事件时，港口经营人或所有人应立即上报交通运输（港口）行政管理部门：

（一）不可抗力造成港口设施严重损坏的；

（二）火灾、爆炸或危险品泄漏，造成港口设施严重损坏的；

（三）船舶撞击造成港口设施严重损坏的；

（四）因使用不当造成港口设施严重损坏的；

（五）其他造成港口设施严重损坏或严重危及港口设施安全的。

第二十八条 交通运输（港口）行政管理部门和港口经营人或所有人接获港口设施突发事件信息后，应立即启动应急预案，并做好人力、物资、资金保障，确保应急工作正常有序进行。

第六章 信息管理

第二十九条 港口设施维护管理信息实行逐级报送制度。

第三十条 港口设施维护管理信息主要包括港口设施基本情况及技术状态、港口设施维护计划与执行情况。

第三十一条 港口经营人或所有人负责本企业港口设施维护管理信息的收集与汇总，并于每年三月底前向当地交通运输（港口）行政管理部门报送。

第三十二条 市县级、省级交通运输（港口）行政管理部门应分别于每年四月底和五月底前完成本辖区内港口设施维护管理信息的收集与汇总，按职责分工向上级交通运输（港口）行政管理部门报送。

第三十三条 各级交通运输（港口）行政管理部门应加强港口设施信息化建设。

第七章 技术档案管理

第三十四条 港口经营人或所有人应根据有关规定建立健全港口设施维护技术档案管理制度，保证档案资料真实完整，实现数字化管理。

第三十五条 港口设施维护技术档案应包括基础资料及维护管理资料。

基础资料应包括以下内容：

（一）港口设施设计文件及竣工图；

（二）交（竣）工验收资料；

（三）施工过程中的结构位移或变形观测资料；

（四）其他相关资料。

维护管理资料应包括以下内容：

（一）维护工作计划；

（二）检查记录、检测及评估报告；

（三）维护工程技术资料；

（四）使用过程中的结构位移或变形观测资料；

（五）设施管理台账；

（六）其他相关资料。

第三十六条 对于基础资料缺失的设施，应根据历年检查、检测及维护资料，建立和完善其技术档案。

第八章 监督管理

第三十七条 各级交通运输（港口）行政管理部门应对本辖区内港口设施维护管理进行监督检查并建立信用档案。

港口经营人或所有人应积极配合交通运输（港口）行政管理部门依法实施的监督检查。

第三十八条　监督检查的主要内容包括：

（一）机构设置和人员配备情况；

（二）设施使用、维护等规章制度的建立、落实和使用管理情况；

（三）维护计划制定、执行与资金落实情况；

（四）港口设施检测与评定工作情况；

（五）维护工程管理情况；

（六）港口设施维护技术档案；

（七）应急预案制定与执行情况；

（八）其他相关工作。

第三十九条　各级交通运输（港口）行政管理部门在监督检查过程中，对发现的问题，应当责令有关单位限期整改。

对于四类与五类设施经整改后仍未达到安全使用要求的不得继续使用。

第四十条　检测单位、设计单位、施工单位及其项目主要负责人对所承担的港口维护工作实行全程负责制，并记入信用档案。

第四十一条　在港口设施维护工作中，对做出重大贡献的单位、个人应给予通报表扬。对设施维护管理工作薄弱、设施技术状况评定不规范、安全隐患突出的单位，应给予通报批评。对给国家造成重大损失的责任人，依法追究其法律责任。

第九章　附　则

第四十二条　各省、自治区、直辖市交通运输（港口）行政管理部门应结合本辖区实际情况制定细则，并报部备案。

第四十三条　本规定由交通运输部水运局负责解释。

第四十四条　本规定自发布之日起实施。

港口建设费征收使用管理办法

(2011 年 4 月 25 日财政部　交通运输部　财综〔2011〕29 号)

第一章　总　则

第一条　为促进水运事业健康发展，规范港口建设费的征收、使用和管理，根据《中华人民共和国港口法》及国务院有关批示精神，制定本办法。

第二条　本办法适用于港口建设费的征收、解缴、使用、管理和监督。

第三条　港口建设费属于政府性基金，收入全额上缴国库，纳入财政预算，实行"收支两条线"管理。

第四条　港口建设费的征收、解缴、使用等，应当接受财政、审计部门的监督检查。

第二章　征　收

第五条　港口建设费的征收对象为经对外开放口岸港口辖区范围内所有码头、浮筒、锚地、水域装卸（含过驳）的货物。

第六条　港口建设费的义务缴纳人（以下简称缴费人）是货物的托运人（或其代理人）或收货人（或其代理人）。

第七条　交通运输部负责港口建设费的征收管理工作。港口所在地海事管理机构具体负责本港口辖区内港口建设费的征收工作。

海事管理机构应建立健全征收港口建设费工作机制，直接向缴费人征收港口建设费。根据征收工作需要，海事管理机构可以与船舶代理公司、货物承运人（仅限内贸货物）等单位签订委托代收协议代收港口建设费。海事管理机构负责对港口建设费代收单位的代收行为进行日常管理和监督。

海事管理机构应将拟委托代收港口建设费单位的名单报交通运输部、财政部核准。

第八条　港口建设费的具体征收标准如下：

（一）国内出口货物每重量吨（或换算吨）4 元；国外进出口货物每重量吨（或换算吨）5.6 元。

货物重量吨和换算吨的计算方法，按照国务院交通运输主管部门现行有关规定执行。

（二）国内出口集装箱和内支线集装箱 20 英尺每箱 32 元，40 英尺每箱 48 元；国外进出口集装箱 20 英尺每箱 64 元，40 英尺每箱 96 元。

20 英尺和 40 英尺以外的其他非标准集装箱按照相近箱型的收费标准征收。

第九条　水泥、粮食、化肥、农药、盐、砂土、石灰粉按照本办法第八条第（一）项规定的征收标准减半征收。黄沙、磷矿石、碎石等低值货物暂缓征收港口建设费。

第十条　南京以上（不含南京）长江干线港口和其他内河港口在本办法第八条、第九条规定征收标准的基础上减半征收。

第十一条　下列货物免征港口建设费：

（一）我国军用物品，使馆物品，联合国机构的物品；

（二）国际过境货物、国际中转货物、保税货物（办理完进口清关手续的除外）；

（三）邮件（不包括邮政包裹）和按客运手续办理的行李、包裹；

（四）船舶自用的燃、物料，装货垫缚材料，随货物同行的包装备品；

（五）渔船捕获的鱼鲜以及同行的防腐用冰和盐，随活畜、活禽同行的必要饲料；

（六）空集装箱（商品箱除外）；

（七）国务院规定的其他货物。

第十二条　国内外进出口货物，按照以下规定计征港口建设费：

（一）出口国外的货物，由征收（代收）单位在装船港按每张装货单向托运人（或其代理人）计征一次港口建设费。

（二）国外进口的货物，由征收（代收）单位在卸船港按每张提单向收货人（或其代理人）计征一次港口建设费。

（三）国外进口到港未卸，换单后原船又运往国内其他港口的货物，征收（代收）单位在换单港口按照国外进出口货物的征收标准向国内收货人（或其代理人）计征一次港口建设费。

（四）国外进口未提离港口库场，又装船转为国内出口的货物（包括船过船作业的货物），只计征一次国外进口货物的港口建设费。

（五）国内出口货物，由征收（代收）单位在装船港向托运人（或其代理人）征收一次港口建设费；装船港不是对外开放口岸港口，卸船港是对外开放口岸港口的，由卸船港向收货人（或其代理人）征收一次港口建设费。

（六）国内水路集运转出口国外的货物，由征收（代收）单位在国内出口的第一装船港向托运人（或其代理人）计征一次国内出口货物港口建设费。出口国外时，再由征收（代收）单位在出口国外的转运港按国外进出口和国内出口货物收费标准的差额补征港口建设费。如果第一装船港不是对外开放口岸港口，由出口国外的转运港按国外进出口收费标准直接计征。

（七）国内外出口货物缴费人在办理装船手续时缴纳港口建设费，国外进口货物缴费人在办理提货手续时缴纳港口建设费。

第十三条　海事管理机构在货物装船或货物提离港口时，应查验港口建设费缴讫凭证。未缴清港口建设费的国内外进出口货物，不得装船或提离港口。

第十四条　征收港口建设费应使用财政部统一监制的政府性基金专用票据。

第十五条　代收单位应当在收到港口建设费的当日，将所收资金全额缴入所在地海事管理机构经批准的相关银行账户，海事管理机构应于当日将收到的港口建设费全额就地缴入国库，缴库时开具"一般缴款书"。

第十六条　港口建设费80%部分上缴中央国库，20%部分缴入所在城市对应级次国库。缴库时，填列《政府收支分类科目》103 类"非税收入"，01 款"政府性基金收入"，15 项"港口建设费收入"，并注明中央、地方分成比例。

第十七条　海事管理机构、财政部门应加强与国库之间港口建设费收入的对账工作。未经国务院或财政部批准，任何地方、部门和单位不得改变港口建设费的征收对象、范围和标准，不得减征、免征、缓征、停征港口建设费。

第三章　使　用

第十八条　港口建设费使用遵循以收定支、专款专用的原则。

中央分成的港口建设费主要用于：

（一）沿海港口公共基础设施建设支出，包括沿海港口航道、防波堤、锚地等基础设施建设，陆岛交通码头建设。

（二）内河水运建设支出，包括内河航道、船闸、升船机、航电枢纽、中西部内河港口建设等。

（三）支持保障系统建设支出，包括沿海和内河水域的海事、救助打捞、安全及应急通信、航道等。

（四）专项性支出，包括交通建设发展前期工作经费、日元还贷支出等。

（五）征管经费。

（六）支付船舶代理公司或货物承运人的港口建设费代征手续费。

（七）国务院批准的其他支出。

地方分成的港口建设费主要用于辖区内港口公共基础设施以及航运支持保障系统的建设和维护。

第十九条　海事管理机构委托船舶代理公司或货物承运人等单位代售港口建设费，可按其代收港口建设费征收额的1%支付代征手续费。代征手续费列入交通运输部预算，由中央财政通过基金预算统筹安排。海事管理机构及其委托的代收单位不得在代征收入中直接提留代征手续费。

第二十条　交通运输部应当按照规定编制年度中央港口建设费收支预决算，纳入其预决算并报财政部审批。港口建设费补助地方项目支出的资金管理办法由财政部会同交通运输部另行制定。

第二十一条　有关城市人民政府交通运输（港口）管理部门应当按照规定编制年度地方港口建设费收支预决算，纳入同级交通运输（港口）管理部门预决算并报同级财政部门审批。

第二十二条　港口建设费的资金支付按照财政国库管理制度有关规定执行，并按规定填列《政府收支分类科目》相关科目。

第二十三条　船舶代理公司、货物承运人收到的港口建设费代收手续费，应当列入"营业外收入—其他收入"科目统一核算。

第二十四条　海事管理机构应当建立港口建设费统计报表制度，按月向上级海事管理机构报送，并于每月结束后的5个工作日内，抄送所在地财政部驻各省、自治区、直辖市及计划单列市财政监察专员办事处和同级财政部门。

第四章　监督检查与法律责任

第二十五条　财政部负责对港口建设费的征收使用情况进行监督检查。

财政部、交通运输部、地方财政部门按照职责分工，依法对港口建设费的征收、监缴以及使用情况实施日常监督检查，中国人民银行分支机构按照《中华人民共和国国家金库条例》（国发〔1985〕96号）及其《中华人民共和国国家金库条例实施细则》（财预字〔1989〕68号）等规定，对商业银行办理港口建设费的收纳、解缴入库等业务情况实施日常监督检查。任何单位或者个人不得拒绝、妨碍或者阻挠。有关单位或者个人应当接受依法实施的监督检查，并为其提供方便。

海事管理机构应严格按照中央预算单位银行账户管理等相关规定，加强账户和资金管理，不得坐收坐支、截留、挪用港口建设费。

　　第二十六条　对于违反本办法，缴费人不缴或者少缴港口建设费的，地方财政部门、海事管理机构应对相关责任单位和责任人按照《财政违法行为处罚处分条例》（国务院令第 427 号）及有关法律、法规予以处理。

　　第二十七条　对于违反本办法，船舶代理公司、货物承运人没有足额代收、及时解缴港口建设费的，财政部和地方财政部门、海事管理机构应责令其限期改正；情节严重的，应采取有效措施责令船舶代理公司、货物承运人予以追缴，并按日加收应缴未缴金额万分之五的滞纳金，随同港口建设费按规定的比例分别上缴中央和地方国库。

　　第二十八条　对于违反本办法，海事管理机构不征、少征港口建设费，或未按规定将港口建设费收入及时足额缴入相应级次国库的，财政部、交通运输部应责令其限期改正，情节严重的，应对相关责任单位和责任人按照国务院令第 427 号及有关法规予以处理。

　　第二十九条　对于违反本办法，不使用财政部统一监制的政府性基金票据，由财政部责令其限期改正，并对相关责任单位和责任人按照国务院令第 427 号及有关法规予以处理。

　　第三十条　对于违反本办法，有关单位截留、挤占、挪用等未按规定使用港口建设费的行为，财政部、地方财政部门按照国务院令第 427 号及有关法规对相关责任单位和责任人予以处理。

第五章　附　则

　　第三十一条　本办法自 2011 年 10 月 1 日起施行，到 2020 年 12 月 31 日止。本办法施行后，其他港口建设费的相关规定同时废止。

　　第三十二条　本办法由财政部、交通运输部负责解释。

港口危险货物重大危险源监督管理办法（试行）

（2013 年 4 月 23 日交通运输部　交水发〔2013〕274 号）

第一章　总　则

第一条　为加强港口危险货物重大危险源的安全监督管理，预防和减少港口危险货物事故的发生，保护人民群众生命财产安全，维护港口安全生产秩序，根据《中华人民共和国港口法》、《中华人民共和国安全生产法》、《危险化学品安全管理条例》和《港口危险货物安全管理规定》等有关法律、法规、规章，制定本办法。

第二条　港口危险货物重大危险源的辨识评估、登记建档、备案核销及其监督管理等，适用本办法。

本办法所称港口危险货物重大危险源（以下简称港口重大危险源），是指参照《危险化学品重大危险源辨识》（GB18218）标准辨识确定，港口区域内储存危险货物的数量等于或者超过临界量的单元（包括场所和设施）。

第三条　危险货物港口经营人（以下简称港口经营人）是本单位港口重大危险源安全管理的责任主体，其主要负责人对本单位港口重大危险源安全管理工作全面负责。

第二章　辨识评估

第四条　港口经营人应当对本单位的港口危险货物储存设施或场所进行港口重大危险源辨识，并记录辨识过程与结果。

第五条　港口经营人应当对本单位的港口重大危险源进行安全评估并确定重大危险源等级。港口重大危险源按照其危险程度，由高到低依次划分为一级、二级、三级。港口重大危险源分级方法见附件1。

第六条　港口经营人可以组织本单位的注册安全工程师、技术人员或者聘请有关专家对本单位港口重大危险源进行安全评估，也可以委托具有法律、法规、规章规定条件的安全评价机构对港口重大危险源进行安全评估。

依照有关法律、法规、规章等，港口经营人应当进行安全评价的，港口重大危险源安全评估可以与本单位的安全评价一起进行，也可以单独进行港口重大危险源安全评估。

第七条　构成一级港口重大危险源的储存设施或场所，港口经营人应当委托具有法律、法规、规章规定条件的安全评价机构，采用定量风险评价方法进行安全评估，确定个人和社会风险值。

确定的个人和社会风险值，不得超过本规定附件2列示的个人和社会可容许风险值标准。超过个人和社会可容许风险值标准的，港口经营人应当采取相应的降低风险措施。

第八条　港口重大危险源安全评估报告应当包括以下主要内容：

（一）评估的主要依据；

（二）港口重大危险源基本情况；

（三）辨识、分级的符合性分析；

（四）事故发生的可能性及危害程度；

（五）个人风险和社会风险值（采用定量风险评价方法时）；

（六）可能受事故影响的周边单位、人员状况；

（七）安全管理措施、安全技术措施和监控措施；

（八）事故应急措施；

（九）评估结论与建议。

第九条　有下列情形之一的，港口经营人应当对港口重大危险源重新进行辨识分级，开展安全评估和完善档案：

（一）港口重大危险源安全评估满3年的；

（二）构成港口重大危险源的储存设施、场所进行新建、改建或扩建的；

（三）港口危险货物种类、数量或者储存方式及其相关设备、设施等发生重大变更，可能影响港口重大危险源级别和风险程度的；

（四）发生危险货物事故，造成人员死亡，或者10人以上受伤，或者影响到公共安全的；

（五）外界生产安全环境因素发生变化，影响港口重大危险源级别和风险程度的。

第三章　登记备案

第十条　港口经营人应当对辨识确认的港口重大危险源及时进行登记建档。档案的主要内容包括：

（一）辨识、分级记录；

（二）港口重大危险源基本特征表；

（三）危险货物安全技术说明书；

（四）区域位置图、平面布置图、工艺流程图和主要设备一览表；

（五）港口重大危险源安全管理制度及安全操作规程；

（六）安全监测监控系统、措施说明、检测、检验结果；

（七）港口重大危险源事故应急预案；

（八）安全评估报告；

（九）港口重大危险源场所安全警示标志的设置情况；

（十）其他文件、资料。

第十一条　港口经营人在对港口重大危险源进行辨识、分级，并完成港口重大危险源安全评估报告后，应将港口重大危险源备案申请表和第十条规定的档案材料（其中第五项规定的文件资料只需提供清单），向所在地港口行政管理部门备案。对涉及船舶航行、作业安全的港口重大危险源信息，港口行政管理部门应当及时通报海事管理机构。

港口重大危险源出现第九条所述情形的，港口经营人应当修改档案，并及时向所在地港口行政管理部门重新备案。

第十二条　对不再构成港口重大危险源的，港口经营人应及时向所在地港口行政管理部门提出核销的书面申请报告。港口行政管理部门自收到港口经营人的书面申请报告之日起 20 个工作日内进行审核，并组织现场核查，对符合条件的予以核销。

第十三条　各级港口行政管理部门应当定期将本辖区的港口重大危险源汇总信息逐级上报。

第四章　安全管理

第十四条　港口经营人应当建立健全港口重大危险源安全管理制度，落实港口重大危险源安全技术措施；应当明确港口重大危险源的责任人或责任机构，并对港口重大危险源的安全状况进行定期检查和日常巡查；对于检查发现的事故隐患，应及时采取措施予以消除。

第十五条　港口经营人应当根据危险货物种类、数量、储存工艺或相关设备、设施等实际情况，建立健全港口重大危险源安全监测监控体系，完善控制措施。

港口重大危险源安全监测监控系统应符合有关国家标准或者行业标准。

第十六条　港口经营人应当按照国家有关规定，定期对港口重大危险源的安全设施和监测监控系统进行检测、检验，并进行经常性维护、保养，记录维护、保养、检测、检验结果。

第十七条　港口经营人应当在重大危险源所在场所设置明显的安全警示标志，标明紧急情况下的应急处置办法。

第十八条　港口经营人应对港口重大危险源的管理和操作岗位人员进行安全操作技能培训，使其了解港口重大危险源的危险特性，熟悉港口重大危险源安全管理规章制度和安全操作规程，全面掌握本岗位的安全操作技能和在紧急情况下应当采取的应急措施。

第十九条　港口经营人应当将港口重大危险源的危险特性、可能的事故后果和应急措施等信息，以适当方式告知从业人员和其他相关单位、人员。

第二十条　港口经营人应制定、完善有关港口重大危险源事故应急预案体系，配备必要的防护、救援物资和装备，并进行经常性维护、保养，保障其完好。

港口经营人应当对存在吸入性有毒、有害气体的港口重大危险源，配备便携式浓度监测设备、空气呼吸器、化学防护服、堵漏器材等应急器材和设施；涉及剧毒气体的港口重大危险源，应配备两套以上（含两套）气密型化学防护服。

第二十一条　港口经营人应建立专职或兼职应急救援队伍，应急救援队伍规模应与其危险货物储运规模相适应。

第二十二条　港口经营人应当制定港口重大危险源事故应急预案演练计划，并按照下列要求进行事故应急演练：

（一）对于一级、二级港口重大危险源，每季度至少进行一次；

（二）对于三级港口重大危险源，每半年至少进行一次。

港口经营人应当记录和评估港口重大危险源事故应急演练情况，并根据记录和评估结果，及时修订、完善港口重大危险源事故应急预案。

第二十三条　所在地港口行政管理部门应建立健全港口重大危险源安全监管制度，完善本辖区港口重大危险源档案，建立港口重大危险源安全监管系统，掌握辖区内港口重大危险源和应急队伍、应急资源等基本信息。

第二十四条　所在地港口行政管理部门应当组织开展港口重大危险源集中区域风险分析与应急能力评估，制定完善事故应急预案；应当根据本辖区应急工作的实际需要，并在征求海事等部门意见后，统筹规划、组织建立应急物资和装备储备，建立完善应急储备管理制度，加强应急准备。

第二十五条　所在地港口行政管理部门应建立健全港口重大危险源事故应急救援体系，定期组织开展应急培训和应急救援演练，提高应急救援能力。

第五章　监督检查

第二十六条　所在地港口行政管理部门应当加强港口重大危险源监督检查，督促港口经营人做好本单位港口重大危险源的辨识评估、登记建档、备案核销和安全管理、应急准备等工作。

第二十七条　所在地港口行政管理部门应建立港口重大危险源安全检查制度，根据辖区内港口重大危险源的数量、等级和危险程度等，定期对存在港口重大危险源的港口经营人进行监督检查。

港口行政管理部门在监督检查中发现港口重大危险源存在事故隐患的，应当依据《安全生产法》第五十六条第三款、《危险化学品安全管理条例》第七条以及《港口危险货物安全管理规定》第四十八条相关规定进行处置。

第二十八条　所在地港口行政管理部门应建立港口重大危险源监督检查台账，内容包括港口重大危险源监督检查记录表、现场检查记录、整改意见、整改情况等资料。

第二十九条　所在地港口行政管理部门应当会同本级人民政府有关部门，加强对港口重大危险源集中区域的监督检查，确保港口重大危险源与周边单位、居民区、人员密集场所等重要目标和敏感场所之间的距离符合国家相关规定。

附件：1. 港口重大危险源分级方法（略）
　　　2. 可容许风险值（略）

港口岸线使用审批管理办法

（交通运输部 2011 年第 12 次部务会议审议通过　2012 年 5 月 22 日交通运输部、国家发展改革委令 2012 年第 6 号　自 2012 年 7 月 1 日起施行）

第一条　为了规范港口岸线使用审批管理，保障港口岸线资源的合理开发与利用，保护当事人的合法权益，根据《中华人民共和国港口法》和有关法律、法规，制定本办法。

第二条　在港口总体规划区内建设码头等港口设施使用港口岸线，应当按照本办法开展岸线使用审批。

第三条　港口岸线的开发利用应当符合港口规划，坚持深水深用、节约高效、合理利用、有序开发的原则。

第四条　交通运输部主管全国的港口岸线工作，会同国家发展改革委具体实施对港口深水岸线的使用审批工作。

县级以上地方人民政府港口行政管理部门按照本办法和省级人民政府规定的职责，具体实施港口岸线使用审批的相关工作。

第五条　本办法所称港口岸线，含维持港口设施正常运营所需的相关水域和陆域。

港口岸线分为港口深水岸线和非深水岸线。港口深水岸线和非深水岸线划分标准及范围由交通运输部另行制定并公布。

第六条　需要使用港口岸线的建设项目，应当在报送项目申请报告或者可行性研究报告前，向港口所在地港口行政管理部门提出港口岸线使用申请，申请材料包括：

（一）港口岸线使用申请表；

（二）申请人情况及相关证明材料；

（三）建设项目工程可行性研究报告或者项目申请报告；

（四）海事、航道部门关于建设项目的意见；

（五）法律、法规规定的其他材料。

前款规定的港口岸线使用申请表样式，由交通运输部统一规定。

第七条　港口所在地港口行政管理部门收到申请材料后，对申请材料符合法定形式的，应当当场受理；对申请材料不齐全或者不符合法定形式的，应当当场或者在 5 个工作日内一次告知申请人需要补正的全部内容。

第八条　使用港口深水岸线的，港口所在地港口行政管理部门收到申请后，应当对申请使用的岸线进行现场核查，核实申请材料，转报至省级港口行政管理部门。

省级港口行政管理部门收到港口岸线使用申请材料后，应当组织专家评审，并征求省级发展改革部门意见后，提出初审意见，连同申请材料报交通运输部。

交通运输部收到申请材料和初审意见后，进行审查，会同国家发展改革委做出批准或者不予批准的决定。

第九条　申请使用港口深水岸线的，港口所在地港口行政管理部门和省级人民政府港口行政管理部门应当在收到港口岸线使用申请材料后 20 个工作日内完成现场核查、初审和转报工作。

交通运输部应当在收到港口岸线使用申请材料后 20 个工作日内完成审查，并会同国家发展改革委做出审批决定。20 个工作日内不能办结的，经负责人批准，可以延长 10 个工作日。

岸线使用专家评审所需时间不计算在期限内。

第十条　港口岸线使用申请审查、专家评审的主要内容包括：

（一）建设项目是否符合产业政策和港口规划；

（二）建设项目的必要性分析；

（三）工程可行性研究报告或者项目申请报告提出的岸线使用方案是否符合国家技术标准和规范；

（四）岸线使用方案的合理性分析；

（五）岸线使用方案是否满足航道、通航安全的相关要求；

（六）法律、法规和国家规定的其他要求。

第十一条　由国务院或者国家发展改革委审批、核准的港口建设项目，向国家发展改革委报送可行性研究报告或者项目申请报告时，应当同时抄报交通运输部。交通运输部对港口建设项目提出行业意见时，一并提出岸线使用意见。

由国务院或者国家发展改革委审批、核准的其他建设项目，在港口总体规划区内建设港口设施，使用港口深水岸线的，国家发展改革委在审批、核准之前，征求交通运输部关于建设项目使用港口岸线的意见。

本条第一款、第二款所指建设项目，不再另行办理使用港口岸线的审批手续。

第十二条　港口岸线使用审批机关审查决定批准港口岸线使用申请的，应当出具港口岸线使用批准文件。

审批机关决定不予批准使用港口岸线的，应当书面告知申请人，并且说明理由。

第十三条　使用港口岸线的港口设施项目未取得港口岸线使用批准文件或者交通运输部关于使用港口岸线的意见，不予批准港口设施项目初步设计和施工许可。

第十四条　被批准使用港口深水岸线的建设项目，应当在建设项目取得审批、核准文件后的 10 个工作日内，持港口岸线使用批准文件和建设项目审批、核准文件向交通运输部领取港口岸线使用证。

港口岸线使用证应当包括以下内容：

（一）岸线使用人；

（二）项目主要建设内容；

（三）岸线的范围和用途；

（四）有效期限；

（五）其他事项与要求。

本条所指港口岸线使用证由交通运输部统一制定。

第十五条　港口行政管理部门应当及时在相关政府网站发布港口岸线使用批准情况的信息。

第十六条　批准使用港口岸线的建设项目，应当在取得岸线批准文件之日起两年内开工建设。逾期未开工建设，批准文件失效，已经领取港口岸线使用证的应当予以注销。

批准文件失效后，如继续建设该项目需要使用港口岸线，应当重新办理港口岸线使用审批手续。

第十七条 港口岸线使用证的有效期不超过 50 年。超过期限继续使用的，港口岸线使用人应当在期限届满 3 个月前向原批准机关提出申请。

第十八条 批准使用港口岸线或者取得港口岸线使用证后，如因企业更名或者控股权转移导致岸线实际使用人发生改变，或者改变批准的岸线用途，应当按照本办法规定的程序报原批准机关审批。

第十九条 有下列情形之一的，港口行政管理部门应当依法办理港口岸线使用证的注销手续：

（一）有效期届满未延期的；

（二）项目法人依法终止，不再使用港口岸线的；

（三）因港口规划调整，建设项目所使用的岸线不再作为港口岸线的。

第二十条 港口岸线使用审批机关及其工作人员滥用职权、玩忽职守、徇私舞弊的，由有关行政主管部门予以行政处分；构成犯罪的，由司法机关依法追究刑事责任。

第二十一条 港口岸线使用申请人隐瞒有关情况或者提供虚假材料申请岸线使用许可的，不予受理或者不予许可。港口岸线申请人以欺骗、贿赂等不正当手段取得港口岸线使用许可的，应当予以撤销。

第二十二条 未按本办法规定取得使用港口岸线的批准，擅自使用岸线的，由县级以上地方人民政府或者港口行政管理部门依照《港口法》第四十五条的规定予以处罚。

第二十三条 本办法自 2012 年 7 月 1 日起施行。

中华人民共和国渔港水域交通安全管理条例

（1989 年 7 月 3 日中华人民共和国国务院令第 38 号发布　根据 2011 年 1 月 8 日
《国务院关于废止和修改部分行政法规的决定》修订）

第一条　根据《中华人民共和国海上交通安全法》第四十八条的规定，制定本条例。

第二条　本条例适用于在中华人民共和国沿海以渔业为主的渔港和渔港水域（以下简称"渔港"和"渔港水域"）航行、停泊、作业的船舶、设施和人员以及船舶、设施的所有者、经营者。

第三条　中华人民共和国渔政渔港监督管理机关是对渔港水域交通安全实施监督管理的主管机关，并负责沿海水域渔业船舶之间交通事故的调查处理。

第四条　本条例下列用语的含义是：

渔港是指主要为渔业生产服务和供渔业船舶停泊、避风、装卸渔获物和补充渔需物资的人工港口或者自然港湾。

渔港水域是指渔港的港池、锚地、避风湾和航道。

渔业船舶是指从事渔业生产的船舶以及属于水产系统为渔业生产服务的船舶，包括捕捞船、养殖船、水产运销船、冷藏加工船、油船、供应船、渔业指导船、科研调查船、教学实习船、渔港工程船、拖轮、交通船、驳船、渔政船和渔监船。

第五条　对渔港认定有不同意见的，依照港口隶属关系由县级以上人民政府确定。

第六条　船舶进出渔港必须遵守渔港管理章程以及国际海上避碰规则，并依照规定办理签证，接受安全检查。

渔港内的船舶必须服从渔政渔港监督管理机关对水域交通安全秩序的管理。

第七条　船舶在渔港内停泊、避风和装卸物资，不得损坏渔港的设施装备；造成损坏的应当向渔政渔港监督管理机关报告，并承担赔偿责任。

第八条　船舶在渔港内装卸易燃、易爆、有毒等危险货物，必须遵守国家关于危险货物管理的规定，并事先向渔政渔港监督管理机关提出申请，经批准后在指定的安全地点装卸。

第九条　在渔港内新建、改建、扩建各种设施，或者进行其他水上、水下施工作业，除依照国家规定履行审批手续外，应当报请渔政渔港监督管理机关批准。渔政渔港监督管理机关批准后，应当事先发布航行通告。

第十条　在渔港内的航道、港池、锚地和停泊区，禁止从事有碍海上交通安全的捕捞、养殖等生产活动；确需从事捕捞、养殖等生产活动的，必须经渔政渔港监督管理机关批准。

第十一条　国家公务船舶在执行公务时进出渔港，经通报渔政渔港监督管理机关，可免于签证、检查。渔政渔港监督管理机关应当对执行海上巡视任务的国家公务船舶的靠岸、停泊和补给提供方便。

第十二条　渔业船舶在向渔政渔港监督管理机关申请船舶登记，并取得渔业船舶国籍证书或者渔业船舶登记证书后，方可悬挂中华人民共和国国旗航行。

第十三条　渔业船舶必须经船舶检验部门检验合格，取得船舶技术证书，并领取渔政渔港监督管理机关签发的渔业船舶航行签证簿后，方可从事渔业生产。

第十四条　渔业船舶的船长、轮机长、驾驶员、轮机员、电机员、无线电报务员、话务员，必须经渔政渔港监督管理机关考核合格，取得职务证书，其他人员应当经过相应的专业训练。

第十五条　地方各级人民政府应当加强本行政区域内渔业船舶船员的技术培训工作。国营、集体所有的渔业船舶，其船员的技术培训由渔业船舶所属单位负责；个人所有的渔业船舶，其船员的技术培训由当地人民政府渔业行政主管部门负责。

第十六条　渔业船舶之间发生交通事故，应当向就近的渔政渔港监督管理机关报告，并在进入第一个港口 48 小时之内向渔政渔港监督管理机关递交事故报告书和有关材料，接受调查处理。

第十七条　渔政渔港监督管理机关对渔港水域内的交通事故和其他沿海水域渔业船舶之间的交通事故，应当及时查明原因，判明责任，做出处理决定。

第十八条　渔港内的船舶、设施有下列情形之一的，渔政渔港监督管理机关有权禁止其离港，或者令其停航、改航、停止作业：

（一）违反中华人民共和国法律、法规或者规章的；

（二）处于不适航或者不适拖状态的；

（三）发生交通事故，手续未清的；

（四）未向渔政渔港监督管理机关或者有关部门交付应当承担的费用，也未提供担保的；

（五）渔政渔港监督管理机关认为有其他妨害或者可能妨害海上交通安全的。

第十九条　渔港内的船舶、设施发生事故，对海上交通安全造成或者可能造成危害，渔政渔港监督管理机关有权对其采取强制性处置措施。

第二十条　船舶进出渔港依照规定应当到渔政渔港监督管理机关办理签证而未办理签证的，或者在渔港内不服从渔政渔港监督管理机关对水域交通安全秩序管理的，由渔政渔港监督管理机关责令改正，可以并处警告、罚款；情节严重的，扣留或者吊销船长职务证书（扣留职务证书时间最长不超过 6 个月，下同）。

第二十一条　违反本条例规定，有下列行为之一的，由渔政渔港监督管理机关责令停止违法行为，可以并处警告、罚款；造成损失的，应当承担赔偿责任；对直接责任人员由其所在单位或者上级主管机关给予行政处分：

（一）未经渔政渔港监督管理机关批准或者未按照批准文件的规定，在渔港内装卸易燃、易爆、有毒等危险货物的；

（二）未经渔政渔港监督管理机关批准，在渔港内新建、改建、扩建各种设施或者进行其他水上、水下施工作业的；

（三）在渔港内的航道、港池、锚地和停泊区从事有碍海上交通安全的捕捞、养殖等生产活动的。

第二十二条　违反本条例规定，未持有船舶证书或者未配齐船员的，由渔政渔港监督管理机关责令改正，可以并处罚款。

第二十三条　违反本条例规定，不执行渔政渔港监督管理机关做出的离港、停航、改航、停止作业的决定，或者在执行中违反上述决定的，由渔政渔港监督管理机关责令改正，可以并处警告、罚款；情节严重的，扣留或者吊销船长职务证书。

第二十四条　当事人对渔政渔港监督管理机关做出的行政处罚决定不服的，可以在接到处罚通知之日起 15 日内向人民法院起诉；期满不起诉又不履行的，由渔政渔港监督管理机关申请人民法院强制执行。

第二十五条　因渔港水域内发生的交通事故或者其他沿海水域发生的渔业船舶之间的交通事故引起的民事纠纷，可以由渔政渔港监督管理机关调解处理；调解不成或者不愿意调解的，当事人可以向人民法院起诉。

第二十六条　拒绝、阻碍渔政渔港监督管理工作人员依法执行公务，应当给予治安管理处罚的，由公安机关依照《中华人民共和国治安管理处罚法》有关规定处罚；构成犯罪的，由司法机关依法追究刑事责任。

第二十七条　渔政渔港监督管理工作人员，在渔港和渔港水域交通安全监督管理工作中，玩忽职守、滥用职权、徇私舞弊的，由其所在单位或者上级主管机关给予行政处分；构成犯罪的，由司法机关依法追究刑事责任。

第二十八条　本条例由农业部负责解释；实施细则由农业部制定。

第二十九条　本条例自1989年8月1日起施行。

中华人民共和国海上船舶污染事故调查处理规定

(2011 年 9 月 22 日经交通运输部第 10 次部务会议通过 2011 年 11 月 14 日
交通运输部令 2011 年第 10 号 自 2012 年 2 月 1 日起施行)

第一章 总 则

第一条 为了规范船舶污染事故调查处理工作，依据《中华人民共和国海洋环境保护法》、《中华人民共和国防治船舶污染海洋环境管理条例》等规定，制定本规定。

第二条 本规定适用于造成中华人民共和国管辖海域污染的船舶污染事故的调查处理。

第三条 国务院交通运输主管部门主管船舶污染事故调查处理工作。

国家海事管理机构负责指导、管理和实施船舶污染事故调查处理工作。

各级海事管理机构依照各自职责负责具体开展船舶污染事故调查处理工作。

第四条 船舶污染事故调查处理应当遵循及时、客观、公平、公正的原则，查明事故原因，认定事故责任。

第二章 事故报告

第五条 发现船舶及其有关水上交通事故、作业活动造成或者可能造成海洋环境污染的单位和个人，应当立即将有关情况向就近的海事管理机构报告。海事管理机构接到报告后，应当按照应急预案的要求进行报告和通报。

第六条 发生污染事故的船舶、有关作业单位，应当在采取应急措施的同时，及时、妥善地保存相关事故信息，立即向就近的海事管理机构报告以下事项：

（一）船舶的名称、国籍、呼号、识别号或者编号；

（二）船舶所有人、经营或者管理人、污染损害赔偿责任保险人的名称、地址和联系方式；

（三）相关水文和气象情况；

（四）污染物的种类、基本特性、数量、装载位置等情况；

（五）事故原因或者事故原因的初步判断；

（六）事故污染情况；

（七）已经采取或者采取的污染控制、清除措施以及救助要求；

（八）签订了船舶污染清除协议的，还应当报告船舶污染清除单位的名称和联系方式；

（九）船舶、有关作业单位认为需要报告的其他事项。

船舶、有关作业单位向海事管理机构报告后，经核实发现报告内容与事实情况不符的，应当立即对报告内容予以更正。

第七条　发生污染事故的船舶、有关作业单位，应当在事故发生后 24 小时内向就近的海事管理机构提交《船舶污染事故报告书》。因特殊情况不能在规定时间内提交《船舶污染事故报告书》的，经海事管理机构同意后可予适当延迟，但最长不得超过 48 小时。

《船舶污染事故报告书》至少应当包括以下内容：

（一）船舶及船舶所有人、经营人或者管理人的有关情况；

（二）污染事故概况；

（三）应急处置情况；

（四）污染损害赔偿责任保险情况；

（五）其他与事故有关的事项。

第八条　中国籍船舶在中华人民共和国管辖海域外发生的船舶污染事故，其所有人或经营人应当立即向船籍港所在地直属海事管理机构报告，并在 48 小时内提交《船舶污染事故报告书》；船舶应当在到达国内第一港口之前提前 24 小时向船籍港直属海事管理机构报告，并接受调查处理。

第九条　船舶污染事故报告后出现的新情况及污染事故的处置进展情况，船舶、有关单位应当及时补充报告。

第三章　事故调查

第十条　船舶污染事故调查处理依照下列规定组织实施：

（一）特别重大船舶污染事故由国务院或者国务院授权国务院交通运输主管部门等部门组织事故调查处理；

（二）重大船舶污染事故由国家海事管理机构组织事故调查处理；

（三）较大船舶污染事故由事故发生地直属海事管理机构负责调查处理；

（四）一般船舶污染事故由事故发生地海事管理机构负责事故调查处理。

船舶污染事故发生地不明的，由事故发现地海事管理机构负责调查处理。事故发生地或者事故发现地跨管辖区域或者相关海事管理机构对管辖权有争议的，由共同的上级海事管理机构确定调查处理机构。

在中华人民共和国管辖海域外发生的船舶污染事故，造成中华人民共和国管辖海域污染的，调查处理机构由国家海事管理机构指定。

中国籍船舶在中华人民共和国管辖海域外发生重大及以上船舶污染事故、造成或者可能造成严重影响的，国家海事管理机构可派员开展事故调查。

船舶污染事故给渔业造成损害的，应当吸收渔业主管部门参与调查处理；给军事港口水域造成损害的，应当吸收军队有关主管部门参与调查处理。

第十一条　船舶因发生海上交通事故造成海洋环境污染的，海事管理机构对船舶污染事故的调查应当与船舶交通事故的调查同时进行。

第十二条　海事管理机构接到船舶污染事故报告后，应当及时进行核查取证，开展现场调查工作。

经核实不属于船舶污染事故的，及时通报相关部门处理。

第十三条　船舶污染事故调查应当由至少两名船舶污染事故调查人员实施。

船舶污染事故调查人员应当经过国家海事管理机构组织的培训，具有相应的船舶污染事故调查处理能力。

第十四条　发生下列情况时，船舶污染事故调查处理机构可以组织开展国际、国内船舶污染事故协查：

（一）污染事故肇事船舶逃逸的；

（二）污染事故嫌疑船舶已经开航离港的；

（三）辖区发生污染事故但暂时无法确认污染来源，经分析可能为过往船舶所为的；

（四）其他需要组织协查的情况。

国际间的船舶污染事故协查，由国家海事管理机构统一组织协调。

第十五条　船舶污染事故调查处理机构调查船舶污染事故，应当勘验事故现场，检查相关船舶，询问相关人员，收集证据，查明事故原因。

第十六条　下列材料可以作为船舶污染事故调查的证据：

（一）书证、物证、视听资料；

（二）证人证言；

（三）当事人陈述；

（四）鉴定结论；

（五）勘验笔录、调查笔录、现场笔录；

（六）其他可以证明事实的证据。

第十七条　船舶污染事故的当事人和其他有关人员应当配合调查，如实反映情况和提供资料，不得伪造、隐匿、毁灭证据或者以其他方式妨碍调查取证。

船舶污染事故的当事人和其他有关人员提供的书证、物证、视听资料应当是原件原物，提供抄录件、复印件、照片等非原件原物的，应当签字确认；拒绝确认的，事故调查人员应当注明有关情况。

第十八条　船舶污染事故调查处理机构根据调查处理工作的需要可以行使以下职权：

（一）责令船舶污染事故当事人提供相关技术鉴定或者检验、检测报告；

（二）暂扣相应的证书、文书、资料；

（三）禁止船舶驶离港口或者责令停航、改航、驶往指定地点、停止作业、暂扣船舶。

第四章　鉴定机构的认定

第十九条　从事船舶污染事故技术鉴定或者检测、检验工作的鉴定机构，应当经国务院交通运输主管部门认定。

第二十条　船舶污染事故调查处理机构、船舶及其污染损害赔偿责任保险人和船舶污染事故受损害方，在船舶污染事故调查处理过程中需要委托有关机构进行技术鉴定或者检验、检测的，应当委托经国务院交通主管部门认定的机构进行。

未经国务院交通运输主管部门认定的机构所出具的鉴定结论不得作为船舶污染事故调查处理的证据。

第二十一条　从事船舶污染事故技术鉴定、检验、检测工作的机构提出认定申请的，应当符合以下要求：

（一）具有独立法人资格；

（二）能够开展船舶污染源技术鉴定、船舶污染事故原因技术分析、船舶污染物泄漏量技术分析以及船舶污染损害鉴定等一项或者多项工作；

（三）开展任何一项工作至少具有 3 名高级以上技术职称且在相应技术领域具有 3 年以上工作

经验的专业技术人员；

（四）近5年参加至少3起船舶污染事故的技术鉴定、检验、检测工作；

（五）具有已通过国家实验室认可和国家实验室资质认定的，且配备了开展船舶污染事故技术鉴定、检验、检测所必需的仪器设备、技术资料的实验室；

（六）能够独立出具技术鉴定、检验、检测报告；

（七）建立了相应的工作质量管理制度。

第二十二条　申请鉴定机构认定的，应当向国家海事管理机构提交表明其符合本规定第二十一条要求的材料。

国家海事管理机构应当及时对申请人是否符合要求进行审查，提出审查意见报国务院交通运输主管部门。国务院交通运输主管部门做出是否予以认定的决定后告知申请人。

第二十三条　鉴定机构应当于每年1月31日前将下列情况向国家海事管理机构备案：

（一）上一年度开展船舶污染事故技术鉴定、检验、检测工作情况；

（二）船舶污染事故技术鉴定、检测、检验能力变化情况；

（三）技术鉴定、检测、检验结论在船舶污染事故处理、诉讼和仲裁中的采信情况。

国家海事管理机构应当在收到鉴定机构递交的年度备案材料后，对鉴定机构是否符合本规定的要求进行核查。对不符合认定要求的，责令其限期改正；逾期不改正的，国家海事管理机构报国务院交通运输主管部门批准后依法撤销认定。

国务院交通运输主管部门应当于每年3月31日之前，向社会公布认定的鉴定机构名单。

第二十四条　鉴定机构有下列情况之一的，船舶污染事故调查处理机构应当不予采信其鉴定结论，并责令其限期改正；逾期不改正的，国家海事管理机构报国务院交通运输主管部门批准后应当依法撤销认定：

（一）未按照有关法律、法规的技术规范的要求开展技术鉴定、检测、检验工作的；

（二）船舶污染事故技术鉴定、检测、检验报告出现重大错误，与事实情况明显不符的；

（三）鉴定机构出具虚假报告的。

第五章　事故处理

第二十五条　船舶污染事故调查处理机构应当根据船舶污染事故现场勘验、检查、调查情况和有关的技术鉴定、检验、检测报告，完成船舶污染事故调查。

第二十六条　船舶污染事故调查处理机构应当自事故调查结束之日起20个工作日内制作《船舶污染事故认定书》，并送达当事人。

《船舶污染事故认定书》应当载明事故基本情况、事故原因和事故责任。

海事管理机构在接到船舶污染事故报告或者发现船舶污染事故之日起6个月内无法查明污染源或者无法找到造成污染船舶的，经船舶污染事故调查处理机构负责人批准可以终止事故调查，并在《船舶污染事故认定书》中注明终止调查的原因。

第二十七条　船舶污染事故当事人对事故认定不服的，可以在收到《船舶污染事故认定书》之日起15日内，向船舶污染事故调查处理机构或者其上级机构申请一次重新认定。

第二十八条　造成海洋环境污染的船舶应当在开航前缴清海事管理机构为减轻污染损害采取的清除、打捞、拖航、引航过驳等应急处置措施的相关费用或者提供相应的财务担保。

财务担保应当是现金担保、由境内银行或者境内保险机构提供的信用担保。

第二十九条　重大以上船舶污染事故的调查处理报告应当向国务院交通运输主管部门备案。其中重大以上船舶海上溢油事故的调查处理情况，国务院交通运输主管部门应当向国家海上溢油应急处置部际联席会议通报。

第三十条 海上船舶污染事故调查处理的信息发布应当及时、准确。

海上船舶污染事故调查处理信息，由负责组织调查处理工作的机构审核后按照新闻发布的相关规定发布。参与事故调查处理的单位或者个人不得擅自发布相关信息。

第三十一条 船舶污染事故引起的污染损害赔偿争议，当事人可以向海事管理机构申请调解，海事管理机构也可以主动调解。

当事人一方拒绝调解的，海事管理机构不得调解。

征得所有当事人同意后，调解可以邀请其他利害关系人参加。

第三十二条 调解人员应当按照有关法律、法规的规定，对船舶污染损害赔偿争议进行调解。调解成功的，由各方当事人共同签署《船舶污染事故民事纠纷调解协议书》。

《船舶污染事故民事纠纷调解协议书》由当事人各执一份，调查处理机构留存一份。

第三十三条 在调解过程中，当事人向人民法院提起诉讼或者申请仲裁的，应当及时通知海事管理机构，调解自动终止。

当事人中途退出调解的，应当向海事管理机构提交退出调解的书面申请，海事管理机构应当终止调解，并及时通知其他当事人。

海事管理机构调解不成，或者在3个月内未达成调解协议的，应当终止调解。

第六章 法律责任

第三十四条 船舶、有关作业单位违反本规定的，海事管理机构应当责令改正；拒不改正的，海事管理机构可以责令停止作业、强制卸载，禁止船舶进出港口、靠泊、过境停留，或者责令停航、改航、离境、驶向指定地点。

第三十五条 违反本规定，船舶污染事故的当事人和其他有关人员有下列行为之一的，由海事管理机构处以1万元以上5万元以下的罚款：

（一）未如实向组织事故调查处理的机关或者海事管理机构反映情况的；

（二）伪造、隐匿、毁灭证据或者以其他方式妨碍调查取证的。

第三十六条 发生船舶污染事故，船舶、有关作业单位迟报、漏报事故的，对船舶、有关作业单位，由海事管理机构处5万元以上25万元以下的罚款；对直接负责的主管人员和其他直接责任人员，由海事管理机构处1万元以上5万元以下的罚款。直接负责的主管人员和其他直接责任人员属于船员的，并处给予暂扣适任证书或者其他有关证件3~6个月的处罚。

本条所称迟报、漏报包括下列情形：

（一）发生船舶污染事故后，未立即向就近的海事管理机构报告的，因不可抗力无法报告的除外；

（二）船舶污染事故报告的内容与事实情况不符，未及时对报告内容予以更正的；

（三）未在规定时限内向海事管理机构提交《船舶污染事故报告书》的；

（四）提交的《船舶污染事故报告书》内容不完整。

第三十七条 发生船舶污染事故，船舶、有关作业单位瞒报、谎报事故的，对船舶、有关作业单位，由海事管理机构处25万元以上50万元以下的罚款；对直接负责的主管人员和其他直接责任人员，由海事管理机构处5万元以上10万元以下的罚款。直接负责的主管人员和其他直接责任人员属于船员的，并处给予吊销适任证书或者其他有关证件的处罚。

本条所称瞒报、谎报包括下列情形:

(一)发生船舶污染事故后,故意不向海事管理机构报告的;

(二)发现船舶污染事故报告的内容与事实情况不符,故意不对报告内容予以更正的;

(三)发生船舶污染事故后,编造虚假信息或者伪造、变造证据,不如实向海事管理机构报告的;

(四)提交的《船舶污染事故报告书》弄虚作假的。

第三十八条　在事故调查结束后,海事管理机构对造成船舶污染事故的责任船舶、有关作业单位按照污染事故直接损失的百分之三十处以罚款,但最高不得超过 30 万元。负有直接责任的主管人员和其他直接责任人员属于国家工作人员的,依法给予行政处分。

直接经济损失是指与船舶污染事故直接因果关系而造成的财产毁损、减少的实际价值。包括:

(一)为防止或者减轻船舶污染损害采取预防措施所发生的费用,以及预防措施造成的进一步灭失或者损害;

(二)船舶污染事故造成该船舶之外的财产损害;

(三)对受污染的环境已采取或将要采取合理恢复措施的费用。

第三十九条　船舶污染事故造成珊瑚礁、红树林等海洋生态系统及海洋水产资源、海洋保护区破坏的,海事管理机构应当责令相关责任船舶、作业单位限期改正和采取补救措施,并处 1 万元以上 10 万元以下的罚款;有违法所得的,没收其违法所得。

第七章　附　则

第四十条　国务院交通运输主管部门所辖港区水域内军事船舶和港区水域外渔业船舶、军事船舶污染事故的调查处理,国家法律、行政法规另有规定的,从其规定。

第四十一条　《船舶污染事故报告书》、《船舶污染事故认定书》、《船舶污染事故民事纠纷调解协议书》及《船舶污染事故民事纠纷调解终止通知书》的格式由国家海事管理机构规定。

第四十二条　本规定自 2012 年 2 月 1 日起施行。

中华人民共和国海员外派管理规定

（2010 年 12 月 30 日经交通运输部第 12 次部务会议通过　并商商务部同意　2011 年 3 月 7 日交通运输部令 2011 年第 3 号　自 2011 年 7 月 1 日起施行）

第一章　总　则

第一条　为规范海员外派管理，提高我国外派海员的整体素质和国际形象，维护外派海员的合法权益，促进海员外派事业的健康发展，根据《中华人民共和国船员条例》和对外劳务合作等法律、法规，制定本规定。

第二条　在中华人民共和国境内依法设立的机构从事海员外派活动，适用本规定。

第三条　交通运输部主管全国海员外派工作。

国家海事管理机构负责统一实施全国海员外派的监督管理工作。

交通运输部直属海事管理机构依照各自职责负责具体实施海员外派的监督管理工作。

第四条　海员外派遵循"谁派出，谁负责"的原则。从事海员外派的机构应当对其派出的外派海员负责，做好外派海员在船工作期间及登、离船过程中的各项保障工作。

第二章　海员外派机构资质

第五条　从事海员外派的机构，应当符合下列条件：

（一）在中华人民共和国境内依法设立的法人。

（二）有与外派规模相适应的固定办公场所。

（三）有至少 2 名具有国际航行海船管理级船员任职资历的专职管理人员和至少 3 名具有两年以上海员外派相关从业经历的管理人员。

（四）具有进行外派海员任职前培训和岗位技能训练及处理海员外派相关法律事务的能力。

（五）按照国家海事管理机构的规定，建立船员服务质量管理制度、人员和资源保障制度、教育培训制度、应急处理制度和服务业务报告制度等海员外派管理制度。

（六）具有自有外派海员 100 人以上。

（七）注册资本不低于 500 万元人民币，且为实缴货币资本。本规定实施后，对外劳务合作法规另有规定的，从其规定。

（八）具有足额交纳 100 万元人民币海员外派备用金的能力。

（九）机构及其法定代表人具有良好的商业信誉，最近 3 年内没有重大违约行为和重大违法记录。

第六条 申请从事海员外派的机构，应当提交下列材料：

（一）从事海员外派活动的申请文书；

（二）企业法人营业执照或者事业单位法人证书、组织机构代码证；

（三）经营场所产权证明或者固定场所租赁证明；

（四）具有处理海员外派相关法律事务能力、进行外派海员任职前培训和岗位技能训练能力的证明材料；

（五）专职管理人员任职资格证书复印件及专职业务人员相关从业经历的证明材料；

（六）机构的组织结构、人员组成、职责等情况的说明文件；

（七）海员外派相关管理制度文件；

（八）自有外派海员的名册及劳动合同、缴纳社会保险等证明材料；

（九）已按照海事管理机构要求足额缴纳海员外派备用金的有效证明；

（十）其他相关证明材料。

经批准设立的外商投资职业介绍机构或者中外合资人才中介机构拟开展招聘海员出境业务，应当按照本规定申请从事海员外派。除提交前款规定的材料外，还应当提交外商投资企业批准证书和外商投资企业营业执照复印件。

第七条 机构申请从事海员外派，应当向其工商注册地的交通运输部直属海事管理机构提出，工商注册地没有交通运输部直属海事管理机构的，应当向国家海事管理机构指定的交通运输部直属海事管理机构提出。

第八条 直属海事管理机构自受理申请之日起 15 个工作日内完成申请材料的书面审核和现场核验，并将审核意见和核验情况连同申请材料一并报国家海事管理机构审批。

第九条 国家海事管理机构收到报送材料后，根据直属海事管理机构的审核意见、核验情况以及机构申请材料，于 15 个工作日内做出批准或者不予批准的决定。

第十条 国家海事管理机构做出准予从事海员外派决定的，向申请机构颁发海员外派机构资质证书；海员外派机构资质证书的有效期最长不超过 5 年。

第十一条 海员外派机构资质证书上记载的机构名称、地址、法定代表人等发生变更的，海员外派机构应当自变更发生之日起 30 个工作日内到海事管理机构办理变更手续。

第十二条 已按《中华人民共和国船员服务管理规定》取得甲级海船船员服务机构资质的机构，应当按本规定申请海员外派机构资质，方可从事海员外派。

第十三条 境外企业、机构在中国境内招收外派海员，应当委托海员外派机构进行。

外国驻华代表机构不得在境内开展海员外派业务。

第十四条 海员外派机构资质实施年审制度。

年审主要审查海员外派机构的资质条件符合情况及合法经营、规范运作情况。

交通运输部直属海事管理机构应当于每年度的 2～4 月负责组织实施所属辖区的海员外派机构资质年审工作。

第十五条 海员外派机构应当于每年的 2 月 1 日前向所在辖区的海事管理机构申请进行年审，并提交下列材料：

（一）年审申请文书；

（二）年审报告书，包含海员外派机构资质条件符合情况、各项制度有效运行以及本规定执行情况。

第十六条 海员外派机构通过年审的，海事管理机构应当在其海员外派机构资质证书的年审情况栏中予以签注。

第十七条　海员外派机构年审不合格的，海事管理机构责令限期改正；如期改正的，海事管理机构应当在海员外派机构资质证书的年审情况栏中注明情况，予以通过年审；逾期未改正的，应当及时报请国家海事管理机构撤销其海员外派机构资质并依法办理注销手续。

第十八条　年审中被海事管理机构责令限期改正的，海员外派机构在改正期内不得继续选派船员及对外签订新的船舶配员协议，但仍应当承担对已派出外派海员的管理责任。

第十九条　海员外派机构应当在海员外派机构资质证书有效期届满之日60日以前向所在辖区的海事管理机构申请办理海员外派机构资质证书延续手续。申请办理海员外派机构资质证书延续手续，应当提交下列材料：

（一）海员外派机构资质证书延续申请；

（二）本规定第六条（二）至（九）项规定的材料。

第二十条　有下列情形之一的，海员外派机构应当到核发证书的海事管理机构办理资质证书注销手续：

（一）海员外派机构自行申请注销的；

（二）法人依法终止的；

（三）海员外派机构资质证书被依法撤销或者吊销的。

第二十一条　海员外派备用金实行专户存储，专款专用。

备用金的使用管理应当遵守国家关于对外劳务合作备用金管理制度。

第三章　海员外派机构的责任与义务

第二十二条　海员外派机构应当遵守国家船员管理、船员服务管理、船员证件管理、劳动和社会保障及对外劳务合作等有关规定，遵守中华人民共和国缔结或加入的国际公约，履行诚实守信义务。

第二十三条　海员外派机构应当保证本规定第五条第（五）项所规定的各项海员外派管理制度的有效运行。

第二十四条　海员外派机构为海员提供海员外派服务，应当保证外派海员与下列单位之一签订有劳动合同：

（一）本机构；

（二）境外船东；

（三）我国的航运公司或者其他相关行业单位。

外派海员与我国的航运公司或者其他相关行业单位签订劳动合同的，海员外派机构在外派该海员时，应当事先经过外派海员用人单位同意。

外派海员与境外船东签订劳动合同的，海员外派机构应当负责审查劳动合同的内容，发现劳动合同内容不符合法律、法规、相关国际公约规定或者存在侵害外派海员利益条款的，应当要求境外船东及时予以纠正。

第二十五条　海员外派机构应当为外派海员购买境外人身意外伤害保险。

第二十六条　海员外派机构应当在充分了解并确保境外船东资信和运营情况良好的前提下，方可与境外船东签订船舶配员服务协议。

第二十七条　海员外派机构与境外船东签订的船舶配员服务协议，应当符合国内法律、法规和相关国际公约要求，并至少包括以下内容：

（一）海员外派机构及境外船东的责任、权利和义务。包括外派船员的数量、素质要求，派出频率，培训责任，外派机构对船员违规行为的责任分担等。

（二）外派海员的工作、生活条件。

（三）协议期限和外派海员上下船安排。

（四）工资福利待遇及其支付方式。

（五）正常工作时间、加班、额外劳动和休息、休假。

（六）船舶适航状况及船舶航行区域。

（七）境外船东为外派海员购买的人身意外、疾病保险和处理标准。

（八）社会保险的缴纳。

（九）外派海员跟踪管理。

（十）突发事件处理。

（十一）外派海员遣返。

（十二）外派海员伤、病、亡处理。

（十三）外派海员免责条款。

（十四）特殊情况及争议的处理。

（十五）违约责任。

海员外派机构应当将船舶配员服务协议中与外派海员利益有关的内容如实告知外派海员。

第二十八条　海员外派机构应当根据派往船舶的船旗国和公司情况对外派海员进行相关法律和法规、管理制度、风俗习惯和注意事项等任职前培训，并根据海员外派实际需要对外派海员进行必要的岗位技能训练。

第二十九条　海员外派机构应当在外派海员上船工作前，与其签订上船协议，协议内容应当至少包括下列内容：

（一）船舶配员服务协议中涉及外派海员利益的所有条款；

（二）海员外派机构对外派海员工作期间的管理和服务责任；

（三）外派海员在境外发生紧急情况时海员外派机构对其的安置责任；

（四）违约责任。

第三十条　海员外派机构应当建立与境外船东、外派海员的沟通机制，及时核查并妥善处理各种投诉。

海员外派机构应当对外派海员工作期间有关人身安全、身体健康、工作技能及职业发展等方面进行跟踪管理，为外派海员履行船舶配员服务合同提供必要支持。

第三十一条　海员外派机构不得因提供就业机会而向外派海员收取费用。

海员外派机构不得克扣外派海员的劳动报酬。

海员外派机构不得要求外派海员提供抵押金或担保金等。

第三十二条　海员外派机构应当为所服务的每名外派海员建立信息档案，主要包括：

（一）外派海员船上任职资历（包括所服务的船公司和船舶的名称、船籍港、所属国家、上船工作起始时间等情况）；

（二）外派海员基本安全培训、适任培训和特殊培训情况；

（三）外派海员适任状况、安全记录和健康情况；

（四）外派海员劳动合同、船舶配员服务协议、上船协议等。

海员外派机构应当按有关规定报送统计数据，并将自有外派海员名册、非自有外派海员名册及上述档案信息按要求定期报海事管理机构备案。

第三十三条　海员外派机构不得把海员外派到下列公司或者船舶：

（一）被港口国监督检查中列入黑名单的船舶；

（二）非经中国境内保险机构或者国际保赔协会成员保险的船舶；

（三）未建立安全营运和防治船舶污染管理体系的公司或者船舶。

第三十四条　海员外派机构资质被暂停、吊销、撤销的，应当继续履行已签订的合同及协议。

第四章　突发事件处理

第三十五条　突发事件发生时，海员外派机构应当按照应急处理制度的规定，立即启动应急预案，并及时向海事管理机构报告。

第三十六条　海员外派机构应当与境外船东共同做好突发事件的处置工作。当境外船东未能及时全面履行突发事件责任时，海员外派机构应妥善处理突发事件，避免外派海员利益受损。

第三十七条　当海员外派机构拒绝承担或者无力承担发生突发事件责任时，可以动用海员外派备用金，用于支付外派海员回国或者接受其他紧急救助所需费用。

第三十八条　海员外派备用金动用后，海员外派机构应当于30日内补齐备用金。

第三十九条　境外突发事件的处理按对外劳务合作有关规定执行。

第五章　监督检查

第四十条　海事管理机构应当建立健全辖区内海员外派机构的管理档案，加强对海员外派机构的监督检查。

第四十一条　海事管理机构实施监督检查，可以询问当事人，向有关海员外派机构或者个人了解情况，查阅、复制有关资料，并保守被调查海员外派机构的商业秘密或者个人隐私。

接受海事管理机构监督检查的海员外派机构或者个人，应当如实反映情况和提供资料，不得以任何理由拒绝或阻挠检查。

第四十二条　海事管理机构实施监督检查时发现海员外派机构不再具备规定条件的，由海事管理机构责令限期改正。

海员外派机构在规定期限内未能改正的，应当依法撤销海员外派机构资质，并依法办理海员外派机构资质证书的注销手续。

第四十三条　海事管理机构应当定期向社会公布海员外派机构名单及机构概况，以及依法履行相应职责和承担法律义务、维护外派海员合法权益、诚实守信等情况。

第六章　法律责任

第四十四条　违反本规定，未经批准擅自从事海员外派活动，有下列情形之一的，由海事管理机构责令改正，处5万元以上25万元以下罚款；有违法所得的，应当没收违法所得；使用非法证件的，收缴非法证件：

（一）未取得海员外派机构资质擅自开展海员外派的；

（二）以欺骗、贿赂、提供虚假材料等非法手段取得海员外派机构资质的；

（三）超出海员外派机构资质证书有效期擅自开展海员外派的；

（四）海员外派机构资质被依法暂停期间擅自开展海员外派的；

（五）伪造或者变造海员外派机构资质证书擅自开展海员外派的。

第四十五条 海员外派机构在提供外派服务时，提供虚假信息，欺诈外派海员，有下列情形之一的，由海事管理机构给予相应处罚：

（一）重复或者超过标准收取费用，或者在公布的收费项目之外收取费用的；

（二）未将船舶配员服务协议的相关内容如实告知外派海员的；

（三）伪造或者提供虚假船舶配员服务协议信息的；

（四）与外派海员签订的上船协议内容与船舶配员服务协议的内容不符并损害外派海员利益的；

（五）倒卖、出租、出借海员外派机构资质证书，或者以其他形式非法转让海员外派机构资质证书的；

（六）有其他提供虚假信息，欺诈外派海员行为的。

有前款第（一）、（二）项情形之一的，处 3 万元以上 10 万元以下罚款，情节严重的，给予暂停海员外派机构资质证书 6 个月以上 2 年以下处罚；有前款第（三）、（四）、（五）、（六）项情形之一的，处 10 万元以上 15 万元以下罚款，情节严重的，吊销海员外派机构资质证书。

第四十六条 违反本规定，在外派海员未与海员外派机构、境外船东、我国的航运公司或其他相关行业单位签订劳动合同的情况下，提供海员外派服务的，由海事管理机构责令改正，处 5 万元以上 25 万元以下罚款；情节严重的，给予暂停海员外派机构资质证书 6 个月以上 2 年以下直至吊销的处罚。

第四十七条 海事管理机构工作人员有下列情形之一的，依法给予行政处分：

（一）违反规定批准海员外派机构资质；

（二）不依法履行监督检查职责；

（三）不依法实施行政强制或者行政处罚；

（四）滥用职权、玩忽职守的其他行为。

第七章　附　则

第四十八条 本规定中下列用语的含义是：

（一）海员外派指为外国籍或者中国港澳台地区籍船舶提供配员的船员服务活动。

（二）境外船东指外国籍或中国港澳台地区籍船舶的所有人、经营人或管理人。

（三）自有外派海员指仅与本海员外派机构签订劳动合同的船员。

（四）突发事件指外派海员所在船舶或其本人突然发生意外情况，造成或者可能对外派海员造成危害，需要采取应急处置措施予以应对的事件。

第四十九条 我国与有关国家或地区签订有对外劳务合作相关协议的，按照协议规定执行。

第五十条 本规定自 2011 年 7 月 1 日起施行。

船舶工业加快结构调整促进
转型升级实施方案（2013~2015年）

（2013年7月31日国务院　国发〔2013〕29号）

船舶工业是为海洋运输、海洋开发及国防建设提供技术装备的综合性产业。受国际金融危机的深层次影响，国际航运市场持续低迷，新增造船订单严重不足，新船成交价格不断走低，产能过剩矛盾加剧，我国船舶工业发展面临前所未有的严峻挑战。按照稳增长、调结构、促转型的工作要求，为保持产业持续健康发展，特制定本实施方案。

一、面临形势

（一）主要成就。新世纪以来，在党中央、国务院的领导下，我国船舶工业抓住难得的市场机遇，进入了历史上发展最快的时期，取得显著成就。2006年，国务院批准《船舶工业中长期发展规划（2006~2015年）》，明确了发展方向和重点任务，全面启动环渤海湾、长江口、珠江口地区三大造船基地建设。2009年，国务院印发《船舶工业调整和振兴规划》，提出了船舶工业应对国际金融危机，保增长、扩内需、调结构的"一揽子"政策措施，我国船舶工业在极其不利的市场形势下，保持了平稳较快发展。产业规模迅速扩大，造船完工量、新承接订单量、手持订单量占世界市场比重显著提高；结构调整步伐加快，主流船型形成品牌，高技术船舶、海洋工程装备研发制造取得新进展，船用配套能力不断增强；产业布局得到优化，城市船厂搬迁有序推进，三大造船基地形成规模，发展质量明显改善。我国已经成为世界最具影响力的造船大国之一。

（二）挑战和机遇。受国际金融危机深层次影响，国际船舶市场需求大幅下降，手持订单持续减少，产业发展下行压力不断加大；国际航运和造船新规范、新公约、新标准密集出台，船舶产品节能、安全、环保要求不断升级；需求结构加快调整，节能环保船舶、高技术船舶、海洋工程装备等高端产品逐渐成为新的市场增长点。世界船舶工业已经进入了新一轮深刻调整期，围绕技术、产品、市场的全方位竞争日趋激烈。同时，我国船舶工业创新能力不强、高端产品薄弱、配套产业滞后等结构性问题依然存在，特别是产能过剩矛盾加剧，"十二五"后三年面临的形势十分严峻，加快结构调整、促进转型升级的任务十分迫切。但也应该看到，我国已经建成了一批高水平的造船基础设施，上下游产业齐全，劳动力资源充裕，国内市场潜力巨大，比较优势依然突出。必须抓住机遇，采取有力措施，深入推进结构调整，不断提高质量效益，为建成造船强国、实施海洋战略积蓄力量和创造条件。

二、总体要求

（一）指导思想。

全面贯彻落实党的十八大精神,以邓小平理论、"三个代表"重要思想、科学发展观为指导,立足当前,着眼长远,以加快转变船舶工业发展方式为主线,以提高发展质量和效益为中心,适应国际船舶技术和产品发展新趋势,着力改善需求结构,实施创新驱动,推动技术和产品结构升级;发挥企业市场主体作用,加强宏观调控和引导,着力推进兼并重组和转型、转产,优化产业组织结构和产能结构;积极应对国际船舶市场变化,着力加强企业管理和行业服务,稳定和巩固国际市场,提高产业国际竞争力,为实现船舶工业由大到强的转变奠定坚实基础。

(二)基本原则。

强化需求引导,调整产品结构。发展技术含量高、市场潜力大的绿色环保船舶、专用特种船舶、高技术船舶,发展海洋工程装备,提高船用设备配套能力,扩大国内有效需求,推动船舶产品结构升级。

实施创新驱动,提高竞争能力。推进技术创新,全面满足国际新规范、新公约、新标准要求,提高船舶设计制造水平,增强产品国际竞争力,稳定国际市场份额。实施海外投资和产业重组,开展全球产业布局,积极拓展对外发展新空间。

控制新增产能,优化产能结构。遏制产能盲目扩张,利用骨干企业现有造船、修船、海洋工程装备基础设施能力,推进大型企业重组和调整,整合优势产能;调整业务结构,鼓励中小企业转型、转产,淘汰落后产能。

完善政策体系,创新体制机制。尊重市场经济规律,顺应世界船舶工业深刻调整新形势,完善船舶工业转型发展的政策体系;推进重点领域改革和体制机制创新,加强企业管理,改善行业服务,不断增强船舶工业自身发展活力。

(三)发展目标。

——产业实现平稳健康发展。"十二五"后三年,国内市场保持稳定增长,国际市场份额得到巩固,骨干企业生产经营稳定,船舶工业实现平稳健康发展。

——创新发展能力明显增强。新建散货船、油船、集装箱船三大主流船型全面满足国际新规范、新公约、新标准的要求,船用设备装船率进一步提高。高技术船舶、海洋工程装备主要产品国际市场占有率分别达到25%和20%以上。

——产业发展质量不断提高。产业布局调整优化,建成环渤海湾、长江口、珠江口三大世界级造船和海洋工程装备基地。骨干企业建立现代造船模式,造船效率达到15工时/修正总吨,单位工业增加值能耗下降20%,平均钢材一次利用率达到90%以上。

——海洋开发装备明显改善。运输船队结构得到优化,渔业装备水平明显提高,科学考察、资源调查等装备配置得到加强,海洋油气资源勘探开发装备满足国内需求,邮轮游艇产品适应海洋旅游产业发展需要。

——海洋保障能力显著提升。行政执法船舶配置大幅提升,调配使用效率明显提高,适应海上维权执法需要;救助、打捞船舶升级换代,航海保障能力及海上综合应急救援能力显著增强。

——化解过剩产能取得进展。产能盲目扩张势头得到遏制,产能总量不增加;企业兼并重组稳步推进,产业集中度不断提高;一批大型造船基础设施得到整合,产业布局更加合理;一批中小企业转型转产,落后产能退出市场。

三、主要任务

(一)加快科技创新,实施创新驱动。

开展船舶和海洋工程装备关键技术攻关,培育提高科技创新能力,增强创新驱动发展新动力。

加大主流船型符合国际新规范、新公约、新标准的节能安全环保技术开发，做好宣传、培训和推广，积极参与国际标准制定，支持数字化智能设计系统等重点技术的研究和应用。开展液化天然气存储技术研究，突破液化天然气船双燃料、纯气体动力技术；组织豪华邮轮总体布置、减震降噪、海上舒适度等技术以及工程项目组织管理和特殊建造工艺研究。开展深海浮式结构物水动力性能、疲劳强度分析等关键共性技术攻关，提升钻井船、半潜式平台、液化天然气浮式生产储卸装置、水下生产系统等核心装备的概念设计和基本设计水平，掌握大型功能模块的设计制造技术。突破磷虾捕捞加工船、大型拖网加工船等大型远洋渔船设计建造技术，提高金枪鱼延绳钓船、金枪鱼围网船、秋刀鱼捕捞船等远洋渔船设计建造能力。加快产品开发，建立标准化船型库，加强防撞击、适航性等技术集成应用和创新，提高行政执法和公务船舶设计制造水平。

（二）提高关键配套设备和材料制造水平。

重点依托国内市场需求，推进关键船用配套设备、海洋工程装备专用系统和设备以及特种材料的制造，提高产业核心竞争力。培育中高速柴油机、小缸径低速柴油机、甲板机械等优势产品自有品牌，加快转叶式舵机、污水处理装置、压载水处理系统、油水分离机等产品产业化，提高通信导航和自动化系统制造水平。加快液化天然气船动力推进系统、低温冷藏系统、低温液货装卸系统等关键系统的研制。开展透平和原油发电机组、单点系泊系统、动力定位系统、电力推进系统、海洋平台吊机、水下井口装置、铺管专业设备等海洋工程装备专用系统和设备研制技术攻关。推进渔船探渔、诱渔、捕捞、加工、冷藏等专用设备制造。推进行政执法和公务船舶电子、通信、导航设备产业化。发展耐腐蚀、超低温、高强度、超宽超长超薄和异形船板，海洋工程装备、海洋油气输送管线用钢等特种钢材。

（三）调整优化船舶产业生产力布局。

严把市场准入关口，严格控制新增造船、修船、海洋工程装备基础设施（船台、船坞、舾装码头），坚决遏制盲目投资加剧产能过剩矛盾。通过优化产业组织结构，推进企业兼并重组，集中资源、突出主业，整合一批大型造船、修船及海洋工程装备基础设施资源，发展具有国际竞争力的船舶企业集团。通过调整中小船厂业务结构，发展中间产品制造、修船、拆船等业务，开拓非船产品市场，淘汰一批落后产能。在不增加产能的前提下，加快实施城市老旧船厂搬迁。依托环渤海湾、长江口和珠江口地区三大造船基地发展海洋工程装备，重点发展海洋工程装备专用系统和设备，形成造船、海洋工程装备、配套设备协调发展的产业格局。

（四）改善需求结构，加快高端产品发展。

鼓励老旧船舶提前报废更新。加快淘汰更新老旧远洋、沿海运输船舶，推进内河船型标准化，发展满足国际新规范、新公约、新标准的节能安全环保船舶，优化船队结构，提高航运业竞争力。

大力发展海洋工程装备。加大海洋油气资源勘探开发力度，发展钻井平台、作业平台、勘察船、工程船等海洋工程装备。鼓励骨干油气、造船企业和科研院所等成立专业化企业或联合体，培育海洋工程装备设计、系统集成和总承包能力。

加强行政执法船舶配置。增加海上行政执法船舶数量，提高配置水平，开工建造一批海上行政执法船舶，改善装备条件，充实执法力量，尽快提高海上维权执法能力。

加快海洋综合开发和应急保障船舶建造。建设专业化海上应急救援队伍，开工建造一批大型救助、打捞船舶，提高海上综合救援能力。加快开发建造一批资源勘察、环境监测、科学考察船舶，改善海上科研条件，提高海洋科考能力。依托重大海洋基础设施工程，建造一批水上工程船舶，形成规模化海上施工能力。

开拓高技术船舶市场。大力发展大型液化天然气船，提高专业化设计制造能力和配套水平。加快培育邮轮市场，逐步掌握大中型邮轮设计建造技术。完善游艇产业链条，培育豪华游艇自有品牌。

实施渔船更新改造。逐步淘汰老、旧、木质渔船，发展选择性好、高效节能的捕捞渔船。加快老旧远洋渔船更新步伐，提升远洋渔业装备水平。发挥船舶工业研发和制造优势，整合科研生产要素，提高渔船开发设计和制造水平。

（五）稳定国际市场份额，拓展对外发展新空间。

加强对国际船舶市场态势、产品发展趋势以及主要造船企业发展战略的分析和研究，加大国际市场开拓力度，稳定和努力扩大国际市场份额。

支持引进船舶和海洋工程装备开发、设计核心人才和团队。支持有条件的企业通过自建、并购、合资、合作等多种方式在海外设立研发中心，支持开展海外产业重组，掌握海洋工程装备、高技术船舶、配套设备等领域的先进技术。支持大型船舶和配套企业开展全球产业布局，在海外建立营销网络和维修服务基地。

（六）推进军民融合发展。

促进军用与民用科研条件、资源和成果共享，促进船舶军民通用设计、制造先进技术的合作开发，加强军用与民用基础技术、产品的统筹和一体化发展，推动军用标准与民用标准的互通互用。引导造船企业发挥技术优势积极开拓民用特种、专用船舶市场。立足民用船舶工业基础，依托重大民用品研制项目，突破关键产品、材料、加工制造设备等军工能力建设瓶颈。

（七）加强企业管理和行业服务。

引导船舶企业深化内部改革，加强制度创新，夯实管理基础。加强成本和风险控制，增强应对市场变化和抵御市场风险能力。全面建立现代造船模式，加快信息化建设，推进精益造船，应用节能、节材技术和工艺，降低资源和能源消耗，提高发展质量和效益。加强船员人才队伍建设，建立严格的船员培养、选拔、考核、退出机制，提高船员综合素质，满足可持续发展需要。加强船舶行业管理，完善行业准入条件，加强国际新规范、新公约、新标准的宣传、培训和推广，发挥行业协会、专业机构等在行业自律、信息咨询、技术服务、检验检测、宣传培训等方面的重要作用。

四、支持政策

（一）鼓励老旧运输船舶提前报废更新。

调整延续实施促进老旧运输船舶和单壳油轮提前报废更新政策至2015年12月31日。鼓励老旧远洋、沿海运输船舶提前报废并建造符合国际新规范、新公约、新标准要求的绿色环保型船舶。

（二）支持行政执法、公务船舶建造和渔船更新改造。

支持海上行政执法船舶以及救助打捞、资源调查、科学考察等公务船舶建造，支持航海保障设施、设备的配备，支持海洋渔船更新改造，满足船舶建造和更新改造资金需求。

（三）鼓励开展船舶买方信贷业务。

鼓励金融机构加大船舶出口买方信贷资金投放，对在国内骨干船厂订造船舶和海洋工程装备的境外船东提供出口买方信贷。鼓励银行业金融机构积极拓展多元化融资渠道，通过多种方式募集资金。

（四）加大信贷融资支持和创新金融支持政策。

鼓励金融机构按照商业原则，做好对在国内订造船舶且船用柴油机、曲轴在国内采购的船东的融资服务，加大对船舶企业兼并重组、海外并购以及中小船厂业务转型和产品结构调整的信贷融资支持。研究开展骨干船舶企业贷款证券化业务。积极引导和支持骨干船舶企业发行非金融企业债务融资工具、企业债券等。积极利用出口信用保险支持船舶出口。优化船舶出口买方信贷保险政策，创新担保方式，简化办理流程。鼓励有条件的地方开展船舶融资租赁试点。

（五）加强企业技术进步和技术改造。

引导企业加大科研开发和技术改造投入，增强高技术船舶、海洋工程装备创新能力，开展生产工艺流程改造，加强高技术船舶、海洋工程装备、船用设备专业化能力建设，以及技术引进、消化吸收再创新和填补国内空白的产业化项目建设。

（六）控制新增产能，支持产能结构调整。

地方各级人民政府及其有关部门不得以任何名义核准、备案新增产能的造船、修船和海洋工程装备基础设施（船台、船坞、舾装码头）项目，国土、交通、环保等部门不得办理土地和岸线供应、环评审批等相关业务，金融机构不得提供任何形式的新增授信支持。地方各级人民政府要立即组织对船舶行业违规在建项目进行认真清理，对未批先建、边批边建、越权核准的违规项目，尚未开工建设的，不准开工，正在建设的项目，要停止建设；国土、交通、环保部门和金融机构依法、依规进行处理。对停建的违规在建项目，按照谁违规谁负责的原则，做好债务、人员安置等善后工作，区分不同情况，采取相应的措施，进行分类处理。对已经建成的违规产能，根据有关法律、法规和行业准入条件等进行处理。在满足总量调控、布局规划、兼并重组等要求的条件下，推动整合提升大型基础设施能力。加快淘汰落后产能，支持企业转型转产。

五、实施保障

各地区、各部门、各单位要进一步提高对化解产能过剩矛盾、加快结构调整、促进转型升级、保持船舶工业持续健康发展重要性和紧迫性的认识，加强组织领导，抓好工作落实。

国务院各有关部门要加强沟通，密切配合，尽快制定和完善各项配套政策措施，切实做好有关指导和服务工作。各有关地区要按照本实施方案确定的目标、任务和政策措施，结合实际抓紧制定具体落实方案，确保按时完成各项任务目标。实施过程中出现的新情况、新问题及时反馈发展改革委等有关部门。

中华人民共和国船舶载运危险货物
安全监督管理规定

（2003 年 11 月 30 日交通部发布　根据 2012 年 3 月 14 日交通运输部《关于修改
〈船舶载运危险货物安全监督管理规定〉的决定》修正）

第一章　总　则

第一条　为加强船舶载运危险货物监督管理，保障水上人命、财产安全，防止船舶污染环境，依据《中华人民共和国海上交通安全法》、《中华人民共和国海洋环境保护法》、《中华人民共和国港口法》、《中华人民共和国内河交通安全管理条例》、《中华人民共和国危险化学品安全管理条例》和有关国际公约的规定，制定本规定。

第二条　本规定适用于船舶在中华人民共和国管辖水域载运危险货物的活动。

第三条　交通部主管全国船舶载运危险货物的安全管理工作。中华人民共和国海事局负责船舶载运危险货物的安全监督管理工作。

交通部直属和地方人民政府交通主管部门所属的各级海事管理机构依照有关法律、法规和本规定，具体负责本辖区船舶载运危险货物的安全监督管理工作。

第四条　船舶载运危险货物，必须符合国家安全生产、水上交通安全、防治船舶污染的规定，保证船舶人员和财产的安全，防止对环境、资源以及其他船舶和设施造成损害。

第五条　禁止利用内河以及其他封闭水域等航运渠道运输剧毒化学品以及交通部规定禁止运输的其他危险化学品。

禁止在普通货物中夹带危险货物，不得将危险货物匿报或者报为普通货物。

禁止未取得危险货物适装证书的船舶以及超过交通部规定船龄的船舶载运危险货物。

第二章　通航安全和防污染管理

第六条　载运危险货物的船舶在中国管辖水域航行、停泊、作业，应当遵守交通部公布的以及海事管理机构在其职权范围内依法公布的水上交通安全和防治船舶污染的规定。

对在中国管辖水域航行、停泊、作业的载运危险货物的船舶，海事管理机构应当进行监督。

第七条　载运危险货物的船舶应当选择符合安全要求的通航环境航行、停泊、作业，并顾及在附近航行、停泊、作业的其他船舶以及港口和近岸设施的安全，防止污染环境。海事管理机构规定危险货物船舶专用航道、航路的，载运危险货物的船舶应当遵守规定航行。

载运危险货物的船舶通过狭窄或者拥挤的航道、航路，或者在气候、风浪比较恶劣的条件下航行、停泊、作业，应当加强瞭望，谨慎操作，采取相应的安全、防污措施。必要时，还应当落实辅助船舶待命防护等应急预防措施，或者向海事管理机构请求导航或者护航。

载运爆炸品、放射性物品、有机过氧化物、闪点28℃以下易燃液体和液化气的船舶，不得与其他驳船混合编队拖带。

对操作能力受限制的载运危险货物的船舶，海事管理机构应当疏导交通，必要时可实行相应的交通管制。

第八条　载运危险货物的船舶在航行、停泊、作业时应当按规定显示信号。

其他船舶与载运危险货物的船舶相遇，应当注意按照航行和避碰规则的规定，尽早采取相应的行动。

第九条　在船舶交通管理（VTS）中心控制的水域，船舶应当按照规定向交通管理（VTS）中心报告，并接受该中心海事执法人员的指令。

对报告进入船舶交通管理（VTS）中心控制水域的载运危险货物的船舶，海事管理机构应当进行标注和跟踪，发现违规航行、停泊、作业的，或者认为可能影响其他船舶安全的，海事管理机构应当及时发出警告，必要时依法采取相应的措施。

船舶交通管理（VTS）中心应当为向其报告的载运危险货物的船舶提供相应的水上交通安全信息服务。

第十条　在实行船舶定线制的水域，载运危险货物的船舶应当遵守船舶定线制规定，并使用规定的通航分道航行。

在实行船位报告制的水域，载运危险货物的船舶应当按照海事管理机构的规定，加入船位报告系统。

第十一条　载运危险货物的船舶从事水上过驳作业，应当符合国家水上交通安全和防止船舶污染环境的管理规定和技术规范，选择缓流、避风、水深、底质等条件较好的水域，尽量远离人口密集区、船舶通航密集区、航道、重要的民用目标或者设施、军用水域，制定安全和防治污染的措施和应急计划并保证有效实施。

第十二条　载运危险货物的船舶在港口水域内从事危险货物过驳作业，应当根据交通部有关规定向港口行政管理部门提出申请。港口行政管理部门在审批时，应当就船舶过驳作业的水域征得海事管理机构的同意。

载运散装液体危险性货物的船舶在港口水域外从事海上危险货物过驳作业，应当由船舶或者其所有人、经营人或者管理人依法向海事管理机构申请批准。

船舶从事水上危险货物过驳作业的水域，由海事管理机构发布航行警告或者航行通告予以公布。

第十三条　申请从事港口水域外海上危险货物单航次过驳作业的，申请人应当提前24小时向海事管理机构提出申请；申请在港口水域外特定海域从事多航次危险货物过驳作业的，申请人应当提前7日向海事管理机构提出书面申请。

船舶提交上述申请，应当申明船舶的名称、国籍、吨位，船舶所有人或者其经营人或者管理人、船员名单，危险货物的名称、编号、数量，过驳的时间、地点等，并附表明其业已符合本规定第十一条规定的相应材料。

海事管理机构收到齐备、合格的申请材料后，对单航次作业的船舶，应当在24小时内做出批准或者不批准的决定；对在特定水域多航次作业的船舶，应当在7日内做出批准或者不批准的决定。海事管理机构经审核，对申请材料显示船舶及其设备、船员、作业活动及安全和环保措施、作业水域等符合国家水上交通安全和防治船舶污染环境的管理规定和技术规范的，应当予以批准并及时通知申请人。对未予批准的,应当说明理由。

第十四条 载运危险货物的船舶排放压载水、洗舱水,排放其他残余物或者残余物与水的混合物,应当按照国家有关规定进行排放。

禁止船舶在海事管理机构依法设定并公告的禁止排放水域内,向水体排放任何禁排物品。

第十五条 载运危险货物的船舶发生水上险情、交通事故、非法排放事件,应当按照规定向海事管理机构报告,并及时启动应急计划和采取应急措施,防止损害、危害的扩大。

海事管理机构接到报告后,应当启动相应的应急救助计划,支援当事船舶尽量控制并消除损害、危害的态势和影响。

第三章　船舶管理

第十六条 从事危险货物运输的船舶所有人或者其经营人或者管理人,应当根据国家水上交通安全和防治船舶污染环境的管理规定,建立和实施船舶安全营运和防污染管理体系。

第十七条 载运危险货物的船舶,其船体、构造、设备、性能和布置等方面应当符合国家船舶检验的法律、行政法规、规章和技术规范的规定,国际航行船舶还应当符合有关国际公约的规定,具备相应的适航、适装条件,经中华人民共和国海事局认可的船舶检验机构检验合格,取得相应的检验证书和文书,并保持良好状态。

载运危险货物的船用集装箱、船用刚性中型散装容器和船用可移动罐柜,应当经中华人民共和国海事局认可的船舶检验机构检验合格后,方可在船上使用。

第十八条 曾装运过危险货物的未清洁的船用载货空容器,应当作为盛装有危险货物的容器处理,但经采取足够措施消除了危险性的除外。

第十九条 载运危险货物的船舶应当制定保证水上人命、财产安全和防治船舶污染环境的措施,编制应对水上交通事故、危险货物泄漏事故的应急预案以及船舶溢油应急计划,配备相应的应急救护、消防和人员防护等设备及器材,并保证落实和有效实施。

第二十条 载运危险货物的船舶应当按照国家有关船舶安全、防污染的强制保险规定,参加相应的保险,并取得规定的保险文书或者财务担保证明。

载运危险货物的国际航行船舶,按照有关国际公约的规定,凭相应的保险文书或者财务担保证明,由海事管理机构出具表明其业已办理符合国际公约规定的船舶保险的证明文件。

第二十一条 船舶载运危险货物,应当符合有关危险货物积载、隔离和运输的安全技术规范,并只能承运船舶检验机构签发的适装证书中所载明的货种。

国际航行船舶应当按照《国际海运危险货物规定》,国内航行船舶应当按照《水路危险货物运输规定》,对承载的危险货物进行正确分类和积载,保障危险货物在船上装载期间的安全。

对不符合国际、国内有关危险货物包装和安全积载规定的,船舶应当拒绝受载、承运。

第二十二条 船舶进行洗(清)舱、驱气或者置换,应当选择安全水域,远离通航密集区、船舶定线制区、禁航区、航道、渡口、客轮码头、危险货物码头、军用码头、船闸、大型桥梁、水下通道以及重要的沿岸保护目标,并在作业之前报海事管理机构核准,核准程序和手续按本规定第十三条关于单航次海上危险货物过驳作业的规定执行。

船舶从事本条第一款所述作业活动期间,不得检修和使用雷达、无线电发报机、卫星船站;不得进行明火、拷铲及其他易产生火花的作业;不得使用供应船、车进行加油、加水作业。

第四章　申报管理

第二十三条　船舶载运危险货物进、出港口，或者在港口过境停留，应当在进、出港口之前提前 24 小时，直接或者通过代理人向海事管理机构办理申报手续，经海事管理机构批准后，方可进、出港口。国际航行船舶，还应当按照国务院颁布的《国际航行船舶进出中华人民共和国口岸检查办法》第六条规定的时间提前预报告。

定船舶、定航线、定货种的船舶可以办理定期申报手续。定期申报期限不超过一个月。

船舶载运尚未在《危险货物品名表》（国家标准 GB12268）或者国际海事组织制定的《国际海运危险货物规则》内列明但具有危险物质性质的货物，应当按照载运危险货物的管理规定办理进、出港口申报。海事管理机构接到报告后，应当及时将上述信息通报港口所在地的港口行政管理部门。

办理申报手续可以采用电子数据处理（EDP）或者电子数据交换（EDI）的方式。

第二十四条　载运危险货物的船舶办理进、出港口申报手续，申报内容应至少包括：船名、预计进出港口的时间以及所载危险货物的正确名称、编号、类别、数量、特性、包装、装载位置等，并提供船舶持有安全适航、适装、适运、防污染证书或者文书的情况。

对于装有危险货物的集装箱，船舶需提供集装箱装箱检查员签名确认的《集装箱装箱证明书》。

对于易燃、易爆、易腐蚀、剧毒、放射性、感染性、污染危害性等危险品，船舶应当在申报时附具相应的危险货物安全技术说明书、安全作业注意事项、人员防护、应急急救和泄漏处置措施等资料。

第二十五条　海事管理机构收到船舶载运危险货物进、出港口的申报后，应当在 24 小时内做出批准或者不批准船舶进、出港口的决定。

对于申报资料明确显示船舶处于安全适航、适装状态以及所载危险货物属于安全状态的，海事管理机构应当批准船舶进、出港口。对有下列情形之一的，海事管理机构应当禁止船舶进、出港口：

（一）船舶未按规定办理申报手续；

（二）申报显示船舶未持有有效的安全适航、适装证书和防污染证书，或者货物未达到安全适运要求或者单证不全；

（三）按规定尚需国家有关主管部门或者进出口国家的主管机关同意后方能载运进、出口的货物，在未办理完有关手续之前；

（四）船舶所载危险货物系国家法律、行政法规禁止通过水路运输的；

（五）本港尚不具备相应的安全航行、停泊、作业条件或者相应的应急、防污染、保安等措施的；

（六）交通部规定不允许船舶进出港口的其他情形。

第二十六条　船舶载运需经国家其他有关主管部门批准的危险货物，或者载运需经两国或者多国有关主管部门批准的危险货物，应在装货前取得相应的批准文书并向海事管理机构备案。

第二十七条　船舶从境外载运有害废料进口，国内收货单位应事先向预定抵达港的海事管理机构提交书面报告并附送出口国政府准许其迁移以及我国政府有关部门批准其进口的书面材料，提供承运的单位、船名、船舶国籍和呼号以及航行计划和预计抵达时间等情况。

船舶出口有害废弃物，托运人应提交我国政府有关部门批准其出口，以及最终目的地国家政府准许其进口的书面材料。

第二十八条 核动力船舶、载运放射性危险货物的船舶以及 5 万总吨以上的油轮、散装化学品船、散装液化气船从境外驶向我国领海的,不论其是否挂靠中国港口,均应当在驶入中国领海之前,向中国船位报告中心通报船名、危险货物的名称、装载数量、预计驶入的时间和概位、挂靠中国的第一个港口或者声明过境。挂靠中国港口的,还应当按照本规定第二十三条的规定申报。

第五章　人员管理

第二十九条 载运危险货物船舶的船员,应当持有海事管理机构颁发的适任证书和相应的培训合格证,熟悉所在船舶载运危险货物安全知识和操作规程。

第三十条 载运危险货物船舶的船员应当事先了解所运危险货物的危险性和危害性及安全预防措施,掌握安全载运的相关知识。发生事故时,应遵循应急预案,采取相应的行动。

第三十一条 从事原油洗舱作业的指挥人员,应当按照规定参加原油洗舱的特殊培训,具备船舶安全与防污染知识和专业操作技能,经海事管理机构考试、评估,取得合格证书后,方可上岗作业。

第三十二条 按照本规定办理船舶申报手续的人员,应当熟悉船舶载运危险货物的申报程序和相关要求。

第六章　法律责任

第三十三条 海事管理机构依法对载运危险货物的船舶实施监督检查,对违法的船舶、船员依法采取相应的措施。

海事管理机构发现载运危险货物的船舶存在安全或者污染隐患的,应当责令立即消除或者限期消除隐患;有关单位和个人不立即消除或者逾期不消除的,海事管理机构可以采取责令其临时停航、停止作业,禁止进港、离港,责令驶往指定水域,强制卸载,滞留船舶等强制性措施。

对有下列情形之一的,海事管理机构应当责令当事船舶立即纠正或者限期改正:

(一)经核实申报内容与实际情况不符的;

(二)擅自在非指定泊位或者水域装卸危险货物的;

(三)船舶或者其设备不符合安全、防污染要求的;

(四)危险货物的积载和隔离不符合规定的;

(五)船舶的安全、防污染措施和应急计划不符合规定的;

(六)船员不符合载运危险货物的船舶的适任资格的。

本规定第二十八条所述船舶违反国家水上交通安全和防治船舶污染环境的法律、行政法规以及《联合国海洋法公约》有关规定的,海事管理机构有权禁止其进入中国领海、内水、港口,或者责令其离开或者驶向指定地点。

第三十四条 载运危险货物的船舶违反本规定以及国家水上交通安全、防治船舶污染环境的规定,应当予以行政处罚的,由海事管理机构按照有关法律、行政法规和交通部公布的有关海事行政处罚的规定给予相应的处罚。

涉嫌构成犯罪的,由海事管理机构依法移送国家司法机关。

第三十五条 海事管理机构的工作人员有滥用职权、徇私舞弊、玩忽职守等严重失职行为的,由其所在单位或者上级机关给予行政处分;情节严重构成犯罪的,由司法机关依法追究刑事责任。

第七章　附　则

第三十六条　本规定所称"危险货物"，系指具有爆炸、易燃、毒害、腐蚀、放射性、污染危害性等特性，在船舶载运过程中，容易造成人身伤害、财产损失或者环境污染而需要特别防护的物品。

第三十七条　本规定自 2004 年 1 月 1 日生效。1981 年交通部颁布的《船舶装载危险货物监督管理规定》（〔81〕交港监字 2060 号）同时废止。

船舶车船税委托代征管理办法

(2013 年 1 月 5 日国家税务总局　交通运输部公告 2013 年第 1 号)

第一条　为加强船舶车船税征收管理，做好船舶车船税委托代征工作，方便纳税人履行纳税义务，根据《中华人民共和国税收征收管理法》及其实施细则、《中华人民共和国车船税法》及其实施条例、《国家税务总局　交通运输部关于进一步做好船舶车船税征收管理工作的通知》（国税发〔2012〕8 号）、《财政部　国家税务总局　中国人民银行关于进一步加强代扣代收代征税款手续费管理的通知》（财行〔2005〕365 号）等有关规定，制定本办法。

第二条　本办法所称船舶车船税委托代征，是指税务机关根据有利于税收管理和方便纳税的原则，委托交通运输部门海事管理机构代为征收船舶车船税税款的行为。

第三条　本办法适用于船舶车船税的委托征收、解缴和监督。

第四条　在交通运输部直属海事管理机构（以下简称海事管理机构）登记的应税船舶，其车船税由船籍港所在地的税务机关委托当地海事管理机构代征。

第五条　税务机关与海事管理机构应签订委托代征协议书，明确代征税种、代征范围、完税凭证领用要求、代征税款的解缴要求、代征手续费比例和支付方式、纳税人拒绝纳税时的处理措施等事项，并向海事管理机构发放委托代征证书。

第六条　海事管理机构受税务机关委托，在办理船舶登记手续或受理年度船舶登记信息报告时代征船舶车船税。

第七条　海事管理机构应根据车船税法律、行政法规和相关政策规定代征车船税，不得违反规定多征或少征。

第八条　海事管理机构代征船舶车船税的计算方法：

（一）船舶按一个年度计算车船税。计算公式为：

年应纳税额＝计税单位×年基准税额

其中：机动船舶、非机动驳船、拖船的计税单位为净吨位每吨；游艇的计税单位为艇身长度每米；年基准税额按照车船税法及其实施条例的相关规定执行。

（二）购置的新船舶，购置当年的应纳税额自纳税义务发生时间起至该年度终了按月计算。计算公式为：

应纳税额＝年应纳税额×应纳税月份数/12

应纳税月份数＝12－纳税义务发生时间（取月份）＋1

其中，纳税义务发生时间为纳税人取得船舶所有权或管理权的当月，以购买船舶的发票或者其他证明文件所载日期的当月为准。

第九条　海事管理机构在计算船舶应纳税额时，船舶的相关技术信息以船舶登记证书所载相应数据为准。

第十条 税务机关出具减免税证明和完税凭证的船舶，海事管理机构对免税和完税船舶不代征车船税，对减税船舶根据减免税证明规定的实际年应纳税额代征车船税。海事管理机构应记录上述凭证的凭证号和出具该凭证的单位名称，并将上述凭证的复印件存档备查。

第十一条 对于以前年度未依照车船税法及其实施条例的规定缴纳船舶车船税的，海事管理机构应代征欠缴税款，并按规定代加收滞纳金。

第十二条 海事管理机构在代征税款时，应向纳税人开具税务机关提供的完税凭证。完税凭证的管理应当遵守税务机关的相关规定。

第十三条 海事管理机构依法履行委托代征税款职责时，纳税人不得拒绝。纳税人拒绝的，海事管理机构应当及时报告税务机关。

第十四条 海事管理机构应将代征的车船税单独核算、管理。

第十五条 海事管理机构应根据委托代征协议约定的方式、期限及时将代征税款解缴入库，并向税务机关提供代征船舶名称、代征金额及税款所属期等情况，不得占压、挪用、截留船舶车船税。

第十六条 已经缴纳船舶车船税的船舶在同一纳税年度内办理转让过户的，在原登记地不予退税，在新登记地凭完税凭证不再纳税，新登记地海事管理机构应记录上述船舶的完税凭证号和出具该凭证的税务机关或海事管理机构名称，并将完税凭证的复印件存档备查。

第十七条 完税船舶被盗抢、报废、灭失而申请车船税退税的，由税务机关按照有关规定办理。

第十八条 税务机关查询统计船舶登记的有关信息，海事管理机构应予以配合。

第十九条 税务机关应按委托代征协议的规定及时、足额向海事管理机构支付代征税款手续费。海事管理机构取得的手续费收入纳入预算管理，专项用于委托代征船舶车船税的管理支出，也可以适当奖励相关工作人员。

第二十条 各级税务机关应主动与海事管理机构协调配合，协助海事管理部门做好船舶车船税委托代征工作。税务机关要及时向海事管理机构通报车船税政策变化情况，传递直接征收车船税和批准减免车船税的船舶信息。

第二十一条 税务机关和海事管理机构应对对方提供的涉税信息予以保密，除办理涉税事项外，不得用于其他目的。

第二十二条 地方海事管理机构开展船舶车船税代征工作的，适用本办法。

第二十三条 本办法由国家税务总局、交通运输部负责解释。

第二十四条 本办法自 2013 年 2 月 1 日起施行。

渔业船舶水上安全事故报告和调查处理规定

（2012 年 10 月 9 日农业部第 10 次常务会议审议通过　2012 年 12 月 25 日农业部令 2012 年第 9 号　自 2013 年 2 月 1 日起施行。农业部 1991 年 3 月 5 日发布、1997 年 12 月 25 日修订的《中华人民共和国渔业海上交通事故调查处理规则》同时废止）

第一章　总　则

第一条　为加强渔业船舶水上安全管理，规范渔业船舶水上安全事故的报告和调查处理工作，落实渔业船舶水上安全事故责任追究制度，根据《中华人民共和国安全生产法》、《中华人民共和国海上交通安全法》、《生产安全事故报告和调查处理条例》、《中华人民共和国渔港水域交通安全管理条例》、《中华人民共和国海上交通事故调查处理条例》和《中华人民共和国内河交通安全管理条例》等法律、法规，制定本规定。

第二条　下列水上安全事故的报告和调查处理，适用本规定：

（一）船舶、设施在中华人民共和国渔港水域内发生的水上安全事故；

（二）在中华人民共和国渔港水域外从事渔业活动的渔业船舶以及渔业船舶之间发生的水上安全事故。

渔业船舶与非渔业船舶之间在渔港水域外发生的水上安全事故，按照有关规定调查处理。

第三条　本规定所称水上安全事故，包括水上生产安全事故和自然灾害事故。

水上生产安全事故是指因碰撞、风损、触损、火灾、自沉、机械损伤、触电、急性工业中毒、溺水或其他情况造成渔业船舶损坏、沉没或人员伤亡、失踪的事故。

自然灾害事故是指台风或大风、龙卷风、风暴潮、雷暴、海啸、海冰或其他灾害造成渔业船舶损坏、沉没或人员伤亡、失踪的事故。

第四条　渔业船舶水上安全事故分为以下等级：

（一）特别重大事故指造成三十人以上死亡、失踪，或一百人以上重伤（包括急性工业中毒，下同），或一亿元以上直接经济损失的事故；

（二）重大事故指造成十人以上三十人以下死亡、失踪，或五十人以上一百人以下重伤，或五千万元以上一亿元以下直接经济损失的事故；

（三）较大事故指造成三人以上十人以下死亡、失踪，或十人以上五十人以下重伤，或一千万元以上五千万元以下直接经济损失的事故；

（四）一般事故指造成三人以下死亡、失踪，或十人以下重伤，或一千万元以下直接经济损失的事故。

第五条 县级以上人民政府渔业行政主管部门及其所属的渔政渔港监督管理机构（以下简称为渔船事故调查机关）负责渔业船舶水上安全事故的报告。

除特别重大事故外，碰撞、风损、触损、火灾、自沉等水上安全事故，由渔船事故调查机关组织事故调查组按本规定调查处理；机械损伤、触电、急性工业中毒、溺水和其他水上安全事故，经有调查权限的人民政府授权或委托，有关渔船事故调查机关按本规定调查处理。

第六条 渔业船舶水上安全事故报告应当及时、准确、完整，任何单位或个人不得迟报、漏报、谎报或者瞒报。

渔业船舶水上安全事故调查处理应当实事求是、公平公正，在查清事故原因、查明事故性质、认定事故责任的基础上，总结事故教训，提出整改措施，并依法追究事故责任者的责任。

第七条 任何单位和个人不得阻挠、干涉渔业船舶水上安全事故的报告和调查处理工作。

第二章 事故报告

第八条 各级渔船事故调查机关应当建立二十四小时应急值班制度，并向社会公布值班电话，受理事故报告。

第九条 发生渔业船舶水上安全事故后，当事人或其他知晓事故发生的人员应当立即向就近渔港或船籍港的渔船事故调查机关报告。

第十条 渔船事故调查机关接到渔业船舶水上安全事故报告后，应当立即核实情况，采取应急处置措施，并按下列规定及时上报事故情况：

（一）特别重大事故、重大事故逐级上报至农业部及相关海区渔政局，由农业部上报国务院，每级上报时间不得超过一小时；

（二）较大事故逐级上报至农业部及相关海区渔政局，每级上报时间不得超过两小时；

（三）一般事故上报至省级渔船事故调查机关，每级上报时间不得超过两小时。

必要时渔船事故调查机关可以越级上报。

渔船事故调查机关在上报事故的同时，应当报告本级人民政府并通报安全生产监督管理等有关部门。

远洋渔业船舶发生水上安全事故，由船舶所属、代理或承租企业向其所在地省级渔船事故调查机关报告，并由省级渔船事故调查机关向农业部报告。中央企业所属远洋渔业船舶发生水上安全事故，由中央企业直接报告农业部。

第十一条 渔船事故调查机关接到非本地管辖渔业船舶水上安全事故报告的，应当在一小时内通报该船船籍港渔船事故调查机关，由其逐级上报。

第十二条 渔船事故调查机关上报事故时，应当包括下列内容：

（一）接报时间；

（二）当事船舶概况及救生、通讯设备配备情况；

（三）事故发生时间、地点；

（四）事故原因及简要经过；

（五）已经造成或可能造成的人员伤亡（包括失踪人数）情况和初步估计的直接经济损失；

（六）已经采取的措施；

（七）需要上级部门协调的事项；

（八）其他应当报告的情况。

情况紧急或短时间内难以掌握事故详细情况的，渔船事故调查机关应当首先报告事故主要情况或已掌握的情况，其他情况待核实后及时补报。重大、特别重大事故应当首先通过电话简要报告，并尽快提交书面报告。事故应急处置结束后，应当及时上报全面情况。

第十三条　渔业船舶在渔港水域外发生水上安全事故，应当在进入第一个港口或事故发生后四十八小时内向船籍港渔船事故调查机关提交水上安全事故报告书和必要的文书资料。

船舶、设施在渔港水域内发生水上安全事故，应当在事故发生后二十四小时内向所在渔港渔船事故调查机关提交水上安全事故报告书和必要的文书资料。

第十四条　水上安全事故报告书应当包括以下内容：

（一）船舶、设施概况和主要性能数据；

（二）船舶、设施所有人或经营人名称、地址、联系方式，船长及驾驶值班人员、轮机长及轮机值班人员姓名、地址、联系方式；

（三）事故发生的时间、地点；

（四）事故发生时的气象、水域情况；

（五）事故发生详细经过（碰撞事故应附相对运动示意图）；

（六）受损情况（附船舶、设施受损部位简图），提交报告时难以查清的，应当及时检验后补报；

（七）已采取的措施和效果；

（八）船舶、设施沉没的，说明沉没位置；

（九）其他与事故有关的情况。

第三章　事故调查

第十五条　各级渔船事故调查机关按照以下权限组织调查：

（一）农业部负责调查中央企业所属远洋渔业船舶水上安全事故和由国务院授权调查的特别重大事故，以及应当由农业部调查的渔业船舶与外籍船舶发生的水上安全事故；

（二）省级渔船事故调查机关负责调查重大事故和辖区内企业所属、代理或承租的远洋渔业船舶水上安全较大、一般事故；

（三）市级渔船事故调查机关负责调查较大事故；

（四）县级渔船事故调查机关负责调查一般事故。

上级渔船事故调查机关认为有必要时，可以对下级渔船事故调查机关调查权限内的事故进行调查。

第十六条　船舶、设施在渔港水域内发生的水上安全事故，由渔港所在地渔船事故调查机关调查。

渔业船舶在渔港水域外发生的水上安全事故，由船籍港所在地渔船事故调查机关调查。船籍港所在地渔船事故调查机关可以委托事故渔船到达渔港的渔船事故调查机关调查。不同船籍港渔业船舶间发生的事故由共同上一级渔船事故调查机关或其指定的渔船事故调查机关调查。

第十七条　根据调查需要，渔船事故调查机关有权开展以下工作：

（一）调查、询问有关人员；

（二）要求被调查人员提供书面材料和证明；

（三）要求当事人提供航海日志、轮机日志、报务日志、海图、船舶资料、航行设备仪器的性能以及其他必要的文书资料；

（四）检查船舶、船员等有关证书，核实事故发生前船舶的适航状况；

（五）核实事故造成的人员伤亡和财产损失情况；

（六）勘查事故现场，搜集有关物证；

（七）使用录音、照相、录像等设备及法律允许的其他手段开展调查。

第十八条 渔船事故调查机关开展调查，应当由两名以上调查人员共同参加，并向被调查人员出示证件。

调查人员应当遵守相关法律、法规和工作纪律，全面、客观、公正开展调查。

未经授权，调查人员不得发布事故有关信息。

第十九条 事故当事人和有关人员应当配合调查，如实陈述事故的有关情节，并提供真实的文书资料。

第二十条 渔船事故调查机关因调查需要，可以责令当事船舶驶抵指定地点接受调查。除危及自身安全的情况外，当事船舶未经渔船事故调查机关同意，不得驶离指定地点。

第二十一条 渔船事故调查机关应当自接到事故报告之日起六十日内制作完成水上安全事故调查报告。

特殊情况下，经上一级渔船事故调查机关批准，可以延长事故调查报告完成期限，但延长期限不得超过六十日。

检验或鉴定所需时间不计入事故调查期限。

第二十二条 水上安全事故调查报告应当包括以下内容：

（一）船舶、设施概况和主要性能数据；

（二）船舶、设施所有人或经营人名称、地址和联系方式；

（三）事故发生时间、地点、经过、气象、水域、损失等情况；

（四）事故发生原因、类型和性质；

（五）救助及善后处理情况；

（六）事故责任的认定；

（七）要求当事人采取的整改措施；

（八）处理意见或建议。

第二十三条 渔船事故调查机关经调查，认定渔业船舶水上安全事故为自然灾害事故的，应当报上一级渔船事故调查机关批准。

在能够预见自然灾害发生或能够避免自然灾害不良后果的情况下，未采取应对措施或应对措施不当，造成人员伤亡或直接经济损失的，应当认定为渔业船舶水上生产安全事故。

第二十四条 渔船事故调查机关应当自调查报告制作完成之日起十日内向当事人送达调查结案报告，并报上一级渔船事故调查机关。属于非本船籍港渔业船舶事故的，应当抄送当事船舶船籍港渔船事故调查机关。属于渔港水域内非渔业船舶事故的，应当抄送同级相关部门。

第二十五条 在入渔国注册并悬挂该国国旗的远洋渔业船舶发生的水上安全事故，在入渔国相关部门调查处理后，远洋渔业船舶所属、代理或承租企业应当将调查结果经所在地省级渔船事故调查机关上报农业部。

第二十六条 渔船事故调查机关应当按照有关规定归档保存水上安全事故报告书和水上安全事故调查报告等调查材料。

第四章　事故处理

第二十七条 对渔业船舶水上安全事故负有责任的人员和船舶、设施所有人、经营人，由渔船事故调查机关依据有关法律、法规和《中华人民共和国渔业港航监督行政处罚规定》给予行政处罚,并可建议有关部门和单位给予处分。

对渔业船舶水上安全事故负有责任的人员不属于渔船事故调查机关管辖范围的,渔船事故调查机关可以将有关情况通报有关主管机关。

第二十八条 根据渔业船舶水上安全事故发生的原因,渔船事故调查机关可以责令有关船舶、设施的所有人、经营人限期加强对所属船舶、设施的安全管理。对拒不加强安全管理或在期限内达不到安全要求的,渔船事故调查机关有权禁止有关船舶、设施离港,或责令其停航、改航、停止作业,并可依法采取其他必要的强制处置措施。

第二十九条 渔业船舶水上安全事故当事人和有关人员涉嫌犯罪的,渔船事故调查机关应当依法移送司法机关追究刑事责任。

第五章 调 解

第三十条 因渔业船舶水上安全事故引起的民事纠纷,当事人各方可以在事故发生之日起三十日内,向负责事故调查的渔船事故调查机关共同书面申请调解。

已向仲裁机构申请仲裁或向人民法院提起诉讼,当事人申请调解的,不予受理。

第三十一条 渔船事故调查机关开展调解,应当遵循公平自愿的原则。

第三十二条 经调解达成协议的,当事人各方应当共同签署《调解协议书》,并由渔船事故调查机关签章确认。

第三十三条 《调解协议书》应当包括以下内容:

(一)当事人姓名或名称及住所;

(二)法定代表人或代理人姓名及职务;

(三)纠纷主要事实;

(四)事故简况;

(五)当事人责任;

(六)协议内容;

(七)调解协议履行的期限。

第三十四条 已向渔船事故调查机关申请调解的民事纠纷,当事人中途不愿调解的,应当递交终止调解的书面申请,并通知其他当事人。

第三十五条 自受理调解申请之日起三个月内,当事人各方未达成调解协议的,渔船事故调查机关应当终止调解,并告知当事人可以向仲裁机构申请仲裁或向人民法院提起诉讼。

第六章 附 则

第三十六条 本规定所称设施,是指水上水下各种固定或浮动建筑、装置和固定平台。

第三十七条 本规定第三条第二款中下列事故类型的含义:

(一)碰撞指船舶与船舶或船舶与排筏、水上浮动装置发生碰撞造成船舶损坏、沉没或人员伤亡、失踪,以及船舶航行产生的浪涌致使他船损坏、沉没或人员伤亡、失踪;

(二)风损指准许航行作业区为沿海航区(Ⅲ类)、近海航区(Ⅱ类)、远海航区(Ⅰ类)的渔业船舶分别遭遇八级、十级和十二级以下风力造成损坏、沉没或人员伤亡、失踪;

(三)触损指船舶触碰岸壁、码头、航标、桥墩、钻井平台等水上固定物和沉船、木桩、渔栅、潜堤等水下障碍物，以及船舶触碰礁石或搁置在礁石、浅滩上，造成船舶损坏、沉没或人员伤亡、失踪；

（四）火灾指船舶因非自然因素失火或爆炸，造成船舶损坏、沉没或人员伤亡、失踪；

（五）自沉指船舶因超载、装载不当、船体漏水等原因或不明原因，造成船舶沉没，人员伤亡、失踪；

（六）机械损伤指影响适航性能的船舶机件或重要属具的损坏、灭失，以及操作和使用机械或网具等生产设备造成人员伤亡、失踪；

（七）触电指船上人员不慎接触电流导致伤亡；

（八）急性工业中毒指船上人员身体因接触生产中所使用或产生的有毒物质，使人体在短时间内发生病变，导致人员立即中断工作；

（九）溺水指船上人员不慎落入水中导致伤亡、失踪；

（十）其他指以上类型以外的导致渔业船舶水上生产安全事故的情况。

第三十八条　本规定第三条第三款中下列事故类型的含义：

（一）台风或大风指在准许航行作业区为沿海航区（Ⅲ类）、近海航区（Ⅱ类）、远海航区（Ⅰ类）的渔业船舶分别遭遇八级、十级和十二级以上风力袭击，或在港口、锚地遭遇超过港口规定避风等级的风力袭击，或遭遇Ⅱ级警报标准以上海浪袭击，造成渔业船舶损坏、沉没或人员伤亡、失踪。

（二）龙卷风指渔业船舶遭遇龙卷风袭击，造成渔业船舶损坏、沉没或人员伤亡、失踪。

（三）风暴潮指渔业船舶在港口、锚地遭遇Ⅱ级警报标准以上风暴潮袭击，造成渔业船舶损坏、沉没或人员伤亡、失踪。

（四）雷暴指渔业船舶遭遇雷电袭击，引起火灾、爆炸，造成渔业船舶损坏、沉没或人员伤亡、失踪。

（五）海啸指渔业船舶遭遇Ⅱ级警报标准以上海啸袭击，造成渔业船舶损坏、沉没或人员伤亡、失踪。

（六）海冰指渔业船舶在海（水）上遭遇预警标准以上海冰、冰山、凌汛袭击，造成渔业船舶损坏、沉没或人员伤亡、失踪。

（七）其他指渔业船舶遭遇由气象机构或海洋气象机构证明或有关主管机关认定的其他自然灾害袭击，造成渔业船舶损坏、沉没或人员伤亡、失踪。

第三十九条　渔业船舶水上安全事故报告和调查处理文书表格格式，由农业部统一制定。

第四十条　本规定所称的"以上"包括本数，"以下"不包括本数。

第四十一条　本规定自 2013 年 2 月 1 日起施行，1991 年 3 月 5 日农业部发布、1997 年 12 月 25 日修订的《中华人民共和国渔业海上交通事故调查处理规则》同时废止。

第六编　航空政策法规

中华人民共和国民用航空安全保卫条例

(1996 年 7 月 6 日国务院令第 201 号发布　根据 2011 年 1 月 8 日《国务院
关于废止和修改部分行政法规的决定》修订)

第一章　总　则

第一条　为了防止对民用航空活动的非法干扰，维护民用航空秩序，保障民用航空安全，制定本条例。

第二条　本条例适用于在中华人民共和国领域内的一切民用航空活动以及与民用航空活动有关的单位和个人。

在中华人民共和国领域外从事民用航空活动的具有中华人民共和国国籍的民用航空器适用本条例；但是，中华人民共和国缔结或者参加的国际条约另有规定的除外。

第三条　民用航空安全保卫工作实行统一管理、分工负责的原则。

民用航空公安机关（以下简称民航公安机关）负责对民用航空安全保卫工作实施统一管理、检查和监督。

第四条　有关地方人民政府与民用航空单位应当密切配合，共同维护民用航空安全。

第五条　旅客、货物托运人和收货人以及其他进入机场的人员，应当遵守民用航空安全管理的法律、法规和规章。

第六条　民用机场经营人和民用航空器经营人应当履行下列职责：

（一）制定本单位民用航空安全保卫方案，并报国务院民用航空主管部门备案；

（二）严格实行有关民用航空安全保卫的措施；

（三）定期进行民用航空安全保卫训练，及时消除危及民用航空安全的隐患。

与中华人民共和国通航的外国民用航空企业，应当向国务院民用航空主管部门报送民用航空安全保卫方案。

第七条　公民有权向民航公安机关举报预谋劫持、破坏民用航空器或者其他危害民用航空安全的行为。

第八条　对维护民用航空安全做出突出贡献的单位或者个人，由有关人民政府或者国务院民用航空主管部门给予奖励。

第二章　民用机场的安全保卫

第九条　民用机场（包括军民合用机场中的民用部分，下同）的新建、改建或者扩建，应当符合国务院民用航空主管部门关于民用机场安全保卫设施建设的规定。

第十条　民用机场开放使用，应当具备下列安全保卫条件：

（一）设有机场控制区并配备专职警卫人员；

（二）设有符合标准的防护围栏和巡逻通道；

（三）设有安全保卫机构并配备相应的人员和装备；

（四）设有安全检查机构并配备与机场运输量相适应的人员和检查设备；

（五）设有专职消防组织并按照机场消防等级配备人员和设备；

（六）订有应急处置方案并配备必要的应急援救设备。

第十一条　机场控制区应当根据安全保卫的需要，划定为候机隔离区、行李分检装卸区、航空器活动区和维修区、货物存放区等，并分别设置安全防护设施和明显标志。

第十二条　机场控制区应当有严密的安全保卫措施，实行封闭式分区管理。具体管理办法由国务院民用航空主管部门制定。

第十三条　人员与车辆进入机场控制区，必须佩戴机场控制区通行证并接受警卫人员的检查。

机场控制区通行证，由民航公安机关按照国务院民用航空主管部门的有关规定制发和管理。

第十四条　在航空器活动区和维修区内的人员、车辆必须按照规定路线行进，车辆、设备必须在指定位置停放，一切人员、车辆必须避让航空器。

第十五条　停放在机场的民用航空器必须有专人警卫；各有关部门及其工作人员必须严格执行航空器警卫交接制度。

第十六条　机场内禁止下列行为：

（一）攀（钻）越、损毁机场防护围栏及其他安全防护设施；

（二）在机场控制区内狩猎、放牧、晾晒谷物、教练驾驶车辆；

（三）无机场控制区通行证进入机场控制区；

（四）随意穿越航空器跑道、滑行道；

（五）强行登、占航空器；

（六）谎报险情，制造混乱；

（七）扰乱机场秩序的其他行为。

第三章　民用航空营运的安全保卫

第十七条　承运人及其代理人出售客票，必须符合国务院民用航空主管部门的有关规定；对不符合规定的，不得售予客票。

第十八条　承运人办理承运手续时，必须核对乘机人和行李。

第十九条　旅客登机时，承运人必须核对旅客人数。

对已经办理登机手续而未登机的旅客的行李，不得装入或者留在航空器内。

旅客在航空器飞行中途中止旅行时，必须将其行李卸下。

第二十条　承运人对承运的行李、货物，在地面存储和运输期间，必须有专人监管。

第二十一条　配制、装载供应品的单位对装入航空器的供应品，必须保证其安全性。

第二十二条　航空器在飞行中的安全保卫工作由机长统一负责。

航空安全员在机长领导下，承担安全保卫的具体工作。

机长、航空安全员和机组其他成员，应当严格履行职责，保护民用航空器及其所载人员和财产的安全。

第二十三条　机长在执行职务时，可以行使下列权力：

（一）在航空器起飞前，发现有关方面对航空器未采取本条例规定的安全措施的，拒绝起飞；

（二）在航空器飞行中，对扰乱航空器内秩序，干扰机组人员正常工作而不听劝阻的人，采取必要的管束措施；

（三）在航空器飞行中，对劫持、破坏航空器或者其他危及安全的行为，采取必要的措施；

（四）在航空器飞行中遇到特殊情况时，对航空器的处置做最后决定。

第二十四条　禁止下列扰乱民用航空营运秩序的行为：

（一）倒卖购票证件、客票和航空运输企业的有效订座凭证；

（二）冒用他人身份证件购票、登机；

（三）利用客票交运或者捎带非旅客本人的行李物品；

（四）将未经安全检查或者采取其他安全措施的物品装入航空器。

第二十五条　航空器内禁止下列行为：

（一）在禁烟区吸烟；

（二）抢占座位、行李舱（架）；

（三）打架、酗酒、寻衅滋事；

（四）盗窃、故意损坏或者擅自移动救生物品和设备；

（五）危及飞行安全和扰乱航空器内秩序的其他行为。

第四章　安全检查

第二十六条　乘坐民用航空器的旅客和其他人员及其携带的行李物品，必须接受安全检查；但是，国务院规定免检的除外。

拒绝接受安全检查的，不准登机，损失自行承担。

第二十七条　安全检查人员应当查验旅客客票、身份证件和登机牌，使用仪器或者手工对旅客及其行李物品进行安全检查，必要时可以从严检查。

已经安全检查的旅客应当在候机隔离区等待登机。

第二十八条　进入候机隔离区的工作人员（包括机组人员）及其携带的物品，应当接受安全检查。

接送旅客的人员和其他人员不得进入候机隔离区。

第二十九条　外交邮袋免予安全检查。外交信使及其随身携带的其他物品应当接受安全检查；但是，中华人民共和国缔结或者参加的国际条约另有规定的除外。

第三十条　空运的货物必须经过安全检查或者对其采取其他安全措施。

货物托运人不得伪报品名托运或者在货物中夹带危险物品。

第三十一条　航空邮件必须经过安全检查。发现可疑邮件时，安全检查部门应当会同邮政部门开包查验处理。

第三十二条　除国务院另有规定的外，乘坐民用航空器的，禁止随身携带或者交运下列物品：

（一）枪支、弹药、军械、警械；

（二）管制刀具；

（三）易燃、易爆、有毒、腐蚀性、放射性物品；

（四）国家规定的其他禁运物品。

第三十三条　除本条例第三十二条规定的物品外，其他可以用于危害航空安全的物品，旅客不得随身携带，但是可以作为行李交运或者按照国务院民用航空主管部门的有关规定由机组人员带到目的地后交还。

对含有易燃物质的生活用品实行限量携带。限量携带的物品及其数量，由国务院民用航空主管部门规定。

第五章 罚 则

第三十四条 违反本条例第十四条的规定或者有本条例第十六条、第二十四条第一项、第二十五条所列行为，构成违反治安管理行为的，由民航公安机关依照《中华人民共和国治安管理处罚法》有关规定予以处罚；有本条例第二十四条第二项所列行为的，由民航公安机关依照《中华人民共和国居民身份证法》有关规定予以处罚。

第三十五条 违反本条例的有关规定，由民航公安机关按照下列规定予以处罚：

（一）有本条例第二十四条第四项所列行为的，可以处以警告或者3000元以下的罚款；

（二）有本条例第二十四条第三项所列行为的，可以处以警告、没收非法所得或者5000元以下罚款；

（三）违反本条例第三十条第二款、第三十二条的规定，尚未构成犯罪的，可以处以5000元以下罚款、没收或者扣留非法携带的物品。

第三十六条 违反本条例的规定，有下列情形之一的，民用航空主管部门可以对有关单位处以警告、停业整顿或者5万元以下的罚款；民航公安机关可以对直接责任人员处以警告或者500元以下的罚款：

（一）违反本条例第十五条的规定，造成航空器失控的；

（二）违反本条例第十七条的规定，出售客票的；

（三）违反本条例第十八条的规定，承运人办理承运手续时，不核对乘机人和行李的；

（四）违反本条例第十九条的规定的；

（五）违反本条例第二十条、第二十一条、第三十条第一款、第三十一条的规定，对收运、装入航空器的物品不采取安全措施的。

第三十七条 违反本条例的有关规定，构成犯罪的，依法追究刑事责任。

第三十八条 违反本条例规定的，除依照本章的规定予以处罚外，给单位或者个人造成财产损失的，应当依法承担赔偿责任。

第六章 附 则

第三十九条 本条例下列用语的含义：

"机场控制区"是指根据安全需要在机场内划定的进出受到限制的区域。

"候机隔离区"是指根据安全需要在候机楼（室）内划定的供已经安全检查的出港旅客等待登机的区域及登机通道、摆渡车。

"航空器活动区"是指机场内用于航空器起飞、着陆以及与此有关的地面活动区域，包括跑道、滑行道、联络道、客机坪。

第四十条 本条例自发布之日起施行。

中华人民共和国航标条例

(1995 年 12 月 3 日国务院令第 187 号发布　根据 2011 年 1 月 8 日《国务院关于废止和修改部分行政法规的决定》修订)

第一条　为了加强对航标的管理和保护，保证航标处于良好的使用状态，保障船舶航行安全，制定本条例。

第二条　本条例适用于在中华人民共和国的领域及管辖的其他海域设置的航标。

本条例所称航标，是指供船舶定位、导航或者用于其他专用目的的助航设施，包括视觉航标、无线电导航设施和音响航标。

第三条　国务院交通行政主管部门负责管理和保护除军用航标和渔业航标以外的航标。国务院交通行政主管部门设立的流域航道管理机构、海区港务监督机构和县级以上地方人民政府交通行政主管部门，负责管理和保护本辖区内军用航标和渔业航标以外的航标。交通行政主管部门和国务院交通行政主管部门设立的流域航道管理机构、海区港务监督机构统称航标管理机关。

军队的航标管理机构、渔政渔港监督管理机构，在军用航标、渔业航标的管理和保护方面分别行使航标管理机关的职权。

第四条　航标的管理和保护，实行统一管理、分级负责和专业保护与群众保护相结合的原则。

第五条　任何单位和个人都有保护航标的义务。

禁止一切危害航标安全和损害航标工作效能的行为。

对于危害航标安全或者损害航标工作效能的行为，任何单位和个人都有权制止、检举和控告。

第六条　航标由航标管理机关统一设置；但是，本条第二款规定的航标除外。

专业单位可以自行设置自用的专用航标。专用航标的设置、撤除、位置移动和其他状况改变，应当经航标管理机关同意。

第七条　航标管理机关和专业单位设置航标，应当符合国家有关规定和技术标准。

第八条　航标管理机关设置、撤除航标或者移动航标位置以及改变航标的其他状况时，应当及时通报有关部门。

第九条　航标管理机关和专业单位分别负责各自设置的航标的维护保养，保证航标处于良好的使用状态。

第十条　任何单位或者个人发现航标损坏、失常、移位或者漂失时，应当立即向航标管理机关报告。

第十一条　任何单位和个人不得在航标附近设置可能被误认为航标或者影响航标工作效能的灯光或者音响装置。

第十二条　因施工作业需要搬迁、拆除航标的，应当征得航标管理机关同意，在采取替补措施后方可搬迁、拆除。搬迁、拆除航标所需的费用，由施工作业单位或者个人承担。

第十三条　在视觉航标的通视方向或者无线电导航设施的发射方向，不得构筑影响航标正常工作效能的建筑物、构筑物，不得种植影响航标正常工作效能的植物。

第十四条 船舶航行时，应当与航标保持适当距离，不得触碰航标。

船舶触碰航标，应当立即向航标管理机关报告。

第十五条 禁止下列危害航标的行为：

（一）盗窃、哄抢或者以其他方式非法侵占航标、航标器材；

（二）非法移动、攀登或者涂抹航标；

（三）向航标射击或者投掷物品；

（四）在航标上攀架物品，拴系牲畜、船只、渔业捕捞器具、爆炸物品等；

（五）损坏航标的其他行为。

第十六条 禁止破坏航标辅助设施的行为。

前款所称航标辅助设施，是指为航标及其管理人员提供能源、水和其他所需物资而设置的各类设施，包括航标场地、直升机平台、登陆点、码头、趸船、水塔、储水池、水井、油（水）泵房、电力设施、业务用房以及专用道路、仓库等。

第十七条 禁止下列影响航标工作效能的行为：

（一）在航标周围 20 米内或者在埋有航标地下管道、线路的地面钻孔、挖坑、采掘土石、堆放物品或者进行明火作业；

（二）在航标周围 150 米内进行爆破作业；

（三）在航标周围 500 米内烧荒；

（四）在无线电导航设施附近设置、使用影响导航设施工作效能的高频电磁辐射装置、设备；

（五）在航标架空线路上附挂其他电力、通信线路；

（六）在航标周围抛锚、拖锚、捕鱼或者养殖水生物；

（七）影响航标工作效能的其他行为。

第十八条 对有下列行为之一的单位和个人，由航标管理机关给予奖励：

（一）检举、控告危害航标的行为，对破案有功的；

（二）及时制止危害航标的行为，防止事故发生或者减少损失的；

（三）捞获水上漂流航标，主动送交航标管理机关的。

第十九条 违反本条例第六条第二款的规定，擅自设置、撤除、移动专用航标或者改变专用航标的其他状况的，由航标管理机关责令限期拆除、重新设置、调整专用航标。

第二十条 有下列行为之一的，由航标管理机关责令限期改正或者采取相应的补救措施：

（一）违反本条例第十一条的规定，在航标附近设置灯光或者音响装置的；

（二）违反本条例第十三条的规定，构筑建筑物、构筑物或者种植植物的。

第二十一条 船舶违反本条例第十四条第二款的规定，触碰航标不报告的，航标管理机关可以根据情节处以 2 万元以下的罚款；造成损失的，应当依法赔偿。

第二十二条 违反本条例第十五条、第十六条、第十七条的规定，危害航标及其辅助设施或者影响航标工作效能的，由航标管理机关责令其限期改正，给予警告，可以并处 2000 元以下的罚款；造成损失的，应当依法赔偿。

第二十三条 违反本条例，危害军用航标及其辅助设施或者影响军用航标工作效能，应当处以罚款的，由军队的航标管理机构移交航标管理机关处罚。

第二十四条 违反本条例规定，构成违反治安管理行为的，由公安机关依照《中华人民共和国治安管理处罚法》予以处罚；构成犯罪的，依法追究刑事责任。

第二十五条 本条例自发布之日起施行。

关于促进民航业发展的若干意见

（2012 年 7 月 8 日国务院　国发〔2012〕24 号）

各省、自治区、直辖市人民政府，国务院各部委、各直属机构：

民航业是我国经济社会发展重要的战略产业。改革开放以来，我国民航业快速发展，行业规模不断扩大，服务能力逐步提升，安全水平显著提高，为我国改革开放和社会主义现代化建设作出了突出贡献。但当前民航业发展中不平衡、不协调的问题仍较为突出，空域资源配置不合理、基础设施发展较慢、专业人才不足、企业竞争力不强、管理体制有待理顺等制约了民航业的可持续发展。为促进民航业健康发展，现提出以下意见：

一、总体要求

（一）指导思想。以邓小平理论和"三个代表"重要思想为指导，深入贯彻落实科学发展观，以转变发展方式为主线，以改革创新为动力，遵循航空经济发展规律，坚持率先发展、安全发展和可持续发展，提升发展质量，增强国际竞争力，努力满足经济社会发展和人民群众出行需要。

（二）基本原则。

——以人为本、安全第一。树立和落实持续安全理念，为社会提供安全优质的航空服务。

——统筹兼顾、协调发展。统筹民航与军航、民航与其他运输方式、民航业与关联产业，以及各区域间协调发展。

——主动适应、适度超前。加强基础设施建设，提高装备水平和服务保障能力。

——解放思想、改革创新。破除体制机制障碍，最大限度解放和发展民航生产力。

——调整结构、扩容增效。合理利用空域等资源，增加飞行容量，推进技术进步和节能减排。

（三）发展目标。到 2020 年，我国民航服务领域明显扩大，服务质量明显提高，国际竞争力和影响力明显提升，可持续发展能力明显增强，初步形成安全、便捷、高效、绿色的现代化民用航空体系。

——航空运输规模不断扩大，年运输总周转量达到 1700 亿吨公里，年均增长 12.2%，全国人均乘机次数达到 0.5 次。

——航空运输服务质量稳步提高，安全水平稳居世界前列，运输航空百万小时重大事故率不超过 0.15，航班正常率提高到 80% 以上。

——通用航空实现规模化发展，飞行总量达 200 万小时，年均增长 19%。

——经济社会效益更加显著，航空服务覆盖全国 89% 的人口。

二、主要任务

（四）加强机场规划和建设。机场特别是运输机场是重要公共基础设施，要按照国家经济社会发展和对外开放总体战略的要求，抓紧完善布局，加大建设力度。机场规划建设既要适度超前，又要量力而行，同时预留好发展空间，做到确保安全、经济适用、节能环保。要按照建设综合交通运输体系的原则，确保机场与其他交通运输方式的有效衔接。着力把北京、上海、广州机场建成功能完善、辐射全球的大型国际航空枢纽，培育昆明、乌鲁木齐等门户机场，增强沈阳、杭州、郑州、武汉、长沙、成都、重庆、西安等大型机场的区域性枢纽功能。新建支线机场，应统筹考虑国防建设和发展通用航空的需要，同时结合实际加快提升既有机场容量。要整合机场资源，加强珠三角、长三角和京津冀等都市密集地区机场功能互补。注重机场配套设施规划与建设，配套完善旅客服务、航空货运集散、油料供应等基础设施，大型机场应规划建设一体化综合交通枢纽。

（五）科学规划安排国内航线网络。构建以国际枢纽机场和国内干线机场为骨干，支线和通勤机场为补充的国内航空网络。重点构建年旅客吞吐量1000万人次以上机场间的空中快线网络。加强干线、支线衔接和支线间的连接，提高中小机场的通达性和利用率。以老少边穷地区和地面交通不便地区为重点，采用满足安全要求的经济适用航空器，实施"基本航空服务计划"。优化内地与中国香港、中国澳门之间的航线网络，增加海峡两岸航线航班和通航点。完善货运航线网络，推广应用物联网技术，按照现代物流要求加快航空货运发展，积极开展多式联运。

（六）大力发展通用航空。巩固农、林航空等传统业务，积极发展应急救援、医疗救助、海洋维权、私人飞行、公务飞行等新兴通用航空服务，加快把通用航空培育成新的经济增长点。推动通用航空企业创立发展，通过树立示范性企业鼓励探索经营模式，创新经营机制，提高管理水平。坚持推进通用航空综合改革试点，加强通用航空基础设施建设，完善通用航空法规标准体系，改进通用航空监管，创造有利于通用航空发展的良好环境。

（七）努力增强国际航空竞争力。适应国家对外开放和国际航空运输发展的新趋势，按照合作共赢的原则，统筹研究国际航空运输开放政策。鼓励国内有实力的客、货运航空企业打牢发展基础，提升管理水平，开拓国际市场，增强国际竞争能力，成为能够提供全球化服务的国际航空公司。完善国际航线设置，重点开辟和发展中远程国际航线，加密欧美地区航线航班，增设连接南美、非洲的国际航线。巩固与周边国家的航空运输联系，推进与东盟国家航空一体化进程。加强国际航空交流与合作，积极参与国际民航标准的制定。

（八）持续提升运输服务质量。要按照科学调度、保障有力的要求，努力提高航班正常率。建立面向公众的航班延误预报和通报制度，完善大面积航班延误预警和应急机制，规范航班延误后的服务工作。推广信息化技术，优化运行流程，提升设备能力，保证行李运输品质。完善服务质量标准体系和实施方法，简化乘机手续，创新服务产品，打造特色品牌，提高消费者满意度。

（九）着力提高航空安全水平。坚持"安全第一、预防为主、综合治理"的方针，牢固树立持续安全理念，完善安全法规、制度体系，建立健全安全生产长效机制。坚持和完善安全生产责任制度，严格落实生产运营单位安全主体责任。推行安全隐患挂牌督办制度和安全问责制度，实行更加严格的安全考核和责任追究。完善航空安保体制机制，加强行业主管部门与地方政府的沟通协调，确保空防安全。加强专业技术人员资质管理，严把飞行、空管、维修、签派、安检等关键岗位人员资质关。加大安全投入，加强安全生产信息化建设，积极推广应用安全运行管理新技术、新设备。加强应急救援体系建设，完善重大突发事件应急预案。

（十）加快建设现代空管系统。调整完善航路网络布局，建设国内大容量空中通道，推进繁忙航路的平行航路划设，优化繁忙地区航路航线结构和机场终端区空域结构，增加繁忙机场进离场航线，在海洋地区增辟飞越国际航路。优化整合空管区划，合理规划建设高空管制区。大力推广新一代空管系统，加强空管通信、导航、监视能力及气象、情报服务能力建设，提升设备运行管理水平。完善民航空管管理体制与运行机制。

（十一）切实打造绿色低碳航空。实行航路航线截弯取直，提高临时航线使用效率，优化地面运行组织，减少无效飞行和等待时间。鼓励航空公司引进节能环保机型，淘汰高耗能老旧飞机。推动飞机节油改造，推进生物燃油研究和应用，制定应对全球气候变化对航空影响的对策措施。制定实施绿色机场建设标准，推动节能环保材料和新能源的应用，实施合同能源管理。建立大型机场噪音监测系统，加强航空垃圾无害化处理设施建设。

（十二）积极支持国产民机制造。鼓励民航业与航空工业形成科研联动机制，加强适航审定和航空器运行评审能力建设，健全适航审定组织体系。积极为大飞机战略服务，鼓励国内支线飞机、通用飞机的研发和应用。引导飞机、发动机和机载设备等国产化，形成与我国民航业发展相适应的国产民航产品制造体系，建立健全售后服务和运行支持技术体系。积极拓展中美、中欧等双边适航范围，提高适航审定国际合作水平。

（十三）大力推动航空经济发展。通过民航业科学发展促进产业结构调整升级，带动区域经济发展。鼓励各地区结合自身条件和特点，研究发展航空客货运输、通用航空、航空制造与维修、航空金融、航空旅游、航空物流和依托航空运输的高附加值产品制造业，打造航空经济产业链。选择部分地区开展航空经济示范区试点，加快形成珠三角、长三角、京津冀临空产业集聚区。

三、政策措施

（十四）加强立法和规划。健全空域管理相关法律、法规，推动修订《中华人民共和国民用航空法》。加强航空安全、空中交通、适航审定、通用航空等方面的立法工作，建立比较完备的民航法规和标准体系。编制全国空域规划和通用航空产业规划，完善《全国民用机场布局规划》。各地区编制本地民航发展规划，要做好与当地经济社会发展、土地利用、城乡建设等规划的衔接。

（十五）加大空域管理改革力度。以充分开发和有效利用空域资源为宗旨，加快改革步伐，营造适应航空运输、通用航空和军事航空和谐发展的空域管理环境，统筹军民航空域需求，加快推进空域管理方式的转变。加强军民航协调，完善空域动态灵活使用机制。科学划分空域类别，实施分类管理。做好推进低空空域管理改革的配套工作，在低空空域管理领域建立起科学的基础理论、法规标准、运行管理和服务保障体系，逐步形成一整套既有中国特色又符合低空空域管理改革发展特点的组织模式、制度安排和运行方式。

（十六）完善管理体制机制。适应民航业发展要求理顺民航业管理体制机制，强化民航系统各地区管理机构建设。加强民航业主管部门对民航企业的行业管理力度，完善国有大型航空运输企业考核体系，引导企业更加注重航空运输的社会效益。全面贯彻《民用机场管理条例》，深化机场管理体制改革，进一步明确地方政府在机场发展中的主体责任和相关职能。发挥市场对资源配置的基础性作用，逐步推进民航运输价格改革，健全价格形成机制。完善民航机场和空管收费政策。加快航油、航材、航信等服务保障领域的市场开放，鼓励和引导外资、民营资本投资民航业。

（十七）强化科教和人才支撑。将民航科技创新纳入国家科技计划体系，建立相应的国家级民航重点实验室。加强空管核心技术、适航审定、航行新技术的研发和推广，推动北斗卫星系统在民航领域的应用。加快航空运输系统核心信息平台的升级换代，保障基础信息网络和重要信息系统安全，增强民航装备国产化的实验验证能力。实施重大人才工程，加大飞行、机务、空管等紧缺专业人才培养力度。强化民航院校行业特色，鼓励有条件的非民航直属院校和教育机构培养民航专业人才。对民航行政机构专业技术人员薪酬待遇等实行倾斜政策，稳定民航专业人才队伍。

（十八）完善财税扶持政策。加大对民航建设和发展的投入，中央财政继续重点支持中、西部支线机场建设与运营。加强民航发展基金的征收和使用，优化基金支出结构。完善应急救援和重大专项任务的行政征用制度。实行燃油附加与航油价格的联动机制。保障机场及其综合枢纽建设发展用地，按规定实行相应的税收减免政策。支持符合条件的临空经济区按程序申请设立综合保税区等海关特殊监管区域，按规定实行相应的税收政策。继续在规定范围内给予部分飞机、发动机、航空器材等进口税收优惠。

（十九）改善金融服务。研究设立主体多元化的民航股权投资（基金）企业。制定完善相关政策，支持国内航空租赁业发展。鼓励银行业金融机构对飞机购租、机场及配套设施建设提供优惠的信贷支持，支持民航企业上市融资、发行债券和中期票据。完善民航企业融资担保等信用增强体系，鼓励各类融资性担保机构为民航基础设施建设项目提供担保。稳步推进国内航空公司飞机第三者战争责任险商业化进程。

各地区、各部门要充分认识促进民航业发展的重要意义，进一步统一思想，提高认识，扎实工作，采取切实措施落实本意见提出的各项任务，积极协调解决民航业发展中的重大问题，共同开创民航业科学发展的新局面。

国务院

2012 年 7 月 8 日

促进民航业发展重点工作分工方案

（2013 年 1 月 14 日国务院办公厅　国办函〔2013〕4 号）

一、加强机场规划和建设

1. 抓紧完善机场布局，加大建设力度。整合机场资源，加强珠三角、长三角和京津冀等都市密集地区机场功能互补。新建支线机场，应统筹考虑国防建设和发展通用航空的需要，同时结合实际加快提升既有机场容量。（发展改革委、民航局、国土资源部、住房城乡建设部、环境保护部、质检总局、空管委办公室。列第一位者为牵头部门或单位，其他有关部门按职责分工负责，下同）

2. 按照建设综合交通运输体系的原则，确保机场与其他交通运输方式的有效衔接。大型机场应规划建设一体化综合交通枢纽。注重机场配套设施规划与建设，配套完善旅客服务、航空货运集散、油料供应等基础设施。（发展改革委、民航局、交通运输部、铁道部、住房城乡建设部、国土资源部、邮政局）

3. 着力把北京、上海、广州机场建成功能完善、辐射全球的大型国际航空枢纽，培育昆明、乌鲁木齐等门户机场，增强沈阳、杭州、郑州、武汉、长沙、成都、重庆、西安等大型机场的区域性枢纽功能。（民航局、公安部、海关总署、质检总局、发展改革委、空管委办公室）

二、科学规划安排国内航线网络

4. 构建以国际枢纽机场和国内干线机场为骨干，支线和通勤机场为补充的国内航空网络。重点构建年旅客吞吐量 1000 万人次以上机场间的空中快线网络。加强干线、支线衔接和支线间的连接，提高中小机场的通达性和利用率。（民航局）

5. 以老少边穷地区和地面交通不便地区为重点，采用满足安全要求的经济适用航空器，实施"基本航空服务计划"。（民航局、发展改革委、财政部）

6. 优化内地与中国香港、中国澳门之间的航线网络，增加海峡两岸航线、航班和通航点。（民航局、港澳办、台办）

7. 完善货运航线网络，推广应用物联网技术，按照现代物流要求加快航空货运发展，积极开展多式联运。（民航局、工业和信息化部、交通运输部、铁道部、财政部、邮政局）

三、大力发展通用航空

8. 巩固农、林航空等传统业务，积极发展应急救援、医疗救助、海洋维权、私人飞行、公务飞行等新兴通用航空服务，加快把通用航空培育成新的经济增长点。（民航局、农业部、林业局、卫生部、交通运输部、科技部、财政部、海洋局）

9. 推动通用航空企业创立发展，通过树立示范性企业鼓励探索经营模式，创新经营机制，提高管理水平。（民航局、发展改革委）

10. 坚持推进通用航空综合改革试点，加强通用航空基础设施建设，完善通用航空法规标准体系，改进通用航空监管，创造有利于通用航空发展的良好环境。（民航局、发展改革委、法制办、空管委办公室）

四、努力增强国际航空竞争力

11. 适应国家对外开放和国际航空运输发展的新趋势，按照合作共赢的原则，统筹研究国际航空运输开放政策。（民航局）

12. 鼓励国内有实力的客、货运航空企业打牢发展基础，提升管理水平，开拓国际市场，增强国际竞争能力，成为能够提供全球化服务的国际航空公司。（民航局、国资委、公安部、海关总署、财政部、质检总局）

13. 完善国际航线设置，重点开辟和发展中远程国际航线，加密欧美地区航线航班，增设连接南美、非洲的国际航线。巩固与周边国家的航空运输联系，推进与东盟国家航空一体化进程。加强国际航空交流与合作，积极参与国际民航标准的制定。（民航局）

五、持续提升运输服务质量

14. 要按照科学调度、保障有力的要求，努力提高航班正常率。建立面向公众的航班延误预报和通报制度，完善大面积航班延误预警和应急机制，规范航班延误后的服务工作。（民航局、公安部）

15. 推广信息化技术，优化运行流程，提升设备能力，保证行李运输品质。（民航局、工业和信息化部）

16. 完善服务质量标准体系和实施方法，简化乘机手续，创新服务产品，打造特色品牌，提高消费者满意度。（民航局、海关总署、质检总局、公安部）

六、着力提高航空安全水平

17. 牢固树立持续安全理念，完善安全法规、制度体系，建立健全安全生产长效机制。坚持和完善安全生产责任制度，严格落实生产运营单位安全主体责任。推行安全隐患挂牌督办制度和安全问责制度，实行更加严格的安全考核和责任追究。（民航局、安全监管总局）

18. 加强专业技术人员资质管理，严把飞行、空管、维修、签派、安检等关键岗位人员资质关。（民航局、人力资源社会保障部）

19. 加大安全投入，加强安全生产信息化建设，积极推广应用安全运行管理新技术、新设备。（民航局、财政部、安全监管总局、工业和信息化部）

20. 加强应急救援体系建设，完善重大突发事件应急预案。（民航局、安全监管总局、公安部）

七、加快建设现代空管系统

21. 调整完善航路网络布局，建设国内大容量空中通道，推进繁忙航路的平行航路划设，优化繁忙地区航路航线结构和机场终端区空域结构，增加繁忙机场进离场航线，在海洋地区增辟飞越国际航路。优化整合空管区划，合理规划建设高空管制区。（空管委办公室、发展改革委、民航局）

22. 完善民航空管管理体制与运行机制。（民航局、中央编办）

23. 大力推广新一代空管系统，加强空管通信、导航、监视能力及气象、情报服务能力建设，提升设备运行管理水平。（民航局、工业和信息化部、科技部、气象局）

八、切实打造绿色低碳航空

24. 实行航路航线截弯取直，提高临时航线使用效率，优化地面运行组织，减少无效飞行和等待时间。（民航局、空管委办公室、发展改革委）

25. 鼓励航空公司引进节能环保机型，淘汰高耗能老旧飞机。推动飞机节油改造，推进生物燃油研究和应用。（民航局、发展改革委、财政部、商务部、能源局）

26. 制定应对全球气候变化对航空影响的对策措施。（民航局、发展改革委、财政部、外交部、环境保护部）

27. 制定实施绿色机场建设标准，推动节能环保材料和新能源的应用，实施合同能源管理。（发展改革委、民航局、工业和信息化部、环境保护部、财政部）

28. 建立大型机场噪音监测系统，加强航空垃圾无害化处理设施建设。（环境保护部、民航局）

九、积极支持国产民机制造

29. 鼓励民航业与航空工业形成科研联动机制，加强适航审定和航空器运行评审能力建设，健全适航审定组织体系。积极拓展中美、中欧等双边适航范围，提高适航审定国际合作水平。（民航局、工业和信息化部、外交部）

30. 积极为大飞机战略服务，鼓励国内支线飞机、通用飞机的研发和应用。（工业和信息化部、发展改革委、财政部、科技部、商务部、民航局）

31. 引导飞机、发动机和机载设备等国产化，形成与我国民航业发展相适应的国产民航产品制造体系，建立健全售后服务和运行支持技术体系。（工业和信息化部）

十、大力推动航空经济发展

32. 通过民航业科学发展促进产业结构调整升级，带动区域经济发展。鼓励各地区结合自身条件和特点，研究发展航空客货运输、通用航空、航空制造与维修、航空金融、航空旅游、航空物流和依托航空运输的高附加值产品制造业，打造航空经济产业链。（各省、自治区、直辖市人民政府，民航局、发展改革委、工业和信息化部、交通运输部、商务部、人民银行、银监会、旅游局）

33. 选择部分地区开展航空经济示范区试点，加快形成珠三角、长三角、京津冀临空产业集聚区。（发展改革委、商务部、民航局）

十一、加强立法和规划

34. 健全空域管理相关法律、法规,推动修订《中华人民共和国民用航空法》。加强航空安全、空中交通、适航审定、通用航空等方面的立法工作,建立比较完备的民航法规和标准体系。(民航局、法制办、空管委办公室)

35. 编制全国空域规划和通用航空产业规划。(民航局、发展改革委、空管委办公室)

36. 完善《全国民用机场布局规划》。(发展改革委、民航局)

37. 各地区编制本地民航发展规划,要做好与当地经济社会发展、土地利用、城乡建设等规划的衔接。(民航局、发展改革委、国土资源部、住房城乡建设部、环境保护部)

十二、加大空域管理改革力度

38. 以充分开发和有效利用空域资源为宗旨,加快改革步伐,营造适应航空运输、通用航空和军事航空和谐发展的空域管理环境,统筹军民航空域需求,加快推进空域管理方式的转变。加强军民航协调,完善空域动态灵活使用机制。科学划分空域类别,实施分类管理。(空管委办公室、发展改革委、民航局)

39. 做好推进低空空域管理改革的配套工作,在低空空域管理领域建立起科学的基础理论、法规标准、运行管理和服务保障体系,逐步形成一整套既有中国特色又符合低空空域管理改革发展特点的组织模式、制度安排和运行方式。(空管委办公室、发展改革委、科技部、民航局)

十三、完善管理体制机制

40. 适应民航业发展要求,理顺民航业管理体制机制,强化民航系统各地区管理机构建设。(民航局、中央编办)

41. 加强民航业主管部门对民航企业的行业管理力度,完善国有大型航空运输企业考核体系,引导企业更加注重航空运输的社会效益。(民航局、国资委)

42. 完善航空安保体制机制,加强行业主管部门与地方政府的沟通协调,确保空防安全。(民航局、公安部)

43. 全面贯彻《民用机场管理条例》,深化机场管理体制改革,进一步明确地方政府在机场发展中的主体责任和相关职能。发挥市场对资源配置的基础性作用,逐步推进民航运输价格改革,健全价格形成机制。完善民航机场和空管收费政策。(发展改革委、民航局)

44. 加快航油、航材、航信等服务保障领域的市场开放,鼓励和引导外资、民营资本投资民航业。(民航局、商务部、发展改革委)

十四、强化科教和人才支撑

45. 将民航科技创新纳入国家科技计划体系,建立相应的国家级民航重点实验室。加强空管核心技术、适航审定、航行新技术的研发和推广,推动北斗卫星系统在民航领域的应用。(科技部、工业和信息化部、民航局、空管委办公室)

46. 加快航空运输系统核心信息平台的升级换代,保障基础信息网络和重要信息系统安全,增

强民航装备国产化的实验验证能力。(工业和信息化部、科技部)

47. 实施重大人才工程，加大飞行、机务、空管等紧缺专业人才培养力度。强化民航院校行业特色，鼓励有条件的非民航直属院校和教育机构培养民航专业人才。(民航局、教育部)

48. 对民航行政机构专业技术人员薪酬待遇等实行倾斜政策，稳定民航专业人才队伍。(人力资源社会保障部、财政部、民航局)

十五、完善财税扶持政策

49. 加大对民航建设和发展的投入，中央财政继续重点支持中、西部支线机场建设与运营。(发展改革委、财政部、民航局)

50. 加强民航发展基金的征收和使用，优化基金支出结构。(财政部、民航局、发展改革委)

51. 完善应急救援和重大专项任务的行政征用制度。(民航局)

52. 实行燃油附加与航油价格的联动机制。(发展改革委)

53. 保障机场及其综合枢纽建设发展用地。(各省、自治区、直辖市人民政府，国土资源部、住房城乡建设部、环境保护部)

54. 按规定实行相应的税收减免政策，支持符合条件的临空经济区按程序申请设立综合保税区等海关特殊监管区域，按规定实行相应的税收政策。继续在规定范围内给予部分飞机、发动机、航空器材等进口税收优惠。(财政部、税务总局、海关总署、工业和信息化部、质检总局、民航局)

十六、改善金融服务

55. 研究设立主体多元化的民航股权投资(基金)企业。(民航局、证监会、工商总局、商务部、发展改革委)

56. 完善民航企业融资担保等信用增强体系，鼓励各类融资性担保机构为民航基础设施建设项目提供担保。稳步推进国内航空公司飞机第三者战争责任险商业化进程。(银监会、民航局、保监会、人民银行、商务部、财政部)

民用机场建设管理规定

（2012 年 10 月 29 日中国民航局局务会议通过　2012 年 12 月 11 日
民航局令第 215 号　自 2013 年 2 月 1 日起施行）

第一章　总　则

第一条　为加强民用机场建设监督管理，规范建设程序，保证工程质量和机场运行安全，维护建设市场秩序，根据《中华人民共和国民用航空法》、《民用机场管理条例》、《国务院对确需保留的行政审批项目设定行政许可的决定》等法律、法规，制定本规定。

第二条　本规定适用于民用机场（包括军民合用机场民用部分）及相关空管工程的规划与建设。

民用机场分为运输机场和通用机场。

第三条　中国民用航空局（以下简称民航局）负责全国民用机场及相关空管工程规划与建设的监督管理，民航地区管理局负责所辖地区民用机场及相关空管工程规划与建设的监督管理。

第四条　民用机场的规划与建设应当符合全国民用机场布局规划。民用机场及相关空管工程的建设应当执行国家和行业有关建设法规和技术标准，履行建设程序。

运输机场工程建设程序一般包括：新建机场选址、预可行性研究、可行性研究（或项目核准）、总体规划、初步设计、施工图设计、建设实施、验收及竣工财务决算等。

空管工程建设程序一般包括：预可行性研究、可行性研究、初步设计、施工图设计、建设实施、验收及竣工财务决算等。

第五条　运输机场工程按照机场飞行区指标及投资规模划分为 A 类和 B 类。

A 类工程是指机场飞行区指标为 4E（含）以上，且批准的可行性研究报告总投资 2 亿元（含）以上的工程。

B 类工程是指机场飞行区指标为 4E（含）以上，且批准的可行性研究报告总投资 2 亿元以下的工程，以及机场飞行区指标为 4D（含）以下的工程。

第六条　运输机场专业工程是指用于保障民用航空器运行的、与飞行安全直接相关的运输机场建设工程以及相关空管工程，其目录由国务院民用航空主管部门会同国务院建设主管部门制定并公布。

第二章　运输机场选址

第七条　运输机场选址报告应当由具有相应资质的单位编制。选址报告应当符合《民用机场选址报告编制内容及深度要求》。

第八条　运输机场场址应当符合下列基本条件：

（一）机场净空、空域及气象条件能够满足机场安全运行要求，与邻近机场无矛盾或能够协调解决，与城市距离适中，机场运行和发展与城乡规划发展相协调，飞机起落航线尽量避免穿越城市上空；

（二）场地能够满足机场近期建设和远期发展的需要，工程地质、水文地质、电磁环境条件良好，地形、地貌较简单，土石方量相对较少，满足机场工程的建设要求和安全运行要求；

（三）具备建设机场导航、供油、供电、供水、供气、通信、道路、排水等设施、系统的条件；

（四）满足文物保护、环境保护及水土保持等要求；

（五）节约、集约用地，拆迁量和工程量相对较小，工程投资经济合理。

第九条　运输机场选址报告应当按照运输机场场址的基本条件提出两个或三个预选场址，并从中推荐一个场址。

第十条　预选场址应征求有关军事机关、地方人民政府城乡规划、市政交通、环保、气象、文物、国土资源、地震、无线电管理、供电、通信、水利等部门的书面意见。

第十一条　运输机场选址审批应当履行以下程序：

（一）拟选场址由省、自治区、直辖市人民政府主管部门向所在地民航地区管理局提出审查申请，并同时提交选址报告一式 12 份。

（二）民航地区管理局对选址报告进行审核，并在 20 日内向民航局上报场址审核意见及选址报告一式 8 份。

（三）民航局对选址报告进行审查，对预选场址组织现场踏勘。选址报告应当由具有相应资质的评审单位进行专家评审。

申请人应当与评审单位依法签订技术服务合同，明确双方的权利义务。申请人组织编制单位根据各方意见对选址报告进行修改和完善。评审单位在完成评审工作后应当提出评审报告。专家评审期间不计入审查时限。

（四）民航局在收到评审报告后 20 日内对场址予以批复。

第十二条　运输机场所在地有关地方人民政府应当将运输机场场址纳入土地利用总体规划和城乡规划统筹安排，并对场址实施保护。

第三章　运输机场总体规划

第十三条　运输机场总体规划应当由运输机场建设项目法人（或机场管理机构）委托具有相应资质的单位编制。

未在我国境内注册的境外设计咨询机构不得独立承担运输机场总体规划的编制，但可与符合资质条件的境内单位组成联合体承担运输机场总体规划的编制。

第十四条　运输机场总体规划应当符合《民用机场总体规划编制内容及深度要求》。

第十五条　新建运输机场总体规划应当依据批准的可行性研究报告或核准的项目申请报告编制。

改建或扩建运输机场应当在总体规划批准后方可进行项目前期工作。

第十六条　运输机场总体规划应当遵循"统一规划、分期建设，功能分区为主、行政区划为辅"的原则。规划设施应当布局合理，各设施系统容量平衡，满足航空业务量发展需求。

运输机场总体规划目标年近期为 10 年、远期为 30 年。

第十七条　运输机场总体规划应当符合下列基本要求：

（一）适应机场定位，满足机场发展需要。

（二）飞行区设施和净空条件符合安全运行要求。飞行区构型、平面布局合理，航站区位置适中，具备分期建设的条件。

（三）空域规划及飞行程序方案合理可行，目视助航、通信、导航、监视和气象设施布局合理、配置适当，塔台位置合理，满足运行及通视要求。

（四）航空器维修、货运、供油等辅助生产设施及消防、救援、安全保卫设施布局合理，直接为航空器运行、客货服务的设施靠近飞行区或站坪。

（五）供水、供电、供气、排水、通信、道路等公用设施与城市公用设施相衔接，各系统规模及路由能够满足机场发展要求。

（六）机场与城市间的交通连接顺畅、便捷；机场内供旅客、货运、航空器维修、供油等不同使用要求的道路设置合理，避免相互干扰。

（七）对机场周边地区的噪声影响小，并应编制机场噪声相容性规划。机场噪声相容性规划应当包括：针对该运输机场起降航空器机型组合、跑道使用方式、起降架次、飞行程序等提出控制机场噪声影响的比较方案和噪声暴露地图；对机场周边受机场噪声影响的建筑物提出处置方案，并对机场周边土地利用提出建议。

（八）结合场地、地形条件进行规划、布局和竖向设计；统筹考虑公用设施管线，建筑群相对集中，充分考虑节能、环保；在满足机场运行和发展需要的前提下，节约、集约用地。

第十八条　运输机场建设项目法人（或机场管理机构）在组织编制运输机场总体规划时，应当征求有关军事机关的书面意见，并应当与地方人民政府有关部门、各驻场单位充分协商，征求意见。

各驻场单位应当积极配合，及时反映本单位的意见和要求，并提供有关资料。

第十九条　运输机场总体规划审批应当履行以下程序：

（一）机场飞行区指标为 4E（含）以上、4D（含）以下的运输机场总体规划由运输机场建设项目法人（或机场管理机构）分别向民航局、所在地民航地区管理局提出申请，同时提交机场总体规划一式 10 份，向地方人民政府提交机场总体规划一式 5 份。

（二）民航局或民航地区管理局（以下简称民航管理部门）会同地方人民政府组织对机场总体规划进行联合审查。

机场总体规划应当由具有相应资质的评审单位进行专家评审。申请人应当与评审单位依法签订技术服务合同，明确双方的权利义务。申请人应当根据各方意见对总体规划进行修改和完善。评审单位在完成评审工作后应当提出评审报告。专家评审期间不计入审查期限。

（三）民航管理部门在收到评审报告后 20 日内做出许可决定，符合条件的，由民航管理部门在机场总体规划文本及图纸上加盖印章予以批准；不符合条件的，民航管理部门应当做出不予许可决定，并将总体规划及审查意见退回申请人。

（四）申请人应当自机场总体规划批准后 10 日内分别向民航局、所在地民航地区管理局、所在地民用航空安全监督管理局提交加盖印章的机场总体规划及其电子版本（光盘）各 1 份，向地方人民政府有关部门提交加盖印章的机场总体规划及其电子版本（光盘）一式 5 份。

第二十条　民航地区管理局负责所辖地区运输机场总体规划的监督管理。

第二十一条　运输机场建设项目法人（或机场管理机构）应当依据批准的机场总体规划组织编制机场近期建设详细规划，并报送所在地民航地区管理局备案。

第二十二条　运输机场内的建设项目应当符合运输机场总体规划。任何单位和个人不得在运输机场内擅自新建、改建、扩建建筑物或者构筑物。

运输机场建设项目法人（或机场管理机构）应当依据批准的机场总体规划对建设项目实施规划管理，并为各驻场单位提供公平服务。

第二十三条　运输机场范围内的建设项目，包括建设位置、高度等内容的建设方案应在预可行性研究报告报批前报民航地区管理局备案。

具体备案程序如下：

（一）属于驻场单位的建设项目，驻场单位应当就建设方案事先征求机场管理机构意见。机场管理机构依据批准的机场总体规划及机场近期建设详细规划对建设方案进行审核，在 10 日内提出书面意见。驻场单位应当将机场管理机构书面意见及建设方案一并报送所在地民航地区管理局备案。

（二）属于运输机场建设项目法人（或机场管理机构）的建设项目，运输机场建设项目法人（或机场管理机构）应当将建设方案报送所在地民航地区管理局备案。

（三）属于民航地区管理局的建设项目，其建设方案应当由民航地区管理局征求机场管理机构的意见后，报民航局备案。

（四）备案机关应当对备案材料进行审查。对于不符合机场总体规划的建设项目，应当在收到备案文件 15 日内责令改正。

第二十四条　运输机场建设项目法人（或机场管理机构）应当对机场总体规划的实施情况进行经常性复核，根据机场的实际发展状况，适时组织修编机场总体规划。

修编机场总体规划应当履行本规定第十九条规定的程序，经批准后方可实施。

第二十五条　运输机场所在地有关地方人民政府应当将运输机场总体规划纳入城乡规划，并根据运输机场的运营发展需要，对运输机场周边地区的土地利用和建设实行规划控制。

第二十六条　运输机场所在地有关地方人民政府在制定机场周边地区土地利用总体规划和城乡规划时，应当充分考虑航空器噪声对机场周边地区的影响，符合国家有关声环境质量标准。

第四章　运输机场工程初步设计

第二十七条　运输机场工程初步设计应当由运输机场建设项目法人委托具有相应资质的单位编制。

第二十八条　运输机场工程初步设计应当符合以下基本要求：

（一）建设方案符合经民航管理部门批准的机场总体规划；

（二）项目内容、规模及标准等符合经审批机关批准的可行性研究报告或经核准的项目申请报告；

（三）符合《民用机场工程初步设计文件编制内容及深度要求》等国家和行业现行的有关技术标准及规范；

（四）符合《民航建设工程概算编制办法》。

第二十九条　中央政府直接投资、资本金注入或以资金补助方式投资的运输机场工程，其初步设计概算不得超出批准的可行性研究报告总投资。

如实际情况确实需要部分超出的，必须说明超出原因并落实超出部分的资金来源；当超出幅度在 10% 以上时，应当按有关规定重新报批可行性研究报告。

第三十条　中央政府直接投资、资本金注入或以资金补助方式投资的运输机场工程初步设计审批应当履行以下程序：

（一）A 类工程、B 类工程的初步设计分别由运输机场建设项目法人向民航局、所在地民航地区管理局提出审批申请，并同时提交初步设计文件一式 2～10 份（视工程技术复杂程度由民航管理部门确定）和相应的电子版本（光盘）一式 2 份。

（二）民航管理部门组织对初步设计文件进行审查，并提出审查意见。

初步设计文件应当经过专家评审。技术复杂的工程项目应当由具有相应资质的评审单位进行专家评审。运输机场建设项目法人应当与具有相应资质的评审单位依法签订技术服务合同，明确双方的权利义务。技术简单的工程项目可以由民航管理部门选择专家征求评审意见。评审单位或者专家在完成评审工作后应当提出评审报告。申请人应当组织设计单位根据各方意见对初步设计进行修改、补充和完善，并向民航管理部门提交初步设计补充材料和相应的电子版本（光盘）一式 2 份。专家评审期间不计入审查期限。

（三）民航管理部门收到评审报告后 20 日内做出许可决定。符合条件的，民航管理部门应当做出准予许可的书面决定；不符合条件的，民航管理部门应当做出不予许可的决定，并说明理由。

第三十一条　对于非中央政府直接投资、资本金注入或以资金补助方式投资的运输机场工程，如含有运输机场专业工程项目，其初步设计亦应当履行本规定第三十条规定的程序，由民航管理部门对运输机场专业工程初步设计出具行业意见。

第三十二条　运输机场工程的初步设计原则上一次报审，对于新建机场工程的初步设计可视情况分两次报审。

第三十三条　运输机场建设项目法人报审运输机场工程初步设计时应当提交以下材料：

（一）审批申请文件。

（二）初步设计文件、资料清单、设计说明书（设计总说明书和各专业设计说明书）、设计图纸、主要工程量表、主要设备及材料表、工程概算书等。

（三）初步设计项目、规模及汇总概算与批准的可行性研究报告（或核准的项目申请报告）项目、规模及投资对照表及其说明，有关附件等。

（四）有关批准文件。包括：预可行性研究报告、可行性研究报告（或项目申请报告）、环境评价、土地预审、通信、导航、监视、气象台（站）址等的批准（或核准）文件。

（五）相应的工程勘察、地震评估、环境评价以及工程试验等报告书。

第三十四条　运输机场工程初步设计未按照本规定第三十条、第三十一条经过批准或者取得行业审查意见的，不得实施。

第三十五条　运输机场工程初步设计一经批准，应严格遵照执行，未经批准不得擅自修改、变更。

如确有必要对已批准的初步设计进行变更或调整概算，应严格执行《民航建设工程设计变更及概算调整管理办法》。

第五章　运输机场工程施工图设计

第三十六条　运输机场工程施工图设计应当由运输机场建设项目法人委托具有相应资质的单位编制。

第三十七条　运输机场工程施工图设计应当符合以下基本要求：

（一）符合经民航管理部门批准的初步设计；

（二）符合《民用机场工程施工图设计文件编制内容及深度要求》等国家和行业现行的有关技术标准及规范。

第三十八条　下列运输机场工程应由运输机场建设项目法人按照国家有关规定委托具有相应资质的单位进行施工图审查，并将审查报告报工程质量监督机构备案：

（一）飞行区土石方、地基处理、基础、道面、排水、桥梁、涵隧、消防管网、管沟（廊）等工程；

（二）航管楼、塔台、雷达塔的土建部分，以及机场通信、导航、气象工程中层数为2层及以上的其他建（构）筑物的土建部分；

（三）飞行区内地面设备加油站、机坪输油管线、机场油库、中转油库工程（不含土建工程）。

上述运输机场工程未经施工图审查合格的，不得实施。

第三十九条　运输机场工程施工图设计的审查内容主要包括：

（一）建筑物和构筑物的稳定性、安全性审查，包括地基基础和主体结构体系是否安全、可靠；

（二）是否满足飞行安全与正常运行的要求；

（三）是否符合国家和行业现行的有关强制性标准及规范；

（四）是否符合批准的初步设计文件；

（五）是否达到规定的施工图设计深度要求。

第四十条　施工图设计审查报告应当包括以下内容：

（一）审查工作概况；

（二）审查依据和采用的标准及规范；

（三）审查意见；

（四）与运输机场建设项目法人、设计单位协商的情况；

（五）有关问题及建议；

（六）审查结论意见。

第四十一条　其他运输机场工程施工图设计审查应当按国家有关规定执行。

第六章　运输机场建设实施

第四十二条　运输机场工程的建设实施应当执行国家规定的市场准入、招标投标、监理、质量监督等制度。

第四十三条　运输机场工程的招标活动按照国家有关法律、法规执行。

第四十四条　承担运输机场工程建设的施工单位应当具有相应的资质等级。

第四十五条　运输机场工程的监理单位应当具有相应的资质等级。

第四十六条　民航专业工程质量监督机构负责运输机场专业工程项目的质量监督工作。

属于运输机场专业工程的，运输机场建设项目法人应当在工程开工前向民航专业工程质量监督机构申报质量监督手续。

第四十七条　在机场内进行不停航施工，由机场管理机构负责统一向机场所在地民航地区管理局报批，未经批准不得在机场内进行不停航施工。

第七章　运输机场工程验收

第四十八条　运输机场工程竣工后，运输机场建设项目法人应当组织勘察、设计、施工、监理等有关单位进行竣工验收。

工程质量监督机构应当对竣工验收进行监督。

第四十九条 运输机场工程竣工验收应当具备下列条件:

(一)完成建设工程设计和合同约定的各项内容;

(二)有完整的技术档案和施工管理资料;

(三)有工程使用的主要建筑材料、建筑构配件和设备的进场试验报告;

(四)有勘察、设计、施工、监理等单位分别签署的质量合格文件;

(五)有施工单位签署的工程保修书。

第五十条 对于规定要求需进行飞行校验的通信、导航、监视、助航等设施设备,运输机场建设项目法人必须按有关规定办理飞行校验手续,并取得飞行校验结果报告。

第五十一条 对于规定要求需进行试飞的新建运输机场工程或飞行程序有重大变更的改建、扩建运输机场工程,在竣工验收和飞行校验合格后,运输机场建设项目法人必须按有关规定办理试飞手续,并取得试飞总结报告。

第五十二条 运输机场专业工程应当履行行业验收程序。

第五十三条 运输机场专业工程行业验收应当具备下列条件:

(一)竣工验收合格;

(二)已完成飞行校验;

(三)试飞合格;

(四)民航专业弱电系统经第三方检测符合设计要求;

(五)涉及机场安全及正常运行的项目存在的问题已整改完成;

(六)环保、消防等专项验收合格、准许使用或同意备案;

(七)民航专业工程质量监督机构已出具同意提交行业验收的工程质量监督报告。

第五十四条 运输机场建设项目法人在申请运输机场专业工程行业验收时,应当报送以下材料:

(一)竣工验收报告。内容包括:

1. 工程项目建设过程及竣工验收工作概况;

2. 工程项目内容、规模、技术方案和措施、完成的主要工程量和安装的设备等;

3. 资金到位及投资完成情况;

4. 竣工验收整改意见及整改工作完成情况;

5. 竣工验收结论;

6. 工程竣工项目一览表。

(二)飞行校验结果报告。

(三)试飞总结报告。

(四)运输机场专业工程设计、施工、监理、质监等单位的工作报告。

(五)环保、消防等主管部门的验收合格意见、准许使用意见或备案文件。

(六)运输机场专业工程有关项目的检测、联合试运转情况。

(七)有关批准文件。

第五十五条 运输机场专业工程行业验收应当履行以下程序:

(一)A 类工程、B 类工程的行业验收分别由运输机场建设项目法人向民航局、所在地民航地区管理局提出申请;

(二)对于具备行业验收条件的运输机场工程,民航管理部门在受理运输机场建设项目法人的申请后 20 日内组织完成行业验收工作,并出具行业验收意见。

第五十六条 运输机场专业工程行业验收的内容包括:

（一）工程项目是否符合批准的建设规模、标准；

（二）工程质量是否符合国家和行业现行的有关标准及规范；

（三）工程主要设备的安装、调试、检测及联合试运转情况；

（四）航站楼工艺流程是否符合有关规定、满足使用需要；

（五）工程是否满足机场运行安全和生产使用需要；

（六）运输机场工程档案收集、整理和归档情况；

（七）有中央政府直接投资、资本金注入或以资金补助方式投资的工程的概算执行情况。

第五十七条　非运输机场专业工程应当按国家有关规定履行验收程序。

第五十八条　运输机场建设项目法人应当按国家、民航及地方人民政府有关规定及时移交运输机场工程档案资料。

第五十九条　未经行业验收合格的运输机场专业工程，不得投入使用。

第六十条　运输机场建设项目法人应当在运输机场工程竣工后 3 个月内完成竣工财务决算的编制工作，并按有关规定及时上报。

第八章　运输机场工程建设信息

第六十一条　运输机场工程实行工程建设信息报告制度。新建运输机场工程建设信息报告期为自出具场址审查意见之日起，至投入使用止；改建、扩建运输机场工程建设信息报告期为自批准立项之日起，至投入使用止。

第六十二条　运输机场建设项目法人应当指定项目信息员对其实施工程的建设信息及时进行收集、统计和整理，形成电子文本。电子文本通过中国民用航空安全信息网民航建设项目管理系统，按照本规定第六十一条、第六十三条规定的时间报所在地民航地区管理局。

第六十三条　运输机场工程建设信息在开工建设前每季度报告一次，开工建设后每月报告一次。报告日期为次月的 5 日之前。

第六十四条　民航地区管理局负责审核本地区的运输机场工程建设信息，并将审核后的工程建设信息电子文本通过中国民用航空安全信息网民航建设项目管理系统，于每月 10 日前报民航局。

第六十五条　运输机场工程建设信息应当包括以下内容：

（一）项目概况，包括项目基本信息、机场总体规划情况、项目审批情况、工程规模、主要建设内容和技术方案、资金来源、总体实施计划、建设单位基本信息、其他情况；

（二）当前动态，包括形象进度、资金到位及投资完成情况、工程质量情况、配套工程进展情况、其他情况；

（三）存在的主要问题。

运输机场工程建设信息具体内容及格式应符合中国民用航空安全信息网民航建设项目管理系统的要求。

第六十六条　当发生工程质量事故和安全事故时，运输机场建设项目法人必须按国家有关规定及时上报。

第九章　空管工程建设管理

第六十七条　本章的规定适用于项目法人为民航局空管局、地区空管局或者空管分局（站）的空管建设工程。

第六十八条 空管工程预可行性研究、可行性研究应当履行国家及民航局规定的审批手续。

第六十九条 空管工程初步设计应当由项目法人委托具有相应资质的单位编制。

第七十条 空管工程初步设计应当符合以下基本要求：

（一）项目内容、规模及标准等符合经审批机关批准的可行性研究报告；

（二）符合《民航建设工程概算编制办法》等国家和行业现行的有关技术标准及规范。

第七十一条 空管工程在相应的通信、导航、监视、气象等的台（站）址得到批复后方可报审初步设计。

第七十二条 空管工程初步设计概算不得超出批准的可行性研究报告中的总投资。

如实际情况确实需要部分超出的，必须说明超出原因并落实超出部分的资金来源；当超出幅度在 10% 以上时，应当按有关规定重新报批可行性研究报告。

第七十三条 下列空管工程的初步设计由民航局审批：

（一）民航局空管局为项目法人的建设工程；

（二）批准的可行性研究报告总投资 2 亿元（含）以上的民航地区空管局或者空管分局（站）为项目法人的建设工程。

第七十四条 其他空管工程的初步设计由所在地民航地区管理局审批。

第七十五条 项目法人报批空管工程初步设计时应当报送以下资料：

（一）审批申请文件。

（二）初步设计文件、资料清单、设计说明书（设计总说明书和各专业设计说明书）、设计图纸、主要工程量表、主要设备及材料表、工程概算书等。

（三）初步设计项目、规模及汇总概算与批准的可行性研究报告项目、规模及投资对照表及其说明，有关附件等。

（四）有关批准文件。包括预可行性研究报告，可行性研究报告，环境评价，土地预审，通信、导航、监视、气象台（站）址等的批准文件。

（五）相应的工程勘察、地震评估、环境评价以及工程试验等报告书。

第七十六条 空管工程初步设计审批应当履行以下程序：

（一）空管工程初步设计由项目法人向民航管理部门提出审批申请，并同时提交初步设计文件一式 2～10 份（视工程技术复杂程度由民航管理部门确定）和相应的电子版本（光盘）一式 2 份。

（二）民航管理部门组织对初步设计文件进行审查，并提出审查意见。

初步设计文件应当经过专家评审。技术复杂的工程项目应当由具有相应资质的评审单位进行专家评审。空管工程项目法人应当与具有相应资质的评审单位依法签订技术服务合同，明确双方的权利义务。技术简单的工程项目可以由民航管理部门选择专家征求评审意见。评审单位或者专家在完成评审工作后应当提出评审报告。申请人应当组织设计单位根据各方意见对初步设计进行修改、补充和完善，并向民航管理部门提交初步设计补充材料和相应的电子版本（光盘）一式 2 份。专家评审期间不计入审查期限。

（三）民航管理部门在收到评审报告后 20 日内予以批准。

第七十七条 空管工程初步设计未经批准的，不得实施。

第七十八条 空管工程初步设计一经批准，应严格遵照执行，不得擅自修改、变更。

如确有必要对已批准的初步设计进行变更或概算调整，应严格执行《民航建设工程设计变更及概算调整管理办法》。

第七十九条 空管工程施工图设计应当由项目法人委托具有相应资质的单位编制。

第八十条 空管工程施工图设计应当符合以下基本要求：

（一）符合经民航管理部门批准的初步设计；

（二）符合国家和行业现行的有关技术标准和规范。

第八十一条　空管工程中的土建部分应由项目法人按照国家有关规定委托具有相应资质的单位进行施工图审查，并将审查报告报工程质量监督机构备案。

上述工程未经施工图审查合格的，不得实施。

第八十二条　空管工程施工图设计的审查内容主要包括：

（一）建筑物和构筑物的稳定性、安全性审查，包括地基基础和主体结构体系是否安全、可靠；

（二）是否满足安全与正常使用的要求；

（三）是否符合国家和行业现行的有关强制性标准、规范；

（四）是否符合批准的初步设计文件。

第八十三条　审查报告应当包括以下内容：

（一）审查工作概况；

（二）审查依据和采用的标准及规范；

（三）审查意见；

（四）与项目法人、设计单位协商的情况；

（五）有关问题及建议；

（六）审查结论意见。

第八十四条　空管工程的建设实施应当执行国家规定的市场准入、招标投标、监理、质量监督等制度。

第八十五条　空管工程的招标活动按照国家有关法律、法规执行。

第八十六条　承担空管工程建设的施工单位应当具有相应的资质等级。

第八十七条　空管工程的监理单位应当具有相应的资质等级。

第八十八条　空管工程项目法人应在工程开工前向工程质量监督机构申报质量监督手续。

第八十九条　机场工程配套的空管工程可与机场工程采用建设集中管理模式，统一组建工程建设指挥部，统一开展整体工程项目申报、用地预审、规划选址、环境影响评价、节能评估、征地拆迁、招标投标等工作，统一组织工程建设。

第九十条　空管工程竣工后，项目法人应当组织勘察、设计、施工、监理等有关单位进行竣工验收。

工程质量监督机构应当对竣工验收进行监督。

第九十一条　空管工程竣工验收应当具备下列条件：

（一）完成建设工程设计和合同约定的各项内容；

（二）有完整的技术档案和施工管理资料；

（三）有工程使用的主要建筑材料、建筑构配件和设备的进场试验报告；

（四）有勘察、设计、施工、监理等单位分别签署的质量合格文件；

（五）有施工单位签署的工程保修书。

第九十二条　对于规定要求需进行飞行校验的通信、导航、监视等设施、设备，项目法人必须按有关规定办理飞行校验手续，并取得飞行校验结果报告。

第九十三条　空管工程经过民航管理部门验收后，方可投入使用。

第九十四条　项目法人向民航管理部门申请验收空管工程应当具备下列条件：

（一）竣工验收合格；

（二）已完成飞行校验；

（三）主要工艺设备经检测符合设计要求；

（四）涉及安全及正常使用的项目存在的问题已整改完成；

（五）环保、消防等专项验收合格、准许使用或同意备案；

（六）工程质量监督机构已出具同意提交验收的工程质量监督报告。

第九十五条 项目法人向民航管理部门申请验收空管工程，应当报送以下材料：

（一）竣工验收报告。内容包括：

1. 工程项目建设过程及竣工验收工作概况；

2. 工程项目内容、规模、技术方案和措施、完成的主要工程量和安装设备等；

3. 资金到位及投资完成情况；

4. 竣工验收整改意见及整改工作完成情况；

5. 竣工验收结论；

6. 工程竣工项目一览表。

（二）飞行校验结果报告。

（三）空管工程设计、施工、监理、质监等单位的工作报告。

（四）环保、消防等主管部门的验收合格意见、准许使用意见或备案文件。

（五）主要工艺设备的检测情况。

（六）有关批准文件。

第九十六条 下列空管工程由民航局组织验收：

（一）民航局空管局为项目法人的建设工程；

（二）批准的可行性研究报告总投资 2 亿元（含）以上的民航地区空管局或空管分局（站）为项目法人的建设工程。

第九十七条 其他空管工程由所在地民航地区管理局组织验收。

第九十八条 民航管理部门验收空管工程应当履行以下程序：

（一）由项目法人向民航管理部门提出验收申请；

（二）对于具备验收条件的空管工程，民航管理部门在收到项目法人的申请后 20 日内组织完成验收工作，并出具验收意见。

第九十九条 民航管理部门验收空管工程的内容包括：

（一）工程项目是否符合批准的建设规模、标准；

（二）工程质量是否符合国家和行业现行的有关标准及规范；

（三）主要工艺设备的安装、调试、检测情况；

（四）工程是否满足运行安全和生产使用需要；

（五）工程档案收集、整理和归档情况；

（六）工程概算执行情况。

第一百条 项目法人应当按国家、民航有关规定及时移交空管工程档案资料。

第一百零一条 未经验收合格的空管工程，不得投入使用。

第一百零二条 空管工程项目法人应在空管工程竣工后 3 个月内完成竣工财务决算的编制工作，并上报主管部门。

第一百零三条 空管工程实行工程建设信息报告制度。工程建设信息报告期为自批准立项之日起，至投入使用止。

第一百零四条 项目法人应当指定项目信息员对其实施工程的建设信息及时进行收集、统计和整理，形成电子文本。

民航地区空管局、空管分局（站）的空管工程建设信息电子文本通过中国民用航空安全信息网民航建设项目管理系统，按照本规定第一百零三条、第一百零五条规定的时间报民航局空管局。

第一百零五条 空管工程建设信息在开工建设前每季度报告一次，开工建设后每月报告一次。报告日期为次月的 5 日之前。

第一百零六条 民航局空管局负责审核空管工程建设信息，并将审核后的工程建设信息电子文本通过中国民用航空安全信息网民航建设项目管理系统，于每月 10 日前报民航局。

第一百零七条 空管工程建设信息应当包括以下内容：

（一）项目概况，包括项目基本信息、项目审批情况、工程规模、主要建设内容和技术方案、资金来源、总体实施计划、建设单位基本信息、其他情况；

（二）当前动态，包括形象进度、资金到位及投资完成情况、工程质量情况、招标工作情况、配套工程进展情况、其他情况；

（三）存在的主要问题。

空管工程建设信息具体内容及格式应符合中国民用航空安全信息网民航建设项目管理系统的要求。

第一百零八条 当发生工程质量事故和安全事故时，项目法人必须按照国家有关规定及时上报。

第十章 法律责任

第一百零九条 违反本规定第七条、第十三条、第二十七条、第三十六条、第六十九条、第七十九条，将选址、总体规划、初步设计及施工图设计发包给不具有相应资质等级的单位承担的，由民航管理部门责令其改正，并处以警告；情节严重的，处以 1 万元以上 3 万元以下罚款。

第一百一十条 违反本规定第二十二条，任何单位在运输机场内进行不符合运输机场总体规划的建设活动的，由民航管理部门责令其改正，并处以 10 万元以上 50 万元以下的罚款。

第一百一十一条 违反本规定第三十四条，运输机场专业工程初步设计未按照本规定要求经过批准，就擅自组织实施的，由民航管理部门责令其改正，并处以 10 万元以上 50 万元以下的罚款。

违反本规定第三十四条，运输机场工程初步设计未按照本规定要求获得行业意见，就擅自组织实施的，由民航管理部门责令其改正，并处以 1 万元以上 3 万元以下的罚款。

违反本规定第七十七条，空管工程初步设计未经批准、擅自组织实施的，由民航管理部门责令其改正，并处以 1 万元以上 3 万元以下的罚款。

第一百一十二条 违反本规定第四十四条、第四十五条、第八十六条、第八十七条，项目法人将运输机场工程或空管工程的施工和监理发包给不具有相应资质等级的单位承担的，由民航管理部门责令其改正，并处以 1 万元以上 3 万元以下的罚款。

第一百一十三条 违反本规定第四十七条，在运输机场开放使用的情况下，未经批准在飞行区及与飞行区临近的航站区内进行施工的，由民航管理部门责令其改正，并处以 10 万元以上 50 万元以下的罚款。

第一百一十四条 违反本规定第五十九条，运输机场专业工程未经行业验收合格投入使用的，由民航管理部门责令其改正，并处以 10 万元以上 50 万元以下的罚款。

第一百一十五条 违反本规定第六十一条、第六十二条、第六十三条、第一百零三条、第一百零四条、第一百零五条，项目法人未履行建设项目信息管理义务的，由民航管理部门责令其改正，并处以警告；情节严重的，处以 1 万元以上 3 万元以下的罚款。

第一百一十六条   违反本规定第九十三条，空管工程未经民航管理部门验收即投入使用的，由民航管理部门责令其改正，处以 1 万元以上 3 万元以下的罚款。

第一百一十七条   民航管理部门工作人员在民用机场建设管理工作中滥用职权、玩忽职守、徇私舞弊的，由有关行政主管部门给予行政处分；构成犯罪的，依法追究刑事责任。

第十一章　附　则

第一百一十八条   本规定对运输机场和空管工程建设未作出明确要求的，均按国家有关建设管理规定执行。

第一百一十九条   通用机场工程的规划与建设参照本规定执行，并由所在地民航地区管理局实施监督管理。

第一百二十条   本规定自 2013 年 2 月 1 日起施行。2004 年颁布的《民用机场建设管理规定》（民航总局令第 129 号）同时废止。

关于《民用机场建设管理规定（修订送审稿）》的说明（略，详情请登录民航局网站）

民用航空空中交通管理运行单位安全管理规则

（2010 年 10 月 25 日中国民航局务会议通过　2010 年 11 月 10 日
民航局令第 204 号　自 2011 年 1 月 1 日起施行）

第一章　总　则

第一条　为了规范对民用航空空中交通管理（以下简称民航空管）运行单位的安全监督和管理，降低空中交通安全风险，提高空中交通运行安全水平，保障飞行安全，依据《中华人民共和国安全生产法》、《中华人民共和国民用航空法》和《中华人民共和国飞行基本规则》等法律、法规，制定本规则。

第二条　在中华人民共和国领域内从事民用航空空中交通服务、航空情报服务、通信导航监视服务、航空气象服务的单位（以下简称民航空管运行单位）和个人，应当遵守本规则。

本规则所指的民航空管运行单位包括中国民用航空局空中交通管理局及其所属的地区空中交通管理局、空中交通管理分局、空中交通管理站和机场管理机构及其下属的民航空管运行部门。

第三条　民航空管运行单位安全管理应当坚持安全第一、预防为主、综合治理的工作方针。

第四条　中国民用航空局（以下简称民航局）负责监督管理全国民航空管安全管理工作，民航地区管理局（以下简称地区管理局）负责监督管理本地区民航空管安全管理工作。

第五条　民航空管运行单位负责组织与实施本单位民航空管运行安全管理工作。

第六条　民航空管安全管理工作实行安全事故责任追究制度，依据有关法律、法规和本规则的规定，追究安全生产事故责任人的责任。

第七条　民航局鼓励和支持民航空管安全管理的科学技术研究、先进技术和先进管理方式的推广应用，提高民航空管安全管理水平。

第二章　机构和人员

第八条　民航局负责统一制定民航空管安全管理的政策、规章和标准，制定安全工作规划，确定安全管理目标，组织实施民航空管安全审计，指导监督民航空管安全管理体系建设，监督、检查和指导民航空管安全工作及安全管理措施的落实情况。

第九条　地区管理局负责监督检查本地区民航空管运行单位贯彻落实民航空管安全管理的政策、法规、规章和标准；监督检查安全工作规划和安全管理措施落实、安全管理目标执行和安全管理体系建设的情况；监督检查民航空管运行单位的安全评估工作；承办民航空管安全审计工作。

第十条　民航空管运行单位贯彻落实民航空管安全管理的政策、法规、规章和标准，落实安全工作规划、安全管理目标，建立健全安全管理体系，实施对本单位运行状况的经常性检查，定期评价安全状况，组织落实安全管理措施，收集、统计、分析本单位的安全信息，对民航空管不安全事件制定并落实整改措施，制定本单位安全培训计划，组织开展安全生产教育、培训工作，记录培训考核情况，组织实施民航空管安全评估，按规定上报本单位的安全状况和信息。

第十一条 民航空管运行单位应当根据下列要求设置运行安全管理部门或者配备安全管理人员：

（一）从业人员超过 150 人（含）的，应当设置专门的安全管理部门；

（二）从业人员少于 150 人的，应当按照不小于 50：1 的比例设置专职安全管理人员；

（三）从业人员少于 50 人的，应当至少有一名专职或兼职的安全管理人员。

民航空管运行单位安全管理部门或安全管理人员负责本单位的安全管理体系的组织与实施工作。

第十二条 民航空管运行单位的主要负责人对本单位运行安全管理全面负责，组织实施下列安全管理工作：

（一）建立健全本单位安全生产责任制；

（二）组织制定本单位安全管理的规章制度和操作规程；

（三）保证本单位的安全管理投入；

（四）督促、检查本单位的安全管理工作，及时消除民航空管运行安全隐患；

（五）组织制定并实施本单位的应急预案；

（六）及时、如实地报告民航空管不安全事件。

第十三条 民航空管运行单位应当倡导积极的安全文化，采取多种形式加强对民航空管安全的法律、法规、规章、标准和民航空管安全知识的宣传，向从业人员充分告知安全风险，教育和督促从业人员严格遵守安全生产规章制度，执行操作规程，提高职工的安全意识。

第十四条 民用航空空中交通管制员、航空情报员、航空电信人员、航空气象人员等专业人员应当按照有关规定取得相应的专业人员执照，并保持有效。

前款所述从业人员在身体不适合履行岗位职责时，应当主动向本单位报告，民航空管运行单位应当及时予以调整工作岗位。

第十五条 民航空管运行单位的从业人员应当服从安全管理，严格遵守本单位的安全生产规章制度和操作规程，有权拒绝违章操作。

从业人员有义务对民航空管安全管理工作提出建议，发现安全隐患或者其他不安全因素，应当立即向安全管理部门或者安全管理人员报告。

第十六条 民航空管运行中凡涉及人员派遣、工作代理、设备租赁和信息服务的，相关单位和人员应当以协议的形式明确安全责任。

第十七条 在同一运行区域内或在相邻运行区域运行时，各民航空管运行单位之间，民航空管运行单位与航空营运人、机场管理机构等有关单位之间，应当通过协议明确各自的安全职责和措施。

第三章 民航空管安全管理

第十八条 民航空管运行单位应当建立和健全民航空管安全管理体系。民航空管安全管理体系应当包括安全管理的组织机构、人员及其职责，安全管理的方针、政策和目标，安全管理的标准以及规章制度，安全绩效考核制度，安全监督和检查机制，安全评估制度，应急管理制度，安全教育和培训制度，安全信息报告制度，安全风险管理机制，安全奖惩机制，安全问责制度，文档管理要求等。民航空管安全管理体系应当做到有计划、有落实、有检查、有跟踪的闭环管理。

第十九条　民航空管运行单位应当定期召开安全形势分析会，分析和判断安全生产形势，对前一阶段的工作进行总结，并对以后的工作进行部署。

当出现不利于民航空管安全运行的因素或者已经发生影响民航空管运行的严重事件时，民航空管运行单位应当及时召开会议，研究制定针对性措施。

第二十条　民航空管运行单位应当建立安全评估机制。安全评估分为事前评估和跟踪评估。事前评估是对预计实施事项的可行性、安全性和可靠性以及安全应对措施是否满足可接受的安全风险水平的评估；跟踪评估是对评估事项实施后是否满足预定的安全指标水平以及未来的安全发展态势所进行的评估。

民航空管运行单位在遇有下列情况之一，应当进行安全评估：

（一）降低最低飞行间隔；

（二）变更管制方式；

（三）新技术首次应用；

（四）实施新的飞行程序或管制程序；

（五）调整空域范围或空域结构；

（六）新建、改建、扩建民航空管运行设施、设备等建设项目；

（七）其他可能影响安全风险水平的情况。

民航空管运行单位应当对运行环境或方式改变后的运行安全情况进行持续监控。

第二十一条　民航空管运行单位应当将评估情况报所在地的地区管理局备案。

第二十二条　民航空管运行单位应当建立定期和不定期的内部安全检查制度，对检查中发现的问题，制定切实可行的安全措施。

第二十三条　民航空管运行单位应当建立健全风险管理机制，将影响民航空管运行安全的风险降低到可接受的程度。民航空管运行单位应当对在运行中可能发生或者出现的下列情况进行分析和控制：

（一）小于最小飞行间隔；

（二）低于最低安全高度；

（三）民航空管雷达自动化系统出现低高度告警或短时飞行冲突告警；

（四）非法侵入跑道；

（五）地空通信失效；

（六）无线电干扰；

（七）影响民航空管运行安全的设备故障；

（八）其他可能危及民航空管运行安全的情况。

第二十四条　民航空管运行单位应当按照民航安全目标，确立民航空管运行安全指标。民航空管运行安全指标应当包括：

（一）民航空管原因航空器事故征候和严重事故征候的事件数量和万架次率；

（二）民航空管通信、导航、监视、航空气象和航空情报等设备的运行正常率和完好率；

（三）民航空管设施设备故障等原因影响民航空管运行的不正常事件以及其持续时间、影响范围和程度；

（四）重要天气预报准确率和气象地面观测错情率；

（五）航空情报资料发布以及更新的准确率；

（六）其他可能影响实现民航安全目标的工作指标。

第二十五条 民航空管运行单位应当按照规定制定应急处置预案，并定期组织演练。

第二十六条 民航空管运行单位应当建立安全建议和意见的收集、分析及反馈制度，鼓励民航空管从业人员主动提出安全建议和意见。

第四章 民航空管不安全事件的报告、调查和处理

第二十七条 发生或者发现民航空管不安全事件，事件发生地的民航空管运行单位应当按照规定及时报告。

第二十八条 民航空管运行单位应当按规定制定民航空管不安全事件的报告程序。

第二十九条 民航空管不安全事件调查应当客观公正，全面深入地查找、分析事件发生的原因，明确责任，提出并落实改进建议和措施，防止类似事件再次发生。

第三十条 对民航局或者地区管理局组织的民航空管不安全事件进行调查，民航空管运行单位应当积极配合。民航空管运行单位应当将本单位组织的民航空管不安全事件的调查情况，按规定及时报告所在地的地区管理局。

第三十一条 未经民航局许可，民航空管运行单位及其从业人员不得对外发布民航空管不安全事件信息。

第五章 安全教育和培训

第三十二条 民航空管运行单位的主要负责人和安全管理人员应当经过相应的民航局安全管理培训，取得相应培训证书，具备相应的安全知识和安全管理能力。

第三十三条 民航空管运行单位应当制定安全教育和培训计划，对从业人员进行安全教育、培训和考核。

安全教育和培训可以单独或者与相关培训机构联合进行。

第三十四条 民航空管运行单位应当将安全教育和培训经费纳入本单位年度计划，为安全教育和培训提供所需条件。

第三十五条 民航空管从业人员应当接受安全教育和培训，未经安全教育和培训，或者经教育和培训后考核不合格的从业人员，不得上岗作业。

第三十六条 民航空管安全培训分为岗前、年度、专项培训。

岗前培训是对民航空管新从业人员和转岗人员的安全培训；年度培训是每年对民航空管从业人员的安全培训；专项培训是针对采用新技术或使用新设备等特定目的所进行的安全培训。

上述培训可以单独或者结合相关专业培训一并进行。

第三十七条 对民航空管新从业人员和转岗人员应当进行岗前培训。岗前安全培训主要内容：

（一）国家、民航的安全生产方针、政策；

（二）有关安全生产的法律、法规、规章和标准；

（三）安全管理概念和安全管理体系知识；

（四）专业安全生产管理和安全生产技术；

（五）民用航空器事故、事故征候、民航空管不安全事件的报告以及处理；

（六）典型航空不安全事件的案例分析；

（七）岗位安全职责和操作规程；

（八）其他履行岗位安全职责所需的内容。

第三十八条　民航空管从业人员年度培训应当在岗前培训内容的基础上，根据年度安全管理工作特点和要求，结合本单位实际，增加有关风险管理、应急处置、案例分析、安全形势等培训事项。

第三十九条　当出现下列情况时，民航空管运行单位应当进行专项安全培训：

（一）管理体制和生产任务发生重大变化；

（二）相关法律、法规、规章、标准、程序发生重大变化；

（三）采用新技术、使用新设备；

（四）运行环境变化且存在安全风险。

第四十条　民航空管从业人员岗前安全培训的时间不得少于24小时，年度培训的时间不得少于12小时，专项培训时间根据实际情况确定。

第六章　安全信息和文档的管理

第四十一条　民航空管运行单位应当建立安全信息和文档管理制度，对涉及安全管理工作的情况、运行状况和相关数据、民航空管不安全事件以及资料等应当分类归档，妥善保存。

民航空管运行单位不得擅自修改相关数据和文档记录。

第四十二条　民航空管运行单位应当对下列涉及民航空管安全管理工作的数据和文档保存不得少于6年：

（一）年度安全工作管理目标、指标、计划及完成情况；

（二）安全教育和培训及其考核档案；

（三）安全管理会议的有关记录；

（四）安全审计、安全评估、安全检查及整改情况；

（五）本单位发生的民航空管不安全事件；

（六）安全奖励和处罚。

第四十三条　民航空管运行单位对超过保存期限的安全信息和文档，应当按照规定处理。

第七章　监督检查

第四十四条　地区管理局对民航空管运行单位遵守有关法律、法规、规章和标准等情况进行定期和不定期监督检查。

民航空管运行单位以及个人对监督检查活动应当予以配合，不得拒绝、阻挠。

监督检查不得妨碍被监督检查单位的正常工作。

第四十五条　地区管理局履行监督检查职责时可以依法采取下列措施：

（一）制止违法行为；

（二）巡视、检查民航空管运行现场（包括证件、资料、设施、设备等）和民航空管从业人员的工作过程；

（三）约见或者询问民航空管运行单位主要负责人和其他有关人员；

（四）调阅、摘抄、复制、封存、扣押有关资料、物品；

（五）抽样取证。

第四十六条　地区管理局对民航空管运行单位进行监督检查中发现的重大安全隐患，应当责令有关单位立即排除;对监督检查中发现的安全管理缺陷或安全隐患,应当向有关单位提出限期整改建议;对监督检查中发现的违法行为,应当立即制止,依法进行处罚。

第八章 法律责任

第四十七条 民航空管运行单位违反本规则第十条规定的,由地区管理局责令限期改正;逾期未改正的,对其主要负责人处以警告或者人民币 200 元以上 1000 元以下罚款,并对单位处以警告或者 1 万元以上 3 万元以下罚款。

第四十八条 相关单位违反本规则第十六条、第十七条规定的,由地区管理局责令限期改正;逾期未改正的,对其主要负责人处以警告或者人民币 200 元以上 1000 元以下罚款,并对单位处以警告或者 1 万元以上 3 万元以下罚款。

第四十九条 民航空管运行单位违反本规则第四十一条规定的,由地区管理局责令限期改正;逾期未改正的,对单位处以警告或者 5000 元以上 1 万元以下罚款。

第九章 附 则

第五十条 本规则自 2011 年 1 月 1 日起施行。

民用航空气象探测环境管理办法

(2010 年 9 月 6 日中国民航局局务会议通过　2010 年 9 月 20 日
民航局令第 203 号　自 2011 年 1 月 1 日起施行)

第一章　总　则

第一条　为了保证民用航空气象探测环境符合探测要求，确保民用航空气象探测信息具有代表性、准确性和比较性，保证民用航空飞行安全，根据《中华人民共和国气象法》和《国务院对确需保留的行政审批项目设定行政许可的决定》，制定本办法。

第二条　民用航空气象探测环境是指为避开干扰，保证民用航空气象探测设施准确获得气象探测信息所必需的环境。

民用航空气象探测设施是指下列用于民用航空气象探测的场地、仪器、设备及其附属设施：

（一）气象观测场、气象观测平台；

（二）自动气象观测系统、自动气象站；

（三）天气雷达；

（四）风廓线雷达。

第三条　本办法适用于运输机场民用航空气象探测环境的选择、审批和保护。

第四条　除气象观测场和气象观测平台外的民用航空气象探测设施，其探测环境未经民航局批准，该设施不得投入使用。

第五条　中国民用航空局（以下简称民航局）对民用航空气象探测环境实行统一管理。

中国民用航空地区管理局（以下简称地区管理局）负责本辖区民用航空气象探测环境的监督管理工作。

第六条　建设项目法人负责民用航空气象设施探测环境的选择和申请。

第七条　在民用航空气象探测环境周边活动的单位和个人应依法对探测环境进行保护。

第二章　民用航空气象探测环境的选择条件

第八条　气象观测平台应当视野开阔，能目视主要起降跑道全貌和视野内的地平线。

第九条　气象观测场的观测环境应当符合下列规定：

（一）气象观测场的面积应当为 25×25 平方米，或者 16×16 平方米。

（二）气象观测场四周应当视野开阔、地势平坦、保证气流畅通，并符合下列要求：

1. 气象观测场围栏与四周孤立障碍物的距离不小于该障碍物高度的 3 倍或者障碍物遮挡仰角不

大于18.44°。

　　2. 气象观测场围栏与四周成排障碍物的距离不小于该障碍物高度的10倍或者障碍物遮挡仰角不大于5.71°。

　　3. 气象观测场围栏离湖泊、河、海等较大水体至少100米，观测场围栏四周10米范围内不能种植高度在1米以上的作物或者树木。

　　（三）气象观测场应当避开航空器发动机尾部气流和其他非自然气流的影响，不得安置在大面积水泥地面附近，以减少辐射的影响。

　　（四）气象观测场标高应当与跑道的标高相近。

　　（五）气象观测场土壤性质应当与附近地区的土壤性质一致。

　　第十条　自动气象观测系统、自动气象站的设置应当符合下列规定：

　　（一）温度、气压、湿度、风向、风速和天气现象传感器以及大气透射仪或者前散射仪，用于航空器着陆接地地带的，安装在跑道一侧距跑道中心线90～120米之间，并且距跑道入口端向内300米的适当位置；用于跑道停止端的，安装在跑道一侧距跑道中心线90～120米之间，并且距跑道停止端向内300米的适当位置。大气透射仪距跑道入口端和停止端的距离以大气透射仪接收端为准。

　　（二）用于跑道中间地带的风向风速传感器和大气透射仪或者前散射仪，安装在跑道一侧距跑道中心线90～120米之间，并且位于跑道中间地带。大气透射仪距跑道入口端和停止端的距离以大气透射仪接收端为准。

　　（三）云高仪安装在中指点标台附近并且避开航空器起飞和降落航线的位置。不能安装在中指点标台附近的，可以安装在航空器接地地带，但应当符合升降带的安全要求。

　　第十一条　天气雷达探测环境应当符合下列规定：

　　（一）天气雷达近距离范围内应当无高大建筑、山脉遮蔽。雷达主要探测方向（即天气系统的主要来向）的障碍物对天线的遮蔽仰角不得大于1°，其他方向的障碍物对天线的遮蔽仰角不得大于2°。水平张角不大于2°的孤立建筑物或者50公里以外山脉对天线的遮蔽仰角可以适当放宽。

　　（二）天气雷达应当避免受到电磁干扰和对其他设备造成干扰。

　　（三）天气雷达天线架设高度应当符合机场净空保护的要求。

　　（四）天气雷达的设置不应当遮蔽塔台管制员监视跑道、滑行道或者联络道上航空器活动情况的视线。

　　第十二条　风廓线雷达探测环境应当符合下列规定：

　　（一）风廓线雷达四周的障碍物对探测系统天线形成的遮蔽仰角应小于30°；

　　（二）建设场地应尽量远离高大建筑物、大树、山坡等遮蔽物，尽可能远离强电场、磁场物体，如高压线、变电器、其他发射天线等。

　　第十三条　天气雷达、风廓线雷达的无线电工作频率应当得到当地无线电管理机构的批准。

第三章　民用航空气象探测环境的申请和审批

　　第十四条　新建、迁建自动气象观测系统、自动气象站，应当就其选择的探测环境提出申请，填写和提交本办法附表一《自动气象观测系统、自动气象站探测环境申请表》，但安装在气象观测场内的自动气象站除外。

　　第十五条　新建、迁建天气雷达，应当就其选择的探测环境提出申请，并提供本办法附表二《天气雷达10000米范围内障碍物遮蔽角计算表》、附图一《天气雷达站环境平面图》、附图二《天气雷达站全向遮蔽角图》、电磁环境测量报告、机场所在地省（市、区）无线电管理机构关于天气雷达频率使用的证明文件。

第十六条　新建、迁建风廓线雷达，应当就其选择的探测环境提出申请，并分别提供符合本办法第十二条要求的证明材料以及机场所在地省（市、区）无线电管理机构关于风廓线雷达频率使用的证明文件。

第十七条　气象探测环境的申请应当报气象探测设施所在地的地区管理局。对于申请材料不齐全的，地区管理局应当在收到申请之后的 5 个工作日内一次性通知申请人需要补正的全部内容。逾期不通知视为在收到申请材料之日起受理。地区管理局应当在受理之日起的 20 个工作日内对申请材料进行初步审查并提出审查意见，报民航局审批。

第十八条　民航局自收到地区管理局上报的申请材料和初步审查意见后 20 个工作日内，对申请材料进行审核并做出决定。符合条件的，应当做出予以批准的决定，并在做出决定之日起 10 个工作日内，将许可决定文件送达申请人，并通知受理申请的地区管理局；不符合条件的，应当不予批准，并通知申请人和地区管理局，说明不予批准的原因。

第四章　民用航空气象探测环境的保护

第十九条　气象设备使用频率和电磁环境的保护，按照国家有关规定执行。

第二十条　禁止下列危害民用航空气象探测环境的行为：

（一）设置危害民用航空气象探测环境的障碍物；

（二）进行危害民用航空气象探测环境的取土、焚烧、放牧等活动；

（三）设置影响航空气象探测设施工作效能的电磁辐射装置；

（四）其他危害航空气象探测环境的行为。

第二十一条　实施机场新建、改建、扩建工程，应当避免破坏民用航空气象探测环境。

第五章　法律责任

第二十二条　从事气象探测环境管理工作的单位及其工作人员有下列情形之一的，对直接负责的主管人员和其他直接责任人员依法给予行政处分：

（一）对不符合本办法规定条件的申请人准予颁发许可的；

（二）对符合本办法规定条件的申请人不准予颁发许可或者不在规定期限内做出许可决定的；

（三）在办理行政许可和实施监督检查过程中，索取他人财物或者谋取其他利益的；

（四）不依法履行监督职责，造成严重后果的。

第二十三条　违反本办法第四条规定，民用航空气象探测环境未经批准即开始使用相应的民用航空气象探测设施的，由地区管理局责令停止使用，并对使用单位处以警告或 1 万元以上 3 万元以下的罚款。

第二十四条　被许可人以欺骗、贿赂等不正当手段获得气象探测环境许可的，由民航局撤销其许可，并处以警告或 1 万元以上 3 万元以下的罚款。

第二十五条　违反本办法第二十条规定，有危害民用航空气象探测环境行为的，由民航地区管理局责令停止违法行为、限期恢复原状或者采取其他补救措施；属于非经营性行为的，处以人民币 1000 元以下罚款；属于经营性行为并有违法所得的，处以违法所得一倍以上三倍以下但最高不超过人民币 3 万元的罚款；属于经营性行为但没有违法所得的，处以人民币 1 万元以下的罚款。

第六章　附　则

第二十六条　本办法自 2011 年 1 月 1 日起施行。2005 年 12 月 29 日中国民用航空总局令第 158 号公布的《民用航空气象探测环境管理办法》（CCAR－116）同时废止。

　　附表：一、自动气象观测系统、自动气象站探测环境申请表（略）

　　　　　二、天气雷达 10000 米范围内障碍物遮蔽角计算表（略）

　　附图：一、天气雷达站环境平面图（略）

　　　　　二、天气雷达站全向遮蔽角图（略）

　　　　　关于《民用航空气象探测环境管理办法》的修订说明（略）

民用航空空中交通管制培训管理规则

(2012 年 2 月 14 日中国民航局局务会议通过　2012 年 3 月 12 日民航局令第 211 号　自 2012 年 7 月 1 日起施行)

第一章　总　则

第一条　为规范民用航空空中交通管制人员培训工作，加强民用航空空中交通管制培训工作的管理，根据《中华人民共和国民用航空法》和《中华人民共和国飞行基本规则》，结合空中交通管制工作的实际情况，制定本规则。

第二条　本规则适用于从事民用航空空中交通管制工作以及空中交通管制培训工作的专业人员和机构。各民用航空空中交通管制单位（以下简称管制单位）和民用航空空中交通管制培训机构（以下简称管制培训机构）应当根据本规则，结合实际情况和需要，制定相应的培训、管理实施办法。

管制培训机构是指符合条件的担任基础培训的院校及其他空中交通管制培训机构。

第三条　民用航空空中交通管制培训（以下简称管制培训）分为管制基础培训（以下简称基础培训）和管制岗位培训（以下简称岗位培训）。

基础培训是为了使受训人具备从事管制工作的基本管制知识和基本管制技能，在符合条件的管制培训机构进行的初始培训。基础培训包括管制基础专业培训和管制基础模拟机培训。

岗位培训是为了使受训人适应岗位所需的专业技术知识和专业技能，在管制单位进行的培训。岗位培训包括资格培训、设备培训、熟练培训、复习培训、附加培训、补习培训和追加培训。

管制培训大纲由民航局统一制定。各管制单位和管制培训机构应当根据民航局制定的管制培训大纲并结合培训的具体类别和内容，制定培训计划并组织实施。

第四条　空中交通管制员执照申请人应当按照《民用航空空中交通管制员执照管理规则》的要求在申请前完成管制基础专业培训和资格培训。

空中交通管制员执照持有人申请增加或者变更执照类别签注应当在申请前完成相应类别的基础培训和资格培训。

空中交通管制员执照持有人申请特殊技能或者工作地点签注应当在申请前根据签注内容完成相应的岗位培训。

空中交通管制员执照持有人应当按照本规则完成设备培训、熟练培训、复习培训、附加培训和补习培训以满足《民用航空空中交通管制员执照管理规则》规定的经历要求。

第五条　中国民用航空局（以下简称民航局）负责全国民用航空空中交通管制培训工作的统一管理。民航地区管理局负责协调和监督管理本辖区民用航空空中交通管制培训工作。

第六条 管制培训机构负责基础培训工作的开展。

各管制单位具体负责本单位管制岗位培训工作的开展。

第七条 本规则中使用的部分术语含义见本规则附件一。

第二章   培训的组织与实施

第一节   基础培训的组织与实施

第八条 符合下列条件并得到认可的管制培训机构，可以从事为取得空中交通管制员执照而进行的空中交通管制培训活动：

（一）具有健全的培训管理制度。包括学员管理制度、教员管理制度、教学管理和考核制度、教学设施设备管理制度和档案管理制度。

（二）具有与开展培训种类和规模相适应的专职管理人员和教学人员。

（三）具有固定的、满足开展培训种类和规模要求的场地和设施。

（四）具有与开展培训种类和规模相适应的教学及模拟设备。

（五）具有符合培训大纲要求的管制培训教材。

（六）具有有效的管制培训质量管理制度。

第九条 从事基础培训的管制教员应当符合下列条件：

（一）爱岗敬业，责任心强，乐于教学，对受训人的表现评价客观、公正；

（二）善于总结、概括空管知识与技能，有良好的沟通、组织、协调和语言表达能力；

（三）具备理论和模拟机教学的技巧和能力；

（四）持有民用航空空中交通管制员执照；

（五）在管制岗位工作或者在管制培训岗位辅助工作1年以上。

第十条 基础培训教员由管制培训机构统一聘任、管理。管制培训机构应当及时将教员聘任情况报民航局和所在地区管理局备案。

第十一条 基础培训教员的职责如下：

（一）按照教学大纲进行培训并对教学质量负责；

（二）将培训种类所需要的管制知识、技能传授给受训人；

（三）适时对受训人进行评价，指出不足并提出改进意见；

（四）每次教学活动结束后，填写教学记录；

（五）对教学效果进行分析、研究，提出改进教学的意见。

第十二条 基础培训教员的权利如下：

（一）根据培训情况向培训机构提出培训建议；

（二）参加培训机构组织的提高培训；

（三）根据受训人培训情况做出通过、暂停、终止其培训的决定。

第十三条 开展基础培训应当符合以下规定：

（一）按照民航局的要求开展培训，并制定相应的培训计划；

（二）按照规定的种类和培训大纲开展培训工作；

（三）按照培训大纲规定的标准对受训人进行考试考核；

（四）适时对已完成的培训工作进行分析并评估，提出改进培训工作的意见，修订培训计划；

（五）使用符合行业标准的模拟训练设备；

（六）按照规定保存培训记录。

第十四条 培训机构应当向完成培训并通过考试考核的受训人颁发基础培训合格证。

基础培训合格证内容包括培训合格证编号、受训人姓名、照片、身份证号、培训种类、培训时间、培训单位签章等，具体样式见附件二。

培训机构应当及时将基础培训合格证的颁发情况报民航局和所在地区管理局备案。基础培训合格证颁发情况应便于民航地区管理局和管制单位查询。

第十五条 完成培训后，培训机构应当妥善保存基础培训记录。

基础培训的培训种类，教学计划，培训时间，教员名单，受训人名单，受训人的培训、考试、考核、评价等记录以及颁证情况等记录应当永久保存。

第二节 岗位培训的组织与实施

第十六条 管制单位的岗位培训职责如下：

（一）制定本管制单位的岗位培训计划，适时修改和补充，并组织实施；

（二）依据规定和岗位培训计划，拟定本管制单位的培训方案，并适时修改和补充；

（三）组织编写适用于本管制单位的管制岗位培训教材；

（四）选拔、聘任、培训本管制单位岗位培训教员，组建培训组；

（五）根据培训组的建议，对受训人做出结束培训、追加培训、暂停培训、继续培训或终止培训的决定；

（六）监督检查本管制单位培训计划的实施情况。

第十七条 管制单位开展岗位培训应当具备以下条件：

（一）具有健全的培训管理制度。包括受训人管理制度、岗位培训教员管理制度、培训管理和考核制度、质量管理制度、培训设施设备管理制度和培训记录管理制度。

（二）有指定的部门或者人员负责本管制单位的岗位培训工作。

（三）具有与开展岗位培训种类和受训人数相适应的岗位培训教员。

（四）具有满足开展岗位培训种类和规模要求的场地、设施、设备。

（五）具有符合培训大纲要求的岗位培训材料。

第十八条 岗位培训教员应当符合下列条件：

（一）爱岗敬业，责任心强，能够客观地对受训人的表现作出评价；

（二）持有有效的空中交通管制员执照，具有 5 年以上空中交通管制工作经历；

（三）在教学内容相关的管制岗位工作 2 年以上；

（四）有良好的组织、协调和语言表达能力；

（五）业务技能熟练，此前连续 3 年未因本人原因导致严重差错（含）以上事件。

第十九条 管制单位岗位培训教员由本单位聘任，报地区管理局备案。

教员不再符合聘任条件或者不能正确履行教员职责的，原聘任单位应当及时解聘，并报地区管理局备案。

第二十条 从事模拟机培训的模拟机岗位培训教员，应当具备模拟机教学的技巧和能力，并通过民航局或者地区管理局组织的培训与考核。

第二十一条 岗位培训教员的职责如下：

（一）将自己所掌握的管制知识、技能传授给受训人；

（二）对受训人在受训期间的工作进行不间断的指导、监督，并对其正确与否负责；

（三）按照培训大纲进行培训并对培训质量负责；

（四）适时对受训人进行讲评，指出不足并提出改进措施，适时填写培训记录；

（五）适时开展工作技能检查和资格检查，在机场、进近、区域管制员每次实地操作和模拟培训后填写本规则附件三《培训/考核报告表》；

（六）对见习期满的见习管制员提出继续见习或转为正式管制员的建议；

（七）纠正受训人发出的管制指令或所做的协调、移交内容。

第二十二条　岗位培训教员享有下列权利：

（一）根据培训情况向管制单位提出受训人追加、继续和终止培训的建议；

（二）按照规定对受训人进行考核；

（三）参加教员再提高培训。

第二十三条　受训人在岗位培训期间，未经教员允许，不得擅自发出管制指令、进行管制移交或操作各种设备。

受训人在岗位培训期间违反规定，导致事故征候或事故的，所在单位应当根据情节轻重延长其培训时间或者终止其岗位培训。

第二十四条　开展岗位培训应当符合以下规定：

（一）按照规定制定相应的岗位培训计划；

（二）按照培训种类和培训大纲开展培训工作；

（三）按照培训大纲规定的标准对受训人进行考试考核；

（四）适时对已完成的培训工作进行分析、研究并评估，提出改进培训工作的意见；

（五）使用符合行业标准的模拟训练设备；

（六）按规定上报年度岗位培训情况；

（七）按照规定保存培训记录。

第二十五条　管制单位每年年底前应当将本单位的本年度培训完成情况和下一年度岗位培训计划报地区管理局。地区管理局每年 1 月份应当将本地区上一年度培训完成情况和本年度岗位培训安排的总体情况上报民航局。

同一地区管理局辖区内的多个管制单位有统一管理机构的，应当统一上报。

第二十六条　岗位培训应当在培训主管领导下按计划实施。

第二十七条　每种培训都应当成立培训组。进行资格培训时，每一培训组中只能有一名受训人；进行其他培训时，每一培训组中可有多名受训人；进行模拟操作和实地操作时，每名受训人应当有一名相应的岗位培训教员监督指导。

第二十八条　管制单位培训主管应当为每名受训人制定包括下列内容的培训计划：

（一）培训要求和预计完成时间；

（二）培训目标和内容；

（三）培训组的职责；

（四）受训人需要注意的事项。

第二十九条　培训组岗位培训教员应当根据培训计划编写培训材料和详细培训安排，并报管制单位培训主管。

第三十条　岗位培训过程中，管制单位培训主管应当随时注意培训进展情况，并做好下列工作：

（一）就培训组教员的建议做出决定；

（二）加强对培训过程的持续指导和监督，发现问题及时与培训组研究解决；

（三）考察岗位培训教员的工作和培训情况，及时撤换不能胜任的教员。

第三十一条 岗位培训教员和管制单位培训主管在培训过程中和培训结束后，应当对受训人的工作技能进行检查，并填写本规则附件五《岗位培训评估报告表》。

第三十二条 岗位培训检查方式可采取书面测验、口头提问、模拟和实地操作等方式。

第三十三条 岗位培训检查过程中涉及检查员的工作，按照《民用航空空中交通管制检查员管理办法》执行；涉及执照检查工作，按照《民用航空空中交通管制员执照管理规则》执行。

第三十四条 完成培训后，受训人所在管制单位应当妥善保存每位受训人岗位培训记录。

岗位培训的培训计划，培训内容，岗位培训教员，培训情况，考试考核、评价，培训结论等记录应当至少保存10年。记录中应当包括本规则附件三《培训/考核报告表》、附件四《岗位培训实施时间表》、附件五《岗位培训评估报告表》。

第三十五条 管制单位应当为本单位管制人员在申请执照或者执照注册时出具培训证明。

第三章　基础培训

第三十六条 管制基础专业培训是为了使受训人了解、掌握从事管制工作的基本知识和基本技能而进行的培训，是进入岗位培训和获得管制员执照的前提条件。

管制基础模拟机培训是为了使受训人掌握从事特定类别管制工作的基本知识和基本技能而进行的培训，是增加管制执照特定类别签注的前提条件。管制基础模拟机培训包括雷达管制基础模拟机培训和其他管制基础模拟机培训。

第三十七条 基础培训应当按照规定的培训大纲开展培训。

管制基础专业培训应当在不短于1年的时间内完成至少800小时的学习。管制基础专业培训可以在学历教育期间完成。航空情报、签派等相关专业培训合格的学员转入管制专业学习的，管制基础专业培训时间可以适当减少，但不得少于200小时。

雷达管制基础模拟机培训应当在不短于2个月的时间内完成至少240小时的学习，其中每人管制席位上机时间不得少于60小时。其他管制基础模拟机培训时间由民航局另行制定。管制基础模拟机培训可以在受训人进入管制单位后或者学历教育期间完成。

第三十八条 参加管制基础专业培训的受训人应当满足以下条件：

（一）具备从事管制工作的身体条件；

（二）理工科专业在读或者毕业；

（三）具备从事管制工作的心理素质和能力；

（四）能正确读、听、说、写汉语，口齿清楚，无影响双向无线电通话的口吃和口音；

（五）具备一定的英语基础。

第三十九条 开展管制基础模拟机培训上机训练时，基础培训教员与受训人比例不得低于1/2。

第四章　岗位培训

第一节　一般规定

第四十条 岗位培训的目的是使受训人获得在空中交通管制岗位工作的能力与资格。受训人完成管制基础专业培训后，方可参加岗位培训。

第四十一条 岗位培训应当按照相应的岗位培训大纲进行。

第四十二条 岗位培训方式通常包括课堂教学、模拟操作和岗位实作三部分。

岗位培训由管制单位培训主管负责。管制单位培训主管应当按照本规则附件四《岗位培训实施时间表》制定相应的岗位培训实施计划，并在岗位培训完成后填写本规则附件五《岗位培训情况评估报告表》。

第二节　资格培训

第四十三条　资格培训是使受训人具备在管制岗位工作的能力，并获得独立上岗工作资格所进行的培训。资格培训的上岗培训时间不得少于 1000 小时。

第四十四条　进行雷达管制岗位资格培训前，受训人应当经过符合条件的雷达管制基础模拟机培训，通过考核，取得培训合格证。

第四十五条　资格培训应当按本规则附件六《资格培训流程图》的程序进行。

第三节　设备培训

第四十六条　设备培训是使受训人具备熟练使用新安装、以前未使用过或虽然使用过但现已有所更改的空中交通管制设备能力的培训。

第四十七条　设备培训的对象为每个具备有关管制岗位工作资格且使用该设备的管制员和见习管制员。

第四十八条　受训人未经设备培训具备相应设备使用能力，不得使用新安装、以前未使用过或虽然使用过但现已有所更改的空中交通管制设备。

第四十九条　设备培训的内容包括：设备的基本工作原理和构成，功能及正确的操作方法，以及使用注意事项和禁止性规定。

第五十条　设备培训时间的长短可以根据设备原理和操作的复杂程度由管制单位自行确定。

第四节　熟练培训

第五十一条　熟练培训是指受训人连续脱离管制岗位工作一定时间后，恢复管制岗位工作前须接受的培训。熟练培训应当符合下列要求：

（一）连续脱离该岗位 90 天以下的，由管制单位培训主管决定其是否需要进行熟练培训以及培训时间。经培训主管决定免于岗位熟练培训的，应当熟悉在此期间发布、修改的有关资料、程序和规则。

（二）连续脱离岗位超过 90 天未满 180 天的，应当在岗位培训教员的监督下进行不少于 40 小时的熟练培训。

（三）连续脱离岗位 180 天以上未满 1 年的，应当在岗位培训教员的监督下进行不少于 60 小时的熟练培训。

（四）连续脱离岗位 1 年以上的，应当在岗位教员的监督下进行不少于 100 小时的熟练培训。

第五十二条　熟练培训内容包括：

（一）了解脱岗期间发布的法规和规定；

（二）掌握本管制单位程序规则的变化；

（三）熟悉管制工作环境；

（四）恢复管制知识和技能。

第五节　复习培训

第五十三条　复习培训是使空中交通管制员熟练掌握应当具备的知识和技能，提供大流量和复杂气象条件下的管制服务，并能处理工作中遇到的设备故障和航空器突发的不正常情况所进行的培训。

第五十四条　空中交通管制员每年至少应当进行一次复习培训和考核。机场、进近、区域管制员模拟机培训时间不少于40小时。实施雷达管制的管制单位管制员在满足40小时雷达管制模拟机培训的基础上，可以根据实际情况适当减少程序管制模拟机培训时间，但不得少于20小时。

第五十五条　复习培训包括正常、非正常情况下空中交通管制知识和技能的培训。机场、进近、区域管制员非正常情况下的空中交通管制知识和技能培训，至少应当包括下列内容：

（一）航空器在运行过程中突发的非正常情况：

1. 航空器无线电失效；

2. 航空器座舱失压；

3. 航空器被劫持；

4. 航空器飞行能力受损；

5. 航空器空中失火；

6. 航空器空中放油；

7. 航空器迷航。

（二）空管设备运行过程中突发的非正常情况：

1. 二次雷达失效，用一次雷达替代二次雷达工作；

2. 雷达全部失效，由雷达管制转换到程序管制；

3. 其他设备故障。

第五十六条　飞行服务、运行监控管制员的复习培训由管制员所在单位确定复习培训的内容和时间。

第六节　附加培训

第五十七条　附加培训是在新的或修改的程序、规则开始实施前，为使管制员熟悉新的或修改过的程序、规则进行的培训。管制单位培训主管应当根据程序、规则变化的程度，决定培训内容和所需时间。

第五十八条　附加培训应当采取下列方法：

（一）组织相关人员学习，并进行考试；

（二）进行模拟培训，确保正确掌握新的或修改过的程序、规则；

（三）适时进行岗位演练。

模拟培训和岗位演练，应当在组织理论学习后进行。

第五十九条　附加培训需要由两个或两个以上单位联合进行时，应当明确组织单位和负责人。

第七节　补习培训

第六十条　补习培训是指为改正管制员工作技能存在缺陷而进行的培训，补习培训由管制单位培训主管根据情况组织实施。

第六十一条　补习培训应当采用下列方法：

（一）组织受训人学习有关文件、规定、程序，并进行考试；

（二）组织模拟培训，并进行考试。

第六十二条　管制员经过补习培训，未通过补习培训考试的，管制单位应当暂停该管制员在其岗位工作。

第八节　追加培训

第六十三条　追加培训是指由于受训人本人原因，未能按本章第二节至第七节的规定通过培训，应当增加的培训。

第六十四条　追加培训时间为预计培训时间的 1/4 至 1/3。每种培训的追加培训最多连续不得超过 2 次，否则管制单位应当终止培训，并暂停该管制员在其岗位工作，并重新进行相应种类的培训。追加培训的结果要记入本规则附件五《岗位培训评估报告表》。

第五章　监督检查

第六十五条　民航地区管理局对基础培训监督检查的内容包括：
（一）是否按照规定的种类开展基础培训；
（二）是否符合基础培训机构应当具备的条件；
（三）教员的聘任和管理是否符合规定要求；
（四）培训计划制定、考试考核、记录保存情况；
（五）专业基础培训的学员筛选、模拟设备、教学内容、教员学员比是否满足要求；
（六）基础培训合格证的发放和管理是否符合要求。

第六十六条　民航地区管理局对岗位培训监督检查的内容包括：
（一）是否正确履行了岗位培训的职责；
（二）是否具备开展相应岗位培训所需的条件；
（三）教员的聘任、管理和履行职责情况；
（四）培训计划制定、考试考核、记录保存情况；
（五）岗位培训的组织实施情况。

第六十七条　民航地区管理局监督检查，可以采取现场检查、抽查培训记录和档案、要求书面报告、向受训人和教员征求意见等方式进行。

第六章　法律责任

第六十八条　管制培训机构违反本规则规定，有下列情形之一的，由民航地区管理局责令限期改正，并处以警告；情节严重或者逾期未整改的，对单位处以 1 万元以上 3 万元以下的罚款：
（一）未按照规定的种类开展培训活动的；
（二）未建立教员管理制度、实施教员聘任或者管理不符合要求的；
（三）未制定培训计划、实施考试考核或者保存记录的；
（四）专业基础培训的学员筛选、模拟设备、教学内容、教员学员比不符合要求的。

第六十九条　组织岗位培训的管制单位违反本规则规定有下列情形之一的，由民航地区管理局责令限期改正，并处以警告；情节严重的或者逾期未改正的，对单位处以 1 万元以上 3 万元以下罚款：
（一）未正确履行岗位培训职责的；
（二）不符合开展相应岗位培训条件的；
（三）教员的使用管理情况不符合要求的；
（四）未制定培训计划或者未将教员情况备案的；

（五）未组织实施岗位培训、考试考核或者未按要求保存相关记录的。

第七章　附　则

第七十条　本规则自 2012 年 7 月 1 日起施行。1998 年 8 月 1 日公布的《中国民用航空空中交通管制岗位培训管理规则》（民航总局令第 79 号）同时废止。

附件：一、定义（略，详情请登录民航局网站）

二、民用航空空中交通管制基础培训合格证（略，详情请登录民航局网站）

三、培训/考核报告表（略，详情请登录民航局网站）

培训/考核要素检查单（略，详情请登录民航局网站）

四、岗位培训实施时间表（略，详情请登录民航局网站）

五、岗位培训评估报告表（略，详情请登录民航局网站）

六、资格培训流程图（略，详情请登录民航局网站）

《民用航空空中交通管制培训管理规则》的修订说明（略，详情请登录民航局网站）

民用航空情报培训管理规则

(2012 年 2 月 14 日中国民航局局务会议通过 2012 年 3 月 12 日
民航局令第 212 号 自 2012 年 7 月 1 日起施行)

第一章 总 则

第一条 为规范民用航空情报人员培训工作，加强对民用航空情报培训工作的管理，根据《中华人民共和国民用航空法》，结合民用航空情报工作的实际情况，制定本规则。

第二条 本规则适用于从事民用航空情报工作以及民用航空情报培训工作的专业人员和机构。各民用航空情报服务机构和民用航空情报培训机构（以下简称航空情报培训机构）应当根据本规则，结合实际情况和需要，制定相应的培训、管理实施办法。

航空情报培训机构是指符合条件的担任基础培训的院校及其他民用航空情报培训机构。

第三条 民用航空情报培训分为民用航空情报基础培训和民用航空情报岗位培训。

民用航空情报基础培训（以下简称基础培训）是为了使受训人具备从事民用航空情报工作的基本知识和基本技能，在符合条件的航空情报培训机构进行的初始培训。

民用航空情报岗位培训（以下简称岗位培训）是为了使受训人适应岗位所需的专业技术知识和专业技能，由民用航空情报服务机构组织进行的培训。岗位培训包括岗位资格培训、业务提高培训和新技术培训。

民用航空情报培训大纲由民航局统一制定。各民用航空情报服务机构和航空情报培训机构应当根据民航局制定的情报培训大纲并结合培训的具体类别和内容，制定培训计划并组织实施。

第四条 民用航空情报员执照申请人应当按照《民用航空情报员执照管理规则》的要求在申请前完成基础培训和岗位资格培训。

民用航空情报员执照持有人应当按照本规则完成业务提高培训和新技术培训以满足《民用航空情报员执照管理规则》规定的经历要求。

第五条 中国民用航空局（以下简称民航局）负责全国民用航空情报培训工作的统一管理。民航地区管理局负责协调和监督、管理本辖区民用航空情报培训工作。

第六条 航空情报培训机构负责基础培训工作的开展。

各民用航空情报服务机构具体负责本单位航空情报培训工作的开展。

第七条 本规定中使用的部分术语含义见本规则附件一。

第二章 培训的组织与实施

第一节 基础培训的组织与实施

第八条 符合下列条件并得到认可的航空情报培训机构，可以从事为取得民用航空情报员执照而进行的航空情报培训活动：

（一）具有健全的培训管理制度。包括学员管理制度、教员管理制度、教学管理和考核制度、培训质量管理制度、教学设施设备管理制度和档案管理制度。

（二）具有与开展培训规模相适应的专职管理人员和教学人员。

（三）具有固定的、满足开展培训规模要求的场地和设施。

（四）具有与开展培训规模相适应的教学及实验设备。

（五）具有符合培训大纲要求的民用航空情报培训教材、民用航空情报出版物。

第九条 从事基础培训的教员应当符合下列条件：

（一）爱岗敬业，责任心强，乐于教学，对受训人的表现评价客观、公正；

（二）善于总结、概括民用航空情报知识与技能，有良好的沟通、组织、协调和语言表达能力；

（三）具备理论和实践教学的技巧和能力；

（四）持有民用航空情报员执照；

（五）在民用航空情报岗位工作或者在民用航空情报培训岗位辅助工作 1 年以上。

第十条 基础培训教员由航空情报培训机构统一聘任、管理。航空情报培训机构应当及时将教员聘任情况报民航局和所在地区管理局备案。

第十一条 基础培训教员的职责如下：

（一）按照教学大纲进行培训并对教学质量负责；

（二）将培训所需要的民用航空情报知识、技能传授给受训人；

（三）适时对受训人进行评价，指出不足并提出改进意见；

（四）每次教学活动结束后，填写教学记录；

（五）对教学效果进行分析、研究，提出改进教学的意见。

第十二条 基础培训教员的权利如下：

（一）根据培训情况向培训机构提出培训建议；

（二）参加培训机构组织的提高培训；

（三）根据受训人培训情况做出通过、暂停、终止其培训的决定。

第十三条 开展基础培训应当符合以下规定：

（一）按照民航局的要求开展培训，并制定相应的培训计划；

（二）按照培训大纲开展培训工作；

（三）按照培训大纲规定的标准对受训人进行考试考核；

（四）适时对已完成的培训工作进行分析并评估，提出改进培训工作的意见，修订培训计划；

（五）按照规定保存培训记录。

第十四条 航空情报培训机构应当向完成培训并通过考试考核的受训人颁发民用航空情报基础培训合格证。

民用航空情报基础培训合格证内容包括培训合格证编号、受训人姓名、照片、身份证号、培训内容、培训时间、培训单位签章等，具体样式见附件二。

培训机构应当及时将民用航空情报基础培训合格证的颁发情况报民航局和所在地区管理局备案。民用航空情报基础培训合格证颁发情况应便于民航地区管理局和民用航空情报服务机构查询。

第十五条　完成培训后，培训机构应当妥善保存基础培训记录。

基础培训的培训内容、教学计划、培训时间、教员名单、受训人名单，受训人的培训、考试、考核、评价等记录以及颁证情况等记录应当永久保存。

第二节　岗位培训的组织与实施

第十六条　民用航空情报服务机构的岗位培训职责如下：

（一）制定本单位的岗位培训计划，适时修改和补充，并组织实施；

（二）依据规定和岗位培训计划，拟定本单位的培训方案，并适时修改和补充；

（三）组织编写适用于本单位的民用航空情报岗位培训教材；

（四）选拔、聘任、培训本单位民用航空情报岗位培训教员，组建培训组；

（五）根据培训组的建议，决定结束培训、追加培训、暂停培训、继续培训或终止培训；

（六）检查本单位培训计划的实施情况。

第十七条　民用航空情报服务机构开展岗位培训应当具备以下条件：

（一）具有健全的培训管理制度。包括受训人管理制度、岗位培训教员管理制度、培训管理和考核制度、质量管理制度、培训设施设备管理制度和培训记录管理制度。

（二）有指定的部门或者人员负责本单位的岗位培训工作。

（三）具有与开展岗位培训和受训人数相适应的岗位培训教员。

（四）具有满足开展岗位培训规模要求的场地、设施、设备。

（五）具有符合培训大纲要求的岗位培训材料和民用航空情报出版物。

第十八条　岗位培训教员应当符合下列条件：

（一）爱岗敬业，责任心强，能够客观地对受训人的表现作出评价；

（二）持有有效民用航空情报员执照并在民用航空情报服务岗位工作 3 年以上；

（三）在现行岗位工作 2 年以上；

（四）有良好的组织、协调和语言表达能力；

（五）业务技能熟练，此前连续 2 年未因本人原因导致飞行事故征候（含）以上事件。

第十九条　民用航空情报服务机构岗位培训教员由本单位聘任，报地区管理局备案。

教员不再符合聘任条件或者不能正确履行教员职责的，原聘任单位应当及时解聘，并报地区管理局备案。

第二十条　岗位培训教员的职责如下：

（一）将自己所掌握的民用航空情报知识、技能传授给受训人；

（二）对受训人在受训期间的工作进行不间断的指导、监督，并对其正确与否负责；

（三）按照培训大纲进行培训并对培训质量负责；

（四）适时对受训人进行讲评，指出不足并提出改进措施，适时填写培训记录。

第二十一条　岗位培训教员享有下列权利：

（一）根据培训情况向民用航空情报服务机构提出受训人结束培训的建议；

（二）纠正受训人的工作；

（三）按照规定对受训人进行考核；

（四）参加教员再提高培训。

第二十二条　受训人在岗位培训期间未经教员允许，不得提供民用航空情报服务或操作各种设备。

受训人在岗位培训期间违反规定，导致事故征候或事故的，所在单位应当根据情节轻重延长其培训时间或者终止其岗位培训。

第二十三条 开展岗位培训应当符合以下规定：

（一）按照规定制定相应的岗位培训计划；

（二）按照培训大纲开展培训工作；

（三）按照培训大纲规定的标准对受训人进行考试考核；

（四）适时对已完成的培训工作进行分析、研究并评估，提出改进培训工作的意见；

（五）按规定上报年度岗位培训情况；

（六）按照规定保存培训记录。

第二十四条 民用航空情报服务机构每年年底前应当将本单位的本年度培训完成情况和下一年度岗位培训计划报地区管理局。地区管理局每年1月份应当将本地区上一年度培训安排的总体情况上报民航局。

同一地区管理局辖区内的多个民用航空情报服务机构有统一管理单位的，应当统一上报。

第二十五条 岗位培训应当在培训主管领导下按计划实施。

第二十六条 实施民用航空情报人员岗位培训，应当成立培训组。培训组应当为每一位受训人制定培训计划，培训计划应当包括培训的种类、内容、方式、时间、地点，受训人、培训机构、培训教员、培训主管、管理机构以及其他应当说明的事项。进行模拟操作和实际操作时，每名受训人应当有一名相应的岗位培训教员监督指导。

第二十七条 岗位培训结束后应当进行检查，检查工作由培训主管和培训教员共同实施。

培训主管应当对受训人做出追加培训、终止培训或者培训合格的结论。

第二十八条 岗位培训结束后，培训主管应当填写本规定附件三规定的《受训人岗位培训登记表》并存入民用航空情报人员技术档案。

第二十九条 完成培训后，受训人所在民用航空情报服务机构应当妥善保存每位受训人岗位培训记录。

岗位培训的培训计划，培训内容，岗位培训教员，培训情况，考试考核、评价，培训结论等记录应当至少保存10年。

第三十条 民用航空情报服务机构应当为本单位民用航空情报人员在申请民用航空情报员执照或者执照注册时出具培训证明。

第三章　基础培训

第三十一条 基础培训是为了使受训人了解掌握从事民用航空情报工作的基本知识和基本技能而进行的培训，是进入岗位培训和获得民用航空情报员执照的前提条件。

第三十二条 基础培训应当按照规定的培训大纲实施。

基础培训的时间不得少于800小时，可以在学历教育期间完成。管制、签派等相关专业培训合格的学员转入民用航空情报专业学习的，基础培训时间可以适当减少，但不得少于200小时。

第三十三条 参加基础培训的受训人应当满足以下条件：

（一）具备从事民用航空情报工作的身体条件；

（二）具备从事民用航空情报工作的心理素质和能力；

（三）口齿清楚，无色盲等缺陷；

（四）具备一定的英语基础。

第四章　岗位培训

第三十四条　岗位资格培训是指为受训人掌握必需的业务知识和技能，取得在民用航空情报岗位独立工作的资格而进行的培训。

岗位资格培训时间不得少于 1000 小时。

第三十五条　业务提高培训是对民用航空情报员提高业务知识和技能的培训。

业务提高培训每 2 年至少进行 1 次，培训的时间和内容应当由民用航空情报服务机构根据受训人和民用航空情报工作的实际需要确定。

第三十六条　新技术培训是指为掌握民用航空最新的科学技术、技术标准或者设备使用而进行的不定期培训。

第三十七条　岗位资格培训、业务提高培训和新技术培训完成后，应当通过相应的考核。

第五章　监督检查

第三十八条　民航地区管理局对基础培训监督检查的内容包括：

（一）是否符合基础培训机构应当具备的条件；

（二）教员的聘任和管理是否符合要求；

（三）培训计划制定、考试考核、记录保存情况；

（四）基础培训的学员筛选、教学内容是否满足要求；

（五）民用航空情报基础培训合格证的发放和管理是否符合要求。

第三十九条　民航地区管理局对岗位培训监督检查的内容包括：

（一）是否正确履行了岗位培训的职责；

（二）是否具备开展相应岗位培训所具备的条件；

（三）教员的聘任、管理和履行职责情况；

（四）培训计划制定、考试考核、记录保存情况；

（五）岗位培训的组织实施情况。

第四十条　民航地区管理局监督检查可以采取现场检查、抽查培训记录和档案、要求书面报告、向受训人和教员征求意见等方式进行。

第六章　法律责任

第四十一条　航空情报培训机构违反本规则规定，有下列情形之一的，由民航局责令限期改正，并处以警告；情节严重或者逾期未整改的，对单位处以 1 万元以上 3 万元以下的罚款：

（一）实施教员聘任或者管理不符合要求的；

（二）未制定培训计划、实施考试考核或者保存记录的；

（三）基础培训的学员筛选、教学内容不符合本规则规定的。

第四十二条　组织岗位培训的民用航空情报服务机构违反本规则规定有下列情形之一的，由民航地区管理局责令限期改正，并处以警告；情节严重或者逾期未整改的，对单位处以 1 万元以上 3 万元以下的罚款：

（一）未正确履行岗位培训职责的；

（二）不符合开展相应岗位培训条件的；

（三）教员的使用管理情况不符合要求的；

（四）未制定培训计划或者未将教员情况备案的；

（五）未组织实施岗位培训、考试考核或者未按要求保存相关记录的。

第七章　附　则

第四十三条　本规则自 2012 年 7 月 1 日起施行。2002 年 3 月 20 日公布的《民用航空航行情报人员岗位培训管理规定》（民航总局令第 106 号）同时废止。

附件：一、定义（略，详情请登录民航局网站）

二、民用航空情报基础培训合格证（略，详情请登录民航局网站）

三、受训人岗位培训登记表（略，详情请登录民航局网站）

《民用航空情报培训管理规则》的修订说明（略，详情请登录民航局网站）

营业税改征增值税试点期间航空运输企业增值税征收管理暂行办法

(2013 年 2 月 6 日国家税务总局公告 2013 年第 7 号　自 2012 年 9 月 1 日起施行)

第一条　为了规范营业税改征增值税试点期间航空运输企业增值税征收管理，根据《交通运输业和部分现代服务业营业税改征增值税试点实施办法》（财税〔2011〕111 号，以下简称《试点实施办法》）、《总分机构试点纳税人增值税计算缴纳暂行办法》（财税〔2012〕84 号）和现行增值税有关规定，制定本办法。

第二条　经财政部和国家税务总局批准，按照《总分机构试点纳税人增值税计算缴纳暂行办法》计算缴纳增值税的航空运输企业，适用本办法。

第三条　航空运输企业的总机构（以下简称总机构），应当汇总计算总机构及其分支机构发生《应税服务范围注释》所列业务的增值税应纳税额，抵减分支机构发生《应税服务范围注释》所列业务已缴纳的增值税和营业税税款后，向其机构所在地主管税务机关申报纳税。

第四条　总机构汇总的应征增值税销售额由以下两部分组成：

（一）总机构及其试点地区分支机构发生《应税服务范围注释》所列业务的应征增值税销售额。

（二）非试点地区分支机构发生《应税服务范围注释》所列业务的销售额。计算公式为：

销售额＝应税服务的营业额÷（1＋增值税适用税率）

应税服务的营业额是指非试点地区分支机构发生《应税服务范围注释》所列业务的营业额。增值税适用税率是指《试点实施办法》规定的增值税适用税率。

总机构应按照增值税现行规定核算汇总的应征增值税销售额。

第五条　总机构汇总的销项税额按照本办法第四条规定的应征增值税销售额和《试点实施办法》规定的增值税适用税率计算。

第六条　总机构汇总的进项税额是指总机构及其分支机构因发生《应税服务范围注释》所列业务而购进货物或者接受加工、修理、修配劳务和应税服务，支付或者负担的增值税税额。总机构和分支机构用于发生《应税服务范围注释》所列业务之外的进项税额不得汇总。

非试点地区分支机构发生《应税服务范围注释》所列业务而购进货物或者接受加工、修理、修配劳务和应税服务，应当索取增值税扣税凭证。

第七条　试点地区分支机构发生《应税服务范围注释》所列业务，按照应征增值税销售额和预征率计算缴纳增值税，按月向主管税务机关申报纳税，不得抵扣进项税额。计算公式为：

应缴纳的增值税＝应征增值税销售额×预征率

试点地区分支机构销售货物和提供加工、修理、修配劳务，按照增值税暂行条例及相关规定申报缴纳增值税。

第八条　非试点地区分支机构发生《应税服务范围注释》所列业务，按照现行规定申报缴纳营业税。

第九条　试点地区分支机构，应按月将当月《应税服务范围注释》所列业务的应征增值税销售额、进项税额和已缴纳的增值税税额归集汇总，填写《航空运输企业试点地区分支机构传递单》（附件1），报送主管国税机关签章确认后，于次月10日前传递给总机构。

非试点地区分支机构，应按月将当月《应税服务范围注释》所列业务的营业税应税营业额、已缴纳的营业税税额以及取得的进项税额归集汇总，填写《航空运输企业非试点地区分支机构传递单》（附件2），报送主管国税机关和地税机关签章确认后，于次月10日前传递给总机构。

第十条　总机构的增值税纳税期限为一个季度。

第十一条　总机构应当依据《航空运输企业试点地区分支机构传递单》和《航空运输企业非试点地区分支机构传递单》，计算当期发生《应税服务范围注释》所列业务的增值税应纳税额，抵减分支机构发生《应税服务范围注释》所列业务当期已缴纳的增值税和营业税税款后，向其主管税务机关申报纳税。抵减不完的，可以结转下期继续抵减。计算公式为：

总机构当期应纳税额＝当期汇总销项税额－当期汇总进项税额

总机构当期应补（退）税额＝总机构当期应纳税额－当期试点地区分支机构已缴纳的增值税税额－当期非试点地区分支机构已缴纳的营业税税额

第十二条　总机构及其分支机构一律由机构所在地主管国税机关认定为增值税一般纳税人。

第十三条　总机构应当在开具增值税专用发票的次月申报期结束前向主管税务机关报税。

总机构及其分支机构取得的增值税扣税凭证应当按照有关规定到主管国税机关办理认证或者申请稽核比对。

总机构汇总的进项税额应当在季度终了后的第一个申报期内申报抵扣。

第十四条　分支机构所在地主管税务机关应定期对其纳税情况进行检查。

试点地区分支机构发生《应税服务范围注释》所列业务申报不实的，就地按适用税率全额补征增值税；非试点分支机构发生《应税服务范围注释》所列业务申报不实的，按照现行规定补征营业税。主管税务机关应将检查情况及结果发函通知总机构所在地主管国税机关。

第十五条　总机构及其分支机构的其他增值税涉税事项，按照《试点实施办法》及现行增值税有关政策执行。

附件：1. 航空运输企业试点地区分支机构传递单

　　　 2. 航空运输企业非试点地区分支机构传递单

（以上附件略，详情请登录税务总局网站）

第七编　邮政政策法规

邮政业发展"十二五"规划

(国家邮政局 二〇一一年七月)

邮政业是现代服务业的重要组成部分,邮政网络是国家重要的通信基础设施,在促进国民经济和社会发展、保障公民基本通信权利等方面,发挥着十分重要的作用。为了深入贯彻落实科学发展观,促进邮政业又好又快发展,更好地适应经济社会发展和人民生活需要,依据《中华人民共和国邮政法》(以下简称《邮政法》),按照《国民经济和社会发展第十二个五年规划纲要》精神和《交通运输"十二五"发展规划》的总体安排,结合我国邮政业改革和发展实际,制定邮政业发展"十二五"规划。

一、现状与形势

"十一五"时期,我国邮政业改革与发展实现了历史性突破,以《邮政法》颁布实施为标志,邮政业法律、法规体系初步形成,政府监管、行业自律、社会监督的邮政监管体系基本建立,两岸实现全面直接通邮。"十二五"时期是邮政业全面贯彻落实科学发展观,转变发展方式,深化改革,加快发展,更好地满足经济社会发展和人民生活需要的重要时期。

(一)"十一五"回顾

"十一五"期间,我国邮政业持续快速发展,市场秩序进一步规范,信息化水平逐步提升,服务能力和服务水平稳步提高,总体规模迅速扩大,"十一五"规划确定的主要目标基本完成。2010年,邮政业业务总量累计完成1286亿元(按2010年不变单价计算),年均增长17%。邮政业业务收入累计完成1280亿元(不含邮政储蓄直营收入,下同),年均增长15%。邮政业从业人员116.5万人,比"十五"末增长33.5万人。全国邮政局所总数达4.8万个。邮政普遍服务业务量达到260亿件,比"十五"末增长10%。

1. 邮政体制改革顺利实施

根据国务院《邮政体制改革方案》,2007年,重组国家邮政局,组建中国邮政集团公司,实现了政企分开的改革目标,建立了企业独立自主经营、政府依法监管的新邮政体制,推动了邮政普遍服务保障和监督机制的转变,为邮政业又好又快发展奠定了坚实的基础。2007年,成立中国邮政储蓄银行,邮政储蓄改革稳步推进。2010年,组建中国邮政速递物流股份有限公司,初步形成邮政速递物流专业化、集约化、规模化发展的新机制。邮政体制改革取得重大进展。

2. 行业发展环境明显改善

2009年,修订后的《邮政法》颁布实施。以《邮政法》为基础,《邮政普遍服务监督管理办法》、《快递市场管理办法》、《快递业务经营许可管理办法》等相配套的邮政业法律、法规体系初步形成,行业规划、政策、标准等陆续出台,为邮政业发展创造了良好环境。国家邮政局划归交通运输部管理,为邮政业依托综合交通运输平台、加快发展带来了新机遇。中国快递协会成立,加强了行业自律,促进了政府、企业与用户之间的交流和沟通,完善了快递管理体制和市场机制。

3. 普遍服务保障力度显著加大

《邮政法》明确规定国家保障邮政普遍服务,要求各级政府采取措施给予保障和支持。《邮政普遍服务监督管理办法》、《邮政普遍服务标准》规定了邮政普遍服务的基本内容和要求,邮政普遍服务监督体系初步建立。五年来,国家对邮政企业提供邮政普遍服务、特殊服务给予补贴,实行税收优惠政策,减轻邮政企业运营负担,实施西部邮政普遍服务网点改造和空白乡镇邮政局所补建,增强了西部和农村地区的邮政服务能力。国家出台相关政策,支持邮政企业服务"三农"。同时,各级地方政府也对邮政普遍服务给予了政策和资金扶持。

4. 快递服务持续快速发展

《邮政法》明确了快递企业的法律地位,《快递市场管理办法》、《快递业务经营许可管理办法》规定了经营快递业务的基本规范,促进了快递服务的快速发展,初步形成多种所有制并存、多元主体竞合、多层次服务共生的快递市场发展格局。2010 年,我国快递业务收入达 575 亿元,年均增长19%,占邮政业业务收入的比重达到 45%。快递网络、服务领域和产品种类不断拓展,快递服务与产业链、供应链和服务链的联系更加密切,促进生产和服务民生的基础性作用日益显现。

5. 科技应用水平逐步提升

邮政业信息化水平、标准化水平、运行维护能力大幅提高。自动化分拣技术、无线传输技术、车辆运输跟踪定位技术、影像监控技术等广泛应用。手持终端和无线录入设备等进一步普及。企业信息化建设明显加快,实物传递网的技术改造和升级稳步推进,网络运营和管理水平显著提高。邮政业标准化体系初步形成。

"十一五"期间,我国邮政业虽然取得了显著成就,但整体上还不能适应经济社会发展和人民群众多层次需求,制约发展的体制性、机制性障碍还有待突破,邮政改革需进一步深化。邮政普遍服务的保障和监督机制有待完善,基础网络薄弱,服务水平有待提高。企业竞争力不强,专业人才不足,服务质量亟待提高。政府监管能力有待加强,市场秩序需要进一步规范。

(二)"十二五"形势

"十二五"时期是我国邮政业实现科学发展的战略机遇期。国际金融危机使世界经济环境发生深刻变化,世界经济衰退导致全球邮政业增速放缓。虽然受到国际金融危机的不利影响,但我国经济社会发展长期向好的基本态势没有根本改变,经济和社会发展对邮政业的需求依然强劲,机遇和挑战并存,为邮政业转变发展方式、调整产业结构、实现快速发展提供了有利时机。

1. 世界经济增长速度放缓,邮政业发展面临挑战

世界经济受国际金融危机的后续影响,实现复苏将经历一个缓慢复杂的过程。发达国家受经济衰退的影响,邮政增长速度将保持较低水平,甚至可能出现负增长。由于世界经济增长速度减缓,跨国快递公司受国际金融危机影响更甚。邮政业发展速度也将受到影响,尤其对国际业务发展带来严峻挑战。

2. 信息技术迅猛发展,推动邮政业增长方式深度调整

随着互联网的普及和电子邮件的广泛使用,世界邮政业长期赖以生存的信件业务不断萎缩,业务量下滑趋势加快。而包裹、快递和物流业务规模不断扩大,在业务收入中所占比重逐年增加。邮政业增长方式面临调整,由以信件增长为主转向以包裹、快递和物流增长为主,并从单一的寄递服务模式向多元化综合服务模式转变,对我国邮政业传统的增长方式带来了挑战。

3. 国民经济长期平稳较快发展,带动我国邮政业快速增长

"十二五"时期,我国发展仍处于可以大有作为的重要战略机遇期,工业化、信息化、城镇化、

市场化和国际化深入发展，转变发展方式、调整经济结构将推动国民经济长期平稳较快发展。伴随经济规模不断扩大和国际经济贸易往来更加密切，信息交流、物品递送和资金流通等活动更加频繁，对寄递服务的需求持续快速增长，邮政业发展潜力巨大。

4. 国家加快推进基本公共服务均等化进程，对邮政普遍服务提出更高要求

邮政普遍服务是国家基本公共服务的重要组成部分，也是发展较为薄弱的领域，还不能适应经济社会发展和人民群众日益增长的需要。必须加快推进邮政公共服务均等化进程，努力提高邮政普遍服务能力和水平，适应国民经济和社会发展新形势，顺应人民群众对邮政普遍服务的新期待，充分发挥出服务民生的基础性作用。

5. 社会生产和消费方式转变，使快递服务成为行业发展新的增长点

电子商务、网络购物等新型业态迅猛发展，推动大众生活消费方式向个性化转变。社会对个性化生产、服务和配送的需求迅速增长，成为拉动邮政业发展的引擎。邮政业通过提供个性化的快递物流配送服务，加入社会生产与消费的产业链、供应链和服务链，成为其中的重要环节。邮政业与电子商务和制造业的融合更加紧密，三者将形成相互依存、相互促进、共同发展的新格局。

6. 综合交通运输体系一体化发展，为邮政业提升效能创造了条件

"十二五"时期，我国将基本建成以"五纵五横"为主骨架的综合交通运输网络，基本建成国家快速铁路网和国家高速公路网，扩大和优化民用航空网络，初步建成网络设施配套衔接、技术装备先进适用、运输服务安全高效的综合交通运输体系。为邮政业依托综合交通运输平台加强设施建设、完善服务网络、增加运力供给、提升传递速度提供有力保障。

7. 邮政市场进一步开放，市场竞争呈现新特点

随着我国邮政市场准入制度的确立，快递企业获得更大的市场发展空间。民间资本加速进入邮政市场，企业兼并重组加剧，产业集中度将进一步提高。快递企业的网络由城市向发达地区农村扩展，激烈的竞争将促进农村地区邮政服务水平的提升。一些快递企业由区域性网络运营向全国性网络运营转变，由单一寄递运营商向综合性快递物流运营商转型，竞争地域由大城市及东部经济发达地区，向中小城市和中西部地区扩张。

总体上看，"十二五"时期，我国邮政业的发展条件和动力正在发生深刻变化，邮政业进入了必须以转型升级促发展的新阶段。大力发展我国邮政业，满足经济社会发展和人民群众生活需要，向惠民强业的战略目标迈进，显得尤为重要和紧迫。

二、指导思想和发展目标

（一）指导思想

以邓小平理论和"三个代表"重要思想为指导，深入贯彻落实科学发展观，全面实施《邮政法》，以惠民强业为战略目标，以转型升级为核心，深化邮政改革，优化发展环境，增强服务能力，满足社会需求，推进向现代邮政业转变。强化基础网络，健全保障机制，完善服务功能，提升服务水平，推进邮政公共服务均等化。加快发展步伐，做强国有邮政，做大快递企业，增强竞争能力，实现邮政业跨越式发展。

贯穿一条主线。以转变邮政业发展方式为主线，深化邮政改革，充分发挥市场的资源配置作用，促进邮政业转型升级。着力推进体制和机制创新，从单一的寄递服务模式向多元化综合服务模式转变，满足社会日益增长的个性化生产、服务和配送需求；从传统服务领域向与电子商务和制造业等相关产业融合发展转变，融入社会生产与消费的产业链、供应链和服务链；从粗放式经营向集约式经营转变，推动建立现代企业制度，提高企业经营管理水平。

构建两个体系。构建覆盖城乡、惠及全民、水平适度、可持续发展的邮政普遍服务体系，增强政府保障公共服务的能力。构建便捷高效、竞争有序、技术先进、服务优质的快递服务体系，打造快递产业竞争新优势。

实现三大目标

加快发展步伐。做大邮政业规模，实现业务收入翻一番，对国民经济的贡献率有所提高。

提高服务水平。优化邮政和快递服务网络布局，提供高效便捷优质的服务，满足经济社会发展和人民群众的用邮需求。

增强竞争能力。推动邮政业转型升级，支持企业做大做强，把邮政业培育成现代服务业新的增长点。

(二)"十二五"发展指标

1. 总体指标

到2015年，邮政业业务收入比"十一五"末翻一番。其中，快递业务收入比"十一五"末增长1.5倍，占邮政业业务收入的比重达到55%。"十二五"期间，全行业新增就业岗位40万个以上。

专栏1　邮政业"十二五"发展总体指标

指标	2010年	规划目标	
		2015年	年均增长
邮政业业务总量	1286亿元 (按2010年不变单价计算)	2620亿元 (按2010年不变单价计算)	15%
普遍服务业务量	260亿件	287亿件	2%
快递业务量	24亿件	61亿件	21%
邮政业业务收入	1280亿元	2580亿元	15%
快递业务收入	575亿元	1430亿元	20%

2. 普遍服务

服务能力。提升邮政普遍服务终端能力，重点加强农村邮政设施建设。基本完成空白乡镇邮政局所和行政村村邮站建设，做到乡乡设所、村村通邮。推进城镇居民楼信报箱建设，有效提升信报箱覆盖水平。

服务水平。邮政局所平均服务人口达到2.2万人。邮件全程时限、投递频次和深度不低于《邮政普遍服务标准》的要求。城镇居民楼投递插箱到户，农村投递到村邮站。全国邮政普遍服务满意度平均75分以上。

3. 快递服务

服务能力。引导和鼓励企业在全国物流节点城市建设快件处理中心、航空及陆运集散中心。重点快递企业在直辖市和省会城市网点覆盖率达98%，省辖市网点覆盖率达90%以上。有条件的快递企业形成自主航空运输能力。揽收分拣运输投递等环节的信息化、机械化、标准化水平大幅提升。

服务水平。构建多品种、个性化服务的产品体系，提高当日递、次晨达等限时产品的比重。重点快递企业省会及重点城市间快件72小时投递率90%以上。重点快递企业快件跟踪查询和信息反馈的便利性、及时性和准确性大幅提升。

服务质量。重点快递企业达到《快递服务标准》。快件延误率降低到千分之八、损毁率降低到万分之一、丢失率降低到十万分之五以下。快递服务的社会用户总体满意度达到70分以上。

4. 企业培育

做强国有邮政，做大快递企业。到2015年，中国邮政集团公司整体运营规模进入世界500强，培育出5个以上年业务收入超百亿，具有较强竞争力的大型快递企业。

三、主要任务

（一）深化邮政主业改革

继续推进邮政普遍服务业务与竞争性业务分业经营分账核算。建立科学透明的邮政普遍服务收支核算与补贴制度。完善邮政普遍服务运营保障。建立现代企业制度，推动邮政速递物流上市，实现资本化运作，集约化管理，规模化运营。推动邮政企业体制创新，实施结构优化、资源整合、机制转换、科技引领战略，做大做强，充分发挥国有邮政的骨干作用。

专栏2　邮政转型升级工程

· 调整企业运营模式、网络结构和产品结构，从粗放向集约经营转变。

· 加强南京航空集散中心、重点区域分拨中心和配送中心建设。

· 充分发挥邮政综合服务平台作用，发展农村邮政物流和储蓄、保险、票务、政务等代理代办业务。

· 改造邮政电子商务信息平台，开发安全电子邮件、电子邮戳和邮政电子商务支付等系统，开发电子邮政业务应用。

· 推进农村邮政物流配送工程。加强农村物流配送信息系统和配送仓储中心建设，加快形成流通成本低、运行效率高、服务"三农"的邮政物流配送网络。

· 推动企业加强自动化、信息化、标准化建设，提升管理和运营效率。

（二）完善行业法规体系

贯彻落实《邮政法》，健全完善行业法律、法规体系。推动出台《邮政企业专营业务范围的规定》和《邮政普遍服务基金征收、使用和监督管理办法》。制定《邮政行业统计管理办法》等配套规章，修订《邮政普遍服务监督管理办法》和《快递市场管理办法》。完善地方法规体系，研究制定一批地方邮政法规和规章，积极推进各省（区、市）邮政条例修订工作。

（三）提高普遍服务水平

健全邮政基础设施投资保障机制，加强邮政基础网络建设，增强邮政普遍服务能力。完善邮政普遍服务补贴机制，加快建立邮政普遍服务基金，形成责权统一的邮政普遍服务保障与监督机制。大力提高中西部和农村地区邮政普遍服务水平，缩小城乡和区域间普遍服务水平差距。推动发达地区普遍服务达到更高的标准和水平。适时修订《邮政普遍服务标准》。增强机要通信保密安全和服务能力，提高党报党刊发行服务质量。

专栏3　普遍服务建设工程

空白乡镇邮政局所补建	在2012年之前基本完成全国约6000个空白乡镇邮政局所补建
城乡局所改造	完成2万个城乡邮政局所标准化、电子化改造
邮政进社区	依托6000个示范性城市综合社区服务设施,开办邮政代办代投业务
村邮户箱建设	建设20万个行政村村邮站 实施城镇居民楼信报箱配套建设,推进信报箱更新补建
邮件处理中心新建及改造	新建和改扩建邮件处理中心,调整功能布局,加强运力资源投入,提升邮运能力

专栏4　机要通信建设工程（略）

（四）促进快递转型升级

鼓励快递企业创新运行机制,推动企业功能整合和服务延伸,融入产业链、供应链和服务链,加快向综合型快递物流运营商转型。大力促进快递服务与电子商务协同发展,提高快递服务对国内国际网购的支撑能力,培育产业新的增长点。推进快递物流园区建设,实现产业集聚、功能集成和经营集约。鼓励企业拓展网络,优化布局,完善运营机制,提高网络覆盖率和稳定性。引导企业转变竞争方式,由偏重价格竞争向服务品质竞争转变,提升服务品质,打造服务品牌。

专栏5　快递转型升级工程

自主快递航空运输网建设	依托综合交通运输体系强化航空运力保障,提升网络运行效率,打造两个以上一体化的国内自主快递航空运输网络
快递物流园区建设	按照国家《物流业调整与振兴规划》关于重点物流区域和全国性物流节点城市规划布局,在华北、东北、山东半岛、长三角、东南沿海、珠三角、中部、西北和西南九大重点物流区域建设快递物流中心和快递物流园区;支持快递企业在北京、天津、沈阳、济南、上海、南京、杭州、厦门、广州、深圳、郑州、武汉、西安、重庆、成都15个重要物流节点城市建设快件处理中心、航空及陆运集散中心等设施,提升运营能力;形成以重点物流区域和重要快递节点城市为基础,以航空进出境通道以及综合交通运输体系为支撑的全国快递物流网络布局
航空快件绿色通道建设	在北京、青岛、大连、上海、杭州、南京、广州、深圳和厦门等重点城市,建设航空快件绿色通道
企业信息化建设	加快企业信息系统开发应用和改造升级换代,推进企业业务创新、服务创新、管理创新和流程优化,提高企业信息化水平

续表

产业联动发展	以快递产业与关联产业融合联动、协同发展为目标，推动快递服务向产业上下游延伸，积极融入产业链、供应链和服务链； 构建快递企业与大型制造企业、电子商务企业合作发展平台； 建设适应制造业和电子商务发展的快递配送体系，形成若干具有区域优势、网络覆盖全国的电子商务快递服务联合体； 大力发展生产性快递物流服务，鼓励快递企业与世界著名企业和国内大型制造企业建立长期稳定的战略合作关系
绿色发展	鼓励企业采用环保材料和节能技术，实现绿色环保低碳运营

（五）强化行业监督管理

加强普遍服务监督检查，研究建立服务水平监测和综合评价体系，开展普遍服务综合绩效考核，保障普遍服务有效实施。实施快递经营许可制度，规范市场主体行为，营造公平竞争的市场环境。强化执法监督和行业自律，规范市场行为，建立公平公正、竞争有序的市场秩序。监督寄递企业落实寄递物品安全责任制，履行服务安全承诺，切实保障寄递渠道安全。完善监管机构设置，加强邮政监管组织保障，健全政府监管、行业自律、社会监督的邮政行业监管体系。

专栏6　邮政业安全与监管工程

公共服务信息化系统	以实现邮政业公共服务信息化为目标，建设以行业监测分析、政务公开、行政执法和社会应急等为重点内容的公共服务信息化平台； 建立行政许可、诚信管理、安全管理、时限监测、消费者申诉、公众满意度评价、资费及邮编查询、名址信息等公共服务子系统； 完善管理和服务手段，提高行业管理、公共服务和社会应急的信息化和一体化水平
安检设备	加强邮政安全监管，在大型处理中心的重要生产环节配备符合国家标准的安全检查设备

四、政策措施

（一）建立长效机制，保障普遍服务水平

研究建立邮政基础设施建设长效机制。明确邮政基础设施建设重点，推动邮政基础设施建设纳入地方城乡规划。积极争取对邮政普遍服务基础设施建设的资金支持。按照统筹规划、条块结合、分层负责、联合建设的思路，积极探索中央和地方共投共建邮政基础设施的模式，发挥地方政府积极性，扩大投资规模，加快建设速度，完善服务网络。

完善邮政普遍服务保障和监督机制。建立保障邮政普遍服务的长效机制。推动完善邮政普遍服务亏损补贴预算制度。制定邮政普遍服务补贴资金使用监督管理办法，加强补贴资金使用的专项监督，确保补贴资金用到实处。加快建立邮政普遍服务基金，制定邮政普遍服务基金征收、使用和监督管理办法，切实加强普遍服务运营保障。贯彻落实国家对西藏、四省藏区和新疆等特殊地区的政策措施。

建立普遍服务综合绩效考核机制。健全邮政普遍服务年度监管报告制度，研究建立邮政普遍服务综合评估制度，对邮政普遍服务质量和服务水平、基础设施建设资金使用效果、财政补贴资金使用情况等进行综合考核评估。

健全服务"三农"长效机制。支持邮政企业大力发展农村邮政物流，着力打造管理集约化、网络规模化、服务社会化的现代农村邮政物流综合服务平台。支持邮政企业发展农业生产资料、日用消费品、医药产品、中小学教材等连锁配送服务。

（二）加大政策扶持，提高综合服务能力

推动建立现代企业制度。推进邮政企业转型升级，构建产权明晰、责权明确、政企分开、管理科学的现代企业制度，实现管理科学化、现代化。支持企业拓宽融资渠道，完善治理结构，健全管控体系，改革用工和薪酬制度。积极发展代理代办业务，提高基础网络运营效益，实现邮政普遍服务业务与竞争性业务互促共进。

完善政策法规配套。推动出台《邮政企业专营业务范围的规定》，保障邮政普遍服务，维护邮政通信和信息安全。推动将邮运地下通道、邮件处理设施等纳入火车站、机场等交通枢纽配套设施，争取各级政府给予用地、建设投资等方面的支持。协调解决城市局所的配套建设问题，适应城镇化对邮政普遍服务提出的新要求。

推动邮政服务中小企业。研究制定相关政策，鼓励邮政企业发挥金融、营销和物流等方面的综合优势，增强能力建设，增加服务品种，支持中小企业发展。

（三）加快产业培育，做大快递企业规模

完善政策保障。推动落实国家鼓励发展产业目录的相关配套政策。推动制定快递企业生产用地扶持政策。推进落实快递企业在用电、用水、用气、用热与工业同价政策。协调解决快递车辆通行、临时停车作业难等问题。推动快递企业与民航企业信息互联互通，开辟重点城市航空快件绿色通道。协调推动快递企业信用融资制度的建立，开辟多种融资渠道。鼓励以参股、控股、合资、合作等方式进行快递企业重组，提高产业集中度。

推动快递与电子商务、制造业联动发展。促进快递配送网络与电子商务网络和企业物流网络一体化协同发展。引导快递企业发展分销配送、供应链服务和一体化物流，积极承接生产和商贸企业的外包服务。推动建立快递企业与电子商务、制造业企业合作发展机制，加强信息沟通、标准对接和业务联动。

支持快递企业"走出去"。支持快递企业跨境、跨国经营，鼓励快递企业通过自建合作并购等方式设立境外分支机构，延伸服务网络，实施国际化发展战略。利用中美、中欧等政府间对话机制，搭建中外企业交流平台，借鉴国际先进经验。为企业"走出去"提供有关市场准入、法律及法规、投资环境和经济政策等信息咨询和服务。

（四）加强监督管理，优化市场竞争环境

规范市场准入。认真贯彻执行《快递业务经营许可管理办法》，严格许可条件，完善配套制度，规范快递代理行为，维护市场秩序。积极创造条件，开放邮政管理部门和快递企业相关系统端口，方便企业申请快递业务经营许可证。

规范企业经营行为。按照《邮政普遍服务监督管理办法》、《快递市场管理办法》等要求，加快完善配套制度。严格普遍服务营业场所撤销和业务停办的审批。建立快递企业等级评定和信用分级管理制度，促进快递市场健康发展。督促企业严格落实快递业务操作指导规范，确保快递服务质量。制定代收货款的操作流程和风险控制措施，规范快递代理。加大对快递企业经营的监督检查力度，制止各种违法、违规经营行为，做到合法入市，守法经营，有序退出，维护国家利益和消费者合法权益。

加强行业安全监管。协助做好寄递渠道的安全监管工作，制定并施行邮政行业安全防范标准，强化企业安全防范，保障寄递渠道安全。重点防范利用寄递渠道进行恐怖、贩毒和传播反动宣传品等违法犯罪活动。指导企业建立严格的收寄验视制度和应急保障制度。使用信息技术和现代化装备，加强安全监管。加强对快递市场信息的分析研究，做好行业安全预测工作。

加强行业应急管理。制定邮政业突发事件应急体系建设规划。完善修订邮政业突发事件应急预案。建立应急管理指挥平台。加强应急物资的筹备与管理，建立应急物资储备及调配方案。

（五）依托交通平台，推动产业协同发展

推动设施建设同步配套。依托大交通平台，优化资源配置，支持邮政业发展，积极推动与综合交通运输体系的顺畅对接。在公路航空铁路客货运枢纽的布局中，推动邮政和快递服务网点、处理中心及作业枢纽设施建设的同步配套，促进综合交通运输平台的集约利用。

推进互利合作。鼓励邮政和快递企业与运输企业合作，实现资源与优势互补。依托邮政和快递网络，扩大代办代售网络，加大代理票务力度。推行公路甩挂运输方式，推进公路客运班线代运邮件和快件试点。研究推进在铁路客货运线路加载邮件和快件车厢，增开行邮专列。推动增加邮件和快件的航空运力供给。

（六）强化人才培养，提高队伍综合素质

健全完善人才培养体系。积极实施人才强邮战略，加快人才教育培养体系建设。大力推进校企合作，探索建立职业教育、高等教育和在职培训鉴定相衔接的教育培养模式。推动建立技能人才教育与公共实训基地，完善专业人才远程培训网络。

大力提升人才队伍素质。统筹推进各类人才队伍建设，加快培养行业发展急需的高层次经营管理人才、专业技术人才和技能型人才。重点实施快递人才培养工程。组织和推动快递企业各级各类专业技术人员参加职称评审。实施国家职业资格证书制度，积极开展邮政业特有工种职业分类和技能鉴定。

（七）推广科技应用，提升科学发展能力

推动新技术的应用。提高企业自动化、标准化、信息化应用水平。促进物联网等相关技术的应用，鼓励企业使用跟踪查询、全球定位系统、地理信息系统、单元化装载、自动识别、电子数据交换和可视化等技术。鼓励企业采用仓储运输、装卸搬运、分拣包装等专用技术装备，提高企业劳动生产率和运营效率。

提高科技和标准化水平。加强科技基础工作，制定邮政行业科技发展规划。加快制定基础类、服务类、产品类、技术类和信息类等国家和行业标准，完善行业标准化体系。加快行业标准的推广和应用，鼓励企业采用标准化的包装、计量、车辆和信息代码，提高标准化水平。选择重点快递企业和快递物流园区开展标准化试点示范。鼓励开展科技交流合作，加强企业之间科技交流成果展示，推动邮政业科技发展和科技进步。

中华人民共和国邮政法

(1986 年 12 月 2 日第六届全国人民代表大会常务委员会第十八次会议通过
2009 年 4 月 24 日第十一届全国人民代表大会常务委员会第八次会议修订
根据 2012 年 10 月 26 日第十一届全国人民代表大会常务委员会第二十九次
会议《关于修改〈中华人民共和国邮政法〉的决定》修正)

第一章　总　则

第一条　为了保障邮政普遍服务，加强对邮政市场的监督管理，维护邮政通信与信息安全，保护通信自由和通信秘密，保护用户合法权益，促进邮政业健康发展，适应经济社会发展和人民生活需要，制定本法。

第二条　国家保障中华人民共和国境内的邮政普遍服务。

邮政企业按照国家规定承担提供邮政普遍服务的义务。

国务院和地方各级人民政府及其有关部门应当采取措施，支持邮政企业提供邮政普遍服务。

本法所称邮政普遍服务，是指按照国家规定的业务范围、服务标准和资费标准，为中华人民共和国境内所有用户持续提供的邮政服务。

第三条　公民的通信自由和通信秘密受法律保护。除因国家安全或者追查刑事犯罪的需要，由公安机关、国家安全机关或者检察机关依照法律规定的程序对通信进行检查外，任何组织或者个人不得以任何理由侵犯公民的通信自由和通信秘密。

除法律另有规定外，任何组织或者个人不得检查、扣留邮件、汇款。

第四条　国务院邮政管理部门负责对全国的邮政普遍服务和邮政市场实施监督管理。

省、自治区、直辖市邮政管理机构负责对本行政区域的邮政普遍服务和邮政市场实施监督管理。

按照国务院规定设立的省级以下邮政管理机构负责对本辖区的邮政普遍服务和邮政市场实施监督管理。

国务院邮政管理部门和省、自治区、直辖市邮政管理机构以及省级以下邮政管理机构（以下统称邮政管理部门）对邮政市场实施监督管理，应当遵循公开、公平、公正以及鼓励竞争、促进发展的原则。

第五条　国务院规定范围内的信件寄递业务，由邮政企业专营。

第六条　邮政企业应当加强服务质量管理，完善安全保障措施，为用户提供迅速、准确、安全、方便的服务。

第七条　邮政管理部门、公安机关、国家安全机关和海关应当相互配合，建立健全安全保障机制，加强对邮政通信与信息安全的监督管理，确保邮政通信与信息安全。

第二章　邮政设施

第八条　邮政设施的布局和建设应当满足保障邮政普遍服务的需要。

地方各级人民政府应当将邮政设施的布局和建设纳入城乡规划，对提供邮政普遍服务的邮政设施的建设给予支持，重点扶持农村边远地区邮政设施的建设。

建设城市新区、独立工矿区、开发区、住宅区或者对旧城区进行改建，应当同时建设配套的提供邮政普遍服务的邮政设施。

提供邮政普遍服务的邮政设施等组成的邮政网络是国家重要的通信基础设施。

第九条　邮政设施应当按照国家规定的标准设置。

较大的车站、机场、港口、高等院校和宾馆应当设置提供邮政普遍服务的邮政营业场所。

邮政企业设置、撤销邮政营业场所，应当事先书面告知邮政管理部门；撤销提供邮政普遍服务的邮政营业场所，应当经邮政管理部门批准并予以公告。

第十条　机关、企业、事业单位应当设置接收邮件的场所。农村地区应当逐步设置村邮站或者其他接收邮件的场所。

建设城镇居民楼应当设置接收邮件的信报箱，并按照国家规定的标准验收。建设单位未按照国家规定的标准设置信报箱的，由邮政管理部门责令限期改正；逾期未改正的，由邮政管理部门指定其他单位设置信报箱，所需费用由该居民楼的建设单位承担。

第十一条　邮件处理场所的设计和建设，应当符合国家安全机关和海关依法履行职责的要求。

第十二条　征收邮政营业场所或者邮件处理场所的，城乡规划主管部门应当根据保障邮政普遍服务的要求，对邮政营业场所或者邮件处理场所的重新设置作出妥善安排；未作出妥善安排前，不得征收。

邮政营业场所或者邮件处理场所重新设置前，邮政企业应当采取措施，保证邮政普遍服务的正常进行。

第十三条　邮政企业应当对其设置的邮政设施进行经常性维护，保证邮政设施的正常使用。

任何单位和个人不得损毁邮政设施或者影响邮政设施的正常使用。

第三章　邮政服务

第十四条　邮政企业经营下列业务：

（一）邮件寄递；

（二）邮政汇兑、邮政储蓄；

（三）邮票发行以及集邮票品制作、销售；

（四）国内报刊、图书等出版物发行；

（五）国家规定的其他业务。

第十五条　邮政企业应当对信件、单件重量不超过五千克的印刷品、单件重量不超过十千克的包裹的寄递以及邮政汇兑提供邮政普遍服务。

邮政企业按照国家规定办理机要通信、国家规定报刊的发行，以及义务兵平常信函、盲人读物和革命烈士遗物的免费寄递等特殊服务业务。

未经邮政管理部门批准，邮政企业不得停止办理或者限制办理前两款规定的业务；因不可抗力或者其他特殊原因暂时停止办理或者限制办理的，邮政企业应当及时公告，采取相应的补救措施，并向邮政管理部门报告。

邮政普遍服务标准，由国务院邮政管理部门会同国务院有关部门制定；邮政普遍服务监督管理的具体办法，由国务院邮政管理部门制定。

第十六条　国家对邮政企业提供邮政普遍服务、特殊服务给予补贴，并加强对补贴资金使用的监督。

第十七条　国家设立邮政普遍服务基金。邮政普遍服务基金征收、使用和监督管理的具体办法由国务院财政部门会同国务院有关部门制定，报国务院批准后公布施行。

第十八条　邮政企业的邮政普遍服务业务与竞争性业务应当分业经营。

第十九条　邮政企业在城市每周的营业时间应当不少于六天，投递邮件每天至少一次；在乡、镇人民政府所在地每周的营业时间应当不少于五天，投递邮件每周至少五次。

邮政企业在交通不便的边远地区和乡、镇其他地区，每周的营业时间以及投递邮件的频次，国务院邮政管理部门可以另行规定。

第二十条　邮政企业寄递邮件，应当符合国务院邮政管理部门规定的寄递时限和服务规范。

第二十一条　邮政企业应当在其营业场所公示或者以其他方式公布其服务种类、营业时间、资费标准、邮件和汇款的查询及损失赔偿办法以及用户对其服务质量的投诉办法。

第二十二条　邮政企业采用其提供的格式条款确定与用户的权利义务的，该格式条款适用《中华人民共和国合同法》关于合同格式条款的规定。

第二十三条　用户交寄邮件，应当清楚、准确地填写收件人姓名、地址和邮政编码。邮政企业应当在邮政营业场所免费为用户提供邮政编码查询服务。

邮政编码由邮政企业根据国务院邮政管理部门制定的编制规则编制。邮政管理部门依法对邮政编码的编制和使用实施监督。

第二十四条　邮政企业收寄邮件和用户交寄邮件，应当遵守法律、行政法规以及国务院和国务院有关部门关于禁止寄递或者限制寄递物品的规定。

第二十五条　邮政企业应当依法建立并执行邮件收寄验视制度。

对用户交寄的信件，必要时邮政企业可以要求用户开拆，进行验视，但不得检查信件内容。用户拒绝开拆的，邮政企业不予收寄。

对信件以外的邮件，邮政企业收寄时应当当场验视内件。用户拒绝验视的，邮政企业不予收寄。

第二十六条　邮政企业发现邮件内夹带禁止寄递或者限制寄递的物品的，应当按照国家有关规定处理。

进出境邮件中夹带国家禁止进出境或者限制进出境的物品的，由海关依法处理。

第二十七条　对提供邮政普遍服务的邮政企业交运的邮件，铁路、公路、水路、航空等运输企业应当优先安排运输，车站、港口、机场应当安排装卸场所和出入通道。

第二十八条　带有邮政专用标志的车船进出港口、通过渡口时，应当优先放行。

带有邮政专用标志的车辆运递邮件，确需通过公安机关交通管理部门划定的禁行路段或者确需在禁止停车的地点停车的，经公安机关交通管理部门同意，在确保安全的前提下，可以通行或者停车。

邮政企业不得利用带有邮政专用标志的车船从事邮件运递以外的经营性活动，不得以出租等方式允许其他单位或者个人使用带有邮政专用标志的车船。

第二十九条　邮件通过海上运输时，不参与分摊共同海损。

第三十条　海关依照《中华人民共和国海关法》的规定，对进出境的国际邮袋、邮件集装箱和国际邮递物品实施监管。

第三十一条　进出境邮件的检疫由进出境检验检疫机构依法实施。

第三十二条　邮政企业采取按址投递、用户领取或者与用户协商的其他方式投递邮件。

机关、企业、事业单位、住宅小区管理单位等应当为邮政企业投递邮件提供便利。单位用户地址变更的，应当及时通知邮政企业。

第三十三条　邮政企业对无法投递的邮件，应当退回寄件人。

无法投递又无法退回的信件，自邮政企业确认无法退回之日起超过六个月无人认领的，由邮政企业在邮政管理部门的监督下销毁。无法投递又无法退回的其他邮件，按照国务院邮政管理部门的规定处理。其中无法投递又无法退回的进境国际邮递物品，由海关依照《中华人民共和国海关法》的规定处理。

第三十四条　邮政汇款的收款人应当自收到汇款通知之日起六十日内，凭有效身份证件到邮政企业兑领汇款。

收款人逾期未兑领的汇款，由邮政企业退回汇款人。自兑领汇款期限届满之日起一年内无法退回汇款人，或者汇款人自收到退汇通知之日起一年内未领取的汇款，由邮政企业上缴国库。

第三十五条　任何单位和个人不得私自开拆、隐匿、毁弃他人邮件。

除法律另有规定外，邮政企业及其从业人员不得向任何单位或者个人泄露用户使用邮政服务的信息。

第三十六条　因国家安全或者追查刑事犯罪的需要，公安机关、国家安全机关或者检察机关可以依法检查、扣留有关邮件，并可以要求邮政企业提供相关用户使用邮政服务的信息。邮政企业和有关单位应当配合，并对有关情况予以保密。

第三十七条　任何单位和个人不得利用邮件寄递含有下列内容的物品：

（一）煽动颠覆国家政权、推翻社会主义制度或者分裂国家、破坏国家统一，危害国家安全的；

（二）泄露国家秘密的；

（三）散布谣言扰乱社会秩序，破坏社会稳定的；

（四）煽动民族仇恨、民族歧视，破坏民族团结的；

（五）宣扬邪教或者迷信的；

（六）散布淫秽、赌博、恐怖信息或者教唆犯罪的；

（七）法律、行政法规禁止的其他内容。

第三十八条　任何单位和个人不得有下列行为：

（一）扰乱邮政营业场所正常秩序；

（二）阻碍邮政企业从业人员投递邮件；

（三）非法拦截、强登、扒乘带有邮政专用标志的车辆；

（四）冒用邮政企业名义或者邮政专用标志；

（五）伪造邮政专用品或者倒卖伪造的邮政专用品。

第四章　邮政资费

第三十九条　邮政普遍服务业务资费、邮政企业专营业务资费、机要通信资费以及国家规定报刊的发行资费实行政府定价，资费标准由国务院价格主管部门会同国务院财政部门、国务院邮政管理部门制定。

邮政企业的其他业务资费实行市场调节价,资费标准由邮政企业自主确定。

第四十条 制定邮政普遍服务业务资费标准和邮政企业专营业务资费标准,应当听取邮政企业、用户和其他有关方面的意见。

邮政企业应当根据国务院价格主管部门、国务院财政部门和国务院邮政管理部门的要求,提供准确、完备的业务成本数据和其他有关资料。

第四十一条 邮件资费的交付,以邮资凭证、证明邮资已付的戳记以及有关业务单据等表示。

邮资凭证包括邮票、邮资符志、邮资信封、邮资明信片、邮资邮简、邮资信卡等。

任何单位和个人不得伪造邮资凭证或者倒卖伪造的邮资凭证,不得擅自仿印邮票和邮资图案。

第四十二条 普通邮票发行数量由邮政企业按照市场需要确定,报国务院邮政管理部门备案;纪念邮票和特种邮票发行计划由邮政企业根据市场需要提出,报国务院邮政管理部门审定。国务院邮政管理部门负责纪念邮票的选题和图案审查。

邮政管理部门依法对邮票的印制、销售实施监督。

第四十三条 邮资凭证售出后,邮资凭证持有人不得要求邮政企业兑换现金。

停止使用邮资凭证,应当经国务院邮政管理部门批准,并在停止使用九十日前予以公告,停止销售。邮资凭证持有人可以自公告之日起一年内,向邮政企业换取等值的邮资凭证。

第四十四条 下列邮资凭证不得使用:

(一)经国务院邮政管理部门批准停止使用的;

(二)盖销或者划销的;

(三)污损、残缺或者褪色、变色,难以辨认的。

从邮资信封、邮资明信片、邮资邮简、邮资信卡上剪下的邮资图案,不得作为邮资凭证使用。

第五章 损失赔偿

第四十五条 邮政普遍服务业务范围内的邮件和汇款的损失赔偿,适用本章规定。

邮政普遍服务业务范围以外的邮件的损失赔偿,适用有关民事法律的规定。

邮件的损失是指邮件丢失、损毁或者内件短少。

第四十六条 邮政企业对平常邮件的损失不承担赔偿责任。但是,邮政企业因故意或者重大过失造成平常邮件损失的除外。

第四十七条 邮政企业对给据邮件的损失依照下列规定赔偿:

(一)保价的给据邮件丢失或者全部损毁的,按照保价额赔偿;部分损毁或者内件短少的,按照保价额与邮件全部价值的比例对邮件的实际损失予以赔偿。

(二)未保价的给据邮件丢失、损毁或者内件短少的,按照实际损失赔偿,但最高赔偿额不超过所收取资费的三倍;挂号信件丢失、损毁的,按照所收取资费的三倍予以赔偿。

邮政企业应当在营业场所的告示中和提供给用户的给据邮件单据上,以足以引起用户注意的方式载明前款规定。

邮政企业因故意或者重大过失造成给据邮件损失,或者未履行前款规定义务的,无权援用本条第一款的规定限制赔偿责任。

第四十八条 因下列原因之一造成的给据邮件损失,邮政企业不承担赔偿责任:

(一)不可抗力,但因不可抗力造成的保价的给据邮件的损失除外;

(二)所寄物品本身的自然性质或者合理损耗;

(三)寄件人、收件人的过错。

第四十九条　用户交寄给据邮件后，对国内邮件可以自交寄之日起一年内持收据向邮政企业查询，对国际邮件可以自交寄之日起一百八十日内持收据向邮政企业查询。

查询国际邮件或者查询国务院邮政管理部门规定的边远地区的邮件的，邮政企业应当自用户查询之日起六十日内将查询结果告知用户；查询其他邮件的，邮政企业应当自用户查询之日起三十日内将查询结果告知用户。查复期满未查到邮件的，邮政企业应当依照本法第四十七条的规定予以赔偿。

用户在本条第一款规定的查询期限内未向邮政企业查询又未提出赔偿要求的，邮政企业不再承担赔偿责任。

第五十条　邮政汇款的汇款人自汇款之日起一年内，可以持收据向邮政企业查询。邮政企业应当自用户查询之日起二十日内将查询结果告知汇款人。查复期满未查到汇款的，邮政企业应当向汇款人退还汇款和汇款费用。

第六章　快递业务

第五十一条　经营快递业务，应当依照本法规定取得快递业务经营许可；未经许可，任何单位和个人不得经营快递业务。

外商不得投资经营信件的国内快递业务。

国内快递业务是指从收寄到投递的全过程均发生在中华人民共和国境内的快递业务。

第五十二条　申请快递业务经营许可，应当具备下列条件：

（一）符合企业法人条件；

（二）在省、自治区、直辖市范围内经营的，注册资本不低于人民币五十万元，跨省、自治区、直辖市经营的，注册资本不低于人民币一百万元，经营国际快递业务的，注册资本不低于人民币二百万元；

（三）有与申请经营的地域范围相适应的服务能力；

（四）有严格的服务质量管理制度和完备的业务操作规范；

（五）有健全的安全保障制度和措施；

（六）法律、行政法规规定的其他条件。

第五十三条　申请快递业务经营许可，在省、自治区、直辖市范围内经营的，应当向所在地的省、自治区、直辖市邮政管理机构提出申请，跨省、自治区、直辖市经营或者经营国际快递业务的，应当向国务院邮政管理部门提出申请；申请时应当提交申请书和有关申请材料。

受理申请的邮政管理部门应当自受理申请之日起四十五日内进行审查，做出批准或者不予批准的决定。予以批准的，颁发快递业务经营许可证；不予批准的，书面通知申请人并说明理由。

邮政管理部门审查快递业务经营许可的申请，应当考虑国家安全等因素，并征求有关部门的意见。

申请人凭快递业务经营许可证向工商行政管理部门依法办理登记后，方可经营快递业务。

第五十四条　邮政企业以外的经营快递业务的企业（以下简称快递企业）设立分支机构或者合并、分立的，应当向邮政管理部门备案。

第五十五条　快递企业不得经营由邮政企业专营的信件寄递业务，不得寄递国家机关公文。

第五十六条　快递企业经营邮政企业专营业务范围以外的信件快递业务，应当在信件封套的显著位置标注信件字样。

快递企业不得将信件打包后作为包裹寄递。

第五十七条 经营国际快递业务应当接受邮政管理部门和有关部门依法实施的监管。邮政管理部门和有关部门可以要求经营国际快递业务的企业提供报关数据。

第五十八条 快递企业停止经营快递业务的，应当书面告知邮政管理部门，交回快递业务经营许可证，并对尚未投递的快件按照国务院邮政管理部门的规定妥善处理。

第五十九条 本法第六条、第二十一条、第二十二条、第二十四条、第二十五条、第二十六条第一款、第三十五条第二款、第三十六条关于邮政企业及其从业人员的规定，适用于快递企业及其从业人员；第十一条关于邮件处理场所的规定，适用于快件处理场所；第三条第二款、第二十六条第二款、第三十五条第一款、第三十六条、第三十七条关于邮件的规定，适用于快件；第四十五条第二款关于邮件的损失赔偿的规定，适用于快件的损失赔偿。

第六十条 经营快递业务的企业依法成立的行业协会，依照法律、行政法规及其章程规定，制定快递行业规范，加强行业自律，为企业提供信息、培训等方面的服务，促进快递行业的健康发展。

经营快递业务的企业应当对其从业人员加强法制教育、职业道德教育和业务技能培训。

第七章 监督检查

第六十一条 邮政管理部门依法履行监督管理职责，可以采取下列监督检查措施：

（一）进入邮政企业、快递企业或者涉嫌发生违反本法活动的其他场所实施现场检查；

（二）向有关单位和个人了解情况；

（三）查阅、复制有关文件、资料、凭证；

（四）经邮政管理部门负责人批准，查封与违反本法活动有关的场所，扣押用于违反本法活动的运输工具以及相关物品，对信件以外的涉嫌夹带禁止寄递或者限制寄递物品的邮件、快件开拆检查。

第六十二条 邮政管理部门根据履行监督管理职责的需要，可以要求邮政企业和快递企业报告有关经营情况。

第六十三条 邮政管理部门进行监督检查时，监督检查人员不得少于二人，并应当出示执法证件。对邮政管理部门依法进行的监督检查，有关单位和个人应当配合，不得拒绝、阻碍。

第六十四条 邮政管理部门工作人员对监督检查中知悉的商业秘密，负有保密义务。

第六十五条 邮政企业和快递企业应当及时、妥善处理用户对服务质量提出的异议。用户对处理结果不满意的，可以向邮政管理部门申诉，邮政管理部门应当及时依法处理，并自接到申诉之日起三十日内作出答复。

第六十六条 任何单位和个人对违反本法规定的行为，有权向邮政管理部门举报。邮政管理部门接到举报后，应当及时依法处理。

第八章 法律责任

第六十七条 邮政企业提供邮政普遍服务不符合邮政普遍服务标准的，由邮政管理部门责令改正，可以处一万元以下的罚款；情节严重的，处一万元以上五万元以下的罚款；对直接负责的主管人员和其他直接责任人员给予处分。

第六十八条 邮政企业未经邮政管理部门批准，停止办理或者限制办理邮政普遍服务业务和特殊服务业务，或者撤销提供邮政普遍服务的邮政营业场所的，由邮政管理部门责令改正，可以处二万元以下的罚款；情节严重的，处二万元以上十万元以下的罚款；对直接负责的主管人员和其他直接责任人员给予处分。

第六十九条　邮政企业利用带有邮政专用标志的车船从事邮件运递以外的经营性活动，或者以出租等方式允许其他单位或者个人使用带有邮政专用标志的车船的，由邮政管理部门责令改正，没收违法所得，可以并处二万元以下的罚款；情节严重的，并处二万元以上十万元以下的罚款；对直接负责的主管人员和其他直接责任人员给予处分。

邮政企业从业人员利用带有邮政专用标志的车船从事邮件运递以外的活动的，由邮政企业责令改正，给予处分。

第七十条　邮政企业从业人员故意延误投递邮件的，由邮政企业给予处分。

第七十一条　冒领、私自开拆、隐匿、毁弃或者非法检查他人邮件、快件，尚不构成犯罪的，依法给予治安管理处罚。

第七十二条　未取得快递业务经营许可经营快递业务，或者邮政企业以外的单位或者个人经营由邮政企业专营的信件寄递业务或者寄递国家机关公文的，由邮政管理部门或者工商行政管理部门责令改正，没收违法所得，并处五万元以上十万元以下的罚款；情节严重的，并处十万元以上二十万元以下的罚款；对快递企业，还可以责令停业整顿直至吊销其快递业务经营许可证。

违反本法第五十一条第二款的规定，经营信件的国内快递业务的，依照前款规定处罚。

第七十三条　快递企业有下列行为之一的，由邮政管理部门责令改正，可以处一万元以下的罚款；情节严重的，处一万元以上五万元以下的罚款，并可以责令停业整顿：

（一）设立分支机构、合并、分立，未向邮政管理部门备案的；

（二）未在信件封套的显著位置标注信件字样的；

（三）将信件打包后作为包裹寄递的；

（四）停止经营快递业务，未书面告知邮政管理部门并交回快递业务经营许可证，或者未按照国务院邮政管理部门的规定妥善处理尚未投递的快件的。

第七十四条　邮政企业、快递企业未按照规定向用户明示其业务资费标准，或者有其他价格违法行为的，由政府价格主管部门依照《中华人民共和国价格法》的规定处罚。

第七十五条　邮政企业、快递企业不建立或者不执行收件验视制度，或者违反法律、行政法规以及国务院和国务院有关部门关于禁止寄递或者限制寄递物品的规定收寄邮件、快件的，对邮政企业直接负责的主管人员和其他直接责任人员给予处分；对快递企业，邮政管理部门可以责令停业整顿直至吊销其快递业务经营许可证。

用户在邮件、快件中夹带禁止寄递或者限制寄递的物品，尚不构成犯罪的，依法给予治安管理处罚。

有前两款规定的违法行为，造成人身伤害或者财产损失的，依法承担赔偿责任。

邮政企业、快递企业经营国际寄递业务，以及用户交寄国际邮递物品，违反《中华人民共和国海关法》及其他有关法律、行政法规的规定的，依照有关法律、行政法规的规定处罚。

第七十六条　邮政企业、快递企业违法提供用户使用邮政服务或者快递服务的信息，尚不构成犯罪的，由邮政管理部门责令改正，没收违法所得，并处一万元以上五万元以下的罚款；对邮政企业直接负责的主管人员和其他直接责任人员给予处分；对快递企业，邮政管理部门还可以责令停业整顿直至吊销其快递业务经营许可证。

邮政企业、快递企业从业人员有前款规定的违法行为，尚不构成犯罪的，由邮政管理部门责令改正，没收违法所得，并处五千元以上一万元以下的罚款。

第七十七条　邮政企业、快递企业拒绝、阻碍依法实施的监督检查，尚不构成犯罪的，依法给予治安管理处罚；对快递企业，邮政管理部门还可以责令停业整顿直至吊销其快递业务经营许可证。

第七十八条 邮政企业及其从业人员、快递企业及其从业人员在经营活动中有危害国家安全行为的，依法追究法律责任；对快递企业，并由邮政管理部门吊销其快递业务经营许可证。

第七十九条 冒用邮政企业名义或者邮政专用标志，或者伪造邮政专用品或者倒卖伪造的邮政专用品的，由邮政管理部门责令改正，没收伪造的邮政专用品以及违法所得，并处一万元以上五万元以下的罚款。

第八十条 有下列行为之一，尚不构成犯罪的，依法给予治安管理处罚：

（一）盗窃、损毁邮政设施或者影响邮政设施正常使用的；

（二）伪造邮资凭证或者倒卖伪造的邮资凭证的；

（三）扰乱邮政营业场所、快递企业营业场所正常秩序的；

（四）非法拦截、强登、扒乘运送邮件、快件的车辆的。

第八十一条 违反本法规定被吊销快递业务经营许可证的，自快递业务经营许可证被吊销之日起三年内，不得申请经营快递业务。

快递企业被吊销快递业务经营许可证的，应当依法向工商行政管理部门办理变更登记或者注销登记。

第八十二条 违反本法规定，构成犯罪的，依法追究刑事责任。

第八十三条 邮政管理部门工作人员在监督管理工作中滥用职权、玩忽职守、徇私舞弊，构成犯罪的，依法追究刑事责任；尚不构成犯罪的，依法给予处分。

第九章　附　则

第八十四条 本法下列用语的含义：

邮政企业是指中国邮政集团公司及其提供邮政服务的全资企业、控股企业。

寄递是指将信件、包裹、印刷品等物品按照封装上的名址递送给特定个人或者单位的活动，包括收寄、分拣、运输、投递等环节。

快递是指在承诺的时限内快速完成的寄递活动。

邮件是指邮政企业寄递的信件、包裹、汇款通知、报刊和其他印刷品等。

快件是指快递企业递送的信件、包裹、印刷品等。

信件是指信函、明信片。信函是指以套封形式按照名址递送给特定个人或者单位的缄封的信息载体，不包括书籍、报纸、期刊等。

包裹是指按照封装上的名址递送给特定个人或者单位的独立封装的物品，其重量不超过五十千克，任何一边的尺寸不超过一百五十厘米，长、宽、高合计不超过三百厘米。

平常邮件是指邮政企业在收寄时不出具收据，投递时不要求收件人签收的邮件。

给据邮件是指邮政企业在收寄时向寄件人出具收据，投递时由收件人签收的邮件。

邮政设施是指用于提供邮政服务的邮政营业场所、邮件处理场所、邮筒（箱）、邮政报刊亭、信报箱等。

邮件处理场所是指邮政企业专门用于邮件分拣、封发、储存、交换、转运、投递等活动的场所。

国际邮递物品是指中华人民共和国境内的用户与其他国家或者地区的用户相互寄递的包裹和印刷品等。

邮政专用品是指邮政日戳、邮资机、邮政业务单据、邮政夹钳、邮袋和其他邮件专用容器。

第八十五条 本法公布前按照国家有关规定，经国务院对外贸易主管部门批准或者备案，并向工商行政管理部门依法办理登记后经营国际快递业务的国际货物运输代理企业，凭批准或者备案文件以及营业执照，到国务院邮政管理部门领取快递业务经营许可证。国务院邮政管理部门应当将企业领取快递业务经营许可证的情况向其原办理登记的工商行政管理部门通报。

除前款规定的企业外，本法公布前依法向工商行政管理部门办理登记后经营快递业务的企业，不具备本法规定的经营快递业务的条件的，应当在国务院邮政管理部门规定的期限内达到本法规定的条件，逾期达不到本法规定的条件的，不得继续经营快递业务。

第八十六条 省、自治区、直辖市应当根据本地区的实际情况，制定支持邮政企业提供邮政普遍服务的具体办法。

第八十七条 本法自 2009 年 10 月 1 日起施行。

邮政行业安全监督管理办法

（2011 年 1 月 4 日交通运输部发布　根据 2013 年 4 月 12 日交通运输部
《关于修改〈邮政行业安全监督管理办法〉的决定》修正）

第一章　总　则

第一条　为加强邮政行业安全监督管理，维护邮政通信与信息安全，保护用户合法权益，促进邮政行业健康发展，根据《中华人民共和国邮政法》及有关法律、行政法规，制定本办法。

第二条　在中华人民共和国境内管理、经营和使用邮政服务、快递业务及与此相关的安全活动，适用本办法。

第三条　邮政行业安全监督管理坚持安全第一、预防为主、综合治理的方针，保障寄递渠道畅通和邮件、快件寄递安全，确保邮政企业、快递企业生产安全和邮政行业从业人员人身安全。

第四条　国务院邮政管理部门负责全国的邮政行业安全监督管理工作。

省、自治区、直辖市邮政管理机构负责本行政区域内的邮政行业安全监督管理工作。

按照国务院规定设立的省级以下邮政管理机构负责本辖区的邮政行业安全监督管理工作。

国务院邮政管理部门和省、自治区、直辖市邮政管理机构以及省级以下邮政管理机构，统称为邮政管理部门。

第五条　邮政管理部门应当与有关部门相互配合，健全邮政安全保障机制，加强对邮政通信与信息安全的监督管理。

第六条　邮政企业、快递企业应当遵守国家有关安全管理的规定，不得危害国家安全、公共安全和公民、法人、其他组织的合法权益。

第七条　用户交寄邮件、快件应当遵守国家关于禁止寄递或者限制寄递物品的规定，不得通过寄递渠道危害国家安全、公共安全和公民、法人、其他组织的合法权益。

第八条　任何公民、法人或者其他组织不得隐匿、毁弃、非法开拆邮件、快件，不得损毁邮政与快递服务设施或者影响邮政与快递服务设施的正常使用。

有关公民、法人或者其他组织应当配合邮政管理部门实施邮政行业安全监督管理工作。

第二章　通信与信息安全

第九条　邮政企业、快递企业应当提示用户如实填写寄递详情单，包括寄件人、收件人名址和寄递物品的名称、类别、数量等，并核对寄件人和收件人信息，准确注明邮件、快件的重量、资费。国务院邮政管理部门规定寄件人出具身份证明的，邮政企业、快递企业应当要求用户出示有效身份证件。

邮政企业、快递企业应当在用户在场的情况下，当面验视交寄物品，检查是否属于国家禁止或限制寄递的物品，以及物品的名称、类别、数量等是否与寄递详情单所填写的内容一致。依照国家规定需要用户提供有关书面凭证的，邮政企业、快递企业应当要求用户提供凭证原件，核对无误后，方可收寄。

用户拒绝验视、拒不如实填写寄递详情单、拒不提供相应书面凭证或者不按照规定出示有效身份证件的，邮政企业、快递企业不予收寄。

第十条　邮政企业、快递企业在收寄过程中发现用户交寄国家禁止寄递的物品的，应当拒绝收寄。已经收寄的邮件、快件中发现有上述物品的，邮政企业、快递企业应当立即停止转发和投递。

对其中依法需要没收或者销毁的物品，应当立即向有关部门报告，并配合有关部门进行处理。

对已经收寄的不需要没收、销毁的禁寄物品以及一同查处的禁寄物品之外的物品，邮政企业、快递企业应当与寄件人或者收件人取得联系，妥善处理。

第十一条　快递企业不得经营由邮政企业专营的信件寄递业务，不得寄递国家机关公文。

外商不得投资经营信件的国内快递业务。

第十二条　邮政企业、快递企业应当妥善投递邮件、快件。需要签收的，邮政企业、快递企业应当直接交付收件人，并办理签收手续，或者依法由他人代为签收。

机关、企事业单位、住宅小区管理单位等应当为邮政企业投递邮件提供便利，并保障代收代投邮件的安全。

第十三条　邮政企业、快递企业应当采用技术手段，对收寄、分拣、运输、投递等环节实行安全监控，防止邮件、快件在寄递过程中短少、丢失、损毁。

监控设备应当全天24小时运转，监控资料保存时间不得少于30天，并按照国务院邮政管理部门的要求报送。

第十四条　邮政企业、快递企业应当保护用户的信息安全和通信秘密，确保所掌握的用户使用邮政服务、快递业务的信息不被窃取、泄露。未经法律明确授权或者用户书面同意，邮政企业、快递企业不得将用户使用邮政服务、快递业务的信息提供给任何组织或者个人，但公安机关、国家安全机关、检察机关依法行使职权的除外。

第十五条　邮政企业、快递企业应当配备符合国家标准的安全检查设备，安排具备专门技术和技能的人员对邮件、快件进行安全检查。安全检查设备的标准由国务院邮政管理部门会同有关部门另行制定。

第十六条　邮政企业、快递企业应当按照邮政管理部门规定的项目收集、统计、分析运营信息，确保有关数据的真实、完整，并按时向邮政管理部门报送。

邮政企业、快递企业应当为接入邮政管理部门的信息管理系统预留相应的数据接口，并按规定与邮政管理部门的信息管理系统联网。

第十七条　邮政企业、快递企业应当配合邮政管理部门、公安机关和国家安全机关的安全监督检查，为监督检查人员提供相应的便利条件。

邮政企业、快递企业设计和建设邮件、快件处理场所，应当符合国家安全机关、海关依法履行职责的要求。

第十八条　邮政企业、快递企业应当保障本企业寄递渠道的畅通。

因自然灾害、社会事件、生产安全事故、经营不善等造成或者可能造成邮件、快件积压的，邮政企业、快递企业应当及时组织和调配运力，进行有效疏运。

第十九条　邮政企业、快递企业及其分支机构、从业人员不得非法扣留邮件、快件。

第二十条　邮件、快件积压或者被扣留的，邮政管理部门应当协调处理，必要时可以组织邮政企业、快递企业运输、投递，由此产生的费用由邮件、快件积压或者被扣留的邮政企业、快递企业承担。

第三章　生产安全

第二十一条　邮政企业、快递企业应当遵守本办法和其他有关安全生产的规定，加强安全生产管理，建立健全安全生产责任制度，完善安全生产条件，确保生产安全。

第二十二条　邮政企业、快递企业应当遵守国家有关安全生产的法律、法规、标准，落实安全生产管理责任。

邮政企业、快递企业的主要负责人是安全生产的第一责任人，对本单位安全生产工作负有下列职责：

（一）建立健全本企业安全生产责任制；

（二）组织制定本企业安全生产规章制度和操作规程；

（三）保证本企业安全生产资金的投入和有效使用；

（四）积极配合相关部门对本企业的安全生产工作进行监督检查；

（五）督促、检查本企业的安全生产工作，及时消除生产安全事故隐患；

（六）组织制定并实施本企业的生产安全事故应急救援预案；

（七）及时、如实报告生产安全事故。

第二十三条　邮政企业、快递企业应当落实岗前安全培训制度，强化从业人员安全生产知识与技能的培训、教育，使其具备与本岗位相适应的安全生产知识和处置技能。未经安全生产教育和培训合格的从业人员，不得上岗作业。

特种作业人员应当按照规定经专门的安全作业培训并取得特种作业操作资格证书，方可上岗作业。

第二十四条　邮政企业、快递企业应当建立健全安全生产责任制，落实安全生产保障、安全生产检查与事故隐患排查、安全生产教育培训、安全生产信息报告等制度。

第二十五条　邮政企业、快递企业所使用的设施设备的安装、使用、检测、维修、改造和报废，应当符合国家标准或者行业标准。有较大危险因素的生产经营场所和有关设施设备上应当设置明显的安全警示标志。

第二十六条　邮件处理中心、快件分拨中心、营业网点、员工宿舍等人员密集场所应当设有符合紧急疏散要求、标志明显、保持畅通的出口。禁止封闭、堵塞出口。

前款所列人员密集场所及用于存放物品的临时场地和库房应当按规定设置防火、防触电等安全设施、设备。

第二十七条　邮政企业应当按照有关规定加强邮政汇兑、邮政储蓄资金票据的安全管理。

第二十八条　邮政企业、快递企业新建、改建和扩建邮件处理中心、快件分拨中心，其安全设施必须与主体工程同时设计、同时施工、同时投入生产和使用。已经投入生产和使用的安全设施不符合安全防护标准和要求的，邮政企业、快递企业应当予以更换或者改建。邮政企业、快递企业的邮件处理中心、快件分拨中心设计建设前及竣工验收后，应当向所在地省级以下邮政管理机构备案。

第二十九条　邮政企业、快递企业的从业人员有依法获得安全生产保障的权利，企业应当为从业人员提供工伤保险和相应的个人安全防护措施、装备，营造安全的工作环境。

第四章　应急管理

第三十条　邮政管理部门以及邮政企业、快递企业应当按照《国家邮政业突发事件应急预案》建立健全突发事件应对工作机制，提高应对邮政行业突发事件能力，预防与减少邮政行业突发事件及其造成的损害。

第三十一条　邮政管理部门应当结合邮政行业安全监督管理的实际，定期对本行业突发事件应急预案的可行性、科学性与有效性进行评估，适时修订。定期组织邮政企业、快递企业开展突发事件应急演练。

第三十二条　邮政企业、快递企业应当按照国务院邮政管理部门的规定，制定突发事件应急预案和专项预案，根据情势变化适时修订更新，并及时向邮政管理部门备案。

第三十三条　邮政企业、快递企业应当加强应急队伍建设和物资、技术、经费保障，满足突发事件预防与处置工作的需要。

邮政管理部门为应对突发事件，可以调集和征用有关邮政企业、快递企业的人员、物资及车辆、场地和相关设备，并按照有关规定给予补偿。

第三十四条　发生自然灾害、事故灾难、公共卫生事件、社会安全事件等，造成下列情形之一的，邮政企业、快递企业应当在 1 小时内向突发事件发生地的省级以下邮政管理机构和负有相关职责的公安、国家安全、安全生产监督管理等部门报告：

（一）本企业人员死亡或者失踪 1 人以上，或者重伤 3 人以上的；

（二）邮件、快件 1 次丢失、损毁 100 件以上，或者积压 1000 件以上的；

（三）邮寄爆炸物、生物病原体、生物毒素、危险化学品、放射性物品等，在寄递过程中发生爆炸、泄漏的；

（四）邮件处理中心、快件分拨中心内发生重大事故，生产中断的；

（五）其他可能严重影响寄递渠道畅通的情形。

第三十五条　有下列情形之一的，邮政企业、快递企业应当在情形发生之日起 3 日内，向邮政管理部门报告相关情况：

（一）邮政企业、快递企业及其分支机构因面临高额债务追偿或者因投资、经营不善导致无法履行对其他主体的债务，可能影响正常开展寄递业务的；

（二）邮政企业、快递企业及其分支机构因经济纠纷或者违法行为被有关机关查封运营设备、设施，或者冻结资产的；

（三）邮政企业、快递企业分立、合并、投资或融资、变更或终止协议等，可能影响正常开展寄递业务的；

（四）邮政企业、快递企业及其从业人员私自开拆、隐匿、毁弃邮件、快件 10 件以上，或者因故意延误投递邮件、快件被侦查机关立案调查的；

（五）其他可能影响寄递渠道畅通的情形。

第三十六条　突发事件发生后，发生事件的邮政企业、快递企业在报告信息的同时，应当及时启动应急预案进行先期处置，控制事态。

邮政管理部门在接到报告后，应当依照规定及时组织处置并向上级部门报告，必要时，联系有关部门共同处置。

第三十七条　邮政管理部门应当妥善处置邮政行业突发事件，查明事件原因和责任，提出整改措施，并依法对有违法行为的责任人作出处理。涉及其他部门管理职权的，应当联合有关部门共同处理。

第五章 监督管理

第三十八条 邮政管理部门依法履行下列职责:

(一)制定保障邮政通信与信息安全、安全生产的政策、制度和相关标准,并监督实施;

(二)指导与监督邮政企业、快递企业落实安全责任制,督促企业加强内部安全管理;

(三)对邮政行业运行安全进行监测、预警和应急管理;

(四)指导、监督邮政企业、快递企业开展安全运营的宣传教育和培训;

(五)依法对邮政企业、快递企业实施安全监督检查;

(六)组织调查或者参与调查邮政行业安全事故,查处违反邮政行业安全监管规定的行为;

(七)法律、法规、规章规定的其他职责。

第三十九条 邮政管理部门应当加强邮政行业安全管理制度和安全知识的宣传,提高从业人员的安全意识、安全操作技能,增强公众使用寄递服务的安全意识。

第四十条 邮政管理部门应当加强邮政行业安全运行的监测预警,建立信息管理体系,收集、分析与邮政行业安全运行有关的各类信息。

省、自治区、直辖市邮政管理机构和省级以下邮政管理机构应当及时向上一级邮政管理部门报告邮政行业安全信息,并定期通报相应的公安机关、国家安全机关、海关、安全生产监督管理部门。

第四十一条 邮政管理部门应当对邮政企业、快递企业建立健全和遵守安全生产制度以及企业防范安全风险、规范从业人员安全生产行为等情况进行检查。

第四十二条 邮政管理部门发现邮政企业、快递企业存在违反安全管理规定,妨害或者可能妨害邮政行业安全的,应当对其调查。违法行为涉及其他部门的管理职权的,邮政管理部门应当会同有关部门,共同对邮政企业、快递企业进行调查。

第四十三条 邮政管理部门开展监督检查,应当有两名以上监督检查人员参加。

监督检查人员应当出示执法证件,告知邮政企业、快递企业检查事由和依据。

第四十四条 邮政安全监督检查人员应当将检查的时间、地点、内容、发现的问题及其处理情况,作出书面记录,并由监督检查人员和被检查单位的负责人签字;被检查单位负责人拒绝签字的,监督检查人员应当将情况记录在案。

第四十五条 邮政管理部门可以在行业内通报邮政企业、快递企业违反安全监管有关规定、发生安全事件以及对有关责任人员进行处理的情况,必要时可以向社会公开上述信息,但涉及国家秘密、商业秘密与个人隐私的除外。

第六章 法律责任

第四十六条 用户违反本办法第七条规定,交寄危害国家安全、公共安全的信息或者物品,尚不构成犯罪的,依照《中华人民共和国治安管理处罚法》及有关法律、法规处罚;构成犯罪的,依法追究刑事责任。违法邮寄国家禁止出境或者限制出境的物品,按照《中华人民共和国海关法》处罚。给邮政企业、快递企业或者公民、法人及其他组织造成损害的,应当依法承担赔偿责任。

第四十七条 邮政企业、快递企业违反收寄验视制度或者违反规定收寄禁止寄递物品或者限制寄递物品的,依照《中华人民共和国邮政法》第七十五条予以处罚。违法收寄国家禁止出境或限制出境的物品，依照《中华人民共和国海关法》处罚。

　　第四十八条　违反本办法第十一条规定的，依照《中华人民共和国邮政法》第七十二条予以处罚。

　　第四十九条　邮政企业、快递企业违法提供用户使用邮政服务、快递业务的信息的，依照《中华人民共和国邮政法》第七十六条予以处罚。

　　第五十条　违反本办法第十三条第二款、第十六条第一款、第二十八条规定，未按照要求报送有关数据、信息或者备案的，由邮政管理部门责令限期改正，可以处 1000 元以上 1 万元以下的罚款。逾期未改正的，处 1 万元以上 3 万元以下的罚款。

　　第五十一条　邮政企业、快递企业有下列行为之一的，由邮政管理部门责令限期改正，可给予警告或处 1 万元以下的罚款；逾期未改正的，责令停业整顿，可以并处 2 万元以下的罚款：

　　（一）未按照本办法第二十三条的规定对从业人员进行安全生产教育和培训的；

　　（二）特种作业人员（特种设备作业人员除外）未按照规定经专门的安全作业培训并取得特种作业操作资格证书，上岗作业的。

　　第五十二条　邮政企业、快递企业有下列行为之一的，由邮政管理部门责令限期改正，可以处 3000 元以上 1 万元以下的罚款；逾期未改正的，责令停业整顿，可以并处 5 万元以下的罚款；造成严重后果，构成犯罪的，依法追究刑事责任：

　　（一）未在有较大危险因素的生产经营场所和有关设施、设备上设置明显的安全警示标志的；

　　（二）安全设备的安装、使用、检测、改造和报废不符合国家标准或者行业标准的；

　　（三）未对安全设备进行经常性维护、保养和定期检测的；

　　（四）未为从业人员提供符合国家标准或者行业标准的劳动防护用品的；

　　（五）未对重大安全隐患进行整改的。

　　第五十三条　邮政企业、快递企业违反本办法第十七条规定，拒不配合安全监督检查的，依据《中华人民共和国邮政法》第七十七条的规定予以处罚。

　　第五十四条　邮政企业、快递企业违反本办法第三十二条规定，未制定突发事件应急预案和专项预案的，由邮政管理部门责令限期改正，可给予警告或处 1000 元以上 5000 元以下的罚款；逾期未改正的，处 5000 元以上 1 万元以下的罚款。

　　第五十五条　邮政管理部门工作人员在安全监督管理工作中滥用职权、玩忽职守、徇私舞弊，构成犯罪的，依法追究刑事责任；尚不构成犯罪的，依法给予处分。

第七章　附　则

　　第五十六条　机要通信安全监督管理办法另行制定。

　　第五十七条　本办法自 2011 年 2 月 1 日起施行。

邮政行政处罚程序规定

（2013 年 3 月 1 日国家邮政局　国邮发〔2013〕32 号）

第一章　总　则

第一条　为了规范邮政行政处罚行为，保障和监督各级邮政管理部门有效实施行政管理，依法进行行政处罚，保护公民、法人和其他组织的合法权益，根据《中华人民共和国邮政法》、《中华人民共和国行政处罚法》、《中华人民共和国行政强制法》等法律、行政法规，制定本规定。

第二条　对公民、法人或者其他组织违反邮政行政管理秩序的行为，邮政管理部门依法给予行政处罚的，适用本规定。

本条第一款所称邮政管理部门，是指国务院邮政管理部门和省、自治区、直辖市邮政管理机构以及按照国务院规定设立的省级以下邮政管理机构。

第三条　各级邮政管理部门应当依照法律、法规或者规章规定，公正、公开地实施行政处罚，做到事实清楚、证据确凿、定性准确，坚持处罚与教育相结合，处罚与违法行为的事实、性质、情节以及社会危害程度相当，充分保护当事人的合法权益。

第四条　邮政管理部门对本级和下级邮政管理部门的行政处罚行为，应当加强监督检查，发现错误，及时纠正。

第五条　邮政管理部门应当加强系统内部办案协作。需要系统外其他部门协作的，按照有关规定办理。

第六条　邮政管理部门对公民、法人或者其他组织实施的违法行为给予行政处罚的，必须查明事实，确定具体违法行为的性质、情节和社会危害程度。违法事实不清的，不得给予行政处罚。

第七条　邮政管理部门在做出行政处罚决定前，应当告知当事人做出行政处罚决定的事实、理由、依据及处罚内容，并告知当事人依法享有陈述、申辩以及听证的权利。

邮政管理部门做出行政处罚决定的，应当告知当事人不服行政处罚决定可以依法申请行政复议或者提起行政诉讼。

第八条　当事人有权进行陈述和申辩。邮政管理部门必须充分听取当事人的意见，对当事人提出的事实、理由和证据，应当进行复核；当事人提出的事实、理由或者证据成立的，邮政管理部门应当采纳。

邮政管理部门不得因当事人申辩而加重处罚。

第九条　违法行为轻微，没有造成危害后果的，邮政管理部门可以约谈企业主要负责人予以告诫；及时纠正违法行为的，不予行政处罚。

第二章　管　辖

第十条　邮政行政处罚以属地管辖为原则，由违法行为发生地的邮政管理部门依照职权管辖。法律、行政法规另有规定的，从其规定。

第十一条　按照国务院规定设立的省级以下邮政管理机构依职权管辖本辖区发生的案件。

省、自治区、直辖市邮政管理机构依职权管辖本行政区域发生的重大、复杂案件。

国务院邮政管理部门依职权管辖全国范围内发生的重大、复杂案件。

第十二条　上级邮政管理部门认为必要时，可以办理下级邮政管理部门管辖的案件。

下级邮政管理部门认为由其管辖的案件属于应由上级邮政管理部门管辖的重大、复杂案件，可以报请上一级邮政管理部门确定管辖。

第十三条　两个以上同级邮政管理部门都有管辖权的案件，由最先发现违法行为的邮政管理部门管辖。

第十四条　两个以上同级邮政管理部门因管辖权发生争议的，报请共同上一级邮政管理部门指定管辖。

有管辖权的邮政管理部门由于特殊原因不能行使管辖权或者上级邮政管理部门认为需要指定管辖的，可以指定管辖。

第十五条　邮政管理部门发现查处的案件不属于本部门管辖的，应当及时将案件移送有管辖权的邮政管理部门或者其他行政机关。

受移送的邮政管理部门对管辖有异议的，不得再自行移送，应当报请共同的上一级邮政管理部门指定管辖。

违法行为涉嫌犯罪的，移送司法机关。

第三章　一般程序

第十六条　邮政管理部门依据监督检查职权，或者通过举报、新闻媒体披露、其他机关移送、上级部门交办等途径发现、查处违法行为。

第十七条　对于符合下列条件的案件，邮政管理部门应当在 7 个工作日内予以立案，特殊情况下，经邮政管理部门负责人批准，可以延长至 15 个工作日：

（一）有证据初步证明有违法行为或者违法嫌疑，可能需要给予行政处罚；

（二）属于邮政行政处罚的范围；

（三）在法定追诉期限内；

（四）属于本部门管辖。

立案应当填写行政处罚立案审批表，并附相关材料，由邮政管理部门负责人批准，确定两名以上办案人员，负责案件调查等工作。

不予立案的，应当将有关材料归档留存。对于不予立案的实名举报，应当书面告知举报人。

检验、检测或者鉴定等所需时间，不计入本条第一款规定期限。

第十八条　有下列情形之一的，办案人员、听证人员应当自行回避，当事人也有权申请他们回避：

（一）是本案当事人或者当事人、委托代理人的近亲属；

（二）与本案有利害关系；

（三）与本案当事人有其他关系，可能影响对案件公正处理的。

第十九条 当事人或者办案人员、听证人员申请回避，应当在邮政行政处罚决定做出前提出，并说明理由，报本部门负责人决定。

本部门主要负责人的回避由上一级邮政管理部门决定。

回避决定尚未做出之前，被申请回避人员不停止对案件的调查处理。

第二十条 除依照本规定第五章可以当场做出的行政处罚外，办案人员应当及时、全面、客观、公正地调查收集与案件有关的证据，查明事实，并可以依法进行现场检查。

第二十一条 邮政管理部门进行调查取证时，办案人员不得少于 2 人，并应当出示邮政管理执法证件。

第二十二条 证据包括以下几种：

（一）书证；

（二）物证；

（三）视听资料；

（四）证人证言；

（五）当事人的陈述；

（六）鉴定意见；

（七）勘验笔录、现场笔录；

（八）电子数据。

证据必须查证属实，才能作为认定事实的依据。

第二十三条 办案人员应当收集、调取与案件有关的原始凭证或者原始载体作为证据。

获取原始凭证或者原始载体确有困难的，可以提取复制件、影印件或者抄录本，由证据提供人签名或者盖章确认与原件核对无误，注明情况，并由办案人员签名或者盖章。证据提供人拒绝签章确认的，办案人员应当注明情况。

对于视听资料、电子数据，收集原始载体有困难的，可以收集复制件，并注明制作方法、制作时间、制作人等情况。声音资料应当附有该声音内容的文字记录。

第二十四条 调查取证过程中，当事人或者有关人员拒绝配合的，办案人员可以在执法文书或者其他有关材料上注明情况。必要时，也可以使用拍照、录音、录像等方式记录现场情况。

第二十五条 办案人员可以依法要求当事人或者有关单位和个人提供证明材料，并由提供人在证明材料上签名或者盖章。根据需要可以采取拍照、录音、录像等方式收集证据。

第二十六条 办案人员可以询问当事人、证人及有关人员。

办案人员询问前，应当核对被询问人的身份证明，并告知其权利和义务。

办案人员应当制作询问笔录，由被询问人核对无误后在笔录上逐页签名或者盖章确认。被询问人拒绝签章的，办案人员应当注明情况。

办案人员应当在笔录上签名。

第二十七条 办案人员可以依法实施现场检查或者勘验，对与案件有关的场所进行检查或者对与案件有关的场所、物品进行勘验时，应当通知当事人或者有关人员到场，并制作现场笔录或者勘验笔录，由办案人员、当事人或者有关人员在现场笔录或者勘验笔录上签名或者盖章。当事人或者有关人员拒绝签章的，办案人员应当注明情况。

第二十八条 办案人员在收集证据时，可以采取抽样取证的方法。抽样取证时，应当通知当事人或者有关人员到场。办案人员应当制作抽样取证记录，对样品加贴邮政管理部门封条，开具物品清单，由办案人员和当事人或者有关人员在封条和相关记录上签名或者盖章。物品清单应当交付当事人。当事人或者有关人员拒绝签章的，办案人员应当注明情况。

第二十九条　办案人员调查违法事实，需要对案件中专门事项进行鉴定的，应当出具载明委托鉴定事项及相关材料的鉴定委托书，委托具有法定鉴定资格的鉴定机构进行鉴定。没有法定鉴定机构的，可以依法委托其他具备鉴定条件的机构鉴定。

鉴定意见应当由鉴定人员签名或者盖章，并加盖鉴定机构印章。鉴定意见应当告知当事人。

第三十条　在证据可能灭失、损毁或者以后难以取得的情况下，办案人员可以根据情况采取记录、复制、拍照、录像等证据保全措施，或者经邮政管理部门负责人批准，采取先行登记保存措施。采取先行登记保存措施，办案人员应当通知当事人到场。

对登记保存的物品应当制作先行登记保存证据清单，由办案人员、当事人签名或者盖章，交付当事人。当事人拒绝签章或者接收的，办案人员应当注明情况。

第三十一条　对于先行登记保存的证据，应当在 7 日内采取以下措施：

（一）需要鉴定的，及时送交有关机构鉴定；

（二）依法应当移交有关部门处理的，移交有关部门；

（三）违法事实成立，应当予以没收的，依法处理；

（四）根据有关法律、法规规定可以查封、扣押的，决定查封、扣押；

（五）违法事实不成立，或者违法事实成立但依法不应当予以查封、扣押的，决定解除先行登记保存措施。

逾期未做出处理决定的，先行登记保存措施自动解除。

第三十二条　经邮政管理部门主要负责人批准，办案人员可以依法查封与违法活动有关的场所，扣押用于违法活动有关的运输工具以及相关物品，对信件以外的涉嫌夹带禁止寄递或者限制寄递物品的邮件、快件开拆检查。

情况紧急，需要当场实施查封、扣押措施的，办案人员应当在 24 小时内向邮政管理部门主要负责人报告，并补办查封、扣押批准手续。邮政管理部门主要负责人认为不应当采取查封、扣押措施的，应当立即解除。

查封、扣押有关的场所、运输工具以及相关物品的，应当告知当事人有申请行政复议和提起行政诉讼的权利。

第三十三条　查封、扣押仅限于与违法活动有关的场所、运输工具以及相关物品，不得查封、扣押与违法行为无关的场所、运输工具或者物品，不得查封、扣押公民个人及其所扶养家属的生活必需品。

第三十四条　查封、扣押与违法活动有关的场所、运输工具以及相关物品，应当通知当事人到场，当场清点，开具清单，制作现场笔录，由办案人员和当事人在现场笔录上签名或者盖章，并当场向当事人交付查封、扣押财物决定书。当事人不在场的，邀请见证人到场，由见证人和办案人员在现场笔录上签名或者盖章。

采取查封、扣押措施的，应当加贴邮政管理部门封条。对查封、扣押的运输工具以及相关物品，邮政管理部门应当妥善保管，严禁动用、调换或者损毁。

第三十五条　查封、扣押的期限不得超过 30 日；情况复杂的，经邮政管理部门主要负责人批准，可以延长，但是延长期限不得超过 30 日。法律、行政法规另有规定的除外。

延长查封、扣押的决定应当及时书面告知当事人，并说明理由。

第三十六条　查封、扣押场所、运输工具以及相关物品，经查明与违法行为无关或者不再需要采取查封、扣押措施的，应当予以解除，并送达解除查封、扣押决定书，将查封、扣押的运输工具以及相关物品返还当事人，由办案人员和当事人在清单上签名或者盖章。

第三十七条　办案人员对调查取证过程中知悉的国家秘密和商业秘密，负有保密义务。

第三十八条　办案人员调查终结后，应当根据案件不同情况，制作案件处理意见报告，并报邮政管理部门负责人批准后分别处理。案件处理意见报告应当载明下列内容：

（一）当事人的基本情况；

（二）案件的调查经过；

（三）调查认定的事实、证据；

（四）处理意见及其法律依据。

第三十九条　邮政管理部门负责人审核案件处理意见报告后，认为应当给予行政处罚的，邮政管理部门应当制作行政处罚意见告知书，送达当事人，告知拟做出的行政处罚决定及事实、理由和依据，并告知当事人可以在收到该告知书之日起 3 日内，向邮政管理部门进行陈述和申辩，符合本规定第四十二条规定的听证条件的，可以要求听证。

第四十条　邮政管理部门做出行政处罚决定的，应当制作行政处罚决定书，行政处罚决定书应当载明下列事项：

（一）当事人的姓名或者名称、地址等基本情况；

（二）违反法律、法规或者规章的事实和证据；

（三）行政处罚的种类和依据；

（四）行政处罚的履行方式和期限；

（五）不服行政处罚决定，申请行政复议或者提起行政诉讼的途径和期限；

（六）做出行政处罚决定的邮政管理部门的名称和做出决定的日期。

行政处罚决定书应当加盖做出行政处罚决定的邮政管理部门的印章。

邮政管理部门应当在 7 日内依照本规定第五十四条规定，将行政处罚决定书送达当事人。

第四十一条　适用一般程序处理的案件应当自立案之日起 90 日内做出处理决定；案情复杂，不能在规定期限内做出处理决定的，经邮政管理部门负责人批准，可以延长至 120 日；案情特别复杂，经延期仍不能做出处理决定的，应当由邮政管理部门负责人集体讨论决定是否继续延期，但办案期限最长不超过 1 年。

案件办理过程中听证、检验、检测或者鉴定以及发生行政复议或者行政诉讼的，所需时间不计入本条第一款规定的期限。

第四章　听证程序

第四十二条　邮政管理部门做出下列行政处罚之一的，当事人有要求举行听证的权利：

（一）责令停产停业的；

（二）吊销许可证的；

（三）较大数额罚款的；

本条第一款所称较大数额，是指对公民罚款 5000 元以上，对法人或者其他组织罚款超过法定最高罚款数额的 50% 且在 3 万元以上的。

第四十三条　当事人要求听证的，应当在收到行政处罚意见告知书之日起 3 日内以书面形式提出听证申请；当事人以书面形式提出申请确有困难，可以口头提出申请的，办案人员应当将当事人基本情况、听证请求事项以及事实和理由记录在案，并由当事人签名或者盖章。

逾期不申请的，视为放弃要求举行听证的权利。

第四十四条　当事人的听证要求符合本规定的，邮政管理部门应当组织听证，并在举行听证的

7 日前，以行政处罚案件听证通知书的形式通知当事人。行政处罚案件听证通知书应当载明下列有关事项：

（一）听证主持人、听证员和记录员。邮政管理部门负责人应当在本部门中指定 1 名非本案件办案人员担任听证主持人，必要时可以指定 1~2 名听证员，并指定 1 名记录员。听证主持人、听证员、记录员的回避，适用本规定第十八条、第十九条的规定。

（二）听证参加人。听证参加人包括办案人员、当事人等。当事人可以委托 1~2 名代理人参加听证，委托代理人参加听证的，应当提交书面委托书。

（三）听证主要内容。办案人员应当向听证主持人提交当事人基本情况、违法事实、证据、拟处罚意见以及听证申请等有关材料。

（四）听证时间和地点。

第四十五条　当事人在举行听证之前，提出撤回听证申请的，应当准许，并记录在案。

当事人无正当理由不出席听证的，视为撤回听证申请。

第四十六条　除涉及国家秘密、商业秘密或者个人隐私外，听证应当公开举行。涉及商业秘密或者个人隐私的，当事人可以申请不公开听证。

第四十七条　当事人在听证中的权利和义务：

（一）有权对案件涉及的事实、适用法律及有关情况进行陈述和申辩；

（二）有权对办案人员提出的证据质证并提出新的证据；

（三）如实回答听证主持人的提问；

（四）遵守听证程序。

第四十八条　听证按照下列程序进行：

（一）听证主持人核对听证参加人身份，告知有关权利和义务，宣布案由和听证纪律，宣布听证会开始；

（二）办案人员提出当事人违法的事实、证据、处罚意见和理由；

（三）当事人或者其委托代理人对案件的事实、证据、适用的法律等进行陈述和申辩，可以向听证会提交新的证据；

（四）涉及第三人的，由第三人进行陈述；

（五）听证主持人就案件的有关问题向当事人、办案人员、证人询问；

（六）办案人员、当事人或者其委托代理人经听证主持人允许，可以就有关证据进行质证，也可以向到场的证人发问；

（七）办案人员、当事人、第三人依次作最后陈述；

（八）听证主持人宣布听证结束。

第四十九条　听证应当制作行政处罚案件听证笔录。听证笔录应当载明下列事项：

（一）听证事项名称；

（二）听证主持人、听证员、记录员的姓名、职务；

（三）听证参加人及其他人员的姓名或者名称；

（四）举行听证的时间、地点和方式；

（五）办案人员提出的本案的事实、证据和行政处罚的内容及其依据；

（六）当事人、第三人的陈述、申辩，提出有关证据的内容；

（七）相互质证、辩论情况；

（八）最后陈述的内容；

（九）听证主持人认为其他需要载明的事项。

听证笔录由听证主持人、听证员以及听证参加人审核无误后签名或者盖章。听证参加人拒绝签章的，由记录员在听证笔录中注明情况。

第五章 简易程序

第五十条 违法事实确凿并有法定依据，符合下列情形之一的，可以当场做出行政处罚决定：

（一）警告；

（二）对公民处以 50 元以下罚款；

（三）对法人或者其他组织处以 1000 元以下罚款。

第五十一条 适用简易程序当场查处违法行为，办案人员应当当场了解违法事实，制作现场笔录或者询问笔录，收集必要的证据。

在给予行政处罚前，办案人员应当口头告知当事人做出行政处罚决定的事实、理由、依据及处罚内容，告知当事人依法享有陈述和申辩的权利。

当事人进行陈述和申辩的，办案人员应当记入笔录。当事人提出的事实、理由或者证据成立的，应当采纳；不采纳的应当说明理由。

第五十二条 适用简易程序当场给予行政处罚，应当填写预定格式、统一编号的行政处罚决定书。

行政处罚决定书应当载明当事人的基本情况、违法行为、行政处罚依据、处罚种类、罚款数额、时间、地点、救济途径、邮政管理部门名称，并由办案人员及当事人签名或者盖章后，当场交付当事人。当事人拒绝签章的，办案人员应当注明情况。

第五十三条 适用简易程序查处案件，办案人员应在 7 个工作日内将当场处罚情况报所属邮政管理部门备案，并将相关材料交由所属邮政管理部门归档保存。

第六章 执行和结案

第五十四条 送达执法文书应当使用送达回证，由受送达人在送达回证上记明收到日期，签名或者盖章。受送达人在送达回证上的签收日期为送达日期。

送达执法文书，应当直接送交受送达人。受送达人拒绝接收执法文书的，送达人可以邀请第三方的见证人到场，说明情况，在送达回证上注明拒收事由和日期，由送达人、见证人签名或者盖章，把执法文书留在受送达人的住所；也可以把执法文书留在受送达人的住所，并采用拍照、录像等方式记录送达过程，即视为送达。

直接送达执法文书确有困难的，可以邮寄送达。邮寄送达的，以邮寄回执上载明的收件日期为送达日期。

采取本条第二款、第三款规定的方式无法送达的，可以公告送达。采取公告送达的，自发出公告之日起 60 日，即视为送达。公告送达，应当在案卷中记明原因和经过。

第五十五条 行政处罚决定依法做出后，当事人应当按照行政处罚决定书的内容、方式和期限，履行行政处罚决定。

当事人对行政处罚决定不服申请行政复议或者提起行政诉讼期间，行政处罚不停止执行，法律另有规定的除外。

第五十六条 除依法当场收缴罚款外，邮政管理部门对当事人做出罚款处罚的，当事人应当自收到处罚决定书之日起 15 日内，到指定银行缴纳罚款。

第五十七条　办案人员当场收缴罚款的，应当出具中央财政部门统一制发的罚款收据；不出具中央财政部门统一制发的罚款收据的，当事人有权拒绝缴纳罚款。

第五十八条　当事人逾期不履行行政处罚决定的，做出行政处罚决定的邮政管理部门可以依法采取下列措施：

（一）到期不缴纳罚款的，每日按罚款数额的3%加处罚款，加处罚款不得超出缴纳罚款的本数；

（二）根据法律规定，将查封、扣押的财物拍卖所得抵缴罚款；

（三）申请人民法院强制执行；

（四）法律、行政法规规定的其他措施。

第五十九条　当事人在法定期限内不申请行政复议或者提起行政诉讼，又不履行行政处罚决定的，邮政管理部门可以自期限届满之日起3个月内，依法申请人民法院强制执行。

邮政管理部门申请人民法院强制执行前，应当催告当事人履行义务。催告书送达10日后当事人仍未履行义务的，邮政管理部门可以向所在地有管辖权的人民法院申请强制执行。

第六十条　当事人确有经济困难，需要延期或者分期缴纳罚款的，应当在行政处罚决定书规定的缴款日期前提出书面申请；经做出行政处罚决定的邮政管理部门批准，可以暂缓或者分期缴纳。

第六十一条　有下列情形之一的，应当终结行政处罚决定的执行：

（一）公民死亡，无遗产可供执行，又无义务承受人的；

（二）法人或者其他组织终止，无财产可供执行，又无义务承受人的。

（三）据以执行的行政处罚决定被撤销的；

（四）邮政管理部门认为需要终结执行的其他情形。

第六十二条　有以下情形之一的，办案人员应当填写行政处罚结案报告，经邮政管理部门负责人批准后，予以结案：

（一）行政处罚决定执行完毕的；

（二）不予行政处罚的；

（三）案件移送有管辖权部门或者司法机关的；

（四）决定终止调查的；

（五）决定终止执行行政处罚决定的。

批准结案的，应将有关案件材料进行整理装订，归档保存。

第七章　附　则

第六十三条　邮政管理部门查处违法案件，应当使用国务院邮政管理部门制定的统一格式的文书。

第六十四条　本规定自2013年5月1日起施行。国家邮政局2009年9月27日发布的《邮政行政处罚程序规定（暂行）》同时废止。

邮政行业统计管理办法

(2011 年 10 月 11 日交通运输部发布　根据 2013 年 4 月 12 日交通运输部
《关于修改〈邮政行业统计管理办法〉的决定》修正)

第一章　总　则

第一条　为加强邮政行业监督管理，规范行业统计工作，保障行业统计资料的真实性、准确性、完整性和及时性，根据《中华人民共和国统计法》、《中华人民共和国邮政法》等法律和相关行政法规，制定本办法。

第二条　本办法适用于邮政管理部门组织实施的邮政行业统计活动。

第三条　邮政行业统计是邮政管理部门根据履行监督管理职责的需要，依法组织实施的部门统计调查活动。其基本任务是通过制定邮政行业统计制度，建立统计指标体系，运用各种统计方法对邮政行业发展情况进行统计调查和统计分析，准确掌握邮政行业的经济运行情况，为行业监督管理提供信息服务，同时为国家统计调查提供相关数据资料。

第四条　邮政行业统计工作实行统一领导、分级负责的原则。

国务院邮政管理部门是全国邮政行业统计工作的主管部门，负责组织、指导、管理、监督全国邮政行业统计工作。

省、自治区、直辖市邮政管理机构和按照国务院规定设立的省级以下邮政管理机构在国务院邮政管理部门的领导下，组织、开展、管理、监督本辖区的邮政行业统计工作。

国务院邮政管理部门和省、自治区、直辖市邮政管理机构以及省级以下邮政管理机构，统称为邮政管理部门。

第五条　统计调查对象负责组织开展本单位的统计工作，并接受邮政管理部门的监督管理。

统计调查对象是指有义务提供邮政行业统计调查所需资料的邮政企业、快递企业、集邮票品集中交易市场开办者以及邮政行业的其他相关企业和组织。

第六条　邮政管理部门统计机构和统计人员依法独立行使统计调查、统计报告和统计监督的职权，不受侵犯。

第七条　统计调查对象应当按照邮政管理部门规定，依法履行统计义务，真实、准确、完整、及时地提供统计调查所需的资料，不得提供不真实或者不完整的统计资料，不得迟报、拒报统计资料。

第八条　邮政管理部门、统计调查对象应当建立健全统计资料的审核、签署、报送、交接、保管、借用、归档、销毁等管理制度，依法管理统计资料。

第九条　邮政管理部门、统计调查对象应当加强统计能力建设，满足统计工作所需的人员、经费、技术装备和其他各项条件。

第十条　邮政管理部门对在邮政行业统计工作中做出重要贡献和取得突出成绩的统计调查对象和统计工作人员可以给予表彰或者奖励。

第二章　统计机构与统计人员

第十一条　国务院邮政管理部门应当设立统计机构，配备专职统计人员，在国家统计局的业务指导下，统一管理全国范围内的邮政行业统计工作。

省、自治区、直辖市邮政管理机构应当确定统计机构，设立统计岗位，配备专职或者兼职统计人员，在省级人民政府统计机构的业务指导下，统一管理本行政区域内的邮政行业统计工作。

省级以下邮政管理机构应当确定统计机构，配备专职或者兼职统计人员，统一管理本辖区的邮政行业统计工作。

第十二条　统计调查对象主要负责人是统计工作的第一责任人，全面负责本单位统计调查工作，并对本单位统计数据的真实性负责。

第十三条　统计调查对象应当确定人员承担本单位的统计工作，并保持本单位承担统计工作任务的人员的相对稳定，建立健全离岗交接制度。

第十四条　统计调查对象承担统计工作任务的人员应当具有良好的职业道德，具备执行统计任务所需的专业知识和业务能力。

第十五条　统计调查对象承担统计工作任务的人员应当按照邮政管理部门的规定参加统计培训。

第三章　统计调查管理

第十六条　邮政行业统计调查项目由邮政管理部门根据监督管理工作需要制定。制定邮政行业统计调查项目应当经过论证。

邮政行业统计调查项目包括全国邮政行业统计调查项目和地方邮政行业统计调查项目。

第十七条　邮政行业统计调查项目按照下列规定制定、备案或者审批：

（一）全国邮政行业统计调查项目由国务院邮政管理部门统一制定，报国家统计局备案。其中统计调查对象超出邮政管理部门管辖系统的，报国家统计局审批。

（二）地方邮政行业统计调查项目由省、自治区、直辖市邮政管理机构制定，报省级人民政府统计机构审批，并报国务院邮政管理部门备案。

第十八条　邮政行业统计调查项目不得与国家统计调查项目重复。地方邮政行业统计调查项目不得与全国邮政行业统计调查项目重复。

第十九条　邮政管理部门制定统计调查项目，应当同时制定该项目的统计调查制度，并按照第十七条规定一并报经备案或者审批。

统计调查制度应当对调查目的、调查内容、调查方法、调查对象、调查组织方式、调查表式和统计资料的报送等做出规定。统计调查应当按照统计调查制度组织实施，未经批准，任何单位或者个人不得擅自修改。

邮政行业统计对邮政普遍服务业务和快递等其他业务实行分类统计。

第二十条　邮政行业统计调查分为常规统计调查和专项统计调查。

常规统计调查是指邮政管理部门根据统计调查制度开展的经常性、周期性的统计调查。

专项统计调查是指根据国家统一部署或者邮政行业管理需要，邮政管理部门为某一特定目的开展的统计调查。专项统计调查的内容原则上不得与常规统计调查的内容重复。

第二十一条　邮政管理部门统计机构归口管理邮政行业统计调查工作。邮政管理部门其他职能机构开展的专项统计调查，应当报同级统计机构审核，并将统计调查结果报送同级统计机构。

第二十二条　国务院邮政管理部门根据国家统计局制定的统计标准和相关要求统一制定邮政行业统计标准，保证邮政行业统计调查采用的指标含义、计算方法、分类目录、调查表式和统计编码等的标准化。

第二十三条　邮政管理部门制发的邮政行业统计调查表，应当由本部门统计机构统一标明表号、制定机关、批准或者备案文号、有效期限等标志。对未标明上述规定标志或者超过有效期限的统计调查表，统计调查对象有权拒绝填报。

第二十四条　统计调查对象应当加强统计基础工作建设，建立健全原始记录和统计台账制度，严格落实统计工作责任制。

统计原始记录和统计台账应当按照邮政管理部门的规定进行设置，统计数据必须保持与原始记录和统计台账的一致性。

第二十五条　统计调查对象应当按照统计调查制度或者统计调查方案的要求，向邮政管理部门报送各项统计资料。

第二十六条　统计调查对象应当建立健全统计资料的填报审核制度，填报的统计资料须经统计调查填报人签名，单位负责人和统计负责人签署并加盖单位公章后方可报送。审核、签署人员应当对其审核、签署的统计资料的真实性、准确性、完整性负责。

统计调查对象报送的统计资料发生错误的，应当在报送时限内予以更正，逾期未更正的，应当提交书面说明。统计资料的信息内容出现非正常变化时，应当附加情况说明。

第二十七条　统计调查对象发生下列变更的，应当及时向邮政管理部门统计机构报告，统计机构对其相关信息予以及时调整：

（一）本单位统计负责人发生变化的；

（二）快递企业以商业特许经营模式经营的，其特许企业的组织机构代码或者服务品牌发生变化的。

第二十八条　统计调查对象应当积极推进统计信息化建设，逐步提高统计工作的信息化水平。

第二十九条　快递企业以商业特许经营模式经营的，其特许企业应当组织、指导、监督被特许企业的统计工作。

经国务院邮政管理部门同意后，可以由特许企业按照规定统一收集并报送被特许企业的统计资料。特许企业收集统计资料时，应对被特许企业的统计资料进行审核，对存在问题的应当要求重新报送。特许企业不得编造、篡改被特许企业的数据。

第四章　统计资料管理和公布

第三十条　邮政行业统计资料是指能够反映邮政行业发展状况的数字、文字、图表等统计信息。主要包括：

（一）统计原始记录、统计台账和统计调查报表；

（二）经过加工整理、分析研究后的综合统计报表和统计分析报告。

第三十一条　邮政管理部门统计机构归口管理邮政行业统计资料，并建立与其他职能机构的资料共享与服务机制。

邮政管理部门内部各职能机构使用的统计资料应当从统计机构取得，或者经过统计机构审核。

第三十二条　统计调查对象应当建立健全统计资料的交接制度和档案管理制度。对原始记录、统计台账、统计报表及电子数据信息等统计资料，实行专人管理，不得涂改、丢损和随意销毁。原始记录和统计台账至少保存5年。

第三十三条　国务院邮政管理部门统计机构负责汇总、审定全国邮政行业统计资料，经本部门主要负责人签署后予以发布。

省、自治区、直辖市邮政管理机构负责汇总、审定本行政区域邮政行业统计资料，经本机构主要负责人签署后予以发布。

省级以下邮政管理机构负责汇总、审定本辖区邮政行业统计资料，经本机构主要负责人签署后予以发布。

第三十四条　邮政管理部门内部各职能机构在向有关部门、新闻媒体以及社会团体等组织提供相关资料涉及使用统计信息时，应当使用已予以发布的统计资料。需要使用未予以发布的统计资料时，应当经统计机构同意。

第三十五条　邮政管理部门、统计人员、统计调查对象承担统计工作的人员和其他取得统计资料的相关人员，对在统计工作中知悉的未经发布的、涉及统计调查对象商业秘密和个人信息的，应当予以保密。

第五章　监督检查

第三十六条　邮政管理部门应当会同同级人民政府统计机构加强对邮政行业统计调查对象执行统计法规和开展邮政行业统计工作情况的监督检查，协助同级人民政府统计机构依法查处统计违法行为。

第三十七条　邮政管理部门统计机构和统计人员根据邮政行业统计工作需要履行以下职责：

（一）按照邮政行业统计调查制度开展统计工作，调查、搜集有关资料，召开有关调查会议。

（二）在邮政行业统计调查中，可以就与统计有关的问题询问有关单位和相关人员，要求如实提供统计资料。

（三）对统计资料有疑问的，有权检查与统计资料有关的原始记录和凭证。

（四）按照邮政行业统计调查制度要求，对统计调查取得的统计资料和情况加以整理、分析，向上级邮政管理部门或者同级人民政府统计机构提出统计报告。

（五）根据邮政行业的统计调查和统计分析，对邮政行业的发展情况进行统计监督，并可以提出改进工作的建议。

（六）检查邮政行业统计调查制度执行情况。

（七）就发现的不真实的统计资料及统计违法行为进行检查。有权提取、保存检查中发现的违法证据，并移交同级人民政府统计机构。

统计人员履行以上职责时，应当出示邮政管理部门颁发的工作证件；未出示的，统计调查对象有权拒绝配合。

第三十八条　邮政管理部门执行监督检查任务时，被检查单位应当如实反映情况，提供相关证明和资料，不得拒绝、阻碍，不得转移、隐匿、篡改、毁弃原始记录和凭证、统计台账、统计调查表、会计资料及其他相关证明和资料。

第三十九条　统计调查对象有下列行为之一的，由邮政管理部门责令改正，可以予以通报，并移交政府统计主管部门依法处理：

（一）未按照规定建立统计原始记录、统计台账的；

（二）拒绝提供统计资料或者经催报后仍未按时提供统计资料的；

（三）提供不真实或者不完整的统计资料的；

（四）转移、隐匿、篡改、毁弃或者拒绝提供原始记录和凭证、统计台账、统计调查表及其他相关证明和资料的。

第四十条　邮政管理部门负责人、工作人员有违反《中华人民共和国统计法》行为的，依据《中华人民共和国统计法》的规定给予处分。

第四十一条　邮政管理部门工作人员违反本办法规定，泄露统计调查对象的商业秘密及个人信息，构成犯罪的，依法追究刑事责任；尚不构成犯罪的，依法给予处分。

第四十二条　邮政管理部门工作人员在统计监督检查中滥用职权、玩忽职守、徇私舞弊，构成犯罪的，依法追究刑事责任；尚不构成犯罪的，依法给予处分。

第六章　附　则

第四十三条　本办法自 2012 年 1 月 1 日起施行。

快递市场管理办法

（2012 年 12 月 31 日经交通运输部第 10 次部务会议通过　2013 年 1 月 11 日
交通运输部令 2013 年第 1 号　自 2013 年 3 月 1 日起施行）

第一章　总　则

第一条　为加强快递市场管理，维护国家安全和公共安全，保护用户合法权益，促进快递服务健康发展，依据《中华人民共和国邮政法》及有关法律、行政法规，制定本办法。

第二条　从事快递业务经营活动应当遵守本办法。

第三条　本办法所称快递，是指在承诺的时限内快速完成的寄递活动。寄递是指将信件、包裹、印刷品等物品按照封装上的名址递送给特定个人或者单位的活动，包括收寄、分拣、运输、投递等环节。

第四条　经营快递业务的企业应当依法经营，诚实守信，公平竞争，为用户提供迅速、准确、安全、方便的快递服务。

第五条　公民的通信自由和通信秘密受法律保护。除因国家安全或者追查刑事犯罪的需要，由公安机关、国家安全机关或者检察机关依照法律规定的程序对通信进行检查外，任何组织或者个人不得以任何理由侵犯他人的通信自由和通信秘密。

第六条　国务院邮政管理部门负责对全国快递市场实施监督管理。

省、自治区、直辖市邮政管理机构负责对本行政区域的快递市场实施监督管理。

按照国务院规定设立的省级以下邮政管理机构负责对本辖区的快递市场实施监督管理。

第七条　国务院邮政管理部门和省、自治区、直辖市邮政管理机构以及省级以下邮政管理机构（以下统称邮政管理部门）对快递市场实施监督管理，应当遵循公开、公平、公正以及鼓励竞争、促进发展的原则，规范快递服务，满足经济社会发展的需要。

邮政管理部门应当加强快递市场安全监督管理，维护寄递安全与信息安全。

第八条　快递行业协会应当依照法律、行政法规及其章程规定，制定快递行业规范，加强行业自律，为企业提供信息、培训等方面的服务，促进快递行业的健康发展。

第二章　经营主体

第九条　国家对快递业务实行经营许可制度。经营快递业务，应当依照《中华人民共和国邮政法》的规定，向邮政管理部门提出申请，取得快递业务经营许可；未经许可，任何单位和个人不得经营快递业务。

第十条　邮政管理部门根据企业的服务能力审核经营许可的业务范围和地域范围,对符合规定条件的,发放快递业务经营许可证,并注明经营许可的业务范围和地域范围。

经营快递业务的企业应当在经营许可范围内依法从事快递业务经营活动,不得超越经营许可业务范围和地域范围。

第十一条　任何单位和个人不得伪造、涂改、冒用、租借、倒卖和非法转让快递业务经营许可证。

取得快递业务经营许可的企业不得以任何方式将快递业务委托给未取得快递业务经营许可的企业经营,不得以任何方式超越经营许可范围委托经营。

第十二条　取得快递业务经营许可的企业设立分公司、营业部等非法人分支机构,凭企业法人快递业务经营许可证(副本)及所附分支机构名录,到分支机构所在地工商行政管理部门办理注册登记。企业分支机构取得营业执照之日起 20 日内到所在地邮政管理部门办理备案手续。

快递业务经营许可证(副本)载明的股权关系、注册资本、业务范围、地域范围发生变更的,或者增设、撤销分支机构的,应当报邮政管理部门办理变更手续,并持变更后的快递业务经营许可证办理工商变更登记。

第十三条　快递企业进行合并、分立的,应当在合并、分立协议签订之日起 20 日内,向颁发快递业务经营许可证的邮政管理部门备案。

备案应当提交以下材料:

(一)快递业务经营许可证;

(二)合并、分立协议;

(三)上一年度快递业务经营许可年度报告书。

合并、分立后新设立的企业法人经营快递业务的,应当依法取得快递业务经营许可。合并、分立涉及外商投资企业的,应当遵守国家有关外商投资快递业务的相关规定。

第十四条　以加盟方式经营快递业务的,被加盟人与加盟人均应当取得快递业务经营许可,加盟不得超越被加盟人的经营许可范围。被加盟人与加盟人应当签订书面协议约定双方的权利义务,明确用户合法权益发生损害后的赔偿责任。参与加盟经营的企业,应当遵守共同的服务约定,使用统一的商标、商号、快递服务运单和收费标准,统一提供跟踪查询和用户投诉处理服务。

第十五条　经营快递业务的企业应当按照国务院邮政管理部门的规定,向颁发快递业务经营许可证的邮政管理部门提交年度报告书。

第三章　快递服务

第十六条　经营快递业务的企业应当按照快递服务标准,规范快递业务经营活动,保障服务质量,维护用户合法权益,并应当符合下列要求:

(一)填写快递运单前,企业应当提醒寄件人阅读快递运单的服务合同条款,并建议寄件人对贵重物品购买保价或者保险服务;

(二)企业分拣作业时,应当按照快件(邮件)的种类、时限分别处理、分区作业、规范操作,并及时录入处理信息,上传网络,不得野蛮分拣,严禁抛扔、踩踏或者以其他方式造成快件(邮件)损毁;

(三)企业应当在承诺的时限内完成快件(邮件)的投递;

(四)企业应当将快件(邮件)投递到约定的收件地址和收件人或者收件人指定的代收人。

第十七条　经营快递业务的企业投递快件(邮件),应当告知收件人当面验收。快件(邮件)

外包装完好的，由收件人签字确认。投递的快件（邮件）注明为易碎品及外包装出现明显破损的，企业应当告知收件人先验收内件再签收。企业与寄件人另有约定的除外。

对于网络购物、代收货款以及与用户有特殊约定的其他快件（邮件），企业应当与寄件人在合同中明确投递验收的权利义务，并提供符合约定的验收服务，验收无异议后，由收件人签字确认。

第十八条　经营快递业务的企业应当在营业场所公示或者以其他方式向社会公布其服务种类、服务时限、服务价格、损失赔偿、投诉处理等服务承诺事项。服务承诺事项发生变更的，企业应当及时发布服务提示公告。

第十九条　经营快递业务的企业应当遵循公平原则，以书面合同确定企业与用户双方的权利和义务。

对免除或者限制企业责任及涉及快件（邮件）损失赔偿的条款，应当在快递运单上以醒目的方式列出，并予以特别说明。

第二十条　在快递服务过程中，快件（邮件）发生延误、丢失、损毁和内件不符的，经营快递业务的企业应当按照与用户的约定，依法予以赔偿。

企业与用户之间未对赔偿事项进行约定的，对于购买保价的快件（邮件），应当按照保价金额赔偿。对于未购买保价的快件（邮件），按照《中华人民共和国邮政法》、《中华人民共和国合同法》等相关法律规定赔偿。

第二十一条　经营快递业务的企业应当建立与用户沟通的渠道和制度，向用户提供业务咨询、查询等服务，并及时处理用户投诉。

经营快递业务的企业对邮政管理部门转办的用户申诉，应当及时妥善处理，并按照国务院邮政管理部门的规定给予答复。

第二十二条　经营快递业务的企业应当按照国家有关规定建立突发事件应急机制。发生重大服务阻断、暂停快递业务经营活动时，经营快递业务的企业应当按照有关规定在 24 小时内向邮政管理部门和其他有关部门报告，并向社会公告；以加盟方式开展快递业务经营的，被加盟人、加盟人应当分别向所在地邮政管理部门报告。

经营快递业务的企业在事故处理过程中，应当对所有与事故有关的资料进行记录和保存。相关资料和书面记录至少保存 1 年。

第二十三条　经营快递业务的企业应当妥善应对快递业务高峰期，做好业务量监测，加强服务网络统筹调度，及时向社会发布服务提示，认真处理用户投诉。

第二十四条　经营快递业务的企业对无法投递的快件（邮件），应当退回寄件人。

对无法投递又无法退回寄件人的快件（邮件），企业应当登记，并按照国务院邮政管理部门的规定和快递服务标准处理；其中无法投递又无法退回的进境国际快件（邮件），应当依照相关规定交由有关部门处理。

第二十五条　经营快递业务的企业在从事快递业务的同时，向用户提供代收货款服务的，应当建立有关安全管理制度，与寄件人的合同中应当对代收货款服务的权利义务进行约定。

提供代收货款服务，涉及金融管理规定的，应当接受相关部门的监督管理。

第二十六条　经营快递业务的企业应当按照国家关于快递业务员职业技能的规定，加强快递从业人员职业技能培训，组织符合条件的快递从业人员参加职业技能鉴定。

第二十七条　经营快递业务的企业不得实施下列行为：

（一）违反国家规定，收寄禁止寄递的物品，或者未按规定收寄限制寄递的物品；

（二）相互串通操纵市场价格，损害其他经营快递业务的企业或者用户的合法权益；

（三）冒用他人名称、商标标识和企业标识，扰乱市场经营秩序；

（四）违法扣留用户快件（邮件）；

（五）违法提供从事快递服务过程中知悉的用户信息；

（六）法律、法规禁止的其他行为。

第二十八条   快递从业人员不得实施下列行为：

（一）扣留、倒卖、盗窃快件（邮件）；

（二）违法提供从事快递服务过程中知悉的用户信息；

（三）法律、法规禁止的其他行为。

第四章   快递安全

第二十九条   任何组织和个人不得利用快递服务网络从事危害国家安全、社会公共利益或者他人合法权益的活动。下列物品禁止寄递：

（一）法律、行政法规禁止流通的物品；

（二）危害国家安全和社会政治稳定以及淫秽的出版物、宣传品、印刷品等；

（三）武器、弹药、麻醉药物、生化制品、传染性物品和爆炸性、易燃性、腐蚀性、放射性、毒性等危险物品；

（四）妨害公共卫生的物品；

（五）流通的各种货币；

（六）法律、行政法规和国家规定禁止寄递的其他物品。

第三十条   经营快递业务的企业应当遵守《中华人民共和国邮政法》、《邮政行业安全监督管理办法》等相关规定，建立并严格执行收寄验视制度，加强生产安全和应急管理。

第三十一条   经营快递业务的企业对不能确定安全性的可疑物品，应当要求用户出具相关部门的安全证明。用户不能出具安全证明的，不予收寄。

经营快递业务的企业收寄已出具安全证明的物品时，应当如实记录收寄物品的名称、规格、数量、重量、收寄时间、寄件人和收件人名址等内容。记录保存期限不少于 1 年。

第三十二条   经营快递业务的企业接受网络购物、电视购物和邮购等经营者委托提供快递服务的，应当遵守邮政管理部门的规定，与委托方签订安全保障协议，并向颁发快递业务经营许可证的邮政管理部门备案。

第三十三条   经营快递业务的企业设置快件（邮件）处理场所，应当事先征询邮政管理部门及有关部门意见，并按照国家有关规定预留相关工作场地，其设计和建设应当符合国家安全机关和海关依法履行职责的要求。

第五章   监督管理

第三十四条   国家鼓励和引导经营快递业务的企业采用先进技术，充分利用交通运输资源，促进规模化、品牌化、网络化经营。

第三十五条   邮政管理部门应当结合邮政行业安全监督管理的实际，指导和监督经营快递业务的企业落实安全责任制，依法对经营快递业务的企业实施安全监督检查，并依照相关规定对妨害或者可能妨害行业安全的经营快递业务的企业进行调查和处理。

邮政管理部门应当加强对突发事件的管理，督促经营快递业务的企业定期组织开展突发事件应急演练。

第三十六条　国务院邮政管理部门建立以公众满意度、时限准时率和用户申诉率为核心的快递服务质量评价体系，指导评定机构定期测试评估快递行业服务水平，评定服务质量等级，并向社会公告。

第三十七条　邮政管理部门应当依法及时处理用户对经营快递业务的企业提出的申诉，并自接到申诉之日起 30 日内作出答复。

任何单位和个人有权向邮政管理部门举报违反本办法的行为。邮政管理部门接到举报后，应当依法及时处理。

第三十八条　邮政管理部门应当加强对经营快递业务的企业及其从业人员遵守本办法情况的监督检查。

邮政管理部门依法实施监督检查，可以采取下列措施：

（一）进入有关场所进行检查；

（二）查阅、复制有关文件、资料、凭证；

（三）约谈有关单位和人员；

（四）经邮政管理部门负责人批准，查封与违法活动有关的场所，扣押用于违法活动的运输工具以及相关物品，对信件以外的涉嫌夹带禁止寄递或者限制寄递物品的快件（邮件）开拆检查。

第三十九条　邮政管理部门工作人员应当严格按照法定程序进行监督检查。实施监督检查时，应当出示执法证件，并由 2 名或者 2 名以上工作人员共同进行。被检查单位及其有关人员应当予以配合，不得拒绝、阻碍，并对有关情况予以保密。

邮政管理部门工作人员对监督检查过程中知悉的被检查单位的技术秘密和业务秘密，应当保密。

第六章　法律责任

第四十条　经营快递业务的企业违反快递服务标准，严重损害用户利益，由邮政管理部门责令改正，处 5000 元以上 3 万元以下的罚款。

第四十一条　违反本办法第十条规定的，由邮政管理部门责令改正，处 5000 元以上 3 万元以下的罚款。

第四十二条　违反本办法第十一条第二款规定的，由邮政管理部门责令改正，处 1 万元以下的罚款；情节严重的，处 1 万元以上 3 万元以下的罚款。

第四十三条　违反本办法第十四条规定的，由邮政管理部门责令改正，处 5000 元以上 3 万元以下的罚款。

第四十四条　违反本办法第十六条第（二）项规定的，由邮政管理部门处 1 万元罚款；情节严重的，处 1 万元以上 3 万元以下的罚款。

第四十五条　违反本办法第十八条、第二十一条、第二十二条、第三十一条规定的，由邮政管理部门责令改正，处 3000 元以上 3 万元以下的罚款。

第四十六条　违反本办法第二十四条第二款规定，未按照国务院邮政管理部门规定处理无法投递又无法退回寄件人的快件的，由邮政管理部门对快递企业处 3000 元以上 1 万元以下的罚款；情节严重的，处 1 万元以上 3 万元以下的罚款。

第四十七条　违反本办法第二十七条第（一）项、第（五）项规定的，分别依照《中华人民共和国邮政法》第七十五条、第七十六条的规定予以处罚。

违反本办法第二十七条第（四）项规定的，由邮政管理部门责令改正，对快递企业处 1 万元以上 3 万元以下的罚款。

违反本办法第二十七条第（二）项、第（三）项规定的，由国家有关部门依法处理。

第四十八条 违反本办法第二十八条规定的，由邮政管理部门责令改正，依法没收违法所得，对直接责任人员处 5000 元以上 1 万元以下的罚款；构成犯罪的，依法追究刑事责任。

第四十九条 邮政管理部门工作人员违反本办法第三十七条第一款、第三十九条规定的，依法给予行政处分；构成犯罪的，依法追究刑事责任。

第五十条 拒绝、阻碍邮政管理部门及其工作人员依法履行监督检查职责的，依照《中华人民共和国邮政法》第七十七条的规定予以处罚。

第五十一条 公民、法人或者其他组织认为邮政管理部门的具体行政行为侵犯其合法权益的，可以依法向上一级邮政管理部门申请行政复议或者直接向人民法院起诉。

经营快递业务的企业逾期不履行邮政管理部门处罚决定的，由邮政管理部门依法申请人民法院强制执行。

第七章　附　则

第五十二条 本办法自 2013 年 3 月 1 日起施行。交通运输部 2008 年 7 月 12 日发布的《快递市场管理办法》（交通运输部令 2008 第 4 号）同时废止。

快递业务经营许可管理办法

（2009 年 9 月 1 日交通运输部发布　根据 2013 年 4 月 12 日交通运输部
《关于修改〈快递业务经营许可管理办法〉的决定》修正）

第一章　总　则

第一条　为规范快递业务经营许可管理，促进快递行业健康发展，根据《中华人民共和国邮政法》、《中华人民共和国行政许可法》及其他有关法律、行政法规的规定，制定本办法。

第二条　快递业务经营许可的申请、审批和监督管理，适用本办法。

第三条　国务院邮政管理部门和省、自治区、直辖市邮政管理机构以及按照国务院规定设立的省级以下邮政管理机构（以下统称邮政管理部门）负责快递业务经营许可的管理工作。

第四条　快递业务经营许可管理，应当遵循公开、公平、公正以及便利高效的原则。

第五条　经营快递业务，应当依法取得邮政管理部门颁发的《快递业务经营许可证》，并接受邮政管理部门及其他有关部门的监督管理；未经许可，任何单位和个人不得经营快递业务。

第二章　许可条件

第六条　申请经营快递业务，应当符合《中华人民共和国邮政法》第五十二条的规定，具备下列条件：

（一）符合企业法人条件；

（二）在省、自治区、直辖市范围内经营的，注册资本不低于人民币 50 万元，跨省、自治区、直辖市经营的，注册资本不低于人民币 100 万元，经营国际快递业务的，注册资本不低于人民币 200 万元；

（三）有本办法第七条、第八条、第九条规定的与申请经营的地域范围相适应的服务能力；

（四）有严格的服务质量管理制度，包括服务承诺、服务项目、服务价格、服务地域、赔偿办法、投诉受理办法等，有完备的业务操作规范，包括收寄验视、分拣运输、派送投递、业务查询等制度；

（五）有健全的安全保障制度和措施，包括保障寄递安全、快递服务人员和用户人身安全、用户信息安全的制度，符合国家标准的各项安全措施，开办代收货款业务的，应当以自营方式提供代收货款服务，具备完善的风险控制措施和资金结算系统，并明确与委托方和收件人之间的权利、义务；

（六）法律、行政法规规定的其他条件。

第七条　申请在省、自治区、直辖市范围内经营快递业务的，应当具备以下服务能力：

（一）具备在省、自治区、直辖市范围内经营快递业务的网络和运递能力；

（二）经营同城快递业务的，须提供寄递快件（邮件）的电话查询服务，经营省内异地快递业务的，除提供上述电话查询服务外，还应当有提供寄递快件（邮件）跟踪查询的信息网络；

（三）有符合《快递业务员国家职业技能标准》并通过资格认定的快递业务员，经营同城快递业务的，快递业务员中具备初级以上资格的不低于30%，经营省内异地快递业务的，快递业务员中具备初级以上资格的不低于40%。

第八条　申请跨省、自治区、直辖市经营快递业务的，应当具备以下服务能力：

（一）具备与申请经营地域范围相适应的网络和运递能力；

（二）有封闭的、面积适宜的快件（邮件）处理场所，符合国务院邮政管理部门及国家安全机关依法履行职责的要求，并配备相应的处理设备、监控设备和消防设施；

（三）有统一的计算机管理系统，有可提供寄递快件（邮件）跟踪查询的信息网络，并配置符合规定的数据接口，能够根据要求向邮政管理部门提供寄递快件（邮件）的有关数据；

（四）有符合《快递业务员国家职业技能标准》并通过资格认定的快递业务员，企业及其各分支机构快递业务员中，具备初级以上资格的均不低于40%。

第九条　申请经营国际快递业务的，应当具备以下服务能力：

（一）具备经营国际快递业务的网络和运递能力；

（二）有封闭的、面积适宜的快件（邮件）处理场所，符合国务院邮政管理部门及国家安全机关、海关依法履行职责的要求，并配备相应的处理设备、监控设备和消防设施；

（三）有统一的计算机管理系统，有可提供寄递快件（邮件）跟踪查询的信息网络，并配置符合规定的数据接口，能够根据要求向邮政管理部门和有关部门提供寄递快件（邮件）的报关数据；

（四）有符合《快递业务员国家职业技能标准》并通过资格认定的快递业务员，企业及其各分支机构快递业务员中，具备初级以上资格的均不低于50%；

（五）有获得专业资格的报关、报检、报验人员。

第十条　外商不得投资经营信件的国内快递业务。

国内快递业务是指从收寄到投递的全过程均发生在中华人民共和国境内的快递业务。

邮政企业以外的经营快递业务的企业（以下称快递企业），不得经营由邮政企业专营的信件寄递业务，不得寄递国家机关公文。

第三章　审批程序

第十一条　申请快递业务经营许可，在省、自治区、直辖市范围内经营的，应当向所在地省、自治区、直辖市邮政管理机构提出申请；跨省、自治区、直辖市经营或者经营国际快递业务的，应当向国务院邮政管理部门提出申请。

第十二条　申请快递业务经营许可，应当向邮政管理部门提交下列申请材料：

（一）快递业务经营许可申请书；

（二）工商行政管理部门出具的企业名称预核准通知书或者企业法人营业执照；

（三）验资报告、场地使用证明以及本办法第六、七、八、九条规定条件的相关材料；

（四）法律、行政法规规定的其他材料。

第十三条　邮政管理部门应当自受理之日起45日内对申请材料审查核实，做出批准或者不予批准的决定。予以批准的，颁发《快递业务经营许可证》；不予批准的，书面通知申请人并说明理由。

邮政管理部门审查快递业务经营许可的申请，应当考虑国家安全等因素，并征求有关部门的意见。

第十四条　申请人凭《快递业务经营许可证》向工商行政管理部门办理设立或者变更登记。

第十五条　取得快递业务经营许可的企业设立分公司、营业部等非法人分支机构，凭企业法人快递业务经营许可证（副本）及所附分支机构名录，到分支机构所在地工商行政管理部门办理注册登记。企业分支机构取得营业执照之日起 20 日内到所在地省级以下邮政管理机构办理备案手续。

经营快递业务的企业合并、分立或者撤销分支机构的，应当向邮政管理部门备案。

第十六条　《中华人民共和国邮政法》公布前按照国家有关规定，经国务院对外贸易主管部门批准或者备案，并向工商行政管理部门依法办理登记后经营国际快递业务的国际货物运输代理企业，依照《中华人民共和国邮政法》第八十五条规定领取《快递业务经营许可证》的，应当向国务院邮政管理部门提交下列材料：

（一）《快递业务经营许可证》领取申请书；

（二）国务院对外贸易主管部门批准或备案文件；

（三）工商行政管理部门依法颁发的营业执照；

（四）分支机构名录。

第四章　许可证管理

第十七条　经营快递业务的企业应当按照《快递业务经营许可证》的许可范围和有效期限经营快递业务。

《快递业务经营许可证》的有效期限为 5 年。

经营快递业务的企业应当在《快递业务经营许可证》有效期届满 30 日前向颁发许可证的邮政管理部门提出申请，换领许可证。

第十八条　《快递业务经营许可证》管理实行年度报告制度。经营快递业务的企业应当在每年 4 月 30 日前向颁发《快递业务经营许可证》的邮政管理部门提交下列材料：

（一）年度报告书，包括年度经营情况、遵守法律、法规情况等；

（二）《快递业务经营许可证》副本原件；

（三）企业法人营业执照复印件。

第十九条　《快递业务经营许可证》企业名称、企业类型、股权关系、注册资本、经营范围、经营地域和分支机构等事项发生变更的，应当报邮政管理部门办理变更手续，并换领许可证。

第二十条　快递企业在《快递业务经营许可证》有效期内停止经营的，应当提前书面告知颁发许可证的邮政管理部门，交回《快递业务经营许可证》，并按邮政管理部门规定妥善处理未投递的快件。

第二十一条　遇有下列情形之一的，邮政管理部门应当依法办理快递业务经营许可的注销手续：

（一）《快递业务经营许可证》有效期届满未延续的；

（二）企业法人资格依法终止的；

（三）申请人自取得《快递业务经营许可证》后无正当理由超过 6 个月未经营快递业务的，或者自行连续停业 6 个月以上的；

（四）《快递业务经营许可证》有效期内停止经营的；

（五）快递业务经营许可依法被撤销、撤回的，或者《快递业务经营许可证》被依法吊销的；

（六）法律、行政法规规定的其他情形。

第二十二条　邮政管理部门应当对《快递业务经营许可证》的颁发、变更、注销等事项向社会公告。

第二十三条　《快递业务经营许可证》由国务院邮政管理部门统一印制。

任何组织和个人不得伪造、涂改、冒用、租借、买卖和转让《快递业务经营许可证》。

第五章　监督检查

第二十四条　邮政管理部门依法对取得《快递业务经营许可证》的企业进行监督检查，被检查企业应当接受和配合监督检查。

第二十五条　监督检查的主要内容：

（一）经营快递业务的企业名称、法定代表人（负责人）、经营地址、经营范围、经营地域、经营期限等重要事项，应当与《快递业务经营许可证》登记事项相符合；

（二）《快递业务经营许可证》变更、延续、注销等手续的执行和办理情况；

（三）经营快递业务的企业应当持续符合颁发《快递业务经营许可证》的条件；

（四）法律、行政法规规定的其他内容。

第二十六条　邮政管理部门进行监督检查时，监督检查人员不得少于 2 人，并应当出示执法证件；应当记录监督检查的情况和处理结果，由监督检查人员签字后归档。

第二十七条　邮政管理部门进行监督检查时，不得妨碍经营快递业务的企业正常的生产经营活动，不得收取任何费用。

第二十八条　公民、企业和其他组织发现邮政管理部门的工作人员在实施行政许可和监督检查过程中有违法行为，有权向邮政管理部门举报，接到举报的邮政管理部门应当及时核实、处理。

第六章　法律责任

第二十九条　违反本办法第五条、第十七条第一款规定的，依照《中华人民共和国邮政法》第七十二条规定予以处罚。

第三十条　申请快递业务经营许可时，申请人隐瞒真实情况，弄虚作假，骗取经营许可的，由邮政管理部门依法撤销经营许可，并可处以 1 万元以上 3 万元以下的罚款。

伪造、涂改、冒用、租借、买卖和转让《快递业务经营许可证》的，邮政管理部门可处以 1 万元以上 3 万元以下罚款，构成犯罪的，依法追究刑事责任。

第三十一条　快递企业设立分支机构、合并、分立，未向邮政管理部门备案的，依照《中华人民共和国邮政法》第七十三条规定予以处罚。

除前款规定外，经营快递业务的企业，未按本办法规定办理备案、变更手续，或者未按期提交年度报告书的，由邮政管理部门责令改正，并可处以 1 万元以下的罚款；办理备案和变更手续、提交年度报告书，隐瞒真实情况、弄虚作假的，由邮政管理部门责令改正，并可处以 1 万元以上 3 万元以下的罚款。

第三十二条　快递企业停止经营快递业务，未书面告知邮政管理部门并交回《快递业务经营许可证》，或者未按照国务院邮政管理部门的规定妥善处理尚未投递的快件的，依照《中华人民共和国邮政法》第七十三条规定予以处罚。

第三十三条　违反本办法第二十四条规定，依照《中华人民共和国邮政法》第七十七条规定予以处罚。

第三十四条　经营快递业务的企业对邮政管理部门根据本办法作出的具体行政行为不服的，可以依法申请行政复议，也可以向人民法院提起行政诉讼。

经营快递业务的企业逾期不履行行政处罚决定的，由做出行政处罚决定的邮政管理部门申请人民法院强制执行。

第三十五条　邮政管理部门工作人员在快递业务经营许可管理工作中滥用职权、玩忽职守、徇私舞弊的，由主管机关或者监察机关给予行政处分；涉嫌构成犯罪的，由司法机关追究刑事责任。

第七章　附　则

第三十六条　除本办法第十六条规定的企业外，《中华人民共和国邮政法》公布前依法向工商行政管理部门办理登记后经营快递业务的企业，不具备经营快递业务的条件的，应当自本办法实施之日起1年内达到经营快递业务的条件，并依法取得快递业务经营许可，逾期不能取得快递业务经营许可的，不得继续经营快递业务。

第三十七条　本办法自2009年10月1日起施行。

第八编　部分省（市、区）
政策法规

河北省综合交通体系建设"十二五"规划

（2011 年 10 月 20 日河北省人民政府办公厅　冀政办函〔2011〕32 号）

交通运输是国民经济和社会发展的重要基础。加速建设和完善交通基础设施，全面提升综合运输能力，尽快构建京津冀和环渤海地区一体化交通运输格局，早日形成水陆空运相结合、全方位、立体化、多层次的现代综合交通运输体系，为实现经济社会又好又快发展要求和富民强省目标提供有力支撑，是"十二五"期间全省交通基础设施建设的基本任务；实现由瓶颈制约和基本适应发展向适度超前和引领发展的转变，是"十二五"全省交通基础设施建设的主要目标。为确保上述任务的完成，制定本规划。

一、现实基础和发展前景

"十一五"期间，在省委、省政府的正确领导下，全省上下坚持以科学发展观为统领，大力推进交通基础设施建设，综合交通体系框架初步形成。5 年累计完成投资 2435 亿元，是"十五"时期的 2.8 倍，港口、公路、铁路等运输方式的综合水平均处于全国前列，民航事业实现突破，综合交通供给能力由瓶颈制约到基本适应，有力支撑了全省经济社会又好又快发展。

（一）港口体系初步建立。根据省委、省政府建设沿海强省的要求，有效应对渤海湾港口群的激烈竞争，通过制定港口布局规划和唐山、黄骅港总体规划，争得国家对曹妃甸矿石、煤炭、原油等大型深水码头的核批，使曹妃甸港区得到了国家认可，并确立了在渤海港群中的地位；通过黄骅港二航道及综合港区等一批项目的实施，为渤海新区培育壮大奠定了基础；通过不断调整结构，货种单一的格局开始转变。以秦、唐、沧三大港口为主的全省港口体系基本形成，并在渤海湾乃至全国港口中占有一席之地，不仅为秦、唐、沧地区临港产业的壮大和长远发展创造了前提条件，而且对建设沿海经济社会发展强省产生了重大、积极、深远的影响。截至 2010 年底，全省沿海港口生产性泊位达到 116 个（其中深水泊位 97 个），吞吐能力达 4.86 亿吨，比 2005 年增加 36 个泊位，吞吐能力增长 60.4%。

（二）铁路建设力度空前。紧紧抓住国家加快发展铁路的机遇，以高速铁路、客运专线、重要货运及港口集疏运通道为重点，强化省部合作，大力推进铁路项目建设。新建铁路开工 3000 公里，其中客运专线和高速铁路 1600 公里，干线铁路基本完成电化和复线改造。所有在建项目和计划新开工项目建成后，可基本实现全省 11 个设区市环省会两小时、环北京一个半小时交通圈，长期困扰我省的客运"一票难求"和货运请车满足率低的状况将得到有效缓解。截至 2010 年底，通车里程达到 5490 公里，比 2005 年增加 603 公里，路网密度 2.89 公里/百平方公里，高于全国 0.94 公里/百平方公里。石太客运专线建成投运。

（三）公路网络基本形成。高速公路网已覆盖各设区市，连接 95% 的县（市），通达沿海各港口，联通京津及周边省区主要城市；实施"村村通"工程，99%的建制村通沥青（水泥）公路；干线公路技术等级逐步提高，通行能力和质量进一步提升。截至2010年底，全省公路通车里程达到15.4万公里，比2005年增加1.24万公里，路网密度82.1公里/百平方公里，其中，高速公路通车里程突破4000公里，达到4307公里，比2005年增加2172公里；二级及以上公路达到17.7万公里，比2005年增加3868公里；农村公路达到13.3万公里，比2005年增加9356公里。

（四）民航发展势头强劲。为适应经济社会发展和对外开放的新形势，围绕构建规模适当、布局合理、功能完善的民航体系，强力推进民航机场建设。石家庄正定机场奥运扩建、秦皇岛山海关军民合用机场奥运保障项目完成，邯郸机场、唐山军民合用机场建成通航，秦皇岛北戴河机场、张家口军民合用机场、承德民用机场前期工作进展顺利。截至2010年，全省拥有民航机场（含军民合用）4个，比2005年增加2个，旅客吞吐能力达到330万人次，比2005年增加230万人次。积极引进企业投资组建并正式挂牌运营了河北航空公司。

（五）设施水平不断提高。通过采用新技术、新工艺、新装备、新材料，交通基础设施技术水平明显提高，适应能力大大增强。截至2010年底，全省境内干线铁路电化率和复线率均达到75%，比2005年分别提高41.9和26.3个百分点；能源运输大通道基本实现重载化；普通干线公路中二级以上公路比重达到82%，比2005年提高5个百分点，六车道高速公路占高速公路比重达到29.7%，比2005年提高14.7个百分点；沿海港口万吨级及以上泊位比重达到83.6%，煤炭、原油、矿石等大型专业化泊位吞吐能力所占比例达到87.1%。

设施能力和水平的不断提高带动了交通运输量的快速增长。2010年，全省铁路、公路旅客运输量和周转量达到8亿人和1100亿人公里，分别与2005年持平和增长11.1%，货物运输量和周转量达到11.7亿吨和6827亿吨公里，分别比2005年增长33%和107%。

虽然全省综合交通体系建设取得了显著进展，但与经济社会又好又快发展的要求相比，与先进省市相比，与我省所处的重要区位应发挥的作用相比，还存在较大差距。一是综合运输能力仍然不足。铁路货运能力和节假日等节点的客运能力紧张，瓶颈制约依然存在，且近期难以缓解；高速公路、干线公路、农村公路通达深度和服务水平有待提高，相互之间缺乏有机衔接；民航规模小、质量低的问题依然突出。二是交通运输结构不尽合理。沿海港口功能单一、货种单一，对临港产业集聚、港城及区域经济发展带动作用有限；部分货运通道公路、铁路分担不合理，适于铁路长距离运输的煤炭、矿石等大宗散货仍大量依赖公路运输；公路网等级结构仍需进一步优化。三是综合交通体系网络化水平和管理水平仍较低。公路、铁路、港口、民航内部及相互之间缺乏必要的有机联系，管理粗放，离实现网络快速、便捷、安全、低成本还有较大差距。四是城市交通问题突出。市区交通拥堵，公交化比例和水平偏低，枢纽转换效率不高，城市轨道交通尚属空白。五是可持续发展能力不足。高速公路和铁路建设资金主要依赖于政府举债和银行贷款，债务负担不断加重，风险不断积累，存量债务偿还和增量再融资之间的矛盾逐步加深；农村公路、干线公路、民航机场、港口航道、防波堤等公益性基础设施建设、养护投入机制尚未建立，筹资难度日益增大。

"十二五"时期是我省发展的战略机遇期，客观形势对早日建成现代综合交通体系的要求日益强烈和迫切。一是同中东部省份一样，我省进入工业化和城镇化加速推进阶段，先进制造业、现代物流、旅游业和其他新兴产业快速发展，城镇体系不断完善，新农村全面建设，交通运输结构和人们出行方式不断改变等，都对交通运输提出了更高、更新的要求。二是打造沿海经济社会发展强省，交通要先行，需建立健全以港口为龙头，高速公路、铁路相配套，东出西联与南北贯通相结合、更加完善、便捷、安全和富有效率的综合交通运输网络。由于我省经济结构以重化工为主，要求交通运输能力从质和量两个方面有更大提高。三是我省环京津、环渤海，处在连接四大经济区和国家战略物资集疏运大通道的特殊区位上，承担着"西煤东运"、"北煤南运"等大量物资和京津两大城市大量客流的集疏。预计"十二五"期间，全省客货运输需求呈现规模持续增长、结构不断升级的态势。铁路、公路货物运输和周转量年均分别增长10%和12%。其中，能源、重要原材料等大宗货物运输需求仍然很大，装备制造、高附加值产品、高技术产品等小批量、多批次货物运输需求将快速增长，个性化运输需求增加。2015年，沿海港口货物吞吐需求量将达到8亿吨，比2010年增长45%。全省铁路、公路旅客运输和周转量年均分别增长11%和14%。其中，京津冀城际运输需求迅速扩张，国内外商务、旅游以及城乡间人员交流大量增加。2015年，全省民航客运需求量将达到800万人次。因此，尽快建立完善的现代综合交通运输体系已迫在眉睫、刻不容缓，是"十二五"时期的头等任务。

"十二五"时期，建立现代综合交通运输体系有诸多有利条件：从发展机遇看，京津冀一体化、环首都经济圈、河北沿海经济带三大战略上升为国家战略，两环独特区位优势进一步凸显，"四个一"战略重点将推动河北加速崛起。从基础条件看，综合交通运输体系框架基本形成，为进入新一轮基础设施加速期打下良好基础。从政策环境看，国家继续实施积极的财政政策和稳健的货币政策，并将进一步加快推进京津冀都市圈和环渤海地区交通一体化进程。从发展趋势看，省委、省政府高度重视，全省上下积极性空前高涨，先进技术、现代管理手段不断涌现等，都为我省交通现代化建设提供了保证和支撑。同时，"十二五"综合交通发展也存在一些制约因素，主要表现在：国家放缓了基本建设项目的核批节奏，我省一批急需加快推进的重大交通基础设施项目核批将受到一定影响；建设任务重，资金需求量大，筹资压力会不断增加；交通基础设施占用土地等资源多、对生态环境影响大，资源、环境的约束将会日益加剧。

"十二五"时期综合交通发展既有有利条件，也有不利因素，既有机遇，也有挑战。只要认清形势，抓住机遇，加大力度，趋利避害，建立起全省现代综合交通体系是可以实现的。

二、指导思想和发展目标

（一）指导思想。

紧紧围绕全省"四个一"战略实施，坚持以科学发展观为统领，以现代化综合交通为方向，以转变发展方式为主线，增强能力、优化结构、提升水平和提高效率并重，拓延通道、健全网络和完善枢纽并举，深化改革、加强管理和创新模式并进，加快构建便捷、安全、高效的现代综合交通运输体系，为实现富民强省目标提供强力支撑。

（二）发展原则。

坚持科学布局。与区域经济发展格局、城镇加速和产业布局相适应，科学规划，合理布局运输通道和枢纽，实现全省畅通、内部联通、外部贯通。

坚持适度超前。着眼于保障全省经济社会发展和城乡居民出行需求，增强防灾、抗灾和应急能力；铁路货运大通道、客运专线、城际铁路、沿海港口、高速公路、民航机场要适度超前，引领发展；干线公路、农村公路、城市交通要基本适应经济社会发展和人民生活需要。

坚持统筹协调。注重各种交通方式的协调和配合，强化城市综合交通枢纽的功能，充分发挥不同交通方式的优势与中心枢纽的集成效能，合理配置资源，提高综合效率，实现安全、便捷、低成本。

坚持持续发展。在增加政府投入的基础上，积极培育各类投资主体，拓宽建养资金渠道；区分轻重缓急，把握综合交通路网建设节奏；注重集约、节约用地，减少能源消耗，保护生态环境，建设绿色、低碳综合交通网络。

坚持技术进步。推进科技兴交，发展现代化、智能化交通系统，增加交通设施、交通装备、管理系统科技含量，提高规划、设计、施工水平，采用新技术、新工艺、新标准，全面提升设施能力和质量。

坚持民生为本。把改善人民群众出行条件作为根本出发点，大力发展民生交通。注重广大农村和欠发达地区交通基础设施建设，提高通畅水平和通达深度，实现交通资源的全民公平共享。

（三）主要目标。

铁路：通车里程达到 8000 公里，其中，高速铁路及客运专线 1500 公里，构建京津冀一体化并服务全省发展的城际轨道交通网络，基本建成能力充分、便捷联通的货运通道和全省货运网络。实现所有设区市通高速铁路，形成以石家庄市为中心的"两小时交通圈"、环首都"一小时交通圈"和环渤海"一小时交通圈"。

公路：通车里程达到 16 万公里，路网密度达到 85 公里/百平方公里。其中，高速公路通车里程突破 7000 公里，形成以石家庄市为中心，围绕京津、环绕渤海，通达重点部位（港口和其他重要节点），与相邻 5 省区连通的高速公路网，基本实现县县半小时上高速公路。干线公路要扩大规模，提高质量，基本达到二级及以上水平，确保覆盖全省，联通周边、上通（高速公路）下联（农村公路），环首都 14 县半小时进北京。农村公路通达深度和质量基本满足经济发展和居民出行需要。

沿海港口：生产性泊位达到 169 个，年吞吐能力达到 8 亿吨。其中，集装箱 500 万 TEU、矿石 1.3 亿吨、原油 5540 万吨、煤炭 5.1 亿吨，形成 3 个亿吨综合大港和分工基本合理、集疏运体系基本完善的现代化港群系统。

民航机场：建成通航运输机场数量达到 7 个（含军民合用机场），并在首都周边地区和部分重点旅游景区建设一批通用机场，到 2015 年，年旅客吞吐能力达到 2000 万人次、货邮吞吐能力达到 26 万吨，形成干支结合、运输机场与通用机场互补的民航机场体系。建设完善包括北京新机场在内的机场地面交通网，形成由快速轨道交通、高速公路、直达公交系统等运输方式构成的便捷专用通道，以连通城市与机场。

城市交通：石家庄、唐山市建设城市轨道交通主干线，各设区市建成相对完善的城市地面快速公交系统。

实现上述目标，"十二五"期间全省交通基础设施建设完成投资 6431 亿元，其中，铁路投资 3000 亿元，占 46.7%，公路投资 2881 亿元，占 44.8%，沿海港口投资 484 亿元，占 7.5%，民航机场投资 66 亿元，占 1.0%。

三、主要任务和建设重点

"十二五"时期，全省综合交通建设的主要任务是构建两大体系，即以石家庄市为中心，以沿海港口、中心城市及城镇、重点产业集聚区为主要节点，围绕京津和环渤海区域，覆盖城乡的快速、便捷、安全、低成本的省内综合交通网络体系（简称内网）；与相邻省市连接通畅、能力充分，与全国综合交通网络紧密衔接，与国际交通网有效连通的"六纵九横一环"的开放型综合交通通道体系（简称外网，详见附表）。围绕两大体系，建立和完善"四个网络"、"三个系统"。

（一）铁路网络。

客运铁路网。以高速铁路、客运专线、城际铁路为主，构建对内连通各设区市和城市群、对外连接周边省会城市的客运铁路网。重点建设京沪高速铁路和京石、石郑、津秦、京张、京沈、石济、保津、京九、京唐等客运专线项目，设区市全部通高铁。加快京津冀城际轨道交通建设，重点建设北京—涿州、北京—燕郊、涿州—北京新机场—廊坊—天津、唐山—曹妃甸工业区—曹妃甸新城、沧州—渤海新区、秦皇岛—曹妃甸—天津滨海新区—渤海新区、秦皇岛—承德、承德—天津、石家庄—衡水—沧州—天津等城际铁路。通过实施以上项目，形成方便出行、满足需求、选择性强、四通八达、便捷快速的客运网络。

货运铁路网。抓住客货分线的机遇，以一般干线铁路为主，地方铁路和铁路专用线为辅，围绕省内各港口、城镇、产业聚集区、物流集散地、大型企业等，力争互通成网，并与京津及山西、内蒙古、河南、山东、辽宁之间便捷连通，使货运请车满足率低和"火车事情汽车干"问题得到有效解决。重点抓好张唐铁路、邢和铁路、邯济复线、黄大铁路、蓝张铁路、蓝丰铁路、张石铁路以及朔黄、邯长扩能等项目建设，着力推进一批重点园区、重点企业铁路专用线项目加快实施。

（二）高速公路网络。

在现有网络和已开工项目（近6000公里）的基础上，继续扩大能力，提高质量，填平补齐。加快已开工项目建设进度，早日形成通车能力，主要有大广、长深、荣乌、京台、邯大、邢衡、西柏坡等高速公路。抓好国家高速公路网规划中未开工建设项目、尚未通高速的县及重要城镇、产业聚集区等节点的高速公路项目前期工作，尽早开工建设。加快实施京昆、石港、平赞等高速公路项目，积极推进北京大外环高速公路建设，研究谋划宣大高速公路东延至赤城至丰宁，进一步优化环北京高速公路方案。抓好拥堵线路的扩能改造，提高通行能力，主要有京港澳、石太高速第二通道、京沈高速第二通道等。利用网络化、智能化技术手段提高高速公路管理水平，确保运输的安全、便捷、高效。实现县县通高速公路，基本实现主要经济区、主要旅游景点连通高速公路。

（三）干线公路网络。

围绕扩大规模、提高质量两个方面，重点扩建瓶颈路段，提高具有大通道作用的干线公路等级。实施环首都地区和沿海地区干线公路改造升级工程，与北京连通的国省干线基本达到一级路水平，建成连接沿海港城、港区，具备快速通达、观光旅游等多重功能的滨海景观大道。完善高速公路与干线公路、县乡公路的连接线，提高山区与坝上地区干线公路等级标准，技术等级基本达到二级及以上水平。形成覆盖全省、连通周边的灵活、畅通的干线公路网络。

（四）农村公路网络。

围绕推进城乡一体化和新农村建设，实现交通的普遍性服务和缩小城乡交通差距目标，全面提升县乡村公路通行能力和通行水平，构建满足"三农"要求，与干线公路相匹配，有利于县域经济发展壮大，方便农民出行的农村公路网络。抓好县乡公路及危桥改造；实施乡村道路连通及油路向自然村延伸工程；加快资源开发特别是贫困地区开发的公路建设。"十二五"期间，新改建农村公路24000公里，其中县道4000公里、乡村道20000公里。加强农村公路站场建设，搞好城乡客运网络衔接，推进城乡客运一体化。

（五）沿海港群及集疏运系统。

围绕打造曹妃甸、渤海、北戴河新区经济增长引擎和沿海经济隆起带，建设沿海强省的目标，推进港口与产业、港口与城市、港口与腹地发展的良性互动，进一步拓展和调整三大港口功能，完善基础设施，优化港口结构，加强集疏运通道建设，加快形成分工合理、功能完备、辐射力强的现代化综合性港口群，以及能力充分、便捷畅通的集疏运系统。

秦皇岛港。突出抓好"西港东迁"和山海关港区建设，围绕临港制造业、物流业和旅游业，积极发展集装箱、杂货运输和旅游客运，研究推动煤炭下水能力逐步向唐山港和黄骅港分流。加快实施15万吨级航道扩建、承秦铁路等项目，积极谋划建设通往蒙东、蒙西地区和连接国际口岸通道。

唐山港。曹妃甸港区要按照建成北方深水大港的总体要求，围绕冶金、石化、装备制造、能源等产业，加快建设大型专业化原油、矿石、煤炭、LNG码头，重点实施煤码头续建及二期工程、矿石码头二、三期、LNG码头、原油码头二期、通用码头三期等项目；京唐港区按照规划对现有布局进行调整优化，提高效率和现代化水平，重点发展集装箱、液体化工和散杂货运输，重点建设首钢矿石、原辅料及成品泊位、20~22#通杂泊位、26~27#集装箱泊位、20万吨级航道工程。适时启动曹妃甸西港池工程和丰南港区工程。加快推进张唐铁路建设和迁曹铁路扩能项目，积极谋划建设连通承德、张家口、北京及蒙东、蒙西地区通道。

黄骅港。围绕渤海新区、沧州地区和冀中南腹地经济发展，加快建设综合港区二期工程，有序推进集装箱、矿石、煤炭、通用散杂货、油品及液体化工泊位等建设；煤炭港区要进一步扩大能力。围绕综合大港尽早完善集疏运体系，加快建设邯黄铁路、朔黄铁路扩能以及沧州沿海、沧济高速公路等重点项目，建成通往省中南部及晋中南、豫北及鲁西北地区的重要通道，使之真正成为冀中南地区发展的引擎。

（六）综合交通枢纽和城市交通系统。

建设完善石家庄、秦皇岛、唐山市3个国家级综合交通枢纽和保定、邯郸、沧州、廊坊、张家口、承德、衡水、邢台市8个区域性综合交通枢纽。结合城市发展规划，按照国际及区际交通枢纽、城际交通枢纽、城市交通枢纽、城乡交通枢纽层级以及客运和货运两大类别，科学规划，合理布局。协调好各种交通方式的对接通道，提高枢纽运行质量和转换效率，努力实现货运的"无缝衔接"和客运的"零换乘"。重点建设石家庄市铁路货运系统和新客站，唐山、秦皇岛、保定市火车站改造，邯郸市铁路货运系统改造和客运枢纽建设等项目。

大力发展城市公共交通，加快轨道交通规划和建设。依据城市发展规划，坚持远近结合，统筹公共汽车、地铁、轻轨、郊区铁路等交通方式，形成各具特色的城市公共交通系统。加快主城区300万以上人口城市和有条件的主城区100万以上人口城市的轨道交通规划和建设；各设区市要建成城市地面快速公交网络，并积极采用有轨电车、天然气客车、电动客车等环保型公交设备，建立智能化的指挥调度系统，提高公交管理水平；各县城要根据实际有序发展公共交通。重点建设石家庄、唐山市轨道交通项目以及石家庄、邯郸、保定、唐山、秦皇岛市等城市快速路项目。

（七）航空运输系统。

加快形成干支结合、运输机场与通用机场互补的民航机场布局。石家庄机场要抓住首都机场容量饱和、北京新机场建成尚需时日的机遇，争取并利用好做大做强的时间和空间，培育成华北地区高效、便捷、通畅、安全的航空运输枢纽机场，并真正成为北京、天津市主要备降和分流机场；加快支线机场建设，早日建成张家口、秦皇岛北戴河、承德、邢台等机场；启动衡水故城军民合用机场、沧州渤海新区机场、围场旅游机场、曹妃甸民用机场等前期工作并力争开工建设。以环首都地区和主要旅游景区为重点，大力发展通用航空，培育扩大消费型通用航空市场，加快通用机场的规划和建设，完善通用航空基础设施，提升通用航空服务能力。重点建设三河、西柏坡、张北、丰宁、围场、迁安、任丘等一批通用机场。

大力构建航线网络。各机场要根据功能定位，努力开辟和培育航线，增加航线数量。积极发展低成本及通勤航线，形成全省各机场与石家庄机场及相互之间"点对点"衔接的省内航空网络。石家庄机场通达全国大多数省会及重点城市，并开辟国际航线。

努力增加航空运力。积极开展与航空公司合作，增加驻场飞机数量。发展壮大河北航空公司，有效增加自主运力。

完善机场地面交通网。城市与机场之间要建设快速专用通道，城市轨道交通要通达机场，高速铁路、城际铁路要与机场实现便捷连通。

（八）加强邮政基础设施建设。

依托综合交通运输体系，加强邮政基础设施建设，拓展邮政和快递服务网络，提升传递速度。重点搞好空白乡（镇）邮政局所补建，消除空白点。积极发展农村邮政物流、代理代办业务，充分发挥邮政综合服务平台作用，提高普遍服务能力和水平。

四、政策支持和措施保障

（一）加强组织领导，确保规划落实。各级各有关部门要紧紧围绕现代综合交通体系建设，抢抓机遇，全力推进。切实发挥规划的指导作用，增强规划的执行力和约束力，确保规划各项任务和措施落到实处。以本规划为依据，结合本地本部门实际，研究制定高速公路、干线公路、农村公路、港口、民航机场、综合交通枢纽、旅游交通、城市轨道交通等专项发展规划，加强与京津及周边省区规划衔接。

（二）搞好调查研究，推进项目建设。深入研究涉及全省综合交通可持续发展、市场融资平台建设、政府投入机制等具有重大影响的问题，出台政策，制定措施。超前谋划重大项目，争取纳入国家专项规划体系，建立有效的重大项目推进机制，确保项目前期工作、建设施工和后期运营顺利进行。

（三）创新投资模式，强化资金支撑。积极探索适应综合交通运输体系发展的新型投融资模式，推进铁路、高速公路市场化融资，积极采用业主招标、BOT、转让经营权、证券和上市等融资方式筹措建设资金，鼓励社会资本参与经营性或具有盈利能力的交通基础设施建设，形成多渠道、多层次、多元化的投入格局。全力做大做强交通融资平台，充分发挥其主体作用，增强直接投资和与国内外大公司合作的能力。加大各级政府财政性资金投入，建立政府对干线公路、农村公路、民航机场和港口航道等公共基础设施长期、稳定的投资机制，向老、少、贫困地区倾斜，进一步加强对民航事业发展的财政支持。建立完善的农村公路建设、管理和养护机制，制定农村公路健康持续发展的政策措施，切实落实县、乡政府的主体地位。

（四）加强环境保护，实现持续发展。在保障综合交通体系建设所需土地、海域等资源供给，满足适度超前发展要求的前提下，通过科学规划和合理布局交通基础设施，优化建设方案，最大限度地节约和集约利用各种资源。按照建设环境友好型社会的要求，高度重视安全生产、环境和生态保护，实现交通与经济、社会、环境和谐发展。

（五）推动科技创新，提高管理水平。健全科技创新体系，完善科技创新机制，提高交通运输装备、技术和标准的创新能力。加大交通科技投入，支持交通运输关键技术、核心装备的研发应用和重大问题研究。加强人才培养，强化人才队伍建设，为新时期交通建设提供智力支撑。加快信息化标准建设，建立港口信息数据交换系统，高速公路、干线公路和城市公交智能管理系统，提高交通运输信息化、智能化水平，积极推进交通的供需管理，努力提高全省综合交通体系的技术水平和整体效率。

附：河北省综合交通通道一览表（略）

安徽省"十二五"综合交通运输体系发展规划的通知

(2012 年 5 月 21 日安徽省人民政府 皖政〔2012〕28 号)

根据《安徽省国民经济和社会发展第十二个五年规划纲要》，为加快建设安全、便捷、高效、和谐的现代综合交通运输体系，促进科学发展、全面转型、加速崛起、兴皖富民，编制本规划。

一、"十一五"发展成就

（一）交通基础设施规模持续扩大。"十一五"期间，全省完成交通基础设施建设投资 2040 亿元，较"十五"增长 150%，综合交通网总里程增加 7.8 万公里，是新中国成立以来综合交通投资规模最大、发展速度最快、能力增加最多的时期。截至 2010 年底，全省综合交通网总里程 16 万公里，干线铁路、高速公路通达全省 16 个市，高速铁路从无到有，油路水泥路基本通达行政村，水运、航空运输能力显著增强，天然气管道覆盖范围进一步扩大。

铁路网加快形成。大力推进高速铁路、客运专线、城际铁路、能源运输通道建设，加快完善全省铁路网。建成合宁、合武客运专线和铜九铁路，完成合肥、阜阳客站和既有京沪、京九铁路电气化改造；开工建设京沪高速、宁安城际、合蚌客运专线、合福客运专线和宿淮、阜六等铁路。"十一五"期间，全省铁路建设完成投资 750 亿元，是"十五"的 14 倍，新增铁路营业里程 491 公里，总里程达到 2878 公里，其中快速客运铁路 329 公里。截至 2010 年底，在建铁路 1268 公里，其中快速客运铁路 1000 公里。

公路网日趋完善。境内国家高速公路建设基本完成，地方高速公路、国省干线公路和农村公路加快建设。建成合铜黄、合淮阜、沿江等高速公路 1428 公里，开工建设马鞍山长江公路大桥、阜新、徐明等高速公路 1469 公里，改扩建国省干线公路 5500 公里，新改建农村公路 7.3 万公里。"十一五"期间，全省公路建设完成投资 1051 亿元，是"十五"的 1.5 倍，其中高速公路投资 641 亿元。全省公路通车里程达到 14.9 万公里，其中高速公路 2929 公里。

水运条件显著改善。内河高等级航道整治力度加大，主要港口建设步伐加快。建成淮河蚌埠复线船闸、合肥港综合码头一期、芜湖港朱家桥集装箱码头、安庆港马窝港区一期，开工建设芜申运河和合裕航道巢湖、裕溪复线船闸等工程。"十一五"期间，全省整治航道 300 公里，新增千吨级生产性泊位 148 个，完成投资 91 亿元，是"十五"的 6 倍。全省港口年吞吐能力达到 3.9 亿吨，其中集装箱吞吐能力 30 万标箱，分别较"十五"末增加 171%、150%。

机场建设进一步加强。完善民航机场布局，提升吞吐能力。实施合肥机场迁建工程，开工建设池州九华山机场，进行合肥骆岗、黄山、阜阳机场改造，完成全省现有机场安全专项整治。"十一五"期间，全省机场建设完成投资 23 亿元，是"十五"的 3.6 倍。

油气管道快速延伸。安庆—合肥成品油管道投入使用，建成"川气东送"安徽段工程，初步形成"西气川气同供、南北管网联通"的双气源供应格局，天然气管道覆盖范围由"十五"末的4个市增加到13个。"十一五"期间，管道建设完成投资125亿元，是"十五"的1.97倍，新增输气管道1040公里、输油管道376公里，全省油气管道总长达2168公里。

（二）技术装备水平显著提升。推进科技创新，积极采用新技术、新工艺、新材料、新装备，实施信息化提升改造，交通技术水平跃上新台阶。

设施水平显著提高。全省第一条时速350公里高速铁路、第一个4E级干线机场、第一座两千吨级内河复线船闸投入建设，第一个沿江汽车滚装码头和淮河千吨级复线船闸建成使用。铁路电气化实现零的突破，电气化率达到29.3%。公路沥青水泥路面铺装率达到50%，较"十五"末增加37个百分点。国省干线公路二级及以上比例达91%，较"十五"末提高6个百分点。城市道路技术水平普遍提升，合肥市公交地铁开工建设。

装备条件明显改善。国产高速动车组列车、重载货运列车投入运营。省市际公路客运班车的中高级客车占85%，货运重型车、专用车、厢式车占44.7%。船舶平均吨位较2005年增加40%以上，船舶标准化率达到30%。民用机场导航设备全面升级，旅客运输机型普遍更新。施工装备水平进一步提高，内河千吨级专用浮吊、900吨轨道架梁机等大型成套装备投入使用。

生产技术不断创新。高速铁路建设采用无砟轨道技术，高速公路推广胶粉沥青路面，跨江桥梁应用大体量塔墩深水沉井基础施工，跨越繁忙铁路干线桥梁使用转体施工方法，港口煤炭、矿石等大宗散货和集装箱装卸集疏采用一体化工艺。邮政投递初步建立信息实时管理系统，报纸发运实现全程监控。

（三）运输服务能力明显增强。全省综合运输能力显著提高，服务范围不断扩大，交通安全明显提升，客、货运输量年均分别增长16.98%、27.72%，周转量分别增长13.26%、35.49%。

服务范围持续扩大。铁路运输覆盖各市，开通至东北地区的直达旅客列车；公路运输覆盖所有乡镇和绝大多数行政村，乡村两级客车通达率为100%和98%；民用航线通达城市由"十五"末的30个增加到39个，开通至中国香港、中国台湾、韩国、新加坡等多条航线；沿江五港开通集装箱运输定期班轮，江海联运和直达运输得到加强；邮路总长度较"十五"末增加15864公里，邮政普遍服务能力进一步提升。

服务水平不断提高。铁路客运全面提速，货运能力得到释放；道路班线客运和旅游客运公司化经营比例分别达56.4%、90%，公路集装箱运输全部实现公司化经营；省内各市基本实现同城一、二级汽车客运站联网售票，部分市在全国率先开展邮政代理联网售票；全省高速公路货运车辆实行计重收费，交通运输行业全面开展"微笑服务"；合肥快速公交系统和城市智能交通管理系统投入使用，宣城市实施出租汽车服务管理信息系统试点工程。

保障能力明显增强。全省和沪苏赣地区高速公路收费系统完成联网，实现不停车收费。治理道路运输超载，全省增设59个二类治超站，建成并投入运行省和各市治超监控中心。高速公路恶劣气象条件监测预警系统和省路警联合指挥中心投入建设，水上安全监控中心和一类渡口视频监控系统建成使用，空管新技术推广应用，交通应急保障体系初步建立，交通事故次数和人员伤亡数持续下降。

（四）交通体制改革不断深化。推行公路和水运重点工程"省市共建"，完善交通运输市场体系，建立以合资方式为主的铁路投融资模式，实施成品油价格税费改革，建立完善长江岸线资源管理机制。推行以县为主的农村公路建设模式，初步建立农村公路管养体制。在全国率先组建省级港航建设投资公司，开展收费航道试点。组建新的交通运输行业管理部门，探索综合交通运输行政管理机构的设立模式。推进邮政行业政企分开，实行普遍服务与竞争业务分业经营。加强综合交通建设协调，建立交通线路交叉穿越问题协调机制。

"十一五"期间，全省交通运输发展也存在一些问题：路网布局不完善，覆盖广度和通达深度不足；不同交通运输方式衔接不畅，综合交通枢纽建设滞后；城市交通拥堵严重，公共交通发展不足；农村交通基础仍然薄弱，农村公路养护机制不够完善；交通安全保障能力不足，运输服务质量有待进一步提高；运输市场体系不健全，交通体制改革尚需继续深化。

二、"十二五"发展形势

"十二五"时期，交通运输行业将进入整合资源、推动各种交通运输方式从分散独立发展转向建立一体化综合交通运输体系的历史新阶段，既是构建综合交通运输体系的关键期，更是综合交通运输发展的战略机遇期。

经济社会持续快速发展要求进一步提升交通运输能力。"十二五"时期是安徽大有可为的黄金发展期。随着工业化、城镇化和农业现代化进程加快，客货运输需求将持续稳定增长，预计全省旅客运输量年均增长 10.2%、周转量增长 10.3%，货物运输量年均增长 8.1%、周转量增长 8.4%。为适应运输需求的快速增长，支撑经济社会的持续发展，必须继续推进综合交通运输体系建设，提高客货运输能力。

国家宏观政策要求继续加强交通基础设施建设。"十二五"时期，我国坚持扩大内需战略，交通基础设施建设将继续是扩大内需的重点投资领域；国家"十二五"规划纲要明确提出，要统筹各种运输方式发展，基本建成国家快速铁路网和高速公路网，加快中部地区综合交通枢纽建设，构建综合交通运输体系。加强交通基础设施建设是适应宏观调控新形势的客观要求，必须抢抓国家政策机遇，积极创造条件，加快推进我省交通基础设施建设。

经济结构调整升级要求不断提高交通运输服务品质。随着产业结构调整步伐加快和城乡居民收入倍增规划实施，产业和消费结构将不断优化升级，客货运输需求结构也将随之发生变化。煤炭、建材、矿石等大宗货物运输需求稳步增长的同时，小批量、高价值、多频次货物运输需求将快速增长。旅客运输需求将呈现个性化、多样化、多层次特征，城际和城市客运需求将迅速扩张。综合交通运输必须适应运输需求结构的变化，不断调整运输方式、提高服务水平、提升运输效率，实现需求供给的动态平衡。

城乡区域协调发展要求建设一体化交通运输体系。"十二五"时期，我省将更加注重统筹城乡发展，加快城市基础设施向农村延伸，推动城市优质公共服务向农村覆盖，加大对革命老区、民族地区、贫困地区扶持力度；大力促进区域协调发展，积极参与长三角区域发展分工合作，推动皖江城市带率先崛起，支持皖北地区加快发展，推进合肥经济圈一体化建设，促进皖西地区开放发展，建设皖南国际旅游文化示范区。城乡区域协调发展，需要建立一体化综合交通运输体系，为经济一体化发展提供重要支撑。

可持续发展要求建设绿色和谐的综合交通运输体系。交通基础设施建设和运输生产消耗占用的能源、资源多，对环境生态的影响大，如果不加以有效控制，将严重影响经济社会可持续发展。因此，要加快转变交通运输发展方式，采取多种有效措施，节约、集约利用资源，提高能源使用效率，降低污染物排放，严格保护生态环境；合理配置和整合交通运输资源，优化运输结构，发挥各种交通方式的比较优势，大力发展综合运输，提升运输系统的整体效率，实现绿色发展、和谐发展。

三、指导思想、基本原则和发展目标

（一）指导思想。深入贯彻落实科学发展观，加快转变交通运输发展方式，统筹区域和城乡协调发展，着力完善基础设施网络，继续提升技术装备水平，大力增强城市公共交通能力，加速推进综合交通枢纽建设，促进各种交通运输方式紧密衔接，全面提高运输服务能力和品质，构筑安全、便捷、高效、和谐的现代综合交通运输体系。

（二）基本原则。

加快发展。围绕"十二五"经济社会发展目标，充分调动各方面积极性，继续加大投入，加快消除交通"瓶颈"制约，全面提升交通基础设施能力，加速形成现代综合交通运输体系。

适度超前。充分发挥交通运输基础性、先导性作用，优化建设资源配置，科学规划、有序实施，在满足现阶段客货运输需求的基础上，使交通基础设施能力适度超前。

突出重点。以完善网络、提升能力、构建枢纽、发展城市公共交通为重点，加快快速客运网、大容量货运通道、综合交通枢纽、城市轨道交通和农村公路建设。

统筹协调。因地制宜，发挥比较优势，合理配置和整合交通运输资源，优化运输结构，统筹各种交通运输方式在区域间、城乡间、城市内的协调发展，建设一体化综合交通运输体系。

安全可靠。坚持以人为本、安全第一，把安全贯穿于交通规划、设计、建设、运营的全过程，全面提高运输的安全性、可靠性和应对自然灾害、突发事件的保障能力。

绿色发展。强化节能减排，保护生态环境，加强资源节约、集约利用，推进资源节约型、环境友好型的综合交通运输体系建设，实现绿色发展。

改革创新。不断深化改革，积极探索创新，建立有利于发挥政府和市场职能作用的体制机制，增强综合交通运输体系健康发展的内生动力。

（三）发展目标。全省交通网络布局更加完善，运输结构基本合理，城乡交通方便快捷，技术装备先进适用，运输服务安全可靠，体制机制协调有效。到2015年，基本形成以合肥、芜湖、蚌埠、阜阳、安庆、黄山为综合交通主枢纽，以综合交通通道为主骨架，以快速铁路网、高速公路网、高等级航道网和普通铁路网、普通公路网为支撑，航空运输服务覆盖全省、天然气管道覆盖所有市县、邮政服务覆盖所有乡村、城市公交站点基本覆盖建成区，与长三角和周边地区一体化的"两主、五网、四覆盖"现代综合交通运输网络，在全国综合交通网中的地位根本提升，合肥成为全国性综合交通枢纽。具体目标如下：

综合交通通道和枢纽。基本形成由两种以上交通干线构成、联结各市、对接国家综合交通网络的"两纵、五横、三联"综合交通通道；建成以合肥为中心，芜湖、蚌埠、阜阳、安庆、黄山为支撑，其他各市为节点的综合交通枢纽体系。全省客货运输能力全面提升，综合交通枢纽布局和功能进一步完善，多种运输方式间的换乘和衔接水平进一步提高。

专栏1 "两纵、五横、三联"综合交通通道

纵一：徐州—淮北—宿州—蚌埠—淮南—合肥—芜湖—铜陵—宣城—黄山

纵二：商丘—亳州—阜阳—六安—安庆—池州—景德镇

横一：淮安—宿州—淮北—亳州

横二：南京—滁州—蚌埠—淮南—阜阳—漯河

横三：南京—滁州—合肥—六安—武汉、西安

横四：南京—马鞍山—芜湖—铜陵—池州—安庆—九江

横五：杭州—黄山—景德镇

联一：杭州—宣城—芜湖—合肥—淮南—阜阳

联二：合肥—安庆—九江

联三：宣城—黄山

铁路。基本建成以合肥为中心、布局合理、内联外畅、功能衔接的快速铁路网和普通铁路网。快速客运铁路联结所有市，能源运输通道能力显著提高，初步实现主要铁路通道客货分线运输。"十二五"期间，建设铁路 3100 公里。

公路。基本建成以高速公路为骨架、国省干线公路为支撑、农村公路为基础的高速公路网和普通公路网。到 2015 年，全省高速公路通车里程达到 4200 公里以上，力争达到 4500 公里，基本建成"四纵八横"高速公路网，省内所有县城半小时内通达高速公路。国省干线公路技术水平明显提升，基本达到二级以上标准，其中一级公路达到 3500 公里。农村公路通行条件进一步改善，抗灾能力显著提高。

水运。基本建成以长江水系千吨级、淮河水系高等级航道为主通道，支流航道为基础，主要港口为依托的内河航运网，码头结构进一步优化，港口吞吐能力进一步提高。到 2015 年，高等级航道里程达到 1500 公里，港口吞吐能力超过 5 亿吨，其中集装箱吞吐能力达到 100 万标箱。

民航。形成以合肥新机场为中心、支线机场为节点、通用机场为补充的机场布局，吞吐能力和安全保障水平明显提升，航空运输服务范围进一步扩大。到 2015 年，全省开通民航运输机场达到 6 个，建成若干个通用机场。

城市交通。初步形成以公共交通为主导、多种交通方式相互衔接，基本适应城市发展需要的安全便捷的城市交通系统，城市交通设施明显改善，公共交通能力全面提升，公交出行分担率明显提高，城市交通拥堵得到初步缓解。

管道。基本建成通达所有市县的天然气管道网络，成品油管道基本延伸至全省各市。到 2015 年，全省油气管道总长度达到 6268 公里，其中天然气管道 3761 公里、成品油管道 1729 公里、原油管道 778 公里。

邮政。邮政服务范围进一步扩大，能力进一步增强，基本建成覆盖城乡、惠及全民、水平适度、可持续发展的邮政普遍服务体系和便捷高效、竞争有序、技术先进、服务优质的快递服务体系，实现乡乡设所、村村通邮。

"十二五"期间，全省交通建设总投资 3200 亿元。其中，铁路 1400 亿元（含城市轨道交通 200 亿元），公路 1300 亿元（含高速公路 850 亿元），航道、港口 200 亿元，民航 50 亿元，管道 80 亿元，综合交通枢纽 170 亿元。

四、主要任务

（一）完善综合交通网络。加快综合交通通道建设，完善网络布局结构，提升技术水平和保障能力，增强整体功能。

铁路。以完善快速客运铁路网和保障能源运输为重点，着力推进客运专线、城际铁路、能源运输通道和主要铁路枢纽建设，加强既有普通铁路改造，支持工矿、港口等支线和专用铁路建设，提

高路网质量和技术装备水平。"十二五"期间，建设快速客运铁路2200公里，普通铁路750公里，复线改造330公里，电气化改造1410公里。

专栏2 铁路重点建设项目

快速客运铁路。建成京沪高速、合肥—蚌埠客专、南京—安庆城际、合肥—福州客专、合肥铁路枢纽南环线，开工建设郑州—徐州客专、黄山—杭州客专、皖赣铁路扩能工程、商丘—合肥—杭州客专、合肥—安庆城际、合肥—新桥国际机场—六安城际，推进安庆（池州）—九江城际、南京—合肥城际、合肥—巢湖—芜湖城际、宿州—淮北—徐州城际等项目前期工作。

能源运输通道。建成阜阳—六安、宿州—淮安铁路，开工建设庐江—铜陵、六安—安庆—祁门（景德镇）、界首—临泉、亳州—宿州、裕溪口—郑蒲港—浦口等普通铁路，推进六安—庐江、铜陵—宣城等铁路项目前期工作。

既有铁路改造。完成漯河—阜阳、西安—合肥复线电化和阜淮、淮南、水蚌铁路电化，实施合肥—杭州、合肥—九江、皖赣、宁芜铜铁路电化和符夹铁路扩能改造。

公路。高速公路以完善路网为重点，加快区域通道建设，联通断头路。干线公路以升级改造现有道路为重点，对经济干线、高速公路连接线、出省通道、旅游干线、交通枢纽连接线等实施等级提升、路网延伸和路面改造工程，全面提高路网通行能力和服务水平。"十二五"期间，续建高速公路1078公里，开工建设1773公里，改扩建501公里，建成高速公路1271公里以上；新改建普通国省道7000公里，其中一级公路3000公里。

专栏3 高速公路重点建设项目

续建许昌—宿州—泗洪、周集—六安、合肥新桥国际机场高速公路、芜湖—雁翅、淮南—蚌埠—凤阳、阜阳—新蔡、黄山—祁门、东至—九江、铜陵—南陵—宣城、徐州—明光、宁国—绩溪、宣城—宁国—千秋关、滁州—马鞍山—巢湖、望东长江公路大桥北岸连接线等高速公路。

开工济南—祁门、宿州—扬州、溧阳—广德—宁国、天长—滁州、巢湖—无为—安庆、武汉—岳西及东延工程、阜阳—淮滨、蚌埠—五河、滁州—淮南、狸桥—宣城、繁昌—黄山、南京—和县、申嘉湖高速西延、黄山—千岛湖、扬绩高速黄山连接线、铜陵长江公铁两用大桥公路接线等高速公路。

扩建合巢芜、合宁、合安、合徐等高速公路拥挤路段。

水运。以建设高等级航道、提升港口专业化水平为重点，整治长江、淮河干支流航道，加快沿江、沿淮和合肥等集装箱、煤炭和件杂货码头建设，发展皖江港口群，把芜湖建成长江流域重要的航运枢纽。"十二五"期间，新增高等级航道416公里，新增港口吞吐能力1.1亿吨，其中集装箱70万标箱。

专栏4 水运重点建设项目

航道。建设长江干流、淮河干流(三、四级)、合裕线(三级及以上)、沙颍河(四级)、芜申运河(三级)国家高等级航道;整治石门湖、水阳江、店埠河、滁河、派河、秋浦河、青通河、顺安河、漳河、姑溪河、兆西河、涡河、浍河、西淝河、泉河等重点高等级航道(四级及以上);开展引江济淮(含引江济巢)航运配套工程、新安江航道整治项目前期工作。

港口。建设合肥港综合码头二期、循环经济示范园码头、巢城港区二期,马鞍山港人头矶港区一期、和县郑蒲港区一期,芜湖港外贸码头二期、港储配煤码头、奇瑞多用途码头,铜陵港外贸码头二期、江北配煤中心,池州港江口港区三期、梅龙港区一期,安庆港长风港区一期、马窝港区二期,蚌埠港集装箱码头、新港二期,阜阳港颍州港区一期、六安港周集作业区二期、淮北港南坪港区一期、淮南煤化工基地码头等工程。

民航。以完善民航机场布局、提升航空运输能力、改善通航保障条件为重点,加快新机场建设,加大机场改造力度,发展通用航空运输。建成合肥新桥、池州九华山新机场,完成黄山、阜阳机场改造,建设芜湖、安庆民航机场,启动通用机场建设。

专栏5 民航机场重点建设项目

建成合肥新桥国际机场、池州九华山机场,完成黄山、阜阳机场改造。

新建芜湖、安庆民航机场和蚌埠机场民航站,开展亳州、宿州等民航机场规划研究。

编制通用机场布局规划,启动若干通用机场建设。

跨长江通道。重点建设干线铁路、高速公路和城市干道跨江通道,基本满足综合交通通道布局和皖江城市带发展需要。"十二五"期间,建成跨长江公铁两用桥1座、铁路桥1座、高速公路桥2座,开工建设公铁桥1座、公路桥2座、城市桥1座。到2015年,全省开通运行的跨长江桥梁达到7座。

专栏6 跨长江通道重点建设项目

建成合福铁路铜陵长江公铁两用大桥、宁安城际安庆长江铁路大桥、马鞍山长江公路大桥、望东长江公路大桥。

开工建设商合杭铁路芜湖长江公铁大桥、池州长江公路大桥、芜湖长江公路二桥、安庆长江公路二桥(城市兼公路桥),建设部分连接江心洲交通通道。

开展马鞍山长江二桥(城市兼轨道交通桥)项目前期工作。

管道。以扩大天然气、成品油管道覆盖范围和原油管道输送能力为重点,加快通达县城的天然气、通达各市的成品油支线管网和仪征至安庆原油输送管道建设。"十二五"期间,增加天然气支线管道2200公里、成品油输送管道1500公里、原油输送管道400公里。

专栏 7　管道重点建设项目

天然气管道。建设江南、皖北联络线，十字镇—宁国—黄山、池州—铜陵、芜湖—江北集中区—和县、利辛—界首—阜南—颍上、蚌埠—五河、怀宁—宿松、淮北—砀山、宿州—泗县等天然气支线。

成品油管道。建设安庆—合肥—淮南—阜阳—亳州、安庆—池州—铜陵—芜湖—马鞍山、淮南—蚌埠、合肥—六安、合肥—巢湖等成品油管道。

原油管道。建设仪征—安庆—九江（安徽境内）原油管道复线。

结合煤制天然气和煤层气开发，配套完善输气管道系统。开展西气东输第四线安徽段研究。

（二）构建综合交通枢纽。按照零距离换乘和无缝衔接的要求，依托全省主要客货运输站场和港口，加快推进综合交通枢纽建设。

综合交通客运枢纽。依托快速铁路、公路重点客站和主要机场，建设多种交通方式一体化的综合交通客运枢纽。完善枢纽布局和功能，有机衔接铁路、公路、城市轨道、地面公共交通、私人交通，强化配套设施建设，建立与主体交通设施能力相适应的旅客集散和中转系统，实现多种交通方式之间便捷、安全、顺畅换乘。

综合交通货运枢纽。依托铁路重点货站和主要港口，建设与公路等不同交通方式一体化的综合交通货运枢纽。优化货运枢纽布局和功能，有机衔接不同交通方式，建立能力匹配的铁路、公路、水路等集疏运配套系统，加强集装箱、大宗散货等专用联运设施建设，积极推进物流化运输，实现不同交通方式间的无缝衔接。机场、铁路、公路、港口等大型运输站场配套建设邮政设施，加强邮政枢纽建设。

建立综合交通枢纽规范标准体系。制定综合交通枢纽规划办法，明确规划内容和范围，加强与城市总体、土地利用、综合交通网络等规划的衔接协调，强调规划的先导性和严肃性。制定综合交通枢纽设计建设规范，按不同交通方式一体化的要求，明确各类综合交通枢纽设计建设原则、主要参数、技术标准、投资划分等，并作为行政审批管理的依据。制定综合交通枢纽运营管理规则，按统一管理、提高运营效率的原则，明确各类枢纽的管理办法、责任界定、经费保障等。

专栏 8　综合交通枢纽

综合交通枢纽城市：合肥、阜阳、蚌埠、芜湖、安庆、黄山，其中合肥为全国性综合交通枢纽城市。

综合交通客运枢纽：依托合肥高铁南站、京沪高铁蚌埠站、宁安城际芜湖、铜陵、安庆客站、合福铁路黄山北站、京九铁路阜阳站、合肥新桥国际机场、池州九华山机场、国家公路运输枢纽客站，建设综合交通客运枢纽。

综合交通货运枢纽：依托合肥铁路北货场、芜湖塔桥集装箱站，合肥港综合码头、和县郑蒲港区、铜陵港江北港区、池州港江口港区、芜湖裕溪口煤炭港区、合肥港中派港区、蚌埠新港，国家公路运输枢纽货场，建设综合交通货运枢纽。

（三）加快发展城市交通。坚持规划先行、公交优先，加快发展城市交通，加速建设城市公共交通系统，逐步建立规模合理、网络完善、结构优化、换乘便捷的城市综合交通体系。

强化交通规划引导。按照长远规划、分步实施的原则，统筹城市发展空间和土地资源，引导城市功能布局、旧城改造和新区开发，有序建设公共交通设施，保障城市可持续发展。

加强城市交通能力建设。加快城市道路和公共交通基础设施建设，统筹路网交通和城市交通发展，优化城市交通体系，推进城市智能交通建设，合理引导需求，提升城市交通承载能力。合理布局建设城市出入道路和客货运枢纽集散通道，疏解城市交通压力。

优先发展城市公共交通。加快发展安全可靠、方便快捷、经济实用的大容量公共交通系统，扩大公交网络规模，提高公共交通站点覆盖率，合理分配城市道路资源，落实地面公共交通路权优先政策，积极发展快速公交，科学引导和调节出租车、私人机动车使用。建立及时、全面、双向的公共交通信息服务系统，提高城市交通疏导能力和效率。

积极推进城市及市郊轨道交通建设。发挥轨道交通在城市公共交通中的骨干作用，支持人口规模较大城市在充分利用现有资源的基础上，开展以地面轻轨、有轨电车为主的城市及市郊轨道交通线网规划；支持有条件的城市根据经济发展和通道交通量增长情况，适时建设城市及市郊轨道交通系统。

专栏 9　城市及市郊轨道交通

城市轨道交通：建设合肥地铁 1 号、2 号线，调整合肥城市轨道交通线网规划、修编近期建设规划，启动后续线路前期工作。开展淮南、芜湖、马鞍山等城市轨道交通线网规划研究，适时开工建设部分主干线路。

市郊轨道交通：开展合肥—新桥国际机场、合肥—肥西—庐江、合肥—肥东—巢湖，无为—芜湖—繁昌—南陵、芜湖县—芜湖，当涂—马鞍山—和县、安庆—新机场—天柱山、池州—九华山、淮南—凤台、蚌埠—怀远等市郊铁路规划研究，并适时建设。

（四）加强农村交通建设。继续改善农村交通基础设施条件，提高农村公路技术标准，增强抗灾能力，增加通达深度，加速城乡交通一体化。

加强县乡公路升级改造。优化农村公路网络布局，升级改造重点县道和乡道，提高县乡道路铺装水平。加强大别山连片特困地区和皖北地区农村交通基础设施建设，加快农村地区学校、旅游景点和国有农林场通乡村结点道路改造。到 2015 年，全省县乡道沥青水泥路面占比达到 50% 以上。

加大农村公路桥梁建设力度。全面加固改造县、乡、村道路现有危桥，到 2015 年基本完成。推进渡改桥和农村公路新桥建设，到 2015 年基本解决农村公路"有路无桥"问题。

实施农村公路安全保障工程。加强农村公路安全隐患排查和损坏路段修复，建设农村公路标识、标线、护栏等安全设施，提高农村公路安全保障、抗灾防灾和服务水平。到 2015 年，实现新建农村公路和县乡道受限路段的安全保障设施基本到位，其中县道安全保障设施到位率达到 100%。

推进农村公路客运站点建设。加快重点乡镇、行政村招呼站、候车亭建设，新建农村客运站 300 个、候车亭 5000 个。到 2015 年，85% 的乡镇建有等级客运站，90% 的行政村建有候车亭或招呼站。

（五）提升技术装备与运输服务水平。按照以人为本、安全可靠、先进高效、经济实用、绿色环保、综合交通的要求，不断提高技术装备和运输服务整体水平。

提升交通运输技术和装备水平。加强现代交通技术研发和应用，在全面提高交通基础设施水平的同时，加快运输装备和生产工艺的技术进步。加快既有铁路电气化改造，提升铁路先进装备的安全性和可靠性，提高铁路开行动车组、空调客车、专用货车比例。积极发展公路专用运输车辆、大型厢式货车、多轴重载大型车辆和城市配送车辆，推进客货运车辆结构升级和节能化进程，加快老旧车辆更新，提升幼儿园、小学、中学校车安全技术性能。加快推进内河运输船舶标准化，加速淘汰老旧船舶，优化船舶与船队结构，加快发展大吨位干散货船、集装箱船、江海兼用船等专用运输船舶，提高港口现代化装备水平。积极采用先进成熟的民航技术装备，提升机场通信导航、空管、机务维修、地面服务设施等保障能力和水平，积极引进支线飞机和通用飞机。加强综合交通运输公共信息平台建设，逐步建立各种交通运输方式间的信息采集、交换和共享机制。积极推动客货运输票务、单证等联程联网系统建设，扩大高速公路不停车收费系统覆盖范围。

建立高效综合交通运输服务系统。加快运输市场体系建设，进一步完善运输市场准入制度，建立健全行业行为规范、服务标准及自律机制，继续推进运输市场全面开放，积极培育交通运输中介服务机构，加快发展运输代理、维修检测、设备租赁、运输劳务、信息咨询等运输辅助服务，加快构建服务多样、公平开放、竞争有序的运输市场。加强政府对运输市场的调节，健全综合交通运输政策体系，促进不同运输系统的互联互通，有效引导运输市场结构合理调整，提高运输服务集中度和组织化水平。强化公共服务职能，加大公共财政对城市公共交通、农村客运、支线航空服务和邮政普遍服务的扶持力度，逐步推进基本公共运输服务均等化。提升运输服务水平，加强各种运输服务之间的无缝衔接与合作，优化运输组织，创新服务方式，鼓励开展一体化运输服务，大力发展现代物流业，不断提高客货运输服务效率。

拓展邮政和快递服务网络。依托综合交通运输体系，拓展邮政和快递服务网络。强化邮政普遍服务能力终端建设，完成空白乡镇邮政所补建和邮政局所标准化改造，推进行政村村邮站和城镇居民楼信报箱建设。在合肥、芜湖、蚌埠等城市建设快件处理（分拨）中心，加快发展电子商务配送、一体化邮政物流等新兴业务，大力发展高效快递服务，建设快递物流园区。支持邮政服务"三农"，大力发展农村邮政物流。

（六）提高交通安全和应急保障能力。坚持安全第一、预防为主的方针，把安全贯穿于交通运输基础设施、工具装备的全生命周期和生产服务全过程，增强应急和国防交通保障能力。

提高交通安全水平。强化交通安全理念，建立政府主导的交通安全长效教育机制，树立交通安全终身教育理念，提升全体交通参与者的安全意识。建立健全交通运输安全监督管理机制，加强交通安全管理部门之间的沟通协作，强化交通基础设施和装备规划设计、建设制造、运营使用全过程监督管理，落实监管措施、机构和责任，逐步实现安全生产监管全覆盖。完善安全管理制度，健全交通运输设施、装备安全标准和安全认证、评估规范，建立安全责任考核和追究制度。加大交通安全设施投入，加强关键和薄弱环节建设，加快构筑安全监管网络，建成危险品和重点运营车辆GPS联网联控系统，新建交通设施实行安全系统同时规划、同时设计、同时施工、同时验收、同时使用。加强交通安全科研及成果应用，推进多层次安全队伍建设。

提升应急保障能力。构建各级交通应急保障体系，制定交通应急能力建设规划，建立交通运输应急预案和处置机制，形成跨区域交通应急报送和区域联动协调机制。增强交通设施抗御自然灾害的能力，提高全天候保障水平。加快安全预测预警和救助能力建设，建成全省高速公路恶劣气象条件监测预警系统和水上搜救系统。

加强国防交通建设。按照国防需要和相关规划，统筹国防交通建设，积极推进军民融合、平战结合、同步规划、一体建设，增强铁路、公路、港口、机场等重要交通设施的国防功能。重点完善局部战备路网，改善战略通道应急保障条件，加强机动道路和港站建设，提升综合保障能力。

五、保障措施

（一）深化体制改革。推进管理体制改革，建立与国家相对应的综合交通运输管理体制，完善跨部门、跨行业的综合交通运输体系发展协调机制。深化铁路投资体制改革，规范合资铁路建设和运营管理，完善省方权益监管机制。推进公路管理体制改革，明晰事权、分清职责，逐步理顺各级政府在公路建设、运营和管养中的关系。深化农村公路养护体制改革，建立良性运转的养护机制，加快推进农村公路养护市场化。理顺水运管理体制，整合水运管理职能，推进航道养护体制改革。积极推进低空空域开放，理顺机场管理体制，建立航空运力和服务的协调机制，促进民用航空和通用航空的快速发展。深化邮政监管体制改革，健全普遍服务保障和监督机制，强化和落实政府监管责任。

（二）完善项目推进机制。完善项目前期工作责任制，定人定岗定责，全面落实各项目标任务。加强与国家相关规划衔接，力争重大交通项目纳入国家规划。加强项目前期工作力量，加大经费投入，扎实推进项目前期工作。加强部门、区域之间协调联动，强化要素保障，建立项目报批绿色通道。加强航道整治与河道治理等关联项目整合，共同推进项目实施。加强项目建设管理，加大在建项目协调调度力度，及时协调解决建设中的重大问题。强化项目谋划，健全项目储备制度，重点研究谋划一批关键性、区域性、综合性重大交通基础设施和运输物流项目。建立考核奖励制度，促进"十二五"交通建设目标的实现。

（三）有效保护利用资源。统筹各种交通运输方式的空间布局，节约、集约利用交通资源，降低综合交通运输体系发展成本。依据中长期综合交通发展规划，提前预留重大交通基础设施建设条件。加强长江岸线资源管理，出台安徽省长江岸线资源开发利用总体规划，建立岸线资源有偿使用机制，合理开发利用长江岸线，提高岸线使用效率。编制安徽省跨长江桥梁（隧道）布局规划，合理布局过江交通通道，严格控制和保护过江通道资源。依法保护空域资源，创造民航、通用航空持续发展的空域条件。积极采取技术和工程措施，提高土地利用效益，努力减少耕地占用，保障交通基础设施建设用地。

（四）拓宽建设资金筹措渠道。把握国家综合交通发展政策取向，依据促进中部地区崛起、皖江城市带承接产业转移示范区建设等发展战略，积极争取国家在项目和资金方面的支持。加大各级政府财政性资金对公益性交通基础设施的投入力度，重点支持城市交通、铁路、国省干线公路和农村公路等的建设。规范发展交通建设投融资平台，提高融资能力，通过信贷、信托、发债等多种方式筹措交通建设资金。完善招商引资政策，进一步鼓励包括民间资本在内的社会资本以多种形式参与铁路、公路、水路、民航、管道等交通基础设施建设，支持交通项目使用国外政府贷款。积极盘活高速公路等经营性交通基础设施存量资产，建立铁路等建设投资基金。支持通过与交通设施建设关联的土地、矿产等资源开发，筹措专项交通建设资金。加强预算资金管理，研究出台费改税后交通专项资金管理办法。加强交通建设资金监管，防范融资风险，建立经营性交通基础设施的回收机制。

（五）推进科技创新。健全交通科技创新体系，完善科技创新机制，提高交通运输设施、装备、管理、服务等技术创新能力。加大资金投入力度，开展以实用技术研究为主的科技攻关和技术创新，加强科技成果推广和转化，提高交通发展的科技含量。强化交通运输领域人才队伍建设，完善人才教育培训体系，提高从业人员素质。鼓励推动交通科技新技术的转化应用，促进产学研一体化发展。继续推进交通运输业信息化、智能化建设，加快既有交通运输系统的信息化升级改造，提升全行业管理能力和信息服务水平。

（六）强化规划组织实施。分解落实规划目标和任务，建立工作责任制和考核制度，完善协调推进机制。编制完善铁路、公路、水运、民航、管道、邮政服务和综合交通枢纽等专项规划，加强规划间的协调衔接。认真抓好规划落实工作，增强规划的执行力和约束力。开展重大问题研究，制定保障规划实施的相关政策措施。建立和完善规划实施情况跟踪分析评估制度，组织进行年度分析和中期评估，并根据经济社会发展的实际需要，按照规范程序适时调整。加强规划宣传，营造全社会关心支持规划实施的良好氛围。

六、加强环境保护

将绿色发展贯穿于综合交通运输体系建设全过程，不断提高资源利用效率，减少污染物排放，保护生态环境，积极建设资源节约、环境友好型社会，促进经济社会发展与人口、资源、环境的协调，努力实现交通运输可持续发展。

（一）节约、集约利用资源和减少污染。优化交通运输结构，加快发展轨道交通、水路等资源节约型、环境友好型运输方式。鼓励轨道交通、公路等共用线位、桥位资源，减少土地和空间占用；鼓励建设公用码头，合理利用岸线资源；改扩建项目优先于新建项目，充分发挥既有资源的作用；推广使用先进适用的节能技术，逐步淘汰高耗能、低效率等落后的技术和设备，提高铁路电气化水平，实施营运车船燃料排放消耗限值标准，推广清洁环保车辆。

（二）积极开展环境恢复和污染治理。合理设计交通线路走向和场站选址，避绕水源保护区、自然保护区等生态环境敏感地区，严格保护生态环境；采取措施，防止水土流失，做好地形、地貌、生态环境恢复和土地复垦工作；大力推广采用环保新技术，提高建设、运营、养护等过程中废气、废水和废弃物的循环使用和综合利用水平；制定规范和标准，加快推行运输工具的烟气脱硫除尘、尾气净化。

（三）落实有关交通专项规划的环境影响评价工作。交通运输体系发展规划下的省级内河航运规划、国省道及设区的市级交通规划、主要港口和地区性重要港口总体规划、城际铁路网建设规划、集装箱中心站布点规划、地方铁路建设规划等专项规划，应开展规划环境影响评价工作。对超出区域环境承载能力、有重大环境制约因素的布局选线，从规划阶段予以规避。

（四）完善环境管理和监控体系。严格执行《中华人民共和国环境保护法》、《中华人民共和国环境影响评价法》等法律、法规，规范交通项目审批，严格土地、环保准入；规范环境管理制度和监测方法，强化交通建设项目施工、运行的环境监管。

附件：1. 安徽省"十二五"综合交通通道、枢纽规划示意图（略）
　　　2. 安徽省"十二五"铁路规划示意图（略）
　　　3. 安徽省"十二五"高速公路规划示意图（略）
　　　4. 安徽省"十二五"航道、港口规划示意图（略）
　　　5. 安徽省"十二五"机场规划示意图（略）
　　　6. 安徽省"十二五"油气管道规划示意图（略）
　　　7. 安徽省"十二五"过江通道规划示意图（略）

北京市公路网运行监测与服务信息
管理办法（试行）

（2012 年 12 月 31 日北京市交通委员会路政局　京交路发〔2013〕1 号）

第一章　总　则

第一条　为进一步加强公路网运行管理，保障公路稳定运行，提高公路突发事件应急处置能力和公共服务水平，根据《中华人民共和国公路法》、《公路安全保护条例》和交通运输部《公路网运行监测与服务暂行技术要求》等法律、法规和规定，结合我市实际情况，制定本办法。

第二条　本办法适用于本市行政区域内县道（含）以上以及重要旅游公路运行监测与服务信息的采集、报送和发布工作。

具备公路网运行监测与服务条件的乡、村公路参照执行。

第三条　本办法所指公路运行监测与服务信息包括公路网运行信息和出行服务信息。

公路网运行信息是指以文字、语音、图像、数字等形式，直接或间接表征公路网某方面运行情况的数据的总称。主要包括车辆运行数据（交通量数据、车辆速度数据、轴载检测数据）、视频图像数据、公路交通突发（阻断）事件信息、重要基础设施运行数据、路网环境信息、公路网运行状态信息等。

出行服务信息是指利用公路沿线发布设施、出行服务网站、交通服务热线等多种手段发布，满足社会公众对公路交通出行前和出行中不同阶段需求的信息总称。主要包括公路基础信息、服务设施信息、出行规划信息、交通运行状态信息、公路突发事件信息、施工养护信息、公路环境信息、应急救援信息、交通政务及辅助等信息。

第四条　市公路管理机构负责本市公路网运行监测与服务的管理工作，所属道路路网管理与应急处置机构负责具体实施。

市公路管理机构的派出机构负责本行政区域内县道（含）以上普通公路及重要旅游公路的运行监测与服务信息的日常管理工作。

收费公路经营管理单位负责所经营管理收费公路的运行监测与服务信息的日常管理工作，并确定专门机构负责具体实施。

派出机构、收费公路经营管理单位是全市公路网运行监测与服务的路网管理单位，应按本办法要求，保障相关系统正常运行，开展信息采集、报送和发布工作，接受统一调度，执行联动操作。

第五条　公路网运行监测与服务是本市综合交通运行监测体系的重要组成部分，遵循"统一管理、分级负责、资源共享、快速联动、服务社会"的原则。

第六条　公路网运行监测与服务应充分利用科技化手段，积极推广信息化技术，不断提高监测与服务水平。

第二章　信息采集

第七条　公路网运行监测与服务信息采集是指通过路网监测设施自动或人工采集方式，获取公路网运行信息，掌握公路网运行状态的管理行为。

第八条　路网管理单位应按相关要求设置路网监测点。

国家级路网监测点应按交通运输部相关要求设置；市级路网监测点应按市公路管理机构的要求，结合实际情况设置；其他路网监测点根据其重要程度和实际管理需求设置。

第九条　经确定设置路网监测点的，路网监测设施应符合交通运输部布设要求，并符合北京市地方标准。

新建公路应随路布设路网监测设施；已建成公路应结合路网改造与养护工程，逐步规范、完善路网监测设施。

第十条　路网管理单位应做好所辖路段的收费、监控、通信、信息发布等系统设施的维护工作，设备及传输出现问题，最迟应于3日内检修完毕；同时，根据路网运行管理的需要，应及时补充和更新系统设施，使其经常处于良好的技术状态。

第十一条　各路网管理单位应按照各自管辖范围，利用电子设备或人工方式，准确、及时、连续地采集公路运行监测与服务信息，获取重要路段以及重要桥隧、收费站点、治超站等公路节点的车辆运行、视频图像、基础设施运行、公路交通突发（阻断）事件、路网环境等信息和数据。

第十二条　各路网管理单位应根据所采集的公路网运行信息，实施路网运行监测分析，开展预测预警工作。发现路网运行异常的应填写《公路运行信息处理记录》；预计对路网运行有较大影响时，应向市路网与应急处置机构报送相关信息。

节假日及重大活动期间，各路网管理单位应重点加强高速公路、国省干线、重要旅游公路及重要公路节点的监测和信息采集，准确掌握路网运行状态。

第十三条　各路网管理单位结合管理实际，聘请公路交通信息员，负责公路网运行监测与服务信息的采集工作。

公路交通信息员每三年聘任一次，并在聘任后一个月内向市路网管理与应急处置机构备案。公路交通信息员的组织、培训和管理由聘请单位具体负责。

第三章　信息报送

第十四条　各路网管理单位应根据各自管辖职责，通过"公路路网管理与应急处置系统"和人工手段向市路网与应急管理机构报送相关信息。

报送信息原则上应通过路网管理与应急处置系统报送，不能通过网络传输、电话、传真等方式报送。

第十五条　各路网管理单位报送信息应遵守下列时间规定：

（一）车辆运行数据、视频图像数据、路网环境信息等动态信息应通过路网管理系统实时报送。

（二）公路交通突发（阻断）信息应严格按公路交通阻断信息及安全应急信息相关报送制度填报。其中，公路养护作业需要封闭公路的，或者占用半幅公路进行作业，并且作业期限超过30日的，应在计划作业开始5日前报送相关信息；需变更施工或活动起讫时间、范围的，应及时补充报送。

公路交通阻断事件信息及其他对公路通行有较大影响的事件信息均可通过公路交通阻断信息填报系统填报,不能通过该系统填报时,可以通过公路交通阻断信息报送制度中《公路交通阻断(事件)信息表》(见附件2)填报。

(三)公路养护作业及改建工程应在开工前3日内录入到路网管理系统,以保证数据采集的及时、准确和全面。

第十六条 市路网与应急管理机构应当实行24小时值班制度,充分调动系统设施和人工手段,全面接收或下达全路网运行监测与服务信息,并根据有关要求,对路网运行有较大影响的情况及时报送上级管理部门、通报相关单位。

第十七条 各路网管理单位应根据本单位工作实际和报送管理要求,建立健全运行监测与服务信息的内部审核制度,明确报送程序,确保信息报送及时、准确和完整。

第四章　信息发布

第十八条 公路网运行信息发布主要是指通过各种媒介,以便于认知的内容和形式,面向社会发布对公众出行具有参考作用的公路出行服务信息。

第十九条 各路网管理单位应充分利用可变情报板、网站、微博、热线、广播、电视、移动终端、信息亭、出行宣传册等多种手段,及时、准确地发布公路出行信息;发布的公路出行信息内容应满足公众对公路交通"出行前""出行中"不同阶段需求。

第二十条 发布的各类公路出行信息服务内容按交通运输部《公路网运行监测与服务暂行技术要求》相关规定执行,信息内容不得违反国家有关法律、法规。

公路出行信息发布应体现准确性、时效性,对交通通行有重大影响的计划性施工,应在开工5日前发布相关信息;对通行有影响的突发性事件,应在事件发现后15分钟内发布相关信息。施工结束、事件处置完毕交通恢复,应立即撤销信息。

各路网管理单位应加强协作,配合发布相邻路段信息;高速公路、国道发生对通行有重大影响事件时,市路网与应急管理机构应配合在全市范围内发布信息。

第二十一条 各路网管理单位实行信息发布员制度,明确信息发布员岗位职责。各路网管理单位发布公路出行信息时,应经本单位主管领导批准同意后,由信息发布员发布。

需市公路管理机构协调发布公路出行信息时,由申请单位向市路网与应急管理机构提出申请,经审核同意后,通知相关路网单位发布。

上级管理部门要求发布信息时,由市路网与应急管理机构协调相关路网管理单位发布。各路网管理单位收到协调发布信息通知后,应按要求及时发布。

遇突发事件及其他紧急情况需要发布信息时,信息发布员可口头请示主管领导同意后先行发布信息,事后应补签申请。

第二十二条 发布信息的单位或部门应对信息的真实性、准确性负责;信息发布员对已发布的信息应及时检查、更新或撤销,发现问题及时更正。

第二十三条 发布的公路出行信息应有计算机保存的记录或手工填写的《公路运行信息发布记录》,并按要求归档、备查。

第五章　监督管理

第二十四条 市路网与应急管理机构、各路网管理单位应根据本办法,建立健全工作制度,明确值班接警、信息处理、路网监测、调度指挥、预测预警、应急处置、出行服务等工作制度，确保公路网运行监测与服务工作有序开展。

第二十五条　市路网与应急管理机构、各路网管理单位应加强与公安、气象、国土、地震、民政、防汛、国防等部门的沟通与协作，建立有效的合作与联动机制，实现信息共享。

第二十六条　市路网与应急管理机构、各路网管理单位应开设服务热线，接受公众的咨询和投诉，并及时答复。市路网与应急管理机构接到投诉其他路网管理单位的，应积极协调相关单位及时处置答复；相关单位应积极配合，及时处置，并于3日内回复处置结果。

第二十七条　公路网运行监测与服务信息管理工作纳入市公路管理机构年度考核范围。

第二十八条　公路网运行信息管理工作实行责任追究制度。对开展路网运行监测工作不积极，未及时报送、发布、撤销有关信息，或发布虚假、错误信息导致不良社会影响的单位和个人，在行业内予以通报批评，并按照有关规定追究责任。

第六章　附　则

第二十九条　各路网管理单位应根据本办法，结合管理实际制定实施细则。

第三十条　本办法自印发一月后试行。

附件：1.《公路运行信息处理记录》（略）

　　　2.《公路交通阻断（事件）信息表》（略）

　　　3.《公路运行信息发布记录》（略）

吉林省人民政府办公厅关于进一步促进道路运输行业健康稳定发展的通知

(2012 年 11 月 29 日吉林省人民政府办公厅　吉政办发〔2012〕68 号)

各市(州)人民政府,长白山管委会,各县(市)人民政府,省政府各厅委办、各直属机构:

为深入贯彻落实《国务院办公厅关于进一步促进道路运输行业健康稳定发展的通知》(国办发〔2011〕63 号)精神,促进我省道路运输行业健康稳定发展,现就进一步促进全省道路运输行业健康稳定发展相关工作通知如下:

一、充分认识道路运输行业健康稳定发展的重要意义

道路运输是现代综合运输体系的基础,是国民经济的重要组成部分,也是重要的窗口服务行业,涵盖了旅客运输(包括公路客运、城市公交、出租汽车和轨道交通等)、货物运输、汽车出入境运输、机动车维修及驾驶员培训、汽车租赁和物流等多方面。改革开放以来,在省委、省政府的正确领导下,全省道路运输行业全面贯彻落实科学发展观,切实转变发展方式,加快结构调整,获得了长足的发展,在保障经济和社会发展、满足城乡客货运输需求、方便人民群众便捷出行等方面发挥了重要作用,也为社会提供了大量就业岗位。但随着经济社会快速发展,道路运输领域也逐渐暴露出一些深层次的矛盾和问题。适应综合运输体系发展的基础设施缺乏,推动城市公交优先发展的资金政策不足,城乡客运一体化发展滞后,行业安全稳定方面还存在诸多需要协调解决的问题等。这些矛盾和问题,不仅事关全省经济社会发展全局,还关系到社会的和谐稳定。各级政府要高度重视道路运输工作,统筹行业发展规划,针对道路运输发展中的突出问题,找准症结,采取有效措施,制定出台优惠政策,加强宏观调控和市场监管,促进道路运输行业健康稳定发展。

二、转变发展方式,推进现代道路运输业发展

(一)加快城市公交和农村客运发展。城市公交和农村客运作为保障城乡居民出行最基本的公共交通方式,是重要的民生工程。各级政府要进一步明确其公共服务属性和公益性定位,发挥政府主导作用,落实促进城市公交优先发展和扶持农村客运发展的政策措施,理顺经营管理体制,加大在财政、税收、价格、用地、基础设施、车辆装备、路权等方面的资金和政策支持力度,加快城市公交和农村客运发展,引导群众优先选择大容量公共交通方式,降低污染排放,缓解交通拥堵,推进城乡居民基本出行服务均等化。

(二)规范出租汽车行业发展。出租汽车是保证城乡居民个性化出行、满足相对高端出行需求的一种公共服务方式,介于公共交通和私人交通之间。各级政府要综合考虑城市规模、交通状况、

地域特点、居民收入等各方面因素，坚持宏观调控为主、市场调节为辅的原则，科学制定出租汽车发展规划，合理确定出租汽车品牌、型号和运价，对出租汽车运力实施总量控制。要推广电召租车等先进运营和服务方式，规划建设出租汽车服务区（站），在车站、机场、宾馆等旅客集散地设立免费专用停车待客泊位，解决出租车驾驶员吃饭难、如厕难、停车难等问题。

（三）加强道路货物运输管理与监测。货物运输直接关系经济发展。各级政府要鼓励货运企业以资产为纽带，通过参股、联合、兼并等多种方式，不断做大做强，实行集约化、规模化、网络化经营，提高市场竞争力，同时扶持龙头骨干企业发展。要引导货物运输企业不断转变经营方式，大力发展甩挂运输、厢式运输和现代物流，不断提高运输效率和经济效益。要加强道路货运市场监测，定期向社会公布道路货运市场供需状况、运价水平、平均利润等重要信息，通过市场调节合理调控运力总量。加强道路货运价格监管，严厉打击价格欺诈等违法行为，维护正常的货运市场秩序。

三、完善和落实优惠政策，加大道路运输发展扶持力度

（一）保障运输基础设施建设用地。各级政府要科学编制《城市综合交通体系规划》，将其纳入城市总体规划中，优先预留安排和保障建设用地，并在相关专项规划编制、项目立项过程中，充分考虑交通运输需求，征求交通运输部门意见，以加强城市公交、公路客运、出租汽车、货运物流等道路运输站场基础设施建设。城市公交、凡符合划拨用地目录的公路客运基础设施可以用划拨方式供地；货运物流设施用地70%作为仓储设施建设、30%可作为综合配套设施建设，综合配套项目用地按实际用途确定用地价格。

（二）加大道路运输发展资金投入。各地、各部门要强化道路运输发展资金支持，加大道路运输基础设施建设、农村客运发展、甩挂运输车辆补贴、信息化建设、安全管理和应急保障等资金投入力度。省在中央对地方成品油价格和税费改革转移支付的资金安排中，用于道路运输管理、建设等事业发展的投入，应满足运输事业不断发展的要求，根据国家对资金使用的有关规定，按照中央对省增长情况，保持投入资金的合理增长。各级政府要将城市公用事业附加费、基础设施配套费等政府性基金，向城市公交、农村客运、出租汽车站场建设倾斜，并按照国家政策，将中央财政老旧汽车报废更新补贴资金向营运车辆倾斜，将集装箱车辆、甩挂运输车辆等纳入报废更新补贴支持范围。

（三）落实各项税费优惠政策。按照国家关于免征公交车辆购置税的有关政策，"十二五"期末前，免征城市公交企业新购置公交车辆的车辆购置税。对道路客货运输枢纽（站场）收入的营业税给予优惠，物流企业享受营业税差额征收优惠政策。对道路客货运输枢纽（站场）和城市公交站场缴纳房产税、城镇土地使用税确有困难的，经税务机关批准，给予减征或免征。新建物流基础设施、新开业货运物流企业当年上缴所得税的地方所得部分，由同级财政部门按前两年全额、后三年减半进行返还。

（四）落实公路通行费优惠政策。由省交通运输、财政、物价等部门落实国际标准集装箱车辆、大吨位货车、甩挂运输推荐车型车辆的有关通行费优惠政策，并可根据实际情况，对省内定期定线运行的客运班线车辆推广月票或年票制，实行大客户优惠。

四、明确工作责任，切实维护道路运输市场稳定

（一）全面清理和规范运输收费。由各市（州）、县（市）政府组织有关部门对涉及道路运输

的各类收费项目进行全面清理，凡未经国务院和省政府及其财政、价格主管部门批准设立，由本地越权审批的行政事业性收费项目，要一律取消。规范经营性收费项目，道路客货运站场的经营服务性费用应坚持公平、自愿原则，并严格执行明码标价规定；严禁任何部门和单位，借经营服务性收费名义，向道路客货运输司机强行收取任何费用。各级财政、物价、工商、交通运输部门要加大对涉及道路运输行业的各类行政事业性和经营服务性收费的监督检查力度，一经发现违法、违规行为，要依照有关法律、法规严肃处理。

（二）建立完善运价与油价联动机制。我省道路客运、城市出租汽车运价与成品油价格实行联动，通过调整运价或燃油附加费等方式，妥善疏导成品油价格大幅波动对运输成本的影响。各地城际客运班车运价与油价联动应严格执行省交通运输厅、省物价局联合制定的《吉林省汽车运价及客运站收费实施细则》（吉交联发〔2010〕28 号）规定。城市出租汽车运价与油价联动机制由各市（州）、县（市）政府按照合理分担原则自行确定。各地交通运输、物价部门要定期调查、测算道路货物运输平均合理成本并向社会公布，作为承托运双方进行议价的重要依据，促进合理运输价格的形成。省交通运输、工商、物价部门要规范道路货物运输合同文本，明确承托运双方的责任义务、运费结算以及运价与油价联动机制。各地交通运输、工商、物价部门要加大对货运合同履行情况的监督检查力度，依法查处合同违约行为。要充分发挥行业协会的作用，指导其采取依法合规、符合市场规则的方式，将分散的道路货物经营者组织起来，提高议价地位和能力，指导道路货运经营者实行运输价格与成品油价格联动。

（三）维护运输从业人员合法权益。各级交通运输、人力资源社会保障、工会等部门要指导、督促道路运输企业加强经营管理，实行公司化经营，推行员工制经营模式，依法签订劳动合同，依法办理劳动用工备案，依法缴纳社会保险，建立完善企业内部劳动关系矛盾调处机制和预警机制。依法建立民主管理制度，充分发挥工会对维护职工权益的作用，建立企业工资集体协商制度，促进工资合理增长。严禁向司机收取高额风险抵押金和保证金，转嫁投资和经营风险。各级交通运输部门要深入道路运输客货运输企业、公交企业、出租汽车企业、客货运输站场和从业人员中间，采取座谈、走访等多种形式，及时了解掌握职工的思想动态和利益诉求，及时协调解决存在的实际困难和问题。

（四）切实做好道路运输行业稳定工作。各级政府和有关部门要按照属地管理和"谁主管、谁负责"的原则，认真落实属地维稳责任。各级政府要督促道路运输企业切实履行主体责任，对因疏于管理或管理不当引发非法聚集等不稳定事件的，要视情责令企业停业整顿，情节严重的要依法追究企业负责人的责任。建立不稳定因素排查和信息反馈机制，及时解决道路运输从业人员合理诉求，对于出现的不稳定苗头和问题，要第一时间快速反应，及时稳妥处置，避免激化矛盾，防止事态扩大。对借机煽动或参与打砸抢烧等违法犯罪活动的，要及时依法予以处置。交通运输、公安等部门要严格依法行政，加强队伍建设，防范和纠正不正之风。

（五）充分发挥协会的桥梁和纽带作用。道路运输行业协会要紧密联系道路运输企业和广大从业人员，加强调查研究，密切跟踪掌握企业发展中遇到的困难，了解广大从业人员思想动态，及时向政府有关部门反映企业和从业人员的利益诉求，并积极宣传成品油价格调整后采取的运价油价联动、财政补贴、减轻不合理负担等措施，有针对性地做好国家有关法律、法规和政策措施的宣传解释工作。要全面掌握道路运输车辆实载率、运输成本、运价、经营收益、从业人员收入等情况，向主管部门客观反映行业发展动态。

五、落实安全管理责任，推动道路运输行业安全发展

（一）落实企业安全管理主体责任。各级交通运输、公安、安全监管等部门要督促道路运输企

业落实安全生产主体责任，严格执行《道路旅客运输企业安全管理规范》，推进安全生产标准化建设，健全安全生产管控体系。建立企业安全生产绩效考核结果与线路招投标、企业诚信考核、资质等级评定、旅客意外伤害保障金使用等相结合的奖惩机制。客运站要认真落实"三不进站、五不出站"规定，落实安检责任。

（二）加强重点环节监管。各级公安、交通运输、安全监管等部门要加强联合执法，集中打击各种无牌无证、超限超载、超速超员、超范围经营等严重违法行为。要推进道路运输车辆动态监管常态化，实现联网联控系统信息资源共享，切实强化对长途客运车辆、旅游包车、重型货运车辆、危险品运输车辆的联合监管。严格驾驶员的安全教育管理和监督，加强车辆技术管理，保证车辆技术状况良好。各级交通运输部门要加强公路旅客身体伤害赔偿责任保障金管理，增强企业抗风险能力，维护公路旅客的合法权益。

六、加强组织领导，建立部门联动工作机制

促进道路运输行业健康稳定发展是一项复杂的社会系统工程，各地要将此项工作纳入政府议事日程，作为社会管理创新的重要内容和重要的民生工程来抓。各市（州）、县（市）政府领导要亲自安排部署，成立工作领导小组，组长由政府主要领导或分管领导担任，交通运输、发展改革、财政、税务、公安、物价等部门的负责人为成员，把各项任务分解落实到位。要建立联席会议制度，及时研究解决工作中遇到的问题，实施部门联动，共同推动落实各项优惠政策和措施，确保全省道路运输行业实现健康稳定发展。

吉林省人民政府办公厅

2012 年 11 月 29 日

天津市人民政府关于加强道路交通安全工作的意见

(2013 年 6 月 4 日天津市人民政府　津政发〔2013〕17 号)

各区、县人民政府，各委、局，各直属单位：

为落实《国务院关于加强道路交通安全工作的意见》（国发〔2012〕30 号）和《国务院办公厅印发贯彻落实国务院关于加强道路交通安全工作意见重点工作分工方案的通知》（国办函〔2012〕211 号）要求，现就进一步加强我市道路交通安全工作，切实做到防事故、保安全、保畅通，提出以下意见：

一、强化道路运输企业安全管理

（一）规范道路运输企业生产经营行为。对新设立运输企业，要严把安全管理制度和安全生产条件审核关。不断强化道路运输企业交通安全主体责任，鼓励客运企业实行规模化、公司化经营，积极培育集约化、网络化经营的货运龙头企业。要加强对运输企业的监管，严禁客运车辆、危险化学品运输车辆挂靠经营。推进道路运输企业诚信体系建设，把企业交通安全管理及其所属车辆、驾驶人的安全行车状况纳入诚信考核内容，将诚信考核结果与客运线路招投标、运力投放以及保险费率、银行信贷等挂钩。鼓励运输企业采用交通安全统筹等形式，加强行业互助，提高抗风险能力。

（二）加强道路运输企业安全生产标准化建设。建立健全企业安全生产管理机构，严格管理责任，加大交通安全工作投入。建立专业运输企业交通安全质量管理体系，健全客运、危险化学品运输企业安全评估制度。对安全管理混乱、存在重大安全隐患的企业，依法责令停业整顿，对整改不达标的按规定取消其相应资质。

（三）严格长途客运和旅游客运安全管理。加强客运班线监管，合理安排营运线路、车型和时段，对不符合要求的要坚决停止运营。积极推动长途客运车辆落实凌晨 2 时至 5 时停止运行或接驳运输等做法。严格落实客运车辆夜间限速和严禁夜间通行危险路段等要求，恶劣天气时，可以采取临时管理措施，暂停客运车辆运行。建立客运线路交通状况、限速情况、气候条件、沿线安全隐患路段情况等信息台账。严格落实客运驾驶人停车换人、落地休息制度和驾驶时长要求。加强客运车辆的运营监督检查，对违反规定的责任驾驶人及相关企业依法严格处罚。加强旅游包车安全管理，逐步推行包车业务网上申请和办理制度。

（四）加强运输车辆动态监管。研究制定道路运输车辆动态监督管理办法，落实"两客一危"（长途客运、包车客运、危险化学品运输）车辆和校车按标准安装使用卫星定位装置的要求。加强对运输企业落实安全监控主体责任的监督，对未落实动态监管的相关企业和车辆，要追究相关责任人和企业负责人的责任，并责令限期改正，在规定时间内不能按要求改正且情节严重的，吊销道路运输经营许可证件。

二、严格驾驶人培训考试和管理

（五）加强和改进驾驶人培训考试工作，将从业人员继续教育和诚信考核法制化。落实机动车驾驶人培训大纲和考试标准，增加客货车辆驾驶人安全驾驶培训考试内容。将大客车驾驶人培养纳入我市职业教育体系。实行交通事故驾驶人培训质量、考试发证责任倒查制度。加强机动车驾驶员职业培训，在道路交通客货运输汽车驾驶行业推行国家职业资格证书制度。逐步建立起与国家职业资格相对应的职业资格培训体系，加快道路交通客货运输企业驾驶技能人才培养，提高客货运输汽车驾驶人员整体素质和技能水平。

（六）严格驾驶人培训机构监管。加强驾驶人培训市场调控，提高驾驶人培训机构准入门槛。加强驾驶人培训质量监督，全面推广应用计算机计时培训管理系统。定期向社会公开驾驶人培训机构的培训质量、考试合格率以及毕业学员的交通违法率和肇事率等。

（七）加强客货运驾驶人安全管理。严把客货运驾驶人从业资格准入关，建立客货运驾驶人信息共享平台，设立驾驶人"黑名单"信息库。督促企业每月对驾驶人进行交通违法"清零"，对准驾车型或营运资质不符、发生交通死亡事故负同等以上责任、交通违法记满12分、发生严重交通违法行为以及毒瘾未戒除的客运驾驶人，要严格处罚并解除聘用。将长期在本地经营的异地客货运车辆和驾驶人要纳入安全管理，并全面推行交通违法记录省际转递工作。

三、加强车辆安全监管

（八）提高机动车安全性能。制定完善相关政策，积极推进发展安全、节能、环保的汽车产品。推广厢式货车取代栏板式货车，尽快淘汰高安全风险车型。严格执行机动车安全技术标准，清理、修订并逐步提高我市机动车安全技术地方标准。督促生产企业改进车辆安全技术，增设车辆安全装置。进一步增强大中型客车和公共汽车的车辆行驶稳定性和抗侧倾能力，客运车辆座椅要全部配置安全带。

（九）加强机动车安全管理。落实和完善我市机动车生产企业及产品公告、注册登记、使用维修和报废等管理制度。加强获得强制性产品认证的机动车生产企业及产品的监督管理。积极推动机动车生产企业诚信体系建设，加强机动车产品准入、生产一致性监管。对未按规定办理前置审批手续的电动汽车企业和不符合汽车品牌销售管理有关规定的电动汽车销售企业，不予办理注册登记。落实和健全缺陷汽车产品召回制度。严格报废汽车回收企业资格认定和监督管理，依法严厉打击我市制造和销售拼装车行为，严禁拼装车和报废汽车上路行驶。加强对机动车安全技术检验机构的资格管理和计量认证管理，严禁机动车安全技术检验机构不按照机动车国家技术标准进行检验或出具虚假检验结果。对道路交通事故中涉及车辆非法生产、改装、拼装以及机动车产品严重质量安全问题的，严查责任，依法从重处理。

（十）强化电动自行车安全监管。制定电动自行车登记管理办法，加强对电动自行车生产、销售的监督管理，做好电动自行车生产许可证管理和企业监督检查工作，严格电动自行车生产的行业管理，依法加强电动自行车销售企业的日常监管。对违规生产、销售不合格产品的企业，要依法责令整改并严格处罚、公开曝光。加强电动自行车通行秩序管理，严格查处电动自行车交通违法行为。加强政策引导，解决在用的超出国家标准的电动自行车问题。

四、提高道路安全保障水平

（十一）高标准实施道路交通安全设施建设。研究制定公路交通安全设施建设标准，进一步提升我市公路交通安全保障水平。加强道路交通安全设施建设监管，道路建设工程项目要确保交通安全设施建设资金落实到位，交通安全设施要与道路建设工程同时设计、同时施工、同时投入使用。新建、改建、扩建道路工程在竣工验收时，要吸收公安交管部门人员参加，严格安全评价，交通安全设施验收不合格的不得通车。对因交通安全设施缺失导致重大及以上事故的道路建设项目，要限期整改，并暂停同区域同类交通安全设施缺失的道路项目审批。

（十二）加强现状道路交通安全设施建设改造。设立交通安全设施建设维护专项资金，并根据城市发展水平逐年递增。加快实施交通安全设施的全面提升改造，在必要路段沿线科学布设公路交通气象观测站，强化道路隐患整治和交通安全设施日常维护。新建、改建农村公路要同步建设交通安全设施，对已建成的农村公路每年投入专项经费，健全、完善交通安全设施。

（十三）加强公路安全防护设施建设管理。在保证国省干线公路网等项目建设资金的基础上，逐年加大对公路安保工程的投入力度。依据国家规范标准，参考公安部门的意见，进一步加强国省干线公路安全防护设施建设。高速公路经营管理单位及其他收费公路经营企业要加强公路养护管理。各相关部门要加强对公路与铁路、河道、码头联接交叉路段的安全检查，形成长效机制。

（十四）加强交通安全隐患的排查。制定和完善道路交通安全隐患排查治理机制和排查标准，落实治理措施和治理资金。根据隐患严重程度，实施市和区县两级政府部门挂牌督办整改。强化交通事故统计分析，排查确定隐患点段、风险点，明确治理责任单位和时限，强化对整治情况的全程监督。切实加强公路两侧农作物秸秆禁烧监管，加强巡逻，及时发现险情和安全隐患，并通报相关部门迅速采取措施。

五、加大农村道路交通安全管理力度

（十五）强化农村道路交通安全基础。深入开展"平安畅通区县"和"平安农机"创建活动。严格落实区县人民政府农村公路建设养护管理主体责任，制定工作计划，落实工作资金，加大建设和养护力度。统筹城乡公共交通发展，实行城乡公交一体化，拓展延伸农村地区客运覆盖范围。

（十六）加强农村道路交通安全监管。加强农村道路交通安全组织体系建设，落实乡镇人民政府安全监督管理责任，推行"村治保主任管交通"工作模式。调整优化交警警力布局，加强乡镇道路交通安全管控。发挥农村派出所、农机监理站、村委会的作用，建立专兼职道路交通安全管理队伍，扩大农村道路交通管理覆盖面，建立交通安全宣传的长效机制。完善农业机械安全监督管理系统，加强对拖拉机、联合收割机等农业机械的安全管理。

六、强化道路交通安全执法

（十七）严厉整治道路交通违法行为。加大客运、旅游包车、危险化学品运输车等重点车辆检查力度，从严查处各类道路交通违法行为。大力推进文明交通示范公路创建活动，加强城市道路通行秩序整治。加强校车安全管理，保障学生安全。进一步健全完善治理车辆超限超载工作的长效机制。制定客货车辆和驾驶人严重交通违法行为有奖举报办法。督促客货运输企业做好动态监控系统的安装、调试及标定，保证设备符合相应的国家标准，为落实对动态监控系统记录的违法行为进行依法处罚奠定基础。

（十八）切实提升道路交通安全执法效能。制定智能交通管理系统建设规划以及新建、改建高速公路、城市道路智能交通管理系统设置标准，逐项推进高等级公路信号控制、视频监控等智能交通管理系统的建立。实现智能交通管理系统与高速公路同步建设、同步验收、同步使用。开展高速公路全程监控智能交通管理系统的建设，实现高速公路管理部门与城市管理部门、公安部门在视频检测、LED诱导屏显示、收费卡口车辆信息、违法信息采集等方面的信息共享。加快建成中心城区道路智能交通管理系统和滨海新区、武清区、宝坻区、蓟县、静海县、宁河县建成区以及各功能区的智能交通管理系统，实现全市范围内的智能交通管理。研究推动将公民交通安全违法记录与个人信用、保险、职业准入等挂钩。

（十九）完善交通应急处置机制。进一步加强道路交通事故应急救援体系建设，健全各相关部门联动的市和区县两级交通事故紧急救援机制，完善交通事故急救通信系统，加强交通事故紧急救援队伍建设，配足救援设备，提高施救水平。依法加快道路交通事故社会救助基金制度建设，制定并完善实施细则，确保事故受伤人员的医疗救治。积极推进公路灾害性天气预报和预警系统建设，加大气象监测设备投入和部门间的道路安全相关信息共享，建立长期、稳定、可靠的公路交通气象信息采集、观测分析和发布机制，并以此为基础，建立统一协调、反应灵敏、运转高效的恶劣天气应对机制。

七、深入开展道路交通安全宣传教育

（二十）建立交通安全宣传教育长效机制。不断深化"创文明交通城市、做文明交通人"活动，市级电视、广播、报刊等媒体与公安交管部门要进一步建立、完善道路交通安全公益宣传长效机制，在各类新闻媒体的重要版面、时段通过新闻报道、专题节目、公益广告等方式开展交通安全公益宣传。要结合全国交通安全日等主题活动，开展多种形式的交通安全宣传；相关部门、单位、社区、村镇、学校要充分发挥宣传作用，向所属人员开展交通安全宣传教育。

（二十一）全面实施文明交通素质教育工程。广泛开展交通安全宣传进农村、进社区、进企业、进学校、进家庭活动和典型示范单位创建活动。建立交通安全警示提示信息发布平台，向驾驶人进行典型事故案例、安全信息、安全常识等内容的宣传提示。提高营运驾驶人安全行车意识，开展安全文明行车驾驶人评选活动。加强学生交通安全宣传教育，将交通安全纳入学校教育内容，深化学生交通安全宣传教育工程。

（二十二）加强道路交通安全文化建设。各区县人民政府要在资金等方面给予支持，做好交通安全宣传教育基地建设。以客货运驾驶人、驾校学员和中小学生为重点，组织开展情景教育、体验教育和事故案例警示教育。加强互联网宣传，及时发布交通安全信息。积极研究、推动建立交通安全电视频道。加强宣传资料体系建设。组织开展交通安全宣传作品评选活动，建立宣传作品资料库。

八、严格道路交通事故责任追究

（二十三）加强重大道路交通事故联合督办。严格执行重大事故挂牌督办制度，健全、完善重大道路交通事故联合督办工作机制。研究制定道路交通安全奖惩制度，对于成效显著的部门和单位，要予以表扬和奖励；发生重大道路交通事故的，或者1年内发生3起死亡3人以上（含）道路交通事故的，区县人民政府要向市人民政府作出书面检查；对1年内发生2起死亡3人以上（含）道路交通事故或者发生性质严重、造成较大社会影响的道路交通事故的，市安全生产委员会办公室根据工作需要，约谈相关区县人民政府和部门负责同志。

（二十四）加大事故责任追究力度。研究制定重特大道路交通事故处置规范，完善跨区域责任追究机制，建立健全重大道路交通事故信息公开制度。对发生重大及以上或6个月内发生2起较大及以上责任事故的道路运输企业，要依法采取停业整顿、不得新增客运班线、不得新增旅游车辆、取消相应许可、吊销道路运输经营许可证、吊销营业执照等措施。对发生道路交通事故负有责任的单位及其负责人，依法、依规予以处罚，构成犯罪的，依法追究刑事责任。发生重特大道路交通事故的，要依法、依纪追究有关部门及其责任人的责任。

九、强化道路交通安全组织保障

（二十五）加强道路交通安全组织领导。各区县人民政府要高度重视道路交通安全工作，加强对道路交通安全工作的统筹协调和监督指导。将道路交通安全工作纳入政府工作重要议事日程，定期分析研判安全形势，研究部署重点工作。严格道路交通事故总结报告制度，各区县人民政府每年1月5日前要将本区县上年度道路交通安全工作情况向市人民政府作出专题报告。

（二十六）落实部门管理和监督职责。各有关部门要按照"谁主管、谁负责，谁审批、谁负责"的原则，依法履行职责，落实监管责任，切实构建权责一致、分工负责、齐抓共管、综合治理的协调联动机制。要严格责任考核，将道路交通安全工作作为对有关领导班子和领导干部进行考核的重要内容，考核结果作为综合考核评价的重要依据。

（二十七）完善道路交通安全保障机制。各区县人民政府要研究建立道路交通安全长效投入机制，不断拓展道路交通安全资金保障来源，推动完善相关财政、税收、信贷支持政策，强化政府投资对道路交通安全投入的引导和带动作用，将交警、运政、路政、农机监理各项经费按规定纳入政府预算。根据道路里程、机动车增长等情况，相应加强道路交通安全管理力量建设，完善道路交通警务保障机制。研究出台高速公路交通安全发展保障政策，制定高速公路交通安全执勤执法营房等配套设施建设标准，将营房等配套设施与高速公路建设同步规划设计、同步投入使用并给予资金保障，高速公路建设管理单位要积极创造条件予以配合支持。

十、认真做好各项任务组织落实工作

（二十八）提高重视程度。各区县、各部门、各单位要充分认清当前交通安全工作面临的严峻挑战，增强做好道路交通安全工作的紧迫感、责任感和使命感，把加强道路交通安全工作摆上重要议事日程，严格履行工作职责，形成政府统一领导、各部门协调联动、全社会共同参与的交通安全管理工作格局，积极构建我市安全、畅通、文明的道路交通安全环境。

（二十九）细化实施方案。各区县、各部门、各单位要对照本意见提出的措施和责任分工，对涉及本单位的工作逐条细化，明确实施步骤和具体要求；同一项工作涉及多个部门的，牵头部门要加强协调，形成部门间密切协作机制。

（三十）落实工作措施。各区县、各部门、各单位要切实发挥职能作用，结合责任分工，从政策、措施和经费保障等方面确保工作落实到位，及时解决工作中遇到的问题。

附件：加强道路交通安全工作任务分工表（略）

天津市人民政府

2013年6月4日

江苏省政府关于加强道路交通安全工作的实施意见

(2013 年 3 月 20 日江苏省人民政府　苏政发〔2013〕34 号)

各市、县(市、区)人民政府,省各委办厅局,省各直属单位:

为认真贯彻《国务院关于加强道路交通安全工作的意见》(国发〔2012〕30 号),进一步加强我省道路交通安全工作,促进道路交通安全形势持续稳定好转,为全省经济社会持续健康发展营造良好环境,结合我省实际,提出以下实施意见。

一、严格运输企业安全监管

(一)严格运输企业市场准入。严把新设运输企业安全生产条件审核关。完善运输企业安全管理激励约束机制,推进企业诚信体系建设,落实公路客运企业"红、黄、绿"三色交通安全信誉等级管理制度,将运输企业交通安全记录作为企业诚信等级评定、信誉考核的重要参考依据,并与客运线路招投标、运力投放、道路经营许可以及保险费率、银行信贷等挂钩。

(二)推行运输企业规模化、公司化、集约化经营。加快培育客货运龙头企业,坚决淘汰管理松散、以包代管、安全生产主体责任落实不到位的运输企业。加强客运班线整合,鼓励同一线路起讫点客运企业组建线路公司实行整条线路的统一经营。鼓励同方向客运班线通过整合调整由同一经营主体经营。对经交通运输部门确定需整合的省、市际客运线路,相关企业先行协商完成同一线路的经营主体整合;经协商未能完成整合的,线路经营期限届满后,通过服务质量招投标方式重新确定经营主体。推进客运班线公司化经营改造,力争全省市、县际客运班线 2013 年底前公司化经营率达到 80% 以上,"十二五"末基本完成公司化改造。对未按要求完成公司化改造的,由交通运输部门收回相关班线的经营权。实行承包经营的客运班线,客运企业与承包人(责任人)签订的承包经营(责任经营)合同应报所在地设区的市交通运输部门备案,承包期限原则上为 1 年,且不得超过客运班线经营期限。因客运企业管理不到位造成承包人(责任人)私下转让或者变相转让客运经营权的,客运企业应承担相应责任。

(三)加强企业安全生产标准化建设。制定运输企业安全达标考核标准。运输企业要健全安全生产管理机构,严格执行安全生产制度、规范和技术标准,强化对车辆和驾驶人的安全管理,加大道路交通安全投入,提足、用好安全生产费用。建立专业运输企业交通安全质量管理体系,健全客货运、危险品运输企业安全评估制度,对安全管理混乱、存在重大安全隐患的企业,依法责令其停业整顿,对整改仍不达标的,依法取消其相应资质。

(四)加强长途客运安全监管。科学编制超长途线路发展规划,严格客运班线审批和监管,加强班线途经道路的安全适应性评估,合理确定营运线路、车型和时段。严格控制 1000 公里以上的跨省长途客运班线。清理整顿现有超长途客运班线，整改不合格的，坚决停止运营。创造条件推行长途客运车辆凌晨 2 时至 5 时停止运行或者实行落地轮换驾驶员的接驳运输。凌晨 2 时至 5 时，除空载客车、机场班车可以通行高速公路外，其他未实行落地轮换驾驶员接驳运输的营运客车必须停止运行。对本省客运车辆，运输企业要通过车载卫星定位和视频装置强化动态监控，落实驾驶人停车换人、落地休息制度；对外省客运车辆，要加强巡逻管控，对上述时段行驶的长途客运车辆，一律强制驾驶人落地休息。客运车辆夜间行驶速度不得超过日间限速 80%，夜间不得通行安全条件不达标的三级以下山区公路。夜间遇暴雨、浓雾等影响交通安全的恶劣天气时，有关部门可以采取临时管制措施，暂停客运车辆运行。

（五）加大校车安全监管力度。严格落实《校车安全管理条例》和《省政府关于校车安全工程的实施意见》（苏政发〔2012〕125 号）。县级人民政府对本地校车安全管理工作负总责，统筹协调有关部门和乡镇政府履行校车安全管理职责，研究确定与本地经济社会发展水平相适应的校车安全管理方式。在坚持就近入学、建设寄宿制学校、充分发挥公共交通作用的基础上，根据学校分布、需要校车服务的学生人数和道路交通状况等，因地制宜制定校车服务计划，积极探索建立"政府主导、财政补贴、市场运作、专业管理"的校车运行模式。鼓励有条件的地区通过成立专业运营单位或者政府购买运营服务等方式，逐步实现校车运营管理的专业化和集约化。

（六）严格旅游客运安全监管。制定旅游客运安全管理办法。交通运输部门要加强对旅游包车客运企业的运营监管，开展专项稽查行动，依法查处旅游包车超许可范围从事班线经营、长期异地经营等违章行为。公安部门要严格旅游客运车辆安全检查工作，进一步规范交通安全服务站设置及检查程序，加强对旅游包车特别是省际旅游包车的登记检查。旅游部门要加强旅行社安全监督管理，进一步强化旅游行程和线路安排的安全评估，加强对旅行社及其导游的安全教育培训。所有营运客车包括旅游包车必须由客运企业出资购置，新增的旅游包车必须全部实行公司化经营。新增车辆不实行公司化经营的，公安部门不发放车辆行驶证，交通运输部门不办理行政许可。根据运行里程严格按规定配备包车驾驶人，进一步完善包车业务网上申请和备案制度，严禁发放空白旅游包车牌证。汽车租赁经营者不得出租 9 座以上客运车辆。对未取得包车牌证非法营运或者以旅游包车名义擅自从事班车营运的，交通运输部门要依法从严处罚。

（七）加强运输车辆动态监管。制定道路运输车辆动态监督管理办法，规范卫星定位装置安装使用行为。客运车辆、危险货物运输车辆、重型载货车辆、半挂牵引车辆、校车应严格按规定安装使用具有行驶记录功能的卫星定位装置，鼓励农村客运车辆安装使用卫星定位装置。现有卧铺客车应同时安装车载视频装置，鼓励跨市以上长途营运客车、旅游包车和剧毒化学品运输车辆安装车载视频装置。运输企业要落实安全监控主体责任，切实加强对所属车辆和驾驶人的动态监管，严格落实长途客运驾驶人停车换人、落地休息制度，确保客运驾驶人 24 小时累计驾驶时间不超过 8 小时，日间连续驾驶不超过 4 小时，夜间连续驾驶不超过 2 小时，每次停车休息时间不少于 20 分钟。运输企业要确保车载卫星定位装置工作正常、监控有效，对不按规定使用或者故意损坏卫星定位装置的，要严肃追究相关责任人和企业负责人的责任。

二、狠抓驾驶人培训和考试管理

（八）加强驾驶人培训考试工作。严格执行驾驶人考试标准，严密考试程序，严把驾驶人考试关。严格交通事故责任倒查，凡发生一次死亡 3 人以上交通责任事故的，一律对驾驶人培训、考试和发证等环节组织倒查。在汽车类交通技工学校增加汽车驾驶专业，招收年满 18 周岁的高中毕业生进行 3 年学历教育。将大客车驾驶人培训纳入职业教育体系，同时，由省公安厅、交通运输厅联合审核认可驾驶培训机构，招收年满 20 周岁、符合大客车驾驶人身体条件的青年进行不少于半年的学习训练。客运企业要对客运驾驶人进行技术等级评定，按照驾驶年龄、遵章守法、安全通车里程等情况，确定驾驶人高、中、低等技术等级，并与待遇挂钩。

（九）强化驾驶人培训机构监管。科学、合理调控驾驶人培训市场，提高驾驶人培训机构准入门槛。加强教练员队伍培训管理，实行信息化管理，严禁驾校挂靠培训。全面推动驾培机构使用指纹识别、视频、卫星定位等监控手段，保证培训学时和培训里程。凡场地、设施、教练员等条件不符合规定和标准，以及大中型客货教练车未安装使用驾培智能化管理系统终端及卫星定位系统，或者智能终端、卫星定位系统不能真实反映学员培训学时的，一律停止其大中型客货车驾驶人培训资格，不予安排考试。全面启用江苏省机动车驾驶人培训考试信息共享系统，实现考试预约信息网上流转，候考排队计算机处理，杜绝人为干预。凡不使用驾培智能化管理系统终端或者智能终端不能真实反映学员培训学时的教练车，不得在驾驶证管理系统中登记备案，不得安排培训、考试。定期向社会公开驾驶人培训机构的培训质量、考试合格率以及毕业学员的交通违法率和肇事率，并作为资质审核的重要依据。

（十）加强客货运驾驶人安全教育管理。严格客货运驾驶人从业资格审核与培训考试，严把驾驶人聘用管理关。公安、交通运输部门要共同设立客货运"荣誉驾驶人"和"黑名单"驾驶人信息库，实现客货运驾驶人从业情况、交通违法行为、交通事故等信息共享。加强对长期在本地经营的异地客货运车辆和驾驶人安全管理。督促运输企业加强驾驶人聘用管理，对发生道路交通事故致人死亡且负同等以上责任的，交通违法记满 12 分的，有酒后驾驶、超员 20% 以上、超速 50%（高速公路超速 20%）以上，年度违法超限超载运送 3 次以上，或者 12 个月内有 3 次以上超速违法记录及有吸毒史的客运驾驶人，要严格依法处罚，并建议企业采取调离岗位、解聘等措施，及时消除安全隐患。对逾期未审验的驾驶人，督促企业暂停其参加营运；对有交通违法行为未处理的，通报企业督促接受处理。加强对新驾驶人的学成前教育、客货运驾驶人的经常性教育和非营运驾驶人的普及性教育，开展安全文明驾驶争先创优活动。

三、加强车辆安全监管

（十一）加强车辆生产企业的政策引导。推动机动车生产企业兼并重组，调整产品结构，鼓励发展安全、节能、环保的车辆产品，杜绝引进生产不符合国家安全技术标准车辆的企业。对生产变型拖拉机、未列入国家公告的电动汽车和三轮车、超标电动自行车等的企业，要引导其逐步退出市场。

（十二）加强机动车安全管理。严格机动车登记检验、使用维修和报废等管理，推动机动车生产企业诚信体系建设。严格检验、检测机构资格和计量认证管理，加强机动车安全技术检验和营运车辆综合性能检测，对大中型客货车、校车的限速装置、座椅安全带等安全装置以及轮胎安装牢固性等安全状况不符合 GB7258－2012 标准或者与公告不一致的，一律不予注册登记和通过检验。依托重点车辆源头监管系统，定期对大中型客货车检验情况进行集中清理，逾期未检验的，及时告知所有人或者管理人。严格报废汽车回收企业资格认定和监督管理，依法打击制造和销售拼装车行为，严禁拼装车和报废汽车上路行驶。对道路交通事故中涉及车辆非法生产、改装、拼装以及机动车产品严重质量安全问题的，要依法严处。严禁无资质企业生产、销售电动汽车，加大对无牌电动汽车监管力度，严肃查处违规生产企业和销售商家。

（十三）加强电动自行车安全监管。加强对电动自行车生产、销售、登记和使用等环节的监管。质监部门要加强电动自行车生产许可证管理，经济和信息化部门要严格电动自行车生产行业管理，工商部门要依法加强电动自行车销售企业日常监管，对违规生产、销售不合格产品的企业，要依法责令整改并严格处罚、公开曝光。公安部门要加强电动自行车通行秩序管理，严格查处电动自行车交通违法行为。各市、县（市、区）人民政府要加强政策引导，逐步淘汰更新在用的超出国家标准的电动自行车。

四、提高道路交通安全保障水平

（十四）加强道路交通安全设施建设。根据国家公路交通安全设施技术规范和行业标准，制定符合我省实际的公路安全设施建设标准。严格落实交通安全设施与道路建设主体工程同时设计、同时施工、同时投入使用的"三同时"制度，新建、改建、扩建公路工程在交工验收时，要吸收公安、安监等部门人员参加，验收不合格的一律不得通车运行。按照"谁批准、谁负责"的原则，对未通过验收即通车、发生重大交通事故的，要追究相关部门领导责任。各市、县（市、区）人民政府要有计划、分步骤地逐年增加和改善道路交通安全设施，收费公路经营企业要加强公路养护管理，安全设施有缺失、损毁的要及时修复。对因交通安全设施缺失导致重大事故的，要限期整改，整改到位前暂停该区域新建道路项目审批。

（十五）打造干线公路"平安走廊"。加强高速公路和国省道干线公路安全设施和管理设施建设，力争全省主干线公路均建有高清智能监控、高速传输 3G 移动视频、高清晰 LED 情报板、高音安全提示系统、高标准安全防护设施。高速公路每 2 公里应建有一套视频监控，每 10 公里应建有一块 LED 情报板；普通国省道城镇段每 10 公里、非城镇段每 20～30 公里应建有一套高清智能监控、交通监测设施，城市出入口等重点路段应加密布设。与双向 4 车道公路相交的路口应安装信号灯和闯红灯抓拍系统，与路宽 3.5 米以上公路相交的路口应安装视频监控。

（十六）开展安全隐患排查治理。各市、县（市、区）人民政府要完善道路交通安全隐患排查治理制度，落实治理资金和责任单位。有关部门要强化交通事故统计分析，排查确定事故多发点段和存在安全隐患路段，全面梳理桥涵隧道、客货运场站等风险点，设立管理台账，明确治理责任单位和时限，强化对整治情况的全过程监督检查。加强农作物秸秆综合利用，严格公路两侧农作物秸秆禁烧监管，严防因焚烧产生的烟雾影响交通安全。

五、严密路面车辆执法管控

（十七）整治交通违法行为。加强公路巡逻管控，加大营运客车、危险货物运输车等重点车辆检查力度。公安部门负责打击和整治超速超员超载、疲劳驾驶、酒后驾驶、吸毒后驾驶、货车违法占道行驶、不按规定使用安全带等交通违法行为；交通运输部门负责查处超限、违规运输危险品、无从业资格驾驶营运车辆、客运车辆不按规定线路行驶等违法、违规行为；农机部门负责整治变型拖拉机超速超载、违规载人、无牌无证等违法、违规行为。建立客货运车辆和驾驶人严重交通违法行为有奖举报制度，鼓励和引导广大群众举报严重交通违法行为。

（十八）加强城市道路交通秩序管理。严格执行交通影响评价制度，控制城市道路停车泊位，提高道路停车泊位利用效率。完善城市道路交通管理设施，加大城市公共停车场建设，规范机动车通行和停放秩序，改善道路通行条件。推进智能交通系统建设应用，优化交通组织，提高管控能力和通行效率。健全渣土车等重型车辆运输管理制度，坚决取缔交通违法行为。建立文明交通信息服务系统，为驾驶人提供出行服务。推广代驾服务措施，鼓励大型餐饮娱乐企业或者其他社会组织组建代驾队伍，并加强代驾人的教育培训和监督管理。

（十九）提升道路交通安全执法效能。推进高速公路全程监控等智能交通管理系统建设，安装区间测速设备，对机动车进行全程测速。推进不停车超限检测系统建设，对货运车辆实施快速检测。推进公路交巡警中队勤务指挥室建设，完善多层次、全方位的交通指挥控制和诱导提示系统，实现扁平化、可视化指挥调度和动态管控。

（二十）完善道路交通应急处置机制。进一步加强道路交通事故应急救援体系建设，完善应急救援预案，定期组织演练。健全公安、卫生、质监等部门联动的省、市、县三级交通事故紧急救援机制。完善道路交通事故社会救助基金制度和实施细则，确保事故受伤人员得到及时有效的医疗救治。将远程医疗会诊系统拓展覆盖到县级人民医院，提高事故伤员医疗救治效率。加密高速公路清障点位建设。推进公路灾害性天气预报和预警系统建设，季节性浓雾多发地区，10～15公里应建有一套高速气象监测站点，浓雾多发的山区、水网地区应适当加密。

六、深化农村道路交通安全管理

（二十一）深化平安畅通县市和交通安全"四项示范"创建。推进平安畅通县市创建，开展交通安全示范乡镇、示范企业、示范学校、示范公路"四项示范"和"平安农机"创建活动。各县（市、区）人民政府要加强农村道路交通安全组织体系建设，落实乡镇政府监管责任，加强乡镇道路交通安全管控。建立和完善公安交巡警、交通路政、交通运管与农机安全监理机构的道路联动联查和信息互通制度，发挥农村派出所、农机安全监理机构以及驾驶人协会、村委会的作用，建立专、兼职道路交通安全管理队伍，扩大农村道路交通管理覆盖面。

（二十二）改善农村道路交通环境。落实县级人民政府农村公路建设养护管理主体责任，加大农村公路建设和养护力度。新建、改建农村公路要根据需要同步建设安全设施，已建成的农村公路要按照"安全、有效、经济、实用"的原则逐步完善安全设施。统筹城乡公共交通发展，以城市公交同等优惠条件扶持发展农村公共交通，拓展延伸农村地区客运覆盖范围，着力解决农村群众安全出行问题。完善农业机械安全监督管理体系，加强拖拉机、联合收割机等农业机械安全管理，提高农业机械上牌率、检验率、持证率。划定变型拖拉机限制通行区域，严格变型拖拉机存量管理，引导其逐步退出农村运输市场。

七、开展交通安全宣传教育

（二十三）建立交通安全宣传教育长效机制。全省各级人民政府要制定并组织实施道路交通安全宣传教育计划，加大宣传投入，实现交通安全宣传教育社会化、制度化。强化对中小学生和幼儿园儿童交通安全教育的指导与监督，认真落实《中小学公共安全教育指导纲要》，确保每个学生每学期接受交通安全教育累计不少于2小时，参加文明交通社会实践活动每学期不少于1次。建立由公安民警和教师担任交通安全辅导员的制度，充分发挥校讯通、校园网络作用，定期开展文明交通主题教育。

（二十四）夯实交通安全宣传教育基础。针对驾驶人、中小学生、城市市民、农村群众等不同交通参与者群体的特点和需求，编制科学、系统、实用的文明交通系列读本和音像资料，制作交通安全题材的电子游戏、网络视频、微电影等。每个县（市、区）要以社会公共安全教育基地为依托，至少建立1个集儿童交通安全情景教育、青少年交通安全游戏体验、安全驾驶模拟训练教育和违法（事故）案例3D警示教育等多功能于一体的交通安全教育基地。

（二十五）建立文明交通媒体公益宣传机制。宣传、公安、广电、工商、新闻出版等部门和单位要联合制定文明交通公益宣传方案，公布媒体文明交通公益广告年度刊播计划，推动广播、电视、报刊、网络等新闻媒体和户外媒体建立文明交通公益宣传机制。要在广播、电视、报刊、网络和户外媒体刊载文明交通公益广告，办好交通广播电台，有条件的地区，开办交通电视频道，充分发挥交通安全专业媒体和栏目优势。

（二十六）开展交通安全"五进"活动。定期走进专业运输企业、学校、农村、家庭、社区开展交通安全宣传教育活动。推动学校、社区、村镇等设置交通安全宣传员，配合专职公安民警开展"五进"宣传。积极拓展"五进"宣传阵地，建立交通安全警示提示信息发布平台，加强事故典型案例警示教育，开展交通安全文明驾驶人评选活动，利用各种手段促进驾驶人依法、安全、文明驾车。

（二十七）推进交通安全文化建设。倡导"自律、包容、礼让、文明"的现代文明交通理念，引导公众增强文明交通道德判断力和荣誉感，自觉履行道路交通安全法定义务和社会责任。推广应用江苏文明交通小天使系列形象标志，丰富具有江苏地域文化特色的交通安全艺术品种。组织开展群众性文明交通主题活动，将交通安全文化融入村镇、社区、企业、校园文化，引导群众在文化建设、文化活动中自我教育、自我服务、自我提高。

八、加大道路交通事故责任追究力度

（二十八）制定落实交通安全奖惩制度。严格执行重大事故挂牌督办制度，完善重大道路交通事故"现场联合督导、统筹协调调查、挂牌通报警示、重点约谈检查、跟踪整改落实"的联合督办工作机制。研究制定道路交通安全奖惩制度，对成效显著的单位予以表扬和奖励。凡发生一次死亡10人以上重大道路交通事故，或者1年内发生3起一次死亡5人以上较大道路交通事故的，事故发生地和肇事车辆、机动车驾驶人所在地的市人民政府要向省人民政府作出检查。对1年内发生2起一次死亡5人以上较大事故或者发生性质严重、造成重大社会影响的较大道路交通事故的，省安委办要会同省有关部门和单位及时约谈相关市、县（市、区）人民政府和部门负责人。

（二十九）加大交通事故责任追究力度。制定重特大道路交通事故处置规范和责任追究办法，健全重大道路交通事故信息公开制度。对发生重大及以上或者6个月内发生2起较大及以上责任事故的运输企业，依法责令其停业整顿；停业整顿后符合安全生产条件的，准予恢复运营，但客运企业3年内不得新增客运班线，旅游企业3年内不得新增旅游车辆；停业整顿仍不具备安全生产条件的，依法核减相应许可或者吊销其道路运输经营许可证，并责令其办理变更、注销登记直至依法吊销营业执照。对道路交通事故发生负有责任的单位及其负责人，依法、依规予以处罚，构成犯罪的，依法追究其刑事责任。发生重特大道路交通事故的，要依法追究有关政府及其部门的责任。

九、强化道路交通安全组织保障

（三十）加强道路交通安全工作的组织领导。实行道路交通安全地方行政首长负责制，定期分析研判安全形势，研究部署重点工作。认真执行道路交通事故总结报告制度，市级人民政府每年1月10日前，要将本地区道路交通安全工作情况向省人民政府作出书面报告。

（三十一）落实部门监督管理职责。有关部门要按照"谁主管、谁负责，谁审批、谁负责"的原则，依法履行职责，落实监管责任，构建权责一致、分工负责、齐抓共管、综合治理的协调联动机制。进一步发挥各级道路交通安全工作联席会议作用，加强工作统筹协调和联动，及时研究解决道路交通安全工作中的困难和问题。

（三十二）完善道路交通安全保障机制。建立政府、企业和社会共同承担的道路交通安全长效投入机制，拓展道路交通安全资金保障来源，推动完善相关财政、税收、信贷支持政策，强化政府投资对道路交通安全投入的引导和带动作用。根据道路里程、机动车增长等情况，将高速公路交通安全执勤执法营房、实施接驳运输和节点运输所需的驾驶人落地休息接驳点、旅客配载点等配套设施与高速公路建设同步规划设计、同步投入使用，并给予资金保障。已建成的高速公路，经营管理单位要积极创造条件予以配合支持，完善有关设施。

山东省道路交通安全责任制规定

（2012 年 10 月 21 日山东省政府第 133 次常务会议通过　2012 年 11 月 19 日
山东省人民政府令第 256 号　自 2013 年 1 月 1 日起施行）

第一章　总　则

第一条　为了落实道路交通安全责任，有效控制交通违法行为，预防交通事故发生，保障人民群众生命、财产安全，根据《中华人民共和国道路交通安全法》、《山东省实施〈中华人民共和国道路交通安全法〉办法》等法律、法规，结合本省实际，制定本规定。

第二条　本省行政区域内的道路交通安全工作坚持权责一致的原则，实行政府领导、部门监管、单位负责、社会参与的道路交通安全责任制。

第三条　道路交通安全责任分为政府领导责任、部门监管责任和车辆所属单位主体责任。

第二章　政府领导责任

第四条　各级人民政府主要负责人对本行政区域内的道路交通安全工作负主要领导责任；分管道路交通安全工作的负责人对道路交通安全工作负直接领导责任；其他负责人对分管范围内涉及的道路交通安全工作负相应领导责任。

第五条　县级以上人民政府履行下列道路交通安全工作职责：

（一）将道路交通安全工作纳入国民经济和社会发展规划，保障道路交通安全工作与经济建设和社会发展相适应；

（二）将道路交通安全专项规划纳入城乡建设总体规划并组织实施，加强道路交通安全设施建设，保证道路交通安全设施与其他基础设施同步规划、同步建设、同时投入使用；

（三）完善道路交通事故抢险救援机制，建立、健全应急处置预案，加强抢险救援队伍、装备建设，及时救援、处置、善后、处理发生在本行政区域内的道路交通事故；

（四）定期分析本地区的道路交通安全工作情况，与下一级人民政府签订《年度道路交通安全工作目标责任书》，及时研究解决道路交通安全工作中存在的重大问题，对道路交通安全重大隐患整改事项及时做出决定；

（五）组织宣传道路交通安全法律、法规和规章，开展道路交通安全宣传教育和公益活动；

（六）法律、法规和规章规定的其他职责。

第六条　县级以上人民政府应当将道路交通安全工作纳入社会管理综合治理、安全生产、文明城市创建检查考核范围；定期对本级人民政府有关部门和下级人民政府履行道路交通安全工作职责的情况进行督察和考核，对执行道路交通安全责任制成绩突出的部门、单位和个人予以表彰、奖励，对执行不力的予以通报批评，并限期整改。

第七条　县级以上人民政府应当建立由公安、发展改革、经济和信息化、教育、监察、司法行政、财政、住房城乡建设、交通运输、农业（农机）、卫生、工商行政管理、质量技术监督、安全生产监管、旅游、气象、保险监督管理等部门和机构参加的道路交通安全管理工作机制，指导、协调、督促本级人民政府有关部门和下级人民政府道路交通安全责任制的落实；通报道路交通安全工作情况，督促落实防范措施，消除安全隐患；总结、推广道路交通安全防范的工作经验；组织道路交通安全责任制目标管理考核与评定。

第八条　乡镇人民政府、街道办事处应当做好本辖区的道路交通安全宣传教育等工作，落实上级人民政府及其有关部门和机构道路交通安全工作措施，组织、指导、督促村民委员会、居民委员会、车辆所属单位和驾驶人做好道路交通安全工作。

乡镇人民政府、街道办事处应当根据工作需要配备专（兼）职交通安全员，协助有关部门和机构做好道路交通安全工作。

第三章　部门监管责任

第九条　公安机关负责机动车和驾驶人的管理，实施机动车登记、查验和驾驶人安全教育、考试工作；巡查和整治道路交通秩序，依法查处交通违法行为；处理道路交通事故，定期分析道路交通事故成因和特点，及时提出做好道路交通安全工作的意见和建议；对道路沿线重大建设项目组织进行交通影响评价；会同有关部门排查道路交通安全隐患，下达《重大道路交通安全隐患整改通知书》，并限期整改。

设区的市、县（市、区）人民政府公安机关在本级人民政府和上级公安机关的领导下，会同有关部门监督检查本行政区域车辆所属单位的道路交通安全责任制执行情况。

第十条　教育主管部门应当将中小学校的校车安全工作情况纳入学校安全管理工作年终考核内容；指导和督促学校开展道路交通安全教育和乘车安全教育；对学校将学生遵守道路交通安全法律、法规纳入综合素质评定情况进行监督检查。

第十一条　经济和信息化主管部门应当健全汽车生产及改装企业行业管理制度，加强汽车生产企业市场准入管理和生产一致性管理；会同公安、质量技术监督部门组织对电动自行车、燃油助力车和残疾人机动轮椅车进行安全技术认证。

第十二条　司法行政部门应当将道路交通安全相关法律、法规和规章作为普法教育的重要内容，组织开展宣传教育活动。

第十三条　住房城乡建设主管部门应当及时组织维护、养护城市道路，保持路面完好；会同公安机关交通管理部门做好道路、停车场、道路配套设施的规划、设计、验收，加快公共停车设施和人行道、非机动车道、无障碍通行设施的建设；按照国家有关标准、技术规范，设置和完善交通信号灯、城市道路标志标线、物理隔离等道路交通安全设施，及时整治存在安全隐患的城市道路、桥梁。

第十四条　交通运输主管部门应当按照有关国家标准和技术规范，加强对公路、桥梁的监测，设置和完善公路标志、标线、物理隔离等道路交通安全设施，对事故多发点段采取安全防护措施；负责有关道路客、货运输安全生产监督管理工作；在作出道路运输经营许可时，严格审查运输经营者的安全生产条件、车辆技术状况、驾驶人从业资格；负责车站（场）的安全监督管理工作，督促汽车客运站经营管理者履行安全检查职责，落实安全管理措施；严格执行公路施工报备制度，落实施工单位安全主体责任，督促公路施工单位按照安全操作规程布设施工作业区，保证施工规范有序；严格执行机动车驾驶培训机构市场准入制度，加强资格管理和监督检查。

第十五条　农业（农业机械）主管部门应当严格实施农业机械号牌、行驶证、检验合格标志和农业机械驾驶证的发放与管理工作；定期进行农业机械安全技术检验、驾驶人审验和安全教育工作；严格执行农业机械驾驶人培训机构准入制度，加强资格管理和监督检查。

第十六条　卫生主管部门应当建立道路交通事故快速抢救机制，完善道路交通事故救援体系；组织、协调各级各类医疗卫生机构做好道路交通事故伤员的急救、转运工作。

第十七条　广播电影电视主管部门应当建立、完善交通安全公益宣传机制，督促广播电视播出机构发布道路交通安全公益广告和协查公告，对社会公众进行道路交通安全教育。

第十八条　工商行政管理部门应当严格执行机动车、非机动车生产企业登记制度，依法查处销售未经国家机动车产品主管部门许可或者不符合安全技术标准的机动车和非机动车及其配件、无照经营机动车和电动自行车、出售报废机动车和拼组装机动车等行为。

第十九条　质量技术监督部门应当会同公安机关依法加强对机动车安全技术检验机构的监督检查；加强对机动车、非机动车成品及其配件生产企业和道路交通安全防护产品生产企业的产品质量监督；依法查处非法拼装、改装机动车，生产不符合安全技术标准的机动车、非机动车及其配件和未取得工业产品许可证擅自生产电动自行车等行为。

第二十条　安全生产监督管理部门应当指导、协调和监督道路交通安全管理工作，对存在重大道路交通安全隐患的下级人民政府及时下达整改指令书，限期整改；组织对从事生产经营活动的客（货）运车辆、校车发生的道路交通责任事故进行调查处理。

第二十一条　旅游部门应当协助公安机关交通管理部门和交通运输部门加强对旅游包车及驾驶人员的监管，督促旅行社团运送旅客时选择具有相应经营范围的旅游包车客运车辆。

第二十二条　气象部门应当及时向媒体、公安机关交通管理部门提供灾害性天气预警信息，为有关部门和机构启动应急预案以及公众了解灾害性天气信息提供便利。

第二十三条　监察机关应当依法对本级人民政府工作部门及其公务员、本级人民政府及其工作部门任命的其他人员、下一级人民政府及其负责人履行道路交通安全管理职责实施监察，对不履行或者未按照规定职责和程序履行道路交通安全职责的有关人员，依法追究责任。

第二十四条　公安机关、监察机关应当建立健全酒后驾驶、涉牌涉证违法行为管理机制，对国家机关工作人员酒后驾驶、涉牌涉证的违法行为，应当抄告其所在单位，所在单位应当根据有关规定，及时将处理情况反馈给公安机关和监察机关。

第二十五条　保险监督管理机构应当制定保险费率浮动制度，将保险费率与机动车辆交通违法、事故情况挂钩；监督协调有关保险企业做好道路交通事故的理赔工作；会同公安机关交通管理部门建立机动车交通事故责任强制保险、道路交通安全违法行为和道路交通事故的信息共享机制。

第二十六条　社会管理综合治理机构、社会主义精神文明建设指导机构应当将构成犯罪的严重交通违法行为与社会管理综合治理、文明单位评选挂钩。有关单位因所属工作人员酒后驾驶、涉牌涉证违法行为受到行政处罚或者纪律处分的，取消该单位和个人当年度评优创先资格。

第四章　车辆所属单位主体责任

第二十七条　车辆所属单位应当建立健全道路交通安全制度，教育职工自觉遵守道路交通安全法律、法规，组织开展道路交通安全检查，整改道路交通安全隐患，落实道路交通安全责任制。

第二十八条　车辆所属单位的法定代表人或者主要负责人是本单位的道路交通安全责任人，应当履行下列职责：

（一）组织贯彻执行道路交通安全法律、法规和规章，掌握本单位的道路交通安全情况；

（二）建立并组织实施本单位的道路交通安全制度和保障道路交通安全的操作规程；

（三）将道路交通安全工作与本单位的生产、科研、经营等活动予以统筹安排；

（四）对本单位所属的公路营运载客汽车、旅游客车、危险物品运输车、校车安装具有卫星定位功能的行驶记录仪，并保持正常运行；

（五）对本单位道路交通安全检查中发现的隐患督促整改、及时处理；

（六）对交通违法、事故多发的驾驶人予以离岗培训、调整工作岗位或者按照规定予以辞退。

第二十九条　车辆所属单位应当确定本单位的道路交通安全管理人，具体负责下列道路交通安全工作：

（一）拟定年度道路交通安全工作计划，组织实施日常道路交通安全检查等工作；

（二）建立健全车辆管理、使用、保险、维修、保养和车辆安全运行技术等档案；定期组织车辆安全检查，确保车辆安全性能良好，制止不符合安全技术条件的车辆上道路行驶，消除事故隐患；

（三）建立安全管理台账，及时了解掌握车辆驾驶人工作强度、违法、事故和安全行车等情况；

（四）对驾驶人进行跟踪教育，适时组织道路交通安全学习和培训，定期开展安全驾驶检查评比活动。

第三十条　以承包、租赁或者委托等方式经营管理机动车辆的，应当在合同中明确规定各方的道路交通安全责任。承包、承租或者受委托单位应当在经营管理范围内履行道路交通安全职责。

第五章　责任追究

第三十一条　辖区内发生一次死亡10人以上道路交通事故，或者1年内发生2起一次死亡5人以上道路交通事故的，设区的市人民政府应当向省人民政府作出检查。

辖区内发生一次死亡3人以上道路交通事故，或者连续发生多起一般道路交通事故的，县（市、区）人民政府应当向设区的市人民政府作出检查。

第三十二条　发生道路交通事故并有下列情形之一的，对负有责任的主管人员和其他直接责任人员依法给予警告或者记过处分；情节严重的，给予记大过或者降级处分；情节特别严重的，给予撤职或者开除处分；构成犯罪的，依法追究刑事责任：

（一）违反规定的条件、程序发放许可证照或者做出其他审批决定的；

（二）对存在的重大道路交通安全隐患未及时组织整改或者整改不力的；

（三）发生道路交通事故后隐瞒不报或者未按照规定及时上报的；

（四）发生道路交通事故后处置不当、抢救不及时，导致事故后果扩大的；

（五）其他不履行规定职责或者失职、渎职的情形。

第三十三条　车辆所属单位的营运车辆不具备规定的安全技术条件、驾驶人不具备从业资格或者存在其他重大安全隐患的，由道路运输管理机构责令限期改正；逾期不改正的，依法吊销《道路运输经营许可证》。

公路营运载客汽车、旅游客车、危险物品运输车、校车未按照规定安装行驶记录仪或者行驶记录仪不能正常运行的，由公安机关交通管理部门处200元罚款。

第三十四条　承修有交通肇事逃逸嫌疑的车辆未向公安机关报告的，由公安机关对机动车修理企业或者个体工商户处5000元以上30000元以下罚款。

回收无报废证明的机动车的，由公安机关对报废机动车回收企业或者个体工商户处 5000 元以上 30000 元以下罚款。

第三十五条 车辆所属单位对道路交通事故负有责任的，由安全生产监督管理部门或者其他部门依法处罚；有关人员构成犯罪的，依法追究刑事责任。

第三十六条 车辆所属单位 6 个月内发生 2 起死亡 3 人以上道路交通事故，且单位或者车辆驾驶人对事故承担全部责任或者主要责任的，车辆所属单位所在地的公安机关交通管理部门应当报经设区的市公安机关交通管理部门批准后，对车辆所属单位做出责令限期消除安全隐患的决定，并禁止未消除安全隐患的机动车上道路行驶，同时通报道路交通事故发生地及车辆所属单位所在地的有关行政管理部门。

第六章 附 则

第三十七条 本规定所称车辆所属单位，是指拥有或者使用机动车辆的机关、企业事业单位、社会团体、组织、个体工商户以及未办理工商登记以自有车辆从事生产经营的个人。

第三十八条 本规定自 2013 年 1 月 1 日起施行。

分送：省委书记、副书记、常委，省长、副省长，省政府特邀咨询。各市人民政府，各县（市、区）人民政府，省政府各部门、各直属机构，各大企业，各高等院校。省委各部门，省人大常委会办公厅，省政协办公厅，省法院，省检察院，济南军区，省军区。各民主党派省委。

山东省人民政府办公厅

2012 年 11 月 19 日

福建省道路交通安全综合整治"三年行动"实施方案

（2012 年 8 月 3 日福建省人民政府办公厅　闽政办〔2012〕137 号）

为深入贯彻落实《国务院关于加强道路交通安全工作的意见》（国发〔2012〕30 号），全面加强全省道路交通安全工作，特制定本实施方案。

一、总体要求

（一）指导思想

以"关注安全，关爱生命"为主题，全面落实道路交通"一岗双责"和企业主体责任，全面加强人、车、路、环境的安全管理和监督执法，推进交通安全社会管理创新，有效减少道路交通事故总量，坚决遏制重特大事故发生，为我省经济社会发展、人民平安出行创造良好的交通安全环境。

（二）整治目标

健全完善政府统一领导、各部门协调联动、社会各界共同参与的交通安全管理格局，全面提升人、车、路、环境和交通安全管理水平。到 2014 年底，全省道路交通事故死亡人数下降 30%、较大事故起数下降 20% 以上，力争不发生重大及以上事故，万车死亡率低于全国平均水平。

2012 年底前完成国省道干线安保提升工程 3000 公里，2014 年底前完成其余危险路段的整治。实施年万里农村公路安保工程，2012 年完成 6000 公里，2013 ~ 2014 年每年不少于 5000 公里。

高速公路、国省道、县乡道路显见交通违法行为百车违法率分别降至 5%、6%、7% 以下。非法载客行为、非法拼组装车辆取缔率分别达 100%，大中型客货车检验率、驾驶人审验率分别达 100%，报废注销率达 100%，拖拉机上牌率、年检率、持证率分别达 70% 以上，摩托车上牌率达 70% 以上。

全省道路运输企业安全标准化 100% 达标，全省省际班车、市际班车、旅游客车、校车、出租车、危货车和渣土车合格卫星定位装置安装率达 100%，农村客车合格卫星定位装置安装率达 90% 以上，卧铺客车安装车载视频装置率达 100%。

建制村开通客车率达 97% 以上，新增、更新农村客车 1500 辆。

二、主要措施和任务分工

（一）开展道路交通安全整治"大会战"

2012 年 8 ~ 10 月，全省集中力量开展为期三个月的道路交通安全整治"大会战"。严格落实道路交通安全地方行政首长负责制，强化部门监管责任和企业主体责任，完善工作和责任落实机制；全面排查客货运车辆、非法载客车辆、农用车等重点车辆，严厉打击三轮汽车、低速货车和拖拉机等非法载人行为；全面排查国省道干线（含高速公路）和农村公路事故多发路段及危险路段，深入推进安保提升工程；强化道路交通监管执法，增派警力加强道路巡逻管控，严厉打击和整治超速、超员、超载、疲劳驾驶、酒后驾驶、无牌无证等交通违法行为。到 10 月底，全省道路交通事故死亡人数同比下降 20% 以上、较大事故起数同比下降 15% 以上，不发生重大以上事故。

"大会战"实施方案另行制定。

（二）强化驾驶人源头管理

1. 提高驾驶人培训机构准入门槛，新申请准入的驾培机构应具备 100 辆以上教学车辆及自有教练场地等条件，严格按照培训能力核定招生数量。加强和改进驾驶人培训考试工作，驾驶人培训考试要增加复杂路况、恶劣天气、突发情况应对处置技能等防御性驾驶技术的内容，大中型客货运驾驶人增加夜间驾驶考试的内容；每年至少开展一次培训机构落实培训教学大纲、内容和学时的检查。2012 年底前调整完成与新增考试内容相适应的新训驾驶人评判标准。2012 年 10 月底启动试运行"福建省机动车驾驶员培训学时管理系统"，2013 年在全省投入正式运行。（交通、公安、农业等部门负责组织实施）

2. 各设区市每季度向社会公开 3 年内驾龄的驾驶人交通违法率和肇事率排序前 3 名的驾驶培训机构，依法进行处罚，责令限期整改，整改仍达不到要求的，暂停或取消培训资质，严重的吊销资质。每季度对事故发生率全省排序前 1 名的考试机构，予以通报批评，限期整改。启动漳州、南平市大中型客货车驾驶人考试中心建设，2013 年底完成全省大中型客货车驾驶人考试中心建设，2014 年起大中型客货车驾驶人必须经客货运驾驶人考试中心考试、审核合格后企业方可录用。公布驾校考试举报电话，对监考人员和考试机构存在的违法、违规行为，依法从严追究责任。对发生道路交通事故致人死亡且负同等以上责任的，交通违法记满 12 分的，以及有酒后驾驶、超员 20% 以上、超速 50%（高速公路超速 20%）以上，或者 12 个月内有 3 次以上超速违法记录的客运驾驶人，要严格依法处罚并通报企业解除聘用。（公安、交通、农业等部门负责组织实施）

（三）加强车辆安全整治

1. 全面排查非法载人、非法改装、已报废、逾期未报废、逾期未年检或无牌无证、套牌假证等重点车辆，全面取缔非法载人载客交通工具，集中强制切割、销毁报废和非法拼组装车辆。（各级政府负责，公安、交通、农业等部门负责组织实施）

2. 对机动车辆定期检验、报废、注销情况进行清查，落实逐一告知制度，对逾期未检验、报废、注销的客货运车辆，及时通报运输企业、交通运输部门。县级政府 2012 年 10 月底前要研究提出未上牌摩托车、拖拉机等机动车辆补办注册登记的处理意见，确保将所有机动车辆纳入正常管理。（公安、农业等部门及县级政府负责组织实施）

3. 全面排查营运车辆技术状况，督促运输企业严格落实车辆运行监控，认真落实车辆维护、安全例行检查等制度。督促旅行社租用具备营运资质的旅游车辆，严格审查旅游包车车辆年检和驾驶人资质；对旅游客运企业、车辆和驾驶人进行 100% 排查，存在问题限期整治到位；对旅游车辆驾驶人的交通违法、违规行为，要求导游人员及时提醒、劝止，并及时投诉。（交通、公安、旅游等部门负责组织实施）

4. 严格报废汽车回收企业资格认定和监督管理，进一步规范完善报废汽车回收拆解管理制度，依法从严查处非法回收拆解企业和个人，杜绝报废汽车上路及其"五大总成"流入市场，从源头上铲除滋生非法拼组装汽车的土壤。2012 年底前完成非法报废汽车回收拆解情况的摸排。（经贸、公安、交通、农业、工商等部门负责组织实施）

5. 定期组织开展机动车辆维修企业和安检机构监督巡查，校准机动车安全技术检验设备，落实维修质量保证期制度，依法从严查处违法行为。加强车载卫星定位装置的检定，结果及时通报相关部门。依法按期对全省公路设置的超速自动监测系统、反超载称重装置进行计量检验。（质监、公安、交通、工商等部门负责组织实施）

6. 排查摸清全省校车基本情况，健全校车安全管理、维护保养、技术档案等制度，严格落实校车许可制度，建立教育劝导学生不乘坐非法营运车辆的安全管理制度，杜绝发生校车交通恶性事故。（教育、公安、交通运输等部门负责组织实施）

7. 严厉查处建设、施工单位将建筑渣土运输业务发包或分包给不具备资质的运输企业的违规行为；加快推动渣土车安装卫星定位装置并联入当地道路交通安全监管系统，2012 年底前福州、厦门市区的渣土车全部安装到位，三年内全省渣土车全部安装到位。（建设或综合执法、公安、交通运输等部门负责组织实施）

（四）提高道路安全保障水平

1. 省预防办牵头组织协调有关部门于 2012 年 9 月 1 日前完成与国家、行业现行标准规范衔接的《福建省公路隐患路段排查与督办标准》（修订版）制定工作，适用范围涵盖国省道（含高速公路）、农村公路等。各地负责组织隐患排查，10 月 1 日前完成排查工作，建立隐患点工作台账，制定整治方案，按规定组织实施。（各级预防办牵头组织实施）

2. 进一步加强国省道（含高速公路）安全防护设施建设，特别对临水临崖、连续下坡、急弯陡坡等事故易发路段，严格按标准安装隔离栅、防护栏、防撞墙等安全设施，设置标志标线。加快实施国省道（含高速公路）553 处事故多发危险路段整治，2012 年底前全面完成；各地对排查出的道路安全隐患，分轻重缓急，力争 3 年内分期分批完成整治。对暂时无法整治到位的道路安全隐患，100% 设立交通警示标志，增派警力强化巡逻管控。严格执行新建、改建、扩建道路交通安全设施"三同时"制度，建立公路工程设计阶段的安全预评价和交竣工阶段的安全验收评价制度。加强公路与铁路、河道、码头连接交叉路段特别是公铁立交、跨航道桥梁的安全保护。（各级政府负责，公安、交通等部门组织实施）

3. 严格落实危病桥通行管控措施，加快实施城市危病桥改造工程，3 年内整改到位。省级城市桥梁管理平台 2012 年底正式投入运行，实现城市桥梁动态监管。严格执行城区道路新建、改建、扩建工程安全设施"三同时"制度，建立城区道路工程设计阶段的安全预评价和交竣工阶段的安全验收评价制度。（建设部门牵头组织实施）

（五）强化道路运输企业安全管理

1. 加强运输企业安全生产标准化建设，严格按照《交通运输部关于印发道路旅客运输企业安全管理规范（试行）的通知》要求，督促客运企业逐条逐项抓好落实。严格落实道路运输车辆运行监控和客运车辆夜间行驶速度不得超过日间限速 80% 的规定，督促企业规范卫星定位装置安装、使用行为，严格落实客货运车辆定期二级维护保养制度，依法严惩弄虚作假行为。加强旅游包车安全管理，根据运行里程严格按规定配备包车驾驶人，逐步推行包车业务网上申请和办理制度，严禁发放空白旅游包车牌证。（交通部门牵头组织实施）

2. 继续深化"点对点"精细化管理服务，完善重点车辆"点对点"工作规范，强化重点车辆驾驶人的监管教育。持续开展客运安全隐患"四个一批"整治，对交通违法多、死亡事故多、隐患大的企业、路段，由省、市两级挂牌督办并定期予以公布。（公安、交通、安监等部门负责组织实施）

3. 严格落实长途客运驾驶人停车换人、落地休息制度。2012 年 9 月底前，调整完成省内班线客运企业客车发车时间，严禁省内班线客运车辆凌晨 2 ~ 5 时在省内通行，做好标语、标志设置和客运车辆司机夜间落地休息提示的服务工作。严格落实驾驶时间管理制度,客运驾驶人24小时累计驾驶时间原则上不超过8小时,日间连续驾驶不超过4小时,夜间连续驾驶不超过2小时,每次停车休息时间不少于20分钟。公安部门做好夜间客运车辆至停车休息点或临近客运站落地休息的调控引导工作。各地做好客运车辆夜间停车休息点的治安和消防管理工作。(各级政府负责,公安、交通等部门组织实施)

(六) 加大农村道路交通安全管理力度

1. 统筹城乡公共交通发展,加大农村客运补助力度,拓展延伸农村地区客运的覆盖范围,解决农村群众出行难问题。"十二五"期间,每年安排3000万元省级补助资金用于新增和更新农村客车1500辆,提高农村客运的通达率,建制村开通客车率达97%以上。农村客车合格卫星定位装置安装率达90%以上。严格落实县级政府农村公路建设养护管理主体责任,制定改善农村道路交通安全状况的规划,落实资金,加大建设和养护力度。实施年万里农村公路安保工程。(各级政府负责,交通等部门负责组织实施)

2. 深入开展"平安畅通县市"和"平安农机"创建活动,严格落实乡镇政府安全监督管理责任。充实乡镇派出所警力,加大农村道路的巡逻管控。发挥基层派出所、农机监理站以及驾驶人协会、村委会的作用,建立专兼职道路交通安全管理队伍,扩大农村道路交通管理覆盖面。(各级政府负责,公安、交通、农业等部门负责组织实施)

3. 定期组织开展农村地区三轮汽车、低速货车和拖拉机等非法载人以及摩托车等交通违法行为专项打击行动,对交通违法行为突出的农村地区和城乡结合部,每周要组织一次夜间或白天统一执法行动。农村墟日、主要节庆期间要增派警力,加强疏导、查纠交通违法行为。(各级政府负责,公安、交通、农业等部门负责组织实施)

(七) 强化道路交通安全执法

1. 在国省道和城乡结合部等道路的重要道口、重要路段、重点时段要增派警力上路执勤,加大路面巡查密度,落实每月10日、20日、30日开展24小时全省路面执法统一行动。加强交通安全执法巡逻管控,加大客运、旅游包车、危险品运输车等重点车辆检查力度,严厉打击和整治超速超员超载、疲劳驾驶、酒后驾驶、吸毒后驾驶、货车违法占道行驶、不按规定使用安全带等交通违法行为,严禁三轮汽车、低速货车和拖拉机等非法载人。(各级政府负责,公安、交通、农业等部门组织实施)

2. 以"六个攻坚战"为主线,组织实施路面非交通管理专业人员和协警分期分批培训计划,严格落实客货运车辆及驾驶人交通事故、交通违法行为通报制度,全面推进交通违法记录省际转递工作,制定客货运车辆和驾驶人严重交通违法行为举报奖励办法,将车辆动态监控系统记录的交通违法信息作为执法依据,定期检查,依法严格处罚。(公安部门牵头组织实施)

3. 组织开展客货运车辆、危货车辆、校车、渣土车等重点车辆交通违法行为专项整治,严厉查处和打击无牌无证、套牌假证、超速、超限、超载等违法、违规行为,关闭取缔非法、违法和不符合安全生产条件的道路交通运输企业。(公安、交通、建设或综合执法、农业等部门组织实施)

(八) 深入开展道路交通安全宣传教育

1. 制定实施道路交通安全宣传教育计划,加大宣传投入,加大公益宣传力度,报刊、广播、电视、网络等新闻媒体要在重要版面、时段通过新闻报道、专题节目、公益广告等方式开展交通安全公益宣传,确保每周有交通安全宣传专栏,每天有公益安全宣传,实现交通安全宣传教育社会化、制度化。(各级政府负责,新闻宣传部门组织实施)

2. 加强学生交通安全教育,把道路交通安全教育列入地方课程与校本课程,通过书本学习和综合实践等方式的教育,夯实国民交通安全素质基础。以大、中、小学和幼儿园新学期开学为契机,

组织开展"文明交通进校园"系列活动。（教育、公安厅等部门负责组织实施）

3. 深入推进"文明交通行动计划"，广泛开展交通安全宣传进农村、进社区、进企业、进学校、进家庭活动，推行实时、动态的交通安全教育和在线服务。建立全省交通安全短信发布平台，面向全省机动车驾驶人定期发布交通安全宣传、恶劣天气预警等信息。（公安部门牵头组织实施）

三、保障措施

（一）加强组织领导

省政府成立道路交通安全综合整治三年行动领导小组，苏树林省长任组长，张志南、王蒙徽、陈荣凯副省长和省政府党组成员牛纪刚任副组长，省政府相关部门主要负责人为成员，领导小组办公室设在省公安厅，省政府副秘书长张金铸兼任办公室主任，抽调公安、交通、安监、农业等部门工作人员集中办公。各级政府要相应成立以政府主要负责人任组长的领导小组，制定实施方案，加强对综合整治工作的组织领导，定期分析研判安全形势和综合整治情况，研究部署重点工作，解决存在的突出问题。各级政府应于2012年8月10日前召开动员部署会，启动实施方案。

（二）落实政府和部门监管职责

道路交通安全综合整治"三年行动"实施主体是各级政府。各级政府和有关部门要按照"谁主管、谁负责，谁审批、谁负责"的原则，按照《福建省道路交通安全监管职责暂行规定》落实监管责任，切实构建"权责一致、分工负责、齐抓共管、综合治理"的协调联动机制。同时要严格责任考核，将道路交通安全工作纳入综治、精神文明创建、平安建设、绩效管理和有关领导干部实绩考评的重要内容。

（三）完善道路交通安全保障机制

研究建立政府、企业和社会共同承担的道路交通安全长效投入机制，强化政府投资对道路交通安全投入的引导和带动作用，将交警、运政、路政、农机监理各项经费按规定纳入政府预算。要根据道路里程、机动车增长等情况，相应加强道路交通安全管理力量建设，完善道路交通警务保障机制。完善农业机械安全监管体系。

（四）强化监督检查

省道路交通安全综合整治三年行动领导小组办公室要建立督查制度，制定整治效果检查评价体系，定期对各地各有关部门工作开展情况进行督查。设区市政府每季度、县级政府每月至少组织一次专项督查，对督查情况及时予以通报，并报上一级道路交通安全综合整治三年行动领导小组办公室。对整治工作不认真的或由此引发事故的，由政府安办会同监察部门及时予以通报批评、约谈、追究责任。

（五）严肃事故责任追究

对在本辖区内较大事故多发且车辆、驾驶人员也属本地的，要严肃追究政府主要领导责任。设区市发生重大道路交通事故的，或者半个月发生2起及以上较大道路交通事故的，设区市级人民政府要向省政府作出书面检查；县（市、区）发生重大道路交通事故的，或者半年发生2起及以上较大道路交通事故的，县级人民政府要向设区市政府作出书面检查。对发生重大及以上或者6个月内发生2起较大及以上责任事故的道路运输企业依法严处，3年内不得新增客运班线，旅游客运企业3年内不得新增旅游车辆。严格实行交通事故驾驶人培训质量、考试发证责任倒查制度。

各设区市政府、平潭综合实验区管委会每年1月5日前要将本地区道路交通安全工作情况向省政府作出专题报告，并抄送省道路交通安全综合整治三年行动领导小组办公室。

黑龙江省道路货物运输源头治理
超限超载暂行办法

(2010 年 12 月 28 日黑龙江省人民政府第 48 次常务会议讨论通过
2011 年 1 月 5 日黑龙江省人民政府令第 2 号　自 2011 年 3 月 1 日起施行)

第一条　为从源头上治理道路货物运输超限超载行为，保护公路完好、畅通，维护道路货物运输市场秩序，保障人民群众生命财产安全，根据《中华人民共和国公路法》、《中华人民共和国道路交通安全法》等法律、法规，结合本省实际，制定本办法。

第二条　本省行政区域内道路货物运输源头治理超限超载（以下简称"源头治超"）工作适用本办法。

第三条　道路货物运输源头包括下列单位和个人：

（一）从事汽车生产、销售、改装的；

（二）从事煤炭、粮食、木材、水泥、沙石等生产加工的（以下简称"生产加工单位或者个人"）；

（三）从事道路货物运输装载的（以下简称"装载单位或者个人"）；

（四）从事道路货物运输的人员。

第四条　源头治超工作应当坚持政府领导、部门负责、协调配合、依法治理的原则。

第五条　县级以上人民政府负责领导本行政区域内的源头治超工作，并将源头治超工作经费纳入本级财政预算。

第六条　县级以上交通运输部门主管本行政区域内源头治超工作。县级以上交通运输部门根据工作需要可以委托道路运输管理机构依照本办法履行源头治超的职责。

县级以上公安、工业和信息化、工商行政管理、质量技术监督等部门应当按照各自职责及相关规定，做好源头治超的相关工作。

第七条　工业和信息化、工商行政管理、质量技术监督等部门应当加强对载货汽车生产、改装、销售企业的监督检查。

生产、改装载货汽车应当符合国家有关标准，并按照国家规定和设计规范标定车辆的技术数据。

禁止销售不符合国家有关标准的载货汽车。

第八条　公安机关交通管理部门应当依法对载货汽车进行登记。对不符合《全国车辆生产企业及产品公告》和机动车安全技术检验标准的载货汽车，公安机关交通管理部门不得登记。

第九条　机动车安全技术检验机构应当按照国家有关标准和规定对载货汽车进行安全技术检验，对载货汽车的整备质量和核定载质量等有关技术数据进行复核，并如实出具机动车安全技术检验报告。公安机关交通管理部门对无安全技术检验合格证明的载货汽车，不予发放检验合格标志。

第十条　工业和信息化部门对不符合国家强制性标准或者虚假标定车辆技术数据的载货汽车，应当逐级报请国家有关部门取消该产品《全国车辆生产企业及产品公告》资格。

汽车生产者应当对其生产的汽车产品质量安全负责。汽车产品存在缺陷的，生产者应当按照国家有关规定实施召回，并承担相应责任。

汽车产品因存在缺陷，生产者应当召回但未实施召回的，质量技术监督部门应当按照国家有关规定责令其召回。

第十一条　工商行政管理、质量技术监督、工业和信息化、公安、交通运输等有关行政主管部门应当加强对拼装、非法改装载货汽车行为的监督检查。

任何单位或者个人不得拼装载货汽车或者擅自改变载货汽车已登记的结构、构造或者特征。

第十二条　生产加工、装载单位应当遵守下列规定：

（一）明确工作人员职责，建立责任追究制度；

（二）对货物装载、开票、计重等相关人员进行业务培训；

（三）对载货汽车驾驶人员出示的道路运输证和从业资格证进行登记；

（四）建立健全源头治超登记、统计制度和档案；

（五）接受、协助源头治超执法人员实施的监督检查，并如实提供有关情况和资料。

第十三条　生产加工、装载单位不得有下列行为：

（一）为营运手续不全的载货汽车装载、配载；

（二）为拼装、非法改装的载货汽车装载、配载；

（三）为载货汽车超标准装载、配载；

（四）违反规定计重、开票。

第十四条　有条件的生产加工、装载单位可以在装载场所设置监控设施。

第十五条　从事道路货物运输经营的从业人员应当具备相关法律、法规规定的条件。

道路货物运输经营者和驾驶人员装载货物时应当配合生产加工、装载单位做好道路运输证和从业资格证的登记工作。

道路货物运输驾驶人员不得疲劳驾驶。

第十六条　装载货物的载货汽车，车货的长、宽、高，车货总质量和轴载质量不得超过国家规定标准和交通标志标明的限高、限长、限宽、限载标准；其载物不得超过机动车行驶证上核定的载质量。

公路收费站应当根据有关规定禁止超限超载载货汽车驶入收费公路。

第十七条　超限运输的载货汽车不得上路行驶，确需在公路上行驶的，承运人应当按照国家有关规定报交通运输部门审批。

第十八条　交通运输部门对生产加工、装载单位可以采取巡查或者派驻的方式实施监督管理，发现生产加工、装载单位装载超过规定标准的，应当责令当场卸载，并依法予以处罚。

第十九条　交通运输部门实施源头治超监督检查时，应当履行下列职责：

（一）对生产加工、装载单位建立治超有关制度、履行职责的情况进行监督检查；

（二）协调有关部门和单位维护装载、配载现场秩序；

（三）根据本办法规定，履行报告、移送、抄告义务。

交通运输部门的执法人员实施监督检查时，可以向有关单位和个人了解情况，查阅、复制有关资料。但是，应当为被检查的单位和个人保守商业秘密。

第二十条　交通运输部门应当建立源头治超工作举报制度，公开举报电话、通信地址或者电子邮箱。

任何单位和个人都有权对道路货物运输超限超载违法行为进行举报，接到举报后的行政主管部门应当依法及时调查、处理。

第二十一条　交通运输部门在实施源头治超监督检查时，发现本部门执法范围以外的违法行为的，应当及时移送相关行政主管部门处理，相关行政主管部门应当依法调查、处理。

第二十二条　交通运输部门应当每半年将生产加工、装载单位违法案件移送相关部门的情况报告本级人民政府和上一级交通运输部门。

交通运输部门应当定期将生产加工、装载单位源头治超情况抄告其生产、经营许可机关或者主管部门；生产加工、装载单位的生产、经营许可机关及其主管部门应当将生产加工、装载单位源头治超情况作为企业信誉考核的内容。

公安机关交通管理部门应当及时将载货汽车超限超载情况抄告同级交通运输部门。

第二十三条　违反本办法规定的行为，法律、法规、规章已作出处罚规定的，按照其规定执行；法律、法规、规章未作出处罚规定的，按照本办法的规定执行。

第二十四条　生产加工、装载单位违反本办法第十二条规定的，由县级以上交通运输部门责令改正，并处以一千元以上五千元以下罚款，对直接负责的主管人员及其他直接责任人员处以五百元以上一千元以下罚款。

第二十五条　生产加工、装载单位违反本办法第十三条规定的，由县级以上交通运输部门责令改正，并处以一万元以上五万元以下罚款，对直接负责的主管人员及其他直接责任人员处以五百元以上二千元以下罚款。

第二十六条　违反本办法第十五条第二款规定的，由县级以上交通运输部门责令改正，对道路货物运输经营者和驾驶人员处以五百元罚款。

第二十七条　交通运输部门及其执法人员有下列情形之一的，由有关部门依法给予行政处分：

（一）发现生产加工、装载单位违法行为，不查处或者不移送的；

（二）不履行报告、抄告义务的；

（三）索取、收受他人财物谋取非法利益的；

（四）参与或者变相参与道路货物运输和货运站场经营的；

（五）不履行源头治超职责的其他违法行为。

第二十八条　源头治超相关部门及其执法人员未履行或者未正确履行源头治超工作职责的，由有关部门依法给予行政处分。

第二十九条　本办法自二○一一年三月一日起施行。

湖南省道路客运安全告知制度

（2013 年 1 月 7 日湖南省道路运输管理局　湘运管发〔2013〕6 号）

为进一步加强道路客运安全管理，落实企业安全生产主体责任，保障人民群众生命财产安全，充分发挥社会监督作用，根据交通运输部、公安部、国家安全生产监督管理总局联合发布的《道路旅客运输企业安全管理规范（试行）》和交通运输部《关于积极推行道路客运安全告知制度有关事项的通知》，特制定本制度。

一、全省道路旅客运输企业、客运站及相关人员应当依照本制度规定在客运站、客运车辆等场所，向公众特别是乘客进行安全告知。

二、道路客运安全告知应当包括以下内容：

（一）客运企业及客运车辆基本信息：客运企业名称、客车号牌、驾驶员及乘务员姓名、监督举报电话，客运车辆核定载客人数、途经线路、中途休息点、经许可的停靠站点。

（二）安全注意事项：禁止旅客携带危险品上车或客运车辆装运危险品；禁止客运车辆超载、超速、驾驶员疲劳驾驶，驾驶员 24 小时累计驾驶不超过 8 小时，日间连续驾驶不超过 4 小时，夜间连续驾驶不超过 2 小时，每次停车休息时间不少于 20 分钟；禁止客运车辆在高速公路上和未经许可的站点上下旅客，禁止改变线路行驶；禁止故意损坏、遮挡或关闭 GPS；禁止客运车辆 22 时至凌晨 6 时途经三级以下山区公路达不到夜间安全通行条件的路段；长途客运车辆凌晨 2～5 时停止运行或实行接驳运输。

（三）安全设施设备使用信息：安全锤和灭火器材等安全设施设备的配备情况和放置地点；车辆安全出口及应急逃生出口位置，并指导旅客正确使用安全带、安全锤和灭火器材；紧急状况下车门和逃生门打开的方法，如何采取正确逃生的方法及线路；提醒乘客开车前系好安全带。

（四）其他事项：告知乘客可以对上述内容以及有关驾驶员违反安全驾驶的行为进行举报。

三、道路客运安全告知按以下方式进行告知。

（一）客运站在候车厅和售票厅通过电子显示屏、视频、广播、安全告知张贴或悬挂等方式，向候车乘客宣传告知。

（二）在客运车辆发车前，由客运站检票员、车辆乘务员或驾驶员向乘客告知（参考内容见附件 1），配有车载视频或 LED 显示屏的车辆，应当同时向乘客播放告知内容。

（三）在车厢内的醒目位置标示"驾驶人"、"车属单位"、"企业监督电话"、"运管监督单位"、"运管监督电话"。

（四）在客运站咨询台和客运车辆座椅后背袋，放置《道路客运安全告知书》（参考格式见附件 2）。

四、客运企业、客运站应当设置统一的监督举报电话，并向社会公布；对举报信息应当及时进行调查核实，并将处理结果告知举报人。

五、市县道路运输管理机构应当设立统一的监督举报电话。

道路运输管理机构应当督促客运企业、客运站和相关人员执行本制度，并及时对投诉举报的违法、违规行为查实处理；对投诉举报的违法、违规行为查实处理后，应记入对驾驶员和车辆所属企业的质量信誉考核档案，对旅客反映的好人好事给予表彰。

六、本制度自发文之日起开始施行。

附件：1. 道路客运班车发车前安全告知示例（略）
     2. 道路客运安全告知书示例（略）

上海市人民政府关于贯彻《国务院关于城市优先发展公共交通的指导意见》的意见

(2013 年 6 月 26 日上海市人民政府　沪府发〔2013〕46 号)

各区、县人民政府，市政府各委、办、局：

多年来，市委、市政府高度重视城市交通建设和管理工作，积极落实优先发展公共交通战略。经过各方面共同努力，本市城乡一体化公共交通行业取得了长足发展。但与国际先进水平和人民群众不断提高的交通出行服务需求相比还有差距。为深入贯彻《国务院关于城市优先发展公共交通的指导意见》（国发〔2012〕64 号），加快构建与社会主义现代化国际大都市相适应的公共交通体系，努力满足市民群众的需要，现提出如下意见：

一、充分认识优先发展公共交通的重要意义

（一）优先发展公共交通是城市可持续发展的重要保证。上海作为特大型城市，人口集聚，资源、能源相对匮乏。若采用以小汽车为主的发展模式，将占用更多土地，消耗更多能源，产生更多污染，使城市土地、能源、环境问题更趋严峻。以公共交通为导向，引导城市发展模式转变，可以有效降低能源消耗，实现集约、节约用地，改善城市生态环境，增强上海城市国际竞争力和可持续发展能力。

（二）优先发展公共交通是履行基本公共服务的内在要求。公共交通作为市民群众的主要出行方式，是城市重要的公共服务行业。要突出公共交通的公益属性，将公共交通发展放在城市交通发展的首要位置，进一步强化公共交通优先发展战略，以新一轮《上海市交通白皮书》为引领，以全方位提高服务水平为突破口，不断提高公共交通运营质量，保障广大市民群众享有公平、普遍、优质的公共交通服务，使广大市民群众愿意乘公共交通、更多乘公共交通。

（三）优先发展公共交通是缓解交通拥堵矛盾的唯一选择。交通拥堵是世界特大型城市面临的共同难题。上海世博会交通保障的成功实践再一次证明，解决上海这样的特大型城市和像世博会这样的重大活动的交通问题，正确的选择就是大力发展与城市规模以及人口、经济、社会发展相适应的集约化、一体化公共交通体系，提高公共交通对个体交通的竞争力，吸引个体出行，以最大限度缓解交通拥堵，营造宽松、快捷的出行环境。

二、上海公共交通发展的目标和基本原则

（一）目标。构建以轨道交通为骨干、公共汽电车为基础、水上轮渡为补充、慢行交通为延伸，通过综合交通枢纽紧密衔接，安全可靠、经济适用、便捷高效、低碳智能的城乡一体化公共交通综

合体系。到 2015 年，确立公共交通在城市交通中的主体地位，建成与社会主义现代化国际大都市地位相匹配的国家"公交都市"。全市公共交通日均客运量达 2180 万乘次，中心城市民群众选择公共交通出行方式的比重达 50%（不含步行），其中轨道交通占公共交通客运量比重达 50%；公共交通占机动化出行比例达 70%。到 2020 年，全市公共交通日均客运量达 3000 万乘次，市民群众选择公共交通出行方式的比重达 50% 以上（不含步行），其中轨道交通占公共交通客运量比重达 60%。

（二）基本原则。一是坚持以人为本。顺应市民群众安全、便捷出行的新需求和新期待，把改善公共交通条件、方便市民日常出行作为首要原则，使市民群众切身体会到推进落实公共交通优先政策带来的出行服务品质的提高。二是坚持统筹衔接。有效统筹中心城与郊区（县）之间，快行交通与慢行交通之间，动态交通与静态交通之间，轨道交通、快速公交和现代有轨电车等地面公共交通系统与公共汽电车、水上轮渡、公共自行车等交通方式之间的有机衔接和协调发展，最大限度发挥公共交通的综合效能。三是坚持政府主导。城市公共交通是政府提供的重要公共服务产品，是政府履行社会管理职责的重要领域。政府有责任采取综合措施，加强管理监督，扶持引导公共交通优先发展，引导城市空间布局的优化调整。四是坚持创新驱动。适应经济社会发展的要求，加快政府职能转变，推进体制创新、管理创新、科技创新，不断消除制约公共交通发展的各种障碍和瓶颈。

三、上海优先发展公共交通的主要任务

（一）科学制定并严格落实城市公共交通规划。强化城市总体规划对城市发展建设的综合调控，统筹城市发展布局、功能分区、用地配置和交通发展，倡导公共交通支撑和引导城市发展的规划模式，科学合理制定城市综合交通规划和公共交通规划。市建设、交通等部门要积极会同市规划部门科学编制上海城市综合交通规划和公共交通规划。城市综合交通规划要明确公共交通优先发展原则，统筹重大交通基础设施建设，合理配置和利用各种交通资源。公共交通规划要包括城市公共交通的发展目标、公共交通不同方式的构成比例和规模、公共交通基础设施及用地（岸线）保障、线网布局、公共交通车辆（船舶）配置、重要交通节点的一体化衔接和换乘、与其他个体交通方式的协调、智能化信息化建设、服务质量管理以及支持保障措施等内容。要加强对公共交通规划实施过程的监管，建立规划落实责任机制，保障规划的组织实施，禁止随意修改和变更城市公共交通规划，确保规划执行到位。

（二）进一步加强轨道交通网络建设和运营组织。完善本市轨道交通网络规划，优化轨道交通网络形态，提高中心城轨道交通网络密度和站点覆盖率，强化轨道交通对虹桥商务区、国际旅游度假区、大型居住社区、郊区新城等重点地区、重大项目的支撑。积极形成市、区（县）合力，大力推进轨道交通建设前期土地储备工作。严格执行轨道交通项目审批程序，科学合理安排施工周期，积极倡导文明施工，确保轨道交通工程建设质量。完善轨道交通工程验收和试运营审核及第三方安全评估制度，做好运营前期准备工作。大力提升城市轨道交通网络化运营效率，建立健全行车调度、施工组织、运营计划、质量评估四大业务平台以及基于轨道交通全网的行车指挥体系。加强日常运营管理，强化运输组织和调度，科学编制列车运营计划，合理增加运能配置，着力解决中心城站点高峰时段运能运量矛盾。持续提高设备维护效率，完善运营管理和维护管理制度与模式，提升运营服务和设备系统的可靠度，使设施设备完好率达 98% 以上。到 2015 年，全面建成 600 公里的轨道交通基本网络。

（三）有序推进公共交通基础设施建设。全面落实公共交通规划确定的交通基础设施用地以及配套交通基础设施。完善公共汽电车网络建设，实现公交站点内环内 300 米服务半径全覆盖，内外环之间、郊区新城内部和新市镇 500 米服务半径全覆盖；鼓励中心城有条件的道路、具备条件的郊

区新城、重点区域积极发展现代有轨电车或快速公交（BRT）系统；加大公交优先道建设力度，选择重点客运走廊增加划设公交优先道，推进有条件的道路设置路中式公交优先道，形成 300 公里左右的公交优先道网络。到 2015 年，新建、改建公交停车保养场 12 座，基本实现公交车辆进场停放。完善首末站以及停靠站建设，新建城市主干道港湾式停靠站设置比例达 100%，中心城区港湾式停靠站设置比例达 50% 以上。新规划建设 60 余个综合客运枢纽，并注重加强与公交优先道的衔接。积极创造条件，规划和推进公共自行车租赁停车点及自行车道系统建设。基本完善城市公共交通无障碍设施，改善老年人、残疾人、儿童等群体的出行环境。规划、建设航空港、铁路客运站、水路客运码头、公路客运站、大型居住社区、大型商务区等建设项目时，要按照国家有关标准规划、建设配套的城市公共交通设施，注重步行道、自行车道、公共停车场等配套设施建设，配套的城市公共交通设施要与主体工程同步设计、同步建设、同步竣工、同步交付使用。对未按规定配套建设公共交通设施的建设项目，一律不予审批、验收。

（四）加强公共交通用地综合开发。市规划部门在组织编制控制性详细规划时，要与城市综合交通规划和城市公共交通规划相衔接，优先保障公共交通用地。加强土地使用的跟踪监管，防止公共交通用地功能改变或被侵占。对新建公共交通设施用地的地上、地下空间，按照市场化原则，实施土地综合开发。对现有公共交通设施用地，支持原土地使用者在符合规划且不改变用途的前提下进行立体开发。公共交通用地综合开发收益用于公共交通基础设施建设和弥补公共交通企业运营亏损。

（五）进一步增强公共交通企业市场经营能力。推进公共交通投融资体制改革，支持公共交通企业利用优质存量资产，通过特许经营、战略投资、信托投资、股权融资等多种形式，吸引和鼓励社会资金参与公共交通基础设施建设和运营。政府在市场准入标准和优惠扶持政策方面，同等对待各类投资主体。公共交通企业可以开展与运输服务主业相关的其他经营业务，以改善企业财务状况，增强市场融资能力。加强银企合作，创新金融服务，为城市公共交通发展提供优质、低成本的融资服务。

（六）切实保障公共交通路权优先。强化公共交通路权优先，在公交优先道和中心城"三纵三横"公交线路集中道路路口，进一步落实和推广公交信号、标识优先。加强对公交优先道的监控和管理，充分运用科技手段，加大违规处罚的执法力度，依法查处占用公交优先道、干扰公共汽电车优先通行的社会车辆，保证公共汽电车对优先车道的使用权和优先通行信号系统的正常运转。提高公共汽电车的运行速度和准点率。到 2015 年，中心城平均运行车速达到 12～15 公里/小时，公交优先道上的运行车速达到 15～20 公里/小时，年均提升 5% 以上；公共汽电车发车准点率达 90% 以上，高峰时段中心城公共交通实现 5 分钟内换乘。创新技术手段和管理手段，逐步缩短公共交通最小行车间隔，公共汽电车高峰时段平均发车间隔中心城不超过 8 分钟，郊区新城不超过 10 分钟。

（七）着力提高公共交通行业服务水平。制定、发布并严格落实《上海市轨道交通运营服务规范》、《上海市公共汽电车运营服务规范》、《上海市水上客运服务规范》。公共交通运营企业要按照服务规范的要求，规范企业服务考核制度。争创公共汽电车文明行业，城市公共交通乘客测评满意度达 80% 以上。公共汽电车早晚通勤高峰时段平均满载率不超过 70%。积极开展商务快巴、单位通勤班车等多品种、多层次的特色公共交通服务模式。允许班车、校车使用公交优先道，在条件允许路段设置合理的通勤班车、校车停靠点。加快推进市、区（县）客运资源共享，继续在城乡结合部、郊区大型居住社区和行政村开辟冷僻线路，改善郊区（县）出行条件，不断提高城乡客运一体化水平。

（八）大力推进城际公共交通发展。加强公共交通与民航机场、郊区铁路、城际铁路在运输组织、站点建设、设施、运营等方面的衔接，推动市域交通与对外交通的一体化运行。适应长三角地区交通运输一体化发展的趋势，进一步推进城际公共交通发展。积极引导城际公交化班线资源整合，鼓励按照联盟体的方式，实行公司化、集约化经营，统一调度排班、统一票价结算、统一服务标准、统一车辆标识。积极推进城际公共交通"一卡通"。

（九）有效解决"最后一公里"交通接驳问题。优化公共汽电车与轨道交通的紧密衔接，原则上公交中途站距离轨道交通站点出入口距离不超过 50 米。在轨道交通外围换乘枢纽和终点站，因地制宜地适度建设 PR 停车场，统筹考虑出租汽车停泊点。积极发展灵活便捷的小型公交接驳方式和公共自行车租赁网络，形成服务于大型居住社区、商务区、商业街区的，多层次、多样化的"最后一公里"接驳方式。按照"最后一公里"交通接驳方式的特殊定位，灵活确定车辆车型、运营时间和运营组织方式，最大限度方便市民群众出行。

（十）完善公共交通价格补贴机制。统筹考虑本市经济发展状况、社会物价水平、劳动工资水平、交通供需情况等因素，科学合理制定公共交通票价，逐步建立基本反映公共交通运营成本的票价形成机制。根据运输距离、服务质量以及交通政策导向等因素，进一步优化公共交通的票价结构，完善票价优惠政策，引导和鼓励使用公共交通方式出行。合理界定补贴补偿范围，对实行低票价、减免票、经营冷僻线路、承担政府指令性任务等形成的政策性亏损，由地方财政给予适当补贴。

（十一）积极推广发展低碳节能型公共交通。推进新能源城市公共交通车辆应用，到 2015 年，公共交通平均能耗强度（单位车公里燃料能耗水平）比 2010 年下降 10% 以上。加快公共交通车辆更新改造、维护保养和升级步伐，不断优化车辆结构，加快发展节能环保、安全性能高、乘坐舒适的公共交通车辆，鼓励公共汽电车企业购买使用低排放车辆。根据全市统一部署，严格实施车辆排放标准要求，公共交通车辆国Ⅳ及以上标准达 35%。推进世博新能源公交车后续使用，建设并完善新能源公交车配套基础设施网络，争取政策鼓励技术成熟、安全可靠、经济性好、节能环保的清洁能源车型规模化使用。总结和推广公共交通节能降耗操作法。

（十二）加快推进公共交通信息化建设。积极开展企业、行业、政府三个层面的公共交通信息化建设，着力提升公共交通运行效率，改进公共交通服务水平，增强公共交通应急处置能力。围绕提高公共交通调度效率和确保运营安全，充分发挥企业主体作用，加快推进运营调度管理系统和安全监管系统建设。围绕提供及时、准确、可靠的出行参考信息，利用公共交通信息网站、公共交通电子站牌、电台广播、手机终端等信息载体，加快落实公共交通出行信息服务系统应用。近期试行郊区公交时刻表运行，远期扩大到中心城公交优先道。围绕实现对全市公共交通突发事件和安全事故的预警预报、指挥调度和应急处置，以市交通港口局指挥中心为基础平台，充分发挥公共交通综合应急处置和指挥系统的作用。加快公共交通、民航、铁路、公路等各种交通运输方式的信息资源整合，逐步向社会提供全方位的一站式信息服务。

（十三）确保公共交通运营安全。市交通港口、公安、建设交通、质量技监、安全监管等部门要依照各自职责，切实加强对城市公共交通安全的监督管理，完善安全标准体系，落实监管责任，增加安全投入，并根据形势变化，完善应急处置预案。重大公共交通项目建设要严格执行法定程序和工程标准，保证合理工期，加强验收管理。建立健全统一管理、多网联动、快速响应、处置高效的城市公共交通应急反应系统，涵盖基础设施监控、车辆运行监测和预警、突发事件应急处置等功能。公共交通企业作为安全责任主体，要完善各项规章制度和岗位规范，健全安全管理机构，配备专职管理人员，加大企业安全经费投入力度，将安全防护设备设施支出、安全技能培训及应急救援演练支出等安全生产专项经费纳入企业经营成本核算范围。不断完善公共交通安全设施配备标准，及时对公共交通安全设施、器材和设备进行检测、维修、更新和改造，确保其处于良好状态，增强突发事件防范和应急能力。降低公共交通行车责任事故发生率和死亡率。

（十四）全面实施城市交通综合管理。综合运用经济手段，配合必要的法律和行政手段，合理引导、有效调控个体机动化出行需求，缓解城市交通拥堵压力。完善小汽车使用管理政策，大力推进出租车泊车点建设和推广出租汽车电话调度服务，完善 PR 公共停车场投融资及运营管理模式。按照法定程序，完善汽车租赁管理、包车客运等交通服务方式的地方性法规，科学制定发展规划，加强市场监管，积极引导汽车租赁企业规模化、网络化、品牌化发展，适应企事业单位和个人商务、旅游等多样化的出行需求，提高车辆的利用效率。加强公共交通优先发展文化建设，强化舆论宣传和引导，倡导"低碳交通、绿色出行"的理念，营造社会各界支持公共交通优先、践行公共交通优先的文化氛围。

（十五）积极实施国家"公交都市"示范工程。到2015年，努力建成保障更有力、服务更优质、设施更完善、运营更安全、管理更规范的城市公共交通系统。完成国家"公交都市"示范城市申报工作。组织编制上海"公交都市"建设示范工程实施方案和工作计划，细化建设目标、建设重点、保障措施、投资预算、融资方案、进度安排和有关部门职责分工等内容。加强对"公交都市"示范工程实施过程的监管，建立年度报告审查制度，定期对建设进展情况进行总结，确保各项目标和任务按时、保质完成。建立体系完整、机构精干、运转高效、行为规范的交通管理体制。按照国家"公交都市"的设置条件，倡导区（县）政府积极争创"公交城区"。

四、落实优先发展公共交通的保障措施

（一）加强公共交通优先发展的组织保障和法制保障。健全市级层面的优先发展公共交通联席会议制度，统筹公共交通规划、建设、运营、社会公共管理等环节，兼顾资金、土地、路权、财税、技术等方面，发挥和放大协同效应，着力推进国家"公交都市"示范工程建设。市交通港口局作为本市公共交通发展的责任部门，负责全市范围公共交通发展的统筹工作；郊区（县）政府是其行政区域范围内公共交通优先发展的责任主体，负责加快郊区和农村公共交通发展。将优先发展公共交通纳入规范化、法制化轨道，加快修订《上海市轨道交通管理条例》，全面落实《上海市公共汽车和电车客运管理条例》，细化和完善促进本市公共交通健康持续发展的相关法规等内容。

（二）完善公共交通优先发展的公共财政综合扶持机制。将公共交通投入纳入政府预算体系，逐步提高城市公共交通投入资金占地方财政收入的比例，重点加大快速公交系统、客运枢纽场站、公共交通智能化、车辆设备购置更新以及轨道交通运营安全保障工程等方面的投资建设力度。制定完善公共交通企业财务会计和成本核算评估制度，合理界定政府扶持范围。完善公共交通设施使用办法，由公共交通企业无偿使用或低价租用。探索建立轨道交通设施设备专项改造大修的资金保障机制。贯彻实施公共交通企业税收优惠政策，对轨道交通运营企业实施优惠电价，探索实行清洁能源公共交通车辆用电价格优惠政策。

（三）强化公共交通行业决策、考核和监管制度。不断规范公共交通重大决策程序，建立健全线网规划编制公示制度、运营价格听证制度以及运营成本和服务质量信息公开制度。在行业公益性、运作市场化原则的指导下，建立科学系统的行业考核监管体系，以公共交通服务质量、成本控制、竞争机制、安全运营等为主要考核指标，重点加强对公共交通集团企业的监管，考核结果作为政府补贴、公交线路招投标、市场准入与退出、公共交通企业领导绩效考核的重要依据。建立面向公共交通行业的运行服务评价指标体系，形成运行状况综合指数，定期向社会公众发布。

（四）建立公共交通企业一线职工工资正常增长机制。公共交通企业要参照工资增长指导线，根据本市经济社会发展和全市职工平均工资增长情况，结合企业生产经营实际，建立职工工资与劳动生产率相联系的正常增长机制。同时，规范企业经营者收入管理，将一线职工工资合理增长作为企业经营者绩效考核的基本内容，促进一线职工工资水平逐步提高。

上海市人民政府
2013年6月26日

山西省人民政府办公厅关于优先发展城市公共交通的意见

(2012 年 4 月 19 日山西省人民政府办公厅　晋政办发〔2012〕23 号)

各市、县人民政府，省人民政府各委、办、厅、局：

为进一步提升全省城市公共交通服务能力和水平，促进城市交通与经济社会协调发展，根据《国务院办公厅关于进一步促进道路运输行业健康稳定发展的通知》(国办发〔2011〕63 号，以下简称《通知》)、《国务院办公厅转发建设部等部门关于优先发展城市公共交通意见的通知》(国办发〔2005〕46 号)及《山西省城市公共客运管理暂行条例》(以下简称《条例》)有关规定，经省人民政府同意，现就优先发展城市公共交通提出如下意见：

一、优先发展城市公共交通的重要性和必要性

城市公共交通是由公共汽车、电车、轨道交通及相关基础设施组成的公共客运服务系统，是城市重要的基础设施和公共服务设施，与人民群众生产生活息息相关。近年来，我省城市公共交通取得了长足进展，城市公交网络不断拓展，服务能力和水平不断提高。但城市公共交通发展面临的土地、资金等约束依然存在，特别是随着城镇化进程的加速推进、全社会机动车保有量的高速增长，城市交通拥堵和交通污染日益加重，公共交通发展不足、资源利用率不高、结构不合理的问题日趋突出。各市、县人民政府及有关部门要充分认识优先发展城市公共交通的重要性和必要性，增强责任感和紧迫感，把优先发展城市公共交通作为服务民生、改善民生、促进城市可持续发展的战略工程，采取切实可行的扶持措施，确保城市公共交通用地优先、投资优先、政策支持优先、道路通行和信号优先，加快构建与城市发展相适应的公共交通服务体系，力争在较短的时间内改变我省城市公共交通发展滞后的局面，为广大人民群众提供安全、便捷、舒适、经济的公共交通服务。

二、指导思想和总体目标

(一)指导思想。

以科学发展观为指导，树立"公交优先就是人民群众优先、绿色交通优先"和"交通引领城市发展"的理念，坚持"政府主导、政策扶持、普遍服务、城乡统筹、文明规范、安全可靠"的原则，以增加运力、拓展网络、优化结构为重点，以编制专项规划、完善政策法规、落实政府责任、加大财政投入、加强行业管理为手段，加强基础设施建设，整合公共交通资源，加快发展方式转变，推进"公交都市"建设和城市公交、城际公交、城乡公交协调发展，构建衔接顺畅、方便快捷、经济合理、安全绿色的城市公共交通服务体系，不断满足城市发展要求和公众出行需求。

（二）总体目标。

到2015年，确立城市公共交通在城市交通系统中的优先地位，实现公共交通"总量上规模、车型上档次、服务上台阶、管理上水平"的目标，行业可持续发展能力显著增强，群众出行更便捷、更环保、更和谐。300万以上人口城市基本建成以公共汽（电）车为主体，城市轨道交通、快速公交适度发展的公交服务网络，公交出行分担率达到30%以上并力争达到40%，公交车辆万人拥有量达到15标台以上，建成区公交站点300米覆盖率不低于50%，公交车辆进场率不低于90%，公交车平均运送速度不低于20公里/小时；人口100万~300万、100万以下的城市，建立以公共汽（电）车为主体的城市公交服务网络，公交出行分担率分别不低于20%，公交车辆万人拥有量分别达到10标台和8标台以上，力争达到12标台和10标台，建成区公交站点300米覆盖率、公交车辆进场率、平均运送速度明显提高；城市周边20公里范围内城乡客运班线公交化改造率达到85%以上。

到2020年，确立城市公共交通在城市交通系统中的主体地位，基本形成贯通市、县（市）和城市群的公交体系以及城乡公交客运一体化网络，公交出行分担率、公交车辆万人拥有量、公交站点覆盖率、车辆平均运送速度、公交场站面积不低于国家标准，太原市和有条件的城市建设轨道交通或大容量快速公交系统（BRT），中心城市周边的县（市）实现公交全覆盖，满足市域城镇化、城乡一体化的要求。

三、主要任务

（一）加快城市公交基础设施建设。

加快城市公共交通线网建设。规划建设住宅小区、商业区、运输站场等人员聚集场所时，均应进行交通评价，并同步规划建设城市公交设施。要不断完善公共交通线网布局，提高线网密度，优化运营结构，逐步形成干支协调、结构合理、畅通高效的公共交通线网。

加快城市公共汽（电）车专用道网络建设。对城市建成区内单向三车道以上的主干道，积极设置全天或者高峰时段公共汽（电）车专用道。新建和改（扩）建城市道路，应同步规划、建设公共汽（电）车专用道；现有城市道路要因地制宜设置公共交通优先车道、专用车道（路）、路口专用线（道）、专用街道、单向优先专用线（道）等，并配套设置直观的标识系统和优先通行信号系统，保证公共交通的道路优先通行权，逐步形成快速运送网络，提升通道运送效率。有条件的公交专用道应当允许19座及其以上的通勤车、长途车、旅游车、学生接送车通行，并相应设置允许通行标志，提高公交专用道的利用效率。

加快城市公交场站和配套设施建设。加强城市公交停保场、首末站、枢纽站、清洁能源加气（充电）站等基础设施建设，将其纳入城市总体规划和土地利用规划，优先安排用地，保障建设用地，符合条件的项目采取以划拨方式供地。机场航站楼、火车站、汽车客运站、居民小区、开发区、大型公共场所等新建、改（扩）建重大项目，应配套建设公共交通场站。财税部门要落实城市公交场站的营业税、城镇土地使用税等优惠政策。交通运输主管部门和公安交通管理部门应参与相关规划及验收工作，确保做到同步设计、同步建设、同步竣工、同步交付使用。对已投入使用的公交场站等设施，不得随意改变用途。

加快城市交通换乘枢纽建设。根据城市发展规划，在符合条件的地区建立各种交通方式的换乘枢纽中心。换乘枢纽中心要配套建设各类停车场，配备相应的服务设施，实现城市公交与公路、铁路、民航客运的零距离换乘与无缝隙衔接。

鼓励有条件的城市建设轨道交通、快速交通等基础设施。

（二）全面提升城市公共交通服务质量和智能化管理水平。

全面提升城市公共交通服务质量和服务水平。大力发展大容量、低能耗、环保型公共交通方式和公交车型，提高公交车辆档次和舒适程度，不断改善乘车环境和服务硬件设施。新购置的公共汽（电）车，应符合国家规定的排放标准，一般应具备双燃料功能，同时淘汰黄标车和高污染、高耗能、高排放的车辆，加快现有公共汽车双燃料改造，力争用5年左右时间，实现大中城市公交车辆清洁化和燃气化。严格按照《山西省城市公共汽电车客运服务规范》（DB14/T599—2011）的要求，积极开展质量信誉考核和行业文明创建活动，不断提高管理水平，规范经营行为，提升行业的服务质量和服务水平。

加快智能公交系统和公共服务系统建设。要加强全省城市公共交通行业智能化顶层设计，完善公共交通行业智能化建设架构，加快建设城市公共交通数据标准体系和智能化标准体系，初步建立城市公共交通数据库和公交IC卡收费系统、出行查询系统、线路运行显示系统、营运调度系统、站点和停车场站管理系统等，提高运营管理的科技含量和公共交通服务的便民水平。

（三）加强城市公共交通安全管理。

加强城市公交客运市场监管，严格落实公交车辆日常保养与技术检验制度、驾驶员从业资格制度，落实城市公交企业安全生产主体责任。利用信息技术，加快完善日常监管和应急处置相结合的公交安全防控体系，建立城市公交卫星定位应用系统，实现对公交车辆和营运驾驶员的实时安全监控和调度指挥。完善城市公共交通安全生产和安全保卫管理制度，加强车辆安全例检和旅客行包安全例检工作，加强从业人员安全教育和技能培训，推进城市公交安全文化建设。

健全城市公共交通应急保障体系和预防预警机制，完善应急预案，加强应急队伍建设和应急演练，提高防范和应对公共突发事件的能力。

（四）推进城乡公共客运一体化。

积极适应市域城镇化的要求，加快推进城乡公交一体化，积极发展城乡公交、城际公交、镇村公交，优化城市公交、班线客运、农村客运和旅游客运组成的多层次客运服务体系。充分发挥城市公共交通的辐射带动作用，加快城市近郊区的城乡客运班线的公交化改造，扩大城市公交线网的通达深度和覆盖面。合理界定城市公交与农村班线的功能与服务边界，构建农村客运与城市公共交通的接驳换乘体系，实现城市公交与农村客运的有效衔接。

（五）推进公共交通行业改革。

坚持城市公交的社会公益性定位，深化城市公共交通企业改革，完善法人治理结构，优化企业组织结构和资产结构，逐步建立规范的现代企业制度。建立政府严格监管之下的特许经营制度，鼓励和引导社会资本参与城市公共交通企业股份制改革和资产重组，促进城市公交企业集约化经营、规模化发展，逐步形成国有主导、多方参与、规模经营、适度竞争的市场格局。

四、政策保障措施

（一）健全城市公共交通政策法规。

各市、县人民政府及交通运输等部门要贯彻落实国家有关城市公共客运管理的政策法规，认真实施《条例》和《山西省城市公共汽电车客运服务规范》，结合地方城市公共交通发展的实际，制定规范城市公交客运管理、优先城市公交发展的政策措施，推进城市公共交通规范化、法制化建设。

（二）加强城市公共交通规划的编制和实施。

各市、县人民政府要根据城市发展总体规划和城市综合交通体系规划，针对城市公共交通现状、发展需求，科学编制城市公共交通专项规划，明确发展目标、工作重点、保障措施等。要保持规划的严肃性和稳定性，保障规划的组织实施。采取有力措施，切实防止和纠正随意更改规划、侵占公共交通基础设施及其建设用地的行为。

（三）加大公共交通基础设施建设和运能建设。

各市、县人民政府要高度重视停车场、保养场、首末站、调度中心、换乘枢纽、公交专用道、停靠站等公共交通基础设施的建设。具体负责城市公共交通基础设施建设、管理的部门，要切实加强公共交通基础设施的建设管理和运营管理。城市公交企业要切实加强公交设施的日常维护管理。未经批准不得改变公共交通设施功能及土地用途。对于城市公共交通规划确定的交通基础设施，其用地符合《划拨用地目录》的应当采取划拨方式供地。在落实最严格的耕地保护和节约用地制度、严格控制建设用地增量的前提下，地方政府在编修土地利用总体规划时，应将城市公共交通场站用地纳入规划统筹安排。年度土地利用分解下达时，优先安排和保障城市公共交通基础设施建设发展用地。

鼓励发展节能环保型公交客车和对公交客车进行燃气化改造。鼓励大型企业和大专院校发展通勤客车。

（四）加大公共交通财政保障力度。

城市公共交通的投入要以公共财政为主。各市、县人民政府要将城市公共交通的投入纳入地方财政预算予以保障，根据城市公共交通发展的需求，加大市、县两级财政对城市公交的投入力度，支持城市交通综合换乘枢纽、公交停保场和首末站等基础设施建设，落实车辆购置、公交补贴、信息化建设和安全应急保障等资金。省财政也要支持城市公交优先发展，安排一定数量的专项资金，奖励支持各市更新和新增节能环保公交车辆，并支持"公交都市"创建。建立完善城市公共交通发展财政保障制度，探索建立城市公共交通固定资产投资与地区财政收入协同增长的机制，以保证公共交通资金的稳定投入。

（五）建立规范的公共交通补贴补偿制度。

各市、县人民政府要建立完善规范的城市公共交通补贴、补偿机制。科学划分政策性亏损和经营性亏损的范围，对城市公共交通因低票价和开辟"冷线"等因素造成的政策性亏损，要在对公交企业的成本和费用进行年度审计与评价，合理界定和计算政策性亏损的基础上，给予政策扶持和经济补贴。对城市公共交通企业承担社会福利（包括老年人、残疾人、军人优待乘车，成人和学生持月票乘车等）和完成政府指令性任务增加的支出，定期足额给予专项经济补偿。要制定实施城市公交企业税收优惠政策，对符合现行有关税收优惠政策条件的城市公交企业，经有关行政主管部门审核批准后，可享受相应的税收优惠政策。落实《通知》精神，"十二五"期末前暂免征城市公交企业新购置公交车辆的车辆购置税。

（六）制定科学的城市公共交通票制和票价。

城市公共交通的运价实行政府定价。省级授权设区的市人民政府要兼顾经济效益和社会效益，考虑企业经营成本和群体承受能力，科学合理地核定公共交通票价。在核定和调整票价时，要基于成本定价的原则，兼顾经济效益和社会效益，科学制定"社会可承受、企业可承载、财政可承担"的城市公共交通价格。根据交通方式、车辆档次、服务质量、乘车距离等建立多层次、差别化的票价体系。建立公交票价与企业运营成本和社会物价水平的联动机制，根据各地特点和不同类型乘客的出行需求，灵活提供日票、月票、季票、年票、换乘优惠票等多种票制票价，引导更多的乘客选择公交出行。各种城市交通方式之间也要建立合理比价关系，实现优势互补，提高公共交通系统的运行效率。

（七）加强城市公共交通队伍建设。

各市、县人民政府及交通运输主管部门要加强城市公共交通行业的队伍建设，强化职业技能培训和职业道德教育，提高城市公共交通行业管理人员和从业人员素质。要切实维护公交企业职工的合法权益，保持公交队伍稳定。要建立公交企业职工工资增长与其产生的社会效益相联系、与劳动力市场价格相适应的稳定增长机制，不断提高城市公共交通企业职工的劳动收入水平，保证公交企业职工平均工资收入不低于当地在岗职工平均收入水平，驾驶员平均收入高于当地在岗职工平均收入水平。城市公共交通企业要按照国家规定，为职工按时足额缴纳基本养老、医疗、失业、工伤、生育等保险费用和住房公积金，保障劳动合同和集体合同约定的各项劳动保护和福利待遇的落实。考虑公交驾驶员的工作特点，将其列入提前退休的特级工种范围。

（八）加强组织领导。

要切实加强对优先发展公共交通工作的领导，落实城市公交优先发展的主体责任。要成立由政府主要领导任组长，分管领导任副组长，发展改革、财政、国土资源、规划、住房城乡建设、交通运输、物价、工商、税务、公安、环保、市政等相关部门和公交企业为成员的优先发展城市公共交通工作领导组，及时研究解决城市公交发展中存在的问题。要建立城市公交优先发展工作责任制，明确各部门的工作职责，分工负责，协调配合，共同落实好优先发展城市公交的各项政策措施。省人民政府将按年度对各设区的市人民政府财政投入、年增长公交车数量、公交专用道建设、万人拥有公交车保有量等主要指标进行考核，并将考核结果予以通报，对公共交通考核成绩优秀、投入力度大、群众满意度高的城市，优先给予财政支持。具体考核办法由省交通运输主管部门制定并组织实施。各设区市人民政府也要对市直有关部门、单位和各县（市、区）人民政府落实相关指标情况进行考核，督促各地认真落实公共交通优先发展的各项政策。

山西省人民政府办公厅

二〇一二年四月十九日

辽宁省公安厅关于加强城市公共交通安全管理工作意见的通知

（2012 年 7 月 18 日辽宁省人民政府办公厅　辽政办发〔2012〕38 号转发）

为进一步加强全省城市公共交通安全管理工作，保障公共交通客运安全运行，有效维护人民群众生命财产安全和社会公共安全，现提出如下意见：

一、加强城市公共交通安全管理的指导思想和工作目标

（一）指导思想。以科学发展观为指导，以加强和创新社会管理为主线，以城市公共交通系统平安建设为重点，全面加强城市公共交通安全管理工作，认真落实政府和有关部门和公共交通企业的责任，逐步构建政府统一领导、部门依法监管、企业具体负责、群众参与监督、社会广泛支持的工作管理格局，努力营造更加安全、稳定、和谐的城市公交安全环境。

（二）工作目标。继续深入开展城市公共交通系统人、车、站"平安建设"，全面加强城市公共交通安全管理工作，严密公共交通重点车站、重点场站、重点路段治安管控，及时消除各类安全隐患，坚决防止发生公共交通安全事故、踩踏事故、火灾事故、个人极端和恐怖破坏等重大事件，逐步建立健全城市公共交通安全管理体系，建立完备的城市公共交通预警与应急管理机制，规范城市公共交通运营企业安全防范职责和标准，确保城市公共交通安全和社会稳定。

二、落实责任，强化保障，推进城市公共交通安全管理工作的开展

（一）落实部门工作责任，形成工作合力。各职能部门既要分兵把口、各司其职，又要密切协作、相互配合，切实形成政府统一领导、有关部门各司其职、齐抓共管、综合治理的城市公共交通安全管理工作合力。公安部门要将公共交通运营企业纳入治安保卫重点单位管理，依法监督指导运营企业加强公共交通安全管理队伍建设，强化安全教育、培训工作及从业人员的信息化管理。要督导、检查涉及公共交通安全的人防、物防、技防设施建设情况落实及安全隐患排查整治；要强化专业队伍、警务装备、联动指挥、应急处置机制建设，加强专业培训和实战演练，提升快速处置能力。交通部门要认真落实对城市公共交通运营安全监督管理责任，发挥行业主管部门和行政执法的优势，加强行业管理和运输组织管理，组织开展职工教育、驾驶人员培训，督促各运营企业贯彻执行国家、省有关文件精神，建立健全各项规章制度，落实安全生产责任和措施。发展改革部门要将城市公共交通安全防护和监控设施建设纳入国民经济社会发展规划和年度计划，对公共交通安全所涉及的场地、设施建设，严把立项审批关，做到公共交通安全管理设施与基础建设同步设计，同步施工，独立验收，同时交付使用。质监部门要针对公共交通安全管理工作面临的形势和需要，制定

出台全省公共交通安全防范技术标准，作为城市公共交通重要部位安全技术防范系统规划、建设和运营管理的依据。

（二）落实企业主体责任，创造良好环境。公共交通运营企业是公交安全的责任主体单位，企业主要领导是公交安全的第一责任人。公共交通运营企业要认真贯彻落实国家、地方、行业关于安全生产、治安保卫的法律、法规、规定。要加大安全防范投入，全面建立以技防为主导，人防为基础，物防为辅助的公共交通安全防范体系。要全面推进公交场、站、车辆视频监控系统、GPS 卫星定位系统等技防手段应用。加强治安保卫专业队伍建设，设立与公交安全需要相适应的专职保卫机构和专、兼职保卫队伍。要建立企业安全责任体系，将涉及公交安全每个环节的责任落实到有关领导和具体人员。要定期组织开展安全教育，在企业内部形成人人讲安全、人人重视安全、人人遵守安全管理制度的良好局面。

（三）严格督促检查，及时消除隐患。要紧紧围绕城市公共交通安全管理目标，组织开展经常性的城市公共交通安全防范大检查，督促指导公共交通运营企业认真排查、整改安全隐患。对安全防范制度不健全、设施不达标、措施不落实、保卫力量不到位的，要责令限期整改；整改不到位的，要暂停运营使用。对检查中发现可能对城市公共交通安全构成重大隐患的，要及时向当地政府汇报，提出整改意见，尽快消除安全隐患。

（四）加大投入力度，提供有力保障。要加大投入力度，为加强城市公共交通安全技术保障体系、行业安全防控体系、专业化安全防范管理队伍、公安基础设施和应急处置设施等建设提供经费保障。要加大城市公共交通安全管理工作特别是科技应用的资金投入，形成政府、公交企业和市场化运作等多渠道资金来源；全省城市在建和新建的地铁线路，要同步配备安全检查设备；已建成的地铁线路要补充配备安全检查设备，资金由建设单位承担。地铁线路运营单位要按照国家对保安人员的有关规定和标准，足额聘用保安人员，所需经费纳入运营成本，由所在市级财政部门在核算补贴时予以考虑。

三、切实加强对城市公共交通安全管理工作的领导

各级政府要高度重视城市公共交通运营安全监督管理工作，切实提上重要议事日程，加强组织领导，完善工作机制，推动责任落实。要落实城市公共交通安全监督管理的领导责任，研究部署本级政府城市公共交通安全管理工作，定期分析城市公共交通安全形势，及时解决城市公共交通安全管理工作中遇到的困难和问题。要制定公共交通系统人防、物防、技防基础设施建设标准及规范，为城市公共交通重点单位、重要部位安全技术防范系统规划、建设和运营管理提供依据。

各地区、各部门要按照本意见精神，结合实际，及时出台具体落实措施。

省公安厅

二〇一二年七月十三日

湖北省水路交通条例

(2012 年 12 月 3 日湖北省第十一届人民代表大会常务委员会第三十三次会议
通过 2012 年 12 月 3 日湖北省人民代表大会常务委员会公告第 146 号
自 2013 年 2 月 1 日起施行)

第一章 总 则

第一条 为了规范水路交通活动，促进水路交通事业发展，建设武汉长江中游航运中心和综合交通运输枢纽，服务经济社会发展，根据有关法律、行政法规，结合本省实际，制定本条例。

第二条 本条例适用于本省行政区域内水路交通活动。

本条例所称水路交通活动，包括水路交通发展规划，航道建设、养护与保护，港口建设与经营，水路运输，水上交通安全与环境保护和其他相关管理等活动。

第三条 水路交通事业应当遵循科学规划、综合利用、生态环保、安全畅通、便民利民的原则。

第四条 县级以上人民政府应当根据本地实际，将水路交通事业纳入国民经济和社会发展规划，鼓励、引导和支持水路交通基础设施建设，促进航运、港口、产业、城市互动，形成现代综合交通运输体系。

第五条 县级以上人民政府交通运输主管部门主管本行政区域内的水路交通工作。

县级以上人民政府交通运输主管部门所属的港航管理、地方海事、船舶检验机构（以下统称水路交通管理机构）具体负责本行政区域内的水路交通工作，对水路交通活动依法实施监督管理。

县级以上人民政府其他有关部门和乡镇人民政府，按照各自职责，做好水路交通管理的相关工作。

第二章 规 划

第六条 省人民政府应当科学规划和统筹建设资源高度集聚、服务功能齐全、市场环境优良、现代物流便捷高效的水路交通体系，形成通江达海、辐射中西部、面向全国的武汉长江中游航运中心。

第七条 水路交通发展规划应当根据国民经济和社会发展的需要，按照适度超前、功能完善、产业联动、协调推进的原则编制。

水路交通发展规划应当符合综合交通发展规划，与城乡规划、土地利用总体规划、区域发展规划、江河流域规划、湖泊保护规划、防洪规划等相互衔接、协调。

水路交通发展规划包括航道规划、港口规划和航运规划等。

经依法批准的水路交通发展规划是水路交通建设的依据，未经法定程序不得修改。

第八条 全省地方航道规划由省交通运输主管部门依法组织编制，报省人民政府批准后公布实施，并报国务院交通运输主管部门备案。

列入国家高等级航道网的长江、汉江、江汉运河等航道的规划按照国家规定编制、审批。

具备开发通航条件和已通航的河流、湖泊、水库、人工运河应当编制航道规划。

第九条 港口规划包括港口布局规划、港口总体规划。

港口规划应当按照《中华人民共和国港口法》及其有关规定组织编制、审批和公布实施。

编制港区控制性详细规划，应当优化港区水域、陆域总体布局，统筹安排港区内铁路、公路、航空、管道等集疏运，以及给排水、供电、通信、安全监督、口岸管理、环境保护等设施。

县级以上人民政府及其相关部门应当按照港口规划，建设布局合理、层次分明、便捷高效、环境友好的现代化港口体系。

第十条 省人民政府应当组织相关部门对本省岸线资源使用情况进行普查、登记、清理。

省交通运输主管部门应当会同发展改革、国土资源等相关部门结合普查情况，依据港口布局规划、港口总体规划，编制全省港口岸线利用规划，报省人民政府批准后公布实施。

全省港口岸线利用规划应当明确港口岸线范围的具体界线，对与港口岸线相连的陆域应当留足港口建设用地。

第十一条 县级以上人民政府应当依据水路交通发展规划，统筹港口物流、仓储和临港工业布局，科学规划物流园区、保税港区，拓展港口配送、加工、商贸、金融、保险、电子口岸、船舶贸易、航运交易等现代综合服务功能，发展港口综合运输枢纽。

第三章　航　道

第十二条 省人民政府应当推进航道体系建设，构建武汉长江中游航运中心水运大通道，加强与国务院交通运输主管部门等相关部委的合作共建，加快长江中游深水航道建设，满足万吨级船队常年通行长江中游的需要。

县级以上人民政府及其交通运输主管部门应当加快汉江、江汉运河、清江及其他重要支流、大型湖泊水库等航道的建设、养护，形成区域成网、干支相联、江海直达的航道体系。

第十三条 航道是社会公益性基础设施。航道建设、养护资金以政府投入为主，鼓励多种方式筹集，来源包括：（一）中央财政拨款；（二）省财政港航建设专项资金；（三）市（州）、县（区）人民政府安排的财政资金；（四）航运（航电）枢纽的部分发电收益；（五）其他合法方式筹集的资金。

第十四条 水路交通管理机构应当制定航道养护计划并组织实施，加强对航道及其设施的监测、养护，保持航道及其设施处于良好的技术状态。

任何单位和个人不得阻挠航道养护作业。

因自然灾害、事故灾难等突发事件造成航道损坏、阻塞的，水路交通管理机构应当及时修复抢通；需要相关部门配合的，由县级以上人民政府组织。

第十五条 水路交通管理机构应当合理安排航道养护作业，避免进行限制通航的集中作业和在通航高峰期作业；确需进行限制通航的作业的，应当提前发布通告，根据需要划定临时航道。

养护船舶作业时应当设置明显的作业标志，并采取有效措施，减少对过往船舶正常航行的影响。

第十六条 在通航河流上建设拦河、跨河、临河建筑物和设施，应当符合航道发展规划技术等级、内河通航标准和航道技术规范，经水路交通管理机构和水行政主管部门审查批准；影响航行安全和设施自身安全的，建设单位应当设置助航设施和安全设施，并负责维护管理，也可委托水路交通管理机构代为设置或者维护管理，其费用由建设单位承担。

第十七条 在航道及其岸线上建设或者设置锚地、趸船、涵洞、排水口、抽水站等设施，建设单位应当依法办理有关审批手续，项目审批机关在审批时应当征求水路交通管理机构的意见。

第十八条 在通航河流上建设永久性拦河闸坝，建设单位应当按照航道发展规划技术等级同步建设过船设施、过渔通道，妥善解决施工期间船舶、排筏的安全通航，并承担建设和运行维护费用。

在不通航的河流或者人工渠道上修建闸坝后可以通航的，建设单位应当同步修建规模适当的过船设施或者预留过船设施位置。

闸坝工程施工和改造确需中断通航的，建设单位应当征得水路交通管理机构同意。断航造成水路运输、港口经营人损失的，建设单位应当给予经济补偿。

第十九条 水利水电枢纽运行调度时，应当根据上游来水条件，保证下泄流量不小于设计最小下泄流量。

水利水电枢纽建设单位或者运营单位需要减流、截流或者突然加大流量影响通航安全的，应当提前四十八小时通知水路交通管理机构，紧急情况下应当在做出决定后立即通知，并采取有效措施，保证船舶航行安全。

第二十条 过船设施由运营人负责管理，也可以委托水路交通管理机构统一管理。过船设施运行和管理维护费用由运营人承担。

过船设施管理单位应当对过船设施进行定期保养，保持设备正常运行，改进调度方式，缩短过闸时间，发布过闸信息，为船舶提供安全、及时、方便的通过条件。

过船设施管理单位未按照要求合理调度，影响过闸船舶正常通航并造成损失的，由过船设施管理单位依法赔偿。

第二十一条 河道采砂规划应当符合航道规划。水行政主管部门编制河道采砂规划应当征求交通运输主管部门的意见。

水行政主管部门审批涉及航道或者航道整治工程的采砂活动，应当在审批时征求水路交通管理机构的意见。

第二十二条 禁止下列侵占、损坏航道或者破坏通航条件的行为：（一）在通航水域内漂流、设置游乐场所、固定渔具或者种植、养殖；（二）非因航道建设、抢险救灾等情况，向航道倾倒砂石、泥土或者废弃物；（三）在航道整治工程已建和在建的范围内取土、爆破；（四）船舶超过航道等级限制、通航条件使用航道；（五）占用主航道水域锚泊或者过驳作业；（六）在影响航行标志效能的范围内修建建筑物或者设置影响夜航的强光灯具；（七）其他侵占、损坏航道或者破坏通航条件的行为。

第二十三条 任何单位和个人不得损坏或者非法移动、拆除航道助航、导航、测量设施。

因工程建设等确需移动、拆除航道设施的，应当征得水路交通管理机构同意，并由建设单位承担移动、拆除和重建费用。

损坏航道设施的，当事人应当立即报告所在地水路交通管理机构，水路交通管理机构应当依据职责及时组织修复，修复费用由当事人承担。

第二十四条 交通运输主管部门应当会同规划、水行政、国土资源、环境保护等部门，在干线航道上统筹规划、逐步设置水上服务区，为船舶提供加油、加气、加水、岸电接用、零配件供应及生活物资补给等服务。

第四章　港　口

第二十五条　建设武汉新港成为集现代航运物流、综合保税服务、临港产业开发为一体的综合枢纽港和武汉长江中游航运中心的核心港。

建设宜昌港成为以集装箱、大宗干散货、滚装运输和旅游客运为主，具备装卸存储、中转换装、临港开发、现代物流、商贸服务等功能的三峡枢纽港。

建设荆州港、黄石港、襄阳港成为区域性枢纽港。

第二十六条　县级以上人民政府应当加快港口集疏运体系建设，促进公路、铁路、管道等运输方式与水路运输高效衔接；建设规模化公用港区，推进与城乡建设、产业布局相衔接的新港区开发和老港区迁建。

第二十七条　县级以上人民政府应当保护和合理开发利用港口岸线资源。港口岸线实行资源化管理，优先用于公用码头建设。

在港口总体规划区内建设港口设施，需要使用港口岸线的，应当依法办理港口岸线使用许可。

港口岸线资源的使用，在政府主导下，可以通过招标、拍卖等公平竞争的方式确定使用权人，具体事宜由省水路交通管理机构会同相关部门组织实施。

使用港口岸线应当符合港口总体规划、港口岸线利用规划，深水深用、节约使用。

第二十八条　港口岸线使用人不得擅自变更已批准的港口岸线使用范围和用途。确需变更的，应当按照批准程序办理变更手续。

港口岸线使用人不得擅自转让港口岸线使用权。确需转让的，出让人与受让人应当共同提出转让申请，报原审批机关审批。

取得港口岸线使用许可超过二年未开发利用或者未按照批准用途使用的，由港口所在地交通运输主管部门报请原审批机关撤销港口岸线使用许可，收回岸线使用权。

第二十九条　县级以上人民政府应当根据岸线普查、登记情况，对符合岸线利用规划但未办理岸线使用许可的码头，责令其经营人补办岸线使用许可；对不符合岸线利用规划的码头，责令其经营人限期改造或者拆除。

第三十条　鼓励国内外经济组织采取合资、合作、特许经营等方式成片开发建设公用港区。

建成后的公用港区可以采用租赁、合资等方式经营。经营人取得的收益应当有效保证港口设施维护和港口的可持续发展。

第三十一条　从事港口经营活动，应当依法取得港口经营许可。

从事特种、危险货物港口作业的操作人员，应当参加国家规定的安全作业培训与考核，取得相应上岗资格后，方可上岗作业。

港口经营人应当依法从事经营活动，履行合同约定的义务，为客户提供公平、优质的服务。

第三十二条　港口经营人应当制定装卸作业方案，报港口所在地水路交通管理机构备案。存在安全隐患、危及港口或者船舶安全的，水路交通管理机构应当责令经营人完善装卸作业方案、消除隐患。

港口经营人应当及时将船舶进出港口的时间、靠离泊计划、载运情况报告水路交通管理机构。

港口经营人不得为无经营资格的船舶、超越经营范围的船舶或者无船舶证书、无船员证书的船舶提供装卸作业服务。

第三十三条　水路交通管理机构应当推进港口信息化建设，科学整合与共享信息，及时发布港口公用信息，为港口经营人、水路运输经营人、货主、旅客等提供信息咨询服务。

第五章　水路运输

第三十四条　县级以上人民政府及其交通运输主管部门应当完善水铁联运、水陆联运、水空联运、水水转运的运输服务网络，形成各种运输方式有机衔接的一体化运输体系，提供运输、装卸、仓储、配送、信息咨询等服务。

鼓励和支持水路运输经营人通过兼并、收购、入股等方式实现规模化、集约化发展。

省人民政府应当制定优惠政策，对进出港区的集装箱卡车路桥通行费、港区集装箱码头作业费等实行减免或者补贴，增强港口对集装箱运输、作业的吸引力，促进港口发展。

第三十五条　申请经营水路运输或者船舶管理业务的单位和个人，应当具备《国内水路运输管理条例》规定的条件，依法取得经营许可。

从事水路运输经营的船舶，应当随船携带水路交通管理机构核发的船舶营运证件。

船舶代理、水路旅客运输代理业务的经营人应当依法向水路交通管理机构备案。

第三十六条　水路运输、水路运输辅助业务的经营人应当遵守下列规定：（一）持有效证照，在核准的经营范围内从事经营活动；（二）使用国家和省规定的水路运输票据和单证；（三）按期进行经营资质核查和船舶年度审验；（四）不得垄断经营、强行代办服务以及违规收取服务费用；（五）法律、法规规定的其他经营行为规范。

第三十七条　水路交通管理机构负责水路交通规费的征收稽查工作。水路交通规费的缴纳、征收和管理，依照国家和省有关规定执行。

水路运输经营人应当按照规定缴纳水路交通规费。

禁止在通航水域非法设站（卡）或者乱收费、乱罚款；设立水路交通综合检查站，应当经省人民政府批准。

第三十八条　交通运输主管部门应当运用经济、技术政策等措施，支持和鼓励水路运输经营人发展专业化、标准化船舶。

经营人应当按照规定采用标准船型，提高船舶与通航设施的适应性和通过能力，促进船舶节能减排。

第三十九条　经县级以上人民政府同意，交通运输主管部门可以调用运输船舶执行防洪、抢险、救灾、战备等紧急任务。船舶所有人、经营人应当优先保证完成，其相应损失由征用机关依法给予补偿。

第四十条　水路交通管理机构应当做好水路运输市场统计和调查分析工作，定期向社会公布水路运输市场运力供需状况，引导水路运输经营人和货主合理投放、选择船舶运力，组织合理运输。

第六章　安全与环保

第四十一条　县级以上人民政府应当加强水上交通安全管理，建立健全水上交通安全管理责任制度，协调解决水上交通安全管理中的重大问题，制定水上交通安全事故应急救援预案，保障应急救援工作正常开展。

第四十二条　船舶、浮动设施所有人和经营人应当建立健全安全生产管理责任制度，保障安全生产投入，及时消除安全事故隐患，保证船舶适航、船员适任，并对船舶的交通安全负责。

第四十三条　船舶、浮动设施应当依法申请船舶登记和船舶检验，按照国家规定配备持有适任证书或者证件的船员。

船舶航行、停泊、作业应当遵守水上交通安全管理有关规定和桥区、港区、库区及交通管制区的特殊规定。船舶进出港口,应当按照规定办理签证。

载客船舶应当足额配备救生衣和救生浮具。载运学生上学放学的船舶,其船员必须督促学生穿着救生衣;学生应当穿着救生衣。

第四十四条 船舶设计、生产、修理企业应当依法取得省国防科工部门核发的相关许可证件,并按照核定范围开展生产经营活动,不得涂改、出租、转让许可证件。

禁止无船名、无船籍港、无船舶证书的船舶航行、作业。

禁止船舶超载、超航区航行;禁止船舶在浓雾、暴雨、大风等达不到适航要求的天气条件下航行。

第四十五条 水路交通管理机构应当根据水上交通安全管理需要和内河通航标准、技术规范,在水上枢纽工程大坝上下游一定范围划定禁航区。

水上枢纽工程运营管理单位负责禁航区的日常安全管理工作,应当采取安全措施,阻止船舶和无关人员进入禁航区,维护禁航区水域安全。

第四十六条 在通航水域或者岸线上进行可能影响通航安全的水上水下活动,应当在活动前报水路交通管理机构审批;在可供通航五百吨级及以上船舶的水域进行水上水下活动,应当报省水路交通管理机构审批。

水路交通管理机构应当加强对水上水下活动水域的交通管制、航行指挥及安全维护,及时发布航行警告或者航行通告。

第四十七条 乡镇船舶和渡口的安全管理按照国家和省有关规定,实行县(市、区)、乡镇人民政府负责,乡镇人民政府直接管理。

县(市、区)、乡镇人民政府应当加强对乡镇船舶和渡口的安全管理工作,建立健全政府、村(居)民委员会、船主三方协同的安全生产责任制。

水路交通管理机构对乡镇船舶及渡口安全实施监督和业务指导。

第四十八条 用于农业生产、农副产品加工和生活自用的乡镇船舶,应当向乡镇人民政府申请核发船名牌,标明载重线,在船舶明显部位标明用途,并不得从事营业性水路运输。

第四十九条 渡口的设置、迁移和撤销,应当由所在地村(居)民委员会提出申请,乡镇人民政府签署意见,经水路交通管理机构审查同意后,报县级人民政府批准。

渡口两岸应当设置码头、标志牌、候船设施和其他安全设施。

第五十条 水路交通管理机构应当建立水上救助体系和水上突发事件应急反应机制,配备必要的设施、设备,设置并公布水上遇险求救专用电话,实行二十四小时值班制度。

第五十一条 船舶、浮动设施发生水上交通安全事故或者污染事故,当事人应当向水路交通管理机构报告,接受调查处理,并立即采取措施,减少事故损失,控制和清除污染。

水路交通管理机构发现或者接到事故报告后,应当立即组织救助,启动应急救援预案,及时向事故发生地人民政府和上级主管部门报告。

肇事船舶、浮动设施在事故调查期间,未提供经济担保或者未经水路交通管理机构同意,不得离开水路交通管理机构指定地点。

第五十二条 发展水路交通应当统筹兼顾水生生物资源、水生态环境的保护,重点保护饮用水水源地、水生生物保护区和鸟类栖息地等重要、敏感生态功能区。

航道、港口建设项目应当依法进行环境影响评价,落实环境保护和生态修复措施。

交通运输主管部门应当运用经济、技术政策等措施,支持和鼓励港口生产作业降低能源消耗和污染排放。

第五十三条　水路交通管理机构应当加强船舶流动源污染控制，推动船舶防污设备配置，建设船舶污染监视监测系统，建立水路运输污染事故应急响应机制，提高快速反应和处置能力。

第五十四条　船舶建造、拆除、航行、停泊及作业不得违反规定排放、倾倒废弃物、污染物。

船舶应当按照规定设置油污水处理（储纳）和生活垃圾收集设施；其经营人应当依法将船舶垃圾交由取得港口经营资质的单位接收处理。

港口、码头、水上服务区应当建设船舶油污水、生活垃圾岸上接收和无害化处理设施，纳入城市管网或者农村环卫管理。

第五十五条　鼓励建造、使用节能环保型船舶，加快淘汰高耗能、高污染、技术落后的船舶。

鼓励船舶使用清洁能源，支持靠港船舶使用岸电。

第七章　保障措施

第五十六条　县级以上人民政府应当健全工作机制和目标责任考核制度，建立水路交通发展联席会议制度，协调解决水路交通发展中的重大问题。

第五十七条　县级以上人民政府应当加大对水路交通建设的资金投入，保证专项用于航道、港口建设，船型标准化更新改造，公益性渡口渡船建设维护及渡工补助，水上搜救应急体系建设，水上交通安全监管和航道应急抢通等水路交通事业。

第五十八条　鼓励外资和民间资本依法投资水路交通基础设施建设、养护和经营。

鼓励、支持港航企业上市和发行债券，建设港口码头及物流园区。

县级以上人民政府组建的交通、市政等基础设施建设投融资平台，应当加大对水路交通基础设施建设、维护的投入。

第五十九条　县级以上人民政府及其有关部门应当将航道、港口、船闸等水运基础设施建设用地和征地拆迁安置用地纳入土地利用总体规划予以优先保证，对公益性水路交通基础设施项目建设用地按照最低标准缴纳相应规费。重点港口项目、重大物流项目、船闸工程，免征城市基础设施配套费用。

第六十条　扶持发展船舶管理、船舶技术、船舶交易、航运金融、航运保险、航运经纪、航运咨询、海事仲裁等航运服务业，延伸服务产业链，完善航运服务功能。

第六十一条　县级以上人民政府及其有关部门应当加强水路交通职业教育和培训，提升从业人员素质；制定优惠政策，培养、引进高端人才；建立供求信息平台，促进水运人才合理流动。

第六十二条　县级以上人民政府应当提升水路交通科技和管理水平，建设水路交通电子政务、信息服务、调度信息平台，建设技术支撑、信息化标准规范、运行管理保障和信息安全保障体系。

第六十三条　县级以上人民政府及其交通运输主管部门应当加强水路交通的市场监管，制定服务质量标准，实施质量信誉考核，建立水路交通市场诚信体系，定期公布建设、经营企业质量信誉情况，建立健全统一、开放、竞争、有序的行业市场体系。

第八章　法律责任

第六十四条　违反本条例的行为，法律、行政法规有行政处罚规定的，从其规定；造成损害的，依法承担民事责任；构成犯罪的，依法追究刑事责任。

第六十五条　违反本条例第十六条规定，未经水路交通管理机构审查批准擅自建设拦河、跨河、临河建筑物或者设施，或者未按照批准的技术要求建设的，由水路交通管理机构责令停工、限期改正；逾期不改正的，责令限期拆除，并处 1 万元以上 5 万元以下罚款；情节严重的，处 5 万元以上 10 万元以下罚款；逾期拒不拆除的，由水路交通管理机构申请人民法院强制拆除。

违反本条例第十六条规定，未按照规定设置、维护助航设施和安全设施的，由水路交通管理机构责令限期改正，处 2000 元以上 1 万元以下罚款；逾期不改正的，由水路交通管理机构依法代履行。

第六十六条　违反本条例第二十二条第（一）、（二）项规定的，由水路交通管理机构责令限期清除，处 1000 元以上 1 万元以下罚款；情节严重的，处 1 万元以上 5 万元以下罚款；逾期不清除的，由水路交通管理机构依法代履行。

违反本条例第二十二条第（三）、（四）、（五）、（六）、（七）项规定的，由水路交通管理机构责令停止违法行为，处 1000 元以上 2 万元以下罚款。

第六十七条　违反本条例第三十七条第二款规定的，由水路交通管理机构责令其限期足额补缴，并依法收取滞纳金。

第六十八条　违反本条例第四十三条第三款规定，载客船舶未按照规定足额配备救生衣和救生浮具的，由水路交通管理机构对负有责任的船舶所有人或者经营人处 1000 元以上 5000 元以下罚款，对负有责任的船员处 200 元以上 1000 元以下罚款；情节严重的，暂扣其船员适任证书或者证件三个月至六个月；情节特别严重的，吊销责任船员船员适任证书或者证件。

第六十九条　违反本条例第四十四条第二款规定，使用无船名、无船籍港、无船舶证书的船舶航行、作业的，由水路交通管理机构责令停止航行或者作业；拒不停止的，暂扣船舶；情节严重的，予以没收。

第七十条　违反本条例第五十四条第二款规定，船舶未按照规定设置油污水处理（储纳）和生活垃圾收集设施的，由水路交通管理机构给予警告，责令限期改正；逾期不改正的，处 1000 元以上 5000 元以下罚款。

第七十一条　国家工作人员违反本条例规定，在水路交通工作中滥用职权、玩忽职守、徇私舞弊的，由其所在单位或者上级主管部门给予行政处分；构成犯罪的，依法追究刑事责任。

第九章　附　则

第七十二条　本省境内长江干线的航道、水上交通安全及防治船舶污染内河水域等属于国家事权的水路交通管理，法律、行政法规另有规定的，从其规定。

第七十三条　本条例自 2013 年 2 月 1 日起施行。1997 年 9 月 28 日湖北省第八届人民代表大会常务委员会第三十次会议通过的《湖北省水路交通管理条例》同时废止。

河南省人民政府关于加快我省内河水运
发展的实施意见

（2012 年 7 月 27 日河南省人民政府　豫政〔2012〕68 号）

各省辖市人民政府，省人民政府各部门：

为贯彻落实《国务院关于加快长江等内河水运发展的意见》（国发〔2011〕2 号）、《国务院关于支持河南省加快建设中原经济区的指导意见》（国发〔2011〕32 号）精神，发挥内河水运优势和潜力，建设畅通、高效、平安、绿色的内河水运体系，现就加快我省内河水运发展提出如下意见。

一、充分认识加快内河水运发展的重要意义

我省地跨长江、黄河、淮河、海河四大流域，有较大河流 493 条，河道总里程达 2.6 万多公里。改革开放以来特别是近 10 年来，我省水运业有了较大发展，通航里程达 1439 公里，建成各类码头 49 个，打通了沙颍河周口以下、淮河固始望岗以下 2 条沟通华东和长三角地区水网的水路运输通道，为加快我省内河水运发展奠定了良好基础。

（一）加快内河水运发展有利于构建现代综合交通运输体系。内河水运具有运能大、占地少、能耗低等优势，我省公路、铁路等陆路交通发达，正在加快建设郑州航空枢纽，积极推进水运与公路、铁路、航空等多种交通运输方式的有机衔接，发展多式联运，充分发挥各种运输方式的比较优势和组合效益，将进一步优化我省交通运输结构，降低社会综合物流成本，转变交通运输发展方式，强化国防交通功能，密切我省与沿海地区和周边经济区域的交通联系，促进综合交通运输网络体系建设，提升中原经济区全国重要的现代综合交通运输枢纽地位。

（二）加快内河水运发展有利于促进区域经济协调发展。水运在能源、原材料等大宗物资和集装箱、重大装备运输中具有独特优势。加快发展内河水运将进一步促进沿河地区承接产业转移，优化经济布局和产业结构。已经建成的沙颍河周口以下、淮河固始望岗以下 2 条水路运输通道对沿岸承接产业转移和优化产业布局产生了积极影响。淮河、沙颍河、涡河、沱浍河等跨省航道建成后将进一步加强中原经济区与皖江经济带、长三角经济区的紧密联系，促进信息、技术、资金、人才等资源要素转移和共享，加速中原经济区"对接周边"空间布局的形成，实现优势互补、联动发展，推进区域经济协调快速发展。

（三）加快水运发展有利于促进节能减排。随着工业化、城镇化进程不断加快，我省资源、环境约束日益加剧，发展交通运输与减少能耗、减少环境污染的矛盾日趋尖锐。大力发展内河水运，有利于加快降低能源、资源消耗，发展低碳经济，减少污染物排放，符合建设资源节约型、环境友好型社会的总体要求，对我省加快转变经济发展方式、探索不以牺牲生态和环境为代价"三化"协调发展道路具有重要现实意义。

二、指导思想和发展目标

（四）指导思想。以科学发展观为统领，认真贯彻落实国发〔2011〕2 号、国发〔2011〕32 号文件精神，把发展内河水运作为转变经济发展方式、调整经济结构和加快综合交通运输体系建设的重点任务，坚持改革创新，加强统筹规划，加大资金投入，强化监督管理，切实提升内河水运发展质量、效益和现代化水平。

（五）发展目标。利用 10 年左右的时间，建成畅通、高效、平安、绿色的现代化内河水运体系和比较完备的现代化安全监管、救援体系。运输效率与节能减排能力显著提高，水运优势和潜力得到充分发挥，对经济发展的带动和促进作用显著增强。

到 2015 年，新增四级高等级航道 236 公里，通航里程达到 1675 公里；新增港口泊位 41 个，港口年吞吐能力货运达到 1400 万吨、客运达到 430 万人次；运输船舶标准化率达到 70%，运输船舶平均吨位达到 400 吨；港口物流园区规模化、专业化发展，集疏运能力增强，主要航区的支持保障系统基本形成。

到 2020 年，全省内河水运货运量超过 1 亿吨；运输船舶标准化率达到 90%，省内运输船舶平均吨位达到 500 吨，长江干线上的我省省籍运输船舶平均吨位超过 1000 吨；拥有 5 条通江达海的水路运输通道，通航里程达到 1980 公里，四级以上高等级航道达到 706 公里；港口年吞吐能力货运达到 2800 万吨、客运达到 500 万人次，成为对外开放的通道和优势产业集聚的依托；建立辐射周边、干支联网、水陆联运、港航配套、船舶先进、畅通高效、平安绿色的内河水运发展体系，形成下与淮河水系、长江水系等水网地区相贯通，上与铁路、公路等主通道和主枢纽相连接，与能源产业基地相衔接的水路运输格局。

三、主要任务

（六）建设畅通高效的内河水运通道。按照《河南省人民政府关于印发河南省公路水路交通运输"十二五"发展规划的通知》（豫政〔2012〕23 号）要求，"十二五"期间加快实施沙颍河、涡河、沱浍河 3 个重点航运开发工程，沱浍河 S202 桥以下至省界 86 公里、涡河太康马厂以下至省界 66 公里、沙颍河周口至漯河 84 公里实现通航。推动实施沙颍河周口至省界段升级改造和沙河漯河至平顶山段工程，淮河淮滨至息县段工程，洪河、惠济河、唐河航运一期工程，贾鲁河及双洎河工程等航道工程，规划新增和改善航道里程 469 公里。

（七）加强港口港区建设和船舶管理。发挥港口枢纽作用，加快专业化、规模化、现代化港区建设。建设淮滨、固始、漯河、西华、鹿邑、永城、夏邑等港区，基本建成商丘、周口、漯河、信阳、南阳、三门峡、洛阳等港口。积极发展港口物流业。推进船型标准化，严格执行船舶更新报废制度，引导船舶向标准化、大型化、专业化方向发展。货运船舶以分节驳、顶推船队和大型化干散货船为主，重点发展散货船舶，积极发展集装箱运输船和石油运输等专用船舶。引导推动客船向快速、舒适化方向发展。

（八）提高应急处置和安全保障能力。加快建设全方位覆盖、全天候运行、具备快速反应能力的现代化水上安全监管和应急救援体系。加强应急搜救体系建设，力争水上有专业搜救船艇，岸上有应急搜救队伍，省、市有水上应急搜救机构，全省有布局合理的应急物资储备仓库。加强重点库区水上交通安全基础设施建设。强化重点水域安全监管，积极应对地质灾害和极端天气，建立重大隐患排查、重大危险源监控制度和预警、预报、预防制度，提高航道应急抢通能力，有效减少突发事件造成的损失。提高船舶安全性能，加强船舶动态监控，强化安全监管、应急处置和治安防控能力建设。落实企业的安全生产主体责任和政府的安全监管责任。

（九）实现内河水运绿色发展。在航道、港口建设和运行中，按照生态功能区划和水功能区划要求，更加注重保护水生态环境，依法保护饮用水水源地和水生生物保护区、关键栖息地，严格执行环境影响评价规定，落实环境保护和生态补偿措施。推广先进适用的港口装卸工艺和装备，有效减少港口生产环节的能源消耗和污染排放。加强船舶流动源污染控制，推动配置船舶防污设备，对新建运输船舶安装油污水处理、储纳和生活污水、垃圾收集设施。建设岸上接收处理船舶生活垃圾和油污水的设施。加快淘汰能耗高、污染重、技术落后的老旧船舶。建设船舶污染监视监测系统，防止发生重大污染事故。建立内河水运污染事故应急响应机制，配备污染处理设备。

（十）完善现代综合交通运输体系。按照现代综合交通运输体系建设和现代服务业发展的要求，发挥内河水运的比较优势，与其他运输方式形成优势互补的一体化交通运输体系。促进公路、铁路与内河港口无缝衔接，完善港口集疏运体系，发展多式联运，延伸港口服务范围。依托内河主要港口，科学规划建设物流园区，拓展港口配送、加工、商贸、金融、保险、船舶贸易、航运交易等现代综合服务功能，发展现代物流业。基本形成煤炭、矿建材料、集装箱、旅游客运等专业化运输系统，重要港口现代物流中心作用日益显现。

（十一）促进流域经济社会发展。注重发挥淮河、沙颖河、涡河、沱浍河等内河水运通道的优势，积极发展特色突出的临港产业开发园区，促进优势产业向园区集聚，带动内河水运需求稳步增长。以畅通的航道为基础，高效的服务为支撑，以平安、绿色的内河水运体系为保障，推动沿河产业布局、结构调整优化，服务沿河地区承接产业转移，实现区域经济社会协调发展。

四、保障措施

（十二）加强规划编制。把加快内河水运发展列入各级国民经济和社会发展规划，切实加强统筹协调，积极有序推进。高水平、高起点编制完善全省内河航道、港口布局规划和规划环境影响评价，做好与水利、土地利用、环保、城乡建设等规划的衔接和协调，重点规划建设干支联动、畅通高效的四级及以上和跨省、市的五级航道体系，全面统筹港航船运协调发展。加强黄河等流域的水运规划研究工作。在编制区域发展规划和修订流域综合规划时，要统筹环境保护、水资源综合利用，充分考虑内河水运发展要求。

（十三）加大资金投入。"十二五"期间，各级政府要不断加大对内河水运发展的资金投入力度，建立政府主导、企业投资、市场化运作的投融资体制，确保资金来源。积极争取国家补助资金；省财政每年从成品油价格和税费改革转移支付资金中安排一定资金用于水上交通安全支持保障体系建设；市、县级政府要根据各地具体情况安排一定数额的财政资金和成品油价格和税费改革转移支付资金，用于本辖区有关航道等设施建设资金配套和养护管理；鼓励社会资金参与港口建设、船型标准化和老旧船舶更新改造；引导金融机构对内河水运基础设施建设给予融资支持。

（十四）加强政策支持。各级政府要将航道、船闸、港口建设规划纳入城乡建设规划和土地利用总体规划，优先保证内河水运重点工程建设用地。对符合国家划拨用地政策的航道、船闸、港口和支持保障体系等公用基础设施，建设用地由政府划拨。抓住国家加快水利建设的有利时机，结合水利枢纽建设统筹考虑通航设施建设，结合河道治理清淤、堤防加固统筹安排航道开发中的航道疏浚、护岸处理、征地拆迁等工作。

（十五）强化监督管理。各级交通运输部门要加强对内河水运工程建设的管理，强化对工程建设进度、质量和资金使用的监督，严格落实招投标等有关制度，确保工程建设程序合法、质量合格、资金安全。

（十六）健全体制机制。改革和探索我省航道和港口建设、运营和养护管理模式，根据管理权限，建立事权和责权相统一的建设、运营和养护管理体制，完善工作机制，加快制定促进水运发展的政策。

（十七）加强人才培养和科技创新。加强内河水运行业人才培养，不断提高从业人员素质。提升内河水运科技水平，开展航道整治、船型标准化、节能减排等关键技术攻关。积极推进内河水运信息化工作，建设内河水运公共信息服务系统。

省政府有关部门要根据各自职能分工，加强协调配合，认真贯彻落实本意见提出的各项要求，切实做好规划编制、资金支持、项目审批、体制创新、人才培养、配套政策措施制定等各项工作。同时，要加强指导监督，及时研究新情况，协调解决相关问题。各有关市政府要加强领导，因地制宜，制定具体工作方案，抓好组织实施，切实推进我省内河水运发展。

河南省人民政府

二〇一二年七月二十七日

内蒙古自治区人民政府关于进一步加快民航业发展的意见

(2011 年 10 月 8 日内蒙古自治区人民政府 内政发〔2011〕116 号)

各盟行政公署、市人民政府,自治区各委、办、厅、局,各大企业、事业单位:

民航业是国民经济的重要基础产业,是区域经济增长的重要驱动力量,是融入全球经济的重要纽带。为进一步改善投资环境、促进对外开放、优化经济结构、带动相关产业发展、方便人民群众出行,现就进一步加快我区民航业发展提出如下意见:

一、加快民航业发展的总体要求和主要目标

(一)总体要求

以科学发展观为统领,以"建设民航强国"和"富民强区"战略为指导,坚持安全发展、创新发展、协调发展和快速发展,加大机场建设力度,拓展和优化航线网络结构,增强航空运力,构建多枢纽、多层级的机场体系和航线网络体系;建设以重点机场为中心,铁路、公路、城市交通协调配合的综合交通运输枢纽;培育临空产业园区,促进自治区经济社会持续健康快速发展。

(二)主要目标

1. 机场建设。加大民航机场建设力度,构建干线机场、支线机场和通勤通用机场协调发展的多层级机场体系。到 2015 年末,民航运输机场(含通勤通用机场)达到 20 个,规划开工建设和开展前期工作的支线机场和通勤通用机场 10 个,覆盖全区 94% 的经济总量、92% 的人口和 83% 的旗县级行政区域。

2. 运输发展。积极引进和培育航空运力,构建多枢纽、多层级、开放性、高效率的航空运输网络,实现我区航空运输持续快速增长。到"十二五"末,全区民航旅客吞吐量达到 3000 万人次,年均增长 31.9%(其中呼和浩特机场旅客吞吐量达到 1000 万人次);货邮吞吐量达到 5.6 万吨,年均增长 16%。基本满足社会对航空运输服务的需要。

3. 航空枢纽和临空产业培育。以重点机场为中心,统筹高速铁路、高速公路和城市交通系统建设的协调配套,尽快构建我区主要城市的综合交通运输枢纽。依托枢纽逐步培育和聚集高附加值新兴产业以及会展、金融、商贸、旅游、物流等现代服务业,不断壮大我区临空产业。

二、加快民航业发展的重点任务

(一)争取增加机场布点

在国家已批布点的基础上,依据《内蒙古自治区民航发展第十二个五年规划》,争取国家在调

整"十二五"《全国民用机场布局规划》时新增我区扎兰屯、乌兰察布、林西、正蓝旗、东乌旗5个民航支线运输机场;新增乌拉特中旗、克什克腾旗、乌审旗、准格尔旗、鄂托克旗、莫尔道嘎、莫力达瓦7个通勤机场;在根河机场拓宽服务领域试点的基础上,进一步拓展其他既有通用机场的服务领域。

(二)大力推进机场建设

在加强对现有部分支线机场改造升级的同时,力争建成巴彦淖尔、霍林河、鄂伦春(加格达奇)、扎兰屯、乌兰察布5个支线机场以及阿拉善3个通勤航空试点机场、根河等既有通用机场拓展通用航空服务试点机场。开工建设林西、正蓝旗、莫力达瓦等支线和通勤机场。指导呼和浩特市、包头市研究论证机场建设问题。

(三)加快推广通勤通用航空

在试点工作的基础上,进一步拓展通勤通用机场建设范围,初步形成以阿拉善左旗机场为中心的西部通勤通用航空机场体系,以海拉尔机场为中心的东北部通勤通用航空机场体系,以锡林浩特机场和赤峰机场为中心的东南部通勤通用航空机场体系,以鄂尔多斯机场为中心的西南部通勤通用航空机场体系。

(四)积极增加运力投放

进一步加强与航空公司的合作,通过制定优惠政策,吸引有实力的航空公司进入我区航空市场,鼓励其在我区建立基地、设立分公司。到"十二五"末,我区基地航空公司数量争取达到2~3家。为尽快解决航空运力不足的问题,在2011年完成与中国国际航空股份有限公司合作组建内蒙古航空公司的工作。

(五)不断完善航线网络

大力培育各干支线机场连接中国港澳台、俄蒙乃至亚洲其他国家、欧洲等的国际航线;将呼和浩特机场打造成连接东西、沟通南北、面向俄蒙、辐射中国港澳台乃至亚洲其他国家、欧洲的区域性枢纽航运中心;引导各有关盟市中心机场增加进京航班,并加大与呼和浩特机场之间的航班密度,通过呼和浩特机场实现各有关盟市之间以及与国内外其他城市之间的航班衔接。通过加密航空支线、做强航空干线、培育航空枢纽,形成支线与通勤航空网络、干线网络衔接互补,连接区外、国外枢纽机场的多层级开放式航空运输网络。争取将包头机场、锡林浩特机场、鄂尔多斯机场、二连浩特机场申请为航空口岸。

(六)努力培育航空产业

积极支持呼和浩特、包头、鄂尔多斯等有条件的城市规划建设临空产业园区。重点扶持内蒙古民航机场集团公司在首都机场集团公司的支持下,建设呼和浩特大型航空物流中心。围绕通勤通用机场建设,鼓励在我区成立通勤通用航空公司和航空俱乐部。

(七)逐步健全机场配套体系

加强与其他运输方式和城市交通的有机衔接,鼓励机场至火车站、长途汽车站的接驳运营,尽快实现航空客货运输的"零换乘"和"无缝对接"。加快建设与机场配套的场外道路、供水、供电、供气、网络、通讯、排水等公用设施。

(八)有效推进专业化管理

整合全区机场资源,实现内蒙古民航机场集团公司对全区机场的一体化管理和经营,统一规划全区航空网络和航线开发,提升我区机场专业化管理水平。

(九)着力加强安全管理

在配合民航行业部门做好各项安全工作的同时,各级政府、自治区各有关部门要加强对空港发展用地、净空保护、噪音影响、电磁环境以及周边社会治安等的管理,逐步将机场公安、消防、气象、医疗急救等应急救援纳入城市救援体系，增强机场应对公共突发事件的能力，加大对民航安全的投入力度，确保民航安全生产。同时，建立空管工作军地联席会议机制，推动我区空管工作又好又快发展。

三、加快民航业发展的保障措施

（一）完善民航机场管理机构

调整自治区民航管理委员会组成部门及人员，完善其办公室工作职责和设置，从自治区经济社会发展全局出发，切实有效地做好自治区机场发展规划、机场建设及政策建议等行业管理和协调工作。

（二）加快立法进程

尽快起草《内蒙古自治区民用机场管理条例（草案）》，加强对我区民用机场和通勤通用机场的规划、净空保护、噪声影响等的管理，从法律层面确保机场安全运营。

（三）加强财税支持

1. 自治区本级财政设立民航发展专项资金。从 2012 年起，自治区本级财政每年安排 2 亿元作为民航发展专项资金，重点用于机场建设和航线补贴。民航发展其他重大事项通过一事一议的方式予以解决。

加大机场建设投融资力度。把全区民航机场建设作为公益性基础设施对待，在积极争取国家机场建设投资的同时，自治区、盟市、旗县三级财政应继续做好机场建设资金的配套投入。对干线机场扩建项目，自治区及所在地政府要给予贷款贴息补助。支线机场和通勤机场建设要做到全额资本金注入，对于新建和改扩建的机场项目，根据项目审定的投资额（不含征地拆迁费用）和项目所在地区的财力状况，从自治区民航发展专项资金中安排一定比例的补助资金。对于有盈利能力的机场建设项目，要通过积极吸引社会资本、拓宽金融市场融资渠道等多种方式，最大限度地筹集机场建设资金。

加大机场运营和航线专项补贴力度。对运营亏损的机场和航线给予专项补贴，补贴的责任主体为盟行政公署、市人民政府及旗县级人民政府。各有关盟行政公署、市人民政府及旗县人民政府要加大对所在地中小型机场的运营补贴力度，对执行支线运输和通勤通用运输的航空公司给予航线补贴，将补贴资金纳入财政预算，并分别制定相应的资金使用管理办法。自治区民航发展专项资金除用于对重点国际航线的补贴外，每年安排一定数额的航线拓展以奖代补资金，用于对航空客运量增长成绩突出的地方政府以及机场公司、基地航空公司的奖励。

2. 税费政策。"十二五"期间，对经批准建设的民用机场专门用于民用航空器起降、滑行、停放的场所所占用的耕地，按照 2 元／平方米的税额征收耕地占用税。对各民航机场（含新建和改扩建）及新建的航空公司基地，免征企业所得税地方分享部分及水利建设基金；营业税实行"先征后返"，返还的税款用于机场和航空公司的更新改造和运营维护支出；缴纳房产税和土地使用税确有困难的，经批准可免征房产税和土地使用税。同时，对民用航空企业高管人员及飞行员的个人所得税地方留成部分，实行先征后返。对于我区新建或改建机场航站楼、飞行区、货运仓库等所交的土地出让金、城市建设各项配套费用，按照"先征后返"的原则，专项用于民航基础设施建设。

（四）保障建设发展用地

自治区及各有关盟市要将新建和扩建机场、新建航空公司基地以及空港物流园区用地优先纳入土地利用总体规划，在科学合理地确定用地规模的基础上优先核定。新建和扩建机场用地，以划拨方式供地。

（五）支持配套设施建设

各有关盟市应将为机场配套的场外道路、供水、供电、供气、网络、通讯、排水等公用设施建设纳入地方城市建设总体规划，优先安排建设资金，保证机场的正常运转。

（六）促进空域改革

积极争取将我区列为全国低空开放的试点，加大与空军及民航空管部门的沟通协调力度，推动通勤通用航空飞行计划申报程序的规范和简化，建立低空空域保障服务的新模式。建立空管工作军地联席会议机制，成立联席会议组织机构，明确联席会议职能，制定联席会议工作制度。

（七）引导社会力量参与

发挥政府投资的引导作用，鼓励区内外有实力的企业投资通勤通用航空机场及通用航空企业，支持有条件的企业或个人购买和使用小型航空器，缓解自治区民航发展资金不足的矛盾。根据我区通勤通用航空业发展需要，与民航院校建立通勤通用航空安全管理、飞行、机务、签派等专业人才的定向培养计划。加大民航在职人员培训力度，建立在职人员专业专项培训体系，提高在职人员业务能力和专业水平。